ATLAS ROUTIER *et* TOURISTIQUE
TOURIST *and* MOTORING ATLAS
STRASSEN- *und* REISEATLAS
TOERISTISCHE WEGENATLAS

France

Sommaire

Intérieur de couverture
Tableau d'assemblage
Légende : cartographie
au 1/200 000 - plans de ville

Grands axes routiers .... `IV`
Environs de Paris .... `VI`
**Tableau des distances
en France** .... `X`
**Tableau des distances
France / Europe** .... `XII`
Légende .... `1`
La France -1:200 000 .... `2`

Index complet des communes
75 plans de ville .... `320`

Intérieur de couverture
Légende complète

Contents

Inside front cover
Key to map pages
Key : Maps
at 1:200 000 - Town plans

Main road map .... `IV`
Paris and suburbs .... `VI`
**Distances and journey
times France** .... `X`
**Distances and journey
times France / Europe** .... `XII`
Key .... `1`
France -1:200 000 .... `2`

Complete index of communes
75 towns plans .... `320`

Inside front cover
Key

Inhaltsübersicht

Umschlaginnenseite
Übersicht
Legende : kartographie
in Maßstab 1:200 000 - Stadtpläne

Durchgangsstraßen .... `IV`
Paris und Umgebung .... `VI`
**Entfernungstabelle
Frankreich** .... `X`
**Entfernungstabelle
Frankreich / Europa** .... `XII`
Zeichenerklärung .... `1`
Frankreich -1:200 000 .... `2`

Komplettes Ortsregister
mit 75 Stadtplänen .... `320`

Umschlaginnenseite
Zeichenerklärung

Inhoud

Binnenzijde van het omslag
Overzichtskaart met kaartnummers
Verklaring van de tekens : kaarten,
schaal 1:200 000 - stadsplattegronden

Grote verbindingswegen .... `IV`
Omstreken van Parijs .... `VI`
**Afstandtabel
voor Frankrijk** .... `X`
**Afstandtabel
voor Frankrijk en Europa** .... `XII`
Verklaring van de tekens .... `1`
Frankrijk -1:200 000 .... `2`

Register van alle gemeenten
75 stadsplattegronden .... `320`

Binnenzijde van het omslag
Verklaring van de tekens

Plans de ville — Town plans — Stadtpläne — Stadsplattegronden

`320` Aix-en-Provence	`332` Bourges	`348` Dunkerque	`371` Mulhouse
`320` Ajaccio	`333` Brest	`354` Grenoble	`372` Nancy
`321` Amiens	`334` Caen	`355` Le Havre	`373` Nantes
`322` Angers	`335` Calais	`358` Laval	`374` Nice
`323` Annecy	`336` Cannes	`360` Lille	`375` Nîmes
`323` Antibes	`337` Châlons-en-Champagne	`361` Limoges	`375` Niort
`325` Avignon	`338` Chalon-sur-Saône	`362` Lorient	`376` Orléans
`326` Bastia	`338` Chambéry	`363` Lyon	`377` Paris
`327` Bayonne	`339` Charleville-Mézières	`364` Le Mans	`384` Pau
`328` Beauvais	`340` Chartres	`365` Marseille	`385` Perpignan
`328` Belfort	`340` Châteauroux	`366` Melun	`387` Poitiers
`329` Besançon	`342` Cholet	`367` Metz	`388` Quimper
`329` Béziers	`343` Clermont-Ferrand	`368` Monaco Monte-Carlo	`389` Reims
`331` Bordeaux	`344` Colmar	`368` Montauban	`390` Rennes
`332` Boulogne-sur-Mer	`347` Dijon	`369` Montpellier	`391` La Rochelle

`392` Roubaix
`393` Rouen
`395` St-Brieuc
`396` St-Étienne
`399` St-Malo
`400` St-Nazaire
`401` St-Quentin
`406` Strasbourg
`407` Toulon
`408` Toulouse
`409` Tourcoing
`410` Tours
`411` Troyes
`412` Valence
`413` Versailles

Grands axes routiers
Main road map
Durchgangsstraßen
Grote verbindingswegen

FRANCE DÉPARTEMENTALE ET ADMINISTRATIVE

ALSACE
67 Bas-Rhin
68 Haut-Rhin

AQUITAINE
24 Dordogne
33 Gironde
40 Landes
47 Lot-et-Garonne
64 Pyrénées-Atlantiques

AUVERGNE
03 Allier
15 Cantal
43 Haute-Loire
63 Puy-de-Dôme

BOURGOGNE
21 Côte-d'Or
58 Nièvre
71 Saône-et-Loire
89 Yonne

BRETAGNE
22 Côtes-d'Armor
29 Finistère
35 Ille-et-Vilaine
56 Morbihan

CENTRE
18 Cher
28 Eure-et-Loir
36 Indre
37 Indre-et-Loire
41 Loir-et-Cher
45 Loiret

CHAMPAGNE-ARDENNE
08 Ardennes
10 Aube
51 Marne
52 Haute-Marne

CORSE
2A Corse-du-Sud
2B Haute-Corse

FRANCHE-COMTÉ
25 Doubs
39 Jura
70 Haute-Saône
90 Territoire-de-Belfort

ILE-DE-FRANCE
75 Ville de Paris
77 Seine-et-Marne
78 Yvelines
91 Essonne
92 Hauts-de-Seine
93 Seine-Saint-Denis
94 Val-de-Marne
95 Val-d'Oise

LANGUEDOC-ROUSSILLON
11 Aude
30 Gard
34 Hérault
48 Lozère
66 Pyrénées-Orientales

LIMOUSIN
19 Corrèze
23 Creuse
87 Haute-Vienne

LORRAINE
54 Meurthe-et-Moselle
55 Meuse
57 Moselle
88 Vosges

MIDI-PYRÉNÉES
09 Ariège
12 Aveyron
31 Haute-Garonne
32 Gers
46 Lot
65 Hautes-Pyrénées
81 Tarn
82 Tarn-et-Garonne

NORD-PAS-DE-CALAIS
59 Nord
62 Pas-de-Calais

BASSE-NORMANDIE
14 Calvados
50 Manche
61 Orne

HAUTE-NORMANDIE
27 Eure
76 Seine-Maritime

PAYS DE LA LOIRE
44 Loire-Atlantique
49 Maine-et-Loire
53 Mayenne
72 Sarthe
85 Vendée

PICARDIE
02 Aisne
60 Oise
80 Somme

POITOU-CHARENTES
16 Charente
17 Charente-Maritime
79 Deux-Sèvres
86 Vienne

PROVENCE-ALPES-CÔTE D'AZUR
04 Alpes-de-H.-Prov.
05 Hautes-Alpes
06 Alpes-Maritimes
13 B.-du-Rhône
83 Var
84 Vaucluse

RHÔNE-ALPES
01 Ain
07 Ardèche
26 Drôme
38 Isère
42 Loire
69 Rhône
73 Savoie
74 Haute-Savoie

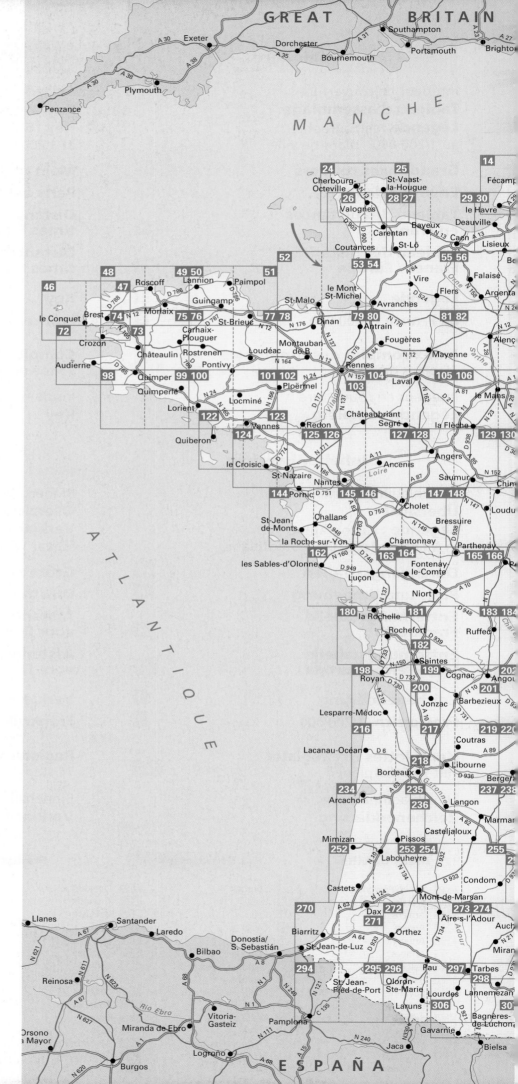

	Agen	Amiens	Angers	Angoulême	Auch	Aurillac	Auxerre	Bayonne	Beaune	Besançon	Blois	Bordeaux	Boulogne-sur-Mer	Bourges	Brest	Brive-la-Gaillarde	Caen	Cahors	Calais	Carcassonne	Châlons-en-Champagne	Chambéry	Charleville-Mézières	Chartres	Cherbourg	Clermont-Ferrand	Colmar	Dijon	Dunkerque	Gap	Grenoble	Le Havre	Lille	Limoges
Amiens	800																																	
Angers	475	431																																
Angoulême	255	584	245																															
Auch	74	849	540	320																														
Aurillac	218	694	426	274	259																													
Auxerre	597	313	421	424	648	416																												
Bayonne	231	901	524	304	220	482	802																											
Beaune	585	455	562	475	648	389	148	779																										
Besançon	703	505	663	593	834	507	248	897	109																									
Blois	544	319	168	275	551	395	220	593	361	459																								
Bordeaux	141	716	338	118	205	297	616	183	581	696	407																							
Boulogne-sur-Mer	923	130	479	708	974	818	433	1026	575	614	443	840																						
Bourges	466	380	284	293	516	338	144	597	217	323	115	410	502																					
Brest	762	617	380	558	828	805	723	812	865	962	513	625	683	628																				
Brive-la-Gaillarde	185	618	349	161	235	98	416	387	388	523	320	201	740	285	704																			
Caen	711	242	249	466	776	644	397	760	539	636	272	574	308	423	379	567																		
Cahors	85	711	443	211	149	132	509	302	492	628	413	214	833	378	797	97	643																	
Calais	953	161	514	738	1003	848	457	1056	599	607	473	870	35	535	718	771	340	866																
Carcassonne	207	905	669	450	170	315	741	387	595	667	608	335	1028	572	958	292	837	204	1061															
Châlons-en-Champagne	774	218	476	608	824	640	167	926	301	293	343	739	327	320	778	592	432	687	321	890														
Chambéry	679	710	736	614	642	390	403	859	257	265	567	663	832	405	1119	462	797	562	830	475	516													
Charleville-Mézières	887	204	520	672	937	782	288	990	423	415	407	804	274	430	822	705	476	800	267	993	101	638												
Chartres	610	226	209	348	660	505	216	667	358	455	130	480	314	192	511	428	235	523	346	716	271	612	313											
Cherbourg	782	366	304	577	847	770	520	832	662	759	398	645	432	547	401	693	126	788	466	977	554	916	596	357										
Clermont-Ferrand	358	556	460	323	408	158	267	558	227	342	291	371	679	190	804	170	599	271	712	428	489	293	644	367	723									
Colmar	857	516	739	747	924	661	403	1051	264	161	565	865	625	480	1041	673	694	774	618	844	299	413	371	533	817	499								
Dijon	639	458	566	529	689	443	152	833	45	92	365	646	580	253	868	452	546	552	573	634	259	270	381	361	669	281	249							
Dunkerque	955	204	588	740	1006	850	459	1058	601	609	475	872	78	538	761	773	383	868	46	1061	322	833	253	382	509	714	621	576						
Gap	650	813	839	717	614	493	506	830	360	410	671	778	935	508	1223	565	900	648	958	446	655	159	776	715	1023	396	569	399	956					
Grenoble	645	709	741	618	608	395	402	825	256	311	572	667	831	404	1119	466	796	567	854	441	551	55	672	611	920	297	465	295	852	103				
Le Havre	763	181	301	519	854	698	360	812	502	599	323	626	247	386	466	621	91	716	278	909	395	756	379	196	214	562	656	505	322	859	760			
Lille	886	123	519	671	936	781	390	989	532	540	406	803	118	468	756	704	381	799	114	992	253	764	183	313	504	644	552	506	73	889	790	321		
Limoges	274	528	260	105	325	169	327	409	380	495	231	222	651	195	612	92	461	187	684	380	501	509	615	339	586	218	652	434	682	612	513	533	617	
Lorient	635	579	253	431	700	678	632	685	773	871	419	498	645	537	133	601	340	696	680	829	686	989	728	418	361	713	950	777	724	1092	993	427	718	483
Lyon	528	605	574	493	613	303	298	728	152	225	405	542	727	300	1015	341	692	441	750	445	447	101	568	507	815	172	402	191	748	204	105	655	683	388
Le Mans	559	343	97	300	623	462	334	608	475	573	111	421	388	227	403	385	159	480	424	673	388	729	430	120	284	403	652	479	497	833	734	207	432	297
Marseille	519	916	919	762	483	432	610	699	463	536	751	647	1038	649	1270	529	1004	517	1062	315	758	329	880	818	1127	476	713	502	1059	180	273	966	995	617
Mende	323	722	626	416	341	151	433	568	370	442	457	451	845	356	970	253	765	222	878	296	665	309	809	533	888	175	620	409	876	308	276	727	811	327
Metz	984	360	617	770	1035	709	323	1088	311	263	505	901	469	476	919	802	573	897	462	899	157	526	167	412	696	546	210	269	440	664	565	538	370	714
Mont-de-Marsan	120	843	465	246	108	365	743	106	671	802	534	131	965	538	754	272	699	192	999	274	865	747	930	607	774	444	959	720	997	718	712	748	932	300
Montpellier	356	880	784	497	320	260	601	536	455	527	615	484	1002	514	1107	358	923	354	1036	152	750	335	871	691	1046	333	705	494	1034	306	300	885	969	446
Mulhouse	826	549	732	716	893	630	372	1020	233	130	585	834	658	449	1034	642	712	743	651	813	332	378	415	527	835	468	45	218	649	556	432	675	584	619
Nancy	852	379	590	713	918	656	265	1031	258	204	448	844	488	425	892	668	557	768	481	846	162	473	221	384	680	493	140	216	494	611	512	519	425	612
Nantes	460	518	88	255	524	503	509	509	650	748	254	323	563	373	299	426	295	521	599	654	563	824	605	295	316	549	827	654	672	927	828	382	607	307
Narbonne	265	920	727	508	228	300	685	445	539	611	655	393	1043	554	1016	350	963	262	1076	61	834	419	955	731	1036	373	789	577	1074	390	384	925	1009	438
Nevers	522	383	355	349	573	309	110	653	152	258	187	467	505	69	709	340	471	435	529	578	328	360	436	237	594	161	415	188	526	463	364	433	462	252
Nice	677	1073	1077	919	640	589	767	857	621	693	908	804	1196	807	1428	686	1161	674	1219	473	916	390	1037	976	1284	633	712	660	1217	241	334	1124	1152	774
Nîmes	402	854	774	645	365	314	547	582	401	473	605	530	976	504	1153	412	941	400	999	198	696	281	817	681	1064	323	651	444	997	255	247	904	932	500
Orange	454	802	805	697	417	366	496	634	349	422	637	582	924	535	1149	463	890	452	948	250	644	230	765	704	1013	362	599	388	945	148	195	852	881	578
Orléans	539	269	219	326	589	434	157	644	298	396	61	458	391	121	552	357	312	452	425	645	278	553	356	80	435	297	503	302	423	656	557	274	358	268
Paris	662	142	294	447	712	557	166	765	308	405	182	579	265	244	596	480	236	575	290	768	188	562	230	89	359	420	451	311	288	665	566	198	223	391
Pau	159	910	532	313	119	417	806	111	878	950	601	198	1032	675	821	394	766	307	1066	286	932	758	997	674	841	567	1128	917	1064	730	724	815	999	482
Périgueux	138	623	330	85	211	172	421	316	473	590	325	129	745	290	649	74	550	126	779	343	596	538	710	434	669	246	747	522	777	641	542	628	712	96
Perpignan	318	980	780	561	281	360	745	498	598	670	715	446	1102	614	1069	403	948	315	1136	114	893	478	1014	790	1088	433	848	637	1134	450	444	985	1069	491
Poitiers	384	472	134	113	449	292	373	434	514	612	163	247	594	192	517	214	353	309	628	503	494	593	559	236	477	271	719	518	626	697	598	401	561	126
Le Puy-en-Velay	411	677	581	445	428	169	430	655	284	356	412	494	800	311	925	293	720	300	833	384	578	222	700	488	843	130	533	322	831	256	227	683	766	341
Reims	798	173	431	583	848	693	208	901	343	334	318	715	282	340	733	616	386	711	275	904	47	558	85	225	510	556	346	301	273	696	597	352	208	527
Rennes	574	428	130	369	639	555	475	624	617	715	265	437	494	381	246	478	188	573	529	768	530	871	572	262	210	557	794	621	573	974	875	275	566	389
La Rochelle	322	608	190	147	387	401	509	372	651	748	299	185	662	330	442	300	441	353	698	516	631	729	696	394	462	407	855	654	762	832	733	481	697	229
Rodez	214	791	513	307	230	87	502	456	475	555	526	342	913	425	868	168	713	113	947	187	724	422	878	602	838	244	751	529	945	495	389	796	880	256
Rouen	750	119	294	481	789	634	295	799	437	534	259	613	185	321	499	557	124	652	217	845	333	691	318	132	247	497	591	440	261	794	695	87	258	468
Saint-Brieuc	674	472	232	469	740	657	578	724	719	817	367	537	538	483	144	580	232	675	572	869	632	973	674	364	254	659	896	723	617	1076	977	319	610	521
Saint-Étienne	502	664	589	467	552	245	357	702	211	283	421	516	786	319	933	315	751	415	809	464	506	150	627	496	874	146	461	250	807	253	154	714	742	362
Saint-Nazaire	524	549	142	320	589	567	562	574	704	802	308	387	615	426	273	490	309	585	649	718	617	878	659	349	331	602	881	708	694	981	882	396	661	372
Strasbourg	939	519	776	829	1005	743	484	1133	345	243	664	946	628	561	1078	755	732	855	621	925	316	482	326	571	855	580	71	330	599	638	535	697	530	731
Toulon	583	980	983	826	546	495	673	763	527	599	814	711	1102	713	1334	592	1067	581	1125	379	822	384	943	882	1191	540	777	566	1123	235	328	1030	1058	680
Toulouse	116	815	578	359	79	224	613	299	685	757	517	244	937	481	867	201	746	114	970	92	788	565	902	625	887	374	935	724	968	536	530	820	903	289
Tours	483	375	108	214	547	376	275	532	417	514	66	346	497	158	493	299	249	394	531	587	397	609	462	138	373	334	621	420	528	712	613	297	464	210
Troyes	692	294	434	525	742	497	81	844	228	220	261	657	403	238	736	510	414	605	396	816	82	443	203	229	537	349	312	186	394	581	482	377	329	421
Valence	549	706	709	586	513	280	399	729	253	325	540	677	828	439	1053	434	793	403	851	345	548	129	669	608	916	265	503	292	849	158	94	756	784	482
Valenciennes	872	128	505	657	923	768	377	976	517	508	393	789	172	455	745	690	367	785	164	978	221	732	130	300	494	631	534	475	123	870	771	307	54	602

Distances | Distances | Entfernungen | Afstandstabel

Les distances sont comptées à partir du centre-ville et par la route la plus pratique, c'est à dire celle qui offre les meilleures conditions de roulage, mais qui n'est pas nécessairement la plus courte.

Distances are shown in kilometres and are calculated from town/city centres along the most practicable roads, although not necessarily taking the shortest route.

Die Entfernungen gelten ab Stadtmitte unter Berücksichtigung der günstigsten, jedoch nicht immer kürzesten Strecke.

De afstanden zijn in km berekend van centrum tot centrum langs de geschickste, dus niet noodzakelijkerwijze de kortste route.

583 km

Le Mans - Toulouse

City	Lorient	Lyon	Le Mans	Marseille	Mende	Metz	Mont-de-Marsan	Montpellier	Mulhouse	Nancy	Nantes	Narbonne	Nevers	Nice	Nîmes	Orange	Orléans	Paris	Pau	Périgueux	Perpignan	Poitiers	Le Puy-en-Velay	Reims	Rennes	La Rochelle	Rodez	Rouen	Saint-Brieuc	Saint-Étienne	Saint-Nazaire	Strasbourg	Toulon	Toulouse	Tours	Troyes	Valence
Lyon	825																																				
Le Mans	310	625																																			
Marseille	1143	314	861																																		
Mende	877	220	568	271																																	
Metz	827	457	529	768	674																																
Mont-de-Marsan	627	615	549	587	432	1030																															
Montpellier	980	305	726	175	202	759	424																														
Mulhouse	942	370	644	681	588	232	927	670																													
Nancy	799	404	501	715	621	58	972	704	174																												
Nantes	172	662	184	966	713	705	450	803	817	677																											
Narbonne	889	389	732	259	242	843	333	96	757	791	714																										
Nevers	607	256	301	567	325	451	594	484	384	399	442	522																									
Nice	1301	471	1019	185	428	925	744	330	679	873	1126	416	724																								
Nîmes	1026	251	716	123	148	705	470	55	620	653	851	141	505	281																							
Orange	1057	200	747	116	185	653	522	107	568	601	903	193	453	274	56																						
Orléans	459	448	143	755	461	456	585	620	522	385	306	658	167	912	610	641																					
Paris	504	457	206	769	584	330	706	743	465	314	381	781	236	927	706	655	132																				
Pau	694	728	616	598	468	1097	82	435	1097	1130	519	344	726	756	481	533	653	774																			
Périgueux	522	417	386	580	329	810	200	409	716	706	347	402	349	738	463	515	362	487	262																		
Perpignan	942	448	785	319	302	902	386	156	817	850	767	64	584	476	201	253	719	843	396	457																	
Poitiers	390	431	189	776	482	659	374	568	738	601	215	561	266	934	622	662	216	336	441	198	615																
Le Puy-en-Velay	832	134	523	299	88	588	518	213	502	536	668	327	281	457	185	181	416	541	554	369	388	438															
Reims	640	488	342	800	720	189	842	788	379	209	517	874	348	957	737	686	268	144	909	622	935	471	620														
Rennes	154	767	154	1014	721	672	564	918	784	644	109	827	462	1172	964	900	303	349	632	458	880	264	676	486													
La Rochelle	315	567	283	829	634	796	312	666	874	737	141	575	403	987	712	763	352	472	379	227	628	140	574	609	254												
Rodez	741	333	550	364	113	797	322	193	719	745	566	231	395	522	247	299	530	655	355	222	292	379	200	745	643	522											
Rouen	465	587	205	898	661	476	740	820	604	454	380	858	365	1056	836	784	209	133	807	563	918	370	616	289	306	478	731										
Saint-Brieuc	116	869	257	1116	823	774	664	1018	886	746	210	927	564	1274	1064	1002	405	451	732	558	981	366	778	588	101	355	744	353									
Saint-Étienne	840	61	531	332	162	515	587	321	430	463	676	407	236	490	270	218	425	517	628	391	468	446	76	547	686	583	274	649	788								
Saint-Nazaire	146	716	238	1031	767	759	515	868	871	730	62	777	497	1189	914	946	361	436	582	408	830	280	722	573	123	205	654	430	186	731							
Strasbourg	986	482	688	794	700	163	1040	783	115	162	863	869	496	796	731	680	614	490	1208	826	929	817	614	348	831	954	812	635	933	542	917						
Toulon	1207	377	925	64	334	831	651	236	746	779	1032	322	631	149	187	180	819	833	662	646	383	840	354	863	1080	890	428	965	1182	397	1096	861					
Toulouse	740	535	583	405	266	989	183	242	903	937	565	151	533	563	288	340	554	678	198	255	204	412	353	815	679	423	155	755	778	428	629	1018	471				
Tours	359	447	85	792	498	562	473	657	640	503	195	646	229	949	647	678	118	238	540	299	699	102	453	375	246	240	463	272	347	462	248	721	857	496			
Troyes	644	373	346	685	513	239	784	674	302	188	521	760	247	843	622	571	198	171	851	516	820	414	505	123	489	551	583	312	591	433	575	349	750	707	316		
Valence	960	103	651	214	181	557	617	203	472	505	795	289	357	372	151	100	544	559	628	510	349	566	110	589	806	703	293	691	908	122	849	586	279	436	581	474	
Valenciennes	711	662	417	974	795	329	916	962	578	383	592	992	447	1131	911	860	343	208	983	697	1052	546	750	176	553	683	865	244	600	722	645	487	1039	888	448	300	763

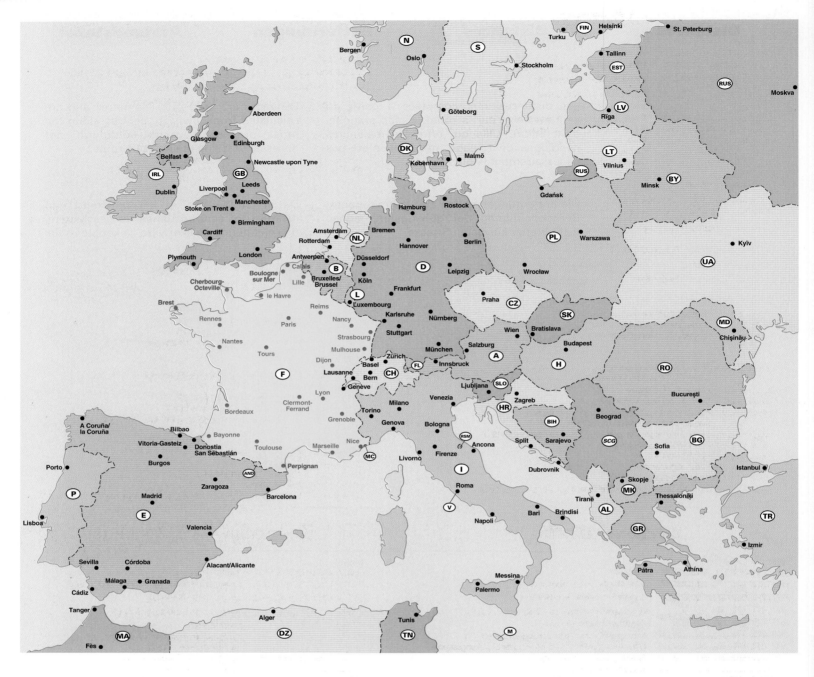

	Amsterdam	Antwerpen	Athína	Barcelona	Basel	Belfast	Beograd	Berlin	Bruxelles	București	Budapest	Dublin	Edinburgh	Genève	Hamburg	Hannover	Helsinki	Istanbul	København	Lisboa	London	Luxembourg	Madrid	Manchester	Milano	Moskva	München	Napoli	Oslo	Praha	Roma	Sevilla	Sofia	Stockholm	Torino	Warszawa	Wien	Zagreb
Bayonne	1274	1112	2275	533	1057	1502	1675	1818	1078	2775	2089	1338	1553	882	1669	1535	3106	3145	1980	969	1168	1113	499	1211	1168	3635	1464	1741	2468	1791	1522	1029	2558	2644	1058	2375	1981	1782
Bordeaux	1087	925	2183	562	871	1314	2015	1631	892	2615	1929	1150	1365	695	1482	1349	2919	2986	1793	1148	982	926	678	1024	1002	3448	1278	1689	2281	1605	1470	1208	2398	2458	866	2189	1704	1622
Brest	1043	881	2604	1185	1072	824	2371	1587	848	2878	2089	660	875	1092	1438	1305	2875	3342	1749	1778	430	944	1308	534	1401	3404	1410	2156	2237	1623	1937	1839	2754	2414	1323	2145	1831	1978
Calais	375	213	2248	1321	691	742	1914	938	206	2362	1573	578	735	753	770	655	2032	2884	1081	2023	115	420	1553	452	1028	2755	953	1812	1569	1056	1614	2084	2297	1745	996	1495	1315	1501
Cherbourg	791	630	2405	1204	873	672	2148	1336	596	2655	1866	507	722	893	1187	1053	2624	3119	1498	1798	187	721	1328	381	1202	3153	1187	1957	1986	1400	1738	1858	2531	2162	1124	1893	1608	1755
Clermont-Fd	929	767	1813	618	505	1295	1646	1320	733	2245	1560	1131	1443	320	1224	1087	2607	2616	1535	1523	823	605	1053	1004	632	3052	902	1355	2023	1160	1136	1583	2028	2199	496	1799	1329	1252
Dijon	742	582	1712	823	255	1312	1522	1055	541	2122	1329	1148	1305	192	947	810	2343	2493	1258	1799	685	180	1415	1022	509	2802	644	1264	1746	910	1045	1802	1905	1922	436	1549	1071	1129
Grenoble	1038	878	1551	629	398	1596	1384	1216	837	1983	1298	1432	1589	147	1209	1063	2503	2354	1520	1788	969	624	1222	1306	372	2945	729	1093	2019	1056	875	1609	1767	2184	235	1695	1156	990
Le Havre	605	443	2244	1171	712	846	1991	1149	409	2497	1708	682	897	732	1000	864	2437	2961	1311	1772	232	563	1302	556	1042	2966	1030	1796	1799	1242	1578	1833	2373	1975	963	1707	1450	1597
Lille	289	128	2200	1254	642	853	1787	852	114	2267	1478	689	845	686	685	569	1947	2757	996	1956	226	310	1486	562	979	2669	826	1763	1483	999	1566	2017	2170	1660	929	1410	1219	1394
Lyon	929	769	1622	634	407	1488	1454	1221	729	2054	1369	1323	1480	150	1134	998	2509	2425	1445	1693	861	515	1227	1197	441	2954	732	1164	1933	1062	945	1614	1837	2110	305	1701	1159	1061
Marseille	1241	1081	1603	504	671	1799	1504	1533	1040	2103	1418	1635	1791	420	1446	1309	2821	2474	1757	1663	1172	827	1097	1508	497	3266	984	1070	2245	1373	851	1484	1887	2421	372	2013	1310	1111
Mulhouse	686	565	1577	1003	34	1391	1318	854	525	1897	1108	1227	1383	286	801	655	2142	2288	1112	1974	764	312	1595	1100	371	2587	423	1140	1611	694	943	1982	1700	1776	436	1334	850	924
Nancy	530	370	1769	1036	212	1221	1455	844	330	1941	1152	1096	1242	366	736	599	2131	2425	1046	1996	594	116	1526	930	549	2619	494	1333	1534	731	1135	2016	1838	1571	564	1366	893	1062
Nantes	889	728	2275	883	856	987	2156	1434	694	2663	1874	823	1038	763	1285	1151	2722	3126	1596	1477	503	728	1007	696	1072	3251	1195	1885	2083	1407	1666	1537	2539	2260	1026	1991	1615	1762
Nice	1398	1238	1417	662	643	1957	1318	1347	1198	1917	1232	1793	1949	452	1421	1275	2634	2288	1731	1821	1330	985	1255	1666	310	3065	798	883	2231	1178	665	1642	1700	2208	210	1812	1123	924
Paris	506	344	2047	1029	506	1028	1783	1050	310	2290	1501	863	1020	535	901	768	2338	2753	1212	1731	400	355	1261	737	845	2867	822	1599	1700	1034	1381	1791	2166	1877	766	1608	1242	1389
Perpignan	1350	1188	1895	191	854	1717	1795	1668	1155	2395	1709	1552	1864	569	1581	1444	2956	2765	1892	1411	1245	962	783	1426	788	3401	1179	1361	2380	1509	1142	1170	2178	2557	678	2148	1601	1402
Reims	421	261	1976	1120	418	1014	1641	933	217	2148	1359	850	1006	480	782	650	2221	2611	1093	1868	387	214	1398	723	755	2748	680	1539	1581	892	1342	1928	2024	1757	723	1495	1100	1248
Rennes	850	689	2357	996	825	878	2124	1395	655	2631	1842	714	929	845	1246	1112	2683	3095	1557	1590	201	697	1120	588	1154	3212	1163	1909	2044	1376	1690	1650	2507	2221	1076	1952	1584	1731
Strasbourg	595	475	1698	1117	140	1359	1319	753	434	1805	1016	1195	1352	392	701	556	2041	2290	1012	2213	732	221	1710	1069	477	2488	359	1261	1511	596	1064	2097	1762	1616	542	1235	757	926
Toulouse	1186	1024	1981	320	940	1552	1881	1730	990	2481	1796	1388	1700	655	1581	1447	3018	2852	1892	1263	1080	1025	711	1269	874	3487	1265	1447	2380	1595	1228	1236	2264	2556	764	2234	1687	1488
Tours	746	584	2052	814	678	1069	1863	1290	550	2462	1730	905	1120	540	1141	1008	2578	2833	1452	1497	640	585	1027	778	850	3107	1052	1604	1940	1264	1386	1558	2246	2117	812	1848	1472	1470

Légende

Routes

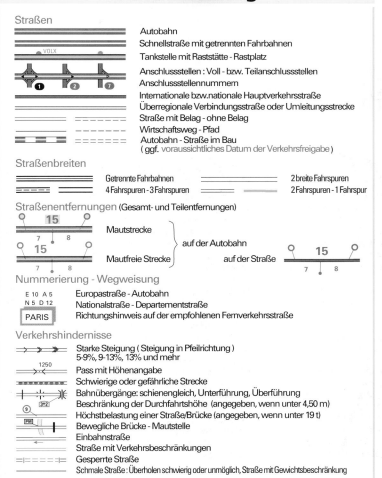

Autoroute
Double chaussée de type autoroutier
Aire de service - Aire de repos
Échangeurs : complet, partiels
Numéros d'échangeurs
Route de liaison internationale ou nationale
Route de liaison interrégionale ou de dégagement
Route revêtue - non revêtue
Chemin d'exploitation - Sentier
Autoroute - Route en construction
(le cas échéant : date de mise en service prévue)

Largeur des routes

Chaussées séparées
4 voies - 3 voies
2 voies larges
2 voies - 1 voie

Distances (totalisées et partielles)

Section à péage
Section libre
> sur autoroute
sur route

Numérotation - Signalisation

E 10 A 5
N 5 D 12
PARIS

Route européenne - Autoroute
Route nationale - départementale
Localités jalonnant les itinéraires principaux

Obstacles

Forte déclivité (flèches dans le sens de la montée)
de 5 à 9%, de 9 à 13%, 13% et plus
Col et sa cote d'altitude
Parcours difficile ou dangereux
Passages de la route : à niveau, supérieur, inférieur
Hauteur limitée (au-dessous de 4,50 m)
Limites de charge : d'un pont, d'une route (au-dessous de 19 t.)
Pont mobile - Barrière de péage
Route à sens unique
Route réglementée
Route interdite
Une voie étroite : croisement difficile, impossible, route à charge limitée

Key

Roads

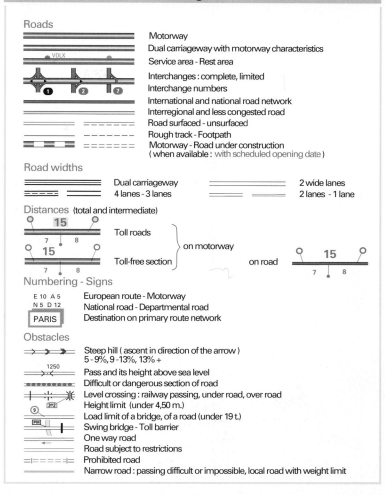

Motorway
Dual carriageway with motorway characteristics
Service area - Rest area
Interchanges : complete, limited
Interchange numbers
International and national road network
Interregional and less congested road
Road surfaced - unsurfaced
Rough track - Footpath
Motorway - Road under construction
(when available : with scheduled opening date)

Road widths

Dual carriageway
4 lanes - 3 lanes
2 wide lanes
2 lanes - 1 lane

Distances (total and intermediate)

Toll roads
Toll-free section
> on motorway
on road

Numbering - Signs

E 10 A 5
N 5 D 12
PARIS

European route - Motorway
National road - Departmental road
Destination on primary route network

Obstacles

Steep hill (ascent in direction of the arrow)
5 - 9%, 9 -13%, 13% +
Pass and its height above sea level
Difficult or dangerous section of road
Level crossing : railway passing, under road, over road
Height limit (under 4,50 m.)
Load limit of a bridge, of a road (under 19 t.)
Swing bridge - Toll barrier
One way road
Road subject to restrictions
Prohibited road
Narrow road : passing difficult or impossible, local road with weight limit

Zeichenerklärung

Straßen

Autobahn
Schnellstraße mit getrennten Fahrbahnen
Tankstelle mit Raststätte - Rastplatz
Anschlussstellen : Voll - bzw. Teilanschlussstellen
Anschlussstellennummern
Internationale bzw.nationale Hauptverkehrsstraße
Überregionale Verbindungsstraße oder Umleitungsstrecke
Straße mit Belag - ohne Belag
Wirtschaftsweg - Pfad
Autobahn - Straße im Bau
(ggf. voraussichtliches Datum der Verkehrsfreigabe)

Straßenbreiten

Getrennte Fahrbahnen
4 Fahrspuren - 3 Fahrspuren
2 breite Fahrspuren
2 Fahrspuren - 1 Fahrspur

Straßenentfernungen (Gesamt- und Teilentfernungen)

Mautstrecke
Mautfreie Strecke
> auf der Autobahn
auf der Straße

Nummerierung - Wegweisung

E 10 A 5
N 5 D 12
PARIS

Europastraße - Autobahn
Nationalstraße - Departementstraße
Richtungshinweis auf der empfohlenen Fernverkehrsstraße

Verkehrshindernisse

Starke Steigung (Steigung in Pfeilrichtung)
5-9%, 9-13%, 13% und mehr
Pass mit Höhenangabe
Schwierige oder gefährliche Strecke
Bahnübergänge: schienengleich, Unterführung, Überführung
Beschränkung der Durchfahrtshöhe (angegeben, wenn unter 4,50 m)
Höchstbelastung einer Straße/Brücke (angegeben, wenn unter 19 t)
Bewegliche Brücke - Mautstelle
Einbahnstraße
Straße mit Verkehrsbeschränkungen
Gesperrte Straße
Schmale Straße : Überholen schwierig oder unmöglich, Straße mit Gewichtsbeschränkung

Verklaring van de tekens

Wegen

Autosnelweg
Gescheiden rijbanen van het type autosnelweg
Serviceplaats - Rustplaats
Aansluitingen : volledig, gedeeltelijk
Afritnummers
Internationale of nationale verbindingsweg
Interregionale verbindingsweg
Verharde weg - Onverharde weg
Landbouwweg - Pad
Autosnelweg in aanleg - Weg in aanleg
(indien bekend: datum openstelling)

Breedte van de wegen

Gescheiden rijbanen
4 rijstroken - 3 rijstroken
2 brede rijstroken
2 rijstroken - 1 rijstrook

Afstanden (totaal en gedeeltelijk)

Gedeelte met tol
Tolvrij gedeelte
> Op autosnelwegen
Op andere wegen

Wegnummers - Bewegwijzering

E 10 A 5
N 5 D 12
PARIS

Europaweg - Autosnelweg
Nationale weg - Departementale weg
Plaatsen langs een hoofdweg met bewegwijzering

Hindernissen

Steile helling (pijlen in de richting van de helling)
5 - 9%, 9 - 13%, 13% of meer
Bergpas en hoogte boven de zeespiegel
Moeilijk of gevaarlijk traject
Wegovergangen: gelijkvloers, overheen, onderdoor
Vrije hoogte (indien lager dan 4,5 m)
Maximum draagvermogen : van een brug, van een weg (indien minder dan 19 t.)
Beweegbare brug - Tol
Weg met eenrichtingverkeer
Beperkt opengestelde weg
Verboden weg
Smalle weg (kruisen moeilijk of onmogelijk), weg met beperkt draagvermogen

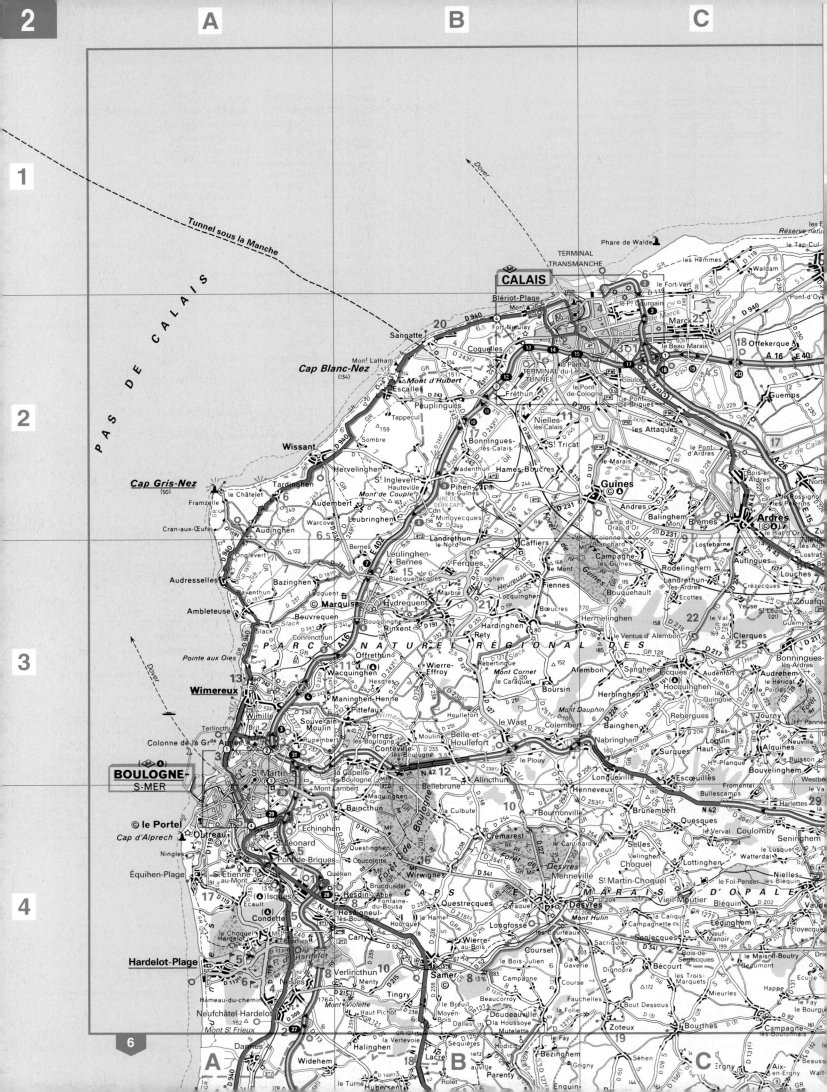

Map of the Pas-de-Calais / Somme region (grid reference section).

Grid markers: D3, E3, F 14, 7, 9, 1, 14, 2, 8, 3, 4, 18

Major towns and villages (partial):
St Martin, Fauquembergues, Audincthun, Renty, Coyecques, Enguinegatte, Delettes, Blessy, Witternesse, Treizennes, Guarbecque, Robecq, Busnes, Lillers, Ham-en-Artois, Mont-Ber, Reclinghem, Bomy, Rupigny, Fléchin, Ligny-lès-Aire, Rely, Norrent-Fontes, St Hilaire-Cottes, Linghem, Lespesses, Orgeville, Berguette, l'Eclème, Fruges, Radinghem, Senlis, Matringhem, Hézecques, Laires, Febvin-Palfart, Westrehem, Amettes, Nédon, Auchy-au-Bois, Burbure, Allouagne, Labeuvrière, Lapugnoy, Fouquereu, Coupelle-Vieille, Coupelle-Neuve, Verchin, Prédefin, Fontaine-lès-Boulans, Fiefs, Sains-lès-Pernes, Pressy, Pernes, Floringhem, Camblain-Châtelain, Calonne-Ricouart, Auchel, Marles-les-Mines, Gosnay, Hesdigneul, Ruitz, Heuchin, Équirre, Boyaval, Tangry, Marest, Bours, Ourton, Divion, Houdain, Beugin, Bruay-la-Buissière, Maisnil-les-Ruitz, Canlers, Crepy, Bergueneuse, Eps, Anvin, Donjon, Monneville, Valhuon, Dieval, Ranchicourt, Rebreuve-Ranchicourt, la Comté, Azincourt, Tramecourt, Teneur, Maisnil, Herbeval, Hestrus, Huclier, Belval, Britel, Bajus, la Thieuloye, Houvelin, Gauchin-Légal, Hermin, Fresnicourt-le-Dolmen, Tilly-Capelle, Monchy-Cayeux, Fleury, Conteville-en-Ternois, St Martin, Grossart, Monchy-Breton, Magnicourt-en-Comte, Frévillers, Caucourt, Estrée-Cauchy, les 4 Vents, Blangy-s-Ternoise, Humeroeuille, Sautricourt, Wavrans-s-Ternoise, Hernicourt, Brias, Troisvaux, Ostreville, Orlencourt, Marquay, Guesrteville, Chelers, Villers-Brûlin, Béthonsart, Mingoval, Hesdin, le Parcq, Neulette, Humières, Croix-en-Ternois, Ramecourt, St Pol-s-Ternoise, St Michel, Roëllecourt, Ligny-St Flochel, Tincques, Ternas, Averdoingt, Savy-Berlette, Agnières, Aubigny-en-Artois, Maroeuil, Vieil-Hesdin, Noyelles-lès-Humières, Siracourt, Herlin-le-Sec, Herlincourt, Hautecloque, Pronay, Wanchincourt, Foufflin-Ricametz, la Neuville-Planquette, Berles-Monchel, Tilloy-lès-Hermaville, Izel-lès-Hameaux, Hermaville, Watelet, Wail, Galametz, Linzeux, Blangermont, Framecourt, Flers, Maisnil, Neuville-au-Cornet, Mazières, Penin, Ambrines, Gouy-en-Ternois, Villers-Sir-Simon, le Hameau, Habarcq, Erquières, Fontaine-l'Étalon, Aubrometz, Monchel-s-Canche, Ecoivres, Moncheaux-lès-Frévent, la Montjoie, Nuncq-Hautecôte, Magnicourt-s-C., Sars-lès-le Noble, Givenchy-le Noble, Denier, Ligneuil, Manin, Noyelle-Vion, Avesnes-le-Comte, Lattre-St Quentin, Conchy-s-Canche, Haravesnes, Séricourt, Houvin-Houvigneul, Berlencourt-le-Cauroy, Beaufort-Blavincourt, Hauteville, Rougefay, Ligny-s-Canche, Frévent, Honval, Canettemont, Liencourt, Fosseux, Gouy-en-Artois, Vacquerie-le-Boucq, Cercamp, Rebreuve-s-Canche, Rosière, Grd Rullecourt, Beaudricourt, Barly, Fortel-en-Artois, Bouret-s-Canche, Rebreuviette, Estrée-Wamin, le Cauroy, Oppy, Sombrin, Boffles, Bonnières, la Couture, Ivergny, Beauvoir, le Souich, Forêt de Lucheux, Brévillers, Warluzel, Bavincourt, Saulty, Couturelle, la Herlière, Villers-l'Hôpital, Canteleux, Coullemont, Couin, Noeux-lès-Auxi, Auxi-le-Château, Beauvoir-Wavans, Neuvillette, St Léger, Humbercourt, la Belleue, Berles-au-Bois, Maizicourt, Frohen-le-Grand, Frohen-le-Petit, Barly, Bouquemaison, Grouches-Luchuel, Pommera, Warlincourt-lès-Pas, St Julien, Gaudiempré, Bienvillers-au-Bois, Montigny-les-Jongleurs, St Acheul, Remaisnil, Mézerolles, Outrebois, Occoches, Hte Visée, Milly, Mondicourt, Pas-en-Artois, Grincourt-lès-Pas, St Amand, Conteville, le Meillard, Boisbergues, Hem-Hardinval, Risquetout, Bout des Prés, Beaurepaire, Halloy, Hurtebise, St Léger-lès-Authie, Souastre, Domléger-Longvillers, Grimont, Mont-Renault, Gézaincourt, Doullens, Ampler, Orville, Famechon, Thièvres, Bayencourt, Cramont, Prouville, Hardinval, Authieule, Caumesnil, St Léger, la Haye, Coigneux, Mesnil-Domqueur, Beaumetz, Domesmont, Longuevillette, Sarton, Hénu, Bernaville, Ribeaucourt, Fienvillers, Beauval, Montplaisir, Marieux, Bus-lès-Artois, Domqueur, Fransu, Epécamps, Lanches-St Hilaire, Vacquerie, Gorges, Fieffes, Terramesnil, Vauchelles, Courcelles-au-Bois, Gorenflos

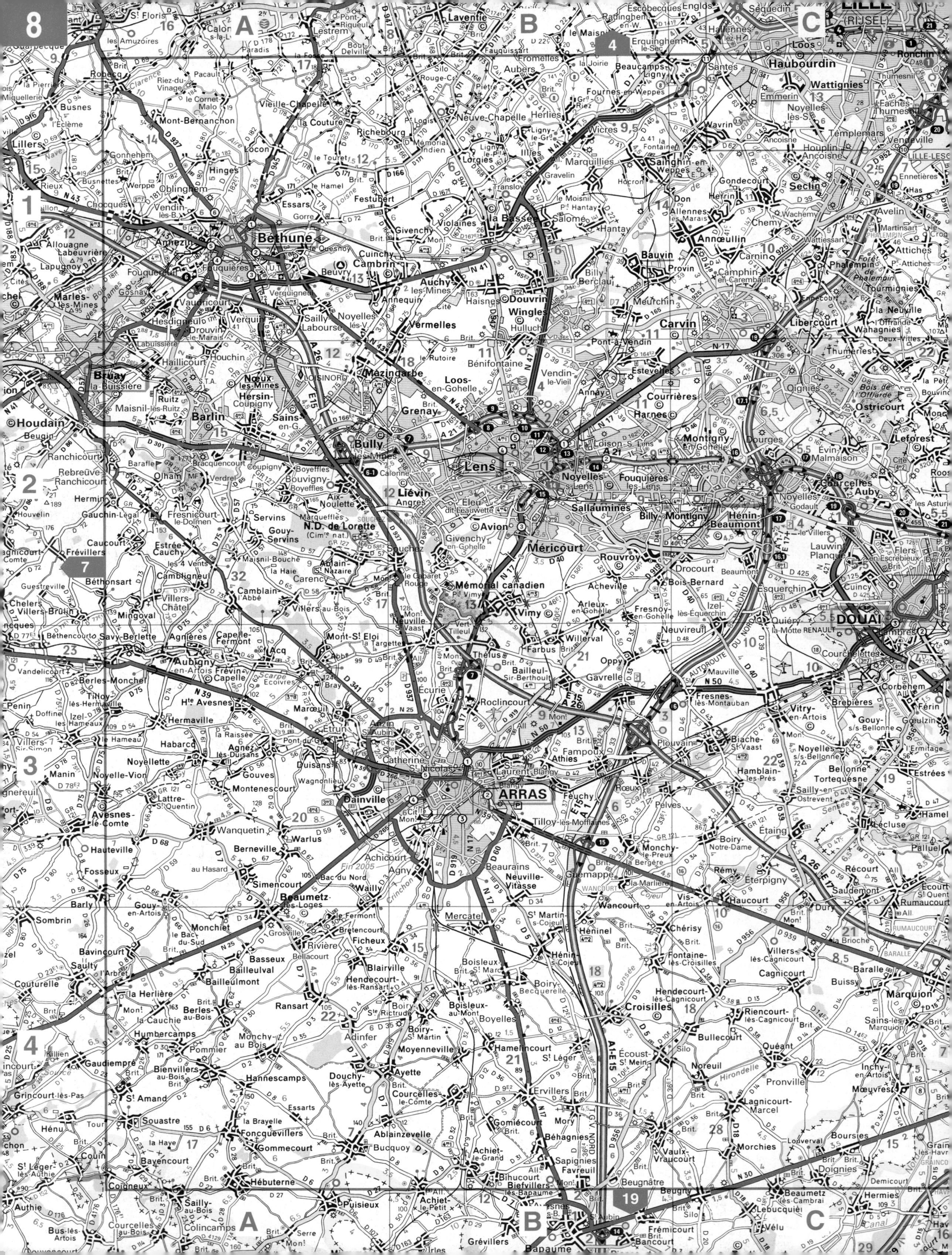
A
B
C
LILLE (RIJSEL)
Laventie
Lestrem
St Floris
Calonne-s-la-Lys
Escobecques
Englos
Sequedin
Radinghem-en-W.
Hallennes-lez-H.
Erquinghem-le-Sec
Loos
Hauhourdin
Ronchin
Fromelles
Aubers
Beaucamps-Ligny
Santes
Wattignies
Thumesnil
Robecq
Pacaut
Riez-du-Vinage
Vieille-Chapelle
La Couture
Neuve-Chapelle
Herlies
Fournes-en-Weppes
Busnes
Mont-Bernanchon
Richebourg
Wicres
Wavrin
Emmerin
Noyelles-lès-S.
Templemars
Vendeville
Lillers
Gonnehem
Locon
Lorgies
Illies
Marquillies
Sainghin-en-Weppes
Houplin-Ancoisne
Hinges
Oblinghem
Festubert
Essars
Gondecourt
Seclin
Chocques
Vendin-lès-B.
Gorre
Givenchy
Violaines
la Bassée
Salomé
Hantay
Don
Allennes-les-Marais
Annœullin
Chemy
Avelin
Béthune
Annezin
Allouagne
Labeuvrière
Lapugnoy
Fouquières
Fouquereuil
Cuinchy
Cambrin
Beuvry
Auchy-les-Mines
Bauvin
Provin
Billy-Berclau
Carnin
Camphin-en-Carembault
Phalempin
Attiches
Tourmignies
Marles-les-Mines
Gosnay
Vaudricourt
Verquigneul
Annequin
Haisnes
Douvrin
Wingles
Hulluch
Meurchin
Carvin
Libercourt
la Neuville
Wahagnies
Hesdigneul
Drouvin-le-Marais
Verquin
Sailly-Labourse
Noyelles-lès-V.
Vermelles
Pont-à-Vendin
Bruay-la-Buissière
Haillicourt
Houchin
Nœux-les-Mines
Mazingarbe
Bénifontaine
Vendin-le-Vieil
Estevelles
Thumeries
Ruitz
Maisnil-les-Ruitz
Hersin-Coupigny
Loos-en-Gohelle
Annay
Courrières
Oignies
Houdain
Barlin
Sains-en-G.
Grenay
Harnes
Ostricourt
Beugin
Bully-les-Mines
Lens
Montigny-en-Gohelle
Dourges
Leforest
Ranchicourt
Rebreuve-Ranchicourt
Olhain
Verdrel
Bouvigny-Boyeffles
Liévin
Noyelles-s-Lens
Fouquières-lès-Lens
Évin-Malmaison
Courcelles
Auby
Hermin
Gauchin-Légal
Fresnicourt-le-Dolmen
Servins
Aix-Noulette
Angres
Eleu-dit-Leauwette
Sallaumines
Billy-Montigny
Hénin-Beaumont
Noyelles-Godault
Caucourt
Estrée-Cauchy
Gouy-Servins
N.D. de Lorette
Avion
Méricourt
Rouvroy
Flers-en-Escrebieux
Frévillers
Camblain-l'Abbé
Ablain-St Nazaire
Carency
Souchez
Givenchy-en-Gohelle
Drocourt
Bois-Bernard
Lauwin-Planque
Cuincy
Villers-Châtel
Mont-St Eloi
Mémorial canadien
Vimy
Acheville
Esquerchin
Béthonsart
Mingoval
Villers-au-Bois
Neuville-St Vaast
Arleux-en-Gohelle
Fresnoy-en-Gohelle
Izel-lès-Équerchin
DOUAI
Savy-Berlette
Capelle-Fermont
Acq
Thélus
Farbus
Willerval
Neuvireuil
Quiéry-la-Motte
Aubigny-en-Artois
Frévin-Capelle
Écoivres
Bailleul-Sir-Berthoult
Oppy
Gavrelle
Courchelettes
Berles-Monchel
Tilloy-lès-Hermaville
Izel-les-Hameaux
Hte Avesnes
Marœuil
Écurie
Roclincourt
Fresnes-lès-Montauban
Vitry-en-Artois
Brebières
Corbehem
Hermaville
Habarcq
Agnez-lès-Duisans
Anzin-St Aubin
Ste Catherine
St Nicolas
St Laurent-Blangy
Athies
Fampoux
Plouvain
Biache-St Vaast
Gouy-s/s-Bellonne
Noyelle-Vion
Noyellette
Gouves
Duisans
Dainville
ARRAS
Feuchy
Rœux
Hamblain-les-Prés
Noyelles-s/s-Bellonne
Estrées
Manin
Montenescourt
Wagnonlieu
Tilloy-lès-Mofflaines
Pelves
Sailly-en-Ostrevent
Avesnes-le-Comte
Lattre-St Quentin
Wanquetin
Warlus
Étaing
Lécluse
Hauteville
Berneville
Achicourt
Agny
Beaurains
Neuville-Vitasse
Monchy-le-Preux
Boiry-Notre-Dame
Fosseux
Simencourt
Wailly
Guémappe
Rémy
Éterpigny
Récourt
Saudemont
Barly
Gouy-en-Artois
Beaumetz-lès-Loges
Wancourt
Haucourt
Vis-en-Artois
Dury
Rumaucourt
Écourt-St Quentin
Sombrin
Monchiet
Grosville
Rivière
Ficheux
Mercatel
St Martin-s-Cojeul
Héninel
Chérisy
Villers-lès-Cagnicourt
Bavincourt
Saulty
Basseux
Bailleulval
Blairville
Boisleux-St Marc
Hénin-s-Cojeul
Fontaine-lès-Croisilles
Cagnicourt
Baralle
Buissy
Marquion
Couturelle
Bailleulmont
Hendecourt-lès-Ransart
Boiry-Becquerelle
Hendecourt-lès-Cagnicourt
La Herlière
Berles-au-Bois
Ransart
Boiry-Ste Rictrude
Boisleux-au-Mont
Boyelles
Croisilles
Riencourt-lès-Cagnicourt
Sains-lès-Marquion
La Cauchie
Humbercamps
Pommier
Monchy-au-Bois
Adinfer
Boiry-St Martin
Moyenneville
Hamelincourt
St Léger
Écoust-St Mein
Bullecourt
Quéant
Gaudiempré
Bienvillers-au-Bois
Hannescamps
Douchy-lès-Ayette
Ayette
Courcelles-le-Comte
Ervillers
Noreuil
Pronville
Inchy-en-Artois
Mœuvres
Grincourt-lès-Pas
St Amand
Essarts
Gomiécourt
Mory
Lagnicourt-Marcel
Hénu
Souastre
Foncquevillers
Gommecourt
Ablainzevelle
Bucquoy
Achiet-le-Grand
Béhagnies
Sapignies
Favreuil
Vaulx-Vraucourt
Morchies
Boursies
Louverval
Doignies
Coin
St Léger-lès-Authie
Bayencourt
Coigneux
Hébuterne
Puisieux
Bihucourt
Biefvillers-lès-Bapaume
Beugnâtre
Beugny
Beaumetz-lès-Cambrai
Hermies
Demicourt
Authie
Sailly-au-Bois
Colincamps
Achiet-le-Petit
Serre
Grévillers
Bapaume
Frémicourt
Bancourt
Lebucquière
Vélu
Havrincourt
Bus-lès-Artois
Courcelles-au-Bois
A 21
A 26
A1-E15
E 17
E 15
N 17
N 25
N 39
N 41
N 43
N 47
N 50
D 937
D 341
D 919
D 956
AUTOROUTE DU NORD
T.G.V. NORD
4
7
19

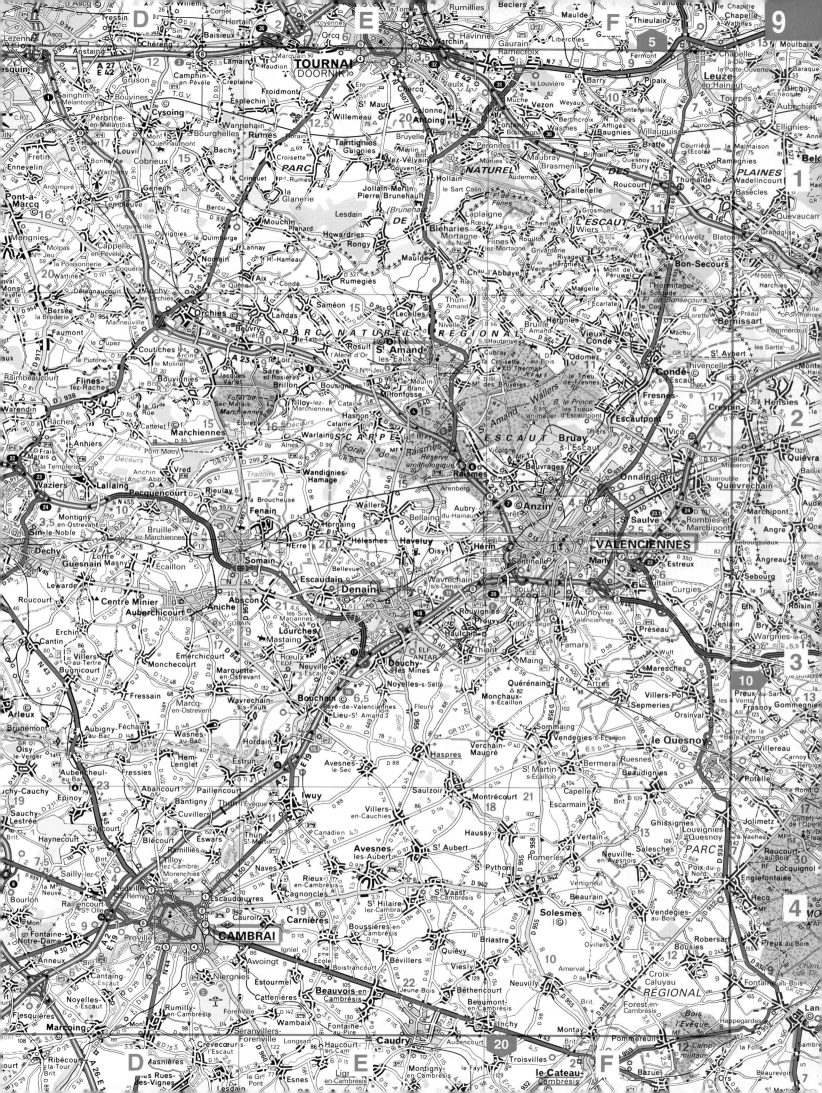

Abbeville

Brutelles · Poutrincourt · Tilloy · Saigneville · Cahon · Gouy · Caours · St Riquier · Neufmoulin · Drucat · Oneux · Coulonvillers · Saisons · Ribeaucourt · Mesnil-Domqueu

St Blimont · Elincourt · Mons-Boubert · Quesnoy-le-Montant · Campagne · Hymmeville · Cambron · Mautort · la Bouvaque · Maison-Roland · le Plouy · Domqueur · Fransu · Barlette

Bourseville · Offeux · Ochancourt · Miannay · Moyenneville · Chaussoy · Bagatelle · Vauchelles-lès-Quesnoy · Bussus-Bussuel · Gorenflos · Franqueville

Friville-Escarbotin · Franleu · Valines · Acheux-en-Vimeu · Béhen · Huchenneville · Mareuil-Caubert · Épagnette · Bellancourt · Buigny-l'Abbé · Famechon · Surcamps

Woincourt · Fressenneville · Tours-en-Vimeu · les Alleux · Bray-lès-Mareuil · Erondelle · Pont-Remy · Cocquerel · Ailly-le-Clocher · Villers-s/s-Ailly · Brucamps

Dargnies · Feuquières-en-Vimeu · Courcelles · Ercourt · Limercourt · Inval-Caumont · Bailleul · Liercourt · Long · Longuet · Bouchon · Mouflers

Bouvincourt · Gamaches · Aigneville · Martainneville · Grébault-Mesnil · Huppy · Limeux · Fontaine-s-Somme · Longpré-les-Corps-Saints · l'Étoile · Ville-le-Marclet

Maisnières · Vismes · Vaux-Marquenneville · Frucourt · Hocquincourt · Grandsart · Sorel-en-Vimeu · Condé-Folie · Bourdon

Bouillancourt-en-Séry · Biencourt · Fresnes-Tilloloy · Citerne · Hallencourt · Bettencourt-Rivière · Hangest-s-Somme · Crouy-St Pierre

Bazinval · le Translay · Cerisy-Buleux · Rambures · Neuville-au-Bois · Forceville-en-Vimeu · Wiry-au-Mont · Allery · Airaines · Quesnoy-s-Airaines · le Mesge

Monchaux-Soreng · Rieux · Bouttencourt · Oisemont · Villeroy · Fontaine-le-Sec · Woirel · Métigny · Laleu · Tailly · Cavillon · Fourdrinoy

Blangy-s-Bresle · Neslette · Ramburelles · Mouflières · Aumâtre · Vergies · Heucourt-Croquoison · Avelesges · Warlus · Riencourt · Montagne-Fayel

Nesle-Normandeuse · Nesle-l'Hôpital · Lignières-en-Vimeu · Bermesnil · Freshoy-Andainville · St Maulvis · Belloy-St Léonard · Méricourt-en-Vimeu · Oissy

Pierrecourt · Senarpont · Mesnil-Eudin · Andainville · Avesnes-Chaussoy · Fresneville · le Chaussoy · Aumont · Molliens-Dreuil · Camps-en-Amiénois · Floxicourt

St Riquier-en-Rivière · Campneuseville · Hodeng-au-Bosc · Inval-Boiron · le Mazis · Dromesnil · Hallivillers · Seux · Bougainville

Fallencourt · les Buissons · le Sainfoin · St Léger-sur-Bresle · le Quesne · Arguel · Liomer · Villers-Campsart · Boisrault · St Aubin-Montenoy · Fluy

Foucarmont · Réalcamp · Bouafles · Neuville-Coppegueule · Beaucamps-le-Vieux · Brocourt · Hornoy-le-Bourg · Gouy-l'Hôpital · Fricamps · Bussy-lès-Poix · Revelles

Aubermont · St Léger-aux-Bois · Richemont · St Martin-au-Bosc · St Germain-sur-Bresle · Lafresguimont-St Martin · Boulainvillers · Hermilly · Courcelles-sous-Moyencourt

Aubéguimont · Guémicourt · Beaucamps-le-Jeune · Watiéville · Lafresnoye · Lamaronde · Bettembos · Moyencourt-lès-Poix · Croixrault · Fosse-Bleuet

Ellecourt · Morienne · Orival · Offignies · Morvillers-St Saturnin · Caulières · Éplessier · Poix-de-Picardie · Velennes

Marques · Aumale · Cardonnoy · St Saturnin · Lignières-Châtelain · Lachapelle · Blangy-s-Poix · Uzenneville · Fréteval

Nullemont · Barques · Culvreuse · Fourcigny · Marlers · Meigneux · Saulchoy-s-Poix · Famechon · Fréfontiers

Mortemer · Illois · Épine · la Couture-Villers · Fleuzy · Digeon · Beaurepaire · Ste Segrée · Souplicourt · Thieulloy-la-Ville · Equennes-Éramecourt · Guizancourt · Contre · Fleury

Flamets-Frétils · Graval · Haudricourt · Quincampoix-Fleuzy · Escles-St Pierre · Mesnil-Huchon · Frettemolle · Brettemont · Mérélessart · Éramecourt · Bergicourt · Brassy · Courcelles-s/s-Moyencourt

Ronchois · Beaufresne · Haudricourt-au-Bois · St Valery · Vallalet · Fouilloy · Hescamps · Agnières · St Martin-le-Pauvre · Taussac · Lahaye-St Romain · Dargies · Thoix · Belleuse

Ronchois · Dranville · Lannoy-Cuillère · la Neuville-Gouvion · Gourchelles · St Clair · Handicourt · Daméraucourt · Offoy

Conteville · Criquiers · Blargies · Romescamps · St Thibault · Sarcus · Sommereux · Laverrière · Lavacquerie · le Mesnil-Conteville

le Campdos · la Chapelle · Abancourt · Hennicourt · Belleville · la Neuville · Haleine · Sarnois · Grandvilliers · Cempuis · Halloy · le Hamel

Compainville · Gaillefontaine · Vallabonnet · Redderies · Molliens · Broquiers · Brombos · Briot · Thieuloy-St Antoine · Choqueuse-les-Bénards

le Thil-Riberpré · Haucourt · Formerie · Villedieu · Boutavent · Feuquières · Marcoquet · Hautbos · Grez · Rieux

Serqueux · Muraumont · Campeaux · Arnoult · Ecatelet · Hétomesnil · le Saulchoy

Forges-les-Eaux · Longmesnil · Mondeville · Grumesnil · Coglanie-le-Bas · Omécourt · Petit Lihus · Oivillers · le Gallet

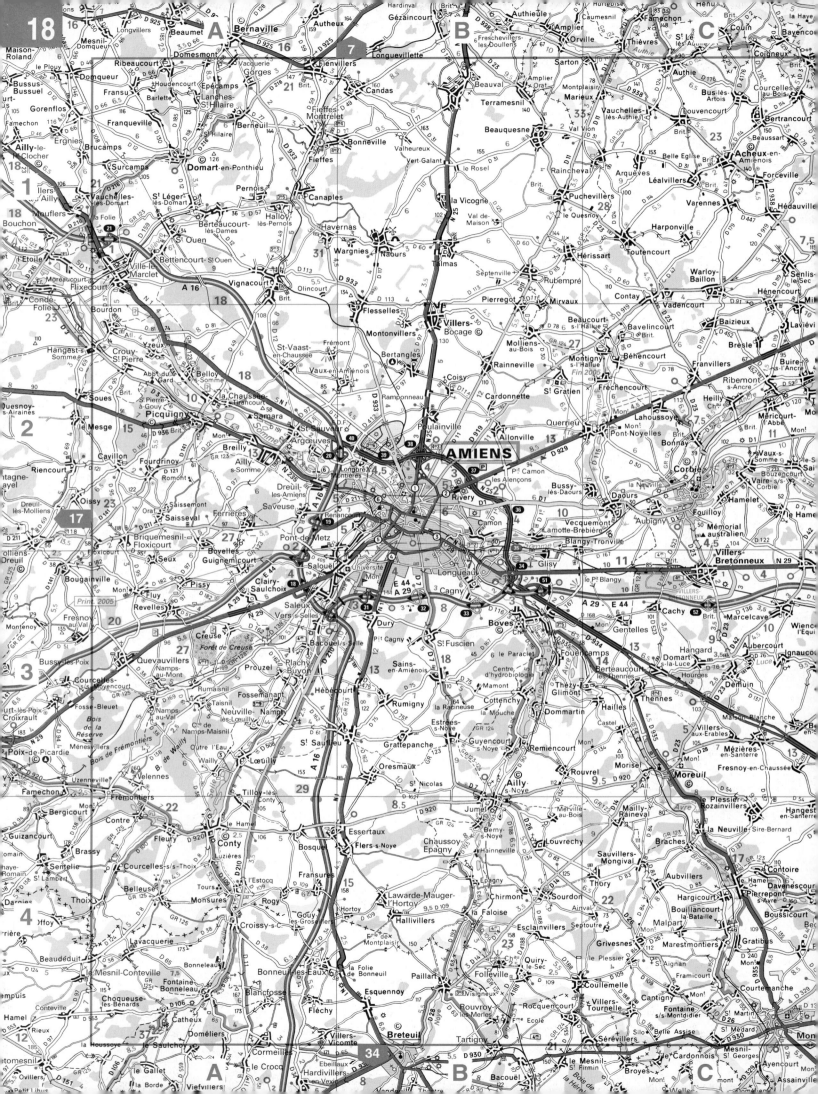

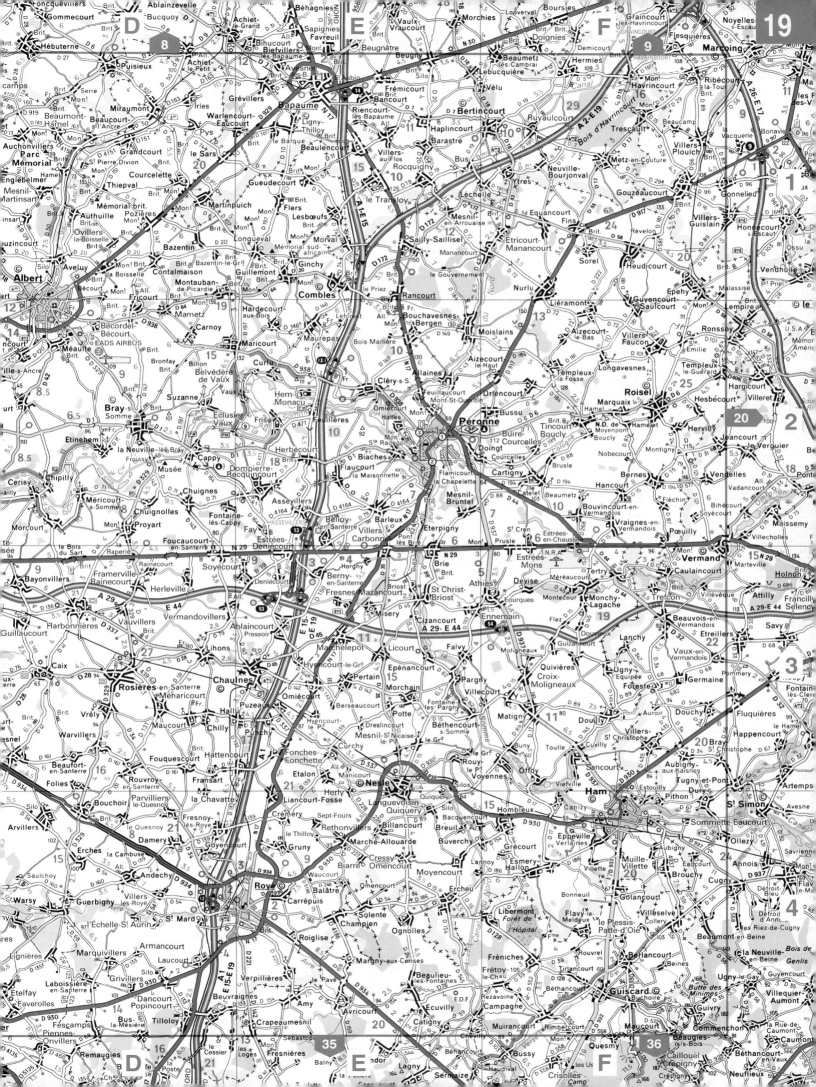

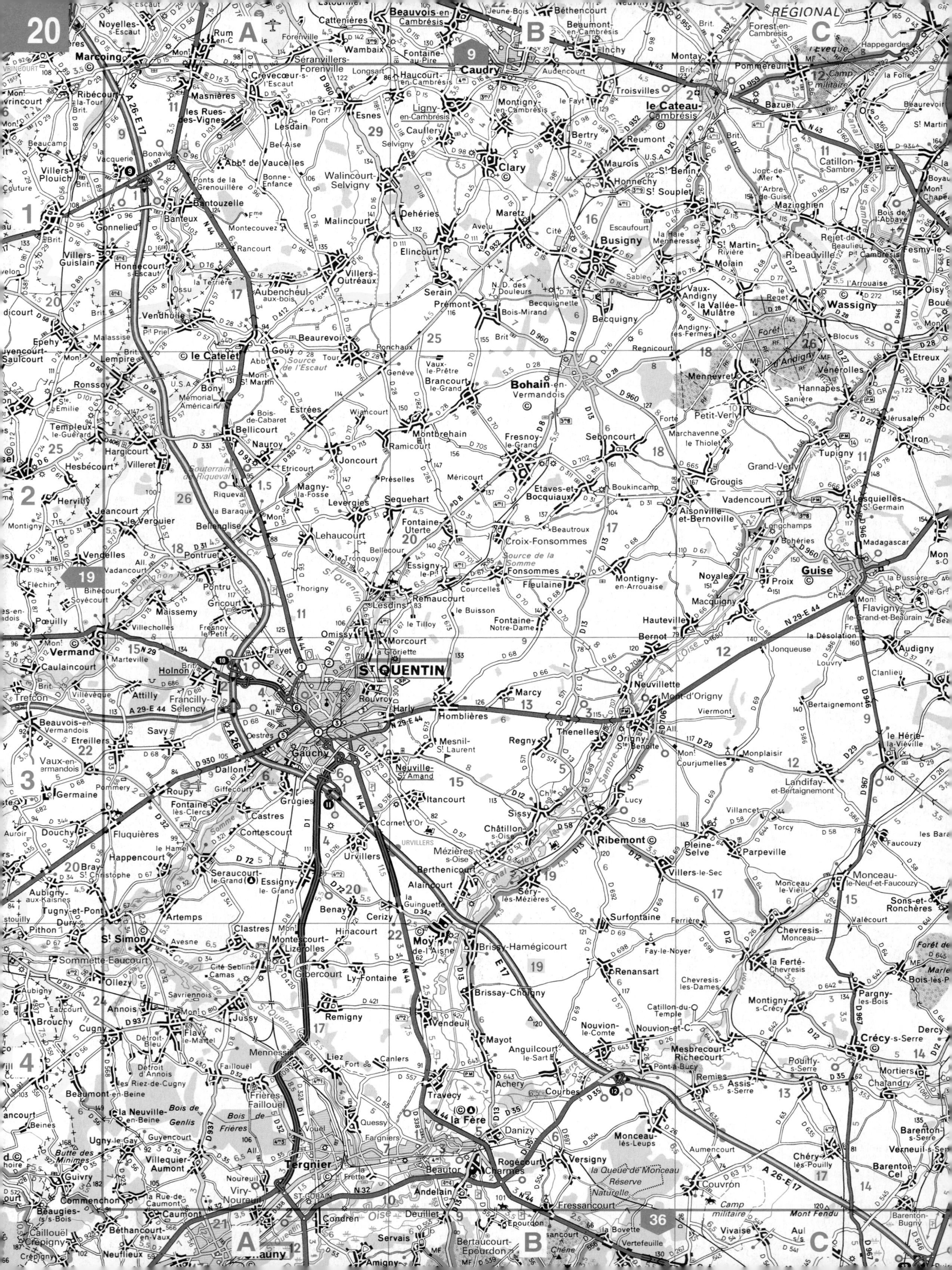
A
B
C
1
2
3
4
9
19
36
Marcoing
Noyelles-s-Escaut
Cattenières
Beauvois-en-Cambrésis
Caudry
Inchy
Le Cateau-Cambrésis
Forest-en-Cambrésis
Pommereuil
Camp militaire
Bazuel
Ors
Catillon-s-Sambre
Masnières
Crèvecœur-s-l'Escaut
Esnes
Lesdain
Ligny-en-Cambrésis
Caullery
Clary
Bertry
Reumont
Maurois
Honnechy
St Benin
St Souplet
Mazinghien
Villers-Plouich
Gonnelieu
Banteux
Bantouzelle
Walincourt-Selvigny
Malincourt
Dehéries
Elincourt
Maretz
Busigny
Escaufourt
Molain
Ribeauville
Rejet-de-Beaulieu
Villers-Guislain
Honnecourt-s-Escaut
Villers-Outréaux
Aubencheul-aux-Bois
Serain
Prémont
Vaux-Andigny
La Vallée-Mulâtre
Wassigny
Epehy
Vendhuile
le Catelet
Gouy
Beaurevoir
Bohain-en-Vermandois
Becquigny
Forêt d'Andigny
Mennevret
Vénérolles
Etreux
Hannapes
Ronssoy
Templeux-le-Guérard
Hargicourt
Villeret
Bellicourt
Nauroy
Estrées
Joncourt
Montbrehain
Ramicourt
Fresnoy-le-Grand
Seboncourt
Petit-Verly
Grand-Verly
Tupigny
Hervilly
Jeancourt
Le Verguier
Bellenglise
Magny-la-Fosse
Levergies
Sequehart
Etaves-et-Bocquiaux
Grougis
Vadencourt
Aisonville-et-Bernoville
Lesquielles-St-Germain
Vendelles
Pontruet
Lehaucourt
Fontaine-Uterte
Croix-Fonsommes
Source de la Somme
Fonsommes
Fieulaine
Montigny-en-Arrouaise
Noyales
Proix
Guise
Maissemy
Gricourt
Lesdins
Remaucourt
Fontaine-Notre-Dame
Macquigny
Hauteville
Flavigny-le-Grand-et-Beaurain
Vermand
Holnon
Fayet
Omissy
Morcourt
St QUENTIN
Marcy
Bernot
Audigny
Caulaincourt
Attilly
Francilly-Selency
Rouvroy
Harly
Homblières
Neuvillette
Mont-d'Origny
Beauvois-en-Vermandois
Savy
Gauchy
Mesnil-St Laurent
Regny
Thenelles
Origny-Ste Benoite
Le Hérie-la-Viéville
Vaux-en-Vermandois
Dallon
Roupy
Fontaine-lès-Clercs
Grugies
Neuville-St Amand
Itancourt
Sissy
Ribemont
Landifay-et-Bertaignemont
Germaine
Douchy
Fluquières
Castres
Contescourt
Urvillers
Châtillon-s-Oise
Mézières-s-Oise
Pleine-Selve
Parpeville
Happencourt
Seraucourt-le-Grand
Essigny-le-Grand
Benay
Cerizy
Alaincourt
Séry-lès-Mézières
Villers-le-Sec
Monceau-le-Neuf-et-Faucouzy
Sons-et-Ronchères
St Simon
Artemps
Clastres
Montescourt-Lizerolles
Moy-de-l'Aisne
Brissy-Hamégicourt
Surfontaine
Chevresis-Monceau
Sommette-Eaucourt
Ollezy
Annois
Jussy
Remigny
Vendeuil
Renansart
La Ferté-Chevresis
Pargny-les-Bois
Brouchy
Cugny
Flavy-le-Martel
Mennessis
Liez
Mayot
Anguilcourt-le-Sart
Nouvion-le-Comte
Nouvion-et-Catillon
Mesbrecourt-Richecourt
Crécy-s-Serre
Beaumont-en-Beine
Frières-Faillouël
Travecy
Achery
Courbes
Pont-à-Bucy
Remies
Assis-s-Serre
Mortiers
Chalandry
La Neuville-en-Beine
Bois de Genlis
Quessy
Fargniers
La Fère
Danizy
Monceau-lès-Leups
Barenton-s-Serre
Ugny-le-Gay
Villequier-Aumont
Tergnier
Beautor
Charmes
Rogécourt
Versigny
La Queue de Monceau Réserve Naturelle
Couvron
Chéry-lès-Pouilly
Barenton-Cel
Verneuil-s-Serre
Guivry
Commenchon
Caumont
Viry-Noureuil
Andelain
Fressancourt
Camp militaire
Beaugies-s/s-Bois
Béthancourt-en-Vaux
Condren
Deuillet
Servais
Bertaucourt-Epourdon
Vivaise
Aulnois
Mont Fendu
A 26-E 17
A 29-E 44
N 29-E 44
N 44
N 43
D 960
Canal de St Quentin
Sambre-Oise
Oise
Somme

Beauraing · Javingue · Pondrôme · Martouzin · Lavaux-Ste-Anne · Ave-et-Auffe · Lesterny · Grupont

Wellin · Froidlieu · Halma · Chanly · Tellin · Bure · Awenne · Mirwart

Daverdisse · Haut-Fays · Gembes · Redu · Transinne · Libin · St-Hubert

Gedinne · Porcheresse · Maissin · Anloy · Ochamps

Bièvre · Graide · Opont · Framont · Jehonville · Libramont

Orchimont · Viesse · Bohan · Monceau-en-Ardenne · Naomé · Paliseul · Merny · Carlsbourg · Offagne · Bertrix · Orgeo

Alle · Rochehaut · Ucimont · Botassart · Sensenruth · Noirefontaine · les Hayons · Auby · Cugnon

Poupehan · Corbion · Bouillon · Dohan · Herbeumont · Chiny

Sedan · Givonne · Villers-Cernay · Muno · Chassepierre · Florenville

Bazeilles · Douzy · Brévilly · Sachy · Osnes · Tremblois-lès-Carignan · Williers · Mogues

Mouzon · Carignan · Blagny · Linay · Sailly · Villy · Margut

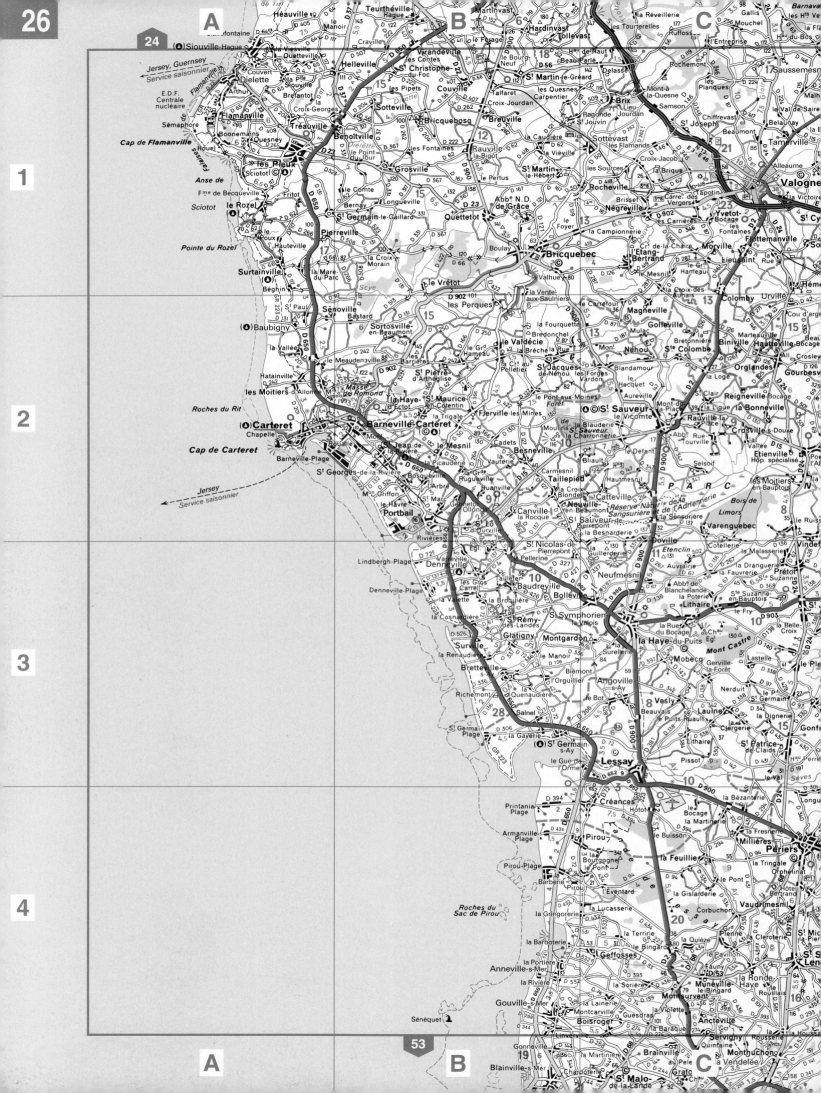

A
B
C
1
2
3
4
16
15
31
58
ROUEN
St Martin-aux-Arbres
Motteville
Cideville
Emanville
Limésy
St Austreberthe
Pavilly
Barentin
Villers-Ecalles
Duclair
Anneville-Ambourville
Bardouville
Canteleu
Montigny
Maromme
Déville-lès-Rouen
Mont-St Aignan
Bois-Guillaume
Bihorel
Darnétal
N.D. de Bondeville
le Houlme
Malaunay
Montville
Clères
Quincampoix
Isneauville
Houppeville
Fontaine-le-Bourg
Cailly
Critot
Esteville
Yquebeuf
Cottévrard
Bosc-Bérenger
Frichemesnil
Authieux-Ratiéville
Bosc-le-Hard
Grugny
Anceaumeville
Fresquiennes
Sierville
St Germain-s/s-Cailly
la Rue-St Pierre
St André-s-Cailly
St Georges-s-Fontaine
Vieux-Manoir
Longuerue
Bierville
St Germain-des-Essourts
Morgny-la-Pommeraye
Blainville-Crevon
Catenay
Buchy
Montérolier
Mathonville
Bosc-Bordel
Bosc-Roger-s-Buchy
Bosc-Edeline
Bosc-Hérault
Ste Croix-s-Buchy
Ernemont-s-Buchy
Héronchelles
Boissay
Bois-Guilbert
Rebets
St Aignan-s-Ry
Grainville-s-Ry
Servaville-Salmonville
la Vieux-Rue
Préaux
Fontaine-s/s-Préaux
St Martin-du-Vivier
Roncherolles-s-le-Vivier
St Jacques-s-Darnétal
Bois-l'Évêque
Martainville-Épreville
Auzouville-s-Ry
St Denis-le-Thiboult
Elbeuf-s-Andelle
Morville-s-Andelle
le Héron
Vascœuil
Perriers-s-Andelle
Croisy-s-Andelle
la Haye
Letteguives
Perruel
Bonsecours
St Aubin-Épinay
Montmain
Franqueville-St-Pierre
Mesnil-Raoul
Fresne-le-Plan
Boos
Belbeuf
Renneville
Bourg-Beaudouin
Vandrimare
Fleury-s-Andelle
Charleval
Grainville
Radepont
Abbe de Fontaine-Guérard
Ménesqueville
Touffreville
Douville-s-Andelle
Romilly-s-Andelle
Pont-St Pierre
Pîtres
Amfreville-sous-les-Monts
Côte des 2 Amants
Flipou
Amfreville-les-Champs
Bacqueville
Écouis
Grand Quevilly
Petit-Quevilly
Sotteville
Petit-Couronne
St Etienne-du-Rouvray
Amfreville-la-Mi-Voie
Grd Couronne
Oissel
Tourville-la-Rivière
Sahurs
la Bouille
Moulineaux
Hautot-s-Seine
Val-de-la-Haye
Quevillon
St Pierre-de-Manneville
St Martin-de-Boscherville
Forêt de Roumare
Château de Robert-le-Diable
Bourgtheroulde-Infreville
Orival
Cléon
Freneuse
St Aubin-lès-E.
Elbeuf
Caudebec-lès-E.
St Pierre-lès-E.
Criquebeuf-s-S.
Pont-de-l'Arche
Alizay
Igoville
Val-de-Reuil
Léry
Poses
Tournedos-s-Seine
le Vaudreuil
Porte-Joie
St Etienne-du-Vauvray
St Pierre-du-Vauvray
Andé
Muids
Connelles
Herqueville
Vatteville
Heuqueville
Daubeuf-près-Vatteville
Cuverville
le Thuit
la Roquette
Bernières-s-S.
Tosny
les Andelys
Chau Gaillard
Vézillon
Bouafles
Forêt des Andelys
Courcelles-s-Seine
Port-Mort
Gaillon
St Pierre-la-Garenne
Aubevoye
Ste Barbe-sur-G.
Villers-sur-le-Roule
Fontaine-Bellenger
Heudebouville
Vironvay
Vieux-Rouen
Louviers
Incarville
Pinterville
Acquigny
Ailly
Gruchet
les Quaizes
Montaure
Tostes
la Haye-Malherbe
Surtauville
Crasville
Surville
Quatremare
le Mesnil-Jourdain
Canappeville
Amfreville-s-Iton
Hondouville
Houetteville
la Vacherie
Vraiville
Mandeville
Fouqueville
la Harengère
St Didier-des-Bois
St Amand-des-Hautes-Terres
St Germain-de-Pasquier
le Bec-Thomas
St Ouen-de-Pontcheuil
Tourville-la-Campagne
Amfreville-la-Campagne
Crestot
Criquebeuf-la-Campagne
Hectomare
Cesseville
Écquetot
Daubeuf-la-Campagne
Crosville-la-Vieille
le Neubourg
Vitot
Marbeuf
Villettes
Venon
le Tronca
Épégard
la Saussaye
St Cyr-la-Campagne
Thuit-Anger
le Thuit-Signol
St Ouen-du-Tilleul
le Bosc-Roger-en-Roumois
Bosnormand
la Londe
Mauny
Caumont
la Saussaye
Lyons
Seine

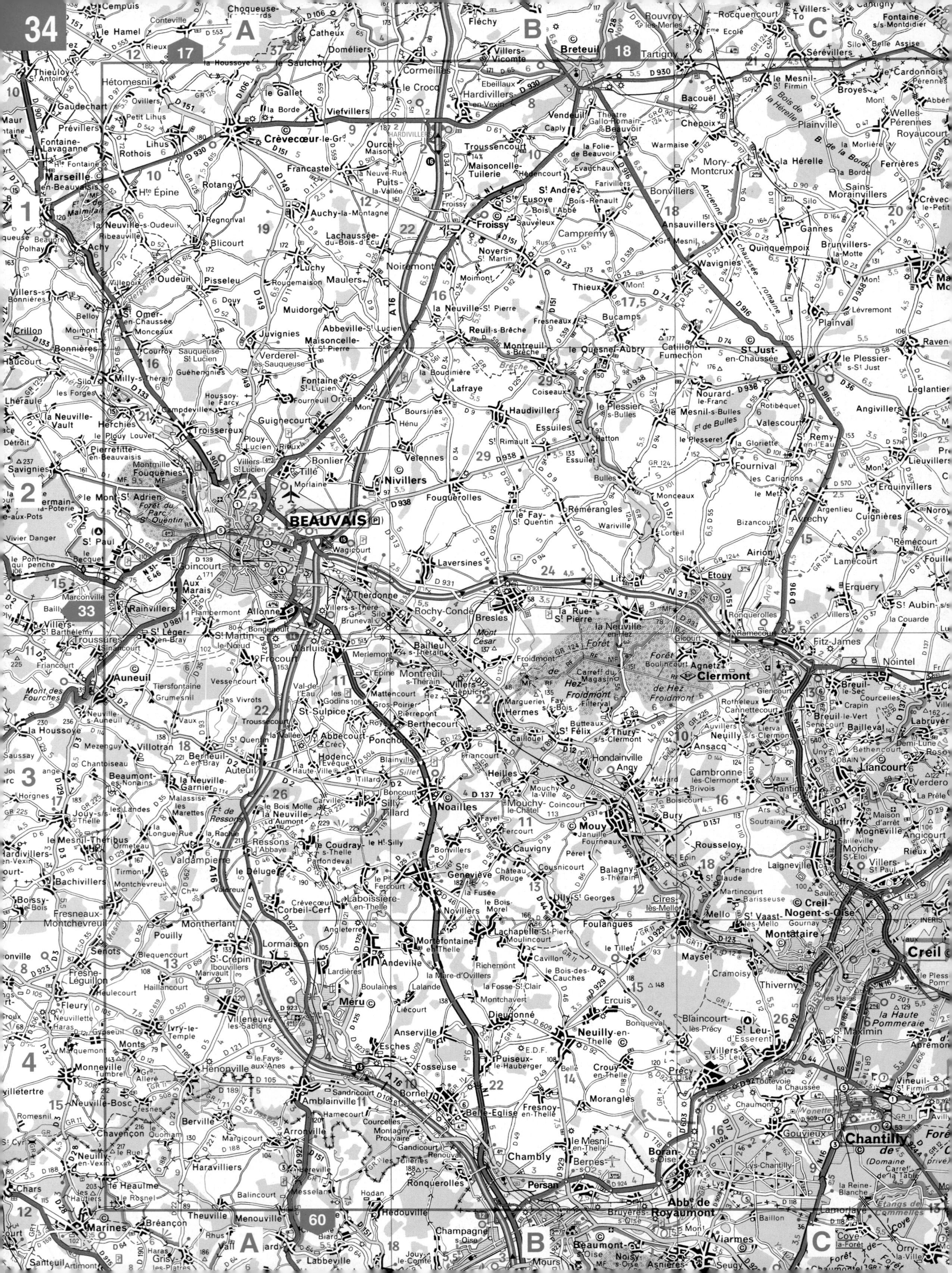

A
B
C
19
20
35
62
1
2
3
4
Guiscard
Guivry
Villequier-Aumont
Tergnier
Rogécourt
Charmes
Versigny
Maucourt
Beaugies-s/s-Bois
Commenchon
Caumont
Condren
Servais
Deuillet
Fressancourt
Quesmy
Caillouël-Crépigny
Béthancourt-en-Vaux
Neuflieux
Chauny
Amigny-Rouy
Bertaucourt-Epourdon
Crépy
Grandrû
Mondescourt
Ognes
Abbécourt
Sinceny
St Gobain
le Tortoir
Brie
Béhéricourt
Babœuf
Marest-Dampcourt
Basse Forêt
Forêt de St Gobain
St Nicolas-aux-Bois
Bucy-lès-Cerny
Salency
Appilly
Autreville
Barisis
Cerny-lès-Bucy
Morlincourt
Brétigny
Quierzy
Manicamp
Bichancourt
Pierremande
Septvaux
Molinchart
Varesnes
Pontoise-lès-Noyon
Coucy
Fresnes
Suzy
Cessières
Clacy-et-Thierret
Folembray
Verneuil-s/s-Coucy
Anc.ne Abb.e
Prémontré
Faucoucourt
Laniscourt
Mons-en-Laonnois
Bourguignon-s/s-Coucy
Besmé
St Paul-aux-Bois
Champs
Coucy-la-Ville
Wissignicourt
Bourguignon
Vaucelles
Chivy
Camelin
Cuts
Blérancourt
Guny
Coucy-le-Chau
Bassoles-Aulers
Brancourt-en-Laonnois
Merlieux-et-Fouquerolles
Royaucourt-et-Chailvet
Caisnes
Carlepont
Trosly-Loire
Jumencourt
Landricourt
Anizy-le-Chau
Chaillevois
St Aubin
Selens
Pont-St Mard
Pinon
Urcel
Laval-en-Laonnois
Tracy-le-Val
Nampcel
Crécy-au-Mont
Leuilly-s/s-Coucy
Vauxaillon
Chavignon
Monampteuil
Audignicourt
Vassens
Vézaponin
Epagny
Allemant
Vaudesson
Pargny-Filain
Chevregny
Moulin-s/s-Touvent
Autrêches
Morsain
Bieuxy
Bagneux
Juvigny
Terny-Sorny
Laffaux
Nanteuil-la-Fosse
Aizy-Jouy
Filain
Braye-en-Laonnais
Ostel
Nouvron-Vingré
Tartiers
Leury
Vuillery
Sancy-les-Cheminots
St Pierre-lès-Bitry
Attichy
Bitry
St Christophe-à-Berry
Cuisy-en-Almont
Villers-la-Fosse
Chavigny
Clamecy
Braye
Vailly-s-Aisne
Chavonne
Berny-Rivière
Vic-s-Aisne
Fontenoy
Osly-Courtil
Vaurezis
Pasly
Cuffies
Crouy
Bucy-le-Long
Vregny
Celles-s-Aisne
Chivres-Val
Condé-s-Aisne
Couloisy
Pommiers
Missy-s-Aisne
Presles-et-Boves
Jaulzy
Courtieux
Ressons-le-Long
Ambleny
Pernant
Mercin-et-Vaux
Villeneuve-St Germain
Venizel
Chassemy
Brenelle
Montigny-Lengrain
Soissons
Sermoise
Ciry-Salsogne
Hautefontaine
Saconin-et-Breuil
Belleu
Billy-s-Aisne
Vasseny
Braine
Chelles
Laversine
Cutry
Vauxbuin
Acy
Serches
Courcelles
Mortefontaine
Cœuvres-et-Valsery
Dommiers
Missy-aux-Bois
Ploisy
Noyant-et-Aconin
Septmonts
Couvrelles
Augy
Soucy
Berzy-le-Sec
Rozières-s-Crise
Ambrief
Chacrise
Limé
Quincy-s/s-le-Mont
Taillefontaine
Montgobert
Chaudun
Buzancy
Nampteuil-s/s-Muret
Cerseuil
Lesges
Jouaignes
Vivières
Puiseux-en-Retz
Vierzy
Villemontoire
Muret-et-Crouttes
Cuiry-Housse
Tannières
Emeville
Haramont
Hartennes-et-Taux
Maast-et-Violaine
Lhuys
Droizy
Longpont
Villers-Hélon
Launoy
Bruys
Largny-s-Automne
Fleury
Corcy
Louâtre
Arcy-Ste Restitue
Loupeigne
Villers-Cotterêts
Dampleux
Beugneux
Mareuil-en-Dôle
Grand-Rozoy
Cramaille
Cuffies
St Rémy-Blanzy
le Plessier-Huleu
Chau de Fère
Faverolles
Billy-s-Ourcq
Saponay
Oigny-en-Valois
Ancienville
Oulchy-la-Ville
Oulchy-le-Chau
Boursonne
Chouy
Noroy-s-Ourcq
Rozet-St Albin
Fère-en-Tardenois
Nanteuil-N.D.
Seringes-et-Nesles
Ivors
Silly-la-Poterie
Troësnes
Marizy-Ste Geneviève
Marizy-St Mard
Neuilly-St Front
Vichel-Nanteuil
Montgru-St Hilaire
Breny
Armentières-s-Ourcq
Bruyères-s-Fère
Villeneuve-s-Fère
Villers-s-Fère
Sergy
Autheuil-en-Valois
Marolles
La Ferté-Milon
Passy-en-Valois
Macogny
Latilly
la Croix-s-Ourcq
Coincy
Rocourt-St Martin
Brécy
Monnes
Dammard
Priez
Sommelans
Beuvardes
Fresnes-en-Tardenois
Mareuil-s-Ourcq
Forêt de Retz
Bois du Châtelet
TARDENOIS

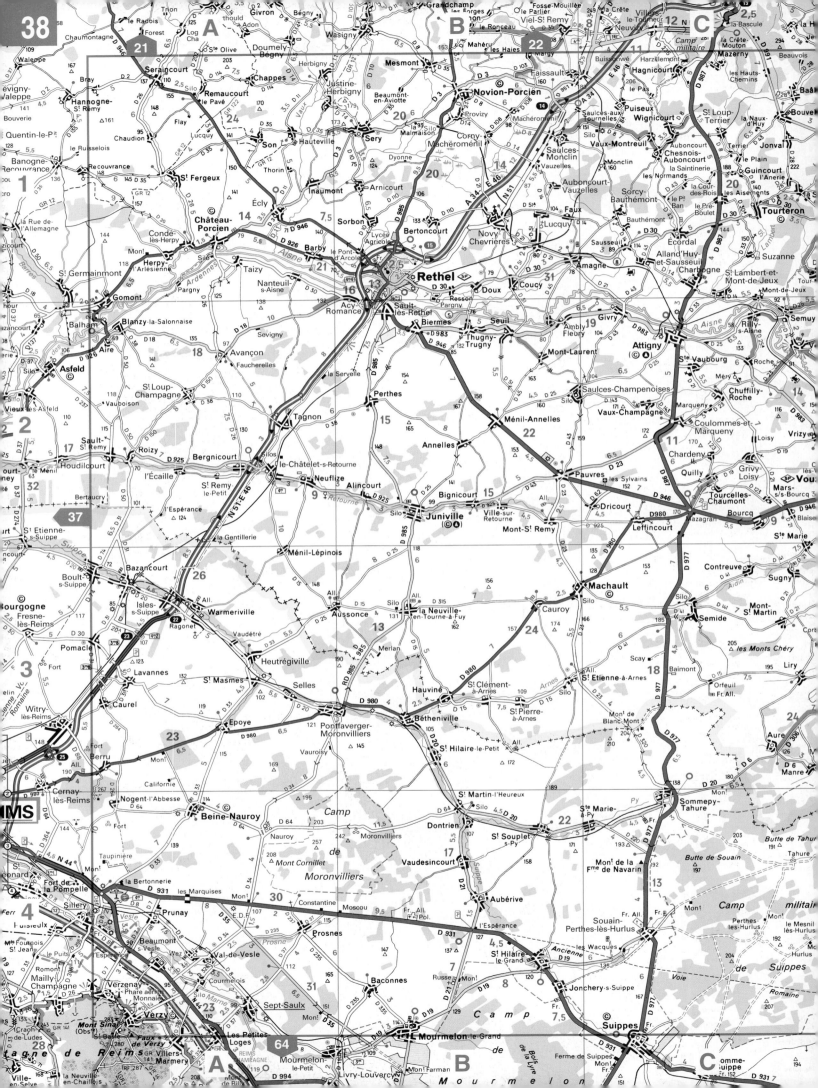

A
B
C
1
2
3
4
41
68
Remich
Mondorf-les-Bains
Schengen
Perl
Apach
Sierck-les-Bains
Cattenom
Kœnigsmacker
Rodemack
Mettlach
Saarburg
Merzig
Beckingen
Dillingen
Saarlouis
Wallerfangen
Rehlingen
Siersburg
Bouzonville
Boulay-Moselle
Creutzwald
Überherrn
Wadgassen
St Avold
Longeville-lès-St Avold
Freyming-Merlebach
L'Hôpital
Carling
Porcelette
Falck
Hargarten-aux-Mines
Metzervisse
Kédange-s-Canner
Vigy
Courcelles-Chaussy
Varize
Les Étangs
Losheim
Weiskirchen
Waldhölzbach
Orscholz
Freudenburg
Tünsdorf
Nennig
Wellenstein
Dalheim
Bous
Stadtbredimus
Palzem
Kirf
Meurich
Forêt de Sierck
Forêt de Bouzonville
Forêt de Villers
Forêt de Longeville
Forst der Karlsbrunn Warndt
Forst Mettlach
Forst Saarburg
SAAR
Moselle
Nied
HUNSRÜCK
SCHWARZWALD
Cloef
A 8 - E 29
A 4 E 25 E 50
E 25-E 50
N 3
D 918
D 954
D 855

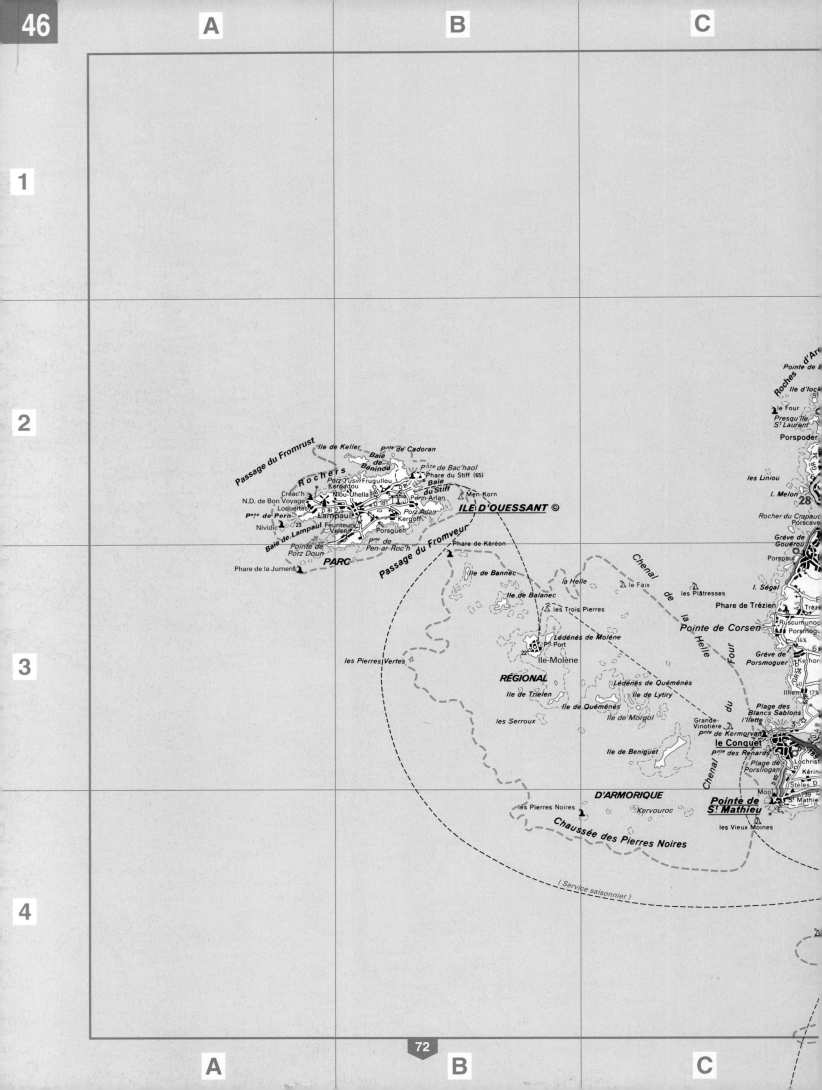

1

2

Passage du Fromrust

Ile de Keller　　Pⁿᵗᵉ de Cadoran

Baie
de
Beninou

Pⁿᵗᵉ de Bac'haol
Phare du Stiff (65)

Rochers

Porz Yusin　Frugullou
Kergadou
Niou-Uhella

Baie
du Stiff

Créac'h
N.D. de Bon Voyage
Loquéltas
Pⁿᵗᵉ de Pern
Nividic

D 81
Perm-Arlan
Men-Korn
D 181

Porz Arlan
Kergoff

ILE D'OUESSANT ©

Lampaul
Feunteun
Velen
Baie de Lampaul
Pointe de
Porz Doun
PARC

Porsguen
Pⁿᵗᵉ de
Pen-ar-Roc'h

Passage du Fromveur

Phare de Kéréon

Phare de la Jument

Ile de Bannec

la Helle　　le Faix
Ile de Balanec

Chenal de la Helle

les Platresses
I. Ségal
Phare de Trézien

les Trois Pierres

Pointe de Corsen

Ruscumunoc
Porsmogu

les Pierres Vertes

Lédénés de Molène
Pⁱ Port
Ile-Molène

Grève de
Porsmoguer
Kerhor

3

RÉGIONAL

Lédénés de Quéménés

Ile de Trielen
Ile de Lytiry

Ile de Quéménés

Plage des
Blancs Sablons
l'Ilette

les Serroux
Ile de Morgol

Grande-
Vinotière
Pⁿᵗᵉ de Kermorvan
le Conquet

Ile de Beniguet
Pⁿᵗᵉ des Renards
Plage de
Porsliogan
Lochrist
Kérin

D'ARMORIQUE
Pointe de
Sᵗ Mathieu

les Pierres Noires　Kervouroc

Chaussée des Pierres Noires
les Vieux Moines

(Service saisonnier)

Pointe d'Ar

Roches d'Ioch
Ile d'Ioch

le Four
Presqu'île
Sᵗ Laurent
Porspoder

les Liniou

I. Melon

28

Rocher du Crapaud
Porscave

Grève de
Gouérou
Porspaul

4

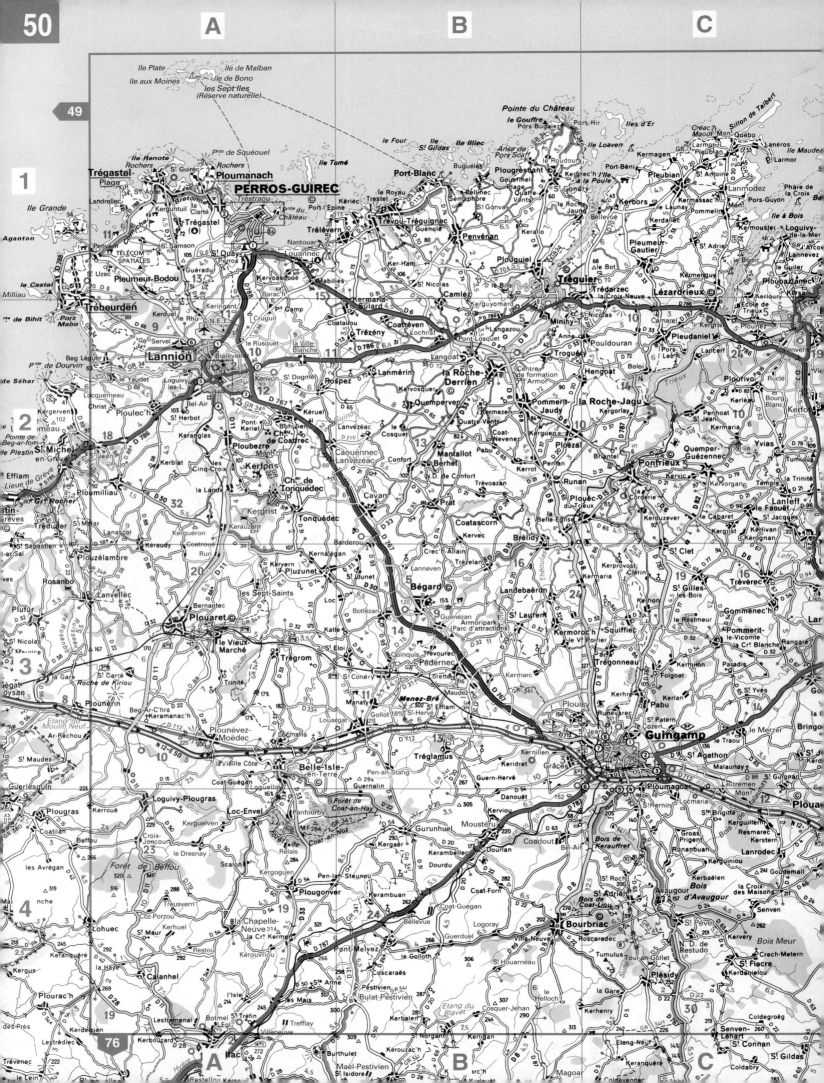

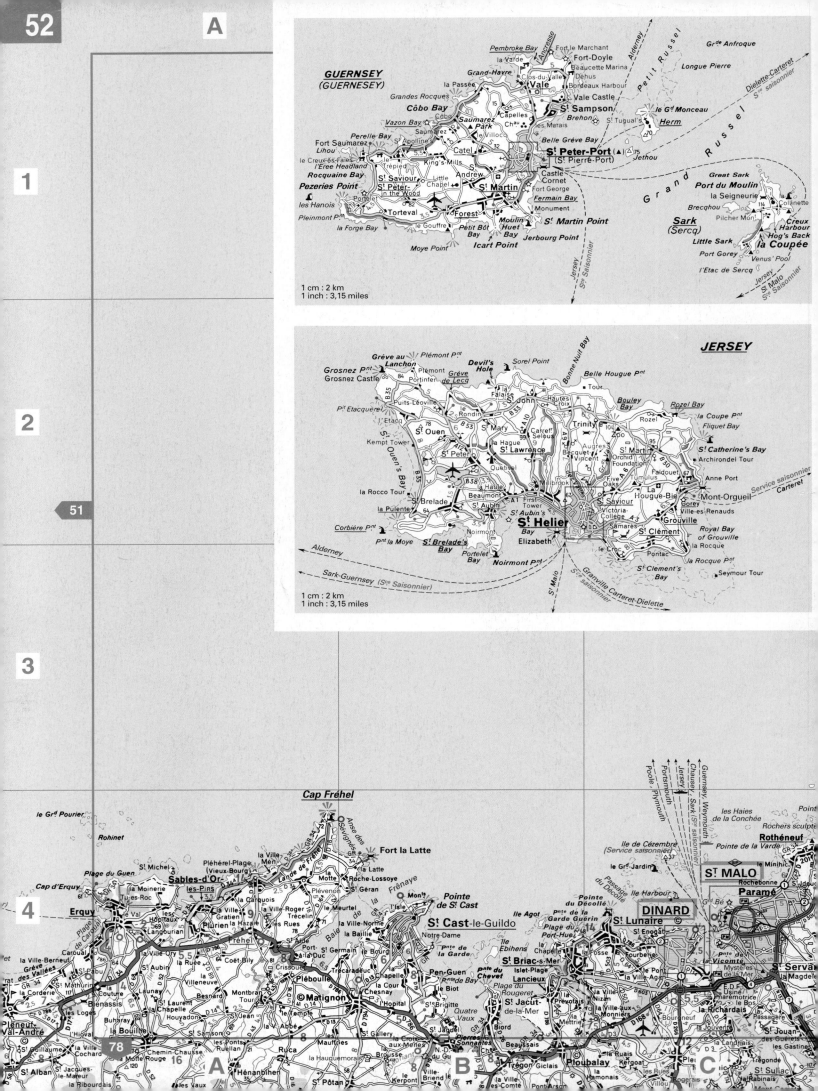

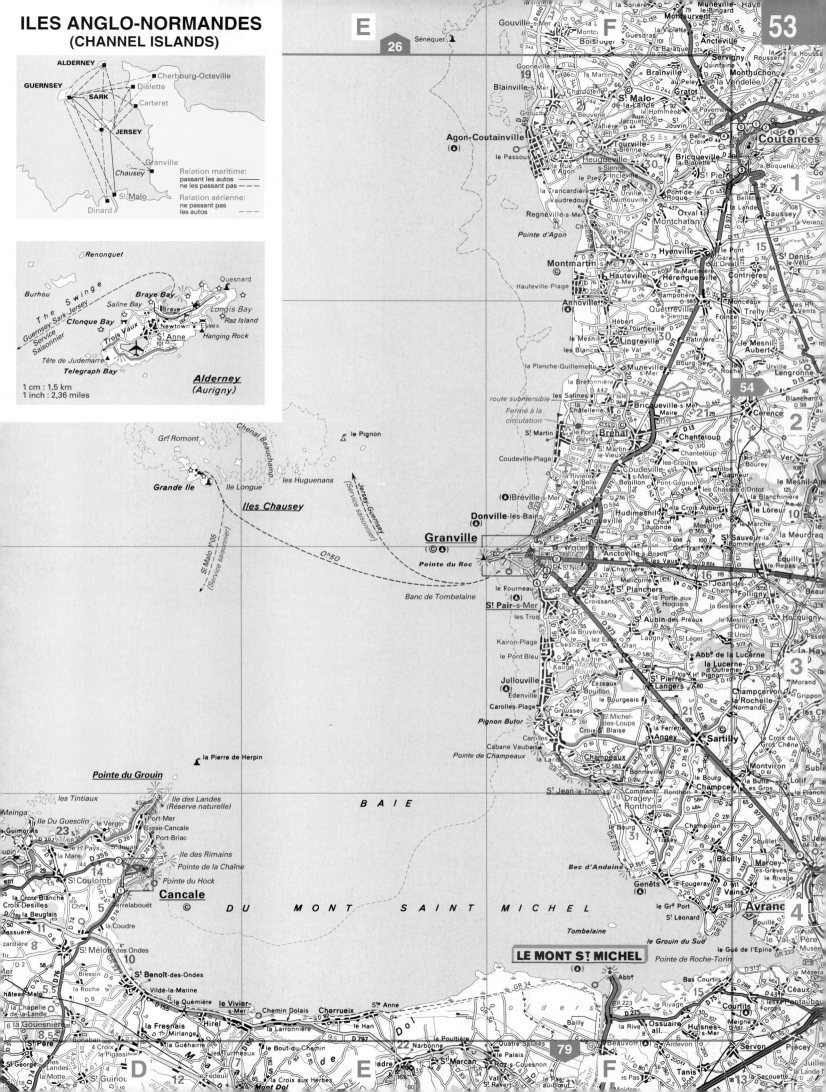

ILES ANGLO-NORMANDES
(CHANNEL ISLANDS)

ALDERNEY

GUERNSEY

SARK

Cherbourg-Octeville

Diélette

Carteret

JERSEY

Granville

Chausey

St Malo

Dinard

Relation maritime:
passant les autos
ne les passant pas

Relation aérienne:
ne passant pas
les autos

Renonquet

Burhou

The Swinge

Guernsey-Sark-Jersey
Service
Saisonnier

Grande Ile

Quesnard

Braye Bay

Saline Bay

Braye

Clonque Bay

Newtown

Trois Vaux

St Anne

Longis Bay

Raz Island

Essex

Hanging Rock

Tête de Judemarre

Telegraph Bay

1 cm : 1,5 km
1 inch : 2,36 miles

Alderney
(Aurigny)

Grd Romont

Chenal Beauchamp

le Pignon

Grande Ile

Ile Longue

les Huguenans

Iles Chausey

Jersey-Guernsey
(Service saisonnier)

St Malo 1h05
(Service saisonnier)

0h50

la Pierre de Herpin

Pointe du Grouin

les Tintiaux

Ile des Landes
(Réserve naturelle)

Meinga

Ile Du Guesclin

le Verger

Port-Mer

Basse-Cancale

Port-Briac

Ile des Rimains

Pointe de la Chaîne

Pointe du Hock

Cancale

B A I E

D U   M O N T   S A I N T   M I C H E L

Tombelaine

le Grouin du Sud

LE MONT ST MICHEL

Pointe de Roche-Torin

A
B
C
27
28
53
80
1
2
3
4
Coutances
Agneaux
St Gilles
Marigny
Camprond
Cambernon
Montcuit
Ancteville
Servigny
Monthuchon
Gratot
Bricqueville-la-Blouette
Courcy
Nicorps
Belval
Savigny
Cerisy-la-Salle
Montpinchon
Carantilly
Quibou
Canisy
Dangy
Cametours
St Ebrémond-de-Bonfossé
St Martin-de-Bonfossé
St Samson-de-Bonfossé
Condé-s-Vire
St Amand
Torigni-s-Vire
Baudre
Gourfaleur
la Mancellière-s-Vire
Ste Suzanne-s-Vire
St Romphaire
le Mesnil-Raoult
Roches de Ham
Brectouville
Troisgots
le Mesnil-Opac
le Mesnil-Herman
Bois de Soulles
Soulles
Pont-Brocard
N.D. de Cenilly
St Martin-de-Cenilly
Roncey
Guéhébert
St Denis-le-Vêtu
Saussey
Ouville
Hyenville
Hérenguerville
Montchaton
Orval
Quettreville-s-Sienne
Trelly
Contrières
Grimesnil
le Mesnil-Aubert
Lengronne
St Denis-le-Gast
Hambye
Abbe de Hambye
le Guislain
la Haye-Bellefond
Villebaudon
Maupertuis
Beaucoudray
Chevry
Moyon
Fervaches
Tessy-s-Vire
Domjean
Fourneaux
Beuvrigny
St Louet-s-Vire
Guilberville
Gièville
Cérences
Chanteloup
Gavray
Ver
le Mesnil-Amand
le Loreur
le Mesnil-Rogues
la Meurdraquière
St Sauveur-la-Pommeraye
le Mesnil-Garnier
le Mesnil-Villeman
Montaigu-les-Bois
Sourdeval-les-Bois
la Bloutière
Villedieu-les-Poêles
Percy
le Chefresne
Montabot
Mont Robin
Gouvets
Pont-Farcy
Pont-Bellanger
Margueray
Morigny
Montbray
Landelles-et-Coupigny
Beaumesnil
Campagnolles
le Mesnil-Robert
le Mesnil-Benoist
Sept-Frères
le Mesnil-Caussois
Mesnil-Clinchamps
Courson
Beslon
St Aubin-des-Bois
Fontenermont
St Sever-Calvados
St Manvieu-Bocage
Forêt de St Sever
Equilly
Champrepus
Fleury
Beauchamps
Folligny
Hocquigny
la Haye-Pesnel
la Lucerne-d'Outremer
Abbe de la Lucerne
St Jean-des-Champs
Bourguenolles
Rouffigny
la Trinité
Chérence-le-Héron
la Chapelle-Cécelin
Boisyvon
Coulouvray-Boisbenâtre
Champ-du-Boult
Sartilly
Angey
Champcervon
la Rochelle-Normande
les Chambres
la Mouche
Ste Pience
le Luot
la Chaise-Baudouin
St Jean-du-Corail-des-Bois
St Nicolas-des-Bois
les Loges-s-Brécey
Braffais
St Laurent-de-Cuves
St Pois
St Michel-de-Montjoie
Gathemo
Vengeons
Montviron
Subligny
Lolif
Champcey
Chavoy
St Georges-de-Livoye
Brécey
Cuves
le Mesnil-Gilbert
Beauficel
Perriers
Lingeard
Brouains
Sourdeval
St Jean-de-la-Haize
Tirepied
Vernix
les Cresnays
Marcey-les-Grèves
Ponts
St Senier-s-Avranches
St Brice
la Gohannière
Petit-Celland
le Grand-Celland
le Mesnil-Adelée
Juvigny-le-Tertre
Chérencé-le-Roussel
Bellefontaine
St Barthélemy
Avranches
Vains
St Martin-des-Champs
St Loup
le Mesnil-Ozenne
Reffuveille
le Mesnil-Rainfray
la Chapelle-Urée
le Val-St-Père
St Quentin-s-le-Homme
Marcilly
Chasseguey
le Neufbourg
Mortain
Romagny
la Bazoge
Ceaux
Pontaubault
Courtils
Ducey
les Chéris
Isigny-le-Buat
le Mesnilllard
Fontenay
Chèvreville
Servon
Précey
Poilley
Bge de la Roche-qui-Boit
Martigny
Milly
Bion
St Jean-du-Corail
le Grouin du Sud
Pointe de Roche-Torin
Ardevon
Tanis
A 84
E 401
N 175
N 174
D 999

56
A
B
C
1
2
3
4
29
30
55
82
Bourguébus
Argences
Vimont
Moult
Mézidon-Canon
Bretteville-s-Laize
St Sylvain
Cintheaux
Potigny
Soumont-St Quentin
Brèche au Diable
Falaise
Vendeuvre
St Pierre-s-Dives
Les Monts d'Eraines
Morteaux-Couliboeuf
Trun
Chambois
Argentan
Écouché
Putanges-Pont-Écrepin
Pont-d'Ouilly
Roche d'Oëtre
Gorges de St Aubert
Briouze
Rânes
Forêt de Gouffern
Haras du Pin
Château d'O
Mortrée
Crèvecœur-en-Auge
Livarot
Forêt de Montpinçon
Forêt de Cinglais
Bois du Roi
Harcourt
Thury-Harcourt
Forêt de Petite Gouffern
Médavy
Sées

Map (Normandie region — Lisieux, Bernay, Orbec, Vimoutiers, Gacé, l'Aigle, le Merlerault).

Grid references (borders): **D · E · F** (top and bottom), **1 · 2 · 3 · 4** (right side).

Page/panel numbers: **57**, **58**, **83**, **31**.

Selected place names visible on the map:

Lisieux, St Désir, St Martin-de-la-Lieue, le Mesnil-Guillaume, St Martin-de-Mailloc, St Denis-de-Mailloc, St Julien-de-Mailloc, Courtonne-les-Deux-Églises, la Chapelle-Hareng, le Planquay, St Vincent-du-Boulay, Thiberville, l'Hôtellerie, Marolles, Duranville, Drucourt, Faverolles, Courbépine, Plasnes, Valailles, Bernay, Caorches, St Nicolas, St Victor-de-Chrétienville, Menneval, Corneville-la-Fouquetière, St Clair-d'Arcey, St Aubin-le-Vertueux, Grandchain, Ste Marguerite-en-Ouche, Broglie, Landepereuse, Beaumesnil, St Aubin-des-Hayes, Orbec, Friardel, Préaux, Cerqueux, la Folletière-Abenon, la Chapelle-Gauthier, Chamblac, Épinay, la Trinité-de-Réville, St Agnan-de-Cernières, St Pierre-de-Cernières, la Barre-en-Ouche, Bosc-Renoult-en-Ouche, Bois-Anzeray, Family, la Goulafrière, Courteilles, Montreuil-l'Argillé, St Denis-d'Augerons, Mélicourt, la Haye, la Vieille-Lyre, Vimoutiers, Pontchardon, Ticheville, le Bosc-Renoult, le Sap, Orville, Monnai, Verneusses, Mesnil-Rousset, Chambord, les Bottereaux, Neaufles-Auvergny, Bois-Normand-près-Lyre, Fresnay-le-Samson, Roiville, Neuville-sur-Touques, Mardilly, Chaumont, Heugon, Villers-en-Ouche, Anceins, Couvains, la Ferté-Frênel, Glos-la-Ferrière, Juignettes, St Antonin-de-Sommaire, Rugles, St Martin-d'Écublei, Résenlieu, Gacé, St Evroult-de-Montfort, le Sap-André, Bocquencé, la Trinité-des-Laitiers, St Nicolas-des-Laitiers, la Gonfrière, St Evroult-Notre-Dame-du-Bois, Touquettes, St Nicolas-de-Sommaire, St Symphorien-des-Bruyères, St Sulpice-sur-Risle, l'Aigle, Ménil-Hubert-en-Exmes, Avernes-sous-Exmes, Exmes, Croisilles, Coulmer, Cisai-St-Aubin, Courménil, Orgères, St Germain, St Pierre-des-Loges, Échauffour, le Ménil-Vicomte, Lignères, Champ-Haut, Ménil-Froger, St Germain-de-Clairefeuille, les Authieux-du-Puits, Planches, le Merlerault, la Genevraie, Ménil-Gautier, Ste Gauburge-Ste-Colombe, St Hilaire-sur-Risle, Brethel, Écorcei, Rai, Aube, Beaufai, St Evroult, Livet, Courdemanche, St Michel-Tubœuf, Crulai, Vitrai-sous-l'Aigle, Irai, Godisson, la Coquenne, Marmouillé, Chailloué, Montrond, Brullemail, St Léonard-des-Parcs, Ferrières-la-Verrerie, Buisson-de-Fay, Moulins-la-Marche, Bonsmoulins, Forêt de Sécheville, Moulins-Bonsmoulins, la Ferrière-au-Doyen, Fay, Mahéru, Bonnefoi, les Aspres, Bresolettes, Randonnai, Normandel.

D
E
F
33
1
2
3
4
60
85
Gaillon
Aubevoye
Vernon
Giverny
Gasny
La Roche-Guyon
Bonnières-s-Seine
Rolleboise
Rosny-s-S.
Mantes-la-Jolie
Mantes-la-Ville
Limay
Magnanville
Guerville
Pacy-s-Eure
Chaufour-lès-Bonnières
Forêt de Rosny
Forêt de Bizy
Forêt de Vernon
Forêt de Moisson
Bréval
Neauphlette
Longnes
Septeuil
Rosay
Houdan
Forêt des 4 Piliers
Montfort-l'Amaury
Gambais
Bois des Longues Mares
Bois de l'Epars
Rambouillet
Grand Parc
Forêt de Rambouillet
Poigny-la-Forêt
St Léger-en-Yvelines
Anet
Ivry-la-Bataille
Ézy-s-Eure
Forêt d'Ivry
St André-de-l'Eure
Forêt de Merey
Forêt de Roseux
Forêt de Dreux
DREUX
Vernouillet
Chérisy
Nogent-le-Roi
Coulombs
Villemeux-s-Eure
Aunay-s/s-Crécy
Crécy-Couvé
Garnay
Tréon
Abondant
Bû
Marchezais
Serville
Saussay
Sorel-Moussel
Marcilly-s-Eure
Boissy-Mauvoisin
Dammartin-en-Serve
Courgent
Orgerus
Béhoust
Garancières
Richebourg
Bazainville
Condé-s-Vesgre
Adainville
Grandchamp
La Hauteville
Faverolles
Épernon
Mittainville
Jeufosse
Douains
Ménilles
Aigleville
Fontaine-Heudebourg
Autheuil-Authouillet
Ecos
Fourges
Omerville
Villarceaux
PARC NATUREL
Vexin
Amenucourt
Chérence
Vétheuil
Moisson
Mousseaux-s-Seine
Freneuse
St Martin-la-Garenne
Follainville-Dennemont
Porcheville
Gargenville
Arnouville-lès-Mantes
Jumeauville
Thoiry
Villiers-le-Mahieu
Flexanville
Boissy-sans-Avoir
La Queue-les-Yvelines
Galluis
Grosrouvre
Bourdonné
Gambaiseuil
Les Bréviaires
Rochers d'Angennes
Étang de Guiperreux
Bois de Biennouvienne
Bois de la Charmoie
le H! Planet

A 37 B 23 C 38

PARC **NATUREL RÉGIONAL** **Forêt de la Montagne de Reims**
DE LA MONTAGNE DE REIMS

Sermiers · Mont Joli · Chigny-les-Roses · Ludes · Crach · Mont Sinaï (Obs.) · St-Basle · Faux-de-Verzy · Verzy · Sept-Saulx · L'Mourmelon-le-Camp

Nanteuil-la-Forêt · Bois de St Quentin · le Cadran · Vauremont · Ville-en-Selve · la Neuville-en-Chaillois · Villers-Marmery · REIMS-CHAMPAGNE · Mourmelon-le-Petit

Belval-s/s-Châtillon · St Imoges · Germaine · Louvois · Tauxières-Mutry · Fontaine-s-Ay · Bouzy · Vaudemange · Billy-le-Grand · Livry-Louvercy · Louvercy

1 · Cormoyeux · Romery · Hautvillers · Bellevue · la Neuville · Mutry · Ambonnay · Isse · les Grandes-Loges · St Hilaire-au-Temple · Bouy · Vadenay

Fleury-la-Rivière · Damery · Cumières · Dizy · Ay · Mutigny · Avenay-Val-d'Or · Tours-s-Marne · Condé-s-Marne · Aigny · la Veuve · Dampier-au-Temple

Épernay · Magenta · Mareuil-s-Ay · Bisseuil · Silo · Vraux · St Etienne-au-Temple

2 · Pierry · Moussy · Chouilly · SAINT-GOBAIN · Plivot · Athis · Jalons · Aulnay-s-Marne · Matougues · Recy · St Martin-sur-le-Pré · St Gibrien · CHÂLONS-EN-CHAMPAGNE

Vaudancourt · Chavot-Courcourt · Cuis · Cramant · les Istres-et-Bury · Champigneul-Champagne · les Cours-Brûlées · Villers-le-Château · Fagnières · Compertrix

Morangis · Mancy · Grauves · Avize · Flavigny · Champagne · St Pierre · Coolus

Moslins · Oger · le Mesnil-s-Oger · Pocancy · St Mard-lès-Rouffy · Thibie · Mont-Choisy

63 · Villers-aux-Bois · Gionges · Villeneuve-Renneville-Chevigny · Rouffy · Vouzy · St Eloi · le Rafidin · Ecury-s-Coole

Souières · Chaltrait · le Plessis · Vertus · Voipreux · Chaintrix-Bierges · Germinon · Cheniers · Nuisement-s-Coole · Breuvery-s-Coole

Beaunay · Etréchy · Bergères-lès-Vertus · Vélye · Bellevue · St Quentin-s-Coole · Cernon

3 · Etoges · Loisy-en-Brie · Trécon · Mont Aimé · Villeseneux · Soudron · Vatry · Coupetz

Toulon-la-Montagne · Vert-la-Gravelle · Coligny · Clamanges · Pierre-Morains · le Mont · Vatry

Val-des-Marais · Vert-Toulon · Aulnizeux · Aulnay-aux-Planches · Ecury-le-Repos · Soudé-Ste-Croix

Marais de St Gond · Morains · Bannes · Normée · Lenharrée · VATRY · Bussy-Lettrée · Lettrée · Dommartin-Lettrée

4 · Broussy-le-Grand · Mont Août · Nozet · Fère-Champenoise · Connantray-Vaurefroy · Chapelaine · Vassimont-et-Chapelaine · Haussimont · Sommesous · Soudé · Notre-Dame · Poivres

Ste Sophie · Connantre · St Georges · Euvy · Montépreux · l'Espérance · Montépreux

Linthes · Corroy · Gourgançon · Semoine · Mailly-le-Camp · Sompuis

Pleurs · Ognes · Courcelles · Marigny-le-Petit · Mafigny · Angluzelles-et-Courcelles · Fresnay · Tortepée · Thaas · Salon · Villiers-Herbisse · Camp militaire de Mailly

A 90 B 23 C

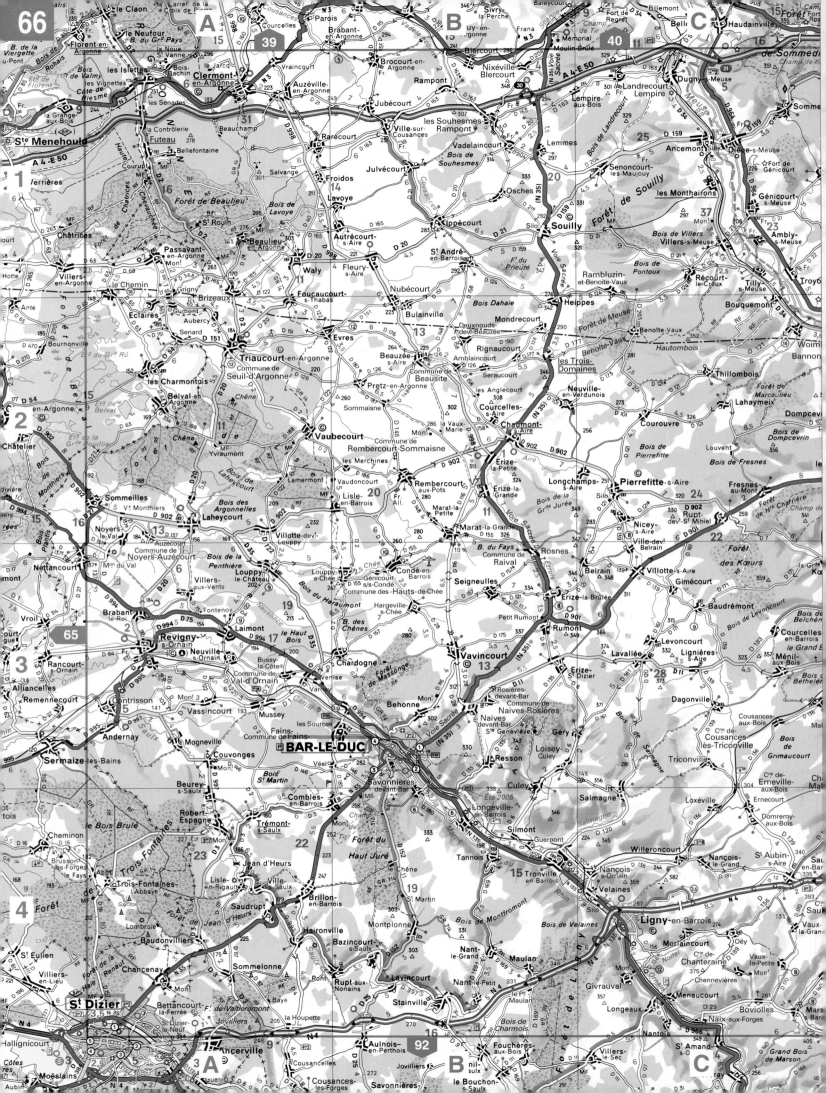

Haudimont · Hannoncelle · Pareid · Illamont · Porcher · le Chénois · Ville-s-Yron · Grisières · St Marcel · Villers-aux-Bois · Gravelotte
Manheulles · Pintheville · Maizeray · Harville · Moulotte · Labeuville · Hannonville-Suzémont · Mars-la-Tour · Rezonville
Muravaux Mont-Villers · Riaville · Marchéville-en-Woëvre · D 903 · Mariaville · Latour-en-Woëvre · Vionville · Vaux
Bonzée · Fresnes-en-Woëvre · Butgnéville · St Hilaire-en-Woëvre · Jonville-en-Woëvre · Sponville · Puxieux · Tronville · Forêt
Forêt d'Amblonville · Mesnil-s-s-les-Côtes · Champlon · Saulx-Champlon · Doncourt-aux-Templiers · Xonville · Bussières
Trésauvaux · les Éparges · Wadonville-en-Woëvre · Hadonville-lès-Lachaussée · Chambley-Bussières · Novéant-s-Moselle
St Remy-la-Calonne · Herbeuville · Hannonville-s-s-les-Côtes · Woël · Lachaussée · Hageville · Vandelainville · Bayonville-s-Mad · Gorze
Dommartin-la-Montagne · Thillot · Avillers-Ste-Croix · Haudronville · St Julien-lès-Gorze · Onville · Waville · Arnaville
Vaux-lès-Palameix · St Maurice-s-s-les-Côtes · Billy-s-s-les-Côtes · Haumont-lès-Lachaussée · Dampvitoux · Dommartin-la-Chaussée · Villecey-s-Mad
Dompierre-aux-Bois · Vieville-s-s-les-Côtes · St Louis · Hazavant · Marimbois · Charey · Rembercourt-s-Mad · Pagny-s-Moselle · Arry
Seuzey · Hattonchâtel · Hattonville · St Benoît-en-Woëvre · Bois de Dampvitoux · Xammes · Prény
Lacroix-s-Meuse · Vigneulles-lès-Hattonchâtel · Étang de Vigneulles · Silo · Jaulny · Vandières
Deuxnouds-aux-Bois · l'Étanche · Mon · T.G.V. EST (en construction) · Villers-s-Prény
Lamorville · PARC NATUREL RÉGIONAL · Bois de Thiaucourt · Thiaucourt-Regniéville · Vilcey-s-Trey · Norroy
Chaillon · Creuë · Lamarche-en-Woëvre · Beney-en-Woëvre · Viéville-en-Haye · Haut de Rieupt
Rouvrois-s-Meuse · Heudicourt-s-s-les-Côtes · Étang du Grd de Montfaucon · Bouillonville · Carmes · Montrichard
Senonville · Spada · Varvinay · Chlle des Bures · Nonsard-Lamarche · Pannes · Euvezin · Ancien village · Fey-en-Haye
Maizey · Commune de Valbois · Buxières-s-s-les-Côtes · Essey-et-Maizerais · Ste Barbe · Regniéville · Montauville · Maidières
Woinville · Buxerulles · Lac de Madine · Bois-Gérard · Maizerais · Remenauville · Ansoncourt · St Pierre · FONDE
Paroches · Côte Ste Marie · Bois de Versel · Bois de Mort Mare · Blénod
St Mihiel · Étang de la Perche · St Baussant · St Pierre · Jezainville · Puvenelle
Chauvoncourt · Butte de Montsec (375) · Montsec · Lahayville · Forêt des Hauts de la Meuse · Limey-Remenauville · Mamey
Ménonville · Marsoupe · Richecourt · Flirey · Lironville · St Jean · Nanzeville · Dieulouard
Bislée · Varnéville · le Mont · Xivray-et-Marvoisin · Seicheprey · Beaumont · Ailly-s-Meuse · St Georg
Han-s-Meuse · Bois d'Ailly · Loupmont · Étang de Wargévau · Mandres-aux-quatre-Tours · Noviant-aux-Prés · Martincourt · Gézoncourt · Griscourt
Brasseitte · Forêt d'Apremont · Apremont-la-Forêt · Étang de Girondel · Bernécourt · Grosrouvres · Manonville · Villers-en-Haye · Rogéville
Sampigny · Marbotte · Bricourt · Rambucourt · Hamonville · Ansauville · Minorville · Domèvre-en-Haye
Mécrin · Bouconville-s-Madt · Broussey-en-Woëvre · Commune de Broussey-Raulécourt · Tremblecourt · Manoncourt-en-Woëvre · Rosières-en-Haye
St Julien-s-s-les-Côtes · Liouville · Raulécourt · Forêt de la Reine · Royaumeix · Avrainville
Pont-s-Meuse · Boncourt-s-Meuse · Frémeréville-s-s-les-Côtes · Étang Romé · Sanzey · Andilly · Jaillon
Giravoisin · Gironville-s-s-les-Côtes · Forêt de la Reine · la Gr. de Brunessaux · Manoncourt-en-Woëvre · Jaillon
Vadonville · Lérouville · Commune de Géville · Jouy-s-les-Côtes · Ménil-la-Tour · Toulair · Liverdun · la Flye
Grimaucourt-près-Sampigny · Vignot · PARC NATUREL RÉGIONAL · Corniéville · Boucq · Bois de Lagney · Bouvron · Francheville · Villey-St-Étienne · Aingeray
Commercy · Euville · Ville-Issey · DE LORRAINE · Forêt du Hasoy · Lagney · Fort de Trondes · Fort du Vx Canton · Sexey-lès-Bois
Vertuzey · Forêt de Dommartin-aux-Fours · Trondes · Terrains · Lucey · Libdeau · Velaine-en-Haye
Forêt de Commercy · Sorcy-St-Martin · Bois du Juré · Bruley · Mont St Michel · Fontenoy-s-Moselle · Gondreville · Poste de Velaine
Laneuville-au-Rupt · Sorcy-Gare · Troussey · Pagny-s-Meuse · Laneuveville-derrière-Foug · Pagny-derrière-Barine · Dommartin-lès-Toul · Villey-le-Sec
Void-Vacon · Bois de Palisse · Ourches-s-Meuse · Massey · Foug · Grandmesnil · Écrouves · TOUL · Chaudeney-Moselle
Ménil-la-Horgne · Naives-en-Blois · St Germain-Meuse · Ugny-Meuse · Bois de Grammont · Choloy-Ménillot · Maron · Charmes-la-Côte
Méligny-le-Grand · Bovée · Broussey-en-Blois · Sauvoy · Rigny-la-Salle · Rigny-St-Martin · Bois de St Germain · Bois l'Évêque · Pierre-la-Treiche · Bicqueley
Méligny-le-Petit · Barboure · Gombervaux · Forêt · Mont-le-Vignoble · Gye · Sexey-aux-Forges
Bois de Touvigny · Vaucouleurs · Chalaines · l'Essart · Bois de Gondreville

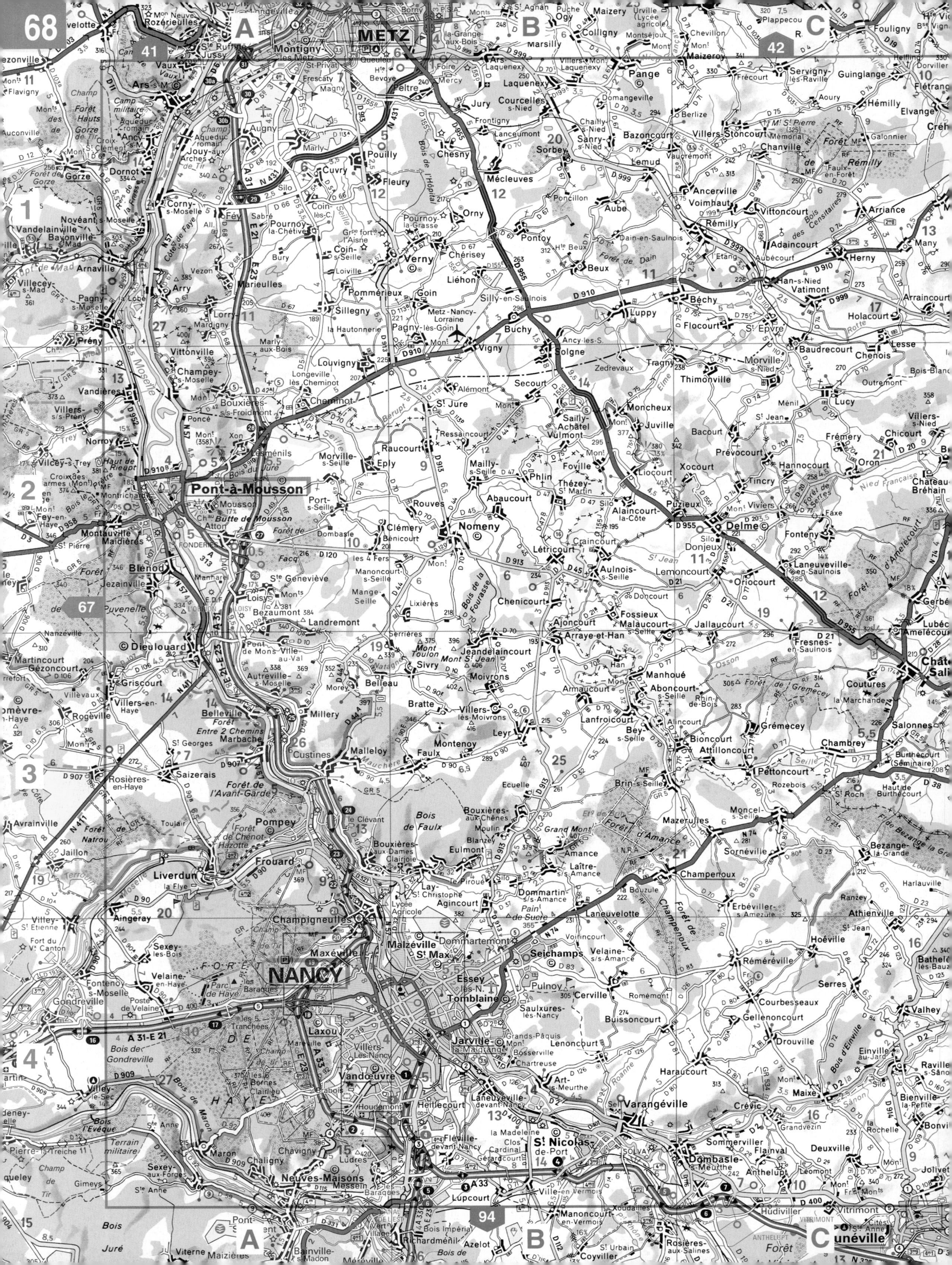

METZ

NANCY

Pont-à-Mousson

A 31 - E 21

A 33

N 74

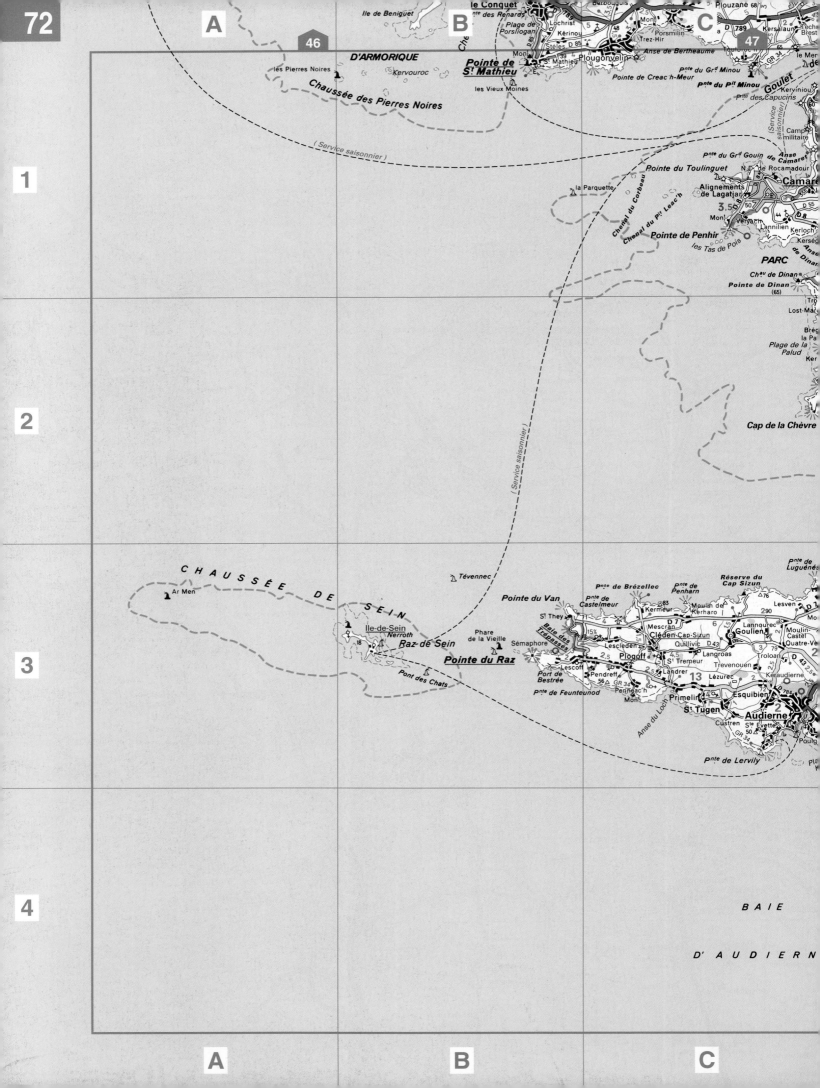

A 46 **B** 47 **C**

D'ARMORIQUE

Ile de Beniguet
Pte des Renards
Plage de Porsliogan
Lochrist
Kérinou
le Conquet
Plouzané 68
Monté
D 789 Kersalaun
Tech
Brest
Stèles D 85
St Mathieu
Plougonvelin
Porsmilin
Trez-Hir
Anse de Bertheaume

les Pierres Noires
Kervouroc
Pointe de St Mathieu
Pte du Grd Minou
Pointe de Creac'h-Meur
Kervaniou
le Mer

les Vieux Moines
Pte du Pit Minou
Goulet
Pte des Capucins
(Service saisonnier)
Camp militaire

Chaussée des Pierres Noires

la Parquette
Pte du Grd Gouin
Anse de Camaret
N.D. de Rocamadour
Camaret

(Service saisonnier)
Pointe du Toulinguet
Alignements de Lagatjar
3.55
Monté
Veryarm
D 8
Lannilien
Kerloch
Kerség

1

Chenal du Corbeau
Chenal du Pit Leac'h
Pointe de Penhir
les Tas de Pois

PARC
Châu de Dinan
Pointe de Dinan
(65)
Tro
Lost-Mar
Bréc
la Pa
Plage de la Palud
Ker

2

Cap de la Chèvre

(Service saisonnier)

3

C H A U S S É E   D E   S E I N

Ar Men
Tévennec
Pointe du Van
St They
Pte de Brézellec
Pte de Castelmeur
Kermeur
Moulin de Kerharo
Pte de Penharn
Réserve du Cap Sizun
Pte de Luguéné
76
Lesven
D 1
290
Mo

Nerroth
Ile-de-Sein
18
Raz de Sein
Phare de la Vieille
Sémaphore
Baie des Trépassés
Mescran
Cléden-Cap-Sizun
Quillivic
D 43
Lannourec
Goulien
Moulin-Castel
Quatre-Ve

Pointe du Raz
Plogoff
St Tremeur
Langros
Trevenouen
Troloan
D 43
Kéraudierne

Pont des Chats
Lescoff
Pendreff
56
GR 34
Landrer
13
Lézurec
Esquibien
D 784

Port de Bestrée
Pennac'h
Primelin
Pte de Feunteunod
Monté
St Tugen
Audierne
Custren
Ste Evette
GR 34
Poulg

Pte de Lervily
Anse du Loch
Pla

4

B A I E

D' A U D I E R N

A **B** **C**

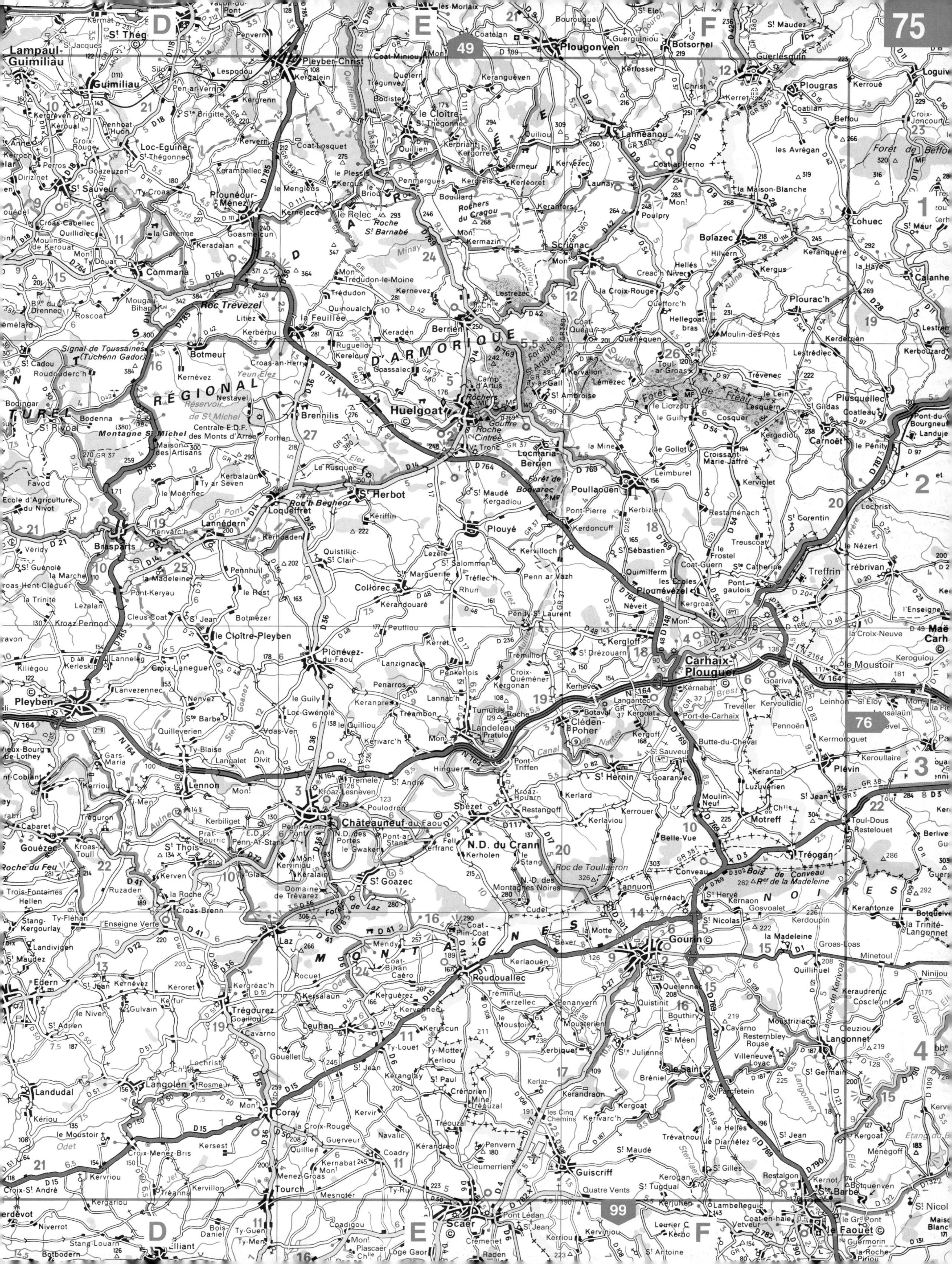
D
E
F
49
99
76
1
2
3
4
Lampaul-Guimiliau
Guimiliau
Pleyber-Christ
Plougonven
Botsorhel
Guerlesquin
Plougras
Loguivy
le Cloître-St-Thégonnec
Lannéanou
Loc-Eguiner-St-Thégonnec
St-Sauveur
Plounéour-Ménez
Commana
Rochers du Cragou
Roche St-Barnabé
Scrignac
Bolazec
Lohuec
Calanhe
Plourac'h
Roc Trévezel
Berrien
Forêt de St-Ambroise
Forêt de Fréau
D'ARMORIQUE
RÉGIONAL
Signal de Toussaines (Tuchenn Gador)
St-Cadou
Botmeur
Brennilis
Huelgoat
Réservoir de St-Michel
Montagne St-Michel
Carnoët
Plusquellec
Locmaria-Berrien
Poullaouen
St-Rivoal
Roc'h Begheor
Loqueffret
St-Herbot
Lannédern
Brasparts
Plouyé
Collorec
Plounévézel
Treffrin
Trébrivan
le Cloître-Pleyben
Plonévez-du-Faou
Kergloff
Carhaix-Plouguer
Le Moustoir
Pleyben
Landeleau
Cléden-Poher
St-Hernin
Plévin
Lennon
Châteauneuf-du-Faou
Spézet
N.D. du Crann
Motreff
Tréogan
Gouézec
St-Thois
Roc de Toullaëron
St-Goazec
Forêt de Laz
Laz
Roudouallec
Gourin
MONTAGNES NOIRES
Bois de Conveau
Edern
Trégourez
Leuhan
Langonnet
Langolen
Landudal
Coray
Guiscriff
Tourch
Scaër
le Faouët
Elliant
N 164
D 785
D 769
D 764
D 36
D 15

A
B
C
50
49
75
100
Belle-Isle-en-Terre
Tréglamus
Grâces
Guerlesquin
Loguivy-Plougras
Loc-Envel
Plougras
Forêt de Coat-an-Hay
Forêt de Coat-an-Noz
Gurunhuel
Moustéru
Ploumagoar
Lanrodec
Forêt de Beffou
Plougonver
Bois de Kerauffret
St Adrien
Bois de Coat-Liou
Bois d'Avaugour
Avaugour
St Péver
Senven
Bois Meur
Lohuec
La Chapelle-Neuve
Bourbriac
Pont-Melvez
Plésidy
St Fiacre
N. D. de Restudo
Calanhel
Plourac'h
Bulat-Pestivien
Pestivien
Etang du Blavet
Senven-Léhart
St Connan
St Gildas
Callac
Burthulet
Maël-Pestivien
Magoar
Plusquellec
St Servais
Carnoët
Duault
Forêt de Duault
Peumerit-Quintin
Kerpert
St Gilles-Pligeaux
le Vieux-Bourg
Gorges du Corong
St Nicodème
Lanrivain
Trémargat
Gorges de Toul Goulic
Canihuel
St Nicolas-du-Pélem
Etang Beaucours
Corlay
Locarn
Treffrin
Trébrivan
Kergrist-Moëlou
Maël-Carhaix
Plounévez-Quintin
St Igeaux
Plussulien
Rostrenen
Plouguernevel
Paule
Plévin
Glomel
Gouarec
Laniscat
Gorges du Daoulas
St Gelven
Caurel
Lac de Guerlédan
Mûr-de-Bretagne
Motreff
Tréogan
Plélauff
Mellionnec
Lescouët-Gouarec
Perret
St Aignan
Forêt de Quénécan
Ste Brigitte
Plouray
Silfiac
Langoëlan
Langonnet
Abbe de Langonnet
St Tugdual
Séglien
Cléguérec
Ploërdut
Priziac
le Croisty
Guémené-s-Scorff
Locmalo
Malguénac
Stival
Le Faouët
Ste Barbe
Lignol
St Caradec-Trégomel
Kernascléden
Montagnes Noires

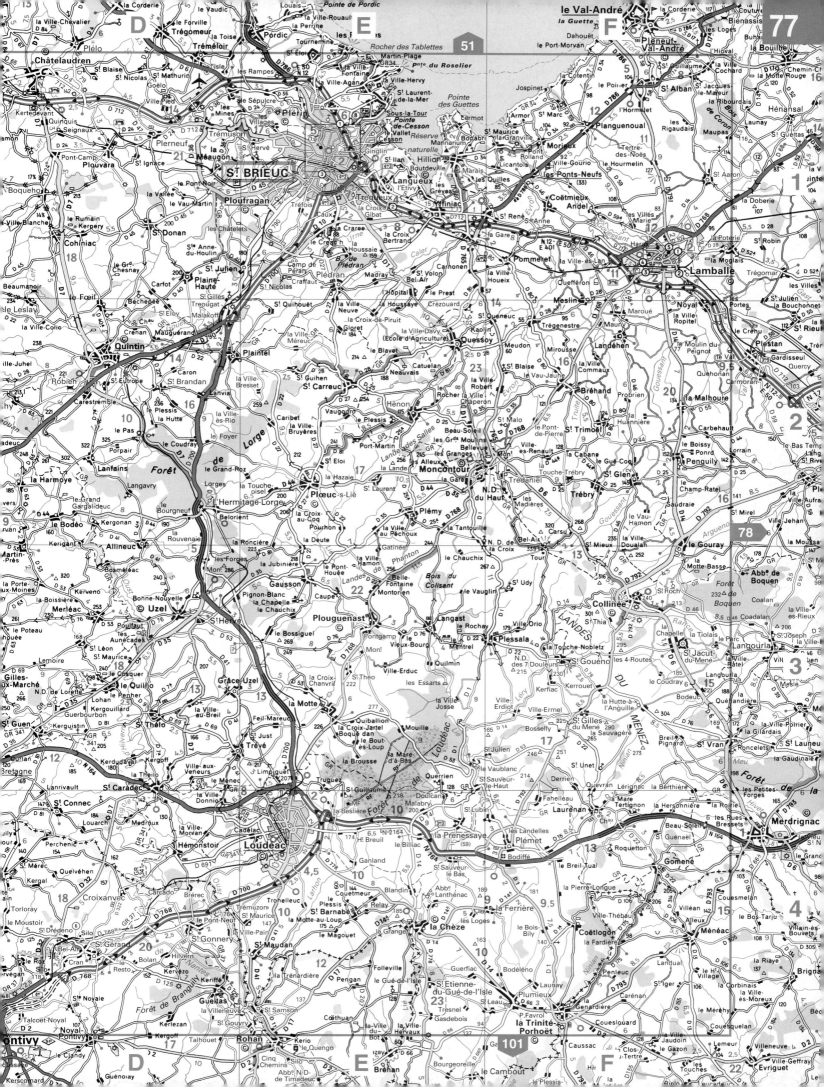

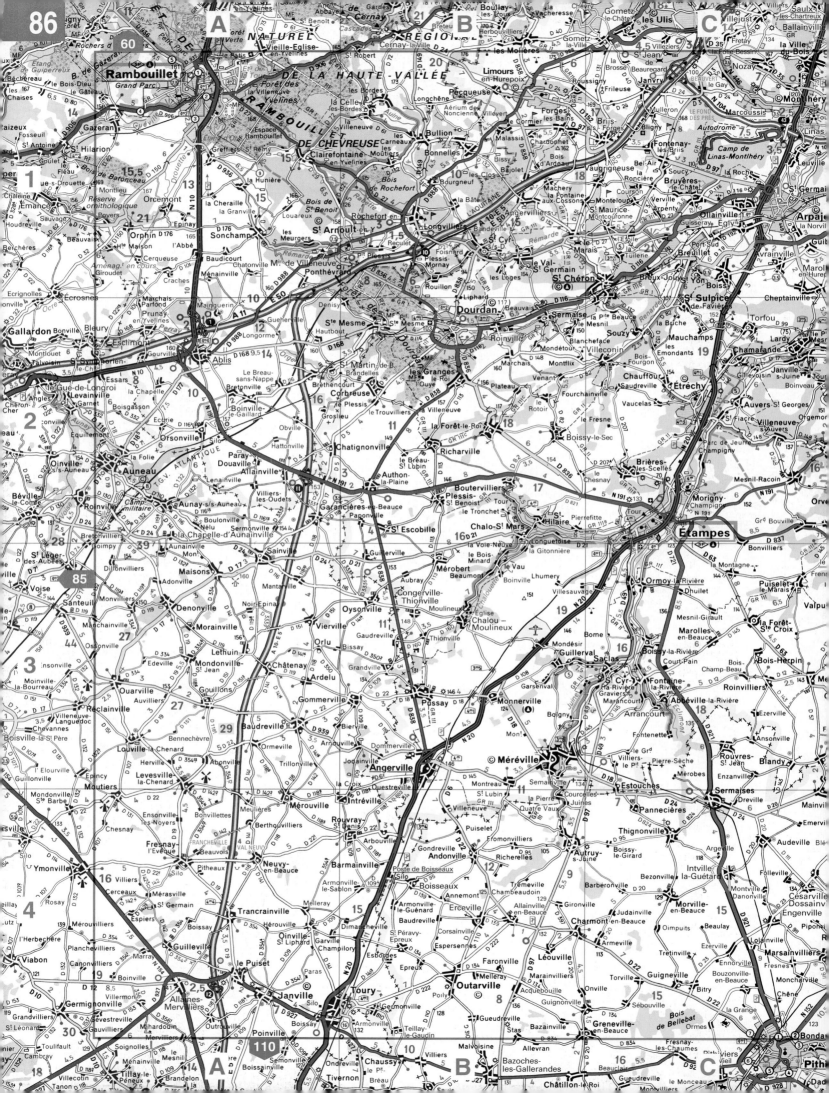

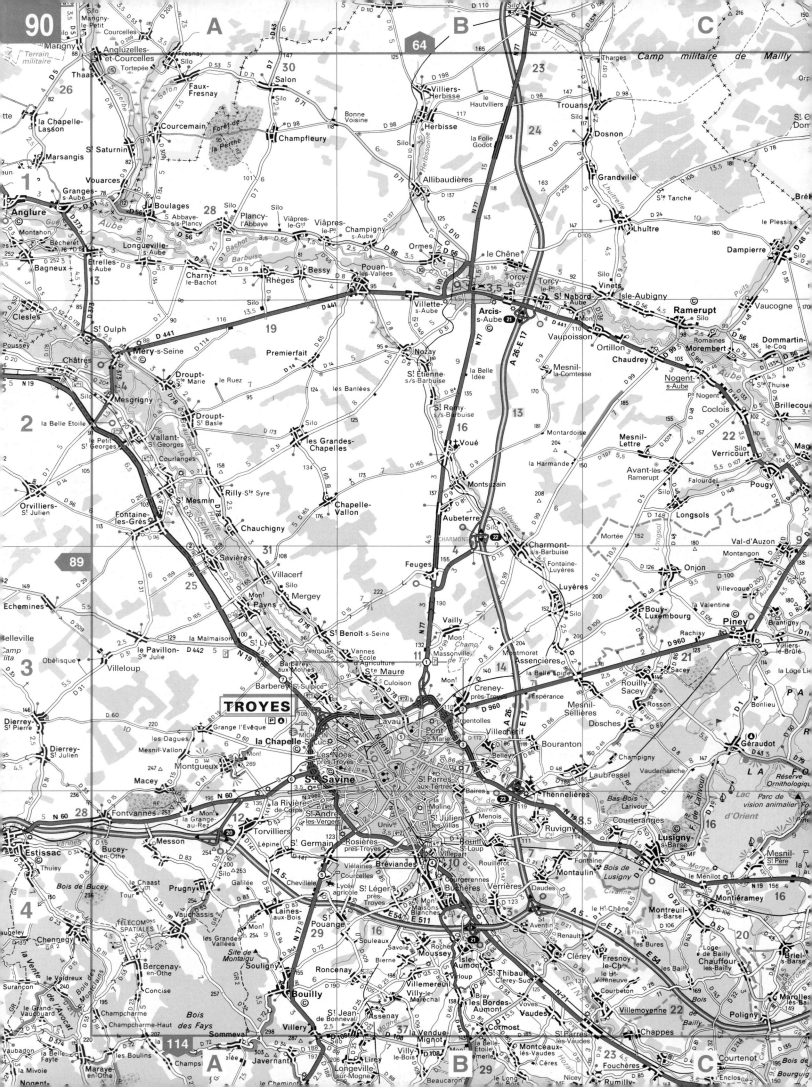

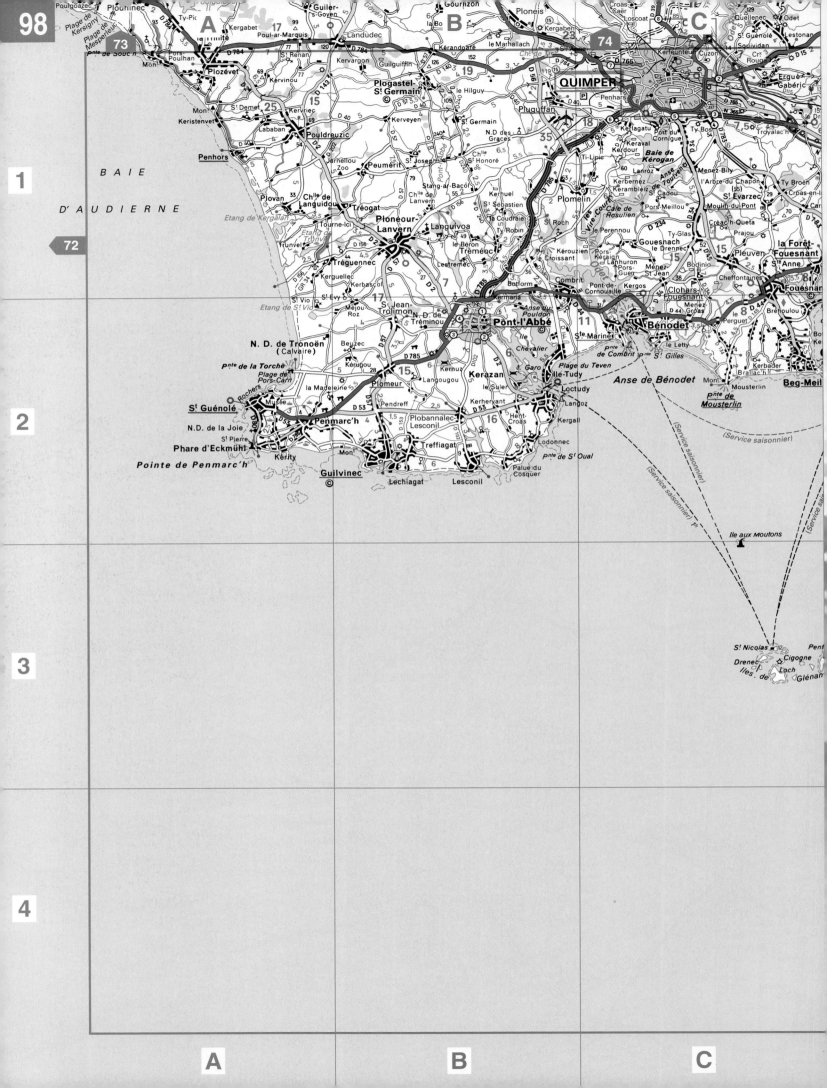

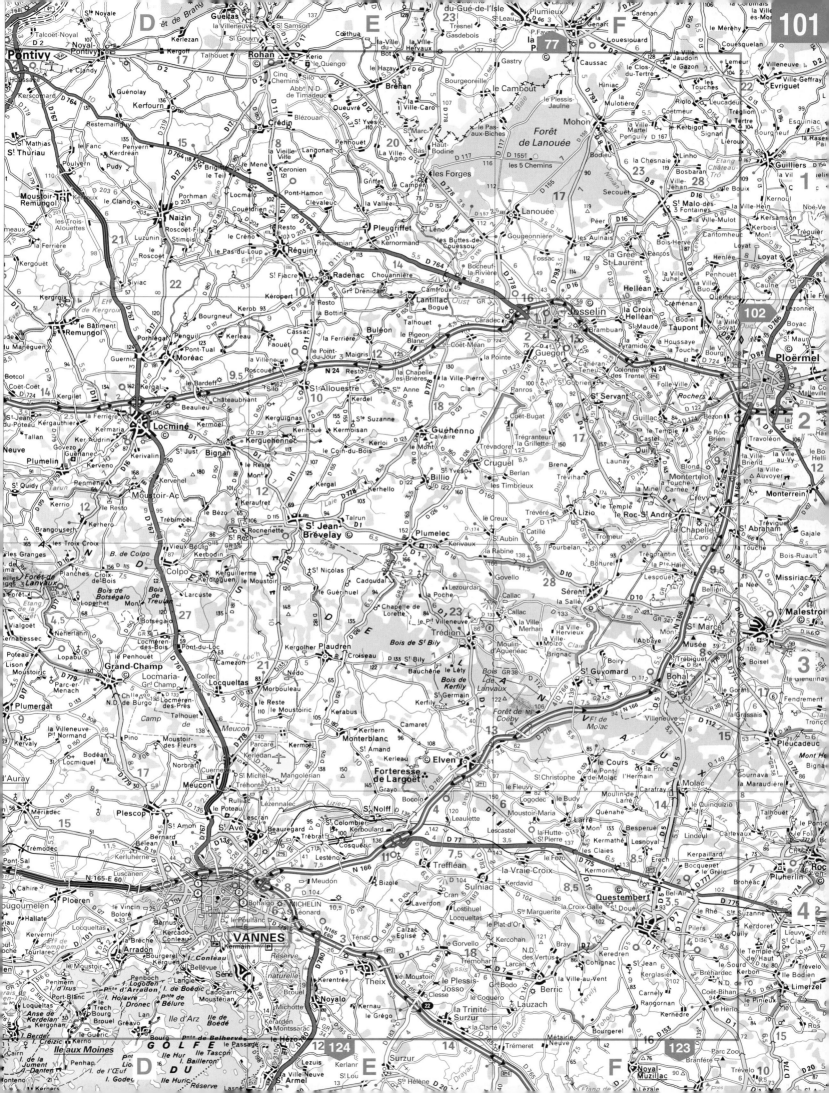

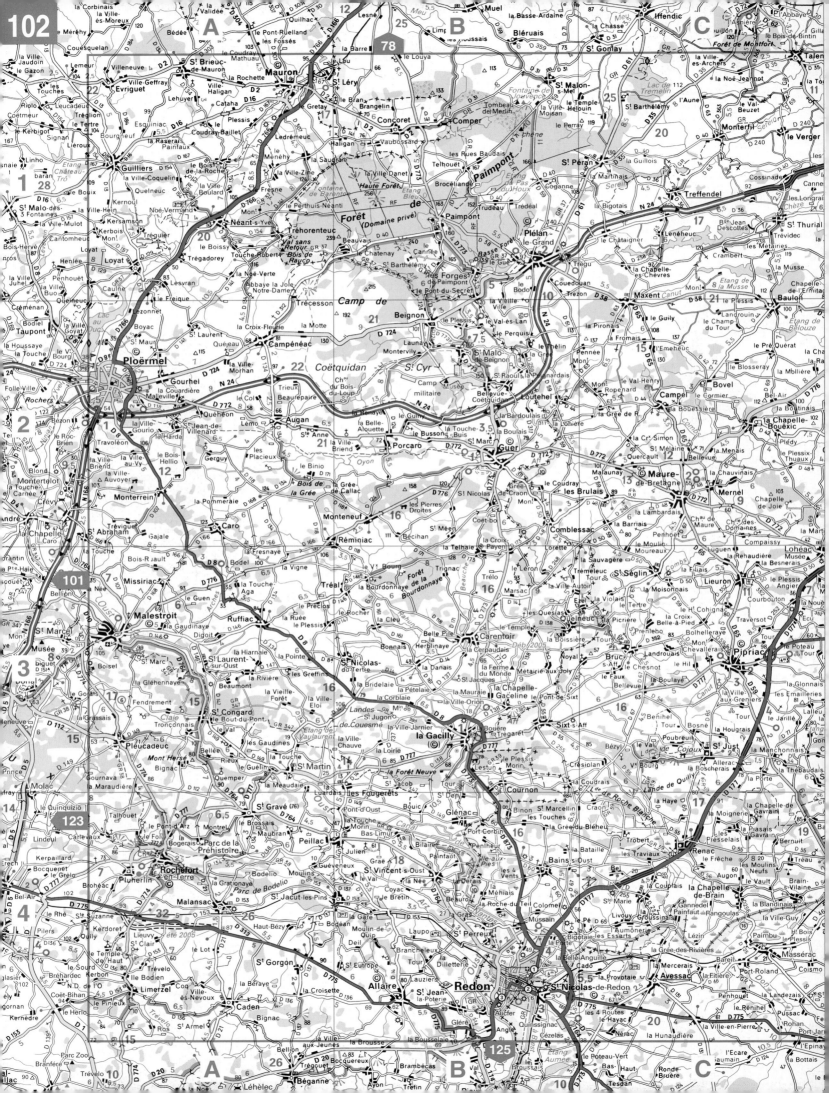

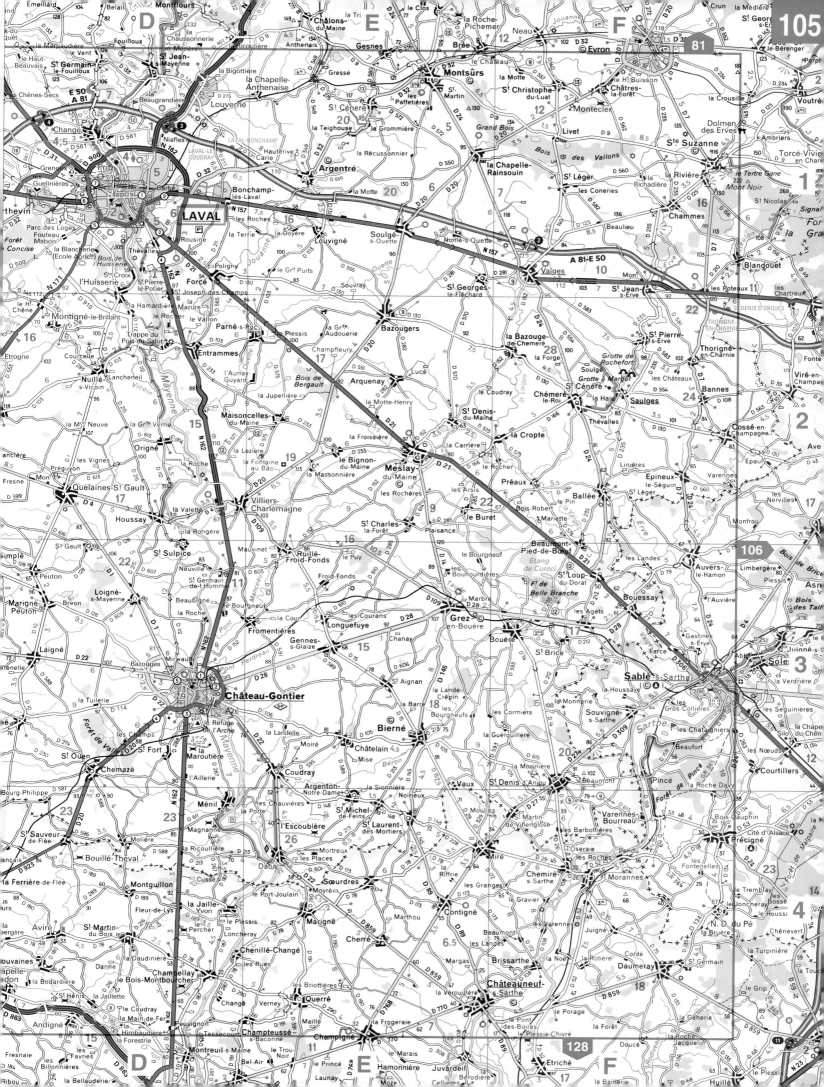

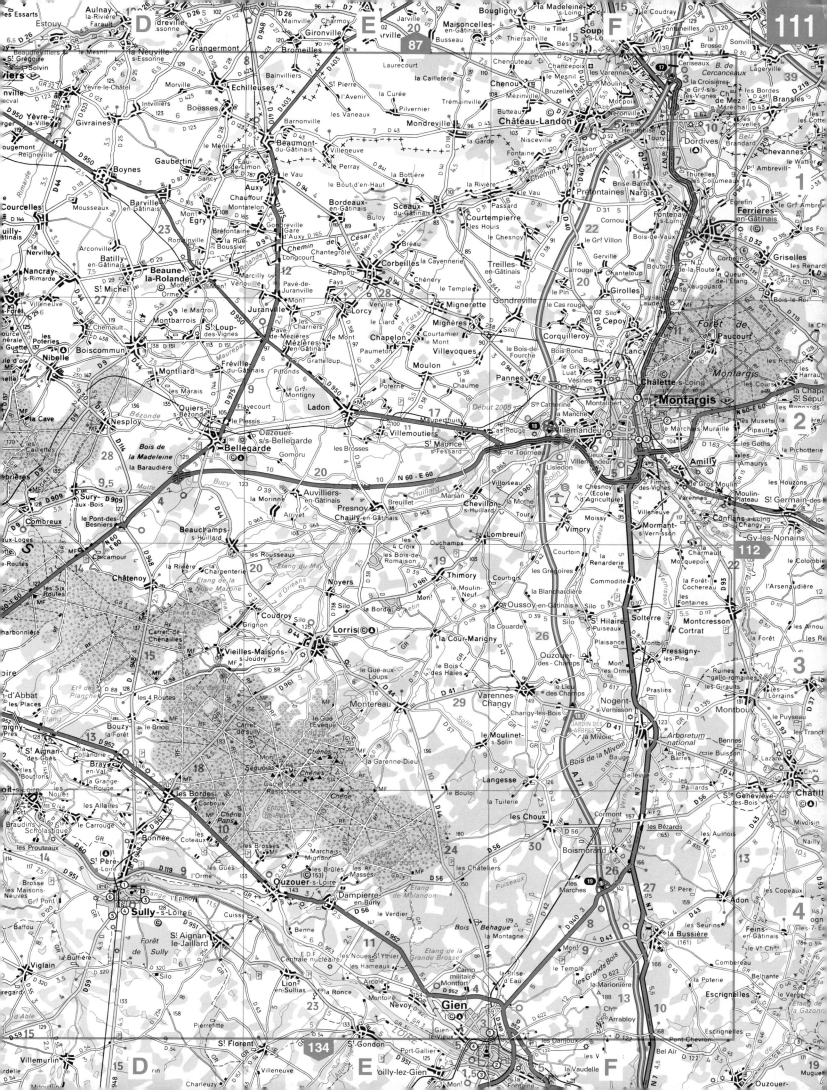

D
E
F
89
114
136
1
2
3
4
Malay-le-Petit
Malay-le-Grand
Noé
Theil-s-Vanne
Vaumort
Pont-s-Vanne
les Sièges
Vareilles
Coulours
Bérulle
St Mards-en-Othe
Villeneuve-l'Archevêque
Cerisiers
Vaudeurs
Fournaudin
Bœurs-en-Othe
Nogent-en-Othe
Maraye-en-Othe
Eaux-Puiseaux
Vosnon
Villeneuve-au-Chemin
Arces-Dilo
Les Bordes
Villechétive
Dixmont
Chailley
Sormery
Coursan-en-Othe
Montfey
Forêt d'Othe
Forêt de Courbépine
Forêt du Mileu
Neuvy-Sautour
Lasson
Racines
Ervy-le-Châtel
Courtaoult
Soumaintrain
Beugnon
Bellechaume
Mercy
Champlost
Venizy
Turny
Bussy-en-Othe
Brion
Brienon-s-Armançon
St Florentin
Germigny
Butteaux
Flogny-la-Chapelle
Joigny
Laroche-St Cydroine
Esnon
Migennes
Cézy
Côte St Jacques
Looze
Chéu
Vergigny
Jaulges
Percey
Champlay
Paroy-s-Tholon
Cheny
Ormoy
Mont-St Sulpice
Charmoy
Epineau-les-Voves
Bonnard
Hauterive
Forêt de Pontigny
Villiers-Vineux
Carisey
Neuilly
Bassou
Beaumont
Seignelay
Pontigny
Rouvray
Venouse
Ligny-le-Châtel
Varennes
Dyé
Senan
Villemer
Chichery
Chemilly-s-Yonne
Héry
Méré
Guerchy
Laduz
Branches
Appoigny
Montigny-la-Resle
Villy
Lignorelles
Maligny
Vézannes
Aillant-s-Tholon
Poilly-s-Tholon
Fleury-la-Vallée
Monéteau
Villeneuve-St Salves
La Chapelle-Vaupelteigne
Fontenay-près-Chablis
Collan
Tissey
Chassy
Charbuy
Perrigny
St Georges-s-Baulche
Bleigny-le-Carreau
Beine
Chablis
Fleys
Béru
Chichée
Egleny
Lindry
Villefargeau
Venoy
AUXERRE
Quenne
Courgis
Préhy
Chemilly-s-Serein
Poilly
Parly
Pourrain
Augy
Chitry
St Bris-le-Vineux
St Cyr-les-Colons
Chevannes
Vallan
Champs-s-Yonne
Lichères-près-Aigremont
Aigremont
Diges
Escamps
Gy-l'Evêque
Jussy
Escolives-Ste Camille
Irancy
Vincelottes
Vincelles
Coulanges-la-Vineuse
Leugny
Coulangeron
Migé
Val-de-Mercy
Cravant
Vermenton
Nitry
A 6-E 15-E 60

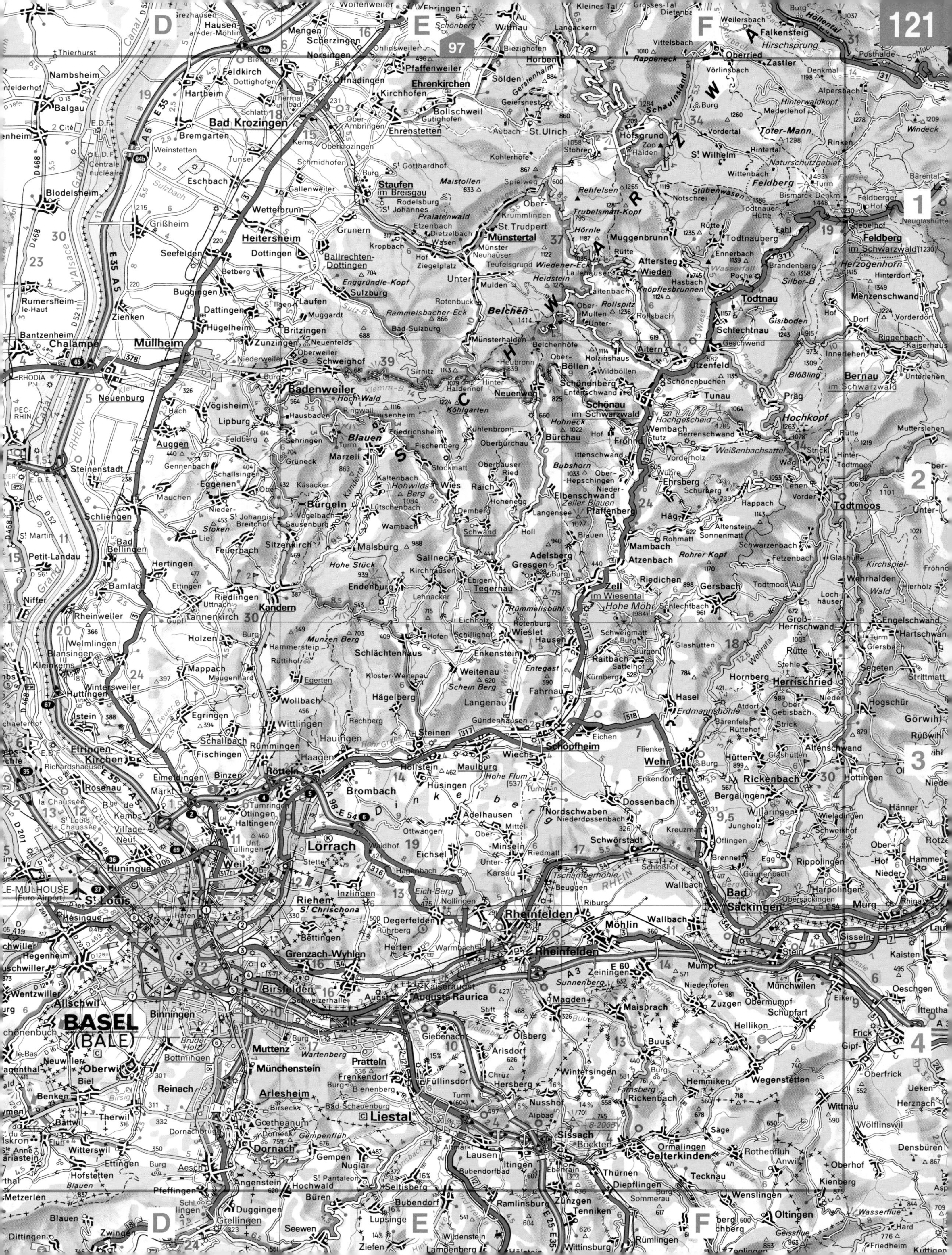

97

BASEL
(BÂLE)

E-MULHOUSE
(Euro Airport)

St Louis
Huningue
Lörrach
Weil
Rheinfelden
Bad Säckingen
Liestal
Dornach
Münstertal
Todtnau
Feldberg
im Schwarzwald (1230)
Herzogenhorn
Todtmoos
Bernau
im Schwarzwald
Hochkopf
Belchen 1414
Badenweiler
Bad Krozingen
Staufen
im Breisgau
Heitersheim
Müllheim
Neuenburg
Kandern
Schopfheim
Wehr
Rickenbach
Herrischried
Zell
im Wiesental
Schönau
im Schwarzwald
Oberried
Feldberg

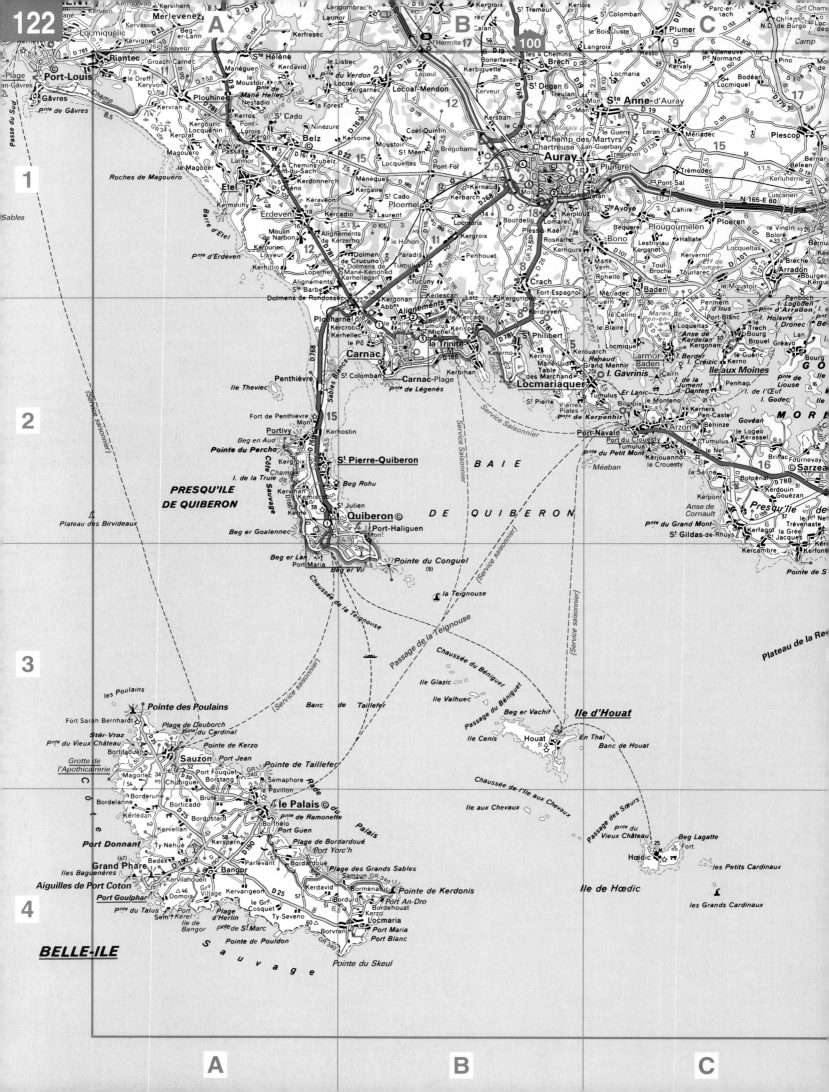

D
E
F
102
126
144
1
2
3
4
la Roche-Bernard
Herbignac
Péaule
Marzan
Nivillac
Arzal
Béganne
Rieux
Fégréac
Théhillac
Missillac
St Dolay
Sévérac
St Gildas-des-Bois
Guenrouet
Plessé
Drefféac
Quilly
Pontchâteau
Ste Reine-de-Bretagne
la Chapelle-des-Marais
Crossac
Besné
St Joachim
Campbon
Bouvron
Malville
Savenay
la Chapelle-Launay
Prinquiau
Donges
Montoir-de-Bretagne
Trignac
St Malo-de-Guersac
St Lyphard
Forêt de la Roche-Bernard
PARC NATUREL RÉGIONAL DE BRIÈRE
GRANDE BRIÈRE
St André-des-Eaux
St NAZAIRE
Paimbœuf
Corsept
LOIRE
Lavau-s-Loire
Bouée
Cordemais
le Temple-de-Bret
St Brevin-les-Pins
St Brevin-l'Océan
Pointe de Chémoulin
Gd Charpentier
St Marc
Ste Marguerite
St Viaud
Frossay
St Père-en-Retz
St Michel-Chef-Chef
Tharon-Plage
Pointe de St Gildas
Préfailles
la Plaine-s-Mer
Chauvé
Pornic
Rouans
Vue
Cheix-en-Retz
Forêt de Princé
Chéméré
Arthon-en-Retz
Port-Giraud
Pnte Joalland
Anse de la Prée
Anse du Sud
Côte de Jade
Port aux Goths
Plage des Sablons
Canal de Haute Perche
Forêt du Gâvre
Sapins de St Gildas
Bois de Reslin
Étang Aumée
Lac de la Vallée Mabille
Banc de Bilho
Canal de la Martinière
Bras du Migron
Île Massereau
Chantiers de l'Atlantique
Musée
Mindin
N 165-E 60
N 171
D 213
D 723
D 751
D 164

NANTES
Guémené-Penfao
Conquereuil
Marsac-s-Don
Treffieux
St Vincent-des-Landes
Issé
Moisdon-la-Rivière
Jans
Nozay
Vay
Abbaretz
La Meilleraye-de-Bretagne
Plessé
Le Gâvre
La Grigonnais
Puceul
Saffré
Forêt du Gâvre
Forêt de Vioreau
Grand Réservoir de Vioreau
Joué-s-Erdre
Blain
Canal de Nantes à Brest
Forêt de la Groulais
Nort-s-Erdre
Trans-sur-Erdre
Les Touches
Mouzeil
Bouvron
Fay-de-Bretagne
Héric
Ligné
Petit-Mars
Casson
Malville
Grandchamps-des-Fontaines
St Mars-du-Désert
Le Temple-de-Bretagne
Vigneux-de-Bretagne
Treillières
Sucé-s-Erdre
Le Cellier
Circuit de Loire-Atlantique Fay de Bretagne
St Etienne-de-Montluc
La Chapelle-s-Erdre
Carquefou
Mauves-s-Loire
Orvault
Sautron
Thouaré-s-Loire
Ste Luce-s-Loire
St Julien-de-Concelles
Couëron
St Herblain
Basse-Goulaine
Haute-Goulaine
Le Pellerin
St Jean-de-Boiseau
Indre
St Sébastien-s-Loire
Rouans
Bouguenais
Rezé
Vertou
Brains
La Chapelle-Heulin
Bouaye
St Aignan
Les Sorinières
Nantes Atlantique
Haie-Fouassière
Loire
N 137-E 3
N 171
N 165
D 164
A 844
A 11
N 249
103
125
145
A
B
C
1
2
3
4

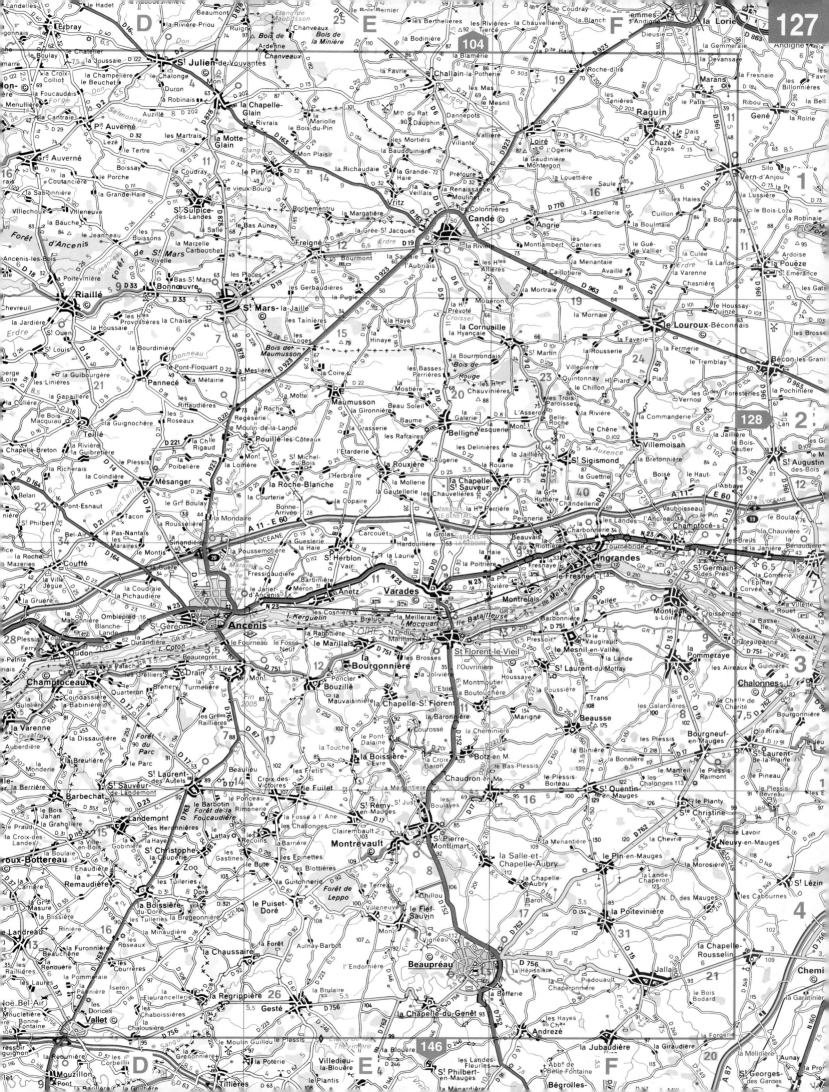

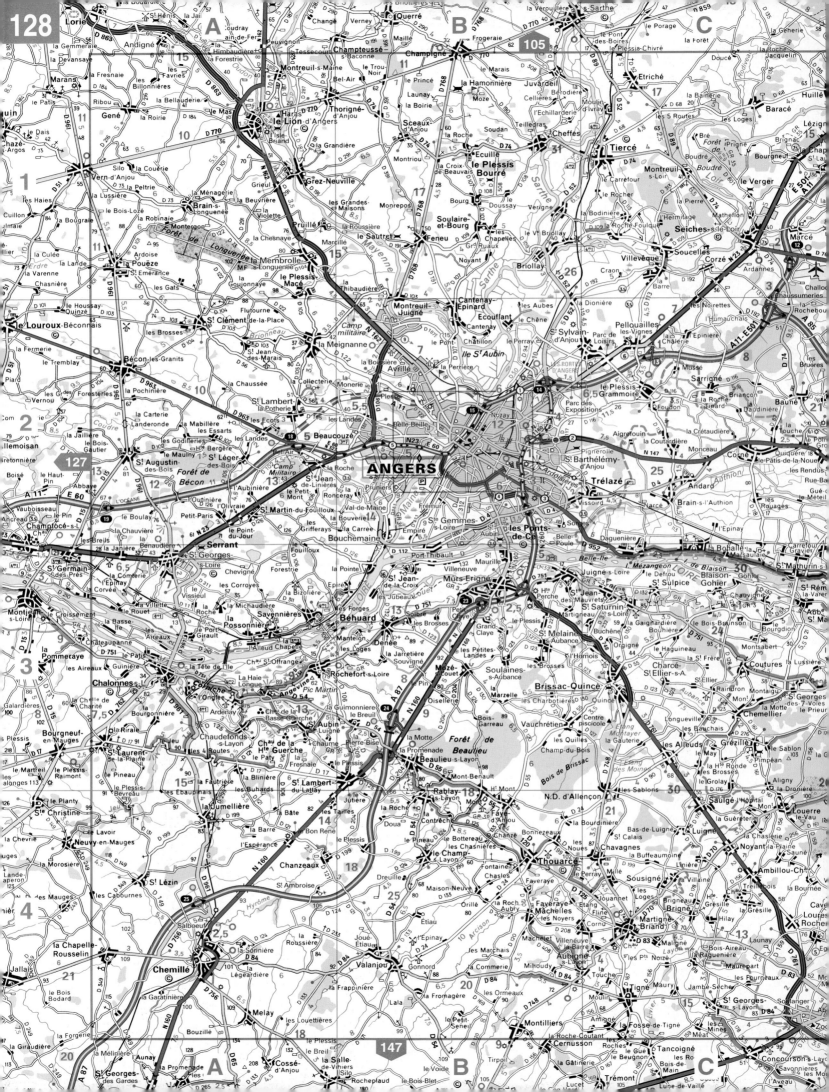

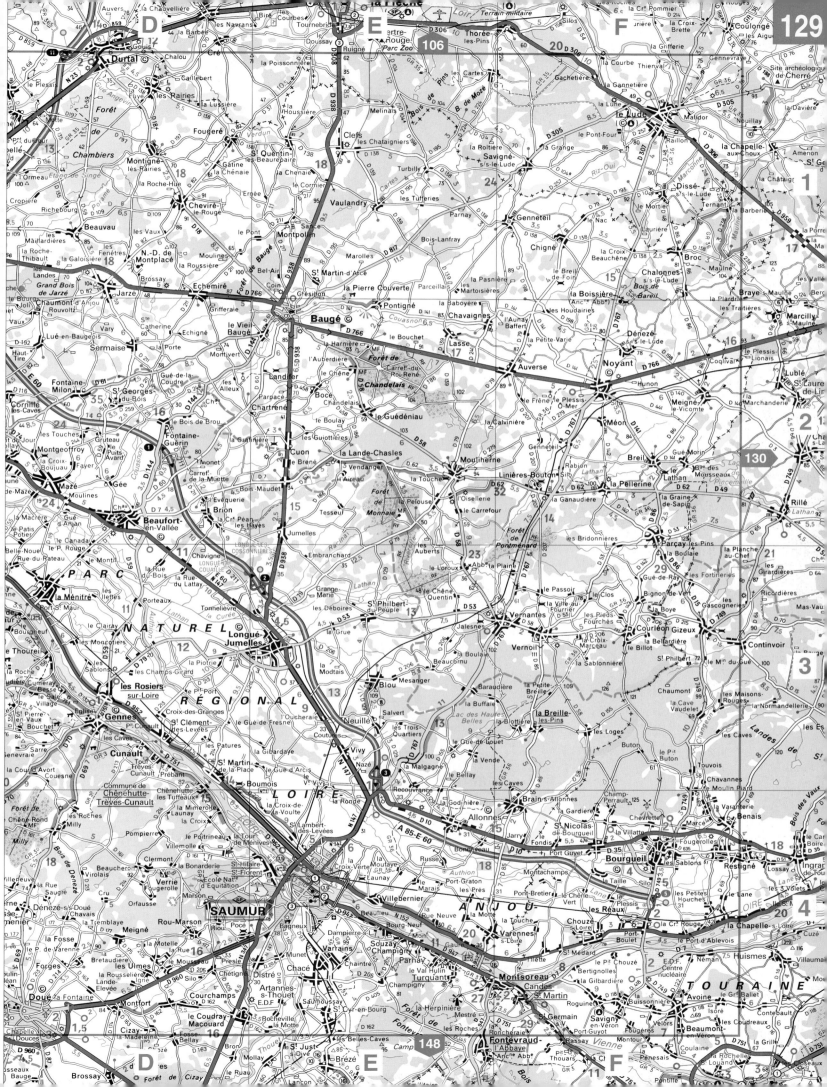

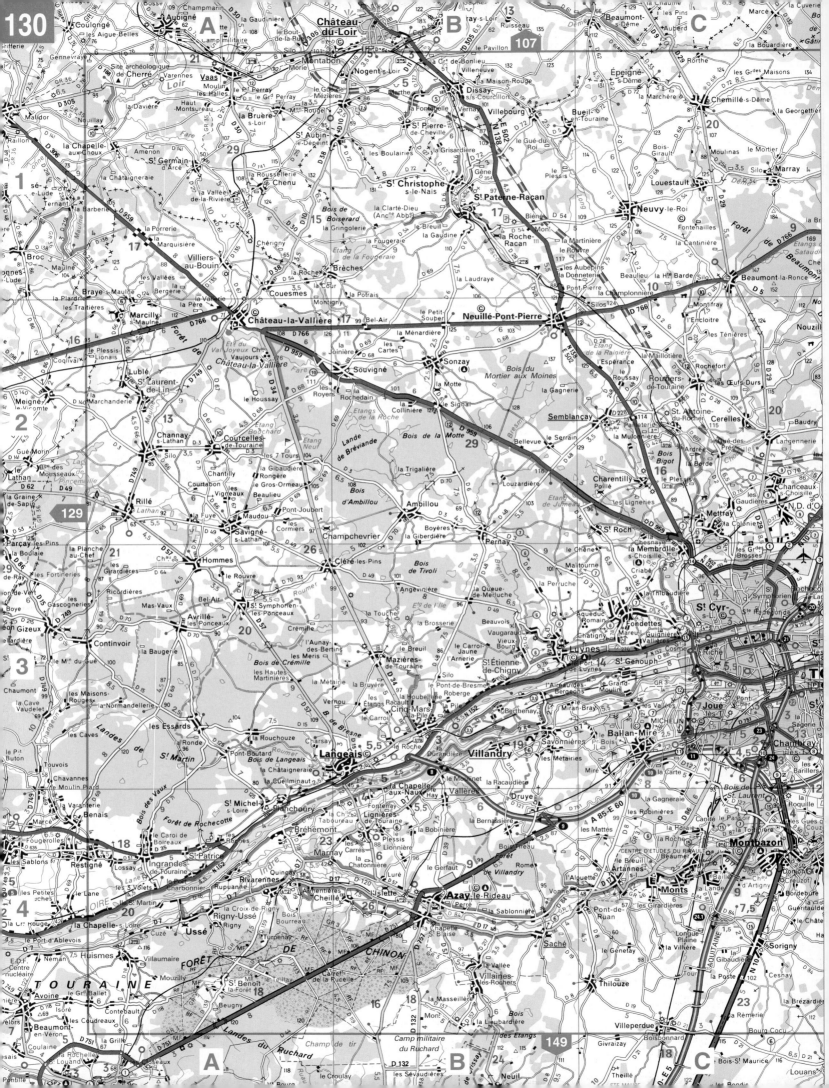

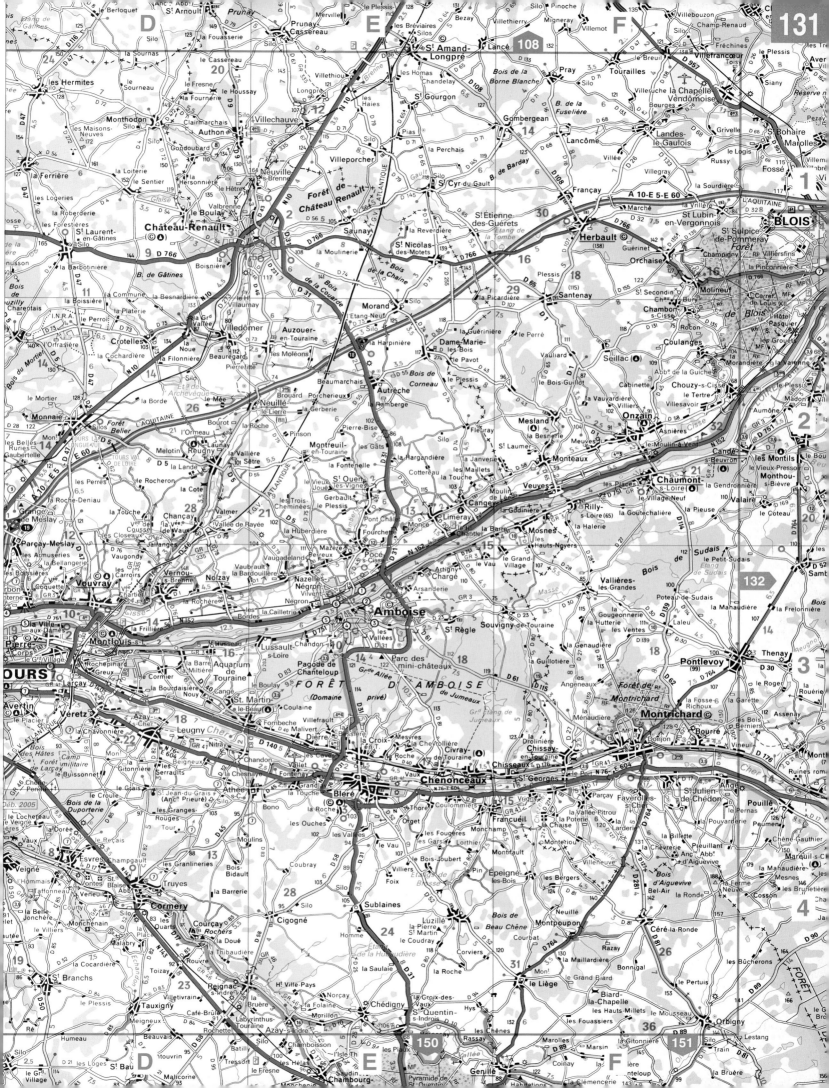

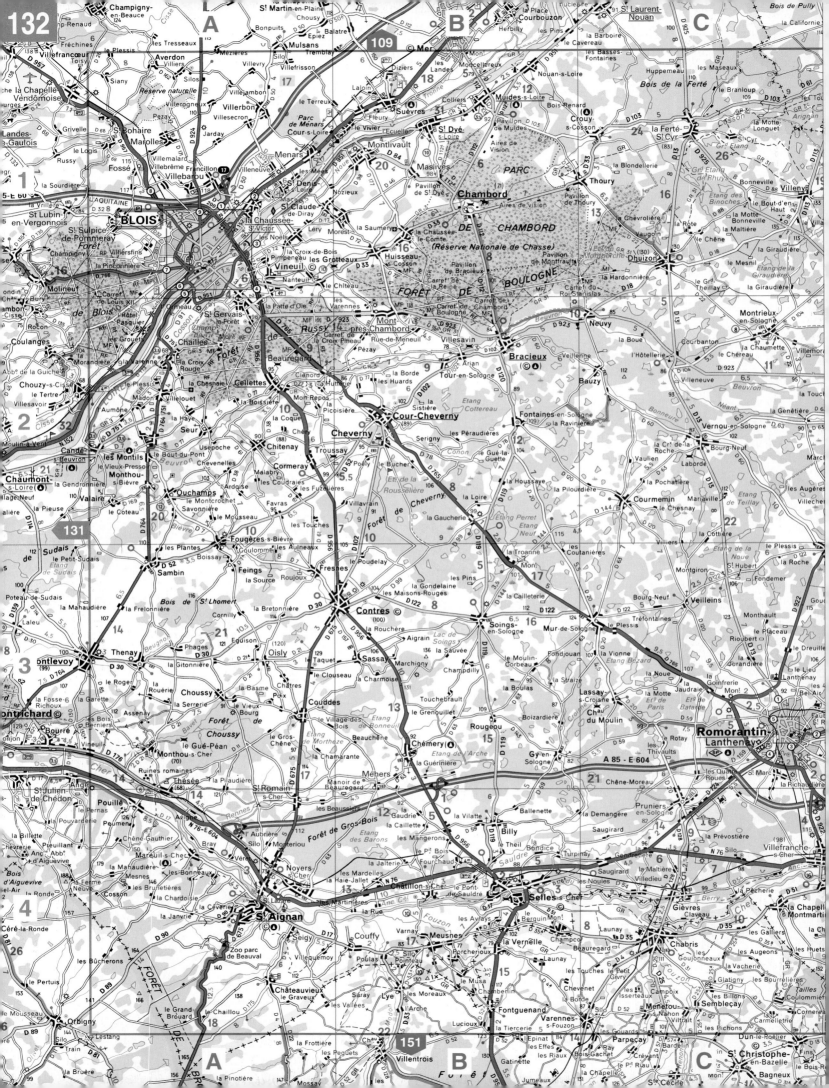

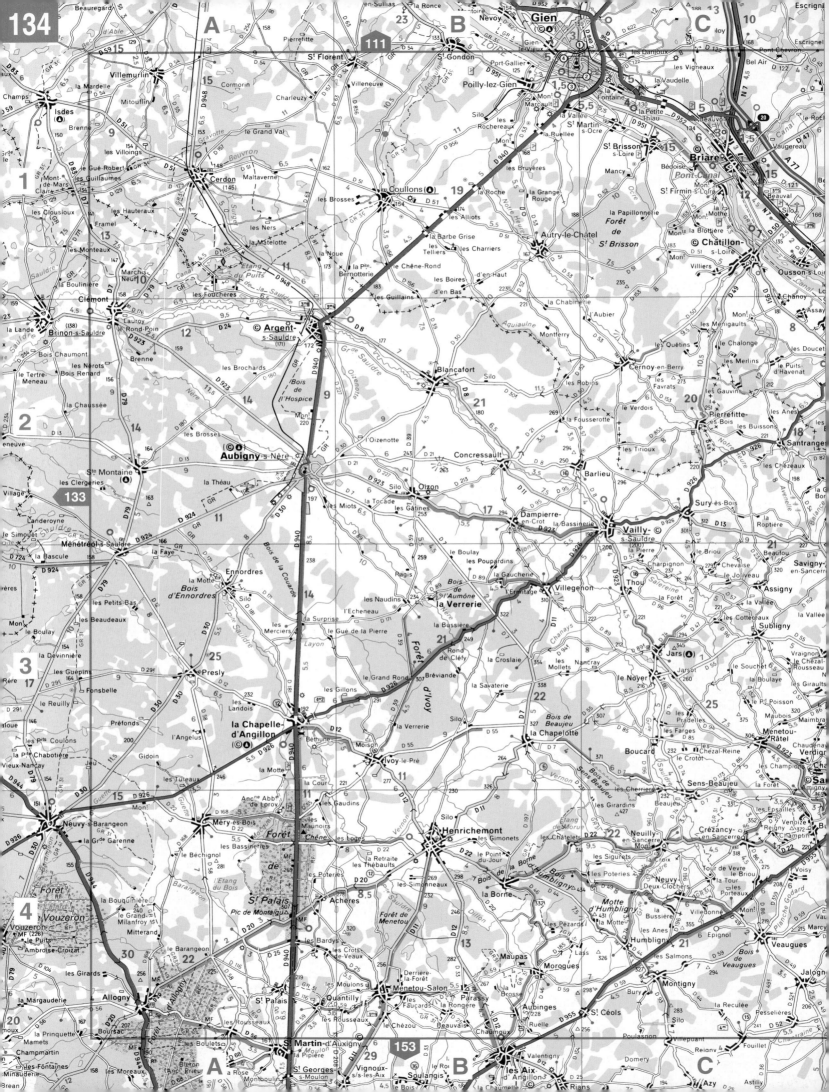

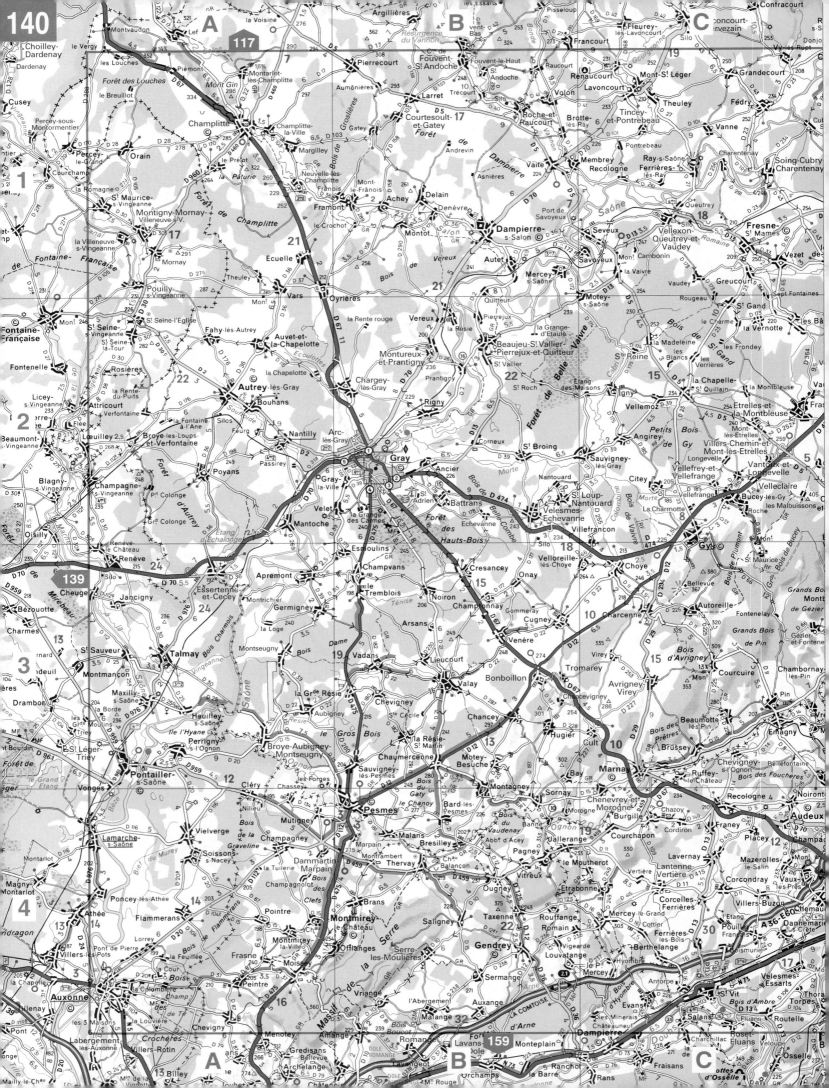

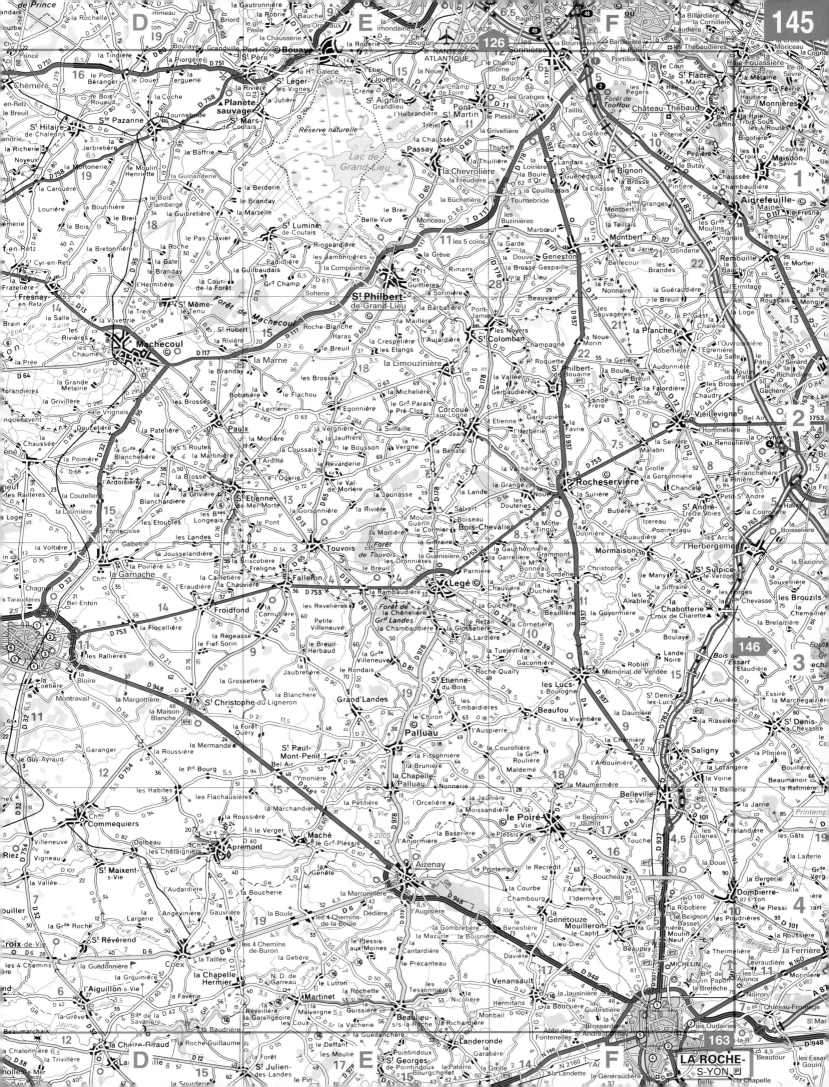

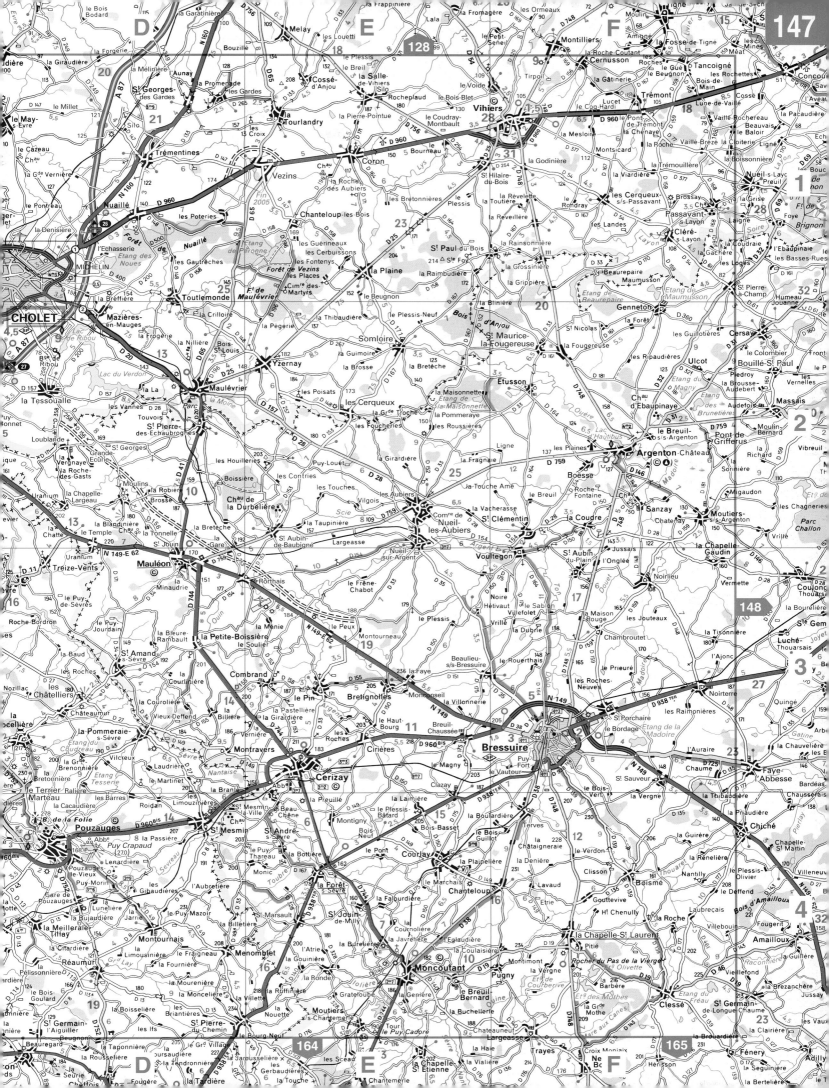

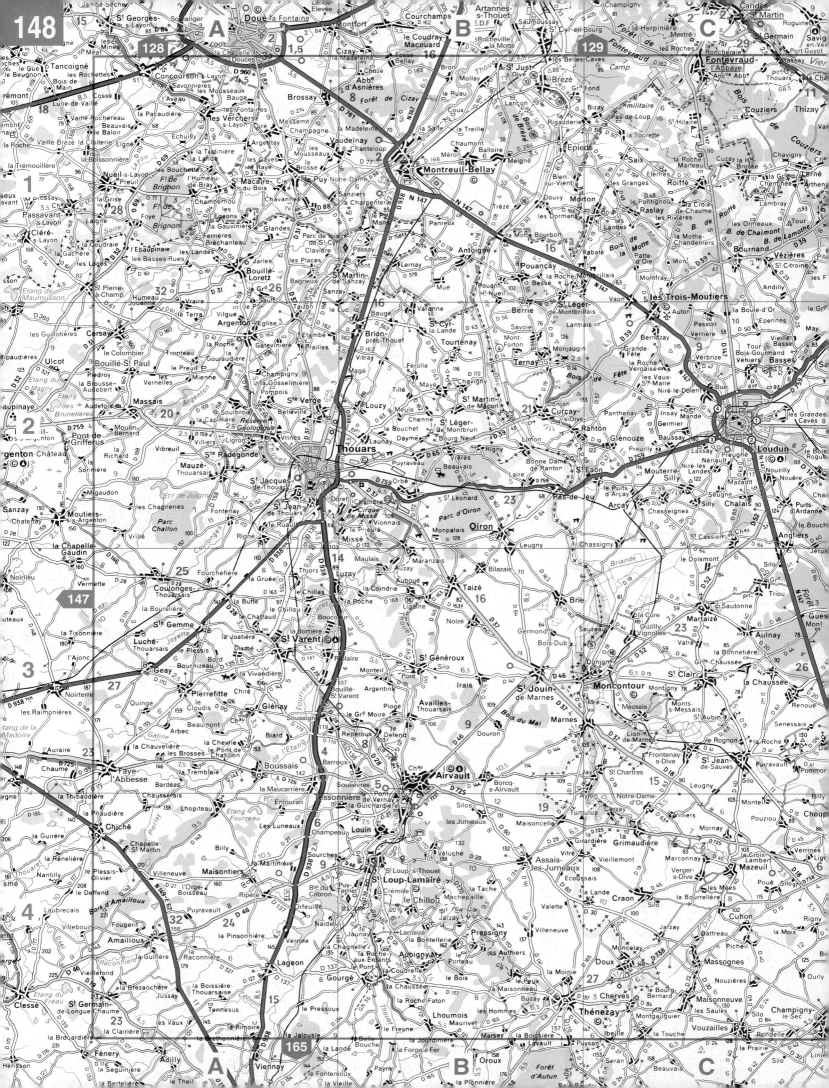

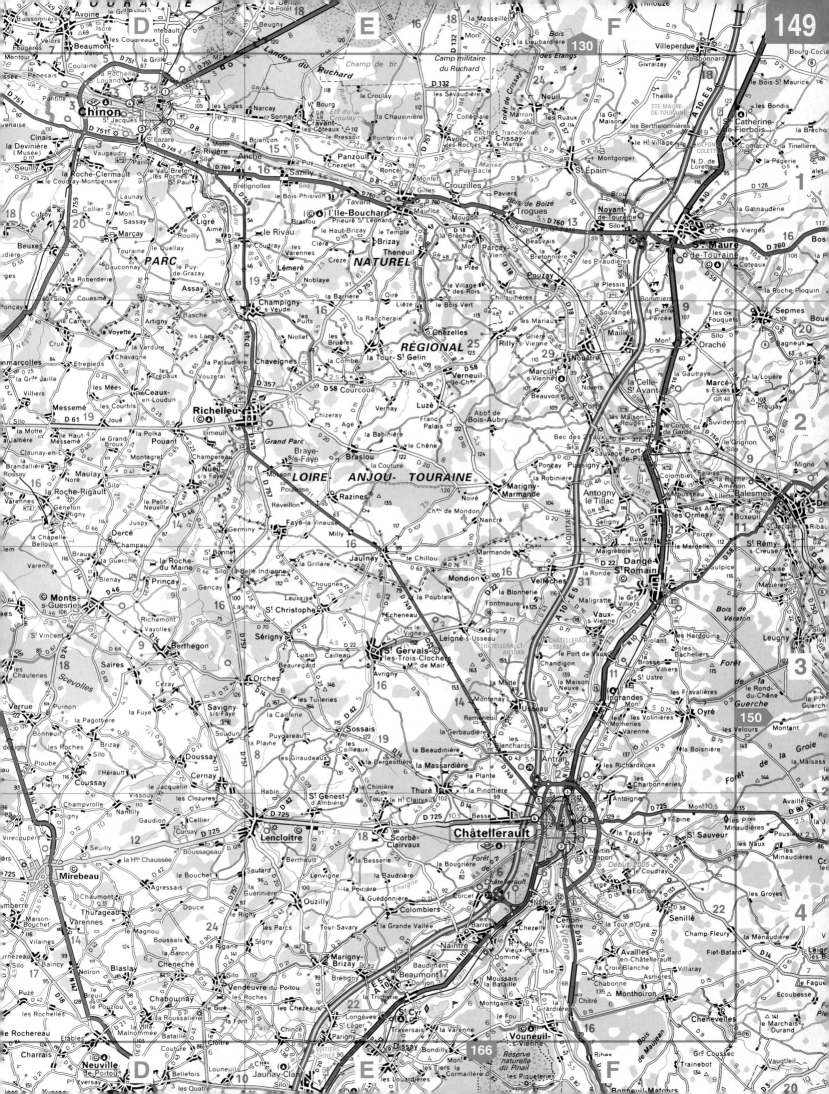

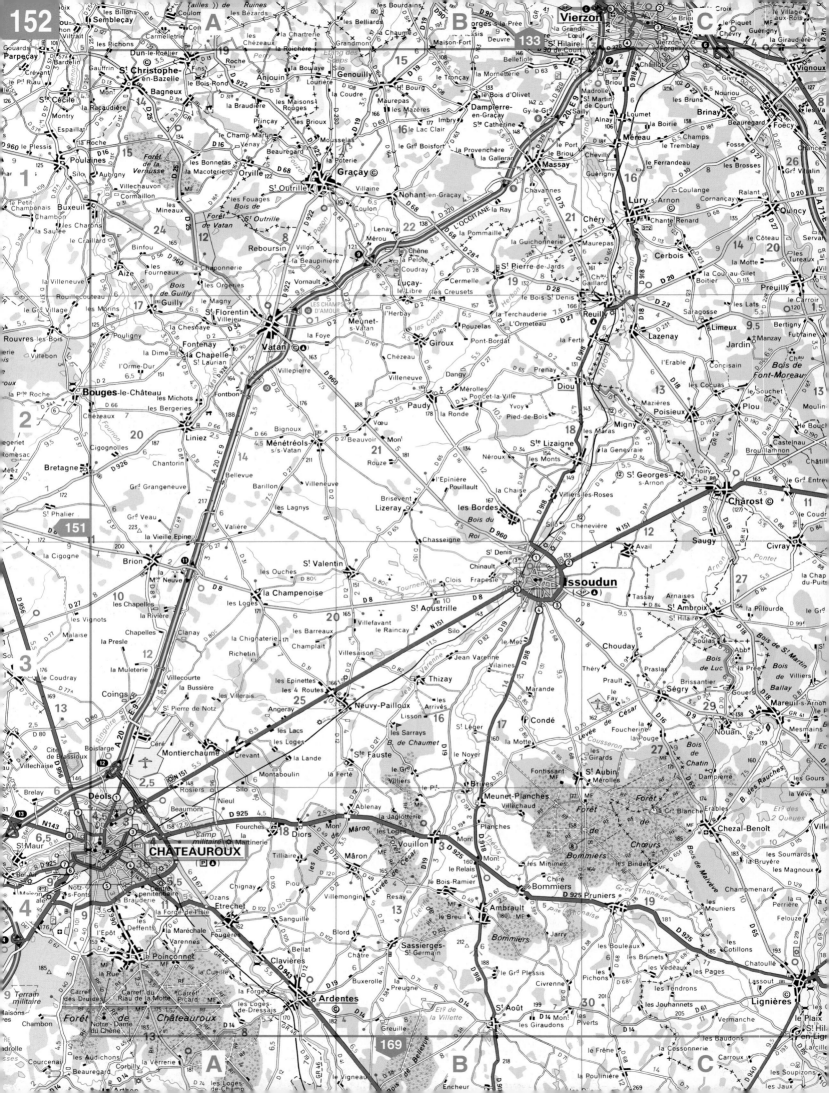

BOURGES

134
154
170

Mehun-s-Yèvre, St-Doulchard, St-Éloy-de-Gy, St-Martin-d'Auxigny, St-Georges-s-Moulon, Vignoux-s-s-les-Aix, les Aix-d'Angillon, Rians, Azy, Étréchy, St-Michel-de-Volangis, Ste-Solange, Brécy, Villabon, Baugy, St-Igny

Marmagne, Berry-Bouy, Asnières, Fussy, St-Germain-du-Puy, Moulins-s-Yèvre, Osmoy, Farges-en-Septaine, Nohant-en-Goût, Bengy-s-Craon

Ste-Thorette, La Chapelle-St-Ursin, Morthomiers, Villeneuve-s-Cher, le Subdray, Trouy, Plaimpied-Givaudins, St-Just, Savigny-en-Septaine, Avord, Camp d'Avord, Crosses, St-Martin, Jussy-Champagne, Saligny-le-Mort

St-Florent-s-Cher, St-Caprais, Arçay, Senneçay, Vorly, St-Denis-de-Palin, Annoix, Vornay, Raymond, Cornusse, Osmery, Lugny-Bourbonnais, Bussy, Lantan, Blet, Charly

Lunery, Lapan, St-Lunaise, Levet, St-Germain-des-Bois, Dun-s-Auron, St-Marceau, Chalivoy-Milon, Chaumont

Primelles, Corquoy, Châteauneuf-s-Cher, Serruelles, Contres, Parnay, Cogny, Thaumiers, le Pondy, Bannegon

St-Baudel, Venesmes, Chavannes, Uzay-le-Venon, Verneuil, Arpheuilles, St-Pierre-les-Étieux

St-Symphorien, Crézançay-s-Cher, St-Loup-des-Chaumes, Bigny, Meillant, St-Sylvain, Grand Bois de Meillant, Forêt de Maulne, Forêt Grailly

Chambon, Vallenay, Bruère-Allichamps, Farges-Allichamps, la Celle, Noirlac, Nozières, Orcenais, Orval, St-Amand-Montrond, Charenton-du-Cher, Ainay-le-Château, Colombiers

Morlac, Touchay, Ids-St-Roch, Vigor, Marçais

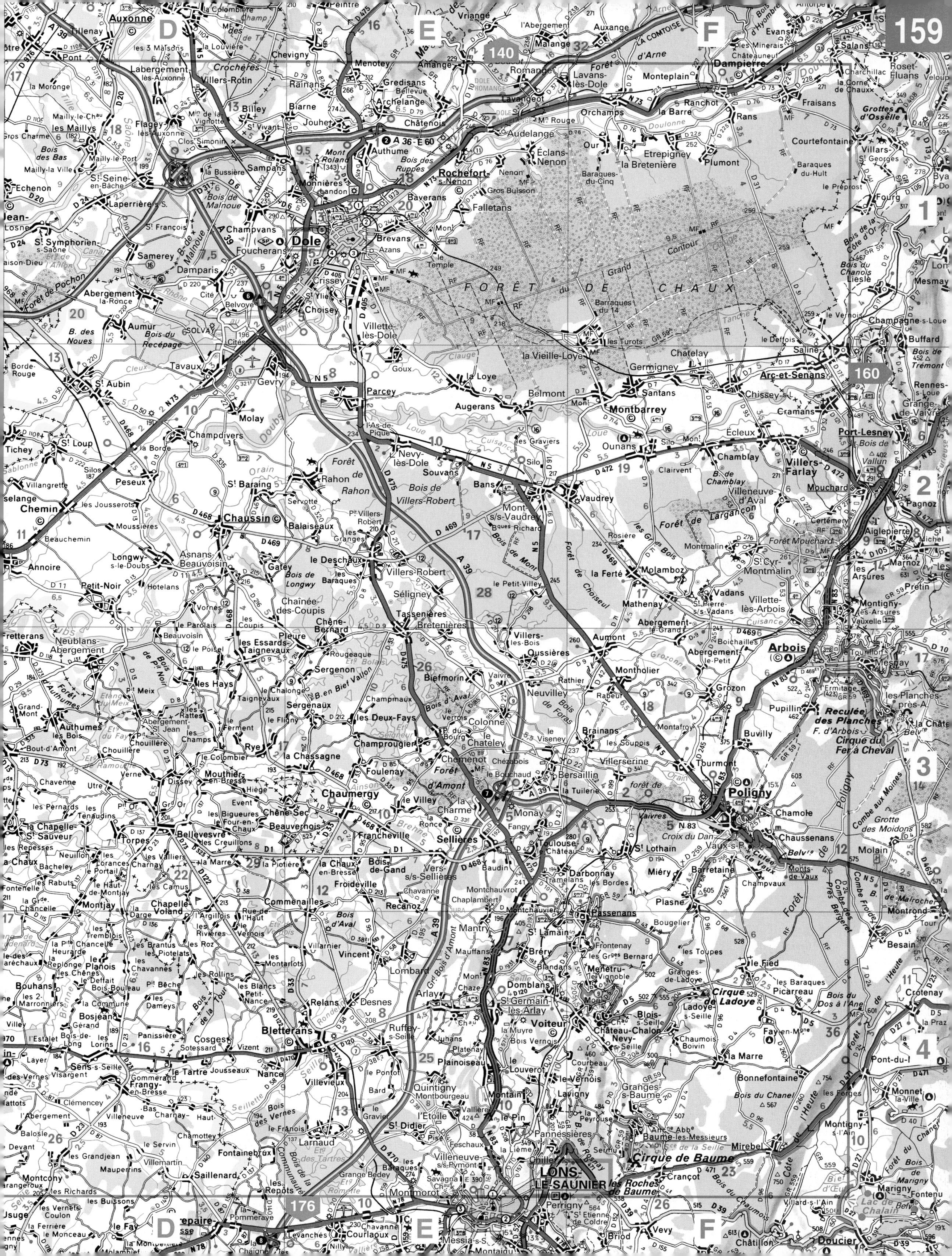

D
E
F
140
160
176
1
2
3
4
Auxonne
Tillenay
Pont
Labergement-lès-Auxonne
Crochères
Villers-Rotin
Chevigny
Menotey
Rainans
Gredisans
Archelange
Châtenois
Biarne
Jouhe
Billey
Flagey-lès-Auxonne
les Maillys
Mailly-le-Port
Mailly-la Ville
Sampans
Monnières
Authume
Mont Roland
Rochefort-s-Nenon
Falletans
Baverans
Brevans
Azans
Dole
Champvans
Foucherans
Samerey
Damparis
St Symphorien-s-Saône
Laperrière-s-S.
St Seine-en-Bâche
Echenon
Abergement-la-Ronce
Forêt de Pochon
Aumur
Bois du Recépage
SOLVAY
Tavaux
Choisey
Crissey
Villette-lès-Dole
Gevry
Molay
St Aubin
Champdivers
St Loup
Tichey
Peseux
St Baraing
Chaussin
Chemin
Annoire
Longwy-s-le-Doubs
Asnans-Beauvoisin
Petit-Noir
Gatey
Bois de Longwy
le Deschaux
Villers-Robert
Séligney
Tassenières
Bretenières
Chêne-Bernard
Chaînée-des-Coupis
Pleure
les Essards-Taignevaux
Neublans-Abergement
Fretterans
Rahon
Forêt de Rahon
Nevy-lès-Dole
Souvans
Bois de Villers-Robert
Balaiseaux
Parcey
Goux
la Loye
Augerans
Belmont
Montbarrey
Santans
Germigney
Chatelay
Arc-et-Senans
Chissey-s-L.
Cramans
Ounans
Ecleux
Chamblay
Villers-Farlay
Mouchard
Port-Lesney
Bans
Mont-s/s-Vaudrey
Vaudrey
la Ferté
Molamboz
Mathenay
Vadans
St Cyr-Montmalin
Villette-lès-Arbois
Arbois
Mesnay
Aumont
Oussières
Villers-les-Bois
Montholier
Grozon
Neuvilley
Rathier
Biefmorin
Colonne
le Chateley
Bersaillin
Brainans
Villerserine
Tourmont
Poligny
Chamole
Chaussenans
Barretaine
Vaux-s-P.
St Lothain
Miéry
Plasne
Darbonnay
Passenans
St Lamain
Brery
Frontenay
Menétru-le-Vignoble
Domblans
St Germain-lès-Arlay
Voiteur
Château-Chalon
Nevy-s-Seille
Blois-s-Seille
Ladoye-s-Seille
Cirque de Ladoye
Picarreau
Fay-en-Mgne
Crotenay
Pont-du-N
Monnet-la-Ville
Montigny-s-l'Ain
Marigny
Lac de Chalain
Doucier
Châtillon
Vevy
Briod
Perrigny
Lons-le-Saunier
Les Roches de Baume
Crançot
Cirque de Baume
Baume-les-Messieurs
Granges-s-Baume
Mirebel
Bonnefontaine
la Marre
Lavigny
le Vernois
le Louverot
Montain
le Pin
Pannessières
Plainoiseau
Arlay
Relans
Desnes
Bletterans
Ruffey-s-Seille
Villevieux
Quintigny
l'Etoile
St Didier
Larnaud
Villeneuve-s-Pymont
Montmorot
Courlaoux
Nance
Frangy-en-Bresse
Sens-s-Seille
Cosges
Chapelle-Voland
Commenailles
Sellières
Chaumergy
Foulenay
Francheville
Bellevesvre
Torpes
la Chapelle-St Sauveur
Montjay
Authumes
Sergenaux
les Deux-Fays
Champrougier
la Chassagne
Rye
les Hays
Forêt d'Amont
Bois d'Aval
Forêt de Chaux
Dampierre
Fraisans
Rans
Orchamps
Courtefontaine
Plumont
Etrepigney
la Bretenière
Our
Éclans-Nenon
Audelange
Lavans-lès-Dole
Romange
Malange
Amange
Vriange
Auxange
Monteplain
Ranchot
la Barre
Salans
Roset-Fluans
Evans
Villars-St Georges
Fourg
Liesle
Mesmay
Buffard
Saline
Champagne-s-Loue
Rennes-s-Loue
Grange-de-Vaivre
Aiglepierre
Marnoz
les Arsures
Montigny-lès-Arsures
Pupillin
Reculée des Planches
Cirque du Fer à Cheval
Grottes d'Osselle
Molain
Montrond
Besain
Forêt de Poligny
Grotte des Moidons
Culée de Vaux
Monts-de-Vaux
A 39
A 36 - E 60
N 5
N 73
N 83
N 78

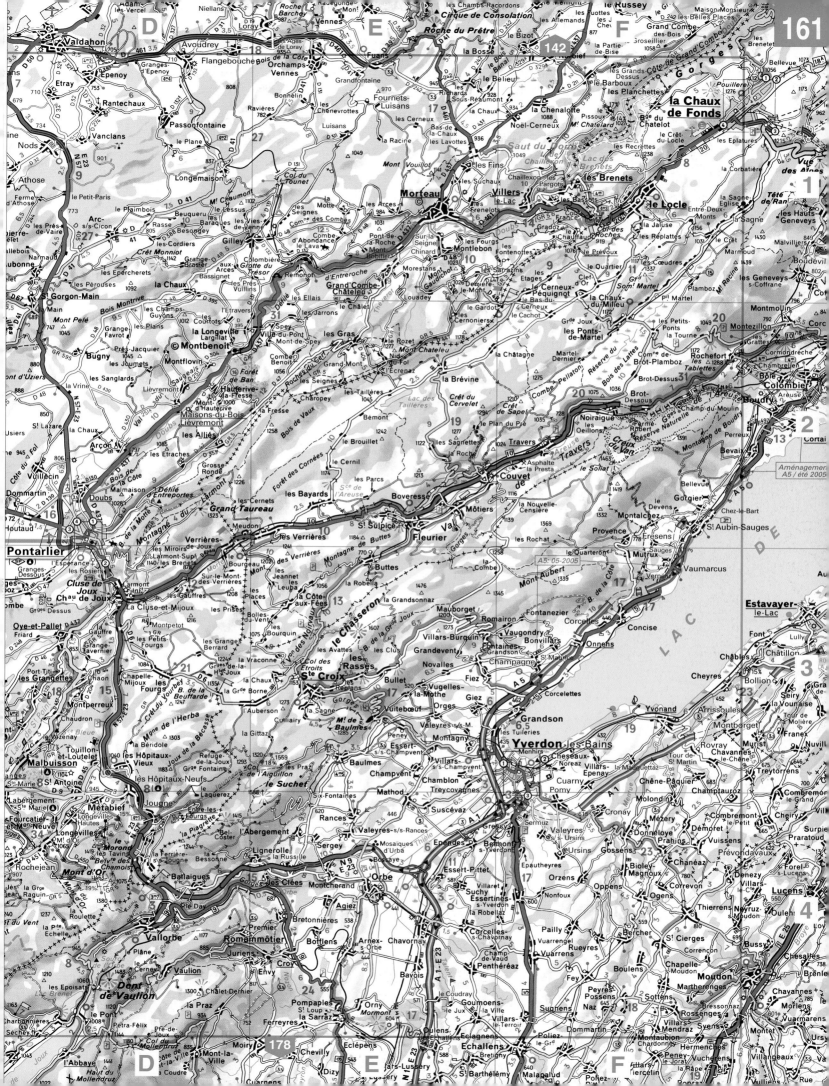

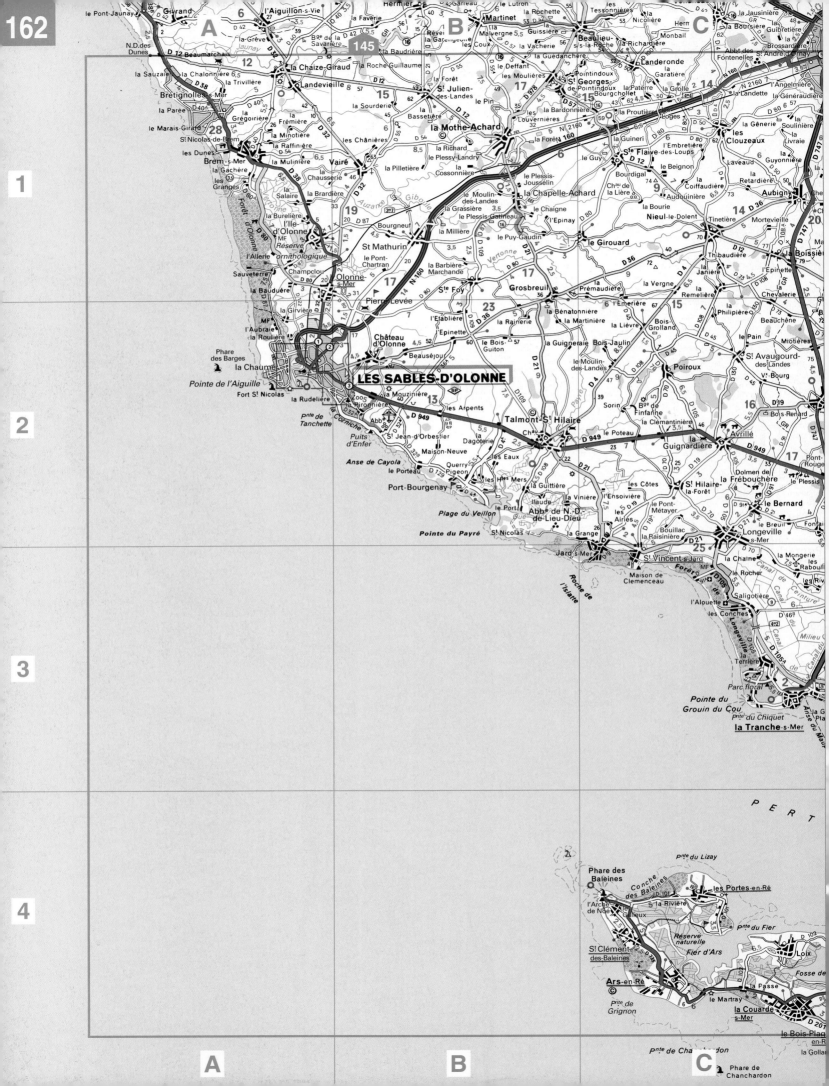

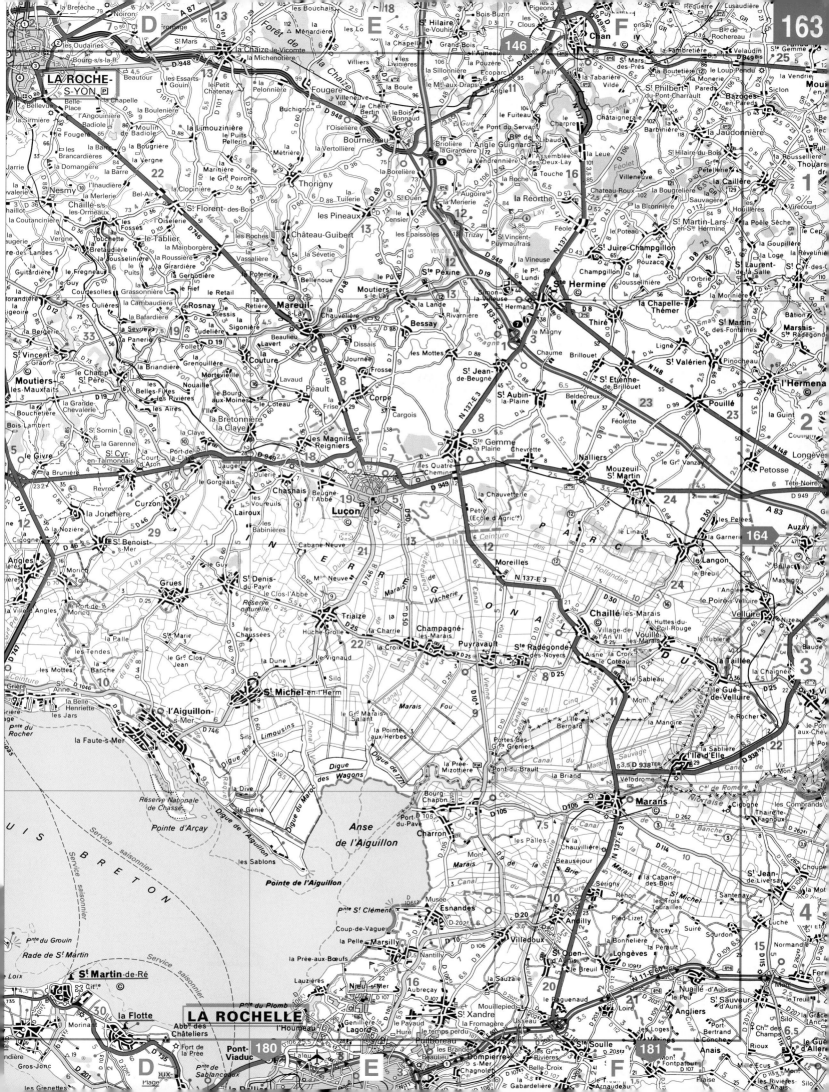

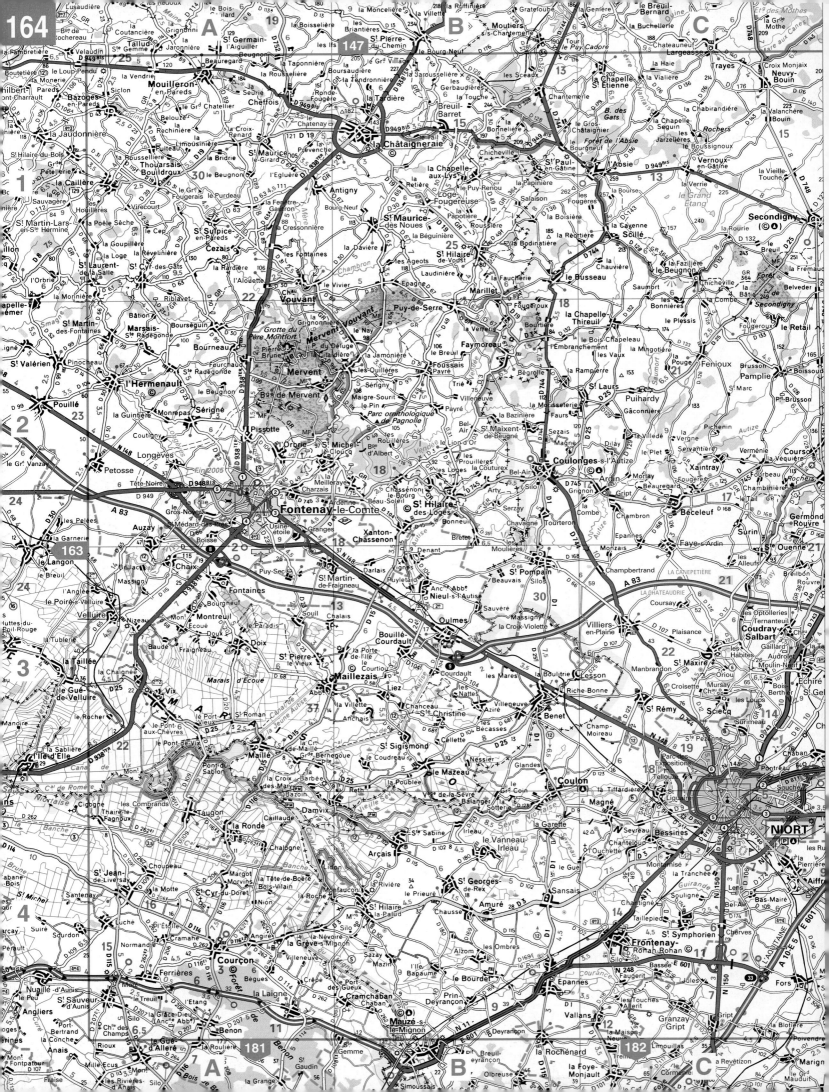

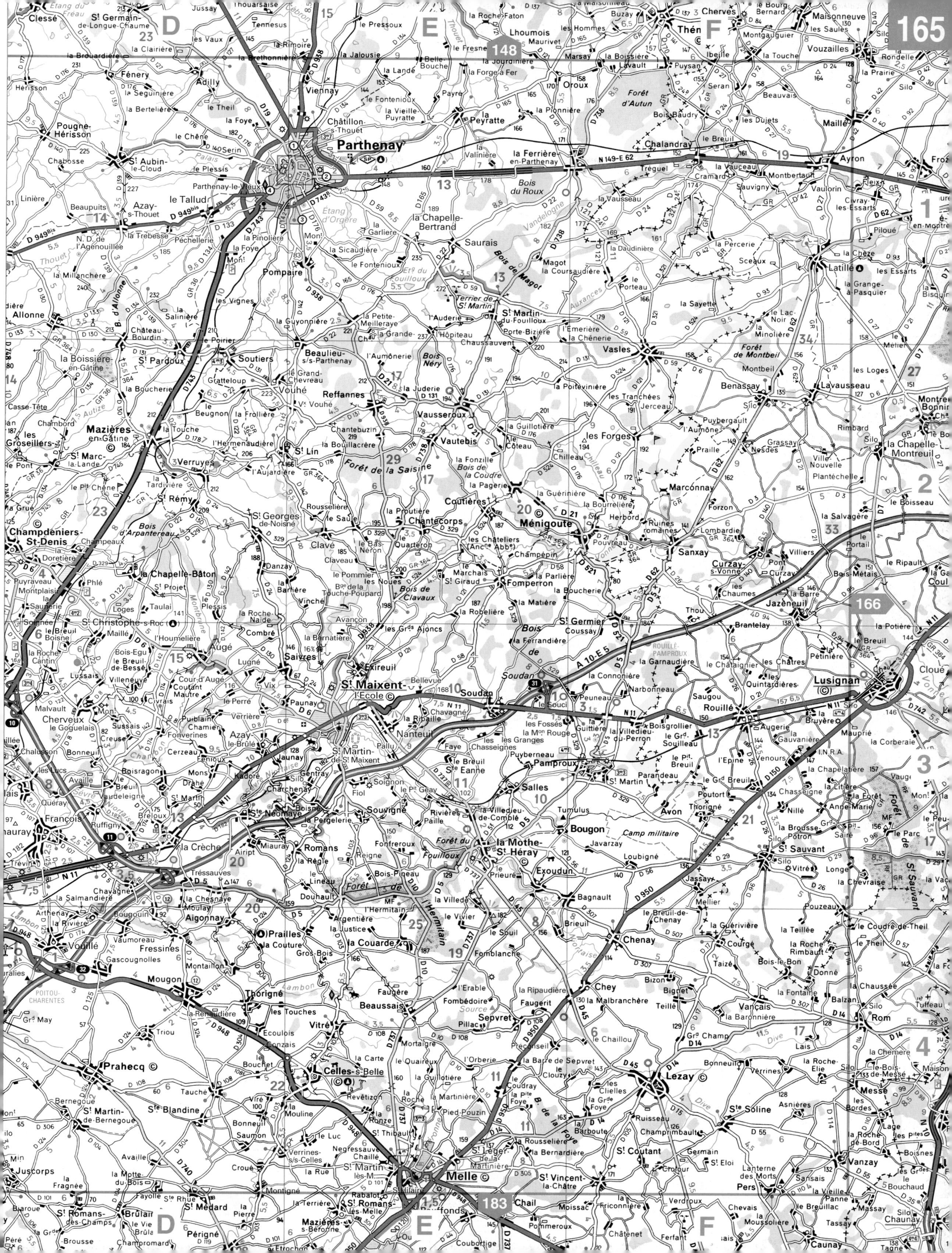
D
E
F
148
Parthenay
Châtillon-s-Thouët
Viennay
Adilly
Fénery
Pougne-Hérisson
St Aubin-le-Cloud
Azay-s-Thouet
le Tallud
Parthenay-le-Vieux
Pompaire
la Chapelle-Bertrand
Saurais
Peyratte
la Ferrière-en-Parthenay
Oroux
Forêt d'Autun
Chalandray
Ayron
Maillé
Vouzailles
Latillé
Vasles
St Martin-du-Fouilloux
Forêt de Montbeil
Benassay
Lavausseau
Allonne
Château-Bourdin
St Pardoux
Soutiers
Beaulieu-s/s-Parthenay
Vouhé
Reffannes
Vausseroux
Vautebis
Mazières-en-Gâtine
St Lin
Forêt de la Saisine
Verruyes
St Marc-la-Lande
Coutières
Ménigoute
Les Forges
Marconnay
Sanxay
Curzay-s-Vonne
Jazeneuil
Champdeniers-St-Denis
St Rémy
St Georges-de-Noisné
Chantecorps
Clavé
la Chapelle-Bâton
St Christophe-s-Roc
Fomperron
St Germier
Coussay
Bois de Clavaux
Augé
Saivres
Exireuil
St Maixent-l'École
Soudan
Rouillé
Lusignan
Pamproux
Salles
Azay-le-Brûlé
Nanteuil
St Martin-de-St Maixent
Cherveux
François
Ste Néomaye
Souvigné
la Mothe-St Héray
Exoudun
Bougon
Camp militaire
St Sauvant
Forêt de St Sauvant
Romans
Aigonnay
Prailles
la Crèche
Vouillé
Mougon
Thorigné
la Couarde
Chenay
Chey
Beaussais
Sepvret
Lezay
Rom
Vitré
Celles-s-Belle
Prahecq
St Martin-de-Bernegoue
Ste Blandine
Melle
St Léger-de-la Martinière
St Vincent-la-Châtre
Ste Soline
St Coutant
Messé
Vanzay
Chaunay
Brûlain
St Médard
St Romans-des-Champs
183
166
N 11
A 10-E 5
N 149-E 62

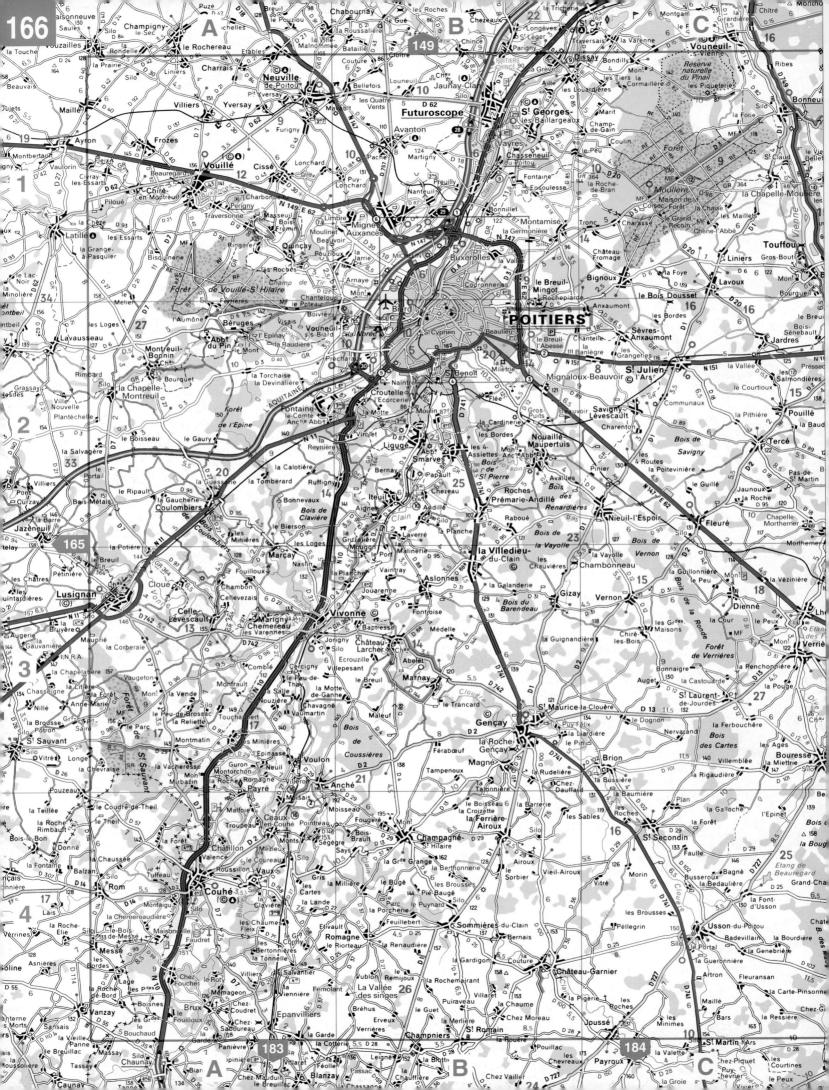

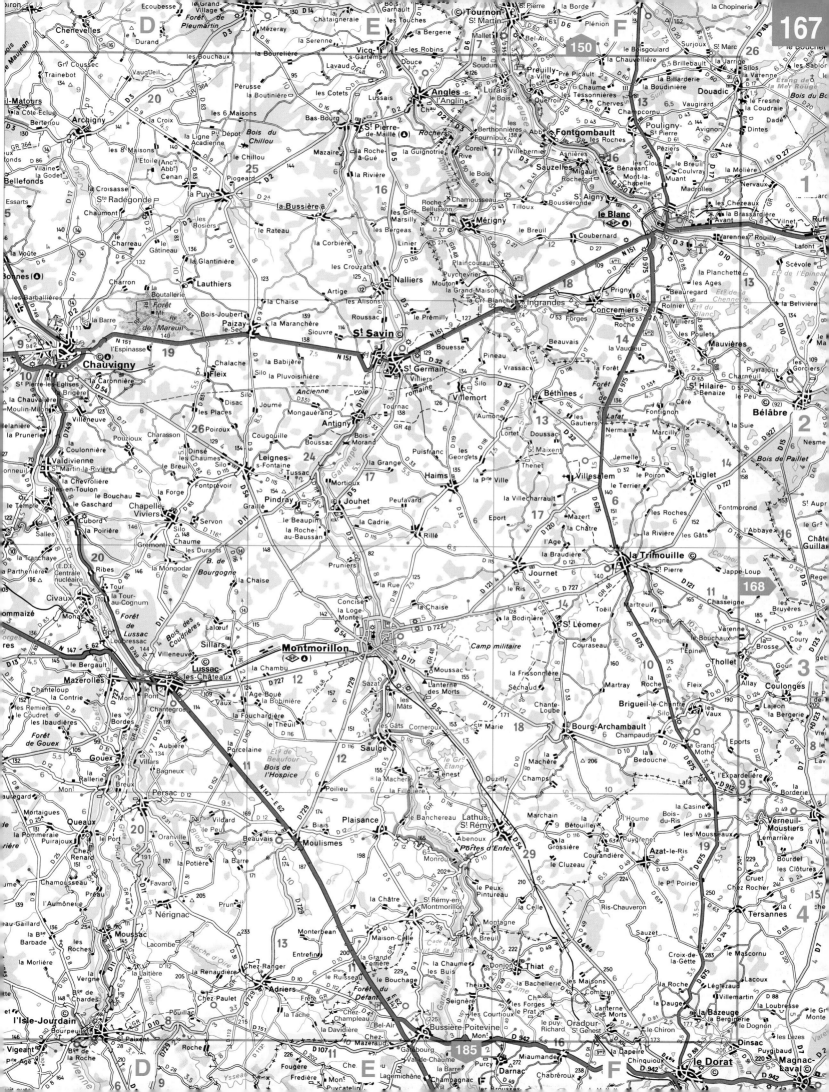

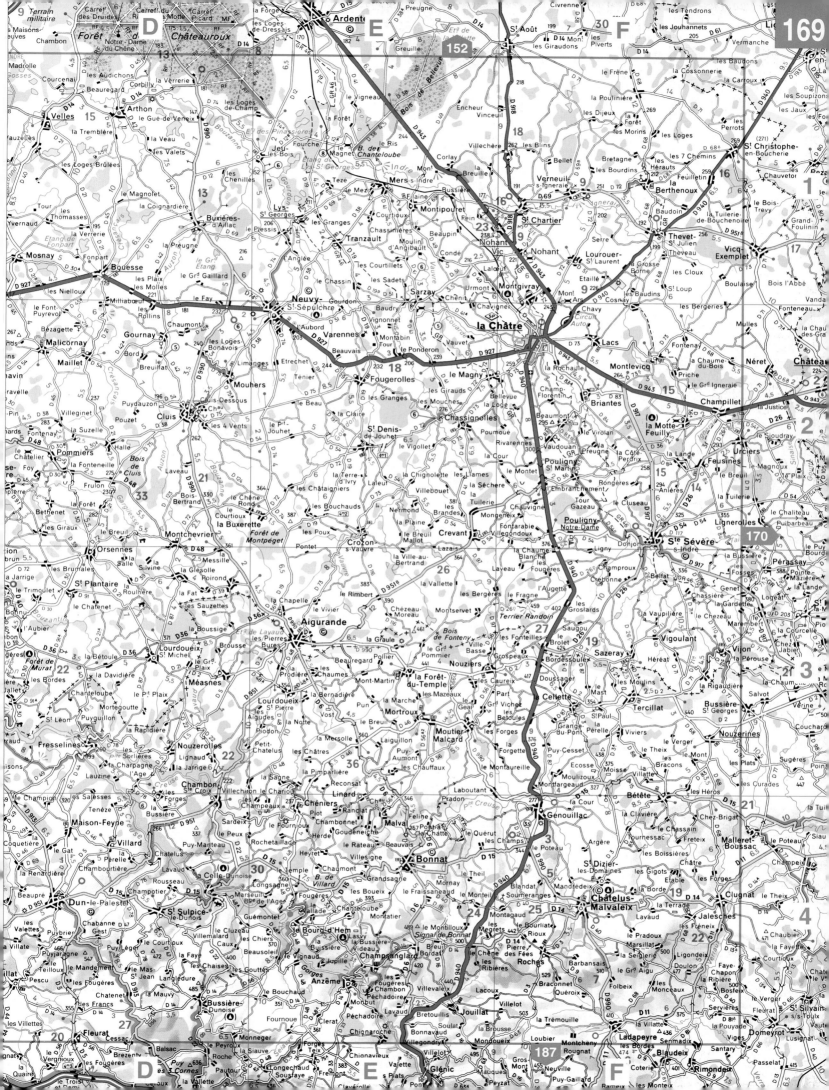

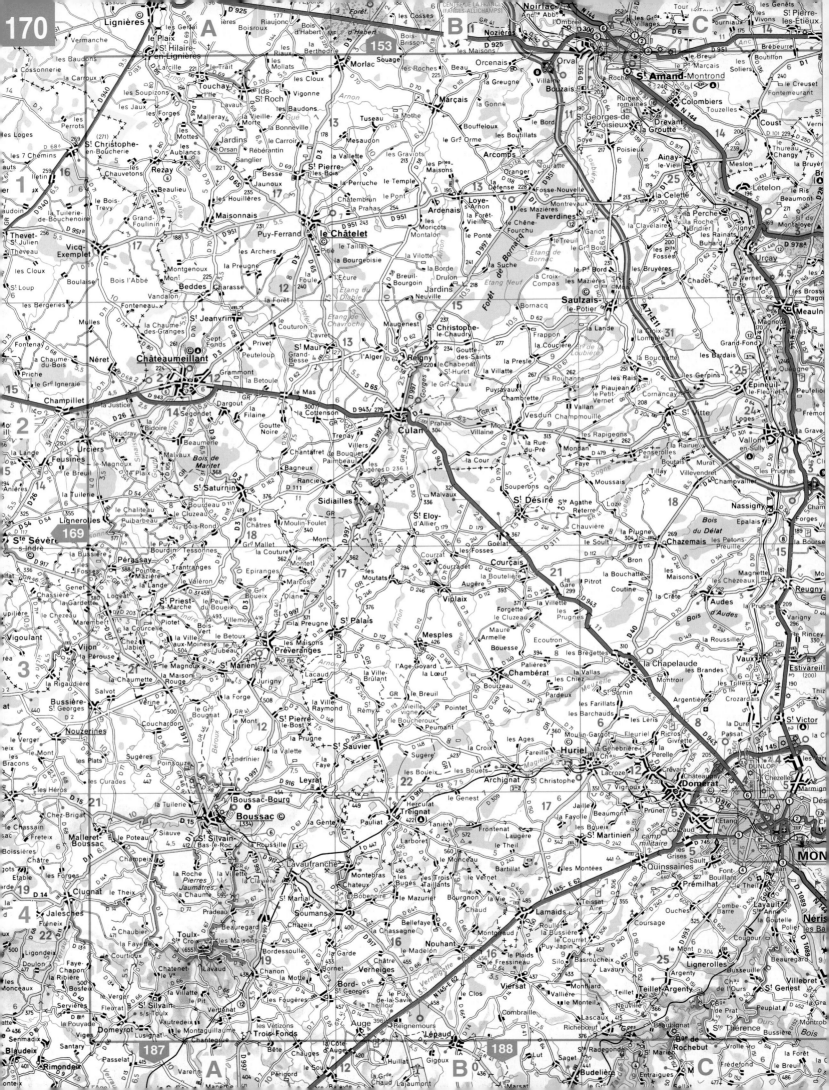

D
E
F
156
174
191
1
2
3
4
Cronat
St Seine
Mont d'Azy
Marly-s/s-Issy
Mont Tharot
Issy-l'Evêque
Montchanin
Toulon-s-Arroux
Maltat
Cressy-s-Somme
Grury
Uxeau
Mont Dardon
Ste-Radegonde
Vitry-s-Loire
Bourbon-Lancy
Signal de Mont
Lesme
Mont
La Chapelle-au-Mans
Vendenesse-s-Arroux
Gueugnon
Marly-s-Arroux
Beaulon
Chalmoux
Neuvy-Grandchamp
Forêt de Germigny
Bois de Vesvre
Chassy
Clessy
Forêt de Carterand
St Aubin-s-Loire
Diou
Gilly-s-Loire
Perrigny-s-Loire
Les Guerreaux
Bois de la Motte
Rigny-s-Arroux
St Vincent-Bragny
Pierrefitte-s-Loire
St Agnan
Digoin
Saligny-s-Roudon
Coulanges
Molinet
Vitry-en-Charollais
Paray-le-Monial
Volesvres
Monétay-s-Loire
Chassenard
St Yan
Puy St Ambroise
Liernolles
St Didier-en-Donjon
le Pin
St Léger-s-Vouzance
l'Hôpital-le-Mercier
Poisson
Montcombroux-les-Mines
le Donjon
Neuilly-en-Donjon
Luneau
Vindecy
Montceaux-l'Étoile
Anzy-le-Duc
Bert
Avrilly
Bourg-le-Comte
Varenne-l'Arconce
St Didier-en-Brionnais
Oyé
Barrais-Bussolles
Loddes
Lenax
le Bouchaud
Céron
Chambilly
Marcigny
Semur-en-Brionnais
St Christophe-en-Brionnais
Montaiguët-en-Forez
Urbise
St Martin-du-Lac
St Julien-de-Jonzy
Andelaroche
Droiturier
Chenay-le-Châtel
Artaix
Ligny-en-Brionnais
Melay
Fleury-la-Montagne
St Bonnet-de-Cray
LOIRE
Canal du Centre
N 79 - E 62
D 994
D 979
D 982
D 973
D 60
D 989
D 990

157
173
191
192

A   **B**   **C**

Montceau-les-Mines · Blanzy · Sanvignes-les-Mines · St Vallier · Mont-St-Vincent · Gourdon · Marigny · St Micaud · le Puley · Genouilly · St Martin-du-Tartre · St Gengoux-le-National · St Maurice-des-Champs · Joncy · Burzy · Burnand · St Huruge · Bissy-s-Fley · Collonge-en-Charollais

Toulon-s-Arroux · St Berain-s/s-Sanvignes · Perrecy-les-Forges · Cry-le-Noble · Génelard · Palinges · Digoine · Marly-s-Arroux · Chassy · St Romain-s/s-Versigny · Dompierre-s/s-Sanvignes · St Bonnet-de-Vieille-Vigne · St Aubin-en-Charollais · Grandvaux · Volesvres · Champlecy · Fontenay · Viry · la Guiche · Chevagny-s-Guye · Passy · Sailly · Salornay-s-Guye · Chérizet · Cluny · Massy · Bonnay · St Hippolyte · Besanceuil

Mornay · Chaumont · St Bonnet-de-Joux · St Brancher · Suin · Donzy-le-National · Château · Jalogny · Buffières · Bergesserin · Mazille · Ste Cécile · Bourgvilain

Paray-le-Monial · Hautefond · Charolles · Vendenesse-les-Charolles · Lugny-les-Charolles · Vaudebarrier · Marcilly-la-Guerche · Beaubery · Verosvres · Trivy · la Chapelle-de-France · Curtil-s/s-Buffières · St Léger · Brandon · Dompierre-les-Ormes · Clermain · Montagny-s-Grosne

Changy · Nochize · Poisson · Busseuil · Ozolles · Dyo · Prizy · St Julien-de-Civry · St Germain-en-Brionnais · Ouroux-s/s-le-Bois-Ste-Marie · Colombier-en-Brionnais · Montmelard · Gibles · St Symphorien-des-Bois · Drée · Montagny-s-Grosne · St Point · St Léger-s/s-la-Bussière · Tramayes · St Pierre-le-Vieux · Matour

St Didier-en-Brionnais · Varenne-l'Arconce · Amanzé · Oyé · Curbigny · la Clayette · Varennes-s/s-Dun · Châtenay · Aigueperse · St Bonnet-des-Bruyères · Trades · St Christophe-en-Brionnais · Baudemont · Vauban · la Chapelle-s/s-Dun · Chassigny-s/s-Dun · Mussy-s/s-Dun · Anglure-s/s-Dun · Monsols · Chauffailles

A   **B**   **C**

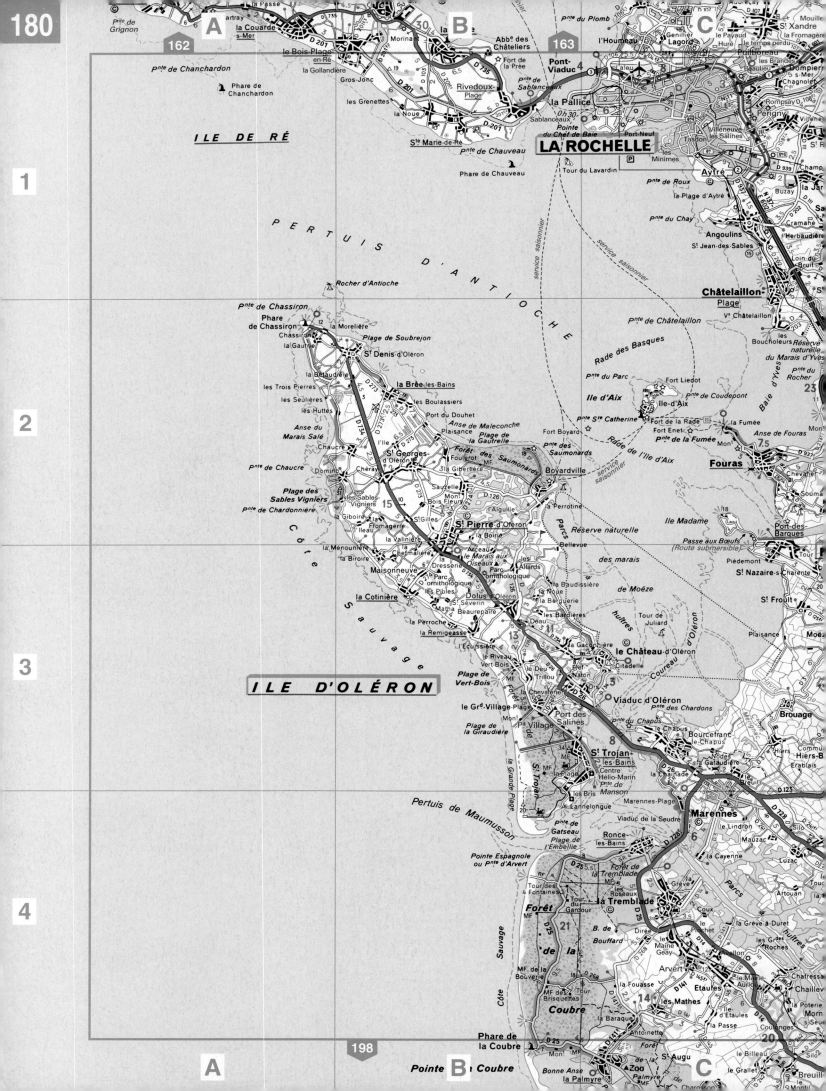

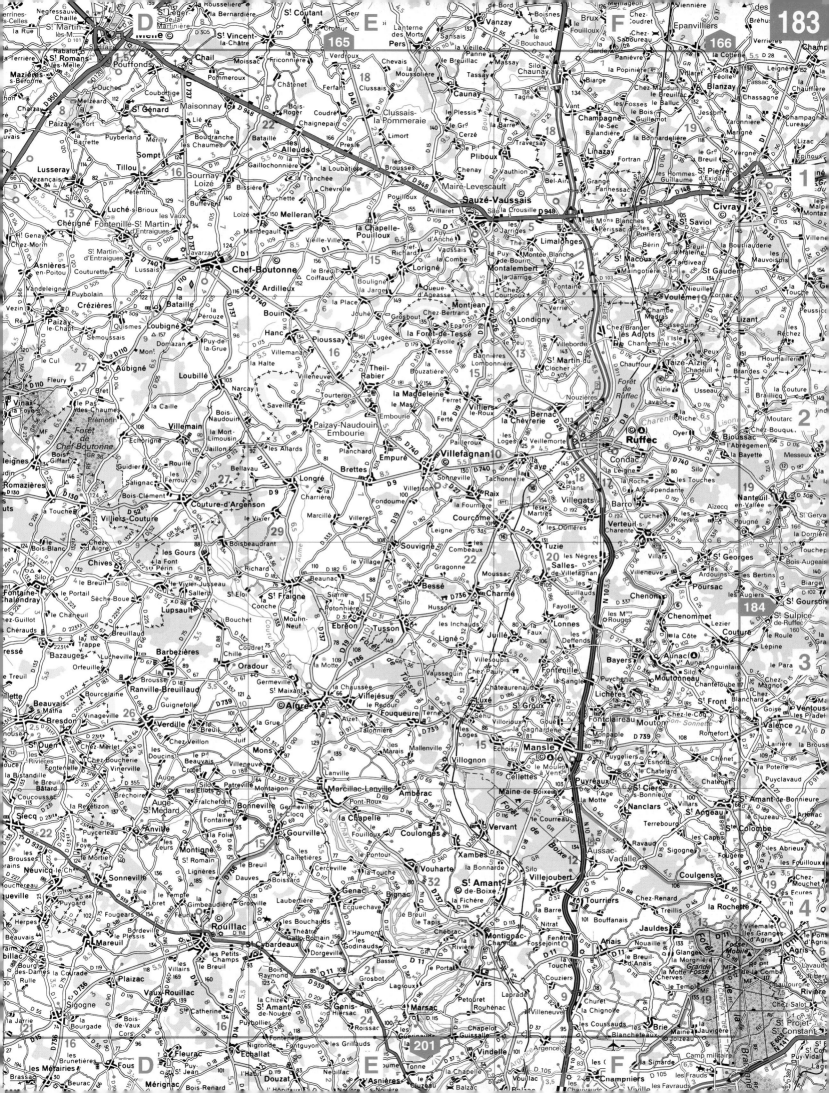

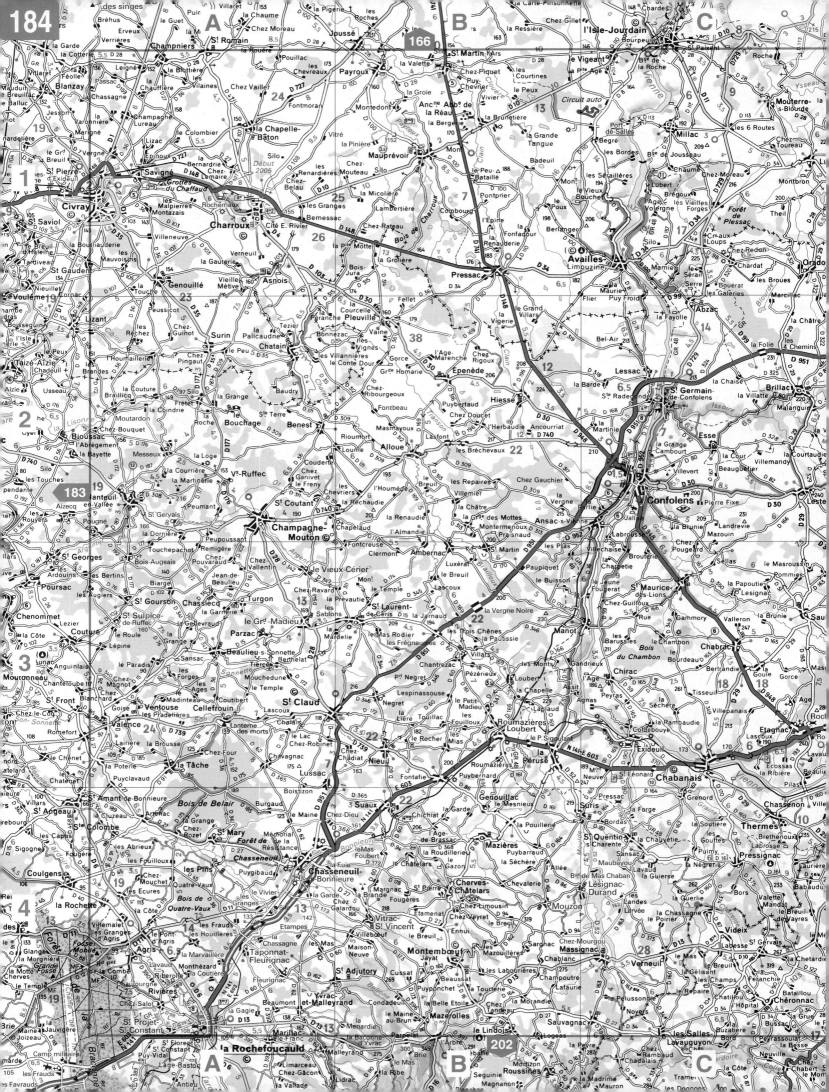

LIMOGES

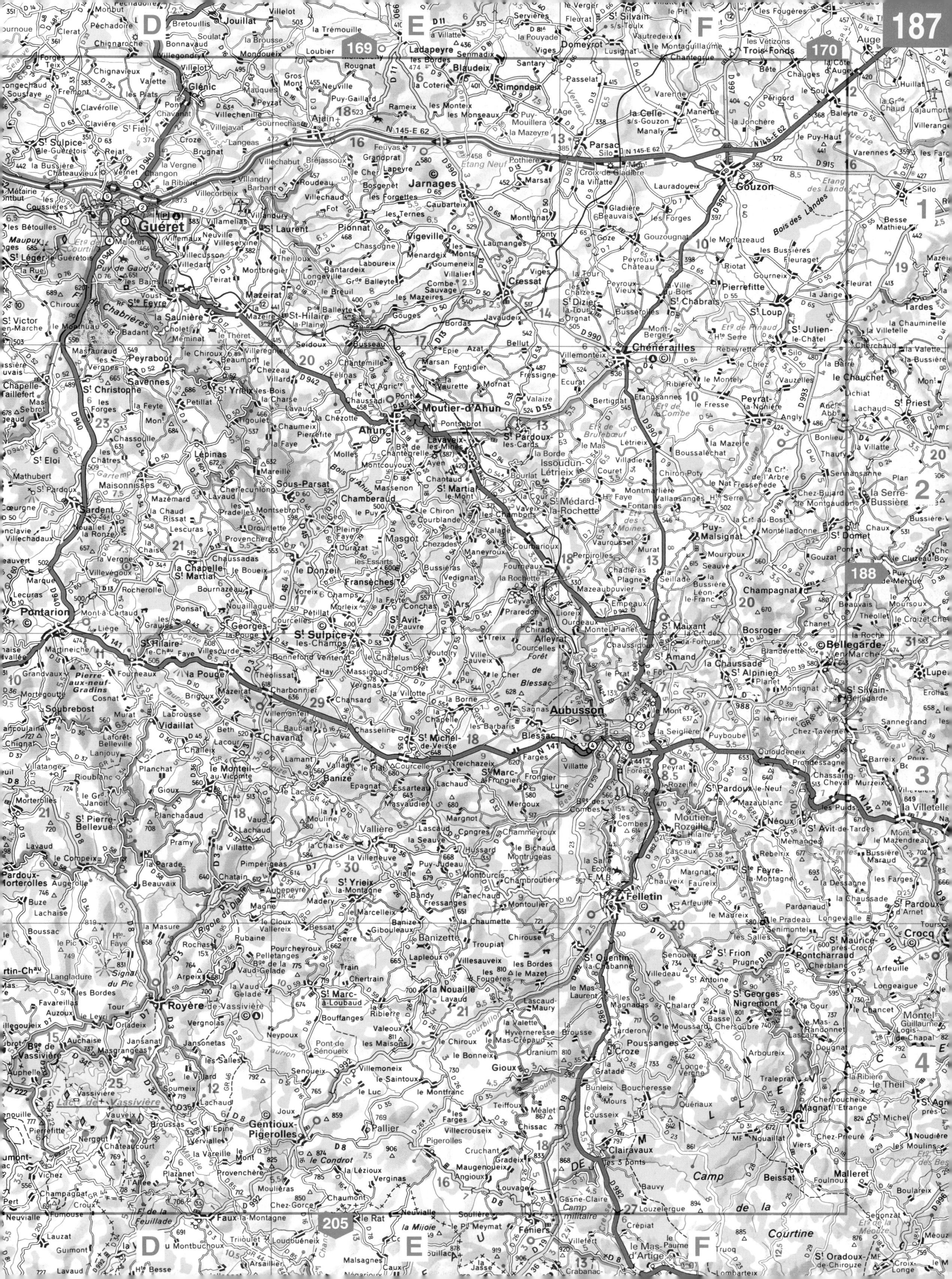

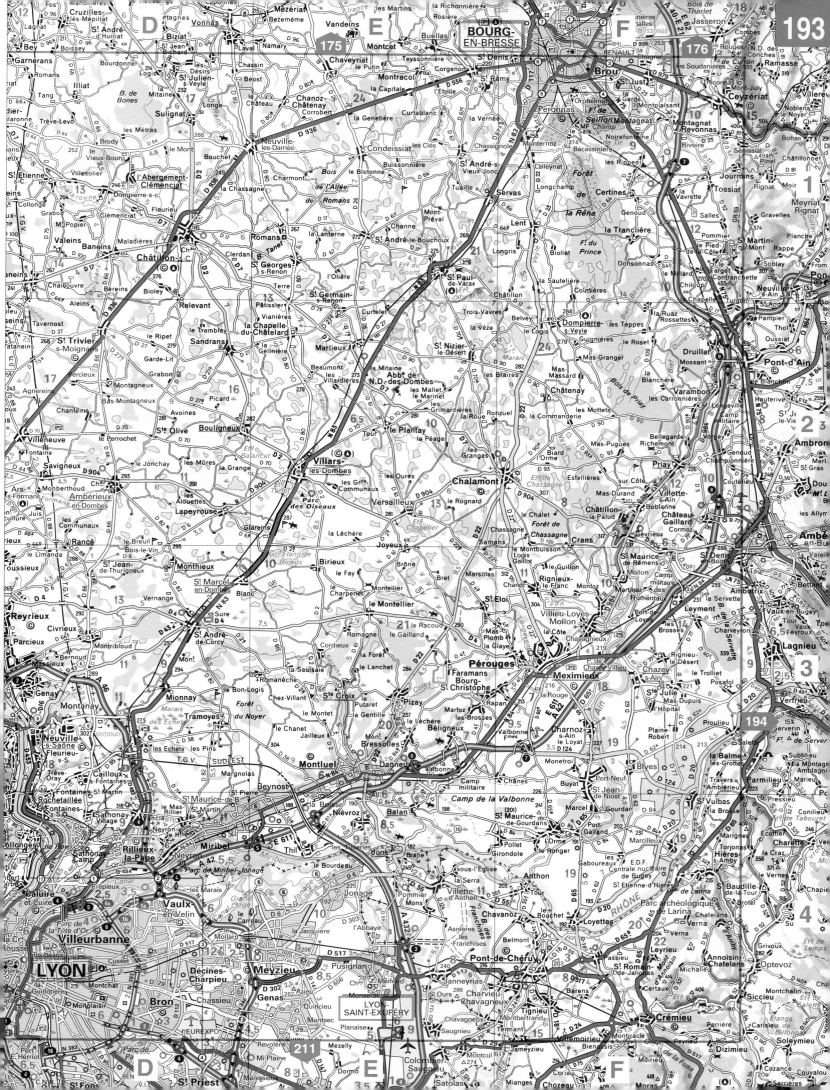

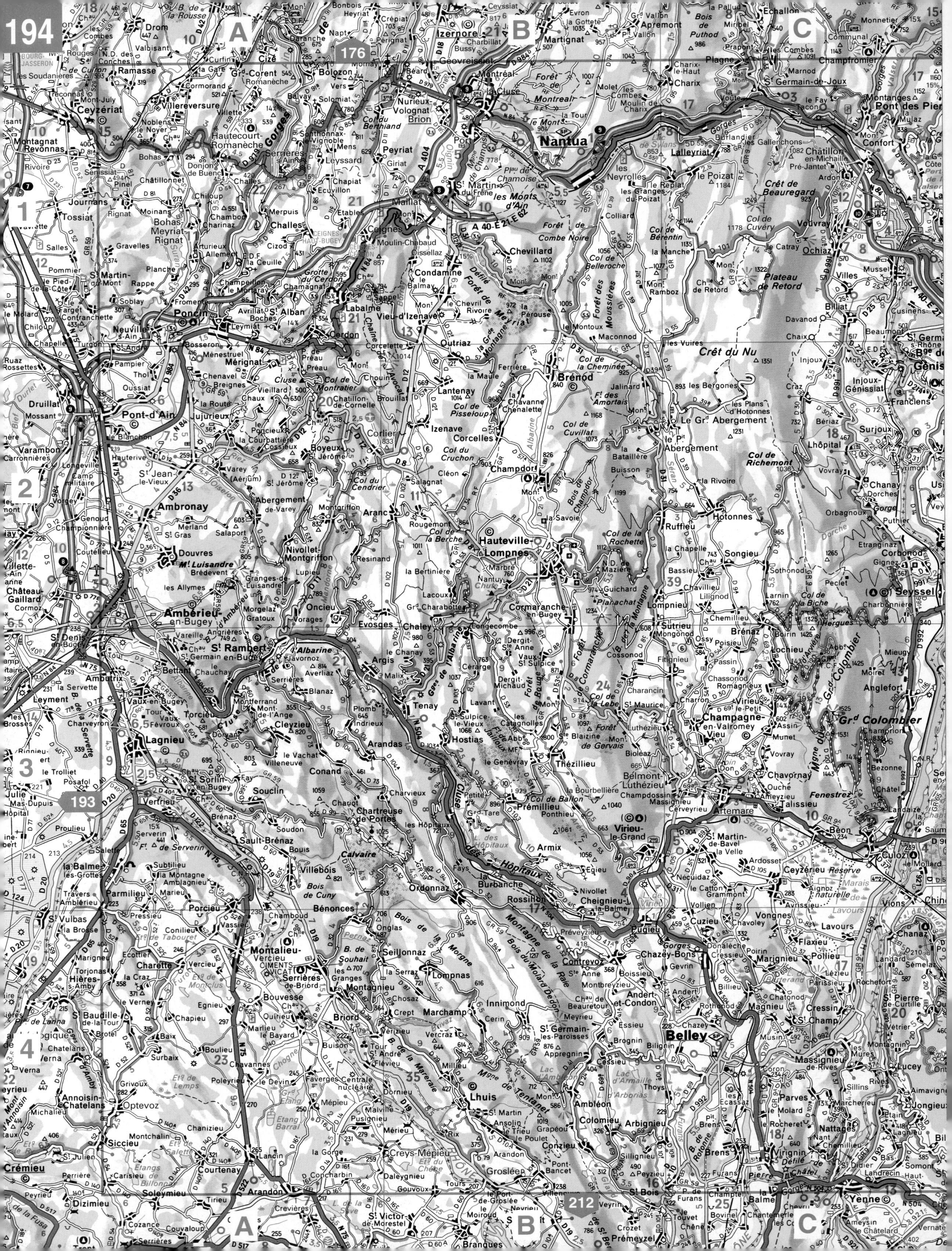
A
B
C
176
193
212
1
2
3
4
Drom
Izernore
Martignat
Apremont
Echallon
Ceyzériat
Nantua
Montréal-la-Cluse
Hautecourt-Romanèche
Poncin
Cerdon
Neuville-s-Ain
Pont-d'Ain
Ambronay
Ambérieu-en-Bugey
St Rambert-en-Bugey
Lagnieu
Brénod
Hauteville-Lompnes
Champdor
Le Grd Abergement
Crêt du Nu
Plateau de Retord
Crêt de Beauregard
Champagne-en-Valromey
Grd Colombier
Seyssel
Culoz
Virieu-le-Grand
Belley
Tenay
Argis
Montalieu-Vercieu
Briord
Lhuis
Brens
Yenne
Crémieu
Courtenay
Arandon
Chanaz
Artemare
Pont des Pierres
Gorges de l'Ain
Cluse des Hôpitaux
Montagne de la Raie

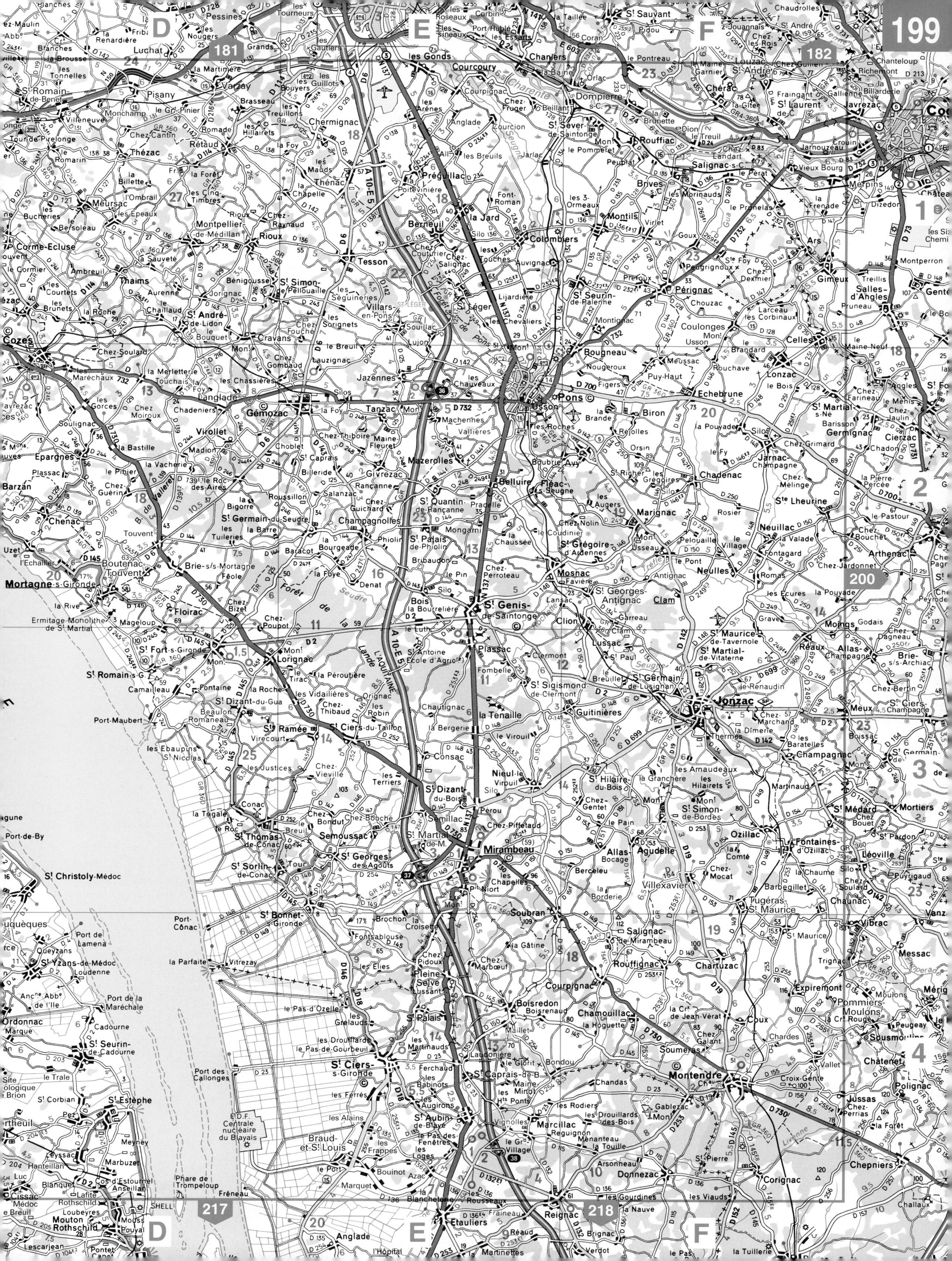

D | E | F

181 | 182 | 200 | 217 | 218

Pons
Jonzac
Mirambeau
Montendre
Gémozac
Cozes
Mortagne-s-Gironde
St Genis-de-Saintonge
St Ciers-s-Gironde
St Estèphe
Mouton Rothschild

1 · 2 · 3 · 4

D
E
F
187
206
223
1
2
3
4
Faux-la-Montagne
Féniers
le Mas-d'Artige
Sornac
la Courtine
Peyrelevade
Tarnac
Millevaches
St Merd-les-Oussines
Chavanac
Bugeat
Pérols-s-Vézère
Meymac
Ussel
Lignareix
St Angel
Ambrugeat
Davignac
Péret-Bel-Air
Chaumeil
St Yrieix-le-Déjalat
Soudeilles
Darnets
Égletons
Moustier-Ventadour
Rosiers-d'Égletons
Montaignac-St Hippolyte
Neuvic
Lamazière-Basse
St Hilaire-Luc
Palisse
Lapleau
Soursac
Corrèze
Gimel
Clergoux
Marcillac-la-Croisille
Sarran
Grandsaigne
Gourdon-Murat
Toy-Viam
Viam
Rempnat
Nedde
Lacelle
la Villedieu
Chirac-Bellevue
Valiergues
Mestes
Liginiac
Sérandon
Latronche
Champagnac-la-Noaille
Lafage-s-Sombre
St Pantaléon-de-Lapleau
Vitrac-s-M.
St Augustin
Meyrignac-l'Église
Chapelle-Spinasse
St Hilaire-Foissac
Eyrein
Suc-au-May
Massif des Monédières
Plateau de Millevaches
Forêt de Châteauvert
Forêt de Mirambel
Forêt de Bellechassagne
Forêt de Bonneval
Mt Bessou
Puy Pendu
Signal d'Audouze
Tourbière du Longéroux
Courtine
Gorges de la Dordogne

A
B
C
188
205
224
1
2
3
4
la Courtine
Herment
Eygurande
Bourg-Lastic
Monestier-Merlines
Merlines
Ussel
St Fréjoux
St Exupéry-les-Roches
Messeix
Savennes
Singles
Tauves
la Bourboule
la Tour-d'Auvergne
Lanobre
Bort-les-Orgues
Champs-s-Tarentaine-Marchal
Neuvic
Saignes
Ydes
Riom-ès-Montagnes
Condat
Lagueuille
Rochefort-Montagne
Briffons
Laqueuille-Gare
Plateau de Charlannes
Puy de Sancy
PARC NATUREL
Forêt de Châteauvert
Gorges de la Dordogne
Bagnols
Tremouille-St Loup
Labessette
Confolent-Port-Dieu
Larodde
Margerides
Sarroux
St Donat
Trémouille
St Amandin
Lugarde
Marchastel
Menet
Valette
Mauriac
Auzers
Jaleyrac
Méallet
Sourniac
Arches
Sérandon
Champagnac
Madic
Antignac
Vebret
Montboudif
Picherande
Chastreix
Egliseneuve-d'Entraigues
Bge de Marèges
Bge de Lastioulles
Bge de Neuvic d'Ussel

192

209

228

St ETIENNE

Annonay

Serrières

Rive-de-Gier

St Chamond

Firmy

Mornant

St Genis-Laval

Givors

Condrieu

le Péage-de-Roussillon

St Galmier

St Just-St Rambert

la Ricamarie

le Chambon-Feugerolles

St Genest-Malifaux

St Didier-en-Velay

Bourg-Argental

Pélussin

Lorette

Grand-Croix

Terrenoire

St Héand

Veauche

St André-le-Puy

Chazelles

St Symphorien-s-Coise

St Laurent-de-Chamousset

Vaugneray

Mont Pilat

PARC NATUREL RÉGIONAL DU PILAT

Col de l'Œillon

Crêt de la Perdrix

Crêt de l'Œillon

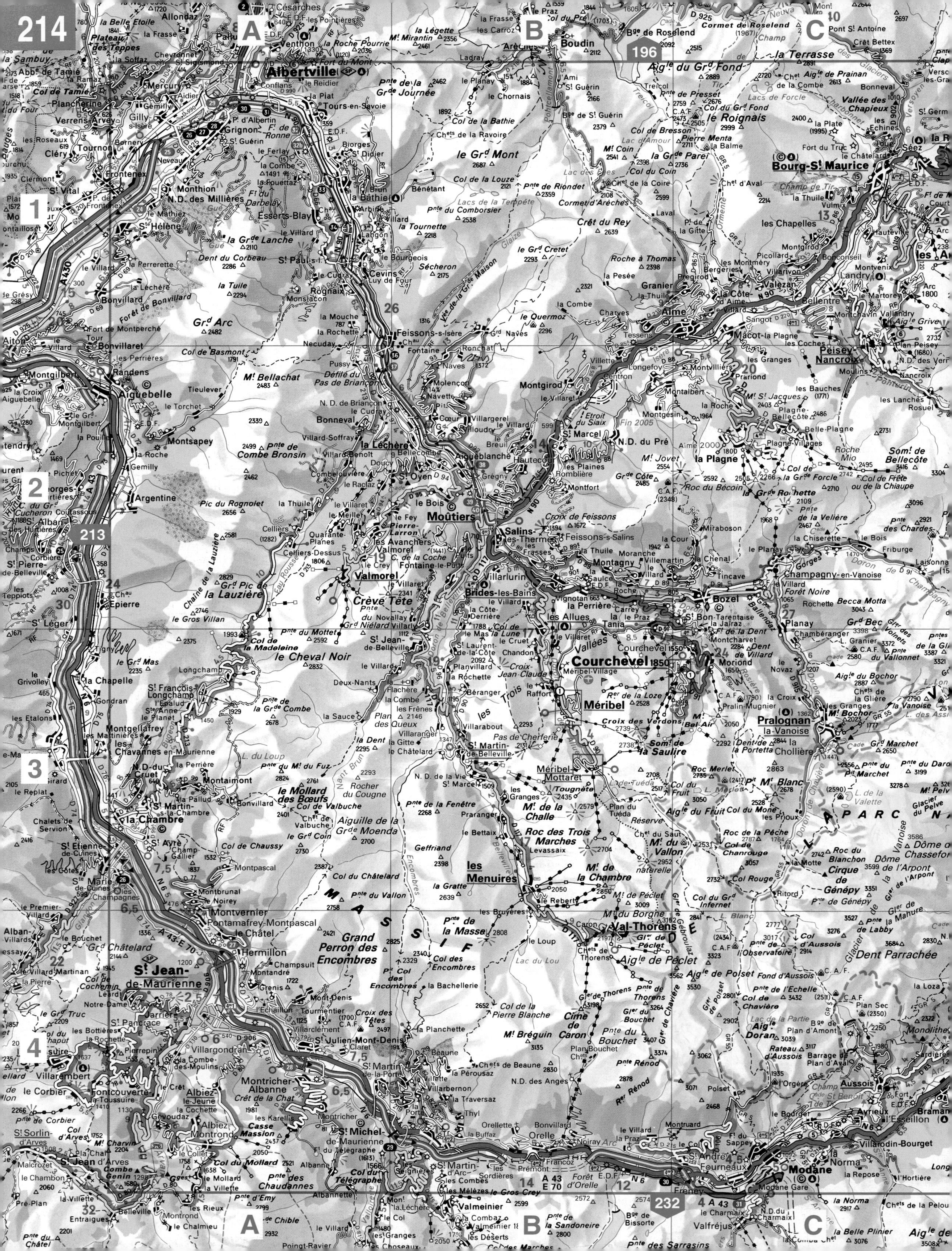

196

Albertville

Bourg-St-Maurice

Aime

Moûtiers

Bozel

Salins-les-Thermes

Brides-les-Bains

Valmorel

Aiguebelle

Argentine

la Chambre

St-Jean-de-Maurienne

St-Michel-de-Maurienne

Modane

Courchevel 1850

Méribel

les Menuires

Val-Thorens

Pralognan-la-Vanoise

Champagny-en-Vanoise

la Plagne

Peisey-Nancroix

la Terrasse

le Roignais

Col du Gr. Fond

Cormet de Roselend

Boudin

Crève Tête

le Cheval Noir

Col de la Madeleine

St-Martin-de-Belleville

St-Jean-de-Belleville

Grand Perron des Encombres

Col des Encombres

Cime de Caron

Aiguille de Péclet

Dent Parrachée

Col de la Vanoise

Map of the Dordogne / Périgord region.

Major towns and localities visible include:

Hautefort, Ayen, St-Robert, Segonzac, Puy d'Yssandon, Terrasson-Lavilledieu, Condat-s.-V., Montignac, Grotte de Lascaux, Le Lardin-St-Lazare, Thenon, Ajat, Limeyrat, Azerat, Rastignac, Nailhac, Badefols-d'Ans, Coubjours, Châtres, Beauregard-de-Terrasson, Coly, St-Amand-de-Coly, Salignac-Eyvigues, Jardins d'Eyrignac, St-Geniès, St-Crépin-et-Carlucet, Archignac, Paulin, St-Pierre-de-Chignac, St-Crépin-d'Auberoche, Fossemagne, Bars, Fanlac, Plazac, Rouffignac-St-Cernin-de-Reilhac, Grotte de Rouffignac, Fleurac, Léon-s-Vézère, Sergeac, Peyzac-le-Moustier, Thonac, Valojoulx, La Chapelle-Aubareil, Mauzens-et-Miremont, Savignac-de-Miremont, les Eyzies-de-Tayac-Sireuil, Grotte du Gr. Roc, Gorges d'Enfer, Grotte des Combarelles, Grotte de Font-de-Gaume, Grotte de la Mouthe, Abri du Cap Blanc, Tamniès, Marquay, Marcillac-St-Quentin, Proissans, Sarlat-la-Canéda, St-Vincent-le-Paluel, Prats-de-Carlux, Carlux, Calviac-Périgord, Carsac-Aillac, le Bugue, Campagne, Gouffre de Proumeyssac, St-Chamassy, Audrix, Meyrals, St-Cyprien, Castels, Beynac-et-Cazenac, Vézac, la Roque-Gageac, Castelnaud-la-Chapelle, Cingle de Montfort, Vitrac, Domme, Cénac-et-St-Julien, Veyrines-de-Domme, St-Cybranet, Trémolat, Cadouin, le Buisson-de-Cadouin, Limeuil, Alles-s.-Dordogne, Siorac-en-Périgord, St-Germain-de-Belvès, Belvès, St-Pardoux-et-Vielvic, St-Avit-Rivière, Monplaisant, Carves, Sagelat.

203 15 21 222 239 32 26 19 29

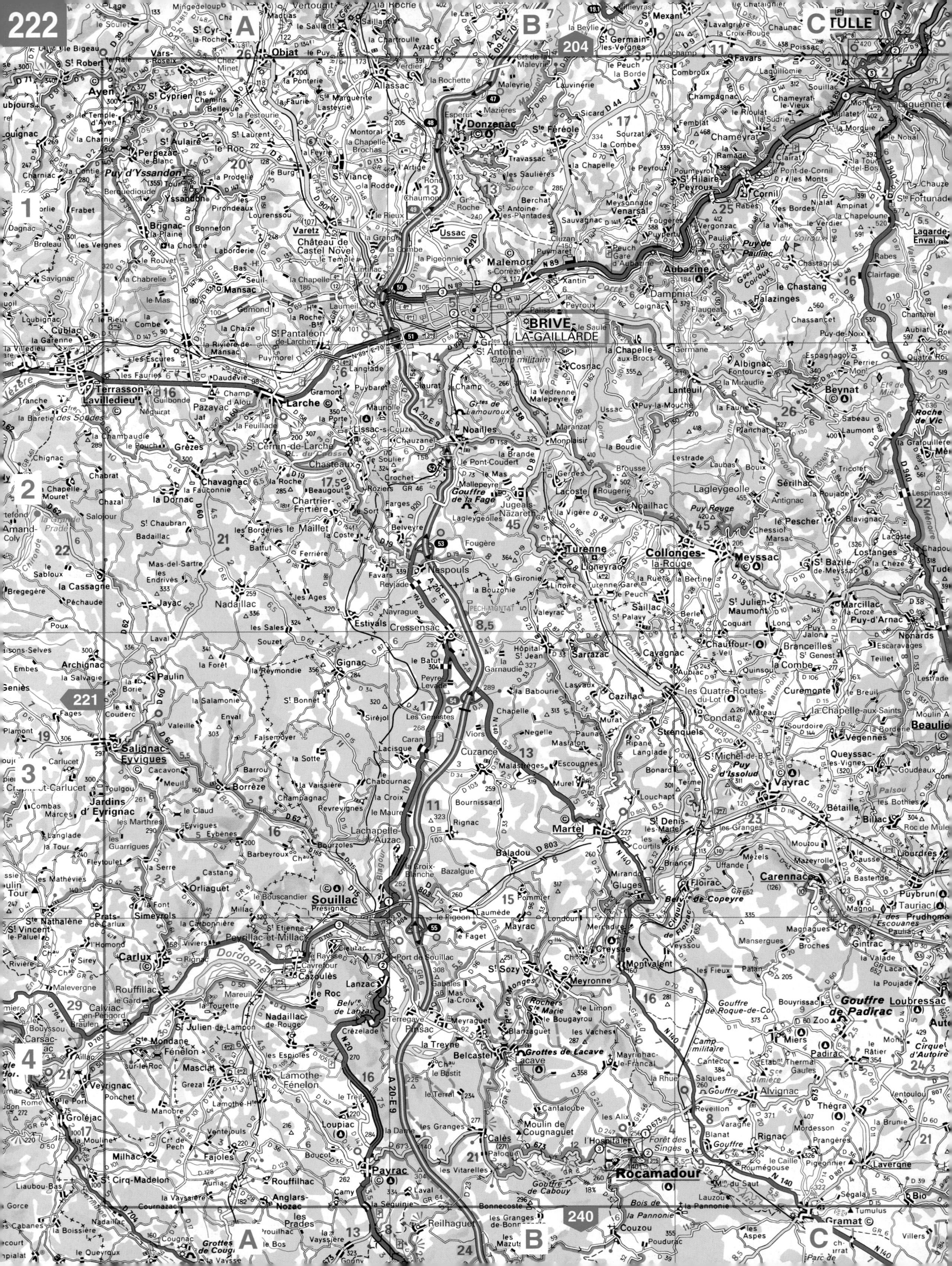

A
B
C
TULLE
204
1
2
3
4
221
240
Objat
Allassac
Donzenac
Ayen
St Robert
St Cyprien
Perpezac-le-Blanc
Puy d'Yssandon
Yssandon
St Viance
Ussac
Varetz
Château de Castel Novel
Malemort-s-Corrèze
Mansac
BRIVE LA-GAILLARDE
Terrasson-Lavilledieu
Larche
Lissac-s-Couze
Noailles
Gouffre de la Fage
Jugeals-Nazareth
Turenne
Collonges-la-Rouge
Meyssac
Beynat
Aubazine
Cornil
Ste Féréole
St Hilaire-Peyroux
Favars
Lagarde-Enval
Chavagnac
Nespouls
Estivals
Cressensac
Gignac
Salignac-Eyvigues
Jardins d'Eyrignac
Borrèze
Souillac
Martel
Vayrac
Puy d'Issolud
St Julien-Maumont
Puy-d'Arnac
Beaulieu
Carennac
Gouffre de Padirac
Loubressac
Carlux
Cazoulès
Lanzac
Pinsac
Meyronne
Creysse
Montvalent
Grottes de Lacave
Lacave
Belcastel
Rocamadour
Payrac
Alvignac
Gramat
Calès
Grottes de Cougnac
Dordogne
Vézère
Corrèze
A 20-E 9
N 20
N 140
N 89

226
A
B
C
208
225
244
1
2
3
4
Lavaudieu
Vieille-Brioude
Paulhaguet
Allègre
Lavoûte-Chilhac
St Ilpize
Blassac
Chilhac
Cerzat
Langeac
Pinols
Chanteuges
St Arcons-d'Allier
St Julien-des-Chazes
Prades
Siaugues-Ste-Marie
Loudes
Fix-St Geneys
St Georges-d'Aurac
Mazeyrat-d'Allier
Saugues
Monistrol-d'A.
St Privat-d'Allier
Alleyras
St Jean-Lachalm
Le Malzieu-Ville
St Chély-d'Apcher
St Alban-s-Limagnole
Grandrieu
Chanaleilles
Thoras
Esplantas
Venteuges
Auvers
Mont Mouchet
Paulhac-en-Margeride
Forêt de Pinols
Margeride
Gorges de l'Allier
Réserve de Bisons d'Europe
Roc de Fenestre
N 102
N 106
A 75
D 590
D 585
D 589

D
E
F
209
228
245
1
2
3
4
LE PUY EN VELAY
Yssingeaux
Retournac
Vorey
St Paulien
Bessamorel
Tence
Le Chambon-s-Lignon
St Julien-Chapteuil
Massif du Meygal
Fay-s-Lignon
Le Monastier-s-Gazeille
Les Estables
Mt Mézenc
Gerbier de Jonc
Solignac-s-Loire
Costaros
Le Lac-d'Issarlès
Coucouron
Pradelles
Ste Sigolène
Montfaucon
St Jeures
Araules
Laussonne
Chaudeyrolles
St Clément
Ste Eulalie
Sagnes-et-Goudoulet
Arlempdes
Goudet
Issarlès
Usclades-et-Rieutord
Lachapelle-Graillouse
Polignac
Espaly-St Marcel
Brives-Charensac
Chadrac
Monistrol-s-Loire
Rosières
Beaulieu
Lavoûte-s-Loire
Blanzac
Chaspinhac
St Pierre-Eynac
Queyrières
Montusclat
St Front
Mars
Chanéac
La Rochette
Borée
St Martial
St Andéol-de-Fourchades
Lachamp-Raphaël
Landos
St Paul-de-Tartas
St Etienne-du-Vigan
Lavillatte
Suc de Bauzon
PARC

A
B
C
210
227
246
1
2
3
4
St Romain-Lachalm
Annonay
Montmiandon
Davézieux
St Cyr
St Etienne-de-Valoux
Andance
Thorrenc
St Pal-de-Mons
St Sigolène
Forêt de Taillard
Riotord
Dunières
Vanosc
Villevocance
Roiffieux
Vernosc-lès-Annonay
Roche Péréandre
Vocance
Monestier
Quintenas
Ardoix
St Alban-d'Ay
Montfaucon-en-Velay
St Julien-Molhesabate
Grd Felletin
St Julien-Vocance
Suc de Vent
St Romain-d'Ay
St Symphorien-de-Mahun
Montregard
Col du Rouvey
Satillieu
Préaux
St Jeure-d'Ay
Raucoules
St Bonnet-le-Froid
Col des Baraques
Mgne de Chaix
Sécheras
Cheminas
Chenereilles
Tence
le Mas-de-Tence
St Pierre-s-Doux
St André-en-Vivarais
Suc de Mirabel
Lalouvesc
Mgne du Besset
Col du Marchand
Col de Juvenet
Vaudevant
Col de Fontay
St Victor
Etables
Col du Faux
Lafarre
Rochepaule
Pailharès
St Félicien
Devesset
Colombier-le-Vx
le Chambon-s-Lignon
Mazet-St Voy
St Jeure-d'Andaure
Col du Buisson
Village miniature
Bozas
Arlebosc
St Barthélemy-le-Plain
Chau de Rochebloine
Nozières
Empurany
le Crestet
Mars
St Agrève
Labatie-d'Andaure
Colombier-le-Jeune
Désaignes
Lamastre
Col de St Genest
Gilhoc-s-Ormèze
St Sylvestre
Fay-s-Lignon
les Vastres
Intres
St Julien-Boutières
la Citadelle
Col du Mazel
Col des Fans
Col de la Rouveure
Champis
St Clément
Lachapelle-s/s-Chanéac
Chau de Rochebonne
St Basile
St Barthélemy-Grozon
Col de Montreynaud
Alboussière
St Jean-Roure
St Prix
St Didier-de-Crussol
Chanéac
St Martin-de-Valamas
St Cierge-s/s-le-Cheylard
Nonières
St Julien-Labrousse
St Apollinaire-de-Rias
Serre de la Roue
Boffres
Champ de Tir
Châteauneuf-de-Vernoux
le Cheylard
Arcens
St Michel-d'Aurance
Col de Ceyssouan
St Jean-Chambre
Vernoux-en-Vivarais
Col de l'Ardéchoise
Mariac
Accons
Silhac
Chau de la Tourette
Col de Comberon
St Barthélemy-le-Meil
Beauvène
Chalencon
St Julien-le-Roux
St Christol
Serre en Don
Col de Serre Mure
St Martial
PARC
NATUREL
RÉGION
Extrémianoux
Gluiras
Corniche
Chau de Pierre-Gourde
St Maurice-en-Chalencon
Col de Joux
Dornas
St Andéol-de-Fourchades
St Genest-Lachamp
Col de la Faye
St Michel-de-Chabrillanoux
St Fortunat-s-Eyrieux
St Laurent-du-Pape
St Sauveur-de-Montagut
Dunières-s-Eyrieux
Rocher des Baux
Suc de Montivernoux
Mézilhac
Albon-d'Ardèche
St Pierreville
Marcols-les-Eaux
St Etienne-de-Serre
les Ollières-s-Eyrieux
St Vincent-de-Durfort
Bois Fournet
Lachamp-Raphaël
Cascade du Ray-Pic
Col des Quatre Vios
Col du Tribe
St Cierge-la-Serre
Suc de l'Areilladou
Suc de Pradou
le Champ de Mars
Sagnes-et-Goudoulet
Rompon
Rer de Cheylard
Gorges
Pranles
le Chambon-de-Bavas
Serre de l'Eglise
St Julien-du-Gua
Ajoux
Creysseilles
Lyas
St Julien-en-St Alban
le Pouzin
Laviolle
Som. de la Sapède
Suc du Gouiet
la Fayolle
Gamondès
Pourchère
Veyras

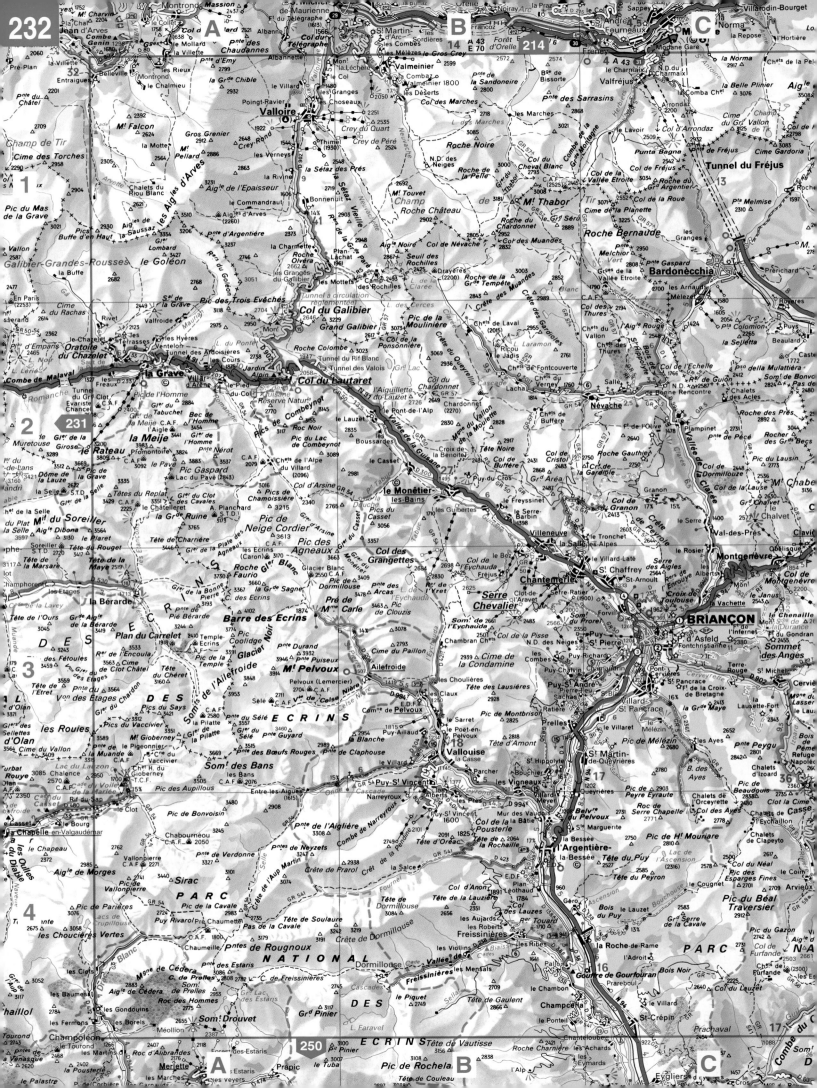

A
B
C

216

1

2

3

4

252

A
B
C

Claouey
Andernos-les-Bains
le Mauret
BASSIN
le Pt Piquey
le Truc Vert
le Grd Piquey
Taussat
Piraillan
23
le Renet
le Canon
l'Herbe
D'ARCACHON
Cassy
le Nan
Lanton
17
Certes
Villa-Algérienne
Ile aux Oiseaux
la Vigne
Parcs à huîtres
Pte de Branne
la Courb
Bélisaire
Réservoirs
Audenge
Cap Ferret
Poissons
Bas-Vallon
Vigneau
ARCACHON
Pte de l'Aiguillon
Gujan-
Tagon
6
la Hume
Mestras
Parc
ornithologique
Biganos
les Abatilles
les
Port de
du Teich
le Mouleau
Bordes
Larros
20
Ruat
le Teich
Pyla-
s-Mer
6
la Teste-de-Buch
Meyran
Lamothe
Parc de
loisirs
Pilat-
Plage
les Miquelots
4.5
A 660
12
Balanos
Banc
du
Toulinguet
le Truc
de la Truque
Forêt
Nezer
Pet
103
76
16
Réserve naturelle
du Banc d'Arguin
Forêt
Mou
Dune
du Pilat
Zoo
Montmorency
Caudos
D 218
le Courneau
D 256
Gaillouneys
Forécusagère
Champ
24
Dunes de Ginestras
83
de la Teste
Pointe
Caudos
d'Arcachon
Cazaux
10
Forêt
Forêt
20
de
la Salie
de Tir
D 216
Curepipe
77
Quatre-Vents
le Pt Lagnereau
de
Champ
Langeot
Bernon
MF
34
Lagnereau
Dunes
Etang de Cazaux
Louse
des
MF
Places
69
Lombard
Sanguinet
Silla
et de Sanguinet
20
le Bouges
les Hautes Rives
Méoule
Once
D 147 Courneilley
79
Port-Maguide
14
40
29
D 305
le Clerc
15
D 110
Biscarrosse-
Pette Male
Silo
Plage
13
Ispes
Forêt usagère de Biscarrosse
D 333
en Mayotte
27
Navarrosse
Goubern
la Broutasse
Bosque
15
D 146
Millas
en Belliard
9.5
en Bergoin
Narp
82
Port Etang
43
de Biscarrosse
en Hill
Trappe
Biscarrosse
Hourtiquets
9
CENTRE D' ESSAIS
en Bonnet
D 652
D 46
70
DES LANDES
Etang de Biscarrosse
Lahitte
le Bôo
les Moulies
D 43
et de Parentis
2.5
Zone militaire
le Lac
Parentis-en-Born
Poms
Naoutoy
Bourruque
Gastes
le Pourjeau
les
17
Espalanques
les Forges
interdit
Hillan
Herran
Esleys
Maynage
Lucats
Dupouy
60
Pelouche
Forêt
13
Lafont
de Piche
St Trosse
Mongaillard
Forêt de Ligautenx
Ste Eulalie-en-Born
Grd Ligautenx
Pt Ligautenx
P. de
l'Oustaline
Souleyraou
Pontenx-
les-Forges
Menaut
16
Guirosse
Baxente
Bestaven
Jean-de-Crabe
la Barde
Larrousseau
Lüe
Merquedey
Aureilhan
St Paul
Mimizan-

A B C

1 2 3 4

CAHORS

Gourdon

Rocamadour

Gramat

PARC NATUREL REGIONAL DES CAUSSES DU QUERCY

Lalbenque

Limogne-en-Quercy

St Cirq-Lapopie

Labastide-Murat

Cabrérets

Grotte du Pech Merle

Payrac

239

222

257 258

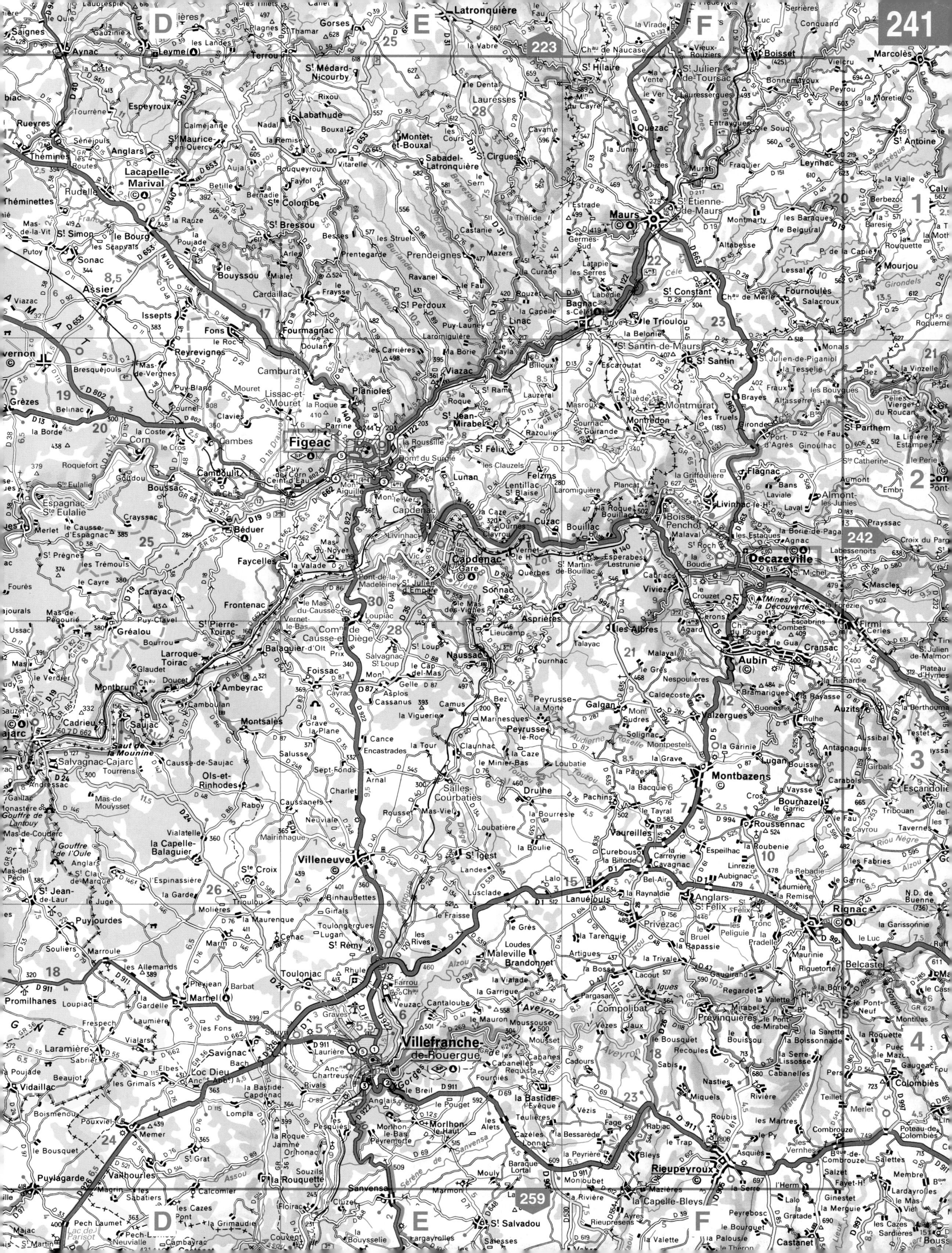

Figeac

Capdenac-Gare

Villefranche-de-Rouergue

Decazeville

Aubin

Cransac

Firmi

Maurs

Lacapelle-Marival

Assier

Latronquière

Montbazens

Rignac

Belcastel

Rieupeyroux

Villeneuve

Salvagnac-Cajarc

223
242
259

A B C

1

2

241

3

4

224

RODEZ

Decazeville

Conques

Marcillac-Vallon

Rignac

Baraqueville

Espalion

Bozouls

Entraygues-s-T.

Montsalvy

St Amans-des-Cots

Lacroix-Barrez

Ste Geneviève-s-Argence

COMTAL

CAUSSE

Forêt des Palanges

225 · 244

Map grid references: D · E · F

Major localities shown on this map of the Aubrac / Lozère–Aveyron region include:

Aumont-Aubrac, Nasbinals, Marchastel, Marvejols, Chirac, le Monastier-Pin-Mories, St Germain-du-Teil, la Canourgue, Banassac, St Saturnin, Campagnac, St Geniez-d'Olt, Ste Eulalie d'Olt, Prades-d'Aubrac, St Chély-d'Aubrac, Aubrac, Laguiole, Alpuech, Lacalm, St Urcize, Recoules-d'Aubrac, Grandvals, Brion, Malbouzon, la Fage-Montivernoux, St Laurent-de-Veyrès, les Bessons, Rimeize, la Chaze-de-Peyre, St Sauveur-de-Peyre, Prinsuéjols, Marchastel, les Hermaux, St Pierre-de-Nogaret, Trélans, St Laurent-de-Muret, Antrenas, Montrodat, Palhers, St Bonnet-de-Chirac, Sévérac-le-Château, Sévérac-l'Église, Laissac, Gaillac-d'Aveyron, Coussergues, Cruéjouls, Palmas, St Côme-d'Olt, la Bastide-d'Aubrac, Condom-d'Aubrac, Curières, Montpeyroux, Castelnau-de-Mandailles, Aurelle-Verlac, Pomayrols, la Capelle Bonance, St Martin-de-Lenne, St Saturnin-de-Lenne, Campagnac, Buzeins, le Massegros, le Recoux, la Tieule, Point Sublime, Gorges du Tarn, les Détroits, Roc des Hourtous, Vézins-de-Lévézou.

PARC NATUREL RÉGIONAL · CAUSSE DE SÉVÉRAC · CAUSSE DE SAUVETERRE · MONTS D'AUBRAC

QUEYRAS

St Véran
Ceillac
le Pain de Sucre
Tête des Toillies
M. Viso
M. Cialancie

Bric de Rubren
Pic de la Font Sancte
Maljasset
C.A.F. (1903)

Valle Varaita
Casteldelfino
Bellino
Sampèyre
Pontechianale
Chianale

Aigle de Chambeyron
Pont du Châtelet
Brec de Chambeyron
Rocca Bianca

St Paul sur-Ubaye
Meyronnes
St Ours
Maira
Maira — Macra
Acceglio
Prazzo
Canosio
Màrmora
Stroppo
Elva

la Condamine-Châtelard
Fort de Tournoux
Larche
Tête de Moïse
Preit
Castelmagno

Col de Larche
(Colle della Maddalena)
Tête de Siguret
Argentera
Bersezio
M. Oserot
M. Giordano

Tête de l'Enchastraye
Pas de la Cavale
Pontebernardo
Pietraporzio
Sambuco
Vinadio
Aisone

Col de Raspaillon
Col des Fourches
Col-de-Fer
Castello
Murenz

Cime de la Bonette
NATIONAL
DU MERCANTOUR
M. Ténibre
Pianche
Pratolungo
Bagni di Vinadio

Col de la Cayolle
St Dalmas-le-Selvage
Corborant
Santuario di Santa Anna

St Étienne-de-Tinée
Auron
las Donnas
Isola
Isola 2000

PARC

238

255

275

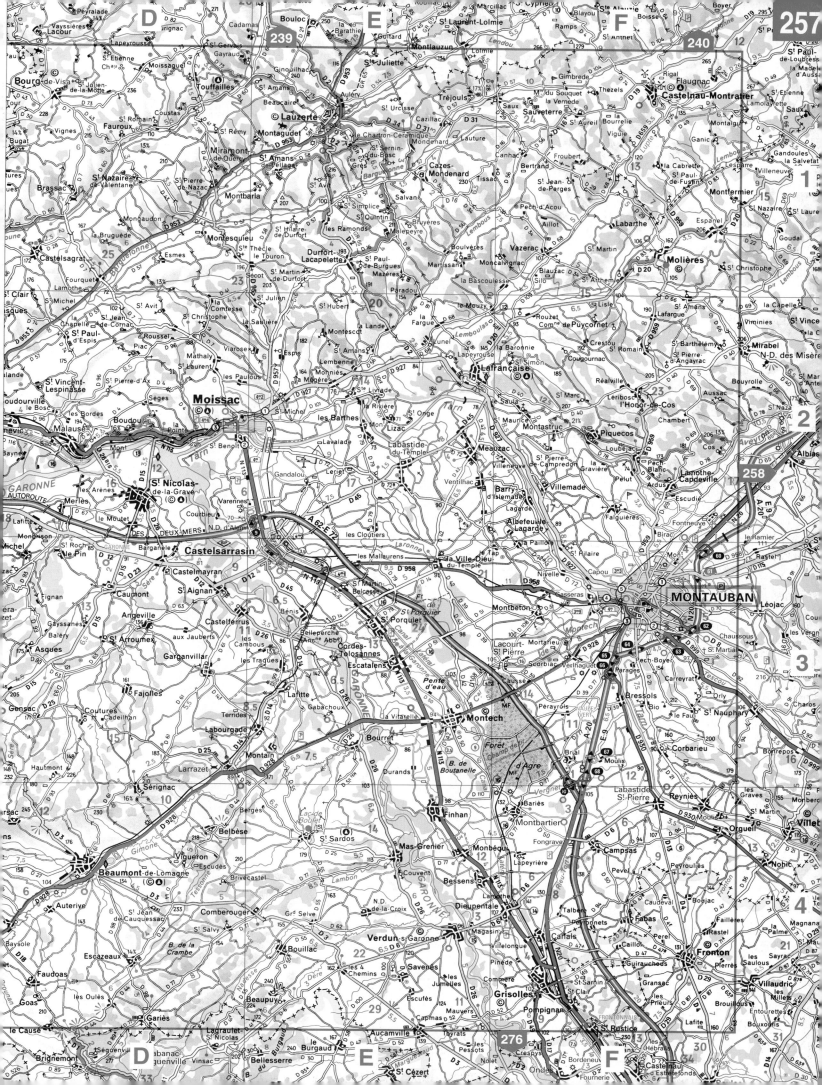

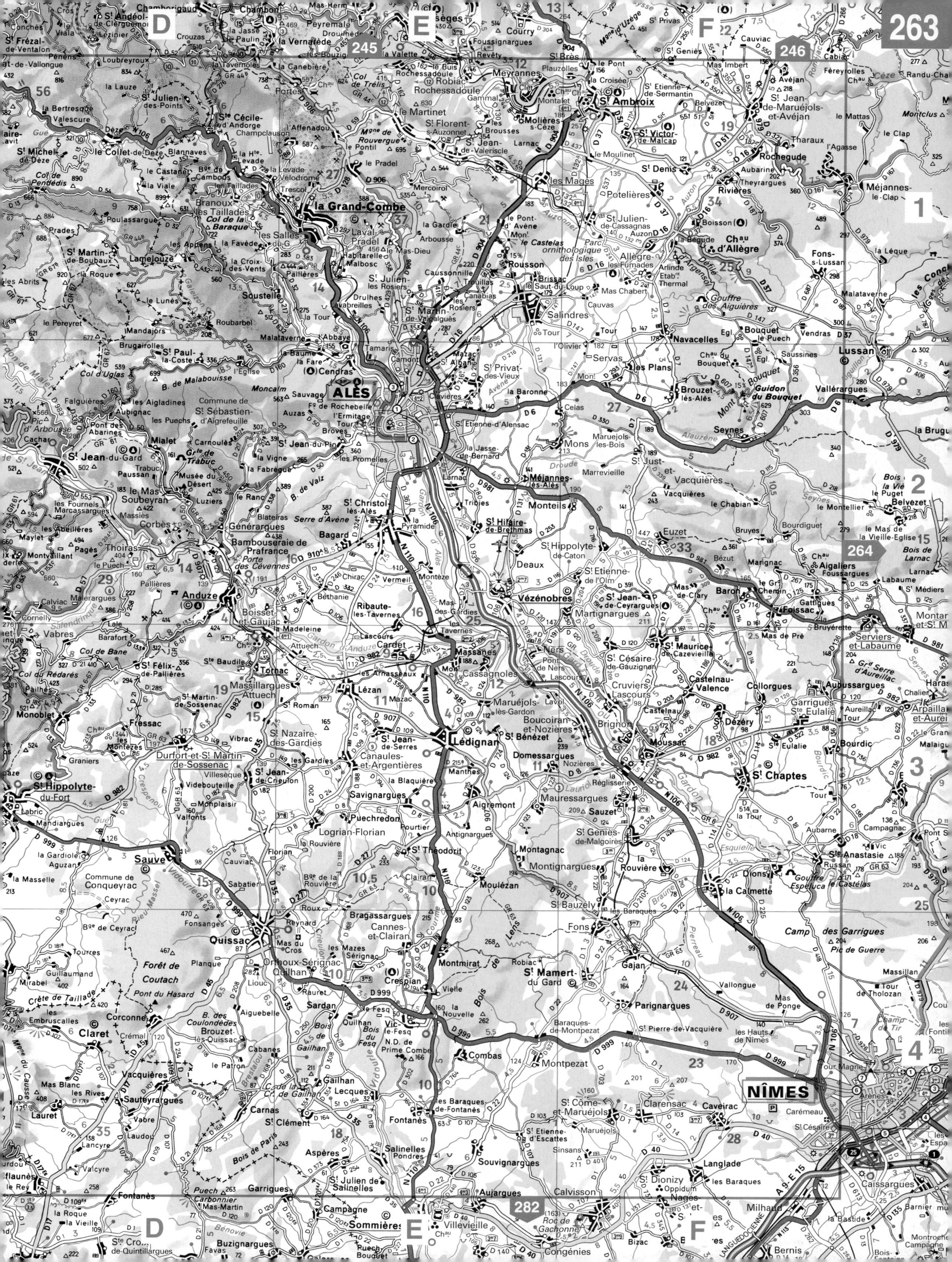

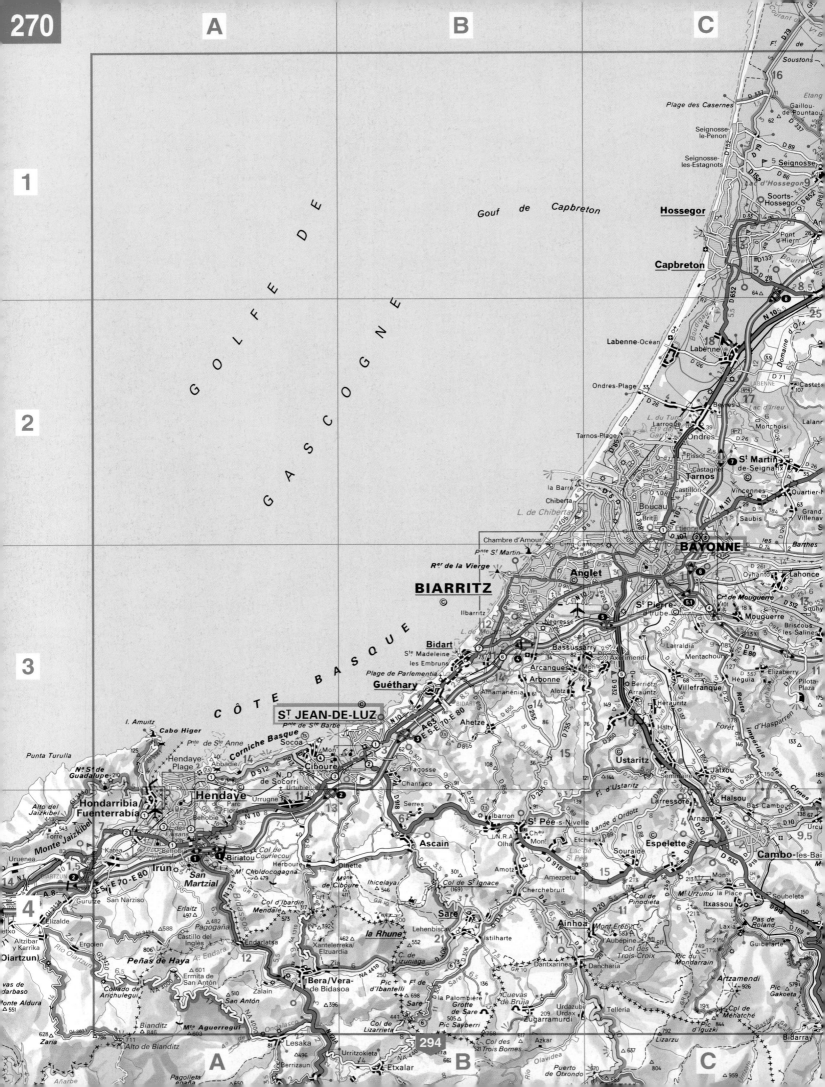

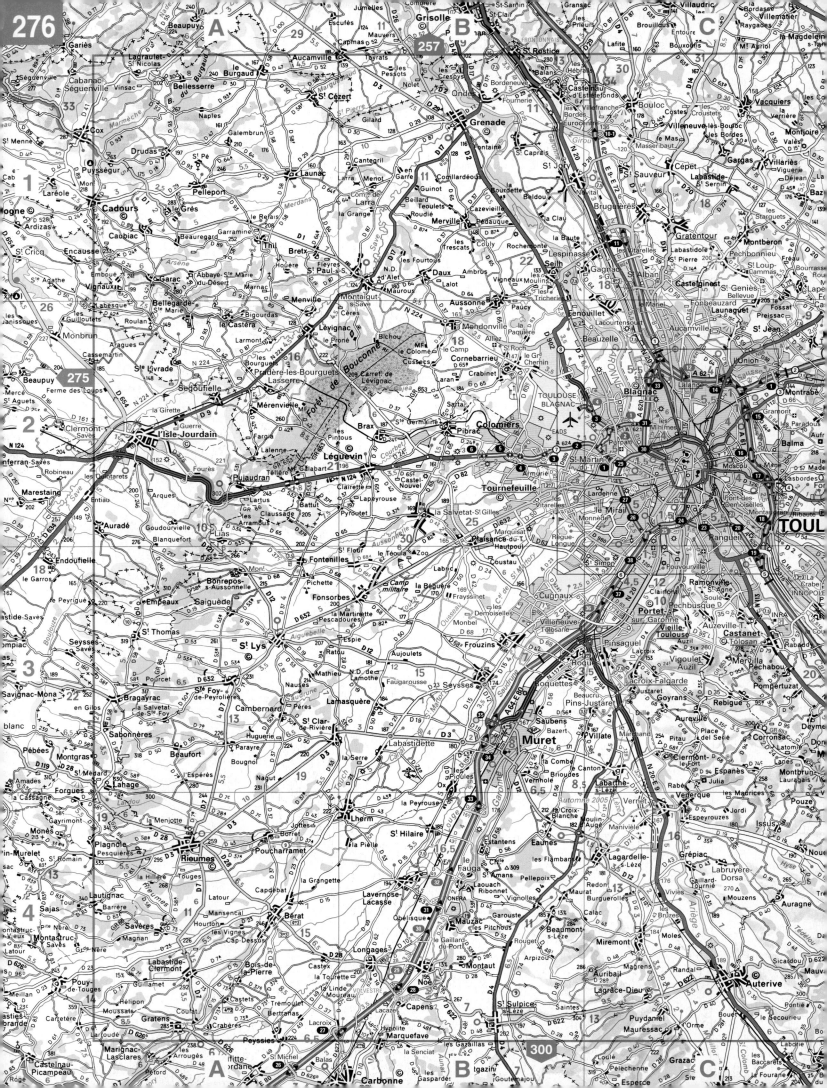

Map grid references: D · E · F

258 · 259 · 278 · 301

Principal localities (selection):

Rabastens · Coufouleux · Loupiac · Graulhet · Lavaur · Labastide-St-Georges · St-Sulpice · Montastruc-la-Conseillère · Gémil · Mézens · Giroussens · Parisot · Peyrole · Puybegon · Briatexte · St-Paul-Cap-de-Joux · Damiatte · Teyssode · Viterbe · Serviès · Guitalens · Vielmur-s-Agout · Magrin · Puylaurens · Cuq-Toulza · Verfeil · Lanta · Caraman · Auriac-s-Vendinelle · Revel · St-Félix-Lauragais · Durfort · Villefranche-de-Lauragais · Baziège · Montgeard · Monestrol · Nailloux · Villenouvelle · Avignonet-Lauragais · Montferrand · Castelnaudary · Labécède-Lauragais · Issel · Montgaillard-Lauragais · Ayguesvives · Belbéraud · Fourquevaux · Montlaur · Villeneuve-lès-Lavaur · Bourg-St-Bernard · Francarville · Vendine · Loubens-Lauragais · Le Faget · Mascarville · Albiac · La Salvetat-Lauragais · Mourvilles-Basses · Ségreville · Cambiac · Toutens · Maurens · Beauville · Cessales · Juzes · Vaux · Montégut-Lauragais · Nogaret · Falga · Roumens · St-Julia · Montgey · Le Cabanial · Péchaudier · Aguts · Blan · Lempaut · Puechoursi · Mouzens

Bassin de St-Ferréol · Aérodrome de la Montagne Noire · Seuil de Naurouze · Obélisque de Riquet · Canal du Midi

A 68 · A 66 · N 88 · N 113 · N 126 · D 630 · D 112 · D 42 · D 622 · D 624

Castres

Mazamet

Graulhet · Lautrec · Réalmont · Montredon-Labessonnié · Vabre · Roquecourbe · Burlats · Lacrouzette · Peyro-Clabado · Vielmur-s-Agout · Puylaurens · Soual · Labruguière · Aussillon · Pont-de-Larn · St Amans-Soult · Dourgne · Revel · Sorèze · Durfort · Arfons · Laprade · Mas-Cabardès · Saïssac · Villardonnel

PARC NATUREL RÉGIONAL DU HAUT-LANGUEDOC

MONTAGNE NOIRE

Forêt de Montaud · Pic de Montaud · Forêt des Ramondens · Forêt de la Loubatière

287

A B C

1 2 3 4

PAMPLONA

Parque Natural Señorío de Bertiz

Valle del Baztan

Lesaka · Etxalar · Igantzi · Arantza · Sunbilla · Elgorriaga · Ituren · Doneztebe / Santesteban · Zubieta · Oitz · Askarraga (Donamaria) · Urrotz · Labaien · Eratsun · Ezkurra · Saldias · Beintza-Labaien

Zugarramurdi · Urdax · Amaiur / Maya · Arizkun · Erratzu · Elizondo · Elbete · Irurita · Arraioz · Oronoz-Mugairi · Narbarte · Oieregi · Berroeta · Almandoz · Aniz · Ziga

Aldudes · Urepel · Esnazu · Banca · Col d'Ispeguy

Puerto de Belate · Venta Quemada · Venta de San Blas · Cast. de Velate

Kintoa / Quinto Real · Eugi · Embalse de Eugi · Iragi · Urtasun · Zubiri · Erro · Pto Erro · Mezkiritz · Aurizberri / Espinal · Bizkarreta-Gerendiain

Arraitz-Orkin · Lantz · Olague · Anué · Egozkue · Leazkue · Etulain · Etsain · Burutain · Larrasoaña · Osteriz · Zuriain · Olave · Arre · Villava · Huarte · Burlada

Ultzama · Larraintzar · Gerendiain · Lizaso · Auza · Beunza · Iraizotz · Alkotz · Eltso

Irurtzun · Latasa · Goldaratz · Beramendi · Itsaso · Udabe · Beruete · Igoa · Arrarats · Jauntsarats · Erbiti · Orokieta-Erbiti · Eltzaburu · Ilarregi

Atez · Ziganda · Guelbenzu · Ripa · Gascue · Beorburu · Egillor · Berasain · Muskitz · Erice · Aguinaga · Osacar · Nuin · Eguaras · Anocibar · Ostiz

Juslapeña · Marcalain · Belzunce · Usi · Ciaurriz · Odieta

San Cristóbal (895)

Orcoyen · Iza · Loza · Aldaba · Zuasti · Berrioplano · Berriosuso · Añézcar · Aizoáin · Artica · Ansoáin · Oricáin · Ezcabarte · Zabaldika

Ororbia · Echavacoiz · Cordovilla · Mutilva · Zizur Mayor · Cizur Menor · Gazólaz · Paternáin · Esparza · Galar · Noáin · Zolina · Badostáin · Aranguren

Belascoáin · Undiano · Astráin · Muru-Astráin · Arlegui · Zariquiegui · Perdón

Río Bidasoa · Río Baztan · Río Ezkurra · Río Ulzama · Río Mediano · Río Arga · Río Urrobi · Río Erro · Río Sadar · Sierra de Tajonar

Puerto de Otxondo · Collado de Esquisaroy · Pto de Artesiaga · Collado de Urkiaga · Pto de Ibañeta

N 121A · N 121B · N 135 · N 138 · NA 170 · N 240 · A 15 · NA 150 · NA 172 · N 111

09-2005

BAGNÈRES-DE-LUCHON

St Gaudens

Aurignac

le Fousseret

Boulogne-s-Gesse

Salies-du-Salat

Aspet

Castillon-en-Couserans

Barbazan

Cazères

Martres-Tolosane

Montréjeau

St Martory

Boussens

Montsaunès

Encausse-les-Thermes

Cierp-Gaud

St Béat

275
308
300

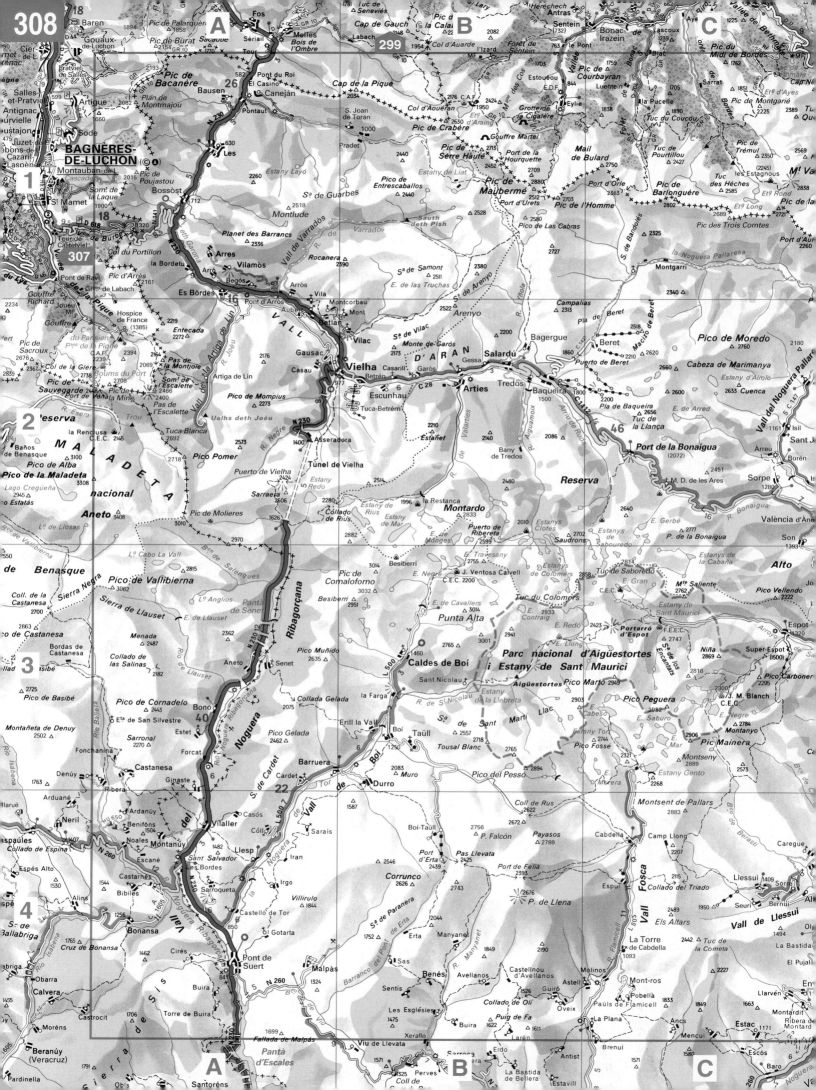

302 303

311

A B C

1 2 3 4

19 30
16 22
21
13
44
18
17
23
14

Pic de Bugarach
Peyrepertuse
Cucugnan
Col du Tribi
la Quille
Château de Quéribus
Grau de Maury
Mas Janell
St Antoine-de-Galamus
Pla de St Paul
Col de St Paul
Prugnanes
St Paul-de-Fenouillet
Maury
Vingrau
Centre européen de Préhistoire Tautavel
Cases-de-Pène
Espira-de-l'Agly
Caudiès-de-Fenouillèdes
N.D. de Laval
Castel-Fizel
Fenouillet
Fosse
St Martin
las Cabanes
Lesquerde
Latour-de-France
Estagel
Calce
Ste Catherine
Baixas
Peyrestortes
Vira
le Vivier
Felluns
Ansignan
Lansac
Rasiguères
Planèzes
Montner
Col de la Dona
Mas de las Fons
St Estève
Prats-de-Sournia
Pézilla-de-Conflent
Trilla
Cassagnes
Bge de Caramany
Caladroi
Força Réal
Ermitage
Corneilla-la-Rivière
Pézilla-la-Rivière
Villeneuve-la-Rivière
Baho
Sournia
Rabouillet
Egl. St Michel
le Puig
Arsa
Campoussy
Trévillach
Bélesta
Néfiach
Millas
St Féliu-d'Amont
St Féliu-d'Avall
le Soler
Toulouges
Col d'Aussières
Roc Cornut
Tarerach
Montalba-le-Château
Sybille
Illes-s-Têt
St Joseph
Ste Lucie
Canohès
Mosset
Col del Tribes
Pic de Baou
Comes
Arboussols
Prieuré
Rodès
Corbère
Corbère-les-Cabanes
Bouleternère
St Michel-de-Llotes
les Masos
Bellecroze
Thuir
Campôme
Molitg-les-Bains
Eus
Marquixanes
Vinca
N.D. de Domanova
Casefabre
Ste Colombe
Camélas
Castelnou
Ponteilla
Llupia
Trouillas
Prades
Espira-de-Conflent
Rigarda
St Martin
Ste Colombe-de-la-Commanderie
Terrats
Ria-Sirach
Codalet
los Masos
Lavall
Finestret
Joch
Roque Rouge
Prieuré de Serrabone
Fontcouverte
Monastir del Camp
Passa
Fourques
Fort Libéria
Abbe St Michel-de-Cuxa
Clara
Estoher
Glorianes
Boule-d'Amont
Veinat d'en-Llense
Caixas
Montauriol
Villem
Grottes des Canalettes
Corneilla-de-Conflent
Taurinya
St Etienne
Baillestavy
Chlle Ste Anne
Prunet
Chlle de la Trinité
Montner
Calmeilles
Oms
Tordères
Tresserre
Fuilla
Fillols
Mouline
Prunet-et-Belpuig
la Bastide
St Marsal
Llauro
St Luc
Vernet-les-Bains
Balatg
Chlle des Cortalets
Valmanya
Col Palomère
Taulis
Col de Llauro
Vivès
Sahorre
Casteil
Abbe de St Martin
Ras del Prat Cabrera
Puig de l'Estelle
Mas Groangues
N.D. de la Roure
St Ferréol
le Bo
Py
PIC DU CANIGOU
Mine de Fer de Batère
Tour de Batère
Montbolo
Villargeil
St Martin-de-Fenollar
Croix de la Lipodère
Puig Roja
la Rabasse
Montbolo
Palalda
le Pont de Reynès
Céret
Maureillas-las-Illas
les Cluses
Réserve naturelle de Py
Puig de la Collada Verde
les Estables
St Guillem
la Souque
Corsavy
le Bernadou
Amélie-les-Bains-Palalda
Reynès
le Perthus
Col de la Brousse
Pic de Costabonne
la Preste
St Sauveur
Montferrer
Arles-s-Tech
Roc de France / Roc de Fraussa
Prats-de-Mollo la Preste
le Tech
Serralongue
St Laurent-de-Cerdans
Coustouges
Maçanet de Cabrenys
Col d'Ares
Lamanère
Mont Négre
Pradells
Darnius
Molló
Serra de Bux
Muga

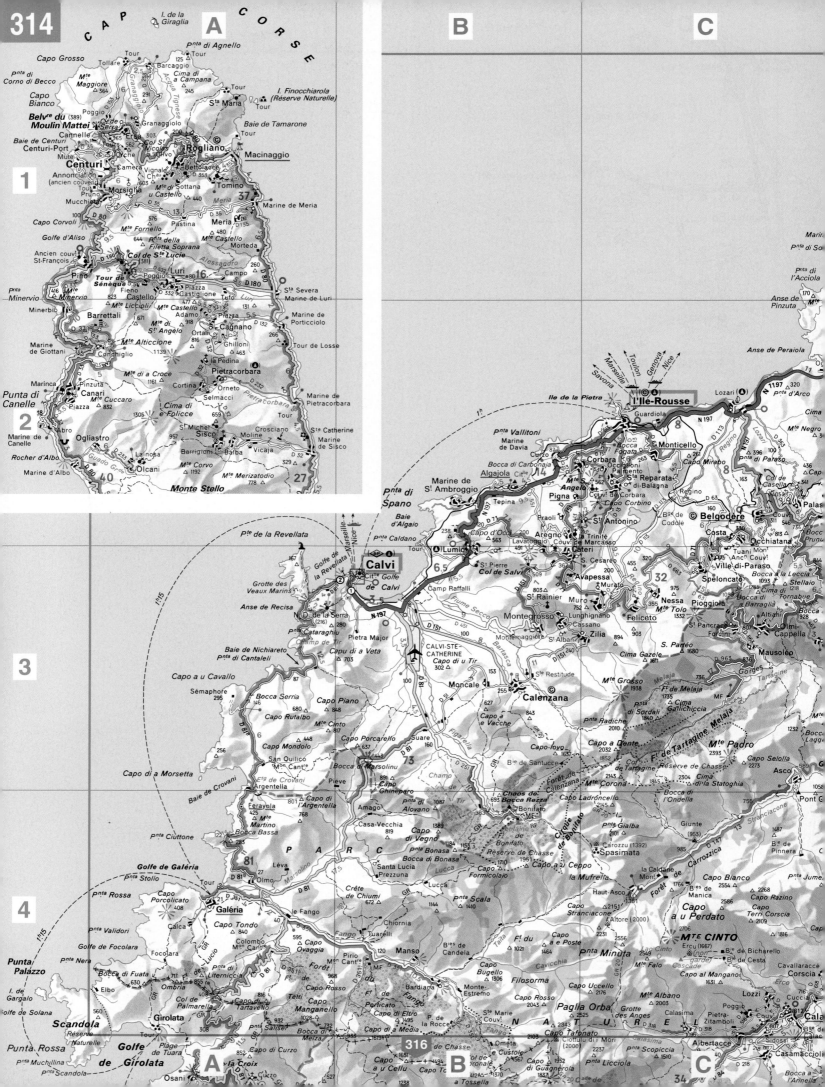

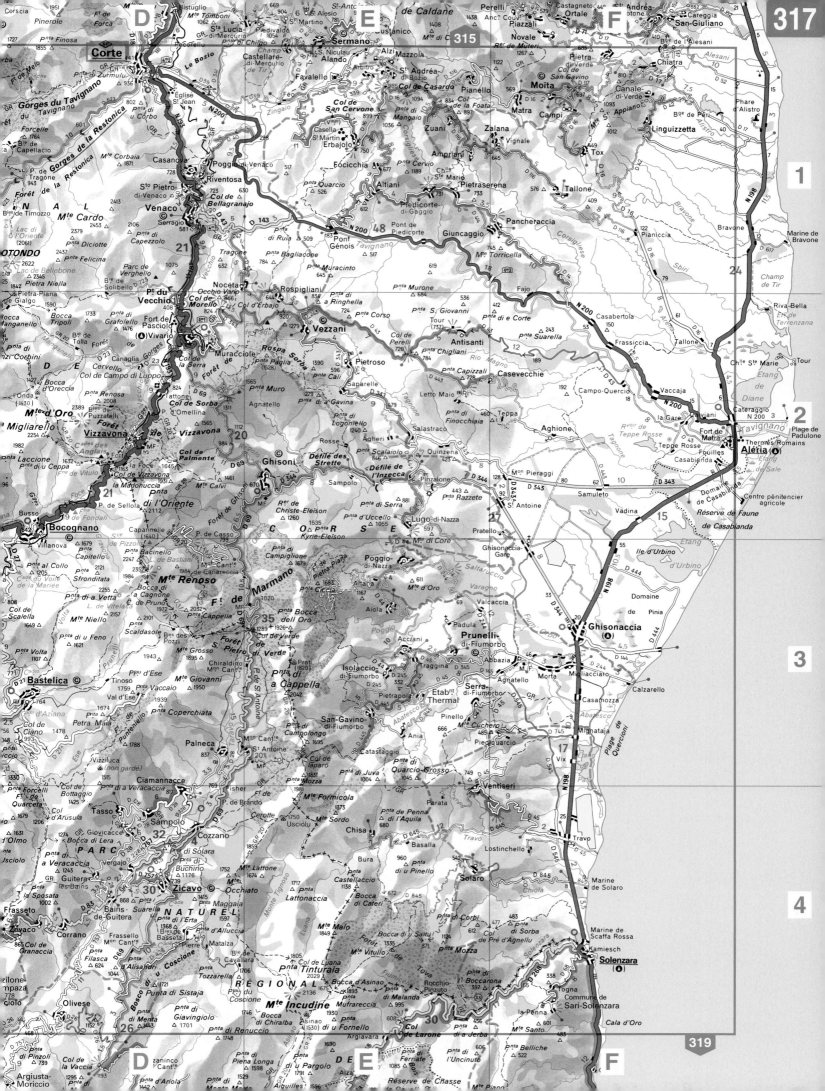

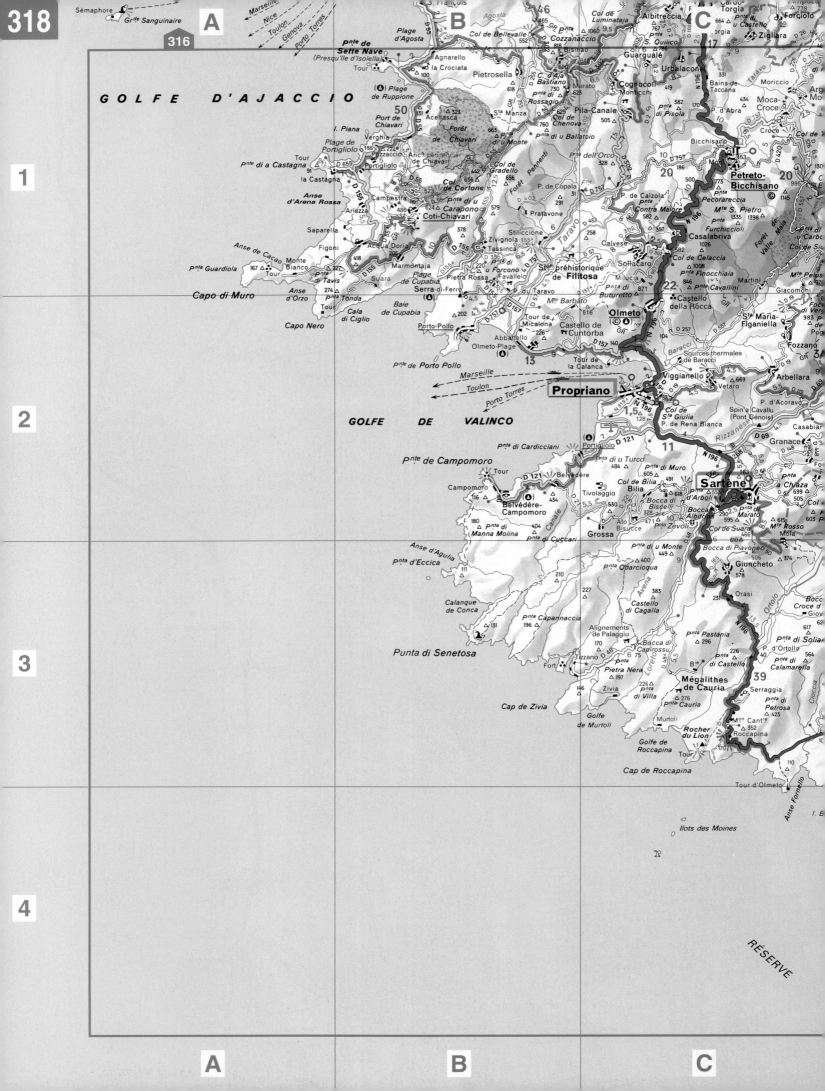

A

Aast 64	297	E1
Abainville 55	93	D1
Abancourt 59	9	D4
Abancourt 60	17	E4
Abaucourt 54	68	B2
Abaucourt-lès-Souppleville 55	40	B4
Abbans-Dessous 25	160	A1
Abbans-Dessus 25	160	A1
Abbaretz 44	126	B1
Abbécourt 02	36	A1
Abbecourt 60	34	A3
Abbenans 25	142	A1
Abbéville 80	17	E1
Abbéville-la-Rivière 91	86	C3
Abbéville-lès-Conflans 54	41	D4
Abbéville-Saint-Lucien 60	34	A1
Abbévillers 25	142	C2
Abeilhan 34	280	B3
Abelcourt 70	118	C3
L'Aber-Wrac'h 29	47	E1
Abère 64	273	E4
L'Abergement-Clémenciat 01	193	D1
L'Abergement-de-Cuisery 71	175	E1
L'Abergement-de-Varey 01	194	A2
Abergement-la-Ronce 39	159	D1
Abergement-le-Grand 39	159	F3
Abergement-le-Petit 39	159	F3
Abergement-lès-Thésy 39	160	A2
Abergement-Saint-Jean 39	159	D3
L'Abergement-Sainte-Colombe 71	158	B4
Abidos 64	272	B3
Abilly 37	150	A3
Abîme (Pont de l') 74	195	E4
Abitain 64	271	F3
Abjat-sur-Bandiat 24	202	C2
Ablain-Saint-Nazaire 62	8	A2
Ablaincourt-Pressoir 80	19	E3
Ablainzevelle 62	8	B4
Ablancourt 51	65	D3
Ableiges 95	60	B1
Les Ableuvenettes 88	94	B4
Ablis 78	86	A2
Ablon 14	30	C2
Ablon-sur-Seine 94	61	D4
Abondance 74	179	D3
Abondant 28	59	E3
Abos 64	272	B4
Abreschviller 57	70	A4
Abrest 03	190	A2
Les Abrets 38	212	B2
Abriès 05	233	D4

Abscon 59	9	E3
L'Absie 79	164	C1
Abzac 16	184	C2
Abzac 33	219	D2
Accarias (Col) 38	230	C4
Accia (Pont de l') 2B	315	D4
Accolans 25	142	A1
Accolay 89	136	C1
Accons 07	228	A3
Accous 64	296	B3
Achain 57	69	D2
Achen 57	44	A4
Achenheim 67	71	D3
Achères 18	134	A4
Achères 78	60	B1
Achères-la-Forêt 77	87	E3
Achery 02	20	B4
Acheux-en-Amiénois 80	18	C1
Acheux-en-Vimeu 80	17	D1
Acheville 62	8	B3
Achey 70	140	B1
Achicourt 62	8	B3
Achiet-le-Grand 62	8	B4
Achiet-le-Petit 62	8	B4
Achun 58	155	F1
Achy 60	33	F1
Acigné 35	79	F4
Aclou 27	31	E4
Acon 27	58	C4
Acq 62	8	A3
Acqueville 14	56	A2
Acqueville 50	24	B2
Acquigny 27	32	B4
Acquin 62	3	D4
Acy 02	36	B3
Acy-en-Multien 60	62	A1
Acy-Romance 08	38	B3
Adaincourt 57	68	C1
Adainville 78	59	F4
Adam-lès-Passavant 25	141	E4
Adam-lès-Vercel 25	141	F4
Adamswiller 67	70	A1
Adast 65	297	E3
Adelange 57	69	D1
Adelans-et-le-Val-de-Bithaine 70	118	C4
Adervielle 65	298	B4
Adilly 79	165	D1
Adinfer 62	8	A4
Adissan 34	280	C3
Les Adjots 16	183	F2
Adon 45	111	F4
Les Adrets 38	213	D4
Les Adrets-de-l'Esterel 83	287	F4
Adriers 86	167	E4
Aérocity (Parc) 07	246	A2
Afa 2A	316	B3
Affieux 19	204	C2
Affléville 54	41	D3

Affoux 69	192	A4
Affracourt 54	94	B2
Affringues 62	3	D4
Agay 83	288	C4
Agde 34	305	F1
Agel 34	279	F4
Agen 47	256	B1
Agen-d'Aveyron 12	242	C4
Agencourt 21	158	B1
Agenville 80	7	D4
Agenvillers 80	6	C4
Les Ageux 60	35	D3
Ageville 52	116	C1
Agey 21	138	C4
Aghione 2B	317	F2
Agincourt 54	68	B3
Agmé 47	237	F3
Agnac 47	238	A1
Agnat 43	208	A3
Agneaux 50	27	E4
Agnetz 60	34	C3
Agnez-lès-Duisans 62	8	A3
Agnicourt-et-Séchelles 02	21	E4
Agnières 62	8	A3
Agnières-en-Dévoluy 05	249	D1
Agnin 38	211	D4
Agnos 64	296	B3
Agon-Coutainville 50	53	F1
Agonac 24	202	C4
Agonès 34	262	C4
Agonges 03	172	A1
Agonnay 17	181	E2
Agos-Vidalos 65	297	E3
Agris 16	184	C4
Agudelle 17	199	F3
Les Agudes 31	307	F4
Aguessac 12	261	E2
Aguilar (Château d') 11	303	E4
Aguilcourt 02	37	F2
Aguts 81	277	F3
Agy 14	28	C3
Ahaxe-Alciette-Bascassan 64	295	D1
Ahetze 64	270	B3
Ahéville 88	94	B3
Ahuillé 53	104	C1
Ahun 23	187	E2
Ahusquy 64	295	E2
Ahuy 21	139	D3
Aïbes 59	10	C2
Aibre 25	142	B1
Aïcirits 64	271	E4
Aiffres 79	164	C4
Aigaliers 30	263	F2
L'Aigle 61	57	F1
Aigle (Barrage de l') 19	223	F1
Aiglemont 08	22	C3
Aiglepierre 39	160	A3

AIX-EN-PROVENCE

Agard (Passage)	CY	2
Albertas (Pl. d')	BY	3
Aude (R.)	BY	4
Bagniers (R. des)	BY	5
Bellegarde (Pl.)	CX	7
Bon-Pasteur (R.)	BX	9
Boulégon (R.)	BX	12
Brossolette (Av.)	AZ	13
Cardeurs (Pl. des)	BY	16
Clemenceau (R.)	BY	18
Cordeliers (R. des)	BY	20
Couronne (R. de la)	BY	21
Curie (R. Pierre et Marie)	BX	22
De-la-Roque (R.)	BX	25
De-Lattre-de-T. (Av.)	AY	46
Espariat (R.)	BY	26
Fabrot (R.)	BY	28
Foch (R. du Maréchal)	BY	30
Hôtel-de-Ville (Pl. de l')	BY	37
Italie (R. d')	CZ	42
Matheron (R.)	BY	49
Méjanes (R.)	BY	51
Minimes (Crs des)	AY	52
Mirabeau (Cours)	BCY	
Montigny (R. de)	BY	55
Napoléon-Bonaparte (Av.)	AY	57
Nazareth (R.)	BY	58
Opéra (R. de l')	CY	62
Pasteur (Av.)	BX	64
Paul-Bert (R.)	BX	66
Prêcheurs (Pl. des)	CY	70
Richelme (Pl.)	BY	72
Saporta (R. G.-de)	BX	75
Thiers (R.)	CY	80
Verdun (Pl. de)	CY	85
4-Septembre (R.)	BZ	87

AJACCIO

Bonaparte (R.)	Z	6
Dr-Ramaroni (Av. du)	Z	17
Eugénie (av. Impériale)	Z	18
Fesch (R. Cardinal)	Z	
Forcioli-Conti (R.)	Z	20
Grandval (Cours)	Z	
Herminier (Q. l')	Z	23
Macchini (Av. E.)	Z	27
Napoléon (Cours)	Z	
Notre-Dame (R.)	Z	39
Pozzo-di-Borgo (R.)	Z	44
Premier-Consul (Av. du)	Z	45
République (Q. de la)	Z	48
Roi-de-Rome (R.)	Z	49
Roi-Jérôme (Bd)	Z	50
Sébastien (R. Gén.)	Z	53
Sérafini (Av. A.)	Z	55
Sœur-Alphonse (R.)	Z	56
Vero (R. Lorenzo)	Z	58
Zévaco-Maire (R.)	Z	60

Aigleville 27	59	E2
Aiglun 04	267	F2
Aiglun 06	269	E3
Aignan 32	273	F1
Aignay-le-Duc 21	138	C1
Aigne 34	279	E4
Aigné 72	106	C1
Aigneville 14	27	F3
Aignes 31	277	D4
Aignes-et-Puypéroux 16	201	E3
Aigneville 80	17	D1
Aigny 51	64	B1
Aigonnay 79	165	D4
Aigoual (Mont) 48	262	B2
Aigre 16	183	E3
Aigrefeuille 31	277	D2
Aigrefeuille-d'Aunis 17	181	D1
Aigrefeuille-sur-Maine 44	146	A1
Aigremont 30	263	E3
Aigremont 52	117	E1
Aigremont 78	60	B3
Aigremont 89	114	A4
Aiguebelette-le-Lac 73	212	C2
Aiguebelle 73	213	F2
Aiguebelle 83	293	E4
Aigueblanche 73	214	B2
Aiguefonde 81	278	B3
Aigueperse 63	189	F2
Aigueperse 69	174	B4
Aigues-Juntes 09	300	A3
Aigues-Mortes 30	282	B2
Aigues-Vives 09	301	E3
Aigues-Vives 11	303	D1
Aigues-Vives 30	282	B1
Aigues-Vives 34	279	F4
Aiguèze 30	264	B1
Aiguilhe 43	227	D2
Aiguilles 05	233	D4
L'Aiguillon 09	301	F4
Aiguillon 47	237	F4
L'Aiguillon-sur-Mer 85	163	D3
L'Aiguillon-sur-Vie 85	145	D2
Aiguines 83	267	F4
Aigurande 36	169	E3
Ailhon 07	246	A2
Aillant-sur-Milleron 45	112	A4
Aillant-sur-Tholon 89	113	D3
Aillas 33	237	D3
Ailleux 42	191	F4
Aillevans 70	141	F1
Ailleville 10	91	E4
Aillevillers-et-Lyaumont 70	118	C2
Aillianville 52	93	D3
Aillières-Beauvoir 72	83	D3
Aillon-le-Jeune 73	213	E1
Aillon-le-Vieux 73	213	E1
Ailloncourt 70	118	C3
Ailly 27	32	B4
Ailly-le-Haut-Clocher 80	17	F1
Ailly-sur-Meuse 55	67	D2
Ailly-sur-Noye 80	18	B4

Ailly-sur-Somme 80	18	A2
Aimargues 30	282	B1
Aime 73	214	B1
Ain (Source de l') 39	160	B4
Ainac 04	267	F1
Ainay-le-Château 03	171	D1
Ainay-le-Vieil 18	170	C1
Aincille 64	295	D1
Aincourt 95	60	A1
Aincreville 55	39	F2
Aingeray 54	68	A3
Aingeville 88	93	E4
Aingoulaincourt 52	92	C2
Ainharp 64	295	E1
Ainhice-Mongelos 64	295	E1
Ainhoa 64	270	B4
Ainvelle 70	118	B3
Ainvelle 88	117	F2
Airaines 80	17	F2
Airan 14	56	B1
Aire 08	38	A2
Aire-sur-la-Lys 62	3	E4
Aire-sur-l'Adour 40	273	D1
Airel 50	27	E4
Airion 60	34	C2
Airon-Notre-Dame 62	6	B2
Airon-Saint-Vaast 62	6	B2
Airoux 11	277	E4
Airvault 79	148	B3
Aiserey 21	158	C1
Aisey-et-Richecourt 70	118	A2
Aisey-sur-Seine 21	115	E4
Aisne 85	163	F3
Aisonville-et-Bernoville 02	20	B2
Aissey 25	141	F3
Aisy-sous-Thil 21	137	F3
Aisy-sur-Armançon 89	137	F1
Aiti 2B	315	E4
Aiton 73	213	F1
Aix 19	206	A2
Aix 59	9	D1
Aix (Île d') 17	180	C2
Les Aix-d'Angillon 18	153	F1
Aix-en-Diois 26	248	A1
Aix-en-Ergny 62	6	C2
Aix-en-Issart 62	6	C2
Aix-en-Othe 10	89	F4
Aix-en-Provence 13	285	D2
Aix-la-Fayette 63	208	B2
Aix-les-Bains 73	195	D4
Aix-Noulette 62	8	A2
Aixe-sur-Vienne 87	185	E4
Aizac 07	246	A1
Aizanville 52	115	F1
Aize 36	152	A1
Aizecourt-le-Bas 80	19	E2
Aizecourt-le-Haut 80	19	E2
Aizelles 02	37	E2
Aizenay 85	145	E4
Aizier 27	31	E3
Aizy-Jouy 02	36	C2

Ajac 11	302	A3
Ajaccio 2A	316	B4
Ajain 23	187	E1
Ajat 24	221	E1
Ajoncourt 57	68	B2
Ajou 27	58	A2
Ajoux 07	228	B4
Alaigne 11	302	A4
Alaincourt 02	20	B3
Alaincourt 70	118	A2
Alaincourt-la-Côte 57	68	B2
Alairac 11	302	B2
Alaise 25	160	B2
Alan 31	299	F1
Alando 2B	317	E1
Alata 2A	316	B4
Alba-la-Romaine 07	246	B2
Alban 81	260	B3
Albaret-le-Comtal 48	225	E4
Albaret-Sainte-Marie 48	225	F4
Albarine (Gorges de l') 01	194	B2
L'Albaron 13	283	D2
Albas 11	303	E3
Albas 46	239	F3
Albé 67	96	B1
Albefeuille-Lagarde 82	257	F3
L'Albenc 38	212	A4
Albens 73	195	D4
Albepierre-Bredons 15	225	D2
L'Albère 66	313	D3
Albert 80	19	D2
Albert-Louppe (Pont) 29	47	F3
Albertacce 2B	316	C1
Albertville 73	196	A4
Albestroff 57	69	E2
Albi 81	259	E4
Albiac 31	277	E3
Albiac 46	240	C2
Albias 82	258	A2
Albières 11	302	C4
Albies 09	310	A1
Albiez-le-Jeune 73	214	A4
Albiez-le-Vieux 73	214	A4
Albignac 19	222	C2
Albigny 74	195	E3
Albigny-sur-Saône 69	192	C3
Albine 81	279	D3
Albiosc 04	286	A1
Albon 26	211	D4
Albon-d'Ardèche 07	228	A4
Alboussière 07	228	C3
Les Albres 12	241	F2
Albussac 19	222	C2
Alby-sur-Chéran 74	195	E3
Alçay-Alçabéhéty-Sunharette 64	295	F2
Aldudes 64	294	C2
Alembon 62	2	C3
Alençon 61	82	C2
Alénya 66	313	D2
Aléria 2B	317	F2
Alès 30	263	E2

Alet-les-Bains 11	302 B3	Allègre 43	226 C1
Alette 62	6 C1	Allègre (Château d') 30	263 F1
Aleu 09	300 B4	Allègre-les-Fumades 30	263 F1
Alex 74	195 F3	Alleins 13	284 B1
Alexain 53	81 D4	Allemagne-en-Provence 04	267 E4
Aleyrac 26	247 D3	Allemanche-Launay-et-Soyer 51	89 F1
Alfortville 94	61 D3		
Algajola 2B	314 B2	Allemans 24	201 E4
Algans 81	277 F2	Allemans-du-Dropt 47	237 F2
Algolsheim 68	97 D4	Allemant 02	36 C2
Algrange 57	41 E2	Allemant 51	63 F4
Alièze 39	176 C1	Allemont 38	231 E1
Alignan-du-Vent 34	280 C3	Allenay 80	16 C1
Alincourt 08	38 B2	Allenc 48	244 C2
Alincourt 60	33 E4	Allenjoie 25	142 C1
Alincthun 62	2 B3	Allennes-les-Marais 59	8 C1
Alise-Sainte-Reine 21	138 A2	Allenwiller 67	70 B3
Alissas 07	246 B1	Allerey 21	138 A4
Alix 69	192 B3	Allerey-sur-Saône 71	158 B3
Alixan 26	229 E3	Allériot 71	158 B3
Alizay 27	32 B3	Allery 80	17 E2
Alizy 43	93 F1	Alles-sur-Dordogne 24	221 D4
Allaines 80	19 E2	Les Alleuds 49	128 C3
Allaines-Mervilliers 28	86 A4	Les Alleuds 79	183 E1
Allainville 28	59 D4	Les Alleux 08	39 D2
Allainville 78	86 A2	Alleuze 15	225 E3
Allainville-en-Beauce 45	86 B4	Allevard 38	213 E3
Allaire 56	102 B4	Allèves 74	195 E4
Allamont 54	41 D4	Allex 26	229 E4
Allamps 54	93 F1	Alleyrac 43	227 E3
Allan 26	247 D3	Alleyras 43	226 C3
Allanche 15	225 D1	Alleyrat 19	205 F2
Alland'Huy-et-Sausseuil 08	38 C1	Alleyrat 23	187 E3
Allarmont 88	95 F1	Allez-et-Cazeneuve 47	238 B4
Allas-Bocage 17	199 F3	Alliancelles 51	65 F3
Allas-Champagne 17	199 F3	Alliat 09	310 A1
Allas-les-Mines 24	221 E4	Allibaudières 10	90 B1
Allassac 19	222 A1	Allichamps 52	91 F1
Allauch 13	285 D4	Allier 65	297 F1

Allières 09	300 B3	Aloxe-Corton 21	158 A1
Les Alliés 25	161 D2	Alpe-d'Huez 38	231 E1
Alligny-Cosne 58	135 E2	Alpuech 12	243 D1
Alligny-en-Morvan 58	137 F4	Alquines 62	2 C3
Allimas (Col de l') 38	230 B3	Alrance 12	260 B2
Allineuc 22	77 D2	Alsting 57	43 D3
Allinges 74	178 B3	Altagène 2A	319 D2
Allogny 18	134 A4	Alteckendorf 67	70 C1
Allondans 25	142 B1	Altenach 68	120 A4
Allondaz 73	196 A4	Altenbach 68	120 A1
Allondrelle-la-Malmaison 54	40 B1	Altenheim 67	70 C2
Allonne 60	34 A2	Altenstadt 67	45 E3
Allonne 79	165 D1	Althen-des-Paluds 84	265 D3
Allonnes 28	85 E3	Altiani 2B	317 E1
Allonnes 49	129 E4	Altier 48	245 D3
Allonnes 72	106 C2	Altillac 19	223 D3
Allons 04	268 B3	Altkirch 68	120 B3
Allons 47	254 C1	Altorf 67	70 C4
Allonville 80	18 C3	Altrippe 57	69 E1
Allonzier-la-Caille 74	195 E2	Altviller 57	42 C4
Allos 04	250 C4	Altwiller 67	69 F2
Allos (Col d') 04	250 C4	Aluze 71	157 F3
Allouagne 62	7 F1	Alvignac 46	222 C4
Alloue 16	184 B2	Alvimare 76	15 E3
Allouis 18	153 D1	Alzen 09	300 C3
Allouville-Bellefosse 76	15 E3	Alzi 2B	317 E1
Les Allues 73	214 B2	Alzing 57	42 B3
Les Alluets-le-Roi 78	60 A2	Alzon 30	262 A3
Alluy 58	155 F2	Alzonne 11	302 A1
Alluyes 28	85 D4	Amage 70	119 D3
Ally 15	223 F1	Amagne 08	38 B1
Ally 43	225 F1	Amagney 25	141 E3
Almayrac 81	259 E2	Amailloux 79	148 A4
Almenêches 61	56 C4	Amance 10	91 D3
Almont-les-Junies 12	241 F2	Amance 54	68 A3
Alos 09	300 A4	Amance 70	118 A3
Alos 81	258 C4	Amancey 25	160 B3
Alos-Sibas-Abense 64	295 F2	Amancy 74	195 F1
Alouettes (Mont des) 85	146 C3	Amange 39	140 B3

Amanlis 35	103 F1	Ambleville 95	33 F4
Amanty 55	93 D1	Amblie 14	29 E3
Amanvillers 57	41 E4	Amblimont 08	23 E4
Amanzé 71	174 A4	Ambloy 41	108 B4
Amareins 01	192 C2	Ambly-Fleury 08	38 B2
Amarens 81	259 D3	Ambly-sur-Meuse 55	66 C1
Amathay-Vésigneux 25	160 C3	Amboise 37	131 E3
Amayé-sur-Orne 14	55 F3	Ambon 56	123 E2
Amayé-sur-Seulles 14	55 E1	Ambonil 26	229 D4
Amazy 58	136 B3	Ambonnay 51	64 B1
Ambacourt 88	94 B3	Ambonville 52	92 A3
Ambarès-et-Lagrave 33	217 E3	Ambourville 76	15 F4
Ambax 31	275 F4	Ambrault 36	152 B4
Ambazac 87	186 A3	Ambres 81	277 E1
Ambel 38	231 D4	Ambricourt 62	7 D2
Ambenay 27	58 A3	Ambrief 02	36 B3
Ambérac 16	183 D3	Ambrières 51	91 F1
Ambérieu-en-Bugey 01	193 F2	Ambrières-les-Vallées 53	81 E2
Ambérieux 69	192 C3	Ambrines 62	7 F3
Ambérieux-en-Dombes 01	193 D2	Ambronay 01	194 A2
Ambernac 16	184 B3	Ambrugeat 19	205 E2
Amberre 86	149 D4	Ambrumesnil 76	16 A3
Ambert 63	208 C2	Ambrus 47	255 E1
Ambès 33	217 E2	Ambutrix 01	193 F3
Ambeyrac 12	241 D3	Amécourt 27	33 E3
Ambialet 81	259 E3	Amel-sur-l'Étang 55	40 C3
Ambiegna 2A	316 B3	Amelécourt 57	68 C2
Ambierle 42	191 D2	Amélie-les-Bains-Palalda 66	312 C4
Ambiévillers 70	118 B2	L'Amélie-sur-Mer 33	198 B2
Ambillou 37	130 B2	Amendeuix-Oneix 64	271 E4
Ambillou-Château 49	128 C4	Amenoncourt 54	69 E4
Ambilly 74	178 A4	Amenucourt 95	59 F1
Amblainville 60	34 A4	Ames 62	7 F1
Amblans-et-Velotte 70	118 C4	Amettes 62	7 F1
Ambleny 02	36 A3	Ameugny 71	175 D2
Ambléon 01	194 B4	Ameuvelle 88	118 A2
Ambleteuse 62	2 A3	Amfreville 14	29 F3
Ambleville 16	200 C3	Amfreville 50	25 D4
		Amfreville-la-Campagne 27	32 A4

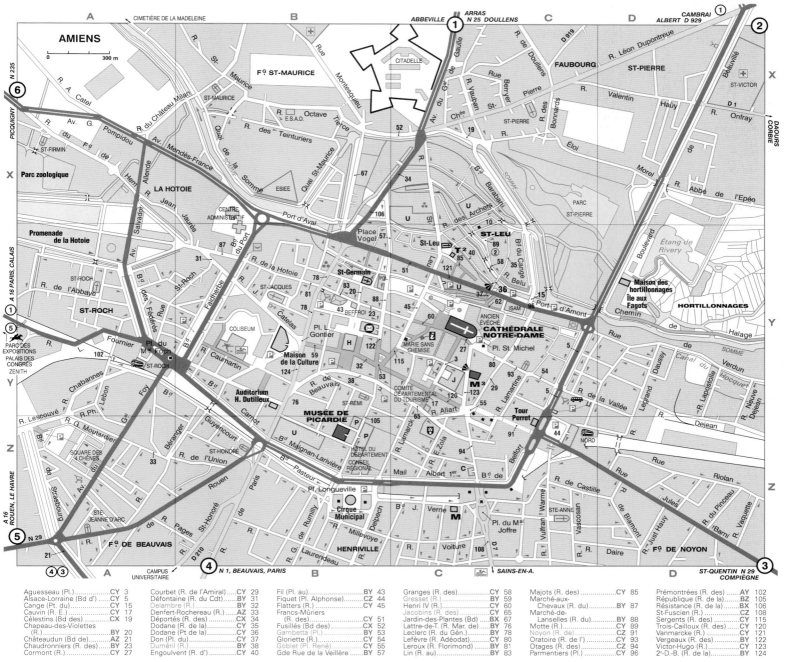

AMIENS

0 — 300 m

Aguesseau (Pl.)	CY 3	Courbet (R. de l'Amiral)	CY 29	Fil (Pl. au)	BY 43
Alsace-Lorraine (Bd d')	CY 5	Défontaine (R. du Cdt)	BY 31	Fiquet (Pl. Alphonse)	CZ 44
Cange (R. du)	CY 15	Delambre (R.)	CY 32	Flatters (R.)	CY 45
Cauvin (R. E.)	CX 17	Denfert-Rochereau (R.)	AZ 33	Francs-Mûniers	
Célestins (Bd des)	CX 19	Déportés (R. des)	CY 34	(R.)	CY 51
Chapeau-des-Violettes		Dodane (R. de)	CX 35	Fusillés (Bd des)	CX 52
(R.)	BY 20	Dodane (Pt de la)	CY 36	Gambetta (R.)	CY 53
Châteaudun (Bd de)	AZ 21	Don (R. du)	CY 37	Glorietta (R.)	CY 54
Chaudronniers (R. des)	BY 23	Duméril (R.)	BY 38	Goblet (Pl. René)	CY 55
Cormont (R.)	CY 27	Engoulvent (R. d')	CY 40	Gde Rue de la Veillère	BY 57

Granges (R. des)	CY 58	Majots (R. des)	CY 85	Prémontrées (R. des)	AY 102
Gresset (R.)	BY 59	Marché-aux-		République (R. de la)	BZ 105
Henri IV (R.)	CY 60	Chevaux (R. du)	BY 87	Résistance (R. de la)	BX 106
Jacobins (R. des)	CY 67	Marché-de-		St-Fuscien (R.)	CZ 115
Jardin-des-Plantes (Bd)	BX 67	Lanselles (R. du)	BY 88	Sergents (R. des)	CY 115
Lattre-de-T. (R. Mar. de)	BY 76	Motte (R. de la)	CY 89	Trois-Cailloux (R. des)	CY 120
Leclerc (R. du Gén.)	BY 78	Noyon (R. de)	CZ 91	Vanmarcke (R.)	CY 121
Lefèvre (R. Adéodat)	CY 80	Oratoire (R. de l')	CY 93	Vergeaux (R. des)	CY 122
Leroux (R. Florimond)	BY 81	Otages (R. des)	CZ 94	Victor-Hugo (R.)	CY 123
Lin (R. au)	BY 83	Parmentiers (Pl.)	CY 96	2e-D.-B. (R. de la)	BY 124

Amfreville-la-Mi-Voie 76.....32 B2
Amfreville-les-Champs 27.....32 C3
Amfreville-les-Champs 76.....15 F2
Amfreville-sous-les-Monts 27.....32 B3
Amfreville-sur-Iton 27.....58 C1
Amfroipret 59.....10 A2
Amiens 80.....18 B2
Amifontaine 02.....37 E2
Amigny 50.....27 E4
Amigny-Rouy 02.....36 B1
Amillis 77.....62 B4
Amilly 28.....85 D2
Amilly 45.....111 F2
Amions 42.....191 E3
Amirat 06.....269 D3
Ammerschwihr 68.....96 B3
Ammerzwiller 68.....120 B3
Amné 72.....106 B1
Amnéville 14.....56 C2
Amnéville 57.....41 F3
Amoncourt 70.....118 A4
Amondans 25.....160 B1
Amont-et-Effreney 70.....119 D2
Amorots-Succos 64.....271 E4
Amou 40.....272 A2
Amphion-les-Bains 74.....178 C3
Ampiac 12.....242 A4
Ampilly-le-Sec 21.....115 D3
Ampilly-les-Bordes 21.....138 B1
Amplepuis 69.....191 F2
Amplier 62.....7 F4
Ampoigné 53.....105 D3
Amponville 77.....87 E4
Ampriani 2B.....317 E1
Ampuis 69.....210 C2
Ampus 83.....286 C2
Amuré 79.....164 B4
Amy 60.....19 E4
Anais 16.....183 F4
Anais 17.....181 D1
Anan 31.....275 D4
Ance 64.....296 A2
Anceaumeville 76.....32 A1
Anceins 61.....57 E3
Ancelle 05.....249 F1
Ancemont 55.....66 C1
Ancenis 44.....127 D3
Ancerville 55.....66 A4
Ancerville 57.....68 C1
Ancerviller 54.....95 E1
Ancey 21.....138 C3
Anchamps 08.....11 F4
Anché 37.....149 D1
Anché 86.....166 A3
Anchenoncourt-et-Chazel 70.....118 B3
Ancienville 02.....36 A4
Ancier 70.....140 B2
Ancinnes 72.....82 C3
Ancizan 65.....298 B4
Les Ancizes-Comps 63.....188 C3
Ancône 26.....246 C2
Ancourt 76.....16 B2
Ancourteville-sur-Héricourt 76.....15 E2
Ancretiéville-Saint-Victor 76.....16 A4
Ancretteville-sur-Mer 76.....15 D2
Ancteville 50.....26 C4
Anctoville 14.....55 E1
Anctoville-sur-Boscq 50.....53 F2
Ancy 69.....192 B4
Ancy-le-Franc 89.....114 B4
Ancy-le-Libre 89.....114 B4
Ancy-sur-Moselle 57.....68 A1
Andaine (Bec d') 50.....53 F2
Andainville 80.....17 E2
Andance 07.....228 C1
Andancette 26.....210 C4
Andard 49.....128 C2
Andé 27.....32 B4
Andechy 80.....19 D4
Andel 22.....51 F4
Andelain 02.....20 B4
Andelaroche 03.....173 D4
Andelarre 70.....141 E1
Andelarrot 70.....141 E1
Andelat 15.....225 E2
Andelnans 90.....142 C1
Andelot 52.....92 C4
Andelot-en-Montagne 39.....160 A3
Andelot-lès-Saint-Amour 39.....176 B3
Andelu 78.....60 A3
Les Andelys 27.....32 C4
Andernay 55.....66 A3
Andernos-les-Bains 33.....216 B4
Anderny 54.....41 D3
Andert-et-Condon 01.....194 B4
Andevanne 08.....39 F2
Andeville 60.....34 A4
Andigné 49.....105 D4
Andillac 81.....258 C3
Andilly 17.....163 F4
Andilly 54.....67 F3
Andilly 74.....195 E1
Andilly 95.....61 D2
Andilly-en-Bassigny 52.....117 D2
Andiran 47.....255 F2
Andlau 67.....96 C1
Andoins 64.....273 D4
Andolsheim 68.....96 C4
Andon 06.....269 D4
Andonville 45.....86 B4
Andornay 70.....119 D4
Andouillé 53.....81 D4
Andouillé-Neuville 35.....79 E4
Andouque 81.....259 F3
Andrein 64.....271 F4

Andres 62.....2 C2
Andrest 65.....273 F4
Andrésy 78.....60 B2
Andrezé 49.....127 F4
Andrezel 77.....87 F1
Andrézieux-Bouthéon 42.....209 F2
Andryes 89.....136 A2
Anduze 30.....263 D3
Anéran-Camors 65.....298 B4
Anères 65.....298 C2
Anet 28.....59 E3
Anetz 44.....127 E3
Angais 64.....297 D1
Angé 41.....131 F3
Angeac-Champagne 16.....200 C1
Angeac-Charente 16.....201 D1
Angecourt 08.....23 E4
Angeduc 16.....201 D3
Angely 89.....137 E1
Angeot 90.....120 A3
Angers 49.....128 B2
Angerville 14.....30 A4
Angerville 91.....86 B3
Angerville-Bailleul 76.....15 D3
Angerville-la-Campagne 27.....58 C2
Angerville-la-Martel 76.....15 D2
Angerville-l'Orcher 76.....14 C3
Angervilliers 91.....86 B1
Angeville 82.....257 D3
Angevillers 57.....41 E2
Angey 50.....53 F3
Angicourt 60.....34 C3
Angiens 76.....15 E1
Angirey 70.....140 C2
Angivillers 60.....34 C2
Anglade 33.....217 E1
Anglards-de-Saint-Flour 15.....225 E3
Anglards-de-Salers 15.....224 A1
Anglars 46.....241 D1
Anglars-Juillac 46.....239 F3
Anglars-Nozac 46.....222 A4

Anglars-Saint-Félix 12.....241 F3
Anglefort 01.....194 C3
Anglemont 88.....95 D2
Les Angles 30.....264 C3
Les Angles 65.....297 F2
Les Angles 66.....311 D3
Anglès 81.....279 D3
Les Angles-sur-Corrèze 19.....204 C4
Angles-sur-l'Anglin 86.....167 E1
Anglesqueville-la-Bras-Long 76.....15 E2
Anglesqueville-l'Esneval 76.....14 B3
Anglet 64.....270 A3
Angliers 17.....163 F4
Angliers 86.....148 C3
Anglure 51.....89 F1
Anglure-sous-Dun 71.....174 B3
Anglus 52.....91 E2
Angluzelles-et-Courcelles 51.....64 A4
Angoisse 24.....203 E3
Angomont 54.....95 F1
Angos 65.....298 A1
Angoulême 16.....201 F1
Angoulins 17.....180 C1
Angoumé 40.....271 E3
Angous 64.....272 A4
Angoustrine 66.....310 C3
Angoville 14.....56 A4
Angoville-au-Plain 50.....25 E4
Angoville-en-Saire 50.....25 D1
Angoville-sur-Ay 50.....26 C3
Angres 62.....8 B2
Angresse 40.....270 C1
Angrie 49.....127 F1
Anguerny 14.....29 E3
Anguilcourt-le-Sart 02.....20 B4
Anguilher-lès-Bisping 57.....69 E1
Angy 60.....34 B3

Anhaux 64.....295 D1
Anhiers 59.....9 D2
Aniane 34.....281 D1
Aniche 59.....9 D3
Anisy 14.....29 E3
Anizy-le-Château 02.....36 C2
Anjeux 70.....118 B2
Anjony (Château d') 15.....224 A2
Anjou 38.....211 D4
Anjouin 36.....152 A1
Anjoutey 90.....119 F4
Anla 65.....298 C2
Anlezy 58.....155 E2
Anlhiac 24.....203 E4
Annay 58.....135 D2
Annay-la-Côte 89.....137 D2
Annay-sur-Serein 89.....114 A4
Annebault 14.....30 B3
Annebecq 14.....54 C2
Annecy 74.....195 E3
Annecy-le-Vieux 74.....195 E3
Annelles 08.....38 B2
Annemasse 74.....178 A4
Annéot 89.....137 D2
Annepont 17.....181 F3
Annequin 62.....8 A1
Annesse-et-Beaulieu 24.....220 B1
Annet-sur-Marne 77.....61 F2
Anneux 59.....9 D4
Anneville-en-Saire 50.....25 E2
Anneville-la-Prairie 52.....92 B4
Anneville-sur-Mer 50.....26 C4
Anneville-sur-Scie 76.....16 A3
Anneville-sur-Seine 76.....15 F4
Anneyron 26.....211 D4
Annezay 17.....181 F2
Annezin 62.....8 A1
Annœullin 59.....8 C1
Annoire 39.....159 D2
Annois 02.....20 A4

Annoisin-Chatelans 38.....193 F4
Annoix 18.....153 E3
Annonay 07.....228 C1
Annonville 52.....92 C3
Annouville-Vilmesnil 76.....14 C3
Annoux 89.....137 E1
Annoville 50.....53 F1
Anor 59.....10 C4
Anos 64.....273 D4
Anost 71.....156 C1
Anould 88.....95 F4
Anoux 54.....41 D3
Anoye 64.....273 E4
Anquetierville 76.....15 E4
Anrosey 52.....117 E3
Ansac-sur-Vienne 16.....184 B2
Ansacq 60.....34 C3
Ansan 32.....275 E1
Ansauville 54.....67 F3
Ansauvillers 60.....34 B4
Anse 69.....192 C3
Anserville 60.....34 B4
Ansignan 66.....311 F1
Ansigny 73.....195 D4
Ansost 65.....273 F3
Ansouis 84.....285 D2
Anstaing 59.....9 D1
Antagnac 47.....237 D4
Anterrieux 15.....225 E4
Antezant 17.....182 B2
Anthé 47.....239 D4
Anthelupt 54.....68 C4
Anthenay 51.....37 D4
Antheny 08.....22 A3
Anthéor 83.....288 A4
Antheuil 21.....157 F1
Antheuil-Portes 60.....35 E2
Anthien 58.....136 C4
Anthon 38.....193 E4

Anthy-sur-Léman 74.....178 B3
Antibes 06.....288 B3
Antibes (Cap d') 06.....288 B3
Antichan 65.....298 C3
Antichan-de-Frontignes 31.....299 D3
Antignac 15.....206 B4
Antignac 17.....199 F2
Antignac 31.....298 C4
Antigny 85.....164 A1
Antigny 86.....167 E2
Antigny-la-Ville 21.....157 E1
Antilly 57.....41 F4
Antilly 60.....35 F4
Antin 65.....274 B4
Les Antiques 13.....283 F1
Antisanti 2B.....317 E2
Antist 65.....298 A2
Antogny le Tillac 37.....149 F2
Antoigné 49.....148 B1
Antoigny 61.....81 F1
Antoingt 63.....207 F3
Antonaves 05.....249 D4
Antonne-et-Trigonant 24.....220 C1
Antony 92.....61 D4
Antorpe 25.....140 C4
Antraigues-sur-Volane 07.....246 A1
Antrain 35.....79 F3
Antran 86.....149 F3
Antras 09.....299 F4
Antras 32.....274 C1
Antrenas 48.....243 F2
Antugnac 11.....302 B4
Antully 71.....157 D3
Anvéville 76.....15 E2
Anville 16.....183 D4
Anvin 62.....7 E2
Any-Martin-Rieux 02.....21 F2
Anzat-le-Luguet 63.....207 E4
Anzeling 57.....42 A3
Anzème 23.....169 D2
Anzex 47.....237 E4

ANGERS

Alsace (R. d').....CZ
Aragon (Av. Yolande d').....AY 2
Baudrière (R.).....BY 5
Beaurepaire (R.).....AY
Bichat (R.).....AY 8
Bon-Pasteur (Bd du).....AY 9
Bout-du-Monde (Prom. du).....AY 12
Bressigny (R.).....CZ
Chaperonnière (R.).....BYZ 15

Commerce (R. du).....CY 19
David-d'Angers (R.).....CY 21
Denis-Papin (R.).....BZ 22
Droits de l'Homme (Av. des).....CY 25
Espine (R. de l').....BY 27
Estoile (Sq.J. de l').....AY 28
Foch (Bd Mar.).....BCZ
Freppel (Pl.).....BY 31
Gare (R. de la).....BZ 32
Laiterie (Pl.).....AY La
Rochefoucauld-Liancourt (Pl.).....ABY 38
Lenepveu (R.).....CY 40

Lices (R. des).....BZ
Lionnaise (R.).....AY
Lise (R. P).....CY 43
Marceau (R.).....AZ 45
Mirault (Bd).....BY 49
Mondain-Chanloineau (Sq.).....BY 51
Oisellerie (R.).....BY 53
Parcheminerie (R.).....BY 54
Pasteur (Av.).....CY 55
Pilori (Pl.).....CY 56
Plantagenêt (R.).....BY 57
Pocquet-de-Livonnières (R.).....CY 58

Poëliers (R. des).....CY 59
Pompidou (Allées).....CY 60
Prés-Kennedy (Place du).....AZ 62
Ralliement (Pl. du).....BY 66
Résistance-et-de-la-Déport. (Bd).....BY 68
Robert (Bd).....BY 69
Roë (R. de la).....BY 70
Ronceray (Bd du).....AY 71
St-Aignan (R.).....AY 72
St-Aubin (R.).....BZ 73
St-Étienne (R.).....CY 75

St-Julien (R.).....BCZ
Laud (R.).....BY 77
St-Lazare (R.).....AY 79
St-Martin (R.).....BZ 80
St-Maurice (Mtée).....BY 82
St-Maurille (R.).....CY 83
St-Michel (Bd).....CY 84
St. Samson (R.).....CY 85
Ste-Croix (Pl.).....BZ 86
Talot (R.).....BZ 89
Tonneliers (R. des).....AY 90
Ursules (R. des).....CY 91
Voltaire (R.).....BZ 93
8 mai 1945 (Av. du).....CZ 94

ANNECY

Chambéry (Av. de) ....DY 23
Chappuis (Q. Eustache) ..EY 26
Filaterie (R.) ....EY 43
Grenette (R.) ....EY 51
Hôtel-de-Ville (Pl.) ....EY 53
Jean-Jacques-
 Rousseau (R.) ....DY 55
Lac (R. du) ....EY 57
Libération (Pl. de la) .....EY 61
Pâquier (R. du) ....EY 71
Perrière (R.) ....EY 75
Pont-Morens (R. du) .....EY 76
Poste (R. de la) ....EY 78
République (R.) ....DY 83
Royale (R.) ....DY 85
St-François-de-
 Sales (Pl.) ....EY 87
St-François-de-
 Sales (R.) ....DY 89
Ste-Claire (Fg et R.) ....DY 91
Tour-la-Reine (Ch.) ......EY 95

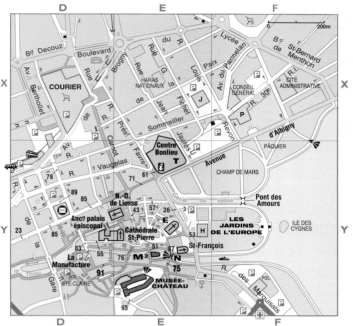

Anzin 59 ....9 F2
Anzin-Saint-Aubin 62 ......8 B3
Anzy-le-Duc 71 ....173 F4
Aoste 38 ....212 B1
Aougny 51 ....37 D4
Aouste 08 ....22 A3
Aouste-sur-Sye 26 ....247 E1
Aouze 88 ....93 F2
Apach 57 ....42 A1
Apchat 63 ....207 E3
Apchon 15 ....224 C1
Apinac 42 ....209 E3
Apothicairerie
 (Grotte de l') 56 .....122 A3
Appelle 81 ....277 F2
Appenai-sous-Bellême 61 ...83 F3
Appenans 25 ....142 A2
Appenwihr 68 ....96 C4
Appeville 50 ....27 D3
Appeville-Annebault 27 ...31 E3
Appietto 2A 316 B3
Appilly 60 ....36 A1
Appoigny 89 ....113 A3
Apprieu 38 ....212 B3
Appy 09 ....310 A1
Apremont 01 ....177 D2
Apremont 08 ....39 E3
Apremont 60 ....34 C4
Apremont 70 ....140 A4
Apremont 73 ....213 D2
Apremont 85 ....145 D4
Apremont-la-Forêt 55 ...67 D3
Apremont-sur-Allier 18 ...154 C3
Aprey 52 ....116 B4
Apt 84 ....266 A4
Arabaux 09 ....301 D3
Arâches 74 ....196 B1
Araghju (Castellu d') 2A ...319 E2
Aragnouet 65 ....307 D4
Aragon 11 ....302 B1
Aramits 64 ....296 A4
Aramon 30 ....264 C4
Aranc 01 ....194 A3
Arance 64 ....272 B3
Arancou 64 ....271 E3
Arandas 01 ....194 A3
Arandon 38 ....194 A4
Araujuzon 64 ....272 A4
Araules 43 ....227 C1
Araux 64 ....272 A4
Aravis (Col des) 74 ...196 A3
Arbanats 33 ....236 B1
Arbas 31 ....299 E1
Arbecey 70 ....118 A4
Arbellara 2A 318 C2
Arbent 01 ....177 D4
Arbéost 65 ....297 D3
Arbérats-Sillègue 64 ...271 F4
Arbignieu 01 ....194 B4
Arbigny 01 ....175 E2
Arbigny-sous-Varennes 52 ...117 E3
Arbin 73 ....213 E2
Arbis 33 ....236 C1
Arblade-le-Bas 32 ....273 E1
Arblade-le-Haut 32 ...273 E1
Arbois 39 ....159 F3
Arbois (Mont d') 74 ...196 B3
Arbon 31 ....299 D3
Arbonne 64 ....270 B3
Arbonne-la-Forêt 77 ...87 E3

Arboras 34 ....280 C1
Arbori 2A 316 B2
Arbot 52 ....116 A3
Arbouans 25 ....142 C1
Arboucave 40 ....272 C2
Arbouet-Sussaute 64 ...271 F4
Arbourse 58 ....135 F4
Arboussols 66 ....311 F2
L'Arbresle 69 ....192 B4
L'Arbret 62 ....7 F4
Arbrissel 35 ....104 A2
Arbus 64 ....272 C4
Arbusigny 74 ....195 F1
Arc 1800 73 ....214 C1
Arc-en-Barrois 52 ....116 A2
Arc-et-Senans 25 .....159 F2
Arc-lès-Gray 70 ....140 B2
Arc-sous-Cicon 25 ...161 D1
Arc-sous-Montenot 25 ...160 B2
Arc-sur-Tille 21 ....139 E3
Arcachon 33 ....234 B1
Arçais 79 ....164 B4
Arcambal 46 ....240 B3
Arcangues 64 ....270 B3
Arçay 18 ....153 D3
Arçay 86 ....148 C2
Arceau 21 ....139 E3
Arcenant 21 ....158 A1
Arcens 07 ....228 A3
Arces 17 ....198 C2
Arces 89 ....113 E1
Arcey 21 ....138 C4
Arcey 25 ....142 B1
Archail 04 ....268 A1
Archamps 74 ....195 E1
Archelange 39 ....159 E1
Archéodrome 21 ......158 A2
Arches 15 ....205 F4
Arches 88 ....95 D4
Archettes 88 ....95 D4
Archiac 17 ....200 C2
Archiane (Cirque d') 26 ...230 B4
Archignac 24 ....221 F3
Archignat 03 ....170 B3
Archigny 86 ....167 D1
Archingeay 17 ....181 F3
Archon 02 ....21 F4
Arcier 25 ....141 E4
Arcine 74 ....195 D1
Arcinges 42 ....191 F1
Arcins 33 ....217 D2
Arcis-le-Ponsart 51 ...37 D4
Arcis-sur-Aube 10 .....90 B1
Arcizac-Adour 65 ....297 F2
Arcizac-ez-Angles 65 ...297 F2
Arcizans-Avant 65 ...297 E3
Arcizans-Dessus 65 ...297 E3
Arcomie 48 ....225 F4
Arcomps 18 ....170 B1
Arçon 25 ....161 D2
Arcon 42 ....161 D2
Arconcey 21 ....138 A4
Arçonnay 72 ....82 C3
Arconsat 63 ....190 C3
Arconville 10 ....91 E4
L'Arcouest (Pointe d') 22 ...51 D1
Les Arcs 73 ....214 C1
Les Arcs 83 ....287 D3
Arcueil 94 ....61 D3
Arcy-Sainte-Restitue 02 ...36 C4

Arcy-sur-Cure 89 .....136 C1
Ardelles 28 ....84 C1
Ardelu 28 ....86 A3
Ardenais 18 ....170 B1
Ardenay-sur-Mérize 72 ...107 E2
Ardengost 65 ....298 B4
Ardenne (Abbaye d') 14 ...29 E4
Ardentes 36 ....152 A4
Ardes 63 ....207 E3
Ardeuil-et-Montfauxelles 08 ...39 D3
Ardevon 50 ....79 F1
Ardiège 31 ....299 D2
Ardilleux 79 ....183 D1
Ardillières 17 ....181 E2
Ardin 79 ....164 C2
Ardizas 32 ....275 F1
L'Ardoise 30 ....264 C4
Ardoix 07 ....228 C1
Ardon 39 ....160 A4
Ardon 45 ....110 A4
Ardouval 76 ....16 B4
Ardres 62 ....2 C2
Arêches 73 ....214 B2
Aregno 2B 314 B2
Areines 41 ....108 C4
Aren 64 ....296 A1
Arenberg 59 ....9 E2
Arengosse 40 ....253 E2
Arenthon 74 ....195 F1
Arès 33 ....216 A4
Ares (Col d') 66 ....311 F4
Ares (Col des) 31 ....299 D3
Aresches 39 ....160 A3
Aressy 64 ....297 D1
Arette 64 ....296 A2
Arette-Pierre-
 Saint-Martin 64 .....296 A3
Arfeuille-Châtain 23 ...188 A2
Arfeuilles 03 ....190 C1
Arfons 81 ....278 A4
Argagnon 64 ....272 B3
Arganchy 14 ....28 C3
Argançon 10 ....91 E4
Argancy 57 ....41 F4
Argein 09 ....299 F4
Argelès 65 ....298 C4
Argelès-Gazost 65 ...297 E3
Argelès-Plage 66 .....313 E3
Argelès-sur-Mer 66 ..313 E3
Argeliers 11 ....303 F1
Argelliers 34 ....281 E1
Argelos 40 ....272 B2
Argelos 64 ....273 D3
Argelouse 40 ....235 D4
Argences 14 ....29 F4
Argens 04 ....268 A3
Argens-Minervois 11 ...303 E1
Argent-sur-Sauldre 18 ...134 A2
Argentan 61 ....56 B4
Argentat 19 ....223 D2
Argentenay 89 ....114 A2
Argenteuil 95 ....60 C2
Argenteuil-
 sur-Armançon 89 ...114 B4
Argentière 74 ....197 D2
L'Argentière-la-Bessée 05 ...232 B4
Argentières 77 ....88 A1
Argentine 73 ....213 F2
Argentolles 52 ....91 F4
Argenton 29 ....47 D2
Argenton 47 ....237 E4
Argenton-Château 79 ...147 F2
Argenton-Notre-Dame 53 ...105 E4
Argenton-sur-Creuse 36 ...168 C2
Argentré 53 ....105 E1
Argentré-du-Plessis 35 ...104 B1
Argenvières 18 ....154 B1
Argenvilliers 28 ....84 B4
Argers 51 ....65 F1
Arget 64 ....272 C1
Argiésans 90 ....142 C1
Argillières 70 ....117 E4
Argilliers 30 ....264 B3
Argilly 21 ....158 B1
Argis 01 ....194 A3
Argiusta-Moriccio 2A ...318 C1
Argœuves 80 ....18 A1
Argol 29 ....47 F4
Argonay 74 ....195 E2
Argouges 50 ....80 A1
Argoules 80 ....6 C3
Arguel 25 ....141 D4
Arguel 80 ....17 E3
Arguenos 31 ....299 D3
Argut-Dessous 31 ...299 D4
Argut-Dessus 31 .....299 D4
Argy 36 ....151 E3
Arhansus 64 ....271 F4
Aries-Espénan 65 ....298 C1
Arifat 81 ....278 C1
Arignac 09 ....301 D3
Arinthod 39 ....176 C3
Arith 73 ....195 E4
Arjuzanx 40 ....253 D2
Arlanc 63 ....228 C3
Arlay 39 ....159 E4
Arlebosc 07 ....228 C2
Arlempdes 43 ....227 D4
Arles 13 ....283 D1
Arles-sur-Tech 66 ....312 B4
Arlet 43 ....226 A2
Arleuf 58 ....156 B2
Arleux 59 ....9 D2
Arleux-en-Gohelle 62 ...8 B2
Arlos 31 ....299 D4
Armaillé 49 ....104 B4
Armancourt 60 ....35 E3
Armancourt 80 ....19 D4
Armaucourt 54 ....68 B3

Armbouts-Cappel 59 ...3 E1
Armeau 89 ....112 C2
Armendarits 64 ....271 D4
Armenonville-
 les-Gâtineaux 28 .....85 F1
Armenteule 65 ....307 E3
Armentières 59 ....4 B4
Armentières-en-Brie 77 ...62 B2
Armentières-sur-Avre 27 ...58 A4
Armentières-sur-Ourcq 02 ...36 B4
Armentieux 32 ....273 F3
Armes 58 ....136 B2
Armillac 47 ....238 A2
Armissan 11 ....304 C2
Armistice
 (Clairière de l') 60 ...35 F2
Armix 01 ....194 B3
Armous-et-Cau 32 ...274 A2
Armoy 74 ....178 C3
Arnac 15 ....223 F2
Arnac-la-Poste 87 ...168 B4
Arnac-Pompadour 19 ...204 A3
Arnac-sur-Dourdou 12 ...279 F1
Arnage 72 ....106 C2
Arnancourt 52 ....92 A3
Arnas 69 ....192 C2
Arnaud-Guilhem 31 ...299 E2
Arnave 09 ....301 D4
Arnaville 54 ....68 A1
Arnay-le-Duc 21 .....157 E1
Arnay-sous-Vitteaux 21 ...138 A2
Arnayon 26 ....248 A3
Arné 65 ....298 C1
Arnèguy 64 ....295 D2
Arnèke 59 ....3 E3
Arnicourt 08 ....38 B1
Arnières-sur-Iton 27 ...58 C2
Arnoncourt-sur-Apance 52 ...117 E2
Arnos 64 ....272 B3
Arnouville-lès-Gonesse 95 ...61 D2
Arnouville-lès-Mantes 78 ...59 F2
Aroffe 88 ....93 F2
Aromas 39 ....176 B4
Aron 53 ....81 E3
Arone (Plage d') 2A ...316 A2
Aroue 64 ....271 F4
Aroz 70 ....141 D1
Arpaillargues-et-Aureillac 30 ...86 C1
Arpajon 91 ....86 C3
Arpajon-sur-Cère 15 ...224 A4
Arpavon 26 ....248 A4
Arpenans 70 ....141 F1
Arpenaz (Cascade d') 74 ...196 B2
Arpheuilles 18 ....153 E2
Arpheuilles 36 ....152 A1
Arpheuilles-Saint-Priest 03 ...188 C1
Arphy 30 ....262 B3

ANTIBES

Albert-1er (Bd) ....CDY
Alger (R. d') ....CX 3
Arazy (R.) ....DXY 4
Barnaud (Pl. Amiral) ...DY 6
Barquier (Av.) ....DY 8
Bas-Castelet (R. du) ...DY 9
Bateau (R. du) ....DX 10
Clemenceau (R. G.) ...DX 14
Dames-Blanches (Av. des) ...CY 19
Directeur Chaudon (R.) ...CY 20
Docteur Rostan (R. du) ...DX 24
Gambetta (Av.) ....CX 30
Gaulle (Pl. du Gén.-de) ...CXY
Grand-Cavalier (Av. du) ...CX 37
Guynemer (Pl.) ....CX 40
Haut-Castelet (R. du) ...DY 42
Horloge (R. de l') ......DY 43
Martyrs de
 la Résistance (Pl. des) ...CDX 51
Masséna (Cours) ......DX 52
Meissonnier (Av.) ......CDY 54
Nationale (Pl.) ....DX 55
Orme (R. de l') ....DX 57
République (R. de la) ...CDX 67
Revely (R. du) ....DX 68
Revennes (R. des) ....DY 69
St-Roch (Av.) ....CX 72
Saleurs (Rampe des) ...DY 75
Tourraque (R. de la) ...DY 83
Vautrin (Bd Gén.) ......CX 84
8 Mai 1945 (Square du) ...DX 90
24 Août (Av. du) ....CY 92

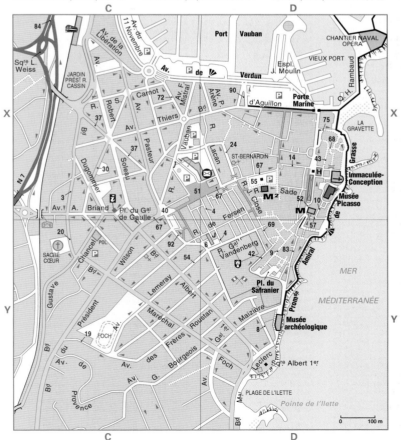

Arquenay 53 ......105 E2
Arques 11 ......302 C4
Arques 12 ......242 C4
Les Arques 46 ......239 F2
Arques 62 ......3 E3
Arques-la-Bataille 76 ......16 A2
Arquettes-en-Val 11 ......302 C2
Arquèves 80 ......18 C1
Arquian 58 ......135 E2
Arrabloy 45 ......111 F4
Arracourt 54 ......69 D3
Arradon 56 ......101 D4
Arraincourt 57 ......68 C1
Arrancourt 91 ......86 C3
Arrancy 02 ......37 D2
Arrancy-sur-Crusne 55 ......40 C2
Arrans 21 ......114 C4
Arras 62 ......8 B3
Arras-en-Lavedan 65 ......297 E3
Arras-sur-Rhône 07 ......228 C1
Arrast-Larrebieu 64 ......271 F4
Arraute-Charritte 64 ......271 E3
Arraye-et-Han 54 ......68 B2
Arrayou-Lahitte 65 ......297 F2
Arre 30 ......262 A3
Arreau 65 ......298 B4
Arrelles 10 ......114 C1
Arrembécourt 10 ......91 E1
Arrènes 23 ......186 B2
Arrens (Porte d') 65 ......297 D4
Arrens-Marsous 65 ......297 D3
Arrentès-de-Corcieux 88 ......95 F4
Arrentières 10 ......91 F4
Arrest 80 ......6 A4
Arreux 08 ......22 C3
Arriance 57 ......68 C1
Arricau-Bordes 64 ......273 E3
Arrien 64 ......273 E4
Arrien-en-Bethmale 09 ......299 F4
Arrigas 30 ......262 A3
Arrigny 51 ......91 E1
Arro 2A 316 B3
Arrodets 65 ......298 A3
Arrodets-ez-Angles 65 ......297 F2
Arromanches-les-Bains 14 ......29 D3
Arronnes 03 ......190 B2
Arronville 95 ......34 A4
Arros-de-Nay 64 ......297 D1
Arros-d'Oloron 64 ......296 B2
Arrosès 64 ......273 E2
Arrou 28 ......108 C1
Arrouède 32 ......274 C4
Arrout 09 ......299 F4
Arry 57 ......68 A1
Arry 80 ......6 B3
Ars 16 ......199 F1
Ars 23 ......187 E2
Ars-en-Ré 17 ......162 C4
Ars-Laquenexy 57 ......41 F4
Ars-les-Favets 63 ......188 C1
Ars-sur-Formans 01 ......192 C2
Ars-sur-Moselle 57 ......68 A1
Arsac 33 ......217 D2
Arsac-en-Velay 43 ......227 D3
Arsague 40 ......272 A2
Arsans 70 ......140 B3
L'Arsenal 42 ......191 E2
Arsonval 10 ......91 E4
Arsure-Arsurette 39 ......160 B4
Les Arsures 39 ......160 A2
Arsy 60 ......35 D2
Art-sur-Meurthe 54 ......68 B4
Artagnan 65 ......273 F4
Artaise-le-Vivier 08 ......39 E1
Artaix 71 ......173 F4
Artalens-Souin 65 ......297 E3
Artannes-sur-Indre 37 ......130 C4
Artannes-sur-Thouet 49 ......129 E4
Artas 38 ......211 F2
Artassenx 40 ......254 A4
Artemare 01 ......194 C3
Artemps 02 ......20 A3
Artenay 45 ......110 A1
Arthaz-Pont-Notre-Dame 74 ......195 F1
Arthel 54 ......136 A4
Arthémonay 26 ......229 E1
Arthenac 17 ......200 C4
Arthenas 39 ......176 C1
Arthès 81 ......259 E3
Arthez-d'Armagnac 40 ......254 B4
Arthez-d'Asson 64 ......297 D2
Arthez-de-Béarn 64 ......272 B3
Arthezé 72 ......106 B4
Arthies 95 ......60 A1
Arthon 36 ......169 D1
Arthon-en-Retz 44 ......144 C1
Arthonnay 89 ......114 C2
Arthous (Abbaye d') 40 ......271 E4
Arthun 42 ......191 E4
Artigat 09 ......300 C2
Artige (Prieuré de l') 87 ......186 B4
Artigue 31 ......299 D4
Artiguedieu 32 ......274 C3
Artigueloutan 64 ......297 D1
Artiguelouve 64 ......272 C4
Artiguemy 65 ......298 A2
Artigues 09 ......311 D1
Artigues 11 ......311 D1
Artigues 65 ......297 F2
Artigues 83 ......285 F2
Artigues-Campan 65 ......298 A4
Les Artigues-de-Lussac 33 ......218 C3
Artigues-près-Bordeaux 33 ......217 E4
Artins 41 ......108 A4
Artix 09 ......300 C3
Artix 46 ......240 B2
Artix 64 ......272 B4
Artolsheim 67 ......97 D2

Artonges 02 ......63 E2
Artonne 63 ......189 E2
Artres 59 ......9 F3
Artuby (Pont de l') 83 ......286 C1
Artzenheim 68 ......97 D3
Arudy 64 ......296 C2
Arue 40 ......254 B2
Arvant 43 ......207 F4
Arvert 17 ......180 C4
Arveyres 33 ......218 C3
Arvigna 09 ......301 E3
Arvillard 73 ......213 E2
Arville 41 ......108 B1
Arville 77 ......87 E4
Arvillers 80 ......19 D4
Arx 40 ......255 D2
Arzacq-Arraziguet 64 ......272 C2
Arzal 56 ......123 F2
Arzano 29 ......100 A2
Arzay 38 ......211 F3
L'Arzelier (Col de) 38 ......230 B2
Arzembouy 58 ......136 A4
Arzenc-d'Apcher 48 ......225 E4
Arzenc-de-Randon 48 ......244 B1
Arzens 11 ......302 B1
Arzon 56 ......122 C2
Arzviller 57 ......70 A2
Asasp 64 ......296 B2
Ascain 64 ......270 B4
Ascarat 64 ......295 D1
Aschbach 67 ......45 F4
Aschères-le-Marché 45 ......110 B1
Asclier (Col de l') 30 ......262 C2
Asco 2B 314 C3
Asco (Gorges de l') 2B 314 C3
Ascou 09 ......310 B1
Ascou-Pailhérès 09 ......310 C1
Ascoux 45 ......110 C1
Ascros 06 ......269 E3
Asfeld 08 ......37 F2
Aslonnes 86 ......166 B3
Asnan 58 ......136 B4
Asnans 39 ......159 D2
Asnelles 14 ......29 D3
Asnières 27 ......31 D4
Asnières (Ancienne
    Abbaye d') 49 ......148 B1
Asnières-en-Bessin 14 ......27 F2
Asnières-en-Montagne 21 ......114 C4
Asnières-en-Poitou 79 ......182 C1
Asnières-la-Giraud 17 ......182 A3
Asnières-les-Bourges 18 ......153 E1
Asnières-lès-Dijon 21 ......139 E3
Asnières-sous-Bois 89 ......136 B4
Asnières-sur-Blour 86 ......184 C1
Asnières-sur-Nouère 16 ......201 E1
Asnières-sur-Oise 95 ......61 D1
Asnières-sur-Saône 01 ......175 E3
Asnières-sur-Seine 92 ......61 D3
Asnières-sur-Vègre 72 ......106 A3
Asnois 58 ......136 B3
Asnois 86 ......184 A1
Aspach 57 ......69 F4
Aspach 68 ......120 B3
Aspach-le-Bas 68 ......120 B2
Aspach-le-Haut 68 ......120 A2
Aspères 30 ......263 E4
Asperjoc 07 ......246 A1
Aspet 31 ......299 E3
Aspin (Col d') 65 ......298 B3
Aspin-Aure 65 ......298 B4
Aspin-en-Lavedan 65 ......297 E2
Aspiran 34 ......280 C2
Aspremont 05 ......248 C1
Aspremont 06 ......288 C1
Les Aspres 61 ......57 F4
Aspres-lès-Corps 05 ......231 E4
Aspres-sur-Buëch 05 ......248 C2
Aspret-Sarrat 31 ......299 D2
Asprières 12 ......241 E2
Asque 65 ......298 A3
Asques 33 ......217 F3
Asques 82 ......257 D3
Asquins 89 ......136 C2
Assac 81 ......260 A3
Assainvillers 80 ......35 D1
Assais 79 ......148 B4
Assas 34 ......281 F1
Assat 64 ......297 D1
Assay 37 ......149 D1
Assé-le-Bérenger 53 ......82 A4
Assé-le-Boisne 72 ......82 B3
Assé-le-Riboul 72 ......82 C4
Assenay 10 ......90 B4
Assencières 10 ......90 B3
Assenoncourt 57 ......69 E3
Asserac 44 ......123 F3
Assevent 59 ......10 C2
Assevillers 80 ......19 E3
Assier 46 ......241 D1
Assieu 38 ......211 D3
Assignan 34 ......279 F4
Assigny 18 ......134 C3
Assigny 76 ......16 B2
Les Assions 07 ......245 F3
Assis-sur-Serre 02 ......20 C4
Asson 64 ......297 D2
Asswiller 67 ......70 A1
Assy 14 ......56 B2
Astaffort 47 ......256 B2
Astaillac 19 ......222 C3
Asté 65 ......298 A3
Aste-Béon 64 ......296 C3
Astérix (Parc) 60 ......61 E1
Astet 07 ......245 E1
Astillé 53 ......104 C3

Astis 64 ......273 D3
Astoin 04 ......249 F3
Aston 09 ......310 A1
Astugue 65 ......297 F2
Athée 21 ......139 F4
Athée 53 ......104 C3
Athée-sur-Cher 37 ......131 E3
Athesans 70 ......142 A1
Athie 21 ......137 F1
Athie 89 ......137 D2
Athienville 54 ......68 C3
Athies 62 ......8 B3
Athies 80 ......19 E3
Athies-sous-Laon 02 ......37 D1
Athis 51 ......64 B2
Athis-de-l'Orne 61 ......55 F3
Athis-Mons 91 ......61 D4
Athos-Aspis 64 ......271 F4
Attainville 95 ......61 D1
Attancourt 52 ......92 A1
Les Attaques 62 ......2 C2
Attenschwiller 68 ......120 C4
Attiches 59 ......8 C1
Attichy 60 ......35 F2
Attignat 01 ......175 F4
Attignat-Oncin 73 ......212 C2
Attignéville 88 ......93 F2
Attigny 08 ......38 C2
Attigny 88 ......118 A1
Attilloncourt 57 ......68 C3
Attilly 02 ......19 F3
Attin 62 ......6 B1
Atton 54 ......68 A2
Attray 45 ......110 C1
Attricourt 70 ......140 A2
Atur 24 ......220 C1
Aubagnan 40 ......272 C1
Aubagne 13 ......285 E4
Aubaine 21 ......157 F1
Aubais 30 ......282 B1
Aubarède 65 ......298 A1
Aubas 24 ......221 F2
Aubazat 43 ......226 A2
Aubazines 19 ......222 C1
Aube 57 ......68 B3
Aube 61 ......57 F4
Aubéguimont 76 ......17 D3
Aubenas 07 ......246 A2
Aubenas-les-Alpes 04 ......266 C3
Aubenasson 26 ......247 F1
Aubencheul-au-Bac 59 ......9 D3
Aubencheul-aux-Bois 02 ......20 A1
Aubenton 02 ......21 F3
Aubepierre 77 ......88 A1
Aubepierre-sur-Aube 52 ......116 A2
L'Aubépin 39 ......176 B3
Auberchicourt 59 ......9 D3
Aubercourt 80 ......18 C3
Aubergenville 78 ......60 A2
Auberive 51 ......38 B4
Auberive 52 ......116 A3
Auberives-en-Royans 38 ......230 A2
Auberives-sur-Varèze 38 ......210 C3
Aubermesnil-
    aux-Érables 76 ......17 D3
Aubermesnil-Beaumais 76 ......16 A3
Aubers 59 ......8 B1
Aubertans 70 ......141 E2
Aubertin 64 ......296 C1
Auberville 14 ......30 A3
Auberville-la-Campagne 76 ......15 D4
Auberville-la-Manuel 76 ......15 D1
Auberville-la-Renault 76 ......14 C3
Aubervilliers 93 ......61 D2
Aubeterre 10 ......90 B2
Aubeterre-sur-Dronne 16 ......201 E4
Aubeville 16 ......201 D2
Aubevoye 27 ......32 C4
Aubiac 33 ......236 C3
Aubiac 47 ......256 A2
Aubiat 63 ......189 F3
Aubie-et-Espessas 33 ......217 F2
Aubière 63 ......207 E1
Les Aubiers 79 ......147 E2
Aubiet 32 ......275 E2
Aubignan 84 ......265 E2
Aubignas 07 ......246 C2
Aubigné 35 ......79 E3
Aubigné 79 ......183 D2
Aubigné-Racan 72 ......107 D4
Aubigné-sur-Layon 49 ......128 C4
Aubigney 70 ......140 A3
Aubignosc 04 ......267 E1
Aubigny 03 ......172 A1
Aubigny 14 ......56 A2
Aubigny 79 ......148 B4
Aubigny 80 ......18 C2
Aubigny 85 ......162 C1
Aubigny-au-Bac 59 ......9 D3
Aubigny-aux-Kaisnes 02 ......19 F3
Aubigny-en-Artois 62 ......8 A3
Aubigny-en-Laonnois 02 ......37 E2
Aubigny-en-Plaine 21 ......158 C1
Aubigny-la-Ronce 21 ......157 F2
Aubigny-les-Pothées 08 ......22 B3
Aubigny-lès-Sombernon 21 ......138 B4
Aubigny-sur-Nère 18 ......134 A2
Aubilly 51 ......37 E4
Aubin 12 ......241 F3
Aubin 64 ......272 C3
Aubin-Saint-Vaast 62 ......6 C2
Aubinges 18 ......134 B4
Aubisque (Col d') 64 ......297 D3
Auboncourt-Vauzelles 08 ......38 B1
Aubonne 25 ......161 D1
Aubord 30 ......282 C1
Auboué 54 ......41 E4
Aubous 64 ......273 E2

Aubrac 12 ......243 D2
Aubres 26 ......247 F4
Aubréville 55 ......39 F4
Aubrives 08 ......13 D3
Aubrometz 62 ......7 D2
Aubry-du-Hainaut 59 ......9 E2
Aubry-en-Exmes 61 ......56 C3
Aubry-le-Panthou 61 ......57 D3
Aubure 68 ......96 B2
Aubussargues 30 ......264 A3
Aubusson 23 ......187 F3
Aubusson 61 ......55 E3
Aubusson-d'Auvergne 63 ......190 B4
Aubvillers 80 ......18 C4
Auby 59 ......8 C2
Aucaleuc 22 ......78 B2
Aucamville 31 ......276 C2
Aucamville 82 ......257 E4
Aucazein 09 ......299 F4
Aucelon 26 ......248 A1
Aucey-la-Plaine 50 ......79 F1
Auch 32 ......275 D2
Auchel 62 ......7 F1
Auchonvillers 80 ......19 D1
Auchy-au-Bois 62 ......7 F1
Auchy-la-Montagne 60 ......34 A1
Auchy-lès-Hesdin 62 ......7 D2
Auchy-les-Mines 62 ......8 B1
Auchy-lez-Orchies 59 ......9 D2
Aucun 65 ......297 D3
Audaux 64 ......272 A4
Audéjos 64 ......272 B3
Audelange 39 ......159 E1
Audeloncourt 52 ......117 D1
Audembert 62 ......2 B2
Audencourt 59 ......20 B1
Audenge 33 ......234 C1
Auderville 50 ......24 A1
Audes 03 ......170 C3
Audeux 25 ......140 C4
Audierne 29 ......72 C3
Audignicourt 02 ......36 A2
Audignies 59 ......10 A2
Audignon 40 ......272 B1
Audigny 02 ......20 C3
Audincourt 25 ......142 C2
Audinctun 62 ......7 D1
Audinghen 62 ......2 A2
Audon 40 ......253 E4
Audouville-la-Hubert 50 ......25 E4
Audrehem 62 ......2 C3
Audressein 09 ......299 F4
Audresselles 62 ......2 A3
Audrieu 14 ......29 D4
Audrix 24 ......221 D4
Audun-le-Roman 54 ......41 D2
Audun-le-Tiche 57 ......41 E1
Auenheim 67 ......71 F1
Auffargis 78 ......60 A4
Auffay 76 ......16 A4
Aufferville 77 ......87 E4
Auffreville-Brasseuil 78 ......59 F2
Auflance 08 ......23 F4
Auga 64 ......272 C3
Augan 56 ......102 A2
Auge 08 ......22 A3
Auge 23 ......170 B4
Augé 79 ......165 D3
Auge-Saint-Médard 16 ......183 D3
Augea 39 ......176 B2
Auger-Saint-Vincent 60 ......35 E4
Augerans 39 ......159 E2
Augères 23 ......186 C2
Augerolles 63 ......208 B1
Augers-en-Brie 77 ......63 D4
Augerville-la-Rivière 45 ......87 D4
Augès 04 ......267 D2
Augeville 52 ......92 C3
Augicourt 70 ......117 F3
Augignac 24 ......202 C2
Augirein 09 ......299 F4
Augisey 39 ......176 B2
Augnat 63 ......207 F3
Augnax 32 ......275 E1
Augne 87 ......186 C4
Augny 57 ......68 A1
Auguaise 61 ......57 F4
Augy 02 ......36 C3
Augy 89 ......113 E4
Augy-sur-Aubois 18 ......154 A4
Aujac 17 ......182 B3
Aujac 30 ......245 E4
Aujan-Mournède 32 ......274 C4
Aujargues 30 ......282 A1
Aujeurres 52 ......116 B4
Aujols 46 ......240 B4
Aulac (Col d') 15 ......224 B1
Aulan 26 ......266 A1
Aulas 30 ......262 B3
Aulhat-Saint-Privat 63 ......207 F2
Aullène 2A 319 D1
Aulnat 63 ......189 E4
Aulnay 10 ......91 D2
Aulnay 17 ......182 C2
Aulnay 86 ......148 C3
Aulnay-aux-Planches 51 ......64 A3
Aulnay-la-Rivière 45 ......87 D4
Aulnay-l'Aître 51 ......65 D3
Aulnay-sous-Bois 93 ......61 E2
Aulnay-sur-Iton 27 ......58 C2
Aulnay-sur-Marne 51 ......64 B2
Aulnay-sur-Mauldre 78 ......60 A2
Les Aulneaux 72 ......83 D2
Aulnizeux 51 ......64 A3
Aulnois 88 ......93 E3
Aulnois-en-Perthois 55 ......66 B4
Aulnois-sous-Laon 02 ......36 C1

Aulnois-sous-Vertuzey 55 ......67 E3
Aulnois-sur-Seille 57 ......68 B2
Aulnoy 77 ......62 B3
Aulnoy-lez-Valenciennes 59 ......9 F3
Aulnoye-Aymeries 59 ......10 B2
Aulon 23 ......186 C2
Aulon 31 ......299 E1
Aulon 65 ......298 B4
Aulos 09 ......310 A1
Ault 80 ......16 C1
Aulteribe (Château d') 63 ......190 B4
Aulus-les-Bains 09 ......309 E1
Aulx-lès-Cromary 70 ......141 E2
Aumagne 17 ......182 B2
Aumale 76 ......17 E3
Aumâtre 80 ......17 E2
Aumelas 34 ......281 D2
Auménancourt 51 ......37 F2
Aumerval 62 ......7 F1
Aumes 34 ......280 C3
Aumessas 30 ......262 A3
Aumetz 57 ......41 E2
Aumont 39 ......159 F3
Aumont 80 ......17 F2
Aumont-Aubrac 48 ......243 F1
Aumont-en-Halatte 60 ......35 D4
Aumontzey 88 ......95 E4
Aumur 39 ......159 D1
Aunac 16 ......183 F3
Aunat 11 ......311 D1
Aunay-en-Bazois 58 ......155 F1
Aunay-les-Bois 61 ......83 D1
Aunay-sous-Auneau 28 ......86 A2
Aunay-sous-Crécy 28 ......59 D4
Aunay-sur-Odon 14 ......55 E1
Auneau 28 ......86 A2
Auneuil 60 ......34 A3
Aunou-le-Faucon 61 ......56 C4
Aunou-sur-Orne 61 ......83 D1
Auppegard 76 ......16 A3
Aups 83 ......286 B1
Auquainville 14 ......57 D1
Auquemesnil 76 ......16 B2
Auradé 32 ......275 F2
Auradou 47 ......238 C4
Auragne 31 ......276 C4
Auray 56 ......100 C4
Aure 08 ......38 C3
Aurec-sur-Loire 43 ......209 F4
Aureil 87 ......186 A3
Aureilhan 40 ......252 B1
Aureilhan 65 ......297 F1
Aureille 13 ......284 A1
Aurel 26 ......248 A1
Aurel 84 ......266 A3
Aurelle-Verlac 12 ......243 E3
Aurensan 32 ......273 E4
Aurensan 65 ......273 F4
Aureville 31 ......276 C3
Auriac 11 ......302 C4
Auriac 19 ......223 E1
Auriac 64 ......273 E3
Auriac-de-Bourzac 24 ......201 F3
Auriac-du-Périgord 24 ......221 E2
Auriac-Lagast 12 ......260 B2
Auriac-l'Église 15 ......207 E4
Auriac-sur-Dropt 47 ......237 F1
Auriac-sur-Vendinelle 31 ......277 E3
Auriat 23 ......186 B3
Auribail 31 ......276 B4
Auribeau 84 ......266 B4
Auribeau-sur-Siagne 06 ......288 A3
Aurice 40 ......253 F4
Auriébat 65 ......273 F3
Aurières 63 ......207 D1
Aurignac 31 ......299 E1
Aurimont 32 ......275 E2
Aurin 31 ......277 D3
Auriol 13 ......285 E4
Auriolles 07 ......246 A3
Auriolles 33 ......237 E3
Aurions-Idernes 64 ......273 E2
Auris 38 ......231 E1
Auron 06 ......251 E4
Aurons 13 ......284 B1
Auros 33 ......236 C3
Aurouër 03 ......172 A1
Auroux 48 ......244 C1
Aussac 81 ......259 D4
Aussac-Vadalle 16 ......183 F4
Ausseing 31 ......299 F2
Aussevielle 64 ......272 C4
Aussillon 81 ......278 C3
Aussois 73 ......214 C4
Ausson 31 ......298 C2
Aussonce 08 ......38 B3
Aussonne 31 ......276 B1
Aussos 32 ......275 D4
Aussurucq 64 ......295 F2
Autainville 41 ......109 D3
Autechaux 25 ......141 F2
Autechaux-Roide 25 ......142 C2
Les Autels 02 ......21 F3
Les Autels-Saint-Bazile 14 ......56 C2
Les Autels-Villevillon 28 ......108 B1
Auterive 31 ......276 C4
Auterive 32 ......275 D2
Auterive 82 ......257 D4
Auterrive 64 ......271 F3
Autet 70 ......140 B1
Auteuil 60 ......34 A3
Auteuil 78 ......60 A3
Autevielle-Saint-Martin-
    Bideren 64 ......271 F3
Authe 08 ......39 E2
Autheuil 28 ......109 D1

Autheuil 61 ......83 F1
Autheuil-Authouillet 27 ......59 D1
Autheuil-en-Valois 60 ......35 F4
Autheux 80 ......7 E4
Authevernes 27 ......33 E4
Authezat 63 ......207 F1
Authie 14 ......29 E4
Authie 80 ......18 C1
Authieule 80 ......7 E4
Les Authieux 27 ......59 D3
Les Authieux-du-Puits 61 ......57 D4
Les Authieux-Papion 14 ......56 C1
Les Authieux-Ratiéville 76 ......32 B1
Les Authieux-sur-Calonne 14 ......30 C3
Les Authieux-sur-le-Port-
    Saint-Ouen 76 ......32 B1
Authiou 58 ......136 A4
Authoison 70 ......141 E2
Authon 04 ......249 F4
Authon 17 ......182 B4
Authon 41 ......131 D1
Authon-du-Perche 28 ......84 B4
Authon-la-Plaine 91 ......86 B2
Authou 27 ......31 E4
Authuille 80 ......19 D1
Authume 39 ......159 E1
Authumes 71 ......159 D3
Autichamp 26 ......247 E1
Autignac 34 ......280 B3
Autigny 76 ......15 F2
Autigny-la-Tour 88 ......93 E2
Autigny-le-Grand 52 ......92 B2
Autigny-le-Petit 52 ......92 B2
Autingues 62 ......2 C3
Autoire 46 ......222 C4
Autoreille 70 ......140 C3
Autouillet 78 ......60 A3
Autrac 43 ......207 E4
Autrans 38 ......230 B1
Autrèche 37 ......131 E2
Autrechêne 90 ......120 A4
Autrêches 60 ......36 A2
Autrecourt-et-Pourron 08 ......23 E4
Autrécourt-sur-Aire 55 ......66 B1
Autremencourt 02 ......21 D4
Autrepierre 54 ......69 E4
Autreppes 02 ......21 D2
Autretot 76 ......15 E3
Autreville 02 ......36 A1
Autréville-
    Saint-Lambert 55 ......39 F1
Autreville-sur-la-Renne 52 ......116 A1
Autreville-sur-Moselle 54 ......68 A3
Autrey 54 ......94 A1
Autrey 88 ......95 E3
Autrey-le-Vay 70 ......141 F1
Autrey-lès-Cerre 70 ......141 F1
Autrey-lès-Gray 70 ......140 A2
Autricourt 21 ......115 E2
Autruche 08 ......39 E2
Autruy-sur-Juine 45 ......86 B4
Autry 08 ......39 D3
Autry-Issards 03 ......171 F2
Autry-le-Châtel 45 ......134 B1
Autun 71 ......157 D2
Auty 82 ......258 A1
Auvare 06 ......269 E2
Auvernaux 91 ......87 E2
Auvers 43 ......226 A3
Auvers 50 ......27 D3
Auvers-le-Hamon 72 ......105 F3
Auvers-Saint-Georges 91 ......86 C2
Auvers-
    sous-Montfaucon 72 ......106 B2
Auvers-sur-Oise 95 ......60 C1
Auverse 49 ......129 E2
Auvet-et-la-Chapelotte 70 ......140 A2
Auvillar 82 ......256 C2
Auvillars 14 ......30 B4
Auvillars-sur-Saône 21 ......158 B3
Auvilliers-les-Forges 08 ......22 A2
Auvilliers 76 ......17 D3
Auvilliers-en-Gâtinais 45 ......111 E2
Aux-Aussat 32 ......274 A2
Aux Marais 60 ......34 A2
Auxais 50 ......27 D4
Auxange 39 ......140 B4
Auxant 21 ......157 F1
Auxelles-Bas 90 ......119 E3
Auxelles-Haut 90 ......119 E3
Auxerre 89 ......113 E4
Auxey-Duresses 21 ......157 F2
Auxi-le-Château 62 ......7 D2
Auxillac 48 ......243 F3
Auxon 70 ......118 B4
Auxon-Dessous 25 ......141 D3
Auxon-Dessus 25 ......141 D3
Auxonne 21 ......140 A4
Auxy 45 ......111 E1
Auxy 71 ......157 D3
Auzainvilliers 88 ......93 F4
Auzances 23 ......188 B2
Auzas 31 ......299 E2
Auzat 09 ......309 F1
Auzat-la-Combelle 63 ......207 F3
Auzay 85 ......164 A2
Auzebosc 76 ......15 E3
Auzécourt 55 ......66 A2
Auzelles 63 ......208 B2
Auzers 15 ......224 A1
Auzet 04 ......250 A4
Auzéville-en-Argonne 55 ......66 A1
Auzeville-Tolosane 31 ......276 C3
Auzielle 31 ......277 D3
Auzits 12 ......241 F3
Auzon 43 ......207 F3
Auzouer-en-Touraine 37 ......131 E2

AVIGNON

Amirande (Pl. de l')	EY 2
Arroussaire (Av. de l')	FZ 3
Aubanel (R. Théodore)	EZ 5
Balance (R. de la)	EY 7
Bancasse (R.)	EY 9
Bertrand (R.)	FY 10
Bon-Martinet (R. du)	FZ 13
Campane (R.)	FY 14
Collège-d'Annecy	EZ 18
Collège-du-Roure (R. du)	EY 19

Corps-Saints (Pl. des)	EZ 20
David (R. Félicien)	EY 22
Dorée (R.)	EY 23
Folco-de-Baroncelli (R.)	EY 28
Four (R. du)	FY 33
Fourbisseurs (R. des)	EY 34
Four-de-la-Terre (R. du)	FZ 35
Galante (R.)	EY 37
Grande-Fusterie (R. de la)	EY 39
Grottes (R. des)	EY 41
Italiens (Av. des)	GY 44
Jérusalem (Pl.)	FY 45

Ledru-Rollin (R.)	FY 47
Manivet (R. P.)	EFZ 48
Marchands (R. des)	EY 49
Masse (R. de la)	EZ 52
Molière (R.)	EY 54
Monclar (Av.)	EZ 55
Mons (R. de)	EY 59
Muguet (R.)	GY 62
Ortolans (R. des)	EZ 63
Palais (Pl. du)	EY 64
Palapharnerie (R.)	FY 66
Petite-Calade (R. de la)	EY 67
Petite-Fusterie (R. de la)	EY 68

Petite-Saunerie (R. de la)	FY 70
Pétramale (R.)	EZ 72
Peyrollerie (R.)	EY 73
Pont (R. du)	EY 74
Prés.-Kennedy (Cours)	EZ 76
Prévot (R.)	EZ 77
Rascas (R. de)	GY 79
Rempart-de-l'Oulle (R. du)	DY 82
Rempart-du-Rhône (R. du)	EY 83
Rempart-St-Michel (R. du)	FZ 84

Rempart-St-Roch (R. du)	DEZ 86
République (R. de la)	EYZ
Rhône (Pte du)	EY 88
Rouge (R.)	EY 90
Saraillerie (R. de la)	EYZ 110
St-Agricol (R.)	EY 94
St-Christophe (R.)	FZ 97
St-Dominique (Bd)	DZ 98
St-Étienne (R.)	EY 99
St-Jean-le-Vieux (Pl.)	FY 101
St-Jean-le-Vieux (R.)	FY 102
St-Joseph (R.)	FY 104
St-Michel (R.)	EZ 105

St-Pierre (Pl.)	EY 106
St-Ruf (Av.)	FZ 108
Ste-Catherine (R.)	FY 109
Taulignan (R. de)	EY 113
Tour (R. de la)	GY 116
Vernet (R. Horace)	EZ 118
Vernet (R. J.)	EYZ
Viala (R. Jean)	EY 119
Vice-Légat (R.)	EY 120
Vieux-Sextier (R. du)	EFY 122
Vilar (R. Jean)	EY 123
Violette (R.)	EY 124
3-Faucons (R. des)	EZ 126
3-Pilats (R. des)	FY 127

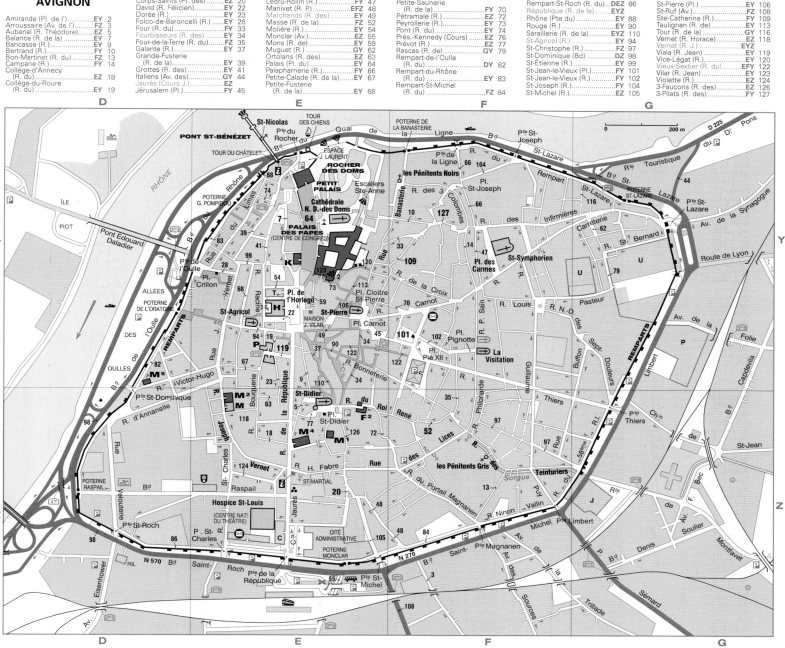

Auzouville-Auberbosc 76	15 D3	Avensan 33	217 D2
Auzouville-l'Esneval 76	15 F3	Aventignan 65	298 C2
Auzouville-sur-Ry 76	32 C2	Averan 65	297 F2
Auzouville-sur-Saâne 76	15 F2	Averdoingt 62	7 F3
Availles-		Averdon 41	132 A1
en-Châtellerault 86	149 F4	Avermes 03	172 A2
Availles-Limouzine 86	184 C1	Avernes 95	60 A1
Availles-sur-Chizé 79	182 C1	Avernes-Saint-Gourgon 61	57 D2
Availles-sur-Seiche 35	104 B2	Avernes-sous-Exmes 61	57 D3
Availles-Thouarsais 79	148 B3	Avéron-Bergelle 32	273 F1
Avajan 65	298 B4	Averton 53	82 A3
Avallon 89	137 D2	Avesnelles 59	10 B3
Les Avanchers-		Avesnes 62	6 C1
Valmorel 73	214 A2	Avesnes-Chaussoy 80	17 E2
Avançon 05	249 F2	Avesnes-en-Bray 76	33 E2
Avançon 08	38 A2	Avesnes-en-Saosnois 72	83 E4
Avanne 25	141 D4	Avesnes-en-Val 76	16 C2
Avant-lès-Marcilly 10	89 E2	Avesnes-le-Comte 62	7 F3
Avant-lès-Ramerupt 10	90 C2	Avesnes-le-Sec 59	9 E3
Avanton 86	166 B1	Avesnes-les-Aubert 59	9 E4
Avapessa 2B	314 B3	Avesnes-lès-Bapaume 62	19 E1
Avaray 41	109 E4	Avesnes-sur-Helpe 59	10 B3
Avaugour (Chapelle d') 22	50 C4	Avessac 44	102 C4
Avaux 08	37 F2	Avessé 72	106 A2
Aveize 69	210 A1	Aveux 65	298 C2
Aveizieux 42	210 A3	Avezac-Prat 65	298 A2
Avelanges 21	139 D1	Avezan 32	256 C4
Avelesges 80	17 E2	Avèze 30	262 B3
Avelin 59	8 C1	Avèze 63	206 B2
Aveluy 80	7 F4	Aviernoz 74	195 F2
Aven Armand 48	261 F1	Avignon 84	265 E2
Avenas 69	192 B1	Avignonet 38	230 C3
Avenay 14	55 F1	Avignonet-Lauragais 31	277 D4
Avenay-Val-d'Or 51	64 A1	Avillers 54	40 C3
Avène 34	280 A1	Avillers 88	94 B3
Aveney 25	141 D4	Avillers-Sainte-Croix 55	67 E1
Avensac 32	256 C4	Avilley 25	141 E3

Avilly-Saint-Léonard 60	35 D4	Avrigney 70	140 C3
Avion 62	8 B2	Avrigny 60	35 D3
Avioth 55	40 A1	Avril 54	41 E3
Aviré 49	105 D4	Avril-sur-Loire 58	155 D4
Avirey-Lingey 10	114 C2	Avrillé 49	128 B2
Aviron 27	58 C1	Avrillé 85	162 C2
Avize 51	64 A2	Avrillé-les-Ponceaux 37	130 A3
Avocourt 55	39 F4	Avrilly 03	173 D4
Avoine 37	129 F4	Avrilly 27	58 C2
Avoine 61	56 B4	Avrilly 61	81 E1
Avoise 72	106 A3	Avroult 62	3 D4
Avolsheim 67	70 C3	Avy 17	199 E2
Avon 77	87 F3	Awoingt 59	9 E4
Avon 79	165 F3	Ax-les-Thermes 09	310 B1
Avon-les-Roches 37	149 E4	Axat 11	311 E1
Avondance 62	7 D2	Axiat 09	310 B1
Avord 18	153 F2	Ay 51	64 A1
Avoriaz 74	179 D4	Ay-sur-Moselle 57	41 F3
Avosnes 21	138 B3	Ayat-sur-Sioule 63	189 D2
Avot 21	139 E1	Aydat 63	207 D1
Avoudrey 25	142 A4	Aydie 64	273 E2
Avrainville 54	92 A1	Aydius 64	296 B3
Avrainville 54	67 F3	Aydoilles 88	95 D4
Avrainville 88	94 B2	Ayen 19	222 A1
Avrainville 91	86 C1	Ayencourt 80	35 D1
Avranches 50	54 A4	Ayette 62	8 A4
Avranville 88	93 D2	Ayguade-Ceinturon 83	292 C2
Avrechy 60	34 C2	Ayguatébia-Talau 66	311 D3
Avrecourt 52	117 D2	Ayguemorte-les-Graves 33	236 A1
Avrée 58	156 A4	Ayguesvives 31	277 D4
Avregny 74	195 E2	Ayguetinte 32	255 F4
Avremesnil 76	15 F1	Ayherre 64	271 D3
Avressieux 73	212 C2	Ayn 73	212 C2
Avreuil 10	114 A2	Aynac 46	223 E4
Avricourt 54	69 E4	Les Aynans 70	141 F3
Avricourt 57	69 E4	Ayrens 15	223 F1
Avricourt 60	19 E4	Ayron 86	165 F1
Avrieux 73	214 C4	Ayros-Arbouix 65	297 F3

Avrigney 70	140 C3	Ayssènes 12	260 C2
Avrigny 60	35 D3	Aytré 17	180 C1
Avril 54	41 E3	Les Ayvelles 08	22 C4
Avril-sur-Loire 58	155 D4	Ayzac-Ost 65	297 E3
Avrillé 49	128 B2	Ayzieu 32	255 D4
Avrillé 85	162 C2	
Avrillé-les-Ponceaux 37	130 A3	Azannes-	
Avrilly 03	173 D4	et-Soumazannes 55	40 B3
Avrilly 27	58 C2	Azans 39	159 E1
Avrilly 61	81 E1	Azas 31	277 D1
Avroult 62	3 D4	Azat-Châtenet 23	186 C2
Avy 17	199 E2	Azat-le-Ris 87	167 F4
Awoingt 59	9 E4	Azay-le-Brûlé 79	165 D3
Ax-les-Thermes 09	310 B1	Azay-le-Ferron 36	150 C3
Axat 11	311 E1	Azay-le-Rideau 37	130 B4
Axiat 09	310 B1	Azay-sur-Cher 37	131 D3
Ay 51	64 A1	Azay-sur-Indre 37	131 E3
Ay-sur-Moselle 57	41 F3	Azay-sur-Thouet 79	165 D1
Ayat-sur-Sioule 63	189 D2	Azé 41	108 B3
Aydat 63	207 D1	Azé 53	105 D3
Aydie 64	273 E2	Azé 71	175 D3
Aydius 64	296 B3	Azelot 54	94 B1
Aydoilles 88	95 D4	Azerables 23	168 C2
Ayen 19	222 A1	Azerailles 54	95 E1
Ayencourt 80	35 D1	Azerat 24	221 E1
Ayette 62	8 A4	Azérat 43	208 A4
Ayguade-Ceinturon 83	292 C2	Azereix 65	297 F1
Ayguatébia-Talau 66	311 D3	Azet 65	307 E4
Ayguemorte-les-Graves 33	236 A1	Azeville 50	25 E4
Ayguesvives 31	277 D4	Azillanet 34	279 E4
Ayguetinte 32	255 F4	Azille 11	303 D1
Ayherre 64	271 D3	Azilone-Ampaza 2A	317 D4
Ayn 73	212 C2	Azincourt 62	7 D2
Aynac 46	223 E4	Azolette 69	192 A1
Les Aynans 70	141 F3	Azoudange 57	69 E3
Ayrens 15	223 F1	Azur 40	252 A2
Ayron 86	165 F1	Azy 18	154 A1
Ayros-Arbouix 65	297 F3	Azy-le-Vif 58	155 D4
		Azy-sur-Marne 02	63 D2
		Azzana 2A	316 C2

B

Baâlon 55	40 A1
Baâlons 08	38 C1
Babaou (Col de) 83	292 C2
Babeau-Bouldoux 34	279 F4
Babœuf 60	36 A1
Le Babory-de-Blesle 43	207 F4
Baby 77	89 D3
Baccarat 54	95 E2
Baccon 45	109 F3
Bach 46	240 B4
Bachant 59	10 B2
Bachas 31	299 F1
La Bachellerie 24	221 E1
Bachivillers 60	33 F3
Bachos 31	299 D3
Bachy 59	9 D1
Bacilly 50	53 F4
Le Bacon 48	225 F4
Baconnes 51	38 B4
La Baconnière 53	80 C4
Bacouël 60	34 C1
Bacouel-sur-Selle 80	18 A3
Bacourt 57	68 C2
Bacquepuis 27	58 B1
Bacqueville 27	32 C3
Bacqueville-en-Caux 76	16 A2
Badailhac 15	224 B3
Badaroux 48	244 B2
Badecon-le-Pin 36	168 C2
Badefols-d'Ans 24	221 F1
Badefols-sur-Dordogne 24	220 C4
Baden 56	100 C4
Badens 11	302 C1
Badevel 25	142 C1
Badinières 38	211 F2
Badménil-aux-Bois 88	95 D3

Badonviller 54 ....95 F1
Badonvilliers 55 ....93 D1
Baerendorf 67 ....70 A1
Baerenthal 57 ....44 C4
La Baffe 88 ....95 D4
Baffie 63 ....209 D3
Bagard 30 ....263 E2
Bagargui (Col) 64 ....295 E2
Bagas 33 ....237 D2
Bagat-en-Quercy 46 ....239 F4
Bagatelle (Parc de) 62 .....6 A2
Bâgé-la-Ville 01 ....175 E4
Bâgé-le-Châtel 01 ....175 E4
Bagert 09 ....299 F2
Bages 11 ....303 F2
Bages 66 ....313 D2
Bagiry 31 ....299 D3
Bagnac-sur-célé 46 ....241 E1
Bagneaux 89 ....89 E4
Bagneaux-sur-Loing 77 ....87 F4
Bagnères-de-Bigorre 65 ...298 A2
Bagnères-de-Luchon 31 ....307 F4
Bagneux 02 ....36 B2
Bagneux 03 ....172 A1
Bagneux 36 ....152 A1
Bagneux 49 ....129 E4
Bagneux 51 ....89 F1
Bagneux 54 ....93 F1
Bagneux 79 ....148 A1
Bagneux 92 ....61 D3
Bagneux-la-Fosse 10 ......114 C2
Bagnizeau 17 ....182 C3
Bagnoles 11 ....302 C1
Bagnoles-de-l'Orne 61 ....81 F1
Bagnolet 93 ....61 D3
Bagnols 63 ....206 B3
Bagnols 69 ....192 B3
Bagnols-en-Forêt 83 ......287 D2
Bagnols-les-Bains 48 .....244 C3
Bagnols-sur-Cèze 30 ......264 B1
Bagnot 21 ....158 B1
Baguer-Morvan 35 ....79 D1
Baguer-Pican 35 ....79 E1
Baho 66 ....312 C2
Bahus-Soubiran 40 ....273 D1
Baigneaux 28 ....110 A1
Baigneaux 33 ....236 C1
Baigneaux 41 ....109 D4
Baignes 70 ....141 D1
Baignes-Sainte-
  Radegonde 16 ....200 C3
Baigneux-les-Juifs 21 ....138 B1
Baignolet 28 ....109 F1
Baigts 40 ....272 A1
Baigts-de-Béarn 64 ....272 A3
Baillargues 34 ....282 A2
Baillé 35 ....80 A3
Bailleau-l'Pin 28 ....85 D3
Bailleau-l'Évêque 28 .....85 D2
Bailleau-sous-Gallardon 28 ...85 F2
Baillestavy 34 ....311 F3
Baillet-en-France 95 .....61 D1
Bailleul 59 ....4 A3
Bailleul 61 ....56 C3
Le Bailleul 72 ....106 A4
Bailleul 80 ....17 E1
Bailleul (Château de) 76 ...15 D3
Bailleul-aux-Cornailles 62 ...7 F2
Bailleul-la-Vallée 27 ....31 D4
Bailleul-le-Soc 60 ....35 D2
Bailleul-lès-Pernes 62 ...7 F1
Bailleul-Neuville 76 .....16 C3
Bailleul-Sir-Berthoult 62 ...8 B3
Bailleul-sur-Thérain 60 ....34 B3
Bailleulmont 62 ....8 A4
Bailleulval 62 ....8 A4
Bailleval 60 ....34 C3
Baillolet 76 ....16 C3
Baillou 41 ....108 A2
Bailly 60 ....35 F2
Bailly 78 ....60 B3
Bailly-aux-Forges 52 .....91 F2
Bailly-Carrois 77 ....88 B1
Bailly-en-Rivière 76 .....16 B2
Bailly-le-Franc 10 ....91 E1
Bailly-Romainvilliers 77 ...62 A4
Bain-de-Bretagne 35 ......103 E3
Bainctun 62 ....2 A4
Bainghen 62 ....2 C3
Bains 43 ....226 C4
Bains-de-Guitera 2A 317 D4
Bains-les-Bains 88 ....118 B1
Bains-sur-Oust 35 ....102 B4
Bainville-aux-Miroirs 54 ...94 B3
Bainville-aux-Saules 88 ....94 B4
Bainville-sur-Madon 54 ....94 A1
Bairols 06 ....269 F2
Bais 35 ....104 A1
Bais 53 ....81 F4
Baissey 52 ....116 C2
Baives 59 ....11 D3
Baix 07 ....246 C1
Baixas 66 ....312 C1
Baizieux 80 ....18 C2
Le Baizil 51 ....63 F2
Bajamont 47 ....256 B1
Bajonnette 32 ....256 B4
Bajus 62 ....7 F2
Balacet 09 ....299 F4
Baladou 46 ....222 B3
Balagny-sur-Thérain 60 ...34 B3
Balaguères 09 ....299 F3
Balaguier d'Olt 12 ....241 D3
Balaguier-sur-Rance 12 ...260 B4
Balaine (Arboretum de) 03 ...172 A1
Balan 01 ....193 E4

Balan 08 ....23 D4
Balanod 39 ....176 B2
Balansun 64 ....272 A3
Balanzac 17 ....181 E4
Balaruc-le-Vieux 34 ......281 E4
Balaruc-les-Bains 34 .....281 E4
Balâtre 80 ....19 E4
Balazé 35 ....80 B4
Balazuc 07 ....246 A4
Balbigny 42 ....191 F4
Balbins 38 ....211 F3
Balbronn 67 ....70 C1
Balcon de Merlet
  (Parc du) 74 ....196 C2
Baldenheim 67 ....97 D2
Baldersheim 68 ....120 C2
La Baleine 50 ....54 A2
Baleines (Phare des) 17 ...162 C4
Baleix 64 ....273 E4
Balesmes 37 ....150 A2
Balesmes-sur-Marne 52 ....116 C3
Balesta 31 ....298 C1
Baleyssagues 47 ....237 E1
Balgau 68 ....121 D1
Balham 08 ....38 A2
Balignac 82 ....256 C3
Balignicourt 10 ....91 D2
Bâlines 27 ....58 B4
Balinghem 62 ....2 C2
Baliracq-Maumusson 64 ....273 D1
Baliros 64 ....297 D1
Balizac 33 ....236 B3
Balizy 91 ....61 D4
Ballainvilliers 91 ....61 D4
Ballaison 74 ....178 A3
Ballan-Miré 37 ....130 C3
Ballancourt-sur-Essonne 91 ...87 D2
Ballans 17 ....182 C3
Ballay 08 ....39 D2
Balledent 87 ....185 F1
Ballée 53 ....105 F2
Balleray 58 ....155 D2
Balleroy 14 ....28 C4
Ballersdorf 68 ....120 B3
Balléville 88 ....93 F3
Ballon 17 ....181 D2
Ballon 72 ....83 D4
Ballon de Servance 70 ....119 E3
Ballons 26 ....248 C4
Ballore 71 ....174 B2
Ballots 53 ....104 B2
Balloy 77 ....88 B3
Balma 31 ....276 C2
La Balme 73 ....194 C4
La Balme-de-Sillingy 74 ...195 E2
La Balme-de-Thuy 74 ......195 F3
La Balme-d'Épy 39 ....176 B3
La Balme-les-Grottes 38 ...193 F3
Balmont 74 ....195 E3
Balnot-la-Grange 10 ......114 B2
Balnot-sur-Laignes 10 ....114 C2
Balogna 2A 316 B2
Balot 21 ....115 D3
Balsac 12 ....242 A4
Balschwiller 68 ....120 B3
Balsièges 48 ....244 A3
Baltzenheim 68 ....97 D3
Balzac 16 ....201 E1
Bambecque 59 ....3 F2
Bambiderstroff 57 ....42 B4
Ban-de-Laveline 88 ....96 A3
Ban-de-Sapt 88 ....95 F1
Le Ban-Saint-Martin 57 ...41 F4
Ban-sur-Meurthe-Clefcy 88 ...95 F4
Banassac 48 ....243 F2
Banat 09 ....300 C4
Banca 64 ....294 C2
Bancarel (Site du) 12 ....242 A4
Bancigny 02 ....21 E3
Bancourt 62 ....19 E1
Bandol 83 ....291 E4
Baneins 01 ....193 D1
Baneuil 24 ....220 C4
Bangor 56 ....122 A4
Banhars 12 ....242 B1
Banios 65 ....298 A3
Banize 23 ....187 D3
Bannalec 29 ....99 E1
Bannans 25 ....160 C3
Bannay 18 ....135 D2
Bannay 51 ....63 F3
Bannay 57 ....42 B4
Banne 07 ....245 F4
Bannegon 18 ....154 A4
Bannes 46 ....223 D4
Bannes 51 ....64 A3
Bannes 52 ....116 C2
Bannes 53 ....105 F2
Banneville-la-Campagne 14 ...29 E4
Banneville-sur-Ajon 14 ....55 E1
Bannières 81 ....277 E2
Bannoncourt 55 ....67 D2
Bannost 77 ....62 C4
Banogne-Recouvrance 08 ....37 F1
Banon 04 ....266 B2
Banos 40 ....272 B1
Bans 39 ....159 F2
Bansat 63 ....208 A3
Bantanges 71 ....175 F1
Banteux 59 ....20 A1
Banthelu 95 ....60 A1
Bantheville 55 ....39 F3
Bantigny 59 ....9 D2
Bantouzelle 59 ....20 A1
Bantzenheim 68 ....121 D1
Banvillars 90 ....142 C1
Banville 14 ....29 E3
Banvou 61 ....55 E4
Banyuls-dels-Aspres 66 ...313 D3

Banyuls-sur-Mer 66 ....313 E3
Baon 89 ....114 B3
Baons-le-Comte 76 ....15 E3
Baou de 4 Oures 83 ....291 F1
Bapaume 62 ....19 E1
Bapeaume-lès-Rouen 76 ....32 A2
Bar 19 ....204 C4
Bar-le-Duc 55 ....66 B3
Bar-lès-Buzancy 08 ....39 E2
Bar-sur-Aube 10 ....91 E4
Le Bar-sur-Loup 06 ....288 C2
Bar-sur-Seine 10 ....114 C1
Baracé 49 ....128 C1
Baracuchet (Col de) 63 ...209 D2
Baraigne 11 ....277 E2
Baraize 36 ....168 C2
Baralle 62 ....8 C1
Baraqueville 12 ....260 A1
Barastre 62 ....19 E1
Baratier 05 ....250 B2
Barbachen 65 ....274 B4
Barbaggio 2B 315 D3
Barbaira 11 ....302 C2
Barbaise 08 ....22 B4
Barbaste 47 ....255 F1
Barbâtre 85 ....144 B2
Barbazan 31 ....299 D3
Barbazan-Debat 65 ....297 F1
Barbazan-Dessus 65 ....298 A2
Barbechat 44 ....127 D3
La Barben 13 ....284 B2
Barbentane 13 ....264 C3
Barberaz 73 ....213 D2
Barberey-aux-Moines 10 ...90 A3
Barberey-Saint-Sulpice 10 ...90 A3
Barberier 03 ....189 F1
Barbery 14 ....56 A1
Barbery 60 ....35 D4
Barbeville 14 ....28 C3
Barbey 77 ....88 B3
Barbey-Seroux 88 ....95 F4
Barbezières 16 ....183 D3
Barbezieux 16 ....201 D3
Barbières 26 ....229 F3
Barbirey-sur-Ouche 21 ....138 C4
Barbizon 77 ....87 E2
Barbonne-Fayel 51 ....89 E1
Barbonval 02 ....37 D3
Barbotan-les-Thermes 32 ...254 C3
Le Barboux 25 ....161 E1
Barbuise 10 ....89 E1
Barby 08 ....38 A1
Barby 73 ....213 D1
Barc 27 ....58 A1
Barcaggio 2B 314 A1
Le Barcarès 66 ....313 E1
Barcelonne 26 ....229 E3
Barcelonne-du-Gers 32 ....273 D2
Barcelonnette 04 ....250 C3
Barchain 57 ....69 F2
Barchetta 2B 315 E3
Barcillonnette 05 ....249 E3
Barcugnan 32 ....274 B2
Barcus 64 ....296 A1
Barcy 77 ....62 A2
Bard 42 ....209 E2
Bard-le-Régulier 21 ......157 D1
Bard-lès-Époisses 21 .....137 F2
Bard-lès-Pesmes 70 ....140 B4
La Barde 17 ....219 D1
Bardenac 16 ....201 D4
Bardiana 2B 314 B4
Bardigues 82 ....256 C2
Le Bardon 45 ....109 F3
Bardos 64 ....271 D3
Bardou 24 ....238 B1
Bardouville 76 ....32 A2
Barèges 65 ....297 F4
Bareilles 65 ....298 A4
Barembach 67 ....70 B4
Baren 31 ....299 D4
Barentin 76 ....15 F4
Barenton 50 ....81 D1
Barenton-Bugny 02 ....20 C4
Barenton-Cel 02 ....20 C4
Barenton-sur-Serre 02 ....20 C4
Barésia-sur-l'Ain 39 .....177 D2
Barfleur 50 ....25 E2
Barfleur (Pointe de) 50 ...25 E2
Bargème 83 ....268 B4
Bargemon 83 ....287 E1
Barges 21 ....138 C4
Barges 43 ....227 D4
Barges 70 ....117 F2
Bargny 60 ....35 F4
Barie 33 ....237 D2
Les Barils 27 ....58 A4
Barinque 64 ....273 D4
Barisey-au-Plain 54 ......93 F1
Barisey-la-Côte 54 ....93 F1
Barisis 02 ....36 B1
Barizey 71 ....157 F2

Barnave 26 ....248 A1
Barnay 71 ....157 D1
Barnenez (Tumulus de) 29 ...49 E2
Barneville-Carteret 50 ....24 B4
Barneville-la-Bertran 14 ...30 B2
Barneville-sur-Seine 27 ...31 F3
La Baroche-Gondouin 53 ....81 F2
La Baroche-sous-Lucé 61 ...81 E1
Les Baroches 54 ....41 D3
Baromesnil 76 ....16 C2
Baron 30 ....263 F2
Baron 33 ....217 F1
Baron 60 ....35 E4
Baron-sur-Odon 14 ....29 E4
Baronville 57 ....69 D2
Barou-en-Auge 14 ....56 B2
Baroville 10 ....91 E4
Le Barp 33 ....235 E2
La Barque 13 ....285 D2
Barquet 27 ....58 A1
Barr 67 ....96 C1
Barracone 2A 316 C2
Barrais-Bussolles 03 .....173 D4
Barran 32 ....274 C2
Barrancoueu 65 ....298 A4
Les Barraques-en-Vercors 26 ...230 A4
Barras 04 ....267 E2
Barraute-Camu 64 ....271 F4
Barraux 38 ....213 D3
La Barre 39 ....159 F1
La Barre 70 ....141 E4
Barre 81 ....279 E2
La Barre-de-Monts 85 .....144 B2
La Barre-de-Semilly 50 ...27 F4
Barre-des-Cévennes 48 ....262 B1
La Barre-en-Ouche 27 .....57 F2
Barrème 04 ....268 A3

Barret 16 ....200 C2
Barret-de-Lioure 26 ......266 B1
Barret-sur-Méouge 05 .....248 C4
Barretaine 39 ....159 F3
Barrettali 2B 314 B2
Barriac-les-Bosquets 15 ...223 F2
Barricourt 08 ....39 F2
Barro 16 ....183 F2
Barrou 37 ....150 A3
Le Barroux 84 ....265 E4
Barry 65 ....297 F2
Barry 84 ....246 C4
Barry-d'Islemade 82 ......257 F2
Bars 24 ....221 E2
Bars 32 ....274 B3
Barsac 26 ....248 A1
Barsac 33 ....236 B2
Barsanges 19 ....205 E2
Barst 57 ....43 D4
Barst 57 ....142 B1
Barthe 65 ....298 C1
Barthe (Barrage de la) 12 ...224 C4
La Barthe-de-Neste 65 ....298 A2
Bartherans 25 ....160 A1
Barthès 65 ....297 E2
Barville 27 ....D4
Barville 61 ....83 D1
Barville 76 ....15 E2
Barville-en-Gâtinais 45 ...111 D1
Barzan 17 ....198 C2
Barzun 64 ....297 E1
Barzy-en-Thiérache 02 ....10 A4
Barzy-sur-Marne 02 ....63 E1
Bas-en-Basset 43 ....209 D4
Bas-et-Lezat 63 ....189 F2

Bas-Lieu 59 ....10 B3
Bas-Mauco 40 ....253 F4
Bas-Rupts 88 ....119 F1
Bascons 40 ....254 A4
Bascous 32 ....255 E4
Baslieux 54 ....40 C2
Baslieux-lès-Fismes 51 ...37 D3
Baslieux-sous-Châtillon 51 ...63 F1
Basly 14 ....29 E3
Bassac 16 ....201 D1
Bassan 34 ....280 B4
Bassanne 33 ....237 D2
Basse-Goulaine 44 ....126 C3
Basse-Ham 57 ....41 F2
Basse-Indre 44 ....126 A4
Basse-Rentgen 57 ....41 F1
Basse-sur-le-Rupt 88 .....119 E1
La Basse-Vaivre 70 ....118 A2
La Bassée 59 ....8 B1
Bassemberg 67 ....96 B1
Basseneville 14 ....29 F4
Bassens 33 ....217 E3
Bassens 73 ....213 D1
Bassercles 40 ....272 B2
Basses 86 ....148 C2
Bassevelle 77 ....62 C2
Bassignac 15 ....206 A4
Bassignac-le-Bas 19 ......223 D3
Bassignac-le-Haut 19 .....223 E1
Bassillac 24 ....220 C1
Bassillon-Vauzé 64 ....273 E3
Bassing 57 ....69 E2
Bassoles-Aulers 02 ....36 B1
Bassoncourt 52 ....117 D2
Bassou 89 ....113 E3
Bassoues 32 ....274 A2

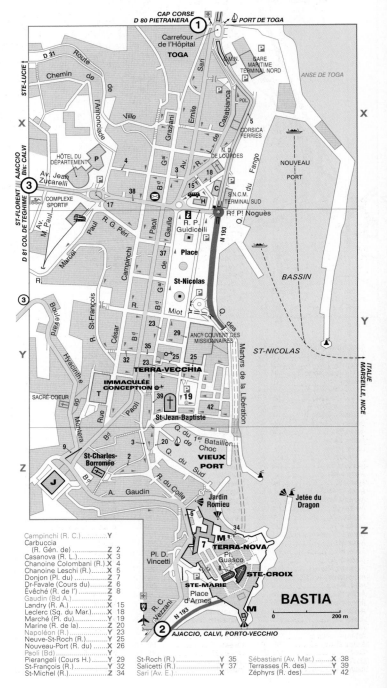

BASTIA

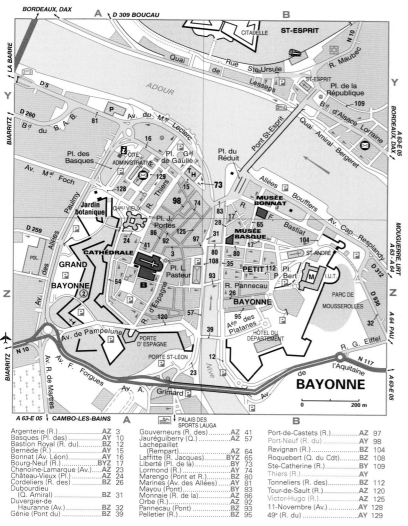

BAYONNE

Argenterie (R.)	AZ 3	Gouverneurs (R. des)	AZ 41	Port-de-Castets (R.)	AZ 97
Basques (Pl. des)	AY 10	Jauréguiberry (Q.)	AZ 57	Port-Neuf (R. du)	AY 98
Bastion Royal (R. du)	AZ 12	Lachepaillet (Rempart)	AZ 64	Ravignan (R.)	BZ 104
Bernède (R.)	AY 15	Laffitte (R. Jacques)	BYZ 65	Roquebert (Q. du Cdt)	BZ 108
Bonnat (Av. Léon)	AY 16	Liberté (Pl. de la)	BY 73	Ste-Catherine (R.)	BY 109
Bourg-Neuf (R.)	BYZ 17	Lormond (R.)	AY 74	Thiers (R.)	AY
Chanoine-Lamarque (Av.)	AZ 23	Marengo (Pont et R.)	AZ 80	Tonneliers (R. des)	BZ 112
Château-Vieux (Pl.)	AZ 24	Marines (Av. des Allées)	BY 81	Tour-de-Sault (R.)	AZ 120
Cordeliers (R. des)	AZ 26	Mayou (Pont)	BY 83	Victor-Hugo (R.)	AZ 125
Dubourdieu (Q. Amiral)	BZ 31	Monnaie (R. de la)	AY 86	11-Novembre (Av.)	AY 128
Duvergier-de-Hauranne (Av.)	BZ 32	Orbe (R.)	AZ 92	49e (R. du)	AY 129
Génie (Pont du)	BZ 39	Pannecau (Pont)	AZ 93		
		Pelletier (R.)	BZ 95		

Bassu 51 — 65 E3
Bassuet 51 — 65 E3
Bassurels 48 — 262 B1
Bassussarry 64 — 270 B3
Bassy 74 — 194 C2
Bastanès 64 — 272 A4
Bastelica 2A — 317 D3
Bastelicaccia 2A — 316 B4
Bastennes 40 — 272 A1
Bastia 2B — 315 F1
La Bastide 66 — 312 B3
La Bastide 83 — 268 C4
La Bastide-Clairence 64 — 271 D3
La Bastide-de-Besplas 09 — 300 B2
La Bastide-de-Bousignac 09 — 301 F3
La Bastide de Couloumat 11 — 301 E1
La Bastide-de-Lordat 09 — 301 D2
La Bastide-de-Sérou 09 — 300 C3
La Bastide-d'Engras 30 — 264 A2
La Bastide-des-Jourdans 84 — 266 C4
La Bastide-du-Salat 09 — 299 F3
La Bastide-l'Évêque 12 — 241 E4
La Bastide-Pradines 12 — 261 E3
La Bastide-Puylaurent 48 — 245 D2
La Bastide-Solages 12 — 260 A3
La Bastide-sur-l'Hers 09 — 301 F3
La Bastidonne 13 — 285 D4
La Bastidonne 84 — 285 D1
La Bastie-d'Urfé (Château de) 42 — 209 E1
Le Bastit 46 — 240 B1
Basville 23 — 188 A4
La Bataille 79 — 183 D2
Bataille (Col de la) 26 — 229 F3
La Batarelle 13 — 285 D4
Bataville 57 — 69 E4
Bathelémont-lès-Bauzemont 54 — 69 D4
Bathernay 26 — 229 F4
La Bâthie 73 — 214 A1
La Bâtie-Crémezin 26 — 248 B2
La Bâtie-des-Fonds 26 — 248 C2
La Bâtie-Divisin 38 — 212 B2
La Bâtie-Montgascon 38 — 212 B2
La Bâtie-Montsaléon 05 — 248 C3
La Bâtie-Neuve 05 — 249 F2
La Bâtie-Rolland 26 — 247 D2
La Bâtie-Vieille 05 — 249 F2
Les Bâties 70 — 140 C2
Batilly 54 — 41 E4
Batilly 61 — 56 B4
Batilly-en-Gâtinais 45 — 111 D1
Batilly-en-Puisaye 45 — 135 D1
Bats 40 — 272 C1
Batsère 65 — 298 B2
Battenans-les-Mines 25 — 141 F2

Battenans-Varin 25 — 142 B3
Battenheim 68 — 120 C2
Battexey 88 — 94 B2
Battigny 54 — 94 A2
Battrans 70 — 140 B2
Batz (Île de) 29 — 49 D1
Batz-sur-Mer 44 — 123 E4
Baubigny 21 — 157 F2
Baubigny 50 — 24 B4
La Bauche 73 — 212 C2
Baud 56 — 100 C2
Baudement 51 — 89 F1
Baudemont 71 — 174 A4
Baudignan 40 — 255 D2
Baudignécourt 55 — 93 D1
Baudinard-sur-Verdon 83 — 286 B1
Baudoncourt 70 — 118 C3
Baudonvilliers 55 — 66 A4
Baudre 50 — 54 C1
Baudrecourt 52 — 92 A2
Baudrecourt 57 — 68 C1
Baudreix 64 — 297 D1
Baudrémont 55 — 66 C3
Baudres 36 — 151 F2
Baudreville 28 — 86 A3
Baudreville 50 — 26 B3
Baudrières 71 — 175 E1
Bauduen 83 — 286 B1
Baugé 49 — 129 E2
Baugy 18 — 154 A2
Baugy 60 — 35 E2
Baugy 71 — 173 F4
Baulay 70 — 118 A3
La Baule 44 — 124 C3
Baule 45 — 109 F4
La Baule-Escoublac 44 — 123 F4
Baulme-la-Roche 21 — 138 C3
Baulne 91 — 87 D2
Baulne-en-Brie 02 — 63 E2
Baulny 55 — 39 E3
Baulou 09 — 300 C3
Bauné 49 — 128 C2
Baupte 50 — 27 D3
Bauquay 14 — 55 E1
Baurech 33 — 236 B1
La Baussaine 35 — 79 D3

Les Baux-de-Breteuil 27 — 58 A3
Les Baux-de-Provence 13 — 283 F1
Les Baux-Sainte-Croix 27 — 58 C2
Bauzemont 54 — 69 D4
Bauzy 41 — 132 C2
Bavans 25 — 142 B2
Bavay 59 — 10 A2
Bavelincourt 80 — 18 C2
Bavent 14 — 29 F4
Baverans 39 — 159 E1
Bavilliers 90 — 119 F4
Bavinchove 59 — 3 F3
Bavincourt 62 — 8 A4
Bax 31 — 300 B1
Bay 08 — 21 F3
Bay 70 — 140 B3
Bay-sur-Aube 52 — 116 B3
Bayac 24 — 220 C4
Bayard (Château de) 38 — 213 E3
Bayard (Col) 05 — 249 E1
Bayas 33 — 218 C2
Baye 29 — 99 F2
Baye 51 — 63 F3
Bayecourt 88 — 95 D3
Bayel 10 — 91 F4
Bayencourt 80 — 8 A4
Bayenghem-lès-Eperlecques 62 — 3 D3
Bayenghem-lès-Seninghem 62 — 3 D4
Bayers 16 — 183 F3
Bayet 03 — 172 A4
Bayeux 14 — 28 C3
Bayon 54 — 94 B1
Bayon-sur-Gironde 33 — 217 E2
Bayonne 64 — 270 C2
Bayons 04 — 249 F4
Bayonville 08 — 39 E2
Bayonville-sur-Mad 54 — 67 E1
Bayonvillers 80 — 19 D3
Bazac 16 — 219 E1
Bazaiges 36 — 168 C2
Bazailles 54 — 41 D2
Bazainville 78 — 59 F3
Bazancourt 51 — 38 A3
Bazancourt 60 — 33 E1
Bazarnes 89 — 136 B1
Bazas 33 — 236 C3
Bazauges 17 — 183 D3
Bazegney 88 — 94 B3
Bazeilles 08 — 23 E4
Bazeilles-sur-Othain 55 — 40 B1
Bazelat 23 — 168 C4
Bazemont 78 — 60 A2
Bazens 47 — 255 F1
Bazentin 80 — 19 D1

Bazenville 14 — 29 D3
Bazet 65 — 297 F1
La Bazeuge 87 — 167 F4
Bazian 32 — 274 B1
Baziège 31 — 277 D3
Bazien 88 — 95 E2
Bazillac 65 — 273 F4
La Bazoche-Gouet 28 — 108 B1
Bazoches 58 — 136 C3
Bazoches-au-Houlme 61 — 56 A3
Bazoches-en-Dunois 28 — 109 E1
Bazoches-lès-Bray 77 — 88 C3
Bazoches-les-Gallerandes 45 — 110 B1
Bazoches-les-Hautes 28 — 110 A1
Bazoches-sur-Guyonne 78 — 60 A4
Bazoches-sur-Hoëne 61 — 83 E1
Bazoches-sur-le-Betz 45 — 112 B1
Bazoches-sur-Vesles 02 — 37 D3
La Bazoge 50 — 54 C4
La Bazoge 72 — 106 C1
La Bazoge-Montpinçon 53 — 81 E3
Bazoges-en-Paillers 85 — 146 A2
Bazoges-en-Pareds 85 — 164 A1
Bazoilles-et-Ménil 88 — 94 A3
Bazoilles-sur-Meuse 88 — 93 E3
Bazolles 58 — 155 F1
Bazoncourt 57 — 68 B1
Bazonville 54 — 41 D2
La Bazoque 14 — 28 B4
La Bazoque 61 — 55 E4
Bazoques 27 — 31 D4
Bazordan 65 — 298 B1
La Bazouge-de-Chemeré 53 — 105 F2
La Bazouge-des-Alleux 53 — 81 E4
La Bazouge-du-Désert 35 — 80 B2
Bazougers 53 — 105 E2
Bazouges-la-Pérouse 35 — 79 D2
Bazouges-sous-Hédé 35 — 79 D3
Bazouges-sur-le-Loir 72 — 106 A4
Bazuel 59 — 20 C1
Bazugues 32 — 274 A3
Bazus 31 — 276 C1
Bazus-Aure 65 — 298 B4
Bazus-Neste 65 — 298 B3
Le Béage 07 — 227 E4
Béal (Col du) 63 — 208 C1
Béalcourt 80 — 7 D4
Béalencourt 62 — 7 D2
Béard 58 — 155 D3
Beaubec-la-Rosière 76 — 16 C4

Beaubery 71 — 174 B3
Beaubray 27 — 58 B2
Beaucaire 30 — 264 B4
Beaucaire 32 — 255 F4
Beaucamps-le-Jeune 80 — 17 E3
Beaucamps-le-Vieux 80 — 17 E3
Beaucamps-Ligny 59 — 8 B1
Beaucé 35 — 80 B3
Beaucens 65 — 297 E3
Le Beaucet 84 — 265 E3
Beauchalot 31 — 299 E2
Beauchamp 95 — 60 C2
Beauchamps 50 — 54 A3
Beauchamps 80 — 16 C1
Beauchamps-sur-Huillard 45 — 111 D3
Beaucharmoy 52 — 117 E2
Beauchastel 07 — 229 D4
Beauche 28 — 58 B4
Beauchemin 52 — 116 C2
Beauchêne 41 — 108 B2
Beauchêne 61 — 55 D4
Beauchery-Saint-Martin 77 — 89 D1
Beauclair 55 — 39 F2
Beaucoudray 50 — 54 B2
Beaucourt 90 — 142 C1
Beaucourt-en-Santerre 80 — 18 C3
Beaucourt-sur-l'Ancre 80 — 19 D1
Beaucourt-sur-l'Hallue 80 — 18 B2
Beaucouzé 49 — 128 B2
Beaucroissant 38 — 212 A4
Beaudéan 65 — 298 A3
Beaudéduit 60 — 17 D3
Beaudignies 59 — 9 F4
Beaudricourt 62 — 7 F3
Beaufai 61 — 57 E4
Beaufay 72 — 107 D1
Beauficel 50 — 54 C4
Beauficel-en-Lyons 27 — 33 D2
Beaufin 38 — 231 E4
Beaufort 31 — 276 A3
Beaufort 34 — 303 E1
Beaufort 38 — 211 E4
Beaufort 39 — 176 B1
Beaufort 59 — 10 B3
Beaufort 73 — 196 B4
Beaufort-Blavincourt 62 — 7 F3
Beaufort-en-Argonne 55 — 39 F2
Beaufort-en-Santerre 80 — 19 D3
Beaufort-en-Vallée 49 — 129 D2
Beaufort-sur-Gervanne 26 — 229 F4
Beaufou 85 — 145 F3
Beaufour 14 — 30 A4
Beaufremont 88 — 93 E3
Beaugas 47 — 238 B3
Beaugeay 17 — 181 D3
Beaugency 45 — 109 F4
Beaugies-sous-Bois 60 — 19 F4
Beaujeu 04 — 268 A1
Beaujeu 69 — 192 B3
Beaujeu-Saint-Vallier-et-Pierrejux 70 — 140 B2
Beaulac 33 — 236 C4
Beaulandais 61 — 81 E1
Beaulencourt 62 — 19 E1
Beaulieu 07 — 245 F4
Beaulieu 14 — 55 D2
Beaulieu 15 — 206 B3
Beaulieu 21 — 115 F4
Beaulieu 34 — 282 A1
Beaulieu 36 — 168 B3
Beaulieu 38 — 230 A1
Beaulieu 43 — 227 D2
Beaulieu 58 — 136 B4
Beaulieu 61 — 58 A4
Beaulieu 63 — 207 F3
Beaulieu-en-Argonne 55 — 66 A1
Beaulieu-en-Rouergue (Abbaye de) 82 — 258 C1
Beaulieu-les-Fontaines 60 — 19 E4
Beaulieu-lès-Loches 37 — 150 C1
Beaulieu-sous-Bressuire 79 — 147 E3
Beaulieu-sous-la-Roche 85 — 145 E4
Beaulieu-sous-Parthenay 79 — 165 E1
Beaulieu-sur-Dordogne 19 — 222 C3
Beaulieu-sur-Layon 49 — 128 B3
Beaulieu-sur-Loire 45 — 135 D2
Beaulieu-sur-Mer 06 — 288 C2
Beaulieu-sur-Oudon 53 — 104 C2
Beaulieu-sur-Sonnette 16 — 184 A3
Beaulon 03 — 173 D1
Beaumais 14 — 56 B2
Beaumarchés 32 — 273 F2
Beaumat 46 — 240 B1
Beaumé 02 — 21 F3
Beauménil 88 — 95 E3
Beaumerie-Saint-Martin 62 — 6 B2
Beaumes-de-Venise 84 — 265 E2
Beaumesnil 14 — 54 C2
Beaumesnil 27 — 58 A2
Beaumettes 84 — 265 F4
Beaumetz 80 — 7 D4
Beaumetz-lès-Aire 62 — 7 E1
Beaumetz-lès-Cambrai 62 — 8 C4
Beaumetz-lès-Loges 62 — 8 A4
Beaumont 07 — 245 F2
Beaumont 19 — 204 B3
Beaumont 32 — 255 F3
Beaumont 43 — 208 A4
Beaumont 54 — 67 E3
Beaumont 63 — 207 E1
Beaumont 74 — 195 E1
Beaumont 86 — 149 E4
Beaumont 89 — 113 E3
Beaumont-de-Lomagne 82 — 257 D4
Beaumont-de-Pertuis 84 — 285 E1
Beaumont-du-Gâtinais 77 — 111 E1

Beaumont-du-Lac 87 — 187 D4
Beaumont-du-Périgord 24 — 238 C1
Beaumont-du-Ventoux 84 — 265 F1
Beaumont-en-Argonne 08 — 39 F1
Beaumont-en-Auge 14 — 30 B3
Beaumont-en-Beine 02 — 19 F4
Beaumont-en-Cambrésis 59 — 9 E4
Beaumont-en-Diois 26 — 248 B2
Beaumont-en-Verdunois 55 — 40 B3
Beaumont-en-Véron 37 — 129 E4
Beaumont-Hague 50 — 24 B2
Beaumont-Hamel 80 — 19 D1
Beaumont-la-Ferrière 58 — 154 C1
Beaumont-la-Ronce 37 — 130 C1
Beaumont-le-Hareng 76 — 16 B4
Beaumont-le-Roger 27 — 58 A1
Beaumont-les-Autels 28 — 84 B4
Beaumont-les-Nonains 60 — 34 A3
Beaumont-lès-Randan 63 — 190 A4
Beaumont-lès-Valence 26 — 229 D4
Beaumont-Monteux 26 — 229 D2
Beaumont-Pied-de-Bœuf 53 — 105 E4
Beaumont-Pied-de-Bœuf 72 — 107 E4
Beaumont-Sardolles 58 — 155 E3
Beaumont-sur-Dême 72 — 107 E4
Beaumont-sur-Grosne 71 — 175 E1
Beaumont-sur-Lèze 31 — 276 B3
Beaumont-sur-Oise 95 — 61 D1
Beaumont-sur-Sarthe 72 — 82 C4
Beaumont-sur-Vesle 51 — 38 A4
Beaumont-sur-Vingeanne 21 — 139 F2
Beaumont-Village 37 — 151 D1
Beaumontel 27 — 58 A1
Beaumotte-lès-Montbozon 70 — 141 E2
Beaumotte-lès-Pin 70 — 140 C3
Beaunay 51 — 63 F3
Beaune 21 — 158 A2
Beaune 73 — 214 B4
Beaune-d'Allier 03 — 171 E4
Beaune-la-Rolande 45 — 111 D1
Beaune-le-Froid 63 — 207 D2
Beaune-les-Mines 87 — 185 F3
Beaune-sur-Arzon 43 — 208 C4
Beaunotte 21 — 115 E4
Beaupont 01 — 176 A3
Beauport (Abbaye de) 22 — 51 D2
Beaupouyet 24 — 219 F3
Beaupréau 49 — 127 E4
Beaupuy 32 — 275 F2
Beaupuy 47 — 237 E2
Beaupuy 82 — 257 E4
Beauquesne 80 — 18 B1
Beaurain 59 — 9 F4
Beaurains 62 — 8 B3
Beaurains-lès-Noyon 60 — 35 F1
Beaurainville 62 — 6 C2
Beaurecueil 13 — 285 D3
Beauregard 01 — 192 C2
Beauregard 46 — 240 C4
Beauregard-Baret 26 — 229 F2
Beauregard-de-Terrasson 24 — 221 F1
Beauregard-et-Bassac 24 — 220 B3
Beauregard-l'Évêque 63 — 189 F4
Beauregard-Vendon 63 — 189 E3
Beaurepaire 38 — 211 E4
Beaurepaire 60 — 35 D3
Beaurepaire 76 — 14 B3
Beaurepaire 85 — 146 B3
Beaurepaire-en-Bresse 71 — 159 E1
Beaurepaire-sur-Sambre 59 — 10 A4
Beaurevoir 02 — 20 A2
Beaurières 26 — 248 B2
Beaurieux 02 — 37 D2
Beaurieux 59 — 10 C3
Beauronne 24 — 220 A2
Beausemblant 26 — 229 D1
Beausoleil 06 — 289 E4
Beaussac 24 — 202 A2
Beaussais 79 — 165 E4
Beaussault 76 — 17 D4
Beausse 49 — 127 F3
Le Beausset 83 — 291 E4
Beauteville 31 — 277 E4
Beautheil 77 — 62 B4
Beautiran 33 — 236 B1
Beautot 76 — 20 B4
Beauvain 61 — 82 A1
Beauvais 60 — 34 A2
Beauvais-sur-Matha 17 — 182 D3
Beauvais-sur-Tescou 81 — 258 A4
Beauval 80 — 18 B1
Beauval-en-Caux 76 — 16 A4
Beauvallon 26 — 229 D4
Beauvallon 83 — 287 E4
Beauvau 49 — 129 D1
Beauvène 07 — 228 B4
Beauvernois 71 — 159 E3
Beauvezer 04 — 268 B3
Beauville 31 — 277 E3
Beauville 47 — 256 C1
Beauvilliers 28 — 85 F4
Beauvilliers 41 — 109 D3
Beauvilliers 89 — 137 E3
Beauvoir 50 — 79 F1
Beauvoir 60 — 34 B1
Beauvoir 77 — 88 A1
Beauvoir 89 — 113 D4
Beauvoir (Château de) 03 — 172 C3
Beauvoir-de-Marc 38 — 211 E2
Beauvoir-en-Lyons 76 — 33 D2
Beauvoir-en-Royans 38 — 230 A1
Beauvoir-sur-Mer 85 — 144 C2
Beauvoir-sur-Niort 79 — 182 B1
Beauvoir-sur-Sarce 10 — 114 C2

BEAUVAIS

Beauregard (R.) 2
Brière (Bd J.) 3
Carnot (R.)
Clemenceau (Pl.) 4
Dr-Gérard (R.) 5
Dr-Lamotte (Bd du) 6
Dreux (R. Ph. de) 7
Gambetta (R.)
Grenier-à-Sel (R.) 8
Guéhengnies (R. de) 9
Hachette (Pl. J.) 10
Halles (Pl. des) 12
Leclerc (R. Mar.) 13
Lignières (R. J. de) 15
Loisel (Bd A.) 16
Malherbe (R. de) 18
Nully-d'Hécourt (R.) 19
République (Av. de la) 20
St-André (Bd) 22
St-Laurent (R.) 23
St-Pierre (R.) 24
Scellier (Cours) 27
Taillerie (R. de la) 29
Tapisserie (R. de la) 30
Villiers de l'Isle Adam (R.) 35
Vincent-de-Beauvais (R.) 26
Watrin (R. du Gén.) 36
27 Juin (R. du) 38

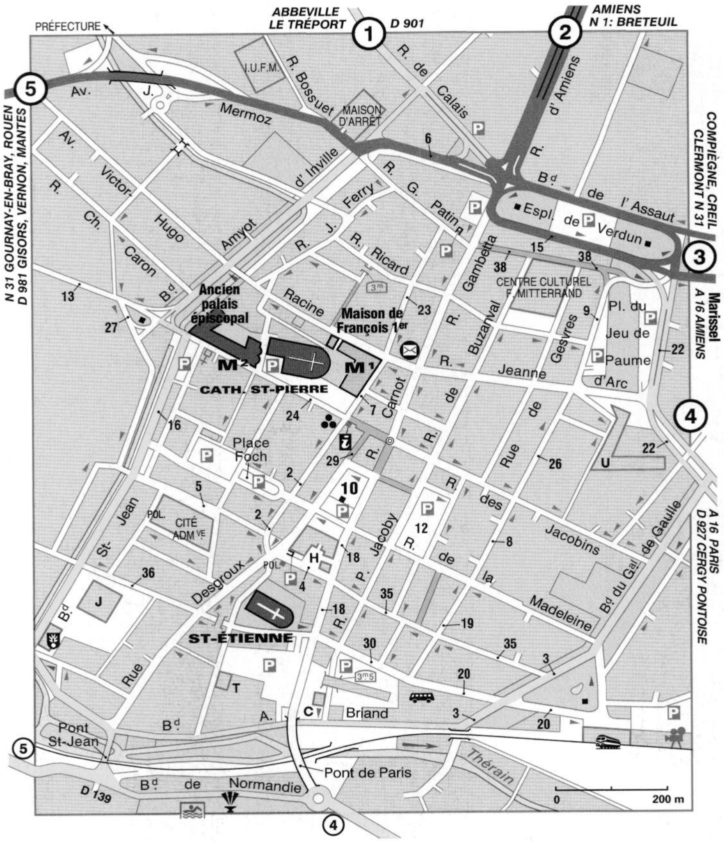

Beauvoir-Wavans 62 ..... 7 D4
Beauvois 62 ..... 7 E2
Beauvois-en-Cambrésis 59 ..... 9 E4
Beauvois-en-Vermandois 02 ..... 19 F3
Beauvoisin 26 ..... 247 F4
Beauvoisin 30 ..... 282 C1
Beauvoisin 39 ..... 159 D3
Beaux 43 ..... 227 E1
Beauzac 43 ..... 209 E4
Beauzée-sur-Aire 55 ..... 66 B2
Beauzelle 31 ..... 276 B2
Beauziac 47 ..... 237 D4
Bébing 57 ..... 69 F3
Beblenheim 68 ..... 96 B3
Bec-de-Mortagne 76 ..... 15 D2
Le Bec-Hellouin 27 ..... 31 E4
Le Bec-Thomas 27 ..... 32 A4
Beccas 32 ..... 274 A3
Béceleuf 79 ..... 164 C2
Béchamps 54 ..... 40 C4
Bécherel 35 ..... 78 C3
Bécheresse 16 ..... 201 E2
Béchy 57 ..... 68 C1
Bécon-les-Granits 49 ..... 128 A2
Béconne 26 ..... 247 E3
Bécordel-Bécourt 80 ..... 19 D2
Bécourt 62 ..... 2 C4
Becquigny 02 ..... 20 B1
Becquigny 80 ..... 18 C4
Bédarieux 34 ..... 280 A2
Bédarrides 84 ..... 265 D2
Beddes 18 ..... 170 A1
Bédéchan 32 ..... 275 E2
Bédée 35 ..... 78 C4
Bédeilhac-et-Aynat 09 ..... 300 C4
Bédeille 09 ..... 300 A2
Bédeille 64 ..... 273 E4
Bedenac 17 ..... 218 C1
Bédoin 84 ..... 265 F2
Bédouès 48 ..... 244 B4
Bedous 64 ..... 296 B3
Béduer 46 ..... 241 D2
Beffes 18 ..... 154 B1
Beffia 39 ..... 176 C2
Beffu-et-le-Morthomme 08 ..... 39 E2
Beg-Meil 29 ..... 98 C2
Bégaar 40 ..... 253 D4
Bégadan 33 ..... 198 C3
Béganne 56 ..... 125 D1
Bégard 22 ..... 50 B3
Bègles 33 ..... 217 E4
Begnécourt 88 ..... 94 B4
Bégole 65 ..... 298 B2
Bégrolles-en-Mauges 49 ..... 146 C1
La Bégude-de-Mazenc 26 ..... 247 D2
Bègues 03 ..... 189 E1
Béguey 33 ..... 236 B1
Béguios 64 ..... 271 E4
Béhagnies 62 ..... 8 B4
Béhasque-Lapiste 64 ..... 271 E4
Béhen 80 ..... 17 E1
Béhencourt 80 ..... 18 C2
Béhéricourt 60 ..... 35 F1
Behlenheim 67 ..... 71 D3
Béhobie 64 ..... 270 A4
Behonne 55 ..... 66 B3
Béhorléguy 64 ..... 295 E2
Béhoust 78 ..... 59 F3
Behren-lès-Forbach 57 ..... 43 D4
Béhuard 49 ..... 128 A3
Beignon 56 ..... 102 B1
Beillé 72 ..... 107 E1
Beine 89 ..... 113 F3
Beine-Nauroy 51 ..... 38 A4
Beinheim 67 ..... 71 F1
Beire-le-Châtel 21 ..... 139 E3
Beire-le-Fort 21 ..... 139 F4
Beissat 23 ..... 187 F4
Bel-Air 49 ..... 104 C4
Bel-Homme (Col du) 83 ..... 287 E1
Bélâbre 36 ..... 168 A2
Belan-sur-Ource 21 ..... 115 E2
Bélarga 34 ..... 281 D3
Bélaye 46 ..... 239 F3
Belberaud 31 ..... 277 D3
Belbèse 82 ..... 257 D4
Belbeuf 76 ..... 32 B2
Belbèze-de-Lauragais 31 ..... 276 C4
Belbèze-en-Comminges 31 ..... 299 F2
Belcaire 11 ..... 310 C1
Belcastel 12 ..... 242 A4
Belcastel 81 ..... 277 E2
Belcastel (Château de) 46 ..... 222 B4
Belcastel-et-Buc 11 ..... 302 B3
Belcodène 13 ..... 285 E3
Bélesta 09 ..... 301 F4
Bélesta 66 ..... 312 B1
Bélesta-en-Lauragais 31 ..... 277 E3
Beleymas 24 ..... 220 A3
Belfahy 70 ..... 119 E3
Belfays 25 ..... 142 C3
Belflou 11 ..... 301 E1
Belfonds 61 ..... 82 C1
Belfort 90 ..... 119 F4
Belfort-du-Quercy 46 ..... 258 A1
Belfort-sur-Rebenty 11 ..... 310 C1
Belgeard 53 ..... 81 E4
Belgentier 83 ..... 291 F3
Belgodère 2B 314 C2
Belhade 40 ..... 235 E3
Belhomert-Guéhouville 28 ..... 84 C2
Le Bélieu 25 ..... 161 E1
Béligneux 01 ..... 193 E3
Belin-Béliet 33 ..... 235 E3
Bélis 40 ..... 254 A2
Bellac 87 ..... 185 E1
Bellaffaire 04 ..... 249 F3
Bellagranajo (Col de) 2B 317 D1
Bellaing 59 ..... 9 E2
Bellancourt 80 ..... 17 F1
Bellange 57 ..... 69 D2
Bellavilliers 61 ..... 83 E2
Le Bellay-en-Vexin 95 ..... 33 F4
Belle-Église 60 ..... 34 B4
Belle-et-Houllefort 62 ..... 2 B3
Belle-Isle 56 ..... 122 A3
Belle-Isle-en-Terre 22 ..... 50 A3
Belleau 02 ..... 62 C1
Belleau 54 ..... 68 A3
Bellebat 33 ..... 236 C1
Bellebrune 62 ..... 2 B4
Bellechassagne 19 ..... 205 F1
Bellechaume 89 ..... 113 E2
Bellecombe 39 ..... 177 E3
Bellecombe 73 ..... 214 B2
Bellecombe-en-Bauges 73 ..... 195 E4
Bellecombe-Tarendol 26 ..... 248 A4
Bellefond 21 ..... 139 E3
Bellefond 33 ..... 218 C4
Bellefonds 86 ..... 166 C1
Bellefontaine 39 ..... 177 F1
Bellefontaine 50 ..... 54 C4
Bellefontaine 88 ..... 118 C1
Bellefontaine 95 ..... 61 E1
Bellefosse 67 ..... 96 B1
Bellegarde 30 ..... 283 D1
Bellegarde 32 ..... 275 D4
Bellegarde 45 ..... 111 D2
Bellegarde 81 ..... 259 F4
Bellegarde-du-Razès 11 ..... 302 A2
Bellegarde-en-Diois 26 ..... 248 A2
Bellegarde-en-Forez 42 ..... 209 F1
Bellegarde-en-Marche 23 ..... 187 F3
Bellegarde-Poussieu 38 ..... 211 D3
Bellegarde-Sainte-Marie 31 ..... 276 A2
Bellegarde-sur-Valserine 01 ..... 194 C1
Belleherbe 25 ..... 142 B3
Bellemagny 68 ..... 120 A3
Bellême 61 ..... 83 F3
Bellenaves 03 ..... 189 E1
Bellencombre 76 ..... 16 B4
Belleneuve 21 ..... 139 F3
Bellenglise 02 ..... 20 A2
Bellengreville 14 ..... 56 B1
Bellengreville 76 ..... 16 B2
Bellenod-sur-Seine 21 ..... 115 E4
Bellenot-sous-Pouilly 21 ..... 138 B4
Bellentre 73 ..... 214 C1
Belleray 55 ..... 40 B4
Bellerive-sur-Allier 03 ..... 190 A1
Belleroche 42 ..... 192 A1
Belleserre 81 ..... 278 A3
Bellesserre 31 ..... 276 A1
Belleu 02 ..... 36 B3
Belleuse 80 ..... 18 A4
Bellevaux 74 ..... 178 C4
Bellevesvre 71 ..... 159 D3
Belleville 54 ..... 68 A3
Belleville 69 ..... 192 C1
Belleville 79 ..... 182 B1
Belleville-en-Caux 76 ..... 16 D4
Belleville-sur-Bar 08 ..... 39 D2
Belleville-sur-Loire 18 ..... 135 D2
Belleville-sur-Mer 76 ..... 16 A2
Belleville-sur-Meuse 55 ..... 40 A4
Belleville-sur-Vie 85 ..... 145 F4
Bellevue 44 ..... 126 C4
Bellevue (Grotte de) 46 ..... 240 C2
Bellevue-Coëtquidan 56 ..... 102 B2
Bellevue-la-Montagne 43 ..... 226 C1
Belley 01 ..... 194 C4
Belley 10 ..... 90 B3
Belleydoux 01 ..... 177 D4
Bellicourt 02 ..... 20 A2
La Bellière 61 ..... 82 B1
La Bellière 76 ..... 33 D1
Bellignat 01 ..... 176 C4
Belligné 44 ..... 127 E2
Bellignies 59 ..... 10 A1
La Belliole 89 ..... 112 B1
Belloc 09 ..... 301 F3
Belloc-Saint-Clamens 32 ..... 274 B3
Bellocq 64 ..... 271 F2
Bellon 16 ..... 201 E4
Bellonne 62 ..... 8 C3
Bellot 77 ..... 62 C3
Bellou 14 ..... 57 D2
Bellou-en-Houlme 61 ..... 55 F4
Bellou-le-Trichard 61 ..... 83 F4
Bellou-sur-Huisne 61 ..... 84 A4
Belloy 60 ..... 35 D1
Belloy-en-France 95 ..... 61 D1
Belloy-en-Santerre 80 ..... 19 E3
Belloy-Saint-Léonard 80 ..... 17 E2
Belloy-sur-Somme 80 ..... 18 A2
Belluire 17 ..... 199 E2
Belmesnil 76 ..... 16 A3
Belmont 25 ..... 141 F4
Belmont 32 ..... 274 A1
Belmont 38 ..... 212 A2
Belmont 39 ..... 159 E2
Belmont 52 ..... 117 D4
Belmont 67 ..... 96 B1
Belmont 70 ..... 119 D3
Belmont-Bretenoux 46 ..... 223 D4
Belmont-d'Azergues 69 ..... 192 C3
Belmont-de-la-Loire 42 ..... 191 F1
Belmont-lès-Darney 88 ..... 118 A1
Belmont-Luthézieu 01 ..... 194 B3
Belmont-Sainte-Foi 46 ..... 258 B1
Belmont-sur-Buttant 88 ..... 95 E3
Belmont-sur-Rance 12 ..... 260 C4
Belmont-sur-Vair 88 ..... 93 F3
Belmont-Tramonet 73 ..... 212 C2
Belmontet 46 ..... 239 E4
Belon 29 ..... 99 E2
Belonchamp 70 ..... 119 D3
Belpech 11 ..... 301 E2
Belrain 55 ..... 66 C3
Belrupt 88 ..... 118 A1
Belrupt-en-Verdunois 55 ..... 40 B4
Bélus 40 ..... 271 E2
Belval 08 ..... 22 C3
Belval 50 ..... 54 A1
Belval 88 ..... 96 A1
Belval-Bois-des-Dames 08 ..... 39 E2
Belval-en-Argonne 51 ..... 66 A2
Belval-sous-Châtillon 51 ..... 63 F1
Belvédère 06 ..... 289 D2
Belvédère-Campomoro 2A 318 B2
Belverne 70 ..... 119 E4
Belvès 24 ..... 221 E4
Belvès-de-Castillon 33 ..... 219 D3
Belvèze 82 ..... 239 E4
Belvèze-du-Razès 11 ..... 302 A2
Belvézet 30 ..... 264 A2
Belvezet 48 ..... 244 C2
Belvianes-et-Cavirac 11 ..... 302 B4
Belvis 11 ..... 302 A4
Belvoir 25 ..... 142 B3
Belz 56 ..... 100 B4
Bémécourt 27 ..... 58 B3
Bénac 09 ..... 300 C4
Bénac 65 ..... 297 F2
Benagues 09 ..... 301 D2
Benais 37 ..... 129 F4
Bénaix 09 ..... 301 E4
Bénaménil 54 ..... 95 D1
Bénarville 76 ..... 15 D3
Benassay 86 ..... 165 F2
La Benâte 17 ..... 181 F2
La Bénate 44 ..... 145 E2
Benauge (Château de) 33 ..... 236 C1
Benay 02 ..... 20 A3
Benayes 19 ..... 204 A2
Bendejun 06 ..... 288 C1
Bendor (Île de) 83 ..... 291 E4
Bendorf 68 ..... 120 B4
Bénéjacq 64 ..... 297 D1
Benerville-sur-Mer 14 ..... 30 B3
Bénesse-lès-Dax 40 ..... 271 E1
Bénesse-Maremne 40 ..... 270 C1
Benest 16 ..... 184 A2
Bénestroff 57 ..... 69 E2
Bénesville 76 ..... 15 F2
Benet 85 ..... 164 B3
Beneuvre 21 ..... 116 A4
Bénévent-et-Charbillac 05 ..... 249 E1
Bénévent-l'Abbaye 23 ..... 186 B1
Beney-en-Woëvre 55 ..... 67 E2
Benfeld 67 ..... 97 D1
Bengy-sur-Craon 18 ..... 154 A2
Bénifontaine 62 ..... 8 B2
Béning-lès-Saint-Avold 57 ..... 43 D4
La Bénisson-Dieu 42 ..... 191 E1
Bénivay-Ollon 26 ..... 247 F4
Bennecourt 78 ..... 59 E1
Bennetot 76 ..... 15 D3
Benney 54 ..... 94 B1
Bennwihr 68 ..... 96 B3
Bénodet 29 ..... 98 C2
Benoisey 21 ..... 138 A1
Benoîtville 50 ..... 24 B3
Benon 17 ..... 164 A4
Bénonces 01 ..... 194 A4
Bénouville 14 ..... 29 F4
Bénouville 76 ..... 14 B2
Benque 31 ..... 299 E1
Benque 65 ..... 298 B2
Benque-Dessous-et-Dessus 31 ..... 307 F3
Benquet 40 ..... 254 A4
Bentayou-Sérée 64 ..... 273 E4
Bény 01 ..... 176 A4
Le Bény-Bocage 14 ..... 55 D2
Bény-sur-Mer 14 ..... 29 E3
Béon 01 ..... 194 C3
Béon 89 ..... 112 C2
Béost 64 ..... 296 C3
La Bérarde 38 ..... 232 A3
Bérat 31 ..... 276 A4
Béraut 32 ..... 255 F3
Berbérust-Lias 65 ..... 297 F3
Berbezit 43 ..... 208 B4
Berbiguières 24 ..... 221 E4
Berc 48 ..... 225 F4
Bercenay-en-Othe 10 ..... 90 A4
Bercenay-le-Hayer 10 ..... 89 E3
Berche 25 ..... 142 B2
Berchères-la-Maingot 28 ..... 85 E2
Berchères-les-Pierres 28 ..... 85 E3
Berchères-sur-Vesgre 28 ..... 59 E3
Berck-Plage 62 ..... 6 A2
Berck-sur-Mer 62 ..... 6 A2
Bercloux 17 ..... 182 B4
Berd'Huis 61 ..... 84 A3
Berdoues 32 ..... 274 B3
Bérelles 59 ..... 10 C2
Bérengeville-la-Campagne 27 ..... 58 C1
Berentzwiller 68 ..... 143 F1
Bérenx 64 ..... 272 A3
Béréziat 01 ..... 175 F3
Berfay 72 ..... 108 A2
Berg 67 ..... 70 A1
Berg-sur-Moselle 57 ..... 42 A2
Berganty 46 ..... 240 B3
Bergbieten 67 ..... 70 C3
Bergerac 24 ..... 220 A4
Bergères 10 ..... 91 E4
Bergères-lès-Vertus 51 ..... 64 A3
Bergères-sous-Montmirail 51 ..... 63 E3
Bergesserin 71 ..... 174 C3
Bergheim 68 ..... 96 B2
Bergholtz 68 ..... 120 B1
Bergholtzzell 68 ..... 120 B1
Bergicourt 80 ..... 17 F4
Bergnicourt 08 ..... 38 A2
Bergonne 63 ..... 207 F2
Bergouey 40 ..... 272 A1
Bergouey 64 ..... 271 E3
La Bergue 74 ..... 178 A4
Bergueneuse 62 ..... 7 E2
Bergues 59 ..... 3 F2
Bergues-sur-Sambre 02 ..... 10 A4
Berguette 62 ..... 3 F4
Berhet 22 ..... 50 B2
Bérig-Vintrange 57 ..... 69 D1
Bérigny 50 ..... 27 F4
Berjou 61 ..... 55 F3
Berlaimont 59 ..... 10 A2
Berlancourt 02 ..... 21 D3
Berlancourt 60 ..... 19 F4
Berlats 81 ..... 279 D1
Berlencourt-le-Cauroy 62 ..... 7 F3
Berles-au-Bois 62 ..... 8 A4
Berles-Monchel 62 ..... 7 F3
La Berlière 08 ..... 39 E1
Berling 57 ..... 70 A2
Berlise 02 ..... 21 F4
Berlou 34 ..... 279 F3
Bermerain 59 ..... 9 F3
Berméricourt 51 ..... 37 F3
Bermeries 59 ..... 10 A2
Bermering 57 ..... 69 D2
Bermesnil 80 ..... 17 E2
Bermicourt 62 ..... 7 E2
Bermont 90 ..... 142 C1
Bermonville 76 ..... 15 E3
Bernac 16 ..... 183 F2
Bernac 81 ..... 259 D3
Bernac-Debat 65 ..... 297 F2
Bernac-Dessus 65 ..... 297 F2
Bernadets 64 ..... 273 D4
Bernadets-Debat 65 ..... 274 B4

BELFORT

Ancêtres (Fg des) ..... Y 3
Armes (Pl. d') ..... Y 5
As-de-Carreau (R. de l') ..... Z 6
Bourgeois (Pl. des) ..... Y 12
Carnot (Bd) ..... Z 15
Clemenceau (R. G.) ..... Z 20
Denfert-Rochereau (R.) ..... Z 21
Dr-Corbis (Pl. du) ..... Z 23
Dr-Fréry (R. du) ..... Y 24
Dreyfus-Schmidt (R.) ..... Y 25
Espérance (Av. de l') ..... Y 28
Foch (Av. Mar.) ..... Z 29
France (Fg de) ..... Z 30
Gaulard (R. du Gén.) ..... Z 31
Grande-Fontaine (R.) ..... Y 33
Grand'Rue ..... Y 34
Joffre (Bd du Mar.) ..... Y 37
Lebleu (R. F.) ..... Z 40
Magasin (Q. du) ..... Y 43
Metz-Juteau (R.) ..... Y 45
Pompidou (R. G.) ..... Y 48
République (Pl. de la) ..... Y 49
République (R. de la) ..... Z 50
Roussel (R. du Gén.) ..... Y 51
Sarrail (Av. du Gén.) ..... Z 52
Vauban (Q.) ..... Y 60

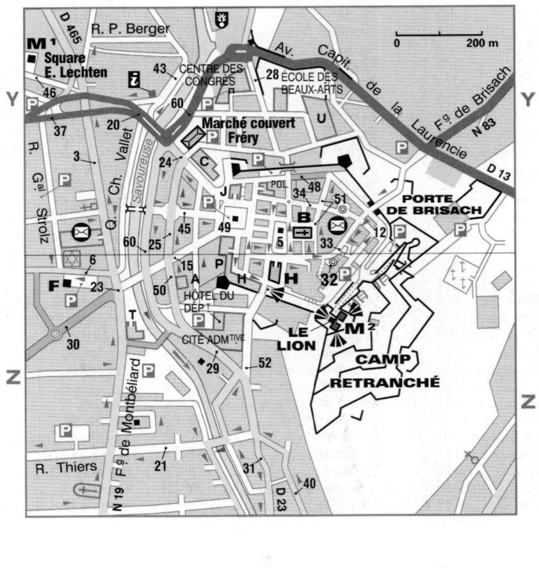

BESANÇON

Battant (Pont)..................AY 3
Battant (R.)......................AY
Bersot (R.)........................BY
Carnot (Av.).....................BY 7
Castan (Sq.).....................BZ 8
Chapitre (R. du)...............BZ 14
Denfert-Rochereau (Av.)...BY 17
Denfert-Rochereau (Pont)...ABY 18

Fusillés-de-la-Résistance (R. des)......................BZ 20
Gambetta (R.)...................BY 21
Gare-d'eau (Av. de la)......AZ 22
Gaulle (Bd Ch.-de)...........AZ 23
Girod de Chantrans (R.)...AYZ 24
Grande-Rue......................ABYZ
Granges (R. des)..............ABY
Krug (R. Ch.)....................BY 26
Madeleine (R. de la).........AY 29
Martelots (R. des).............BZ 30
Mégevand (R.).................ABZ 32

Moncey (R.)......................BY 33
Orme-de-Chamars (R. de l').AZ 36
Pouillet (R. C.).................AY 39
République (R. de la).......BY 40
Révolution (Pl. de la).......AY 41
Rivotte (Faubourg)...........BZ 42
Ronchaux (R.)..................BZ 43
Rousseau (R.)..................AY 45
Saint-Amour (Sq.)............BY 48
Sarrail (R. Gén.)...............BY 52
Vauban (Quai)..................BY 56
1re-Armée-Française (Pl.)...BY 58

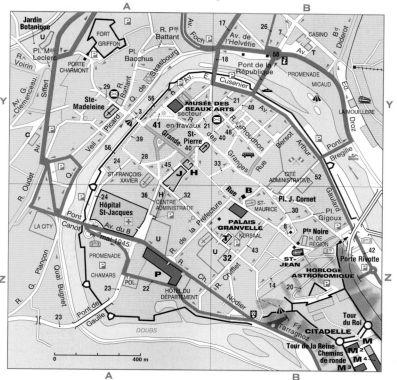

Bernadets-Dessus 65..........298 B1
Le Bernard 85...................162 C2
La Bernardière 85.............146 A1
Bernardswiller 67...............70 C4
Bernardvillé 67...................96 C1
Bernâtre 80..........................7 D4
Bernaville 80........................7 D4
Bernay 17...........................181 F2
Bernay 27............................57 F1
Bernay 72...........................106 B1
Bernay-en-Brie 77................62 A4
Bernay-en-Ponthieu 80..........6 B3
Berné 56.............................100 A1
Bernécourt 54......................67 F3
Bernède 32.........................273 D1
La Bernerie-en-Retz 44.......144 C1
Bernes 80.............................19 F2
Bernes-sur-Oise 95..............34 B4
Bernesq 14...........................27 F3
Berneuil 16.........................201 D3
Berneuil 17.........................199 E1
Berneuil 80...........................18 A1
Berneuil 87.........................185 E2
Berneuil-en-Bray 60..............34 A4
Berneuil-sur-Aisne 60...........35 F2
Berneval-le-Grand 76............16 B2
Berneville 62..........................8 A3
Bernex 74...........................178 C3
Bernienville 27.....................58 B1
Bernières 76.........................15 D3
Bernières-d'Ailly 14..............56 B2
Bernières-le-Patry 14............55 D3
Bernières-sur-Mer 14............29 E3
Bernières-sur-Seine 27.........32 C4
Bernieulles 62........................6 B1
Bernin 38............................213 D4
Bernis 30............................282 B1
Bernolsheim 67....................71 D2
Bernon 10...........................114 A2
Bernos-Beaulac 33.............236 C4
Bernot 02..............................20 B3
Bernouil 89.........................114 A3
Bernouville 27......................33 E3
Bernwiller 68.......................120 B3
Berny-en-Santerre 80...........19 E3
Berny-Rivière 02...................36 A2
Bérou-la-Mulotière 28...........58 B4
Berrac 32............................256 A3
Berre-les-Alpes 06..............288 C1
Berre-l'Étang 13.................284 B3
Berriac 11...........................302 C1
Berrias-et-Casteljau 07.......245 F4
Berric 56............................101 F4
Berrie 86............................148 B1
Berrien 29............................49 E4
Berrieux 02...........................37 E2
Berrogain-Laruns 64...........295 F1
Berru 51................................38 A3
Berrwiller 68.......................120 B1

Berry-au-Bac 02...................37 E2
Berry-Bouy 18....................153 D1
Le Bersac 05.......................248 C3
Bersac-sur-Rivalier 87........186 A2
Bersaillin 39........................159 E3
Bersée 59..............................9 D2
Bersillies 59.........................10 B1
Berson 33...........................217 E1
Berstett 67............................71 D2
Berstheim 67.........................71 D1
Bert 03...............................173 D4
Bertangles 80.......................18 B2
Bertaucourt-Epourdon 02......36 B1
Berteaucourt-les-Dames 80....18 A1
Berteaucourt-lès-Thennes 80...18 C3
Berthauville 76.....................15 D2
Berthecourt 60......................34 B3
Berthegon 86......................149 D3
Berthelange 25...................140 C4
Berthelming 57.....................69 F2
Berthen 59.............................4 A3
Berthenay 37......................130 B3
Berthenicourt 02...................20 B3
Berthenonville 27..................33 E4
La Berthenoux 36...............169 F1
Berthez 33..........................236 C3
Bertholène 12.....................242 C4
Berthouville 27.....................31 E4
Bertignat 63........................208 C2
Bertignolles 10...................115 D1
Bertincourt 62.......................19 E1
Bertoncourt 08......................38 B1
Bertrambois 54....................69 F4
Bertrancourt 80......................8 A1
Bertrange 57........................41 F3
Bertre 81............................277 F1
Bertren 65..........................299 D3
Bertreville 76........................15 D2
Bertreville-Saint-Ouen 76......16 A3
Bertric-Burée 24.................202 A4
Bertrichamps 54...................95 E3
Bertricourt 02.......................37 F2
Bertrimont 76........................16 D4
Bertrimoutier 88....................96 A2
Bertry 59..............................20 B1
Béru 89..............................114 A4
Béruges 86.........................166 A2
Bérulle 10.............................89 E4
Bérus 72...............................82 C3
Berven 29.............................48 C3
Berville 14............................56 C2
Berville 76............................15 F2
Berville 95............................34 A4
Berville-en-Roumois 27.........31 F3
Berville-la-Campagne 27......58 B1
Berville-sur-Mer 27..............30 C2
Berville-sur-Seine 76............15 F4
Berviller-en-Moselle 57.........42 C3
Berzé-la-Ville 71................175 D3

Berzé-le-Châtel 71.............175 D3
Berzème 07........................246 B1
Berzieux 51..........................39 D4
Berzy-le-Sec 02....................36 B3
La Besace 08.......................39 E1
Besain 39...........................160 A4
Besançon 25......................141 D4
Bésayes 26.........................229 E3
Bescat 64...........................296 C2
Bésignan 26........................248 A4
Bésingrand 64....................272 B4
Beslé 44.............................103 D4
La Beslière 50......................54 A3
Beslon 50............................54 B3
Besmé 02.............................36 A1
Besmont 02..........................21 F3
Besnans 70.........................141 F2
Besné 44............................125 E2
Besneville 50........................24 C4
Besny-et-Loizy 02................36 C1
Bessac 16...........................201 D3
Bessais-le-Fromental 18......154 A4
Bessamorel 43....................227 E2
Bessan 34...........................280 C4
Bessancourt 95....................60 C1
Bessans 73.........................215 E3
Bessas 07...........................246 A4
Le Bessat 42.......................210 B3
Bessay 85...........................163 E2
Bessay-sur-Allier 03...........172 B3
Besse 15.............................224 A2
Besse 36............................183 E3
La Besse 19........................223 E1
Besse 24............................239 E1
Besse 38............................231 F2
Besse-en-Chandesse 63.....207 D2
Bessé-sur-Braye 72............108 A3
Besse-sur-Issole 83............286 B4
Bessède-de-Sault 11..........311 D1
Bessèges 30........................245 E4
Bessenay 69.......................192 B4
Bessens 82.........................257 F4
Besset 09............................301 E3
Bessey 42...........................210 C3
Bessey-en-Chaume 21........157 F1
Bessey-la-Cour 21..............157 F1
Bessey-lès-Cîteaux 21........158 C1
La Besseyre-Saint-Mary 43...226 A3
Bessières 31.......................277 D1
Bessines 79........................164 C4
Bessines-sur-Gartempe 87...186 A2
Bessins 38..........................229 F1
Besson 03...........................172 A3
Bessoncourt 90...................119 F4
Bessonies 46......................223 E4
Les Bessons 48..................243 F1
Bessuéjouls 12...................242 C3
Bessy 10..............................90 A1
Bessy-sur-Cure 89.............136 C1

Bestiac 09...........................310 B1
Bétaille 46..........................222 C4
Betaucourt 70.....................117 F3
Betbèze 65.........................298 C1
Betbezer-d'Armagnac 40.....254 C3
Betcave-Aguin 32...............275 D3

Betchat 09..........................299 F2
Bétété 23............................169 F4
Béthancourt-en-Valois 60.....35 E3
Béthancourt-en-Vaux 02......36 A1
Bétharram (Grottes de) 64...297 D2
Béthelainville 55...................40 A4
Béthemont-la-Forêt 95..........60 C1
Béthencourt 59......................9 E4
Béthencourt-sur-Mer 80........16 C1
Béthencourt-sur-Somme 80...19 E3
Bétheniville 51......................38 B3
Bétheny 51...........................37 F3
Béthincourt 55......................40 A3
Béthines 86........................167 F2
Béthisy-Saint-Martin 60........35 E3
Béthisy-Saint-Pierre 60.........35 E3
Bethmale 09.......................299 F4
Bethon 51.............................89 E1
Béthon 72.............................82 C3
Bethoncourt 25...................142 C1
Béthonsart 62.........................7 F2
Béthonvilliers 28...................84 B4
Bethonvilliers 90.................119 F4
Béthune 62.............................8 A1
Bétignicourt 10.....................91 D2
Beton-Bazoches 77..............62 C4
Betoncourt-lès-Brotte 70.....118 C4
Betoncourt-les-Ménétriers 70...117 F4
Betoncourt-Saint-Pancras 70...118 B2
Betoncourt-sur-Mance 70.....117 F3
Bétous 32...........................273 F1
Betplan 32..........................274 A4
Betpouey 65.......................297 F4
Betpouy 65.........................298 C1
Bétracq 64..........................273 E3
Betschdorf 67.......................45 E4
Bettaincourt-sur-Rognon 52....92 B3
Bettainvillers 54....................41 D3
Bettancourt-la-Ferrée 52.......66 A4
Bettancourt-la-Longue 51......65 F3
Bettange 57.........................42 B3
Bettant 01...........................194 A3
Bettborn 57..........................69 F3
Bettegney-Saint-Brice 88......94 B3
Bettelainville 57....................42 A3
Bettembos 80.......................17 E3
Bettencourt-Rivière 80..........17 F2
Bettencourt-Saint-Ouen 80....18 A1
Bettendorf 68......................143 E1
Bettes 65............................298 A2
Betteville 76.........................15 E4
Bettignies 59........................10 B1
Betting-lès-Saint-Avold 57.....43 D4
Bettlach 68.........................120 C4
Betton 35..............................79 E4
Betton-Bettonet 73..............213 F2
Bettoncourt 88......................94 B3
Bettoncourt-le-Haut 52..........92 C3
Bettrechies 59......................10 A1
Bettviller 57..........................43 F1
Bettwiller 67.........................70 A1
Betz 60.................................35 F4

Betz-le-Château 37.............150 B2
Beugin 62..............................7 F2
Beugnâtre 62..........................8 B4
Beugneux 02.........................36 B4
Beugnies 59..........................10 C3
Le Beugnon 79....................164 C1
Beugnon 89.........................113 F2
Beugny 62.............................19 E1
Beuil 06..............................269 E1
Le Beulay 88.........................96 A2
Beulotte-Saint-Laurent 70....119 E2
Beure 25.............................141 D4
Beurey 10..............................91 D4
Beurey-Bauguay 21............138 A4
Beurey-sur-Saulx 55............66 A3
Beurières 63.......................208 C3
Beurizot 21.........................138 A3
Beurlay 17...........................181 E3
Beurville 52...........................91 F3
Beussent 62...........................6 B1
Beuste 64...........................297 D1
Beutal 25............................142 B2
Beutin 62...............................6 B1
Beuvardes 02........................63 D1
Beuveille 54..........................40 C2
Beuvezin 54..........................93 F2
Beuvillers 14.........................57 D1
Beuvillers 54.........................41 D2
Beuvrages 59..........................9 F2
Beuvraignes 80.....................19 D4
Beuvray (Mont) 71..............156 B3
Beuvrequen 62........................2 A3
Beuvreuil 76..........................33 E1
Beuvrigny 50.........................54 C2
Beuvron 58..........................136 B3
Beuvron-en-Auge 14.............30 A4
Beuvry 62...............................8 A1
Beuvry-la-Forêt 59..................9 D2
Beux 57................................62 A1
Beuxes 86...........................149 D1
Beuzec-Cap-Sizun 29...........73 D3
Beuzeville 27.........................30 C4
Beuzeville-au-Plain 50..........25 E4
Beuzeville-la-Bastille 50........25 D4
Beuzeville-la-Grenier 76........14 C3
Beuzeville-la-Guérard 76.......15 E2
Beuzevillette 76.....................15 D3
Bévenais 38........................212 A3
Beveuge 70.........................142 A1
Béville-le-Comte 28...............85 F2
Bévillers 59.............................9 E4
Bevons 04...........................267 D1
Bévy 21..............................158 A1
Bey 01................................158 E4
Bey 71................................158 B3
Bey-sur-Seille 54..................68 B3
Beychac-et-Caillau 33.........217 F3
Beychevelle 33....................217 D1
Beylongue 40......................253 E3
Beynac 87...........................185 F4
Beynac-et-Cazenac 24........221 E4
Beynat 19...........................222 C2
Beynes 04...........................267 F3
Beynes 78..............................59 F3
Beynost 01..........................193 D4

BÉZIERS

Abreuvoir (R. de l')..........BZ 2
Albert-1er (Av.)................CY 4
Bonsi (R. de)...................BZ 3
Brousse (Av. Pierre)........BZ 5
Canterelles (R.)...............BZ 6
Capus (R. du)..................BZ 7
Citadelle (R. de la)..........BZ 9

Drs-Bourguet (R. des)......BZ 13
Estienne-d'Orves (Av.)......BZ 22
Flourens (R.).....................BY 23
Garibaldi (Pl.)..................CZ 26
Joffre (Av. Mar.)...............CZ 32
Massol (R.).......................BZ 43
Moulins (Rampe des)........BY 44
Orb (R. de l')...................BZ 47
Péri (Pl. G.).....................BYZ 49
Puits-des-Arènes (R. du)...BZ 54

République (R. de la).......BY 55
Révolution (Pl. de la).......BZ 57
Riquet (R. P.)...................BY 58
St-Jacques (R.).................BZ 60
Strasbourg (Bd de)..........CY 64
Tourventouse (Bd)...........BZ 65
Victoire (R. de la)............BCY 69
Viennet (R.)......................BZ 69
4-Septembre (R. du)........BY 72
11-Novembre (Pl. du)......CY 74

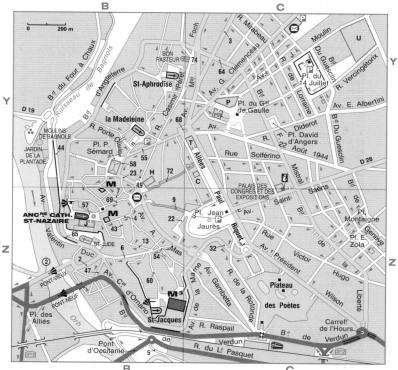

Beyrède (Col de) 65....298 B3
Beyrède-Jumet 65....298 B3
Beyren-lès-Sierck 57....41 F1
Beyrie-en-Béarn 64....272 C4
Beyrie-sur-Joyeuse 64....271 E4
Beyries 40....272 B2
Beyssac 19....204 A4
Beyssac (Château de) 24....221 E3
Beyssenac 19....203 F3
Le Bez 81....278 C2
Bez-et-Esparon 30....262 B3
Bézac 09....301 D2
Bezalles 77....62 C4
Bézancourt 76....33 D2
Bezange-la-Grande 54....68 C3
Bezange-la-Petite 57....69 D3
Bezannes 51....37 F4
Les Bézards 45....111 F4
Bézaudun-les-Alpes 06....269 F4
Bézaudun-sur-Bîne 26....247 F2
Bezaumont 54....68 A2
Bèze 21....139 F2
Bézenac 24....221 E4
Bézenet 03....171 E4
Bézéril 32....275 E3
Béziers 34....280 B4
Bezinghem 62....6 C1
Bezins-Garraux 31....299 D4
La Bezole 11....302 A3
Bezolles 32....255 F4
Bezons 95....60 C2
Bezonvaux 55....40 B3
Bezouce 30....264 B4
Bézouotte 21....139 F3
Bézu-la-Forêt 27....33 D2
Bézu-le-Guéry 02....62 C2
Bézu-Saint-Éloi 27....33 E3
Bézu-Saint-Germain 02....63 D1
Bézues-Bajon 32....274 C4
Biache-Saint-Vaast 62....8 C3
Biaches 80....19 E2
Bians-les-Usiers 25....160 C2
Biard 86....166 B2
Les Biards 50....80 B1
Biarne 39....159 E1
Biarre 80....19 E4
Biarritz 64....270 B3
Biarritz-Bayonne-Anglet
  (Aéroport de) 64....270 B3
Biarrotte 40....271 D2
Biars-sur-Cère 46....223 D3
Bias 40....252 B1
Bias 47....238 B3
Biaudos 40....271 D2
Bibiche 57....42 B2
Biblisheim 67....71 E1
Bibost 69....192 B4
Bichancourt 02....36 A1
Biches 58....155 F2
Bickenholtz 57....70 A2
Bicqueley 54....67 F4
Bidache 64....271 E3
Bidarray 64....270 C4
Bidart 64....270 B3
Bidestroff 57....69 E2
Biding 57....69 E1
Bidon 07....246 B4
Bidos 64....296 B1
Biécourt 88....93 F3
Biederthal 68....120 C4
Bief 25....142 C3
Bief-des-Maisons 39....160 B4
Bief-du-Fourg 39....160 B3
Biefmorin 39....159 E3
Biefvillers-lès-Bapaume 62....19 E1
Bielle 64....296 C2
Bielsa (Tunnel de) 65....307 D4
Bienassis (Château de) 22....51 F3
Biencourt 80....17 D2
Biencourt-sur-Orge 55....92 C1
Bienville 60....35 E2
Bienville-la-Petite 54....68 C4
Bienvillers-au-Bois 62....8 A4
Biermes 08....38 B2
Biermont 60....35 E1
Bierné 53....105 E3
Bierne 59....3 E3
Biernes 52....92 A4
Bierre-lès-Semur 21....137 F3
Bierry-les-Belles-
  Fontaines 89....137 F1
Biert 09....300 B4
Bierville 76....32 B1
Biesheim 68....97 D4
Biesles 52....116 C1
Bietlenheim 67....71 E2
Bieujac 33....236 C2
Bieuxy 02....36 B2
Bieuzy 56....100 C1
Bieuzy-Lanvaux 56....100 C3
Biéville 50....55 D1
Biéville-Beuville 14....29 E4
Biéville-en-Auge 14....30 A4
Biéville-Quétiéville 14....56 B1
Biéville-sur-Orne 14....29 E4
Bièvres 02....37 D2
Bièvres 08....40 A1
Bièvres 91....60 C4
Biffontaine 88....95 E4
Biganos 33....234 C1
Bignac 16....183 E4
Bignan 56....101 D2
Bignay 17....181 F3
La Bigne 14....55 E1
Bignicourt 08....38 C2
Bignicourt-sur-Marne 51....65 E4
Bignicourt-sur-Saulx 51....65 F3
Le Bignon 44....145 E2
Le Bignon-du-Maine 53....105 E2

Le Bignon-Mirabeau 45....112 A1
Bignoux 86....166 C1
Bigny 18....153 E4
Bigorno 2B....315 E3
La Bigottière 53....81 D4
Biguglia 2B....315 F2
Bihorel 76....32 B2
Bihucourt 62....8 B4
Bilazais 79....148 B3
Bile (Pointe du) 56....123 E4
Bilhères 64....296 C2
Bilia 2A....318 C2
Bilieu 38....212 B3
Billac 19....222 C3
Billancelles 28....84 C2
Billancourt 80....19 E4
Les Billanges 87....186 B3
Billaude (Cascade de la) 39....160 B4
Les Billaux 33....218 C3
Billé 35....80 A3
Billecul 39....160 B4
Billère 64....272 C4
Billey 21....159 D1
Billezois 03....190 B1
Billiat 01....194 C1
Billième 73....194 C4
Billière 31....307 F4
Billiers 56....123 E2
Billio 56....101 E2
Billom 63....208 A1
Billy 03....172 B4
Billy 14....56 B1
Billy 41....132 B4
Billy-Berclau 62....8 B1
Billy-Chevannes 58....155 E2
Billy-le-Grand 51....64 B1
Billy-lès-Chanceaux 21....138 C2
Billy-Montigny 62....8 B2
Billy-sous-les-Côtes 55....67 E1
Billy-sous-Mangiennes 55....40 C3
Billy-sur-Aisne 02....36 B3
Billy-sur-Oisy 58....136 A2
Billy-sur-Ourcq 02....36 B4
Biltzheim 68....96 C4
Bilwisheim 67....71 D2
Bimont 62....6 C1
Binarville 51....39 E4
Binas 41....109 E3
Bindernheim 67....97 D2
Binges 21....139 F3
Binic 22....51 E3
Bining 57....44 A4
Biniville 50....25 D4
Binos 31....299 D4
Binson-et-Orquigny 51....63 F1
Bio 46....222 C4
Biol 38....212 A2
La Biolle 73....195 D4
Biollet 63....188 C3
Bion 50....80 C1
Bioncourt 57....68 C3
Bionville 54....95 F1
Bionville-sur-Nied 57....42 B4
Biot 06....288 B3
Le Biot 74....178 C4
Bioule 82....258 A2
Bioussac 16....183 F2
Biozat 03....189 F2
Birac 16....201 D2
Birac 33....236 C3
Birac-sur-Trec 47....237 F3
Biran 32....274 B1
Biras 24....202 B4
Biriatou 64....270 A4
Birieux 01....193 E3
Birkenwald 67....70 B3
Biron 17....199 F2
Biron 24....239 D2
Biron 64....272 A3
Bisanne (Signal de) 73....196 B4
Biscarrosse 40....234 B3
Biscarrosse-Plage 40....234 B3
Bischheim 67....71 D3
Bischholtz 67....70 C1
Bischoffsheim 67....70 C4
Bischtroff-sur-Sarre 67....69 F2
Bischwihr 68....96 C3
Bischwiller 67....71 E2
Bisel 68....120 B4
Bisinchi 2B....315 E3
Bislée 55....67 D2
Bisping 57....69 F3
Bissert 67....69 F1
Bisseuil 51....64 B1
Bissey-la-Côte 21....115 E3
Bissey-la-Pierre 21....115 D3
Bissey-sous-Cruchaud 71....157 F4
Bissezeele 59....3 E2
Bissières 14....56 B1
Bissy-la-Mâconnaise 71....175 D2
Bissy-sous-Uxelles 71....175 D2
Bissy-sur-Fley 71....174 C1
Bisten-en-Lorraine 57....42 B4
Bistroff 57....69 D1
Bitche 57....44 B3
Bitry 58....135 E2
Bitry 60....36 A2
Bitschhoffen 67....71 D1
Bitschwiller-lès-Thann 68....120 A2
Biver 13....285 D3
Bivès 32....256 C4
Biviers 38....212 C4
Biville 50....24 B2
Biville-la-Baignarde 76....16 A4
Biville-la-Rivière 76....15 F2
Biville-sur-Mer 76....16 B2
Bivilliers 61....83 F1

Bizanet 11....303 F2
Bizanos 64....273 D4
Bize 52....117 E3
Bize 65....298 C3
Bize-Minervois 11....303 F1
Le Bizet 59....4 B4
Biziat 01....175 E4
Bizonnes 38....212 A3
Bizou 61....84 A2
Les Bizots 71....157 D4
Bizous 65....298 B2
Blacé 69....192 B3
Blaceret 69....192 B3
Blacourt 60....33 F2
Blacqueville 76....15 F4
Blacy 51....65 D4
Blacy 89....137 E1
Blaesheim 67....71 D4
Blagnac 31....276 B2
Blagny 08....23 F4
Blagny-sur-Vingeanne 21....139 F2
Blaignac 33....237 D2
Blaignan 33....198 C4
Blain 44....126 A2
Blaincourt-lès-Précy 60....34 C4
Blaincourt-sur-Aube 10....91 D3
Blainville-Crevon 76....32 C2
Blainville-sur-l'Eau 54....94 C1
Blainville-sur-Mer 50....53 F1
Blainville-sur-Orne 14....29 F4
Blairville 62....8 A4
Blaise 08....38 C2
Blaise 52....92 A3
Blaise-sous-Arzillières 51....65 E4
Blaison 49....128 C3
Blaisy 52....92 A4
Blaisy-Bas 21....138 C3
Blaisy-Haut 21....138 C3
Blajan 31....299 D1
Blajoux 48....244 B4
Blamont 25....142 C2
Blâmont 54....69 E4
Blan 81....277 F3
Le Blanc 36....167 F1
Blanc (Lac) 68....96 A3
Le Blanc-Mesnil 93....61 D2
Blanc-Misseron 59....9 F2
Blanc-Nez (Cap) 62....2 B2
Blancafort 18....134 B2
Blancey 21....138 A4
Blancfossé 60....18 A4
Blanche-Église 57....69 D3
Blanchefosse 08....21 F3
Blancherupt 67....96 A1
Blancheville 52....92 C4
Blandainville 28....85 D3
Blandas 30....262 A4
Blandin 38....212 A2
Blandouet 53....106 A1
Blandy 77....87 F1
Blandy 91....86 C3
Blangermont 62....7 E3
Blangerval 62....7 E3
Blangy-le-Château 14....30 C4
Blangy-sous-Poix 80....17 F3
Blangy-sur-Bresle 76....17 D2
Blangy-sur-Ternoise 62....7 D2
Blangy-Tronville 80....18 B3
Blannay 89....136 C2
Blanot 21....156 C1
Blanot 71....175 D2
Blanquefort 32....275 E1
Blanquefort 33....217 E3
Blanquefort-sur-Briolance 47....239 D2
Blanzac 16....201 E3
Blanzac 43....227 D2
Blanzac 87....185 E1
Blanzac-lès-Matha 17....182 B1
Blanzaguet-Saint-Cybard 16....201 F3
Blanzat 63....189 E4
Blanzay 86....183 F1
Blanzay-sur-Boutonne 17....182 B2
Blanzée 55....40 B4
Blanzy 71....174 B1
Blanzy-la-Salonnaise 08....38 A2
Blanzy-lès-Fismes 02....37 D3
Blargies 60....17 E4
Blarians 25....141 E2
Blaringhem 59....3 E4
Blars 46....240 C1
Blaru 78....59 E1
Blasimon 33....237 D1
Blaslay 86....149 D4
Blassac 43....226 A1
Blaudeix 23....187 D1
Blausasc 06....289 E4
Blauvac 84....265 F2
Blauzac 30....264 A3
Blavignac 48....225 F4
Blavozy 43....227 D2
Blay 14....28 C3
Blaye 33....217 D1
Blaye-les-Mines 81....259 E3
Blaymont 47....238 C4
Blaziert 32....256 A3
Blécourt 52....92 A3
Blécourt 59....9 D4
Blégiers 04....268 A1
Bleigny-le-Carreau 89....113 F3
Bleine (Col de) 06....269 D4
Blémerey 54....69 E4
Blémerey 88....94 A3
Blendecques 62....3 E4
Bléneau 89....112 A4
Blennes 77....88 B4

Blénod-
  lès-Pont-à-Mousson 54....68 A2
Blénod-lès-Toul 54....93 F1
Bléquin 62....36 A1
Bérancourt 02....36 A1
Blercourt 55....66 B1
Bléré 37....131 E3
Blériot-Plage 62....2 B2
Bléruais 35....78 B4
Blésignac 33....218 C4
Blesle 43....207 F4
Blesme 51....65 F4
Blesmes 02....63 D1
Blessac 23....187 D3
Blessey 21....138 B2
Blessonville 52....116 A1
Blessy 62....3 E4
Blet 18....154 A3
Bletterans 39....159 E4
Bleurville 88....118 A1
Bleury 28....85 F2
Blevaincourt 88....117 E1
Blèves 72....83 D2
Blévy 28....84 C1
Le Bleymard 48....244 C3
Blicourt 60....34 A1
Blienschwiller 67....96 C1
Blies-Ébersing 57....43 E4
Blies-Guersviller 57....43 E4
Bliesbruck 57....43 F4
Blieux 04....268 A3
Blignicourt 10....91 D2
Bligny 10....91 E4
Bligny 51....37 E4
Bligny-en-Othe 89....113 E2
Bligny-le-Sec 21....138 C2
Bligny-lès-Beaune 21....158 A2
Bligny-sur-Ouche 21....157 F1
Blincourt 60....35 D3
Blingel 62....7 D2
Blis-et-Born 24....221 D1
Blismes 58....156 A1
Blodelsheim 68....121 D1
Blois 41....132 A1
Blois-sur-Seille 39....159 F4
Blomac 11....303 D1
Blomard 03....171 F4
Blombay 08....22 B3
Blond 87....185 E2
Blondefontaine 70....117 F3
Blonville-sur-Mer 14....30 B3
Blosseville 76....15 F1
Blosville 50....25 E4
Blot-l'Église 63....189 D2
Blotzheim 68....121 D3
Blou 49....129 E3
Blousson-Sérian 32....274 A3
La Bloutière 50....54 B2
Bloye 74....195 D3
Bluffy 74....195 F3
Blumeray 52....91 F3
Blussangeaux 25....142 B2
Blussans 25....142 B2
Blye 39....177 D1
Blyes 01....193 F3
Le Bô 14....55 F2
Bobigny 93....61 D3
Bobital 22....78 C2
Le Bocasse 76....32 A1
La Bocca 06....288 A3
Bocca Bassa (Col de) 2B....314 A4
Bocca di Vezzu 2B....315 D2
Bocé 49....129 E2
Bocognano 2A....317 D2
Bocquegney 88....94 B4
Bocquencé 61....57 E3
Le Bodéo 22....77 D2
Bodilis 29....48 C3
Boé 47....256 B1
Boécé 61....83 E2
Boëge 74....178 B4
Boeil-Bezing 64....297 D1
Le Boël 35....103 D1
Boën 42....191 E4
Boersch 67....70 C4
Boeschepe 59....4 A3
Boëséghem 59....3 E4
Boësenbiesen 67....97 D2
Boësse 79....147 F2
Boëssé-le-Sec 72....107 F1
Boësses 45....111 D1
Bœurs-en-Othe 89....113 E2
Boffles 62....7 E3
Boffres 07....228 C3
Bogève 74....178 B4
Bogny-sur-Meuse 08....22 C2
Bogros 26....206 B2
Bogy 07....210 C4
Bohain-en-Vermandois 02....20 B3
Bohal 56....101 F3
La Bohalle 49....128 C2
Bohars 29....47 E3
Bohas 01....194 A1
Boigneville 91....87 D3
Boigny-sur-Bionne 45....110 B3
Boinville-en-Mantois 78....60 A2
Boinville-en-Woëvre 55....40 C4
Boinville-le-Gaillard 78....86 A2
Boinvilliers 78....59 F2
Boiry-Becquerelle 62....8 B4
Boiry-Notre-Dame 62....8 B3
Boiry-Saint-Martin 62....8 A4
Boiry-Sainte-Rictrude 62....8 A4
Bois 17....199 E2
Le Bois 73....214 B2
Bois-Anzeray 27....57 F2
Bois-Arnault 27....58 A3
Bois-Aubry
  (Abbaye de) 37....149 F2
Bois-Bernard 62....8 B3

Bois-Chenu
  (Basilique du) 88....93 E2
Bois-Chevalier
  (Château de) 44....145 E2
Bois-Colombes 92....60 C2
Bois-d'Amont 39....177 F2
Bois-d'Arcy 78....60 B3
Bois-d'Arcy 89....136 C2
Bois-de-Céné 85....145 D2
Bois-de-Champ 88....95 E3
Bois-de-Gand 39....159 E3
Bois-de-la-Chaize 85....144 B1
Bois-de-la-Pierre 31....276 A4
Bois-d'Ennebourg 76....32 C2
Le Bois-d'Oingt 69....192 B3
Bois Dousset
  (Château du) 86....166 C3
Bois-du-Four 12....261 D1
Bois-Grenier 59....4 B4
Bois-Guilbert 76....32 C1
Bois-Guillaume 76....32 B2
Le Bois-Hellain 27....30 C4
Bois-Héroult 76....32 C1
Bois-Herpin 91....86 C3
Bois-Himont 76....15 E3
Bois-Jérôme-Saint-Ouen 27....59 E1
Bois-la-Ville 25....141 F3
Bois-le-Roi 27....59 D3
Bois-le-Roi 77....87 F2
Bois-lès-Pargny 02....20 C4
Bois-l'Évêque 76....32 B2
Bois Noirs 42....190 C3
Bois-Normand-près-Lyre 27....58 A2
Le Bois-Plage-en-Ré 17....163 D4
Le Bois-Robert 76....16 A3
Bois-Sainte-Marie 71....174 B4
Bois-Sir-Amé
  (Château de) 18....153 E3
Bois-Thibault
  (Château de) 53....81 F2
Boisbergues 80....7 E4
Boisbreteau 16....201 D4
Boiscommun 45....111 D2
Boisdinghem 62....3 D3
Boisdon 77....62 C4
Boisemont 27....33 D3
Boisemont 95....60 B2
Boisgasson 28....108 C2
Boisgervilly 35....78 C4
Boisjean 62....6 B2
Le Boisle 80....6 C3
Boismé 79....147 F2
Boismont 54....40 C2
Boismont 80....6 B4
Boismorand 45....111 F4
Boisney 27....31 E4
Boisrault 80....17 E3
Boisredon 17....199 E4
Boisroger 50....26 C4
Boissay 76....32 C1
La Boisse 01....193 E3
Boisse 24....238 B1
Boisse-Penchot 12....241 F2
Boisseau 41....109 D4
Boisseaux 45....86 B4
Boissède 31....275 E4
Boissei-la-Lande 61....56 C4
Boisserolles 79....182 B1
Boisseron 34....282 A1
Les Boisses 73....215 D2
Boisset 15....223 F4
Boisset 34....279 E4
Boisset 43....209 D4
Boisset-et-Gaujac 30....263 D3
Boisset-
  lès-Montrond 42....209 F1
Boisset-les-Prévanches 27....59 D2
Boisset-Saint-Priest 42....209 E2
Boissets 78....59 F3
Boissettes 77....87 E2
Boisseuil 87....186 A4
Boisseuilh 24....203 F4
Boissey 01....175 E3
Boissey 14....56 C1
Boissey-le-Châtel 27....31 F3
Boissezon 81....278 C2
Boissia 39....177 D1
La Boissière 14....30 B4
La Boissière 27....59 D2
La Boissière 34....281 D2
La Boissière 53....104 C3
La Boissière (Ancienne
  Abbaye) 49....129 F1
La Boissière-d'Ans 24....221 D1
La Boissière-de-Montaigu 85....146 B2
La Boissière-des-Landes 85....162 C1
La Boissière-du-Doré 44....127 D4
La Boissière-École 78....59 F4
La Boissière-en-Gâtine 79....165 D2
La Boissière-sur-Èvre 49....127 E3
Boissières 30....282 B3
Boissières 46....240 A2
Boissise-la-Bertrand 77....87 E2
Boissise-le-Roi 77....87 E2
Boissy-aux-Cailles 77....87 E3
Boissy-en-Drouais 28....59 D3
Boissy-Fresnoy 60....35 E4
Boissy-la-Rivière 91....86 C3
Boissy-l'Aillerie 95....60 B1
Boissy-Lamberville 27....31 E4
Boissy-le-Bois 60....33 F3
Boissy-le-Châtel 77....62 C3
Boissy-le-Cutté 91....87 D3
Boissy-le-Repos 51....63 E3
Boissy-le-Sec 91....86 B3
Boissy-lès-Perche 28....58 C4

Boissy-Maugis 61....84 A2
Boissy-Mauvoisin 78....59 F2
Boissy-Saint-Léger 94....61 D4
Boissy-sans-Avoir 78....60 A3
Boissy-sous-Saint-Yon 91....86 C1
Boistrudan 35....103 F3
Boisville-la-Saint-Père 28....85 F3
Boisyvon 50....54 B3
Boitron 61....83 D1
Boitron 77....62 C3
Bolandoz 25....160 B2
Bolazec 29....49 F4
Bolbec 76....15 D3
Bollène 84....246 C4
La Bollène-Vésubie 06....289 D2
Bolleville 50....26 C3
Bolleville 76....15 D3
Bollezeele 59....3 E2
La Bolline 06....269 F1
Bollwiller 68....120 B1
Bologne 52....92 B4
Bolozon 01....194 A1
Bolquère 66....311 D2
Bolsenheim 67....97 D1
Bombannes 33....216 B1
Bombon 77....88 A3
Bommes 33....236 B2
Bommiers 36....152 B4
Bompas 09....301 D4
Bompas 66....313 D1
Bomy 62....7 E1
Bon-Encontre 47....256 B1
Bona 58....155 E2
Bonac-Irazein 09....299 F4
Bonaguil (Château de) 47....239 D2
Bonas 32....274 B1
Bonboillon 70....140 B3
Boncé 28....85 E3
Bonchamp-lès-Laval 53....105 D1
Boncourt 02....37 E1
Boncourt 27....59 D1
Boncourt 28....59 E3
Boncourt 54....41 D4
Boncourt-le-Bois 21....158 B1
Boncourt-sur-Meuse 55....67 D3
Bondaroy 45....110 C1
Bondeval 25....142 C2
Bondigoux 31....258 A4
Les Bondons 48....244 B4
Bondoufle 91....87 D1
Bondues 59....4 C4
Bondy 93....61 D3
Bonen 22....76 B3
Bonette (Cime de la) 04....251 D2
Bongheat 63....208 A1
Le Bonhomme 68....96 A3
Bonhomme (Col du) 88....96 A3
Bonifacio 2A....319 E4
Bonifato (Cirque de) 2B....314 C3
Bonlier 60....34 A2
Bonlieu 39....177 D1
Bonlieu-sur-Roubion 26....247 D2
Bonloc 64....271 D4
Bonnac 09....301 D3
Bonnac 15....225 E1
Bonnac-la-Côte 87....185 F3
Bonnal 25....141 F1
Bonnard 89....113 E3
Bonnat 23....169 E4
Bonnatrait 74....178 B3
Bonnaud 39....176 B1
Bonnay 25....141 D3
Bonnay 71....174 C2
Bonnay 80....18 C2
Bonne 74....178 A4
Bonne-Fontaine 57....70 B2
Bonne-Fontaine
  (Château de) 35....79 F2
Bonnebosq 14....30 B4
Bonnecourt 52....117 D2
Bonnée 45....111 D3
Bonnefamille 38....211 E1
Bonnefoi 61....57 F4
Bonnefond 19....205 D2
Bonnefont 65....298 B1
Bonnefontaine 39....159 F4
Bonnefontaine (Ancienne
  Abbaye de) 08....21 F3
Bonnegarde 40....272 A3
Bonneil 02....62 C2
Bonnelles 78....86 B1
Bonnemain 35....79 D2
Bonnemaison 14....55 E1
Bonnemazon 65....298 A2
Bonnencontre 21....158 C1
Bonnes 16....219 E1
Bonnes 86....166 C1
Bonnesvalyn 02....62 C1
Bonnet 55....92 C1
Bonnétable 72....83 E4
Bonnétage 25....142 B2
Bonnetan 33....217 F4
Bonneuil 16....201 D2
Bonneuil 36....168 A3
Bonneuil-en-France 95....61 D2
Bonneuil-en-Valois 60....35 F4
Bonneuil-les-Eaux 60....18 A4
Bonneuil-Matours 86....166 C1
Bonneuil-sur-Marne 94....61 D4
Bonneval 28....85 E4
Bonneval 43....208 C4
Bonneval 73....214 A2
Bonneval-en-Diois 26....248 C1
Bonneval-sur-Arc 73....215 D3
Bonnevaux 25....160 C2
Bonnevaux 30....245 E4
Bonnevaux 74....178 C3

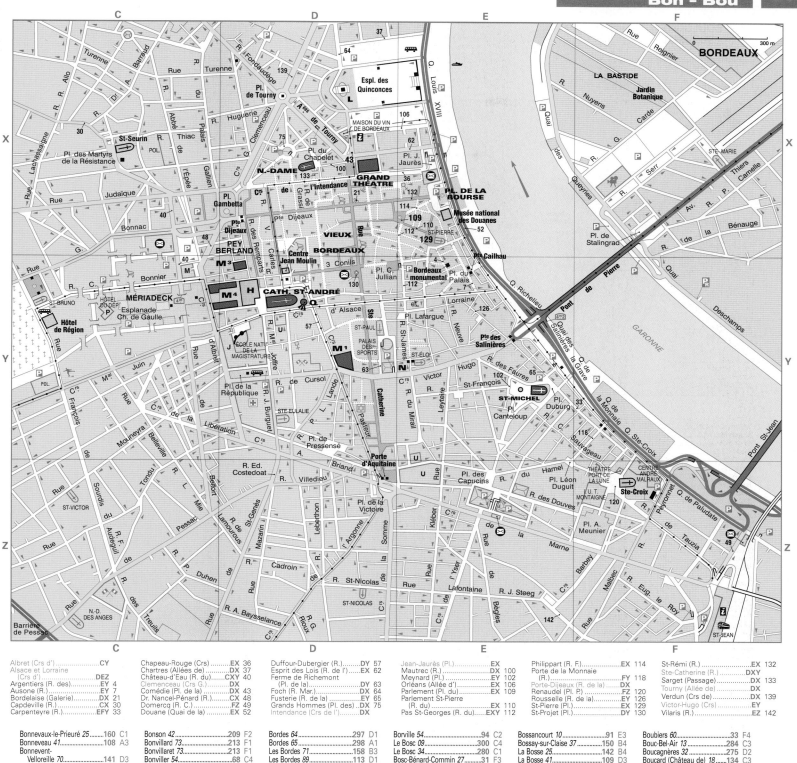

BORDEAUX

Albret (Crs d') ....**CY**	Chapeau-Rouge (Crs) ......**EX** 36	Duffour-Dubergier (R.).........**DY** 57	Jean-Jaurès (Pl.) ....**EX**
Alsace et Lorraine	Chartres (Allées de) ......**DX** 37	Esprit des Lois (R. de l') ....**EX** 62	Mautrec (R.) ....**DX** 100
(Crs d') ....**DEZ**	Château-d'Eau (R. du) ....**CXY** 40	Ferme de Richemont	Meynard (Pl.) ....**EY** 102
Argentiers (R. des) ....**EY** 4	Clemenceau (Crs G.) ....**DX**	(Pl. de la) ....**DY** 63	Orléans (Allée d') ....**EX** 106
Ausone (R.) ....**EY** 7	Comédie (Pl. de la) ......**DX** 43	Foch (R. Mar.) ....**DX** 64	Parlement (Pl. du) ....**EX** 109
Bordelaise (Galerie) ......**DX** 21	Dr. Nancel-Pénard (R.) ....**CX** 48	Fusterie (R. de la) ....**EY** 65	Parlement St-Pierre
Capdeville (R.) ....**CX** 30	Domercq (R. C.) ....**FZ** 49	Grands Hommes (Pl. des) ..**DX** 75	(R. du) ....**EX** 110
Carpenteyre (R.) ....**EFY** 33	Douane (Quai de la) ....**EX** 52	Intendance (Crs de l') ......**DX**	Pas St-Georges (R. du) ....**EXY** 112
			Philippart (R. F.) ....**EX** 114	St-Rémi (R.) ....**EX** 132
			Porte de la Monnaie	Ste-Catherine (R.) ....**DXY**
			(R.) ....**FY** 118	Tourny (Allée de) ....**DX** 133
			Porte-Dijeaux (R. de la) ....**DX**	Tourny (Allée de) ....**DX**
			Renaudel (Pl.) ....**FZ** 120	Verdun (Crs de) ....**DX** 139
			Rousselle (R. de la) ....**EY** 126	Victor-Hugo (Crs) ....**EY**
			St-Pierre (Pl.) ....**EX** 129	Vilaris (R.) ....**EZ** 142
			St-Projet (Pl.) ....**DY** 130	

Bonnevaux-le-Prieuré 25 ......160 C1	Bonson 42 ....209 F2	Bordes 64 ....297 D1	Borville 54 ....94 C2	Bossancourt 10 ....91 E3	Boubiers 60 ....33 F4
Bonneveau 41 ....108 A3	Bonvillard 73 ....213 F1	Bordes 65 ....298 A1	Le Bosc 09 ....300 C4	Bossay-sur-Claise 37 ......150 B4	Bouc-Bel-Air 13 ....284 C3
Bonnevent-	Bonvillaret 73 ....213 F1	Les Bordes 71 ....158 B3	La Bosse 25 ....142 B4	Bosse (La) 25 ....142 B4	Boucagnères 32 ....275 D2
Velloreille 70 ....141 D3	Bonviller 54 ....68 C4	Les Bordes 89 ....113 D1	La Bosse 34 ....280 C1	La Bosse 41 ....109 D3	Boucard (Château de) 18 ..134 C3
Bonneville 16 ....183 D4	Bonvillers 60 ....34 B1	Les Bordes-Aumont 10 ....90 B4	Bosc-Bénard-Commin 27 ....31 F3	La Bosse 72 ....83 E4	Boucau 64 ....270 C4
Bonneville 80 ....18 A1	Bonvillet 88 ....118 A1	Bordes-de-Rivière 31 ....299 D2	Bosc-Bénard-Crescy 27 .....31 F3	La Bosse-de-Bretagne 35 ..103 E3	Boucé 03 ....172 C4
Bonneville 74 ....196 A1	Bony 02 ....20 A2	Les Bordes-sur-Arize 09 ....300 B2	Bosc-Bérenger 76 ....16 B4	Bossée 37 ....150 A1	Boucé 61 ....56 B4
Bonneville-Aptot 27 ....31 F4	Bonzac 33 ....218 C2	Les Bordes-sur-Lez 09 ......299 F4	Bosc-Bordel 76 ....32 C1	Bosselshausen 67 ....70 C1	Boucey 50 ....79 F1
Bonneville-et-Saint-Avit-de-	Bonzée-en-Woëvre 55 ....67 D1	Bordezac 30 ....245 D2	Bosc-Édeline 76 ....32 C1	Bossendorf 67 ....70 C1	Le Bouchage 16 ....184 A2
Fumadières 24 ....219 E4	Boô-Silhen 65 ....297 E3	Bords 17 ....181 E3	Bosc-Guérard-	Bosserville 54 ....68 B4	Le Bouchage 38 ....212 B1
Bonneville-la-Louvet 14 .....30 C3	Boofzheim 67 ....97 D1	Borée 07 ....227 F3	Saint-Adrien 76 ....32 B1	Bosset 24 ....219 F3	Bouchain 59 ....9 E3
La Bonneville-sur-Iton 27 ...58 B2	Boos 40 ....253 D3	Le Boréon 06 ....289 D1	Bosc-Hyons 76 ....33 E2	Bosseval-et-Briancourt 08 ..23 D3	Bouchamps-lès-Craon 53 ..104 C3
Bonneville-sur-Touques 14 ..30 B3	Boos 76 ....32 B2	Boresse-et-Martron 17 ......201 D4	Bosc-le-Hard 76 ....32 B1	Bossey 74 ....195 E4	Le Bouchaud 03 ....173 E4
Bonnières 60 ....33 F2	Bootzheim 67 ....97 D2	Borest 60 ....35 D4	Bosc-Mesnil 76 ....16 B4	Bossieu 38 ....211 E3	Le Bouchaud 39 ....159 F3
Bonnières 62 ....7 E4	Boqueho 22 ....78 A3	Borey 70 ....141 F1	Le Bosc-Morel 27 ....57 F2	Les Bossons 74 ....196 C2	Le Bouchet 73 ....196 C2
Bonnières-sur-Seine 78 .....59 F1	Borgo 2B 315 F2	Borgo 2B 315 F2	Bosc-Renoult 61 ....57 D2	Bossugan 33 ....219 D4	Le Bouchet 74 ....196 A4
Bonnieux 84 ....266 A4	Bor-et-Bar 12 ....259 E1	Bormes-les-Mimosas 83 ....293 D2	Bosc-Renoult-en-Ouche 27 ..58 A2	Bossus-lès-Rumigny 08 .....21 D3	Le Bouchet-Saint-Nicolas 43 ..226 C4
Bonningues-lès-Ardres 62 ..2 C3	Boran-sur-Oise 60 ....34 C4	Le Born 31 ....258 A4	Bosc-Renoult-en-Roumois 27 ..31 F3	Bost 03 ....190 B1	Bouchevilliers 27 ......33 E2
Bonningues-lès-Calais 62 ..2 B2	Borce 64 ....296 B4	Le Born 48 ....244 B2	Bosc-Roger-en-Roumois 27 ..31 F3	Bostens 40 ....254 B3	Bouchoir 80 ....19 D4
Bonnœil 14 ....56 A2	Borcq-sur-Airvault 79 ....148 B3	Born-de-Champs 24 ....238 C1	Bosc-Roger-sur-Buchy 76 ..32 C1	Bostz (Château du) 03 .....172 A3	Les Boucholeurs 17 ....180 C2
Bonnœuvre 44 ....127 D1	Bord-Saint-Georges 23 .....170 A4	Bornambusc 76 ....14 C3	Boscamnant 17 ....219 D2	Bosville 76 ....15 E2	Bouchon 80 ....17 F1
Bonnut 64 ....272 A2	Bordeaux 33 ....217 E4	Bornay 39 ....176 C1	Boscherville 76 ....31 F1	Botans 90 ....142 C1	Le Bouchon-sur-Saulx 55 ..92 B1
Bonny-sur-Loire 45 ....135 D2	Bordeaux-Mérignac	Borne 07 ....245 E2	Boscodon (Abbaye de) 05 ..250 B3	Botforn 29 ....73 E4	Les Bouchoux 39 ....177 D4
Bono 56 ....100 C4	(Aéroport de) 33 ....217 D4	La Borne 18 ....134 B4	Bosdarros 64 ....296 C1	Botmeur 29 ....49 D2	Bouchy-Saint-Genest 51 ..89 D1
Bonrepos 65 ....298 B1	Bordeaux-Saint-Clair 76 ....14 B2	Borne 43 ....226 C2	Bosgouet 27 ....31 F1	Botsorhel 29 ....49 F3	Boucieu-le-Roi 07 ......228 C2
Bonrepos-Riquet 31 ....277 D2	Bordères 64 ....297 D1	Bornel 60 ....34 B4	Bosguérard-de-Marcouville 27 ..31 F3	Bottens 40 ....49 F3	Bouclans 25 ....141 F4
Bonrepos-	Bordères-	Borny 57 ....41 F4	Bosjean 71 ....159 D4	Les Bottereaux 27 ....57 F3	Bouconville 08 ....39 D3
sur-Aussonnelle 31 ......276 A3	et-Lamensans 40 ....273 D1	Boron 90 ....120 A4	Bosmie-l'Aiguille 87 ....203 F1	Botz-en-Mauges 49 ....127 E2	Bouconville-sur-Madt 55 ..67 E3
Bons-en-Chablais 74 ....178 B4	Bordères-Louron 65 ....298 B4	Borre 59 ....3 F3	Bosmont-sur-Serre 02 ......21 D4	Bou 45 ....110 B3	
Bons-Tassilly 14 ....56 A2	Bordères-sur-l'Échez 65 ....297 F1	Bors 16 ....200 C4	Bosmoreau-les-Mines 23 ..186 A1	Bouafle 78 ....60 A2	
Bonsecours 76 ....32 B2	Les Bordes 36 ....152 B2	Bors 16 ....201 E4	Bosnormand 27 ....31 F1	Bouafles 27 ....32 C4	
Bonsmoulins 61 ....83 F1	Les Bordes 45 ....111 D4	Bort-les-Orgues 19 ....206 B3	Le Bosquel 80 ....18 A4	Bouan 09 ....310 A1	
Bonson 06 ....288 B1		Bort-l'Étang 63 ....190 A4	Bosquentin 27 ....33 E2	Bouaye 44 ....126 A4	
			Bosrobert 27 ....31 F1	Boubers-lès-Hesmond 62 ..6 C1	
			Bosroger 23 ....187 F3	Boubers-sur-Canche 62 ....7 E3	

BOULOGNE-SUR-MER

Aumont (R. d')	.Z	7
Beaucerf (Bd)	.Z	8
Bras-d'Or (R. du)	.Z	13
Duterte (R.)	.Y	20
Entente-Cordiale (Pont de l')	.Z	23
Faidherbe (R.)	.Y	
Grande-Rue	.Z	
Lampe (R. de la)	.Z	32
Lattre-de-Tassigny (Av. de)	.Y	33
Lille (R. de)	.Y	37
Marguet (Pont)	.Z	38
Mitterrand (Bd F.)	.Z	40
Perrochel (R. de)	.Z	48
Porte-Neuve (R.)	.Y	49
Puits-d'Amour (R.)	.Y	53
Résistance (Pl.)	.Y	55
St-Louis (R.)	.Y	56
Ste-Beuve (Bd)	.Y	59
Thiers (R. A.)	.YZ	60
Tour-N.-Dame (R.)	.Z	61
Victoires (R. des)	.Z	63
Victor-Hugo (R.)	.YZ	

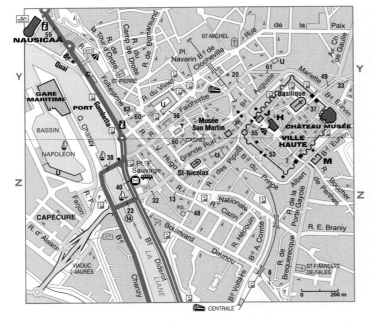

Bouconville-Vauclair 02	.37	D2
Bouconvillers 60	.33	F4
Boucq 54	.67	E3
Boudes 63	.207	F3
Boudeville 76	.15	F2
Boudin 73	.196	B4
Boudou 82	.257	D2
Boudrac 31	.298	C1
Boudreville 21	.115	F2
Boudy-de-Beauregard 47	.238	B2
Boué 02	.10	A4
Bouée 44	.125	F3
Boueilh-Boueilho-Lasque 64	.273	D2
Bouelles 76	.16	C4
Bouër 72	.107	F1
Bouère 53	.105	F3
Bouessay 53	.105	F3
Bouesse 36	.169	D1
Bouëx 16	.201	F1
La Bouëxière 35	.79	F4
Bouffémont 95	.61	D1
Boufféré 85	.146	A2
Bouffignereux 02	.37	E3
Boufflers 80	.7	D3
Bouffry 41	.108	C2
Bougainville 80	.17	F3
Bougarber 64	.272	C4
Bougé-Chambalud 38	.211	D4
Bouges-le-Château 36	.151	F2
Bougey 70	.117	F3
Bougival 78	.60	C3
Bouglainval 28	.85	E1
Bougligny 77	.87	F4
Bouglon 47	.237	E3
Bougneau 17	.199	E1
Bougnon 70	.118	B4
Bougon 79	.165	F3
Bougue 40	.254	A4
Bouguenais 44	.126	B4
Bougy 14	.55	F1
Bougy-lez-Neuville 45	.110	B2
Bouhans 71	.159	D4
Bouhans-et-Feurg 70	.140	A2
Bouhans-lès-Lure 70	.118	C4
Bouhans-lès-Montbozon 70	.141	F2
Bouhet 17	.181	E1
Bouhey 21	.138	B4
Bouhy 58	.135	F2
Bouilh (Château du) 33	.217	F2
Bouilh-Devant 65	.274	A4
Bouilh-Péreuilh 65	.274	A4
Bouillac 12	.241	E2
Bouillac 24	.239	D1
Bouillac 82	.257	E4
La Bouilladisse 13	.285	E4
Bouillancourt-en-Séry 80	.17	D2
Bouillancourt-la-Bataille 80	.18	C4
Bouillancy 60	.62	A1
Bouilland 21	.158	A1
Bouillargues 30	.264	A4
La Bouille 76	.32	A3
Bouillé-Courdault 85	.164	B3
Bouillé-Loretz 79	.148	A1
Bouillé-Ménard 49	.104	C4
Bouillé-Saint-Paul 79	.148	A2
La Bouillie 22	.52	A4
Le Bouillon 61	.82	C1
Bouillon 24	.272	C4
Bouillonville 54	.67	F2
Bouillouses (Lac des) 66	.310	C3
Bouilly 10	.90	A4
Bouilly 51	.37	E4
Bouilly 89	.113	E2
Bouilly-en-Gâtinais 45	.111	D1
Bouin 79	.6	C2
Bouin 79	.183	E2
Bouin 85	.144	C2
Bouin-Plumoison 62	.6	C2
Bouisse 11	.302	C3
Bouix 21	.115	D3
Boujailles 25	.160	B3
Boujan-sur-Libron 34	.280	B4
Boujeons 25	.160	C4
Boulages 10	.90	A1
Boulaincourt 88	.94	A2
Boulancourt 77	.87	D4
Boulange 57	.41	E2
Boulaur 32	.275	E3
Le Boulay 37	.131	D1
Le Boulay 88	.95	D4
Boulay-les-Barres 45	.110	A2
Boulay-les-Ifs 53	.82	B2
Le Boulay-Morin 27	.58	C1
Boulay-Moselle 57	.42	B4
La Boulaye 71	.156	C4
Boulazac 24	.220	C1
Boulbon 13	.264	C4
Boulc 26	.248	B1
Boule d'Amont 66	.312	B3
Bouleternère 66	.312	B3
Bouleurs 77	.62	A3
Bouleuse 51	.37	E4
Bouliac 33	.217	E4
Boulieu-lès-Annonay 07	.210	C4
Bouligneux 01	.193	D2
Bouligney 70	.118	B2
Bouligny 55	.40	C3
Boulin 65	.298	A1
Boullarre 60	.62	A1
Le Boullay-les-Deux-Églises 28	.85	D1
Boullay-les-Troux 91	.60	B4
Le Boullay-Mivoye 28	.85	D1
Le Boullay-Thierry 28	.85	E1
Boulleret 18	.135	D3
Boulleville 27	.30	C3
Bouloc 31	.276	C1
Bouloc 82	.239	E4
Boulogne 85	.146	A4
Boulogne (Château de) 07	.246	A1
Boulogne-Billancourt 92	.60	C3
Boulogne-la-Grasse 60	.35	D1
Boulogne-sur-Gesse 31	.299	D1
Boulogne-sur-Helpe 59	.10	B3
Boulogne-sur-Mer 62	.2	A4
Bouloire 72	.107	F2
Boulon 14	.55	F1
Boulot 70	.141	D3
Le Boulou 66	.312	C3
Boulouris 83	.287	F3
La Boulouze 50	.54	B4
Boult 70	.141	D3
Boult-aux-Bois 08	.39	D2
Boult-sur-Suippe 51	.38	A3
Le Boulvé 46	.239	E3
Boulzicourt 08	.22	C4
Boumois (Château de) 49	.129	D3
Boumourt 64	.272	C3
Bouniagues 24	.238	B1
Le Boupère 85	.146	C4
Bouquehault 62	.2	C3

Bouquelon 27	.31	D2
Bouquemaison 80	.7	E4
Bouquemont 55	.66	C1
Bouquet 30	.263	F1
Bouquetot 27	.31	F3
Bouqueval 95	.61	D2
Bouranton 10	.90	B3
Bouray-sur-Juine 91	.87	D2
Bourbach-le-Bas 68	.120	A2
Bourbach-le-Haut 68	.120	A2
La Bourbansais (Château de) 35	.79	D2
Bourberain 21	.139	F2
Bourbévelle 70	.118	A2
Bourbon-Lancy 71	.173	D1
Bourbon-l'Archambault 03	.171	F2
Bourbonne-les-Bains 52	.117	E2
La Bourboule 63	.206	C2
Bourbourg 59	.3	D2
Bourbriac 22	.50	B4
Bourcefranc-le-Chapus 17	.180	C3
Bourcia 39	.176	B3
Bourcq 08	.38	C2
Bourdainville 76	.15	F3
Bourdalat 40	.254	B4
Bourdeau 73	.213	D1
Bourdeaux 26	.247	E3
Bourdelles 33	.237	D1
Le Bourdeix 24	.202	B2
Bourdelles 33	.237	D2
Bourdenay 10	.89	E3
Le Bourdet 79	.164	B4
Bourdettes 64	.297	D1
Bourdic 30	.264	A3
La Bourdinière-Saint-Loup 28	.85	E3
Bourdon 80	.17	F2
Bourdonnay 57	.69	E3
Bourdonné 78	.59	F4
Bourdons-sur-Rognon 52	.92	C4
Bourecq 62	.7	F1
Bouresches 02	.62	C1
Bouresse 86	.167	D3
Bouret-sur-Canche 62	.7	E3
Boureuilles 55	.39	F4
Bourg 33	.217	E2
Le Bourg 46	.241	D1
Bourg 52	.116	C3
Bourg-Achard 27	.31	F3
Bourg-Archambault 86	.167	F3
Bourg-Argental 42	.210	B4
Bourg-Beaudouin 27	.32	C3
Bourg-Blanc 29	.47	E2
Bourg-Bruche 67	.96	A1
Bourg-Charente 16	.200	C1
Le Bourg-d'Arud 38	.231	E2
Bourg-de-Bigorre 65	.298	A2
Bourg-de-Péage 26	.229	E2
Bourg-de-Sirod 39	.160	B3
Bourg-de-Thizy 69	.191	F2
Bourg-de-Visa 82	.257	D1
Bourg-des-Comptes 35	.103	D2
Bourg-des-Maisons 24	.202	A4
Le Bourg-d'Hem 23	.169	E4
Le Bourg-d'Iré 49	.104	C4
Le Bourg-d'Oisans 38	.231	E2
Bourg-d'Oueil 31	.298	C4
Le Bourg-Dun 76	.15	F1
Bourg-en-Bresse 01	.176	A4
Bourg-et-Comin 02	.37	D2
Bourg-Fidèle 08	.22	B2
Bourg-la-Reine 92	.61	D4
Bourg-Lastic 63	.206	B1
Bourg-le-Comte 71	.173	F4
Bourg-le-Roi 72	.82	C3
Bourg-lès-Valence 26	.229	D3
Bourg-l'Évêque 49	.104	B4
Bourg-Madame 66	.310	C4
Bourg-Saint-Andéol 07	.246	C4
Bourg-Saint-Bernard 31	.277	D2
Bourg-Saint-Christophe 01	.193	E3
Le Bourg-Saint-Léonard 61	.56	C4
Bourg-Saint-Maurice 73	.214	C1
Bourg-Sainte-Marie 52	.93	D4
Bourg-sous-Châtelet 90	.119	F4
Bourgaltroff 57	.69	E2
Bourganeuf 23	.186	C3
Bourgbarré 35	.103	E1
Bourgeauville 14	.30	B3
Bourges 18	.153	E2
Le Bourget 93	.61	D2
Le Bourget-du-Lac 73	.213	D1
Bourget-en-Huile 73	.213	F2
Bourgheim 67	.96	C1
Bourghelles 59	.9	D2
Bourgnac 24	.220	A2
Bourgneuf 17	.181	D2
Bourgneuf-en-Mauges 49	.127	D1
Bourgneuf-en-Retz 44	.144	C1

Le Bourgneuf-la-Forêt 53	.80	C4
Bourgneuf-Val-d'Or 71	.157	F3
Bourgogne 51	.37	F3
Bourgoin-Jallieu 38	.211	F2
Bourgon 53	.80	B4
La Bourgonce 88	.95	E3
La Bourgonnière (Chapelle de) 49	.127	E3
Bourgougnague 47	.238	A2
Bourgtheroulde-Infreville 27	.31	F3
Bourguébus 14	.56	A1
Bourgueil 37	.129	F4
Le Bourguet 83	.268	A3
Bourguignon 25	.142	C2
Bourguignon-lès-Conflans 70	.118	B3
Bourguignon-lès-la-Charité 70	.141	D2
Bourguignon-lès-Morey 70	.117	E4
Bourguignon-sous-Coucy 02	.36	A1
Bourguignon-sous-Montbavin 02	.36	C1
Bourguignons 10	.114	C1
Bourgvilain 71	.174	C3
Bourideys 33	.236	A4
Bourière 11	.302	A3
Bourigeole 11	.302	A3
Bourisp 65	.298	B4
Bourlens 47	.239	D3
Bourlon 62	.9	D4
Bourmont 52	.93	D4
Bournainville-Faverolles 27	.57	E1
Bournan 37	.150	A2
Bournand 86	.148	F3
Bournazel 12	.241	E3
Bournazel 81	.259	D2
Bournel 47	.238	B2
Bourneville 27	.31	E2
Bournezeau 85	.163	E1
Bourniquel 24	.220	C4
Bournois 25	.142	A1
Bournoncle-Saint-Pierre 43	.207	F4
Bournoncles 25	.225	F3
Bournonville 62	.2	B4
Bournos 64	.272	C3
Bourogne 90	.142	C1
Bourran 47	.238	A4
Bourré 41	.131	F3

BOURGES

Armuriers (R. des)	.Z	2
Auron (R. d')	.Z	
Barbès (R.)	.Z	4
Beaux-Arts (R. des)	.Y	5
Bourbonnoux (R.)	.YZ	
Calvin (R.)	.Y	7
Cambournac (R.)	.Y	8
Champ de Foire (R. du)	.Z	12
Commerce (R. du)	.Y	13
Coursalon (R.)	.Z	
Cujas (Pl.)	.Y	15
Dr-Témoin (R. du)	.Y	17
Dormoy (Av. Marx)	.Y	19
Équerre (Rue de l')	.Z	20
George-Sand (Escalier)	.Y	27
Hémerettes (R. des)	.Z	29
Jacobins (Cour des)	.Z	31
Jacques-Cœur (R.)	.Y	32
J.-J.-Rousseau (R.)	.Y	33
Jean-Jaurès (Av.)	.Y	
Joyeuse (R.)	.Y	35
Juranville (Pl.)	.Y	36
Leblanc (R. N.)	.YZ	40
Linières (Rue de)	.Z	42
Louis XI (Av.)	.Z	43
Mallet (R. L.)	.Y	44
Marceau (Rampe)	.Z	45
Mirebeau (R.)	.Y	46
Moyenne (R.)	.YZ	
Orléans (Av. d')	.Y	48
Pelvoysin (R.)	.Z	50
Poissonnerie (R. de la)	.Y	52
Prinal (R. du)	.Y	55
Rimbault (R. J.)	.Z	61
Strasbourg (Bd de)	.Y	71
Thaumassière (R. de la)	.Y	72
Tory (R.)	.Y	73
Victor-Hugo (R.)	.Z	74
3 Maillets (R. des)	.Z	75
4-Piliers (Pl. des)	.Z	76
95e-de-Ligne (R. du)	.Z	78

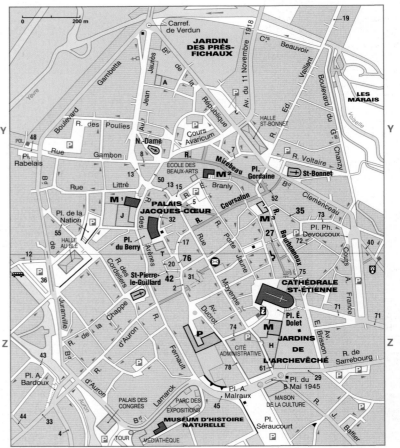

BREST

0   200 m

HÔPITAL DES ARMÉES — ARSENAL MARITIME — Porte Tourville — Pont de Recouvrance — Tour Tanguy — Jardin des Explorateurs — CHÂTEAU — PRÉFECTURE MARITIME — St-Louis — Pl. de la Liberté — CENTRE CULTUREL QUARTZ — Pl. Wilson — Tour Rose — Port de commerce — OUESSANT

Algésiras (R. d')...............EY 2
Clemenceau (Av. G.)..........EY
Colbert (R.)......................EY 5
Foch (Av. Mar.)................EY 14
Français Libres (Bd des).....DZ 16
Frégate-la-Belle-Poule (R.)....EZ 17
Jaurès (R. Jean).................EY
Kérabécam (R. de)............EY 22
Liberté (Pl. de la)...............EY
Lyon (R. de)......................DEY
Marine (Bd de la)...............DZ 25
Réveillère (R. Amiral).........EY 33
Roosevelt (Av. F.)...............DZ 34
Siam (R. de).......................EY
11-Martyrs (R. des)............EY 42

Bourréac 65....297 F2
Bourret 82....257 E3
Bourriot-Bergonce 40....254 B2
Bourron-Marlotte 77....87 F3
Bourrou 24....220 B2
Bourrouillan 32....255 D4
Bours 62....7 F2
Bours 65....297 F1
Boursault 51....63 F1
Boursay 41....108 B2
Bourscheid 57....70 A2
Bourseul 22....78 B1
Bourseville 80....16 C1
Boursières 70....141 D1
Boursies 59....8 C4
Bousignies 59....9 E2
Bousignies-sur-Roc 59....10 C2
Le Bousquet 11....311 D1
Le Bousquet-d'Orb 34....280 A1
Boussac 12....259 F1
Boussac 23....170 A4
La Boussac 35....79 E1
Boussac 46....241 D2
Boussac-Bourg 23....170 A3
Boussais 79....148 A3
Boussan 31....299 E1
Boussay 37....150 B3
Boussay 44....146 B1
Bousse 57....41 F3
Bousse 72....106 B4
Bousselange 21....158 C2
Boussenac 09....300 B4
Boussenois 21....139 E1
Boussens 31....299 F2
Bousseraucourt 70....117 F2
Boussès 47....255 D2
Bousseviller 57....44 C3
Boussey 21....138 B3
Boussicourt 80....18 C4
Boussières 25....141 D4
Boussières-en-Cambrésis 59....9 E4
Boussières-sur-Sambre 59....10 B2
Boussois 59....10 C2
Boussy 74....195 D3
Boussy-Saint-Antoine 91....61 E4
Boust 57....41 F2
Boustroff 57....69 D1
Le Bout-d'Oye 62....3 D1
Bout-du-Lac 74....195 F4
Bout du Monde
(Cirque du) 21....157 F2
Bout-du-Pont-de-Larn 81....278 C3
Boutancourt 08....22 C4
Boutavent 60....17 E4
La Bouteille 02....21 E3
Bouteilles-
Saint-Sébastien 24....201 F4
Boutenac 11....303 E2
Boutenac-Touvent 17....199 D2
Boutencourt 60....33 F3
Boutervilliers 91....86 B2
Bouteville 16....201 D2
Bouthéon 42....209 F2
Boutiers-Saint-Trojan 16....200 C1
Boutigny 77....62 A2
Boutigny-sur-Essonne 91....87 D2
Boutigny-sur-Opton 28....59 F4
Bouttencourt 80....17 D2
Boutteville 50....25 E4
Boutx 31....299 D4
Bouvaincourt-sur-Bresle 80....16 C1
Bouvancourt 51....37 E3
Bouvante 26....229 F3
Bouvante-le-Haut 26....229 F3
Bouvelinghem 62....2 C3
Bouvellemont 08....38 C1
Bouvent 01....176 C4
Bouverans 25....160 C3
Bouvesse-Quirieu 38....194 A4
Bouvières 26....247 F2
Bouvignies 59....9 D2
Bouvigny-Boyeffles 62....8 A2
Bouville 28....85 D4
Bouville 76....15 F4
Bouville 91....87 D2
Bouvincourt-
en-Vermandois 80....19 F2
Bouvines 59....9 D1
Bouvresse 60....17 E4
Bouvron 44....126 A2
Bouvron 54....67 F3
Boux-sous-Salmaise 21....138 B2
Bouxières-aux-Bois 88....94 C3
Bouxières-aux-Chênes 54....68 B3
Bouxières-aux-Dames 54....68 A3
Bouxières-
sous-Froidmont 54....68 A2
Bouxurulles 88....94 B3
Bouxwiller 67....70 C1
Bouxwiller 68....120 C4
Bouy 51....64 C1
Bouy-Luxembourg 10....90 C3
Bouy-sur-Orvin 10....89 D3
Bouyon 06....269 F3
Le Bouyssou 46....241 D1
Bouzais 18....170 C1
Bouzancourt 52....92 A3
Bouzanville 54....94 A2

Bouze-lès-Beaune 21....158 A2
Bouzèdes
(Belvédère des) 30....245 D4
Bouzel 63....189 F4
Bouzemont 88....94 B3
Bouzeron 71....157 F3
Bouzic 24....239 F1
Bouziès 46....240 B3
Bouzigues 34....281 E3
Bouzillé 49....127 E3
Bouzin 31....299 E1
Bouzincourt 80....18 C1
Bouzon-Gellenave 32....273 F1
Bouzonville 57....42 B3
Bouzonville-aux-Bois 45....110 C1
Bouzonville-en-Beauce 45....86 C4
Bouzy 51....64 B1
Bouzy-la-Forêt 45....111 D3
Bovée-sur-Barboure 55....67 D4
Bovel 35....102 C2
Bovelles 80....18 A2
Boves 80....18 B3
Boviolles 55....66 C4
Boyardville 17....180 B2
Boyaval 62....7 E2
Boyelles 62....8 B4
Boyer 42....191 F2
Boyer 71....175 E1
Boyeux-Saint-Jérôme 01....194 A4
Boynes 45....111 D1
Boz 01....175 E3
Bozas 07....228 C2
Bozel 73....214 B2
Bozouls 12....242 C3
Brabant-en-Argonne 55....39 F4
Brabant-le-Roi 55....66 A3
Brabant-sur-Meuse 55....40 A3
Brach 33....216 C2
Brachay 52....92 A3
Braches 80....18 C4
Brachy 76....15 F2
Bracieux 41....132 B2
Bracon 39....160 A2
Bracquemont 76....16 A2
Bracquetuit 76....16 A4
Bradiancourt 76....16 C4
Braffais 50....54 A3
Bragassargues 30....263 E3
Bragayrac 31....275 F3
Brageac 15....223 F1
Bragelogne 10....114 C2
Bragny-sur-Saône 71....158 B3
La Brague 06....288 B3
Brahic 07....245 E4
Braillans 25....141 E3
Brailly-Cornehotte 80....6 C4
Brain 11....138 A2
Brain-sur-Allonnes 49....129 F4
Brain-sur-l'Authion 49....128 C2
Brain-sur-Longuenée 49....128 A1
Brain-sur-Vilaine 35....102 C4
Brainans 39....159 F3
Braine 02....36 C3
Brains 44....126 A4
Brains-sur-Gée 72....106 B2
Brains-sur-les-Marches 53....104 B2
Brainville 50....53 F1
Brainville 54....41 D4
Brainville-sur-Meuse 52....93 D4
Braisnes 60....35 E2
Braize 03....171 D1
Bralleville 54....94 B2
Bram 11....302 A1
Bramabiau (Abîme du) 30....262 A2
Bramans 73....214 C4
Brametot 76....15 F2
Bramevaque 65....298 C3
Bran 17....200 C4
Branceilles 19....222 C3
Branches 89....113 D3
Brancion 71....175 D2
Brancourt-en-Laonnois 02....36 B1
Brancourt-le-Grand 02....20 B2
Brandérion 56....100 B3
Brandeville 55....40 A2
Brandivy 56....100 C3
Brando 2B....315 F1
Brandon 71....174 C2
Brandonnet 12....241 E4
Brandonvillers 51....91 D1
Branféré (Parc
zoologique de) 56....101 F4
Branges 02....36 A4
Branges 71....175 F1
Brangues 38....212 B1
Brannay 89....88 B4
Branne 25....142 A2
Branne 33....218 C4
Brannens 33....236 C2
Branoux-les-Taillades 30....263 D1
Brans 39....140 B4
Bransat 03....172 A4
Branscourt 51....37 E3
Bransles 77....112 A1
Brantes 84....266 A1
Brantigny 88....94 B3
Brantôme 24....202 B4
Branville 14....30 A3
Branville-Hague 50....24 B2
Braquis 55....40 C4
Bras 83....286 A3
Bras-d'Asse 04....267 F3
Bras-sur-Meuse 55....40 A4
Brasc 12....260 B3
Braslou 37....149 E2
Brasparts 29....75 D2
Brassac 09....300 C4
Brassac 81....278 C2

Brassac 82....257 D1
Brassac-les-Mines 63....207 F3
Brasseitte 55....67 D3
Brassempouy 40....272 B2
Brasseuse 60....35 D4
Brassy 58....137 D4
Brassy 80....17 F4
Bratte 54....68 B3
Braucourt 52....91 F1
Braud-et-Saint-Louis 33....199 E4
Brauvilliers 55....92 B1
Braux 04....268 C2
Braux 08....22 C3
Braux 10....91 D2
Braux 21....138 A3
Braux-le-Châtel 52....116 A1
Braux-Saint-Remy 51....65 F1
Braux-Sainte-Cohière 51....65 F1
Bravone 2B....317 C1
Brax 31....276 B2
Brax 47....256 A1
Bray 27....58 A1
Bray 71....175 D2
Bray-Dunes 59....3 F1
Bray-en-Val 45....111 D3
Bray-et-Lû 95....59 F1
Bray-la-Campagne 14....56 B1
Bray-lès-Mareuil 80....17 E1
Bray-Saint-Christophe 02....19 F3
Bray-sur-Seine 77....88 C3
Bray-sur-Somme 80....19 D2
Braye 02....36 B2
Braye-en-Laonnois 02....37 D2
Braye-en-Thiérache 02....21 E3
Braye-sous-Faye 37....149 E2
Braye-sur-Maulne 37....130 A1
Brazey-en-Morvan 21....157 D1
Brazey-en-Plaine 21....158 C1
Bréal-sous-Montfort 35....103 D1
Bréal-sous-Vitré 35....104 B1
Bréançon 95....60 B1
Bréau 77....88 A1
Bréau-et-Salagosse 30....262 B3
Bréauté 76....14 C3
Bréban 51....91 D1
Brebières 62....8 C3
Brebotte 90....120 A4
Brécé 35....103 F1
Brecé 53....81 D2
Brécey 50....54 B4
Brech 56....100 C3
Brechainville 88....93 D3
Bréchamps 28....59 E4
Bréchaumont 68....120 A3
Brèche au Diable 14....56 A2
Brèches 37....130 B1
Breconchaux 25....141 F3
Brectouville 50....54 C1
Brécy 02....36 C4
Brécy 18....153 F1
Brécy-Brières 08....39 D3
La Brède 33....235 F1
Brée 53....81 E4
La Brée-les-Bains 17....180 B2
Bréel 61....55 F3
Brégnier-Cordon 01....212 B1

Brégy 60....62 A1
Bréhain 57....68 C2
Bréhain-la-Ville 54....41 D2
Bréhal 50....53 F2
Bréhan 56....101 E1
Bréhand 22....77 F2
Bréhat (Île de) 22....51 D1
Bréhémont 37....130 A4
Bréhéville 55....40 A2
Breidenbach 57....44 B3
Breil 49....129 F2
Le Breil-sur-Mérize 72....107 E2
Breil-sur-Roya 06....289 F2
La Breille-les-Pins 49....129 F3
Breilly 80....18 A2
Breistroff-la-Grande 57....41 F1
Breitenau 67....96 B1
Breitenbach 67....96 B1
Breitenbach-Haut-Rhin 68....96 A4
Brélès 29....47 D2
Brélidy 22....50 B2
Brem-sur-Mer 85....162 A1
Bréménil 54....95 F1
Brèmes 62....2 C2
Bremmelbach 67....45 E4
Brémoncourt 54....94 C1
Brémondans 25....141 F4
Brémontier-Merval 76....33 D2
Brémoy 14....55 D2
Brémur-et-Vaurois 21....115 E4
Bren 26....229 D1
Brenac 11....302 A4
Brenas 34....280 B2
Brenat 63....207 F2
Brénaz 01....194 C2
Brenelle 02....36 C3
Brengues 46....240 C2
Brennes 52....116 C3
Brennilis 29....75 E2
Brénod 01....194 B2
Brenon 83....268 B4
Brenouille 60....35 D3
Brenoux 48....244 B3
Brens 01....194 C4
Brens 81....259 D4
Brenthonne 74....178 B4
Breny 02....36 B4
La Bréole 04....250 A3
Brères 54....160 A1
Bréry 39....159 E4
Bresdon 17....183 D3
Les Bréseux 25....142 C3
Bresilley 70....140 B4
Bresle 80....18 C2
Bresles 60....34 B2
Bresnay 03....172 A3
Bresolettes 61....83 F1
La Bresse 88....96 A2
Bresse-sur-Grosne 71....175 D1
Bressey-sur-Tille 21....139 E3
Bressieux 38....211 F4
Bressolles 01....193 E3
Bressolles 03....172 B2
Bressols 82....257 F3
Bresson 38....230 C1
Bressoncourt 52....92 C1

Bressuire 79....147 F3
Brest 29....47 E3
Brestot 27....31 E3
Bretagne 36....152 A2
Bretagne 90....120 A4
Bretagne-d'Armagnac 32....255 E4
Bretagne-de-Marsan 40....254 A4
Bretagnolles 27....59 D2
Breteau 45....135 D1
Breteil 35....79 D4
Bretenière 21....139 E4
La Bretenière 25....141 F2
La Bretenière 39....159 F1
Bretenières 39....159 E2
Bretenoux 46....223 D3
Breteuil 60....34 B1
Breteuil (Château de) 78....60 B4
Breteuil-sur-Iton 27....58 B3
Brethel 61....57 F4
Brethenay 52....92 B4
Le Brethon 03....171 D2
Bretigney 25....142 B2
Bretigney-Notre-Dame 25....141 F3
Bretigney 39....159 E3
Bretigny 21....139 E3
Bretigny 27....31 E4
Brétigny 60....36 A1
Brétigny-sur-Orge 91....87 D1
Bretoncelles 61....84 B2
La Bretonnière-La Claye 85....163 E2
Bretonvillers 25....142 B4
Brette 26....248 A2
Brette-les-Pins 72....107 D3
Bretten 68....120 A3
Brettes 16....183 E2
Bretteville 50....24 C2
Bretteville-du-Grand-Caux 76....14 C3
Bretteville-le-Rabet 14....56 A1
Bretteville-l'Orgueilleuse 14....29 D4
Bretteville-Saint-Laurent 76....15 F2
Bretteville-sur-Ay 50....26 B3
Bretteville-sur-Dives 14....56 C1
Bretteville-sur-Laize 14....56 A1
Bretteville-sur-Odon 14....29 E4
Brettnach 57....42 B3
Bretx 31....276 A1
Breuches 70....118 C3
Breuchotte 70....119 D3
Breugnon 58....136 A3
Le Breuil 03....190 B1
Le Breuil 51....37 D3
Le Breuil 69....192 B3
Le Breuil 71....157 E2
Breuil 80....19 E4
Le Breuil-Bernard 79....147 E4
Le Breuil-en-Auge 14....30 C4
Le Breuil-en-Bessin 14....28 B3
Breuil-la-Réorte 17....181 F2
Breuil-le-Sec 60....34 C3

Breuil-le-Vert 60....34 C3
Breuil-Magné 17....181 D2
Breuil-Mingot
(Château du) 86....166 B2
Le Breuil-sous-Argenton 79....147 F2
Le Breuil-sur-Couze 63....207 F3
Breuil-sur-Marne 52....92 B2
Breuilaufa 87....185 E2
Breuilh 24....220 C2
Breuillet 17....198 B1
Breuillet 91....86 C1
Breuilpont 27....59 E2
Breurey-lès-Faverney 70....118 B3
Breuschwickersheim 67....71 D3
Breuvannes 52....117 E1
Breuvery-sur-Coole 51....64 C3
Breuville 50....24 B2
Breux 55....40 A1
Breux-Jouy 91....86 C1
Breux-sur-Avre 27....58 C4
Brévainville 41....109 D2
Bréval 78....59 F2
Brévands 50....27 E3
Brevans 39....159 E1
Le Brévedent 14....30 C4
Brèves 58....136 B3
Les Bréviaires 78....60 A4
Bréviandes 10....90 B4
La Brévière 14....57 D2
Bréville 14....29 F4
Bréville 16....182 C4
Bréville-sur-Mer 50....53 F2
Brévillers 62....7 D3
Brévillers 80....7 F4
Brevilliers 70....142 C1
Brévilly 08....23 E4
Brévonnes 10....91 D3
Bréxent-Énocq 62....6 B1
Brey-et-Maison-du-Bois 25....160 C4
Brézal (Moulin de) 29....48 C3
Brézé 49....148 B1
Brézellec (Pointe de) 29....72 C3
Bréziers 05....249 F3
Brézilhac 11....302 A2
Brézins 38....211 F4
Brézolles 28....58 C4
Brezons 15....224 C2
Le Brézouard 68....96 A3
Briançon 05....232 C3
Briançonnet 06....269 D3
Brianny 21....138 A3
Briant 71....173 F4
Briantes 36....169 F2
Briare 45....134 C1
Briarres-sur-Essonne 45....87 D4
Brias 62....7 E2
Briastre 59....9 F4
Briatexte 81....277 F1
Briaucourt 52....92 B3
Briaucourt 70....118 B3
Bricon 52....116 A1
Briconville 28....85 D2
Bricot-la-Ville 51....63 E4
Bricquebec 50....24 C3
Bricquebosq 50....24 B3
Bricqueville 14....27 F3
Bricqueville-la-Blouette 50....53 F1

Commune	Page	Ref
Bricqueville-sur-Mer 50	53	F2
Bricy 45	110	A2
Brides-les-Bains 73	214	B2
La Bridoire 73	212	C2
Bridoire (Château de) 24	220	A4
Bridoré 37	150	C2
Brie 02	36	C1
Brie 09	300	C1
Brie 16	183	F4
Brie 35	103	F2
Brie 79	148	B3
Brie 80	19	E3
Brie-Comte-Robert 77	61	E4
Brié-et-Angonnes 38	230	C1
Brie-sous-Archiac 17	200	C3
Brie-sous-Barbezieux 16	201	D3
Brie-sous-Chalais 16	201	C1
Brie-sous-Matha 17	182	C4
Brie-sous-Mortagne 17	199	D2
Briec 29	75	D4
Briel-sur-Barse 10	90	C4
Brielles 35	104	B1
Brienne 71	175	F2
Brienne-la-Vieille 10	91	D3
Brienne-le-Château 10	91	D3
Brienne-sur-Aisne 08	37	F2
Briennon 42	191	E1
Brienon-sur-Armançon 89	113	E2
Brières-les-Scellés 91	86	C2
Brieuil-sur-Chizé 79	182	C1
Brieulles-sur-Bar 08	39	D2
Brieulles-sur-Meuse 55	39	F3
Brieux 61	56	B3
Briey 54	41	E3
Briffons 63	206	B1
Brignac 34	280	C2
Brignac 56	78	A4
Brignac 87	186	A4
Brignac-la-Plaine 19	222	A1
Brignais 69	210	C1
Brignancourt 95	60	B1
Brigné 49	128	C4
Brignemont 31	275	F1
Brignogan-Plages 29	47	F1
Brignoles 83	286	B3
Brignon 30	263	F3
Le Brignon 43	227	D3
Brignoud 38	213	D4
La Brigue 06	289	F1
Brigueil-le-Chantre 86	167	F3
Brigueuil 16	185	D3
Bris-sous-Forges 91	86	C1
Brillac 16	184	C2
La Brillanne 04	267	D3
Brillecourt 10	90	C2
Brillevast 50	25	D2
Brillon 59	9	E2
Brillon-en-Barrois 55	66	A4
Brimeux 62	6	C2
Brimont 51	37	F3
Brin-sur-Seille 54	68	B3
Brinay 18	152	C1
Brinay 58	155	F2
Brinckheim 68	120	C3
Brindas 69	210	C1
Bringolo 22	51	D3
Brinon-sur-Beuvron 58	136	B4
Brinon-sur-Sauldre 18	133	F2
Briod 39	176	C1
Briollay 49	128	B1
Brion 01	194	B1
Brion 36	152	A3
Brion 38	212	A4
Brion 48	243	E1
Brion 71	156	C3
Brion 86	166	C3
Brion 89	113	D2
Brion (Pont de) 38	230	C3
Brion-près-Thouet 79	148	B2
Brion-sur-Ource 21	115	F2
La Brionne 23	186	C1
Brionne 27	31	E4
Briord 01	194	A4
Briosne-lès-Sables 72	83	E4
Briot 60	17	F4
Brioude 43	208	A4
Brioux-sur-Boutonne 79	182	C1
Briouze 61	56	A2
Briquemesnil-Floixicourt 80	18	A2
Briquenay 08	39	E2
Briscous 64	270	C3
Brison 73	195	D4
Brison-Saint-Innocent 73	195	D4
Brissac 34	262	C4
Brissac (Château de) 49	128	C3
Brissac-Quincé 49	128	C3
Brissarthe 49	105	F4
Brissay-Choigny 02	20	B4
Brissy-Hamégicourt 02	20	B4
Brive-la-Gaillarde 19	222	B1
Brives 36	152	B4
Brives-Charensac 43	227	D2
Brives-sur-Charente 17	199	F1
Brivezac 19	223	D2
Brix 50	24	C3
Brixey-aux-Chanoines 55	93	E2
Brizambourg 17	182	B4
Brizay 37	149	E1
Brizeaux 55	66	A1
Brizon 74	196	A1
Le Broc 06	269	F4
Le Broc 49	129	F1
Le Broc 63	207	F3
Brocas 40	253	F2
Brochon 21	139	D4
Brocottes 14	30	A4
Brocourt 80	17	E3
Brocourt-en-Argonne 55	66	B1
Broglie 27	57	F2
Brognard 25	142	C1
Brognon 08	22	A2
Brognon 21	139	E3
Broin 21	158	C1
Broindon 21	139	E4
Broissia 39	176	B3
Brombos 60	17	E4
Bromeilles 45	87	E4
Brommat 12	224	C4
Bromont-Lamothe 63	189	D4
Bron 69	193	D4
Broncourt 52	117	E4
Bronvaux 57	41	E4
Broons 22	78	B3
Broons-sur-Vilaine 35	79	F4
La Broque 67	70	B4
Broquiers 60	17	E4
Broquiès 12	260	B3
Brossac 16	201	D1
Brossainc 07	210	C4
Brossay 49	148	A1
La Brosse-Montceaux 77	88	B3
Brosses 89	136	C2
Brosville 27	58	C1
Brotonne (Pont de) 76	15	E4
Brotte-lès-Luxeuil 70	118	C3
Brotte-lès-Ray 70	140	B1
Brottes 52	116	B1
Brou 01	193	F1
Brou 28	84	C4
Brou-sur-Chantereine 77	61	E3
Brouage 17	180	C3
Brouains 50	54	C4
Broualan 35	79	E1
Brouay 14	29	D4
Brouchaud 24	221	D1
Brouchy 80	19	F4
Brouck 57	42	B4
Brouckerque 59	3	E2
Brouderdorff 57	70	A2
Broué 28	59	E4
Brouennes 55	40	A1
Le Brouilh-Monbert 32	274	B1
Brouilla 66	313	D3
Brouillet 51	37	D4
Brouis (Col de) 06	289	E2
Brouqueyran 33	236	C3
La Brousse 17	182	B3
Brousse 23	188	A3
Brousse 63	208	A2
Brousse 81	278	A1
Brousse-le-Château 12	260	B3
Brousses-et-Villaret 11	278	B4
Brousseval 52	92	A2
Broussey-en-Blois 55	67	D4
Broussey-en-Woëvre 55	67	E3
Broussy-le-Grand 51	64	A3
Broussy-le-Petit 51	63	F3
Broût-Vernet 03	189	F1
Brouthières 52	92	C2
Brouvelieures 88	95	E3
Brouville 54	95	E1
Brouviller 57	70	A2
Brouy 91	86	C3
Brouzet-lès-Alès 30	263	F2
Brouzet-lès-Quissac 30	263	D4
Les Brouzils 85	146	A3
Brovès 83	287	E1
Broxeele 59	3	E3
Broye 71	157	D3
Broye-les-Loups-et-Verfontaine 70	140	A3
Broye-lès-Pesmes 21	140	A3
Broyes 51	63	F4
Broyes 60	34	C1
Broze 81	258	C3
Brû 88	95	E2
Bruailles 71	176	A1
Bruay-la-Buissière 62	7	F2
Bruay-sur-l'Escaut 59	9	F2
Bruc-sur-Aff 35	102	C3
Brucamps 80	17	F1
Brucheville 50	25	E4
Brucourt 14	30	A4
Brue-Auriac 83	286	A3
Bruebach 68	120	C3
Brueil-en-Vexin 78	60	A1
La Bruère-sur-Loir 72	130	A3
La Bruffière 85	146	B2
Brugairolles 11	302	C2
Le Brugeron 63	208	C1
Bruges 33	217	E3
Bruges 64	297	D2
Brugheas 03	190	A2
Brugnac 47	238	A3
Brugnens 32	256	B4
Brugny-Vaudancourt 51	63	F2
La Bruguière 30	264	A2
Bruguières 31	276	C1
Bruille-lez-Marchiennes 59	9	D3
Bruille-Saint-Amand 59	9	F1
Bruis 05	248	B3
Brûlain 79	182	C1
Les Brulais 35	102	C2
Brulange 57	69	D1
La Brûlatte 53	104	C1
Bruley 54	67	F4
Brullemail 61	57	D4
Brullioles 69	192	A4
Brûlon 72	106	A2
Brumath 67	71	D2
Brumetz 02	62	B1
Brunehamel 02	21	D3
Brunelles 28	84	B3
Les Brunels 11	278	A4
Brunembert 62	2	C4
Brunémont 59	9	D3
Brunet 04	267	E3
Bruniquel 82	258	B2
Brunissard 05	232	C4
Brunoy 91	61	E4
Brunstatt 68	120	C2
Brunville 76	16	B2
Brunvillers-la-Motte 60	34	C1
Le Brusc 83	291	E4
Brusque 12	279	F1
Le Brusquet 04	268	A1
Brussey 70	140	B4
Brussieu 69	192	B4
Brusson 51	65	E4
Brusvily 22	78	B2
Brutelles 80	6	A1
Brux 86	166	A4
La Bruyère 70	119	D3
Bruyères 88	95	E3
Bruyères-et-Montbérault 02	37	D1
Bruyères-le-Châtel 91	86	C1
Bruyères-sur-Fère 02	36	C4
Bruyères-sur-Oise 95	34	B1
Bruys 02	36	C3
Bruz 35	103	D1
Bry 59	10	A1
Bry-sur-Marne 94	61	E3
Bû 28	59	E3
Le Bû-sur-Rouvres 14	56	B1
Buais 50	80	C1
Buanes 40	272	C1
Bubertré 61	83	F1
Bubry 56	100	B1
Buc 78	60	C4
Buc 90	119	F4
Bucamps 60	34	B1
Bucéels 14	29	D4
Bucey-en-Othe 10	90	A4
Bucey-lès-Gy 70	140	C2
Bucey-lès-Traves 70	141	D1
Buchelay 78	59	F2
Buchères 10	90	B4
Buchey 52	91	F4
Buchy 57	68	B1
Buchy 76	32	C1
Bucilly 02	21	F2
Bucquoy 62	8	A4
Bucy-le-Long 02	36	B2
Bucy-le-Roi 45	110	A1

CAEN

Street	Ref
Académie (R. de l')	CY 2
Alliés (Bd des)	DY 3
Bagatelle (Av. de)	CX 4
Barbey-d'Aurevilly (R.)	CX 7
Bayeux (R. de)	CY 8
Bir-Hakeim (Pont de)	EZ 9
Brunet (R. H.)	EZ 10
Caponière (R.)	CY 12
Carrières-St-Julien (R. des)	CDX 13
Caumont (R. A. de)	CY 15
Chanoine X. de St-Paul (R.)	CX 16
Chaussée-Ferrée (R. de la)	EZ 19
Churchill (Pont)	EZ 21
Courtonne (Pl.)	EY 26
Creully (Av. de)	CX 27
Decaen (R. Gén.)	EZ 28
Délivrande (R. de la)	DX 32
Docteur-Rayer (R. du)	CX 32
Doumer (R. Paul)	DY 33
Écuyère (R.)	CY
Édimbourg (Av. d')	DX 35
Falaise (R. de)	EZ 38
Foch (Pl. du Mar.)	CY 40
Fontette (Pl.)	CY 40
Froide (R.)	DY 42
Fromages (R. aux)	CY 43
Guillaume-le-Conquérant (R.)	CY 46
Guillouard (Pl. L.)	CYZ
Juifs (R. aux)	CX 49
Lair (R. P.-A.)	DY 49
Lebisey (R. de)	EX 50
Lebret (R. G.)	DYZ 51
Leclerc (Bd Mar.)	DY
Malherbe (Pl.)	CY 54
Manissier (R.)	EX 55
Marot (R. J.)	CY 56
Meslin (Quai E.)	EZ 57
Miséricorde (R. de la)	EY 58
Montalivet (Cours)	EZ 59
Montoir-Poissonnerie (R.)	DY 61
Pemagnie (R.)	CY 63
Petit-Vallerent (Bd du)	CZ 65
Pont St-Jacques (R. du)	DY 64
Reine Mathilde (Pl. de la)	EX 69
Sadi-Carnot (R.)	DZ 72
St-Gabriel (R.)	CX 74
St-Jean (R.)	DEYZ
St-Manvieu (R.)	CY 75
St-Michel (R.)	EX 77
St-Nicolas (R.)	CXY
St-Pierre (Pl.)	DY 80
St-Pierre (R.)	DY
Sévigné (Prom. de)	EZ 82
Strasbourg (R. de)	DY 83
Vaucelles (R. de)	EZ 85
Vaugueux (R. du)	DX 86
6-Juin (Av. du)	DEYZ
11-Novembre (R. du)	EZ 90

Bucy-lès-Cerny 02.........................36 C1
Bucy-lès-Pierrepont 02.................21 E4
Bucy-Saint-Liphard 45................110 A3
Budelière 23................................188 A1
Buding 57.......................................42 A2
Budling 57.....................................42 A2
Budos 33.....................................236 B2
Bué 18..134 C4
Bueil 27...59 E2
Bueil-en-Touraine 37..................130 C1
Buellas 01....................................175 F4
Le Buet 74...................................197 D2
Buethwiller 68.............................120 B3
Buffard 25....................................160 A1
Buffières 71.................................174 C3
Buffignécourt 70.........................118 A3
Buffon 21.....................................137 F1
Bugarach 11................................302 B4
Bugeat 19....................................205 D2
Bugnein 64..................................272 A4
Bugnicourt 59.................................9 D3
Bugnières 52...............................116 B3
Bugny 25......................................161 D2
Le Bugue 24................................221 D3
Buhl 67...45 F4
Buhl 68..120 B1
Buhl-Lorraine 57............................70 A2
Buhy 95..33 E4
Buicourt 60....................................33 F1
Buigny-l'Abbé 80............................17 F1
Buigny-lès-Gamaches 80...............17 D1
Buigny-Saint-Maclou 80...................6 B4
Buire 02...21 E2
Buire-au-Bois 62..............................7 D3
Buire-Courcelles 80......................19 F2
Buire-le-Sec 62................................6 C2
Buire-sur-l'Ancre 80......................18 C2
Buironfosse 02...............................10 B4
Le Buis 87...................................185 F2
Buis-les-Baronnies 26................248 A4
Buis-sur-Damville 27.....................58 C3
Buissard 05.................................249 F1
La Buisse 38...............................212 B4
La Buissière 38...........................213 D3
Le Buisson 48.............................243 F2
Le Buisson 51...............................65 E4
Buisson 84..................................247 E4
Le Buisson-de-Cadouin 24.........221 D4
Buissoncourt 54............................68 B4
Buissy 62..8 C4
Bujaleuf 87..................................186 B4
Bulainville 55................................66 B1
Bulan 65......................................298 A3
Bulat-Pestivien 22........................50 B4
Bulcy 58......................................135 E4
Buléon 56....................................101 E2
Bulgnéville 88...............................93 F4
Bulhon 63....................................190 A3
Bullainville 28.............................109 E1
Bulle 25.......................................160 C3
Bullecourt 62..................................8 C4
Bulles 60.......................................34 B2
Bulligny 54....................................93 F1
Bullion 78......................................86 B1
Bullou 28.......................................85 D4
Bully 14..55 F1
Bully 42.......................................191 D3
Bully 69.......................................192 B3
Bully 76..16 C4
Bully-les-Mines 62..........................8 A2
Bulson 08.......................................23 D4
Bult 88...95 E1
Bun 65...297 E3
Buncey 21....................................115 E3
Buneville 62.....................................7 E3
Buno-Bonnevaux 91......................87 D3
Bunodière (Hêtre de la) 76...........33 D2
Bunus 64......................................295 C1
Bunzac 16....................................202 A1
Buoux 84......................................266 A4
Burbach 67.....................................70 A1
La Burbanche 01.........................194 B3
Burbure 62......................................7 F1
Burcin 38.....................................212 A3
Burcy 14...55 D2
Burcy 77...87 E4
Burdignes 42...............................210 B4
Burdignin 74................................178 B4
Bure 55..92 C1
Buré 61...41 E2
Buré 61...83 E2
Bure-les-Templiers 21................116 A4
Burelles 02.....................................21 E3
Bures 54..69 D4
Bures 61...83 E1
Bures-en-Bray 76..........................16 B3
Bures-les-Monts 14.......................54 C2
Bures-sur-Dives 14........................29 F4
Bures-sur-Yvette 91......................60 C4
Le Buret 53..................................105 E2
Burey 27...58 B2
Burey-en-Vaux 55..........................93 E1
Burey-la-Côte 55............................93 E1
Burg 65..298 B1
Burgalays 31...............................299 D4
Burgaronne 64.............................271 F3
Le Burgaud 31............................276 A1
Burgille 25...................................140 C4
Burgnac 87..................................203 E1
Burgy 71......................................175 D2
Burie 17.......................................182 B4
Buriville 54.....................................95 E1
Burlats 81....................................278 B2
Burlioncourt 57..............................69 D2
Burnand 71..................................174 C1
Burnevillers 25............................143 D3
Burnhaupt-le-Bas 68...................120 B2
Burnhaupt-le-Haut 68..................120 B2

Buron 63.....................................207 F2
Buros 64......................................273 D4
Burosse-Mendousse 64...............273 E3
Burret 09.....................................300 C4
Bursard 61.....................................83 D1
Burthecourt-
aux-Chênes 54..............................94 B1
Burtoncourt 57...............................42 A3
Bury 60..34 B3
Burzet 07....................................245 E1
Burzy 71......................................174 C1
Bus 62..19 E1
Bus-la-Mésière 80.........................19 D3
Bus-lès-Artois 80...........................18 C1
Bus-Saint-Rémy 27........................59 F1
Busca-Maniban
(Château de) 32..........................255 F4
Buschwiller 68.............................121 D4
Busigny 59.....................................20 B1
Busloup 41...................................108 C3
Busnes 62..7 F1
Busque 81....................................277 F1
Bussac 24....................................202 B4
Bussac-Forêt 17..........................217 F1
Bussac-sur-Charente 17.............181 F3
Bussaglia (Plage de) 2A.............316 A1
Bussang 88..................................119 F2
Bussang (Col de) 88....................119 F2
Le Busseau 79.............................164 B1
Busseau-sur-Creuse 23..............187 E1
Busséol 63...................................207 F1
Busserolles 24............................202 B1
Busserotte-
et-Montenaille 21.......................139 D1
Busset 03....................................190 B2
Bussiares 02..................................62 C1
La Bussière 45............................111 F4
La Bussière 86.............................167 E1
Bussière-Badil 24........................202 B1
Bussière-Boffy 87........................185 D2
Bussière-Dunoise 23...................169 D4
Bussière-Galant 87.....................203 E1
Bussière-Nouvelle 23..................188 A2
Bussière-Poitevine 87.................167 E4
Bussière-Saint-Georges 23........170 A3
La Bussière-sur-Ouche 21...........138 C4
Bussières 21................................139 D1
Bussières 42................................191 F4
Bussières 63................................188 B2
Bussières 70................................141 D3
Bussières 71................................175 D3
Bussières 77..................................62 C2
Bussières 89................................137 E3
Bussières-et-Pruns 63................189 F2
Busson 52......................................92 C3
Bussu 80..19 E2
Bussunarits-Sarrasquette 64......295 D1
Bussurel 70..................................142 C1
Bussus-Bussuel 80........................17 F1
Bussy 18......................................153 F3
Bussy 60..35 F1
Bussy-Albieux 42.........................191 E4
Bussy-en-Othe 89.......................113 E2
Bussy-la-Côte 55...........................66 A3
Bussy-la-Pesle 21.......................138 C3
Bussy-la-Pesle 58.......................136 A4
Bussy-le-Château 51.....................65 D3
Bussy-le-Grand 21......................138 A1
Bussy-le-Repos 51........................65 E2
Bussy-le-Repos 89......................112 C1
Bussy-lès-Daours 80.....................18 B2
Bussy-lès-Poix 80..........................17 F3
Bussy-Lettrée 51...........................64 C3
Bussy-Rabutin
(Château de) 21.........................138 A1
Bussy-Saint-Georges 77...............61 F3
Bussy-Saint-Martin 77..................61 F3
Bust 67..70 A1
Bustanico 2B...............................315 E4
Bustince-Iriberry 64....................295 D1
Buswiller 67...................................70 C1
Busy 25..141 D4
Butgnéville 55................................67 E1
Buthiers 70..................................141 D3
Buthiers 77....................................87 D4
Butot 76...32 A1
Butot-Vénesville 76........................15 D1
Butry-sur-Oise 95..........................60 C1
Butteaux 89.................................113 F2
Butten 67.......................................44 A4
Buverchy 80...................................19 E4
Buvilly 39....................................159 F3
La Buxerette 36...........................169 E2
Buxerolles 21..............................116 A3
Buxerolles 86..............................166 B1
Buxeuil 10....................................115 D4
Buxeuil 36...................................152 A1
Buxeuil 86...................................150 A2
Buxières-d'Aillac 36....................169 D1
Buxières-lès-Clefmont 52............117 D1
Buxières-les-Mines 03................171 E3
Buxières-les-Villiers 52...............116 A1
Buxières-sous-les-Côtes 55..........67 E2
Buxières-sous-Montaigut 63........189 D1
Buxières-sur-Arce 10...................115 D1
Buxy 71..157 F2
Buzan 09.....................................299 F4
Buzançais 36...............................151 E2
Buzancy 02....................................36 B3
Buzancy 08....................................39 E2
Buzeins 12...................................243 D4
Buzet-sur-Baise 47.....................255 F1
Buzet-sur-Tarn 31.......................277 D1
Buziet 64.....................................296 C2
Buzignargues 34.........................282 A1
Buzon 65......................................274 A3

Buzy 55..40 C4
Buzy 64..296 C2
By 25..160 A2
Byans-sur-Doubs 25....................160 A1

C

Cabanac 65..................................298 A1
Cabanac-Cazaux 31.....................299 D3
Cabanac-et-Villagrains 33...........235 F2
Cabanac-Séguenville 31..............275 F1
La Cabanasse 66.........................311 D3
Cabanès 12..................................259 F4
Cabanès 81..................................277 F1
Les Cabannes 09........................310 A1
Cabannes 13...............................265 D4
Les Cabannes 81........................259 D2
Cabara 33....................................218 C4
Cabariot 17..................................181 E3
Cabas-Loumassès 32..................274 C4
Cabasse 83..................................286 C3
Cabasson 83................................292 C3
Le Cabellou 29...............................99 D2
Cabestany 66..............................313 D2
Cabidos 64..................................272 C2
Cabourg 14....................................30 A3
Cabre (Col de) 05........................248 B2
Cabrerets 46................................240 B3
Cabrerolles 34.............................280 A3
Cabrespine 11.............................278 C4
Cabrières 30................................264 A4
Cabrières 34................................280 C2
Cabrières-d'Aigues 84.................266 B4
Cabrières-d'Avignon 84...............265 F4
Cabriès 13...................................284 C3

Cabris 06.....................................287 F1
Cachan 94......................................61 D3
Cachen 40...................................254 A2
Cachy 80..18 C3
Cadalen 81..................................259 D4
Cadarache (Barrage de) 13.........285 E1
Cadarcet 09.................................300 C3
Cadarsac 33................................218 C4
Cadaujac 33................................217 E4
Cadéac 65....................................298 B4
Cadeilhan 32...............................256 B4
Cadeilhan-Trachère 65...............298 B4
Cadeillan 32................................275 E4
Cademène 25..............................160 B1
Caden 56.....................................102 A4
Les Cadeneaux 13.......................284 C4
Cadenet 84..................................284 C1
Caderousse 84............................264 C2
Cadière-d'Azur 83...............291 E3
La Cadière-et-Cambo 30.............262 C3
Cadillac 33..................................236 B1
Cadillac-en-Fronsadais 33..........217 F3
Cadillon 64..................................273 E3
Cadix 81......................................260 A3
Cadolive 13..................................285 D4
Cadouin 24..................................221 D4
Cadours 31..................................275 F1
Cadrieu 46...................................241 D3
Caen 14..29 E4
Caëstre 59..4 A3
Caffiers 62..2 B3
Cagnac-les-Mines 81...................259 E3
Cagnano 2B.................................314 D2
Cagnoncles 59.................................9 E4
Cagnotte 40.................................271 E2
Cagny 14..29 F4
Cagny 80..18 B3
Cahagnes 14..................................55 D1

Cahagnolles 14..............................28 C4
Cahaignes 27.................................33 D4
Cahan 61..55 F3
Caharet 65...................................298 B2
Cahon 80..17 E1
Cahors 46....................................240 C3
Cahus 46......................................223 D3
Cahuzac 11..................................301 E2
Cahuzac 47..................................238 B1
Cahuzac 81..................................278 A3
Cahuzac-sur-Adour 32................273 E2
Cahuzac-sur-Vère 81..................259 D3
Le Cailar 30.................................282 B1
Cailhau 11...................................302 A2
Cailhavel 11.................................302 A2
Cailla 11.......................................311 D1
Caillac 46.....................................240 A3
Caillavet 32..................................274 B1
Caille 06.......................................268 C4
Caille (Ponts de la) 74.................195 E2
La Caillère 85..............................164 A1
Cailleville 76..................................15 E1
Caillouël-Crépigny 02....................36 A1
Caillouet-Orgeville 27....................59 D2
Cailloux-sur-Fontaines 69...........193 D3
Cailly 76...32 B1
Cailly-sur-Eure 27.........................58 C1
La Caine 14....................................55 F1
Cairanne 84.................................265 D1
Le Caire 04..................................249 E3
Cairon 14..29 E4
Caisnes 60.....................................36 A1
Caissargues 30............................264 A4
Caix 80...19 D3
Caixas 66.....................................312 C3
Caixon 65.....................................273 F4
Cajarc 46.....................................240 C3
Cala Rossa 2A.............................319 D4
Calacuccia 2B..............................314 C4

Calais 62..2 B2
Calamane 46...............................240 A3
Calan 56......................................100 A3
Calanhel 22...................................50 A4
Calas 13......................................284 C3
Calavanté 65...............................298 A1
Calcatoggio 2A............................316 B3
Calce 66......................................312 C1
Caldégas 66................................310 C4
Calès 24......................................220 C4
Calès 46......................................222 B4
Calignac 47.................................255 F2
Caligny 61.....................................55 F3
Callac 22..50 A4
Callac 56......................................101 F3
Callas 83.....................................287 D2
Callen 40.....................................235 F4
Callengeville 76.............................16 C3
Calleville 27...................................31 F3
Calleville-les-Deux-Églises 76......16 A4
Callian 32....................................274 B2
Callian 83....................................287 F1
Calmeilles 66...............................312 B3
Calmels-et-le-Viala 12................260 C3
La Calmette 30............................263 F3
Calmont 12..................................260 A1
Calmont 31..................................301 D1
Calmoutier 70..............................118 C4
Calonges 47................................237 F4
Calonne-Ricouart 62.......................7 F1
Calonne-sur-la-Lys 62.....................4 A4
Calorguen 22.................................78 C2
La Calotterie 62...............................6 B2
Caluire-et-Cuire 69.....................193 D4
Calvaire des Dunes 50..................24 B2
Calvi 2B.......................................314 B3
Calviac 46....................................223 E3
Calviac-en-Périgord 24...............221 F4

CALAIS

Amsterdam (R. d').............DXY 3
Angleterre (Pl. d')..............DX 4
Barbusse (Pl. Henri).........DX 6
Bonningue (R. du Cdt)......DX 7
Bruxelles (R. de)..............DX 10
Chanzy (R. du Gén.)..........DY 13
Commune de Paris
(R. de la).......................CDY 16
Escaut (Quai de l')............CY 21
Foch (Pl. Mar.).................CXY 22
Fontinettes
(R. des)........................CDY 24
Gambetta (Bd Léon)..........CY
George-V (Pont)................CY 31
Jacquard (Bd).................CDY
Jacquard (Pont)................CY 36
Jean-Jaurès (R.)..............DY 37
Lafayette (Bd)..................DY
Londres (R. de)...............DX 42
Mer (R. de la).................CX 45
Notre-Dame (R.)............CDX 46
Paix (R. de la)..................CX 48
Pasteur (Bd)....................DY
Paul-Bert (R.)..................CDY 49
Prés.-Wilson (Av. du).......CY 54
Quatre-Coins (R. des)......CY 55
Rhin (Quai du).................CY 58
Richelieu (R.)...................CX 60
Rome (R. de)...................CY 61
Royale (R.).......................CX 63
Soldat-Inconnu
(Pl. du)............................DY 64
Tamise (Quai de la).........CDY 66
Thermes (R. des)..............CY 67
Varsovie (R. de)................DY 70
Vauxhall (R. du)................CY

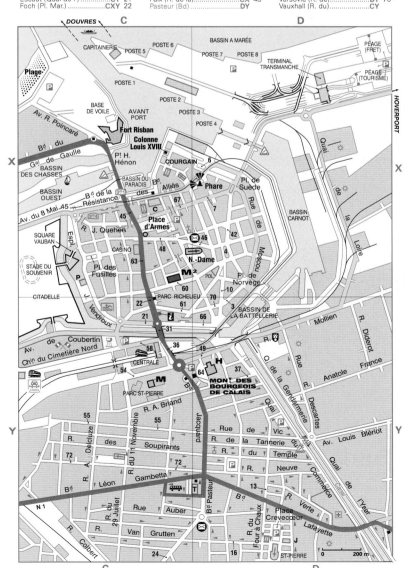

Calvignac 46	240	C3
Calvinet 15	242	A1
Calvisson 30	282	B1
Calzan 09	301	E3
Camalès 65	273	F4
Camarade 09	300	B2
Camarès 12	261	D4
Camaret-sur-Aigues 84	265	D1
Camaret-sur-Mer 29	47	D4
Camarsac 33	217	F4
Cambayrac 46	239	F3
La Cambe 14	27	F1
Cambernard 31	276	A3
Cambernon 50	54	A1
Cambes 33	236	A1
Cambes 46	241	D2
Cambes 47	237	F2
Cambes-en-Plaine 14	29	E4
Cambia 2B	315	E4
Cambiac 31	277	E3
Cambieure 11	302	A2
Camblain-Châtelain 62	8	A2
Camblain-l'Abbé 62	8	A2
Camblanes-et-Meynac 33	217	E4
Cambligneul 62	8	A2
Cambo-les-Bains 64	270	C4
Cambon 81	259	E4
Cambon-et-Salvergues 34	279	E1
Cambon-lès-Lavaur 81	277	E2
Camboulazet 12	260	A1
Camboulit 46	241	D2
Cambounès 81	278	C2
Cambounet-sur-le-Sor 81	278	A2
Le Cambout 22	101	E1
Cambrai 59	9	D4
Cambremer 14	30	B4
Cambrin 62	8	B1
Cambron 80	17	E1
Cambronne-lès-Clermont 60	34	C3
Cambronne-lès-Ribécourt 60	35	E1
Camburat 46	241	D2
Came 64	271	E4
Camélas 66	312	C2
Camelin 02	36	A1
Camembert 61	57	D2
Cametours 50	54	A1
Camiac-et-Saint-Denis 33	218	C4
Camiers 62	6	A1
Camiran 33	237	D2
Camjac 12	259	F1
Camlez 22	50	B1
Les Cammazes 81	278	A4
Camoël 56	123	F3
Camon 09	301	E1
Camon 80	18	B2
Camors 56	100	C2
Camou-Cihigue 64	295	F2
Camou-Mixe-Suhast 64	271	E4
Camous 65	298	B3
Le Camp-du-Castellet 83	291	E3
Campagna-de-Sault 11	310	C1
Campagnac 12	243	E3
Campagnac 81	258	C3
Campagnac-lès-Quercy 24	239	E1
Campagnan 34	281	D3
Campagne 24	221	D3
Campagne 34	282	A1
Campagne 40	253	F4
Campagne 60	19	E4
Campagne-d'Armagnac 32	255	D4
Campagne-lès-Boulonnais 62	2	C4

Campagne-lès-Guînes 62	2	C3
Campagne-lès-Hesdin 62	6	C2
Campagne-lès-Wardrecques 62	3	E4
Campagne-sur-Arize 09	300	B2
Campagne-sur-Aude 11	302	B4
Campagnolles 14	54	C2
Campan 65	298	A3
Campana 2B	315	E4
Campandré-Valcongrain 14	55	E2
Camparan 65	298	B4
Campeaux 14	54	C2
Campeaux 60	33	E1
Campel 35	102	C2
Campénéac 56	102	A2
Campes 81	259	D2
Campestre-et-Luc 30	262	A3
Campet-et-Lamolère 40	253	F3
Camphin-en-Carembault 59	8	C1
Camphin-en-Pévèle 59	9	D1
Campi 2B	317	F1
Campigneulles-les-Grandes 62	6	B2
Campigneulles-les-Petites 62	6	B2
Campigny 14	28	C3
Campigny 27	31	D3
Campile 2B	315	E3
Campistrous 65	298	B2
Campitello 2B	315	E3
Camplong 34	280	A2
Camplong-d'Aude 11	303	D2
Campneuseville 76	17	D3
Campo 2A	316	C4
Campoloro (Port de) 2B	315	C4
Campôme 66	311	F2
Campouriez 12	242	B1
Campoussy 66	311	F2
Campremy 60	34	B1
Camprond 50	54	A1
Camps 19	223	D3
Camps-en-Amiénois 80	17	E2
Camps-la-Source 83	286	B3
Camps-sur-l'Agly 11	302	C4
Camps-sur-l'Isle 33	219	D2
Campsas 82	257	F4
Campsegret 24	220	B3
Campuac 12	242	B2
Campugnan 33	217	E1
Campuzan 65	298	B1
Camurac 11	310	C1
Can Parterre 66	312	B4
Canadel (Col du) 83	293	D2
Canadel-sur-Mer 83	293	D2
Canaille (Cap) 13	291	D3
Canale-di-Verde 2B	317	F1
Canals 82	257	F4
Canaples 80	18	A1
Canappeville 27	32	A4
Canapville 14	30	B3
Canapville 61	57	D2
Canari 2B	314	D2
Canaules-et-Argentières 30	263	E3
Canavaggia 2B	315	E3
Canaveilles 66	311	E3
Cancale 35	53	D4
Canchy 14	27	F3
Canchy 80	6	C4
Cancon 47	238	A3
Candas 80	18	A1
Candé 49	127	E1
Candé-sur-Beuvron 41	132	A2
Candes-Saint-Martin 37	129	F4

Candillargues 34	282	A2
Candor 60	35	F1
Candresse 40	271	F1
Canehan 76	16	B2
Canéjan 33	217	D4
Canens 31	300	B1
Canenx-et-Réaut 40	254	A3
Canet 11	303	F1
Canet 34	281	D2
Canet-de-Salars 12	260	C1
Canet-en-Roussillon 66	313	E2
Canet-Plage 66	313	E2
Canettemont 62	7	E3
Cangey 37	131	E2
Caniac-du-Causse 46	240	C2
Canigou (Pic du) 66	311	E3
Canihuel 22	76	C2
Canilhac 48	243	F1
Canisy 50	54	B1
Canlers 62	7	D2
Canly 60	35	D3
Cannectancourt 60	35	F1
Cannelle 2A	316	B3
Cannelle 2B	314	D1
Cannes 06	288	B3
Cannes-Écluse 77	88	A3
Cannes-et-Clairan 30	263	E4
Cannessières 80	17	E2
Le Cannet 06	288	B3
Cannet 32	273	E2
Le Cannet-des-Maures 83	286	C3
Canny-sur-Matz 60	35	E1
Canny-sur-Thérain 60	33	E1
Canohès 66	312	C2
Canon 14	56	B1
Le Canon 33	234	B1
La Canonica 2B	315	F3
La Canonica (Ancienne Cathédrale de) 2B	315	F3
La Canourgue 48	243	F1
Canouville 76	15	D2
Cantaing-sur-Escaut 59	9	D4
Cantaous 65	298	B3
Cantaron 06	288	C1
Canté 09	300	C1
Cantebonne 54	41	D1
Canteleu 76	32	A2
Canteleux 62	7	E4
Canteloup 14	30	A4
Canteloup 50	25	D1
Cantenac 33	217	D2
Cantenay-Épinard 49	128	B3
Cantiers 27	33	D4
Cantigny 80	18	C4
Cantillac 24	202	B3
Cantin 59	9	D3
Cantobre 12	261	F2
Cantoin 12	224	C4
Cantois 33	236	C1
Canville-la-Rocque 50	24	C4
Canville-les-Deux-Églises 76	15	F2
Cany-Barville 76	15	E2
Caorches-Saint-Nicolas 27	57	F1
Caouënnec-Lanvézéac 22	50	A2
Caours 80	6	C4
Cap Corse 2B	314	A1
Cap-Coz 29	73	F4
Le Cap-d'Agde 34	305	F1
Cap-d'Ail 06	289	E4
Cap-de-l'Homy-Plage 40	252	B2

Cap-de-Long (Barrage de) 65	298	A4
Cap Ferrat 06	288	C2
Cap-Ferret 33	234	B1
Cap-Martin 06	289	E4
Cap Sizun (Réserve du) 29	72	C3
Capbis 64	297	D2
Capbreton 40	270	C1
Capdenac 46	241	E2
Capdenac-Gare 12	241	E2
Capdrot 24	239	D1
La Capelle 02	10	B4
La Capelle 48	243	F1
La Capelle-Balaguier 12	241	D3
La Capelle-Bleys 12	241	F4
La Capelle-Bonance 12	243	E1
La Capelle-et-Masmolène 30	264	B2
Capelle-Fermont 62	8	A3
La Capelle-lès-Boulogne 62	2	B3
Capelle-les-Grands 27	57	E1
Capelle-lès-Hesdin 62	6	C3
Capendu 11	303	D2
Capens 31	276	B4
Capestang 34	280	A2
Capian 33	236	B1
Capinghem 59	4	C4
Caplong 33	219	E4
Capoulet-et-Junac 09	310	A1
Cappel 57	43	D1
Cappelle-Brouck 59	3	E3
Cappelle-en-Pévèle 59	9	D1
Cappelle-la-Grande 59	3	E1
Cappy 80	19	D2
La Capte 83	292	B3
Captieux 33	236	C4
Capula (Castello de) 2A	319	D1
Capvern 65	298	B2
Capvern-les-Bains 65	298	B2
Carabès (Col de) 05	248	C1
Caradeuc (Château de) 35	78	C3
Caragoudes 31	277	D2
Caraman 31	277	E3
Caramany 66	312	B1
Carantec 29	49	D2
Carantilly 50	54	B1
Carayac 46	241	D2
Carbay 49	104	A4
Carbes 81	278	A2
Carbini 2A	319	D1
Carbon-Blanc 33	217	E3
Carbonne 31	300	A1
Carbuccia 2A	316	C3
Carcagny 14	29	D3
Carcanières 09	311	D1
Carcans 33	216	B2
Carcans-Plage 33	216	A2
Carcarès-Sainte-Croix 40	253	E4
Carcassonne 11	302	B1
Carcen-Ponson 40	253	E3
Carcès 83	286	B3
Carcheto-Brustico 2B	315	F4
Cardaillac 46	241	D1
Cardan 33	236	B1
Cardeilhac 31	299	D1
Cardesse 64	296	B1
Cardet 30	263	E3
Cardo-Torgia 2A	316	C4
Cardonette 80	18	B2
Le Cardonnois 80	34	C1

Cardonville 14	27	E2
Cardroc 35	79	D3
Careil 44	123	F4
Carelles 53	80	C2
Carency 62	8	A2
Carennac 46	222	C3
Carentan 50	27	D3
Carentoir 56	102	B3
Cargèse 2A	316	A2
Cargiaca 2A	319	D1
Carhaix-Plouguer 29	75	F2
Carignan 08	23	F4
Carignan-de-Bordeaux 33	217	E4
Carisey 89	113	F3
Carla-Bayle 09	300	B2
Carla-de-Roquefort 09	301	E3
Le Carlaret 09	301	D2
Carlat 15	224	B4
Carlencas-et-Levas 34	280	B2
Carlepont 60	35	F2
Carling 57	42	C4
Carlipa 11	302	A1
Carlucet 24	221	F3
Carlucet 46	240	B1
Carlus 81	259	E4
Carlux 24	222	A4
Carly 81	2	B4
Carmaux 81	259	E3
Carnac 56	100	B4
Carnac-Plage 56	100	B4
Carnac-Rouffiac 46	239	F3
Carnas 30	263	D4
Carnet 50	80	A1
Carnetin 77	61	F3
Carneville 50	25	D1
Carnières 59	9	E4
Carnin 59	8	C1
Carniol 04	266	B3
Carnoët 22	75	F2
Carnon-Plage 34	282	A3
Carnoules 83	286	B4
Carnoux-en-Provence 13	291	D3
Carnoy 80	19	D2
Caro 56	102	A2
Caro 64	295	D1
Carolles 50	53	F1
Caromb 84	265	E2
Carpentras 84	265	E2
Carpineto 2B	315	E4
Carpiquet 14	29	E4
Carquebut 50	25	D4
Carqueiranne 83	292	B3
Carquefou 44	126	C3
La Carquois 22	52	A4
Carrépuis 80	19	E4
Carrère 64	273	D3
Carresse 64	271	F3
Carrières-sous-Bois 78	60	C2
Carrières-sous-Poissy 78	60	B2
Carrières-sur-Seine 78	60	C3
Carro 13	284	A4
Carros 06	288	C1
Carrouges 61	82	B1
Les Carroz-d'Arâches 74	196	B2
Carry-le-Rouet 13	284	B4
Cars 33	217	E1
Les Cars 87	203	E1
Les Cars (Ruines gallo-romaines) 19	205	E2

Carsac-Aillac 24	221	F4
Carsac-de-Gurson 24	219	E3
Carsan 30	264	B1
Carsix 27	57	F1
Carspach 68	120	B3
Cartelègue 33	217	E1
Carteret 50	24	B4
Carticasi 2B	315	E4
Cartignies 59	10	B3
Cartigny 80	19	F2
Cartigny-l'Épinay 14	27	F3
Carves 24	221	E4
Carville 14	55	D2
Carville-la-Folletière 76	15	F4
Carville-Pot-de-Fer 76	15	E4
Carvin 62	8	C1
Cas (Château de) 82	258	C1
Casabianca 2B	315	E3
Casaglione 2A	316	B3
Casalabriva 2A	318	C1
Casalta 2B	315	E3
Casamaccioli 2B	316	C1
Casamozza 2B	315	F3
Casanova 2B	317	D1
Casardo (Col de) 2B	317	E1
Casatorra 2B	315	F2
Cascastel-des-Corbières 11	303	D4
Casefabre 66	312	B2
Caseneuve 84	266	B3
Cases-de-Pène 66	312	C1
Casevecchie 2B	317	F2
Le Cassaber 64	271	F3
La Cassagne 24	221	F3
Cassagnabère-Tournas 31	299	D1
Cassagnas 48	262	C2
Cassagne 31	299	F2
Cassagnes 46	239	F2
Cassagnes 66	312	B1
Cassagnes-Bégonhès 12	260	A2
Cassagnoles 30	263	E3
Cassagnoles 34	279	D4
La Cassaigne 11	301	F1
Cassaigne 32	255	F4
Cassaignes 11	302	B4
Cassaniouze 15	242	A1
Cassano 2B	314	B3
Cassel 59	3	F2
Cassen 40	253	E4
Casseneuil 47	238	B3
Les Cassés 11	277	E4
Casset (Cascade du) 05	231	F4
Casseuil 33	237	D2
Cassignas 47	238	C4
La Cassine 08	39	D1
Cassis 13	291	D3
Casson 44	126	B2
Cassuéjouls 12	242	C1
Cast 29	73	F2
Castagnac 31	300	B1
Castagnède 31	299	F2
Castagnède 64	271	F3
Castagniers 06	288	C1
Castaignos-Souslens 40	272	B2
Castandet 40	254	B4
Castanet 12	259	F1
Castanet 81	259	D3
Castanet 82	259	E1
Castanet-le-Haut 34	279	E1
Castanet-Tolosan 31	276	C3
Castans 11	278	C4
Casteide-Cami 64	272	C3

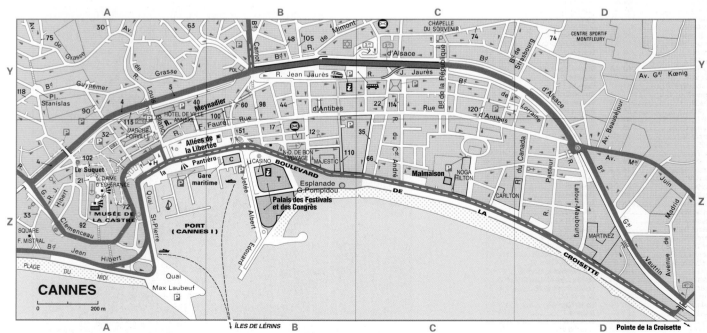

CANNES

Anc. Combattants d'Afrique du Nord (Av.)	AYZ 4
André (R. du Cdt)	CZ
Antibes (R. d')	BCY
Bachaga Saïd Boualam (Av.)	AY 5
Belges (R. des)	BZ 12
Buttura (R.)	BZ 17
Castre (Pl. de la)	AZ 21
Chabaud (R.)	CY 22
Croisette (Bd de la)	BDZ
Delaup (Bd)	AY 30
Dr-Pierre Gazagnaire (R.)	AZ 32
Dollfus (R. Jean)	AZ 33
États-Unis (R. des)	CZ 35
Félix-Faure (R.)	ABZ
Ferrage (Bd de la)	ABY 40
Foch (R. du Mar.)	BY 44
Gallieni (R. du Mar.)	BY 48
Gaulle (Pl. Gén.-de)	BZ 51
Joffre (R. du Mar.)	BY 60
Lattre-de-T. (Av. de)	AY 63
Macé (R.)	CZ 66
Mont-Chevalier (R. du)	AZ 72
Montfleury (Bd)	CDY 74
Monti (R. Marius)	AY 75
Pastour (R. Louis)	AY 90
Perrissol (R. Louis)	AZ 92
Riouffe (R. Jean de)	BY 98
Rouguière (R.)	BY 100
St-Antoine (R.)	AZ 102
St-Nicolas (Av.)	BY 105
Serbes (R. des)	BZ 110
Teisseire (R.)	CY 114
Tuby (Bd Victor)	AYZ 115
Vallombrosa (Bd)	AY 118
Vidal (R. du Cdt)	CY 120

Casteide-Candau 64....272 B3
Casteide-Doat 64....273 F4
Casteil 66....311 F3
Castel Vendon
(Rocher du) 50....24 B2
Castelbajac 65....298 B1
Castelbiague 31....299 E3
Castelbouc
(Château de) 48....244 A4
Castelculier 47....256 B1
Le Castelet 09....310 B1
Castelferrus 82....257 D3
Castelfranc 46....239 F3
Castelgaillard 31....275 E4
Castelginest 31....276 C1
Casteljaloux 47....237 E4
Casteljau 07....245 F3
Castella 47....238 B4
Castellane 04....268 B4
Castellar 06....289 F3
Le Castellard 04....267 E1
Castellare-di-Casinca 2B....315 F3
Castellare-di-Mercurio 2B....317 E1
Le Castellet 04....267 E1
Le Castellet 83....291 E3
Castellet 84....266 B4
Castellet-les-Sausses 04....268 C2
Castelli (Pointe du) 44....123 E4
Castello 2B....314 A1
Castello-di-Rostino 2B....315 E3
Castelmary 12....259 F1
Castelmaurou 31....276 C2
Castelmayran 82....257 D3
Castelmoron-d'Albret 33....237 D1
Castelmoron-sur-Lot 47....238 A4
Castelnau-Barbarens 32....275 D2
Castelnau-Bretenoux
(Château de) 46....222 C4
Castelnau-Chalosse 40....272 A1
Castelnau-d'Anglès 32....274 B4
Castelnau-d'Arbieu 32....256 B4
Castelnau-d'Aude 11....303 D1
Castelnau-d'Auzan 32....255 D3
Castelnau-de-Brassac 81....278 C2
Castelnau-de-Guers 34....280 C4
Castelnau-de-Lévis 81....259 E3
Castelnau-
de-Mandailles 12....243 D3
Castelnau-de-Médoc 33....217 D2
Castelnau-
de-Montmiral 81....258 C3
Castelnau-
d'Estrétefonds 31....276 B1
Castelnau-Durban 09....300 B3
Castelnau-le-Lez 34....281 F2
Castelnau-Magnoac 65....298 C1
Castelnau-Montratier 46....257 F1
Castelnau-Pégayrols 12....261 D2
Castelnau-Picampeau 31....299 F1
Castelnau-Rivière-Basse 65....273 F2
Castelnau-sur-Gupie 47....237 E2
Castelnau-sur-l'Auvignon 32....256 A3
Castelnau-Tursan 40....272 C1
Castelnau-Valence 30....263 F3
Castelnaud-
de-Gratecambe 47....238 B3
Castelnaud-la-Chapelle 24....221 E4
Castelnaudary 11....301 F1
Castelnavet 32....274 A1
Castelner 40....272 B2
Castelnou 66....312 C2
Castelpers 12....260 A2
Castelreng 11....302 A3
Castels 24....221 E4
Castelsagrat 82....257 D1
Castelsarrasin 82....257 D2
Castelvieilh 65....298 A1
Castelviel 33....236 C1
Castennec (Site de) 56....100 C1
Le Castéra 31....276 A2
Castéra-Bouzet 82....256 C3
Castéra-Lanusse 65....298 B2
Castéra-Lectourois 32....256 B3
Castéra-Lou 65....274 A4
Castéra-Loubix 64....273 F4
Castéra-Verduzan 32....255 F4
Castéra-Vignoles 31....299 E1
Castéras 09....300 C3
Casterets 65....274 C4
Castéron 32....256 C4
Castet 64....296 C2
Castet-Arrouy 32....256 B3
Castetbon 64....272 A4
Castétis 64....272 A3
Castetnau-Camblong 64....272 A4
Castetner 64....272 A3
Castetpugon 64....273 D2
Castets 40....252 C3
Castets-en-Dorthe 33....236 C2
Castex 09....300 C4
Castex 32....274 B4
Castex-d'Armagnac 32....254 C4
Casties-Labrande 31....275 F4
Castifao 2B....315 D3
Castiglione 2B....315 D4
Castillon 06....289 E3
Castillon 14....28 C4
Castillon 64....272 B3
Castillon 65....298 A2
Castillon (Barrage de) 04....268 B3
Castillon (Col de) 06....289 E3
Castillon-de-Castets 33....237 D2
Castillon-de-Larboust 31....307 F4
Castillon-
de-Saint-Martory 31....299 E2
Castillon-Debats 32....274 A1
Castillon-du-Gard 30....264 B3

Castillon-en-Auge 14....56 C1
Castillon-en-Couserans 09....299 F4
Castillon-la-Bataille 33....219 D4
Castillon-Massas 32....274 C1
Castillon-Savès 32....275 E4
Castillonnès 47....238 B1
Castilly 14....27 F3
Castin 32....274 C1
Castineta 2B....315 E4
Castirla 2B....315 D4
Castres 02....20 A3
Castres 81....278 B2
Castres-Gironde 33....236 B1
Castries 34....282 A1
Le Cateau-Cambrésis 59....20 C1
Le Catelet 02....20 A1
Le Catelier 76....16 A4
Catenay 76....32 C3
Catenoy 60....34 C3
Cateri 2B....314 B3
Cathervielle 31....307 F4
Catheux 60....18 A4
Catigny 60....19 E4
Catillon-Fumechon 60....34 C1
Catillon-sur-Sambre 59....20 C1
Catllar 66....311 F2
Les Catons 73....213 D1
Catonvielle 32....275 F2
Cattenières 59....9 E4
Cattenom 57....41 F2
Catteville 50....24 C4
Catus 46....239 F2
Catz 50....27 E3
Caubeyres 47....255 E1
Caubiac 31....276 A1
Caubios-Loos 64....272 C3
Caubon-
Saint-Sauveur 47....237 E2
Caubous 31....298 C4
Caubous 65....298 C1
Caucalières 81....278 B3
La Cauchie 62....8 A3
Cauchy-à-la-Tour 62....7 F1
Caucourt 62....8 A2
Caudan 56....100 A2
Caudebec-en-Caux 76....15 E4
Caudebec-lès-Elbeuf 76....32 A3
Caudebronde 11....278 B4
Caudecoste 47....256 B2
Caudéran 33....217 E4
Caudeval 11....301 F3
Caudiès-de-Conflent 66....311 D3
Caudiès-de-Fenouillèdes 66....311 F1
Caudon-de-Vitrac 24....221 F4
Caudos 33....235 D2
Caudrot 33....236 C2
Caudry 59....20 B1
Cauffry 60....34 C3
Caugé 27....58 B2
Caujac 31....300 C1
Caulaincourt 02....19 F3
Le Caule-Sainte-Beuve 76....17 D3
Caulières 80....17 E3
Caullery 59....20 B1
Caulnes 22....78 B3
La Caume
(Panorama de) 13....283 F1
Caumont 02....36 A1
Caumont 09....299 F3
Caumont 27....31 F3
Caumont 32....273 E1
Caumont 33....237 D1
Caumont 62....7 D3
Caumont 82....257 D3
Caumont (Château de) 32....275 F3
Caumont-l'Éventé 14....55 D1
Caumont-sur-Durance 84....265 D4
Caumont-sur-Garonne 47....237 E3
Caumont-sur-Orne 14....55 F2
Cauna 40....253 F4
Caunay 79....183 E1
Cauneille 40....271 E4
Caunes-Minervois 11....279 D4
La Caunette 34....279 E4
Caunette-sur-Lauquet 11....302 C3
Caunettes-en-Val 11....303 D3
Caupenne 40....272 A1
Caupenne-d'Armagnac 32....254 C4
La Caure 51....63 F2
Caurel 22....76 C3
Caurel 51....38 A3
Cauria
(Mégalithes de) 2A....318 C4
Cauro 2A....316 C4
Cauroir 59....9 E4
Cauroy 08....38 B3
Cauroy-lès-Hermonville 51....37 E3
Le Causé 82....257 D2
Cause-de-Clérans 24....220 B4
Caussade 82....258 A2
Caussade-Rivière 65....273 F4
Causse-Bégon 30....261 F2
Causse-de-la-Selle 34....262 B4
Causse Noir
(Corniche du) 12....261 F1
Caussens 32....255 F3
Causses-et-Veyran 34....280 A3
Caussidières 31....277 D4
Caussiniojouls 34....280 A3
Caussols 06....269 E4
Caussou 09....310 A1
Cauterets 65....297 E4
Cauverville-en-Roumois 27....31 E3
Cauvicourt 14....56 A1
Cauvignac 33....237 D3
Cauvigny 60....34 B3
Cauville 76....14 B3
Cauville-s-Mer 14....55 E2
La Cauvinière (Haras) 14....57 D2

Caux 34....280 C3
Caux-et-Sauzens 11....302 B1
Cauzac 47....256 C1
Cavagnac 46....222 B3
Cavaillon 84....265 E4
Cavalaire-sur-Mer 83....293 E4
La Cavalerie 12....261 E3
Cavalière 83....293 D2
Cavaliers
(Falaise des) 83....286 C1
Cavan 22....50 B2
Cavanac 11....302 B2
Cavarc 47....238 B1
Caveirac 30....263 F4
Caves 11....303 F4
Cavignac 33....217 F2
Cavigny 50....27 E4
Cavillargues 30....264 B2
Cavillon 80....17 F2
Cavron-Saint-Martin 62....6 C4
Caychax 09....310 A1
Cayeux-en-Santerre 80....18 C3
Cayeux-sur-Mer 80....6 A4
Le Cayla (Musée) 81....258 C3
Caylus 82....258 C1
La Cayolle (Col de) 06....251 D4
Cayrac 82....258 A2
Cayres 43....226 C4
Cayriech 82....258 B1
Le Cayrol 12....242 C1
Cayrols 15....223 F4
Cazac 31....275 F4
Cazalis 33....236 B4
Cazalis 40....272 B2
Cazalrenoux 11....301 F2
Cazals 46....239 F2
Cazals 82....258 B2
Cazals-des-Baylès 09....301 F2
Cazaril-Laspènes 31....307 F4
Cazaril-Tambourès 31....298 C1
Cazarilh 65....298 C3
Cazats 33....236 C3
Cazaubon 32....254 C3
Cazaugitat 33....237 D1
Cazaunous 31....299 D3
Cazaux 09....300 C3
Cazaux 33....234 B3
Cazaux-d'Anglès 32....274 B4
Cazaux-Debat 65....298 B4
Cazaux-Fréchet 65....298 B4
Cazaux-Layrisse 31....298 C4
Cazaux-Savès 32....275 F3
Cazaux-Villecomtal 32....274 A3
La Caze (Château de) 48....244 A4
Cazeaux-de-Larboust 31....307 F4
Cazedarnes 34....280 A4
Cazenave-
Serres-et-Allens 09....301 D4
Cazeneuve 32....255 E4

Cazeneuve-Montaut 31....299 E2
Cazères 31....300 A1
Cazères-sur-l'Adour 40....273 D1
Cazes-Mondenard 82....257 E1
Cazevieille 34....281 E1
Cazideroque 47....239 D4
Cazilhac 11....302 B2
Cazilhac 34....262 C4
Cazilhac (Château de) 34....280 A1
Cazillac 46....222 B3
Cazouls-d'Hérault 34....280 C3
Cazouls-lès-Béziers 34....280 A3
Ceaucé 61....81 D2
Ceaulmont 36....168 C2
Céaux 50....54 A4
Céaux-d'Allègre 43....226 C1
Ceaux-en-Couhé 86....166 A4
Ceaux-en-Loudun 86....149 D2
Cébazan 34....279 F4
Cébazat 63....189 E4
Ceccia (Site
préhistorique) 2A....319 E3
Ceffia 39....176 C4
Ceffonds 52....91 F2
Ceignac 12....260 A1
Ceignes 01....194 A1
Ceilhes-et-Rocozels 34....280 A1
Ceillac 05....251 D1
Ceilloux 63....208 B1
Ceintrey 54....94 B1
La Celette 18....170 C1
La Celle 03....188 C1
La Celle 18....153 E4
Cellé 41....108 A3
La Celle 63....188 A4
La Celle 83....286 A3
La Celle-Condé 18....152 C4
La Celle-Dunoise 23....169 D4
La Celle-en-Morvan 71....156 C2
La Celle-Guenand 37....150 B3
La Celle-les-Bordes 78....86 B1
Celle-Lévescault 86....166 A3
La Celle-Saint-Avant 37....149 F2
La Celle-Saint-Cloud 78....60 C3
La Celle-Saint-Cyr 89....112 C2
La Celle-sous-Chantemerle 51....89 E1
La Celle-sous-Gouzon 23....187 F1
La Celle-sous-Montmirail 02....63 D3
La Celle-sur-Loire 58....135 D2
La Celle-sur-Morin 77....62 A3
La Celle-sur-Nièvre 58....154 C1
La Celle-sur-Seine 77....88 A3
Cellefrouin 16....184 A3
Celles 09....301 D4
Celles 15....225 D2
Celles 17....199 F1
Celles 24....202 A4
Celles 34....280 C2
Celles-en-Bassigny 52....117 D2
Celles-lès-Condé 02....63 E2

Celles-sur-Aisne 02....36 C2
Celles-sur-Belle 79....165 E4
Celles-sur-Durolle 63....190 B4
Celles-sur-Ource 10....115 D1
Celles-sur-Plaine 88....95 F1
La Cellette 15....169 F3
La Cellette 63....188 C2
Cellettes 16....183 E3
Cellettes 41....132 A2
Le Cellier 44....126 C3
Celliers 73....214 A2
Cellieu 42....210 B2
Cellule 63....189 E3
Celon 36....168 C2
Celony 13....284 C2
Celoux 15....225 F2
Celsoy 52....117 D3
Cély 77....87 E2
Cemboing 70....117 F3
Cenac 33....217 E4
Cénac-et-Saint-Julien 24....221 F4
Cenans 70....141 E2
Cendras 30....263 E2
Le Cendre 63....207 F1
Cendrecourt 70....117 F3
Cendrey 25....141 E2
Cendrieux 24....220 C3
Cénevières 46....240 C3
Cenne-Monestiés 11....278 A4
Cenomes 12....261 D4
Cenon 33....217 E4
Cenon-sur-Vienne 86....149 F4
Censeau 39....160 B3
Censerey 21....138 A4
Censy 89....114 B4
Les Cent-Acres 76....16 A3
Centeilles (Chapelle de) 34....279 D4
Centrès 12....260 A2
Centuri 2B....314 D1
Centuri-Port 2B....314 D1
Cenves 69....174 C4
Cépet 31....276 C1
Cépie 11....302 B2
Cepoy 45....111 F2
Cérans-Foulletourte 72....106 C2
Cerbère 66....313 E4
Cerbois 18....152 C1
Cercié 69....192 B3
Cercier 74....195 E2
Cercles 24....202 A4
Cercottes 45....110 A3
Cercoux 17....218 C1
Le Cercueil 61....82 C1
Cercy-la-Tour 58....155 F3
Cerdon 01....194 A1
Cerdon 45....134 A1
Cerdon (Grottes du) 01....194 A1
Cère 40....254 A3

Cère (Pas de) 15....224 B3
Céré-la-Ronde 37....131 F4
Cerelles 37....130 C2
Céreste 04....266 B4
Céret 66....312 C3
Cerfontaine 59....10 C2
Le Cergne 42....191 F1
Cergy 95....60 B1
Cergy-Pontoise
(Ville nouvelle) 95....60 B1
Cérilly 03....171 E1
Cérilly 21....114 B3
Cérilly 89....89 E4
Cerisé 61....82 C2
Cerisières 52....92 A3
Cerisiers 89....113 D1
Cerisy 80....19 D2
Cerisy-Belle-Étoile 61....55 E3
Cerisy-Buleux 80....17 E2
Cerisy-la-Forêt 50....27 F4
Cerisy-la-Salle 50....54 A1
Cerizay 79....147 E3
Cérizols 09....299 F2
Cerizy 02....20 A3
La Cerlangue 76....14 C4
La Cerleau 08....22 A3
Cernans 39....160 A2
Cernay 14....57 D1
Cernay 28....85 D3
Cernay 68....120 B4
Cernay 86....149 D3
Cernay-en-Dormois 51....39 D4
Cernay-la-Ville 78....60 B4
Cernay-l'Église 25....142 C3
Cernay-lès-Reims 51....37 F3
Cernay-Saint-... 67....63 D4
Cernex 74....195 E1
Cerniébaud 39....160 C4
Cernion 08....22 A3
Cernon 39....176 C3
Cernon 51....64 C3
Cernoy 60....35 D2
Cernoy-en-Berry 45....134 C2
Cernusson 49....128 B4
Cerny 91....87 D2
Cerny-en-Laonnois 02....37 D2
Cerny-lès-Bucy 02....36 C3
Céron 71....173 E4
Cérons 33....236 B1
Cerqueux 14....57 E2
Les Cerqueux 49....147 E2
Les Cerqueux-
sous-Passavant 49....147 F1
Cerre-lès-Noroy 70....141 F1
Cers 34....280 B4
Cersay 79....148 A2
Cerseuil 02....36 C3
Cersot 71....157 F4
Certémery 39....159 F2
Certilleux 88....93 E3

CHÂLONS-EN-CHAMPAGNE

Arche-de-Mauvillain
(Pt de l')....BZ 2
Bourgeois (R. Léon)....BY
Chastillon (R. de)....ABZ 6
Croix-des-Teinturiers (R.)....AZ 9

Flocmagny (R. du)....BY 12
Foch (Pl. Mar.)....AY 14
Gaulle
(Av. Charles-de)....BZ 15
Godart (Pl.)....AY 17
Jaurès (R. Jean)....AZ 20
Jessaint (R. de)....BZ 22
Libération (Pl. de la)....AZ 24
Mariniers (Pt des)....AY 26
Marne (R. de la)....AY 27

Martyrs-de-la-Résistance
(R. des)....BY 29
Orfeuil (R. d')....AZ 31
Ormesson (Cours d')....AZ 32
Prieur-de-la-Marne (R.)....BY 36
Récamier (R. Juliette)....AZ 38
République (Pl. de la)....AZ 39
Vaux (R. de)....AY 47
Vinetz (R. de)....BZ 49
Viviers (Pt des)....AY 50

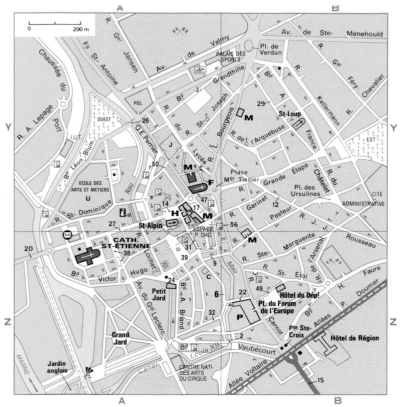

CHALON-SUR-SAÔNE

Banque (R. de la)........BZ 3	Gaulle (Pl. Gén. de)......BZ 17	Pont (R. du)................CZ 35
Châtelet (Pl. du)........BZ 5	Grande-Rue...............BCZ 18	Porte-de-Lyon (R.)........BZ 36
Châtelet (R. du)........CZ 6	Hôtel-de-Ville (Pl. de l')......BZ 19	Port-Villiers (R. du)......BZ 37
Citadelle (R. de la)....BY 7	Leclerc (R. Gén.).......BZ	Poterne (Q. de la)........CZ 38
Couturier (R.) Ph.-L...BZ 9	Lyon (R. de)...........BZ 21	Pretet (R. René).........AZ 40
Duhesme (R. du Gén.)...AY 12	Messiaen (R. O.)......AZ 24	République (Bd)..........ABZ 42
Evêché (R. de l')......CZ 15	Obélisque (Pl. de l')...BY 27	St-Georges (R.)..........BZ 45
Fèvres (R. aux).......CZ 16	Pasteur (R.)..........CZ 28	St-Vincent (Pl. et R.)...CZ 46
	Poissonnerie............CZ 31	Ste-Marie (Prom.)........CZ 47
	Pompidou (Av. G.)......AZ 32	Strasbourg (R. de)........CZ 48
		Trémouille (R. de la)....BCY 51

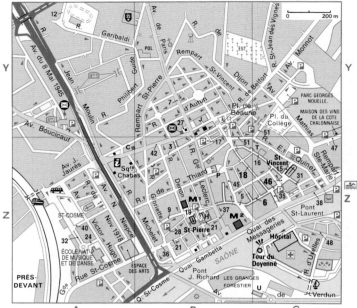

| Certines 01.................193 F1 |
| Cervens 74.................178 B3 |
| Cervières 05...............232 C3 |
| Cervières 42...............190 C4 |
| Cerville 54.................68 B4 |
| Cervione 2B...............315 F4 |
| Cervon 58.................136 C4 |
| Cerzat 43..................226 A1 |
| Cesancey 39...............176 B1 |
| Césarches 73..............196 A4 |
| Césarville-Dossainville 45...86 C2 |
| Cescau 09..................299 F4 |
| Cescau 64..................272 C3 |
| Cesny-aux-Vignes 14........56 B1 |
| Cesny-Bois-Halbout 14......55 F2 |
| Cessac 33..................236 C1 |
| Cessales 31................277 E3 |
| Cesse 55....................39 F1 |
| Cesseins 01................192 C2 |
| Cessenon-sur-Orb 34........280 A3 |
| Cessens 73.................195 D4 |
| Cesseras 34................279 E4 |
| Cesset 03..................172 A4 |
| Cesseville 27...............32 A4 |
| Cessey 25..................160 A1 |
| Cessey-sur-Tille 21........139 F4 |
| Cessières 02................36 C1 |
| Cessieu 38.................212 A2 |
| Cesson 22...................51 E4 |
| Cesson 77...................87 E1 |
| Cesson-Sévigné 35...........79 E4 |
| Cessoy-en-Montois 77........88 B2 |
| Cessy 01...................177 F3 |
| Cessy-les-Bois 58..........135 F3 |
| Cestas 33..................217 D4 |
| Cestayrols 81..............259 D3 |
| Ceton 61....................84 A4 |
| Cette-Eygun 64.............296 B3 |
| Céüze 05...................249 E2 |
| Cevins 73..................214 A1 |
| Ceyras 34..................280 C2 |
| Ceyrat 63..................207 E1 |
| Ceyreste 13................291 D3 |
| Ceyroux 23.................186 C2 |
| Ceyssac 43.................227 D2 |
| Ceyssat 63.................189 D4 |
| Ceyzériat 01...............193 F1 |
| Ceyzérieu 01...............194 C3 |
| Cézac 33...................217 F2 |
| Cézac 46...................256 A4 |
| Cezais 85..................164 A1 |
| Cézan 32...................256 A4 |
| Cezay 42...................191 D4 |
| Cézens 15..................225 D3 |
| Cézia 39...................176 C3 |
| Cézy 89....................113 D2 |
| Chaalis (Abbaye de) 60......61 F1 |
| Chabanais 16...............184 C3 |
| La Chabanne 03.............190 C2 |
| La Chabasse (Église de) 63...208 B1 |
| Chabestan 05...............249 D3 |
| Chabeuil 26................229 E3 |
| Chablis 89.................113 F3 |
| Chabons 38.................212 A3 |
| La Chabossière 44..........126 A4 |
| La Chabotterie (Château de) 85...145 F3 |
| Chabottes 05...............249 E2 |

| Chabournay 86.............149 D4 |
| Chabrac 16.................184 C3 |
| Chabreloche 63............190 C3 |
| Chabrières 04.............267 F2 |
| Chabrignac 19.............204 A4 |
| Chabrillan 26..............247 D1 |
| Chabris 36.................132 C4 |
| Chacé 49....................129 E4 |
| Chacenay 10................115 D1 |
| Chacrise 02.................36 B3 |
| Chadeleuf 63...............207 D2 |
| Chadenac 17................199 F2 |
| Chadenet 48................244 B3 |
| Chadrac 43.................227 D2 |
| Chadron 43.................227 D3 |
| Chadurie 16................201 E2 |
| Le Chaffal 26..............229 F3 |
| Le Chaffaut-Saint-Jurson 04...267 F2 |
| Chaffois 25................160 C2 |
| Chagey 70..................119 E4 |
| Chagnolet 17...............180 C1 |
| Chagnon 42.................210 B2 |
| Chagny 08...................39 D1 |
| Chagny 71..................157 F3 |
| Chahaignes 72..............107 E4 |
| Chahains 61.................82 B1 |
| Chaignay 21................139 E1 |
| Chaignes 27.................59 E2 |
| Chail 79...................183 D1 |
| Chaillac 36................168 B3 |
| Chaillac-sur-Vienne 87.....185 D3 |
| Chailland 53................80 C4 |
| Chaillé-les-Marais 85......163 F3 |
| Chaillé-sous-les-Ormeaux 85...163 D1 |
| Chailles 41................132 A2 |
| Chaillevette 17............180 C4 |
| Chaillevois 02..............36 C1 |
| Chailley 89................113 F1 |
| Chaillol 05................249 E1 |
| Chaillon 55.................67 D2 |
| Chailloué 61................57 D4 |
| Chailly-en-Bière 77.........87 E1 |
| Chailly-en-Brie 77..........62 B3 |
| Chailly-en-Gâtinais 45.....111 E2 |
| Chailly-lès-Ennery 57.......41 F3 |
| Chailly-sur-Armançon 21....138 A4 |
| Chainaz-les-Frasses 74.....195 D4 |
| Chaînée-des-Coupis 39......159 E2 |
| Chaingy 45.................110 A3 |
| Chaintré 71................175 D4 |
| Chaintreaux 77..............88 A4 |
| Chaintrix-Bierges 51........64 B2 |
| La Chaise 10................91 E3 |
| La Chaise-Baudouin 50.......54 B3 |
| La Chaise-Dieu 43..........208 C4 |
| Chaise-Dieu-du-Theil 27.....58 A4 |
| Chaix 85...................164 A3 |
| La Chaize-Giraud 85........145 D4 |
| La Chaize-le-Vicomte 85....146 A4 |
| Chalabre 11................301 F3 |
| Chalagnac 24...............220 B2 |
| Chalain (Lac de) 39........160 A4 |
| Chalain-d'Uzore 42.........209 E1 |
| Chalain-le-Comtal 42.......209 F1 |
| Chalaines 55................93 E1 |
| Chalais 16.................201 E4 |
| Chalais 36.................168 A2 |
| Chalais 86.................148 C2 |

| Chalam (Crêt de) 01........177 E4 |
| Chalamont 01...............193 E2 |
| Chalampé 68................121 D2 |
| Chalancey 52...............116 B4 |
| Chalancon 26...............248 A2 |
| Chalandray 86..............165 F1 |
| Chalandrey 50...............54 B4 |
| Chalandry 02................20 C4 |
| Chalandry-Elaire 08.........22 C4 |
| Le Chalange 61..............83 D1 |
| Le Chalard 87..............203 E2 |
| Chalautre-la-Grande 77......89 D1 |
| Chalautre-la-Petite 77......88 C2 |
| Chalaux 58.................137 D3 |
| La Chaldette 48............243 E1 |
| Chaleins 01................192 C2 |
| Chalencon 07...............228 B4 |
| Chalencon (Château de) 43...209 D4 |
| Les Chalesmes 39...........160 B4 |
| Châlette-sur-Loing 45......111 F1 |
| Chalette-sur-Voire 10.......91 D2 |
| Chaley 01..................194 B2 |
| Chalèze 25.................141 E4 |
| Chalezeule 25..............141 E4 |
| Chaliers 15................225 F3 |
| Chalifert 77................61 F3 |
| Chaligny 54.................68 A4 |
| Chalinargues 15............225 D1 |
| Chalindrey 52..............117 D3 |
| Chalivoy-Milon 18..........153 F2 |
| Challain-la-Potherie 49....127 E1 |
| Challans 85................145 D3 |
| Challement 58..............136 B4 |
| Challerange 08..............39 D3 |
| Challes 01.................194 A1 |
| Challes 72.................107 E2 |
| Challes-les-Eaux 73........213 D2 |
| Challet 28..................85 E1 |
| Challex 01.................195 D1 |
| Challignac 16..............201 D3 |
| Challonges 74..............194 C2 |
| Challuy 58.................154 C2 |
| Chalmaison 77..............88 C2 |
| Chalmazel 42...............209 D1 |
| Chalmessin 52..............116 B4 |
| Chalmoux 71................173 E1 |
| Chalo-Saint-Mars 91.........86 B2 |
| Le Chalon 26...............229 E1 |
| Chalon-sur-Saône 71........64 B1 |
| Chalonnes-sous-le-Lude 49...129 F1 |
| Chalonnes-sur-Loire 49.....128 A3 |
| Chalons 17.................181 D4 |
| Châlons 38.................211 D3 |
| Châlons-du-Maine 53........105 E1 |
| Châlons-en-Champagne 51.....64 C2 |
| Châlons-sur-Vesle 51........37 E3 |
| Châlonvillars 70...........119 F4 |
| Chalou-Moulineux 91.........86 B3 |
| La Chalp 05................232 C2 |
| Chaltrait 51................64 A2 |
| Chalus 63..................207 F3 |
| Châlus 87..................203 D3 |
| Chalusset (Château de) 87...203 F1 |
| Chalvignac 15..............223 F1 |
| Chalvraines 52..............93 D4 |

| Chamadelle 33.............219 D2 |
| Chamagne 88................94 B2 |
| Chamagnieu 38.............211 E1 |
| Chamalières 63.............189 E4 |
| Chamalières-sur-Loire 43...227 D1 |
| Chamaloc 26................230 A4 |
| Chamant 60..................35 D4 |
| Chamarande 91..............86 C2 |
| Chamarandes 52.............116 B1 |
| Chamaret 26................247 D2 |
| La Chamba 42...............190 C4 |
| Chambain 21................116 A3 |
| Chambeire 21...............139 F4 |
| Chambellay 49..............105 D4 |
| Chambéon 42................209 F1 |
| Chambérat 03...............170 B3 |
| Chambéraud 23..............187 E2 |
| Chamberet 19...............204 C2 |
| Chambéria 39...............176 C2 |
| Chambéry 73................213 D2 |
| Chambéry-le-Vieux 73.......213 D1 |
| Chambeugle 89..............112 B3 |
| Chambezon 43...............207 F4 |
| Chamblac 27.................57 E2 |
| Chamblanc 21...............158 C2 |
| Chamblay 39................159 F2 |
| Chambles 42................209 F3 |
| Chamblet 03................171 D4 |
| Chambley-Bussières 54.......67 E1 |
| Chambly 60..................34 B4 |
| Chambœuf 21................139 D4 |
| Chambœuf 42................209 F2 |
| Chambois 61.................56 C3 |
| Chambolle-Musigny 21.......139 D4 |
| Le Chambon 07..............227 F4 |
| Chambon 17.................181 E1 |
| Chambon 18.................153 D4 |
| Chambon 30.................245 E4 |
| Chambon 37.................150 A3 |
| Chambon (Barrage du) 38....231 F2 |
| Chambon (Lac) 63...........207 D2 |
| Chambon (Lac de) 36........168 C2 |
| Le Chambon-Feugerolles 42...210 A3 |
| Chambon-la-Forêt 45........111 D2 |
| Chambon-le-Château 48......226 C4 |
| Chambon-Sainte-Croix 23....169 D4 |
| Chambon-sur-Cisse 41.......131 F2 |
| Chambon-sur-Dolore 63......208 B3 |
| Chambon-sur-Lac 63.........207 D2 |
| Chambon-sur-Lignon 43......227 F4 |
| Chambon-sur-Voueize 23.....188 A1 |
| Chambonas 07...............245 F3 |
| Chambonchard 23............188 B1 |
| La Chambonie 42............190 C4 |
| Chamborand 23..............186 B1 |
| Chambord 27.................57 D3 |
| Chambord 41................132 B1 |
| Chamboret 87...............185 E2 |
| Chamborigaud 30............245 E4 |
| Chambornay-lès-Bellevaux 70...141 E2 |
| Chambornay-lès-Pin 70......141 D3 |

| Chambors 60.................33 E4 |
| Chambost-Allières 69.......192 A2 |
| Chambost-Longessaigne 69...192 A4 |
| La Chambotte 73............195 D4 |
| Chamboulive 19.............204 C3 |
| Chambourcy 78...............60 B2 |
| Chambourg-sur-Indre 37.....150 B1 |
| Chambray 27.................58 B3 |
| Chambray 27.................59 D1 |
| Chambray-lès-Tours 37......130 C3 |
| La Chambre 73..............213 F3 |
| Chambrecy 51................37 E4 |
| Les Chambres 50.............54 A3 |
| Chambretaud 85.............146 C2 |
| Chambrey 57.................68 C2 |
| Chambroncourt 52............92 C3 |
| Chambroutet 79.............147 F3 |
| Chambry 02..................37 D1 |
| Chambry 77..................62 A2 |
| Chaméane 63................208 A2 |
| Chamelet 69................192 A2 |
| Chameroy 52................116 B3 |
| Chamery 51..................37 E4 |
| Chamesey 25................142 B4 |
| Chamesol 25................142 C4 |
| Chamesson 21...............115 E4 |
| Chameyrat 19...............222 C1 |
| Chamigny 77.................62 A2 |
| Chamilly 71................157 F3 |
| Chammes 53.................105 F1 |
| Chamole 39.................159 F3 |
| Chamonix-Mont-Blanc 74.....197 D2 |
| Chamouillac 17.............199 F4 |
| Chamouille 02...............37 D2 |
| Chamouilley 52..............92 A1 |
| Chamousset 73..............213 F2 |
| Chamoux 89.................136 B2 |
| Chamoux-sur-Gelon 73.......213 F2 |
| Chamoy 10...................114 A1 |
| Champ de Bataille (Château du) 27...31 F4 |
| Le Champ-de-la-Pierre 61....82 A1 |
| Champ-d'Oiseau 21..........137 F2 |
| Champ-Dolent 27.............58 B2 |
| Champ-Dolent (Menhir de) 35...79 E1 |
| Champ-du-Boult 14...........54 C3 |
| Champ du Feu 67.............96 B3 |
| Champ-Haut 61...............57 D4 |
| Champ-Laurent 73...........213 F2 |
| Le Champ-près-Froges 38....213 D4 |
| Le Champ-Saint-Père 85.....163 D2 |
| Champ-sur-Barse 10..........91 D2 |
| Champ-sur-Drac 38..........230 C2 |
| Le Champ-sur-Layon 49......128 B4 |
| Champagnac 15..............206 A4 |
| Champagnac 17..............199 F3 |
| Champagnac-de-Belair 24....202 C3 |
| Champagnac-la-Noaille 19...205 E4 |
| Champagnac-la-Prune 19.....223 D1 |
| Champagnac-la-Rivière 87...203 D1 |

| Champagnac-le-Vieux 43.....208 B4 |
| Champagnat 23..............187 F2 |
| Champagnat 71..............176 B2 |
| Champagnat-le-Jeune 63.....208 A3 |
| Champagne 07...............210 C4 |
| Champagne 17...............180 C2 |
| Champagne 28................59 E4 |
| Champagné 72...............107 D2 |
| Champagne-au-Mont-d'Or 69...192 C4 |
| Champagne-en-Valromey 01...194 C3 |
| Champagne-et-Fontaine 24...201 E4 |
| Champagné-le-Sec 86........183 E1 |
| Champagné-les-Marais 85....163 E3 |
| Champagne-Mouton 16........184 A2 |
| Champagné-Saint-Hilaire 86...166 B4 |
| Champagne-sur-Loue 39......160 A1 |
| Champagne-sur-Oise 95.......60 C1 |
| Champagne-sur-Seine 77......87 F3 |
| Champagne-sur-Vingeanne 21...140 A2 |
| Champagne-Vigny 16.........201 E2 |
| Champagneux 73.............212 C1 |
| Champagney 25..............141 D4 |
| Champagney 39..............140 A4 |
| Champagney 70..............119 E4 |
| Champagnier 38.............230 C1 |
| Champagnole 39.............160 A3 |
| Champagnolles 17...........199 E2 |
| Champagny 21...............138 C2 |
| Champagny 39...............160 A3 |
| Champagny-en-Vanoise 73....214 C2 |
| Champagny-sous-Uxelles 71...175 D1 |
| Champallement 58...........136 B4 |
| Champanges 74..............178 C3 |
| Champaubert 51..............63 F3 |
| Champcella 05..............232 B4 |
| Champcenest 77..............56 A3 |
| Champcerie 61...............56 A3 |
| Champcervon 50..............54 A3 |
| Champcevinel 24............220 C1 |
| Champcevrais 89............112 A4 |
| Champcey 50.................53 F4 |
| Champclause 43.............227 F2 |
| Champcourt 52..............92 A3 |
| Champcueil 91...............87 D2 |
| Champdeniers-Saint-Denis 79...165 D2 |
| Champdeuil 77...............87 F1 |
| Champdieu 42...............209 E1 |
| Champdivers 39.............159 D2 |
| Champdolent 17.............181 E3 |
| Champdor 01................194 B3 |
| Champdôtre 21..............139 F4 |
| Champdray 88................95 E4 |
| Champeau-en-Morvan 21......137 E4 |
| Champeaux 35................80 A4 |
| Champeaux 50................53 F3 |
| Les Champeaux 61............56 C2 |
| Champeaux 77................87 F1 |
| Champeaux 79...............165 D2 |
| Champeaux-et-la-Chapelle-Pommier 24...202 B2 |
| Champeaux-sur-Sarthe 61.....83 E1 |

CHAMBÉRY

Allobroges (Q. des)........A 2	Ducis (R.).................B 13	Maché (Pl.).................A 27
Banque (R. de la)..........B 3	Ducs-de-Savoie (Av. des)...B 14	Maché (R. du Fg)............A 28
Basse-du-Château (R.)......A 4	Europe (Espl. de l')........B 16	Martin (R. Cl.).............B 30
Bernardines (Av. des)......A 6	Freizier (R.)..............AB 17	Métropole (Pl.).............B 31
Boigne (R. de)............B	Gaulle (Av. Gén.-de).......B 18	Michaud (R.)................B 32
Borrel (Q. du Sénateur A.)...B 7	Italie (R. d')..............B 20	Mitterrand (Pl. F.).........B 33
Charvet (R. F.)............B 9	Jaurès (Av. J.).............A 21	Musée (Bd du)..............AB 34
Château (Pl. du)...........A 10	Jeu-de-Paume (Q. du).......A 23	Ravet (Q. Ch.)..............B 35
Colonne (Bd de la)........B 12	Juiverie (R.)...............A	St-Antoine (R.).............B 36
	Lans (R. de)...............A 24	St-François (R.)............B 38
	Libération (Pl. de la).....B 25	St-Léger (Pl.)..............B
		Théâtre (Bd du).............A
		Vert (Av. du Comte)........A 40

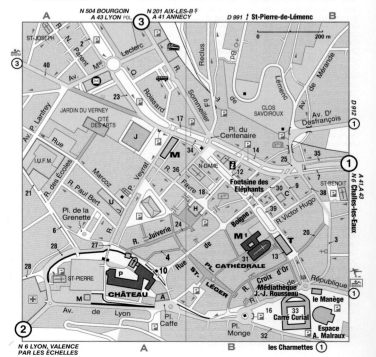

Champeix 63........207 E2
Champenard 27........59 D1
La Champenoise 36........152 A3
Champenoux 54........68 B3
Champéon 53........81 F3
Champétières 63........208 C2
Champey 70........142 B1
Champey-sur-Moselle 54........68 A2
Champfleur 72........82 C3
Champfleury 10........90 A1
Champfleury 51........37 F4
Champforgeuil 71........158 A3
Champfrémont 53........82 B2
Champfromier 01........177 D4
Champgenéteux 53........81 F3
Champguyon 51........63 E4
Champhol 28........85 E2
Champien 80........19 E4
Champier 38........211 F3
Championé 49........105 E4
Champignelles 89........112 B4
Champigneul-Champagne 51........64 B2
Champigneul-sur-Vence 08........22 C4
Champigneulle 08........39 E3
Champigneulles 54........68 A3
Champigneulles-en-Bassigny 52........93 E4
Champignol-lez-Mondeville 10........115 E1
Champignolles 21........157 E2
Champignolles 27........58 A2
Champigny 51........37 F3
Champigny 89........88 B3
Champigny-en-Beauce 41........109 D4
Champigny-la-Futelaye 27........59 D3
Champigny-le-Sec 86........149 D4
Champigny-lès-Langres 52........116 C3
Champigny-sous-Varennes 52........117 E3
Champigny-sur-Aube 10........90 A1
Champigny-sur-Marne 94........61 E3
Champigny-sur-Veude 37........149 E2
Champillet 36........169 F2
Champillon 51........64 A1
Champis 07........228 C3
Champlan 91........60 C4
Champlat-et-Boujacourt 51........37 E4
Champlay 89........113 D2
Champlecy 71........174 A2
Champlemy 58........136 A4
Champlieu 71........175 D1
Champlieu (Ruines gallo-romaines de) 60........35 E3
Champlin 08........22 A4
Champlin 58........136 A4
Champlitte-et-le-Prélot 70........140 A1
Champlitte-la-Ville 70........140 A1
Champlive 25........141 F3
Champlost 89........113 E4
Champmillon 16........201 E1
Champmotteux 91........87 D3
Champnétery 87........186 B4
Champneuville 55........40 A3
Champniers 16........201 F1
Champniers 86........184 A1
Champniers-et-Reilhac 24........202 C1
Champoléon 05........231 F4
Champoly 42........191 D4
Champosoult 61........57 D3
Champougny 55........93 E1
Champoulet 45........135 D1
Champoux 25........141 E4
Champrenault 21........138 B3
Champrepus 50........54 A1
Champrond 72........108 A1
Champrond-en-Gâtine 28........84 C3
Champrond-en-Perchet 28........84 A3
Champrosay 91........87 D1
Champrougier 39........159 E3
Champs 61........36 A1
Champs 63........189 E2
Champs (Col des) 06........268 B1
Les Champs-de-Losque 50........27 E4
Les Champs-Géraux 22........78 C2
Champs-Romain 24........202 C2
Champs-sur-Marne 77........61 E3
Champs-sur-Tarentaine 15........206 B3
Champs-sur-Yonne 89........113 E4
Champsac 87........203 D1
Champsanglard 23........169 E4
Champsecret 61........81 E1
Champseru 28........85 F2
Champsevraine 52........117 D4
Champtercier 04........267 F2
Champteussé-sur-Baconne 49........105 E4
Champtocé-sur-Loire 49........127 F2
Champtoceaux 49........127 D3
Champtonnay 70........140 B3
Champvallon 89........113 D2
Champvans 39........159 D1
Champvans 70........140 B3
Champvans-les-Baume 25........141 F3
Champvans-les-Moulins 25........140 C4
Champvert 58........155 E3
Champvoisy 51........63 E1
Champvoux 58........154 C1
Chamrousse 38........231 D1
Chamvres 89........113 D2
Chanac 48........244 A3
Chanac-les-Mines 19........222 C1
Chanaleilles 43........226 B4
Chanas 38........210 C4
Chanay 01........194 C2

Chanaz 73........194 C4
Chançay 37........131 D2
Chancé 35........103 F1
Chanceaux 21........138 C2
Chanceaux-près-Loches 37........150 B1
Chanceaux-sur-Choisille 37........130 C2
Chancelade 24........220 B1
Chancenay 52........66 A4
Chancey 70........140 B3
Chancia 39........176 C3
Chandai 61........58 A4
Chandolas 07........245 F3
Chandon 42........191 F1
Chanéac 07........228 A3
Chaneins 01........192 C1
Chânes 71........175 D4
Le Change 24........221 D1
Changé 53........105 D1
Changé 71........157 F3
Changé 72........107 D2
Changey 52........116 C2
Changis-sur-Marne 77........62 B2
Changy 42........191 D1
Changy 51........65 E3
Changy-Tourny 71........174 A3
Chaniat 43........208 A4
Chaniaux 48........245 D2
Chaniers 17........181 F4
Channay 21........114 C3
Channay-sur-Lathan 37........130 A2
Channes 10........114 C2
Chanonat 63........207 E1
Chanos-Curson 26........229 D2
Chanousse 05........248 C1
Chanoy 52........116 C2
Chanoz-Châtenay 01........193 E1
Chanteau 45........110 B2
Chantecoq 45........112 A2
Chantecorps 79........165 E2
Chanteheux 54........69 D4
Chanteix 19........204 B4
Chantelle 03........172 A4
Chanteloup 27........58 B3
Chanteloup 35........103 E2
Chanteloup 50........53 F2
Chanteloup 79........147 F4
Chanteloup (Pagode de) 37........131 E3
Chanteloup-en-Brie 77........61 F3
Chanteloup-les-Bois 49........147 E1
Chanteloup-les-Vignes 78........60 B2
Chantelouve 38........231 E2
Chantemerle 26........232 B3
Chantemerle 51........89 E1
Chantemerle-les-Blés 26........229 D2
Chantemerle-lès-Grignan 26........247 D3
Chantemerle-sur-la-Soie 17........181 F2
Chantemesle 95........59 F1
Chantenay-Saint-Imbert 58........154 C4
Chantenay-Villedieu 72........106 A2
Chantepie 35........103 E1
Chantérac 24........220 A1
Chanterelle 15........206 C4
Chantes 70........141 D1
Chantesse 38........212 A4
Chanteuges 43........226 B2
Chantillac 16........200 C4
Chantilly 60........34 C4
Chantôme 36........168 C3
Chantonnay 85........146 B4
Chantraine 88........94 C4
Chantraines 52........92 B4
Chantrans 25........160 C1
Chantrigné 53........81 E2
Chanturgue (Plateau de) 63........189 E4
Chanu 61........55 E4
Chanville 57........68 C1
Chanzeaux 49........128 A4
Chaon 41........133 F1
Chaouilley 54........94 A2
Chaource 10........114 B1
Chaourse 02........21 E4
Chapaize 71........175 D2
Chapareillan 38........213 D2
Chaparon 74........195 F4
Chapdes-Beaufort 63........189 D3
Chapdeuil 24........202 A4
Chapeau 03........172 C2
Chapeauroux 48........226 C4
Chapeiry 74........195 E3
Chapelaine 51........91 D1
La Chapelaude 03........170 C3
La Chapelle 03........190 B2
La Chapelle 08........23 E3
La Chapelle 16........183 E4
La Chapelle 19........205 F3
La Chapelle 73........213 F3
La Chapelle-Achard 85........162 B1
La Chapelle-Agnon 63........208 B1
La Chapelle-Anthenaise 53........105 E4
La Chapelle-au-Mans 71........173 E1
La Chapelle-au-Moine 61........55 E4
La Chapelle-au-Riboul 53........81 F4
La Chapelle-Aubareil 24........221 F3
La Chapelle-aux-Bois 88........118 C1
La Chapelle-aux-Brocs 19........222 B1
La Chapelle-aux-Chasses 03........172 C1
La Chapelle-aux-Choux 72........130 A1
La Chapelle-aux-Filtzméens 35........79 D2
La Chapelle-aux-Lys 85........164 B1
La Chapelle-aux-Naux 37........130 B3
La Chapelle-aux-Saints 19........222 C3
La Chapelle-Baloue 23........168 C2
La Chapelle-Basse-Mer 44........126 C3
La Chapelle-Bâton 79........182 B2
La Chapelle-Bâton 79........165 D2

La Chapelle-Bâton 86........184 A1
La Chapelle-Bayvel 27........31 D3
La Chapelle-Bertin 43........226 B1
La Chapelle-Bertrand 79........165 E1
La Chapelle-Biche 61........55 E4
La Chapelle-Blanche 22........78 B3
La Chapelle-Blanche 73........213 E2
La Chapelle-Blanche-Saint-Martin 37........150 A1
La Chapelle-Bouëxic 35........102 C2
La Chapelle-Caro 56........101 F2
La Chapelle-Cécelin 50........54 B3
La Chapelle-Chaussée 35........79 D3
La Chapelle-Craonnaise 53........104 C2
La Chapelle-d'Abondance 74........179 D3
La Chapelle-d'Alagnon 15........225 D2
La Chapelle-d'Aligné 72........106 A4
La Chapelle-d'Andaine 61........81 F1
La Chapelle-d'Angillon 18........134 A3
La Chapelle-d'Armentières 59........4 B1
La Chapelle-d'Aunainville 28........86 A2
La Chapelle-d'Aurec 43........209 F4
La Chapelle-de-Bragny 71........175 D1
La Chapelle-de-Brain 35........102 C4
La Chapelle-de-Guinchay 71........192 C1
La Chapelle-de-la-Tour 38........212 A1
La Chapelle-de-Mardore 69........192 A2
La Chapelle-de-Surieu 38........211 D3
Chapelle-des-Bois 25........177 F1
La Chapelle-des-Fougeretz 35........79 E4
La Chapelle-des-Marais 44........125 D2
La Chapelle-des-Pots 17........182 A4
La Chapelle-devant-Bruyères 88........95 E4
Chapelle-d'Huin 25........160 C2
La Chapelle-du-Bard 38........213 E3
La Chapelle-du-Bois 72........83 F4
La Chapelle-du-Bois-des-Faulx 27........58 C1
La Chapelle-du-Bourgay 76........16 A3
La Chapelle-du-Châtelard 01........193 E2
La Chapelle-du-Chêne 72........106 A3
La Chapelle-du-Fest 50........54 C1
La Chapelle-du-Genêt 49........127 E4
La Chapelle-du-Lou 35........78 C4
La Chapelle-du-Mont-de-France 71........174 C3
La Chapelle-du-Mont-du-Chat 73........195 D4
La Chapelle-du-Noyer 28........109 D2
La Chapelle-en-Juger 50........27 E4
La Chapelle-en-Lafaye 42........209 D3
La Chapelle-en-Serval 60........61 E1
La Chapelle-en-Valgaudémar 05........231 E4
La Chapelle-en-Vercors 26........230 A3
La Chapelle-en-Vexin 95........33 E4
La Chapelle-Enchérie 41........108 C3
La Chapelle-Engerbold 14........55 E2
La Chapelle-Erbrée 35........80 B4
La Chapelle-Faucher 24........202 C4
La Chapelle-Felcourt 51........65 E1
La Chapelle-Forainvilliers 28........59 E4
La Chapelle-Fortin 28........84 A1
La Chapelle-Gaceline 56........102 B3
La Chapelle-Gaudin 79........147 F2
La Chapelle-Gaugain 72........107 F4
La Chapelle-Gauthier 27........57 E2
La Chapelle-Gauthier 77........88 A1
La Chapelle-Geneste 43........208 C4
La Chapelle-Glain 44........127 D1
La Chapelle-Gonaguet 24........220 B1
La Chapelle-Grésignac 24........201 F3
La Chapelle-Guillaume 28........108 B1
La Chapelle-Hareng 27........57 E1
La Chapelle-Haute-Grue 14........56 C2
La Chapelle-Hermier 85........145 D4
La Chapelle-Heulin 44........126 C4
La Chapelle-Hugon 18........154 B3
La Chapelle-Hullin 49........104 B4
La Chapelle-Huon 72........108 A3
La Chapelle-Iger 77........88 B1
La Chapelle-Janson 35........80 B3
La Chapelle-la-Reine 77........87 E3

La Chapelle-Largeau 79........147 D2
La Chapelle-Lasson 51........89 F1
La Chapelle-Launay 44........125 F2
La Chapelle-Laurent 15........225 F1
La Chapelle-Laurent 79........147 F4
La Chapelle-lès-Luxeuil 70........118 C3
La Chapelle-Marcousse 63........207 E3
La Chapelle-Montabourlet 24........202 A3
La Chapelle-Montbrandeix 87........203 D1
La Chapelle-Monthodon 02........63 E1
La Chapelle-Montligeon 61........83 F2
La Chapelle-Montlinard 18........154 B1
La Chapelle-Montmartin 41........132 C4
La Chapelle-Montmoreau 24........202 B3
La Chapelle-Montreuil 86........166 C1
Chapelle-Morthemer 86........166 C2
La Chapelle-Moulière 86........166 C1
La Chapelle-Moutils 77........63 D4
La Chapelle-Naude 71........176 A1
La Chapelle-Neuve 22........50 A4
La Chapelle-Neuve 56........100 C2
La Chapelle-Onzerain 45........109 F2
La Chapelle-Orthemale 36........151 E2
La Chapelle-Palluau 85........145 E3
La Chapelle-Péchaud 24........221 E4
La Chapelle-Pouilloux 79........183 E1
La Chapelle-près-Sées 61........82 C1
La Chapelle-Rablais 77........88 A2
La Chapelle-Rainsouin 53........105 E1
La Chapelle-Rambaud 74........195 F1
La Chapelle-Réanville 27........59 D1
La Chapelle-Rousselin 49........128 A4
Chapelle-Royale 28........108 B1
La Chapelle-Saint-André 58........136 A3
La Chapelle-Saint-Aubert 35........80 A3
La Chapelle-Saint-Aubin 72........106 C2
La Chapelle-Saint-Étienne 79........164 C1
La Chapelle-Saint-Florent 49........127 E3
La Chapelle-Saint-Fray 72........106 A3

La Chapelle-Saint-Géraud 19........223 D2
La Chapelle-Saint-Jean 24........221 E1
La Chapelle-Saint-Laud 49........128 C1
La Chapelle-Saint-Laurian 36........152 A2
La Chapelle-Saint-Luc 10........90 B3
La Chapelle-Saint-Martial 87........187 D2
La Chapelle-Saint-Martin 73........212 C4
La Chapelle-Saint-Martin-en-Plaine 41........109 D4
La Chapelle-Saint-Maurice 74........195 E4
La Chapelle-Saint-Mesmin 45........110 A3
La Chapelle-Saint-Ouen 76........32 C1
La Chapelle-Saint-Quillain 70........140 C2
La Chapelle-Saint-Rémy 72........107 E1
La Chapelle-Saint-Sauveur 44........127 F2
La Chapelle-Saint-Sauveur 71........159 D3
La Chapelle-Saint-Sépulcre 45........112 A2
La Chapelle-Saint-Sulpice 77........88 C1
La Chapelle-Saint-Ursin 18........153 D2
La Chapelle-Souëf 61........83 F3
La Chapelle-sous-Brancion 71........175 D2
La Chapelle-sous-Dun 71........174 A4
La Chapelle-sous-Orbais 51........63 F2
La Chapelle-sous-Uchon 71........156 C3
Chapelle-Spinasse 19........205 E4
La Chapelle-sur-Aveyron 45........112 A3
La Chapelle-sur-Chézy 02........63 D2
La Chapelle-sur-Coise 69........210 A1
La Chapelle-sur-Crécy 77........62 A3
La Chapelle-sur-Dun 76........15 F1
La Chapelle-sur-Erdre 44........126 B3
La Chapelle-sur-Furieuse 39........160 A2
La Chapelle-sur-Loire 37........129 F4
La Chapelle-sur-Oreuse 89........88 C4

CHARLEVILLE-MÉZIÈRES

Arches (Av. d')........BYZ
Arquebuse (R. de l')........BX 2
Bérégovoy (R. P.)........BX 3
Bourbon (R.)........BX 4
Carré (R. Irénée)........BX 5
Corneau (Av. G.)........BY 6
Droits-de-l'Homme (Pl. des)........BX 7
Fg. de Pierre (R. du)........BZ 8
Flandre (R. de)........BX 9
Hôtel-de-Ville (Pl. de l')........BZ 10
Jaurès (Av. Jean)........BY
Leclerc (Av. Mar.)........BY 19
Manchester (Av. de)........AY 20
Mantoue (R. de)........BX 21
Mitterrand (Av. F.)........AX 22
Monge (R.)........BZ 23
Montjoly (R. de)........AX 24
Moulin (R. du)........BX 25
Nevers (Pl. de)........BX 27
Petit-Bois (Av. du)........BX 28
Petit-Bois (R. du)........BX 29
République (Pl. de la)........BX 30
Résistance (Pl. de la)........BZ 31
St-Julien (Av. de)........AY 32
Sévigné (R. Mme de)........BY 33
Théâtre (R. du)........BX 34
91e-Régt-d'Infanterie (Av. du)........BZ 36

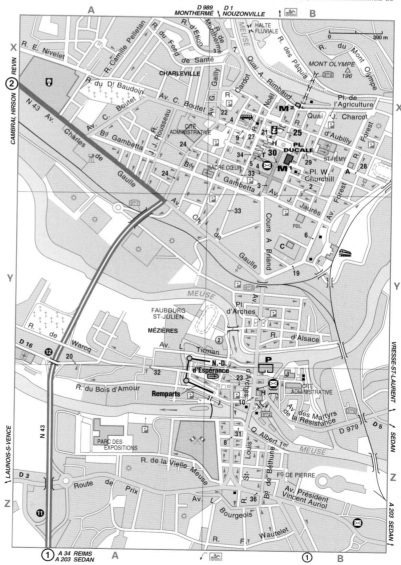

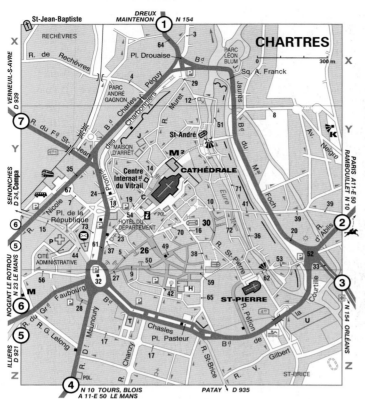

CHARTRES

Aligre (Av. d')	X 3	Cygne (Pl. du)	Y 26	Marceau (R.)	Y 50
Alsace-Lorraine (Av. d')	X 4	Delacroix (R. Jacques)	Z 27	Massacre (R. du)	Y 51
Ballay (R. Noël)	Y 5	Dr-Gibert (R. du)	Z 28	Morard (Pl.)	Y 52
Beauce (Av. Jehan-de)	Y 7	Drouaise (R. Porte)	X 29	Morard
Bethouart (Av.)	Y 8	Écuyers (R. des)	Y 30	(R. de la Porte)	Y 53
Bois-Merrain (R. du)	Y 9	Épars (Pl. des)	Z 32	Moulin (Pl. Jean)	Y 54
Bourg (R. du)	Y 10	Faubourg La Grappe		Péri (R. Gabriel)	Z 56
Brêche (R. de la)	Y 12		Y 33	Poêle-Percée (R. de la)	Z 59
Cardinal-Pie (R. du)	Y 14	Félibien (R.)	Y 35	Résistance (Bd de la)	Y 61
Casanova (R. Danièle)	Y 15	Foulerie (R. de la)	Y 36	Semard (Pl. Pierre)	Y 67
Changes (R. des)	Y 16	Gaulle (Pl. Gén.-de)	Y 37	St-Hilaire (R. du Pont)	Z 62
Châteaudun (R. de)	Z 17	Grenets (R. des)	Y 38	St-Maurice (R.)	X 64
Châtelet (Pl.)	Y 18	Guillaume (R. du Fg)	Y 39	St-Michel (R.)	Z 65
Cheval-Blanc (R.)	Y 19	Guillaume (R. Porte)	Y 41	Soleil-d'Or (R. du)	Y 70
Clemenceau (Bd)	Y 20	Halles (R. des)	Z 42	Tannerie (R. de la)	Y 71
Collin-d'Harleville (R.)	Y 23	Koenig (R. du Gén.)	Y 44	Teinturiers (Q. des)	Y 72
Couronne (R. de la)	Y 24	Marceau (Pl.)	Y 49	Viollette (Bd Maurice)	Y 73

CHÂTEAUROUX

Albert 1er (R.)	BY 2	Gallieni (R.)	BZ 24	Palais de Justice
Bourdillon (R.)	BZ 8	Gambetta (Pl.)	BY 25	(R.)	ABZ 37
Cantrelle (R.)	ABZ 10	Gare (R. de la)	BY	Pont-Neuf (Av. du)	AY 40
Château-Raoul (R. du)	AY 13	Grande (R.)	BY 27	République
Châtre (Av. de la)	BZ 14	J.-J.-Rousseau (R.)	AY 28	(Pl. de la)	AY 44
Croix-Normand (Bd)	BZ 17	Jeux Marins (Av. des)	AY 29	St-Luc (R.)	BY 46
États-Unis (R. des)	BY 20	Kennedy (Av. J.-F.)	AZ 30	Ste-Hélène (Pl.)	BY 48
Fournier (R. A.)	BY 23	Ledru-Rollin (R.)	BY 31	Victor-Hugo (R.)	ABY 53
		Lemoine (Av. Marcel)	BY	Vrille (Bd de la)	AY 54
		Marins (Av. des)	AY 33	6-juin 1944 Débarquement
		Mitterrand (Av. F.)	AY 35	Allié (Av. du)	AY 58

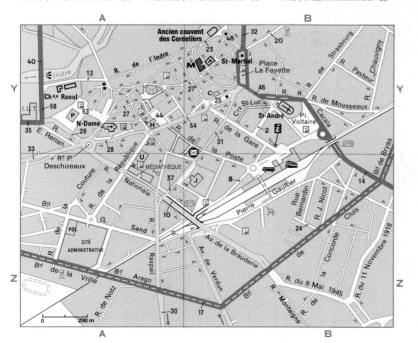

La Chapelle-sur-Oudon 49 ....105 D4
La Chapelle-sur-Usson 63 ....208 A3
La Chapelle-sur-Vire 50 ....54 C1
La Chapelle-Taillefert 23 ....187 D2
La Chapelle-Thècle 71 ....175 E4
La Chapelle-Thémer 85 ....163 F1
La Chapelle-Thireuil 79 ....164 C2
La Chapelle-Thouarault 35 ....79 D4
La Chapelle-Urée 50 ....54 B4
Chapelle-Vallon 10 ....90 A2
La Chapelle-Vaupelteigne 89 ....113 F3
La Chapelle-Vendômoise 41 ....131 F1
La Chapelle-Vicomtesse 41 ....108 B2
La Chapelle-Viel 61 ....57 F4
La Chapelle-Villars 42 ....210 C3
Chapelle-Viviers 86 ....167 D2
Chapelle-Voland 39 ....159 D4
La Chapelle-Yvon 14 ....57 E1
Les Chapelles 53 ....82 A2
Les Chapelles 73 ....214 C1
Les Chapelles-Bourbon 77 ....62 A4
Chapelon 45 ....111 E2
La Chapelotte 18 ....134 B3
Chapet 78 ....60 B2
Les Chapieux 73 ....196 C4
Chapois 39 ....160 B3
Chaponnay 69 ....211 D1
Chaponost 69 ....210 C1
Chaponost
(Arches de) 69 ....192 C4
Chappes 03 ....171 E3
Chappes 08 ....38 A1
Chappes 10 ....90 C4
Chappes 63 ....189 F3
Chaptelat 87 ....185 F3
Chaptuzat 63 ....189 F2
Charade 63 ....207 E1
Charancieu 38 ....212 B2
Charancin 01 ....194 B3
Charantonnay 38 ....211 E2
Charavines 38 ....212 B3
Charbogne 08 ....38 C1
Charbonnat 71 ....156 C4
Charbonnier-les-Mines 63 ....207 F3
Charbonnières 28 ....84 B4
Charbonnières 71 ....175 E4
Charbonnières-les-Bains 69 ....192 C4
Charbonnières-les-Sapins 25 ....141 E4
Charbonnières-
les-Varennes 63 ....189 D3
Charbonnières-les-Vieilles 63 ....189 D2
La Charce 26 ....248 B3
Charcé-Saint-
Ellier-sur-Aubance 49 ....128 C3
Charcenne 70 ....140 C3
Charchigné 53 ....81 F2
Charchilla 39 ....177 D2
Charcier 39 ....177 D1
Chard 23 ....188 A3
Chardeny 08 ....38 C2
Chardes 17 ....199 F4
Chardogne 55 ....66 B3
Chardonnay 71 ....175 E2
Chareil-Cintrat 03 ....172 A4
Charencey 21 ....138 B3
Charency 39 ....160 B4
Charency-Vezin 54 ....40 B1
Charens 26 ....248 B2
Charensat 63 ....188 B3
Charentay 69 ....192 B2
Charentay 70 ....140 C1
Charentenay 89 ....136 B3
Charentilly 37 ....130 C2
Charenton 58 ....135 E4
Charenton-du-Cher 18 ....153 F4
Charenton-le-Pont 94 ....61 D3
Charentonnay 18 ....154 A1
Charette 71 ....194 A4
Charette-Varennes 71 ....158 C3
Charey 71 ....67 F1
Charézier 39 ....177 D1
Chargé 37 ....131 E3
Chargey-lès-Gray 70 ....140 B2
Chargey-lès-Port 70 ....118 A4
Chariez 70 ....141 D1
Charigny 21 ....138 A3
La Charité-sur-Loire 58 ....154 B1
Charix 01 ....194 B3
Charlas 31 ....299 D1
Charleval 13 ....284 B1
Charleval 27 ....32 C3
Charleville 51 ....63 E3
Charleville-Mézières 08 ....22 C3
Charleville-sous-Bois 57 ....42 A4
Charli03 42 ....191 E1
Charly 18 ....154 A3
Charly 69 ....210 C1
Charly-Oradour 57 ....41 F4
Charly-sur-Marne 02 ....62 C2
Charmant 16 ....201 F2
Charmauvillers 25 ....143 D3
Charmé 16 ....183 E3
La Charme 39 ....159 E3
Le Charme 45 ....112 B4
La Charmée 71 ....158 A3
Charmeil 03 ....190 A1
Le Charmel 02 ....63 D2
Charmensac 15 ....225 E1
Charmentray 77 ....61 F2
Charmes 02 ....20 B4
Charmes 03 ....189 F2
Charmes 21 ....139 F3
Charmes 52 ....116 C2
Charmes 88 ....94 B2
Charmes-en-l'Angle 52 ....92 A3
Charmes-la-Côte 54 ....67 F4
Charmes-la-Grande 52 ....92 A3
Charmes-Saint-Valbert 70 ....117 E4

Charmes-sur-l'Herbasse 26 ....229 E1
Charmes-sur-Rhône 07 ....229 D4
Charmette (Col de la) 38 ....212 C4
Les Charmettes 73 ....213 D2
Charmoille 25 ....142 B4
Charmoille 70 ....118 B4
Charmoilles 52 ....116 C2
Charmois 54 ....94 C1
Charmois 90 ....142 C1
Charmois-devant-Bruyères 88 ....95 D4
Charmois-l'Orgueilleux 88 ....118 B1
Charmont 51 ....65 F3
Charmont 95 ....60 A1
Charmont-en-Beauce 45 ....86 B4
Charmont-sous-Barbuise 10 ....90 B3
Les Charmontois 51 ....66 A2
Charmoy 10 ....89 E3
Charmoy 52 ....117 E3
Charmoy 71 ....157 D4
Charmoy 89 ....113 D2
Charnas 07 ....210 C4
Charnat 63 ....190 A3
Charnay 25 ....160 A1
Charnay 69 ....192 B3
Charnay-lès-Chalon 71 ....158 B2
Charnay-lès-Mâcon 71 ....175 D4
Charnècles 38 ....212 B3
Charnizay 37 ....150 B3
Charnod 39 ....176 B3
Charnois 08 ....13 D3
Charnoz-sur-Ain 01 ....193 F3
Charny 21 ....138 A3
Charny 77 ....61 F2
Charny 89 ....112 B3
Charny-le-Bachot 10 ....90 A1
Charny-sur-Meuse 55 ....40 A4
Charolles 71 ....174 A3
Charols 26 ....247 E2
Charonville 28 ....85 D4
Chârost 18 ....152 C2
Charousse 74 ....196 B2
Charpentry 55 ....39 E3
Charpey 26 ....229 E3
Charpont 28 ....59 E4
Charquemont 25 ....142 C4
Charrais 86 ....166 A1
Charraix 43 ....226 B2
Charray 28 ....109 D2
Charre 64 ....271 F4
Charrecey 71 ....157 F3
Charrey-sur-Saône 21 ....158 C1
Charrey-sur-Seine 21 ....115 D2
Charrin 58 ....155 F4
Charritte-de-Bas 64 ....271 F4
Charron 17 ....163 E4
Charron 23 ....188 B2
Charroux 03 ....189 E1
Charroux 86 ....184 A1
Chars 95 ....33 F4
Charsonville 45 ....109 E3
Chartainvilliers 28 ....85 E1
Chartèves 02 ....63 D1
La Chartre-sur-le-Loir 72 ....107 F4
Chartrené 49 ....129 E2
Chartres 28 ....85 E2
Chartres-de-Bretagne 35 ....103 E1
Chartrettes 77 ....87 F2
Chartrier-Ferrière 19 ....222 A2
Chartronges 77 ....62 C4
Chartuzac 17 ....199 F4
Charvieu-Chavagneux 38 ....193 E3
Charvonnex 74 ....195 E2
Chas 63 ....207 F1
Chaserey 10 ....114 B3
Chasnais 85 ....163 E2
Chasnans 25 ....161 D1
Chasnay 58 ....135 F4
Chasné-sur-Illet 35 ....79 F3
Chaspinhac 43 ....227 D2
Chaspuzac 43 ....226 C2
La Chassagne 39 ....159 E3
Chassagne 63 ....207 E3
Chassagne-Montrachet 21 ....157 F3
Chassagne-Saint-Denis 25 ....160 B1
Chassagnes 07 ....245 F3
Chassagnes 43 ....226 B3
Chassagny 69 ....210 C1
Chassaignes 24 ....201 F4
Chassal 39 ....177 D3
Chassant 28 ....84 C4
Chassé 72 ....83 D2
Chasse-sur-Rhône 38 ....210 C2
Chasseguey 50 ....54 B4
Chasselas 71 ....175 D4
Chasselay 38 ....212 A4
Chasselay 69 ....192 C3
Chassemy 02 ....36 C3
Chassenard 03 ....173 E3
Chasseneuil 36 ....168 C1
Chasseneuil-du-Poitou 86 ....166 B1
Chasseneuil-
sur-Bonnieure 16 ....184 A4
Chassenon 16 ....184 C4
Chasseradès 48 ....245 D2
Chassey 21 ....138 A2
Chassey-Beaupré 55 ....92 C4
Chassey-le-Camp 71 ....157 F3
Chassey-
lès-Montbozon 70 ....141 F1
Chassey-lès-Scey 70 ....118 A4
Chassezac
(Belvédère du) 48 ....245 D2
Chassiecq 16 ....184 A3
Chassiers 07 ....246 A2
Chassieu 69 ....193 D4
Chassignelles 89 ....114 B4
Chassignieu 38 ....212 B2
Chassignolles 36 ....169 E2

Chassignolles 43 ....208 B3
Chassigny 52 ....116 C4
Chassigny-sous-Dun 71 ....174 A4
Chassillé 72 ....106 B2
Chassiron (Phare de) 17 ....180 A2
Chassors 16 ....200 C1
Chassy 18 ....154 A2
Chassy 71 ....173 F2
Chassy 89 ....113 D3
Le Chastang 19 ....222 C1
Chastang (Barrage du) 19 ....223 D1
Chastanier 48 ....244 C1
Chasteaux 19 ....222 A2
Chastel 43 ....225 F2
Chastel-Arnaud 26 ....247 F1
Chastel-Nouvel 48 ....244 B2
Chastel-sur-Murat 15 ....225 D2
Chastellux-sur-Cure 89 ....137 D3
Chastenay 89 ....136 A1
Chasteuil 04 ....268 A4
Chastreix 63 ....206 C2
La Châtaigneraie 85 ....164 B1
Chatain 86 ....184 A2
Châteaincourt 28 ....59 D4
Châtas 88 ....96 A1
Château 71 ....174 C3
Château-Arnoux-
Saint-Auban 04 ....267 E2
Château-Bas 13 ....284 B1
Château-Bernard 38 ....230 B2
Château-Chalon 39 ....159 F4
Château-Chervix 87 ....204 A2
Château-Chinon 58 ....156 B2
Le Château-d'Almenêches 61 ....56 C4
Château-des-Prés 39 ....177 E2
Le Château-d'Oléron 17 ....180 C3
Château-d'Olonne 85 ....162 B2
Château-du-Loir 72 ....107 E4
Château-Farine 25 ....141 D4
Château-Gaillard 01 ....193 F2
Château-Gaillard 27 ....32 C4
Château-Garnier 86 ....166 B4
Château-Gombert 13 ....284 C4
Château-Gontier 53 ....105 D3
Château-Guibert 85 ....163 E1
Château-Guillaume 36 ....168 A2
Château-la-Vallière 37 ....130 A2
Château-l'Abbaye 59 ....9 F1
Château-Lambert 70 ....119 E2
Château-Landon 77 ....111 F1
Château-Larcher 86 ....166 B3
Château-l'Évêque 24 ....220 C1
Château-l'Hermitage 72 ....106 C3
Château-Porcien 08 ....38 A1
Château-Queyras 05 ....233 D4
Château-Regnault 08 ....22 C3
Château-Renard 45 ....112 A3
Château-Renault 37 ....131 E1
Château-Rouge 57 ....42 B3
Château-Salins 57 ....68 C3
Château-sur-Allier 03 ....154 C4
Château-sur-Cher 63 ....188 B3
Château-sur-Epte 27 ....33 D4
Château-Thébaud 44 ....145 F1
Château-Thierry 02 ....63 D1
Château-Verdun 09 ....310 A1
Château-Ville-Vieille 05 ....233 D4
Château-Voué 57 ....69 D2
Châteaubernard 16 ....200 C1
Châteaubleau 77 ....88 B1
Châteaubourg 07 ....229 D2
Châteaubourg 35 ....103 F1
Châteaubriant 44 ....104 B2
Châteaudouble 26 ....229 E3
Châteaudouble 83 ....287 D2
Châteaudun 28 ....109 D1
Châteaufort 04 ....249 E4
Châteaufort 78 ....60 B4
Châteaugay 63 ....189 E4
Châteaugiron 35 ....103 F1
Châteaulin 29 ....73 F2
Châteaumeillant 18 ....170 A2
Châteauneuf 21 ....138 C2
Châteauneuf 39 ....140 B4
Châteauneuf 42 ....210 B2
Châteauneuf 71 ....191 F1
Châteauneuf 85 ....144 C2
Châteauneuf-
de-Bordette 26 ....247 F4
Châteauneuf-de-Chabre 05 ....249 D4
Châteauneuf-
de-Gadagne 84 ....265 D3
Châteauneuf-de-Galaure 26 ....229 D1
Châteauneuf-de-Randon 48 ....244 C2
Châteauneuf-de-Vernoux 07 ....228 C3
Châteauneuf-
d'Entraunes 06 ....269 D1
Châteauneuf-
d'Ille-et-Vilaine 35 ....79 D1
Châteauneuf-d'Oze 05 ....249 D2
Châteauneuf-du-Faou 29 ....75 E3
Châteauneuf-du-Pape 84 ....265 D2
Châteauneuf-du-Rhône 26 ....246 C3
Châteauneuf-
en-Thymerais 28 ....85 D1
Châteauneuf-Grasse 06 ....288 A1
Châteauneuf-la-Forêt 87 ....204 B3
Châteauneuf-le-Rouge 13 ....285 D3
Châteauneuf-les-Bains 63 ....189 D2
Châteauneuf-
les-Martigues 13 ....284 B4
Châteauneuf-
lès-Moustiers 04 ....268 A4
Châteauneuf-Miravail 04 ....266 C1
Châteauneuf-
sur-Charente 16 ....201 D2

Châteauneuf-sur-Cher 18.......153 D3
Châteauneuf-sur-Isère 26.......229 D2
Châteauneuf-sur-Loire 45 .....110 C3
Châteauneuf-sur-Sarthe 49 ...105 E4
Châteauneuf-
 Val-de-Bargis 58.......135 F4
Châteauneuf-
 Val-Saint-Donat 04.......267 D2
Châteauneuf-Villevieille 06.....288 C1
Châteauponsac 87.......185 F1
Châteauredon 04.......267 F2
Châteaurenard 13.......265 D4
Châteaurenaud 71.......176 A1
Châteauroux 36.......152 A4
Châteauroux-les-Alpes 05.....250 B1
Châteauvert 83.......286 A2
Châteauvieux 05.......249 E2
Châteauvieux 41.......132 A4
Châteauvieux 83.......268 B4
Châteauvieux-les-Fossés 25.....160 C1
Châteauvilain 38.......212 A2
Châteauvillain 52.......116 A1
Le Châtel 73.......214 A4
Châtel 74.......179 D3
Châtel-Censoir 89.......136 B2
Chatel-Chéhéry 08.......39 E3
Châtel-de-Joux 39.......177 D2
Châtel-de-Neuvre 03.......172 B3
Châtel-Gérard 89.......137 E1
Châtel-Montagne 03.......190 C1
Châtel-Moron 71.......157 F4
Châtel-Saint-Germain 57.....41 E4
Châtel-sur-Moselle 88.......94 C3
Châtelaillon-Plage 17.......180 C1
Châtelain 53.......105 E3
La Châtelaine 39.......160 A3
Châtelais 49.......104 C4
Châtelard 23.......188 A4
Châtelard 38.......231 E2
Le Châtelard 73.......213 F1
Châtelaudren 22.......51 D4
Chatelay 39.......159 F2
Châtelblanc 25.......160 C4
Châteldon 63.......190 B3
Le Châtelet 18.......170 A1
Châtelet (Pont du) 04.......251 D2
Le Châtelet-en-Brie 77.......87 F2
Le Châtelet-sur-Retourne 08.....38 A2
Le Châtelet-sur-Sormonne 08....22 B3
Les Châtelets 28.......84 B1
Le Chateley 39.......159 E3
Châtelguyon 63.......189 E3
Le Châtelier 51.......65 F2
Châtellenot 21.......138 A4
Châtellerault 86.......149 F4
Le Châtellier 35.......80 A2
Le Châtellier 61.......55 E4
Les Châtelliers-
 Châteaumur 85.......147 D3
Les Châtelliers-
 Notre-Dame 28.......84 C3
Châtelneuf 39.......160 A4
Châtelneuf 42.......209 D1
Chateloy 03.......171 D2
Châtelperron 03.......172 C3
Châtelraould-
 Saint-Louvent 51.......65 D4
Châtelus 03.......190 C1
Châtelus 38.......230 A4
Châtelus 42.......210 A2
Châtelus-le-Marcheix 23.......186 B2
Châtelus-Malvaleix 23.......169 F4
Châtenay 01.......193 F2
Châtenay 28.......86 A3
Châtenay 38.......211 F4
Châtenay 71.......174 B4
Châtenay-en-France 95.......61 D1
Chatenay-Mâcheron 52.......116 C3
Châtenay-Malabry 92.......60 C4
Châtenay-sur-Seine 77.......88 B3
Chatenay-Vaudin 52.......117 D3
Chatenet 17.......200 C4
Le Châtenet-en-Dognon 87.....186 B3
Châteney 70.......118 C4
Châtenois 39.......159 E1
Châtenois 67.......96 C2
Châtenois 70.......118 C4
Châtenois 88.......93 F3
Châtenois-les-Forges 90.......142 C1
Châtenoy 45.......111 D3
Châtenoy 77.......87 E4
Châtenoy-en-Bresse 71.......158 A4
Châtenoy-le-Royal 71.......158 A4
Châtignac 16.......201 D4
Chatignonville 91.......86 A2
Châtillon 03.......171 F3
Châtillon 39.......177 D1
Châtillon 69.......192 B3
Châtillon 86.......166 A4
Châtillon 92.......61 D3
Châtillon (Crêt de) 74.....195 E4
Châtillon-Coligny 45.......112 A3
Châtillon-en-Bazois 58.......155 F2
Châtillon-en-Diois 26.......248 B1
Châtillon-en-Dunois 28.......108 C1
Châtillon-en-Michaille 01.....194 C1
Châtillon-en-Vendelais 35.....80 B4
Châtillon-Guyotte 25.......141 E3
Châtillon-la-Borde 77.......87 F1
Châtillon-la-Palud 01.......193 F2
Châtillon-le-Duc 25.......141 D3
Châtillon-le-Roi 45.......110 C1
Châtillon-lès-Sons 02.......20 C3
Châtillon-Saint-Jean 26.......229 E2
Châtillon-sous-les-Côtes 55....40 B4
Châtillon-sur-Bar 08.......39 D2
Châtillon-sur-Broué 51.......91 E1
Châtillon-sur-Chalaronne 01...193 D1
Châtillon-sur-Cher 41.......132 B4

Châtillon-sur-Cluses 74.......196 B1
Châtillon-sur-Colmont 53.......81 D3
Châtillon-sur-Indre 36.......151 D2
Châtillon-sur-Lison 25.......160 B1
Châtillon-sur-Loire 45.......134 C1
Châtillon-sur-Marne 51.......63 F1
Châtillon-sur-Morin 51.......63 E4
Châtillon-sur-Oise 02.......20 B3
Châtillon-sur-Saône 88.......117 F4
Châtillon-sur-Seine 21.......115 E3
Châtillon-sur-Thouet 79.......165 E1
Châtin 58.......156 A1
Chatoillenot 52.......116 C4
Châtonnay 38.......211 F2
Chatonnay 39.......176 C3
Chatonrupt 52.......92 B2
Chatou 78.......60 C3
La Châtre 36.......169 F2
La Châtre-Langlin 36.......168 B3
Châtres 10.......89 F2
Châtres 24.......221 F1
Châtres 77.......61 F4
Châtres-la-Forêt 53.......105 F1
Châtres-sur-Cher 41.......133 D4
Châtrices 51.......65 F1
Chattancourt 55.......40 A4
Chatte 38.......229 F1
Chatuzange-le-Goubet 26.......229 E2
Chaucenne 25.......140 C3
Chauchailles 48.......225 E4
Chauché 85.......146 A4
Le Chauchet 23.......188 A2
Chauchigny 10.......90 A2
Chauconin-Neufmontiers 77....62 A2
Chaucre 17.......180 B2
Chaudanne (Barrage de) 04...268 B3
Chaudardes 02.......37 E2
Chaudebonne 26.......247 F3
Chaudefonds-sur-Layon 49.....128 A3
Chaudefontaine 25.......141 E3
Chaudefontaine 51.......65 F1
Chaudenay 21.......117 D3
Chaudenay 71.......158 A3
Chaudenay-la-Ville 21.......157 F1
Chaudenay-le-Château 21.......157 F1
Chaudes-Aigues 15.......225 E4
Chaudeyrac 48.......244 C1
Chaudeyrolles 43.......227 F3
La Chaudière 26.......247 F1
Chaudière (Col de la) 26.....247 F1
Chaudon 28.......85 E1
Chaudon-Norante 04.......268 A4
Chaudrey 10.......90 C2
Chaudron-en-Mauges 49.......127 E3
Chaudun 02.......36 B3
Chauffailles 71.......191 F1
Chauffayer 05.......231 E4
Chauffecourt 88.......94 B3
Chauffour-lès-Bailly 10.......90 C4
Chauffour-lès-Étréchy 91.......86 C2
Chauffour-sur-Vell 19.......222 B3
Chauffours 28.......85 D3
Chauffourt 52.......117 D2
Chauffry 77.......62 C3
Chaufour-lès-Bonnières 78.....59 E2
Chaufour-Notre-Dame 72.......106 C2
Chaugey 21.......116 A4
Chaulgnes 58.......154 C1
Chaulhac 48.......225 F3
Chaulieu 50.......55 D4
La Chaulme 63.......209 D3
Chaulnes 80.......19 D3
Chaum 31.......299 D4
Chaumard 58.......156 B1
La Chaume 21.......115 F3
La Chaume 85.......162 A2
Chaume-et-Courchamp 21.......139 F1
Chaume-lès-Baigneux 21.......138 B1
Chaumeil 19.......205 D3
Chaumercenne 70.......140 B3
Chaumeré 35.......103 F1
Chaumergy 39.......159 E3
Chaumes-en-Brie 77.......88 A1
Chaumesnil 10.......91 E3
Chaumont 39.......154 A4
Chaumont 39.......177 E3
Chaumont 52.......116 B1
Chaumont 61.......57 D3
Chaumont 74.......195 D2
Chaumont 89.......88 B3
Chaumont
 (Château de) 71.......174 B2
Chaumont-d'Anjou 49.......129 D2
Chaumont-devant-
 Damvillers 55.......40 B3
Chaumont-en-Vexin 60.......33 F4
Chaumont-la-Ville 52.......93 E4
Chaumont-le-Bois 21.......115 E2
Chaumont-le-Bourg 63.......208 C3
Chaumont-Porcien 08.......22 A4
Chaumont-sur-Aire 55.......66 B2
Chaumont-sur-Loire 41.......131 F2
Chaumont-sur-Tharonne 41.....133 D1
Chaumontel 95.......61 D1
Chaumot 52.......136 B4
Chaumot 89.......112 C1
Chaumousey 88.......94 C4
Chaumoux-Marcilly 18.......154 A1
Chaumussay 37.......150 B3
La Chaumusse 39.......177 E1
Chaunac 17.......199 F3
Chaunay 86.......183 F1
Chauny 02.......36 A1
Chauray 79.......165 D3
Chauriat 63.......189 F4
Chausey (Îles) 50.......53 D2

La Chaussade 23.......187 F3
La Chaussaire 49.......127 E4
Chaussan 69.......210 B1
La Chaussée 76.......16 A3
La Chaussée-d'Ivry 28.......59 D3
La Chaussée-
 Saint-Victor 41.......132 A1
La Chaussée-sur-Marne 51.....65 D3
La Chaussée-Tirancourt 80.....18 A2
Chaussenac 15.......223 F1
Chaussenans 39.......159 F3
Chausseterre 42.......190 C3
Chaussin 39.......159 D2
Chaussoy-Epagny 80.......18 B4
Chaussy 45.......110 B1
Chaussy 95.......59 F1
Le Chautay 18.......154 B2
Chauvac 26.......248 B1
Chauvé 44.......125 F4
Chauve d'Aspremont
 (Mont) 06.......288 C1
Chauvency-le-Château 55.....40 A1
Chauvency-Saint-Hubert 55....40 A1
Chauvigné 35.......79 F2
Chauvigny 86.......167 D2
Chauvigny-du-Perche 41.......108 C2
Chauvincourt 27.......33 E3
Chauvirey-le-Châtel 70.......117 F3
Chauvirey-le-Vieil 70.......117 F3
Chauvoncourt 55.......67 D2
Chauvry 95.......60 C1
Chaux 21.......158 A1
La Chaux 25.......161 D1
La Chaux 61.......82 A1
La Chaux 71.......159 D3
Chaux 90.......119 F4
Chaux-Champagny 39.......160 A3
Chaux-des-Crotenay 39.......177 E1
Chaux-des-Prés 39.......177 E2
La Chaux-du-Dombief 39.......177 E1
La Chaux-en-Bresse 39.......159 E3
Chaux-la-Lotière 70.......141 D3
Chaux-lès-Clerval 25.......142 A2
Chaux-lès-Passavant 25.......141 F4
Chaux-lès-Port 70.......118 A4
Chaux-Neuve 25.......160 C4
Chauzon 07.......246 A3
Chavagnac 15.......225 D1
Chavagnac 24.......222 A2
Chavagne 35.......103 D1
Chavagnes 49.......128 C4
Chavagnes-en-Paillers 85.....146 A3
Chavagnes-les-Redoux 85.....146 C4
Chavagneux-
 Montbertand 38.......193 E4
Chavaignes 49.......129 E2
Chavanac 19.......205 E2
Chavanat 23.......187 D3
Chavanatte 90.......120 A4
Chavanay 42.......210 C3
Chavanges 10.......91 E2
Chavaniac-Lafayette 43.......226 B1
Chavannaz 74.......195 D2
Chavanne 39.......176 B1
Chavanne 70.......142 B1
La Chavanne 73.......213 E2
Chavannes 18.......153 E3
Chavannes 26.......229 D2
Les Chavannes-
 en-Maurienne 73.......213 F3
Chavannes-
 les-Grands 90.......143 D1
Chavannes-sur-l'Étang 68.....120 A3
Chavannes-
 sur-Reyssouze 01.......175 E3
Chavannes-sur-Suran 01.......176 B3
Chavanod 74.......195 E4
Chavanoz 38.......193 F4
Les Chavants 74.......196 C3
Chavaroux 63.......189 F4
La Chavatte 80.......19 D4
Chaveignes 37.......149 E2
Chavelot 88.......94 C3
Chavenat 16.......201 E3
Chavenay 78.......60 B3
Chavençon 60.......33 F4
Chavenon 03.......171 E3
Chavéria 39.......176 C2
Chaveroche 19.......205 F2
Chaveyriat 01.......193 E1
Chavignol 18.......134 C3
Chavignon 02.......36 C2
Chavigny 02.......36 B2
Chavigny 54.......68 A4
Chavigny (Château de) 37.....148 C1
Chavigny-Bailleul 27.......58 C3
Chaville 92.......60 C3
Chavin 36.......168 C2
Chavoire 74.......195 E3
Chavonne 02.......36 C2
Chavornay 01.......194 C3
Chavot-Courcourt 51.......64 A2
Chavoy 50.......54 A4
Chavroches 03.......172 C3
Le Chay 17.......198 C4
Chay 25.......160 A1
Chazay-d'Azergues 69.......192 C3
La Chaze-de-Peyre 48.......243 F1
Chazé-Henry 49.......104 B4
Chazé-sur-Argos 49.......127 F1
Chazelet 05.......231 F2
Chazelet 36.......168 B2
Chazelles 15.......226 A2
Chazelles 16.......202 A1
Chazelles 39.......176 B3
Chazelles 43.......225 F2
Chazelles-sur-Albe 54.......69 E4

Chazelles-sur-Lavieu 42.......209 E2
Chazelles-sur-Lyon 42.......210 A1
Chazelot 25.......141 F2
Chazemais 03.......170 C2
Chazeuil 21.......139 F1
Chazeuil 58.......136 A4
Chazey-Bons 01.......194 C3
Chazey-sur-Ain 01.......193 F3
Chazilly 21.......157 F1
Chazoy 25.......140 C4
La Chebuette 44.......126 C3
Chécy 45.......110 B3
Chedde 74.......196 C3
Chef-Boutonne 79.......183 D1
Chef-du-Pont 50.......25 D4
Chef-Haut 88.......94 A3
Cheffes 49.......128 B1
Cheffois 85.......164 A1
Cheffreville-Tonnencourt 14...57 D1
Chéhéry 08.......23 D4
Cheignieu-la-Balme 01.......194 C3
Cheillé 37.......130 B4
Cheilly-lès-Maranges 71.......157 F3
Chein-Dessus 31.......299 E3
Cheissoux 87.......186 B4
Le Cheix 63.......207 E2
Le Cheix 63.......189 F3
Cheix-en-Retz 44.......126 A4
Chélan 32.......274 C4
Chelers 62.......7 F2
Chélieu 38.......212 A2
Chelle-Debat 65.......274 A4
Chelle-Spou 65.......298 A2
Chelles 60.......35 F3
Chelles 77.......61 E3
Chelun 35.......104 A3
Chemaudin 25.......140 C4
Chemault 45.......111 D2
Chemazé 53.......105 D3
Chemellier 49.......128 C3
Chemenot 39.......159 E3
Chéméré 44.......145 D1
Chémeré-le-Roi 53.......105 F2
Chémery 41.......132 B3
Chémery 57.......69 D1
Chémery-les-Deux 57.......42 A3
Chémery-sur-Bar 08.......39 E1
Chemilla 39.......176 C3
Chemillé 49.......128 A4
Chemillé-sur-Dême 37.......130 C1
Chemillé-sur-Indrois 37.......151 D1
Chemilli 61.......83 E3
Chemilly 03.......172 B2
Chemilly 70.......118 A4
Chemilly-sur-Serein 89.......114 A4
Chemilly-sur-Yonne 89.......113 E3
Chemin 39.......159 D2
Le Chemin 51.......66 A1
Chemin-d'Aisey 21.......115 E4
Cheminas 07.......228 C1
Cheminon 51.......65 F4
Cheminot 57.......68 A2
Chemiré-en-Charnie 72.......106 A1
Chemiré-le-Gaudin 72.......106 B2
Chemiré-sur-Sarthe 49.......105 F4
Chemy 59.......8 C1
Chenac-
 Saint-Seurin-d'Uzet 17.....199 D2
Chenailler-Mascheix 19.......222 C2
La Chenalotte 25.......161 F1
Chénas 69.......175 D4
Chenaud 24.......219 E1
Chenay 51.......37 E3
Chenay 72.......82 C2
Chenay 79.......165 F4
Chenay-le-Châtel 71.......191 D1
Le Chêne 10.......90 B1
Chêne-Arnoult 89.......112 B3
Chêne-Bernard 39.......159 E3
Chêne-Chenu 28.......85 D1
Chêne-en-Semine 74.......194 C2
Chêne-Sec 39.......159 E3
Chenebier 70.......119 E4
Chenecey-Buillon 25.......160 A1
Cheneché 86.......149 D4
Chênedollé 14.......55 D3
Chênedouit 61.......56 A3
Chênehutte-les-Tuffeaux 49...129 D3
Chénelette 69.......192 A1
Chénérailles 23.......187 F2
Chenereilles 42.......209 E2
Chenereilles 43.......227 F1
Chénérilles 04.......267 E2
Chenevelles 86.......149 F4
Chenevières 54.......95 D1
Chenevrey-et-Morogne 70.....140 C3
Chênex 74.......195 D1
Cheney 89.......114 A3
Chenicourt 54.......68 B2
Chenières 54.......41 D1
Chéniers 23.......169 E4
Cheniers 51.......64 C3
Chenillé-Changé 49.......105 F4
Cheniménil 88.......95 D4
Chennebrun 27.......58 A4
Chennegy 10.......89 F4
Chennevières 55.......67 D4
Chennevières-lès-Louvres 95...61 E1
Chennevières-sur-Marne 94...61 E3
Chenois 57.......68 C1
Chenoise 77.......88 C1
Chenommet 16.......183 F3
Chenon 16.......183 F3
Chenonceau
 (Château de) 37.......131 E2
Chenonceaux 37.......131 E2

Chenou 77.......111 F1
Chenôve 21.......139 E4
Chenôves 71.......174 C1
Chens-sur-Léman 74.......178 A3
Chenu 72.......130 A1
Cheny 89.......113 E2
Chepniers 17.......200 C4
Chepoix 60.......34 C1
La Cheppe 51.......65 D1
Cheppes-la-Prairie 51.......65 D3
Cheptainville 91.......86 C1
Chepy 51.......65 D2
Chépy 80.......17 D1
Chérac 17.......199 F1
Chérancé 53.......104 C3
Chérancé 72.......82 C3
Chéraute 64.......295 F1
Cherbonnières 17.......182 C3
Cherbourg-Octeville 50.......24 C2
Chérence 95.......59 F1
Chérence-le-Héron 50.......54 B3
Chérencé-le-Roussel 50.......54 C4
Chéreng 59.......5 D4
Les Chères 69.......192 C3
Chéret 02.......37 D1
Chériennes 62.......7 D3
Cherier 42.......191 D3
Chérigné 79.......183 D1
Les Chéris 50.......54 A4
Chérisay 72.......82 C3
Chérisey 57.......68 B1
Cherisy 28.......59 E4
Chérisy 62.......8 B4
Chérizet 71.......174 C2
Chermignac 17.......199 D1
Chermisey 88.......93 D2
Chermizy-Ailles 02.......37 D2
Chéronnac 87.......184 C4
Chéronvilliers 27.......58 A3
Chéroy 89.......88 B4
Cherré 49.......105 E4
Cherré 72.......83 F4
Cherreau 72.......83 F4
Cherrueix 35.......53 E4
Cherval 24.......202 A3
Cherveix-Cubas 24.......203 E4
Cherves 86.......148 C4
Cherves-Châtelars 16.......184 B4
Cherves-de-Cognac 16.......182 B4
Chervettes 17.......181 F2
Cherveux 79.......165 D3
Chervey 10.......115 D1
Cherville 51.......64 B1
Chervinges 69.......192 B2
Chéry 18.......152 C1
Chéry-Chartreuve 02.......37 D4
Chéry-lès-Pouilly 02.......20 C4
Chéry-lès-Rozoy 02.......21 F4
Chesley 10.......114 B2
Le Chesnay 78.......60 C3
Le Chesne 08.......39 D1
Le Chesne 27.......58 B3
Chesnel 16.......182 B4
Chesnois-Aubroncourt 08.....38 C1
Chesny 57.......68 B1
Chessenaz 74.......195 D2
Chessy 69.......192 B3
Chessy 77.......61 F3
Chessy-les-Prés 10.......114 A2
Chéu 89.......113 F2
Cheuge 21.......140 A3
Cheust 65.......297 F3
Cheux 14.......29 D4
Chevagnes 03.......172 C1
Chevagny-les-Chevrières 71...175 D4
Chevagny-sur-Guye 71.......174 C2
Chevaigné 35.......79 E4
Chevaigné-du-Maine 53.......81 F2
Le Chevain 72.......82 C2
Cheval-Blanc 84.......265 E4
La Chevalerie 17.......180 B3
Chevaline 74.......195 E4
La Chevallerais 44.......126 B2
Le Chevalon 38.......212 C4
Chevanceaux 17.......200 C4
Chevannay 21.......138 B3
Chevannes 21.......158 A1
Chevannes 45.......112 A1
Chevannes 89.......113 D4
Chevannes 91.......87 D2
Chevannes-Changy 58.......136 A4
Chevennes 02.......21 D3
Chevenon 58.......155 D2
Chevenoz 74.......178 C2
Cheverny 41.......132 B2
Cheveuges 08.......23 D4
Chevières 08.......39 E3
Chevigney 70.......140 B3
Chevigney-lès-Vercel 25.......141 F4
Chevigney-sur-l'Ognon 25.....140 C3
Chevigny 39.......140 A4
Chevigny-en-Valière 21.......158 B2
Chevigny-Saint-Sauveur 21...139 E3
Chevillard 01.......194 B1
Chevillé 72.......106 A2
Chevillon 52.......92 B1
Chevillon 89.......112 C2
Chevillon-sur-Huillard 45.....111 E2
La Chevillotte 25.......141 E4
Chevilly 45.......110 A2
Chevilly-Larue 94.......61 D3
Chevinay 69.......192 B4
Chevincourt 60.......35 E2
Cheviré-le-Rouge 49.......129 D1
Chevrainvilliers 77.......87 E4
Chèvre (Cap de la) 29.......72 C2
Chevreaux 39.......176 B2

Chevregny 02.......36 C2
Chèvremont 90.......119 F4
La Chèvrerie 16.......183 E2
Chèvrerie (Vallon de la) 74...178 C2
Chevresis-les-Dames 02.......20 C4
Chevresis-Monceau 02.......20 C3
Chevreuse 78.......60 B4
Chèvreville 50.......80 C1
Chèvreville 60.......62 A1
Chevrier 74.......195 D1
Chevrières 38.......229 F1
Chevrières 42.......210 A4
Chevrières 60.......35 D3
Chevroches 58.......136 B2
La Chevrolière 44.......145 E1
Chevrotaine 39.......177 D1
Chevroux 01.......175 E3
Chevroz 25.......141 D3
Chevru 77.......62 C4
Chevry 01.......177 F4
Chevry 39.......177 D3
Chevry 50.......54 B2
Chevry-Cossigny 77.......61 F4
Chevry-en-Sereine 77.......88 A4
Chevry-sous-le-Bignon 45.....112 A1
Chey 79.......165 F4
Cheylade 15.......224 C1
Le Cheylard 07.......228 A3
Cheylard-l'Évêque 48.......244 C2
Le Cheylas 38.......213 E3
Cheyssieu 38.......211 D3
Chezal-Benoît 18.......152 C4
La Chèze 22.......77 E4
Chèze 65.......297 F4
Chézeaux 52.......117 E3
Chezelle 03.......189 E1
Chezelles 36.......151 F3
Chezelles 37.......149 E2
Chèzeneuve 38.......211 F2
Chézery-Forens 01.......177 E4
Chézy 03.......172 B1
Chézy-en-Orxois 02.......62 C1
Chézy-sur-Marne 02.......62 C2
Chiappa (Pointe de la) 2A...319 F2
Chiatra 2B.......317 F1
Chiché 79.......148 A4
Chicheboville 14.......56 A1
Chichée 89.......113 F4
Chichery 89.......113 E3
Chichey 51.......63 F4
Chichilianne 38.......230 B4
Chicourt 57.......68 C2
Chiddes 58.......156 B3
Chiddes 71.......174 C3
Chidrac 63.......207 E2
Chierry 02.......63 D1
Chieulles 57.......41 F4
Chigné 49.......129 F1
Chignin 73.......213 E2
La Chignolle 16.......183 F4
Chigny 02.......21 D2
Chigny-les-Roses 51.......37 F4
Chigy 89.......89 D4
Chilhac 43.......226 A1
Chillac 16.......201 D3
Chille 39.......159 E4
Chilleurs-aux-Bois 45.......110 C1
Le Chillou 79.......148 B4
Chilly 08.......22 B3
Chilly 74.......195 D2
Chilly 80.......19 D3
Chilly-le-Vignoble 39.......176 B2
Chilly-Mazarin 91.......61 D4
Chilly-sur-Salins 39.......160 A3
Chimilin 38.......212 B2
Le Chinaillon 74.......196 A2
Chindrieux 73.......195 D3
Chinon 37.......149 D1
Chinon (Centre de production
 nucléaire) 37.......129 F4
Chioula (Col de) 09.......310 B1
Chipilly 80.......19 D2
Chirac 16.......184 B3
Chirac 48.......243 F3
Chirac-Bellevue 19.......205 F3
Chirassimont 42.......191 F3
Chirat-l'Église 03.......171 F4
Chiré-en-Montreuil 86.......166 A1
Chirens 38.......212 B3
Chirmont 80.......18 B4
Chirols 07.......245 F1
Chiroubles 69.......192 B1
Chiry-Ourscamp 60.......35 F1
Chis 65.......297 F1
Chisa 2B.......317 E4
Chissay-en-Touraine 41.......131 F2
Chisséaux 37.......131 F3
Chisséria 39.......176 C3
Chissey-en-Morvan 71.......156 C2
Chissey-lès-Mâcon 71.......174 C2
Chissey-sur-Loue 39.......159 F2
Chitenay 41.......132 A2
Chitray 36.......168 B1
Chitry 89.......113 F4
Chitry-les-Mines 58.......136 B4
Chiuni (Plage de) 2A.......316 A3
Chives 21.......183 D3
Chives 17.......182 B2
Chivres 21.......158 B2
Chivres-en-Laonnois 02.......21 D4
Chivres-Val 02.......36 C2
Chivy-lès-Étouvelles 02.......36 C1
Chizé 79.......182 C1
Chocques 62.......8 A1
Choignes 52.......116 B1
Choilley 52.......116 C4
Choisel 78.......60 B4
Choiseul 52.......117 D1
Choisey 39.......159 E1
Choisies 59.......10 C2

CHOLET

Abreuvoir (Av. de l')......................Z 2	Montfort (R. G. de)....................Z 37
Bons-Enfants (R. des)..................Z 3	Nantaise (R.) ....Z 39
Bourg-Baudry (R. du)...................Z 6	Nationale (R.) ....Z
Bretonnaise (R.) ....Z 7	Puits-de-l'Aire (R. du)................Z 45
Clemenceau (R. G.) ....Z 10	Richard (Bd G.) ....Z 46
Guérineau (Pl. A.) ....Z 20	Salberie (R.)..............................Z 49
Hôtel-de-Ville (R. de l')..............Z 22	Sardinerie (R. de la)..................Z 50
Maudet (Av.) ....Z 30	Travot (Pl.) ....Z 52
Moine (R. de la) ....Z 36	Travot (R.) ....Z 53
	Vieux-Greniers (R. des) ....Z 56
	8-Mai-1945 (Pl. du) ....Z 58

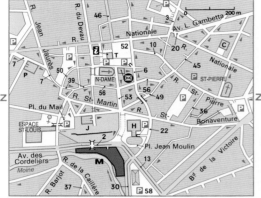

Choisy 74......................195 E2
Choisy-au-Bac 60.............35 E2
Choisy-en-Brie 77.............62 C4
Choisy-la-Victoire 60.........35 D3
Choisy-le-Roi 94..............61 D4
Cholet 49......................147 D1
Cholonge 38..................231 D2
Choloy-Ménillot 54...........67 F4
Chomelix 43..................209 D4
Chomérac 07..................246 C1
La Chomette 43...............226 A4
Chonas-l'Amballan 38.......210 C3
Chonville 55...................67 D3
Chooz 08.......................13 D3
Choqueuse-les-Bénards 60...17 F4
Choranche 38.................230 A4
Chorey 21.....................158 A2
Chorges 05....................250 C4
Chouain 14.....................29 D4
Chouday 36....................152 C3
Choue 41......................108 B2
Chougny 58....................156 A1
Chouilly 51.....................64 A1
Chouppes 86..................149 D4
Chourgnac 24................221 E1
Choussy 41....................132 A3
Chouvigny 03.................189 D1
Chouvigny (Gorges de) 63...189 D1
Choux 39......................177 D2
Les Choux 45.................111 F4
Chouy 02........................36 B4
Chouzé-sur-Loire 37........129 F4
Chouzelot 25.................160 A1
Chouzy-sur-Cisse 41........131 F2
Choye 70......................140 C3
Chozeau 38...................211 F1
Chuelles 45...................112 A2
Chuffilly-Roche 08............38 C2
Chuignes 80....................19 D2
Chuignolles 80................19 D2
Chuisnes 28....................84 C2
Chusclan 30...................264 C1
Chuyer 42.....................210 A3
Chuzelles 38..................211 D2
Ciadoux 31....................299 D1
Ciamannacce 2A.............317 D4
Cians (Gorges du) 06.......269 E2
Ciboure 64....................270 A3
Cideville 76.....................15 F3
Ciel 71.........................158 B3
Cier-de-Luchon 31...........298 C4
Cier-de-Rivière 31...........299 D3
Cierges 02......................36 C4
Cierges-
  sous-Montfaucon 55.......39 F3
Cierp-Gaud 31...............299 D4
Cierrey 27......................57 D2
Cierzac 17....................200 C2
Cieurac 46....................240 A4
Cieutat 65....................298 A2
Cieux 87.......................185 E2
Ciez 58.........................135 F2
Cigné 53........................81 E2
Cigogné 37...................131 E4
Cilly 02..........................21 D4
Cinais 37......................149 D1
Cindré 03......................172 C4
Cinq-Chemins 74............178 B3
Cinq-Mars-la-Pile 37.......130 B3
Cinquétral 39.................177 E2
Cinqueux 60...................35 D3
Cintegabelle 31..............300 C1
Cinthaux 14....................56 A1
Cintray 27......................57 D2
Cintray 28......................85 D2
Cintré 35........................79 D4
Cintrey 70.....................117 F4
La Ciotat 13..................291 D3
Cipières 06....................269 E4
Ciral 61.........................82 B2
Ciran 37.......................150 B2
Circourt 88.....................94 B3
Circourt-sur-Mouzon 88....93 E3

Ciré-d'Aunis 17..............181 D2
Cirès 31........................298 C4
Cires-lès-Mello 60............34 C3
Cirey 21.......................157 F2
Cirey 70.......................141 E2
Cirey-lès-Mareilles 52.......92 C4
Cirey-lès-Pontailler 21......139 F3
Cirey-sur-Blaise 52...........92 A3
Cirey-sur-Vezouze 54........69 F4
Cirfontaines-en-Azois 52...115 D1
Cirfontaines-en-Ornois 52...92 C2
Cirières 79....................147 E3
Ciron 36.......................168 A1
Cirque (Belvédère du) 05...233 E4
Ciry-le-Noble 71.............174 A1
Ciry-Salsogne 02.............36 C3
Cisai-Saint-Aubin 61.........57 E3
Cisery 89......................137 E2
Cissac-Médoc 33.............198 C4
Cissé 86.......................166 A1
Cisternes-la-Forêt 63.......188 C4
Cistrières 43..................208 B4
Cîteaux (Abbaye de) 21....158 B1
Citerne 80......................17 E2
Citers 70......................118 C4
Citey 70.......................140 C2
Citou 11.......................279 D4
Citry 77.........................62 C2
Civaux 86.....................167 D3
Civens 42......................191 F4
Civières 27......................33 D4
Civrac-de-Blaye 33..........217 F1
Civrac-en-Médoc 33.........198 C3
Civrac-sur-Dordogne 33....219 D4
Civray 18......................152 C2
Civray 86......................183 F1
Civray-de-Touraine 37......131 E3
Civray-sur-Esves 37.........150 A2
Civrieux 01....................193 D3
Civrieux-d'Azergues 69....192 C3
Civry 28.......................109 E1
Civry-en-Montagne 21......138 B4
Civry-la-Forêt 78.............59 F4
Civry-sur-Serein 89.........137 D1
Cizancourt 80..................19 E3
Cizay-la-Madeleine 49.....129 D4
Cize 01........................176 B4
Cize 39........................160 A4
Cizely 58......................155 E2
Cizos 65.......................298 C1
Clacy-et-Thierret 02.........36 C1
Cladech 24....................221 E4
Claira 66......................313 D1
Clairac 47.....................238 A4
Clairavaux 23.................187 F4
Clairefontaine-
  en-Yvelines 78.............86 A1
Clairefougère 61..............55 E3
Clairegoutte 70..............119 E4
Clairfayts 59...................10 C3
Clairfontaine 02................10 B4
Clairmarais 62..................3 E3
Clairoix 60......................35 E2
Clairvaux 10..................115 F1
Clairvaux-d'Aveyron 12....242 A3
Clairvaux-les-Lacs 39......177 D1
Clairvivre 24..................203 F4
Clairy-Saulchoix 80..........18 A3
Clais 76.........................16 C3
Claix 16.......................201 E4
Claix 38.......................230 C1
Clam 17........................199 F2
Clamanges 51.................64 B3
Clamart 92.....................60 C3
Clamecy 02....................36 B2
Clamecy 58...................136 B2
Clamensane 04..............249 E4
Clamerey 21..................138 A3
Clamouse (Grotte de) 34...281 D1
Clans 06.......................269 F2
Clans 70......................141 D1
Clansayes 26.................247 D4
Le Claon 55....................39 E4

Claouey 33....................216 A4
Le Clapier 12.................261 E4
Clapiers 34....................281 F2
La Claquette 67................70 A4
Clara 66.......................311 F3
Clarac 31......................299 D2
Clarac 65......................298 A1
Claracq 64....................273 D3
Clarafond 74..................195 D1
Clarbec 14......................30 B4
Clarens 65....................298 B2
Clarensac 30.................263 F4
Claret 04......................249 E3
Claret 34......................263 D4
Clarques 62......................3 E4
La Clarté 22....................50 A1
Clary 59........................20 B1
Classun 40....................272 C1
Clastres 02.....................20 A4
Clasville 76....................15 E2
Le Clat 11.....................311 D1
Claudon 88....................118 A1
Les Claux 05..................250 C1
Le Claux 15...................226 C1
Clavans-en-Haut-Oisans 38...231 F2
Clavé 79.......................165 E2
Clavette 17....................181 D1
Claveyson 26.................229 D1
Clavières 15...................225 F3
Claviers 83....................287 E1
Claville 27......................58 B1
Claville-Motteville 76........32 B1
Clavy-Warby 08...............22 B3
La Claye 85...................163 D2
Claye-Souilly 77...............61 F2
Clayes 35........................79 D4
Les Clayes-sous-Bois 78....60 B3
La Clayette 71...............174 A4
Clayeures 54...................94 C1
Clazay 79......................147 E3
Cléchy 14.......................55 F2
Cléden-Cap-Sizun 29........72 C3
Cléden-Poher 29..............75 E3
Cléder 29.......................48 C2
Clèdes 40......................272 C2
Cleebourg 67...................45 E4
Clefmont 52...................117 D1
Clefs 49.......................129 E1
Les Clefs 74..................195 F3
Cléguer 56....................100 A2
Cléguérec 56...................76 C4
Clelles 38......................230 C4
Clémencey 21.................139 D4
Clémensat 63.................207 E2
Clémery 54.....................68 A2
Clémont 18...................134 A2
Clénay 21......................139 E3
Clenleu 62.......................6 C1
Cléon 76.........................32 A3
Cléon-d'Andran 26..........247 D2
Cleppé 42.....................191 F4
Clérac 17......................218 C1
Cléré-du-Bois 36.............150 C3
Cléré-les-Pins 37............130 A3
Cléré-sur-Layon 49.........147 F1
Clères 76.......................32 B1
Clérey 10.......................90 B4
Clérey-la-Côte 88.............93 E2
Clérey-sur-Brenon 54........94 A1
Clergoux 19...................205 D4
Clérieux 26....................229 D2
Les Clérimois 89..............89 D4
Le Clerjus 88..................118 C2
Clerlande 63..................189 F3
Clermain 71...................174 C3
Clermont 09...................300 B3
Clermont 40...................271 F1
Clermont 60....................34 C4
Clermont 74....................195 D4
Clermont (Abbaye de) 53...104 C1
Clermont-Créans 72........106 B4
Clermont-de-Beauregard 24...220 B3
Clermont-Dessous 47......255 F1
Clermont-d'Excideuil 24...203 E4
Clermont-en-Argonne 55....66 A1
Clermont-en-Auge 14........30 A4
Clermont-Ferrand 63.......189 E4
Clermont-le-Fort 31.........276 C4
Clermont-les-Fermes 02....21 E4
Clermont-l'Hérault 34......280 C2
Clermont-Pouyguillès 32...274 C3
Clermont-Savès 32..........275 F2
Clermont-Soubiran 47......256 C1
Clermont-sur-Lauquet 11...302 C3
Cléron 25......................160 B1
Clerques 62......................2 C3
Clerval 25.....................142 A2
Cléry 21.......................140 A3
Cléry 73.......................213 F1
Cléry-en-Vexin 95............60 A1
Cléry-le-Grand 55.............39 F2
Cléry-le-Petit 55...............39 F2
Cléry-Saint-André 45.......109 F3
Cléry-sur-Somme 80.........19 D3
Clesles 51......................89 F2
Clessé 71......................175 D3
Clessé 79......................147 F4
Clessy 71......................173 F2
Cléty 62..........................3 D4
Cleurie 88.....................119 E1
Cleuville 76.....................15 E2
Cléville 14.......................30 A4
Cléville 76......................15 D3
Clévilliers 28...................85 D1
Cleyrac 33.....................237 D1
Cleyzieu 01....................194 A3
Clézentaine 88.................95 D2
Clichy 92........................61 D3

Clichy-sous-Bois 93..........61 E2
Climbach 67....................45 E4
Le Climont 67..................96 A1
Clinchamp 52...................93 D4
Clinchamps-sur-Orne 14.....55 F1
Clion 17.......................199 E2
Clion 36.......................151 D3
Le Clion-sur-Mer 44.........144 C1
Cliousclat 26..................247 D1
Cliponville 76...................15 E3
Cliron 08........................22 C3
Clis 44..........................123 E4
La Clisse 17...................181 E4
Clisson 44.....................146 A1
Clitourps 50.....................25 D2
Clohars-Carnoët 29...........99 F2
Clohars-Fouesnant 29........73 F4
Le Cloître-Pleyben 29........75 D2
Le Cloître-
  Saint-Thégonnec 29........49 E4
Clomot 21......................138 A4
Clonas-sur-Varèze 38.......210 C3
Clos (Futaie des) 72.........107 E4
Clos-Fontaine 77..............88 B1
La Clotte 17...................218 C1
Clouange 57....................41 E3
Cloué 86.......................166 A3
Les Clouzeaux 85............162 C1
Cloyes-sur-le-Loir 28.......108 C2
Cloyes-sur-Marne 51.........65 E4
Clucy 39......................160 A2
Clugnat 23....................169 F4
Cluis 36.......................169 D2
Clumanc 04...................268 A2
Cluny 71.......................174 C2
La Clusaz 74..................196 A3
La Cluse 01....................194 B1
La Cluse 05....................249 D1
La Cluse-et-Mijoux 25......161 D3
Les Cluses 66.................313 D3
Cluses 74......................196 B1
Clussais-la-Pommeraie 79...183 E1
Clux 71.........................158 C2
Coadout 22.....................50 B4
Coaraze 06....................288 C1
Coarraze 64...................297 D1
Coat-Méal 29...................47 E2
Coatascorn 22.................50 B2
Coatfrec (Château de) 22...50 A2
Coatréven 22...................50 B2
Cobonne 26...................229 E4
Cobrieux 59......................9 D1
Cocalière (Grotte de la) 30...245 F4
La Cochère 61.................56 C4
Cocherel 27.....................59 D1
Cocheren 57....................43 D4
Coclois 10.......................90 C2
Cocquerel 80...................17 F1
Cocumont 47..................237 D3
Cocurès 48....................244 B4
Codalet 66....................311 F2
Codognan 30.................282 B1
Codolet 30....................264 C2
Coémont 72...................107 E4
Coësmes 35...................103 F2
Coëtlogon 22...................77 F4
Coëtmieux 22..................51 F4
Coëtquidan-Saint-Cyr
  (Camp de) 56...............102 B3
Cœuilly 94......................61 E3
Cœuvres-et-Valsery 02......36 A3
Coëx 85.......................145 D4
Coggia 2A.....................316 B2
Coglès 35.......................80 A2
Cogna 39......................177 D1
Cognac 16....................200 C1
Cognac-la-Forêt 87.........185 E4
Cognat-Lyonne 03...........189 E2
Cogners 72....................107 F3
Cognet 38......................230 C3
Cognières 70..................141 F2
Cognin 73......................213 D2
Cognin-les-Gorges 38......230 A1
Cognocoli-Monticchi 2A....318 C1
Cogny 18......................153 F3
Cogny 69......................192 B2
Cogolin 83....................287 E4
Cohade 43....................208 A4
Cohan 02........................37 D4
Cohennoz 73..................196 A3
Cohiniac 22.....................51 D4
Cohons 52....................116 C3
Coiffy-le-Bas 52..............117 E2
Coiffy-le-Haut 52.............117 E2
Coigneux 80......................8 A4
Coignières 78...................60 A4
Coigny 50.......................27 D3
Coimères 33...................236 C3
Coin-lès-Cuvry 57............68 A1
Coin-sur-Seille 57.............68 A1
Coinces 45....................109 F2
Coinches 88.....................96 A2
Coincourt 54....................69 D4
Coincy 02.......................36 B4
Coincy 57.......................42 A4
Coings 36......................152 A3
Coingt 02.......................21 F3
Coirac 33......................236 C1
Coise 69.......................210 A1
Coise-Saint-
  Jean-Pied-Gauthier 73...213 E2
Coiserette 39..................177 D3
Coisevaux 70.................142 B1
Coisia 39......................176 C4
Coisy 80........................18 B2
Coivert 17....................182 B2
Coivrel 60.......................35 D1
Coizard-Joches 51...........63 D1

Colayrac-Saint-Cirq 47.....256 A1
Colembert 62.....................2 B3
Coligny 01....................176 B3
Coligny 57......................64 A3
Collan 89......................114 A3
La Collancelle 58............155 F1
Collandres 15.................224 B1
Collandres-Quincarnon 27...58 A2
Collanges 63..................207 F3
Collat 43......................226 B1
La Colle-sur-Loup 06.......288 B2
Collégien 77....................61 E3
Collemiers 89.................112 C1
Colleret 59......................10 C2
Le Collet 88....................96 A4
Colleville 76....................15 D2
Colleville-Montgomery 14...29 E3
Colleville-sur-Mer 14.........28 C3
Collias 30......................264 A3
Colligis-Crandelain 02........37 D2
Colligny 57.....................42 A4
Colline-Beaumont 62...........6 B3
Collinée 22......................77 F3
Collioure 66...................313 E3
Collobrières 83...............292 C1
Collonge-en-Charollais 71...174 C1
Collonge-la-Madeleine 71...157 E3
Collonges 01..................195 D1
Collonges-
  au-Mont-d'Or 69...........192 C4
Collonges-la-Rouge 19.....222 B2
Collonges-lès-Bévy 21......158 A2
Collonges-
  lès-Premières 21..........139 F4
Collonges-sous-Salève 74...195 E1
Collongues 06................269 E3
Collongues 65................298 A1
Collorec 29.....................75 D2
Collorgues 30.................263 F3
Colmar 68.......................96 C3
Colmars 04....................268 C1
Colmen 57.......................42 B2
Colméry 58....................135 F3
Colmesnil-Manneville 76....16 A3
Colmey 54.......................40 B2
Colmier-le-Bas 52............116 A4
Colmier-le-Haut 52..........116 A4
Colognac 30...................262 C3
Cologne 32....................275 F1
Colomars 06..................288 C1
Colombe 38...................212 A3
La Colombe 41...............109 D3
La Colombe 50.................54 B2
Colombé-la-Fosse 10.........91 F4
Colombé-le-Sec 10...........91 F4
Colombelles 14................29 E4
Colombes 92...................60 C2
Colombey-les-Belles 54.....93 F1
Colombey-lès-Choiseul 52...117 E1
Colombey-
  les-Deux-Églises 52.......91 F4
Colombier 21.................157 F1
Colombier 24.................220 A4
Colombier 42.................210 B4
Colombier 70.................118 B4
Colombier-Châtelot 25.....142 B2
Colombier-en-Brionnais 71...174 B3
Colombier-Fontaine 25.....142 B2
Colombier-le-Cardinal 07...210 C4
Colombier-le-Jeune 07.....228 C2
Colombier-le-Vieux 07.....228 C2
Colombier-Saugnieu 69....193 E4
Colombières (Col de la) 74...196 A2
Colombières 14.................27 F3
Colombières-sur-Orb 34...280 A2
Colombiers 17.................199 E1
Colombiers 18.................170 C1
Colombiers 34................305 D1
Colombiers 61..................82 C2
Colombiers 86................149 E4
Colombiers-du-Plessis 53...81 D2
Colombiers-sur-Seulles 14...29 D3
Colombiès 12.................242 A4
Colombotte 70................118 C4
Colomby 50.....................25 D3
Colomby de Gex (Mont) 01...177 E3
Colomby-sur-Thaon 14......29 E3
Colomiers 31..................276 B2
Colomieu 01..................194 B4
Colonard-Corubert 61........83 F3
Colondannes 23..............168 C4
Colonfay 02.....................20 C3
Colonne 39....................159 E3
Colonzelle 26.................247 D3
Colpo 56......................101 D3
Colroy-la-Grande 88..........96 A2
Colroy-la-Roche 67...........96 A1
Coltainville 28..................85 F2
Coltines 15...................225 F2
Coly 24........................221 F2
Combaillaux 34...............281 E1
Combas 30....................263 E4
La Combe-de-Lancey 38...213 D4
La Combe des Eparres 38...211 E2
Combe Laval 26..............229 F4
Combeaufontaine 70........117 F4
Combefa 81...................259 E2
La Combelle 63...............207 F3
Combéranche-
  et-Épeluche 24............201 F4
Comberjon 70................118 B4
Comberouger 82.............257 E4

Combéroumal
  (Prieuré de) 12............261 D2
Combertault 21...............158 A2
Les Combes 25...............161 E1
Combes 34....................280 A2
Combiers 16..................202 A2
Comblanchien 21............158 A1
Combles 80.....................19 E1
Combles-en-Barrois 55......66 B3
Comblessac 35...............102 B2
Combleux 45..................110 B3
Comblot 61.....................83 F2
Combloux 74.................196 B3
Combon 27.....................58 B1
Combourg 35...................79 E2
Combourtillé 35................80 A3
Combovin 26..................229 E3
Combrailles 63...............188 B4
Combrand 79.................147 E3
Combray 14.....................55 F2
Combre 42....................191 F2
Combrée 49....................104 B4
Combres 28.....................84 C3
Combres-sous-les-Côtes 55...67 D1
Combressol 19...............205 E3
Combret 12....................260 B4
Combreux 45.................111 D2
Combrimont 88................96 A2
Combrit 29......................73 E4
Combronde 63...............189 E3
Combs-la-Ville 77.............61 E4
La Comelle 71................156 C3
Comiac 46....................223 D3
Comigne 11...................303 D2
Commana 29...................49 D4
Commarin 21.................138 B4
Commeaux 61..................56 B3
Commelle 38..................211 E3
Commelle-Vernay 42........191 E2
Commenailles 39.............159 E3
Commenchon 02..............19 F4
Commensacq 40.............253 E1
Commentry 03...............171 D4
Commeny 95...................60 A1
Commequiers 85.............145 D4
Commer 53......................81 E4
Commercy 55...................67 D3
Commerveil 72.................83 E3
Commes 14.....................28 C3
Commissey 89................114 B3
Communailles-
  en-Montagne 39...........160 B3
Communay 69.................211 D1
Compaing (Pas de) 15......224 C2
Compains 63..................207 D3
Compainville 76................17 D4
Compans 77....................61 F2
Le Compas 23................188 A3
Compertrix 51..................64 C2
Compeyre 12.................261 E2
Compiègne 60..................35 E2
Compigny 89...................88 C3
Compolibat 12...............241 F4
La Compôte 73...............213 E1
Comprégnac 12..............261 D2
Compreignac 87.............185 F2
Comps 26......................247 E2
Comps 30......................264 B4
Comps 33......................217 E2
Comps-la-Grand-Ville 42...260 B1
Comps-sur-Artuby 83.......287 D1
La Comté 62......................7 F2
Comus 11......................310 B1
Conan 41......................109 D4
Conand 01....................194 A3
Conat 66......................311 E2
Conca 2A......................319 E1
Concarneau 29.................99 D2
Concevreux 02.................37 E3
Concèze 19....................204 A4
Conches-en-Ouche 27.......58 A1
Conches-sur-Gondoire 77...61 F3
Conchez-de-Béarn 64......273 E2
Conchil-le-Temple 62...........6 B2
Conchy-les-Pots 60..........35 F1
Conchy-sur-Canche 62........7 E3
Les Concluses 30............264 A1
Concorès 46..................240 A1
Concoret 56....................102 B1
Concots 46....................240 B4
Concoules 30.................245 D4
Concourson-sur-Layon 49...148 A1
Concremiers 36...............167 F1
Concressault 18..............134 B2
Concriers 41..................109 E4
Condac 16.....................183 F2
Condal 71......................176 A2
Condamine 01................194 B1
Condamine 39................176 B1
La Condamine-Châtelard 04...251 D2
Condat 15.....................206 C2
Condat 46.....................222 B3
Condat-en-Combraille 63...188 B4
Condat-lès-Montboissier 63...208 B2
Condat-sur-Ganaveix 19...204 B3
Condat-sur-Trincou 24......202 C3
Condat-sur-Vézère 24......221 F2
Condat-sur-Vienne 87......185 F4
Condé 36......................152 B3
Condé-en-Barrois 55.........66 B2
Condé-en-Brie 02.............63 D3
Condé-Folie 80................17 F1
Condé-lès-Autry 08..........39 E3
Condé-lès-Herpy 08..........38 A1
Condé-Northen 57............42 A4
Condé-Sainte-Libiaire 77....62 A3
Condé-sur-Aisne 02..........36 C2
Condé-sur-Huisne 61.........84 A3

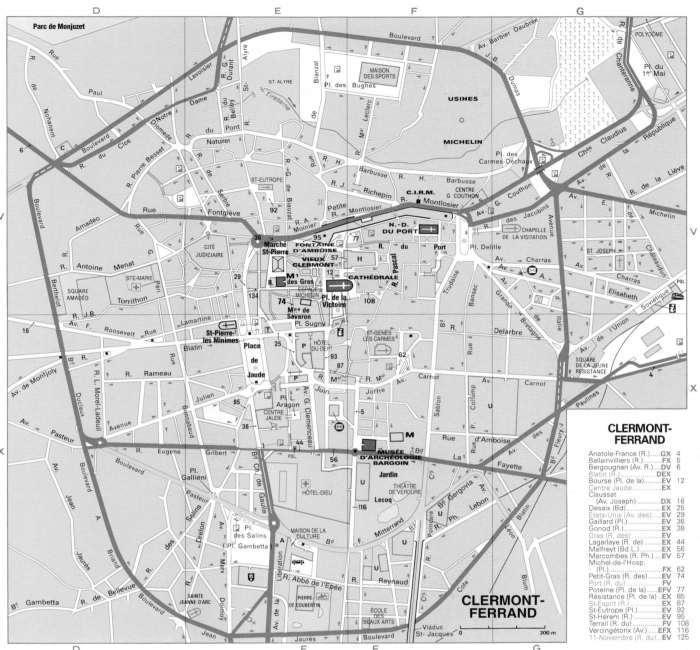

Anatole-France (R.)....GX 4
Ballainvilliers (R.).......FX 5
Bergougnan (Av. R.)...DV 6
Blatin (R.)................DEX
Bourse (Pl. de la)........EV 12
Centre Jaude..............EX
Claussat
 (Av. Joseph)...........DX 16
Desaix (Bd)...............EX 25
États-Unis (Av. des).....EV 29
Gaillard (Pl.)............EV 36
Gonod (R.)...............EX 38
Gras (R. des).............EV
Lagarlaye (R. de)........EX 44
Malfreyt (Bd L.).........EX 56
Marcombes (R. Ph.)...EV 57
Michel-de-l'Hosp.
 (Pl.)....................FX 62
Petit-Gras (R. des)......EV 74
Port (R. du)..............FV
Poterne (Pl. de la)......EV 77
Résistance (Pl. de la)..EX 85
St-Esprit (R.)............EX 87
St-Eutrope (Pl.).........EV 92
St-Hérem (R.)...........EV 95
Terrail (R. du)...........FV 108
Vercingétorix (Av.)....EFX 116
11-Novembre (R. du)...EV 125

CLERMONT-FERRAND

Condé-sur-Ifs 14................56 B1
Condé-sur-Iton 27.............58 B3
Condé-sur-l'Escaut 59...........9 F2
Condé-sur-Marne 51.........64 B1
Condé-sur-Noireau 14.......55 E3
Condé-sur-Risle 27............31 E3
Condé-sur-Sarthe 61........82 C2
Condé-sur-Seulles 14.......29 D4
Condé-sur-Suippe 02.......37 E2
Condé-sur-Vesgre 78.......59 F4
Condé-sur-Vire 50.............54 C1
Condeau 61......................84 A3
Condécourt 95.................60 B1
Condeissiat 01................193 E1
Condéon 16....................201 D3
Condes 39......................176 C3
Condes 52......................116 B1
Condette 62........................2 A4
Condezaygues 47...........239 D3
Condillac 26...................247 D1
Condom 32.....................255 F3
Condom-d'Aubrac 12.....243 D2
Condorcet 26.................247 F3
Condren 02.......................36 B1
Condrieu 69...................210 C3
Conflandey 70...............118 A4
Conflans-en-Jarnisy 54....41 D4
Conflans-Sainte-Honorine 78...60 B2
Conflans-sur-Anille 72....108 A2
Conflans-sur-Lanterne 70..118 B3
Conflans-sur-Loing 45....111 F2
Conflans-sur-Seine 51.....89 E1
Confolens 16..................184 C2
Confolens (Cascade de) 38..231 E3
Confolent-Port-Dieu 19..206 A4
Confort 01......................194 C1
Confort-Meilars 29...........73 D4
Confracourt 70...............117 F4
Confrançon 01...............175 F4
Congé-sur-Orne 72..........83 D4

Congénies 30..................282 B1
Congerville 91...................86 B3
Congerville-Thionville 91....86 B3
Congis-sur-Thérouanne 77..62 A2
Congrier 53....................104 B3
Congy 51..........................63 F3
Conie-Molitard 28..........109 E1
Conilhac-Corbières 11....303 E2
Conilhac-de-la-Montagne 11..302 B3
Conjux 73......................194 C4
Conliège 39...................176 C1
Connac 12.....................260 B3
Connangles 43...............208 B4
Connantray-Vaurefroy 51...64 B4
Connantre 51...................64 A4
Connaux 30....................264 B2
Conne-de-Labarde 24....220 B4
Connelles 27.....................32 B4
Connerré 72...................107 E1
Connezac 24...................202 B2
Connigis 02......................63 D1
Conquereuil 44...............126 A1
Conques 12....................242 A2
Conques-sur-Orbiel 11...302 C1
Le Conquet 29..................46 C3
Conqueyrac 30...............263 D2
Cons-la-Grandville 54......40 C1
Cons-Sainte-Colombe 74..195 F4
Consac 17......................199 E3
Conségudes 06..............269 F3
Consenvoye 55................40 A3
Consigny 52.....................92 C4
Consolation (Cirque de) 25..142 B4
Consolation-
 Maisonnettes 25..........142 B4
Contalmaison 80...............19 D1
Contamine-Sarzin 74.....195 D2
Contamine-sur-Arve 74..195 F1
Les Contamines-Montjoie 74..196 C3

Contault 51......................65 F2
Contay 80.........................18 C1
Conte 39........................160 B4
Contes 06.......................288 C1
Contes 62............................6 C2
Contescourt 02................20 A3
Contest 53........................81 E4
Conteville 14....................56 A1
Conteville 27....................31 D2
Conteville 60....................17 F4
Conteville 76....................17 D4
Conteville 80......................7 D4
Conteville-en-Ternois 62....7 E2
Conteville-lès-Boulogne 62....2 B1
Conthil 57........................69 D2
Contigné 49...................105 E4
Contigny 03....................172 A4
Contilly 72........................83 E3
Continvoir 37.................130 A3
Contis-Plage 40.............252 B2
Contoire 80......................18 C4
Contrazy 09...................300 A3
Contré 17.......................182 C2
Contre 80.........................18 A4
Contréglise 70...............118 A4
Contremoulins 76............15 D2
Contres 18.....................153 E3
Contres 41.....................132 B3
Contreuve 08...................38 C3
Contrevoz 01..................194 B4
Contrexéville 88...............93 F4
Contrières 50...................54 A1
Contrisson 55...................66 A3
Conty 80..........................18 A4
Contz-les-Bains 57.........42 A1
Conzieu 01.....................194 B4
Coole 51...........................64 C4
Coolus 51.........................64 C3
La Copechagnière 85.....146 A3
Copponex 74..................195 E2

Coq (Col du) 38.............213 D4
Coquainvilliers 14............30 B4
Coquelles 62......................2 B2
La Coquille 24................203 D2
Corancez 28.....................85 E3
Corancy 58.....................156 B1
Coray 29...........................75 D4
Corbara 2B.....................314 B1
Corbarieu 82..................257 F3
Corbas 69.......................211 D1
Corbehem 62......................8 C3
Corbeil 51........................91 D1
Corbeil-Cerf 60................34 A3
Corbeil-Essonnes 91......87 E1
Corbeilles 45..................111 E1
Corbel 73........................213 D3
Corbelin 38.....................212 B1
Corbenay 70...................118 C2
Corbeny 02.......................37 E2
Corbère 66......................312 B2
Corbère-Abères 64.........273 E3
Corbère-les-Cabanes 66..312 B2
Corberon 21...................158 B2
Corbès 30.......................263 D2
Corbie 80..........................18 C2
Le Corbier 73.................213 F4
La Corbière 70...............119 D3
Corbières 04...................266 C4
Corbières 11...................301 F3
Corbigny 58....................136 C4
Corbon 14.........................30 A4
Corbon 61.........................83 F2
Corbonod 01...................194 C2
Corbreuse 91....................86 B2
Corcelle-Mieslot 25........141 E3
Corcelles 01...................194 B2
Corcelles 58...................154 C2
Corcelles 70...................142 B1
Corcelles-en-Beaujolais 69...192 C1
Corcelles-Ferrières 25....140 C4

Corcelles-les-Arts 21......158 A2
Corcelles-lès-Cîteaux 21..158 B1
Corcelles-les-Monts 21...139 D4
Corcieux 88......................95 F4
Corconne 30...................263 D4
Corcoué-sur-Logne 44...145 E2
Corcy 02...........................36 A4
Cordéac 38.....................231 D4
Cordebugle 14.................57 E1
Cordelle 42.....................191 E3
Cordemais 44.................125 F3
Cordes-sur-Ciel 81.........259 D2
Cordes-Tolosannes 82...257 E3
Cordesse 71...................157 D2
Cordey 14.........................56 A3
Cordieux 01....................193 E3
Cordiron 25....................140 C4
Cordon 74.......................196 B2
Cordonnet 70.................141 D2
Coren 15.........................225 E2
Corenc 38.......................212 C4
Corent 63........................207 F1
Corfélix 51........................63 E3
Corgengoux 21...............158 B2
Corgenon 01...................193 E1
Corgirnon 52..................117 D3
Corgnac-sur-l'Isle 24.....203 D4
Corgoloin 21...................158 A1
Corignac 17....................199 F4
Corlay 22..........................76 C2
Corlée 53........................116 C3
Corlier 01........................194 A2
Cormaillie 28..................109 F1
Cormaranche-en-Bugey 01...194 B2
Cormatin 71....................175 D2
Corme-Écluse 17............198 C1
Corme-Royal 17..............181 E4
Cormeilles 27....................30 C4
Cormeilles 60....................18 A4

Cormeilles-en-Parisis 95....60 C2
Cormeilles-en-Vexin 95.....60 B1
Cormeilles-le-Royal 14....29 E4
Le Cormenier 79.............182 B1
Cormenon 41..................108 A2
Cormeray 41...................132 A2
Cormeray 50.....................79 F1
Cormery 37.....................131 D3
Cormes 72........................83 F4
Cormet de Roselend 73..196 C4
Cormicy 51........................37 E3
Le Cormier 27...................59 D2
Cormolain 14....................28 C4
Cormont 62........................6 B1
Cormontreuil 51................37 F4
Cormoranche-sur-Saône 01..175 D4
Cormost 10.......................90 B4
Cormot-le-Grand 21........157 F2
Cormoyeux 51...................64 A1
Cormoz 01......................176 A2
Corn 46...........................241 D2
Cornac 46.......................223 D3
Cornant 89......................112 C1
Cornas 07.......................229 D3
Cornay 08.........................39 E3
Corné 49.........................128 C2
Cornebarrieu 31.............286 B2
Corneilhan 34.................280 B4
Corneilla-de-Conflent 66..311 F3
Corneilla-del-Vercol 66...313 D3
Corneilla-la-Rivière 66....312 C2
Corneillan 32..................273 E2
Corneuil 27.......................58 C3
Corneville-
 la-Fouquetière 27.........58 A1
Corneville-sur-Risle 27....31 E3
Cornier 74.......................195 F1
Corniéville 55...................67 E3
Cornil 19.........................222 C1
Cornillac 26....................248 A3
Cornille 24......................220 C1

COLMAR

Augustins (R. des)..............BZ 3
Bains (R. des)....................BY 5
Blés (R. des)......................BZ 9
Boulangers (R. des).............BY 12
Brasseries (R. des)..............CY 13
Bruat (R.).........................BZ 14
Cathédrale (Pl. de la)..........BY 17
Champ de Mars (Bd du)....BYZ 18

Chauffour (R.) ....BZ 20
Clefs (R. des) ....BCY
Écoles (R. des) ....BZ 22
Fleurent (R. J.-B.) ....BY 24
Florimont (R. du) ....AY 25
Grand'Rue ....BCZ 31
Grenouillère (R. de la).........CYZ 32
Herse (R. de la).................BZ 33
Kléber (R.)........................BY 35
Ladhof (R. du)....................CY 36

Lasch (R. Georges)..............AZ 37
Lattre-de-Tassigny
  (Av. J. de)......................BY 43
Leclerc (Bd du Gén.)............BZ 45
Manège (R. du)...................BZ 49
Marchands (R. des)..............YZ 50
Marché aux Fruits (Pl. du)......BZ 51
Messimy (R.)......................BZ 52
Molly (R. Berthe)................BYZ 54
Mouton (R. du)...................CY 57

Poissonnerie (R. de la).........BCZ 62
Preiss (R. Jacques).............BZ 63
Reims (R. de)....................BZ 65
République (Av. de la).........BYZ
Ribeauvillé (R. de)..............BY 67
Rœsselman (R.)..................BZ 69
St. Jean (R.)......................BZ 71
St-Nicolas (R.)...................BY 73
Serruriers (R. des)..............BZ 75
Sinn (Quai de la)................BZ 79

Six-Montagnes-Noires
  (Pl. des)........................BZ 79
Tanneurs (R. des)...............CZ 82
Têtes (R. des)...................BY 83
Unterlingen (Pl. d').............BY 85
Vauban (R.).......................CY
Weinemer (R.)....................BZ 86
2 Février (Pl. du)................CY 87
5e-Division-Blindée (R. de la)...BY 95
18-Novembre (Pl. du).........BY 97

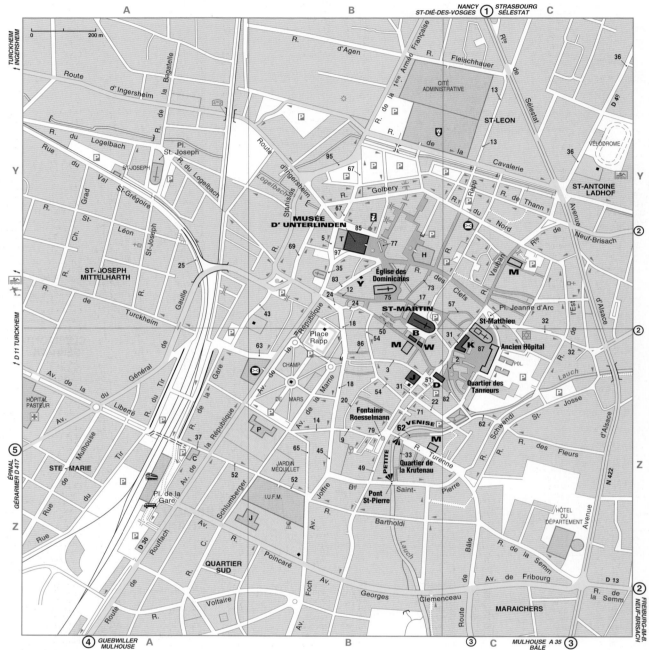

Cornillé 35..........................104 A1
Cornillé-les-Caves 49............129 D2
Cornillon 30........................264 A1
Cornillon-Confoux 13.............284 A2
Cornillon-en-Trièves 38.........230 C4
Cornillon-sur-l'Oule 26..........248 A3
Cornimont 88......................119 F2
Cornod 39..........................176 C3
Cornot 70..........................117 F4
La Cornuaille 49...................127 F2
Cornus 12..........................261 E4
Cornusse 18.......................154 A3
Cornusson (Château de) 82...258 C1
Corny 27..............................33 D3
Corny-Machéroménil 08...........38 B1
Corny-sur-Moselle 57.............68 A1
Coron 49............................147 E1
Corong (Gorges du) 22...........76 A2
Corpe 85............................163 E2
Corpeau 21.........................157 F3
Corpoyer-la-Chapelle 21.........138 B2
Corps 38............................231 E4
Corps-Nuds 35.....................103 E2
Corquilleroy 45....................111 F2
Corquoy 18.........................153 D3
Corrano 2A.........................317 D4
Corravillers 70.....................119 D2
Corre 70............................118 A2
Corrençon-en-Vercors 38.......230 B2
Correns 83..........................286 B3

Corrèze 19.........................205 D4
Corribert 51..........................63 F2
Corrobert 51..........................63 E2
Corrombles 21.....................137 F2
Corronsac 31.......................276 C3
Corroy 51.............................64 A4
Corsaint 21.........................137 F2
Corsavy 66.........................312 B4
Corscia 2B..........................314 C4
Corsept 44..........................125 E3
Corseul 22............................78 B1
Cortambert 71.....................175 D2
Corte 2B............................317 D1
Cortevaix 71.......................174 C2
Cortone (Col de) 2A..............318 B1
Cortrat 45..........................111 F3
Les Corvées-les-Yys 28..........84 C3
Corveissiat 01.....................176 B4
Corvol-d'Embernard 58..........136 A4
Corvol-l'Orgueilleux 58..........136 A3
Corzé 49............................128 C1
Cos 09..............................301 D3
Cosges 39..........................159 D4
Coslédaà-Lube-Boast 64........273 D3
Cosmes 53.........................104 C2
Cosnac 19..........................222 B2
Cosne-d'Allier 03.................171 E3
Cosne-sur-Loire 58...............135 D3
Cosnes-et-Romain 54.............40 C1

Cosqueville 50.......................25 D2
Cossaye 58.........................155 E4
Cossé-d'Anjou 49.................147 C1
Cossé-en-Champagne 53........105 F2
Cossé-le-Vivien 53...............104 C2
Cossesseville 14...................55 F2
Costa 2B............................314 C2
Costaros 43.........................227 D4
Les Costes 05......................231 E4
Les Costes-Gozon 12............260 C3
La Côte 70..........................119 D4
Cote 304 55.........................40 A4
La Côte-d'Aime 73................214 C1
La Côte-d'Arbroz 74..............178 C4
La Côte-en-Couzan 42...........190 C4
La Côte-Saint-André 38..........211 F3
Le Coteau 42......................191 E2
Côtebrune 25......................141 F4
Les Côtes-d'Arey 38.............211 D3
Les Côtes-de-Corps 38..........231 D4
Coti-Chiavari 2A...................318 B1
Cotignac 83........................286 B2
La Cotinière 17....................180 B3
Coubbes 41.........................132 A3
Cottance 42........................191 F4
Cottenchy 80.........................18 B3
Cottévrard 76........................16 B2
Cottier 25...........................140 C4
Cottun 14.............................28 C3
Cou (Col de) 74....................178 B4

La Couarde 79....................165 E4
La Couarde-sur-Mer 17........162 C4
Couargues 18......................135 D4
Coubert 77............................61 F4
Coubeyrac 33......................219 E4
Coubisou 12........................242 C2
Coubjours 24.......................221 F1
Coublanc 52........................117 D4
Coublanc 71........................191 F1
Coublevie 38........................212 B3
Coublucq 64........................273 D2
Coubon 43...........................227 D3
La Coubre (Phare de) 17........180 B4
Coubron 93............................61 E2
Couches 71..........................157 E3
La Coucourde 26..................246 C1
Coucouron 07.......................227 E4
Coucy 08...............................38 B1
Coucy-la-Ville 02....................36 B1
Coucy-le-Château-
  Auffrique 02........................36 B1
Coucy-lès-Eppes 02................37 D1
Coudehard 61........................56 C3
Coudekerque 59......................3 E1
Coudekerque-Branche 59..........3 E1
Coudes 63..........................207 F2
Coudeville-sur-Mer 50............53 F2
Le Coudon 83.....................292 A2

Coudons 11........................302 A4
Coudoux 13........................284 B2
Coudray 27...........................33 D3
Le Coudray 28.......................85 E2
Le Coudray 44.....................126 A1
Coudray 45............................87 D4
Coudray 53.........................105 E3
Coudray-au-Perche 28............84 A4
Le Coudray-Macouard 49......129 D4
Le Coudray-Montceaux 91........87 E1
Coudray-Rabut 14..................30 B3
Le Coudray-Saint-Germer 60....33 F2
Coudray-Salbart
  (Château de) 79................164 C3
Le Coudray-sur-Thelle 60........34 A3
La Coudre 79.......................147 F2
Les Coudreaux 77..................61 E3
Coudreceau 28......................84 B3
Coudrecieux 72...................107 F2
Coudres 27...........................59 D3
Coudroy 45.........................111 E3
Coudun 60............................35 E2
Coudures 40.......................272 C1
Coueilles 31........................275 E4
Couëlan (Château de) 22........78 B3
Couëron 44.........................126 A4
Couesmes 37......................130 A1
Couesmes-en-Froulay 53........81 D2
Couesque
  (Barrage de) 12................242 B1

Les Couets 44.....................126 B4
Couffé 44...........................127 D3
Couffoulens 11....................302 B2
Couffy 41...........................132 B4
Couffy-sur-Sarsonne 19........206 A1
Couflens 09........................309 D1
Coufouleux 81.....................258 B4
Cougnac (Grottes de) 46......240 A1
Couhé 86...........................166 A4
Couilly-Pont-aux-Dames 77.....62 A3
Couin 62...............................7 F4
Couiza 11..........................302 B2
Couladère 31......................300 A1
Coulaines 72......................107 D2
Coulandon 03.....................172 A2
Coulanges 89......................173 E2
Coulanges 03......................173 E1
Coulanges 41......................131 F2
Coulanges-la-Vineuse 89......113 E3
Coulanges-lès-Nevers 58......154 C2
Coulanges-sur-Yonne 89......136 B2
Coulans-sur-Gée 72............106 B2
Coulans-sur-Lizon 25...........160 B2
Coulaures 24......................203 D4
Couledoux 31.....................299 E4
Couleuvre 03......................171 E1
Coulevon 70.......................118 B4
Coulgens 16.......................183 D4
Coulimer 61..........................83 E2
Coullemelle 80......................18 B4

Coullemont 62 ....7 F4
Coullons 45 ....134 B1
Coulmer 61 ....57 D4
Coulmier-le-Sec 21 ....115 D4
Coulmiers 45 ....109 F3
Coulobres 34 ....280 B3
Coulogne 62 ....2 C2
Couloisy 60 ....35 F2
Coulombiers 72 ....82 C3
Coulombiers 86 ....166 A2
Coulombs 14 ....29 D3
Coulombs 28 ....85 E1
Coulombs-en-Valois 77 ....62 B1
Coulomby 62 ....2 C4
Coulommes 77 ....62 A3
Coulommes-et-Marqueny 08 ....38 C2
Coulommes-la-Montagne 51 ....37 E4
Coulommiers 77 ....62 B3
Coulommiers-la-Tour 41 ....108 C4
Coulon 79 ....164 B3
Coulonces 14 ....54 C2
Coulonces 61 ....56 C3
La Coulonche 61 ....55 F4
Coulongé 72 ....106 C4
Coulonge-sur-Charente 17 ....181 F3
Coulonges 16 ....183 E4
Coulonges 17 ....199 F1
Coulonges 27 ....58 C3
Coulonges 86 ....168 A3
Coulonges-Cohan 02 ....37 D4
Coulonges-les-Sablons 61 ....84 B3
Coulonges-sur-l'Autize 79 ....164 B2
Coulonges-sur-Sarthe 61 ....83 E1
Coulonges-Thouarsais 79 ....148 A3
Coulonvillers 80 ....7 D4
Couloumé-Mondebat 32 ....273 F2
Coulounieix-Chamiers 24 ....220 C1
Coulours 89 ....113 E1
Couloutre 58 ....135 F3
Coulouvray-Boisbenâtre 50 ....54 B3
Coulvain 14 ....55 E1
Coulx 47 ....238 A3
Coume 57 ....42 B3
Counozouls 11 ....311 E1
Coupelle-Neuve 62 ....7 D1
Coupelle-Vieille 62 ....7 D1
Coupesarte 14 ....56 C1
Coupetz 51 ....64 C3
Coupéville 51 ....65 C2
Coupiac 12 ....260 B3
Coupray 52 ....116 A2
Coupru 02 ....62 C1
Couptrain 53 ....82 A2
Coupvray 77 ....61 F3
Couquèques 33 ....198 C3
Cour-Cheverny 41 ....132 B2
Cour-et-Buis 38 ....211 E3
Cour-l'Évêque 52 ....116 A2
La Cour-Marigny 45 ....111 E3
Cour-Saint-Maurice 25 ....142 B3
Cour-sur-Loire 41 ....132 B2
Courances 91 ....87 E2
Courant 17 ....181 F2
Courban 21 ....115 F2
La Courbe 61 ....56 B4
Courbehaye 28 ....109 F1
Courbépine 27 ....57 F1
Courbes 02 ....20 B4
Courbesseaux 54 ....68 C4
Courbette 39 ....176 C1
Courbeveille 53 ....104 C2
Courbevoie 92 ....60 C3
Courbiac 47 ....239 E4
Courbillac 16 ....182 C4
Courboin 02 ....63 D2
Courbons 04 ....267 F1
Courbouzon 39 ....176 C1
Courbouzon 41 ....109 E4
Courboyer (Manoir de) 61 ....83 F3
Courçais 03 ....170 B3
Courçay 37 ....131 D4
Courceaux 89 ....89 D3
Courcebœufs 72 ....107 D1
Courcelette 80 ....19 D1
Courcelle 91 ....60 B4
Courcelles 17 ....182 B3
Courcelles 25 ....160 A1
Courcelles 45 ....111 D1
Courcelles 54 ....94 A2
Courcelles 58 ....136 A3
Courcelles 90 ....120 A4
Courcelles-au-Bois 80 ....18 C1
Courcelles-Chaussy 57 ....42 A4
Courcelles-de-Touraine 37 ....130 A2
Courcelles-en-Barrois 55 ....66 C3
Courcelles-en-Bassée 77 ....88 B3
Courcelles-en-Montagne 52 ....116 B3
Courcelles-Epayelles 60 ....35 D1
Courcelles-Frémoy 21 ....137 E2
Courcelles-la-Forêt 72 ....106 B4
Courcelles-le-Comte 62 ....8 B4
Courcelles-lès-Gisors 60 ....33 E4
Courcelles-lès-Lens 62 ....8 C2
Courcelles-lès-Montbard 21 ....138 A1
Courcelles-lès-Montbéliard 25 ....142 C1
Courcelles-lès-Semur 21 ....137 F2
Courcelles-Sapicourt 51 ....37 E4
Courcelles-sous-Châtenois 88 ....93 F3
Courcelles-sous-Moyencourt 80 ....17 F3
Courcelles-sous-Thoix 80 ....17 F4
Courcelles-sur-Aire 55 ....66 B2
Courcelles-sur-Aujon 52 ....116 B3
Courcelles-sur-Blaise 52 ....92 A2
Courcelles-sur-Nied 57 ....68 B1
Courcelles-sur-Seine 27 ....32 C4

Courcelles-sur-Vesle 02 ....36 C3
Courcelles-sur-Viosne 95 ....60 B1
Courcelles-sur-Voire 10 ....91 D2
Courcelles-Val-d'Esnoms 52 ....116 C4
Courcemain 51 ....90 A1
Courcemont 72 ....83 D4
Courcerac 17 ....182 B3
Courcerault 61 ....83 F2
Courceroy 10 ....89 D2
Courchamp 21 ....139 F1
Courchamp 77 ....88 C1
Courchamps 02 ....62 C1
Courchamps 49 ....129 D4
Courchapon 25 ....140 C4
Courchaton 70 ....142 A1
Courchelettes 59 ....8 C3
Courchevel 73 ....214 B3
Courcité 53 ....82 A3
Courcival 72 ....83 E4
Courcôme 16 ....183 E2
Courçon 17 ....164 A4
Courcoué 85 ....149 E2
Courcouronnes 91 ....87 D1
Courcoury 17 ....199 E1
Courcuire 70 ....140 C3
Courcy 14 ....56 B2
Courcy 50 ....54 A1
Courcy 51 ....37 F3
Courcy-aux-Loges 45 ....110 C1
Courdemanche 27 ....59 D3
Courdemanche 72 ....107 F3
Courdemanges 51 ....65 D4
Courdimanche 95 ....60 B1
Courdimanche-sur-Essonne 91 ....87 D3
Couret 31 ....299 E3
Courgains 72 ....83 D3
Courgeac 16 ....201 E3
Courgenard 72 ....108 A1
Courgenay 89 ....89 E4
Courgent 78 ....59 F3
Courgeon 61 ....83 F2
Courgeoût 61 ....83 E2
Courgis 89 ....113 F4
Courgivaux 51 ....63 D4
Courgoul 63 ....207 E2
Courjeonnet 51 ....63 E3
Courlac 16 ....201 E4
Courlandon 51 ....37 D3
Courlans 39 ....176 B1
Courlaoux 39 ....176 B1
Courléon 49 ....129 F3
Courlon 21 ....139 D1
Courlon-sur-Yonne 89 ....88 C3
Courmangoux 01 ....176 B3
Courmas 51 ....37 E4
Courmelles 02 ....36 B3
Courmemin 41 ....132 C2
Courménil 61 ....57 D3
Courmes 06 ....269 E4
Courmont 02 ....36 C4
Courmont 70 ....142 B1
Cournanel 11 ....302 B3
La Courneuve 93 ....61 D2
Courniou 34 ....279 E3
Cournols 63 ....207 E1
Cournon 56 ....102 B3
Cournon-d'Auvergne 63 ....207 F1
Cournonsec 34 ....281 E3
Cournonterral 34 ....281 E2
Courouvre 55 ....66 C2
Courpalay 77 ....61 F4
Courpiac 33 ....218 C4
Courpière 63 ....190 B4
Courpignac 17 ....199 F4
Courquetaine 77 ....61 F4
Courrensan 32 ....255 E4
Courrières 62 ....8 C2
Courris 81 ....260 A3
Courry 30 ....245 F4
Cours 46 ....240 B3
Cours 47 ....238 B4
Le Cours 56 ....101 F3
Cours 58 ....135 D3
Cours 69 ....191 F1
Cours 79 ....165 D2
Cours-de-Monségur 33 ....237 E1
Cours-de-Pile 24 ....220 B4
Cours-les-Bains 33 ....237 D4
Cours-les-Barres 18 ....154 B2
Coursac 24 ....220 B2
Coursan 11 ....304 C1
Coursan-en-Othe 10 ....113 F1
Coursegoules 06 ....269 F4
Courset 62 ....2 B4
Courseulles-sur-Mer 14 ....29 E3
Courson 14 ....54 C3
Courson (Château de) 91 ....86 C1
Courson-les-Carrières 89 ....136 B1
Courson-Monteloup 91 ....86 C1
Courtacon 77 ....62 C4
Courtagnon 51 ....37 E4
Courtalain 28 ....108 C1
Courtangis (Château de) 72 ....108 A1
Courtanvaux (Château de) 72 ....108 A3
Courtauly 11 ....114 A2
Courtaoult 11 ....301 F3
Courtavon 68 ....143 E2
Courtefontaine 25 ....142 C3
Courtefontaine 39 ....160 A1
Courteilles 27 ....58 B4
Courteix 19 ....206 A1
Courtelevant 90 ....120 A4
Courtemanche 80 ....18 C4

Courtemaux 45 ....112 A2
Courtémont 51 ....39 D4
Courtemont-Varennes 02 ....63 D1
Courtempierre 45 ....111 E1
Courtenay 38 ....194 A4
Courtenay 45 ....112 B2
Courtenot 10 ....114 C1
Courteranges 10 ....90 C4
Courteron 10 ....115 D2
Courtes 01 ....175 F2
Courtesoult-et-Gatey 70 ....140 B1
Courtetain-et-Salans 25 ....142 A3
La Courtète 11 ....302 A2
Courteuil 60 ....34 C4
Courthézon 84 ....265 D2
Courthiézy 51 ....63 E1
Courties 32 ....274 A2
Courtieux 60 ....36 A3
Courtillers 72 ....106 A3
Courtils 50 ....54 A4
La Courtine 23 ....205 F1
Courtisols 51 ....65 D2
Courtivron 21 ....139 D2
Courtois-sur-Yonne 89 ....88 C4
Courtomer 61 ....83 E1
Courtomer 77 ....88 A1
Courtonne-la-Meurdrac 14 ....57 D1
Courtonne-les-Deux-Églises 14 ....57 E1
Courtrizy-et-Fussigny 02 ....37 E1
Courtry 77 ....61 E2
Courvaudon 14 ....55 E1
Courvières 25 ....160 B3
Courville 51 ....37 D3
Courville-sur-Eure 28 ....85 D2
Courzieu 69 ....192 B4
Cousance 39 ....176 B2
Cousances-au-Bois 55 ....66 C3
Cousances-les-Forges 55 ....92 A1
Cousolre 59 ....10 C2
Coussa 09 ....301 D3
Coussac-Bonneval 87 ....203 F2
Coussan 65 ....298 A1
Coussay 86 ....149 D3
Coussay-les-Bois 86 ....150 A4
Coussegrey 10 ....114 A2
Coussergues 12 ....243 D3
Coussey 88 ....93 E2
Coust 18 ....170 C1
Coustaussa 11 ....302 B4
Coustellet 84 ....265 F4
Coustouge 11 ....303 E3
Coustouges 66 ....312 B4
Coutances 50 ....54 A1
Coutansouze 03 ....189 E1
Coutarnoux 89 ....137 D1
Coutençon 77 ....88 B2
Coutens 09 ....301 E3
Couterne 61 ....81 F1
Couternon 21 ....139 E3
Couteuges 43 ....226 B1
Coutevroult 77 ....62 B3
Couthenans 70 ....142 B1
Couthures-sur-Garonne 47 ....237 E3
Coutiches 59 ....9 D2
Coutières 79 ....165 E2
Coutouvre 42 ....191 F2
Coutras 33 ....219 D2
Couture 16 ....183 F3
La Couture 62 ....8 A1
La Couture 85 ....163 D2
La Couture-Boussey 27 ....59 E3
Couture-d'Argenson 79 ....183 D2
Couture-sur-Loir 41 ....107 F4
Couturelle 62 ....7 F4
Coutures 24 ....202 A4
Coutures 33 ....237 D1
Coutures 49 ....128 C3
Coutures 82 ....257 D3
Couvains 50 ....27 F4
Couvains 61 ....57 F3
La Couvertoirade 12 ....261 F4
Couvertpuis 55 ....92 C1
Couvignon 10 ....91 E4
Couville 50 ....24 C3
Couvonges 55 ....66 A3
Couvrelles 02 ....36 B3
Couvron-et-Aumencourt 02 ....20 B4
Couvrot 51 ....65 D4
Coux 07 ....246 B1
Coux 17 ....199 F4
Coux-et-Bigaroque 24 ....221 D4
Couy 18 ....154 A1
La Couyère 35 ....103 F2
Couzan (Château de) 42 ....209 D1
Couze-et-Saint-Front 24 ....220 C4
Couzeix 87 ....185 F3
Couziers 37 ....148 C1
Couzon 03 ....171 F1
Couzon-au-Mont-d'Or 69 ....192 C3
Couzou 46 ....240 B1
Cox 31 ....275 F1
Coye-la-Forêt 60 ....61 E1
Coyecques 62 ....7 E1
Coyolles 02 ....35 F4
Coyrière 39 ....177 E3
Coyron 39 ....177 D2
Coyviller 54 ....94 B1
Cozes 17 ....199 D2
Cozzano 2A 317 D4
Crach 56 ....100 C4
Craches 78 ....86 A1
Crachier 38 ....211 F2
Crain 89 ....136 B2
Craincourt 57 ....68 B3
Craintilleux 42 ....209 F2
Crainvilliers 88 ....93 F4

Cramaille 02 ....36 C4
Cramans 39 ....159 F2
Cramant 51 ....64 A2
Cramchaban 17 ....164 B4
Craménil 61 ....55 F4
Cramoisy 60 ....34 C4
Cramont 80 ....7 D4
Crampagna 09 ....301 D3
Cran-Gevrier 74 ....195 E3
Crancey 10 ....89 E2
Crançot 39 ....159 F4
Crandelles 15 ....224 A3
Crannes-en-Champagne 72 ....106 B2
Crans 01 ....193 E3
Crans 39 ....160 B4
Cransac 12 ....241 F2
Crantenoy 54 ....94 B2
Cranves-Sales 74 ....178 A4
Craon 53 ....104 C3
Craon 86 ....148 C4
Craonne 02 ....37 D2
Craonnelle 02 ....37 D2
Crapeaumesnil 60 ....19 D4
Crapone 69 ....192 C3
Craponne-sur-Arzon 43 ....209 D4
Cras 38 ....212 A4
Cras 46 ....240 B1
Cras-sur-Reyssouze 01 ....175 F4
Crastatt 67 ....70 C3
Crastes 32 ....275 D1
Crasville 27 ....32 A4
Crasville 50 ....25 E3
Crasville-la-Mallet 76 ....15 E2
Crasville-la-Rocquefort 76 ....15 E2
La Crau 83 ....292 B2
Cravanche 90 ....119 F2
Cravans 17 ....199 D1
Cravant 45 ....109 E3
Cravant 89 ....136 C1
Cravant-les-Côteaux 37 ....149 E1
Cravencères 32 ....273 E1
Cravent 78 ....59 E2
Crayssac 46 ....239 F3
Craywick 59 ....3 E2
Craz 01 ....194 C2
Crazannes 17 ....181 F3
Cré 72 ....106 A4
Créac'h (Phare de) 29 ....46 A2
Créances 50 ....26 C4
Créancey 21 ....138 B4
Créancey 52 ....115 F2
Crécey-sur-Tille 21 ....139 E1
La Crèche 79 ....165 D3
Crèches-sur-Saône 71 ....175 D4
Créchets 65 ....298 C3
Créchy 03 ....172 B4
Crécy-au-Mont 02 ....36 B2
Crécy-Couvé 28 ....59 D4
Crécy-en-Ponthieu 80 ....6 C3
Crécy-la-Chapelle 77 ....62 A3
Crécy-sur-Serre 02 ....20 C4
Crédin 56 ....101 E1
Crégols 46 ....240 C3
Crégy-lès-Meaux 77 ....62 A2
Créhange 57 ....69 D1
Créhen 22 ....78 B1
Creil 60 ....34 C4
Creissan 34 ....280 A4
Creisseils 12 ....261 E2
Crémarest 62 ....2 B4
Cremeaux 42 ....191 D3
Crémery 80 ....19 E4
Crémieu 38 ....193 F4
Crempigny-Bonneguête 74 ....195 D2
Cremps 46 ....240 B4
Crenans 39 ....177 D2
Crenay 52 ....116 B1
Creney-près-Troyes 10 ....90 B3
Crennes-sur-Fraubée 53 ....82 A3
Creno (Lac de) 2A 316 C2
Créon 33 ....217 F4
Créon-d'Armagnac 40 ....254 C3
Créot 71 ....157 F3
Crépand 21 ....137 F1
Crépey 54 ....93 F1
Crépieux-la-Pape 69 ....193 D4
Crépion 55 ....40 A3
Crépol 26 ....229 E1
Crépon 14 ....29 E3
Crépy 02 ....36 C1
Crépy 62 ....7 E2
Crépy-en-Valois 60 ....35 F4
Créquy 62 ....7 D1
Le Crès 34 ....281 F2
Cresancey 70 ....140 B3
Crésantignes 10 ....114 A1
Les Cresnays 50 ....54 B4
Crespian 30 ....263 E4
Crespières 78 ....60 A3
Crespin 12 ....259 F2
Crespin 59 ....10 A1
Crespin 81 ....259 F3
Crespinet 81 ....259 F3
Crespy-le-Neuf 10 ....91 E3
Cressac-Saint-Genis 16 ....201 E3
Cressanges 03 ....172 A3
Cressat 23 ....187 E1
La Cresse 12 ....261 E1
Cressé 17 ....182 C3
Cressely 78 ....60 B4
Cressensac 46 ....222 B3
Cresserons 14 ....29 E3
Cresseveuille 14 ....30 A4
Cressia 39 ....176 B2
Cressin-Rochefort 01 ....194 C4
La Cressonnière 14 ....57 E1
Cressonsacq 60 ....35 D2
Cressy 76 ....16 A4
Cressy-Omencourt 80 ....19 E4

Cressy-sur-Somme 71 ....173 E1
Crest 26 ....247 E1
Le Crest 63 ....207 E1
Crest-Voland 73 ....196 A3
Creste 63 ....207 E2
Le Crestet 07 ....228 C2
Crestet 84 ....265 E1
Crestot 27 ....32 A4
Créteil 94 ....61 D4
Créton 27 ....58 C2
Cretteville 50 ....25 D4
Creuë 55 ....67 D2
Creully 14 ....29 D3
La Creuse 70 ....118 C4
Creuse 80 ....18 A3
Le Creusot 71 ....157 F4
Creutzwald 57 ....42 C3
Crevans-et-la-Chapelle-lès-Granges 70 ....142 A1
Crevant 36 ....169 E3
Crevant-Laveine 63 ....190 A3
Crévéchamps 54 ....94 B1
Crèvecœur-en-Auge 14 ....56 C1
Crèvecœur-le-Grand 60 ....34 A1
Crèvecœur-le-Petit 60 ....34 C1
Crèvecœur-sur-l'Escaut 59 ....20 A1
Creveney 70 ....118 C4
Crévic 54 ....68 C4
Crévin 35 ....103 E2
Crévoux 05 ....250 C2
Creys-Mépieu 38 ....194 A4
Creyssac 24 ....202 B4
Creysse 24 ....220 B4
Creysse 46 ....222 B4
Creysseilles 07 ....246 B1
Creyssensac-et-Pissot 24 ....220 B2
Crézançay-sur-Cher 18 ....153 D4
Crézancy 02 ....63 D1
Crézancy-en-Sancerre 18 ....134 C4
Crézières 79 ....183 D2
Crézilles 54 ....93 F1
Cricquebœuf 14 ....30 B2
Cricqueville-en-Auge 14 ....30 A4
Cricqueville-en-Bessin 14 ....25 F4
Criel-sur-Mer 76 ....16 B1
Crillat 39 ....177 D1
Crillon 60 ....33 F1
Crillon-le-Brave 84 ....265 E2
Crimolois 21 ....139 E4
Crion 54 ....69 D4
La Crique 76 ....16 B4
Criquebeuf-en-Caux 76 ....14 C2
Criquebeuf-la-Campagne 27 ....32 A4
Criquebeuf-sur-Seine 27 ....32 B3
Criquetot-l'Esneval 76 ....14 C3
Criquetot-le-Mauconduit 76 ....15 D2
Criquetot-sur-Longueville 76 ....16 A3
Criquetot-sur-Ouville 76 ....15 F3
Criquiers 76 ....17 D4
Crisenoy 77 ....87 F1
Crisolles 60 ....35 F1
Crissay-sur-Manse 37 ....149 F1
Crissé 72 ....82 B4
Crissey 39 ....159 E1
Crissey 71 ....158 A3
Cristinacce 2A 316 B1
Cristot 14 ....29 D4
Criteuil-la-Magdeleine 16 ....200 C2
Critot 76 ....32 B1
Croce 2B 315 F4
Crochte 59 ....3 E2
Crocicchia 2B 315 E3
Crocq 23 ....188 A4
Le Crocq 60 ....34 B1
Crocy 14 ....56 B3
Croettwiller 67 ....45 F4
Croignon 33 ....217 F4
Croisances 43 ....226 B3
Croisette 62 ....7 E3
La Croisette 74 ....195 E1
La Croisière 23 ....186 A1
La Croisille 27 ....58 B2
La Croisille-sur-Briance 87 ....204 B2
Croisilles 14 ....55 F1
Croisilles 28 ....59 E4
Croisilles 61 ....57 D4
Croisilles 62 ....8 A4
Croismare 54 ....69 D4
Croissanville 14 ....56 B1
Croissy-Beaubourg 77 ....61 F3
Croissy-sur-Celle 60 ....18 A4
Croissy-sur-Seine 78 ....60 C3
Le Croisty 56 ....76 A4
Croisy 18 ....154 A3
Croisy-sur-Andelle 76 ....32 C2
Croisy-sur-Eure 27 ....59 D1
Croix 59 ....5 D4
Croix 90 ....143 D2
Croix (Col de la) 2A 316 A1
Croix (Plateau de la) 74 ....196 C3
La Croix-aux-Bois 08 ....39 D2
La Croix-aux-Mines 88 ....96 A2
La Croix-Avranchin 50 ....80 A1
La Croix-Blanche 47 ....238 B4
La Croix-Blanche 71 ....175 D3
Croix-Caluyau 59 ....9 F4
Croix-Chapeau 17 ....181 D1
La Croix-Comtesse 17 ....182 B2
Croix-de-Bauzon (Col de la) 07 ....245 E2
La Croix-de-Berny 92 ....61 D4
La Croix-de-Fer (Col de) 73 ....213 F4
La Croix-de-la-Rochette 73 ....213 E2
Croix-de-l'Homme-Mort (Col de la) 42 ....209 D2

Croix-de-Vie 85 ....144 C4
Croix-du-Bac 59 ....4 B4
La Croix-du-Perche 28 ....84 B4
La Croix-en-Brie 77 ....88 B1
La Croix-en-Champagne 51 ....65 E1
La Croix-en-Ternois 62 ....7 E2
La Croix-en-Touraine 37 ....131 E3
Croix-Fonsommes 02 ....20 B2
Croix-Fry (Col de) 74 ....196 A3
Croix-Haute (Col de la) 26 ....248 C1
La Croix-Helléan 56 ....101 F2
Croix-Mare 76 ....15 F3
Croix-Moligneaux 80 ....19 F3
Croix-Morand ou de Diane (Col de la) 63 ....207 D2
Croix-Rampau 69 ....192 C3
La Croix-Saint-Leufroy 27 ....59 D1
Croix-Saint-Robert (Col de la) 63 ....206 C2
Croix Saint-Thomas 21 ....138 A4
Croix-Sainte 13 ....284 A3
La Croix-sur-Gartempe 87 ....185 E3
La Croix-sur-Ourcq 02 ....36 B4
La Croix-sur-Roudoule 06 ....269 E2
La Croix-Valmer 83 ....293 E2
Croixanvec 56 ....77 D4
Croixdalle 76 ....16 C3
La Croixille 53 ....80 B4
Croixrault 80 ....17 F3
Croizet-sur-Gand 42 ....191 F3
Crolles 38 ....213 D4
Crollon 50 ....80 A1
Cromac 87 ....168 B4
Cromary 70 ....141 E3
Cronat 71 ....155 F4
Cronce 43 ....226 A2
La Cropte 53 ....105 F2
Cropus 76 ....16 A4
Cros 30 ....262 C3
Le Cros 34 ....262 A4
Cros 63 ....206 B3
Cros-de-Cagnes 06 ....288 B2
Cros-de-Géorand 07 ....227 E4
Cros-de-Montvert 15 ....223 E4
Cros-de-Ronesque 15 ....224 B4
Crosey-le-Grand 25 ....142 A3
Crosey-le-Petit 25 ....142 A3
Crosmières 72 ....106 A4
Crosne 91 ....61 D4
Crossac 44 ....125 E2
Crosses 18 ....153 F2
Crosville-la-Vieille 27 ....32 A4
Crosville-sur-Douve 50 ....25 D4
Crosville-sur-Scie 76 ....16 A3
Crotelles 37 ....131 D2
Crotenay 39 ....160 A4
Croth 27 ....59 D3
Le Crotoy 80 ....6 A4
Crots 05 ....250 B2
Crottes-en-Pithivérais 45 ....110 B1
Crottet 01 ....175 E4
Le Crouais 35 ....78 B4
Crouay 14 ....28 C3
La Croupte 14 ....57 D1
Crouseilles 64 ....273 E3
Croutelle 86 ....166 B2
Les Croûtes 10 ....114 A2
Croutoy 60 ....35 F3
Crouttes 61 ....56 C2
Crouttes-sur-Marne 02 ....62 C2
Crouy 02 ....36 B2
Crouy 80 ....17 F2
Crouy-en-Thelle 60 ....34 B4
Crouy-sur-Cosson 41 ....132 C1
Crouy-sur-Ourcq 77 ....62 B1
Le Crouzet 25 ....160 C4
Crouzet-Migette 25 ....160 B2
La Crouzille 63 ....188 C1
La Crouzille 87 ....186 A3
Crouzilles 37 ....149 E1
Crozant 23 ....169 D3
Croze 23 ....187 F4
Crozes-Hermitage 26 ....229 D2
Crozet 01 ....177 F4
Le Crozet 42 ....191 D1
Les Crozets 39 ....177 D2
Crozon 29 ....47 E4
Crozon-sur-Vauvre 36 ....169 E2
Cruas 07 ....246 C1
Crucey 28 ....58 C4
Crucheray 41 ....108 C4
Cruéjouls 12 ....243 D3
Cruet 73 ....213 E2
Crugey 21 ....157 F1
Crugny 51 ....37 D4
Cruguel 56 ....101 E2
Cruis 04 ....267 D2
Crulai 61 ....57 F4
Crupies 26 ....247 F2
Crupilly 02 ....21 D2
Cruscades 11 ....303 E2
Cruseilles 74 ....195 E2
Crusnes 54 ....41 D2
Crussol (Château de) 07 ....229 D3
Cruviers-Lascours 30 ....263 F3
Crux-la-Ville 58 ....155 E1
Cruzille 71 ....175 D2
Cruzilles-lès-Mépillat 01 ....175 E4
Cruzy 34 ....279 F4
Cruzy-le-Châtel 89 ....114 C3
Cry 89 ....114 C4
Cubelles 43 ....226 B3
Cubières 48 ....244 C3
Cubières-sur-Cinoble 11 ....302 C4
Cubiac 24 ....221 D1
Cublac 19 ....221 F1
Cublize 69 ....192 A2
Cubnezais 33 ....217 F2

Cubrial 25 ....141 F2
Cubry 25 ....141 F2
Cubry-lès-Faverney 70 ....118 B3
Cubry-lès-Soing 70 ....140 C1
Cubzac-les-Ponts 33 ....217 F3
Cucharmoy 77 ....88 C1
Cucheron (Col du) 38 ....213 D3
Cuchery 51 ....63 F1
Cucq 62 ....6 A2
Cucugnan 11 ....303 D4
Cucuron 84 ....266 A4
Cucuruzzu (Castellu de) 2A 319 D1
Cudos 33 ....236 C3
Cudot 89 ....112 C2
Cuébris 06 ....269 F3
Cuélas 32 ....274 C4
Cuers 83 ....292 B1
Cuffies 02 ....36 B2
Cuffy 18 ....154 C3
Cugand 85 ....146 A1
Cuges-les-Pins 13 ....285 E4
Cugney 70 ....140 B3
Cugny 02 ....19 F4
Cugny-lès-Crouttes 02 ....36 B4
Cuguen 35 ....79 E2
Cuguron 31 ....298 C2
Cuhon 86 ....148 C4
Cuignières 60 ....34 C2
Cuigy-en-Bray 60 ....33 F2
Cuillé 53 ....104 B2
Cuinchy 62 ....8 B1
Cuincy 59 ....8 C2
Le Cuing 31 ....299 D2
Cuinzier 42 ....191 F1
Cuirieux 02 ....21 D4
Cuiry-Housse 02 ....36 C3
Cuiry-lès-Chaudardes 02 ....37 D2
Cuiry-lès-Iviers 02 ....21 F3
Cuis 51 ....64 A2
Cuise-la-Motte 60 ....35 F3
Cuiseaux 71 ....176 B2
Cuiserey 21 ....139 F3
Cuisery 71 ....175 E2
Cuisia 39 ....176 B2
Cuisiat 01 ....176 B4
Cuisles 51 ....63 F1
Cuissai 61 ....82 C2
Cuissy-et-Geny 02 ....37 D2
Cuisy 55 ....39 F3
Cuisy 77 ....61 F2
Cuisy-en-Almont 02 ....36 A2
La Cula 42 ....210 B2
Culan 18 ....170 B2
Culêtre 21 ....157 E1
Culey 55 ....66 B3
Culey-le-Patry 14 ....55 F2
Culhat 63 ....189 F4
Culin 38 ....211 F2
Culles-les-Roches 71 ....174 C1
Cully 14 ....29 D3
Culmont 52 ....117 D3
Culoison 10 ....90 B3
Culoz 01 ....194 C3
Cult 70 ....140 C3
Cultures 48 ....244 A3
Cumières 51 ....64 A1
Cumières-le-Mort-Homme 55 ....40 A4
Cumiès 11 ....301 E1
Cumont 82 ....256 C4
Cunac 81 ....259 E4
Cunault 49 ....129 D3
Cuncy-lès-Varzy 58 ....136 A3
Cunèges 24 ....220 A4
Cunel 55 ....39 F3
Cunelières 90 ....120 A3
Cunfin 10 ....115 E1
Cunlhat 63 ....208 B1
Cuntorba (Castello de) 2A 318 C2
Cuon 49 ....129 E2
Cuperly 51 ....65 D1
Cuq 47 ....256 C2
Cuq 81 ....278 A2
Cuq-Toulza 81 ....277 F2
Cuqueron 64 ....272 B4
Curac 16 ....201 E4
Curan 12 ....260 C1
Curbans 04 ....249 E3
Curbigny 71 ....174 A4
Curçay-sur-Dive 86 ....148 B2
Curchy 80 ....19 E3
Curciat-Dongalon 01 ....175 F2
Curcy-sur-Orne 14 ....55 F1
Curdin 71 ....173 F1
La Cure 39 ....177 F2
Curebourse (Col de) 15 ....224 B3
Curel 04 ....266 C1
Curel 52 ....92 B3
Curemonte 19 ....222 C3
Cures 72 ....106 B1
Curey 50 ....79 F1
Curgies 59 ....9 F3
Curgy 71 ....157 D2
Curienne 73 ....213 E2
Curières 12 ....243 D2
Curis-au-Mont-d'Or 69 ....192 C3
Curley 21 ....139 D4
Curlu 80 ....19 E2
Curmont 52 ....92 A4
Curnier 26 ....247 F3
Cursan 33 ....217 F4
Curtafond 01 ....175 F4
Curtil-Saint-Seine 21 ....139 D2
Curtil-sous-Buffières 71 ....174 C3
Curtil-sous-Burnand 71 ....174 C1
Curtil-Vergy 21 ....158 A1
Le Curtillard 38 ....213 E4
Curtin 38 ....212 A1
Curvalle 81 ....260 A3

Curzay-sur-Vonne 86 ....165 F2
Curzon 85 ....163 D2
Cusance 25 ....142 A3
Cuse-et-Adrisans 25 ....141 F2
Cusey 52 ....139 F1
Cussac 15 ....225 D3
Cussac 87 ....203 D1
Cussac-Fort-Médoc 33 ....217 D1
Cussac-sur-Loire 43 ....227 D3
Cussangy 10 ....114 B2
Cusset 03 ....190 A1
Cussey-les-Forges 21 ....139 E1
Cussey-sur-Lison 25 ....160 A1
Cussey-sur-l'Ognon 25 ....141 D3
Cussy 14 ....28 C3
Cussy-en-Morvan 71 ....156 C1
Cussy-la-Colonne 21 ....157 F2
Cussy-le-Châtel 21 ....157 E1
Cussy-les-Forges 89 ....137 E2
Custines 54 ....68 A3
Cusy 74 ....195 E4
Cusy 89 ....114 B4
Cutry 02 ....36 A3
Cutry 54 ....40 C1
Cuts 60 ....36 A1
Cutting 57 ....69 E2
Cuttoli-Corticchiato 2A 316 C3
Cuttura 39 ....177 D3
Cuvat 74 ....195 E3
Cuve 70 ....118 B2
Cuverville 14 ....29 F4
Cuverville 27 ....32 C3
Cuverville 76 ....14 C3
Cuverville-sur-Yères 76 ....16 C2
Cuvéry (Col de) 01 ....194 C1
Cuves 50 ....54 B4
Cuves 52 ....117 D1
Cuvier 39 ....160 B3
Cuvillers 59 ....9 D4
Cuvilly 60 ....35 D1
Cuvry 57 ....68 A1
Cuxac-Cabardès 11 ....278 B4
Cuxac-d'Aude 11 ....303 F1
Cuy 60 ....35 F1
Cuy 89 ....88 C4
Cuy-Saint-Fiacre 76 ....33 E2
Cuzac 46 ....241 E2
Cuzals (Musée de) 46 ....240 C2
Cuzance 46 ....222 B3
Cuzieu 01 ....194 C4
Cuzieu 42 ....209 F2
Cuzion 36 ....168 C2
Cuzorn 47 ....239 D2
Cuzy 71 ....156 B4
Cys-la-Commune 02 ....36 C2
Cysoing 59 ....9 D1

D

Dabisse 04 ....267 D3
Dabo 57 ....70 B3
Dabo (Rocher de) 57 ....70 B3
Dachstein 67 ....70 C3
Dadonville 45 ....110 C1
Daglan 24 ....239 F1
Dagneux 01 ....193 E3
Dagny 77 ....62 C4
Dagny-Lambercy 02 ....21 E3
Dagonville 55 ....66 C3
La Daguenière 49 ....128 C2
Dahlenheim 67 ....70 C3
Daignac 33 ....218 C4
Daigny 08 ....23 E4
Daillancourt 52 ....92 A3
Daillecourt 52 ....117 D1
Dainville 62 ....8 A3
Dainville-Bertheléville 55 ....93 D2
Daix 21 ....139 D3
Dalem 57 ....42 B3
Dalhain 57 ....69 D2
Dalhunden 67 ....71 F1
Dallet 63 ....189 F4
Dallon 02 ....20 A3
Dalou 09 ....301 D3
Dalstein 57 ....42 A3
Daluis 06 ....269 D2
Damas-aux-Bois 88 ....94 C2
Damas-et-Bettegney 88 ....94 B4
Damazan 47 ....237 F4
Dambach 67 ....45 D4
Dambach-la-Ville 67 ....96 C1
Damblain 88 ....117 E1
Damblainville 14 ....56 B2
Dambron 28 ....110 A1
Dame-Marie 27 ....58 B3
Dame-Marie 61 ....83 F3
Dame-Marie-les-Bois 37 ....131 E2
Damelevières 54 ....94 C1
Daméraucourt 60 ....17 F4
Damerey 71 ....158 B3
Damery 51 ....63 F1
Damery 80 ....19 D4
Damgan 56 ....123 E2
Damiatte 81 ....277 F2
Damigny 61 ....82 C2
Damloup 55 ....40 B4
Dammard 02 ....62 C1
Dammarie 28 ....85 E3
Dammarie-en-Puisaye 45 ....135 D1
Dammarie-les-Lys 77 ....87 F2
Dammarie-sur-Loing 45 ....112 A4

Dammarie-sur-Saulx 55 ....92 B1
Dammartin-en-Goële 77 ....61 F1
Dammartin-en-Serve 78 ....59 F3
Dammartin-les-Templiers 25 ....141 F3
Dammartin-Marpain 39 ....140 A4
Dammartin-sur-Meuse 52 ....117 D2
Dammartin-sur-Tigeaux 77 ....62 A3
Damousies 59 ....10 C2
Damouzy 08 ....22 C3
Damparis 39 ....159 D1
Dampierre 10 ....90 C1
Dampierre 14 ....55 D1
Dampierre 39 ....159 F1
Dampierre 52 ....116 C2
Dampierre-au-Temple 51 ....64 C1
Dampierre-en-Bray 76 ....33 E1
Dampierre-en-Bresse 71 ....158 C3
Dampierre-en-Burly 45 ....111 E4
Dampierre-en-Crot 18 ....134 B2
Dampierre-en-Graçay 18 ....152 B1
Dampierre-en-Montagne 21 ....138 B2
Dampierre-en-Yvelines 78 ....60 B4
Dampierre-et-Flée 21 ....139 F2
Dampierre-le-Château 51 ....65 F1
Dampierre-les-Bois 25 ....142 C1
Dampierre-lès-Conflans 70 ....118 B3
Dampierre-Saint-Nicolas 76 ....16 B3
Dampierre-sous-Bouhy 58 ....135 E4
Dampierre-sous-Brou 28 ....84 C4
Dampierre-sur-Avre 28 ....58 C4
Dampierre-sur-Blévy 28 ....84 C1
Dampierre-sur-Boutonne 17 ....182 B2
Dampierre-sur-le-Doubs 25 ....142 B3
Dampierre-sur-Linotte 70 ....141 E1
Dampierre-sur-Loire 49 ....129 E4
Dampierre-sur-Moivre 51 ....65 D2
Dampierre-sur-Salon 70 ....140 B1
Dampjoux 25 ....142 B3
Dampleux 02 ....36 A4
Dampmart 77 ....61 F3
Dampniat 19 ....222 B1
Damprichard 25 ....142 C3
Les Damps 27 ....32 B3
Dampsmesnil 27 ....33 D4
Dampvalley-lès-Colombe 70 ....118 B4
Dampvalley-Saint-Pancras 70 ....118 B2
Dampvitoux 54 ....67 F1
Damrémont 52 ....117 E2
Damville 27 ....58 C3
Damvillers 55 ....40 B3
Damvix 85 ....164 B4
Dancé 42 ....191 E3
Dancé 61 ....84 A3
Dancevoir 52 ....115 F2
Dancourt 76 ....17 D2
Dancourt-Popincourt 80 ....19 D4
Dancy 28 ....109 E1
Danestal 14 ....30 A3
Dangé-Saint-Romain 86 ....149 F3
Dangeau 28 ....85 D4
Dangers 28 ....85 D2
Dangeul 72 ....83 D4
Dangolsheim 67 ....70 C3
Dangu 27 ....33 E4
Dangy 50 ....54 B1
Danizy 02 ....20 B4
Danjoutin 90 ....119 F4
Danne-et-Quatre-Vents 57 ....70 B2
Dannelbourg 57 ....70 A2
Dannemarie 25 ....142 C2
Dannemarie 68 ....120 A3
Dannemarie 78 ....59 F4
Dannemarie-sur-Crète 25 ....140 C4
Dannemoine 89 ....114 A3
Dannemois 91 ....87 E2
Dannes 62 ....6 A1
Dannevoux 55 ....40 A3
Danvou-la-Ferrière 14 ....55 E2
Danzé 41 ....108 B3
Daon 53 ....105 E4
Daoulas 29 ....47 F3
Daoulas (Gorges du) 22 ....76 C3
Daours 80 ....18 B2
Darazac 19 ....223 E1
Darbonnay 39 ....159 F3
Darbres 07 ....246 B1
Darcey 21 ....138 B2
Dardenac 33 ....218 C4
Dardenay 52 ....139 F1
Dardez 27 ....58 C1
Dardilly 69 ....192 C4
Dareize 69 ....192 A3
Dargies 60 ....17 F4
Dargilan (Grotte de) 48 ....262 A1
Dargnies 80 ....16 C1
Dargoire 42 ....210 C2
Darmannes 52 ....92 B4
Darmont 55 ....40 C4
Darnac 87 ....185 D1
Darnétal 76 ....32 B2
Darnets 19 ....205 E3
Darney 88 ....118 A1
Darney-aux-Chênes 88 ....93 F3
Darnieulles 88 ....94 C4
Darois 21 ....139 D3
Darvault 77 ....87 F4
Darvoy 45 ....110 B3
Dasle 25 ....142 C2
Daubensand 67 ....97 D1
Daubeuf-la-Campagne 27 ....32 A4
Daubeuf-près-Vatteville 27 ....32 C4
Daubeuf-Serville 76 ....15 D2
Daubèze 33 ....236 C1
Dauendorf 67 ....71 D1
Daumazan-sur-Arize 09 ....300 B2
Daumeray 49 ....105 F4
Dauphin 04 ....266 C3
Dausse 47 ....239 D1

Daux 31 ....276 B1
Dauzat-sur-Vodable 63 ....207 E3
Davayat 63 ....189 D3
Davayé 71 ....175 D4
Davejean 11 ....303 D3
Davenescourt 80 ....18 C4
Davézieux 07 ....210 C4
Davignac 19 ....205 E3
Davrey 10 ....114 A1
Davron 78 ....60 B3
Dax 40 ....271 E1
Deauville 14 ....30 B3
Deaux 30 ....263 E2
Débats-Rivière-d'Orpra 42 ....191 D4
Decazeville 12 ....241 F2
Dechy 59 ....9 D3
Décines-Charpieu 69 ....193 D4
Decize 58 ....155 E4
Dégagnac 46 ....239 F1
Degré 72 ....106 C1
Dehault 72 ....83 F4
Déhéries 59 ....20 A1
Dehlingen 67 ....44 A4
Deinvillers 88 ....95 D2
Delain 70 ....140 B1
Delettes 62 ....3 D4
Delincourt 60 ....33 F4
Delle 90 ....120 A4
Delme 57 ....68 C2
Delouze 55 ....93 D1
Le Déluge 60 ....34 A3
Delut 55 ....40 B2
Deluz 25 ....141 E3
Demandolx 04 ....268 B3
Demange-aux-Eaux 55 ....93 D1
Demangevelle 70 ....118 A2
Demi-Quartier 74 ....196 B3
La Demie 70 ....141 E1
Demigny 71 ....158 A3
Demoiselle Coiffée 05 ....233 D4
Demoiselles (Grotte des) 34 ....262 C4
Demoiselles Coiffées 05 ....249 F2
Démouville 14 ....29 F4
Dému 32 ....274 A1
Démuin 80 ....18 C3
Denain 59 ....9 E3
Dénat 81 ....259 E4
Denazé 53 ....104 C3
Dénecourt (Tour) 77 ....87 F2
Denée 49 ....128 B3
Dénestanville 76 ....16 A3
Deneuille-lès-Chantelle 03 ....172 A4
Deneuille-les-Mines 03 ....171 D3
Deneuvre 54 ....95 E2
Denèvre 70 ....140 B1
Dénezé-sous-Doué 49 ....129 D4
Dénezé-sous-le-Lude 49 ....129 F2
Denezières 39 ....177 D1
Denguin 64 ....272 C4
Denicé 69 ....192 B2
Denier 62 ....7 F3
Denipaire 88 ....95 F2
Dennebrœucq 62 ....7 D1
Dennemont 78 ....59 F2
Denneville 50 ....26 B3
Denney 71 ....157 F3
Denney 90 ....119 F4
Denone (Château de) 63 ....189 F3
Denonville 28 ....86 A3
Denting 57 ....42 B4
Déols 36 ....152 A4
Der-Chantecoq (Lac du) 51 ....91 E1
Derbamont 88 ....94 B3
Dercé 86 ....149 D2
Derchigny 76 ....16 B2
Dercy 02 ....20 C4
Dernacueillette 11 ....303 D4
Dernancourt 80 ....19 D2
Derval 44 ....103 E4
Désaignes 07 ....228 B3
Désandans 25 ....142 B1
Descartes 37 ....150 A2
Le Deschaux 39 ....159 E2
Le Désert 14 ....55 D2
Le Désert 38 ....231 E3
Désertines 03 ....170 C3
Désertines 53 ....81 D2
Les Déserts 73 ....213 E1
Déservillers 25 ....160 B2
Desges 43 ....226 A2
Desingy 74 ....195 D2
Desmonts 45 ....87 E4
Desnes 39 ....159 E4
Desseling 57 ....69 E3
Dessenheim 68 ....96 C4
Dessia 39 ....176 B3
Destord 88 ....95 D3
Destry 57 ....69 D2
La Destrousse 13 ....285 E4
Desvres 62 ....2 B4
Détain-et-Bruant 21 ....158 A1
Détrier 73 ....213 E2
Le Détroit 14 ....56 A3
Les Détroits 48 ....243 F4
Dettey 71 ....156 C4
Dettwiller 67 ....70 C2
Deuil-la-Barre 95 ....61 D2
Deuillet 02 ....36 B1
Deûlémont 59 ....4 B3
Les Deux-Alpes 38 ....231 E2
Deux-Chaises 03 ....171 D3
Deux-Évailles 53 ....81 E4
Les Deux-Fays 39 ....159 E3
Deux-Jumeaux 14 ....27 F3
Deux-Verges 15 ....225 E4

Les Deux-Villes 08 ....23 F4
Deuxnouds-aux-Bois 55 ....67 D2
Deuxnouds-devant-Beauzée 55 ....66 B2
Deuxville 54 ....68 C4
Devay 58 ....155 E4
Devecey 25 ....141 D3
Devesset 07 ....228 A3
Devèze 65 ....298 C1
Devèze (Grotte de la) 34 ....279 D3
Déviat 16 ....201 E3
Dévillac 47 ....238 C2
Déville 08 ....22 C2
Déville-lès-Rouen 76 ....32 A2
La Devinière (Musée) 37 ....149 D1
Devise 80 ....19 F3
Devrouze 71 ....158 C2
Deycimont 88 ....95 D4
Deyme 31 ....276 C3
Deyvillers 88 ....95 D4
Le Dézert 50 ....27 E4
Dezize-lès-Maranges 71 ....157 F3
Dhuisy 77 ....62 B1
Dhuizel 02 ....37 D3
Dhuizon 41 ....132 C2
Diable (Roche du) 68 ....119 F1
Diable (Roches du) 29 ....99 F1
Diancey 21 ....157 D1
Diane-Capelle 57 ....69 F3
Diconne 71 ....158 C4
Dicy 89 ....112 B3
Didenheim 68 ....120 B2
Die 26 ....230 A4
Diebling 57 ....43 D4
Diebolsheim 67 ....97 D2
Diedendorf 67 ....69 F2
Diéfmatten 68 ....120 A3
Dielette 50 ....24 B3
Dième 69 ....192 A3
Diemeringen 67 ....44 A4
Diémoz 38 ....211 E2
Diénay 21 ....139 E2
Dienne 15 ....224 C1
Dienné 86 ....166 C3
Diennes-Aubigny 58 ....155 F3
Dienville 10 ....91 D3
Dieppe 76 ....16 A2
Dieppe-sous-Douaumont 55 ....40 B4
Dieppedalle-Croisset 76 ....32 A2
Dierre 37 ....131 E3
Dierrey-Saint-Julien 10 ....89 F3
Dierrey-Saint-Pierre 10 ....89 F3
Diesen 57 ....42 C4
Dietwiller 68 ....120 C3
Dieudonné 60 ....34 B4
Dieue-sur-Meuse 55 ....66 C1
Dieulefit 26 ....247 E2
Dieulivol 33 ....237 E1
Dieulouard 54 ....68 A3
Dieupentale 82 ....257 F4
Dieuze 57 ....69 E2
Diéval 62 ....7 F2
Diffembach-lès-Hellimer 57 ....69 E1
Diges 89 ....113 D4
Digna 39 ....176 B2
Dignac 16 ....201 F3
La Digne-d'Amont 11 ....302 A3
La Digne-d'Aval 11 ....302 A3
Digne-les-Bains 04 ....267 F2
Dignonville 88 ....95 D3
Digny 28 ....84 C2
Digoin 71 ....173 E2
Digoine (Château de) 71 ....174 A2
Digosville 50 ....25 D2
Digulleville 50 ....24 B1
Dijon 21 ....139 E3
Dilo 89 ....113 E1
Dimancheville 45 ....87 D4
Dimbsthal 67 ....70 B3
Dimechaux 59 ....10 C2
Dimont 59 ....10 C2
Dinan 22 ....78 C2
Dinan (Pointe de) 29 ....47 D4
Dinard 35 ....52 C4
Dinéault 29 ....73 F2
Dingé 35 ....79 E3
Dingsheim 67 ....71 D3
Dingy-en-Vuache 74 ....195 D1
Dingy-Saint-Clair 74 ....195 F3
Dinozé 88 ....94 C4
Dinsac 87 ....168 A4
Dinsheim 67 ....70 C4
Dinteville 52 ....115 F1
Dio-et-Valquières 34 ....280 B2
Dionay 38 ....229 F1
Dions 30 ....263 F3
Diou 36 ....173 D2
Diou 89 ....152 C2
Dirac 16 ....201 F2
Dirinon 29 ....47 F3
Dirol 58 ....136 B4
Disneyland Paris 77 ....61 F3
Dissais 85 ....163 E2
Dissangis 89 ....137 D1
Dissay 86 ....166 B1
Dissay-sous-Courcillon 72 ....130 B1
Dissé-sous-Ballon 72 ....83 D4
Dissé-sous-le-Lude 72 ....129 F1
Distré 49 ....129 D4
Distroff 57 ....41 F2
Diusse 64 ....273 E2
Divajeu 26 ....247 E1

Dives 60 ....35 E1
Dives-sur-Mer 14 ....30 A3
Divion 62 ....7 F2
Divonne-les-Bains 01 ....177 F3
Dixmont 89 ....113 D1
Dizimieu 38 ....193 F4
Dizy 51 ....64 A1
Dizy-le-Gros 02 ....21 E4
Doazit 40 ....272 B1
Doazon 64 ....272 C3
Docelles 88 ....95 D4
Dœuil-sur-le-Mignon 17 ....182 A1
Dognen 64 ....272 A4
Dogneville 88 ....94 C4
Dohem 62 ....3 D4
Dohis 02 ....21 F3
Doignies 59 ....8 C4
Doingt 80 ....19 E2
Doissat 24 ....239 E1
Doissin 38 ....212 A2
Doix 85 ....164 B3
Doizieux 42 ....210 B3
Dol-de-Bretagne 35 ....79 E1
Dolaincourt 88 ....93 F3
Dolancourt 10 ....91 E4
Dolcourt 54 ....93 F1
Dole 39 ....159 E1
Dolignon 02 ....21 F4
Dolleren 68 ....119 F3
Dollon 72 ....107 F2
Dollot 89 ....88 B4
Dolmayrac 47 ....238 B4
Dolo 22 ....78 A2
Dolomieu 38 ....212 A1
Dolus-d'Oléron 17 ....180 B3
Dolus-le-Sec 37 ....150 B1
Dolving 57 ....69 F3
Dom-le-Mesnil 08 ....23 D4
Domagné 35 ....103 F1
Domaize 63 ....208 B1
Domalain 35 ....104 A2
Domancy 74 ....196 B2
Doman 38 ....211 F1
Domart-en-Ponthieu 80 ....18 A1
Domart-sur-la-Luce 80 ....18 C3
Domats 89 ....112 B1
Domazan 30 ....264 B3
Dombasle-devant-Darney 88 ....94 A4
Dombasle-en-Argonne 55 ....39 F4
Dombasle-en-Xaintois 88 ....94 A3
Dombasle-sur-Meurthe 54 ....68 C4
Domblain 52 ....92 A2
Domblans 39 ....159 F4
Dombras 55 ....40 B2
Dombrot-le-Sec 88 ....93 F4
Dombrot-sur-Vair 88 ....93 F3
Domecy-sur-Cure 89 ....136 C3
Domecy-sur-le-Vault 89 ....136 C2
Doméliers 60 ....34 A1
Domène 38 ....231 D1
Domérat 03 ....170 C3
Domesmont 80 ....18 A1
Domessargues 30 ....263 E3
Domessin 73 ....212 C2
Domèvre-en-Haye 54 ....67 F3
Domèvre-sous-Montfort 88 ....94 A4
Domèvre-sur-Avière 88 ....94 C4
Domèvre-sur-Durbion 88 ....94 C3
Domèvre-sur-Vezouze 54 ....95 E1
Domeyrat 43 ....226 B1
Domeyrot 23 ....170 A4
Domezain-Berraute 64 ....271 F4
Domfaing 88 ....95 E3
Domfessel 67 ....44 A4
Domfront 60 ....35 D1
Domfront 61 ....81 E1
Domfront-en-Champagne 72 ....106 C1
Domgermain 54 ....67 F4
La Dominelais 35 ....103 E3
Domino 71 ....180 B2
Dominois 80 ....6 C3
Domjean 50 ....54 C1
Domjevin 54 ....95 E1
Domjulien 88 ....94 A3
Domléger 80 ....7 D4
Domloup 35 ....103 F1
Dommarie-Eulmont 54 ....94 A2
Dommarien 52 ....116 C2
Dommartemont 54 ....68 B4
Dommartin 01 ....175 F3
Dommartin 25 ....161 D2
Dommartin 58 ....156 A2
Dommartin 69 ....192 C4
Dommartin 80 ....18 B3
Dommartin-aux-Bois 88 ....94 B4
Dommartin-Dampierre 51 ....65 F1
Dommartin-la-Chaussée 54 ....67 F1
Dommartin-la-Montagne 55 ....67 D1
Dommartin-le-Coq 10 ....90 C2
Dommartin-le-Franc 52 ....92 A2
Dommartin-le-Saint-Père 52 ....92 A2
Dommartin-lès-Cuiseaux 71 ....176 A2
Dommartin-lès-Remiremont 88 ....119 E1
Dommartin-lès-Toul 54 ....67 F4
Dommartin-lès-Vallois 88 ....94 A4
Dommartin-Lettrée 51 ....64 C4
Dommartin-sous-Amance 54 ....68 B3
Dommartin-sous-Hans 51 ....65 F1
Dommartin-sur-Vraine 88 ....93 F3
Dommartin-Varimont 51 ....65 F2
Dommary-Baroncourt 55 ....40 C3
Domme 24 ....221 F4
Dommery 08 ....22 B4
Dommiers 02 ....36 A3
Domnon-lès-Dieuze 57 ....69 E2
Domont 95 ....61 D2
Dompaire 88 ....94 B4

Dompcevrin 55..................67 D2
Dompierre 60...................35 D1
Dompierre 61...................55 E4
Dompierre 88...................95 D3
Dompierre-aux-Bois 55........67 D1
Dompierre-Becquincourt 80...19 D2
Dompierre-du-Chemin 35......80 B3
Dompierre-en-Morvan 21.....137 F3
Dompierre-les-Églises 87....185 F1
Dompierre-les-Ormes 71.....174 B3
Dompierre-les-Tilleuls 25....160 C3
Dompierre-
 sous-Sanvignes 71.........174 A1
Dompierre-sur-Authie 80........6 C3
Dompierre-sur-Besbre 03.....173 D2
Dompierre-
 sur-Chalaronne 01.........193 D1
Dompierre-sur-Charente 17...199 F1
Dompierre-sur-Helpe 59.......10 B3
Dompierre-sur-Héry 58.......136 B4
Dompierre-sur-Mer 17........163 F4
Dompierre-sur-Mont 39.......176 C1
Dompierre-sur-Nièvre 58.....135 F4
Dompierre-sur-Veyle 01.......193 F2
Dompierre-sur-Yon 85........145 F4
Dompnac 07.....................245 E2
Domprel 25......................142 A4
Dompremy 51.....................65 E4
Domprix 54........................41 D3
Domps 87........................204 C1
Domptail 88.......................95 D3
Domptail-en-l'Air 54.............94 B1
Domptin 02........................62 C2
Domqueur 80......................17 F1
Domremy-aux-Bois 55...........66 C4
Domremy-en-Ornois 52..........92 B3
Domremy-la-Canne 55...........40 C1
Domrémy-la-Pucelle 88..........93 E2
Domsure 01.....................176 A3
Domvallier 88.....................94 A3
Domvast 80.........................6 C4
Don 59..............................8 B1
Donazac 11......................302 A3
Donchery 08......................23 D4
Doncières 88......................95 D2
Doncourt-aux-Templiers 55....67 E1
Doncourt-lès-Conflans 54.......41 E4
Doncourt-lès-Longuyon 54.....40 C2
Doncourt-sur-Meuse 52..........93 D4
Dondas 47........................256 C1
Donges 44........................125 E3
Donjeux 52.........................92 B3
Donjeux 57.........................68 C2
Le Donjon 03.....................173 D3
Donnay 14..........................55 F2
Donnazac 81......................259 D3
Donnelay 57.......................69 D3
Donnemain-
 Saint-Mamès 28............109 D1
Donnemarie 52..................116 C1
Donnemarie-Dontilly 77.........88 B2
Donnement 10.....................91 D2
Donnenheim 67...................71 D2
Donnery 45.......................110 B3
Donneville 31....................276 C3
Donnezac 33.....................199 F4
Donon (Col du) 67................70 A4
Dontreix 23.......................188 B3
Dontrien 51........................38 B4
Donville-les-Bains 50............53 F2
Donzac 33........................236 C1
Donzac 82........................256 C2
Donzacq 40.......................272 A1
Le Donzeil 23....................187 D2
Donzenac 19.....................222 B1
Donzère 26.......................246 C3
Donzy 58..........................135 E3
Donzy-le-National 71...........174 C3
Donzy-le-Pertuis 71............175 D3
Donzy-le-Pré 58.................135 E3
Doranges 63......................208 B3
Dorans 90.........................142 C1
Dorat 63...........................190 A3
Le Dorat 87......................185 E1
Dorceau 61.........................84 A2
Dordives 45.......................111 F1
Dore-l'Église 63.................208 C3
La Dorée 53........................80 C2
Dorengt 02.........................10 A4
Dorignies 59........................8 C2
Dorlisheim 67......................70 C4
Dormans 51.........................63 E1
Dormelles 77.......................88 A3
La Dornac 24.....................222 A4
Dornas 07.........................228 A4
Dornecy 58.......................136 B3
Dornes 58.........................172 B1
Dornot 57...........................68 A1
Dorres 66..........................310 C3
Dortan 01.........................176 C3
Dosches 10.........................90 C3
Dosnon 10..........................90 C1
Dossenheim-Kochersberg 67...70 C3
Dossenheim-sur-Zinsel 67......70 B3
Douadic 36.......................168 A1
Douai 59.............................8 C2
Douains 27.........................59 E1
Douarnenez 29....................73 E3
Douaumont 55.....................40 B4
Doubs 25..........................161 D2
Doucelles 72.......................82 C4
Douchapt 24......................220 A1
Douchy 02..........................19 F3
Douchy 45.........................112 B2
Douchy-lès-Ayette 62.............8 A4
Douchy-les-Mines 59..............9 E3
Doucier 39........................177 D1
Doucy 73..........................214 A2
Doucy-en-Bauges 73...........195 E4

Doudeauville 62....................2 B4
Doudeauville-en-Vexin 27......33 D3
Doudelainville 80.................17 E1
Doudeville 76......................15 E2
Doudrac 47........................238 B1
Doue 77.............................62 B3
Doué-la-Fontaine 49...........129 D4
Douelle 46.........................240 A3
Le Douhet 17......................181 F4
Douillet 72..........................82 B4
Douilly 80...........................19 F3
Doulaincourt 52...................92 B3
Doulaize 25........................160 B1
Doulcon 55..........................39 F2
Doulevant-le-Château 52........92 A3
Doulevant-le-Petit 52.............92 A2
Doulezon 33......................219 D4
Le Doulieu 59.......................4 A4
Doullens 80..........................7 E4
Doumely-Bégny 08................22 A4
Doumy 64..........................272 C3
Dounoux 88.......................118 C1
Les Dourbes 04..................268 A2
Dourbies 30.......................262 A2
Dourdain 35.........................80 A4
Dourdan 91.........................86 B2
Dourges 62...........................8 C2
Dourgne 81........................278 A3
Douriez 62...........................6 C3
Dourlers 59.........................10 B3
Le Dourn 81.......................260 A1
Dournazac 87.....................203 D1
Dournon 39........................160 B2
Dours 65............................298 A1
Doussard 74.......................195 F4
Doussay 86........................149 D3
Douvaine 74.......................178 A3
Douville 24........................220 B3
Douville-en-Auge 14..............30 A3
Douville-sur-Andelle 27..........32 C3
Douvrend 76........................16 B1
Douvres 01........................194 A2
Douvres-la-Délivrande 14.......29 E3

Douvrin 62...........................8 B1
Doux 08.............................38 B1
Doux 79............................148 C4
Douy 28............................109 D2
Douy-la-Ramée 77................62 A1
Douzains 47.......................238 B2
Douzat 16..........................201 E1
La Douze 24.......................221 D2
Douzens 11........................303 D2
Douzies 59..........................10 B2
Douzillac 24.......................220 A2
Douzy 08............................23 E4
Doville 50............................24 C4
Doye 39............................160 B4
Doyet 03............................171 D4
Dozulé 14............................30 A4
Dracé 69...........................192 C1
Draché 37..........................149 F2
Drachenbronn 67.................45 E4
Dracy 89...........................112 C4
Dracy-le-Fort 71.................158 A4
Dracy-lès-Couches 71..........157 E3
Dracy-Saint-Loup 71...........157 D2
Dragey 50...........................53 F4
Draguignan 83....................287 D2
Draillant 74........................178 B3
Drain 49............................127 D3
Draix 04............................268 A1
Draize 08............................22 A4
Drambon 21.......................139 F3
Dramelay 39.......................176 C3
Le Dramont 83....................287 F3
Drancy 93............................61 D2
Drap 06.............................288 C1
Dravegny 02........................37 D4
Draveil 91............................61 D4
Drée (Château de) 71...........174 A4
Dréfféac 44........................125 E2
Drémil-Lafage 31.................277 D2
Le Drennec 29......................47 D2
Dreslincourt 60....................35 F1
Dreuil-Hamel 80...................17 F2

Dreuil-lès-Amiens 80............18 A2
Dreuil-lès-Molliens 80...........17 F2
Dreuilhe 09........................301 E4
Dreux 28............................59 D4
Drevant 18.........................170 C1
Dricourt 08..........................38 C2
Driencourt 80.......................19 F2
Drignac 15.........................224 A1
Drincham 59.........................3 D1
Drocourt 62...........................8 C2
Drocourt 78.........................60 A1
Droisy 27............................58 C3
Droisy 74...........................195 D2
Droitaumont 54....................41 D4
Droitfontaine 25.................142 B3
Droiturier 03......................173 D4
Droizy 02............................36 B3
Drom 01............................176 B4
Dromesnil 80.......................17 E2
Drosay 76...........................15 E2
Drosnay 51..........................91 E1
Droué 41...........................108 C2
Droue-sur-Drouette 28..........85 F1
Drouges 35.........................104 A2
Drouilly 51...........................65 D3
Droupt-Saint-Basle 10...........90 A2
Droupt-Sainte-Marie 10..........90 A2
Drouville 54.........................68 C4
Drouvin-le-Marais 62..............8 A1
Droux 87............................185 F1
Droyes 52............................91 E2
Drubec 14............................30 B3
Drucat 80.............................6 C4
Drucourt 27..........................57 E1
Drudas 31..........................276 A1
Druelle 12..........................242 B4
Drueil 78.............................61 D4
Drugeac 15........................224 A1
Druillat 01..........................193 F2
Drulhe 12...........................241 E3
Drulingen 67........................70 A1
Drumettaz-Clarafond 73.......213 D1
Drusenheim 67.....................71 E2
Druval 14............................30 A4
Druy-Parigny 58..................155 D3

Druye 37...........................130 B4
Druyes-les-Belles-
 Fontaines 89..................136 A2
Dry 45..............................109 F4
Duault 22............................76 A2
Ducey 50.............................54 A4
Duclair 76............................15 F4
Ducy-Sainte-Marguerite 14.....29 D4
Duerne 69..........................210 B1
Duesme 21.........................138 B1
Duffort 32...........................274 B4
Dugny 93.............................61 D2
Dugny-sur-Meuse 55.............66 C1
Duhort-Bachen 40...............273 D1
Duilhac-
 sous-Peyrepertuse 11......303 D4
Duingt 74...........................195 F3
Duisans 62............................8 A3
Dullin 73............................212 C2
Dumes 40..........................272 B1
Dun 09..............................301 E3
Dun-le-Palestel 23..............169 D2
Dun-le-Poëlier 36...............152 A1
Dun-les-Places 58...............137 E4
Dun-sur-Auron 18................153 F2
Dun-sur-Grandry 58............156 A1
Dun-sur-Meuse 55................39 F2
Duneau 72.........................107 E1
Dunes 82...........................256 C2
Dunet 36...........................168 B3
Dunière-sur-Eyrieux 07........228 C4
Dunières 43........................228 A1
Dunkerque 59........................3 E1
Duntzenheim 67....................70 C2
Duppigheim 67.....................71 D4
Duran 32............................274 C2
Durance 47.........................255 E1
Duranus 06.........................289 D3
Duranville 27........................31 D4
Duras 47............................237 E1
Duravel 46..........................239 E3
Durban 32..........................274 C3
Durban-Corbières 11............303 E3

Durban-sur-Arize 09............300 B3
Durbans 46........................240 C1
Durbelière
 (Château de la) 79..........147 E2
Durcet 61............................55 F4
Durdat-Larequille 03............171 D4
Dureil 72............................106 A3
Durenque 12.......................260 B2
Durette 69..........................192 B1
Durfort 09..........................300 C1
Durfort 81..........................278 A4
Durfort-et-Saint-Martin-
 de-Sossenac 30...............263 D3
Durfort-Lacapelette 82..........257 E1
Durlinsdorf 68.....................120 B4
Durmenach 68.....................120 C4
Durmignat 63......................189 D1
Durnes 25..........................160 C1
Durningen 67........................70 C2
Durrenbach 67......................71 D1
Durrenentzen 68...................96 C3
Durstel 67............................70 A1
Durtal 49...........................106 A4
Durtol 63...........................189 E4
Dury 02...............................19 F4
Dury 62................................8 C3
Dury 80...............................18 B3
Dussac 24..........................203 E3
Duttlenheim 67.....................70 C4
Duvy 60...............................35 E4
Duzey 55.............................40 C2
Dyé 89..............................114 A3
Dyo 71..............................174 A3

E

Eancé 35...........................104 A3
Eaubonne 95........................60 C2
Eaucourt-sur-Somme 80.........17 E1
Eaunes 31..........................276 B4
Eaux-Bonnes 64..................296 C3

DIJON

Briand (Av. A.).............**EX** 8
Brosses (Bd de)...........**CY** 9
Champagne (Bd de).....**EX** 14
Charrue (R.)................**DY** 18

Chouette (R. de la).....**DY** 21
Comte (R. A.)..............**DY** 27
Darcy (Pl.)..................**CY**
Dr-Chaussier (R.).......**CY** 32
Dubois (Pl. A.)............**CY** 33
École-de-Droit (R.).....**DY** 35
Foch (Av. Mar.).........**CY** 43

Godrans (R. des).......**DY** 51
Grangier (Pl.)............**DY** 54
Libération
 (Pl. de la)..............**DY** 57
Liberté
 (R. de la)................**CY**
Magenta (R.)............**EZ** 58

Michelet (R.)..............**CY** 64
Petit-Potet
 (R. du)...................**DY** 71
Rameau (R.)..............**DY** 77
Rude (R. F.)..............**DY** 81
St-Bénigne (Pl.)........**CY** 82
St-Bernard (Pl.).........**DY** 83

St-Michel (Pl.)...........**DY** 86
Vaillant (R.)...............**DY** 92
Verdun (Bd de).........**EX** 93
1er-Mai (Pl. du)..........**CZ** 94
1re-Armée-Française
 (Av.)......................**CY** 95
26e-Dragons (R. du)...**EX** 98

DUNKERQUE

Albert-Iᵉʳ (R.) ....CZ 2
Alexandre-III (Bd) ....CZ 3
Arbres (R. des) ....CDY 6
Asseman (Pl. P.) ....DY 7
Bergues (R. du Canal-de) ...CZ 9
Bollaert (Pl. Émile) ....CZ 12
Calonne (Pl.) ....DZ 16
Carnot (Bd) ....DY 18
Carton Lurat (Av.) ....DZ 19
Clemenceau (R.) ....CZ 21
Digue de Mer ....DY
Écluse-de-Bergues (R') ......CZ 26

Faidherbe (Av.) ....DY
Fusiliers-Marins (R.) ....CZ 30
Gare (Pl. de la) ....CZ 32
Gaulle (Pl. du Gén-de) ....CZ 33
Geeraert (Av. Adolphe) ....DY
Hermitte (R. l') ....CY 35
Hollandais (Quai des) ....CZ 36
Hôtel-de-Ville
(R. de l') ....DY 37
Jardins (Quai des) ....CZ 38
Jaurès (R. Jean) ....CZ 40
Jean-Bart (Pl.) ....CZ 41
Jeu-de-Paume (R. du) ....CZ 42
Leclerc (R. du Mar.) ....CY 43
Leughenaer (R. du) ....CY 44

Lille (R. de) ....CZ 45
Magasin-Général (R.) ....CZ 48
Malo (Av. Gaspard) ....DY 49
Mar.-de-France (Av. des) ....DY 51
Minck (Pl. du) ....CY 53
Paris (R. de) ....CZ 54
Prés.-Poincaré (R. du) ....CZ 57
Prés.-Wilson (R. du) ....CZ 58
Quatre-Écluses (Quai) ....CZ 59
Thiers (R.) ....CZ 65
Turenne (R.) ....DY 67
Valentin (Pl. C.) ....CZ 68
Verley (Bd Paul) ....DY 69
Victoire (Pl. et R. de la) .....CDY 70
Victor-Hugo (Bd) ....CZ 72

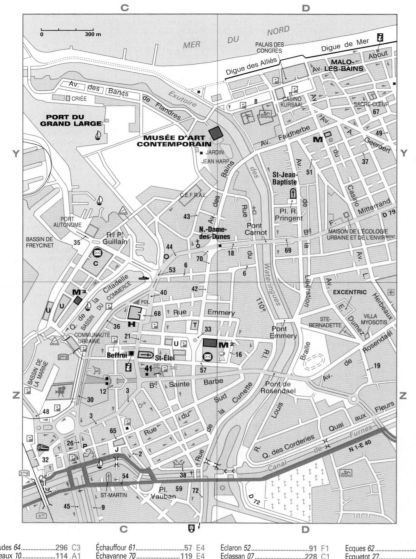

Eaux-Chaudes 64 ....296 C3
Eaux-Puiseaux 10 ....114 A1
Eauze 32 ....255 D4
Ébange 57 ....41 F3
Ébaty 21 ....158 A3
Ebaupinaye (Château d') 79 ..147 F2
Ebblinghem 59 ....3 E3
Ébéon 17 ....182 B3
Eberbach-Seltz 67 ....45 F4
Eberbach-Wœrth 67 ....45 D4
Ebersheim 67 ....96 C2
Ebersmunster 67 ....96 C1
Ébersviller 57 ....42 A3
Éblange 57 ....42 B3
Ébouleau 02 ....21 D4
Ébréon 16 ....183 E4
Ébreuil 03 ....189 E1
L'Écaille 08 ....38 A2
Écaillon 59 ....9 D3
Écajeul 14 ....56 B1
Écalgrain (Baie d') 50 ....24 A1
Écalles-Alix 76 ....15 F3
Écaquelon 27 ....31 E3
Écardenville-
 la-Campagne 27 ....58 A1
Écardenville-sur-Eure 27 ....59 D1
Écausseville 50 ....25 D3
Écauville 27 ....58 B1
Eccica-Suarella 2A 316 C4
Eccles 59 ....10 C2
Échalas 69 ....210 C2
Échallat 16 ....201 D1
Échallon 01 ....177 D4
Échalot 21 ....138 C1
Échalou 61 ....55 F4
Échandelys 63 ....208 B2
Échannay 21 ....138 B4
Écharcon 91 ....87 D1
Les Écharmeaux 69 ....192 A1
Échassières 03 ....189 D1

Échauffour 61 ....57 E4
Échavanne 70 ....119 E4
Échay 25 ....160 A1
Échebrune 17 ....199 F2
L'Échelle 08 ....22 B3
L'Échelle-Saint-Aurin 80 ....19 D4
Les Échelles 73 ....212 C3
Échemines 10 ....89 F3
Échemiré 49 ....129 D1
Échenans 25 ....142 B1
Échenans-
 sous-Mont-Vaudois 70 ....142 B1
Échenay 52 ....92 C2
Échenevex 01 ....177 F3
Échenon 21 ....159 D1
Échenoz-la-Méline 70 ....141 E1
Échenoz-le-Sec 70 ....141 E1
Échery 21 ....96 A2
Les Échets 01 ....193 D3
Échevanne 70 ....140 B2
Échevannes 21 ....139 E2
Échevannes 25 ....160 C1
Échevis 26 ....230 A2
Échevronne 21 ....158 A1
Échigey 21 ....139 E4
Échillais 17 ....181 D3
Échilleuses 45 ....111 D1
Échinghen 62 ....2 A4
Échiré 79 ....164 C3
Échirolles 38 ....230 C1
Échouboulains 77 ....88 A2
Échourgnac 24 ....219 F1
Eckartswiller 67 ....70 B2
Eckbolsheim 67 ....71 D3
Eckmühl (Phare d') 29 ....98 A2
Eckwersheim 67 ....71 D2
Éclaibes 59 ....10 B2
Éclaires 51 ....66 A1
Éclance 10 ....91 E3
Éclans 39 ....159 D4

Éclaron 52 ....91 F1
Eclassan 07 ....228 C1
Écleux 39 ....159 F2
Éclimeux 62 ....7 D2
Éclose 38 ....211 F2
Écluse (Défilé de l') 74 .....195 D1
Éclusier-Vaux 80 ....19 D2
Écly 08 ....38 A1
Écoche 42 ....191 F1
Écoivres 62 ....7 F1
École 73 ....213 E1
École-Valentin 25 ....141 D4
Écollemont 51 ....91 E1
Écoman 41 ....109 D4
Écommoy 72 ....107 D3
Écomusée
 de Haute-Alsace 68 ....120 B1
Écoquenéauville 50 ....25 D4
Écorcei 61 ....57 F4
Les Écorces 25 ....142 C4
Écorches 61 ....56 C3
Écordal 08 ....38 C1
Écorpain 72 ....107 F2
Écos 27 ....33 D4
Écot 25 ....142 B2
Écot-la-Combe 52 ....92 C4
Écotay-l'Olme 42 ....209 E2
Écots 14 ....56 C2
Écouché 61 ....56 B4
Écouen 95 ....61 D2
Écouflant 49 ....128 B2
Écouis 27 ....32 C3
Écourt-Saint-Quentin 62 ....8 C3
Écoust-Saint-Mein 62 ....8 B4
Écouves (Forêt d') 61 ....82 C1
Écouviez 55 ....40 A1
L'Écouvotte 25 ....141 F3
Écoyeux 17 ....182 B4
Ecquedecques 62 ....7 F1

Ecques 62 ....3 E4
Ecquetot 27 ....32 A4
Ecquevilly 78 ....60 B2
Écrainville 76 ....14 C3
Écrammeville 14 ....27 F3
Les Écrennes 77 ....88 A2
Écretteville-lès-Baons 76 ....15 E3
Écretteville-sur-Mer 76 ....15 D2
Écriennes 51 ....65 E4
Écrille 39 ....176 C2
Écromagny 70 ....119 D3
Écrosnes 28 ....85 F1
Écrouves 54 ....67 F4
Ectot-l'Auber 76 ....15 F3
Ectot-lès-Baons 76 ....15 F3
Écublé 28 ....85 D1
Écueil 51 ....37 E4
Écueillé 36 ....151 E1
Écuélin 59 ....10 B2
Écuelle 70 ....140 A1
Écuelles 71 ....158 B2
Écuelles 77 ....88 A3
Écuillé 49 ....128 B1
Écuires 62 ....6 B2
Écuisses 71 ....157 E4
Éculleville 50 ....24 C2
Écully 69 ....192 C4
Écuras 16 ....202 B1
Écurat 17 ....181 F4
Écurcey 25 ....142 C2
Écurey-en-Verdunois 55 .....40 A2
Écurie 62 ....8 B3
Écury-le-Repos 51 ....64 A3
Écury-sur-Coole 51 ....64 C3
Écutigny 21 ....157 F1
Écuvilly 60 ....19 E4
Edern 29 ....75 D2
Édon 16 ....202 A3
Les Éduts 17 ....182 B2
Eecke 59 ....4 A3

Effiat 63 ....189 F2
Effincourt 52 ....92 B2
Effry 02 ....21 E2
Égat 66 ....310 C3
Égleny 89 ....113 D4
Égletons 19 ....205 E3
Égligny 77 ....88 B2
L'Église-aux-Bois 19 ....204 C1
Église-Neuve-de-Vergt 24 ..220 B2
Église-Neuve-d'Issac 24 ...220 A3
Égliseneuve-d'Entraigues 63 ..206 D3
Égliseneuve-des-Liards 63 ..208 A2
Égliseneuve-près-Billom 63 ..208 A1
Les Églises d'Argenteuil 17 ..182 B2
Églisolles 63 ....209 D3
Les Églisottes-
 et-Chalaures 33 ....219 D2
Égly 91 ....86 C2
Égreville 77 ....112 A1
Égriselles-le-Bocage 89 ....112 C1
Égry 45 ....111 D1
Éguelshardt 57 ....44 C4
Éguenigue 90 ....119 F4
Éguilles 13 ....181 D4
Éguilly 21 ....138 A4
Éguilly-sous-Bois 10 ....115 D1
Éguisheim 68 ....96 B4
Éguzon 36 ....168 C3
Éguzon (Barrage d') 36 .....168 C3
Éhuns 70 ....118 C3
Eichhoffen 67 ....96 C1
Eincheville 57 ....69 D1
Einvaux 54 ....94 C1
Einville-au-Jard 54 ....68 C4
Eix 55 ....40 B4
Élan 08 ....22 C4
Élancourt 78 ....60 B4
Elbach 68 ....120 A3
Elbeuf 76 ....32 A3
Elbeuf-en-Bray 76 ....33 E2
Elbeuf-sur-Andelle 76 ....32 C2
Élencourt 60 ....17 E4
Élesmes 59 ....10 C1
Életot 76 ....15 D2
Éleu-Dit-Leauwette 62 ....8 B2
Élincourt 59 ....20 B1
Élincourt-
 Sainte-Marguerite 60 ....35 E1
Élisabethville 78 ....60 A2
Élise-Daucourt 51 ....65 F1
Elizaberry 64 ....270 C3
Ellecourt 76 ....17 D3
Elliant 29 ....99 D1
Ellon 14 ....29 D4
Elne 66 ....313 D4
Elnes 62 ....3 D1
Éloie 90 ....119 D4
Éloise 74 ....194 C1
Éloyes 88 ....119 D1
Elsenheim 67 ....96 C3
Elvange 57 ....68 C1
Elven 56 ....101 E3
Elzange 57 ....42 A2
Émagny 25 ....140 C3
Émalleville 27 ....58 C1
Émancé 78 ....85 F1
Émanville 27 ....58 B1
Émanville 76 ....15 F3
Embermenil 54 ....69 E4
Embourie 16 ....183 E2
Embres-et-Castelmaure 11 ..303 E4
Embreville 80 ....17 D1
Embrun 05 ....250 B2
Embry 62 ....6 C2
Émerainville 77 ....61 E3
Émerchicourt 59 ....9 D2
Émeringes 69 ....175 D4
Éméville 14 ....35 F3
Émiéville 14 ....29 F4
Emlingen 68 ....120 B3
Emmerin 59 ....8 C1
Émondeville 50 ....25 D3
Empeaux 31 ....276 A3
Empurany 07 ....228 C2
Empuré 16 ....183 E2
Empury 58 ....136 C3
Encausse 32 ....275 F1
Encausse-les-Thermes 31 ..299 D3
Enchanet (Barrage d') 15 ..223 F2
Enchastrayes 04 ....250 C3
Enchenberg 57 ....44 B4
L'Enclave-de-la-Martinière 79 ..165 E4
Encourtiech 09 ....300 A3
Endoufielle 32 ....275 F3
Énencourt-le-Sec 60 ....33 F3
Énencourt-Léage 60 ....33 F3
Enfer (Gouffre d') 42 ....210 A3
Enfer (Portes d') 86 ....167 E4
Enfonvelle 52 ....117 F2
Engarran
 (Château de l') 34 ....281 E2
Engayrac 47 ....256 C1
Engayresque (Col d') 12 ....261 E1
Engente 10 ....91 F4
Engenthal 67 ....70 B3
Engenville 45 ....86 C2
Enghien-les-Bains 95 ....61 D2
Engins 38 ....230 B1
Englancourt 02 ....21 D2
Englebelmer 80 ....18 C1
Englefontaine 59 ....9 F4
Englesqueville-en-Auge 14 ..30 B3
Englesqueville-la-Percée 14 ..27 F3
Englos 59 ....4 B4
Engomer 09 ....299 F4
Engraviès 09 ....301 E3

Enguinegatte 62 ....7 E1
Enguisanel 67 ....71 D1
Ennemain 80 ....19 E3
Ennery 57 ....41 F3
Ennery 95 ....60 C1
Ennetières-en-Weppes 59 ....4 B4
Ennevelin 59 ....9 D1
Ennezat 63 ....189 D1
Ennordres 18 ....134 A4
Enquin-les-Mines 62 ....7 E1
Enquin-sur-Baillons 62 ....6 C1
Ens 65 ....307 E4
Ensérune (Oppidum d') 34 ..304 C1
Ensigné 79 ....182 C2
Ensisheim 68 ....120 C1
Ensuès-la-Redonne 13 ......284 B4
Entrages 04 ....267 F2
Entraigues 38 ....231 D3
Entraigues 63 ....189 F3
Entraigues-sur-la-Sorgue 84 ..265 F3
Entrains-sur-Nohain 58 .....135 F2
Entrammes 53 ....105 D2
Entrange 57 ....41 E2
Entraunes 06 ....268 C1
Entraygues-sur-Truyère 12 ..242 B2
Entre-deux-Eaux 88 ....95 F3
Entre-deux-Guiers 38 ....212 C3
Entre-deux-Monts 39 ....177 E1
Entrecasteaux 83 ....286 C2
Entrechaux 84 ....265 F3
Entremont 74 ....196 A2
Entremont-le-Vieux 73 ......213 D2
Entrepierres 04 ....267 E1
Entressen 13 ....284 A2
Entrevaux 04 ....269 D3
Entrevennes 04 ....267 E3
Entrevernes 74 ....195 F4
Entzheim 67 ....71 D4
Enval 63 ....189 E3
Enveitg 66 ....310 C4
Envermeu 76 ....16 B2
Envronville 76 ....15 E3
Eoulx 04 ....268 B4
Éourres 05 ....266 C1
Éoux 31 ....299 E1
Épagne 10 ....91 D3
Épagne-Épagnette 80 ....17 E1
Épagny 21 ....139 E2
Épagny 74 ....195 E2
Épaignes 27 ....31 D3
Épaney 14 ....56 B2
Épannes 79 ....164 B4
Éparcy 02 ....21 E2
Les Éparges 55 ....67 D1
Épargnes 17 ....199 D2
Les Éparres 38 ....211 F2
Épau (Abbaye de l') 72 .....107 D2
Épaumesnil 80 ....17 E2
Épaux-Bézu 02 ....62 C1
Épeautrolles 28 ....85 D3
Épécamps 80 ....18 A1
Épégard 27 ....31 F4
Épehy 80 ....19 F1
Épeigné-les-Bois 37 ....131 F4
Épeigné-sur-Dême 37 ....130 C1
Épénancourt 80 ....19 E3
Épenède 16 ....184 B2
Épenouse 25 ....141 F4
Épenoy 25 ....161 D1
Épense 51 ....65 F2
Épercieux-Saint-Paul 42 ...191 F4
Éperlecques 62 ....3 D2
Épernay 51 ....64 A1
Épernay-sous-Gevrey 21 ...139 E4
Épernon 28 ....85 F1
Éperrais 61 ....83 F2
Épersy 73 ....195 D4
Épertully 71 ....157 F2
Épervans 71 ....158 A4
Les Épesses 85 ....146 C4
Épeugney 25 ....160 B1
Épfig 67 ....96 C1
Épiais 41 ....109 D4
Épiais-lès-Louvres 95 ....61 E1
Épiais-Rhus 95 ....60 B1
Épieds 02 ....63 D1
Épieds 27 ....59 E2
Épieds 49 ....148 B1
Épieds-en-Beauce 45 ....109 F2
Épierre 73 ....213 F2
Épiez-sur-Chiers 54 ....40 B1
Épiez-sur-Meuse 55 ....93 E1
Épinac 71 ....157 E2
Épinant 52 ....117 D2
Épinay 27 ....57 F2
Épinay-Champlâtreux 95 .....61 D1
L'Épinay-le-Comte 61 ....81 D2
Épinay-sous-Sénart 91 ....61 E4
Épinay-sur-Duclair 76 ....15 F4
Épinay-sur-Odon 14 ....55 E1
Épinay-sur-Orge 91 ....61 D4
Épinay-sur-Seine 93 ....61 D2
L'Épine 05 ....248 C3
L'Épine 51 ....65 D2
L'Épine 85 ....144 A2
L'Épine (Col de l') 73 ....212 C1
L'Épine-aux-Bois 02 ....63 D1
Épineu-le-Chevreuil 72 ......106 B1
Épineuil 89 ....114 A3
Épineuil-le-Fleuriel 18 ....170 C2
Épineuse 60 ....35 D2
Épineux-le-Seguin 53 ....105 F2
Épiniac 35 ....79 E1
Épinonville 55 ....39 F3
Épinouze 26 ....211 D4
Épinoy 62 ....9 D4

Épire 49 ....128 B3
Épiry 58 ....155 F1
Épisy 77 ....87 F3
Épizon 52 ....92 C3
Éplessier 80 ....17 F3
Épluches 95 ....60 C1
Éply 54 ....68 A2
Époisses 21 ....137 E2
Épône 78 ....60 A2
Épothémont 10 ....91 E2
Épouville 76 ....14 B4
Époye 51 ....38 A3
Eppe-Sauvage 59 ....10 C3
Eppes 02 ....37 D1
Eppeville 80 ....17 F4
Epping 57 ....43 F4
Épretot 76 ....14 C4
Épreville 76 ....14 C2
Épreville-en-Lieuvin 27 ....31 D4
Épreville-en-Roumois 27 ....31 F3
Épreville-près-le-Neubourg 27 ....58 B1
Épron 14 ....29 E4
Eps 62 ....7 E2
Épuisay 41 ....108 B3
Équancourt 80 ....19 F1
Équemauville 14 ....30 C2
Équennes-Éramecourt 80 ....17 F4
Équeurdreville-Hainneville 50 ....24 C2
Équevilley 70 ....118 B3
Équevillon 39 ....160 B4
Équihen-Plage 62 ....2 A4
Équilly 50 ....54 A3
Équirre 62 ....7 E2
Éragny 95 ....60 B2
Éragny-sur-Epte 60 ....33 D4
Éraines 14 ....56 B2
Éramecourt 80 ....17 F4
Éraville 16 ....201 D2
Erbajolo 2B 317 E1
Erbalunga 2B 315 F1
Erbéviller-sur-Amezule 54 ....68 C3
Erbray 44 ....104 A4
Erbrée 35 ....104 B1
Ercé 09 ....300 B4
Ercé-en-Lamée 35 ....103 E3
Ercé-près-Liffré 35 ....79 F3
Erceville 45 ....86 B4
Erches 80 ....19 D4
Ercheu 80 ....19 E4
Erchin 59 ....9 D3
Erching 57 ....43 F4
Erckartswiller 67 ....70 B1
Ercourt 80 ....17 D1
Ercuis 60 ....34 B4
Erdeven 56 ....100 A4
Éréac 22 ....78 A3
Ergersheim 67 ....70 C3
Ergnies 80 ....17 F1
Ergny 62 ....6 C1
Ergué-Gabéric 29 ....73 F4
Érigné 49 ....128 B3
Érin 62 ....7 E2
Éringes 21 ....138 A1
Éringhem 59 ....3 E2
Ériseul 52 ....116 B3
Érize-la-Brûlée 55 ....66 B3
Érize-la-Grande 55 ....66 B2
Érize-la-Petite 55 ....66 B2
Érize-Saint-Dizier 55 ....66 B3
Erlon 02 ....21 D4
Erloy 02 ....21 D2
Ermenonville 60 ....61 F1
Ermenonville-la-Grande 28 ....85 D3
Ermenonville-la-Petite 28 ....85 D4
Ermenouville 76 ....15 E2
Ermitage-du-Frère-Joseph 88 ....119 F2
Ermont 95 ....60 C2
Ernecourt 55 ....66 C4
Ernée 53 ....80 C3
Ernemont-Boutavent 60 ....33 E1
Ernemont-la-Villette 76 ....33 E2
Ernemont-sur-Buchy 76 ....32 C1
Ernes 14 ....56 B1
Ernestviller 57 ....43 D4
Ernolsheim-Bruche 67 ....70 C3
Ernolsheim-lès-Saverne 67 ....70 B2
Erny-Saint-Julien 62 ....7 E1
Érôme 26 ....229 D1
Érondelle 80 ....17 E1
Érone 2B 315 E4
Éroudeville 50 ....25 D3
Erp 09 ....300 A4
Erquery 60 ....34 C2
Erquières 62 ....7 D3
Erquinghem-le-Sec 59 ....4 C4
Erquinghem-Lys 59 ....4 C4
Erquinvillers 60 ....34 C2
Erquy 22 ....52 A4
Err 66 ....310 C4
Erre 59 ....9 E3
Errevet 70 ....119 D4
Errouville 54 ....41 D2
Ersa 2B 314 D1
Erstein 67 ....97 D1
Erstroff 57 ....69 E1
Ervauville 45 ....112 A1
Ervillers 62 ....8 B4
Ervy-le-Châtel 10 ....114 A2
Esbareich 65 ....298 C4
Esbarres 21 ....158 C1
Esbly 77 ....61 F3
Esboz-Brest 70 ....118 C3
Escala 65 ....298 B2
Escalans 40 ....255 D3
Les Escaldes 66 ....310 C4
L'Escale 04 ....267 E4
Escales 11 ....303 E1

Escalette (Pas de l') 34 ....261 F4
Escalles 62 ....2 B2
Escalquens 31 ....277 D3
Escames 60 ....33 E1
Escamps 46 ....240 B4
Escamps 89 ....113 D4
Escandolières 12 ....242 A3
Escanecrabe 31 ....299 D1
Escardes 51 ....63 D4
L'Escarène 06 ....289 E3
Escarmain 59 ....9 F4
Escaro 64 ....311 E4
Escassefort 47 ....237 F2
Escatalens 82 ....257 E3
Escaudain 59 ....9 E3
Escaudes 33 ....236 C4
Escaudœuvres 59 ....9 D4
Escaufourt 59 ....20 B1
Escaunets 65 ....273 E4
Escautpont 59 ....9 F2
Escazeaux 82 ....257 D4
Eschau 67 ....71 D4
Eschbach 67 ....71 D1
Eschbach-au-Val 68 ....96 A4
Eschbourg 67 ....70 B1
Eschène-Autrage 90 ....120 A4
Eschentzwiller 68 ....120 C2
Escherange 57 ....41 E2
Esches 60 ....34 A4
Eschwiller 67 ....70 A1
Esclagne 09 ....301 E3
Esclainvillers 80 ....18 B4
Esclanèdes 48 ....244 A3
Esclangon 04 ....250 A4
Esclassan-Labastide 32 ....274 C4
Esclauzels 46 ....240 B3
Esclavelles 76 ....16 C4
Esclavolles-Lurey 51 ....89 E1
Escles 88 ....94 B4
Escles-Saint-Pierre 60 ....17 E4
Esclottes 47 ....237 E1
Escobecques 59 ....4 B4
Escœuilles 62 ....2 C4
Escoire 24 ....221 D1
Escolives-Sainte-Camille 89 ....113 E4
Escombres-et-le-Chesnois 08 ....23 E4
Esconac 33 ....236 A1
Escondeaux 65 ....274 A4
Esconnets 65 ....298 A2
Escorailles 15 ....223 F1
Escornebœuf 32 ....275 F2
Escorpain 28 ....58 C4
Escos 64 ....271 F3
Escosse 09 ....300 C2
Escot 64 ....296 B2
Escots 65 ....298 A2
Escou 64 ....296 B1
Escoubès 64 ....273 D3
Escoubès-Pouts 65 ....297 F2
Escoublère (Manoir de l') 53 ....105 E4
Escoulis 31 ....299 F2
Escouloubre 11 ....311 D1
Escource 40 ....252 C1
Escoussans 33 ....236 C1
Escoussens 81 ....278 B3
Escout 64 ....296 B1
Escoutoux 63 ....190 B4
Escoville 14 ....29 F4
Escragnolles 06 ....269 D4
Escrennes 45 ....110 C1
Escrignelles 45 ....112 A4
Escrinet (Col de l') 07 ....246 B1
Escroux 81 ....279 D1
Escueillens 11 ....301 F2
Escurès 64 ....273 E3
Escures-sur-Favières 14 ....56 B1
Escurolles 03 ....189 F1
Ésery 74 ....195 F1
Eslettes 76 ....32 A1
Esley 88 ....94 A4
Eslourenties-Daban 64 ....273 E4
Esmans 77 ....88 A3
Esmery-Hallon 80 ....19 F4
Esmoulières 70 ....119 D3
Esmoulins 70 ....140 B3
Esnandes 17 ....163 E4
Esnans 25 ....141 F3
Esnes 59 ....20 A1
Esnes-en-Argonne 55 ....40 A4
Esnoms-au-Val 52 ....116 A3
Esnon 89 ....113 E2
Esnouveaux 52 ....116 C1
Espagnac 19 ....223 D1
Espagnac-Sainte-Eulalie 46 ....240 C2
Espagnols (Pointe des) 29 ....47 E3
Espalais 82 ....256 C2
Espalem 43 ....207 F4
Espalion 12 ....242 C3
Espaly-Saint-Marcel 43 ....227 D2
Espanès 31 ....276 C3
Espaon 32 ....275 E4
Esparron 05 ....249 D3
Esparron 31 ....299 E1
Esparron 83 ....285 F2
Esparron-de-Verdon 04 ....286 A1
Esparron-la-Bâtie 04 ....249 F4
Esparros 65 ....298 B2
Esparsac 82 ....257 D4
Espartignac 19 ....204 B3
Espas 32 ....273 F1
Espaubourg 60 ....33 F2
Espèche 65 ....298 B2
Espéchède 64 ....273 E4
Espédaillac 46 ....240 C2
Espelette 64 ....270 C4
Espeluche 26 ....247 D2
Espenel 26 ....247 F1

Espérausses 81 ....279 D1
Espéraza 11 ....302 B4
Esperce 31 ....300 C1
Espère 46 ....240 A3
L'Espérou 30 ....262 B2
Espès-Undurein 64 ....295 F1
Espeyrac 12 ....242 B2
Espeyroux 46 ....241 D1
Espezel 11 ....310 C1
Espieilh 65 ....298 A2
Espiens 47 ....255 F1
Espiet 33 ....218 C4
Espinas 82 ....258 C1
Espinasse 15 ....225 D4
Espinasse 63 ....188 C2
Espinasse-Vozelle 03 ....189 F1
Espinasses 05 ....249 F2
Espinchal 63 ....207 D3
Espinouse 04 ....267 E2
Espins 14 ....55 F1
Espira-de-Conflent 66 ....311 F2
Espira-de-l'Agly 66 ....312 C1
Espirat 63 ....190 A4
Espiute 64 ....271 F4
Esplantas 43 ....226 B3
Esplas 09 ....300 C2
Esplas-de-Sérou 09 ....300 B3
Espoey 64 ....297 E1
Espondeilhan 34 ....280 B3
Esprels 70 ....141 F1
Esquay-Notre-Dame 14 ....55 F1
Esquay-sur-Seulles 14 ....29 D3
Esquéhéries 02 ....10 A4
Esquelbecq 59 ....3 F2
Esquennoy 60 ....18 B4
Esquerchin 59 ....8 C2
Esquerdes 62 ....3 D4
Esquibien 29 ....72 C3
Esquièze-Sère 65 ....297 F4
Esquillon (Pointe de l') 06 ....288 A4
Esquiule 64 ....296 A1
Essalois (Château d') 42 ....209 F3
Les Essards 16 ....219 E1
Les Essards 17 ....181 E4
Les Essards 37 ....130 A3
Les Essards-Taignevaux 39 ....159 D3
Essarois 21 ....115 F4
Essars 21 ....8 A1
Les Essarts 27 ....58 B3
Les Essarts 41 ....107 F4
Les Essarts 76 ....32 A3
Les Essarts 85 ....146 A4
Les Essarts-le-Roi 78 ....60 A4
Les Essarts-le-Vicomte 51 ....63 E4
Les Essarts-lès-Sézanne 51 ....63 E4
Les Essarts-Varimpré 76 ....16 C3
Essavilly 39 ....160 B3
Les Esseintes 33 ....237 D2
Essert 89 ....136 C1
Essert 90 ....119 F4
Essert-Romand 74 ....178 C4
Essertaux 80 ....18 A4
Essertenne 71 ....157 E4
Essertenne-et-Cecey 70 ....140 A2
Essertines-en-Châtelneuf 42 ....209 D1
Essertines-en-Donzy 42 ....192 A4
Esserts-Blay 73 ....214 A1
Esserts-Salève 74 ....195 F1
Essey 21 ....138 C4
Essey-et-Maizerais 54 ....67 E2
Essey-la-Côte 54 ....94 C2
Essey-les-Eaux 52 ....116 C1
Essey-les-Nancy 54 ....68 B4
Essey-les-Ponts 52 ....115 F2
Essia 39 ....176 C1
Essigny-le-Grand 02 ....20 A3
Essigny-le-Petit 02 ....20 B2
Essises 02 ....63 D2
Essômes-sur-Marne 02 ....63 D1
Esson 14 ....55 F2
Essoyes 10 ....115 D1
Essuiles 60 ....34 B2
Les Estables 43 ....227 F3
Estables 48 ....244 B1
Establet 26 ....248 B2
Estadens 31 ....299 E2
Estagel 66 ....312 C1
Estaing 12 ....242 C2
Estaing 65 ....297 E3
Estaires 59 ....4 A4
Estal 46 ....223 D4
Estampes 32 ....274 B4
Estampures 65 ....274 B4
Estancarbon 31 ....299 E2
Estandeuil 63 ....208 A1
Estang 32 ....254 C4
L'Estaque 13 ....284 C4
Estarvielle 65 ....298 B4
Estavar 66 ....310 C4
Esteil 63 ....208 A3
Estenc 06 ....251 D4
Estensan 65 ....298 B4
Estérençuby 64 ....295 D2
Esternay 51 ....63 E4
Esterre 65 ....297 F4
Estevelles 62 ....8 C2
Esteville 76 ....32 B1
Estézargues 30 ....264 B3
Estialescq 64 ....296 B1
Estibeaux 40 ....271 F2
Estigarde 40 ....254 C2
Estillac 47 ....256 A2

Estipouy 32 ....274 B2
Estirac 65 ....273 F3
Estissac 10 ....89 F4
Estivals 19 ....222 A2
Estivareilles 03 ....170 C3
Estivareilles 42 ....209 E3
Estivaux 19 ....204 A4
Estoher 66 ....311 F2
Estos 64 ....296 B1
Estoublon 04 ....267 F3
Estouches 91 ....86 C3
Estourmel 59 ....9 E4
Estouteville-Écalles 76 ....32 C1
Estouy 45 ....87 D4
Estrablin 38 ....211 D2
Estramiac 32 ....256 C4
Estrébay 08 ....22 A3
Estrébœuf 80 ....6 A4
L'Estréchure 30 ....262 C2
Estrée 62 ....6 B1
Estrée-Blanche 62 ....7 E1
Estrée-Cauchy 62 ....8 A2
Estrée-Wamin 62 ....7 F3
Estréelles 62 ....6 B1
Estrées 62 ....20 A2
Estrées 59 ....8 C3
Estrées-Deniécourt 80 ....19 E3
Estrées-en-Chaussée 80 ....19 F3
Estrées-la-Campagne 14 ....56 A1
Estrées-lès-Crécy 80 ....6 C3
Estrées-Saint-Denis 60 ....35 D2
Estrées-sur-Noye 80 ....18 B3
Estrennes 88 ....94 A3
Estreux 59 ....9 F3
Estry 14 ....55 D2
Esves-le-Moutier 37 ....150 B2
Esvres 37 ....131 D2
Eswars 59 ....9 D4
Étable 73 ....213 E2
Étables 07 ....228 C4
Étables-sur-Mer 22 ....51 D3
Étagnac 16 ....184 C3
Étaimpuis 76 ....16 A4
Étain 55 ....40 C4
Étaing 62 ....8 C3
Étainhus 76 ....14 C3
Étais 21 ....115 D4
Étais-la-Sauvin 89 ....136 A2
Étalans 25 ....141 F4
Étalante 21 ....138 C2
Étalle 08 ....22 B3
Étalleville 76 ....15 F2
Étalon 80 ....19 E3
Étalondes 76 ....16 C1
Étampes 91 ....86 C2
Étampes-sur-Marne 02 ....63 D1
L'Étang-Bertrand 50 ....24 C3
L'Étang-la-Ville 78 ....60 B3
Étang-sur-Arroux 71 ....156 C3
L'Étang-Vergy 21 ....158 A1
Les Étangs 57 ....42 A4
Étaples 62 ....6 B1
Étaule 89 ....137 D2
Étaules 17 ....180 C4
Étaules 21 ....139 D2
Étauliers 33 ....217 E1
Étaves-et-Bocquiaux 02 ....20 B2
Étavigny 60 ....62 A1
Etcharry 64 ....271 F4
Etchebar 64 ....295 F2
Éteaux 74 ....195 F1
Éteignières 08 ....22 A2
Éteimbes 68 ....120 A3
Étel 56 ....100 A4
Ételfay 80 ....18 C4
L'Ételon 03 ....170 C1
Étercy 74 ....195 D3
Éternoz 25 ....160 B2
Éterpigny 62 ....8 C3
Éterpigny 80 ....19 E2
Éterville 14 ....29 E4
Étevaux 21 ....139 F3
Eth 59 ....10 A1
Étienville 50 ....25 D3
Étigny 89 ....112 C1
Les Étilleux 28 ....84 A4
Étinehem 80 ....19 D2
Étiolles 91 ....87 E1
Étival 39 ....177 D2
Étival-Clairefontaine 88 ....95 F2
Étival-lès-le-Mans 72 ....106 C2
Étivey 89 ....137 E1
Étobon 70 ....119 E4
Étoges 51 ....63 F3
Étoile 39 ....159 E4
L'Étoile 80 ....17 F1
Étoile-Saint-Cyrice 05 ....248 C4
Étoile-sur-Rhône 26 ....229 D4
Éton 55 ....40 C3
Étormay 21 ....138 B1
Étouars 24 ....202 B2
Étourvy 10 ....114 B2
Étoutteville 76 ....15 E3
Étouvans 25 ....142 B2
Étouvelles 02 ....36 C1
Étouy 60 ....34 C2
Étrabonne 25 ....140 C4
Étrappe 25 ....142 A2
L'Étrat 42 ....210 A3
Étray 25 ....161 D1
Étraye 55 ....40 A3
Étréaupont 02 ....21 E2
Étrechet 36 ....152 A4
Étréchy 18 ....154 A1
Étréchy 51 ....64 A3
Étréchy 91 ....86 C2
Étréham 14 ....28 C3

Étreillers 02 ....19 F3
Étréjust 80 ....17 E2
Étrelles 35 ....104 B1
Étrelles-et-la-Montbleuse 70 ....140 C2
Étrelles-sur-Aube 10 ....89 F1
Étrembières 74 ....178 A4
Étrépagny 27 ....33 D3
Étrépigny 08 ....22 C4
Étrépilly 02 ....62 C1
Étrépilly 77 ....62 A1
Étrepy 51 ....65 F3
Étretat 76 ....14 B2
Étreux 02 ....10 A4
Étreval 54 ....94 A2
Étréville 27 ....31 E3
Étriac 16 ....201 D2
Étriché 49 ....128 C1
Étricourt-Manancourt 80 ....19 E1
Étrigny 71 ....175 D1
Étrochey 21 ....115 D3
Étrœungt 59 ....10 B4
Étroitefontaine 70 ....142 A1
Étroussat 03 ....189 F1
Étrun 62 ....8 A3
Étsaut 64 ....296 B4
Ettendorf 67 ....70 C1
Etting 57 ....44 A4
Etueffont 90 ....119 F4
Étupes 25 ....142 C1
Éturqueraye 27 ....31 E3
Étuz 70 ....141 D3
Étzling 57 ....43 D4
Eu 76 ....16 C1
Euffigneix 52 ....116 A1
Eugénie-les-Bains 40 ....273 D1
Euilly-et-Lombut 08 ....23 E4
Eulmont 54 ....68 B3
Eup 31 ....299 D2
Eurre 26 ....229 E4
Eurville-Bienville 52 ....91 F3
Eus 66 ....311 F2
Euvezin 54 ....67 F2
Euville 55 ....67 D3
Euvy 51 ....64 A4
Euzet 30 ....263 F2
Évaillé 72 ....107 F3
Évans 39 ....140 C4
Évaux-et-Ménil 88 ....94 B3
Évaux-les-Bains 23 ....188 A1
Ève 60 ....61 F1
Évecquemont 78 ....60 B2
Évenos 83 ....291 F3
Évergnicourt 02 ....37 F2
Everly 77 ....88 C2
Évette-Salbert 90 ....119 F4
Éveux 69 ....192 B4
Évian-les-Bains 74 ....178 C2
Évigny 08 ....22 C4
Évillers 25 ....160 C2
Évin-Malmaison 62 ....8 C2
Évires 74 ....195 F2
Évisa 2A 316 B1
Évosges 01 ....194 A3
Évran 22 ....78 C2
Évrange 57 ....41 F1
Évrecy 14 ....55 F1
Évres 55 ....66 A2
Évreux 27 ....58 C2
Évricourt 60 ....35 F1
Évriguet 56 ....102 A1
Évron 53 ....81 F4
Évry 89 ....88 C4
Évry 91 ....87 D1
Évry-Grégy-sur-Yerres 77 ....87 F1
Excenevex 74 ....178 B3
Excideuil 24 ....203 E4
Exermont 08 ....39 E3
Exideuil 16 ....184 C3
Exincourt 25 ....142 C1
Exireuil 79 ....165 E3
Exmes 61 ....57 D4
Exoudun 79 ....165 E3
Expiremont 17 ....199 F4
Expo Faune Lorraine 88 ....119 F1
Eybens 38 ....230 C1
Eybouleuf 87 ....186 A4
Eyburie 19 ....204 B3
Eycheil 09 ....300 A3
Eydoche 38 ....212 A3
Eygalayes 26 ....266 B1
Eygaliers 26 ....248 B3
Eygalières 13 ....284 A1
Eygliers 05 ....250 C1
Eygluy-Escoulin 26 ....229 F4
Eyguians 05 ....249 D4
Eyguières 13 ....284 A1
Eygurande 19 ....206 A1
Eygurande-Gardedeuil 24 ....219 E2
Eyharce 64 ....295 D1
Eyjeaux 87 ....186 A4
Eyliac 24 ....221 D1
Eymet 24 ....238 A1
Eymeux 26 ....229 F2
Eymouthiers 16 ....202 A2
Eymoutiers 87 ....204 C1
Eyne 66 ....311 D3
Eyne 2600 66 ....311 D3
Eynesse 33 ....219 E4
Eyragues 13 ....265 D4
Eyrans 33 ....217 E1
Eyrein 19 ....205 D4
Eyrenville 24 ....238 B1
Eyres-Moncube 40 ....272 B1
Eyrignac (Jardins d') 24 ....221 F3
Eyroles 26 ....247 F3
Eysines 33 ....217 D3
Eysson 25 ....142 A4
Eysus 64 ....296 B2
Eyvirat 24 ....202 C4
Eywiller 67 ....70 A1
Eyzahut 26 ....247 E2
Eyzerac 24 ....203 D3
Les Eyzies-de-Tayac 24 ....221 E3
Eyzin-Pinet 38 ....211 E3
Ézanville 95 ....61 D1
Èze 06 ....289 E4
Ézy-sur-Eure 27 ....59 E3

F

Fa 11 ....302 A4
Fabas 09 ....300 A2
Fabas 31 ....275 E4
Fabas 82 ....257 F4
Fabras 07 ....245 F1
Fabrègues 34 ....281 E3
Fabrezan 11 ....303 E2
Faches-Thumesnil 59 ....8 C1
Fâchin 58 ....156 B2
Facture 33 ....235 D1
Fades (Viaduc des) 63 ....188 C3
Fage (Gouffre de la) 19 ....222 B2
La Fage-Montivernoux 48 ....243 F1
La Fage-Saint-Julien 48 ....225 F4
Fageole (Col de la) 15 ....225 E2
Le Faget 31 ....277 E2
Faget-Abbatial 32 ....275 D3
Fagnières 51 ....64 C2
Fagnon 08 ....22 C4
Fahy-lès-Autrey 70 ....140 A2
Failly 57 ....41 F4
Faimbe 25 ....142 B2
Fain-lès-Montbard 21 ....138 A1
Fain-lès-Moutiers 21 ....137 F1
Fains 27 ....59 D2
Fains-la-Folie 28 ....85 F4
Fains-les-Sources 55 ....66 B3
Faissault 08 ....38 C1
Fajac-en-Val 11 ....302 C2
Fajac-la-Relenque 11 ....301 E1
Fajoles 46 ....222 A4
La Fajolle 11 ....310 C1
Fajolles 82 ....257 D3
Falaise 08 ....39 D2
Falaise 14 ....56 B2
La Falaise 78 ....60 A2
Falck 57 ....42 B3
Faleyras 33 ....218 C4
Falga 31 ....277 E3
Le Falgoux 15 ....224 B1
Falgueyrat 24 ....238 B1
Falicon 06 ....288 C2
Falkwiller 68 ....120 A3
Fallencourt 76 ....17 D2
Fallerans 25 ....160 C1
Falleron 85 ....145 E3
Falletans 39 ....159 E1
Fallières 88 ....119 D1
Fallon 70 ....142 A1
La Faloise 80 ....18 B4
Fals 47 ....256 B2
Falvy 80 ....19 E3
Famars 59 ....9 F3
Famechon 62 ....7 F4
Famechon 80 ....17 F3
Fameck 57 ....41 F3
Familly 14 ....57 E2
Fampoux 62 ....8 B3
Fanget (Col du) 04 ....250 A4
Fanjeaux 11 ....301 F2
Fanlac 24 ....221 E2
Le Faou 29 ....73 F1
Le Faouët 22 ....50 C2
Le Faouët 56 ....99 F1
Faramans 01 ....193 E3
Faramans 38 ....211 F3
Farbus 62 ....8 B3
Farceaux 27 ....33 D3
Farcheville (Château de) 91 ....87 D2
La Fare-en-Champsaur 05 ....249 E1
La Fare-les-Oliviers 13 ....284 B2
Farébersviller 57 ....43 D4
Fareins 01 ....192 C2
Faremoutiers 77 ....62 B3
Farges 01 ....195 D1
Les Farges 24 ....221 F2
Farges-Allichamps 18 ....153 E4
Farges-en-Septaine 18 ....153 F2
Farges-lès-Chalon 71 ....158 A3
Farges-lès-Mâcon 71 ....175 E2
Fargniers 02 ....20 A4
Fargues 33 ....236 B2
Fargues 40 ....272 C1
Fargues 46 ....239 F4
Fargues-Saint-Hilaire 33 ....217 F4
Fargues-sur-Ourbise 47 ....255 E1
Farincourt 52 ....117 E4
Farinole 2B 315 E1
La Farlède 83 ....292 B2
Farnay 42 ....210 A2
Faron (Mont) 83 ....291 F3
Faronville 45 ....86 B4
Farrou 12 ....241 E4
Farschviller 57 ....43 D4
Fatines 72 ....107 D1
Fatouville-Grestain 27 ....30 C2
Le Fau 15 ....224 B2
Fau-de-Peyre 48 ....243 F1
Fauch 81 ....259 F4
Faucigny 74 ....195 F1
La Faucille (Col de) 01 ....177 F1
Faucogney-et-la-Mer 70 ....119 D3

Faucompierre 88....95 E4
Faucon 84....247 F4
Faucon-de-Barcelonnette 04....250 C3
Faucon-du-Caire 04....249 F3
Fauconcourt 88....95 D2
Faucoucourt 02....36 C1
Faudoas 82....257 D4
Le Fauga 31....276 B4
Faugères 07....245 F3
Faugères 34....280 B2
Fauguernon 14....30 C4
Fauguerolles 47....237 F3
Fauillet 47....237 F3
Le Faulq 14....30 C4
Faulquemont 57....69 D1
Faulx 54....68 B3
Faumont 59....9 D2
Fauquembergues 62....7 D1
La Faurie 05....248 C2
Faurilles 24....238 C1
Fauroux 82....257 D1
Faussergues 81....260 A3
La Faute-sur-Mer 85....163 D3
Fauverney 21....139 E4
Fauville 27....58 C1
Fauville-en-Caux 76....15 D3
Faux 08....38 B1
Faux 24....220 B4
Faux de Verzy 51....38 A4
Faux-Fresnay 51....90 A1
Faux-la-Montagne 23....205 D1
Faux-Mazuras 23....186 C3
Faux-Vésigneul 51....64 C3
Faux-Villecerf 10....89 F3
Favalello 2B....317 E1
Favars 19....204 C4
La Favède 30....263 D1
Faveraye-Mâchelles 49....128 B4
Faverdines 18....170 C1
Faverelles 45....135 D1
Faverges 74....195 F4
Faverges-de-la-Tour 38....212 B1
Faverney 70....118 B3
Faverois 90....120 A4
Faverolles 02....36 A4
Faverolles 15....225 E3
Faverolles 28....59 F4
Faverolles 36....151 E1
Faverolles 52....116 B2
Faverolles 61....56 A4
Faverolles 80....19 D4
Faverolles-et-Coëmy 51....37 E4
Faverolles-la-Campagne 27....58 B2
Faverolles-lès-Lucey 21....115 F3
Faverolles-les-Mares 27....57 F1
Faverolles-sur-Cher 41....131 F3
La Favière 39....160 B4
La Favière 83....293 D2
La Favière (Plage de) 83....293 D2
Favières 28....84 C2
Favières 54....93 F2
Favières 77....61 F4
Favières 80....6 B4
Favone 2A....319 F1
Favresse 51....65 E4
Favreuil 62....19 E1
Favrieux 78....59 F2
Le Favril 27....31 D4
Le Favril 28....84 C2
Le Favril 59....10 A3
Fay 61....57 E4
Le Fay 71....176 A1
Fay 72....106 C2
Fay 80....19 E2
Fay-aux-Loges 45....110 C3
Fay-de-Bretagne 44....126 A2
Fay-en-Montagne 39....159 F4
Fay-le-Clos 26....229 D1
Fay-les-Étangs 60....33 F4
Fay-lès-Marcilly 10....89 E3
Fay-lès-Nemours 77....87 F4
Le Fay-Saint-Quentin 60....34 B2
Fay-sur-Lignon 43....227 F3
Faycelles 46....241 D2
La Faye 76....183 E2
Faye 41....108 C4
La Faye (Pas de) 06....287 F1
Faye-d'Anjou 49....128 B4
Faye-la-Vineuse 37....149 E2
Faye-l'Abbesse 79....148 A3
Faye-sur-Ardin 79....164 C2
Le Fayel 60....35 D3
Fayence 83....287 E1
Fayet 02....20 A3
Fayet 12....279 F1
Le Fayet 74....196 B3
Fayet-le-Château 63....208 A1
Fayet-Ronaye 63....208 B3
Fayl-Billot 52....117 E3
Faymont 70....142 A1
Faymoreau 85....164 B2
Fayrac 24....221 E4
Fays 52....92 A4
Fays 88....95 E4
Fays-la-Chapelle 10....114 A1
Fayssac 81....259 D3
Féas 64....296 A2
Febvin-Palfart 62....7 E1
Fécamp 76....14 C2
Féchain 59....9 D3
Fêche-l'Église 90....120 A4
La Féclaz 73....213 D1
Fécocourt 54....94 A2
Fédry 70....140 C1
Fegersheim 67....71 D4
Fégréac 44....125 E1
Feigères 74....195 E1
Feigneux 60....35 E4
Feignies 59....10 B2

Feillens 01....175 E3
Feings 41....132 A3
Feings 61....83 F1
Feins 35....79 E3
Feins-en-Gâtinais 45....112 A4
Feissons-sur-Isère 73....214 A1
Feissons-sur-Salins 73....214 A1
Le Fel 12....242 B1
Fel 61....56 C1
Felce 2B....315 F4
Feldbach 68....120 B4
Feldkirch 68....120 B1
Feliceto 2B....314 C3
Félines 07....210 C4
Félines 43....208 C4
Félines-Minervois 34....279 D4
Félines-sur-Rimandoule 26....247 E2
Félines-Termenès 11....303 D3
Felleries 59....10 C3
Fellering 68....120 A1
Felletin 23....187 F3
Felluns 66....311 F1
Felon 90....120 A3
Felzins 46....241 E2
Fenain 59....9 E3
Fénay 21....139 E4
Fendeille 11....301 E1
Fénery 79....165 D1
Fénétrange 57....69 F2
Feneu 49....128 B1
Fénéols 82....258 C2
Féniers 23....205 E1
Féniers (Abbaye de) 15....206 C4
Fenioux 17....181 F3
Fenioux 79....164 C2
Fenneviller 54....95 F1
Le Fenouiller 85....144 C4
Fenouillet 31....276 B1
Fenouillet 66....311 F1
Fenouillet (Sommet du) 83....292 B2
Fenouillet-du-Razès 11....301 F2
Fépin 08....11 F4
Fer à Cheval (Cirque du) 74....196 C1
Ferayola 2B....314 A4
Fercé 44....103 F3
Fercé-sur-Sarthe 72....106 B3
Ferdrupt 88....119 E2
La Fère 02....20 B4
Fère (Château de) 02....36 C4
Fère-Champenoise 51....64 A4
Fère-en-Tardenois 02....36 C4
Férebrianges 51....63 F3
La Férée 08....22 A3
Férel 56....123 F3
Ferfay 62....7 F1
Féricy 77....87 F2
Férin 59....8 C3
Fermanville 50....25 D2
Ferme de Navarin
 (Monument de la) 51....38 C4
La Fermeté 58....155 D2
Ferney-Voltaire 01....177 F4
Fernoël 63....188 A4
Férolles 45....110 C3
Férolles-Attilly 77....61 E4
Féron 59....10 C4
Ferques 62....2 B3
Ferrals-les-Corbières 11....303 E2
Ferrals-les-Montagnes 34....279 D4
Ferran 11....302 A2
Le Ferré 35....80 A1
Ferrensac 47....238 B1
Ferrère 65....298 C3
Les Ferres 06....269 F3
Ferrette 68....120 C4
Ferreux 10....89 E2
La Ferrière 22....77 F4
La Ferrière 37....131 D1
La Ferrière 38....213 E4
La Ferrière 85....146 A4
La Ferrière-Airoux 86....166 B4
La Ferrière-au-Doyen 14....55 D1
La Ferrière-au-Doyen 61....57 E4
La Ferrière-aux-Étangs 61....55 F4
La Ferrière-Béchet 61....82 C1
La Ferrière-Bochard 61....82 B3
La Ferrière-de-Flée 49....104 C4
La Ferrière-Duval 14....55 E2
La Ferrière-en-Parthenay 79....165 F1
Ferrière-et-Lafolie 52....92 A2
La Ferrière-Harang 14....55 D2
Ferrière-la-Grande 59....10 B2
Ferrière-la-Petite 59....10 C2
Ferrière-Larçon 37....150 B3
Ferrière-sur-Beaulieu 37....150 C1
La Ferrière-sur-Risle 27....58 A2
Ferrières 17....164 A4
Ferrières 50....80 C1
Ferrières 54....94 B1
Ferrières 60....34 C1
Ferrières 65....297 D3
Ferrières 74....195 E2
Ferrières 80....18 A2
Ferrières 81....278 C2
Ferrières-en-Bray 76....33 E2
Ferrières-en-Brie 77....61 F3
Ferrières-en-Gâtinais 45....111 F1
Ferrières-Haut-Clocher 27....58 B2
Ferrières-la-Verrerie 61....57 E4
Ferrières-les-Bois 25....140 A4
Ferrières-lès-Ray 70....140 C1
Ferrières-lès-Scey 70....118 A4
Ferrières-les-Verreries 34....262 C4
Ferrières-Poussarou 34....279 F3
Ferrières-Saint-Hilaire 27....57 F1
Ferrières-Saint-Mary 15....225 D1

Ferrières-sur-Ariège 09....301 D4
Ferrières-sur-Sichon 03....190 B2
Ferrussac 43....226 A2
Fertans 25....160 B1
La Ferté 39....159 F2
La Ferté-Alais 91....87 D2
La Ferté-Beauharnais 41....133 D2
La Ferté-Bernard 72....83 F4
La Ferté-Chevresis 02....20 C4
La Ferté-Frênel 61....57 D3
La Ferté-Gaucher 77....62 C4
La Ferté-Hauterive 03....172 B3
La Ferté-Imbault 41....133 E4
La Ferté-Loupière 89....112 C3
La Ferté-Macé 61....81 F1
La Ferté-Milon 02....36 A4
La Ferté-Saint-Aubin 45....110 B4
La Ferté-Saint-Cyr 41....132 C1
La Ferté-Saint-Samson 76....33 D1
La Ferté-sous-Jouarre 77....62 B2
La Ferté-sur-Chiers 08....40 A1
La Ferté-Vidame 28....84 B1
La Ferté-Villeneuil 28....109 D2
Fertrève 58....155 F2
Fervaches 50....54 C1
Fervaques 14....57 D1
Fescamps 80....19 D4
Fesches-le-Châtel 25....142 C1
Fesmy-le-Sart 02....10 A4
Fesques 76....16 C3
Fessanvilliers-
 Mattanvilliers 28....58 B4
Fessenheim 68....121 D1
Fessenheim-le-Bas 67....70 C3
Fessevillers 25....142 C3
Les Fessey 70....119 D3
Fessy 74....178 B4
Festalemps 24....219 F1
Festes-et-Saint-André 11....302 A3
Festieux 02....37 D1
Festigny 51....63 F1
Festigny 89....136 B2
Festre (Col du) 05....249 D1
Festubert 62....8 A1
Le Fête 21....157 E1
Féternes 74....178 C3
Fétigny 39....176 C2
Feucherolles 78....60 B3
Feuchy 62....8 B3
Feugarolles 47....255 F1
Feugères 50....27 D4
Feuges 10....90 B3
Feuguerolles 27....58 C1
Feuguerolles-sur-Orne 14....55 F1
Feuguerolles-sur-Seulles 14....29 D4
Feuilla 11....303 F4
Feuillade 16....202 A2
La Feuillade 24....222 A2
La Feuillée 29....49 E4
Feuillères 80....19 E2
La Feuillie 50....26 C4
La Feuillie 76....33 D2
Feule 25....142 B3
Feuquières 60....17 E4
Feuquières-en-Vimeu 80....17 D1
Feurs 42....191 F4
Feusines 36....169 F2
Feux 18....135 D4
Fèves 57....41 F4
Fey 57....68 A1
Fey-en-Haye 54....67 F2
Feyt 19....206 A1
Feytiat 87....186 A4
Feyzin 69....211 D1
Fiac 81....277 F1
Ficaja 2B....315 F4
Ficajola 2A....316 A1
Ficheux 62....8 B4
Fichous-Riumayou 64....272 C3
Le Fidelaire 27....58 A2
Le Fied 39....159 F4
Le Fief-Sauvin 49....127 E4
Fieffes 80....18 A1
Fiefs 62....7 E1
Fiennes 62....2 B3
Fienvillers 80....18 A1
Fier (Gorges du) 74....195 E3
Fierville-la-Campagne 14....56 B1
Fierville-les-Mines 50....24 C4
Fierville-les-Parcs 14....30 C4
Le Fieu 33....219 D2
Fieulaine 02....20 B2
Fieux 47....255 F2
Figanières 83....287 D2
Figareto 2B....315 C4
Figari 2A....319 D3
Figarol 31....299 E2
Figeac 46....241 E2
Fignévelle 88....117 F2
Fignières 80....18 C4
Filain 02....36 C2
Filain 70....141 E1
Filitosa (Station
 Préhistorique de) 2A....318 C1
Fillé 72....106 C3
Fillières 54....41 D2
Filliévres 62....7 D3
Fillinges 74....195 F1
Fillols 66....311 F3
Filstroff 57....42 B2
Filménil 88....95 E4
Findrol 74....195 F1
Finestret 66....311 F2
Les Fins 25....161 E1
Fins 80....19 F1
Fiquefleur-Équainville 27....30 C4

Firfol 14....30 C4
Firmi 12....241 F2
Firminy 42....209 F3
Fislis 68....120 C4
Fismes 51....37 D3
Fitignieu 01....194 B3
Fitilieu 38....212 B3
Fitou 11....303 F4
Fitz-James 60....34 C3
Fix-Saint-Geneys 43....226 C1
Fixem 57....41 F2
Fixin 21....139 D4
Flabas 55....40 B3
Flacé-lès-Mâcon 71....175 D4
Flacey 21....139 E2
Flacey 28....109 D1
Flacey-en-Bresse 71....176 B1
La Flachère 38....213 D3
Flachères 38....211 F2
Flacourt 78....59 F2
Flacy 89....89 E4
Flagey 25....160 B1
Flagey 52....116 C3
Flagey-Échézeaux 21....158 B1
Flagey-lès-Auxonne 21....159 D3
Flagey-Rigney 25....141 E2
Flagnac 12....241 F2
Flagy 70....118 B4
Flagy 71....174 C2
Flagy 77....88 A3
Flaignes-Havys 08....22 A3
Flaine 74....196 B3
Flainval 54....68 C4
Flamanville 50....24 B4
Flamanville 76....15 F3
Flamarens 32....256 C3
La Flamengrie 02....10 B4
La Flamengrie 59....10 A1
Flamets-Frétils 76....17 D4
Flammerans 21....140 A4
Flammerécourt 52....92 A3
Flancourt-Catelon 27....31 F3
Flangebouche 25....142 A4
Flaran (Abbaye de) 32....255 E4
Flassan 84....265 F2
Flassans-sur-Issole 83....286 C3
Flassigny 55....40 B2
Flastroff 57....42 B2
Flat 63....207 F2
Flaucourt 80....19 E2
Flaugeac 24....238 A1
Flaujac-Gare 46....240 C1
Flaujac-Poujols 46....240 A4
Flaujagues 33....219 E4
Flaumont-Waudrechies 59....10 B3
Flaux 30....264 B3
Flavacourt 60....33 F3
Flaviac 07....246 C1
Flavignac 87....203 E1
Flavignerot 21....139 D4
Flavigny 18....154 A2
Flavigny 51....64 A2
Flavigny-le-Grand-
 et-Beaurain 02....20 C2
Flavigny-sur-Moselle 54....94 B1
Flavigny-sur-Ozerain 21....138 B2
Flavin 12....260 B1
Flavy-le-Martel 02....20 A4
Flavy-le-Meldeux 60....19 F4
Flaxieu 01....194 C4
Flaxlanden 68....120 C3
Flayat 23....188 A4
Flayosc 83....287 D2
Fléac 16....201 E1
Fléac-sur-Seugne 17....199 E2
La Flèche 72....106 B4
Fléchères (Château de) 01....192 C2
Fléchin 62....7 E1
Fléchy 60....34 B1
Fleckenstein (Château de) 67....45 D3
Flée 21....137 F2
Flée 72....107 E4
Fleigneux 08....23 D3
Fleisheim 57....70 A2
Le Fleix 24....219 F4
Fleix 86....167 D2
Fléré-la-Rivière 36....150 C2
Flers 61....55 E4
Flers 62....7 E3
Flers 80....19 E1
Flers-en-Escrebieux 59....8 C2
Flers-sur-Noye 80....18 A4
Flesquières 59....9 D4
Flesselles 80....18 A1
Flétrange 57....69 D1
Flêtre 59....4 A3
Fléty 58....156 B4
Fleurac 16....201 D1
Fleurac 24....221 E3
Fleurance 32....256 B3
Fleurat 23....169 D4
Fleurbaix 62....4 A1
Fleuré 61....56 B4
Fleuré 86....166 C2
Fleurey 25....142 C3
Fleurey-lès-Faverney 70....118 A4
Fleurey-lès-Lavoncourt 70....117 F4
Fleurey-lès-Saint-Loup 70....118 C2
Fleurey-sur-Ouche 21....138 C3
Fleurie 69....192 C1
Fleuriel 03....172 A4
Fleurieu-sur-Saône 69....192 C3
Fleurieux-sur-l'Arbresle 69....192 B4
Fleurigné 35....80 B3
Fleurines 60....35 D4
Fleurville 71....175 D3
Fleury 02....36 A4

Fleury 11....304 C1
Fleury 50....54 A3
Fleury 57....68 A1
Fleury 60....33 F4
Fleury 62....7 E2
Fleury 80....18 A4
Fleury-devant-Douaumont 55....40 B4
Fleury-en-Bière 77....87 E2
Fleury-la-Forêt 27....33 D2
Fleury-la-Montagne 71....191 E1
Fleury-la-Rivière 51....63 F1
Fleury-la-Vallée 89....113 D3
Fleury-les-Aubrais 45....110 A3
Fleury-Mérogis 91....87 D1
Fleury-sur-Aire 55....66 B1
Fleury-sur-Andelle 27....32 C3
Fleury-sur-Loire 58....155 D4
Fleury-sur-Orne 14....29 E4
Fléville 08....39 E3
Fléville-devant-Nancy 54....68 B4
Fléville-Lixières 54....41 D3
Flévy 57....41 F3
Flexanville 78....59 F3
Flexbourg 67....70 C3
Fley 71....174 C1
Fleys 89....114 A3
Flez-Cuzy 58....136 B3
Fligny 08....22 A2
Flin 54....95 D1
Flines-lès-Mortagne 59....9 E1
Flines-lez-Raches 59....9 D2
Flins-Neuve-Église 78....59 F3
Flins-sur-Seine 78....60 A2
Flipou 27....32 B3
Flirey 54....67 F2
Flixecourt 80....17 F1
Flize 08....22 C4
La Flocellière 85....147 D3
Flocourt 57....68 C1
Flocques 76....16 C1
Flogny-la-Chapelle 89....114 A2
Floing 08....23 D4
Floirac 17....199 D3
Floirac 33....217 E4
Floirac 46....222 B3
Florange 57....41 F3
Florémont 88....94 B3
Florensac 34....280 C4
Florent-en-Argonne 51....39 E4
Florentia 39....176 B3
Florentin 81....259 D4
Florentin-la-Capelle 12....242 B2
Floressas 46....239 E3
Florimont 90....120 A4
Florimont-Gaumier 24....239 F1
Floringhem 62....7 F1
Flornoy 52....92 A1
La Flotte 17....163 D4
Flottemanville 50....25 D3
Flottemanville-Hague 50....24 B2
Floudès 33....237 D2
Floure 11....302 C2
Flourens 31....277 D2
Floursies 59....10 B3
Floyon 59....10 B4
Fluy 80....18 A3
Foameix 55....40 C3
Focicchia 2B....317 E1
Foëcy 18....152 C1
Le Fœil 22....51 D4
Foisches 08....13 D3
Foissac 12....241 D2
Foissac 30....263 F2
Foissiat 01....176 A3
Foissy 21....157 E1
Foissy-lès-Vézelay 89....136 C3
Foissy-sur-Vanne 89....89 D4
Foix 09....301 D4
Folcarde 31....277 E4
Folelli 2B....315 F3
Folembray 02....36 B1
Folgensbourg 68....120 C4
Le Folgoët 29....47 D2
La Folie 14....27 F3
Folies 80....19 D3
Folkling 57....43 D4
Follainville-Dennemont 78....59 F2
Folles 87....186 A1
La Folletière 76....15 F3
La Folletière (Château de) 27....59 E2
La Folletière-Abenon 14....57 D2
Folleville 27....31 D4
Folleville 80....18 B4
Folligny 50....54 A3
Folpersviller 57....43 E4
Folschviller 57....42 C4
Fomerey 88....94 C4
Fomperron 79....165 E2
Foncegrive 21....139 E1
Fonches-Fonchette 80....19 E3
Foncine-le-Bas 39....177 F1
Foncine-le-Haut 39....177 F1
Foncquevillers 62....8 A4
Fond-de-France 38....213 E4
Fondamente 12....261 D4
Fondettes 37....130 C4
Fondremand 70....141 D2
Fongalop 24....239 D1
Fongrave 47....238 A4
Fongueusemare 76....14 C2
Fonroque 24....238 A1
Fons 07....246 A1
Fons 30....263 F4

Fons 46....241 D1
Fons-sur-Lussan 30....263 F1
Fonsommes 02....20 B2
Fonsorbes 31....276 A2
Font-Romeu-Odeillo-Via 66....310 B3
Fontain 25....141 D4
Fontaine 10....91 E4
Fontaine 38....230 C1
Fontaine 90....120 A3
Fontaine-au-Bois 59....10 A3
Fontaine-au-Pire 59....9 E3
Fontaine-Bellenger 27....32 B4
Fontaine-Bonneleau 60....18 A4
Fontaine-Chaalis 60....35 D4
Fontaine-Chalendray 17....183 D3
Fontaine-Couverte 53....104 B2
Fontaine-Daniel 53....81 E3
Fontaine-de-Vaucluse 84....265 E3
Fontaine-Denis-Nuisy 51....89 E1
Fontaine-en-Bray 76....16 C4
Fontaine-en-Dormois 51....39 D4
Fontaine-Étoupefour 14....29 E4
Fontaine-Fourches 77....89 D3
Fontaine-Française 21....139 F2
Fontaine-Guérard
 (Abbaye de) 27....32 C3
Fontaine-Guérin 49....129 D3
Fontaine-Henry 14....29 E3
Fontaine-Heudebourg 27....59 D1
Fontaine-la-Gaillarde 89....89 D4
Fontaine-la-Guyon 28....85 D2
Fontaine-la-Louvet 27....31 D4
Fontaine-la-Mallet 76....14 B4
Fontaine-la-Rivière 91....86 C3
Fontaine-la-Soret 27....31 E4
Fontaine-l'Abbé 27....58 A1
Fontaine-Lavaganne 60....33 F1
Fontaine-le-Bourg 76....32 B1
Fontaine-le-Comte 86....166 B2
Fontaine-le-Dun 76....15 F2
Fontaine-le-Pin 14....56 A2
Fontaine-le-Port 77....87 F2
Fontaine-le-Puits 73....214 B2
Fontaine-le-Sec 80....17 E2
Fontaine-les-Bassets 61....56 C3
Fontaine-lès-Boulans 62....7 E1
Fontaine-lès-Cappy 80....19 D2
Fontaine-lès-Clercs 02....20 A3
Fontaine-lès-Clerval 25....142 A1
Fontaine-les-Coteaux 41....108 A4
Fontaine-lès-Croisilles 62....8 B4
Fontaine-lès-Dijon 21....139 D3
Fontaine-lès-Grès 10....90 A2
Fontaine-lès-Hermans 62....7 E1
Fontaine-lès-Luxeuil 70....118 C3
Fontaine-les-Ribouts 28....85 D1
Fontaine-lès-Vervins 02....21 E3
Fontaine-l'Étalon 62....7 D3
Fontaine-Luyères 10....90 B3
Fontaine-Mâcon 10....89 D2
Fontaine-Milon 49....129 D3
Fontaine-Notre-Dame 02....20 B2
Fontaine-Notre-Dame 59....9 D4
Fontaine-Raoul 41....108 C2
Fontaine-Saint-Lucien 60....34 A2
La Fontaine-Saint-Martin 72....106 C4
Fontaine-Simon 28....84 B2
Fontaine-
 sous-Montaiguillon 77....89 D1
Fontaine-sous-Montdidier 80....18 C4
Fontaine-sous-Préaux 76....32 B2
Fontaine-sur-Ay 51....64 B1
Fontaine-sur-Coole 51....64 C3
Fontaine-sur-Maye 80....6 C4
Fontaine-sur-Somme 80....17 F1
Fontaine-Uterte 02....20 B2
Fontainebleau 77....87 F3
Fontainebrux 39....159 F4
Fontaines 71....158 A3
Fontaines 85....164 A3
Fontaines 89....112 C4
Fontaines-d'Ozillac 17....199 F3
Fontaines-en-Duesmois 21....138 B1
Fontaines-en-Sologne 41....132 B2
Fontaines-les-Sèches 21....114 C4
Fontaines-Saint-Clair 55....40 A2
Fontaines-Saint-Martin 69....193 D3
Fontaines Salées
 (Fouilles des) 89....136 C2
Fontaine-sur-Marne 52....92 B1
Fontaine-sur-Saône 69....193 D4
Les Fontainettes 60....33 F2
Fontains 77....88 B2
Fontan 06....289 F2
Fontanès 30....263 E4
Fontanès 34....263 D4
Fontanès 42....210 A2
Fontanès 46....240 A4
Fontanès 48....244 A1
Fontanès-de-Sault 11....311 D3
Fontanes-du-Causse 46....240 B1
Fontanges 15....224 B2
Fontangy 21....138 A3
Fontanières 23....188 A2
Fontanil-Cornillon 38....212 C4
Fontannes 43....208 A4
Fontans 48....244 A1
Fontarèches 30....264 A2
Fontcaude
 (Abbaye de) 34....280 A4
Fontclaireau 16....183 F3
Fontcouverte 11....303 D2
Fontcouverte 17....181 F4
Fontcouverte-
 la-Toussuire 73....213 F4
Fontdouce (Abbaye de) 17....182 B4
La Fontelaye 76....15 F3
Fontenai-les-Louvets 61....82 B1

Fontenai-sur-Orne 61 .....56 B4
Fontenailles 77 .....88 A1
Fontenailles 89 .....136 A1
Fontenay 27 .....33 D4
Fontenay 36 .....152 A2
Fontenay 50 .....54 C4
Fontenay 71 .....174 A2
Fontenay 76 .....14 B3
Fontenay 88 .....95 A4
Fontenay (Abbaye de) 21 .....138 A1
Fontenay-aux-Roses 92 .....61 D3
Fontenay-de-Bossery 10 .....89 D2
Fontenay-en-Parisis 95 .....61 D1
Fontenay-le-Comte 85 .....164 A2
Fontenay-le-Fleury 78 .....60 B3
Fontenay-le-Marmion 14 .....56 A1
Fontenay-le-Pesnel 14 .....29 D4
Fontenay-le-Vicomte 91 .....87 D1
Fontenay-lès-Briis 91 .....86 C1
Fontenay-Mauvoisin 78 .....59 F2
Fontenay-près-Chablis 89 .....113 F3
Fontenay-près-Vézelay 89 .....136 C3
Fontenay-Saint-Père 78 .....60 A2
Fontenay-sous-Bois 94 .....61 E3
Fontenay-sous-Fouronnes 89 .....136 B1
Fontenay-sur-Conie 28 .....109 F1
Fontenay-sur-Eure 28 .....85 E3
Fontenay-sur-Loing 45 .....111 F1
Fontenay-sur-Mer 50 .....25 E3
Fontenay-sur-Vègre 72 .....106 A3
Fontenay-Torcy 60 .....33 E1
Fontenay-Trésigny 77 .....62 A4
Fontenelle 02 .....10 B4
Fontenelle 21 .....139 F2
La Fontenelle 35 .....79 F2
La Fontenelle 41 .....108 B1
Fontenelle 90 .....119 F4
Fontenelle (Château de) 04 .....267 E2
Fontenelle-en-Brie 02 .....63 D2
Fontenelle-Montby 25 .....141 F2
Les Fontenelles 25 .....142 B4
Fontenelles (Abbaye des) 85 .....145 F4
Fontenermont 14 .....54 B3
Fontenet 17 .....182 B3
Fonteneille 16 .....183 F3
Fontenille 79 .....183 D1
Fontenilles 31 .....276 A3
Les Fontenis 79 .....141 D2
Fontenois-la-Ville 70 .....118 B2
Fontenois-lès-Montbozon 70 .....141 E2
Fontenotte 25 .....141 F3
Fontenouilles 89 .....112 B3
Fontenoy 02 .....36 A2
Fontenoy 89 .....135 F1
Fontenoy-la-Joûte 54 .....95 D2
Fontenoy-le-Château 88 .....118 B2
Fontenoy-sur-Moselle 54 .....67 F4
Fontenu 39 .....160 A4
Fonteny 39 .....160 A3
Fonteny 57 .....68 C2
Fonters-du-Razès 11 .....301 F1
Fontès 34 .....280 C3
Fontet 33 .....237 D2
Fontette 10 .....115 E1
Fontevraud-l'Abbaye 49 .....148 C1
Fontfreide 63 .....207 E1
Fontfroide (Abbaye de) 11 .....303 F2
Fontgombault 36 .....167 F1
Fontguenand 36 .....132 B4
Fontienne 04 .....267 D2
Fontiers-Cabardès 11 .....278 B4
Fontiès-d'Aude 11 .....302 C2
Fontjoncouse 11 .....303 E3
Fontoy 57 .....41 E2
Fontpédrouse 66 .....311 D3
Fontrabiouse 66 .....311 D2
Fontrailles 65 .....274 B4
Fontvannes 10 .....90 A4
Fontvieille 13 .....283 E1
Forbach 57 .....43 D4
Força Réal (Ermitage de) 66 .....312 C1
Forcalqueiret 83 .....286 B4
Forcalquier 04 .....266 C3
La Force 11 .....302 A2
La Force 24 .....220 A4
Forcé 53 .....105 D1
Forcelles-Saint-Gorgon 54 .....94 A2
Forcelles-sous-Gugney 54 .....94 A2
Forceville 80 .....18 C1
Forceville-en-Vimeu 80 .....17 E2
Forcey 52 .....92 C4
Forciolo 2A 316 C4
La Forclaz 74 .....178 C3
Forclaz (Col de la) 74 .....195 F3
Forest-en-Cambrésis 59 .....9 F4
Forest-l'Abbaye 80 .....6 C4
La Forest-Landerneau 29 .....47 F3
Forest-Montiers 80 .....6 B3
Forest-Saint-Julien 05 .....249 F1
Forest-sur-Marque 59 .....5 D4
Foreste 02 .....19 F3
La Forestière 51 .....89 E1
Forestière (Aven de la) 30 .....246 A4
La Forêt 33 .....217 D3
La Forêt-Auvray 61 .....56 A3
La Forêt-du-Parc 27 .....59 D2
La Forêt-du-Temple 23 .....169 E3
La Forêt-Fouesnant 29 .....98 F1
Forêt-la-Folie 27 .....33 D4
La Forêt-le-Roi 91 .....86 B3
La Forêt-Sainte-Croix 91 .....86 C3
La Forêt-sur-Sèvre 79 .....147 E4
Forfry 77 .....62 A1
La Forge 88 .....119 E1

Forges 17 .....181 E1
Forges 19 .....223 D1
Les Forges 23 .....187 F1
Forges 49 .....129 D4
Les Forges 56 .....101 E1
Forges 61 .....82 C2
Les Forges 79 .....165 F2
Les Forges 88 .....94 C4
Forges-de-Paimpont 35 .....102 B1
Forges-la-Forêt 35 .....104 A3
Forges-les-Bains 91 .....86 B1
Forges-les-Eaux 76 .....33 D1
Forges-sur-Meuse 55 .....40 A3
Forgevielle 23 .....168 C4
Forgues 31 .....275 F4
La Forie 63 .....208 C2
Forléans 21 .....137 F2
Formentin 14 .....30 B4
Formerie 60 .....17 E4
Formigny 14 .....27 F3
Formiguères 66 .....311 D2
Fornex 09 .....300 B2
Fors 79 .....164 C4
Forstfeld 67 .....71 F1
Forstheim 67 .....71 D1
Fort-Bloqué 56 .....99 F3
Fort-du-Plasne 39 .....177 E1
Fort-Louis 67 .....71 F1
Fort-Mahon-Plage 80 .....6 A3
Fort-Mardyck 59 .....3 E1
Fort-Médoc 33 .....217 D1
Fort-Moville 27 .....31 D3
Fortan 41 .....108 B3
Fortel-en-Artois 62 .....7 E3
La Forteresse 38 .....212 A4
Fortschwihr 68 .....96 C3
Fos 31 .....299 D4
Fos 34 .....280 B2
Fos-sur-Mer 13 .....284 A3
Le Fossat 09 .....300 C2
Fossé 08 .....39 E2
Fossé 41 .....132 A1
Fosse 66 .....311 F1
Le Fossé 76 .....33 D1
La Fosse (Hameau troglodytique de) 49 .....129 D4
La Fosse Arthour 50 .....81 D1
La Fosse-Corduan 10 .....89 E2
La Fosse-de-Tigné 49 .....128 C4
Fossemagne 24 .....221 D2
Fossemanant 80 .....18 A3
Les Fosses 79 .....182 B1
Fosses 95 .....61 E1
Fossès-et-Baleyssac 33 .....237 E2
La Fosseste 83 .....293 D2
Fosseuse 60 .....34 B4
Fosseux 62 .....8 A3
Fossieux 57 .....68 B2
Fossoy 02 .....63 D1
Fou (Gorges de la) 66 .....312 B4
Foucarmont 76 .....17 D3
Foucart 76 .....15 D1
Foucarville 50 .....25 E3
Foucaucourt-en-Santerre 80 .....19 D3
Foucaucourt-Hors-Nesle 80 .....17 E2
Foucaucourt-sur-Thabas 55 .....66 A1
Fouchécourt 70 .....118 A3
Fouchécourt 88 .....117 F1
Foucherans 25 .....141 E4
Foucherans 39 .....159 E1
Fouchères 10 .....114 C1
Fouchères 89 .....112 B1
Fouchères-aux-Bois 55 .....92 B1
Foucherolles 45 .....112 B1
Fouchy 67 .....96 B1
Foucrainville 27 .....59 D2
Fouday 67 .....96 A1
Fouencamps 80 .....18 B3
Fouesnant 29 .....73 F4
Foufflin-Ricametz 62 .....7 F3
Foug 54 .....67 E4
Fougaron 31 .....299 E3
Fougax-et-Barrineuf 09 .....301 F4
Fougeré 49 .....129 E1
Fougeré 85 .....163 E1
Fougères 35 .....80 B3
Fougères-sur-Bièvre 41 .....132 A2
Les Fougerêts 56 .....102 B3
Fougerolles 36 .....169 E2
Fougerolles 70 .....118 C2
Fougerolles-du-Plessis 53 .....80 C2
Fougueyrolles 24 .....219 E4
La Fouillade 12 .....259 E1
Fouilleuse 60 .....35 D2
La Fouillouse 05 .....249 E3
La Fouillouse 42 .....209 F2
Le Fouilloux 17 .....219 D1
Fouillouze 04 .....251 D2
Fouilloy 60 .....17 E4
Fouilloy 80 .....18 C2
Fouju 77 .....87 F1
Foulain 52 .....116 B1
Foulangues 60 .....34 B3
Foulayronnes 47 .....256 B1
Foulbec 27 .....31 D2
Foulcrey 57 .....69 E4
Fouleix 24 .....220 B3
Foulenay 39 .....159 E3
Fouligny 57 .....42 B4
Foulognes 14 .....28 C4
Foulzy 08 .....22 A3
Fouquebrune 16 .....201 F2
Fouquenies 60 .....34 A2
Fouquereuil 62 .....8 A1
Fouquerolles 60 .....34 B2
Fouquescourt 80 .....19 D3
Fouqueure 16 .....183 E3
Fouqueville 27 .....32 A4

Fouquières-lès-Béthune 62 .....8 A1
Fouquières-lès-Lens 62 .....8 C2
Four 38 .....211 F2
Fouras 17 .....180 C2
Fourbanne 25 .....141 F3
Fourcatier-et-Maison-Neuve 25 .....161 D4
Fourcès 32 .....255 E3
Fourchambault 58 .....154 C2
Fourchaud (Château de) 03 .....172 A3
Fourches 14 .....56 B3
Fourcigny 80 .....17 E3
Fourdrain 02 .....36 C1
Fourdrinoy 80 .....18 A2
Fourg 25 .....160 A1
Fourges 27 .....59 F1
Les Fourgs 25 .....161 D3
Fourilles 03 .....172 A4
Fourmagnac 46 .....241 D1
Fourmetot 27 .....31 E3
Fourmies 59 .....10 C4
Fournaudin 89 .....113 E1
Fourneaux 42 .....191 F3
Fourneaux 45 .....110 A3
Fourneaux 50 .....54 C2
Fourneaux 73 .....214 C4
Fourneaux-le-Val 14 .....56 A3
Fournels 48 .....225 E4
Fournès 30 .....264 B3
Fournes-Cabardès 11 .....278 C4
Fournes-en-Weppes 59 .....8 B1
Le Fournet 14 .....30 B4
Fournet-Blancheroche 25 .....142 C4
Fournets-Luisans 25 .....161 E1
Fourneville 14 .....30 C3
Fournival 60 .....34 C2
Fournols 63 .....208 B2
Fournoulès 15 .....241 F1
Fouronnes 89 .....136 B1
Fourques 30 .....283 D1
Fourques 66 .....312 C3
Fourques-sur-Garonne 47 .....237 E3
Fourqueux 78 .....60 B3
Fourquevaux 31 .....277 D3
Fours 33 .....217 E1
Fours 58 .....155 F4
Fours-en-Vexin 27 .....33 D4
Fourtou 11 .....302 C4
Foussais-Payré 85 .....164 B2
Foussemagne 90 .....120 A3
Le Fousseret 31 .....299 F1
Foussignac 16 .....201 D1
Foussignargues 30 .....245 F4
Fouvent-le-Bas 70 .....117 E4
Fouvent-le-Haut 70 .....140 E1
La Foux 83 .....287 E4
La Foux-d'Allos 04 .....250 C4
Fouzilhon 34 .....280 B3
Foville 57 .....68 B2
Fox-Amphoux 83 .....286 B2
La Foye-Monjault 79 .....182 A1
Fozières 34 .....280 C1
Fozzano 2A 318 C2
Fragnes 71 .....158 A3
Frahier-et-Chatebier 70 .....119 E4
Fraignot-et-Vesvrotte 21 .....139 D1
Fraillicourt 08 .....21 F4
Fraimbois 54 .....95 D1
Frain 88 .....117 F1
Frais 90 .....120 A3
Frais-Marais 59 .....9 D2
Fraisans 39 .....159 F1
Fraisnes-en-Saintois 54 .....94 A2
Fraisse 24 .....219 F3
Fraisse-Cabardès 11 .....278 B4
Fraissé-des-Corbières 11 .....303 F3
Fraisse-sur-Agout 34 .....279 D2
Fraisses 42 .....209 F3
Fraissines 81 .....260 A3
Fraissinet-de-Fourques 48 .....262 B1
Fraissinet-de-Lozère 48 .....244 C4
Fraize 88 .....95 F4
Fralignes 10 .....90 C4
La Framboisière 28 .....84 B1
Frambouhans 25 .....142 C4
Framecourt 62 .....7 E3
Framerville-Rainecourt 80 .....19 D3
Framicourt 80 .....17 D2
Framont 70 .....140 D1
Frampas 52 .....91 F1
Francalmont 70 .....118 B3
Francaltroff 57 .....69 E1
Francarville 31 .....277 E2
Francastel 60 .....34 A1
Françay 41 .....131 F1
Francazal 31 .....299 F3
Francescas 47 .....255 F2
Francheleins 01 .....192 C2
Franchesse 03 .....171 F1
Francheval 08 .....23 E4
Franchevelle 70 .....119 D4
La Francheville 08 .....22 C4
Francheville 21 .....139 D2
Francheville 27 .....58 A3
Francheville 39 .....159 E3
Francheville 51 .....65 D4
Francheville 54 .....67 F3
Francheville 61 .....82 B1
Francheville 69 .....192 C4
Francières 60 .....35 D2
Francières 80 .....17 F1
Francillon 36 .....151 F3
Francillon-sur-Roubion 26 .....247 E1
Francilly-Selency 02 .....20 A3
Francin 73 .....213 E2
Franclens 74 .....194 C2

François 79 .....165 D3
Francon 31 .....299 F1
Franconville 54 .....94 C1
Franconville 95 .....60 C2
Francoulès 46 .....240 A2
Francourt 70 .....117 E4
Francourville 28 .....85 F3
Francs 33 .....219 D3
Francueil 37 .....131 E4
Franey 25 .....140 C4
Frangy 74 .....195 D2
Frangy-en-Bresse 71 .....159 D4
Franken 68 .....120 C3
Franleu 80 .....17 D1
Franois 25 .....141 D4
Franquevielle 31 .....298 C2
Franqueville 02 .....21 D3
Franqueville 27 .....31 E4
Franqueville 80 .....18 A1
Franqueville-Saint-Pierre 76 .....32 B2
La Franqui 11 .....304 C4
Frans 01 .....192 C2
Fransart 80 .....19 D3
Fransèches 23 .....187 E2
Fransu 80 .....18 A1
Fransures 80 .....18 A4
Franvillers 80 .....18 C2
Franxault 21 .....159 D1
Frapelle 88 .....96 A1
Fraquelfing 57 .....69 F4
Fraroz 39 .....160 B4
Frasnay-Reugny 58 .....155 D3
Frasne 25 .....160 C3
Frasne-le-Château 70 .....140 C2
Frasne-les-Meulières 39 .....140 A4
La Frasnée 39 .....177 D1
Le Frasnois 39 .....177 E1
Frasnoy 59 .....10 A2
La Frasse 74 .....196 B1
Frasseto 2A 317 D4
Frauenberg 57 .....43 E4
Frausseilles 81 .....259 D3
Fravaux 10 .....91 E4
Le Fraysse 81 .....260 A4
Frayssinet 46 .....240 A1
Frayssinet-le-Gélat 46 .....239 E2
Frayssinhes 46 .....223 D4
Frazé 28 .....84 C4
Fréauville 76 .....16 C3
Frebécourt 88 .....93 E2
Frébuans 39 .....176 B1
Le Frêche 40 .....254 B3
Fréchède 65 .....274 A4
Fréchencourt 80 .....18 B2
Fréchendets 65 .....298 A2
Fresse 70 .....119 E3
Le Fréchet 31 .....299 F2
Fréchet-Aure 65 .....298 B4
Le Fréchou 47 .....255 F2
Fréchou-Fréchet 65 .....298 A1
Frécourt 52 .....117 D2
Frédéric-Fontaine 70 .....119 E4
La Frédière 17 .....181 F3
Frédille 36 .....151 E2
Frégimont 47 .....256 A1
Frégouville 32 .....275 F2
Fréhel 22 .....52 A4
Fréhel (Cap) 22 .....52 A4
Freigné 49 .....127 E1
Freissinières 05 .....232 B4
La Freissinouse 05 .....249 E2
Freistroff 57 .....42 B3
Freix-Anglards 15 .....224 A3
Fréjairolles 81 .....259 F4
Fréjeville 81 .....278 A2
Fréjus 83 .....287 E4
Fréjus (Parc zoologique) 83 .....287 F2
Fréjus (Tunnel du) 73 .....214 C4
Fréland 68 .....96 B3
Frelinghien 59 .....4 B4
Frémainville 95 .....60 A1
Frémécourt 95 .....60 B1
Fréménil 54 .....95 E1
Frémeréville-sous-les-Côtes 55 .....67 E3
Frémery 57 .....68 C2
Frémestroff 57 .....69 E1
Frémicourt 62 .....19 E1
Fremifontaine 88 .....95 E3
Frémontiers 80 .....17 F3
Frémonville 54 .....69 F4
La Frénaye 76 .....15 D4
Frencq 62 .....6 B2
Frêne (Col du) 73 .....213 E1
Frenelle-la-Grande 88 .....94 A3
Frenelle-la-Petite 88 .....94 A3
Frênes 61 .....55 E3
Freneuse 76 .....32 A3
Freneuse 78 .....59 F1
Freneuse-sur-Risle 27 .....31 E4
Freney 73 .....214 B4
Le Freney-d'Oisans 38 .....231 E2
Fréniches 60 .....19 F4
Frénois 21 .....139 D2
Frénois 88 .....94 A4
Frénouse (Musée de la) 53 .....104 C2
Frénouville 14 .....29 F4
Frépillon 95 .....60 C1
Fresles 76 .....16 B4
La Fresnaie-Fayel 61 .....57 D3
Fresnay 10 .....91 F3
Fresnay-en-Retz 44 .....145 D1
Fresnay-le-Comte 28 .....85 E3
Fresnay-le-Gilmert 28 .....85 E2
Fresnay-le-Long 76 .....16 A4
Fresnay-le-Samson 61 .....57 D3
Fresnay-l'Évêque 28 .....86 A4
Fresnay-sur-Sarthe 72 .....82 C3
La Fresnaye-au-Sauvage 61 .....56 A4

La Fresnaye-sur-Chédouet 72 .....83 D2
Le Fresne 27 .....58 B2
Le Fresne 51 .....65 E2
Le Fresne-Camilly 14 .....29 E3
Fresne-Cauverville 27 .....31 D4
Fresné-la-Mère 14 .....56 B2
Le Fresne-l'Archevêque 27 .....32 C3
Fresne-le-Plan 76 .....32 C2
Le Fresne-Poret 50 .....55 D4
Fresne-Saint-Mamès 70 .....140 C1
Le Fresne-sur-Loire 44 .....127 F3
Fresneaux-Montchevreuil 60 .....34 A3
Fresnes 02 .....36 B1
Fresnes 21 .....138 A1
Fresnes 41 .....132 A3
Fresnes 89 .....114 A4
Fresnes 94 .....61 D4
Fresnes-au-Mont 55 .....66 C2
Fresnes-en-Saulnois 57 .....68 C2
Fresnes-en-Tardenois 02 .....36 C4
Fresnes-en-Woëvre 55 .....67 D1
Fresnes-lès-Montauban 62 .....8 C3
Fresnes-lès-Reims 51 .....37 F3
Fresnes-Mazancourt 80 .....19 E3
Fresnes-sur-Apance 52 .....117 E2
Fresnes-sur-Escaut 59 .....9 F2
Fresnes-sur-Marne 77 .....61 F2
Fresnes-Tilloloy 80 .....17 E2
Fresneville 80 .....17 E2
Fresney 27 .....59 D2
Fresney-le-Puceux 14 .....56 A1
Fresney-le-Vieux 14 .....55 F1
Fresnicourt-le-Dolmen 62 .....8 A2
Fresnières 60 .....35 E1
Fresnois-la-Montagne 54 .....40 C1
Fresnoy 62 .....7 D2
Fresnoy-Andainville 80 .....17 E2
Fresnoy-au-Val 80 .....17 F3
Fresnoy-en-Bassigny 52 .....117 E1
Fresnoy-en-Chaussée 80 .....18 C3
Fresnoy-en-Gohelle 62 .....8 B2
Fresnoy-en-Thelle 60 .....34 B4
Fresnoy-Folny 76 .....16 C2
Fresnoy-la-Rivière 60 .....35 F3
Fresnoy-le-Château 10 .....90 C4
Fresnoy-le-Grand 02 .....20 B2
Fresnoy-le-Luat 60 .....35 E4
Fresnoy-lès-Roye 80 .....19 D4
Frespech 47 .....238 C4
Fresquiennes 76 .....32 A1
Fressac 30 .....263 D3
Fressain 59 .....9 D3
Fressancourt 02 .....36 C2
Fresse 70 .....119 E3
Fresse-sur-Moselle 88 .....119 E3
Fresselines 23 .....169 D3
Fressenneville 80 .....17 D1
Fressies 59 .....9 D3
Fressin 62 .....7 D2
Fressines 79 .....165 D4
Le Frestoy-Vaux 60 .....35 D1
Fresville 50 .....25 D4
Le Fret 29 .....47 E4
Fréterive 73 .....213 F1
Fréteval 41 .....108 C3
Fréthun 62 .....2 B2
Fretigney-et-Velloreille 70 .....141 D2
Frétigny 28 .....84 B3
Fretin 59 .....9 D1
Frétoy 77 .....62 C4
Frétoy-le-Château 60 .....19 E4
La Frette 38 .....212 A4
La Frette 71 .....175 F1
La Frette-sur-Seine 95 .....60 C2
Frettecuisse 80 .....17 E2
Frettemeule 80 .....17 D1
Frettemolle 80 .....17 E3
Fretterans 71 .....159 D3
Frettes 70 .....117 D4
Le Fréty 08 .....22 A4
Freulleville 76 .....16 B3
Frévent 62 .....7 E3
Fréville 76 .....15 F4
Fréville 88 .....93 D3
Fréville-du-Gâtinais 45 .....111 D2
Frévillers 62 .....7 F2
Frévin-Capelle 62 .....8 A3
Freybouse 57 .....69 E1
Freycenet-la-Cuche 43 .....227 E3
Freycenet-la-Tour 43 .....227 E3
Freychenet 09 .....301 D4
Freyming-Merlebach 57 .....42 C4
Freyssenet 07 .....246 B1
Friaize 28 .....84 C2
Friardel 14 .....57 E2
Friaucourt 80 .....16 C1
Friauville 54 .....41 D4
Fribourg 57 .....69 E3
Fricamps 80 .....17 F3
Frichemesnil 76 .....32 B1
Fricourt 80 .....18 C2
Fridefont 15 .....225 E4
Friedolsheim 67 .....70 C2
Frières-Faillouël 02 .....20 A4
Friesen 68 .....120 B4
Friesenheim 67 .....70 C2
Frignicourt 51 .....65 E4
Le Friolais 25 .....142 B4
Frise 80 .....19 E2
Friville-Escarbotin 80 .....17 D1
Frizon 88 .....94 C3
Froberville 76 .....14 C2
Frocourt 60 .....34 A3
Frœningen 68 .....120 B3
Frœschwiller 67 .....45 D4
Froges 38 .....213 D4
Frohen-le-Grand 80 .....7 E4
Frohen-le-Petit 80 .....7 E4

Frohmuhl 67 .....70 B1
Froideconche 70 .....118 C3
Froidefontaine 39 .....160 B3
Froidefontaine 90 .....142 C1
Froidestrées 02 .....21 E1
Froideterre 70 .....119 D4
Froidevaux 25 .....142 B3
Froideville 39 .....159 E3
Froidfond 85 .....145 D3
Froidmont-Cohartille 02 .....20 C4
Froidos 55 .....66 A1
Froissy 60 .....34 B1
Frôlois 21 .....138 B2
Frolois 54 .....94 A1
Fromelennes 08 .....13 D3
Fromelles 59 .....8 B2
Fromental 87 .....186 A1
Fromentières 51 .....63 F3
Fromentières 53 .....105 E3
Fromentine 85 .....144 B2
Fromentine (Pont de) 85 .....144 B2
Fromeréville-les-Vallons 55 .....40 A4
Fromezey 55 .....40 C4
Fromont 77 .....87 E4
Fromy 08 .....40 A1
Froncles-Buxières 52 .....92 B3
Fronsac 31 .....299 D3
Fronsac 33 .....218 C3
Frontenac 33 .....236 C1
Frontenac 46 .....241 D2
Frontenard 71 .....158 C3
Frontenas 69 .....192 B3
Frontenaud 71 .....176 A2
Frontenay 39 .....159 F4
Frontenay-Rohan-Rohan 79 .....164 C4
Frontenex 86 .....148 C3
Frontenex 73 .....213 F1
Frontignan 34 .....281 E3
Frontignan-de-Comminges 31 .....299 D3
Frontignan-Plage 34 .....281 E4
Frontignan-Savès 31 .....275 F4
Fronton 31 .....257 F4
Frontonas 38 .....211 F1
Fronville 52 .....92 B2
Frossay 44 .....125 F4
Frotey-lès-Lure 70 .....119 D3
Frotey-lès-Vesoul 70 .....141 E1
Frouard 54 .....68 A3
Frouville 95 .....60 C1
Frouzins 31 .....276 B3
Froville 54 .....94 C2
Froyelles 80 .....6 C4
Frozes 86 .....166 A1
Frucourt 80 .....17 E2
Frugerès-les-Mines 43 .....207 F3
Fruges 62 .....7 D1
Frugières-le-Pin 43 .....208 A4
Fruncé 28 .....84 C3
Fry 76 .....33 D1
Fuans 25 .....142 B4
Fublaines 77 .....62 A2
Le Fugeret 04 .....268 C2
Fuilla 66 .....311 E3
Fuissé 71 .....175 D4
Fuligny 10 .....91 E3
Fulleren 68 .....143 E1
Fultot 76 .....15 E2
Fulvy 89 .....114 A4
Fumay 08 .....11 F4
Fumel 47 .....239 D3
Fumichon 14 .....30 C4
Furchhausen 67 .....70 C2
Furdenheim 67 .....70 C3
Fures 38 .....212 B4
Furiani 2B 315 F2
Furmeyer 05 .....249 D2
Fussey 21 .....158 A1
Fussy 18 .....153 E1
La Fuste 04 .....267 D4
Fustérouau 32 .....273 F1
Fustignac 31 .....299 F1
Futeau 55 .....66 A1
Futuroscope 86 .....166 B1
Fuveau 13 .....285 D3
Fyé 72 .....82 C3
Fyé 89 .....113 F3

G

Gaas 40 .....271 E2
Gabarnac 33 .....236 C2
Gabarret 40 .....255 D3
Gabas 64 .....296 C4
Gabaston 64 .....273 D4
Gabat 64 .....271 E4
Gabian 34 .....280 B3
Gabillou 24 .....221 E1
Gabre 09 .....300 C3
Gabriac 12 .....242 C3
Gabriac 48 .....262 C1
Gabrias 48 .....244 A2
Gacé 61 .....57 D3
La Gacilly 56 .....102 B3
Gâcogne 58 .....137 D4
Gadancourt 95 .....60 A1
Gadencourt 27 .....59 E2
Gaël 35 .....78 B4
Gageac-et-Rouillac 24 .....220 A4
Gages-le-Haut 12 .....242 C4
Gagnac-sur-Cère 46 .....223 D3
Gagnac-sur-Garonne 31 .....276 B1
Gagnières 30 .....245 F4
Gagny 93 .....61 D2
Gahard 35 .....79 F3

Gailhan 30 ....263 E4
Gaillac 81 ....258 C4
Gaillac-d'Aveyron 12 ....243 D4
Gaillac-Toulza 31 ....300 C1
Gaillagos 65 ....297 E3
Gaillan-en-Médoc 33 ....198 C4
Gaillard 74 ....178 A4
Gaillardbois-Cressenville 27 ....32 C3
La Gaillarde 76 ....15 F1
Gaillefontaine 76 ....17 D4
Gaillères 40 ....254 A3
Gaillon 27 ....32 C4
Gaillon-sur-Montcient 78 ....60 A2
Gainneville 76 ....14 B4
Gaja-et-Villedieu 11 ....302 A2
Gaja-la-Selve 11 ....301 F2
Gajac 33 ....236 C3
Gajan 09 ....300 A3
Gajan 30 ....263 F4
Gajoubert 87 ....185 D1
Galametz 62 7
Galamus (Gorges de) 11 ....302 C4
Galan 65 ....298 B1
Galapian 47 ....238 A4
Galargues 34 ....282 A1
La Galère 06 ....288 A4
Galéria 2B 314 A4
Galey 09 ....299 E4
Galez 65 ....298 B1
Galfingue 68 ....120 B3
Galgan 12 ....241 F3
Galgon 33 ....218 C2
Galiax 32 ....273 F2
Galibier (Col du) 05 ....232 A2
Galié 31 ....299 D3
Galinagues 11 ....310 C1
Gallardon 28 ....85 F2
Gallargues-le-Montueux 30 ....282 B1
Gallerande (Château de) 72 ....106 C4
Le Gallet 60 ....34 A1
Galluis 78 ....60 A3
Gamaches 80 ....17 D2
Gamaches-en-Vexin 27 ....33 D3
Gamarde-les-Bains 40 ....271 F1
Gamarthe 64 ....295 E1
Gambais 78 ....59 F4
Gambaiseuil 78 ....59 F4
Gambsheim 67 ....71 E2
Gan 64 ....296 C1
Ganac 09 ....300 C4
Ganagobie 04 ....267 D2
Ganagobie (Prieuré de) 04 ....267 D2
Gancourt-Saint-Étienne 76 ....33 E1
Gandelain 61 ....82 B2
Gandelu 02 ....62 C1
Gandrange 57 ....41 F3
Ganges 34 ....262 C3
Gannat 03 ....189 F2
Gannay-sur-Loire 03 ....155 F4
Gannes 60 ....34 C1
Les Gannes 63 ....206 B2
Gans 33 ....236 C3
Ganties 31 ....299 E3
Ganzeville 76 ....14 C2
Gap 05 ....249 E2
Gapennes 80 ....6 C4
Gâprée 61 ....83 D1
Garabit (Viaduc de) 15 ....225 F3
Garancières 78 ....60 A3
Garancières-en-Beauce 28 ....86 A2
Garancières-en-Drouais 28 ....59 D4
Garanou 09 ....310 B1
Garat 16 ....201 F1
Garcelles-Secqueville 14 ....56 A1
Garche 57 ....41 F2
Garches 92 ....60 C3
Garchizy 58 ....154 C2
Garchy 58 ....135 E4
Gardanne 13 ....285 D3
La Garde 04 ....268 B4
La Garde 38 ....231 E4
La Garde 48 ....225 F4
La Garde 83 ....292 A4
La Garde-Adhémar 26 ....246 C3
La Garde-Freinet 83 ....287 D4
La Garde-Guérin 48 ....245 D3
Gardefort 18 ....135 D4
Gardegan-et-Tourtirac 33 ....219 D3
Gardères 65 ....297 E1
Les Gardes 49 ....147 D1
Gardes-le-Pontaroux 16 ....201 F2
Gardie 11 ....302 B3
Gardonne 24 ....219 E4
Gardouch 31 ....277 D4
Garein 40 ....253 F2
Garencières 27 ....59 D2
La Garenne-Colombes 92 ....60 C3
Garennes-sur-Eure 27 ....59 E2
Garentreville 77 ....87 E4
Garéoult 83 ....286 A4
La Garette 79 ....164 B4
Gargan (Mont) 87 ....204 B4
Garganvillar 82 ....257 D3
Gargas 31 ....276 C1
Gargas 84 ....266 A3
Gargenville 78 ....60 A2
Garges-lès-Gonesse 95 ....61 D2
Gargilesse-Dampierre 36 ....168 C2
Garidech 31 ....277 D1
Gariès 82 ....257 D4
Garigny 18 ....154 B1
Garin 31 ....307 F1
Garindein 64 ....295 F1
Garlan 29 ....49 E3
Garlède-Mondebat 64 ....273 D3
Garlin 64 ....273 D2
Le Garn 30 ....246 B4
La Garnache 85 ....145 D3

Garnat-sur-Engièvre 03 ....173 D1
Garnay 28 ....59 D4
Garnerans 01 ....175 E4
Garnetot 14 ....56 C2
La Garonne 83 ....292 B3
Garons 30 ....282 C1
Garos 64 ....272 C3
Garravet 32 ....275 E4
Garrebourg 57 ....70 A2
Garrevaques 81 ....277 F3
Garrey 40 ....271 F1
Le Garric 81 ....259 E3
Garrigues 34 ....263 E4
Garrigues 81 ....277 E1
Garrigues-Sainte-Eulalie 30 ....263 F3
Garris 64 ....271 E4
Garrosse 40 ....253 D2
Gars 06 ....269 D3
Gartempe 23 ....186 C1
Gas 28 ....85 F1
Gaschney 68 ....96 A4
Gasny 27 ....59 F1
Gasques 82 ....256 C2
Gassin 83 ....293 E1
Gastes 40 ....234 B4
Gastines 53 ....104 B2
Gastins 77 ....88 B1
Gasville-Oisème 28 ....85 E2
Gâtelles 28 ....85 D1
Gatey 39 ....159 D2
Gathemo 50 ....54 C3
Gatteville-le-Phare 50 ....25 E2
Gattières 06 ....288 B1
Gatuzières 48 ....262 A1
Gaubertin 45 ....111 D1
La Gaubretière 85 ....146 B2
Gauchin-Légal 62 ....8 A2
Gauchin-Verloingt 62 ....7 E2
Gauchy 02 ....20 A3
Gauciel 27 ....59 D1
La Gaudaine 28 ....84 B3
La Gaude 06 ....269 F4
Gaudechart 60 ....33 F1
Gaudent 65 ....298 C3
Gaudiempré 62 7
Gaudiès 09 ....301 E2
Gaudonville 32 ....256 C4
Gaudreville-la-Rivière 27 ....58 B2
Gaugeac 24 ....239 D1
Gaujac 30 ....264 B2
Gaujac 32 ....275 E3
Gaujac 47 ....237 E3
Gaujacq 40 ....272 A1
Gaujan 32 ....275 D4
Le Gault-du-Perche 41 ....108 B1
Le Gault-Saint-Denis 28 ....85 E4
Le Gault-Soigny 51 ....63 E3
Gauré 31 ....277 D2
Gauriac 33 ....217 E2
Gauriaguet 33 ....217 F2
Gaussan 65 ....298 C1
Gausson 22 ....77 E3
Les Gautherets 71 ....174 A1
Gauville 61 ....57 F3
Gauville 80 ....17 E3
Gauville-la-Campagne 27 ....58 C1
Gavarnie 65 ....306 B4
Gavarnie (Port de) 65 ....306 E4
Gavarret-sur-Aulouste 32 ....275 D1
Gavaudun 47 ....239 D2
Gavet 38 ....231 D2
Gavignano 2B 315 E4
Gavisse 57 ....41 F2
La Gavotte 13 ....284 C4
Gavray 50 ....54 A2
Le Gâvre 44 ....126 A1
Gavrelle 62 ....8 B3
Gâvres 56 ....100 A3
Gavrinis (Cairn de) 56 ....122 C2
Gavrus 14 ....29 D4
Gayan 65 ....273 F4
Gaye 51 ....63 F4
Gayon 64 ....273 E3
Gazaupouy 32 ....256 A3
Gazave 32 ....298 B3
Gazax-et-Baccarisse 32 ....274 A2
Gazeran 78 ....86 A1
Gazinet 33 ....217 D4
Gazost 65 ....297 F3
Géanges 71 ....158 A2
Geaune 40 ....273 D4
Geay 17 ....181 E3
Geay 79 ....148 A3
Gée 49 ....129 D2
Gée-Rivière 32 ....273 E1
Geffosses 50 ....26 C4
Géfosse-Fontenay 14 ....25 F4
Gehée 36 ....151 E2
Geishouse 68 ....120 A1
Geispitzen 68 ....120 C3
Geispolsheim 67 ....71 D4
Geiswasser 68 ....97 D4
Geiswiller 67 ....70 C2
Gélacourt 54 ....95 E1
Gélannes 10 ....89 E2
Gélaucourt 54 ....94 A2
Gellainville 28 ....85 E3
Gellenoncourt 54 ....68 C4
Gelles 63 ....188 C4
Gellin 25 ....160 C4
Gelos 64 ....296 C1
Geloux 40 ....253 F3
Gelucourt 57 ....69 E3
Gelvécourt-et-Adompt 88 ....94 B4
Gémages 61 ....83 F3
Gemaingoutte 88 ....96 A2
Gembrie 65 ....298 C3

Gemeaux 21 ....139 E2
Gémenos 13 ....285 E3
Gémigny 45 ....109 F2
Gémil 31 ....277 D1
Gemmelaincourt 88 ....94 A3
Gémonval 25 ....142 A1
Gémonville 54 ....93 F2
Gémozac 17 ....199 D2
Genac 16 ....183 E4
Genainville 95 ....60 A1
Genas 69 ....193 D4
Génat 09 ....309 F1
Genay 21 ....137 F2
Genay 69 ....192 C3
Gençay 86 ....166 B3
Gendreville 88 ....93 E4
Gendrey 39 ....140 B4
Gené 49 ....128 A1
Génébrières 82 ....258 A3
Genech 59 ....9 D1
Génelard 71 ....174 A2
Générac 33 ....217 E1
Générac 30 ....263 D2
Générargues 30 ....263 D2
Générest 65 ....298 C3
Generville 11 ....301 F1
Geneslay 61 ....81 F1
La Genête 71 ....175 F2
La Genétouze 17 ....219 D1
La Génétouze 85 ....145 F4
Genêts 50 ....53 F4
Les Genettes 61 ....57 F4
Geneuille 25 ....141 D3
La Genevraie 61 ....57 D4
La Genevraye 77 ....87 F3
Genevreuille 70 ....118 C4
Genevrey 70 ....118 C4
Genevrières 52 ....117 E4
La Genevroye 52 ....92 A3
Geney 25 ....142 A2
La Geneytouse 87 ....186 A4
Génicourt 95 ....60 B1
Génicourt-sous-Condé 55 ....66 B3
Génicourt-sur-Meuse 55 ....66 C1
Genilac 42 ....210 B2
Genillé 37 ....150 C1
Genin (Lac) 01 ....177 D4
Génis 24 ....203 E4
Génissac 33 ....218 C4
Génissiat (Barrage de) 01 ....194 C2
Génissieux 26 ....229 E2
Genlis 21 ....139 F4
Gennes 25 ....141 E4
Gennes 49 ....129 D3
Gennes-Ivergny 62 ....7 D3
Gennes-sur-Glaize 53 ....105 E3
Gennes-sur-Seiche 35 ....104 B2
Genneteil 49 ....129 F1
Gennetines 03 ....172 B1
Genneton 79 ....147 F1
Genneville 14 ....30 C3
Gennevilliers 92 ....61 D2
Genod 39 ....176 C3
Génois (Pont) 2B 314 C4
Génois (Pont) 2B 317 E1
Génolhac 30 ....245 D4
Génos 31 ....299 D3
Génos 65 ....307 E4
Genouillac 16 ....184 B4
Genouillac 23 ....169 F4
Genouillé 17 ....181 E2
Genouillé 86 ....183 E1
Genouilleux 01 ....192 C1
Genouilly 18 ....152 B1
Genouilly 71 ....174 C1
Genrupt 52 ....117 E2
Gensac 33 ....219 E4
Gensac 65 ....273 F3
Gensac 82 ....257 D3
Gensac-de-Boulogne 31 ....298 C1
Gensac-la-Pallue 16 ....200 C1
Gensac-sur-Garonne 31 ....300 A1
Genté 16 ....200 C1
Gentelles 80 ....18 C3
Gentilly 94 ....61 D3
Gentioux 23 ....187 D4
Genvry 60 ....35 F1
Georfans 70 ....142 A1
Géovreisset 01 ....176 C4
Géovreissiat 01 ....194 B1
Ger 50 ....55 D4
Ger 64 ....297 F1
Ger 65 ....297 E1
Geraise 39 ....160 A2
Gérardmer 88 ....119 F1
Géraudot 10 ....90 C3
Gérauvilliers 55 ....93 D1
Gerbaix 73 ....212 C1
Gerbamont 88 ....119 E1
Gerbécourt 57 ....68 C2
Gerbécourt-et-Haplemont 54 ....94 B1
Gerbépal 88 ....95 F4
Gerberoy 60 ....33 F1
Gerbéviller 54 ....95 D1
Gerbier de Jonc (Mont) 07 ....227 F4
Gercourt-et-Drillancourt 55 ....40 A3
Gercy 02 ....21 D3
Gerde 65 ....298 A2
Gerderest 64 ....273 E4
Gère-Bélesten 64 ....296 C4
Gergny 02 ....21 E2
Gergovie (Plateau de) 63 ....207 E1
Gergueil 21 ....138 C4
Gergy 71 ....158 B3
Gerland 21 ....158 B1
Germ 65 ....307 E4

Germagnat 01 ....176 B3
Germagny 71 ....174 C1
Germaine 02 ....19 F3
Germaine 51 ....64 A1
Germaines 52 ....116 A3
Germainville 28 ....59 E4
Germainvilliers 52 ....117 E1
Germay 52 ....92 C2
Germéfontaine 25 ....142 A4
Germenay 58 ....136 B4
Germignac 17 ....199 F2
Germigney 39 ....159 F2
Germigney 70 ....140 A3
Germignonville 28 ....85 F4
Germigny 51 37
Germigny 89 ....113 F2
Germigny-des-Prés 45 ....110 C3
Germigny-l'Évêque 77 ....62 A2
Germigny-l'Exempt 18 ....154 B3
Germigny-sous-Coulombs 77 ....62 B1
Germigny-sur-Loire 58 ....154 B2
Germinon 51 ....64 B3
Germiny 54 ....94 A1
Germisay 52 ....92 C2
Germolles (Château de) 71 ....158 A4
Germolles-sur-Grosne 71 ....174 C4
Germond-Rouvre 79 ....164 C2
Germondans 25 ....141 E2
Germont 08 ....39 E2
Germonville 54 ....94 B2
Germs-sur-l'Oussouet 65 ....297 F3
Gernelle 08 ....23 D3
Gernicourt 02 ....37 E2
Géronce 64 ....296 A1
Gerponville 76 ....15 D2
Gerrots 14 ....30 A4
Gerstheim 67 ....71 E4
Gertwiller 67 ....96 C1
Geruge 39 ....159 E4
Gervans 26 ....229 D2
Gerville 76 ....14 C2
Gerville-la-Forêt 50 ....26 C3
Géry 55 ....66 C3
Gerzat 63 ....189 E4
Gesnes 53 ....81 E4
Gesnes-en-Argonne 55 ....39 F3
Gesnes-le-Gandelin 72 ....82 C3
Gespunsart 08 ....23 D3
Gestas 64 ....271 E4
Gesté 49 ....127 E4
Gestel 56 ....100 A2
Gestiès 09 ....309 F1
Gesvres 53 ....82 B3
Gesvres-le-Chapitre 77 ....62 A1
Gétigné 44 ....146 A1
Les Gets 74 ....178 C4
Geu 65 ....297 E3
Geudertheim 67 ....71 D2
Géus-d'Arzacq 64 ....272 C3
Geüs-d'Oloron 64 ....296 A1
Gévezé 35 ....79 D4
Gevigney-et-Mercey 70 ....118 A3
Gevingey 39 ....176 B1
Gevresin 25 ....160 B2
Gevrey-Chambertin 21 ....139 D4
Gevrolles 21 ....115 F2
Gevry 39 ....159 F4
Gex 01 ....177 F3
Geyssans 26 ....229 E1
Gézaincourt 80 ....7 E4
Gezier-et-Fontenelay 70 ....140 C3
Gézoncourt 54 ....67 F3
Ghisonaccia 2B 317 F3
Ghisoni 2B 317 E2
Ghissignies 59 ....9 F4
Ghyvelde 59 ....3 F1
Giat 63 ....188 B4
Gibeaumeix 54 ....93 E1
Gibel 31 ....301 D1
Gibercourt 02 ....20 A4
Giberville 14 ....29 F4
Gibles 71 ....174 B4
Gibourne 17 ....182 C3
Gibret 40 ....272 A1
Le Gicq 17 ....182 C3
Gidy 45 ....110 A2
Giel-Courteilles 61 ....56 A3
Gien 45 ....134 B1
Gien-sur-Cure 58 ....156 C1
Giens 83 ....292 B3
Gières 38 ....230 C1
La Giettaz 73 ....196 A3
Le Givre 85 ....163 D2
Gièvres 41 ....132 C4
Giey-sur-Aujon 52 ....116 B2
Giez 74 ....195 F4
Gif-sur-Yvette 91 ....60 C4
Giffaumont-Champaubert 51 ....91 F1
Gigean 34 ....281 E2
Gignac 34 ....281 D2
Gignac 46 ....222 A3
Gignac 84 ....266 B3
Gignac-la-Nerthe 13 ....284 B4
Gignat 63 ....207 F3
Gignéville 88 ....117 F1
Gigney 88 ....94 C4
Gigny 39 ....176 B2
Gigny 89 ....114 C3
Gigny-Bussy 51 ....91 D1
Gigny-sur-Saône 71 ....175 E1
Gigondas 84 ....265 E1
Gigors 04 ....249 F3
Gigors-et-Lozeron 26 ....229 E4
Gigouzac 46 ....240 A2
Gijounet 81 ....279 D1
Gildwiller 68 ....120 B3
Gilette 06 ....269 F3

Gilhac-et-Bruzac 07 ....228 C4
Gilhoc-sur-Ormèze 07 ....228 C3
Gillancourt 52 ....92 A4
Gillaumé 52 ....92 C2
Gilles 28 ....59 E2
Gilley 25 ....161 E1
Gilley 52 ....117 E4
Gillois 39 ....160 B4
Gillonnay 38 ....211 F3
Gilly-lès-Cîteaux 21 ....158 B1
Gilly-sur-Isère 73 ....214 A1
Gilly-sur-Loire 71 ....173 D2
Gilocourt 60 ....35 E3
Gimat 82 ....257 D4
Gimbrède 32 ....256 B2
Gimbrett 67 ....71 D2
Gimeaux 63 ....189 E3
Gimécourt 55 ....66 C2
Gimel-les-Cascades 19 ....205 D4
Gimeux 16 ....199 F1
La Gimond 42 ....210 A2
Gimont 32 ....275 D2
Gimouille 58 ....154 C3
Ginai 61 ....57 D4
Ginals 82 ....258 C1
Ginasservis 83 ....285 F1
Ginchy 80 ....19 E1
Gincla 11 ....311 E1
Gincrey 55 ....40 C3
Gindou 46 ....239 F2
Ginestas 11 ....303 F1
Ginestet 24 ....220 A4
Ginoles 11 ....302 A4
Ginouillac 46 ....240 A1
Gintrac 46 ....222 C4
Giocatojo 2B 315 E4
Gionges 51 ....64 A2
Giou-de-Mamou 15 ....224 B3
Gioux 23 ....187 D4
Gipcy 03 ....171 F2
Girac 46 ....222 C4
Girancourt 88 ....94 C4
Giraumont 54 ....41 E4
Giraumont 60 ....35 E2
Girauvoisin 55 ....67 D3
Gircourt-lès-Viéville 88 ....94 B3
Girecourt-sur-Durbion 88 ....95 D3
Girefontaine 70 ....118 B2
Giremoutiers 77 ....62 B3
Girgols 15 ....224 A2
Giriviller 54 ....94 C1
Girmont 88 ....94 C3
Girmont-Val-d'Ajol 88 ....119 D2
Girolles 45 ....111 F1
Girolles 89 ....136 C2
Giromagny 90 ....119 F3
Giron 01 ....177 D4
Gironcourt-sur-Vraine 88 ....93 F3
Gironde-sur-Dropt 33 ....237 D2
Girondelle 08 ....22 A3
Gironville 77 ....87 E4
Gironville-et-Neuville 28 ....85 D1
Gironville-sous-les-Côtes 55 ....67 E3
Gironville-sur-Essonne 91 ....87 D3
Le Girouard 85 ....162 C1
Giroussens 81 ....277 E1
Giroux 36 ....152 B2
Girovillers-sous-Montfort 88 ....94 A3
Giry 58 ....136 A4
Gisay-la-Coudre 27 ....57 F2
Giscaro 32 ....275 F2
Giscos 33 ....236 C4
Gisors 27 ....33 E3
Gissac 12 ....261 D4
Gissey-le-Vieil 21 ....138 B3
Gissey-sous-Flavigny 21 ....138 B2
Gissey-sur-Ouche 21 ....138 C4
Gisy-les-Nobles 89 ....88 C4
Giuncaggio 2B 317 F1
Giuncheto 2A 318 C5
Givardon 18 ....154 A4
Givarlais 03 ....171 D3
Givenchy-en-Gohelle 62 ....8 A3
Givenchy-le-Noble 62 ....7 F3
Givenchy-lès-la-Bassée 62 ....8 B1
Giverny 27 ....59 E1
Giverville 27 ....31 D4
Givet 08 ....23 D1
Givonne 08 ....23 E4
Givors 69 ....210 C2
Givraines 45 ....111 D1
Givrand 85 ....144 C4
Givrauval 55 ....66 C4
Le Givre 85 ....163 D2
Givrezac 17 ....199 E2
Givron 08 ....22 A4
Givry 08 ....38 C2
Givry 71 ....157 F4
Givry 89 ....136 C2
Givry-en-Argonne 51 ....65 F2
Givry-lès-Loisy 51 ....64 A3
Givrycourt 57 ....69 F2
Gizaucourt 51 ....65 F1
Gizay 86 ....166 B3
Gizeux 37 ....129 F3
Gizia 39 ....176 B2
Gizy 02 ....37 D1
La Glacerie 50 ....24 C2
Glacière (Grotte de la) 25 ....141 F4
Glageon 59 ....10 C3
Glaignes 60 ....35 E4
Glaine-Montaigut 63 ....190 A4
Glaire 08 ....23 D4
Le Glaizil 05 ....231 E4
Glamondans 25 ....141 F3
Gland 02 ....63 D2
Gland 89 ....114 C3

Glandage 26 ....248 B1
Glandon 87 ....203 F3
Glandon (Col du) 73 ....213 F4
Glanes 46 ....223 D3
Glanges 87 ....204 A1
Glannes 51 ....65 D4
Glanon 21 ....158 B2
Glanville 14 ....30 B3
Glatens 82 ....256 C4
Glatigny 50 ....26 B3
Glatigny 57 ....42 A4
Glatigny 60 ....33 F2
Glay 25 ....142 C3
Gleizé 69 ....192 C2
Glénac 56 ....102 B4
Glénat 15 ....223 F3
Glénay 79 ....148 A3
Glénic 23 ....187 D1
Glennes 02 ....37 D2
Glénouze 86 ....148 C2
Glère 25 ....143 D3
Glicourt 76 ....16 B2
Glisolles 27 ....58 B2
Glisy 80 ....18 B3
Glomel 22 ....76 A3
Glonville 54 ....95 E1
Glorianes 66 ....312 B3
Glos 14 ....57 D1
Glos-la-Ferrière 61 ....57 F2
Glos-sur-Risle 27 ....31 E3
Gluges 46 ....222 B3
Gluiras 07 ....228 B3
Glun 07 ....229 D2
Glux-en-Glenne 58 ....156 B2
Goas 82 ....257 D4
Godenvillers 60 ....35 D1
Goderville 76 ....14 C3
Godewaersvelde 59 ....4 A3
Godisson 61 ....57 D4
La Godivelle 63 ....207 D3
Godoncourt 88 ....117 F2
Gœrlingen 67 ....70 A2
Gœrsdorf 67 ....45 E4
Goès 64 ....296 B1
Goetzenbruck 57 ....44 B4
Gœulzin 59 ....8 C3
Gogney 54 ....69 E4
Gognies-Chaussée 59 ....10 B1
La Gohannière 50 ....54 A4
Gohier 49 ....128 C3
Gohory 28 ....108 C1
Goin 57 ....68 B1
Goincourt 60 ....34 A2
Golancourt 60 ....19 F4
Golbey 88 ....94 C4
Goldbach 68 ....120 A1
Golfe-Juan 06 ....288 B3
Golfech 82 ....256 C2
Golinhac 12 ....242 B2
Golleville 50 ....24 C4
Gombergean 41 ....131 F1
Gomelange 57 ....42 B3
Gomené 22 ....77 E4
Gomer 64 ....297 E1
Gometz-la-Ville 91 ....60 C4
Gometz-le-Châtel 91 ....60 C4
Gomiécourt 62 ....8 A4
Gommecourt 62 ....8 A4
Gommecourt 78 ....59 F1
Gommegnies 59 ....10 A1
Gommenec'h 22 ....50 C3
Gommersdorf 68 ....120 A3
Gommerville 28 ....86 B3
Gommerville 76 ....14 C4
Gomméville 21 ....115 D2
Gomont 08 ....38 A1
Goncelin 38 ....213 D3
Goncourt 52 ....93 D3
Gond-Pontouvre 16 ....201 F1
Gondenans-les-Moulins 25 ....141 F2
Gondenans-Montby 25 ....142 A2
Gondeville 16 ....201 D1
Gondrecourt-Aix 54 ....41 D4
Gondrecourt-le-Château 55 ....93 D1
Gondreville 45 ....111 F2
Gondreville 54 ....67 F4
Gondreville 60 ....35 F4
Gondrexange 57 ....69 F4
Gondrexon 54 ....69 E4
Gondrin 32 ....255 F4
Les Gonds 17 ....181 F4
Gonesse 95 ....61 D2
Gonez 65 ....298 A1
Gonfaron 83 ....286 C4
Gonfreville 50 ....27 D3
Gonfreville-Caillot 76 ....14 C3
Gonfreville-l'Orcher 76 ....14 B4
La Gonfrière 61 ....57 E3
Gonnehem 62 ....8 A1
Gonnelieu 59 ....19 F1
Gonnetot 76 ....15 F2
Gonneville 50 ....25 D2
Gonneville-en-Auge 14 ....29 F3
Gonneville-la-Mallet 76 ....14 B3
Gonneville-sur-Honfleur 14 ....30 C2
Gonneville-sur-Mer 14 ....30 A3
Gonneville-sur-Scie 76 ....16 A3
Gonsans 25 ....141 F4
Gontaud-de-Nogaret 47 ....237 F3
La Gonterie-Boulouneix 24 ....202 B3
Gonvillars 70 ....142 B1
Gonzeville 76 ....15 F2
Goos 40 ....271 F1
Gorbio 06 ....289 E4
Gorcy 54 ....40 C1
Gordes 84 ....265 F3

Gorenflos 80 — 17 F1
Gorges 44 — 146 A1
Gorges 50 — 27 D3
Gorges 80 — 18 A1
La Gorgue 59 — 4 A4
Gorhey 88 — 94 B4
Gornac 33 — 236 C1
Gorniès 34 — 262 B4
Gorre 87 — 203 D1
Gorrevod 01 — 175 E3
Gorron 53 — 81 D2
Gorses 46 — 223 E4
Gorze 57 — 67 F1
Gosnay 62 — 8 A1
Gosné 35 — 79 F3
Gosselming 57 — 69 F3
Gotein-Libarrenx 64 — 295 F1
Gottenhouse 67 — 70 B2
Gottesheim 67 — 70 C2
Gouaix 77 — 88 C2
Goualade 33 — 236 C4
Gouarec 22 — 76 B3
Gouaux 65 — 298 B4
Gouaux-de-Larboust 31 — 307 F4
Gouaux-de-Luchon 31 — 299 D4
Gouberville 50 — 25 E2
Gouchaupre 76 — 16 B2
Goudargues 30 — 264 A1
Goudelancourt-lès-Berrieux 02 — 37 E2
Goudelancourt-lès-Pierrepont 02 — 21 D4
Goudelin 22 — 50 C3
Goudet 43 — 227 D4
Goudon 31 — 275 F4
Goudon 65 — 298 A1
Goudourville 82 — 256 C2
Gouesnach 29 — 73 F4
La Gouesnière 35 — 53 D4
Gouesnou 29 — 47 E3
Gouex 86 — 167 D3
Gouézec 29 — 75 D3
Gougenheim 67 — 70 C2
Gouhelans 25 — 141 F2
Gouhenans 70 — 142 A1
Gouillons 28 — 86 A3
Gouise 03 — 172 B3
Goujounac 46 — 239 F2
La Goulafrière 27 — 57 E2
Goulaine (Château de) 44 — 126 C4
Goulet 61 — 56 B4
Goulien 29 — 72 C3
Goulier 09 — 309 F1
Goulles 19 — 223 E4
Les Goulles 21 — 116 A3
Gouloux 58 — 137 E4
Goult 84 — 265 F4
Goulven 29 — 47 F1
Goumois 25 — 143 D3
Goupillières 14 — 55 F1
Goupillières 27 — 58 A1
Goupillières 76 — 32 A1
Goupillières 78 — 60 A3
Gourbera 40 — 252 C4
Gourbesville 50 — 25 D4
Gourbit 09 — 300 C4
Gourchelles 60 — 17 E4
Gourdan-Polignan 31 — 298 C2
Gourdièges 15 — 225 D3
Gourdon 06 — 269 E4
Gourdon 07 — 246 A1
Gourdon 46 — 240 A1
Gourdon 71 — 174 B1
Gourdon-Murat 19 — 205 D2
Gourette 73 — 297 D3
Gourfaleur 50 — 54 B1
Gourfouran (Gouffre de) 05 — 232 B4
Gourgançon 51 — 64 A4
Gourgé 79 — 148 B4
Gourgeon 70 — 117 F4
Gourgue 65 — 298 A2
Gourhel 56 — 102 A2
Gourin 56 — 75 F4
Gourlizon 29 — 73 E3
Gournay 36 — 169 D2
Gournay 76 — 14 B4
Gournay 79 — 183 D1
Gournay-en-Bray 76 — 33 E2
Gournay-le-Guérin 27 — 58 A4
Gournay-sur-Aronde 60 — 35 D2
Gournay-sur-Marne 93 — 61 E3
Les Gours 16 — 183 D3
Gours 33 — 219 D3
Gourvieille 11 — 277 E4
Gourville 16 — 183 D4
Gourvillette 17 — 182 C3
Goury 50 — 24 A1
Gourzon 52 — 92 A1
Goussaincourt 55 — 93 E2
Goussainville 28 — 59 E4
Goussainville 95 — 61 E2
Goussancourt 02 — 37 D4
Gousse 40 — 253 D4
Goussonville 78 — 60 A2
Goustranville 14 — 30 A4
La Goutelle 63 — 188 C4
Goutevernisse 31 — 300 A1
Goutrens 12 — 242 A3
Gouts 40 — 253 E4
Gouts 82 — 239 D4
Gouts-Rossignol 24 — 202 A3
Gouttières 27 — 58 A4
Gouttières 63 — 188 C2
Goutz 32 — 256 B4
Gouvernes 77 — 61 F3
Gouves 62 — 8 A3
Gouvets 50 — 54 B2

Gouvieux 60 — 34 C4
Gouville 27 — 58 B3
Gouville-sur-Mer 50 — 26 B4
Gouvix 14 — 56 A1
Goux 32 — 273 F2
Goux 39 — 159 E1
Goux-lès-Dambelin 25 — 142 B2
Goux-les-Usiers 25 — 160 C2
Goux-sous-Landet 25 — 160 A1
Gouy 02 — 20 A1
Gouy 76 — 32 B3
Gouy-en-Artois 62 — 8 A3
Gouy-en-Ternois 62 — 7 F3
Gouy-les-Groseillers 60 — 18 A4
Gouy-l'Hôpital 80 — 17 F3
Gouy-Saint-André 62 — 6 C2
Gouy-Servins 62 — 8 A2
Gouy-sous-Bellonne 62 — 8 C3
Gouzangrez 95 — 60 A1
Gouze 64 — 272 B3
Gouzeaucourt 59 — 19 F1
Gouzens 31 — 300 A2
Gouzon 23 — 187 F1
Gouzougnat 23 — 187 F1
Goven 35 — 103 D1
Goviller 54 — 94 A1
Goxwiller 67 — 70 C4
Goyencourt 80 — 19 D4
Goyrans 31 — 276 C3
Grabels 34 — 281 E2
Graçay 18 — 152 A1
Grâce-Uzel 22 — 77 E3
Grâces 22 — 50 B3
Gradignan 33 — 217 E4
Graffigny-Chemin 52 — 93 E4
Gragnague 31 — 277 D2
Graignes 50 — 27 E3
Grailhen 65 — 298 B4
Graimbouville 76 — 14 C3
Graincourt-lès-Havrincourt 62 — 8 C4
Grainville 27 — 32 C3
Grainville-la-Teinturière 76 — 15 E2
Grainville-Langannerie 14 — 56 A1
Grainville-sur-Odon 14 — 29 D4
Grainville-sur-Ry 76 — 32 C2
Grainville-Ymauville 76 — 14 C3
Le Grais 61 — 56 A4
Graissac 12 — 242 C1
Graissessac 34 — 280 A2
Graix 42 — 210 B4
Le Grallet 17 — 198 B1
Gramat 46 — 240 C1
Gramazie 11 — 302 A2
Grambois 84 — 266 B4
Grammont 70 — 142 A1
Gramond 12 — 259 F1
Gramont 82 — 256 C3
Granace 2A — 318 C2
Grancey-le-Château 21 — 116 A4
Grancey-sur-Ource 21 — 115 E2
Grand 88 — 93 D2
Le Grand-Abergement 01 — 194 B2
Grand-Auverné 44 — 127 D1
Grand-Ballon 68 — 120 A1
Grand Bois ou de la République (Col du) 42 — 210 A4
Le Grand-Bornand 74 — 196 A2
Le Grand-Bourg 23 — 186 B1
Grand-Brassac 24 — 202 A4
Grand-Camp 27 — 57 F1
Grand-Camp 76 — 15 D4
Grand-Castang 24 — 220 C3
Le Grand-Celland 50 — 54 B4
Grand-Champ 56 — 101 D3
Grand-Charmont 25 — 142 C1
La Grand-Combe 30 — 263 E1
Grand-Corent 01 — 176 B4
Grand-Couronne 76 — 32 A3
La Grand-Croix 42 — 210 B2
Grand-Failly 54 — 40 B2
Grand-Fayt 59 — 10 A3
Grand Fenestrez 01 — 194 C3
Grand-Fort-Philippe 59 — 3 D1
Grand-Fougeray 35 — 103 D2
Grand-Laviers 80 — 6 C4
Le Grand-Lemps 38 — 212 A3
Le Grand-Lucé 72 — 107 E3
Le Grand-Madieu 16 — 184 A3
Grand Phare 85 — 144 A4
Le Grand Piquey 33 — 234 B1
Le Grand-Pressigny 37 — 150 A3
Grand-Puch (Château du) 33 — 217 F4
Le Grand-Quevilly 76 — 32 A2
Grand-Rozoy 02 — 36 B4
Grand-Rullecourt 62 — 7 F3
Grand-Serre 26 — 211 E4
Grand Taureau 25 — 161 D2
Grand-Vabre 12 — 242 A2
Le Grand-Valtin 88 — 95 F4
Grand-Verly 02 — 20 C2
Le Grand-Village-Plage 17 — 180 B3
Grandcamp-Maisy 14 — 25 F4
Grandchain 27 — 57 F1
Grandchamp 08 — 22 A4
Grandchamp 52 — 117 D4
Grandchamp 72 — 82 C3
Grandchamp 78 — 59 F4
Grandchamp 89 — 112 B4
Grandchamp-des-Fontaines 44 — 126 B3
Grandchamp-le-Château 14 — 56 C1
Grand'Combe-Châtelau 25 — 161 E1
Grand'Combe-des-Bois 25 — 142 C4
Grandcourt 76 — 16 C2
Grandcourt 80 — 19 D1
Grande Chartreuse (Couvent de la) 38 — 212 C3

La Grande-Fosse 88 — 96 A1
La Grande-Motte 34 — 282 A2
La Grande-Paroisse 77 — 88 A3
La Grande-Résie 70 — 140 B3
Grande-Rivière 39 — 177 E2
Grande-Synthe 59 — 3 E1
La Grande-Verrière 71 — 156 C2
Grandecourt 70 — 140 B1
Les Grandes-Armoises 08 — 39 E1
Les Grandes-Chapelles 10 — 90 A2
Les Grandes-Dalles 76 — 15 D1
Les Grandes-Loges 51 — 64 C1
Les Grandes-Rivières 17 — 181 D1
Les Grandes-Ventes 76 — 16 B3
Grandeyrolles 63 — 207 E2
Grandfontaine 25 — 141 D4
Grandfontaine 67 — 70 A4
Grandfontaine-sur-Creuse 25 — 142 A4
Grandfresnoy 60 — 35 D3
Grandham 08 — 39 E3
Grandjean 17 — 181 F3
Grand'Landes 85 — 145 E3
Grandlup-et-Fay 02 — 21 D4
Grandmesnil 14 — 56 C2
Grandmesnil 54 — 67 F4
Grandouet 14 — 30 B4
Grandpré 08 — 39 E3
Grandpuits 77 — 88 A1
Grandrieu 48 — 226 B4
Grandrieux 02 — 21 F4
Grandrif 63 — 208 C2
Grandris 69 — 192 A2
Grandrû 60 — 36 A1
Grandrupt 88 — 96 A1
Grandrupt-de-Bains 88 — 118 B1
Les Grands-Chézeaux 87 — 168 B4
Grandsaigne 19 — 205 D3
Grandval (Barrage de) 15 — 225 E3
Grandvals 48 — 243 E1
Grandvaux 71 — 174 A2
Grandvelle-et-le-Perrenot 70 — 141 D2
La Grandville 08 — 23 D3
Grandville 10 — 90 C1
Grandvillers 88 — 95 E3
Grandvillers-aux-Bois 60 — 35 D2
Grandvilliers 27 — 58 C3
Grandvilliers 60 — 17 F4
Grane 26 — 247 D1
Granès 11 — 302 B4
La Grange 25 — 142 B3
Grange-de-Vaivre 39 — 160 A2
Grange-le-Bocage 89 — 89 D3
Grangent (Barrage de) 42 — 209 F3
Grangermont 45 — 87 D4
Granges 01 — 176 B4
Les Granges 10 — 114 B1
Granges 71 — 157 F4
Les Granges (Château) 58 — 135 E3
Granges-d'Ans 24 — 221 E1
Granges-de-Vienney 25 — 141 E4
Les Granges-Gontardes 26 — 246 C3
Granges-la-Ville 70 — 142 A1
Granges-le-Bourg 70 — 142 A1
Les Granges-le-Roi 91 — 86 B2
Granges-les-Beaumont 26 — 229 E2
Granges-les-Valence 07 — 229 D3
Granges-Maillot 25 — 160 C2
Granges-Narboz 25 — 161 D3
Granges-Sainte-Marie 25 — 161 D3
Granges-sur-Aube 51 — 89 F1
Granges-sur-Baume 39 — 159 F4
Granges-sur-Lot 47 — 238 A4
Granges-sur-Vologne 88 — 95 F4
Les Grangettes 25 — 161 D3
Grangues 14 — 30 A3
Granier 73 — 214 B1
Granier (Col du) 73 — 213 D2
Granieu 38 — 212 B1
Granon (Col de) 05 — 232 B2
Grans 13 — 284 A2
Granville 50 — 53 F3
Granzay-Gript 79 — 164 C4
Gras 07 — 246 B3
Les Gras 25 — 161 E2
Gras (Plateau des) 07 — 246 B3
Grassac 16 — 202 A2
Grasse 06 — 288 A2
Grassendorf 67 — 71 D1
Grateloup-Saint-Gayrand 47 — 238 A3
Gratens 31 — 276 A4
Gratentour 31 — 276 C1
Gratibus 80 — 18 C4
Gratot 50 — 53 F1
Gratreuil 51 — 39 D4
Grattepanche 80 — 18 B3
Le Gratteris 25 — 141 E4
Grattery 70 — 118 A4
Le Grau-d'Agde 34 — 305 E1
Grau de Maury 66 — 303 D4
Le Grau-du-Roi 30 — 282 B3
Graulhet 81 — 277 F1
Les Graulges 24 — 202 A2
Grauves 51 — 64 A2
Graval 76 — 16 C4
La Grave 05 — 232 A2
La Grave 06 — 288 C4
Grave (Pointe de) 33 — 198 B2
Gravelines 59 — 3 D1
La Gravelle 53 — 104 C1
Gravelotte 57 — 41 E4
La Graverie 14 — 55 D2
Graveron-Sémerville 27 — 58 B1
Graves-Saint-Amant 16 — 201 D1
Graveson 13 — 264 C4
Gravières 07 — 245 E3

Gravigny 27 — 58 C1
Gravon 77 — 88 B3
Gray 70 — 140 B2
Gray-la-Ville 70 — 140 B2
Grayan-et-l'Hôpital 33 — 198 B3
Graye-et-Charnay 39 — 176 B2
Graye-sur-Mer 14 — 29 E3
Grayssas 47 — 256 C1
Grazac 31 — 300 C1
Grazac 43 — 227 F1
Grazac 81 — 258 B4
Grazay 53 — 81 F3
Gréalou 46 — 241 D2
Gréasque 13 — 285 D3
Grébault-Mesnil 80 — 17 D1
Grécourt 80 — 19 F4
Gredisans 39 — 159 E1
La Grée-Penvins 56 — 123 D2
La Grée-Saint-Laurent 56 — 101 F1
Gréez-sur-Roc 72 — 108 A1
Greffeil 11 — 302 C3
Grèges 76 — 16 A2
Grégy-sur-Yerres 77 — 61 E4
Grémecey 57 — 68 C3
Grémévillers 60 — 33 F1
Gremilly 55 — 40 B3
Grémonville 76 — 15 F3
Grenade 31 — 276 B1
Grenade-sur-l'Adour 40 — 272 C1
Grenand-lès-Sombernon 21 — 138 C4
Grenant 52 — 117 D2
Grenay 38 — 211 E1
Grenay 62 — 8 B2
Grendelbruch 67 — 70 B4
Greneville-en-Beauce 45 — 86 C4
Grenier-Montgon 43 — 207 F4
Grenoble 38 — 230 C1
Grenois 58 — 136 B4
Grentheville 14 — 29 F4
Grentzingen 68 — 120 C4
Greny 76 — 16 B2
Gréolières 06 — 269 E4
Gréolières-les-Neiges 06 — 269 E3
Gréoux-les-Bains 04 — 267 D4
Grépiac 31 — 276 C4
Le Grès 31 — 276 A1
Grésigny-Sainte-Reine 21 — 138 A1
Gresin 73 — 212 C1
La Gresle 42 — 191 F2
Gresse-en-Vercors 38 — 230 B3
Gressey 78 — 59 F3
Gresswiller 67 — 70 C4
Gressy 77 — 61 F2
Grésy-sur-Aix 73 — 195 D4
Grésy-sur-Isère 73 — 213 F1
Gretz-Armainvilliers 77 — 61 F4
Greucourt 70 — 140 C1
Greuville 76 — 15 F2
Greux 88 — 93 E2
La Grève-sur-Mignon 17 — 164 A4
Les Grèves 22 — 51 E4
Gréville-Hague 50 — 24 B2
Grévillers 62 — 19 E1
Grevilly 71 — 175 D2
Grez 60 — 17 F4
Le Grez 72 — 82 B4
Grez-en-Bouère 53 — 105 E3
Grez-Neuville 49 — 128 A1
Grez-sur-Loing 77 — 87 F3
Grézac 17 — 198 C1
Grézels 46 — 239 E3
Grèzes 24 — 222 A2
Grèzes 43 — 226 B3
Grèzes 46 — 240 C2
Grèzes 48 — 244 A3
Grézet-Cavagnan 47 — 237 E4
Grézian 65 — 298 B4
Grézieu-la-Varenne 69 — 192 C4
Grézieu-le-Marché 69 — 210 A1
Grézieux-le-Fromental 42 — 209 E1
Grézillac 33 — 218 C4
Grézillé 49 — 128 C3
Grézolles 42 — 191 D4
Gricourt 02 — 20 A2
Grièges 01 — 175 E4
La Grière 85 — 162 C3
Gries 67 — 71 E2
Griesbach-au-Val 68 — 96 B4
Griesbach-le-Bastberg 67 — 70 C4
Griesheim-près-Molsheim 67 — 70 C4
Griesheim-sur-Souffel 67 — 71 D3
Grignan 26 — 247 D3
Grigneuseville 76 — 16 A4
Grignols 24 — 220 B2
Grignols 33 — 237 D4
Grignon 21 — 138 A1
Grignon 73 — 213 F2
Grignoncourt 88 — 117 F2
Grigny 62 — 7 D2
Grigny 69 — 210 C1
Grigny 91 — 87 D1
La Grigonnais 44 — 126 B1
Grillemont (Château de) 37 — 150 A1
Grillon 84 — 247 D3
Grilly 01 — 177 F3
Grimaucourt-en-Woëvre 55 — 40 B4
Grimaucourt-près-Sampigny 55 — 67 D3
Grimaud 83 — 287 E4
La Grimaudière 86 — 148 C4
Grimault 89 — 137 D1
Grimbosq 14 — 55 F1
Grimesnil 50 — 54 A2
Grimone 26 — 248 C1
Grimone (Col de) 26 — 248 C1
Grimonviller 54 — 94 A2
Grincourt-lès-Pas 62 — 7 F4

Grindorff-Bizing 57 — 42 B2
Gripp 65 — 298 A3
La Gripperie-Saint-Symphorien 17 — 181 D4
Gripport 54 — 94 B2
Gris-Nez (Cap) 62 — 2 A2
Griscourt 54 — 68 A3
Griselles 21 — 114 C3
Griselles 45 — 112 A1
Grisolles 02 — 63 D1
Grisolles 82 — 257 F4
Grisy 14 — 56 B2
Grisy-les-Plâtres 95 — 60 B1
Grisy-Suisnes 77 — 61 F4
Grisy-sur-Seine 77 — 88 C2
La Grive 38 — 211 F1
Grives 24 — 239 E1
Grivesnes 80 — 18 C4
Grivillers 80 — 19 D4
Grivy-Loisy 08 — 38 C2
Groffliers 62 — 6 C2
La Groise 59 — 10 A3
Groises 18 — 154 A1
Groissiat 01 — 176 C4
Groisy 74 — 195 E2
Groix 56 — 99 F4
Groléjac 24 — 221 F4
Gron 18 — 154 A1
Gron 89 — 112 C1
Gronard 02 — 21 D3
Le Gros Cerveau 83 — 291 E3
Gros-Chastang 19 — 223 D1
Gros-Réderching 57 — 43 F4
Le Gros-Theil 27 — 31 F4
Grosbliederstroff 57 — 43 E4
Grosbois 25 — 141 F3
Grosbois (Château de) 94 — 61 E4
Grosbois-en-Montagne 21 — 138 B3
Grosbois-lès-Tichey 21 — 158 C2
Grosbreuil 85 — 162 B1
Les Groseillers 79 — 165 D2
Groslay 95 — 61 D2
Groslée 01 — 194 B4
Grosley-sur-Risle 27 — 58 A1
Grosmagny 90 — 119 F4
Grosrouvres 54 — 67 F3
Grossa 2A — 318 C2
Grosseto-Prugna 2A — 316 C4
Grossœuvre 27 — 58 C2
Grossouvre 18 — 154 B3
Grostenquin 57 — 69 E1
Le Grouanec 29 — 47 E1
Grouches-Luchuel 80 — 7 F4
Grougis 02 — 20 B2
Grouin (Pointe du) 35 — 53 D4
La Groulais (Château de) 44 — 126 A2
La Groutte 18 — 170 C1
Grozon 39 — 159 F3
Gruchet-le-Valasse 76 — 15 D4
Gruchet-Saint-Siméon 76 — 15 F1
Grues 85 — 163 D3
Gruey-lès-Surance 88 — 118 B1
Gruffy 74 — 195 E4
Gruge-l'Hôpital 49 — 104 B4
Grugies 02 — 20 A3
Grugny 76 — 32 B1
Gruissan 11 — 304 C2
Gruissan-Plage 11 — 304 C2
Grumesnil 76 — 33 E1
Grun-Bordas 24 — 220 B2
Grundviller 57 — 69 F1
Gruny 80 — 19 E4
Grury 71 — 173 E1
Gruson 59 — 9 D1
Grusse 39 — 176 B1
Grussenheim 68 — 96 C3
Grust 65 — 297 E4
Gruyères 08 — 22 B4
Le Gua 17 — 181 D4
Le Gua 38 — 230 C2
Guagno 2A — 316 C2
Guagno-les-Bains 2A — 316 C2
Guainville 28 — 59 E2
Guarbecque 62 — 3 F4
Guargualé 2A — 318 C1
Guchan 65 — 298 B4
Guchen 65 — 298 B4
Gudas 09 — 301 D3
Gudmont 52 — 92 B3
Le Gué-d'Alleré 17 — 181 E1
Le Gué-de-la-Chaîne 61 — 83 E3
Le Gué-de-Longroi 28 — 85 F2
Le Gué-de-Velluire 85 — 163 F3
Gué-d'Hossus 08 — 11 E4
Le Gué-du-Loir 41 — 108 B3
Guebenhouse 57 — 43 D4
Gueberschwihr 68 — 96 B4
Guébestroff 57 — 69 E2
Guéblange-lès-Dieuze 57 — 69 D3
Guebwiller 68 — 120 B1
Guécélard 72 — 106 C3
Le Guédéniau 49 — 129 E2
Guégon 56 — 101 F2
Guéhébert 50 — 54 A2
Guéhenno 56 — 101 E2
Le Guélian 72 — 69 D1
Gueltas 56 — 77 D4
Guémappe 62 — 8 B3
Guémar 68 — 96 C3
Guémené-Penfao 44 — 103 D4
Guémené-sur-Scorff 56 — 76 B4
Guémicourt 80 — 17 E3
Guemps 62 — 2 C2

Guénange 57 — 41 F3
Guengat 29 — 73 E3
Guénin 56 — 100 C2
Guénouville 44 — 126 A1
Guenroc 22 — 78 C3
Guenrouet 44 — 125 F1
Guentrange 57 — 41 F2
Guenviller 57 — 42 C4
Guêprei 61 — 56 C3
Guer 56 — 102 B2
Guérande 44 — 123 E4
Guérard 77 — 62 A4
Guerbigny 80 — 19 D4
La Guerche 37 — 150 A3
La Guerche-de-Bretagne 35 — 104 A2
La Guerche-sur-l'Aubois 18 — 154 B3
Guercheville 77 — 87 E4
Guerchy 89 — 113 D3
Guéreins 01 — 192 C1
Guéret 23 — 187 D1
Guerfand 71 — 158 B4
Guérigny 58 — 154 C1
Guérin 47 — 237 E3
La Guérinière 85 — 144 B2
Guerlédan (Lac de) 22 — 76 C3
Guerlesquin 29 — 49 F3
Guermange 57 — 69 E3
Guermantes 77 — 61 F3
Guern 56 — 100 C1
Guernanville 27 — 58 A3
Guernes 78 — 59 F2
Le Guerno 56 — 123 D2
Guerny 27 — 33 E4
Guéron 14 — 28 C3
La Guéroulde 27 — 58 B3
Guerpont 55 — 66 B4
Guerquesalles 61 — 57 D2
Les Guerreaux 71 — 173 E2
Guerstling 57 — 42 B2
Guerting 57 — 42 B4
Guerville 76 — 16 C2
Guerville 78 — 59 F2
Guéry (Col de) 63 — 206 C2
Gueschart 80 — 7 D4
Guesnain 59 — 9 D3
Guesnes 86 — 149 D3
Guessling-Hémering 57 — 69 D1
Guéthary 64 — 270 B3
Le Guétin 18 — 154 C2
Gueudecourt 80 — 19 E1
Gueugnon 71 — 173 F1
Gueures 76 — 15 F1
Gueutteville 76 — 15 F2
Gueutteville-les-Grès 76 — 15 E1
Gueux 51 — 37 E4
Guevenatten 68 — 120 A3
Guewenheim 68 — 120 A2
Gueytes-et-Labastide 11 — 301 F3
Gueyze 47 — 255 E2
Gugnécourt 88 — 95 D3
Gugney 54 — 94 A2
Gugney-aux-Aulx 88 — 94 B3
Guibermesnil 80 — 17 E3
Guibeville 91 — 86 C1
Guichainville 27 — 58 C2
Guiche 64 — 271 D2
La Guiche 71 — 174 B2
Guichen 35 — 103 D2
Guiclan 29 — 49 D3
Guidel 56 — 99 F2
Guidon du Bouquet 30 — 263 F2
La Guierche 72 — 107 D1
Guignecourt 60 — 34 A2
Guignemicourt 80 — 18 A3
Guignen 35 — 103 D2
Guignes 77 — 87 F1
Guigneville 45 — 86 C4
Guigneville-sur-Essonne 91 — 87 D2
Guignicourt 02 — 21 D4
Guignicourt-sur-Vence 08 — 22 C4
La Guignière 37 — 130 C3
Guignonville 45 — 86 C3
Guigny 62 — 6 C3
Guilberville 50 — 54 C1
Le Guildo 22 — 78 B1
Guiler-sur-Goyen 29 — 73 D3
Guilers 29 — 47 D3
Guilherand-Granges 07 — 229 D3
Guillac 33 — 218 C4
Guillac 56 — 101 F2
Guillaucourt 80 — 19 D3
Guillaumes 06 — 269 D1
Guillemont 80 — 19 E1
La Guillermie 03 — 190 B3
Guillerval 91 — 86 B3
Guillestre 05 — 250 C1
Guilleville 28 — 86 A4
Guilliers 56 — 102 A1
Guilligomarc'h 29 — 100 A1
Guillon 89 — 137 E2
Guillon-les-Bains 25 — 141 F3
Guillonville 28 — 109 F1
Guillos 33 — 235 F2
Guilly 36 — 152 A2
Guilly 45 — 110 C4
Guilmécourt 76 — 16 B2
Guilvinec 29 — 98 B2
Guimaëc 29 — 49 F2
Guimiliau 29 — 49 D4
Guimps 16 — 200 C3
Guinarthe-Parenties 64 — 271 F4
Guincourt 08 — 38 C1
Guindrecourt-aux-Ormes 52 — 92 A2
Guindrecourt-sur-Blaise 52 — 92 A3
Guinecourt 62 — 7 E3
Guînes 62 — 2 C3
Guingamp 22 — 50 C3
Guinglange 57 — 68 C1

GRENOBLE

Alsace-Lorraine (Av.)...**DYZ** 3
Barnavel (R.)...**EFY** 5
Bayard (R.)...**EY** 6
Belgique
(Av. Albert-I⁵ᵉʳ-de)...**EFZ** 7
Belgrade (R. de)...**EY** 9
Bistesi (R.)...**FZ** 10
Blanchard (R. P.)...**EYZ**
Bonne (R. de)...**EZ** 12
Brenier (R. C.)...**DY** 13
Brocherie (R.)...**FY** 15
Casimir-Perier (R.)...**EZ** 16
Champollion (R.)...**FZ** 17
Chenoise (R.)...**EFY** 18
Clot-Bey (R.)...**EYZ** 21
Diables-Bleus (Bd des)..**FZ** 24
Dr-Girard (Pl.)...**FY** 26
Driant (Bd Col.)...**FZ** 27
Dubedout (Pl. H.)...**DY** 28
Fantin-Latour (R.)...**FZ** 32
Flandrin (R. J.)...**GZ** 33
Foch (Bd Mar.)...**DEZ**
Fourier (R.)...**FZ** 34
Grande-Rue...**EY** 37
Grenette (Pl.)...**EY**
Lafayette (R.)...**EY** 39
Lavalette (Pl.)...**FY** 40
L'Herminier
(R. Cdt)...**FY** 41
Lyautey (Bd Mar.)...**EZ** 42
Montorge (R.)...**EY** 43
Palanka (R.)...**EY** 44
Pasteur (Pl.)...**FZ** 45
Perrière (Q.)...**EY** 46
Poulat (R. F.)...**EZ** 48
Rivet (Pl. G.)...**EZ** 53
Rousseau (R. J.-J.)...**EY** 55
St-André (Pl.)...**EY** 56
Ste-Claire (Pl.)...**EY** 57
Servan (R.)...**FY** 59
Strasbourg (R. de)...**FZ** 62
Très-Cloîtres (R.)...**FY** 63
Vicat (R.)...**EZ** 66
Victor-Hugo (Pl.)...**EZ**
Voltaire (R.)...**FY** 68

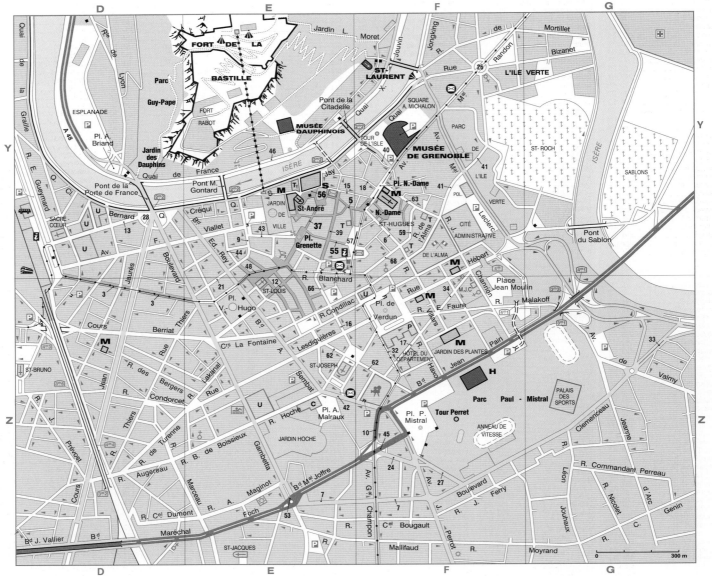

Guinkirchen 57...42 A3
Guinzeling 57...69 E2
Guipavas 29...47 F3
Guipel 35...79 E3
Guipronvel 29...47 E2
Guipry 35...103 D3
Guipy 58...136 B4
Guirlange 57...42 B3
Guiry-en-Vexin 95...60 A1
Guiscard 60...19 F4
Guiscriff 56...75 F4
Guiseniers 27...33 D4
Le Guislain 50...54 B2
Guissény 29...47 F1
Guisy 62...7 D2
Guitalens 81...278 A2
Guitera-les-Bains 24...317 D4
Guitinières 17...199 E3
Guitrancourt 78...60 A1
Guîtres 33...218 C2
Guitry 27...33 D4
Guitté 22...78 C3
Guivry 02...19 F4
Guizancourt 80...17 F4
Guizengeard 16...201 D4
Guizerix 65...274 C4
Gujan-Mestras 33...234 C1
Gumbrechtshoffen 67...71 D1
Gumery 10...89 D2
Gumiane 26...247 F2
Gumières 42...209 D2
Gumond 19...223 D1
Gundershoffen 67...71 D1
Gundolsheim 68...120 B1
Gungwiller 67...70 A1
Gunsbach 68...96 B4
Gunstett 67...45 D4
Guntzviller 57...70 A2
Guny 02...36 B1

Guran 31...299 D4
Gurat 16...201 F3
Gurcy-le-Châtel 77...88 B2
Gurgy 89...113 E3
Gurgy-la-Ville 21...116 A3
Gurgy-le-Château 21...116 A3
Gurmençon 64...296 B2
Gurs 64...272 A4
Gurunhuel 22...50 B4
Gury 60...35 E1
Gussainville 55...40 C4
Gussignies 59...10 A1
Guyancourt 78...60 B4
Guyans-Durnes 25...160 C1
Guyans-Vennes 25...142 A4
Guyencourt 02...37 E2
Guyencourt-Saulcourt 80...19 F2
Guyencourt-sur-Noye 80...18 B3
La Guyonnière 85...146 A2
Guyonvelle 52...117 E3
Guzargues 34...281 F1
Guzet-Neige 09...309 E1
Gy 70...140 C2
Gy-en-Sologne 41...132 B3
Gy-les-Nonains 45...112 A2
Gy-l'Évêque 89...113 E4
Gyé 54...67 E4
Gyé-sur-Seine 10...115 D2

H

Habarcq 62...8 A3
Habas 40...271 F2
Habère-Lullin 74...178 B4
Habère-Poche 74...178 B4
L'Habit 27...59 D3
L'Habitarelle 48...245 D3

L'Habitarelle 48...244 C2
Hablainville 54...95 E1
Habloville 61...56 B3
Habonville 54...41 E4
Haboudange 57...69 D2
Habsheim 68...120 C2
Hachan 65...298 C1
Hâcourt 52...93 D4
Hacqueville 27...33 D3
Hadancourt-
le-Haut-Clocher 60...33 F4
Hadigny-les-Verrières 88...94 C3
Hadol 88...118 C1
Hadonville-lès-Lachaussée 55...67 E1
Haegen 67...70 B2
Hagécourt 88...94 B4
Hagedet 65...273 F3
Hagen 57...41 F1
Hagenbach 68...120 B3
Hagenthal-le-Bas 68...121 D4
Hagenthal-le-Haut 68...121 D4
Haget 32...274 A4
Hagetaubin 64...272 B3
Hagetmau 40...272 B1
Hagéville 54...67 F1
Hagnéville-et-Roncourt 88...93 F3
Hagnicourt 08...38 C1
Hagondange 57...41 F3
La Hague (Usine
atomique de) 50...24 B2
Haguenau 67...71 E1
La Haie-Fouassière 44...126 C4
La Haie-Longue 49...128 A3
La Haie-Traversaine 53...81 E3
Les Haies 69...210 C2
Haignéville 54...94 C1
Haillainville 88...94 C2
Le Haillan 33...217 D3
Hailles 80...18 B3
Haillicourt 62...8 A2
L'Habitarelle 48...245 D3

Haimps 17...182 C3
Haims 86...167 E2
Hainvillers 60...35 D1
Haironville 55...66 A4
Haisnes 62...8 B1
Haleine 61...81 F1
Halinghen 62...6 B1
Hallencourt 80...17 E2
Halles 80...17 E2
Hallennes-lez-Haubourdin 59...4 C4
Hallering 57...42 B4
Les Halles 69...210 A1
Halles-sous-les-Côtes 55...39 F4
Hallignicourt 52...65 F4
Hallines 62...3 D4
Halling-lès-Boulay 57...42 B4
Hallivillers 80...18 B4
La Hallotière 76...33 D1
Halloville 54...95 E1
Halloy 60...17 F4
Halloy 62...7 F3
Halloy-lès-Pernois 80...18 A1
Hallu 80...19 D3
Halluin 59...4 C3
Halsou 64...270 C3
Halstroff 57...42 B2
Le Ham 50...25 D4
Le Ham 53...81 F3
Ham 80...19 F4
Ham (Roches de) 50...54 C1
Ham-en-Artois 62...7 F1
Ham-les-Moines 08...22 B3
Ham-sous-Varsberg 57...42 C4
Ham-sur-Meuse 08...13 D3
Hamars 14...55 F1
Hambach 57...43 E4
Hamblain-les-Prés 62...8 C3
Hambye 50...54 A2
Hambye (Abbaye de) 50...54 B2

Hameau-de-la-Mer 50...24 C2
Le Hamel 59...8 C3
Le Hamel 60...17 F4
Le Hamel 80...18 C2
Hamelet 80...18 C2
Hamelin 50...80 B1
Hamelincourt 62...8 B4
Hames-Boucres 62...2 B2
Hammeville 54...94 A1
Hamonville 54...67 E3
Hampigny 10...91 E2
Hampont 57...69 D2
Han-devant-Pierrepont 54...40 C2
Han-lès-Juvigny 55...40 A1
Han-sur-Meuse 55...67 D2
Han-sur-Nied 57...68 C1
Hanau (Étang de) 57...44 C4
Hanc 79...183 E2
Hanches 28...85 F1
Hancourt 80...19 F2
Handschuheim 67...71 D3
Hangard 80...18 C3
Hangenbieten 67...71 D3
Hangest-en-Santerre 80...18 C4
Hangest-sur-Somme 80...17 F2
Hangviller 57...70 A1
Hannaches 60...33 E2
Hannapes 02...20 C2
Hannappes 08...21 E3
Hannescamps 62...8 A4
Hannocourt 57...68 C2
Hannogne-Saint-Martin 08...23 D4
Hannogne-Saint-Rémy 08...37 F1
Hannonville-sous-les-Côtes 55...67 D1
Hannonville-Suzémont 54...67 E1
Le Hanouard 76...15 E2
Hans 51...39 E3
Hantay 59...8 B1
Hantz (Col du) 88...96 A1
Hanvec 29...73 F1

Hanviller 57...44 C3
Hanvoile 60...33 F2
Haplincourt 62...19 E1
Happencourt 02...20 A3
Happonvilliers 28...84 C3
Harambels 64...271 E4
Haramont 02...35 F3
Haraucourt 08...23 E4
Haraucourt 54...68 C4
Haraucourt-sur-Seille 57...69 D3
Haraumont 55...40 A3
Haravesnes 62...7 D3
Haravilliers 95...34 A4
Harbonnières 80...19 D3
Harbouey 54...95 F1
Harcanville 76...15 E3
Harchéchamp 88...93 E2
Harcigny 02...21 E3
Harcourt 27...31 F4
Harcy 08...22 B3
Hardancourt 88...95 D2
Hardanges 53...81 F3
Hardecourt-aux-Bois 80...19 E2
Hardelot-Plage 62...2 A4
Hardencourt-Cocherel 27...59 D1
Hardifort 59...3 E3
Hardinghen 62...2 B3
Hardinvast 50...24 C2
Hardivillers 60...34 B1
Hardivillers-en-Vexin 60...33 F3
La Hardoye 08...21 F4
Hardricourt 78...60 A2
La Harengère 27...32 A4
Haréville 88...94 A4
Harfleur 76...14 B4
Hargarten-aux-Mines 57...42 B3
Hargeville 78...59 F3
Hargeville-sur-Chée 55...66 B3
Hargicourt 02...20 A2
Hargicourt 80...18 C4

Hargnies 08......13 D4
Hargnies 59......10 B2
Haricourt 27......59 E1
Harly 02......20 A3
Harméville 52......92 C2
Harmonville 88......93 F2
La Harmoye 22......77 D2
Harnes 62......8 B2
Harol 88......94 B4
Haroué 54......94 B2
Harponville 80......18 C1
Harprich 57......69 D1
Harquency 27......33 D4
Harreberg 57......70 A3
Harréville-les-Chanteurs 52......93 E3
Harricourt 08......39 E2
Harricourt 52......92 A3
Harsault 88......118 B1
Hartennes-et-Taux 02......36 B3
Hartmannswiller 68......120 B1
Hartzviller 57......70 A3
Harville 55......67 E1
Hary 02......21 E3
Haselbourg 57......70 A4
Hasnon 59......9 E2
Hasparren 64......271 D3
Haspelschiedt 57......44 C3
Haspres 59......9 E3
Hastingues 40......271 E2
Hatrize 54......41 D4
Hatten 67......45 F4
Hattencourt 80......19 D3
Hattenville 76......15 D3
Hattigny 57......69 F4
Hattmatt 67......70 C2
Hattonchâtel 55......67 E1
Hattonville 55......67 E1

Hattstatt 68......96 B4
Hauban 65......298 A2
Haubourdin 59......4 C4
Hauconcourt 57......41 F3
Haucourt 60......33 F2
Haucourt 62......8 C3
Haucourt 76......17 D4
Haucourt-en-Cambrésis 59......20 A1
Haucourt-la-Rigole 55......40 C3
Haucourt-Moulaine 54......41 D1
Haudainville 55......40 B4
Haudiomont 55......40 B4
Haudivillers 60......34 B2
Haudonville 54......94 C1
Haudrecy 08......22 C3
Haudricourt 76......17 D4
Haulchin 59......9 E3
Haulies 32......275 D2
Haulmé 08......22 C2
Haumont-lès-Lachaussée 55......67 E1
Haumont-
  près-Samogneux 55......40 A3
Hauriet 40......272 B1
Hausgauen 68......120 C3
Haussez 76......33 E1
Haussignémont 51......65 E4
Haussimont 51......64 B4
Haussonville 54......94 B1
Haussy 59......9 F4
Haut-Asco 2B......314 C4
Haut-Barr (Château du) 67......70 B2
Haut-Clocher 57......69 F4
Le Haut-Corlay 22......76 C2
Haut-de-Bosdarros 64......297 D1
Le Haut-du-Them 70......119 E2
Haut-Kœnigsbourg
  (Château du) 67......96 B2
Haut-Lieu 59......10 B3

Haut-Loquin 62......2 C3
Haut-Mainil 62......7 D3
Haut-Mauco 40......253 F4
Le Haut Planet (Balcon) 78......59 F4
Hautaget 65......298 C3
Hautbos 60......33 F1
Haute-Avesnes 62......8 A3
La Haute-Beaume 05......248 C2
La Haute-Chapelle 61......81 E1
Haute-Epine 60......34 A1
Haute-Goulaine 44......126 C4
Haute-Isle 95......59 F1
Haute-Kontz 57......42 A1
La Haute-Maison 77......62 B3
Haute Provence
  (Observatoire de) 04......266 C3
Haute-Rivoire 69......210 A1
Haute-Vigneulles 57......42 B4
Hautecloque 62......7 E3
Hautecombe
  (Abbaye de) 73......195 D4
Hautecôte 62......7 E3
Hautecour 39......177 D1
Hautecour 73......214 B2
Hautecourt-lès-Broville 55......40 B4
Hautecourt-Romanèche 01......194 A1
Hautefage 19......223 E2
Hautefage-la-Tour 47......238 C4
Hautefaye 24......202 A2
Hautefeuille 77......62 A4
Hautefond 71......174 A3
Hautefontaine 60......36 A3
Hautefort 24......203 E4
Hauteluce 73......196 B4
Hautepierre-le-Châtelet 25......160 C1
Hauterive 03......190 A1
Hauterive 61......83 D2
Hauterive 89......113 E3

Hauterive-la-Fresse 25......161 D2
Hauterives 26......211 E4
Hauteroche 21......138 B2
Hautes-Duyes 04......267 F1
Les Hautes-Rivières 08......23 D2
Hautesvignes 47......237 F3
Hautevelle 70......118 C3
Hautevesnes 02......62 C1
Hauteville 08......20 B2
Hauteville 51......91 F1
Hauteville 62......8 A3
Hauteville 73......213 F2
La Hauteville 78......59 F4
Hauteville-Gondon 73......214 C1
Hauteville-la-Guichard 50......27 D4
Hauteville-lès-Dijon 21......139 D3
Hauteville-Lompnes 01......194 B2
Hauteville-sur-Fier 74......195 D3
Hauteville-sur-Mer 50......53 F1
L'Hautil 78......60 B2
Haution 02......21 D3
Hautmont 59......10 B2
Hautmougey 88......118 B1
Hautot-l'Auvray 76......15 E2
Hautot-le-Vatois 76......15 E3
Hautot-Saint-Sulpice 76......15 E3
Hautot-sur-Mer 76......16 A2
Hautot-sur-Seine 76......32 A3
Hautteville-Bocage 50......25 D4
Hautvillers 51......64 A1
Hautvillers-Ouville 80......6 B4
Hauville 27......31 F2
Hauviné 08......38 B3
Haux 33......236 B1
Haux 64......295 F2
Havange 57......41 E3
Havelu 28......59 E3

Haveluy 59......9 E3
Havernas 80......7 F4
Haverskerque 59......3 F4
Le Havre 76......14 B4
Le Havre-Antifer
  (Port pétrolier) 76......14 B3
Havrincourt 62......19 F1
Havys 08......22 A3
L'Hay-les-Roses 94......61 D4
Hayange 57......41 E3
Haybes 08......11 F4
La Haye 76......32 C2
La Haye 88......118 B1
La Haye-Aubrée 27......31 E2
La Haye-Bellefond 50......54 B1
La Haye-de-Calleville 27......31 F4
La Haye-de-Routot 27......31 E2
La Haye-d'Ectot 50......24 B4
La Haye-du-Puits 50......26 C3
La Haye-du-Theil 27......31 F1
La Haye-le-Comte 27......32 B4
La Haye-Malherbe 27......32 A4
La Haye-Pesnel 50......54 A3
La Haye-Saint-Sylvestre 27......57 F2
Les Hayes 41......108 A4
Hayes 57......42 A4
Haynecourt 59......9 D4
Les Hays 39......159 D3
Hazebrouck 59......3 F4
Hazembourg 57......69 F1
Le Heaulme 95......34 A4
Héauville 50......24 B2
Hébécourt 27......33 E3
Hébécourt 80......18 A3
Hébécrevon 50......27 E4
Héberville 76......15 F2
Hébuterne 62......8 A4

Hèches 65......298 B3
Hecken 68......120 A3
Hecmanville 27......31 E4
Hécourt 27......59 E2
Hécourt 60......33 E1
Hecq 59......10 A3
Hectomare 27......32 A4
Hédauville 80......18 C1
Hédé 35......79 D3
Hédouville 95......34 A4
Hegeney 67......71 D1
Hégenheim 68......121 D4
Heidolsheim 67......96 C2
Heidwiller 68......120 B3
Heiligenberg 67......70 B4
Heiligenstein 67......96 C1
Heillecourt 54......68 B4
Heilles 60......34 B3
Heilly 80......18 C2
Heiltz-le-Hutier 51......65 F4
Heiltz-le-Maurupt 51......65 F3
Heiltz-l'Évêque 51......65 F3
Heimersdorf 68......120 B4
Heimsbrunn 68......120 B2
Heining-lès-Bouzonville 57......42 B2
Heippes 55......66 B1
Heiteren 68......97 D4
Heiwiller 68......120 C3
Hélesmes 59......9 E3
Hélette 64......271 D4
Helfaut 62......3 E4
Helfrantzkirch 68......120 C3
Helléan 56......101 F3
Hellemmes-Lille 59......4 C4
Hellenvilliers 27......58 C3
Hellering-lès-Fénétrange 57......69 F3
Helleville 50......24 B3
Hellimer 57......69 E1

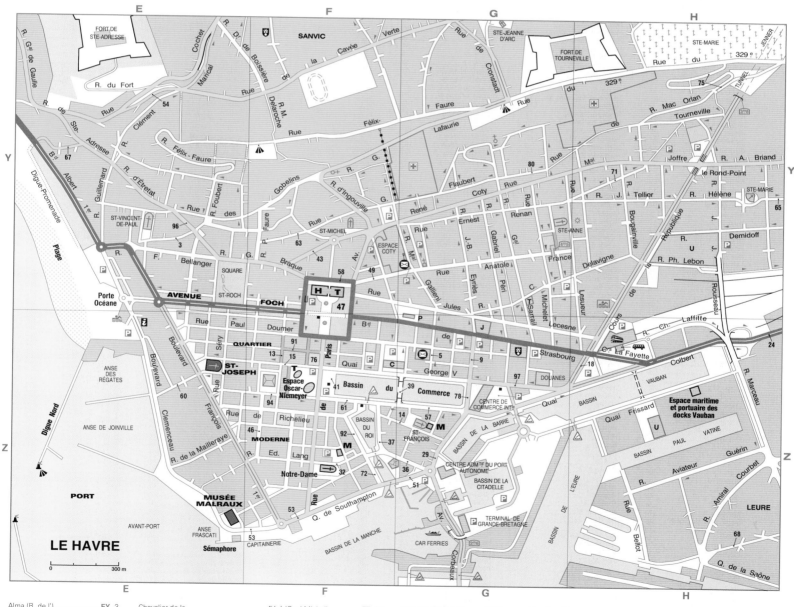

LE HAVRE

Alma (R. de l')......EY 3
Anfray (R.)......GZ 5
Archinard (Av. Gén.)......GZ 9
Bernardin-de-St-Pierre (R.)....FZ 13
Bretagne (R. de)......FGZ 14
Briand (R. A.)......HY
Brindeau (R. L.)......EFZ 15

Chevalier-de-la-
  Barre (Cours)......HZ 18
Churchill (Bd W.)......HZ 24
Delavigne (Quai C.)......GZ 29
Delavigne (R. C.)......GHY
Drapiers (R. des)......FZ 32
Etretat (R. d')......EY
Faidherbe (R. Gén.)......GZ 36

Féré (Quai Michel)......FZ 37
François le Chevalier
  (Passerelle)......GZ 39
Genestal (R. H.)......FY 43
Honegger (R. A.)......FZ 46
Hôtel-de-Ville (Pl. de l')......FYZ 47
Huet (R. A.-A.)......FY 49
Ile (Quai de l')......GZ 51

Joffre (R. Maréchal)......GHY
Kennedy (Chée J.)......EFZ 53
La Bourdonnais (R.)......EY 54
Lamblardie (Quai)......FGZ 57
Leclerc (Av. Gén.)......FZ 58
Lemaître (R. F.)......EZ 60
Le Testu (Quai G.)......FZ 61
Louer (R. J.)......FY 63

Massillon (R.)......HY 65
Maupassant (R. G.-de)......EY 67
Mouchez (Bd Amiral)......HZ 68
Neustrie (R. de)......HY 71
Notre-Dame (Quai)......FZ 72
Paris (R. de)......FZ
Pasteur (R. H.)......HY 75
Perret (Pl. Auguste)......FZ 76

Pompidou (Chée G.)......GZ 78
République (Cours de la)......HY
Risson (R. F.)......GY 80
Victor-Hugo (R.)......FZ 91
Videcoq (Quai)......FZ 92
Voltaire (R.)......EFZ 94
Wilson (R. Président)......EY 96
24e-Territorial (Chée du)......GZ 97

Héloup 61...82 C3
Helstroff 57...42 B4
Hem 59...5 D4
Hem-Hardinval 80...7 E4
Hem-Lenglet 59...9 D3
Hem-Monacu 80...19 E2
Hémevez 50...25 D3
Hémévillers 60...35 D2
Hémilly 57...68 C1
Héming 57...69 F4
Hémonstoir 22...77 D4
Hénaménil 54...69 D4
Hénanbihen 22...78 A1
Hénansal 22...78 A1
Hendaye 64...270 A4
Hendecourt-lès-Cagnicourt 62...8 C4
Hendecourt-lès-Ransart 62...8 C4
Hénencourt 80...18 C1
Henflingen 68...120 B4
Hengoat 22...50 C2
Hengwiller 67...70 B3
Hénin-Beaumont 62...8 C2
Hénin-sur-Cojeul 62...8 B4
Héninel 62...8 B4
Hennebont 56...100 A2
Hennecourt 88...94 B4
Hennemont 55...40 C4
Henneveux 62...2 B4
Hennezel 88...118 A1
Hennezis 27...33 D4
Hénon 22...77 E2
Hénonville 60...34 A4
Hénouville 76...15 F4
Henrichemont 18...134 B4
Henridorff 57...70 A2
Henriville 57...43 D1
Hénu 62...7 F4
Henvic 29...49 D2
Hérange 57...70 A2
L'Herbaudière 85...144 A1
Herbault 41...131 F1
Herbeauvilliers 77...87 E4
Herbécourt 80...19 E2
Herbelles 62...3 D4
L'Herbergement 85...146 A2
Herbeuval 08...40 D1
Herbeuville 55...67 D1
Herbeville 78...60 A3
Herbéviller 54...95 E1
Herbeys 38...230 C1
Les Herbiers 85...146 C3
Herbignac 44...123 F3
Herbinghen 62...2 C3
Herbisse 10...90 B1
Herbitzheim 67...69 F1
Herblay 95...60 C2
Herbsheim 67...97 D1
Hercé 53...81 D2
Herchies 60...34 A2
La Hérelle 60...34 C1
Hérenguerville 50...53 F1
Hérépian 34...280 A2
Hères 65...273 F2
Hergnies 59...9 F2
Herguigny 88...94 B2
Héric 44...126 B2
Héricourt 62...7 E3
Héricourt 70...142 B1
Héricourt-en-Caux 76...15 E2
Héricourt-sur-Thérain 60...33 E1
Héricy 77...87 F2
La Hérie 02...21 E2
Le Hérie-la-Viéville 02...20 C3
Hériménil 54...94 C1
Hérimoncourt 25...142 C2
Hérin 59...9 E3
Hérissart 80...18 B1
Hérisson 03...171 D2
Hérisson (Cascades du) 39...177 D1
Herleville 80...19 D3
La Herlière 62...8 A4
Herlies 59...8 B3
Herlin-le-Sec 62...7 E3
Herlincourt 62...7 E3
Herly 62...6 C1
Herly 80...19 E4
L'Herm 09...301 D4
Herm 40...252 C4
L'Herm (Château de) 24...221 D2
Hermanville 76...16 D3
Hermanville-sur-Mer 14...29 F3
Les Hermaux 48...243 E4
Hermaville 62...8 A3
Hermé 77...89 D2
Hermelange 57...69 F4
Hermelinghen 62...2 C3
L'Hermenault 85...164 A2
Herment 63...206 B1
Hermeray 78...85 F1
Hermes 60...34 B3
Herméville-en-Woëvre 55...40 C4
Hermies 62...19 F1
Hermillon 73...214 A4
Hermin 62...7 F3
L'Hermitage 35...79 D4
L'Hermitage-Lorge 22...77 D2
Les Hermites 37...131 D1
L'Hermitière 61...83 F4
Hermival-les-Vaux 14...30 C4
Hermonville 51...37 E3
Herny 57...68 C4
Le Héron 76...32 C2
Héronchelles 76...32 C1
Hérouville 95...60 C1
Hérouville-Saint-Clair 14...29 E4
Hérouvillette 14...29 E4
Herpelmont 88...95 E4

La Herpinière (Moulin) 49...129 E4
Herpont 51...65 E2
Herpy-l'Arlésienne 08...38 A1
Herqueville 27...32 B4
Herqueville 50...24 B2
Herran 31...299 E3
Herré 40...255 D3
Herrère 64...296 B1
Herrin 59...8 C1
Herrlisheim 67...71 E2
Herrlisheim-près-Colmar 68...96 B4
Herry 18...135 D4
Herserange 54...41 D1
Hersin-Coupigny 62...8 A2
Hertzing 57...69 F4
Hervelinghen 62...2 B2
Hervilly 80...19 F2
Héry 58...136 B4
Héry 89...113 E3
Héry-sur-Alby 74...195 D4
Herzeele 59...3 F2
Hesbécourt 80...19 F2
Hescamps-Saint-Clair 80...17 E4
Hesdigneul-lès-Béthune 62...8 A1
Hesdigneul-lès-Boulogne 62...2 A4
Hesdin 62...7 D2
Hesdin-l'Abbé 62...2 B4
Hésingue 68...121 D4
Hesmond 62...6 C2
Hesse 57...69 F3
Hessenheim 67...97 D2
Hestroff 57...42 A3
Hestrud 59...10 C2
Hestrus 62...7 E2
Hétomesnil 60...34 A1
Hettange-Grande 57...41 F2
Hettenschlag 68...96 C4
Heubécourt-Haricourt 27...59 E1
Heuchin 62...7 E2
Heucourt-Croquoison 80...17 E2
Heudebouville 27...32 B4
Heudicourt 27...33 E3
Heudicourt 80...19 F1
Heudicourt-sous-les-Côtes 55...67 E2
Heudreville-en-Lieuvin 27...31 D4
Heudreville-sur-Eure 27...58 C1
Heugas 40...271 E1
Heugleville-sur-Scie 76...16 A4
Heugnes 36...151 E2
Heugon 61...57 E3
Heugueville-sur-Sienne 50...53 F1
Heuilley-Cotton 52...116 C4
Heuilley-le-Grand 52...116 C4
Heuilley-sur-Saône 21...140 A3
Heuland 14...30 A3
Heume-l'Église 63...206 C1
La Heunière 27...59 E1
Heuqueville 27...32 C3
Heuqueville 76...14 B3
Heuringhem 62...3 E4
Heurteauville 76...31 F2
Heurtevent 14...56 C2
Heussé 50...80 C1
Heutrégiville 51...38 A3
Heuzecourt 80...7 D4
Hévilliers 55...92 C1
Heyrieux 38...211 E1
Hézecques 62...7 D1
Le Hézo 56...101 E4
Hibarette 65...297 F2
Hières-sur-Amby 38...193 F4
Hierges 08...13 D3
Hiermont 80...7 D4
Hiers-Brouage 17...180 C3
Hiersac 16...201 E1
Hiesse 16...184 B2
Hiéville 50...25 E4
Hiéville 14...56 C1
Higuères-Souye 64...273 D4
Hiis 65...297 F2
Hilbesheim 57...70 A2
Hillion 22...51 E4
Hilsenheim 67...97 D2
Hilsprich 57...69 F1
Hinacourt 02...20 A4
Hinckange 57...42 A4
Hindisheim 67...71 D4
Hindlingen 68...120 B4
Hinges 62...8 A1
Le Hinglé 22...78 C2
Hinsbourg 67...70 B1
Hinsingen 67...69 F1
Hinx 40...271 F1
Hipsheim 67...71 D4
Hirel 35...53 D4
Hirmentaz 74...178 C4
Hirschland 67...70 A1
Hirsingue 68...143 E1
Hirson 02...21 F2
Hirtzbach 68...143 E1
Hirtzfelden 68...120 C1
His 31...299 F3
Hitte 65...298 A2
Hoc (Pointe du) 14...25 F4
Hochfelden 67...70 C2
Hochstatt 68...120 B3
Hochstett 67...71 D2
Hocquigny 50...54 A3
Hocquincourt 80...17 E2
Hocquinghen 62...2 C3
Hodenc-en-Bray 60...33 F2
Hodenc-l'Évêque 60...34 A3
Hodeng-au-Bosc 76...17 D3
Hodeng-Hodenger 76...33 D1
Hodent 95...60 A1
Hœdic 56...122 C4
Hœnheim 67...71 D3
Hœrdt 67...71 E2
Hœville 54...68 C4

Hoffen 67...45 E4
Les Hogues 27...32 C2
La Hoguette 14...56 B3
Hohatzenheim 67...71 D2
Hohengœft 67...70 C3
Hohfrankenheim 67...70 C2
Hohneck 68...96 A4
Hohrod 68...96 A4
Hohrodberg 68...96 A4
Le Hohwald 67...96 B1
Hohwiller 67...45 E4
Holacourt 57...68 C1
Holling 57...42 B3
Holnon 02...20 A3
Holque 59...3 D2
Holtzheim 67...71 D3
Holtzwihr 68...96 C3
Holving 57...69 F1
Hombleux 80...19 E4
Homblières 02...20 B3
Hombourg 68...121 D2
Hombourg-Budange 57...42 A3
Hombourg-Haut 57...42 C4
L'Hôme-Chamondot 61...84 A1
Homécourt 54...41 E4
Hommarting 57...70 A2
L'Homme-d'Armes 26...246 C2
Hommert 57...70 A3
Hommes 37...130 A3
Le Hommet-d'Arthenay 50...27 E4
Homps 11...303 D1
Homps 32...256 C4
Hon-Hergies 59...10 A1
Hondainville 60...34 B3
Hondeghem 59...3 F3
Hondevilliers 77...62 C3
Hondouville 27...58 C1
Hondschoote 59...3 F1
Honfleur 14...30 C2
Honguemare-Guenouville 27...31 F3
Honnechy 59...20 B1
Honnecourt-sur-Escaut 59...20 A1
L'Honor-de-Cos 82...257 F2
Honskirch 57...69 F2
Hontanx 40...254 B4
L'Hôpital 57...42 C4
L'Hôpital 48...245 D4
L'Hôpital 57...42 C4
Hôpital-Camfrout 29...47 F4
L'Hôpital-d'Orion 64...272 A3
L'Hôpital-du-Grosbois 25...141 E4
L'Hôpital-le-Grand 42...209 F2
L'Hôpital-le-Mercier 71...173 F3
L'Hôpital-Saint-Blaise 64...296 A1
L'Hôpital-Saint-Lieffroy 25...142 A2
L'Hôpital-sous-Rochefort 42...191 D4
L'Hôpital-sur-Rhins 42...191 E3
Les Hôpitaux-Neufs 25...161 D3
Les Hôpitaux-Vieux 25...161 D3
Horbourg 68...96 C3
Hordain 59...9 E3
La Horgne 08...22 C4
Horgues 65...297 F1
L'Horme 42...210 B2
Hornaing 59...9 E2
Hornoy 80...17 E3
Le Horps 53...81 F2
Horsarrieu 40...272 B1
Hortes 52...117 D3
Horville-en-Ornois 55...93 D2
L'Hosmes 27...58 B3
Hospice de France 31...308 A1
L'Hospitalet 04...266 C2
L'Hospitalet 80...7 D4
L'Hospitalet-du-Larzac 12...261 F3
L'Hospitalet-près-l'Andorre 09...310 B2
Hossegor 40...270 C1
Hosta 64...295 E1
Hoste 57...43 D4
Hostens 33...235 F3
Hostias 01...194 B3
Hostun 26...229 F2
L'Hôtellerie 14...31 D4
L'Hôtellerie-de-Flée 49...104 C4
Hotonnes 01...194 C2
Hotot-en-Auge 14...30 A4
Hottot-les-Bagues 14...29 D4
Hottviller 57...44 B3
La Houblonnière 14...56 C1
Les Houches 74...196 C3
Houchin 62...8 A2
Houdain 62...7 F2
Houdain-lez-Bavay 59...10 A1
Houdan 78...59 F3
Houdancourt 60...35 D3
Houdelaincourt 55...93 D1
Houdelaucourt-sur-Othain 55...40 C3
Houdemont 54...94 A1
Houdemont 54...68 B4
Houdetot 76...15 F1
Houdilcourt 08...37 F2
Houdreville 54...94 A1
Houécourt 88...93 F3
Houeillès 47...255 D1
Houesville 50...25 E4
Houetteville 27...58 C1
Houéville 88...93 F2
Houeydets 65...298 B2
Le Houga 32...273 E1
Houilles 78...60 C2
Houlbec-Cocherel 27...59 D1
Houlbec-près-le-Gros-Theil 27...31 F4
Houldizy 08...22 C3
Houlette 16...182 C4
Houlgate 14...30 A3
Houlle 62...3 D3
Le Houlme 76...32 A2
L'Houmeau 17...163 E4
Hounoux 11...301 F2

Houplin-Ancoisne 59...8 C1
Houplines 59...4 B4
Houppeville 76...32 A1
Houquetot 76...14 C3
Hourc 65...298 A1
Le Hourdel 80...6 A4
Hourges 51...37 D3
Hours 64...297 E1
Hourtin 33...216 B1
Hourtin-Plage 33...198 A4
Hourtous (Roc des) 48...243 F4
Houry 02...21 D3
Houssay 41...108 B4
Houssay 53...105 D2
La Houssaye 27...58 A2
La Houssaye-Béranger 76...16 A4
La Houssaye-en-Brie 77...62 A4
Le Housseau 53...81 F2
Houssen 68...96 C3
Housseras 88...95 E3
Housset 02...20 C3
Housséville 54...94 A3
La Houssière 88...95 F4
La Houssoye 60...33 F3
Houtaud 25...161 D2
Houtkerque 59...3 F2
Houtteville 50...25 D4
Houville-en-Vexin 27...32 C3
Houville-la-Branche 28...85 F2
Houvin-Houvigneul 62...7 F3
Houx 28...85 F1
Hoymille 59...3 F1
Huanne-Montmartin 25...141 F2
Hubersent 62...6 B1
Hubert-Folie 14...29 F4
Huberville 50...25 D3
Huby-Saint-Leu 62...7 D2
Huchenneville 80...17 E1
Huclier 62...7 E2
Hudimesnil 50...53 F2
Hudiviller 54...68 C4
Huelgoat 29...75 E2
Huest 27...58 C1
Huêtre 45...110 A2
Huez 38...231 E2
Hugier 70...140 B3
Huglleville-en-Caux 76...16 A4
Huillé 49...129 D1
Huilliécourt 52...93 E4
Huilly-sur-Seille 71...175 F1
Huiron 51...65 D4
Huismes 37...130 A4
Huisnes-sur-Mer 50...53 F4
D'Huison-Longueville 91...87 D2
Huisseau-en-Beauce 41...108 B4
Huisseau-sur-Cosson 41...132 B1
Huisseau-sur-Mauves 45...109 F3
L'Huisserie 53...105 D1
Hulluch 62...8 B1
Hultehouse 57...70 B2
Humbauville 51...65 D4
Humbécourt 52...91 F1
Humbercamps 62...8 A4
Humbercourt 80...7 F4
Humbert 62...6 C1
Humberville 52...92 C3
Humbligny 18...134 C4
La Hume 33...234 C1
Humerœuille 62...7 E2
Humes 52...116 C2
Humières 62...7 E2
Hunawihr 68...96 B3
Hundling 57...43 D4
Hundsbach 68...120 C3
Huningue 68...121 D3
Hunspach 67...45 E4
Hunting 57...42 A2
Huos 31...298 C2
Huparlac 12...242 C1
Huppain 14...28 C3
Huppy 80...17 E1
Hurbache 88...95 F2
Hure 33...237 D2
Hurecourt 70...118 A2
Hures-la-Parade 48...261 F2
Huriel 03...170 C3
Hurigny 71...175 D3
Hurtières 38...213 D4
Hurtigheim 67...71 D3
Husseren-les-Châteaux 68...96 B4
Husseren-Wesserling 68...120 A1
Hussigny-Godbrange 54...41 D1
Husson 50...80 C1
La Hutte 72...82 C3
Huttendorf 67...71 D1
Huttenheim 67...97 D1
Hyds 03...171 E4
Hyémondans 25...142 B2
Hyencourt-le-Grand 80...19 E3
Hyenville 50...53 F1
Hyères 83...292 B2
Hyères-Plage 83...292 B3
Hyet 70...141 E2
Hyèvre-Magny 25...142 A3
Hyèvre-Paroisse 25...142 A3
Hymont 88...94 B3

Ichy 77...87 E4
Idaux-Mendy 64...295 F1
Idrac-Respaillès 32...274 C3
Idron 64...273 D4
Ids-Saint-Roch 18...170 A1
If (Château d') 13...284 C4
Iffendic 35...78 C4
Les Iffs 35...79 D3
Ifs 14...29 F4
Igé 61...83 E3
Igé 71...175 D3
Ignaucourt 80...18 C3
Ignaux 09...310 B1
Igney 54...69 E4
Igney 88...94 C3
Ignol 18...154 A2
Igny 70...140 C2
Igny 91...60 C4
Igny-Comblizy 51...63 F2
Igon 64...297 D2
Igornay 71...157 D2
Igoville 27...32 B3
Iguerande 71...191 E1
Iholdy 64...271 D4
Ilay 39...177 E1
Île-aux-Moines 56...101 D4
Île-d'Aix 17...180 C2
Île-d'Arz 56...101 D4
Île-de-Batz 29...49 D1
Île-de-Bréhat 22...51 D1
Île-de-Sein 29...72 B3
L'Île-d'Elle 85...163 F3
Île-d'Houat 56...122 B3
Île-d'Olonne 85...162 A1
L'Île-d'Yeu 85...144 A4
Île-Molène 29...46 A2
L'Île-Rousse 2B...314 C2
L'Île-Saint-Denis 93...61 D2
Île-Tudy 29...98 B2
Ilharre 64...271 E3
Ilhat 09...301 E4
Les Ilhes 11...278 C4
Ilheu 65...298 B3
Ilhet 65...298 A3
Illange 57...41 F3
Illartein 09...299 F4
Las Illas 66...312 C4
Illats 33...236 B2
Ille-sur-Têt 66...312 C2
Illeville-sur-Montfort 27...31 E3
Illfurth 68...120 B3
Illhaeusern 68...96 C3
Illiat 01...193 D1
Illier-et-Laramade 09...309 F1
Illiers-Combray 28...85 D3
Illiers-l'Évêque 27...59 D3
Illies 59...8 B1
Illifaut 22...78 A4
Illkirch-Graffenstaden 67...71 D3
Illois 76...17 D4
Illoud 52...93 D4
Illy 08...23 D3
Illzach 68...120 C2
Ilonse 06...269 F2
Imbleville 76...15 F2
Imbsheim 67...70 C1
Imécourt 08...39 E2
Imling 57...69 F3
Immonville 54...41 D3
Imphy 58...155 D1
Imsthal (Étang d') 67...70 B1
Inaumont 08...38 A1
Incarville 27...32 B4
Incheville 76...16 C1
Inchy 59...9 E4
Inchy-en-Artois 62...8 C4
Incourt 62...7 D2
Indevillers 25...143 D3
Indre 44...126 A4
Ineuil 18...153 D4
Les Infournas 05...249 E1
Infréville 27...31 F3
Ingenheim 67...70 C2
Ingersheim 68...96 B3
Inghem 62...3 E4
Inglange 57...42 A2
Ingolsheim 67...45 E4
Ingouville 76...15 E1
Ingrandes 36...167 F1
Ingrandes 86...149 F3
Ingrandes-de-Touraine 37...130 A4
Ingrannes 45...110 C2
Ingré 45...110 A3
Inguiniel 56...100 B1
Ingwiller 67...70 C1
Injoux-Génissiat 01...194 C2
Innenheim 67...71 D4
Innimond 01...194 B4
Inor 55...39 F1
Insming 57...69 F1
Insviller 57...69 F2
Intraville 76...16 B2
Intres 07...228 A3
Intréville 28...86 B4
Intville-la-Guétard 45...86 C4
Inval-Boiron 80...17 E2
Inxent 62...6 C1
Inzinzac-Lochrist 56...100 B2
Ippécourt 55...66 B1
Ippling 57...43 D4
Irais 79...148 B3
Irancy 89...113 E4
Iré-le-Sec 55...40 A2
Iré-les-Prés 55...40 A1

Irigny 69...210 C1
Irissarry 64...271 D4
Irles 80...19 D1
Irmstett 67...70 C2
Irodouër 35...78 C3
Iron 02...10 A4
Irouléguy 64...295 D1
Irreville 27...58 C1
Irvillac 29...48 C4
Is-en-Bassigny 52...117 D3
Is-sur-Tille 21...139 E2
Isbergues 62...3 F4
Isches 88...117 F1
Isdes 45...111 D3
Isenay 58...155 F3
Iseran (Col de l') 73...215 E2
Isigny-le-Buat 50...54 B4
Isigny-sur-Mer 14...27 E3
Island 89...137 D2
Isle 87...185 F4
L'Isle-Adam 95...60 C1
L'Isle-Arné 32...275 D2
Isle-Aubigny 10...90 C2
Isle-Aumont 10...90 B4
L'Isle-Bouzon 32...256 B3
Isle-Briand (Haras de l') 49...128 A1
L'Isle-d'Abeau 38...211 E1
L'Isle-d'Abeau (Ville nouvelle) 38...211 E1
L'Isle-de-Noé 32...274 B2
L'Isle-d'Espagnac 16...201 F1
L'Isle-en-Dodon 31...275 E4
Isle-et-Bardais 03...171 D1
L'Isle-Jourdain 32...276 A2
L'Isle-Jourdain 86...167 D4
Isle-Saint-Georges 33...236 A1
Isle-Savary (Château d') 36...151 D2
L'Isle-sur-la-Sorgue 84...265 E3
L'Isle-sur-le-Doubs 25...142 A2
Isle-sur-Marne 51...65 E4
L'Isle-sur-Serein 89...137 D1
Les Isles-Bardel 14...56 A3
Isles-les-Meldeuses 77...62 B2
Isles-lès-Villenoy 77...62 A2
Isles-sur-Suippe 51...38 A3
Les Islettes 55...66 A1
Isneauville 76...32 B2
Isola 06...269 F1
Isola 2000 06...251 F4
Isolaccio-di-Fiumorbo 2B...317 E3
Isômes 52...139 F1
Ispagnac 48...244 B4
Ispe 40...234 B3
Ispoure 64...295 D1
Isques 62...2 A4
Issac 24...220 A4
Les Issambres 83...287 F4
Issamoulenc 07...228 A4
Issancourt-et-Rumel 08...23 D3
Issanlas 07...245 E1
Issans 25...142 B1
Les Issards 09...301 E2
Issarlès 07...227 E4
Issé 44...126 C1
Isse 51...64 B1
Issel 11...277 F4
Issendolus 46...240 C1
Issenhausen 67...70 C1
Issenheim 68...120 B1
Issepts 46...241 D1
Isserpent 03...190 B1
Isservent 63...208 A1
Issigeac 24...238 B1
Issirac 30...264 A1
Issoire 63...207 F2
Issolud (Puy d') 46...222 C4
Issoncourt 55...66 B2
Issor 64...296 B2
Issou 78...60 A2
Issoudun 36...152 B3
Issoudun-Létrieix 23...187 D2
Issus 31...276 C4
Issy-les-Moulineaux 92...60 C3
Issy-l'Évêque 71...173 E1
Istres 13...284 A3
Les Istres-et-Bury 51...64 B2
Isturits 64...271 D4
Itancourt 02...20 A3
Iteuil 86...166 B2
Ithorots-Olhaiby 64...271 F4
Ittenheim 67...71 D3
Itterswiller 67...96 C1
Itteville 91...87 D2
Itxassou 64...270 C4
Itzac 81...258 C3
Ivergny 62...7 F4
Iverny 77...61 F2
Iviers 02...21 F3
Iville 27...31 F4
Ivors 60...35 E3
Ivory 39...160 A2
Ivoy-le-Pré 18...134 B3
Ivrey 39...160 A2
Ivry (Obélisque d') 27...59 E2
Ivry-en-Montagne 21...157 F2
Ivry-la-Bataille 27...59 E3
Ivry-le-Temple 60...34 A4
Ivry-sur-Seine 94...61 D3
Iwuy 59...9 E4
Izaourt 65...298 C3
Izaut-de-l'Hôtel 31...299 D3
Izaux 65...298 B2
Izé 53...82 A4
Izeaux 38...212 A4
Izel-lès-Équerchin 62...8 C3
Izel-lès-Hameaux 62...7 F3
Izenave 01...194 B2
Izernore 01...176 C4
Izeron 38...230 A1

Izeste 64........296 C2
Izeure 21........158 C1
Izier 21........139 E4
Izieu 01........212 B3
Izoard (Col d') 05........232 C2
Izon 33........217 F3
Izon-la-Bruisse 26........248 C4
Izotges 32........273 F2
Izy 45........110 B1

J

Jablines 77........61 F2
Jabreilles-les-Bordes 87........186 B2
Jabrun 15........225 D4
Jacob-Bellecombette 73........213 D2
Jacou 34........281 F2
Jacque 65........274 C4
Jagny-sous-Bois 95........61 D1
Jaignes 77........62 B3
Jaillans 26........229 F2
La Jaille-Yvon 49........105 D4
Jaillon 54........67 F3
Jailly 58........155 E1
Jailly-les-Moulins 21........138 E2
Jainvillotte 88........93 E3
Jalesches 23........169 F4
Jaleyrac 15........224 A1
Jaligny-sur-Besbre 03........172 C3
Jallais 49........127 F4
Jallanges 21........158 C2
Jallans 28........109 D1
Jallaucourt 57........68 C2
Jallerange 25........140 B4
Jalognes 18........134 C4
Jalogny 71........174 C3
Jâlons 51........64 B2
La Jalousie 14........56 A1
Jambles 71........157 F4
Jambville 78........60 A1
Jaméricourt 60........33 F3
Jametz 55........40 A2
Jameyzieu 38........193 E4
Janailhac 87........203 F1
Janaillat 23........186 C2
Jancigny 21........140 A3
Jandun 08........22 B4
Janneyrias 38........193 E4
Jans 44........126 B1
Jansac 26........248 A1
Janville 14........29 F4
Janville 28........86 A4
Janville 60........35 E2
Janville-sur-Juine 91........86 C2
Janvilliers 51........63 E3
Janvry 51........37 E4
Janvry 91........86 C1
Janzé 35........103 F2
Jarcieu 38........211 D4
La Jard 17........199 E1
Jard-sur-Mer 85........162 C2
Le Jardin 19........205 E4
Jardin 38........211 D2
Jardres 86........166 C2
Jargeau 45........110 C3
Jarjayes 05........249 F2
Jarménil 88........95 D4
Jarnac 16........201 D1
Jarnac-Champagne 17........199 F2
Jarnages 23........187 E1
La Jarne 17........181 D1
Jarnioux 69........192 B3
Jarnosse 42........191 F1
Jarny 54........41 D4
Jarret 65........297 F2
La Jarrie 17........181 D1
Jarrie 38........230 C1
La Jarrie-Audouin 17........182 B2
Jarrier 73........214 A4
Jars 18........134 C3
Jarsy 73........213 F1
Jarville-la-Malgrange 54........68 B4
Jarzé 49........129 D1
Jas 42........191 F4
Jasney 70........118 B3
Jassans-Riottier 01........192 C2
Jasseines 10........90 C2
Jasseron 01........176 A4
Jasses 64........272 A4
Jatxou 64........270 C3
Jau (Col de) 11........311 E2
Jau-Dignac-et-Loirac 33........198 C3
Jaucourt 10........91 E4
La Jaudonnière 85........163 F1
Jaudrais 28........84 C1
Jaujac 07........245 F2
Jauldes 16........183 F4
Jaulges 89........113 F2
Jaulgonne 02........63 E1
Jaulnay 37........149 E3
Jaulnes 77........88 C3
Jaulny 54........67 F2
Jaulzy 60........35 F3
Jaunac 07........228 A3
Jaunay-Clan 86........166 B1
Jaures 26........220 B2
Jausiers 04........250 C3
Jaux 60........35 E3
Jauzé 72........83 E4
Javaugues 43........208 A4
Javené 35........80 B3
Javerdat 87........185 D3
Javerlhac-et-la-Chapelle-Saint-Robert 24........202 B2
Javernant 10........114 A1
La Javie 04........268 A1

Javols 48........244 A1
Javrezac 16........199 F1
Javron 53........82 A2
Jax 43........226 B1
Jaxu 64........295 D1
Jayac 24........222 A2
Jayat 01........175 F3
Jazeneuil 86........165 F2
Jazennes 17........199 E3
Jeancourt 02........19 F2
Jeandelaincourt 54........68 B2
Jeandelize 54........41 D4
Jeanménil 88........95 E3
Jeansagnière 42........209 D1
Jeantes 02........21 E3
Jebsheim 68........96 C3
La Jemaye 24........219 F1
Jenlain 59........9 F3
Jenzat 03........189 F1
Jésonville 88........94 A4
Jessains 10........91 E3
Jetterswiller 67........70 C3
Jettingen 68........120 C3
Jeu-les-Bois 36........169 E1
Jeu-Maloches 36........151 E2
Jeufosse 78........59 E1
Jeugny 10........114 B1
Jeumont 59........10 C1
Jeurre 39........177 D3
Jeux-lès-Bard 21........137 F2
Jeuxey 88........95 D4
Jevoncourt 54........94 B2
Jezainville 54........68 A2
Jézeau 65........298 B4
Joannas 07........245 F2
Job 63........208 C2
Jobourg 50........24 A2
Jobourg (Nez de) 50........24 A2
Joch 66........311 F2
Jœuf 54........41 E3
Joganville 50........25 D3
Joigny 89........113 D2
Joigny-sur-Meuse 08........22 C3
Joinville 52........92 B2
Joinville-le-Pont 94........61 E3
Joiselle 51........63 E4
Jolimetz 59........10 A2
Jolivet 54........68 C4
Jonage 69........193 E4
Joncels 34........280 B1
La Jonchère 85........163 D2
La Jonchère-Saint-Maurice 87........186 A2
Jonchères 26........248 A2
Joncherey 90........120 A4
Jonchery 52........116 B1
Jonchery-sur-Suippe 51........38 B4
Jonchery-sur-Vesle 51........37 E3
Joncourt 02........20 A2
Joncreuil 10........91 E2
Joncy 71........174 C1
Jongieux 73........194 C4
Jonquerets-de-Livet 27........57 F1
Jonquerettes 84........265 E3
Jonquery 51........37 E4
Jonquières 11........303 E3
Jonquières 34........280 C2
Jonquières 60........35 E3
Jonquières 81........278 A2
Jonquières 84........265 D2
Jonquières-Saint-Vincent 30........264 B4
Jons 69........193 E4
Jonval 08........38 C1
Jonvelle 70........117 F2
Jonville-en-Woëvre 55........67 E4
Jonzac 17........199 F3
Jonzier-Épagny 74........195 D1
Jonzieux 42........210 A4
Joppécourt 54........41 D2
Jorquenay 52........116 C2
Jort 14........56 B2
Jorxey 88........94 B3
Josat 43........226 B1
Joserand 63........189 E2
Josnes 41........109 E4
Josse 40........271 D1
Josselin 56........101 F2
Jossigny 77........61 F3
Jou-sous-Monjou 15........224 C3
Jouac 87........168 A4
Jouaignes 02........36 C3
Jouancy 89........114 B4
Jouarre 77........62 B2
Jouars-Pontchartrain 78........60 A3
Jouaville 54........41 E4
Joucas 84........265 F3
Joucou 11........311 D1
Joudes 71........176 B2
Joudreville 54........41 D3
Joué-du-Bois 61........82 A1
Joué-du-Plain 61........56 B4
Joué-en-Charnie 72........106 A2
Joué-Étiau 49........128 B4
Joué-l'Abbé 72........107 D1
Joué-lès-Tours 37........130 C3
Joué-sur-Erdre 44........126 C2
Jouet-sur-l'Aubois 18........154 B2
Jouey 21........157 D1
Jougne 25........161 D4
Jouhe 39........159 E1
Jouhet 86........167 E2
Jouillat 23........169 E4
Jouques 13........285 E2
Jouqueviel 81........259 E2
Journac 87........203 F1
Journans 01........193 F1
Journet 86........167 F3
Journiac 24........221 D3

Journy 62........2 C3
Jours-en-Vaux 21........157 F2
Jours-lès-Baigneux 21........138 B1
Joursac 15........225 E1
Joussé 86........166 C4
La Jouvente 35........52 C4
Jouvençon 71........175 F1
Jouy 28........85 E2
Joux 69........192 A3
Joux (Château de) 25........161 D3
Joux (Forêt de la) 39........160 B3
Joux-la-Ville 89........137 D1
Joux Plane (Col de la) 74........196 C1
Joux Verte (Col de la) 74........179 D4
Jouy 28........85 E2
Jouy 89........112 A1
Jouy-aux-Arches 57........68 A1
Jouy-en-Argonne 55........40 A4
Jouy-en-Josas 78........60 C4
Jouy-en-Pithiverais 45........110 B1
Jouy-le-Châtel 77........62 B4
Jouy-le-Moutier 95........60 B2
Jouy-le-Potier 45........110 A4
Jouy-lès-Reims 51........37 E4
Jouy-Mauvoisin 78........59 F2
Jouy-sous-les-Côtes 55........67 E3
Jouy-sous-Thelle 60........33 F3
Jouy-sur-Eure 27........59 D1
Jouy-sur-Morin 77........62 C3
Joyeuse 07........245 F3
Joyeux 01........193 E2
Joze 63........189 F4
Jû-Belloc 32........273 F2
Juan-les-Pins 06........288 B3
Juaye-Mondaye 14........28 C4
Jubainville 88........93 E2
La Jubaudière 49........127 F4
Jubécourt 55........66 B1
Jublains 53........81 F4
Le Juch 29........73 E3
Jugazan 33........218 C4
Jugeals-Nazareth 19........222 B2
Jugon-les-Lacs 22........78 A2
Jugy 71........175 E1
Juicq 17........181 F3
Juif 71........175 F1
Juignac 16........201 E3
Juigné-des-Moutiers 44........104 A4
Juigné-sur-Loire 49........128 B3
Juigné-sur-Sarthe 72........106 A3
Juignettes 27........57 F3
Juillac 19........203 F4
Juillac 32........274 A3
Juillac 33........219 E4
Juillac-le-Coq 16........200 C2
Juillaguet 16........201 F3
Juillan 65........297 F1
Juillé 16........183 E3
Juillé 72........82 C4
Juillé 79........182 C1
Juillenay 21........137 F3
Juilles 32........275 E2
Juilley 50........80 A1
Juilly 21........138 A2
Juilly 77........61 F2
Jujols 66........311 E3
Jujurieux 01........194 A3
Julianges 48........225 F3
Juliénas 69........175 D4
Julienne 16........200 C1
Julienrupt 88........119 E1
Julianges 43........208 C4
Jullié 69........175 D4
Jullouville 50........53 F3
Jully 89........114 C4
Jully-lès-Buxy 71........175 D1
Jully-sur-Sarce 10........114 C1
Julos 65........297 F2
Julvécourt 55........66 B1
Jumeauville 78........60 A2
Jumeaux 63........208 A3
Les Jumeaux 79........148 B4
Jumel 80........18 B4
Jumelles 27........58 C2
Jumelles 49........129 E2
La Jumellière 49........128 A4
Jumencourt 02........36 B2
Jumièges 76........31 F2
Jumigny 02........37 D2
Jumilhac-le-Grand 24........203 E3
Junas 30........282 A1
Junay 89........114 A3
Juncalas 65........297 F2
Jungholtz 68........120 B1
Junhac 15........242 A1
Les Junies 46........239 F2
Juniville 08........38 B2
Jupilles 72........107 E4
Jurançon 64........272 C4
Juranville 45........111 E2
Juré 42........191 D3
Jurignac 16........201 D2
Jurques 14........55 E1
Jurvielle 31........298 C4
Jury 57........68 B1
Juscorps 79........165 D4
Jusix 47........237 E2
Jussac 15........224 A3
Jussarupt 88........95 E4
Jussas 17........199 F4
Jussecourt-Minecourt 51........65 F3
Jussey 70........117 F3
Jussy 02........20 A4
Jussy 57........41 E4
Jussy 74........195 E1
Jussy 89........113 E4
Jussy-Champagne 18........153 F2
Jussy-le-Chaudrier 18........154 B1
Justian 32........255 F1
Justine-Herbigny 08........38 A1

Justiniac 09........300 C1
Jutigny 77........88 C2
Juvaincourt 88........94 A3
Juvancourt 10........115 F1
Juvanzé 10........91 D3
Juvardeil 49........128 B3
Juvelize 57........69 D3
Juvignac 34........281 E2
Juvigné 53........80 C4
Juvignies 60........34 A1
Juvigny 02........36 B2
Juvigny 51........64 C1
Juvigny 74........178 A4
Juvigny-en-Perthois 55........92 B1
Juvigny-le-Tertre 50........54 C4
Juvigny-sous-Andaine 61........81 F1
Juvigny-sur-Loison 55........40 A1
Juvigny-sur-Orne 61........56 C4
Juvigny-sur-Seulles 14........29 D4
Juvinas 07........246 A1
Juville 57........68 B2
Juvincourt-et-Damary 02........37 E2
Juvisy-sur-Orge 91........61 D4
Juvrecourt 54........69 D3
Juxue 64........295 E1
Juzanvigny 10........91 E2
Juzennecourt 52........92 A4
Juzes 31........277 E3
Juzet-de-Luchon 31........307 F4
Juzet-d'Izaut 31........299 D3
Juziers 78........60 A2

K

Kalhausen 57........44 A4
Kaltenhouse 67........71 E1
Kanfen 57........41 E2
Kappelen 68........120 C3
Kappelkinger 57........69 F1
Les Karellis 73........214 A4
Katzenthal 68........96 B3
Kauffenheim 67........71 F1
Kaysersberg 68........96 B3
Kédange-sur-Canner 57........42 A3
Keffenach 67........45 E4
Kembs 68........121 D3
Kembs-Loéchlé 68........121 D3
Kemplich 57........42 A2
Kerazan (Manoir de) 29........98 B2
Kerbach 57........43 D4
Kerbors 22........50 C1
Kerdéniel (Pointe de) 29........47 E4
Kerdévot (Chapelle de) 29........99 D1
Kerfany-les-Pins 29........99 E2
Kerfons (Chapelle de) 22........50 A2
Kerfot 22........50 C2
Kerfourn 56........101 D1
Kergloff 29........75 F2
Kergonadeac'h (Château de) 29........48 C2
Kergrist 56........77 D4
Kergrist (Château de) 22........50 A2
Kergrist-Moëlou 22........76 B2
Kergroadès (Château de) 29........47 D2
Kerguehennec (Château de) 56........101 E2
Kerien 22........76 B2
Kerjean (Château de) 29........48 C3
Kerlaz 29........73 E3
Kerling-lès-Sierck 57........42 A2
Kerlouan 29........47 F1
Kermaria 56........101 D2
Kermaria (Chapelle) 22........51 D2
Kermaria-Sulard 22........50 B1
Kermoroc'h 22........50 B3
Kernascléden 56........100 A1
Kernével 29........99 E1
Kernilis 29........47 F2
Kernouës 29........47 F1
Kérouzéré (Château de) 29........49 D2
Kerpape 56........100 A3
Kerpert 22........76 C2
Kerprich-aux-Bois 57........69 F3
Kersaint 29........47 D2
Kersaint-Plabennec 29........47 F3
Kertzfeld 67........97 D1
Kervignac 56........100 B3
Keskastel 67........69 F1
Kesseldorf 67........71 F1
Kienheim 67........70 C2
Kientzheim 68........96 B3
Kientzville 67........96 C2
Kiffis 68........143 F2
Killem 59........3 E1
Kilstett 67........71 E2
Kindwiller 67........70 C1
Kingersheim 68........120 C2
Kintzheim 67........96 C2
Kirchberg 68........119 F3
Kirchheim 67........70 C3
Kirrberg 67........69 F2
Kirrwiller 67........70 C1
Kirsch-lès-Sierck 57........42 A2
Kirschnaumen 57........42 A2
Kirviller 57........69 F1
Klang 57........42 A2
Kleinfrankenheim 67........70 C2
Kleingœft 67........70 C2
Klingenthal 67........70 C4
Knœringue 68........120 C4
Knœrsheim 67........70 C2
Knutange 57........41 E2
Kœnigsmacker 57........41 F2
Kœstlach 68........120 B4

Kœtzingue 68........120 C3
Kœur-la-Grande 55........67 D3
Kœur-la-Petite 55........67 D3
Kogenheim 67........96 C1
Kolbsheim 67........71 D3
Krautergersheim 67........71 D4
Krautwiller 67........71 D2
Le Kremlin-Bicêtre 94........61 D3
Kreuzweg (Col du) 67........96 B1
Kriegsheim 67........71 D2
Kruth 68........119 F2
Kuhlendorf 67........45 E4
Kunheim 68........97 D3
Kuntzig 57........41 F2
Kurtzenhouse 67........71 E2
Kuttolsheim 67........70 C3
Kutzenhausen 67........45 E4

L

Laà-Mondrans 64........272 A3
Laas 32........274 B3
Laas 45........110 C1
Laàs 64........271 F4
Labalme 01........194 A1
Labarde 33........217 D3
Labaroche 68........96 B3
Labarrère 32........255 E3
Labarthe 32........274 C3
Labarthe 82........257 F1
Labarthe (Moulin de) 33........219 D4
Labarthe-Bleys 81........259 D2
Labarthe-Inard 31........299 E2
Labarthe-Rivière 31........299 D2
Labarthe-sur-Lèze 31........276 C3
Labarthète 32........273 E2
Labassère 65........297 F2
Labastide 65........298 B3
Labastide-Beauvoir 31........277 D3
Labastide-Castel-Amouroux 47........237 E4
Labastide-Cézéracq 64........272 B4
Labastide-Chalosse 40........272 B2
Labastide-Clermont 31........276 A4
Labastide-d'Anjou 11........277 E4
Labastide-d'Armagnac 40........254 C3
Labastide-de-Lévis 81........259 D3
Labastide-de-Penne 82........258 B1
Labastide-de-Virac 07........246 A4
Labastide-Dénat 81........259 E4
Labastide-du-Haut-Mont 46........223 E4
Labastide-du-Temple 82........257 E2
Labastide-du-Vert 46........239 F3
Labastide-en-Val 11........302 C3
Labastide-Esparbairenque 11........278 C4
Labastide-Gabausse 81........259 E3
Labastide-Marnhac 46........240 A4
Labastide-Monréjeau 64........272 C4
Labastide-Murat 46........240 B2
Labastide-Paumès 31........275 F4
Labastide-Rouairoux 81........279 E3
Labastide-Saint-Georges 81........277 E1
Labastide-Saint-Pierre 82........257 F4
Labastide-Saint-Sernin 31........276 C1
Labastide-Savès 32........275 F3
Labastide-sur-Bésorgues 07........245 F1
Labastide-Villefranche 64........271 E3
Labastidette 31........276 B3
Labathude 46........241 D1
Labatie-d'Andaure 07........228 B2
Labatmale 64........297 E1
Labatut 09........300 C1
Labatut 40........271 F2
Labatut 64........273 F3
Labatut-Rivière 65........273 F3
Labeaume 07........246 A3
Labécède-Lauragais 11........277 E4
Labège 31........276 C3
Labégude 07........246 A1
Labéjan 32........274 C2
Labenne 40........270 C2
Labenne-Océan 40........270 C2
Labergement-du-Navois 25........160 B2
Labergement-Foigney 21........139 F4
Labergement-lès-Auxonne 21........159 D1
Labergement-lès-Seurre 21........158 B2
Labergement-Sainte-Marie 25........160 C4
Laberlière 60........35 E1
Labescau 33........237 D3
Labessette 63........206 B3
Labessière-Candeil 81........277 F1
Labets-Biscay 64........271 E4
Labeuville 55........67 E1
Labeuvrière 62........8 A1
Labeyrie 64........272 B2
Lablachère 07........246 A2
Laboissière-en-Santerre 80........19 D4
Laboissière-en-Thelle 60........34 A3
Laboissière-Saint-Martin 80........17 E3
Laborde 65........298 B3
Laborel 26........248 C4
Labosse 60........33 F3
Laboule 07........245 F2
Labouiche (Rivière souterraine de) 09........301 D3
Laboulbène 81........278 B2
Laboule 07........245 F2
Labouquerie 24........238 C1
Labouret (Col du) 04........250 A4
Labourgade 82........257 E3

Labourse 62........8 A1
Laboutarie 81........278 A1
Labretonie 47........237 F3
Labrihe 32........275 E1
Labrit 40........253 F2
Labroquère 31........298 C3
Labrosse 45........87 D4
Labrousse 15........224 B4
Labroye 62........6 C3
Labruguière 81........278 B4
Labruyère 21........158 C2
Labruyère 60........34 C3
Labruyère-Dorsa 31........276 C4
Labry 54........41 D4
Labuissière 62........8 A1
Laburgade 46........240 B4
Lac-des-Rouges-Truites 39........177 E1
Le Lac-d'Issarlès 07........227 E4
Lacabarède 81........279 D3
Lacadée 64........272 B2
Lacajunte 40........272 C2
Lacalm 12........243 D1
Lacanau 33........216 B2
Lacanau-de-Mios 33........235 D1
Lacanau-Océan 33........216 A2
Lacanche 21........157 E1
Lacapelle-Barrès 15........224 C3
Lacapelle-Biron 47........239 D2
Lacapelle-Cabanac 46........239 E3
Lacapelle-del-Fraisse 15........242 A1
Lacapelle-Livron 82........258 A1
Lacapelle-Marival 46........241 D1
Lacapelle-Pinet 81........259 F2
Lacapelle-Ségalar 81........259 D2
Lacapelle-Viescamp 15........223 F3
Lacarre 64........295 D1
Lacarry-Arhan-Charritte-de-Haut 64........295 F2
Lacassagne 65........274 A4
Lacaugne 31........300 D1
Lacaune 81........279 E1
Lacaussade 47........238 C3
Lacave 09........299 F3
Lacave 46........222 B4
Lacaze 81........278 C1
Lacelle 19........204 C1
Lacenas 69........192 B2
Lacépède 47........238 A4
Lachaise 16........200 C3
Lachalade 55........39 E4
Lachamp 48........244 B2
Lachamp-Raphaël 07........227 F4
Lachapelle 47........237 F2
Lachapelle 54........95 E2
Lachapelle 80........17 F2
Lachapelle 82........256 C2
Lachapelle-aux-Pots 60........33 F2
Lachapelle-Auzac 46........222 A3
Lachapelle-en-Blaisy 52........92 A4
Lachapelle-Graillouse 07........227 E4
Lachapelle-Saint-Pierre 60........34 B4
Lachapelle-sous-Aubenas 07........246 A2
Lachapelle-sous-Chanéac 07........228 A3
Lachapelle-sous-Chaux 90........119 F4
Lachapelle-sous-Gerberoy 60........33 F1
Lachapelle-sous-Rougemont 90........120 A3
Lachassagne 69........192 C3
Lachau 26........266 B1
Lachaussée 55........67 E1
Lachaussée-du-Bois-d'Écu 60........34 A1
Lachaux 63........190 B2
Lachelle 60........35 E2
Lachy 51........63 F4
Lacollonge 90........120 A3
Lacombe 11........278 B4
Lacommande 64........296 C1
Lacoste 34........280 C2
Lacoste 84........265 F4
Lacougotte-Cadoul 81........277 E2
Lacour 82........239 D4
Lacour-d'Arcenay 21........137 F3
Lacourt 09........300 A4
Lacourt-Saint-Pierre 82........257 F4
Lacq 64........272 B3
Lacquy 40........254 A3
Lacrabe 40........272 B2
Lacres 62........6 B1
Lacroisille 81........277 E2
Lacroix-Barrez 12........242 B1
Lacroix-Falgarde 31........276 C3
Lacroix-Saint-Ouen 60........35 E3
Lacroix-sur-Meuse 55........67 D2
Lacropte 24........220 C2
Lacrost 71........175 E2
Lacrouzette 81........278 B2
Lacs 36........169 F2
Ladapeyre 23........169 F4
Ladaux 33........236 C1
Ladern-sur-Lauquet 11........302 B2
Ladevèze-Rivière 32........273 F2
Ladevèze-Ville 32........273 F2
Ladignac-le-Long 87........203 E2
Ladignac-sur-Rondelles 19........223 D1
Ladinhac 15........242 B1
Ladirat 46........223 D4
Ladiville 16........201 D2
Ladoix 21........158 A1
Ladoix-Serrigny 21........158 A1
Ladon 45........111 E2
Lados 33........236 C3
Laduz 89........113 D3
Lafage 11........301 E2

Lafage-sur-Sombre 19 ....205 E4
Lafare 84 ....265 E1
Lafarre 07 ....228 B2
Lafarre 43 ....227 E4
Lafat 23 ....168 C4
Laféline 03 ....172 A3
Laferté-sur-Amance 52 ......117 E3
Laferté-sur-Aube 52 ....115 F1
Lafeuillade-en-Vézie 15 ......224 A4
Laffaux 02 ....36 B2
Laffite-Toupière 31 ....299 E2
Laffrey 38 ....230 C2
Lafite Rothschild
  (Château de) 33 ....199 D4
Lafitole 65 ....273 F3
Lafitte 82 ....257 E3
Lafitte-sur-Lot 47 ....238 A4
Lafitte-Vigordane 31 ....300 A1
Lafosse 33 ....217 E2
Lafox 47 ....256 B1
Lafrançaise 82 ....257 F2
Lafraye 60 ....34 B2
Lafresnoye 80 ....17 E3
Lafrimbolle 57 ....69 F4
Lagamas 34 ....281 D2
Lagarde 09 ....301 F3
Lagarde 31 ....277 D4
Lagarde 32 ....256 A3
Lagarde 57 ....69 E4
Lagarde 65 ....273 F4
Lagarde d'Apt 84 ....266 B3
Lagarde-Enval 19 ....222 C1
Lagarde-Hachan 32 ....274 C4
Lagarde-Paréol 84 ....265 D1
Lagarde-sur-le-Né 16 ....200 C2
Lagardelle 46 ....239 E3
Lagardelle-sur-Lèze 31 ......276 B4
Lagardère 32 ....255 F4
Lagardiolle 81 ....278 A3
Lagarrigue 47 ....238 A4
Lagarrigue 81 ....278 B2
Lagatjar
  (Alignements de) 29 ....47 D4
Lageon 79 ....148 A4
Lagery 51 ....37 D4
Lagesse 10 ....114 C2
Laghet 06 ....289 E4
Lagleygeolle 19 ....222 C2
Laglorieuse 40 ....254 C4
Lagnes 84 ....265 F3
Lagney 54 ....67 F4
Lagnicourt-Marcel 62 ....8 C3
Lagnieu 01 ....193 D3
Lagny 60 ....35 F1
Lagny-le-Sec 60 ....61 F1
Lagny-sur-Marne 77 ....61 F3
Lagor 64 ....272 B4
Lagorce 07 ....246 A3
Lagorce 33 ....219 D2
Lagord 17 ....163 E4
Lagos 64 ....297 D1
Lagrâce-Dieu 31 ....276 C4
Lagrand 05 ....249 D4
Lagrange 40 ....254 C3
Lagrange 65 ....298 B2
Lagrange 90 ....120 A3
Lagrasse 11 ....303 D2
Lagraulas 32 ....274 A1
Lagraulet-du-Gers 32 ....255 E4
Lagraulet-Saint-Nicolas 31 ..276 A1
Lagraulière 19 ....204 B4
Lagrave 81 ....259 D4
Lagruère 47 ....237 F3
Laguenne 19 ....222 C1
Laguépie 82 ....259 D2
Laguian-Mazous 32 ....274 A4
Laguinge-Restoue 64 ....295 F2
Laguiole 12 ....243 D1
Lagupie 47 ....237 E2
Lahage 31 ....275 F3
Laharie 40 ....253 D2
Laharmand 52 ....92 B4
Lahas 32 ....275 E3
Lahaye-Saint-Romain 80 ......17 F4
Lahaymeix 55 ....66 C2
Lahayville 55 ....67 E2
Laheycourt 55 ....66 A2
Lahitère 31 ....300 A2
Lahitte 32 ....275 D2
Lahitte 65 ....298 B3
Lahitte-Toupière 65 ....273 F3
Lahonce 64 ....270 C3
Lahontan 64 ....271 F2
Lahosse 40 ....272 A1
Lahourcade 64 ....272 B4
Lahoussoye 80 ....18 C2
Laifour 08 ....22 C2
La Laigne 17 ....164 A4
Laigné 53 ....105 D3
Laigné-en-Belin 72 ....107 D3
Laignelet 35 ....80 B2
Laignes 21 ....114 C3
Laigneville 60 ....34 C3
Laigny 02 ....21 D3
Lailly 89 ....89 E4
Lailly-en-Val 45 ....109 F4
Laimont 55 ....66 A3
Lain 89 ....136 A1
Laines-aux-Bois 10 ....90 A4
Lains 39 ....176 B3
Lainsecq 89 ....135 F2
Lainville-en-Vexin 78 ....60 A1
Laire 25 ....142 B1
Laires 62 ....7 E1
Lairière 11 ....302 C3
Lairoux 85 ....163 D2
Laissac 12 ....243 D4

Laissaud 73 ....213 E2
Laissey 25 ....141 E2
Laître-sous-Amance 54 ....68 B3
Laives 71 ....175 D1
Laix 54 ....41 D2
Laiz 01 ....175 E4
Laize 71 ....175 D3
Laize-la-Ville 14 ....56 A1
Laizy 71 ....156 C3
Lajo 48 ....226 A4
Lajoux 39 ....177 E3
Lalacelle 61 ....82 B2
Lalande 89 ....135 F1
Lalande-de-Pomerol 33 ......218 C3
Lalande-en-Son 60 ....33 E3
Lalandelle 60 ....33 F2
Lalandusse 47 ....238 B1
Lalanne 32 ....256 A4
Lalanne 65 ....298 C1
Lalanne-Arqué 32 ....275 D4
Lalanne-Trie 65 ....274 B4
Lalaye 67 ....96 B1
Lalbarède 81 ....278 A2
Lalbenque 46 ....240 B4
Laleu 61 ....83 E1
Laleu 80 ....17 F2
Lalevade-d'Ardèche 07 ......246 A1
Lalheue 71 ....175 D1
Lalinde 24 ....220 C4
Lalizolle 03 ....189 D1
Lallaing 59 ....9 D2
Lalleu 35 ....103 F3
Lalley 38 ....230 C4
Lalleyriat 01 ....194 C1
Lalobbe 08 ....22 A4
Laloeuf 54 ....94 A2
Lalongue 64 ....273 E3
Lalonquette 64 ....273 D3
Laloubère 65 ....297 F1
Lalouret-Laffiteau 31 ....299 D2
Lalouvesc 07 ....228 B2
Laluque 40 ....253 D4
Lama 2B 315 D2
Lamadeleine-
  Val-des-Anges 90 ....119 F3
Lamagdelaine 46 ....240 A3
Lamagistère 82 ....256 C2
Lamaguère 32 ....275 D3
Lamaids 03 ....170 B4
Lamairé 79 ....148 B4
Lamalou-les-Bains 34 ....280 A2
Lamancine 52 ....92 B4
Lamanère 66 ....311 F4
Lamanon 13 ....284 A1
Lamarche 88 ....117 F1
Lamarche-en-Woëvre 55 .....67 E2
Lamarche-sur-Saône 21 .....140 A4
Lamargelle 21 ....138 C2
Lamargelle-aux-Bois 52 .....116 A4
Lamaronde 80 ....17 E3
Lamarque 33 ....217 D2
Lamarque-Pontacq 65 ....297 E1
Lamarque-Rustaing 65 ....298 B1
Lamasquère 31 ....276 B3
Lamastre 07 ....228 B3
Lamath 54 ....94 C1
Lamativie 46 ....223 E3
Lamayou 64 ....273 F4
Lamazère 32 ....274 C2
Lamazière-Basse 19 ....205 F4
Lamazière-Haute 19 ....206 A1
Lambach 57 ....44 B4
Lambader 29 ....49 D3
Lamballe 22 ....51 F4
Lambersart 59 ....4 C4
Lambert 06 ....267 F1
Lamberville 50 ....55 D1
Lamberville 76 ....16 D3
Lambesc 13 ....284 C1
Lamblore 28 ....84 B1
Lambres 62 ....3 E1
Lambres-lez-Douai 59 ....8 C3
Lambrey 70 ....118 A3
Lambruisse 04 ....268 A2
Laméac 65 ....274 A4
Lamécourt 60 ....34 C2
Lamelouze 30 ....263 D1
Lamenay-sur-Loire 58 ....155 F4
Lamérac 16 ....200 C3
Lametz 08 ....39 D1
Lamillarié 81 ....259 E4
Lammerville 76 ....16 D3
Lamnay 72 ....107 F1
Lamongerie 19 ....204 B2
Lamontélarié 81 ....279 D2
Lamontgie 63 ....208 A3
Lamontjoie 47 ....256 A2
Lamonzie-Montastruc 24 ....220 B3
Lamonzie-Saint-Martin 24 ..220 A4
Lamorlaye 60 ....34 C4
Lamorville 55 ....67 D2
Lamothe 40 ....253 F4
Lamothe 43 ....208 A4
Lamothe-Capdeville 82 ......257 F2
Lamothe-Cassel 46 ....240 A2
Lamothe-Cumont 82 ....256 C4
Lamothe-en-Blaisy 52 ....92 A4
Lamothe-Fénelon 46 ....222 A4
Lamothe-Goas 32 ....256 A4
Lamothe-Landerron 33 ....237 E2
Lamothe-Montravel 24 ....219 D4
Lamotte-Beuvron 41 ....133 D1
Lamotte-Brebière 80 ....18 B2
Lamotte-Buleux 80 ....6 C4
Lamotte-du-Rhône 84 ....264 C1
Lamotte-Warfusée 80 ....18 C3
Lamouilly 55 ....40 A1
Lamoura 39 ....177 E3
Lampaul 29 ....46 B2

Lampaul-Guimiliau 29 ....49 D3
Lampaul-Plouarzel 29 ....47 D2
Lampaul-Ploudalmézeau 29 ..47 D2
Lampertheim 67 ....71 D3
Lampertsloch 67 ....45 E4
Lamure-sur-Azergues 69 ....192 A3
Lanans 25 ....142 A1
Lanarce 07 ....245 E1
Lanarvily 29 ....47 F2
Lanas 07 ....246 A2
Lancé 41 ....108 B4
Lanchères 80 ....6 A4
Lanches-Saint-Hilaire 80 .....18 A1
Lanchy 02 ....19 F3
Lancié 69 ....192 C1
Lancieux 22 ....52 B4
Lancôme 41 ....131 F1
Lançon 08 ....39 E3
Lançon 65 ....298 B4
Lançon-Provence 13 ....284 C2
Lancrans 01 ....194 C1
Landal (Château de) 35 ....79 E1
Landange 57 ....69 F4
Landas 59 ....9 E2
Landaul 56 ....100 C3
Landaville 88 ....93 E3
Landavran 35 ....80 A4
La Lande-Chasles 49 ....129 E2
La Lande-d'Airou 50 ....54 A3
La Lande-de-Fronsac 33 ....217 F3
La Lande-de-Goult 61 ....82 B1
La Lande-de-Lougé 61 ....56 A4
La Lande-Patry 61 ....55 E3
La Lande-Saint-Léger 27 .....30 C3
La Lande-Saint-Siméon 61 ...55 F3
La Lande-sur-Drôme 14 ......55 D1
La Lande-sur-Eure 61 ....84 A1
La Lande-Vaumont 14 ....55 D3
Landéan 35 ....80 B2
Landébaëron 22 ....50 B3
Landébia 22 ....78 A1
La Landec 22 ....78 B2
Landécourt 54 ....94 C1
Landéda 29 ....47 E1
Landéhen 22 ....77 F2
Landeleau 29 ....75 E3
Landelles 28 ....84 C1
Landelles-et-Coupigny 14 ....54 C2
Landemont 49 ....127 D4
Landepéreuse 27 ....57 F2
Landerneau 29 ....47 F2
Landeronde 85 ....145 E4
Landerrouat 33 ....237 E1
Landerrouet-sur-Ségur 33 ..237 D1
Landersheim 67 ....70 C2
Landes 17 ....181 F2
Les Landes-Genusson 85 ..146 B2
Landes-le-Gaulois 41 ....131 F1
Landes-sur-Ajon 14 ....55 E1
Landes-Vieilles-et-Neuves 76 ..17 D3
Landévant 56 ....100 B3
Landévennec 29 ....47 F4
Landevieille 85 ....162 A1
Landéville 85 ....162 A1
Landévant 56 ....100 B3
Landeyrat 15 ....207 D2
Landifay-et-Bertaignemont 02 ..20 C3
Landigou 61 ....55 F4
Le Landin 27 ....31 F2
Landiras 33 ....236 B2
Landisacq 61 ....55 E3
Landivisiau 29 ....48 C3
Landivy 53 ....80 C2
Landogne 63 ....188 B3
Landonvillers 57 ....42 A4
Landorthe 31 ....299 E2
Landos 43 ....227 D4
Landouge 87 ....185 F4
Landouzy-la-Cour 02 ....21 E3
Landouzy-la-Ville 02 ....21 D3
Landrais 17 ....181 E1
Le Landreau 44 ....127 D4
Landrecies 59 ....10 A3
Landrecourt 55 ....66 C1
Landrellec 22 ....50 A1
Landremont 54 ....68 A2
Landres 54 ....41 D3
Landres-et-Saint-Georges 08 ..39 E3
Landresse 25 ....142 A1
Landrethun-le-Nord 62 ....2 B3
Landrethun-lès-Ardres 62 ......2 C3
Landévarzec 29 ....73 F3
Landrodec 22 ....50 C4
Lans 71 ....158 B4
Lans-en-Vercors 38 ....230 B1
Lansac 33 ....217 E2
Lansac 65 ....298 A1
Lansac 66 ....312 B1
Lansargues 34 ....282 A2
Lanslebourg-
  Mont-Cenis 73 ....215 D4
Lanslevillard 73 ....215 D3
Lanta 31 ....277 D3
Lantabat 64 ....295 E1
Lantages 10 ....90 A4
Lantan 18 ....153 F3
Lanténay 01 ....194 B2
Lanténay 21 ....139 D2
Lantenne-Vertière 25 ....140 C4
Lantenot 70 ....119 D3
La Lanterne-
  et-les-Armonts 70 ....119 D3
Lanteuil 19 ....222 B2
Lanthenans 25 ....142 B2
Lanthes 21 ....158 C2
Lantheuil 14 ....29 D3
Lantignié 69 ....192 B1
Lantillac 56 ....101 E1
Lantilly 21 ....138 A2
Lanton 33 ....234 C1

Laneuveville-au-Bois 52 ......92 C2
Laneuveville-au-Pont 52 ......91 F1
Laneuveville-au-Rupt 55 ......67 D4
Laneuveville-aux-Bois 54 .....69 D3
Laneuveville-derrière-Foug 54 ..67 E4
Laneuveville-
  devant-Bayon 54 ....94 B2
Laneuveville-
  devant-Nancy 54 ....68 C3
Laneuveville-en-Saulnois 57 ..68 C2
Laneuveville-lès-Lorquin 57 ..69 F4
Laneuville-à-Bayard 52 ....92 A1
Laneuville-à-Rémy 52 ....91 F2
Laneuville-au-Bois 52 ....92 C2
Laneuville-au-Pont 52 ....91 F1
Laneuville-au-Rupt 55 ....67 D4
Laneuville-sur-Meuse 55 ......39 F1
Lanfains 22 ....77 D2
Lanfroicourt 54 ....68 B3
Langan 35 ....79 D3
Langast 22 ....77 E3
Langatte 57 ....69 E3
Langé 36 ....151 E2
Langeac 43 ....226 B2
Langeais 37 ....130 B3
Langensoultzbach 67 ....45 D4
Langeron 58 ....154 C2
Langesse 45 ....111 F3
Langey 28 ....108 C2
Langladé 30 ....263 F4
Langley 88 ....94 C2
Langoat 22 ....50 B2
Langoëlan 56 ....76 B4
Langogne 48 ....245 D1
Langoiran 33 ....236 B1
Langolen 29 ....75 D4
Langon 33 ....236 C2
Langon 35 ....103 D4
Langon 41 ....133 D2
Le Langon 85 ....163 F2
Langonnet 56 ....75 F4
Langonnet (Abbaye de) 56 ....76 A4
Langouet 35 ....79 D3
Langourla 22 ....78 A3
Langres 52 ....116 C3
Langrolay-sur-Rance 22 ....78 C1
Langrune-sur-Mer 14 ....29 E3
Languédias 22 ....78 B2
Languenan 22 ....78 B1
Langueux 22 ....51 E4
Languevoisin-Quiquery 80 ....19 E4
Languidic 56 ....100 B2
Languidou (Chapelle de) 29 ..73 D3
Languimberg 57 ....69 E3
Languivoa (Chapelle de) 29 ..73 E4
Langy 03 ....172 C1
Lanhélin 35 ....79 D2
Lanhouarneau 29 ....48 C1
Lanildut 29 ....47 D2
Laning 57 ....69 E1
Laniscat 22 ....76 C3
Laniscourt 02 ....36 C1
Lanleff 22 ....50 C2
Lanloup 22 ....50 C1
Lanmérin 22 ....50 B2
Lanmeur 29 ....49 E2
Lanmodez 22 ....50 C1
Lann-Bihoué 56 ....100 A3
Lanne 65 ....297 F2
Lanne-en-Barétous 64 ....296 A2
Lanne-Soubiran 32 ....273 E1
Lannéanou 29 ....49 E3
Lannebert 22 ....51 D3
Lannecaube 64 ....273 D3
Lannédern 29 ....75 D2
Lannemaignan 32 ....254 A3
Lannemezan 65 ....298 B2
Lannepax 32 ....255 E4
Lanneplaà 64 ....272 A3
Lanneray 28 ....109 D1
Lannes 32 ....255 F2
Lannes 47 ....255 F2
Lannes 52 ....116 C2
Lanneuffret 29 ....48 C3
Lannilis 29 ....47 E2
Lannion 22 ....50 A2
Lannoy 59 ....5 D4
Lannoy-Cuillère 60 ....17 E4
Lannux 32 ....273 E2
Lano 2B 315 E4
Lanobre 15 ....206 B4
Lanouaille 24 ....203 E3
Lanouée 56 ....101 F1
Lanoux 09 ....301 D2
Lanquais 24 ....220 B4
Lanques-sur-Rognon 52 ....116 C2
Lanquetot 76 ....15 D3
Lanrelas 22 ....78 A2
Lanrigan 35 ....79 E2
Lanrivain 22 ....76 B2
Lanrivoaré 29 ....47 D2
Lanrodec 22 ....50 C4
Lans 71 ....158 B4
Lansac 33 ....217 E2
Lantéfontaine 54 ....41 D3
Lantenay 01 ....194 B2
Lantenay 21 ....139 D2
Lantic 22 ....51 D3
Lanty 58 ....156 A4
Lanty-sur-Aube 52 ....115 F2

Lantosque 06 ....289 D2
Lantriac 43 ....227 E3
Lanty 58 ....156 A4
Lanty-sur-Aube 52 ....115 F2
Lanuéjols 30 ....262 A2
Lanuéjols 48 ....244 B3
Lanuéjouls 12 ....241 E3
Lanvallay 22 ....78 C2
Lanvaudan 56 ....100 B2
Lanvellec 22 ....49 F3
Lanvénégen 56 ....99 F1
Lanvéoc 29 ....47 E4
Lanvézéac 22 ....50 B2
Lanvollon 22 ....51 D3
Lanzac 46 ....222 A4
Laon 02 ....37 D1
Laons 28 ....58 C4
Laouzas (Barrage de) 81 ....279 E2
Lapalisse 03 ....172 C4
Lapalud 84 ....246 C4
Lapan 18 ....153 D3
Lapanouse 12 ....243 E4
Lapanouse-de-Cernon 12 ..261 E3
Laparade 47 ....238 A4
Laparrouquial 81 ....259 D2
Lapège 09 ....309 F1
Lapenche 82 ....258 B1
Lapenne 09 ....301 E2
Lapenty 50 ....80 C1
Laperche 47 ....238 A2
Laperrière-sur-Saône 21 ....159 D1
Lapeyre 65 ....274 B4
Lapeyrère 31 ....300 B1
Lapeyrouse 01 ....193 D2
Lapeyrouse 63 ....189 D1
Lapeyrouse-Fossat 31 ....276 C1
Lapeyrouse-Mornay 26 ......211 E4
Lapeyrugue 15 ....242 B1
Lapleau 19 ....205 F4
Laplume 47 ....256 A2
Lapoutroie 68 ....96 A3
Lapugnoy 62 ....7 F1
Laquenexy 57 ....68 B1
Laqueuille 63 ....206 C1
Laragne-Montéglin 05 ....249 D4
Larajasse 69 ....210 B1
Laramière 46 ....241 D4
Laran 65 ....298 C1
Larbey 40 ....272 A1
Larbont 09 ....300 B3
Larbroye 60 ....35 F1
Larcan 31 ....299 D2
Larcat 09 ....310 A1
Larceveau-Arros-Cibits 64 ..295 E1
Larchamp 53 ....80 C3
Larchamp 61 ....55 E4
Larchant 77 ....87 E4
Larche 04 ....251 D3
Larche 19 ....222 A2
Larche (Col de) 04 ....251 D3
Le Larderet 39 ....160 B3
Lardier-et-Valença 05 ....249 E3
Lardiers 04 ....266 C2
Le Lardin-Saint-Lazare 24 ..221 F2

Lardy 91 ....86 C2
Larée 32 ....254 C3
Laréole 31 ....275 F1
Largeasse 79 ....147 F4
Largentière 07 ....245 F2
Largillay-Marsonnay 39 ......176 C1
Largitzen 68 ....120 B4
Largny-sur-Automne 02 ....35 F4
Largoët (Forteresse de) 56 ..101 E3
Larians-et-Munans 70 ....141 E1
Larivière 90 ....120 A3
Larivière-sur-Apance 52 .....117 E1
Larmor-Baden 56 ....101 D4
Larmor-Plage 56 ....100 A3
Larnage 26 ....229 D2
Larnagol 46 ....240 C3
Larnas 07 ....246 B3
Larnat 09 ....310 A1
Larnaud 39 ....159 E4
Larné 25 ....141 E4
Laroche-près-Feyt 19 ....206 B1
Laroche-Saint-Cydroine 89 ..113 D2
Larochemillay 58 ....156 B3
Larodde 63 ....206 B2
Laroin 64 ....272 C4
Larone (Col de) 2A 317 E4
Laronxe 54 ....95 D1
Laroque 33 ....236 B1
Laroque 34 ....262 C2
Laroque-de-Fa 11 ....303 D2
Laroque-des-Albères 66 .....313 D3
Laroque-des-Arcs 46 ....240 B2
Laroque-d'Olmes 09 ....301 E3
Laroque-Timbaut 47 ....238 C4
Laroquebrou 15 ....223 F3
Laroquevieille 15 ....224 B3
Larouillies 59 ....10 B4
Larra 31 ....276 B1
Larrau 64 ....295 F3
Larrazet 82 ....257 D3
Larré 56 ....101 F3
Larré 61 ....82 C2
Larressingle 32 ....255 F3
Larressore 64 ....270 C4
Larret 29 ....47 D2
Larret 70 ....140 B1
Larreule 64 ....272 C4
Larreule 65 ....273 F3
Larrey 21 ....115 D3
Larribar-Sorhapuru 64 ....271 E4
Larringes 74 ....178 C3
Larrivière 40 ....272 C1
Larrivoire 39 ....177 D3
Larroque 31 ....299 D1
Larroque 65 ....274 C4
Larroque 81 ....258 C3
Larroque-Engalin 32 ....256 A3
Larroque-Saint-Sernin 32 ..256 A4
Larroque-sur-l'Osse 32 ......255 E3
Larroque-Toirac 46 ....241 D3
Lartigue 33 ....236 C1
Lartigue 33 ....254 C1
Laruns 64 ....296 C3
Laruscade 33 ....217 F2
Larzac 24 ....239 D1
Larzicourt 51 ....91 E1
Lasalle 30 ....263 D2
Lasbordes 11 ....302 A1
Lascabanes 46 ....239 F4
Lascaux 19 ....204 A4
Lascaux (Grotte de) 24 ......221 E2
Lascazères 65 ....273 F3
Lascelle 15 ....224 B3

LAVAL

Avesnières (Q. d') ....Z 2
Avesnières (R. d') ....Z 3
Briand (Pont A.) ....Y 8
Britais (R. du) ....Y 9
Chapelle (R. de) ....Z 12
Déportés (R. des) ....Z
Douanier-Rousseau (R.) ....Z 14
Droits de l'homme
  (Parvis des) ....Y 15
Gambetta (Quai) ....Y 17
Gaulle (R. Gén.-de) ....Y
Gavre (Q. B. Bas) ....Z 18
Grande-Rue ....Z 19
Hardy-de-Lévaré (Pl.) ....Z 22
Jean-Fouquet (Q.) ....Y 26
La Trémoille (Pl. de) ....Z 28
Moulin (Pl. J.) ....Y 34
Orfèvres (R. des) ....Y 36
Paix (R. de la) ....Z 37
Paradis (R. de) ....Z 37
Pin-Doré (R. du) ....Z 40
Pont-de-Mayenne
  (R. du) ....Z 43
Renaise (R.) ....Y 44
Résistance (Crs de la) ....Y 45
Serruriers (R. des) ....Y 47
Solférino (R.) ....Y 48
Souchu-Servinière (R.) ......Y 50
Strasbourg (R. de) ....Y 52
Trinité (R.) ....Y 55
Val-de-Mayenne (R. du) ....YZ 60

Laschamps-de-Chavanat 23....187 D1
Lasclaveries 64.............273 D3
Lasfaillades 81..............278 C2
Lasgraisses 81...............259 D4
Laslades 65.................298 A1
Lassales 65.................298 C1
Lassay-les-Châteaux 53.......81 F2
Lassay-sur-Croisne 41........132 C3
Lasse 49....................129 E2
Lasse 64....................295 D1
Lasserade 32................273 F2
Lasséran 32.................274 C2
Lasserre 09.................300 A3
Lasserre 31.................276 A2
Lasserre 47.................255 F2
Lasserre 64.................273 E3
Lasserre-de-Prouille 11......302 A2
Lasseube 64.................296 C1
Lasseube-Propre 32..........275 D2
Lasseubetat 64..............296 C1
Lassicourt 10................91 D2
Lassigny 60..................35 E1
Lasson 14...................29 E4
Lasson 89...................113 F1
Lassouts 12.................243 D3
Lassur 09...................310 A1
Lassy 14....................55 E2
Lassy 35....................103 D2
Lassy 95....................61 D1
Lastelle 50..................26 C3
Lastic 15...................225 F2
Lastic 63...................206 B1
Lastioulles (Barrage de) 15..206 B3
Lastours 11.................278 C4
Lataule 60...................35 D1
Le Latet 39.................160 A3
La Latette 39...............160 B4
Lathuile 74.................195 F4
Lathus 86...................167 F4
Latillé 86..................165 F1
Latilly 02...................36 B4
Latoue 31...................299 E2
Latouille-Lentillac 46.......223 D4
Latour 31...................300 B1
Latour-Bas-Elne 66..........313 E2
Latour-de-Carol 66..........310 B4
Latour-de-France 66.........312 B1
Latour-en-Woëvre 55.........67 E1
Latrape 31..................300 B1
Latrecey 52.................115 F2
Latresne 33.................217 E4
Latrille 40.................273 D2
Latronche 19................205 F4
Latronquière 46.............223 E4
Lattainville 60..............33 E4
La Latte (Fort) 22...........52 B4
Lattes 34...................281 F2
Lattre-Saint-Quentin 62.......8 A3
Lau-Balagnas 65.............297 E3
Laubach 67...................71 D1
Laubert 48..................244 B2
Les Laubies 48..............244 A1
Laubressel 10................90 B3
Laubrières 53...............104 B2
La Lauch (Lac de) 68........120 A1
Laucourt 80..................19 D4
Laudrefang 57................42 C4
Laudun-l'Ardoise 30.........264 B2
Laugnac 47..................238 B4
Laujuzan 32.................254 C4
Laulne 50....................26 C3
Laumesfeld 57................42 A2
Launac 31...................276 A1
Launaguet 31................276 C2
Launay 27....................58 A1
Launay-Villiers 53...........80 C4
Launois-sur-Vence 08.........22 B4
Launoy 02....................36 B4
Launstroff 57................42 B2
La Laupie 26................247 D2
Laurabuc 11.................301 F1
Laurac 11...................301 F1
Laurac-en-Vivarais 07.......245 F3
Lauraët 32..................255 E3
Lauraguel 11................302 A2
Laure-Minervois 11..........302 C1
Laurède 40..................272 A1
Laurenan 22..................77 F3
Laurens 34..................280 B3
Lauresses 46................241 E1
Lauret 34...................263 D4
Lauret 40...................273 D2
Laurie 15...................207 E4
Laurière 24.................221 D1
Laurière 87.................186 A2
Lauris 84...................284 C1
Lauroux 34..................280 B1
Laussac 12..................224 C4
Laussonne 43................227 E3
Laussou 47..................238 C2
Lautaret (Col du) 05........232 A2
Lautenbach 68...............120 A1
Lautenbachzell 68...........120 A1
Lauterbourg 67...............45 D4
Lauthiers 86................167 D1
Lautignac 31................275 F4
Lautrec 81..................278 A1
Lauw 68.....................120 A2
Lauwin-Planque 59............8 C4
Laux-Montaux 26.............248 B4
Lauzach 56..................101 F4
Lauzerte 82.................257 E1
Lauzerville 31..............276 C2
Lauzès 46...................240 C2
Le Lauzet-Ubaye 04..........250 B3
Lauzières 17................163 E4
Lauzun 47...................238 A2
Lava (Col de) 2A............316 A1
Lava (Golfe de) 2A..........316 A3

Lavacquerie 60...............18 A4
Laval 38....................213 D4
Laval 53....................105 D1
Laval (Chalets de) 05.......232 B2
Laval-Atger 48..............226 C4
Laval-d'Aix 26..............248 A1
Laval-d'Aurelle 07..........245 D2
Laval-de-Cère 46............223 D4
Laval-du-Tarn 48............244 A4
Laval-en-Brie 77.............88 B2
Laval-en-Laonnois 02.........36 C2
Laval-le-Prieuré 25.........142 B4
Laval-Morency 08.............22 B3
Laval-Pradel 30.............263 E1
Laval-Roquecezière 12.......279 D1
Laval-Saint-Roman 30........246 B4
Laval-sur-Doulon 43.........208 B4
Laval-sur-Luzège 19.........223 E1
Laval-sur-Tourbe 51..........39 D4
Laval-sur-Vologne 88.........95 E4
Lavalade 24.................239 D1
Lavaldens 38................231 D2
Lavalette 11................302 B2
Lavalette 31................277 D2
Lavalette 34................280 B1
Lavalette (Barrage de) 43...227 F1
Lavallée 55..................66 C3
Le Lavancher 74.............197 D3
Lavancia-Epercy 39..........177 D3
Le Lavandou 83..............293 D2
Lavangeot 39................159 E1
Lavannes 51..................38 A3
Lavans-lès-Dole 39..........159 F1
Lavans-lès-Saint-Claude 39...177 D3
Lavans-Quingey 25...........160 A1
Lavans-sur-Valouse 39.......176 C3
Lavans-Vuillafans 25........160 C1
Lavaqueresse 02..............10 A4
Lavardac 47.................255 F1
Lavardens 32................274 C1
Lavardin 41.................108 A4
Lavardin 72.................106 C1
Lavaré 72...................107 F1
Lavars 38...................230 C4
Lavasina 2B.................315 F1
Lavastrie 15................225 E3
Lavatoggio 2B...............314 B3
Lavau 10.....................90 B3
Lavau 89....................135 E1
Lavau-sur-Loire 44..........125 F3
Lavaudieu 43................208 A4
Lavaufranche 23.............170 A4
Lavault-de-Frétoy 58........156 B1
Lavault-Sainte-Anne 03......170 C4
Les Lavaults 89.............137 E3
Lavaur 24...................239 E2
Lavaur 81...................277 E1
Lavaurette 82...............258 B1
Lavausseau 86...............165 F2
Lavaveix-les-Mines 23.......187 E2
Lavazan 33..................237 D3
Laveissenet 15..............225 D2
Laveissière 15..............224 C2
Lavelanet 09................301 E4
Lavelanet-de-Comminges 31...300 A1
Laveline-devant-Bruyères 88..95 E4
Laveline-du-Houx 88..........95 E4
Lavenay 72..................107 F4
Laventie 62...................4 A4
Lavéra 13...................284 A4
Laveraët 32.................274 A3
Lavercantière 46............239 F2
Laverdines 18...............154 A2
Lavergne 46.................222 C4
Lavergne 47.................238 C4
Lavernat 72.................107 D4
Lavernay 25.................140 C4
Lavernhe 12.................243 E4
Lavernose-Lacasse 31........276 B4
Lavernoy 52.................117 D2
Laverrière 60................17 F4
Laversine 02.................36 A3
Laversines 60................34 B2
Laverune 34.................281 E2
Laveyron 26.................229 D1
Laveyrune 07................245 D2
Laveyssière 24..............220 A3
Lavieu 42...................209 E2
Laviéville 80................18 C2
Lavigerie 15................224 C2
Lavignac 87.................203 E1
Lavigney 70.................117 F4
Lavignéville 55..............67 D2
Lavigny 39..................159 F4
Lavillatte 07...............245 D1
Laville-aux-Bois 52.........116 B1
Lavilledieu 07..............246 A2
Lavilleneuve 52.............117 D1
Lavilleneuve-au-Roi 52.......92 A4
Lavilleneuve-aux-Fresnes 52..91 F4
Lavilletertre 60.............33 F4
Lavincourt 55................66 B4
Laviolle 07.................246 A1
Laviron 25..................142 A3
Lavit-de-Lomagne 82.........256 C3
Lavoine 03..................190 C3
Lavoncourt 70...............140 C1
Lavours 01..................194 C4
Lavoûte-Chilhac 43..........226 A1
Lavoûte-sur-Loire 43........227 D2
Lavoux 86...................166 C1
Lavoye 55....................66 B1
Lawarde-Mauger-l'Hortoy 80...18 B4
Laxou 54.....................68 A4
Lay 42......................191 F3
Lay-Lamidou 64..............272 A4
Lay-Saint-Christophe 54......68 B3
Lay-Saint-Remy 54............67 E4

Laye 05.....................249 E1
Laymont 32..................275 F4
Layrac 47...................256 B2
Layrac-sur-Tarn 31..........258 A4
Layrisse 65.................297 F2
Lays-sur-le-Doubs 71........158 C3
Laz 29.......................75 E3
Lazenay 18..................152 C2
Lazer 05....................249 D4
Léalvillers 80...............18 C1
Léaupartie 14................30 B4
Léaz 01.....................195 D1
Lebetain 90.................120 A4
Lebeuville 54................94 B2
Lebiez 62.....................6 C2
Leboulin 32.................275 D2
Lebreil 46..................239 E4
Lebucquière 62...............19 E1
Lécaude 14...................56 C1
Lecci 2A....................319 E2
Lecelles 59...................9 E2
Lecey 52....................117 D3
Lechâtelet 21...............158 C1
Léchelle 62..................19 E1
Léchelle 77..................89 D1
La Léchère 73...............214 A2
Les Lèches 24...............220 A3
Lechiagat 29.................98 B2
Lécluse 59...................8 C3
Lécourt 52..................117 D1
Lécousse 35..................80 B3
Lecques 30..................263 E4
Les Lecques 83..............291 D3
Lect 39.....................177 D3
Lectoure 32.................256 B3
Lecumberry 64...............295 E2
Lécussan 31.................298 C2
Lédas-et-Penthiès 81........259 F2
le Lédat 47.................238 B3
Lédenon 30..................264 B3
Lédergues 12................260 A2
Lederzeele 59................3 E3
Ledeuix 64..................296 B1
Lédignan 30.................263 E3
Ledinghem 62.................2 C4
Ledringhem 59................3 F2
Lée 64......................297 D1
Leers 59.....................5 D4
Lées-Athas 64...............296 B3
Lefaux 62....................6 B1
Leffard 14...................56 A2
Leffincourt 08...............38 C2
Leffond 70..................117 D4
Leffonds 52.................116 B2
Leffrinckoucke 59............3 F1
Lège 31.....................298 C4
Legé 44.....................145 E3
Lège-Cap-Ferret 33..........216 A4
Légéville-et-Bonfays 88......94 B4
Léglantiers 60...............35 D2
Légna 39....................176 C3
Légny 69....................192 B3
Léguevin 31.................276 A2
Léguillac-de-Cercles 24.....202 B3
Léguillac-de-l'Auche 24.....220 B1
Lehaucourt 02................20 A2
Léhon 22.....................78 C2
Leigné-les-Bois 86..........150 A4
Leigné-sur-Usseau 86........149 E3
Leignes-sur-Fontaine 86.....167 E2
Leigneux 42.................191 D4
Leimbach 68.................120 A2
Leintrey 54..................69 E4
Lélex 01....................177 E3
Lelin-Lapujolle 32..........273 E1
Lelling 57...................69 D1
Lemainville 54...............94 B1
Lembach 67...................45 D4
Lemberg 57...................44 B4
Lembeye 64..................273 E3
Lembras 24..................220 B4
Lemé 02......................21 D3
Leménil-Mitry 54.............94 B2
Lémeré 37...................149 E1
Lemmecourt 88................93 E3
Lemmes 55....................66 B1
Lemoncourt 57................68 C2
Lempaut 81..................278 A3
Lempdes 63..................189 F4
Lempdes-sur-Allagnon 43.....207 F3
Lempire 02...................19 F2
Lempire-aux-Bois 55..........66 C1
Lemps 07....................228 C2
Lemps 26....................248 A4
Lempty 63...................189 F4
Lempzours 24................202 C4
Lemud 57.....................68 B1
Lemuy 39....................160 B2
Lénault 14...................55 E2
Lenax 03....................173 E4
Lencloître 86...............149 E4
Lencouacq 40................254 A2
Lendresse 64................272 B3
Lengelsheim 57...............44 B3
Lengronne 50.................54 A2
Lenharrée 51.................64 B3
Lénizeul 52.................117 D1
Lennon 29....................75 D3
Lenoncourt 54................68 B4
Lens 62......................8 B2
Lens-Lestang 26.............211 E4
Lent 01.....................193 E1
Lent 39.....................160 B4
Lentigny 42.................191 D2

Lentillac-Lauzès 46.........240 B2
Lentillac-Saint-Blaise 46....241 E2
Lentillères 07..............246 A2
Lentilles 10.................91 E1
Lentiol 38..................211 E4
Lento 2B....................315 E3
Léobard 46..................239 F1
Léogeats 33.................236 B3
Léognan 33..................235 F1
Léojac 82...................258 A3
Léon 40.....................252 B3
Léoncel 26..................229 F3
Léotoing 43.................207 F4
Léouville 45.................86 B4
Léoville 17.................199 F3
Lépanges-sur-Vologne 88......95 E4
Lépaud 23...................188 A1
Lépin-le-Lac 73.............212 C2
Lépinas 23..................187 D2
Lépine 62....................6 B2
Lépron-les-Vallées 08........22 B3
Lepuix 90...................119 F3
Lepuix-Neuf 90..............120 A4
Léran 09....................301 F3
Lercoul 09..................309 F1
Léré 18.....................135 D2
Léren 64....................271 E3
Lérigneux 42................209 D2
Lerm-et-Musset 33...........236 C4
Lerné 37....................148 C1
Lérouville 55................67 D2
Lerrain 88...................94 B4
Léry 21.....................138 C1
Léry 27......................32 B3
Lerzy 02.....................10 B4
Lesbœufs 80..................19 E1
Lesbois 53...................81 D2
Lescar 64...................272 C4
Leschaux 74.................195 E4
Leschelles 02................10 A4
Lescheraines 73.............195 E4
Leschères 39................177 D2
Leschères-sur-le-Blaiseron 52..92 A3
Lescherolles 77..............63 D4
Lescheroux 01...............175 F3
Lesches 77...................61 F2
Lesches-en-Diois 26.........248 B2
Lesconil 29..................98 B2
Lescouët-Gouarec 22..........76 B4
Lescouët-Jugon 22............78 A2
Lescousse 09................300 C2
Lescout 81..................278 A3
Lescun 64...................296 B3
Lescuns 31..................299 F1
Lescure 09..................300 A3
Lescure-d'Albigeois 81......259 E3
Lescure-Jaoul 12............259 E1
Lescurry 65.................274 A4
Lesdain 59...................20 A1
Lesdins 02...................20 A2
Lesges 02....................36 C3
Lesgor 40...................253 D2
Lésigny 77...................61 E4
Lésigny 86..................150 A3
Le Leslay 22.................51 D2
Lesme 71....................173 D1
Lesménils 54.................68 A2
Lesmont 10...................91 D2
Lesneven 29..................47 F2
Lesparre-Médoc 33...........198 C4
Lesparrou 09................301 F4
Lespéron 07.................245 D1
Lesperon 40.................252 C3
Lespesses 62.................7 F1
Lespielle 64................273 E3
Lespignan 34................305 D1
Lespinasse 31...............276 C1
Lespinasse (Château de) 43..207 F4
Lespinassière 11............279 D4
Lespinoy 62..................6 C2
Lespiteau 31................299 D2
Lesponne 65.................298 A2
Lespouey 65.................298 A1
Lespourcy 64................273 E4
Lespugue 31.................299 D1
Lesquerde 66................312 B1
Lesquielles-Saint-Germain 02..20 C2
Lesquin 59...................9 D1
Lessac 16...................184 C2
Lessard-en-Bresse 71........158 C4
Lessard-et-le-Chêne 14.......56 C1
Lessard-le-National 71......158 A3
Lessay 50....................26 C3
Lesse 57.....................68 C1
Lesseux 88...................96 A2
Lesson 85...................164 C3
Lessy 57.....................41 F4
Lestanville 76...............15 F2
Lestards 19.................205 D2
Lestelle-Bétharram 64.......297 D2
Lestelle-de-Saint-Martory 31..299 D2
Lesterps 16.................184 C2
Lestiac-sur-Garonne 33......236 B1
Lestiou 41..................109 E4
Lestrade-et-Thouels 12......260 B2
Lestre 50....................25 E3
Lestrem 62...................4 A4
Létanne 08...................39 F1
Letia 2A....................316 B2
Létra 69....................192 B3
Létricourt 54................68 B2
Letteguives 27...............32 C2
Lettret 05..................249 E3
Leubringhen 62...............2 B2
Leuc 11.....................302 B2
Leucamp 15..................242 B1
Leucate 11..................304 C4

Leucate-Plage 11............304 C4
Leuchey 52..................116 B4
Leudeville 91................87 D1
Leudon-en-Brie 77............62 C4
Leugny 86...................150 A3
Leugny 89...................136 A1
Leugny (Château de) 37......131 D3
Leuhan 29....................75 E4
Leuilly-sous-Coucy 02........36 B2
Leulinghem 62................3 D3
Leulinghen-Bernes 62.........2 B3
Leurville 52.................92 C3
Leury 02.....................36 B2
Leutenheim 67................71 F1
Leuville-sur-Orge 91.........86 C1
Leuvrigny 51.................63 F1
Le Leuy 40..................253 F4
Leuze 02.....................21 F3
La Levade 30................263 D1
Levainville 28...............85 F2
Leval 59.....................10 B3
Leval 90....................120 A2
Levallois-Perret 92..........60 C3
Levant (Île du) 83..........293 D3
Levaré 53....................80 C2
Levécourt 52.................93 D4
Levens 06...................288 C1
Levergies 02.................20 A2
Levernois 21................158 A2
Léves 28.....................85 E2
Les Lèves-et-Thoumeyragues 33..219 E4
Levesville-la-Chenard 28.....86 A3
Levet 18....................153 E3
Levie 2A....................319 D2
Levier 25...................160 B2
Lévignac 31.................276 A2
Lévignac-de-Guyenne 47......237 D2
Lévignacq 40................252 C2
Lévignen 60..................35 F4
Lévigny 10...................91 E3
Lévis 89....................136 A1
Lévis-Saint-Nom 78...........60 B4
Levoncourt 55................66 C3
Levoncourt 68...............143 E2
Levroux 36..................151 F2
Lewarde 59...................9 D3
Lexos 82....................258 C2
Lexy 54......................40 C1
Ley 57.......................69 D3
Leychert 09.................301 E4
Leyme 46....................223 D4
Leymen 68...................121 D4
Leyment 01..................193 E2
Leynes 71...................175 D4
Leynhac 15..................241 F1
Leyr 54......................68 B3
Leyrat 23...................170 A3
Leyrieu 38..................193 F4
Leyritz-Moncassin 47........237 E4
Leyssard 01.................194 A1
Leyvaux 15..................207 E4
Leyviller 57.................69 E1
Lez 31......................299 D4
Lez-Fontaine 59.............10 C2
Lézan 30....................263 E3
Lézardrieux 22...............50 C1
Lézat 39....................177 E2
Lézat-sur-Lèze 09...........300 B1
Lezay 79....................165 F4
Lezennes 59..................4 C4
Lézéville 52.................92 C2
Lezey 57.....................69 D3
Lézignac-Durand 16..........184 B4
Lézignan 65.................297 F2
Lézignan-Corbières 11.......303 E1
Lézignan-la-Cèbe 34.........280 C3
Léziné 49...................129 D2
Lézigneux 42................209 E2
Lézinnes 89.................114 B4
Lezoux 63...................190 A4
L'héraule 60.................33 F2
Lherm 31....................276 A4
Lherm 46....................239 F2
Lhéry 51.....................37 D4
Lhez 65.....................298 A1
Lhommaizé 86................166 C3
Lhomme 72...................107 F4
L'hôpital 01................194 C2
Lhor 57......................69 E2
L'hospitalet 46.............240 A4
Lhoumois 79.................148 B4
Lhuis 01....................194 B4
Lhuître 10...................90 C1
Lhuys 02.....................36 C3
Liac 65.....................273 F4
Liancourt 60.................34 C3
Liancourt-Fosse 80...........19 E4
Liancourt-Saint-Pierre 60....33 F4
Liart 08.....................22 A3
Lias 32.....................276 A2
Lias-d'Armagnac 32..........254 C4
Liausson 34.................280 C2
Libaros 65..................298 B1
Libération (Croix de la) 71..157 D3
Libercourt 62................8 C2
Libermont 60.................19 E4
Libourne 33.................218 C3
Librecy 08...................22 A4
Licey-sur-Vingeanne 21......139 F2
Lichans-Sunhar 64...........295 F2
Lichères 16..................184 B1
Lichères-près-Aigremont 89..114 A4
Lichères-sur-Yonne 89.......136 B2
Lichos 64...................271 F4
Lichtenberg 67...............44 C4

Licq-Athérey 64.............295 F2
Licques 62....................2 C3
Licy-Clignon 02..............62 C1
Lidrezing 57.................69 D2
Liebenswiller 68............120 C4
Liebsdorf 68................120 B4
Liebvillers 25..............142 C3
Liederschiedt 57.............44 C3
Lieffrans 70................141 D1
Le Liège 37.................131 F4
Liéhon 57....................68 B1
Liencourt 62.................7 F3
Lieoux 31...................299 E2
Liepvre 68..................119 F1
Lierdorf 62..................96 B2
Liergues 69.................192 B2
Liernais 21.................137 F4
Liernolles 03...............173 D3
Lierval 02...................37 D2
Lierville 60.................33 F4
Lies 65.....................298 A4
Liesle 25...................160 A1
Liesse-Notre-Dame 02.........37 E1
Liessies 59..................10 C3
Liesville-sur-Douve 50.......25 D4
Liettres 62..................7 F1
Lieu-Saint-Amand 59..........9 E3
Lieuche 06..................269 E2
Lieucourt 70................140 B3
Lieudieu 38.................211 F4
Lieurac 09..................301 E3
Lieuran-Cabrières 34........280 C2
Lieuran-lès-Béziers 34......280 B4
Lieurey 27...................31 D4
Lieuron 35..................102 C3
Lieury 14....................56 C2
Lieusaint 50.................25 D3
Lieusaint 77.................87 E1
Lieutadès 15................225 D4
Lieuvillers 60...............34 C2
Liévans 89..................118 C4
Liévin 62....................8 B2
Lièvremont 25...............161 D2
Liez 02......................20 A4
Liez 85.....................164 B3
Liézey 88...................119 E1
Liffol-le-Grand 88..........93 D3
Liffol-le-Petit 52..........93 D3
Liffré 35....................79 F4
Ligardes 32.................256 A2
Ligescourt 80................6 C3
Liget (Chartreuse du) 37....150 C1
Ligniac 19..................206 A3
Liglet 86...................167 F2
Lignac 36...................168 A3
Lignairolles 11.............301 F2
Lignan-de-Bazas 33..........236 C3
Lignan-de-Bordeaux 33.......217 F4
Lignan-sur-Orb 34...........280 B4
Lignareix 19................205 F2
Ligné 16....................183 E3
Ligné 44....................126 C2
Lignères 70.................118 C4
Lignereuil 62................7 F3
Lignerolles 03..............170 C4
Lignerolles 21..............116 A3
Lignerolles 27...............59 D3
Lignerolles 36..............170 A2
Lignerolles 61...............83 F1
Lignéville 88................93 F4
Ligneyrac 19................222 B2
Lignières 10................114 A2
Lignières 18................152 C4
Lignières 41................108 C3
Lignières 80.................19 D4
Lignières-Châtelain 80.......17 E3
Lignières-de-Touraine 37....130 B4
Lignières-en-Vimeu 80........17 E2
Lignières-la-Carelle 72......82 C2
Lignières-Orgères 53.........82 A1
Lignières-Sonneville 16.....200 C3
Lignières-sur-Aire 55........66 C3
Lignol 56....................100 B1
Lignol-le-Château 10.........91 F4
Lignon 51....................91 D1
Lignorelles 89..............113 F3
Lignou 61....................56 A4
Ligny-en-Barrois 55..........66 C4
Ligny-en-Brionnais 71.......174 A4
Ligny-en-Cambrésis 59........20 B1
Ligny-le-Châtel 89..........113 F3
Ligny-le-Ribault 45.........133 D1
Ligny-lès-Aire 62............7 E1
Ligny-Saint-Flochel 62.......7 F3
Ligny-sur-Canche 62..........7 E3
Ligny-Thilloy 62............19 E1
Ligré 37....................149 D1
Ligron 72...................106 B4
Ligsdorf 68.................120 C4
Ligueil 37..................150 A2
Liguéux 24..................202 C4
Liguéux 33..................219 F4
Ligugé 86...................166 B2
Lihons 80....................19 D3
Lihus 60.....................34 A1
Les Lilas 93.................61 D3
Lilhac 31...................299 E1
Lillignod 01................194 C2
Lille 59......................4 C4
Lillebonne 76................15 D4
Lillemer 35..................79 D1
Lillers 62...................7 F1
Lilly 27.....................33 D2
Limalonges 79...............183 F1
Limans 04...................266 C3
Limanton 58.................156 A2
Limas 69....................192 C2

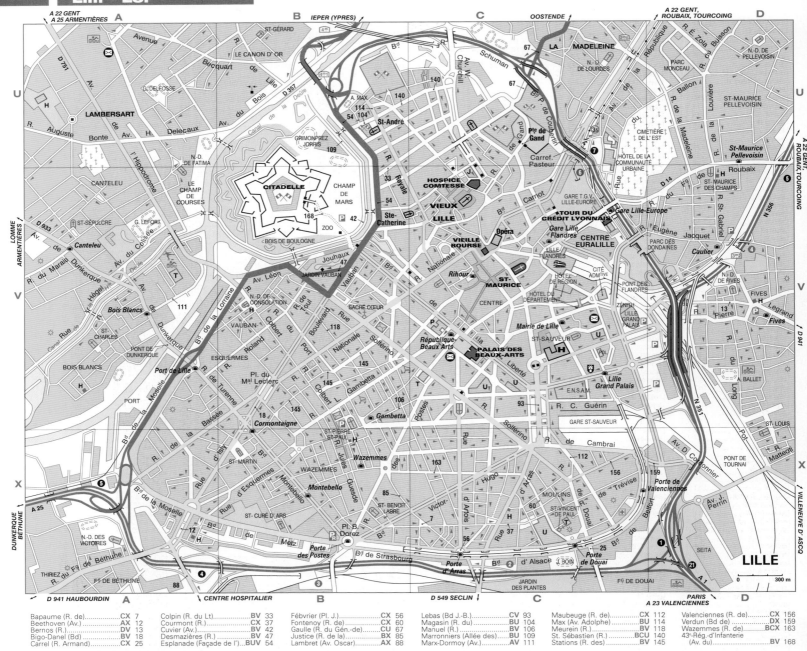

Bapaume (R. de)..............CX 7
Beethoven (Av.)..............AX 12
Bernos (R.)..................DV 13
Bigo-Danel (Bd).............BV 18
Carrel (R. Armand)..........CX 25

Colpin (R. du Lt)...........BV 33
Courmont (R.)...............CX 37
Cuvier (Av.)................BV 42
Desmazières (R.)............BV 47
Esplanade (Façade de l')...BUV 54

Février (Pl. J.)............CX 56
Fontenoy (R. de)............CX 60
Gaulle (R. du Gén.-de)......CU 67
Justice (R. de la)..........BX 85
Lambret (Av. Oscar)........AX 88

Lebas (Bd J.-B.)............CV 93
Magasin (R. du).............BU 104
Manuel (R.).................BV 106
Marronniers (Allée des)....BU 109
Marx-Dormoy (Av.)..........AV 111

Maubeuge (R. de)............CX 112
Max (Av. Adolphe)..........BU 114
Meurein (R.)................BV 118
St. Sébastien (R.).........BCU 140
Stations (R. des)..........BV 145

Valenciennes (R. de)........CX 156
Verdun (Bd de)..............DX 159
Wazemmes (R. de)...........BCX 163
43ᵉ-Rég.-d'Infanterie
(Av. du)....................BV 168

Limay 78......................59 F2
Limbrassac 09...............301 E3
Limé 02......................36 C3
Limeil-Brévannes 94..........61 E4
Limendous 64................297 E1
Limeray 37..................131 E2
Limersheim 67................71 D4
Limerzel 56.................102 A4
Limésy 76....................15 F3
Limetz-Villez 78.............59 E1
Limeuil 24..................221 D4
Limeux 18...................152 C2
Limeux 80....................17 E1
Limey-Remenauville 54........67 F2
Limeyrat 24.................221 D4
Limoges 87..................185 F4
Limoges-Fourches 77..........87 F1
Limogne-en-Quercy 46........240 C4
Limoise 03..................171 F1
Limon 58....................155 D2
Limonest 69.................192 C4
Limons 63...................190 A3
Limont-Fontaine 59...........10 B2
Limony 07...................210 C4
Limours-en-Hurepoix 91.......86 B1
Limousis 11.................278 C4
Limoux 11...................302 B3
La Limouzinière 44..........145 E2
La Limouzinière 85..........163 D1
Limpiville 76................15 D2
Linac 46....................241 E1
Linard 23...................169 E3
Linards 87..................204 B1
Linars 16...................201 E1
Linas 91.....................86 C1
Linay 08.....................23 F4
Linazay 86..................183 F1
Lincel 04...................266 C3
Lincheux-Hallivillers 80.....17 F3
Lindebeuf 76.................15 F2

Le Lindois 16...............184 B4
Lindre-Basse 57..............69 E3
Lindre-Haute 57..............69 E3
Lindry 89...................113 D4
Linexert 70.................119 D3
Lingé 36....................150 C4
Lingeard 50..................54 C4
Lingèvres 14.................29 D4
Lingolsheim 67...............71 D3
Lingreville 50...............53 F2
Linières-Bouton 49..........129 F2
Liniers 86..................166 C1
Liniez 36...................152 A2
Linsdorf 68.................120 C4
Linselles 59.................4 C3
Linthal 68..................120 A1
Linthelles 51................63 F4
Linthes 51...................63 F4
Lintot 76....................15 D4
Lintot-les-Bois 76...........16 A3
Linxe 40....................252 B3
Liny-devant-Dun 55...........39 F3
Liocourt 57..................68 B2
Liomer 80....................17 E3
Le Lion-d'Angers 49.........128 A1
Lion-en-Beauce 45...........110 A1
Lion-en-Sullias 45..........111 E4
Lion-sur-Mer 14..............29 F3
Liorac-sur-Louyre 24........220 B3
Le Lioran 15................224 C2
Liouc 30....................263 D4
Le Liouquet 13..............291 D3
Liourdres 19................222 C3
Lioux 84....................266 A3
Lioux-les-Monges 23.........188 A3

Liposthey 40................235 D4
Lipsheim 67..................71 D4
Lirac 30....................264 C2
Liré 49.....................127 D3
Lirey 10....................114 B1
Lironcourt 88...............117 F2
Lironville 54................67 F2
Liry 08......................38 C3
Lisbourg 62...................7 E1
Liscia (Golfe de la) 2A.....316 B3
Lisieux 14...................30 C4
Lisle 24....................202 B4
Lisle 41....................108 C3
Lisle-en-Barrois 55..........66 B2
Lisle-en-Rigault 55..........66 A4
Lisle-sur-Tarn 81...........258 C4
Lislet 02....................21 E4
Lison 14.....................27 F3
Lison (Source du) 25........160 B2
Lisores 14...................57 D2
Lisors 27....................33 D3
Lissac 09...................300 C1
Lissac 43...................226 C2
Lissac-et-Mouret 46.........241 D2
Lissac-sur-Couze 19.........222 A2
Lissay-Lochy 18.............153 E2
Lisse 47....................255 E2
Lisse-en-Champagne 51........65 E3
Lisses 91....................87 D1
Lisseuil 63.................189 D1
Lissey 55....................40 A2
Lissieu 69..................192 C3
Lissy 77.....................87 F1
Listrac-de-Durèze 33........219 E4
Listrac-Médoc 33............217 D1
Lit-et-Mixe 40..............252 B2
Lithaire 50..................26 C3
Litteau 14...................27 F3
Littenheim 67................70 C2
Littry 14....................27 F3

Litz 60.......................34 B2
Livaie 61....................82 B2
Livarot 14...................56 C2
Liverdun 54..................68 A3
Liverdy-en-Brie 77...........61 F4
Livernon 46.................241 D2
Livers-Cazelles 81..........259 D2
Livet 53....................105 F1
Livet-en-Saosnois 72.........83 D3
Livet-et-Gavet 38...........231 D2
Livet-sur-Authou 27..........31 E4
Livilliers 95................60 B1
Livinhac-le-Haut 12.........241 F1
La Livinière 34.............303 D1
Livré 53....................104 C3
Livré-sur-Changeon 35........80 A4
Livron 04...................297 E1
Livron-sur-Drôme 26.........229 D4
Livry 14.....................55 D1
Livry-Gargan 93..............61 E2
Livry-Louvercy 51............64 C1
Livry-sur-Seine 77...........87 F2
Lixhausen 67.................70 C1
Lixheim 57...................70 A2
Lixières 54..................68 A2
Lixing-lès-Rouhling 57.......43 E4
Lixing-lès-Saint-Avold 57....69 E1
Lixy 89......................88 B4
Lizac 82....................257 E2
Lizant 86...................183 F1
Lizeray 36..................152 B2
Lizières 23.................186 B1
Lizine 25...................160 B1
Lizines 77...................88 B1
Lizio 56....................101 F2
Lizos 65....................298 A1
Lizy 02......................36 C3
Lizy-sur-Ourcq 77............62 B2
La Llagonne 66..............311 D4
Llauro 66...................312 C3

Llo 66......................311 D4
Llous 66....................310 C4
Llupia 66...................312 C2
Lobsann 67...................45 E4
Loc-Brévalaire 29............47 F2
Lœuilley 70.................140 A2
Lœuilly 80...................18 A3
Loëx 74.....................178 A4
Loffre 59.....................9 D3
La Loge 62....................7 D2
La Loge-aux-Chèvres 10.......91 D4
La Loge des Gardes 03.......190 C2
Loge-Fougereuse 85..........164 B1
La Loge-Pomblin 10..........114 B1
Logelbach 68.................96 B3
Logelheim 68.................96 C3
Les Loges 14.................55 D1
Les Loges 52................117 D3
Les Loges 72................107 F2
Les Loges 76.................14 C4
Les Loges-en-Josas 78........60 C4
Les Loges-Marchis 50.........80 B1
Les Loges-Margueron 10......114 B1
Les Loges-Saulces 14.........56 A3
Les Loges-sur-Brécey 50......54 B3
Le Logis-du-Pin 83..........268 C4
Le Logis-Neuf 01............175 F4
Le Logis-Neuf 13............285 D2
Lognes 77....................61 E3
Logny-Bogny 08...............22 A3
Logny-lès-Aubenton 02........21 F3
Logny-lès-Chaumont 08........21 F4
Logonna-Daoulas 29...........47 F4
Lograin-Florian 30..........263 D1
Logron 28....................109 D1
Loguivy-de-la-Mer 22.........50 A4
Loguivy-Plougras 22..........50 A4
Lohéac 35...................102 C2
Lohitzun-Oyhercq 64.........271 F4
Lohr 67......................70 A1
Lohuec 22....................50 A4
Loigné-sur-Mayenne 53.......105 D3

Loigny-la-Bataille 28....109 F1
Loiré 49....127 F1
Loire-les-Marais 17....181 D2
Loiré-sur-Nie 17....182 C3
Loire-sur-Rhône 69....210 C2
Loiron 53....104 C1
Loisail 61....83 F2
Loisey-Culey 55....66 B3
Loisia 39....176 B2
Loisieux 73....212 C1
Loisin 74....178 A3
Loison 55....40 C3
Loison-sous-Lens 62....8 B2
Loison-sur-Créquoise 62....6 C2
Loisy 54....68 A2
Loisy 71....175 F1
Loisy-en-Brie 51....64 A3
Loisy-sur-Marne 51....65 D4
Loivre 51....37 F3
Loix 17....162 C4
Loizé 79....183 D1
Lolif 50....54 A3
Lolme 24....238 C1
Lombard 25....160 A1
Lombard 39....159 E4
Lombers 81....278 A1
Lombez 32....275 E3
Lombia 64....273 E4
Lombray 02....36 A1
Lombrès 65....298 C3
Lombreuil 45....111 E2
Lombron 72....107 E1
Lomener 56....99 F3
Lomme 59....4 C4
Lommerange 57....41 E3
Lommoye 78....59 E2
Lomné 65....298 B3
Lomont 70....119 E4
Lomont-sur-Crête 25....142 A3
Lompnas 01....194 B4
Lompnieu 01....194 B2
Lompret 59....4 C4
Lonçon 64....272 C3
La Londe 76....32 A3
La Londe-les-Maures 83....292 C2
Londigny 16....183 E2
Londinières 76....16 C3
Long 80....17 F1
Longages 31....276 A4
Longaulnay 35....78 C3
Longavesnes 80....19 F2
Longchamp 21....139 F4
Longchamp 52....117 D1
Longchamp 73....214 A3
Longchamp-sous-Châtenois 88....93 F3
Longchamp-sur-Aujon 10....115 F1
Longchamps 02....20 C2
Longchamps 27....33 D3
Longchamps-sur-Aire 55....66 C2
Longchaumois 39....177 E2
Longcochon 39....160 B4
Longeau 52....116 C4
Longeault 21....139 F4
Longeaux 55....66 C4
Longechaux 25....142 A4
Longechenal 38....212 A3
Longecourt-en-Plaine 21....139 E4
Longecourt-lès-Culêtre 21....157 E1
Longefoy 73....214 B2
Longemaison 25....161 D1
Longemer 88....119 F4
Longepierre 71....158 C2
Le Longeron 49....146 C2
Longes 69....210 C4
Longessaigne 69....192 A4
Longevelle 70....142 A1
Longevelle-lès-Russey 25....142 B4
Longevelle-sur-Doubs 25....142 B2
Longèves 17....163 F4
Longèves 85....164 A2
Longeville 25....160 C1
La Longeville 25....161 E2
Longeville-en-Barrois 55....66 B4
Longeville-lès-Metz 57....41 F4
Longeville-lès-Saint-Avold 57....42 C1
Longeville-sur-la-Laines 52....91 E4
Longeville-sur-Mer 85....162 C2
Longeville-sur-Mogne 10....114 B1
Longevilles-Mont-d'Or 25....161 D4
Longfossé 62....2 C4
La Longine 70....119 D2
Longjumeau 91....61 D4
Longlaville 54....41 E1
Longmesnil 76....33 D1
Longnes 72....106 B2
Longnes 78....59 F2
Longny-au-Perche 61....84 A2
Longperrier 77....61 F1
Longpont 02....36 A3
Longpont-sur-Orge 91....87 D1
Longpré-le-Sec 10....91 D4
Longpré-les-Corps-Saints 80....17 F1
Longraye 14....28 C4
Longré 16....183 E2
Longroy 76....16 C2
Longsols 10....90 C2
Longué 49....129 E3
Longueau 80....18 B3
Longuefuye 53....105 E3
Longueil 76....15 F1
Longueil-Annel 60....35 E3
Longueil-Sainte-Marie 60....35 E3
Longuenesse 62....3 E3
Longuenoë 61....82 B2
Longuerue 76....32 C1
Longues 63....207 F1
Longues-sur-Mer 14....28 C3

Longuesse 95....60 B1
Longueval 80....19 D1
Longueval-Barbonval 02....37 D3
Longueville 14....27 F3
Longueville 47....237 F3
Longueville 50....53 F2
La Longueville 59....10 B2
Longueville 62....2 C1
Longueville 77....88 C2
Longueville-sur-Aube 10....90 A1
Longueville-sur-Scie 76....16 A3
Longuevillette 80....7 E4
Longuyon 54....40 C2
Longvic 21....139 E4
Longvillers 14....55 E1
Longvillers 80....7 D4
Longvilliers 62....6 B1
Longvilliers 78....86 B1
Longwé 08....39 D2
Longwy 54....40 C1
Longwy-sur-le-Doubs 39....159 D3
Lonlay-l'Abbaye 61....55 E4
Lonlay-le-Tesson 61....56 A4
Lonnes 16....183 F3
Lonny 08....22 B3
Lonrai 61....82 C2
Lons 64....272 C4
Lons-le-Saunier 39....176 C1
Lonzac 17....199 D3
Le Lonzac 19....204 C3
Looberghe 59....3 E2
Loos 59....4 C4
Loos-en-Gohelle 62....8 B2
Looze 89....113 D2
Lopérec 29....73 F1
Loperhet 29....47 F3
Lopigna 2A....316 B2
Loqueffret 29....75 D2
Lor 02....37 F1
Loray 25....142 A4
Lorcières 15....225 F3
Lorcy 45....111 E2
Lordat 09....310 B1
Loré 61....81 E2
Lorentzen 67....44 A4
Loreto-di-Casinca 2B....315 F3
Loreto-di-Tallano 2A....319 D2
Lorette 42....210 B2
Le Loreur 50....54 A2
Loreux 41....133 D3
Le Lorey 50....54 A1
Lorey 54....94 B1
Lorges 41....109 E3
Lorgies 62....8 B1
Lorgues 83....286 C2
La Lorie (Château de) 49....104 C4
Lorient 56....100 A3
Loriges 03....172 B4
Lorignac 17....199 D3
Lorigné 79....183 E1
Loriol-du-Comtat 84....265 E2
Loriol-sur-Drôme 26....229 D4
Lorlanges 43....207 F4
Lorleau 27....33 D2
Lormaison 60....34 A4
Lormaye 28....85 E1
Lormes 58....136 C4
Lormont 33....217 E3
Lornay 74....195 D3
Loromontzey 54....94 C2
Le Loroux 35....80 B2
Le Loroux-Bottereau 44....126 C4
Lorp-Sentaraille 09....300 A3
Lorquin 57....69 F4
Lorrez-le-Bocage 77....88 A4
Lorris 45....111 E3
Lorry-lès-Metz 57....41 F4
Lorry-Mardigny 57....68 A1
Lortet 65....298 B3
Loscouët-sur-Meu 22....78 B4
Losne 21....158 C1
Losse 40....254 C2
Lostanges 19....222 C2
Lostroff 57....69 E2
Lothey 29....73 F2
Lottinghen 62....2 C4
Le Lou-du-Lac 35....78 C4
Louailles 72....106 A3
Louan 77....89 D1
Louannec 22....50 A1
Louans 37....150 A1
Louargat 22....50 B3
Loubajac 65....297 E2
Loubaresse 07....245 E2
Loubaresse 15....225 F3
Loubaut 09....300 A1
Loubédat 32....273 F1
Loubejac 24....239 E2
Loubens 33....300 C3
Loubens 31....237 D2
Loubens-Lauragais 31....277 D3
Loubers 81....258 C3
Loubersan 32....274 C2
Loubès-Bernac 47....237 F1
Loubeyrat 63....189 E3
Loubieng 64....272 A3
La Loubière 12....242 C4
Loubières 09....301 D3
Loubigné 79....183 D1
Loubillé 79....183 D2
Loublande 79....147 D2
Loubressac 46....222 C4
Loucé 61....56 B4
Loucelles 14....29 D4
Louchats 33....235 F2
Louches 62....2 C3
Louchy-Montfand 03....172 A4

LIMOGES

Aine (Pl. d')....BZ 2
Allois (R. des)....DZ 6
Amphithéâtre (R. de l')....BY 8
Barreyrette (Pl. de la)....CZ 12
Bénédictins (Av. des)....DY 14
Betoulle (Pl. L.)....CZ 16
Boucherie (R. de la)....CZ 18
Cathédrale (R. de la)....DZ 23
Clocher (R. du)....CZ 25
Collège (R. du)....CZ 26
Consulat (R. du)....CZ
Coopérateurs (R. des)....BY 27

Dupuytren (R.)....CZ 30
Ferrerie (R.)....CZ 33
Fonderie (R. de la)....BY 35
Fontaine-des-Barres (Pl.)....CY 37
Gambetta (Bd)....BCZ
Giraudoux (Sq. J.)....CY 42
Haute-Cité (R.)....DZ 46
Jacobins (Pl. des)....CZ 49
Jean-Jaurès (R.)....CYZ
Louis-Blanc (Bd)....CZ
Louvrier-de-Lajolais (R.)....CY 55
Manigne (Pl.)....CZ 57
Maupas (R. du)....DY 59
Michels (R. Charles)....CZ 63
Motte (Pl. de la)....CZ 66

Périn (Bd G.)....CY 71
Préfecture (R. de la)....CY 83
Raspail (R.)....DZ 89
Réforme (R. de la)....CY 91
République (Pl. de la)....CY 95
St-Martial (R.)....CY 107
St-Maurice (Bd)....DZ 109
St-Pierre (Pl.)....CZ 110
Stalingrad (R.)....CY 113
Temple (Cour du)....CY 115
Temple (R. du)....CY 116
Tourny (Carr.)....CY 118
Victor-Hugo (Bd)....BY 120
Vigne-de-Fer (R.)....CZ 122
71e-Mobile (R. du)....DZ 125

Loucrup 65....297 F2
Loudéac 22....77 E4
Loudenvielle 65....307 E4
Loudervielle 65....307 E4
Loudes 43....226 C2
Loudet 31....298 C2
Loudrefing 57....69 E2
Loudun 86....148 C2
Loué 72....106 B2
La Loue (Source de) 25....161 D2
Louens 33....217 D3
Louer 40....271 F1
Louerre 49....128 C4
Louesme 21....115 F3
Louesme 89....112 B4
Louestault 37....130 C1
Loueuse 60....33 F1
Louey 65....297 F1
Lougé-sur-Maire 61....56 A4
Lougratte 47....238 C2
Lougres 25....142 B2
Louhans 71....176 A1
Louhossoa 64....270 C4
Louignac 19....221 F1
Louin 79....148 A4
Louisfert 44....103 F4
Louit 65....274 A4
Loulans-Verchamp 70....141 E2
Loulay 17....182 B2
Loulle 39....160 A4
La Loupe 28....84 B2
Loupeigne 02....36 C4
Loupershouse 57....43 D4
Loupes 33....217 F4
Loupfougères 53....81 F3
Loupia 11....302 A3
Loupiac 33....236 C2
Loupiac 15....224 A2
Loupiac 46....222 A4
Loupiac 81....258 C4
Loupiac-de-la-Réole 33....237 D2
Loupian 34....281 D2
Louplande 72....106 C2
Loupmont 55....67 E2
Louppy-le-Château 55....66 A3
Louppy-sur-Chée 55....66 B2
Louppy-sur-Loison 55....40 A2
Loups du Gévaudan (Parc des) 48....243 F2
La Louptière-Thénard 10....89 D3
Lourches 59....9 F3
Lourde 31....299 D3
Lourdes 65....297 E2

Lourdios-Ichère 64....296 B2
Lourdoueix-Saint-Michel 36....169 D3
Lourdoueix-Saint-Pierre 23....169 E3
Lourenties 64....297 E1
Loures-Barousse 65....298 C3
Louresse-Rochemenier 49....128 C4
Lourmais 35....79 E2
Lourmarin 84....266 A4
Lournand 71....174 C3
Lourouer-Saint-Laurent 36....169 F1
Le Louroux 37....150 A1
Le Louroux-Béconnais 49....127 F2
Louroux-Bourbonnais 03....171 E2
Louroux-de-Beaune 03....171 E4
Louroux-de-Bouble 03....189 D1
Louroux-Hodement 03....171 D3
Lourquen 40....272 A1
Lourties-Monbrun 32....274 C4
Loury 45....110 B2
Louslitges 32....274 A2
Loussous-Débat 32....273 F2
Loutehel 35....102 B2
Loutremange 57....42 A4
Loutzviller 57....44 B3
Louvagny 14....56 B2
Louvaines 49....105 D4
Louvatange 39....140 C4
Louvciennes 78....60 C3
Louvemont 52....91 F1
Louvemont-Côte-du-Poivre 55....40 B3
Louvencourt 80....18 C1
Louvenne 39....176 B3
Louvergny 08....39 D1
Louverné 53....105 D1
Le Louverot 39....159 E4
Louvetot 76....15 E3
Louvie-Juzon 64....296 C2
Louvie-Soubiron 64....296 C3
La Louvière-Lauragais 11....301 E1
Louvières 14....27 E1
Louvières-en-Auge 61....56 C3
Louvigné 35....105 E1
Louvigné-de-Bais 35....104 A1
Louvigné-du-Désert 35....80 B2
Louvignies-Bavay 59....10 A2
Louvignies-Quesnoy 59....9 F4
Louvigny 57....68 A2
Louvigny 14....29 E3
Louvigny 72....83 D3
Louvil 59....9 D1

Louville-la-Chenard 28....86 A3
Louvilliers-en-Drouais 28....59 D4
Louvilliers-lès-Perche 28....84 C1
Louvois 51....64 B1
Louvrechy 80....18 B4
Louvres 95....61 E1
Louvroil 59....10 B2
Louye 27....59 D3
Louzac 16....182 B4
Louze 52....91 E2
Louzes 72....83 D1
Louzignac 17....182 C4
Louzouer 45....112 A2
Louzy 79....148 B2
Lovagny 74....195 E3
Loxéville 55....66 C4
Loyat 56....102 A1
La Loye 39....159 E2
Loye-sur-Arnon 18....170 B1
La Loyère 71....158 A3
Loyettes 01....193 F4
Lozanne 69....192 C3
Lozari 2B....314 C2
Lozay 17....182 A2
Loze 82....258 C1
Lozère (Mont) 48....244 C3
Lozinghem 62....3 E4
Lozon 50....27 D4
Lozzi 2B....314 C4
Luant 36....151 F4
Le Luart 72....107 F1
Lubbon 40....255 D2
Lubécourt 57....68 C2
Lubersac 19....204 A3
Lubey 54....41 D3
Lubilhac 43....225 F1
Lubine 88....96 A2
Lublé 37....130 A2
Lubret-Saint-Luc 65....274 B4
Luby-Betmont 65....298 B1
Luc 12....242 B4
Luc 48....245 D1
Luc 65....298 A2
Le Luc 83....286 C3
Luc-Armau 64....273 E3
Luc-en-Diois 26....248 B1
Luc-sur-Aude 11....302 B3
Luc-sur-Mer 14....29 E3
Luc-sur-Orbieu 11....303 E1
Lucarré 64....273 E3
Luçay-le-Libre 36....152 B2
Luçay-le-Mâle 36....151 E1
Lucbardez-et-Bargues 40....254 A3
Lucciana 2B....315 F2

Lucé 28....85 E2
Lucé 61....81 E1
Lucé-sous-Ballon 72....83 D4
Luceau 72....107 E4
Lucelle 68....143 E2
Lucenay 69....192 C3
Lucenay-le-Duc 21....138 A1
Lucenay-lès-Aix 58....172 C1
Lucenay-l'Évêque 71....156 C1
Lucéram 06....289 E1
Lucerne (Abbaye de la) 50....53 F3
La Lucerne-d'Outremer 50....54 A3
Lucey 21....115 F3
Lucey 54....67 F4
Lucey 73....194 C4
Lucgarier 64....297 E1
Luchapt 86....184 C1
Luchat 17....181 E4
Luché-Pringé 72....106 C4
Luché-sur-Brioux 79....183 D1
Luché-Thouarsais 79....148 A3
Lucheux 80....7 F4
Luchy 60....34 A1
Lucinges 74....178 A4
Lucmau 33....236 B4
Luçon 85....163 E2
Lucq-de-Béarn 64....272 B4
Lucquy 08....38 B1
Les Lucs-sur-Boulogne 85....145 F3
Lucy 57....63 F2
Lucy 76....16 C3
Lucy-le-Bocage 02....62 C1
Lucy-le-Bois 89....137 D2
Lucy-sur-Cure 89....136 C3
Lucy-sur-Yonne 89....136 B2
Le Lude 72....129 F1
Ludes 51....37 F4
Ludesse 63....207 E2
Ludiès 09....301 D2
Ludon-Médoc 33....217 E3
Ludres 54....94 B1
Lüe 40....253 D1
Lué-en-Baugeois 49....129 D2
Luemschwiller 68....120 B3
Luère (Col de la) 69....192 B4
Lugagnac 46....240 C2
Lugagnan 65....297 E2
Lugaignac 33....218 C4
Lugan 12....241 F3
Lugan 81....277 E1
Lugarde 15....206 C4
Lugasson 33....218 C4
Luglon 40....253 D2

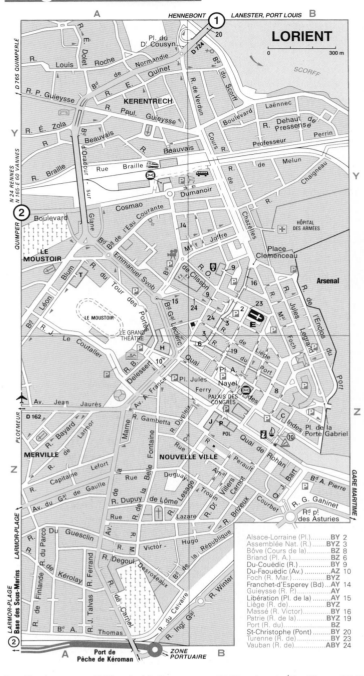

LORIENT

0   300 m

Alsace-Lorraine (Pl.) ....BY 2
Assemblée Nat. (R.) ....BYZ 3
Bôve (Cours de la) ....BZ 8
Briand (Pl. A.) ....BZ 6
Du-Couëdic (R.) ....BY 9
Du-Faouëdic (Av.) ....AZ 10
Foch (R. Mar.) ....BYZ
Franchet-d'Esperey (Bd) ...AY 14
Guieysse (R. P.) ....AY
Libération (Pl. de la) ....AY 15
Liège (R. de) ....BYZ
Massé (R. Victor) ....BYZ 16
Patrie (R. de la) ....BYZ 17
Port (R. du) ....BYZ
St-Christophe (Pont) ....BY 20
Turenne (R. de) ....BY 23
Vauban (R. de) ....ABY 24

Lugny 02 ....21 D3
Lugny 71 ....175 D2
Lugny-Bourbonnais 18 ....153 F3
Lugny-Champagne 18 .....154 A1
Lugny-lès-Charolles 71 ...174 A3
Lugo-di-Nazza 2B 317 E2
Lugon-et-l'Ile-du-Carnay 33 ...217 F3
Lugos 33 ....235 D3
Lugrin 74 ....178 C2
Lugy 62 ....7 D1
Le Luhier 25 ....142 B4
Luigné 49 ....128 C4
Luigny 28 ....84 B4
Luisans 25 ....161 E1
Luisant 28 ....85 E2
Luisetaines 77 ....88 C2
Luitré 35 ....80 B3
Lullin 74 ....178 B3
Lully 74 ....178 B3
Lumbin 38 ....213 D4
Lumeau 28 ....110 A1
Lumes 08 ....22 C3
Luméville-en-Ornois 55 ...92 C2
Lumigny 77 ....62 A4
Lumio 2B 314 B3
Lunac 12 ....259 E1
Lunan 46 ....241 E2
Lunaret (Zoo de) 34 .....281 F2
Lunas 09 ....220 A3
Lunas 34 ....280 B1
Lunax 31 ....275 D4
Lunay 41 ....108 B3
Lunegarde 46 ....240 C1
Lunel 34 ....282 A1
Lunel-Viel 34 ....282 A1
Luneray 76 ....15 F1
Lunery 18 ....153 D3

Lunéville 54 ....94 C1
Le Luot 50 ....54 A3
Lupcourt 54 ....68 B4
Lupé 42 ....210 C3
Lupersat 23 ....188 A3
Lupiac 32 ....274 A1
Luplanté 28 ....85 E3
Luppé-Violles 32 ....273 E1
Luppy 57 ....68 B1
Lupsault 16 ....183 D3
Lupstein 67 ....70 C2
Luquet 65 ....297 E1
Lurais 36 ....167 F1
Luray 28 ....59 D4
Lurbe-Saint-Christau 64 ...296 B2
Lurcy 01 ....192 C2
Lurcy-le-Bourg 58 ....155 D1
Lurcy-Lévis 03 ....154 B4
Luré 42 ....191 D3
Lure 70 ....119 D4
Lureuil 36 ....150 C4
Luri 2B 314 D1
Luriecq 42 ....209 E3
Lurs 04 ....267 D3
Lury-sur-Arnon 18 ....152 C1
Lus-la-Croix-Haute 26 ...248 C1
Lusanger 44 ....103 E4
Lusans 25 ....141 E3
Luscan 31 ....299 D3
Lusignan 86 ....166 A3
Lusignan-Petit 47 ....256 A1
Lusigny 03 ....172 C2
Lusigny-sur-Barse 10 ....90 C4
Lusigny-sur-Ouche 21 ...157 F1
Lussac 16 ....184 A3
Lussac 17 ....199 F3
Lussac 33 ....219 D3
Lussac-les-Châteaux 86 ...167 D3

Lussac-les-Églises 87 ....168 A4
Lussagnet 40 ....254 B4
Lussagnet-Lusson 64 ...273 E3
Lussan 30 ....264 A2
Lussan 32 ....275 D2
Lussan-Adeilhac 31 .....299 F1
Lussant 17 ....181 E2
Lussas 07 ....246 B2
Lussas-et-Nontronneau 24 ...202 B2
Lussat 23 ....188 A1
Lussat 63 ....189 F4
Lussault-sur-Loire 37 ...131 E3
Lusse 88 ....96 A2
Lusseray 79 ....183 D1
Lustar 65 ....298 B1
Lustrac (Moulin de) 47 ...239 D3
Luthenay-Uxeloup 58 ...155 D3
Luthézieu 01 ....194 B3
Lutilhous 65 ....298 B2
Luttange 57 ....42 A3
Luttenbach-près-Munster 68 ...96 A4
Lutter 68 ....120 C4
Lutterbach 68 ....120 B2
Lutz-en-Dunois 28 ......109 D1
Lutzelbourg 57 ....70 B2
Lutzelhouse 67 ....70 B2
Luvigny 88 ....70 A4
Lux 21 ....139 E2
Lux 31 ....277 E4
Lux 71 ....158 A3
Luxé 16 ....183 E4
Luxe-Sumberraute 44 ...271 E4
Luxémont-et-Villotte 51 ...65 E2
Luxeuil-les-Bains 70 ....118 C3
Luxey 40 ....235 F4
Luxiol 25 ....141 E2
Luyères 10 ....90 B3
Luynes 13 ....285 D3
Luynes 37 ....130 B3

Luz-Ardiden 65 ....297 E4
Luz-Saint-Sauveur 65 ...297 F4
Luzancy 77 ....62 C2
Luzarches 95 ....61 D1
Luzay 79 ....148 A3
Luzé 37 ....149 E2
Luze 70 ....142 B1
Luzech 46 ....239 F3
Luzenac 09 ....310 B1
Luzeret 36 ....168 B2
La Luzerne 50 ....27 E4
Luzillat 63 ....190 A3
Luzillé 37 ....131 E4
Luzinay 38 ....211 D2
Luzoir 02 ....21 E2
Luzy 58 ....156 B4
Luzy-Saint-Martin 55 ....39 F1
Luzy-sur-Marne 52 ......116 B1
Ly-Fontaine 02 ....20 A4
Lyas 07 ....228 B4
Lyaud 74 ....178 C3
Lye 36 ....132 B4
Lynde 59 ....3 F4
Lyoffans 70 ....119 D4
Lyon 69 ....192 C4
Lyon-Saint-Exupéry
(Aéroport de) 69 ......193 E4
Lyons-la-Forêt 27 ....33 D2
Lys 58 ....136 B3
Lys 64 ....297 D2
Lys-Chantilly 60 ....34 C4
Lys-lez-Lannoy 59 ....5 D1
Lys-Saint-Georges 36 ...169 E1

M

Maast-et-Violaine 02 .....36 C3
Maâtz 52 ....117 D4
Mably 42 ....191 E2
Macau 33 ....217 E2
Macaye 64 ....271 D4
Macé 61 ....82 C1
Macey 10 ....90 A3
Macey 50 ....79 F1
Machault 08 ....38 C3
Machault 77 ....88 A2
Maché 85 ....145 E4
Machecoul 44 ....145 D2
Mâchecourt 02 ....21 D4
Machemont 60 ....35 E2
Macheren 57 ....42 C4
Machézal 42 ....191 F3
Machiel 80 ....6 C3
Machilly 74 ....178 A4
La Machine 58 ....155 E3
Machine (Col de la) 26 ...230 A3
Machy 10 ....114 B1
Machy 80 ....6 B3
Macinaggio 2B 314 A1
Mackenheim 67 ....97 D2
Mackwiller 67 ....70 A1
Maclas 42 ....210 C4
Maclaunay 51 ....63 E3
Macogny 02 ....36 A4
Mâcon 71 ....175 E4
Maconcourt 52 ....92 A4
Maconcourt 88 ....93 F2
Maconge 21 ....138 B4
Macornay 39 ....176 C1
Mâcot-la-Plagne 73 ....214 C1
Macqueville 17 ....182 C4
Macquigny 02 ....20 C2
Madaillan 47 ....256 A1
Madecourt 88 ....94 A3
Madegney 88 ....94 B3
La Madelaine-
sous-Montreuil 62 ......6 B2
La Madeleine 44 ....126 C3
La Madeleine 54 ....68 B4
La Madeleine 59 ....4 C4
Madeleine (Col de la) 73 ...214 A2
Madeleine
(Grotte de la) 07 .....246 B4
La Madeleine-Bouvet 61 ...84 B2
La Madeleine-
de-Nonancourt 27 .....58 C4
La Madeleine-sur-Loing 77 ...87 F4
La Madeleine-Villefrouin 41 ...109 D4
Madeloc (Tour) 66 ......313 E3
Madic 15 ....206 A4
Madière 09 ....300 C2
Madières 34 ....262 B4
Madirac 33 ....217 E3
Madiran 65 ....273 E2
Madone de Fenestre 06 ...289 D1
Madonne-et-Lamerey 88 ...94 B3
La Madrague 83 ....291 E2
La Madrague-de-la-Ville 13 ...284 C4
La Madrague-
de-Montredon 13 .....290 B3
Madranges 19 ....204 C3
Madré 53 ....81 F2
Madriat 63 ....207 F2
Maël-Carhaix 22 ....76 A2
Maël-Pestivien 22 ....76 B2
Maennolsheim 67 ....70 C2
Maffliers 95 ....61 D1
Maffrécourt 51 ....65 F1
Magagnosc 06 ....288 A2
Magalas 34 ....280 B3
Magescq 40 ....252 B4
Magenta 51 ....64 A1

Les Mages 30 ....263 E1
Magescq 40 ....252 B4
Magland 74 ....196 B2
Magnac-Bourg 87 ......204 A2
Magnac-Laval 87 ....185 D1
Magnac-
Lavalette-Villars 16 ....201 F2
Magnac-sur-Touvre 16 ...201 F1
Magnant 10 ....91 D4
Magnanville 78 ....59 F2
Magnas 32 ....256 B4
Magnat-l'Étrange 23 ...187 F4
Magné 79 ....164 C4
Magné 86 ....166 B3
Magnet 03 ....190 A1
Magneux 51 ....37 D3
Magneux 52 ....92 A1
Magneux-Haute-Rive 42 ...209 F1
Magneville 50 ....24 C4
Magnicourt 02 ....90 C2
Magnicourt-en-Comte 62 ...7 F2
Magnicourt-sur-Canche 62 ...7 F3
Magnien 21 ....157 E1
Magnières 54 ....95 D2
Magnieu 01 ....194 C4
Les Magnils-Reigniers 85 ...163 E2
Magnivray 70 ....119 D3
Magnoncourt 70 ....118 B2
Le Magnoray 70 ....141 E1
Magny 28 ....85 D3
Le Magny 36 ....169 E2
Magny 68 ....120 A3
Les Magny 70 ....142 A1
Le Magny 88 ....118 B2
Magny 89 ....137 D2
Magny-Châtelard 25 ...141 F4
Magny-Cours 58 ....155 D3
Magny-Danigon 70 .....119 D4
Magny-en-Bessin 14 ....29 D3
Magny-en-Vexin 95 .....33 E4
Magny-Fouchard 10 .....91 D4
Magny-Jobert 70 ....119 D4
Magny-la-Campagne 14 ...56 B1
Magny-la-Fosse 02 ......20 A2
Magny-la-Ville 21 ......138 A2
Magny-Lambert 21 .....115 E4
Magny-le-Désert 61 .....82 A1
Magny-le-Freule 14 ......56 B1
Magny-le-Hongre 77 ....61 F3
Magny-lès-Aubigny 21 ...158 C1
Magny-les-Hameaux 78 ...60 B4
Magny-lès-Jussey 70 ...118 A3
Magny-lès-Villers 21 ...158 A1
Magny-Lormes 58 ......136 C4
Magny-Montarlot 21 ...139 F4
Magny-Saint-Médard 21 ...139 F3
Magny-sur-Tille 21 .....139 E4
Magny-Vernois 70 ......119 D4
Magoar 22 ....76 B2
Magrie 11 ....302 B3
Magrin 81 ....277 E2
Maguelone 34 ....281 F3
Mahalon 29 ....73 D3
Mahéru 61 ....57 E4
Maîche 25 ....142 C3
Maidières 54 ....68 A2
Maignaut-Tauzia 32 ...255 F4
Maigné 72 ....106 B2
Maignelay-Montigny 60 ...34 C1
Mailhac 11 ....303 E1
Mailhac-sur-Benaize 87 ...168 A4
Mailhoc 81 ....259 D1
Mailholas 31 ....300 B1
Maillane 13 ....264 C4
Maillas 40 ....254 C1
Maillat 01 ....194 B3
Maillé 37 ....149 F2
Maillé 85 ....164 A4
Maillé 86 ....166 A1
Maillé (Château de) 29 ...48 C2
Maillebois 28 ....84 C1
La Mailleraye-sur-Seine 76 ...15 E4
Maillères 40 ....254 A4
Mailleroncourt-Charette 70 ...118 B4
Mailleroncourt-
Saint-Pancras 70 .....118 B2
Maillet 03 ....171 D3
Maillet 36 ....169 D2
Mailley-et-Chazelot 70 ...141 D1
Mailleroncourt ....
Mailley-et-Chazelot 70 ...141 D1
Maillezais 85 ....164 B3
Maillot 89 ....88 C4
Mailly 71 ....173 F4
Mailly-Champagne 51 ...37 F4
Mailly-la-Ville 89 ....136 C1
Mailly-le-Camp 10 ......64 B4
Mailly-le-Château 89 ...136 B1
Mailly-Maillet 80 ....18 C1
Mailly-Raineval 80 ......18 A3
Mailly-sur-Seille 54 .....68 B2
Les Maillys 21 ....159 D1
Maimbeville 60 ....34 C2
Mainbresson 08 ....21 F4
Mainbressy 08 ....21 F4
Maincourt-sur-Yvette 78 ...60 B4
Maincy 77 ....87 F1
Maine-de-Boixe 16 .....183 F4
Maing 59 ....9 F3
Mainneville 27 ....33 E3
Mainsat 23 ....188 A2
Maintenay 62 ....6 B2
Maintenon 28 ....85 E1
Mainterne 28 ....58 C4
Mainville 54 ....41 D3
Mainvillers 57 ....68 C1
Mainvilliers 28 ....85 E1

Mainvilliers 45 ....86 C4
Mainxe 16 ....200 C1
Mainzac 16 ....202 A2
Mairé 86 ....150 A3
Mairé-Levescault 79 ...183 E1
Mairieux 59 ....10 A1
Mairy 08 ....23 E4
Mairy-Mainville 54 ....41 D3
Mairy-sur-Marne 51 .....64 C3
Maisdon-sur-Sèvre 44 ...146 A1
Maisey-le-Duc 21 ......115 E3
Maisières-Notre-Dame 25 ...160 B1
Maisnières 80 ....17 D1
Le Maisnil 59 ....4 B4
Maisnil 62 ....7 E3
Maisnil-lès-Ruitz 62 ......8 A2
Maisod 39 ....177 D2
Maison-des-Champs 10 ...91 E4
La Maison-Dieu 58 .....136 B3
Maison-du-Roy 05 .....250 C1
Maison-Feyne 23 ....169 D4
Maison-Jeannette 24 ...220 B1
Maison-Maugis 61 ....83 F2
Maison-Neuve 07 ....245 E4
Maison-Neuve 16 ......202 A4
Maison-Ponthieu 80 .....7 D4
Maison-Roland 80 ....7 D4
Maison-Rouge 77 ....88 B1
Maisoncelle 62 ....7 D2
Maisoncelle-et-Villers 08 ...39 E1
Maisoncelle-Saint-Pierre 60 ...34 A2
Maisoncelle-Tuilerie 60 ...34 B1
Maisoncelles 52 ....117 D1
Maisoncelles 72 ....107 F2
Maisoncelles-du-Maine 53 ...105 E2
Maisoncelles-en-Brie 77 ...62 A3
Maisoncelles-en-Gâtinais 77 ...87 E4
Maisoncelles-la-Jourdan 14 ...55 D3
Maisoncelles-Pelvey 14 ...55 E1
Maisoncelles-sur-Ajon 14 ...55 F1
Maisonnais 18 ....170 A1
Maisonnais 79 ....183 D1
Maisonnais-sur-Tardoire 87 ...202 C1
Maisonneuve 86 ....148 C4
Maisonnisses 23 ....187 D2
Maisons 11 ....303 D4
Maisons 14 ....28 C3
Maisons 28 ....86 A3
Maisons-Alfort 94 ....61 D4
Les Maisons Blanches 79 ...183 F1
Maisons-du-Bois 25 ...161 D2
Maisons-en-Champagne 51 ...65 D3
Maisons-Laffitte 78 .....60 C2
Maisons-lès-Chaource 10 ...114 B2
Maisons-lès-Soulaines 10 ...91 F3
Maisonsgoutte 67 ....96 B1
Maisontiers 79 ....148 A4
Maisse 91 ....87 D3
Maissemy 02 ....20 A2
Maixe 54 ....68 C4
Maizeray 55 ....40 C4
Maizeroy 57 ....42 A4
Maizery 57 ....42 A4
Maizet 14 ....55 F1
Maizey 55 ....67 D2
Maizicourt 80 ....7 D3
Maizière 58 ....135 E4
Maizières 14 ....56 B1
Maizières 52 ....92 A4
Maizières 54 ....94 A1
Maizières 62 ....7 F3
Maizières 70 ....141 D2
Maizières-
la-Grande-Paroisse 10 ...89 E4
Maizières-lès-Brienne 10 ...91 E2
Maizières-lès-Metz 57 ...41 F4
Maizières-lès-Vic 57 .....69 E3
Maizières-sur-Amance 52 ...117 E3
Maizilly 42 ....191 F1
Maizy 02 ....37 D2
Majastres 04 ....268 A3
Malabat 32 ....274 A2
La Malachère 70 ....141 D2
Malafretaz 01 ....175 F3
Mâlain 21 ....138 C3
Malaincourt 88 ....93 E4
Malaincourt-sur-Meuse 52 ...93 D4
Malakoff 92 ....61 D3
Malancourt 55 ....39 F3
Malancourt-la-Montagne 57 ...41 F3
Malandry 08 ....39 F1
Malange 39 ....140 B4
Malans 25 ....160 B1
Malans 70 ....140 B4
Malansac 56 ....102 A4
Malarce-sur-la-Thines 07 ...245 E4
Malataverne 26 ....246 C3
Malaucène 84 ....265 E1
Malaucourt-sur-Seille 57 ...68 C2
Malaumont 55 ....67 D3
Malaunay 76 ....32 A1
Malause 82 ....257 D2
Malaussanne 64 ....272 C2
Malaussène 06 ....269 F2
Malauzat 63 ....189 E4
Malaville 16 ....201 D2
Malavillers 54 ....41 D3
Malay 71 ....175 D2
Malay-le-Grand 89 .....113 D2
Malay-le-Petit 89 ....113 D2
Malbo 15 ....224 C3
Malbosc 07 ....245 E4
Malbouhans 70 ....119 D4
Malbouzon 48 ....243 D1
Malbrans 25 ....161 D1
Malbuisson 25 ....161 D3
Mâle 61 ....84 A4
Malegoude 09 ....301 F2
Malemort-du-Comtat 84 ...265 F2

LYON

Annonciade (R. de l')......FV 5
Antiquaille (R. de l')......EY 7
Basses-Vercheres (R. des)..EY 10
Bonaparte (Pont)..........FY 12
Burdeau (R.)..............FV 16
Carmélites
(Montée des)............FV 21
Churchill (Pt W.)........GV 31
Courmont (Quai J.)......FX 33

Croix-Rousse
(Grande R. de la)......FV 35
Épargne
(R. de l')............HZ 41
Farges (R. des)........EY 46
Favre (Bd J.)..........HX 48
Ferry (Pl. J.).........HX 51
France (Bd A.).........HV 57
Gallieni (Pont)........FY 65
Gerlier
(R. Cardinal).........EY 69
Grenette (R.)..........FX 71

Guillotière
(Grande R. de la)......GYZ
Guillotière (Pt de la)...FY 73
Herbouville (Cours d')..FV 75
Jaurès (Av. J.)........GY
Joffre (Quai Mar.).....EY 82
Juin (Pt Alphonse).....EY 84
Kitchener Marchand (Pt)..EY 85
Koenig (Pt Gén.).......EV 86
La Fayette (Pont)......GX 88
La Part Dieu...........HXY
Lassagne (Quai A.).....FV 93

Lattre de Tassigny (Pt de)...FV 94
Marius-Vivier-Merle
(Bd)...................HY 101
Montrochet (R. P)......EZ 105
Morand (Pont)..........FVX 107
Moulin (Quai J.).......EY 109
Pradel (Pl. L.)........FY 123
Pré-Gaudry (R.)........FZ 125
Prés. Herriot (R. du)..EV 127
Repos (R. du)..........GZ 131
République (R. de la)..FXY 136
Rolland (Quai R.)......FX 140

St-Antoine (Quai)......FX 147
St-Barthélemy (Montée)..EX 149
Sarrail (Quai Gén.)....GX 157
Terme (R.).............FV 166
Université (Pont de l')..FY 171
Université (R. de l')..GY 172
Victor-Hugo (R.).......FY 176
Villette (R. de la)....FY 178
Vitton (Cours).........HV
Vivier (R. du).........GZ 180
Wilson (Pont)..........FY 182
1re-Div.-Fr.-Libre (Av.)..EY 186

CALUIRE ET CUIRE

Peissel (R. F.)........FU 117
Soldats (Montée des)...HU 163

VILLEURBANNE

Dutrievoz (Av. A.).....HV 39
Rossellini (Av. R.)....HV 144

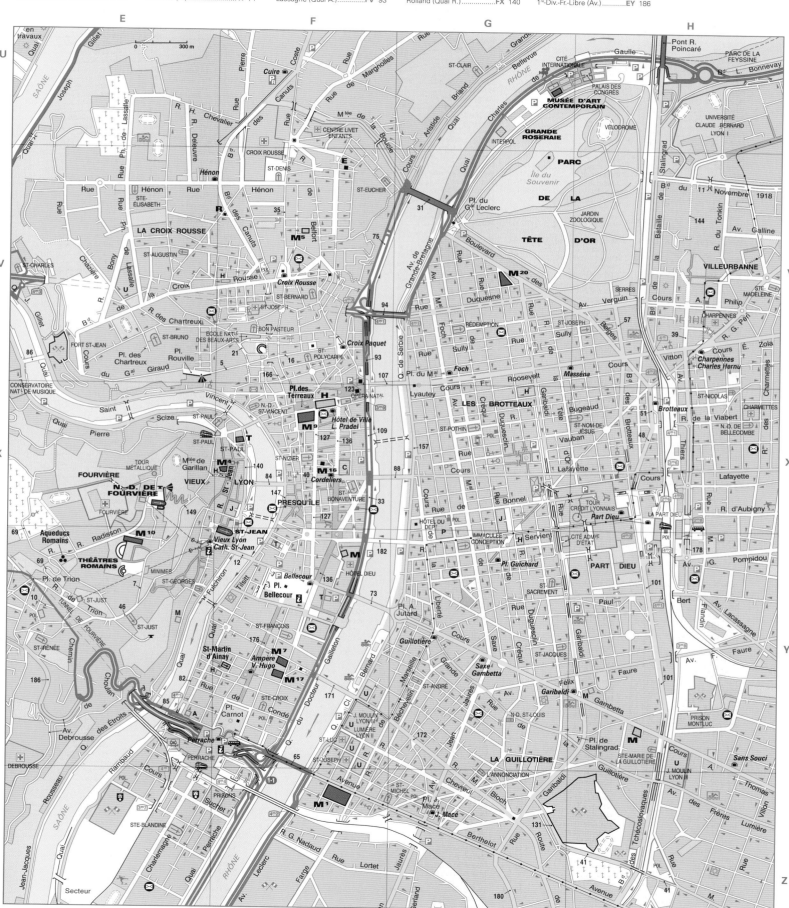

Malemort-sur-Corrèze 19....222 B1
La Malène 48............244 A4
Malepeyre (Sabot de) 48..243 F4
Malesherbes 45............87 D4
Malestroit 56............102 A3
Malétable 61............83 F1
Maleville 12............241 E4
Malfalco (Anse de) 2B....315 D1
Malguénac 56............76 C4
La Malhoure 22............77 F2
Malicornay 36............169 D2
Malicorne 03............171 D4
Malicorne 89............112 B3
Malicorne-sur-Sarthe 72..106 B3
Maligny 21............157 E1
Maligny 89............113 F3
Malijai 04............267 E2
Malincourt 59............20 A1
Malintrat 63............189 F4
Malissard 26............229 D3
Malle (Château de) 33....236 B2
Mallefougasse 04............267 D2
Malleloy 54............68 A3
Mallemoisson 04............267 F2
Mallemort 13............284 B1
Malléon 09............301 D3
Malleret 23............188 A4
Malleret-Boussac 23....170 A4
Mallerey 39............176 B1
Mallet (Belvédère de) 15..225 E3
Malleval 38............230 A1
Malleval 42............210 C3
Malleville-les-Grès 76....15 D1
Malleville-sur-le-Bec 27..31 F4
Mallièvre 85............147 D3
Malling 57............41 F2
Malloué 14............54 C2
La Malmaison 02............37 F1
Malmerspach 68............120 A1
Malmy 51............39 D4
Malnoue 02............61 E3
Malo-les-Bains 59............3 E1
Malons-et-Elze 30............245 E3
Malouy 27............57 F1
Malpart 80............18 C4
Malpas 25............161 D3
Malras 11............302 A3
Malrevers 43............227 D2
Malromé (Château de) 33..236 C2
Malroy 57............41 F4
Maltat 71............173 D1
Maltot 14............29 E4
Malval 23............169 E4
Malval (Col de) 69............192 B4
Malvalette 43............209 F4
Malves-en-Minervois 11..302 C1
Malvezie 31............299 D3
Malvières 43............208 C4
Malviès 11............302 A2
Malville 44............125 F3
Malvillers 70............117 F4
Malzéville 54............68 B4
Le Malzieu-Forain 48....226 A4
Le Malzieu-Ville 48....226 A4
Malzy 02............21 D2
Mambouhans 25............142 B2
Mamers 72............83 E3
Mametz 62............3 E4
Mametz 80............19 D2
Mamey 54............67 F2
Mamirolle 25............141 E4
Manas 26............247 E2
Manas-Bastanous 32....274 B4
Manaurie 24............221 D3
Mance 54............41 D3
La Mancelière 28............84 B1
La Mancelière 50............54 B4
La Mancelière-sur-Vire 50..54 C1
Mancenans 25............142 A2
Mancenans-Lizerne 25....142 C3
Mancey 71............175 D1
Manchecourt 45............87 D4
Manciet 32............255 D4
Mancieulles 54............41 D3
Mancioux 31............299 F2
Mancy 51............64 A2
Mandacou 24............238 B1
Mandagout 30............262 B3
Mandailles-Saint-Julien 15..224 B2
Mandelieu-la-Napoule 06..288 A4
Manderen 57............42 A1
Mandeure 25............142 C2
Mandeville 27............32 A4
Mandeville-en-Bessin 14..28 B3
Mandray 88............95 F3
Mandres 27............58 A4
Mandres-aux-Quatre-Tours 54..67 E3
Mandres-en-Barrois 55....92 C2
Mandres-la-Côte 52....116 C1
Mandres-les-Roses 94....61 E4
Mandres-sur-Vair 88....93 F4
Mandrevillars 70............119 E4
Manduel 30............264 A4
Mane 04............266 C3
Mane 31............299 F2
Manéglise 76............14 B3
Manéhouville 76............16 A3
Manent-Montané 32....274 C4
Manerbe 14............30 B4
Mangiennes 55............40 B2
Manglieu 63............208 A2
Mangonville 54............94 B2
Manhac 12............260 A1
Manheulles 55............40 C4
Manhoué 57............68 B3
Manicamp 02............36 A1
Manicourt 80............18 C4
Manigod 74............196 A3
Manin 62............7 F3

Maninghem 62............6 C1
Maninghen-Henne 62............2 A3
Maniquerville 76............14 C2
Manlay 21............157 D1
Manneville-ès-Plains 76..15 E1
Manneville-la-Goupil 76..14 C3
Manneville-la-Pipard 14..30 C3
Manneville-la-Raoult 27..30 C3
Manneville-sur-Risle 27..31 E3
Mannevillette 76............14 B3
Mano 40............235 E3
Le Manoir 14............29 D3
Le Manoir 27............32 B3
Manois 52............92 C3
Manom 57............41 F2
Manoncourt-en-Vermois 54..68 B3
Manoncourt-en-Woëvre 54..67 F3
Manoncourt-sur-Seille 54..68 B2
Manonville 54............67 F3
Manonviller 54............95 D1
Manosque 04............267 D4
Manot 16............184 B3
Manou 28............84 B2
Manre 08............38 C3
Le Mans 72............107 D2
Mansac 19............222 A1
Mansan 65............274 A4
Mansat-la-Courrière 23..186 C3
Manse (Col de) 05............249 F1
Mansempuy 32............275 E1
Mansencôme 32............255 F4
Manses 09............301 E2
Mansigné 72............106 C4
Mansle 16............183 F3
Manso 2B............314 B4
Mansonville 82............256 C3
Manspach 68............120 A3
Mant 40............272 C2
Mantaille (Château de) 26..211 D4
Mantallot 22............50 B3
Mantenay-Montlin 01....175 F3
Mantes-la-Jolie 78............59 F2
Mantes-la-Ville 78............59 F2
Mantet 66............311 E3
Manteyer 05............249 E1
Manthelan 37............150 A1
Manthelon 27............58 C2
Manthes 26............211 E4
Mantilly 61............81 D1
Mantoche 70............140 A2
Mantry 39............159 E3
Manvieux 14............29 D3
Many 57............68 C1
Manzac-sur-Vern 24....220 A2
Manzat 63............189 D3
Manziat 01............175 E3
Marck 62............2 C2
Marckolsheim 67............97 D3
Marclopt 42............209 F1
Marcoing 59............19 F1
Marcolès 15............224 A4
Marcollin 38............211 E4
Marcols-les-Eaux 07....228 A4
Marçon 72............107 E4
Marconnay
(Château de) 86.....165 F2
Marconne 62............7 D2
Marconnelle 62............7 D2
Marcorignan 11............303 F1
Marcoule 30............264 C2
Marcoussis 91............86 C1
Marcoux 04............267 F1
Marcoux 42............209 E1
Marcq 08............39 E3
Marcq 78............60 B3
Marcq-en-Barœul 59............4 C4
Marcq-en-Ostrevent 59............9 D3
Marcy 02............20 B3
Marcy 58............136 A4
Marcy 69............192 C3
Marcy-l'Étoile 69............192 C4
Marcy-sous-Marle 02....21 D4
Mardeuil 51............64 A1
Mardié 45............110 B3
Mardilly 61............57 D3
Mardor 52............116 B2
Mardore 69............191 F2
Mardyck 59............3 E1
La Mare-d'Ovillers 60....34 B4
Mareau-aux-Bois 45....110 C1
Mareau-aux-Prés 45....110 A3
Marèges (Barrage de) 19..206 A3
Mareil-en-Champagne 72..106 A2
Mareil-en-France 95....61 D1
Mareil-le-Guyon 78............60 A3
Mareil-Marly 78............60 B3
Mareil-sur-Loir 72....106 B4
Mareil-sur-Mauldre 78..60 A3
Mareilles 52............92 C4
Marenla 62............6 C2
Marennes 17............180 C3
Marennes 69............211 D1
Maresché 72............82 C4
Maresches 59............9 F3
Maresquel-Ecquemicourt 62..6 C1
Marest 62............7 F2
Marest-Dampcourt 02....36 A1
Marest-sur-Matz 60....35 E1
Marestaing 32............275 F2
Marestmontiers 80............18 C4
Maresville 62............6 B1
Les Marêts 77............62 C4
Maretz 59............20 B1
Mareugheol 63............207 F3
Mareuil 16............183 D4
Mareuil 24............202 A3
Mareuil-Caubert 80............17 E1
Mareuil-en-Brie 51............63 F2
Mareuil-en-Dôle 02............36 C4
Mareuil-la-Motte 60............35 E1
Mareuil-le-Port 51............63 F1

La Marche 58............154 B1
Marché-Allouarde 80............19 E4
Marchélepot 80............19 E3
Marchemaisons 61............83 D2
Marchémoret 77............61 F1
Marchenoir 41............109 D3
Marcheprime 33............235 D1
Les Marches 73............213 E2
Marcheseuil 21............157 D1
Marchésieux 50............27 D3
Marchéville 28............85 D3
Marchéville 80............6 C4
Marchéville-en-Woëvre 55..67 E1
Marchezais 28............59 E4
Marchiennes 59............9 D2
Marchon 01............177 D4
Marciac 32............274 A3
Marcieu 38............230 C3
Marcieux 73............212 C1
Marcigny 71............173 F4
Marcigny-sous-Thil 21..138 A3
Marcilhac-sur-Célé 46..240 C2
Marcillac 33............199 E4
Marcillac-la-Croisille 19..205 F3
Marcillac-la-Croze 19....222 C2
Marcillac-Lanville 16....183 E4
Marcillac-Saint-Quentin 24..221 F3
Marcillac-Vallon 12....242 A3
Marcillat 63............189 E2
Marcillat-en-Combraille 03..188 B1
Marcillé-la-Ville 53............81 F3
Marcillé-Raoul 35............79 E2
Marcillé-Robert 35............104 A2
Marcilloles 38............211 F3
Marcilly 50............54 A4
Marcilly 77............62 A1
Marcilly-d'Azergues 69..192 C3
Marcilly-en-Bassigny 52..117 D2
Marcilly-en-Beauce 41..108 B4
Marcilly-en-Gault 41....133 D2
Marcilly-en-Villette 45..110 B4
Marcilly-et-Dracy 21....138 A3
Marcilly-la-Campagne 27..58 C3
Marcilly-la-Gueurce 71..174 A3
Marcilly-le-Châtel 42....209 E1
Marcilly-le-Hayer 10....89 E3
Marcilly-lès-Buxy 71....157 F4
Marcilly-Ogny 21............138 A4
Marcilly-sur-Eure 27............59 D3
Marcilly-sur-Maulne 37..130 A2
Marcilly-sur-Seine 51....89 F1
Marcilly-sur-Tille 21....139 E2
Marcilly-sur-Vienne 37..149 F2

Mareuil-lès-Meaux 77............62 A2
Mareuil-sur-Arnon 18....152 C3
Mareuil-sur-Ay 51............64 A1
Mareuil-sur-Cher 41....132 A4
Mareuil-sur-Lay 85............163 E2
Mareuil-sur-Ourcq 60............62 B1
Marey 88............117 F1
Marey-lès-Fussey 21....158 A1
Marey-sur-Tille 21............139 E1
Marfaux 51............37 E4
Marfontaine 02............21 D3
Margaux 33............217 D2
Margencel 74............178 B3
Margency 95............61 D2
Margerides 19............206 A3
Margerie-Chantagret 42..209 E2
Margerie-Hancourt 51....91 D1
Margès 26............229 D2
Margilley 70............140 A1
Margival 02............36 B2
Le Margnès 81............279 D2
Margny 08............23 C4
Margny 51............63 E2
Margny-aux-Cerises 60....19 E4
Margny-lès-Compiègne 60..35 E2
Margny-sur-Matz 60............35 E1
Margon 28............84 A3
Margon 34............280 B3
Margouët-Meymes 32....273 F1
Margueray 50............54 B2
Marguerittes 30............264 A4
Margueron 33............219 F4
Marguestau 32............255 D4
Margut 08............40 A1
Mariac 07............228 A3
Maricourt 80............19 D2
Marie 06............269 F2
Marienthal 67............71 E2
Marieulles 57............68 A1

Marieux 80............18 B1
Marigna-sur-Valouse 39..176 C2
Marignac 17............199 F3
Marignac 31............299 D4
Marignac 82............256 C4
Marignac-en-Diois 26....230 A4
Marignac-Lasclares 31..300 A1
Marignac-Laspeyres 31..299 F1
Marignana 2A............316 B1
Marignane 13............284 B3
Marigné 49............105 E4
Marigné-Laillé 72............107 D3
Marigné-Peuton 53............105 E1
Marignier 74............196 A1
Marignieu 01............194 C4
Marigny 03............172 A2
Marigny 39............160 A3
Marigny 50............27 D4
Marigny 51............63 F2
Marigny 71............174 B1
Marigny 79............182 B1
Marigny-Brizay 86............149 E4
Marigny-Chemereau 86..166 A3
Marigny-en-Orxois 02....62 C1
Marigny-le-Cahouët 21..138 A2
Marigny-le-Châtel 10....89 F3
Marigny-l'Église 58............137 D3
Marigny-les-Reullée 21..158 B2
Marigny-les-Usages 45..110 B3
Marigny-Marmande 37..149 F2
Marigny-Saint-Marcel 74..195 D3
Marigny-sur-Yonne 58....136 B4
Marillac-le-Franc 16....202 A1
Le Marillais 49............127 E2
Marillet 85............164 B1
Marimbault 33............236 C3
Marimont-lès-Bénestroff 57..69 E2
Marin 74............178 C3
Marines 95............60 B1
Les Marines-de-Cogolin 83..287 E4

Maringes 42............210 A1
Maringues 63............189 F3
Mariol 03............190 A2
Marions 33............237 D4
Marissel 60............34 A2
Marizy 71............174 B2
Marizy-Saint-Mard 02....36 A4
Marizy-Sainte-Geneviève 02..36 A4
Le Markstein 68............120 A1
Marle 02............21 D4
Marlemont 08............22 A3
Marlenheim 67............70 C3
Marlens 74............196 A4
Marlers 80............17 E3
Marles-en-Brie 77............62 A4
Marles-les-Mines 62............7 F1
Marles-sur-Canche 62............6 C2
Marlhes 42............210 A4
Marliac 31............300 C1
Marliens 21............139 E4
Marlieux 01............193 E2
Marlioz 74............195 D2
Marly 57............68 A1
Marly 59............9 F3
Marly-Gomont 02............21 D2
Marly-la-Ville 95............61 E1
Marly-le-Roi 78............60 B3
Marly-sous-Issy 71....156 B4
Marly-sur-Arroux 71....173 F3
Marmagne 18............153 D1
Marmagne 21............138 A1
Marmagne 71............157 D3
Marmande 47............237 E3
Marmanhac 15............224 A1
Marmeaux 89............137 E1
Marmesse 52............116 A1
Marminiac 46............239 F1
Marmont-Pachas 47....256 A2
Marmouillé 61............57 D3
Marmoutier 67............70 B2

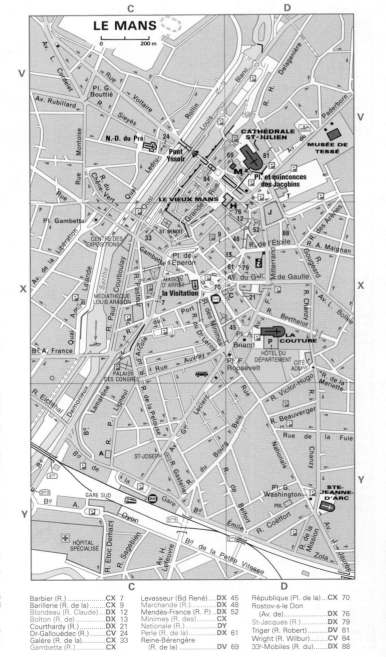

LE MANS

0   200 m

Barbier (R.).............CX 7
Barillerie (R. de la).....DX 9
Blondeau (R. Claude)...DX 12
Bolton (R. de).........DX 13
Courthardy (R.).......DX 21
Dr-Gallouédec (R.).....CV 24
Galère (R. de la).......CX 33
Gambetta (R.).........CX
Levasseur (Bd René)...DX 45
Marchande (R.).......DX 48
Mendès-France (R. P.)..DX 52
Minimes (R. des)......DY
Nationale (R.).........DY
Perle (R. de la).......DX 61
Reine-Bérengère
(R. de la)............DV 69
République (Pl. de la)..CX 70
Rostov-s-le Don
(Av. de).............DX 76
St-Jacques (R.).......DX 79
Triger (R. Robert)....DV 81
Wright (R. Wilbur)....CV 84
33e-Mobiles (R. du)...DX 88

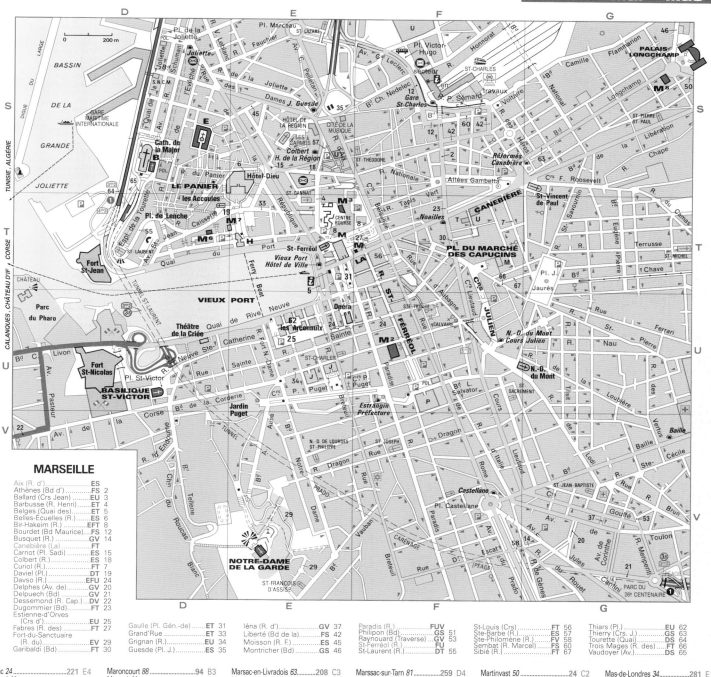

MARSEILLE

Aix (R. d')	ES
Athènes (Bd d')	FS 2
Ballard (Crs Jean)	EU 3
Barbusse (R. Henri)	ET 4
Belges (Quai des)	ET 5
Belles-Écuelles (R.)	ES 6
Bir-Hakeim (R.)	EFT 8
Bourdet (Bd Maurice)	FS 12
Busquet (R.)	GV 14
Canebière (La)	FT
Carnot (Pl. Sadi)	ES 15
Colbert (R.)	ES 18
Curiol (R.)	FT 7
Daviel (Pl.)	DT 19
Davso (R.)	EFU 24
Delphes (Av. de)	GV 20
Delpuech (R.)	GV 21
Dessemond (R. Cap.)	DV 22
Dugommier (Bd)	FT 23
Estienne-d'Orves (Crs d')	EU 25
Fabres (R. des)	FT 27
Fort-du-Sanctuaire (R. du)	EV 29
Garibaldi (Bd)	FT 30
Gaulle (Pl. Gén.-de)	ET 31
Grand'Rue	ET 33
Grignan (R.)	EU 34
Guesde (Pl. J.)	ES 35
Iéna (R. d')	GV 37
Liberté (Bd de la)	FS 42
Moisson (R. F.)	ES 45
Montricher (Bd)	GS 46
Paradis (R.)	FUV
Philipon (Bd)	GS 51
Raynouard (Traverse)	GV 53
St-Ferréol (R.)	FU
St-Laurent (R.)	DT 55
St-Louis (Crs)	FT 56
Ste-Barbe (R.)	ES 57
Ste-Philomène (R.)	FV 58
Sembat (R. Marcel)	FS 60
Sibié (R.)	FT 67
Thiars (Pl.)	EU 62
Thierry (Crs. J.)	GS 63
Tourette (Quai)	DS 64
Trois Mages (R. des)	FT 66
Vaudoyer (Av.)	DS 65

Marnac 24	221	E4
Marnand 69	191	F2
Marnans 38	211	F4
Marnaves 81	258	C2
Marnay 70	140	C3
Marnay 71	158	B4
Marnay 86	166	B3
Marnay-sur-Marne 52	116	B2
Marnay-sur-Seine 10	89	E2
Marnaz 74	196	A1
La Marne 44	145	E3
Marne-la-Vallée 11	61	F3
Marnefer 61	57	F3
Marnes 79	148	C3
Marnes-la-Coquette 92	60	C3
Marnézia 39	176	C1
Marnoz 39	160	A4
Marœuil 62	8	A3
Maroilles 59	10	A3
La Marolle-en-Sologne 41	133	D1
Marolles 14	30	C4
Marolles 41	132	A1
Marolles 51	65	E4
Marolles 60	36	A4
Marolles-en-Beauce 91	86	C3
Marolles-en-Brie 77	62	B4
Marolles-en-Brie 94	61	E4
Marolles-en-Hurepoix 91	87	D1
Marolles-lès-Bailly 10	90	C4
Marolles-les-Braults 72	83	D4
Marolles-les-Buis 28	84	B3
Marolles-Saint-Calais 72	108	C4
Marolles-sous-Lignières 10	114	A2
Marolles-sur-Seine 77	88	B3
Marollette 72	83	D3
Marols 42	209	E3
Maromme 76	A2
Mâron 36	152	B4
Maron 54	68	A4
Maroncourt 88	94	B3
Maroué 22	77	F2
Maroutière (Château de la) 53	105	D3
Marpain 39	140	B4
Marpaps 40	272	B2
Marpent 59	10	C2
Marpiré 35	80	A4
Marquaix 80	19	F2
Marquay 24	221	E3
Marquay 62	7	F2
Marquefave 31	276	B4
Marquéglise 60	35	E1
Marquein 11	301	E1
Marquenterre (Parc du) 80	6	A3
Marquerie 65	298	A1
Marques 76	17	D3
Marquette-en-Ostrevant 59	9	D3
Marquette-lez-Lille 59	4	C4
Marquillies 59	8	B1
Marquion 62	8	C4
Marquise 62	2	B3
Marquivillers 80	19	D4
Marquixanes 66	311	F2
La Marre 39	159	F4
Marre 55	40	A4
Mars 07	228	A2
Les Mars 23	188	A3
Mars 30	262	B3
Mars 42	191	F1
Mars-la-Tour 54	41	D4
Mars-sous-Bourcq 08	38	C2
Mars-sur-Allier 58	154	C3
Marsa 11	311	D1
Marsac 16	183	E4
Marsac 23	186	B2
Marsac 65	273	F4
Marsac 82	256	C3
Marsac-en-Livradois 63	208	C3
Marsac-sur-Don 44	126	B1
Marsac-sur-l'Isle 24	220	B1
Marsainvilliers 45	86	C4
Marsais 17	181	F1
Marsais-Sainte-Radégonde 85	164	A2
Marsal 57	69	D3
Marsal 81	259	F3
Marsalès 24	239	D1
Marsan 32	275	D2
Marsaneix 24	220	C2
Marsangis 51	89	F1
Marsangy 89	112	C1
Marsannay-la-Côte 21	139	D4
Marsannay-le-Bois 21	139	E2
Marsanne 26	247	D1
Marsas 33	217	F2
Marsas 65	298	A3
Marsat 63	189	E3
Marsaz 26	229	D1
Marseillan 32	274	B3
Marseillan 34	281	D4
Marseillan 65	274	A4
Marseillan-Plage 34	281	D4
Marseille-en-Beauvaisis 60	33	F1
Marseille-lès-Aubigny 18	154	B2
Marseillette 11	303	D1
Marsillargues 34	282	B2
Marsilly 17	163	E4
Marsilly 57	42	A1
Marsinval 78	60	B2
Marsolan 32	256	A3
Marson 51	65	D2
Marson-sur-Barboure 55	66	C4
Marsonnas 01	175	F3
Marsoulas 31	299	F2
Marsous 65	297	D2
Marspich 57	41	E2
Marssac-sur-Tarn 81	259	D4
Martagny 27	33	E2
Martailly-lès-Brancion 71	175	D2
Martainneville 80	17	D1
Martainville 14	56	A1
Martainville 27	31	D3
Martainville-Épreville 76	32	C2
Martaizé 86	148	C3
Martel 46	222	B3
Marthemont 54	94	A1
Marthille 57	69	D2
Marthod 73	196	A4
Marthon 16	202	A2
Martiel 12	241	D1
Martigna 39	177	D3
Martignargues 30	263	D2
Martignas-sur-Jalle 33	217	D4
Martignat 01	176	C2
Martigné-Briand 49	128	C4
Martigné-Ferchaud 35	104	A3
Martigné-sur-Mayenne 53	81	E4
Martigny 02	21	F3
Martigny 50	80	B1
Martigny 76	16	A3
Martigny-Courpierre 02	37	D2
Martigny-le-Comte 71	174	B2
Martigny-les-Bains 88	117	F1
Martigny-les-Gerbonvaux 88	93	E2
Martigny-sur-l'Ante 14	56	A1
Martigues 13	284	A4
Martillac 33	235	F1
Martimpré (Col de) 88	95	F4
Martin-Église 76	16	A2
Martincourt 54	67	F3
Martincourt 60	33	F1
Martincourt-sur-Meuse 55	39	F1
Martinet 85	145	E4
Martinpuich 62	19	D1
Martinvast 50	24	C2
Martinvelle 88	118	A2
Martisserre 31	275	E4
Martizay 36	150	C4
Martot 27	32	A3
Martragny 14	29	D3
Martres 33	236	C1
Martres-de-Rivière 31	299	D2
Les Martres-de-Veyre 63	207	F1
Martres-sur-Morge 63	189	F3
Martres-Tolosane 31	299	F1
Martrin 12	260	B3
Martrois 21	138	B3
La Martyre 29	48	C4
Les Martys 11	278	B4
Maruéjols-lès-Gardon 30	263	D2
Marval 87	202	C1
Marvaux-Vieux 08	39	D3
Marvejols 48	243	F2
Marvelise 25	142	A1
Marville 55	40	B2
Marville-les-Bois 28	85	D1
Marville-Moutiers-Brûlé 28	59	D4
Mary 71	174	B1
Mary-sur-Marne 77	62	B1
Marzal (Aven de) 07	246	B4
Marzan 56	123	F2
Marzens 81	277	E2
Marzy 58	154	C2
Le Mas 06	269	E3
Mas-Blanc-des-Alpilles 13	264	C4
Mas-Cabardès 11	278	B4
Mas Camargues 48	245	D4
Le Mas-d'Agenais 47	237	F3
Mas-d'Artige 23	205	F1
Mas-d'Auvignon 32	256	A4
Le Mas-d'Azil 09	300	B1
Mas-d'Azil (Grotte du) 09	300	B1
Mas-de-Londres 34	281	E1
Le Mas-de-Tence 43	228	A2
Les Mas-des-Cours 11	302	C2
Mas-d'Orcières 48	244	C3
Mas-Grenier 82	257	E4
Mas-Saint-Chély 48	244	A4
Mas-Saintes-Puelles 11	301	E1
Le Mas-Soubeyran 30	263	D2
Mas-Thibert 13	283	D2
Masbaraud-Mérignat 23	186	C3
Mascaraàs-Haron 64	273	D2
Mascaras 32	274	A1
Mascaras 65	298	A1
Mascarville 31	277	E3
Masclat 46	222	A4
Masevaux 68	120	A2
Maslacq 64	272	A3
Masléon 87	186	B4
Maslives 41	132	B1
Masmejan 48	245	D4
Le Masnau-Massuguiès 81	279	D1
Masnières 59	20	A1
Masny 59	9	D3
Los Masos 66	311	F2
Masparraute 64	271	E3
Maspie-Lalonquère-Juillacq 64	273	E3
Masquières 47	239	E3
Massabrac 31	300	B1
Massac 11	303	D4
Massac 17	182	C3
Massac-Séran 81	277	E3
Massaguel 81	278	A3
Massais 79	148	A2
Massals 81	260	A4
Massangis 89	137	D1
Massat 09	300	B4
Massay 18	152	B1
Le Massegros 48	243	F4

MELUN

Alsace-Lorraine (Q.) ....BZ 2
Carnot (R.) ....AY 3
Courtille (R. de la) ....BZ 9
Doumer (R. Paul) ....BY 13
Godin (Av. E.) ....AZ 19
Miroir (R. du) ....AY 25
Montagne-du-Mée
  (R. de la) ....AY 26
N.-Dame (Pl.) ....BZ 32
Pouteau (R. René) ....BY 34
Prés.-Despatys
  (R.) ....AY 35
St-Ambroise (R.) ....AZ
St-Aspais (R.) ....BY 41
St-Étienne (R.) ....AZ 43

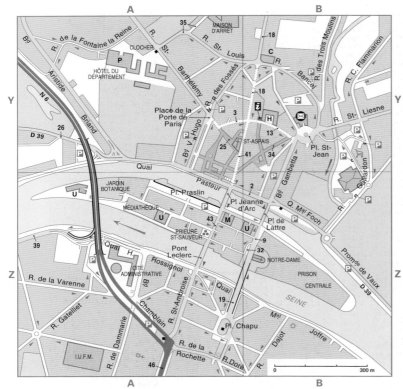

Masseilles 33 ....237 D3
Massels 47 ....238 C4
Massérac 44 ....102 C4
Masseret 19 ....204 B2
Masseube 32 ....274 C3
Massiac 15 ....225 F1
Massieu 38 ....212 B3
Massieux 01 ....192 C3
Massiges 51 ....39 D4
Massignac 16 ....184 B4
Massignieu-de-Rives 01 ..194 C4
Massillargues-Attuech 30 ..263 E3
Massilly 71 ....175 D2
Massingy 21 ....115 E3
Massingy 74 ....195 D3
Massingy-lès-Semur 21 ....138 E2
Massingy-lès-Vitteaux 21 ..138 B3
Massognes 86 ....148 C4
Massoins 06 ....269 F2
Massongy 74 ....178 A3
Massoulès 47 ....239 D4
Massugas 33 ....219 E4
Massy 71 ....174 C2
Massy 76 ....16 C4
Massy 91 ....60 C4
Mastaing 59 ....9 E3
Matafelon-Granges 01 ....176 C4
Les Matelles 34 ....281 E1
Matemale 66 ....311 D3
Matha 17 ....182 C3
Mathaux 10 ....91 D3
Mathay 25 ....142 C2
Mathenay 39 ....159 F2
Les Mathes 17 ....180 C4
Mathieu 14 ....29 E3
Mathons 52 ....92 A2
Mathonville 76 ....32 C1
Matignicourt-Goncourt 51 ..65 E4
Matignon 22 ....52 B4
Matigny 80 ....19 F3
Matougues 51 ....64 B2
Matour 71 ....174 B4
Matra 2B 317 F1
Matringhem 62 ....7 D1
Mattaincourt 88 ....94 A3
Mattexey 54 ....95 D2
Matton-et-Clémency 08 ....23 F4
Mattstall 67 ....45 D4
Matzenheim 67 ....97 D1
Maubec 38 ....211 F2
Maubec 82 ....256 C4
Maubec 84 ....265 F4
Maubert-Fontaine 08 ......22 A2
Maubeuge 59 ....10 B2
Maubourguet 65 ....273 F3
Maubuisson 33 ....216 A2
Mauchamps 91 ....86 C2
Maucombe 76 ....16 B4
Maucor 64 ....273 D4
Maucourt 60 ....19 F4
Maucourt 80 ....19 D3
Maucourt-sur-Orne 55 ....40 B3
Maudétour-en-Vexin 95 ..60 A1
Mauguio 34 ....282 A2
Maulain 52 ....117 D1

Maulais 79 ....148 B3
Maulan 55 ....66 B4
Maulay 86 ....149 D2
Maulde 59 ....9 E1
Mauléon 79 ....147 D2
Mauléon-Barousse 65 ....298 C3
Mauléon-d'Armagnac 32 ..254 C3
Mauléon-Licharre 64 ....295 F1
Maulers 60 ....34 A1
Maulette 78 ....59 F3
Maulévrier 49 ....147 D2
Maulévrier-
  Sainte-Gertrude 76 ......15 E4
Maulichères 32 ....273 E1
Maumusson 44 ....127 E2
Maumusson 82 ....256 C4
Maumusson-Laguian 32 ..273 E2
Mauny 76 ....31 F3
Maupas 10 ....114 B1
Le Maupas 21 ....138 A4
Maupas 32 ....254 C4
Maupas (Château de) 18 ..134 B4
Mauperthuis 77 ....62 B4
Maupertuis 50 ....54 B2
Maupertus-sur-Mer 50 ....25 D2
Mauprévoir 86 ....184 B1
Mauquenchy 76 ....33 D1
Mauran 31 ....299 F2
Maure 64 ....273 E4
Maure (Col de) 04 ....250 A4
Maure-de-Bretagne 35 ..102 C2
Maurecourt 78 ....60 B2
Mauregard 77 ....61 E1
Mauregny-en-Haye 02 ....37 E1
Maureilhan 34 ....280 A4
Maureillas-las-Illas 66 ..312 C3
Mauremont 31 ....277 D3
Maurens 24 ....220 A3
Maurens 31 ....277 E3
Maurens 32 ....275 F2
Maurens-Scopont 81 ....277 E2
Maurepas 78 ....60 B4
Maurepas 80 ....19 E2
Mauressac 31 ....276 C4
Mauressargues 30 ......263 E3
Maureville 31 ....277 D3
Mauriac 15 ....223 F1
Mauriac 33 ....237 D1
Mauries 40 ....273 D2
Maurin 04 ....251 D1
Maurin 34 ....281 F2
Maurines 15 ....225 E4
Maurois 59 ....20 B1
Mauron 56 ....102 A1
Mauroux 32 ....256 C4
Mauroux 46 ....239 E3
Maurrin 40 ....254 A4
Maurs 15 ....241 F1
Maurupt-le-Montois 51 ....65 F4
Maury 66 ....312 B1
Maury (Barrage de) 12 ..242 C1
Mausoléo 2B 314 C3
Maussac 19 ....205 E3
Maussane-les-Alpilles 13 ..283 F1

Maussans 70 ....141 F2
Mausson (Château de) 53 ..80 B2
Mautes 23 ....188 A3
Mauvages 55 ....93 D1
Mauves 07 ....229 D2
Mauves-sur-Huisne 61 ..83 F2
Mauves-sur-Loire 44 ....126 C3
Mauvezin 31 ....275 F4
Mauvezin 32 ....275 E1
Mauvezin 65 ....298 A2
Mauvezin-d'Armagnac 40 ..254 C3
Mauvezin-de-Prat 09 ....299 F3
Mauvezin-de-Sainte-Croix 09 ..300 A2
Mauvezin-sur-Gupie 47 ..237 E2
Mauvières 36 ....167 F2
Mauvilly 21 ....115 E4
Maux 58 ....156 A1
Mauzac 31 ....276 B4
Mauzac-et-Saint-
  Meyme-de-Rozens 24 ..220 C4
Mauzé-sur-le-Mignon 79 ..181 F1
Mauzé-Thouarsais 79 ..148 A2
Mauzens-et-Miremont 24 ..221 D3
Mauzun 63 ....208 A1
Mavaleix 24 ....203 D3
Maves 41 ....109 D4
Mavilly-Mandelot 21 ....157 F2
La Maxe 57 ....41 F4
Maxent 35 ....102 C1
Maxéville 54 ....68 A4
Maxey-sur-Meuse 88 ....93 E2
Maxey-sur-Vaise 55 ......93 E1
Maxilly-sur-Léman 74 ..178 C2
Maxilly-sur-Saône 21 ..140 A3
Maxou 46 ....240 A4
Maxstadt 57 ....69 E1
May-en-Multien 77 ....62 B1
Le May-sur-Èvre 49 ....146 C1
May-sur-Orne 14 ....56 A1
Mayac 24 ....203 D4
Mayenne 53 ....81 E3
Mayet 72 ....107 D4
Le Mayet-de-Montagne 03 ..190 B2
Le Mayet-d'École 03 ....189 F1
Maylis 40 ....272 B1
Maynal 39 ....176 B1
Les Mayons 83 ....286 D4
Mayrac 46 ....222 B3
Mayran 12 ....242 A4
La Mayrand 63 ....207 E3
Mayrègne 31 ....298 C3
Mayres 07 ....245 E1
Mayres 07 ....245 E1
Mayres 63 ....208 C3
Mayres-Savel 38 ....230 C3
Mayreste (Belvédère de) 04 ..268 A4
Mayreville 11 ....301 E1
Mayrinhac-Lentour 46 ..222 C4
Mayronnes 11 ....303 D3
Maysel 60 ....34 C4
Mazamet 81 ....278 C3
Mazan 84 ....265 E3

Mazan-l'Abbaye 07 ......245 E1
Mazange 41 ....108 B3
Mazaugues 83 ....286 A4
Mazaye 63 ....189 D4
Mazé 49 ....129 D2
Le Mazeau 85 ....164 B3
Mazeirat 23 ....187 D1
Mazeley 88 ....94 C3
Mazerat-Aurouze 43 ....226 B1
Mazeray 17 ....181 F3
Mazères 09 ....301 D1
Mazères 33 ....236 C3
Mazères (Église de) 65 ..273 F2
Mazères-de-Neste 65 ..298 C2
Mazères-Lezons 64 ....297 D1
Mazères-sur-Salat 31 ..299 F2
Mazerier 03 ....189 F1
Mazerny 08 ....38 C1
Mazerolles 16 ....184 B4
Mazerolles 17 ....199 E2
Mazerolles 40 ....254 A4
Mazerolles 64 ....272 C3
Mazerolles 65 ....274 B4
Mazerolles 86 ....167 D3
Mazerolles-du-Razès 11 ..302 A2
Mazerolles-le-Salin 25 ..140 C4
Mazerulles 54 ....68 C3
Mazet-Saint-Voy 43 ....227 F2
Mazeuil 86 ....148 C4
Mazeyrat-d'Allier 43 ....226 B2
Mazeyrolles 24 ....239 E1
La Mazière-aux-
  Bons-Hommes 23 ......188 A3
Mazières 16 ....184 B4
Mazières-de-Touraine 37 ..130 B3
Mazières-en-Gâtine 79 ..165 D2
Mazières-en-Mauges 49 ..147 D2
Mazières-Naresse 47 ....238 C1
Mazières-sur-Béronne 79 ..183 D1
Mazille 71 ....174 C3
Mazingarbe 62 ....8 A2
Mazinghem 62 ....7 F1
Mazinghien 59 ....20 C1
Mazion 33 ....217 E1
Mazirat 03 ....188 B1
Mazirot 88 ....94 B3
Le Mazis 80 ....17 E2
Mazoires 63 ....207 E3
Mazouau 65 ....298 B3
Mazuby 11 ....310 C1
Les Mazures 08 ....22 C2
Mazzola 2B 317 E1
Méailles 04 ....268 C2
Méallet 15 ....224 A1
Méasnes 23 ....169 D3
Meaucé 28 ....84 B2
Méaudre 38 ....230 B1
La Meauffe 50 ....27 E4
La Méaugon 22 ....51 D4
Meaulne 03 ....170 C2
Méaulte 80 ....19 D2
Méautis 50 ....27 D3
Meaux 77 ....62 A2
Meaux-la-Montagne 69 ..192 A2
Meauzac 82 ....257 E2
Mecé 35 ....80 A4
Mechmont 46 ....240 A2
Mécleuves 57 ....68 B1
Mecquignies 59 ....10 A2
Mécrin 55 ....67 D3
Mécringes 51 ....63 D3
Médan 78 ....60 B2
Médavy 61 ....56 C4
La Mède 13 ....284 B4
Medeyrolles 63 ....208 C3
Médière 25 ....142 A2
Médillac 16 ....219 E1
Médis 17 ....198 C1
Médonnet (Chapelle du) 74 ..196 B2
Médonville 88 ....93 E4
Médous (Grotte de) 65 ..298 A3
Médréac 35 ....78 C3
La Mée 53 ....104 C3
Mée 53 ....104 C3
La Mée-sur-Seine 77 ....87 E2
Les Mées 04 ....267 E2
Mées 40 ....271 E1
Les Mées 72 ....83 D3
Mégange 57 ....42 A3
Mégève 74 ....196 B3
La Mégevette 74 ....178 B4
Mégrit 22 ....78 B2
Méharicourt 80 ....19 D3
Méharin 64 ....271 E4
Méhers 41 ....132 B3
Méhoncourt 54 ....94 C1
Méhoudin 61 ....81 F2
Mehun-sur-Yèvre 18 ....153 D1
La Meignanne 49 ....128 A2
Meigné 49 ....129 D4
Meigné-le-Vicomte 49 ..129 F2
Meigneux 77 ....88 B2
Meigneux 80 ....17 E3
Meilhac 87 ....203 E1
Meilhan 32 ....275 D4
Meilhan 40 ....253 E4
Meilhan-sur-Garonne 47 ..237 D2
Meilhards 19 ....204 B2
Meilhaud 63 ....207 F3
Meillac 35 ....79 D2
Meillant 18 ....153 E4
Meillard 03 ....172 A3
Le Meillard 80 ....7 E2
La Meilleraie-Tillay 85 ..147 D4
La Meilleraye-
  de-Bretagne 44 ....126 C1
Meilleray 77 ....63 D3
Meillers 03 ....171 F2

Meillier-Fontaine 08 ......22 C3
Meillon 64 ....297 D1
Meilly-sur-Rouvres 21 ..138 B4
Meisenthal 57 ....44 B4
Meistratzheim 67 ....70 C4
Le Meix 21 ....139 D1
Le Meix-Saint-Epoing 51 ..63 E4
Le Meix-Tiercelin 51 ....91 D1
Méjanes 13 ....283 D2
Méjannes-le-Clap 30 ..264 A3
Méjannes-lès-Alès 30 ..263 E2
Mela 2A 319 D2
Mélagues 12 ....280 A1
Mélamare 76 ....15 D4
Melan 04 ....267 E1
Melay 49 ....128 A4
Melay 52 ....117 F2
Melay 71 ....191 E1
Le Mêle-sur-Sarthe 61 ..83 E2
Mélecey 70 ....142 A1
Melesse 35 ....79 E4
Melgven 29 ....99 D1
Mélicocq 60 ....35 E2
Mélicourt 27 ....57 E2
Meligny-le-Grand 55 ....67 D4
Meligny-le-Petit 55 ......67 D4
Melin 70 ....117 F4
Melincourt 70 ....118 B2
Mélisey 70 ....119 D3
Mélisey 89 ....114 B3
Meljac 12 ....260 A2
Mellac 29 ....99 F2
Mellé 35 ....80 B2
Melle 79 ....165 E4
Mellecey 71 ....157 F4
Melleran 79 ....183 E1
Melleray 72 ....108 A1
Melleray (Abbaye de) 44 ..126 C1
Melleroy 45 ....112 A3
Melles 31 ....299 D4
Melleville 76 ....16 C2
Mellionnec 22 ....76 B3
Mello 60 ....34 C4
Meloisey 21 ....157 F2
Melrand 56 ....100 C1
Melsheim 67 ....70 C2
Melun 77 ....87 F2
Melve 04 ....249 E4
Melz-sur-Seine 77 ....89 D2
Membrey 70 ....140 C1
La Membrolle-
  sur-Choisille 37 ....130 C3
La Membrolle-
  sur-Longuenée 49 ....128 A1
Membrolles 41 ....109 E2
Méménil 88 ....95 D4
Memmelshoffen 67 ......45 E4
Le Mémont 25 ....142 B4
Ménades 89 ....136 C2
Ménarmont 88 ....95 D2
Menars 41 ....132 A1
Menat 63 ....189 D2
Menaucourt 55 ....66 C4
Mencas 62 ....7 D1
Menchhoffen 67 ....70 C1
Mende 48 ....244 B3
Mendionde 64 ....271 D4
Menditte 64 ....295 F1
Mendive 64 ....295 E2
Ménéac 56 ....77 F4
Menée (Col de) 38 ......230 B4
Ménerbes 84 ....265 F4
Ménerval 76 ....33 E1
Ménerville 78 ....59 F2
Menesble 21 ....116 A4
Méneslies 80 ....16 C1
Ménesplet 24 ....219 E2
Ménesqueville 27 ....32 C3
Ménessaire 21 ....156 C1
Menestreau 58 ....135 F3
Ménestreau-en-Villette 45 ..110 B4
Menet 15 ....206 B4
Menetou-Couture 18 ..154 B2
Menetou-Râtel 18 ......134 C3
Menetou-Salon 18 ......134 B4
Menetou-sur-Nahon 36 ..132 C4
Ménétréol-sous-Sancerre 18 ..135 D4
Ménétréol-sur-Sauldre 18 ..134 A3
Ménétréols-sous-Vatan 36 ..152 A2
Ménétreuil 71 ....175 F1
Ménétreux-le-Pitois 21 ..138 A1
Ménétrol 63 ....189 E3
Ménétru-le-Vignoble 39 ..159 F4
Ménétrux-en-Joux 39 ..177 D1
Ménévillers 60 ....35 D1
Ménez-Bré 22 ....50 B3
Ménez-Hom 29 ....73 E2
Ménez-Meur
  (Domaine de) 29 ....73 F1
Menglon 26 ....248 B1
Ménigoute 79 ....165 F2
Le Ménil 88 ....119 D4
Ménil 53 ....105 D4
Ménil-Annelles 08 ....38 B2
Le Ménil-Bérard 61 ......57 E4
Le Ménil-Broût 61 ....83 D2
Le Ménil-Ciboult 61 ......55 D3
Le Ménil-de-Briouze 61 ..55 F4
Ménil-de-Senones 88 ....95 F2
Ménil-en-Xaintois 88 ....94 A3
Ménil-Erreux 61 ....83 D2
Ménil-Froger 61 ....57 D4
Ménil-Glaise 61 ....56 A4
Ménil-Gondouin 61 ......56 A4
Le Ménil-Guyon 61 ......83 D1

Ménil-Hermei 61 ....56 A3
Ménil-Hubert-en-Exmes 61 ..57 D3
Ménil-Hubert-sur-Orne 61 ..55 F3
Ménil-la-Horgne 55 ......67 D4
Ménil-la-Tour 54 ....67 F3
Le Ménil-Lépinois 08 ....38 A3
Le Ménil-Scelleur 61 ....82 B1
Ménil-sur-Belvitte 88 ....95 E2
Ménil-sur-Saulx 55 ......92 B1
Le Ménil-Vicomte 61 ....57 D4
Ménil-Vin 61 ....56 A3
Ménilles 27 ....59 D1
Ménillot 54 ....67 F4
La Ménitré 49 ....129 D2
Mennecy 91 ....87 D1
Mennessis 02 ....20 A4
Mennetou-sur-Cher 41 ..133 D4
Menneval 27 ....57 F1
Menneville 02 ....37 F2
Menneville 62 ....2 C4
Mennevret 02 ....20 C2
Mennouveaux 52 ....116 C1
Ménoire 19 ....222 C2
Menomblet 85 ....147 D4
Menoncourt 90 ....119 F4
Menonval 76 ....16 C3
Menotey 39 ....159 E1
Menou 58 ....135 F3
Menouville 95 ....60 C1
Le Menoux 36 ....168 C2
Menoux 70 ....118 B3
Mens 38 ....230 C4
Mensignac 24 ....220 B1
Menskirch 57 ....42 A3
Mentheville 76 ....14 C2
Menthon-Saint-Bernard 74 ..195 E1
Menthonnex-en-Bornes 74 ..195 E1
Menthonnex-
  sous-Clermont 74 ....195 D2
Mentières 15 ....225 E2
Menton 06 ....289 F4
Mentque-Nortbécourt 62 ..3 D3
Menucourt 95 ....60 B2
Les Menuires 73 ....214 B3
Les Menus 61 ....84 B2
Menville 31 ....276 A2
Méobecq 36 ....151 E4
Méolans 04 ....250 A3
Méolans-Revel 04 ......250 B3
Méon 49 ....129 F2
Méounes-lès-Montrieux 83 ..286 A4
Mépieu 38 ....194 A4
Mer 41 ....109 D3
Mer de Sable (La) 60 ....61 F1
Méracq 64 ....272 C3
Méral 53 ....104 C2
Méras 09 ....300 B2
Mercatel 62 ....8 B3
Mercenac 09 ....299 F3
Merceuil 21 ....157 F2
Mercey 21 ....157 E1
Mercey 27 ....59 E1
Mercey-le-Grand 25 ....140 C4
Mercey-sur-Saône 70 ..140 B1
Mercin-et-Vaux 02 ....36 B3
Merck-Saint-Liévin 62 ....3 E1
Merckeghem 59 ....3 E2
Mercœur 19 ....223 D1
Mercœur 43 ....225 F1
Mercuer 07 ....246 A2
Mercuès 46 ....240 A3
Mercurey 71 ....157 F3
Mercurol 26 ....229 D2
Mercury 73 ....213 F1
Mercus-Garrabet 09 ....301 D3
Mercy 03 ....172 C3
Mercy 89 ....113 E2
Mercy-le-Bas 54 ....41 D3
Mercy-le-Haut 54 ....41 D2
Merdrignac 22 ....78 A4
Méré 78 ....60 A4
Méré 89 ....113 F3
Méreau 18 ....152 C1
Méréaucourt 80 ....17 F4
Méréglise 28 ....84 C4
Mérélessart 80 ....17 E2
Mérens 32 ....274 C1
Mérens-les-Vals 09 ....310 B3
Mérenvielle 31 ....276 A2
Méreuil 05 ....248 C3
Méréville 54 ....94 A1
Méréville 91 ....86 B3
Merey 27 ....59 E2
Mérey-sous-Montrond 25 ..141 E4
Mérey-Vieilley 25 ....141 E3
Merfy 51 ....37 E3
Mergey 10 ....90 A3
Meria 2B 314 C1
Mérial 11 ....310 C1
Méribel 73 ....214 B3
Méribel-Mottaret 73 ....214 B3
Méricourt 62 ....8 B2
Méricourt 78 ....59 F1
Méricourt-en-Vimeu 80 ..17 F2
Méricourt-l'Abbé 80 ....19 D2
Méricourt-sur-Somme 80 ..19 D2
Mériel 95 ....60 C2
Mérifons 34 ....280 A2
Mérignac 16 ....201 F3
Mérignac 17 ....200 C4
Mérignac 33 ....217 D4
Mérignas 33 ....219 D4
Mérignat 01 ....194 A2
Mérignies 59 ....9 D1
Mérigny 36 ....167 E1
Mérigon 09 ....300 A2
Mérilheu 65 ....298 A3
Mérillac 22 ....78 A3

METZ

Allemands (R. des)..............DV 2
Ambroise-Thomas (R.)..........CV 3
Armes (Pl. d')....................DV 5
Augustins (R. des)..............DX 6
Chambière (R.)...................DV 10
Chambre (Pl. de)................CV 12
Champé (R. du)..................DV 13
Chanoine-Collin (R.)............DV 15
Charlemagne (R.)...............CX 17
Chèvre (R. de la).................DX 19
Clercs (R. des)...................CV
Coëtlosquet (R. du)............CX 22
Coislin (Pl.).......................DX 23
Enfer (R. d')......................DV 25
En Fournirue......................DV
Fabert (R.)........................CV 26

Faisan (R. du)....................CV 27
Fontaine (R. de la).............DX 29
Gaulle (Pl. du Gén.-de)........DX 31
Gde-Armée (R. de la)..........DV 34
Hache (R. de la).................DV 39
Jardins (R. des)..................DV
Juge-Pierre-Michel
   (R. du).........................CV 46
La Fayette (R.)..................CV 47
Lasalle (R.).......................DX 49
Lattre-de-T. (Av. de)...........CX 51
Leclerc-de-H. (Av.).............CX 52
Mondon (R. R.)..................CX 57
Paix (Pl. de la)...................CV 61
Palais (R. du)....................CV 62
Paraiges (Pl. des)...............DV 63
Parmentiers (R. des)...........CV 64
Petit-Paris (R. du)..............CV 65
Pierre-Hardie (R. de la)........CV 66

Pont Moreau (R. du)...........CDV 70
Prés.-Kennedy (Av.)............CX 73
République (Pl. de la)..........CX 75
St-Eucaire (R.)...................DV 76
St-Gengoulf (R.).................CX 77
St-Georges (R.)..................CX 78
St-Louis (Pl.).....................DVX
St-Simplice (Pl.)................DX 80
St-Thiébault (Pl.)...............DX 82
Ste-Marie (R.)...................DV 84
Salis (R. de).....................DV 86
Schuman (Av. R.)...............CX
Sérot (Bd Robert)...............CV 87
Taison (R.)........................DV 88
Tanneurs (R. des)..............DV 90
Tête d'Or (R. de la)............DV
Trinitaires (R. des)..............DV 93
Verlaine (R.).....................CX 97

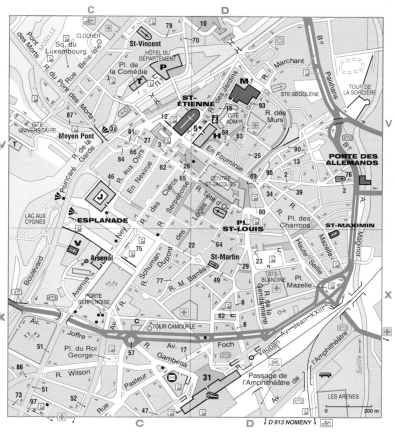

Mérinchal 23.................188 A3
Mérindol 84..................284 B1
Mérindol-les-Oliviers 26....247 F4
Mérinville 45..................112 A1
Le Mériot 10...................89 D2
Mériel 64......................272 A4
Merkwiller-Pechelbronn 67...45 E4
Merlande (Prieuré de) 24....220 B1
Merlas 38.....................212 C3
La Merlatière 85.............146 A4
Merlaut 51.....................65 E4
Merle (Tours de) 19.........223 E2
Merle-Leignec 42............209 E3
Merléac 22.....................77 D3
Le Merlerault 61..............57 D4
Merles 82.....................257 D2
Merles-sur-Loison 55.........40 B2
Merlette 05...................250 A1
Merlevenez 56...............100 B3
Merlieux-et-Fouquerolles 02..36 C1
Merlimont 62....................6 A2
Merlimont-Plage 62............6 A2
Merlines 19...................206 A1
Mernel 35.....................102 C2
Mérobert 91....................86 B3
Méron 49......................148 B1
Mérona 39....................176 D2
Merouville 28..................86 A4
Meroux 90....................142 C1
Merpins 16...................199 F1
Merrey 52.....................117 D1
Merrey-sur-Arce 10.........115 D2
Merri 61.........................56 B3
Merris 59........................4 A4
Merry-la-Vallée 89...........113 D4
Merry-Sec 89.................136 A1
Merry-sur-Yonne 89........136 B2
Mers-les-Bains 80............16 C1
Mers-sur-Indre 36...........169 E1
Merschweiller 57.............42 A1
Mersuay 70...................118 B3
Merten 57......................42 C3
Mertrud 52.....................91 F2
Mertzen 68...................120 B4
Mertzwiller 67.................71 D1
Méru 60.........................34 A4
Merval 02........................37 D3
Mervans 71...................158 C4
Mervent 85...................164 A3

Merviel 09....................301 E3
Mervilla 31....................276 C3
Merville 31....................276 B1
Merville 59.......................4 A4
Merville-Franceville-Plage 14...29 F3
Merviller 54.....................95 E1
Merxheim 68.................120 B1
Méry 73........................213 D1
Méry-Corbon 14.............30 A4
Méry-ès-Bois 18............134 A4
Méry-la-Bataille 60...........35 D1
Méry-Prémecy 51............37 E4
Méry-sur-Cher 18...........133 E4
Méry-sur-Marne 77..........62 C2
Méry-sur-Oise 95............60 C1
Méry-sur-Seine 10...........90 A2
Le Merzer 22..................50 C3
Mésandans 25...............141 F2
Mésanger 44.................127 D2
Mésangueville 76............33 D1
Mesbrecourt-Richecourt 02..20 C4
Meschers-sur-Gironde 17..198 C2
Mescla (Balcons de la) 04..268 A4
Mescoules 24................238 A1
Le Mesge 80...................17 F2
Mesgrigny 10..................90 A2
Mésigny 74...................195 D2
Meslan 56....................100 A1
Mesland 41...................131 F2
Meslay 14........................55 F2
Meslay 41.....................108 C3
Meslay (Grange de) 37....131 D2
Meslay-du-Maine 53........105 E2
Meslay-le-Grenet 28.........85 D3
Meslay-le-Vidame 28........85 E4
Meslières 25..................142 C2
Meslin 22........................51 F4
Mesmay 25...................160 A1
Mesmont 08....................38 B1
Mesmont 21...................138 B4
Mesnac 16....................182 B4
Mesnard-la-Barotière 85...146 B3
Mesnay 39....................160 A3
Les Mesneux 51..............37 F4
Le Mesnil 50...................24 B4
Le Mesnil-Adelée 50.........54 B4
Le Mesnil-Amand 50.........54 A3

Le Mesnil-Amelot 77.........61 E2
Le Mesnil-Amey 50...........27 E4
Le Mesnil-Angot 50..........27 E3
Le Mesnil-au-Grain 14.......55 E1
Le Mesnil-au-Val 50..........24 C2
Le Mesnil-Aubert 50.........54 A2
Le Mesnil-Aubry 95..........61 D1
Le Mesnil-Auzouf 14.........55 D2
Le Mesnil-Bacley 14.........56 C1
Le Mesnil-Benoist 14........54 C3
Le Mesnil-Bœufs 50.........54 B4
Le Mesnil-Bonant 50.........54 A2
Mesnil-Bruntel 80............19 E2
Le Mesnil-Caussois 14......54 C3
Mesnil-Clinchamps 14.......54 C3
Le Mesnil-Conteville 60.....17 F4
Mesnil-Domqueur 80..........7 D4
Le Mesnil-Drey 50............54 A3
Le Mesnil-Durand 14........56 C1
Le Mesnil-Durdent 76........15 E1
Mesnil-en-Arrouaise 19......19 E1
Le Mesnil-en-Thelle 60......34 B4
Le Mesnil-en-Vallée 49....127 F3
Le Mesnil-Esnard 76.........32 B2
Le Mesnil-Eudes 14..........57 D1
Mesnil-Eudin 80...............17 E2
Le Mesnil-Eury 50............27 D4
Mesnil-Follemprise 76.......16 B3
Le Mesnil-Fuguet 27........58 C1
Le Mesnil-Garnier 50.........54 A2
Le Mesnil-Germain 14.......57 D1
Le Mesnil-Gilbert 50.........54 C4
Le Mesnil-Guillaume 14.....57 D1
Le Mesnil-Hardray 27........58 B2
Le Mesnil-Herman 50........54 B4
Le Mesnil-Hue 50.............54 A3
Mesnil-Jourdain 27...........32 B4
Le Mesnil-Lieubray 76.......33 D1
Mesnil-Martinsart 80.........19 D1
Le Mesnil-Mauger 14........56 C1
Mesnil-Mauger 76.............16 C2
Le Mesnil-Opac 50...........54 B1
Le Mesnil-Ozenne 50........54 B4
Mesnil-Panneville 76.........15 F3
Le Mesnil-Patry 14...........29 D4
Le Mesnil-Rainfray 50.......54 C4

Mesnil-Raoul 76...............32 B2
Le Mesnil-Raoult 50..........54 C1
Le Mesnil-Réaume 76........16 C2
Le Mesnil-Robert 14.........54 C2
Le Mesnil-Rogues 50.........54 A2
Mesnil-Rousset 27...........57 F3
Le Mesnil-Rouxelin 50.......27 E4
Le Mesnil-Saint-Denis 78...60 B4
Mesnil-Saint-Firmin 60......34 C1
Mesnil-Saint-Georges 80....34 C1
Mesnil-Saint-Laurent 02.....20 A3
Le Mesnil-Saint-Loup 89.....89 F3
Mesnil-Saint-Nicaise 80.....19 E3
Le Mesnil-Saint-Père 10.....90 C4
Mesnil-Sellières 10...........90 B3
Le Mesnil-Simon 14..........56 C1
Le Mesnil-Simon 28..........59 E3
Le Mesnil-sous-Jumièges 76..31 F2
Mesnil-sous-les-Côtes 55...67 D1
Le Mesnil-sous-Vienne 27...33 E3
Le Mesnil-sur-Blangy 14.....30 C3
Le Mesnil-sur-Bulles 60.....34 B2
Mesnil-sur-l'Estrée 27........59 D4
Le Mesnil-sur-Oger 51......64 A2
Le Mesnil-Théault 54........54 B4
Le Mesnil-Thébault 54.......54 B4
Le Mesnil-Théribus 60.......33 F3
Le Mesnil-Thomas 84........84 C1
Le Mesnil-Tôve 50............54 C4
Le Mesnil-Val 76...............16 B1
Le Mesnil-Véneron 50........27 E4
Mesnil-Verclives 27..........33 D3
Le Mesnil-Vigot 50............27 D3
Le Mesnil-Villeman 54........54 A2
Le Mesnil-Villement 14......56 A3
Le Mesnilbus 50...............27 D3
Le Mesnillard 54..............54 B4
Mesnois 39...................176 C1
Les Mesnuls 78...............60 A4
Mespaul 29.....................49 D2
Mesplède 64..................272 B3
Mesples 03...................170 B3
Mespuits 91....................86 C3
Mesquer 44...................123 E3
Messac 17....................200 C4
Messac 35....................103 D3
Messais 86....................148 C3
Messanges 21................158 A1
Messanges 40................252 A4
Messas 45.....................109 F4
Messé 79.......................166 A4
Messei 61.......................55 F4
Messein 54.....................68 A4
Messeix 63....................206 B2
Messemé 86...................149 D2
Messery 74....................178 A3
Messeux 16....................184 A2
Messey-sur-Grosne 71......175 D1
Messia-sur-Sorne 39........176 C1
Messigny-et-Vantoux 21....139 D3
Messilhac (Château de) 15..224 B4
Messimy 69...................210 C1
Messimy-sur-Saône 01.....192 C2
Messincourt 08................23 F4
Messon 10......................90 A4
Messy 77........................61 F2
Mesterrieux 33...............237 D1
Mestes 19....................205 F3
Mesves-sur-Loire 58........135 E4
Mesvres 71...................157 D3
Métabief 25...................161 D4
Les Métairies 16.............201 D1
Métaries-Saint-Quirin 57....69 F4
Méteren 59.....................4 B3
Méthamis 84..................265 F2
Métigny 80......................17 F2
Metting 57......................70 A1
Mettray 37....................130 C3
Metz 57..........................41 F4
Metz-en-Couture 62..........19 F1
Metz-le-Comte 58............136 B3
Metz-Robert 10...............114 B1
Metz-Tessy 74................195 E2
Metzeral 68....................96 A4
Metzeresche 57...............42 A3
Metzervisse 57...............41 F3
Metzing 57......................43 D4
Meucon 56....................101 D3
Meudon 92......................60 C3
Meuilley 21....................158 A1
Meulan 78.......................60 A2
Meulers 76......................16 B3
Meulin 71......................174 C3
Meulles 14......................57 D2
Meulson 21....................138 A3
Meunet-Planches 36........152 B4
Meunet-sur-Vatan 36.......152 B2
Meung-sur-Loire 45.........109 F3
Meurcé 72.......................83 D4
Meurchin 62.....................8 B1
Meurcourt 70...................118 B3
La Meurdraquière 50.........54 A2
Meures 52.......................92 A4
Meurival 02.....................37 D3
Meursac 17....................199 D1
Meursanges 21...............158 A2
Meursault 21..................158 A2
Meurville 10.....................91 E4
Meuse 52......................117 D2
Meusnes 41...................132 B3
Meussia 39....................177 D2
Meuvaines 14..................29 D3
Meuvy 52......................117 D1
Meux 17........................199 F3
Le Meux 60......................35 D3
Meuzac 87....................204 A2
Mévoisins 28...................85 F1
Mévouillon 26................266 A1
Meximieux 01................193 F3
Mexy 54.........................41 D1

Mey 57..........................41 F4
Meyenheim 68...............120 C1
Meylan 38....................212 C4
Meylan 47....................255 E2
Meymac 19...................205 F2
Meynes 30....................264 B4
Meyrannes 30................263 E1
Meyrargues 13..............285 D1
Meyras 07....................245 F1
Meyreuil 13...................285 D3
Meyriat 01....................194 A1
Meyrié 38.....................211 F2
Meyrieu-les-Étangs 38.....211 F2
Meyrieux-Trouet 73.........212 C1
Meyrignac-l'Église 19......205 D3
Meyronne 46.................222 B4
Meyronnes 04...............251 D2
Meyrueis 48..................262 A1
Meys 69.......................210 A1
Meyssac 19...................222 C2
Meysse 07....................246 C2
Meyssiez 38.................211 E3
Meythet 74...................195 E3
La Meyze 87.................203 F2
Meyzieu 69...................193 D4
Mézangers 53..................81 F4
Mèze 34.......................281 D4
Mézel 04.......................267 F2
Mézens 81....................277 D1
Mézères 43...................227 E1
Mézériat 01..................175 F4
Mézerolles 80...................7 E2
Mézerville 11.................301 E1
Mézidon 14.....................56 B1
La Mézière 35..................79 D4
Mézières-en-Brenne 36....151 D1
Mézières-en-Drouais 28.....59 E4
Mézières-en-Gâtinais 45....111 E2
Mézières-en-Santerre 80....18 C3
Mézières-en-Vexin 27........33 D4
Mézières-lez-Cléry 45......110 A3
Mézières-sous-Lavardin 72..106 C1
Mézières-sur-Couesnon 35..79 F3
Mézières-sur-Issoire 87....185 D1
Mézières-sur-Oise 02........20 B3
Mézières-sur-Ponthouin 72..83 D1
Mézières-sur-Seine 78......60 A2
Mézilhac 07...................246 B1
Mézilles 89....................112 C4
Mézin 47.......................255 E2
Méziré 90......................142 C1
Mézos 40......................252 C2
Mézy-Moulins 02.............63 D1
Mézy-sur-Seine 78...........60 A2
Mezzavia 2A...................316 B4
Mhère 58......................137 D4
Mialet 24......................203 D2
Mialet 30......................263 D2
Mialos 64......................272 C3
Miannay 80......................17 D1
Michaugues 58...............136 B4
Michelbach 68................120 A2
Michelbach-le-Bas 68.......120 C3
Michelbach-le-Haut 68......120 C4
Michery 89......................88 C3
Midi de Bigorre (Pic du) 65..298 A3
Midrevaux 88...................93 D2
Mièges 39.....................160 B3
Miel (Maison du) 63.........189 D3
Miélan 32......................274 B3
Miellin 70.....................119 E3
Miermaigne 28.................84 B4
Miers 46.......................222 C4
Miermont 63..................188 C3
Mietesheim 67.................71 D1
Mieussy 74....................196 A1
Mieuxcé 61.....................82 C3
Mifaget 64....................297 D2
Migé 89........................136 B1
Migennes 89..................113 E2
Miglos 09......................310 A1
Mignaloux-Beauvoir 86....166 B2
Mignavillers 70..............142 A1
Migné 36......................168 B1
Migné-Auxances 86........166 B1
Mignères 45..................111 E2
Mignerette 45................111 E2
Mignéville 54...................95 E1
Mignières 28...................85 E3
Mignovillard 39..............160 C3
Migré 17........................181 F2
Migron 17......................181 F4
Mijanès 09....................310 C2
Mijoux 01......................177 E3
La Milesse 72................106 C1
Milhac 46......................222 B4
Milhac-d'Auberoche 24....221 D2
Milhac-de-Nontron 24......202 C1
Milhaguet 87.................202 C1
Milhars 81.....................259 D3
Milhaud 30....................264 A4
Milhavet 81....................259 D3
Milizac 29.......................47 E2
Millac 86.......................184 C1
Millam 59........................3 E2
Millançay 41...................133 D2
Millas 66.......................312 C2
Millau 12.......................261 E2
Millay 58.......................156 B3
Millebosc 76....................16 C2

Millemont 78...................59 F3
Millencourt 80.................18 C2
Millencourt-en-Ponthieu 80...6 C4
Millery 21......................137 F2
Millery 54........................68 A3
Millery 69......................210 C1
Les Milles 13.................284 C3
Millevaches 19...............205 E1
Millières 50.....................26 C4
Millières 52....................116 C1
Millonfosse 59...................9 E2
Milly 50..........................89 F3
Milly 89........................113 F3
Milly-la-Forêt 91..............87 E3
Milly-Lamartine 71..........175 D3
Milly-sur-Bradon 55.........39 F2
Milly-sur-Thérain 60.........34 A2
Milon-la-Chapelle 78.........60 B4
Mimbaste 40.................271 F1
Mimet 13......................285 D3
Mimeure 21...................158 A2
Mimizan 40....................252 B1
Mimizan-Plage 40...........252 B1
Minard (Pointe de) 22.......51 D2
Minaucourt-le-Mesnil-
   lès-Hurlus 51................39 D4
Mindin 44.....................125 D3
Minerve 34....................279 E4
Mingot 65.....................274 A4
Mingoval 62......................8 A2
Miniac-Morvan 35............79 D1
Minier (Col du) 30...........262 B2
Les Minières 27...............58 C3
Le Minihic-sur-Rance 35....78 C1
Minihy-Tréguier 22...........50 B2
Minorville 54...................67 F3
Minot 21.......................115 F4
Minversheim 67...............71 D2
Minzac 24.....................219 E3
Minzier 74....................195 D2
Miolans (Château de) 73...213 F1
Miolles 81.....................260 A4
Miomo 2B.....................315 F1
Mionnay 01...................193 D3
Mions 69.......................211 D1
Mios 33........................235 D1
Miossens-Lanusse 64......273 D3
Mirabeau 04..................267 E2
Mirabeau 84..................285 E1
Mirabel 07....................246 B2
Mirabel 82....................258 A4
Mirabel (Parc
   d'attractions) 63...........189 E4
Mirabel-aux-Baronnies 26..247 E4
Mirabel-et-Blacons 26......247 D3
Miradoux 32..................256 B3
Miramar 06....................288 A4
Miramas 13...................284 C4
Mirambeau 17................199 E3
Mirambeau 31................275 E4
Miramont-d'Astarac 32.....274 C2
Miramont-de-Comminges 31..299 D2
Miramont-de-Guyenne 47..237 F2
Miramont-de-Quercy 82....257 D1
Miramont-Latour 32........275 D2
Miramont-Sensacq 40......273 D2
Mirande 32....................274 B2
Mirandol-Bourgnounac 81..259 E2
Mirannes 32..................274 B2
Miraumont 80..................19 D1
Miraval-Cabardès 11........278 B4
Mirbel 52........................92 A3
Miré 49.........................105 E4
Mirebeau 86..................149 D2
Mirebeau-sur-Bèze 21......139 F3
Mirebel 39....................159 F4
Mirecourt 88...................94 A3
Mirefleurs 63.................207 F1
Miremont 31..................276 C4
Miremont 63..................188 C3
Mirepeisset 11...............303 F1
Mirepeix 64...................297 D2
Mirepoix 09...................301 E2
Mirepoix 32...................275 D2
Mirepoix-sur-Tarn 31.......258 A4
Mireval 34.....................281 E3
Mireval-Lauragais 11.......301 F1
Miribel 01......................193 D4
Miribel 26......................229 E1
Miribel-Lanchâtre 38........230 B3
Miribel-les-Échelles 38.....212 C3
Mirmande 26..................247 D1
Le Miroir 71...................176 A2
Miromesnil (Château de) 76..16 A3
Mirvaux 80......................18 B1
Mirville 76.......................14 C3
Miscon 26.....................248 B1
Miserey 27......................59 D2
Miserey-Salines 25..........141 D3
Misérieux 01..................192 C2
Misery 80........................19 E3
Mison 04.......................249 E4
Missé 79.......................148 B2
Missècle 81....................277 E2
Missègre 11...................302 C3
Missery 21....................138 A3
Missillac 44...................125 E2
Missiriac 56...................102 A3
Misson 40.....................271 F2
Missy-aux-Bois 02............36 B3
Missy-lès-Pierrepont 02.....21 D4
Missy-sur-Aisne 02...........36 C2
Misy-sur-Yonne 77...........88 B3
Mitry-le-Neuf 77...............61 E2
Mitry-Mory 77.................61 E2
Mitschdorf 67...................45 D4
Mittainville 78.................59 F4
Mittainvilliers 28..............85 D2

MONACO MONTE-CARLO

Albert-1er (Bd) ....**CYZ**
Armes (Pl. d') ....**CZ** 2
Basse (R.) ....**CDZ** 3
Castro (R. Col.-de) ....**CZ** 7
Comte-Félix-Gastaldi
(R.) ....**DZ** 10
Crovetto-Frères (Av.) ....**CZ** 12
Gaulle (Av. du Gén.-de) ....**DX** 14
Grimaldi (R.) ....**CYZ**
Kennedy (Av. J.-F.) ....**DY** 23
Larvotto (Bd du) ....**DX** 25
Leclerc (Bd du Gén.) ....**DX** 26
Libération (Pl. de la) ....**DX** 27
Madone (Av. de la) ....**DX** 28
Major (Rampe) ....**CZ** 29
Monte-Carlo (Av. de) ....**DY** 30
Moulins (Bd des) ....**DX** 32
Notari (R. L.) ....**CYZ** 33
Ostende (Av. d') ....**DY** 34
Palais (Pl. du) ....**DZ** 35
Papalins (Av. des) ....**CZ** 36
Pêcheurs (Ch. des) ....**DZ** 40
Porte-Neuve (Av. de la) ....**DZ** 41

Prince Héréditaire
Albert (Av.) ....**CZ** 42
Prince Pierre (Av.) ....**CZ** 44
Princesse Antoinette (Av.)**CY** 46
Pcesse Caroline (R.) ....**CZ** 48
Pcesse Charlotte (Bd) ...**DXY**

Pcesse Marie-
de-Lorraine (R.) ....**DZ** 54
République (Bd de la) ......**DX** 58
Spélugues (Av. des) ....**DX** 62
Ste-Dévote (Pl.) ....**CY** 63
Suffren-Reymond (R.) ....**CZ** 64

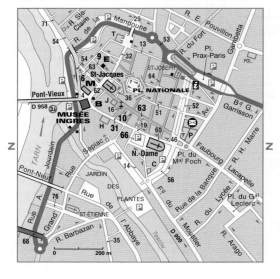

Mittelbergheim 67 ....96 C1
Mittelbronn 57 ....70 A2
Mittelhausbergen 67 ....71 D3
Mittelhausen 67 ....71 D2
Mittelschaeffolsheim 67 ......71 D2
Mittelwihr 68 ....96 B3
Mittersheim 57 ....69 F2
Mittlach 68 ....96 A4
Mittois 14 ....56 C1
Mitzach 68 ....120 A1
Mizérieux 42 ....191 E4
Mizoën 38 ....231 F2
Mobecq 50 ....26 C3
Moca-Croce 2A 318 C1
Modane 73 ....214 C4
Modène 84 ....265 C2
Moëlan-sur-Mer 29 ....99 E2
Les Moëres 59 ....3 F1
Mœrnach 68 ....120 B4
Mœslains 52 ....91 F1
Mœurs-Verdey 51 ....51 E2
Mœuvres 59 ....8 C4
Mœze 17 ....181 D3
Moffans-et-Vacheresse 70 ..119 D4
La Mogère (Château de) 34 ..281 F2
Mogeville 55 ....40 B3
Mognard 73 ....195 D4
Mogneneins 01 ....192 C1
Mognéville 55 ....66 A3
Mogneville 60 ....34 C3
Mogues 08 ....23 F4
Mohon 56 ....101 F1
Moidieu-Détourbe 38 ....211 E2
Moidrey 50 ....79 F1
Moigné 35 ....103 D1
Moigny-sur-École 91 ....87 D2
Moimay 70 ....141 F1
Moineville 54 ....41 E4
Moings 17 ....199 F2
Moingt 42 ....209 E2
Moinville-la-Jeulin 28 ....85 F3
Moirans 38 ....212 B4
Moirans-en-Montagne 39 ...177 D3
Moirax 47 ....256 B2
Moiré 69 ....192 B3
Moiremont 51 ....39 E4
Moirey 55 ....40 B3
Moiron 39 ....176 C1
Moiry 08 ....40 A1
Moisdon-la-Rivière 44 ....126 C1
Moisenay 77 ....87 F1
Moislains 80 ....19 E2
Moissac 82 ....257 D2

Moissac-Bellevue 83 ....286 B1
Moissac-Vallée-Française 48 ..262 C1
Moissannes 87 ....186 B3
Moissat 63 ....190 A4
Moisselles 95 ....61 D1
Moissey 39 ....140 A4
Moissieu-sur-Dolon 38 ......211 E3
Moisson 78 ....59 F1
Moissy-Cramayel 77 ....87 E1
Moissy-Moulinot 58 ....136 C3
Moisville 27 ....58 C3
Moisy 41 ....109 D3
Moïta 2B 317 F1
Les Moitiers-d'Allonne 50 ....24 B4
Les Moitiers-en-Bauptois 50 ..25 D4
Moitron 21 ....115 F4
Moitron-sur-Sarthe 72 ....82 C4
Moivre 51 ....65 E2
Moivrons 54 ....68 B3
Molac 56 ....101 F3
Molagnies 76 ....33 E1
Molain 02 ....20 B1
Molamboz 39 ....159 F2
Molandier 11 ....301 D1
Molas 31 ....275 E4
Molay 39 ....159 D2
Molay 70 ....117 E4
Môlay 89 ....114 A4
Le Molay-Littry 14 ....28 B3
La Môle 83 ....293 D2
Moléans 28 ....109 D1
Molèdes 15 ....207 E4
Molène (Île) 29 ....46 B3
Molère 65 ....298 B3
Molesme 21 ....114 C2
Molesmes 89 ....136 A1
Molezon 48 ....262 B1
Moliens 60 ....17 E4
Molières 24 ....220 C4
Molières 46 ....223 D4
Molières 82 ....257 F1
Les Molières 91 ....60 B4
Molières-Cavaillac 30 ....262 B3
Molières-Glandaz 26 ....248 A1
Molières-sur-Cèze 30 ....263 E1
Moliets-et-Maa 40 ....252 A4
Moliets-Plage 40 ....252 A4
Molinchart 02 ....36 C1
Molines-en-Queyras 05 .....233 D1
Molinet 03 ....173 E2
Molineuf 41 ....131 F1
Molinges 39 ....177 D3

Molinghem 62 ....3 F4
Molinons 89 ....89 E4
Molinot 21 ....157 F2
Molins-sur-Aube 10 ....90 C2
Molitg-les-Bains 66 ....311 F2
Mollans 70 ....118 C4
Mollans-sur-Ouvèze 26 .....265 F1
Mollard (Col du) 73 ....214 A4
Mollau 68 ....119 F2
Mollégès 13 ....265 D4
Molles 03 ....190 B1
Les Mollettes 73 ....213 E2
Molleville 11 ....301 E1
Molliens-au-Bois 80 ....18 B2
Molliens-Dreuil 80 ....17 F1
La Mollière 80 ....6 B4
Mollkirch 67 ....70 B4
Molompize 15 ....225 E1
Molosmes 89 ....114 B3
Moloy 21 ....139 D2
Molphey 21 ....137 F3
Molpré 39 ....160 B3
Molring 57 ....69 E2
Molsheim 67 ....70 C4
Moltifao 2B 315 D2
Les Molunes 39 ....177 E3
Momas 64 ....272 C3
Mombrier 33 ....217 E2
Momères 65 ....297 F1
Momerstroff 57 ....42 B4
Mommenheim 67 ....71 D2
Momuy 40 ....272 B2
Momy 64 ....273 E4
Mon Idée 08 ....22 A2
Monacia-d'Aullène 2A 319 D3
Monacia-d'Orezza 2B 315 F4
Monampteuil 02 ....36 C2
Monassut-Audiracq 64 ......273 E3
Le Monastier 12 ....242 B4
Le Monastier 48 ....243 F3
Le Monastier-sur-Gazeille 43 ..227 E3
Monay 39 ....159 E3
Monbadon 33 ....219 D3
Monbahus 47 ....238 B2
Monbalen 47 ....238 C4
Monbardon 32 ....275 D4
Monbazillac 24 ....220 A4
Monbéqui 82 ....257 E4
Monblanc 32 ....275 F3
Monbos 24 ....238 A1
Monbouan (Château de) 35 ..104 A1
Monbrun 32 ....275 F2
Moncale 2B 314 B3

Moncassin 32 ....274 C3
Moncaup 31 ....299 D3
Moncaup 64 ....273 E3
Moncaut 47 ....256 A2
Moncayolle-Larrory-
Mendibieu 64 ....295 F1
Moncé-en-Belin 72 ....107 D3
Moncé-en-Saosnois 72 ....83 E4
Monceau-le-Neuf-
et-Faucouzy 02 ....20 C3
Monceau-le-Waast 02 ....37 D1
Monceau-lès-Leups 02 ....20 B4
Monceau-Saint-Waast 59 ....10 B3
Monceau-sur-Oise 02 ....20 C2
Les Monceaux 14 ....56 C1
Monceaux 60 ....35 D3
Monceaux-au-Perche 61 .....83 F2
Monceaux-en-Bessin 14 ......28 C3
Monceaux-l'Abbaye 60 ....17 E4
Monceaux-le-Comte 58 .....136 C3
Monceaux-sur-Dordogne 19 ..223 D2
Moncel-lès-Lunéville 54 ......95 D1
Moncel-sur-Seille 54 ....68 C3
Moncel-sur-Vair 88 ....93 E2
La Moncelle 08 ....23 E4
Moncetz-l'Abbaye 51 ....65 E4
Moncetz-Longevas 51 ....65 D2
Moncey 25 ....141 E3
Monchaux 80 ....6 A4
Monchaux-Soreng 76 ....17 D2
Monchaux-sur-Écaillon 59 .....9 E3
Moncheaux 59 ....8 C2
Moncheaux-lès-Frévent 62 ....7 E3
Monchecourt 59 ....9 D3
Monchaux 57 ....68 B2
Monchiet 62 ....8 A4
Monchy-au-Bois 62 ....8 A4
Monchy-Breton 62 ....7 E2
Monchy-Cayeux 62 ....7 E2
Monchy-Humières 60 ....35 E2
Monchy-Lagache 80 ....19 F3
Monchy-le-Preux 62 ....8 B3
Monchy-Saint-Éloi 60 ....34 C3
Monchy-sur-Eu 76 ....16 C3
Moncla 64 ....273 D2
Monclar 32 ....254 C4
Monclar 47 ....238 A3
Monclar-de-Quercy 82 ......258 A3
Monclar-sur-Losse 32 ....274 C3
Moncley 25 ....140 C3
Moncontour 22 ....77 E2
Moncontour 86 ....148 C3
Moncorneil-Grazan 32 ....275 D3
Moncourt 57 ....69 D2
Moncoutant 79 ....147 E4
Moncrabeau 47 ....255 F2
Moncy 61 ....55 E3
Mondavezan 31 ....299 F1
Mondelange 57 ....41 F3
Mondement-Montgivroux 51 ..63 F3
Mondescourt 60 ....36 A1
Mondevert 35 ....104 B1
Mondeville 14 ....29 F4
Mondeville 91 ....87 D2
Mondicourt 62 ....7 F4
Mondigny 08 ....22 C4
Mondilhan 31 ....299 D1
Mondion 86 ....149 F3
Mondon 25 ....141 F2
Mondonville 31 ....276 B2
Mondonville-Saint-Jean 28 ..86 A3
Mondorff 57 ....125 D2

Mondoubleau 41 ....108 B2
Mondouzil 31 ....277 D2
Mondragon 84 ....264 C1
Mondrainville 14 ....29 D4
Mondrepuis 02 ....10 C4
Mondreville 77 ....111 E1
Mondreville 78 ....59 E3
Monein 64 ....272 B4
Monès 31 ....275 F4
Monesple 09 ....300 C2
Monestier 03 ....171 F4
Monestier 07 ....228 B1
Monestier 24 ....219 F4
Le Monestier 63 ....208 B2
Monestier-d'Ambel 38 ......231 D4
Monestier-de-Clermont 38 ..230 C3
Le Monestier-du-Percy 38 ..230 C4
Monestier-Merlines 19 ......206 A1
Monestier-Port-Dieu 19 .....206 B3
Monestiés 81 ....259 E2
Monestrol 31 ....277 D4
Monétay-sur-Allier 03 ....172 A3
Monétay-sur-Loire 03 ....173 D3
Monéteau 89 ....113 E3
Le Monêtier-Allemont 05 ....249 E3
Le Monêtier-les-Bains 05 ...232 B2
Monfaucon 24 ....219 F3
Monfaucon 65 ....273 F4
Monferran-Plavès 32 ....275 D3
Monferran-Savès 32 ....275 F2
Monflanquin 47 ....238 C2
Monfort 32 ....275 E1
Monfréville 14 ....27 F3
Mongaillard 47 ....255 F1
Mongausy 32 ....275 E3
Mongauzy 33 ....237 D2
Monget 40 ....272 C2
La Mongie 65 ....298 A4
Monguilhem 32 ....254 C4
Monheurt 47 ....237 F4
Monhoudou 72 ....83 D3
Monieux 84 ....266 A2
Monistrol-d'Allier 43 ....226 B3
Monistrol-sur-Loire 43 ......209 F1
Monlaur-Bernet 32 ....274 C4
Monléon-Magnoac 65 ....298 C1
Monlet 43 ....226 C1
Monlezun 32 ....274 A3
Monlezun-d'Armagnac 32 ..254 C4
Monlong 65 ....298 C1
Monmadalès 24 ....220 B4
Monmarvès 24 ....238 B1
Monnai 61 ....57 E3
Monnaie 37 ....131 D2
La Monnerie-le-Montel 63 ..190 B3
Monnerville 91 ....86 B3
Monnes 02 ....36 A4
Monnet-la-Ville 39 ....160 A4
Monnetay 39 ....176 C2
Monnetier-Mornex 74 ....195 F1
Monneville 60 ....33 F4
Monnières 39 ....159 E1
Monnières 44 ....146 A1
Monoblet 30 ....263 D3
Monpardiac 32 ....274 A3
Monpazier 24 ....239 D1
Monpezat 64 ....273 E3
Monplaisant 24 ....221 D4
Monprimblanc 33 ....236 C1
Mons 16 ....183 D3
Mons 17 ....182 B4

Mons 30 ....263 F2
Mons 31 ....277 D2
Mons 34 ....279 F2
Mons 63 ....190 A2
Mons 83 ....287 E1
Mons-Boubert 80 ....6 B4
Mons-en-Barœul 59 ....4 C4
Mons-en-Chaussée 80 ....19 F3
Mons-en-Laonnois 02 ....36 C1
Mons-en-Montois 77 ....88 B2
Mons-en-Pévèle 59 ....9 D2
Monsac 24 ....220 C4
Monsaguel 24 ....238 B1
Monsec 24 ....202 B3
Monséret 33 ....237 F1
Monségur 40 ....272 B2
Monségur 47 ....239 D3
Monségur 64 ....273 F3
La Monselie 15 ....206 B4
Monsempron-Libos 47 ......239 D3
Monsireigne 85 ....146 C4
Monsols 69 ....174 C4
Monsteroux-Milieu 38 ....211 D3
Monsures 80 ....18 A4
Monswiller 67 ....70 B2
Mont 64 ....272 B3
Mont 65 ....298 B4
Mont 71 ....173 E1
Le Mont 88 ....96 A1
Mont (Signal de) 71 ....173 E1
Mont-Bernanchon 62 ....8 A1
Mont-Bertrand 14 ....54 C2
Mont Blanc (Tunnel du) 74 ..197 D3
Mont-Bonvillers 54 ....41 D3
Le Mont-Caume 83 ....291 F3
Mont-Cauvaire 76 ....32 B1
Mont-Cenis (Col du) 73 .....215 D4
Mont-Cindre 69 ....192 C4
Mont-d'Astarac 32 ....274 C4
Mont-Dauphin 05 ....250 C1
Mont-de-Galié 31 ....299 D3
Mont-de-Lans 38 ....231 F2
Mont-de-Laval 25 ....142 B4
Mont-de-l'If 76 ....15 F3
Mont-de-Marrast 32 ....274 B4
Mont-de-Marsan 40 ....254 A3
Mont-de-Vougney 25 ....142 B4
Mont des Cats 59 ....4 A3
Mont-devant-Sassey 55 ......39 F4
Le Mont-Dieu 08 ....39 D1
Mont-Disse 64 ....273 E2
Mont-Dol 35 ....79 D1
Le Mont-Dore 63 ....206 C2
Mont-d'Origny 02 ....20 B3
Mont du Chat 73 ....212 C1
Mont-et-Marré 58 ....155 F1
Mont-Laurent 08 ....38 B2
Mont-le-Franois 70 ....140 B1
Mont-le-Vernois 70 ....141 D1
Mont-le-Vignoble 54 ....67 F4
Mont-lès-Lamarche 88 ......117 F1
Mont-lès-Neufchâteau 88 ....93 E3
Mont-lès-Seurre 71 ....158 C2
Mont-l'Étroit 54 ....93 E1
Mont-l'Évêque 60 ....35 D4
Mont-Louis 66 ....311 D3
Mont Noir 59 ....4 A3
Mont-Notre-Dame 02 ....36 C3
Mont-Ormel 61 ....56 C3
Mont-près-Chambord 41 ...132 B2
Mont-Roc 81 ....278 C1
Mont Roland
(Sanctuaire du) 39 ....159 E1

MONTAUBAN

Bourdelle (Pl.) ....Z 4
Bourjade (Pl. L.) ....Z 6
Cambon (R.) ....Z 9
Carmes (R. des) ....Z 10
Comédie (R. de la) ....Z 13
Consul-Dupuy
(Allée du) ....Z 14
Coq (Pl. du) ....Z 16
Dr-Lacaze (R. du) ....Z 19
Guibert (Pl.) ....Z 29
Hôtel-de-Ville (R. de l') ....Z 31
Lafon (R. Mary) ....Z 32
Lagrange (R. L.) ....Z 35

Malcousinat (R.) ....Z 36
Martyrs (carrefour des) ....Z 46
Michelet (R.) ....Z 51
Midi-Pyrénées (Bd) ....Z 52
Monet (R. J.) ....Z 53
Montmurat (Allée de) ....Z 54
Mortarieu (Allées de) ....Z 56
Nationale (Pl.) ....
Notre-Dame (R.) ....Z 60
Piquard (Sq. Gén.) ....Z 62
République (R. de la) ....Z 63
Résistance (R. de la) ....Z 64
Roosevelt (Pl. F.) ....Z 66
Sapiac (Pont de) ....Z 68
Verdun (Q. de) ....Z 71
22-Septembre (Pl. du) ....Z 76

Mont-Rond
(Sommet du) 01...........177 E3
Le Mont-Saint-Adrien 60......34 A2
Mont-Saint-Aignan 76......32 A2
Mont-Saint-Éloi 62............8 A3
Mont-Saint-Jean 02...........21 F3
Mont-Saint-Jean 21.........138 A4
Mont-Saint-Jean 72...........82 B4
Mont-Saint-Léger 70.......140 C1
Mont-sur-Courville 51........37 D4
Mont-Saint-Martin 02........37 D3
Mont-Saint-Martin 08........38 C3
Mont-Saint-Martin 38.......212 C4
Mont-Saint-Martin 54........41 D1
Le Mont-Saint-Michel 50.....53 F4
Mont-Saint-Père 02..........63 D1
Mont-Saint-Remy 08..........38 B2
Mont-Saint-Sulpice 89......113 E2
Mont-Saint-Vincent 71......174 B1
Mont-Saxonnex 74..........196 A1
Mont-sous-Vaudrey 39......159 E2
Mont-sur-Courville 51........37 D4
Mont-sur-Meurthe 54.........94 C1
Mont-sur-Monnet 39........160 A4
Mont Thou 69..............192 C4
Mont-Villers 55..............67 D1
Montabard 61................56 B3
Montabès (Puy de) 12......242 B2
Montabon 72................107 E4
Montabot 50.................54 B2
Montacher-Villegardin 89...112 B1
Montadet 32................275 E4
Montady 34................280 A4
Montagagne 09............300 C3
Montagna-le-Reconduit 39..176 B2
Montagna-le-Templier 39...176 B3
Montagnac 04..............267 E4
Montagnac 30..............263 E3
Montagnac 34..............280 C3
Montagnac-
d'Auberoche 24..........221 D1

Montagnac-
la-Crempse 24..........220 B3
Montagnac-
sur-Auvignon 47........256 A1
Montagnac-sur-Lède 47....238 C2
Montagnat 01..............193 F1
Montagne 33...............219 D3
Montagne 38...............229 F1
La Montagne 44...........126 A4
La Montagne 70...........119 D2
Montagne de Dun 71......174 B4
Montagne-Fayel 80.........17 F2
Montagney 25.............141 F2
Montagney 70.............140 B3
Montagnieu 01............194 A4
Montagnieu 38............212 A4
Montagnol 12.............261 D4
Montagnole 73............213 D2
Montagny 42..............191 F2
Montagny 69..............210 C1
Montagny 73..............214 B2
Montagny-en-Vexin 60......33 E4
Montagny-lès-Beaune 21...158 A2
Montagny-lès-Buxy 71.....157 F4
Montagny-les-Lanches 74..195 E3
Montagny-lès-Seurre 21...158 C2
Montagny-près-Louhans 71.176 A1
Montagny-Sainte-Félicité 60..61 F1
Montagny-sur-Grosne 71...174 C3
Montagoudin 33...........237 D2
Montagrier 24............202 A4
Montagudet 82............257 E1
Montagut 64..............272 C2
Montaignac-
Saint-Hippolyte 19.....205 D4
Montaigu 02................37 E1
Montaigu 39..............176 C1
Montaigu 85..............146 A2
Montaigu (Butte de) 53.....81 F4
Montaigu-de-Quercy 82....239 D4

Montaigu-la-Brisette 50.....25 D3
Montaigu-le-Blin 03.......172 C4
Montaigu-les-Bois 50........54 A2
Montaiguët-en-Forez 03....173 D4
Montaigut 63..............188 C1
Montaigut-le-Blanc 23.....186 C1
Montaigut-le-Blanc 63.....207 E2
Montaigut-sur-Save 31....276 A1
Montaillé 72..............107 F2
Montailleur 73............213 F1
Montaillou 09.............310 B1
Montaimont 73............214 A3
Montain 39...............159 E4
Montain 82...............257 E3
Montainville 28............85 E4
Montainville 78............60 A3
Montal (Château de) 46...223 D4
Montalba-d'Amélie 66....312 C4
Montalba-le-Château 66...312 B2
Montalembert 79..........183 F1
Montalet-le-Bois 78........60 A1
Montalieu-Vercieu 38.....194 A4
Montalivet-les-Bains 33...198 B3
Montalzat 82.............258 A1
Montamat 32.............275 D2
Montambert 58............155 F4
Montamel 46.............240 A2
Montamisé 86.............166 B1
Montamy 14...............55 D2
Montanay 69.............193 D3
Montanceix 24............220 B1
Montancy 25.............143 D2
Montandon 25............142 C3
Montanel 50...............79 F1
Montaner 64..............273 F4
Montanges 01............194 C1
Montangon 10.............90 C3
Montans 81..............258 C4
Montapas 58.............155 F1
Montarcher 42...........209 E4

Montardit 09.............300 A3
Montardon 64............273 D4
Montaren-
et-Saint-Médiers 30....264 A3
Montargis 45.............111 F2
Montarlot 77..............88 A3
Montarlot-lès-Champlitte 70..140 A1
Montarlot-lès-Rioz 70.....141 D2
Montarnaud 34...........281 E2
Montaron 58.............156 A3
Montastruc 47............238 A3
Montastruc 65............298 B1
Montastruc 82............257 F2
Montastruc-de-Salies 31...299 E3
Montastruc-
la-Conseillère 31.......277 D1
Montastruc-Savès 31.....275 D4
Le Montat 46.............240 A4
Montataire 60.............34 C4
Montauban 82............257 F3
Montauban-de-Bretagne 35..78 C4
Montauban-de-Luchon 31..307 F4
Montauban-de-Picardie 80...19 D1
Montauban-sur-l'Ouvèze 26.248 B4
Montaud 34..............281 F1
Montaud 38..............212 B4
Montaudin 53.............80 C2
Montaulieu 26............247 F4
Montaulin 10..............90 B4
Montaure 27..............32 A4
Montauriol 11............301 E1
Montauriol 47............238 B2
Montauriol 66............312 C3
Montauriol 81............259 F2
Montauroux 83...........287 F1
Montaut 09..............301 D2
Montaut 24..............238 B1
Montaut 31..............276 B4
Montaut 32..............274 B4
Montaut 40..............272 B4

Montaut 47..............238 B2
Montaut 64..............297 D2
Montaut-les-Créneaux 32..275 D1
Montautour 35............80 B4
Montauville 54...........68 A2
Montay 59.................9 F4
Montayral 47............239 D3
Montazeau 24............219 E3
Montazels 11............302 B4
Montbard 21.............137 F1
Montbarla 82............257 E1
Montbarrey 39...........159 F2
Montbarrois 45..........111 D2
Montbartier 82...........257 F3
Montbavin 02.............36 C1
Montbazens 12...........241 F3
Montbazin 34............281 E3
Montbazon 37...........130 C4
Montbel 09...............301 F3
Montbel 48..............244 C2
Montbéliard 25...........142 C1
Montbéliardot 25.........142 B4
Montbellet 71............175 E2
Montbenoît 25...........161 D2
Montberaud 31...........300 A2
Montbernard 31..........299 E1
Montberon 31............276 C1
Montbert 44.............145 F1
Montberthault 21.........137 E2
Montbeton 82............257 F3
Montbeugny 03..........172 C2
Montbizot 72............106 C1
Montblainville 55.........39 E3
Montblanc 04............269 D3
Montblanc 34............280 C4
Montboillon 70...........141 D3
Montboissier 28...........85 D4
Montbolo 66.............312 B3
Montbonnot-
Saint-Martin 38........212 C4

Montboucher 23.........186 C3
Montboucher-sur-Jabron 26..247 D2
Montboudif 15...........206 C4
Montbouton 90..........142 C2
Montbouy 45............112 A3
Montboyer 16...........201 E4
Montbozon 70...........141 F2
Montbrand 05...........248 B1
Montbras 55..............93 E1
Montbré 51...............37 F4
Montbrehain 02...........20 A2
Montbrison 26...........247 E3
Montbrison 42...........209 E2
Montbron 16............202 B1
Montbronn 57............44 B4
Montbrun 46............241 D3
Montbrun 48............244 B4
Montbrun(Château de) 87..203 D1
Montbrun-Bocage 31.....300 B2
Montbrun-des-Corbières 11..303 E2
Montbrun-Lauragais 31...276 C3
Montbrun-les-Bains 26...266 A1
Montcabrier 46..........239 E2
Montcabrier 81..........277 E2
Montcaret 24............219 E4
Montcarra 38............212 A1
Montcavrel 62..............6 B1
Montceau 38.............212 A1
Montceau-et-Écharnant 21..157 F2
Montceau-les-Mines 71...174 B1
Montceaux 01............192 C1
Montceaux-les-Meaux 77...62 A2
Montceaux-lès-Provins 77...63 D4
Montceaux-lès-Vaudes 10..114 B1
Montceaux-l'Étoile 71....173 F3
Montceaux-Ragny 71.....175 E1
Montcel 63..............189 E2
Le Montcel 73...........195 D4
Montcenis 71............157 D4

MONTPELLIER

Anatole-France (R.) ....BU 3
Arceaux (Bd des) ....AU 7
Bazille (R. F.) ....BCV 12
Blum (R. Léon) ....CU 13
Broussonnet (R. A.) ....AT 18
Chancel (Av.) ....AT 25
Citadelle (Allée) ....CU 26
Clapiès (R. A.) ....AU 28
Comte (R. A.) ....AU 29
Délicieux (R. B.) ....CT 31
États-du-Languedoc
(Av.) ....CU 35
Fabre-de-Morlhon (Bd)...BV 36
Fg-Boutonnet (R.) ....BT 37
Fg-de-Nîmes (R.) ....CT 41
Flahault (Av. Ch.) ....AT 43
Fontaine-de-Lattes (R.) .CU 44
Henri-II-de-
Montmorency (Allée) .CU 51
Leclerc (Av. du Mar.) ....CV 58
Millénaire (Pl. du) ....CU 62
Nombre-d'Or (Pl. du) .....CU 64
Ollivier (R. A.) ....CU 66
Polygone (Le) ....CU
Pont-de-Lattes (R. du) ...CU 69
Pont-Juvénal (Av.) ....CDU 70
Près-d'Arènes (Av. des) ..BV 71
Prof. E. Antonelli
(Av.) ....CDV 72
Proudhon (R.) ....BT 73
René (R. H.) ....CV 74
Villeneuve-
d'Angoulême (Av.) ...ABV 88

Montcet 01.....175 F4
Montcey 70.....118 B4
Montchaboud 38.....230 C1
Montchal 42.....191 E4
Montchamp 14.....55 D2
Montchamp 15.....225 F2
Montchanin 71.....157 E4
Montcharvot 52.....117 C2
Montchaton 50.....53 F1
Montchaude 16.....200 C3
Montchauvet 14.....55 D2
Montchauvet 78.....59 F3
Montchauvrot 39.....159 E3
Montchavin 73.....214 C1
Montchenot 51.....37 F4
Montchenu 26.....229 E1
Montcheutin 08.....39 D3
Montchevrel 61.....83 D1
Montchevrier 36.....169 D2
Montclar 04.....250 A3
Montclar 11.....302 B2
Montclar 12.....260 B3
Montclar-de-Comminges 31.....299 F2
Montclar-Lauragais 31.....277 D4
Montclar-sur-Gervanne 26.....229 F2
Montclard 43.....208 B4
Montcléra 46.....239 F2
Montclus 05.....248 C3
Montclus 30.....264 A1
Montcombroux-
les-Mines 03.....173 D3
Montcony 71.....159 D4
Montcorbon 45.....112 B2
Montcornet 02.....21 E4
Montcornet 08.....22 C3
Montcourt 70.....118 A2
Montcourt-Fromonville 77.....87 F3
Montcoy 71.....158 B4
Montcresson 45.....111 F3
Montcuit 50.....27 D4
Montcuq 46.....239 F4
Montcusel 39.....176 C3
Montcy-Notre-Dame 08.....22 C2
Montdardier 30.....262 B3
Montdauphin 77.....63 D3
Montdidier 57.....69 E2
Montdidier 80.....18 C4
Montdoré 70.....118 A2
Montdoumerc 46.....258 A1
Montdragon 81.....278 A1
Montdurausse 81.....258 A3
Monte 2B.....315 F3
Monte Cecu 2B.....315 D4
Monte d'Oro 2A.....317 D2
Monteaux 41.....131 F2
Montebourg 50.....25 D3
Montech 82.....257 E3
Montech (Pente
d'eau de) 82.....257 E3
Montécheroux 25.....142 C3
Montegrosso 2B.....314 B3
Montégut 32.....275 D2
Montégut 40.....254 C4
Montégut 65.....298 C2
Montégut-Arros 32.....274 A4
Montégut-Bourjac 31.....299 F1
Montégut-en-Couserans 09.....300 A3
Montégut-Lauragais 31.....277 F3
Montégut-Plantaurel 09.....300 C3
Montégut-Savès 32.....275 F3
Monteignet-sur-l'Andelot 03.....189 F1
Le Monteil 15.....206 B4
Le Monteil 43.....227 D2
Le Monteil-au-Vicomte 23.....187 D3
Monteille 14.....56 C1
Monteils 12.....259 D1
Monteils 30.....263 F2
Monteils 82.....258 A1
Montel-de-Gelat 63.....188 B3
Montéléger 26.....229 D4
Montélier 26.....229 E3
Montélimar 26.....246 C2
Le Montellier 01.....193 E3
Montels 09.....300 C3
Montels 34.....304 C1
Montels 81.....258 C3
Montemaggiore 2B.....314 B3
Montembœuf 16.....184 B4
Montenach 57.....42 A2
Montenay 53.....80 C3
Montendre 17.....199 F4
Montendry 73.....213 F2
Montenescourt 62.....8 A3
Monteneuf 56.....102 B2
Montenils 77.....63 D3
Montenois 25.....142 B1
Montenoison 58.....136 A4
Montenoy 54.....68 B3
Montépilloy 60.....35 D4
Monteplain 39.....140 B4
Montépreux 51.....64 B4
Monterblanc 56.....101 E3
Montereau 45.....111 E3
Montereau-Fault-Yonne 77.....88 A3
Montereau-sur-le-Jard 77.....87 F1
Monterfil 35.....102 C1
Montérolier 76.....16 B4
Monterrein 56.....102 A2
Montertelot 56.....101 F2
Montescot 66.....313 D2
Montescourt-Lizerolles 02.....20 A4
Montespan 31.....299 E2
Montesquieu 34.....280 B2
Montesquieu 47.....256 A1
Montesquieu 82.....257 D1
Montesquieu-Avantès 09.....300 A3
Montesquieu-des-Albères 66.....313 D3
Montesquieu-Guittaut 31.....275 E4

Montesquieu-Lauragais 31.....277 D4
Montesquieu-Volvestre 31.....300 A1
Montesquiou 32.....274 B2
Montessaux 70.....119 D3
Montesson 52.....117 E3
Montesson 78.....60 C3
Montestruc-sur-Gers 32.....275 D1
Montestrucq 64.....272 A3
Le Montet 03.....171 F3
Montet-et-Bouxal 46.....241 E1
Monteton 47.....237 F2
Montets (Col des) 74.....197 D2
Monteux 84.....265 E2
Montévrain 77.....61 F3
Monteynard 38.....230 C2
Montézic 12.....242 B1
Montfa 09.....300 B2
Montfa 81.....278 B1
Montfalcon 38.....211 F4
Montfarville 50.....25 D2
Montfaucon 02.....63 D2
Montfaucon 25.....141 E4
Montfaucon 30.....264 C2
Montfaucon 46.....240 B1
Montfaucon-d'Argonne 55.....39 F3
Montfaucon-en-Velay 43.....227 F1
Montfaucon-montigné 49.....146 B1
Montfavet 84.....265 D3
Montfermeil 93.....61 E3
Montfermier 82.....258 A1
Montfermy 63.....188 C3
Montferney 25.....141 F2
Montferrand 11.....277 E4
Montferrand 63.....189 E4
Montferrand-du-Périgord 24.....239 D1
Montferrand-la-Fare 26.....248 B4
Montferrand-le-Château 25.....141 D4
Montferrat 38.....212 B2
Montferrat 83.....287 D1
Montferrer 66.....312 B4
Montferrier 09.....301 E4
Montferrier-sur-Lez 34.....281 F2
Montfey 10.....114 A1
Montfiquet 14.....27 F4
Montfleur 39.....176 B3
Montflours 53.....81 D4
Montflovin 25.....161 D2
Montfort 04.....267 E2
Montfort 24.....221 F4
Montfort 25.....160 A1
Montfort 49.....129 D4
Montfort 64.....272 A4
Montfort-en-Chalosse 40.....272 A1
Montfort-l'Amaury 78.....60 A4
Montfort-le-Gesnois 72.....107 E1
Montfort-sur-Argens 83.....286 B3
Montfort-sur-Boulzane 11.....311 E1
Montfort-sur-Meu 35.....78 C4
Montfort-sur-Risle 27.....31 E3
Montfranc 12.....260 B4
Montfrin 30.....264 B4
Montfroc 26.....266 B1
Montfuron 04.....266 C4
Montgaillard 09.....301 D4
Montgaillard 11.....303 D4
Montgaillard 40.....272 C1
Montgaillard 65.....297 F2
Montgaillard 81.....258 B4
Montgaillard 82.....256 C3
Montgaillard-de-Salies 31.....299 F3
Montgaillard-Lauragais 31.....277 D4
Montgaillard-sur-Save 31.....299 D1
Montgardin 05.....249 F2
Montgardon 50.....26 C3
Montgaroult 61.....56 B4
Montgauch 09.....299 F3
Montgaudry 61.....83 E2
Montgazin 31.....300 B1
Montgé-en-Goële 77.....61 F2
Montgeard 31.....277 D4
Montgellafrey 73.....214 A3
Montgenèvre 05.....232 C3
Montgenost 51.....89 E1
Montgeoffroy
(Château de) 49.....129 D2
Montgérain 60.....35 D1
Montgermont 35.....79 E4
Montgeron 91.....61 E4
Montgeroult 95.....60 B1
Montgesoye 25.....160 C1
Montgesty 46.....239 F2
Montgey 81.....277 F3
Montgibaud 19.....204 A2
Montgilbert 73.....213 F2
Montgirod 73.....214 B2
Montgiscard 31.....277 D3
Montgivray 36.....169 F1
Montgobert 02.....36 A3
Montgon 08.....39 D1
Montgothier 50.....54 B4
Montgradail 11.....301 F2
Montgras 31.....275 F3
Montgreleix 15.....207 D4
Montgru-Saint-Hilaire 02.....36 B4
Montguers 26.....248 B4
Montgueux 10.....90 A3
Montguillon 49.....105 D4
Montguyon 17.....218 C1
Les Monthairons 55.....66 C1
Montharville 28.....85 D4
Monthaut 11.....302 A2
Monthelie 21.....158 A2
Monthelon 51.....64 A2
Monthelon 71.....156 C2
Monthenault 02.....37 D2
Montheries 52.....92 A4

Monthiers 02.....62 C1
Monthieux 01.....193 D3
Monthion 73.....214 A1
Monthodon 37.....131 D1
Monthoiron 86.....149 F4
Monthois 08.....39 D3
Montholier 39.....159 F3
Monthou-sur-Bièvre 41.....132 A2
Monthou-sur-Cher 41.....132 A3
Monthuchon 50.....54 A1
Monthurel 02.....63 E1
Monthureux-le-Sec 88.....94 A4
Monthureux-sur-Saône 88.....118 A1
Monthyon 77.....62 A2
Monti 06.....289 E3
Monticello 2B.....314 C2
Montier-en-Der 52.....91 F2
Montier-en-l'Isle 10.....91 E4
Montiéramey 10.....90 C4
Montierchaume 36.....152 A4
Montiers 60.....35 D2
Montiers-sur-Saulx 55.....92 B1
Monties 32.....275 D4
Montignac 24.....221 F2
Montignac 33.....236 C1
Montignac 65.....298 A1
Montignac-Charente 16.....183 E4
Montignac-de-Lauzun 47.....238 A2
Montignac-le-Coq 16.....201 F4
Montignac-Toupinerie 47.....237 F2
Montignargues 30.....263 F3
Montigné 16.....183 D4
Montigné 79.....165 D4
Montigné-le-Brillant 53.....105 D2
Montigné-lès-Rairies 49.....129 D1
Montigné-sur-Moine 49.....146 B1
Montigny 14.....55 F1
Montigny 18.....134 C4
Montigny 45.....110 B1
Montigny 50.....54 B4
Montigny 54.....95 E1
Montigny 72.....83 D2
Montigny 76.....32 A2
Montigny 79.....147 E4
Montigny-aux-Amognes 58.....155 E3
Montigny-
devant-Sassey 55.....39 F2
Montigny-en-Arrouaise 02.....20 B2
Montigny-en-Cambrésis 59.....20 B1
Montigny-en-Gohelle 62.....8 C2
Montigny-en-Morvan 58.....156 A1
Montigny-en-Ostrevent 59.....9 D3
Montigny-la-Resle 89.....113 F3
Montigny-l'Allier 02.....62 B1
Montigny-le-Bretonneux 78.....60 B4
Montigny-le-Chartif 28.....84 C4
Montigny-le-Franc 02.....21 E4
Montigny-le-Gannelon 28.....108 C2
Montigny-le-Guesdier 77.....88 C3
Montigny-le-Roi 52.....117 D2
Montigny-Lencoup 77.....88 B2
Montigny-Lengrain 02.....36 A3
Montigny-lès-Arsures 39.....160 A2
Montigny-lès-Cherlieu 70.....117 F3
Montigny-lès-Condé 02.....63 E2
Montigny-
lès-Cormeilles 95.....60 C2
Montigny-les-Jongleurs 80.....7 D2
Montigny-les-Metz 57.....41 F4
Montigny-les-Monts 10.....114 A1
Montigny-
lès-Vaucouleurs 55.....93 D1
Montigny-lès-Vesoul 70.....118 A4
Montigny-Montfort 21.....137 F1
Montigny-
Saint-Barthélemy 21.....137 F3
Montigny-sous-Marle 02.....21 D4
Montigny-
sur-Armançon 21.....138 A3
Montigny-sur-Aube 21.....115 F2
Montigny-sur-Avre 28.....58 B4
Montigny-sur-Canne 58.....155 F3
Montigny-sur-Chiers 54.....40 C1
Montigny-sur-Crécy 02.....20 C4
Montigny-sur-l'Ain 39.....160 A4
Montigny-sur-l'Hallue 80.....18 B2
Montigny-sur-Loing 77.....87 F3
Montigny-sur-Meuse 08.....11 F4
Montigny-sur-Vence 08.....22 C4
Montigny-sur-Vesle 51.....37 D3
Montigny-
sur-Vingeanne 21.....140 A1
Montilliers 49.....128 B4
Montillot 89.....136 C2
Montilly 03.....172 A1
Montilly-sur-Noireau 61.....55 E3
Montils 17.....199 E1
Les Montils 41.....132 A2
Montipouret 36.....169 E1
Montirat 11.....302 C2
Montirat 81.....259 E2
Montireau 28.....84 B3
Montiron 32.....275 E2
Montivernage 25.....142 A3
Montivilliers 76.....14 B4
Montjardin 11.....301 F2
Montjaux 12.....261 D2
Montjavoult 60.....33 E4
Montjay 05.....248 C4
Montjay 71.....159 D3
Montjean 16.....183 E2
Montjean 53.....104 C2
Montjean-sur-Loire 49.....127 F3
Montjézieu 48.....243 F3
Montjoi 11.....302 C3
Montjoi 82.....257 D1
Montjoie 63.....188 C1
Montjoie-en-Couserans 09.....300 A3

Montjoie-le-Château 25.....142 C3
Montjoie-Saint-Martin 50.....80 A1
Montjoire 31.....276 C1
Montjouvent 39.....176 C2
Montjoux 26.....247 F3
Montjoyer 26.....247 D3
Montjustin 04.....266 C4
Montjustin-et-Velotte 70.....141 F1
Montlandon 28.....84 B3
Montlandon 52.....117 D3
Montlaur 11.....303 D2
Montlaur 12.....260 C4
Montlaur 31.....277 D3
Montlaur-en-Diois 26.....248 A1
Montlaux 04.....267 D2
Montlauzun 46.....239 E4
Montlay-en-Auxois 21.....137 F3
Montlebon 25.....161 E1
Montlegun 11.....302 C1
Montlevicq 36.....169 F2
Montlevon 02.....63 E2
Montlhéry 91.....86 C1
Montliard 45.....111 D2
Montlieu-la-Garde 17.....200 C4
Montlignon 95.....61 D2
Montliot-et-Courcelles 21.....115 E3
Montlivault 41.....132 B1
Montlognon 60.....35 D4
Montloué 02.....21 F4
Montlouet 28.....85 F2
Montlouis 18.....153 D4
Montlouis-sur-Loire 37.....131 D3
Montluçon 03.....170 C4
Montluel 01.....193 E3
Montmachoux 77.....88 B3
Montmacq 60.....35 F2
Montmagny 95.....61 D2
Montmahoux 25.....160 B2
Montmain 21.....158 B2
Montmain 76.....32 B2
Montmajour
(Abbaye de) 13.....283 E1
Montmalin 39.....159 F2
Montmançon 21.....139 F3
Montmarault 03.....171 E4
Montmarlon 39.....160 B3
Montmarquet 80.....17 E3
Montmartin 60.....35 D2
Montmartin-
en-Graignes 50.....27 E3
Montmartin-le-Haut 10.....91 D4
Montmartin-sur-Mer 50.....53 F1
Montmaur 05.....249 D2
Montmaur 11.....277 E4
Montmaur-en-Diois 26.....248 A1
Montmaurin 31.....299 D1
Montmédy 55.....40 A1
Montmeillant 08.....22 A4
Montmelard 71.....174 B4
Montmelas-
Saint-Sorlin 69.....192 B2
Montmélian 73.....213 E2
Montmerle-sur-Saône 01.....192 C2
Montmerrei 61.....82 C1
Montmeyan 83.....286 A1
Montmeyran 26.....229 E4
Montmin 74.....195 F4
Montmirail 51.....63 E3
Montmirail 72.....108 A1
Montmiral 26.....229 F1
Montmirat 30.....263 E4
Montmirat (Col de) 48.....244 B3
Montmirey-la-Ville 39.....140 A4
Montmirey-le-Château 39.....140 A4
Montmoreau-
Saint-Cybard 16.....201 E3
Montmorency 95.....61 D2
Montmorency-Beaufort 10.....91 D2
Montmorillon 86.....167 E3
Montmorin 05.....248 B3
Montmorin 63.....208 A1
Montmorot 39.....159 E4
Montmort 51.....63 F2
Montmort 71.....156 C4
Montmotier 88.....118 B2
Montmoyen 21.....115 F4
Montmuran
(Château de) 35.....79 D3
Montmurat 15.....241 F2
Montner 66.....312 B1
Montoillot 21.....138 B4
Montoir-de-Bretagne 44.....125 E3
Montoire-sur-le-Loir 41.....108 A4
Montois-la-Montagne 57.....41 E3
Montoison 26.....229 D4
Montoldre 03.....172 B4
Montolieu 11.....302 B1
Montolivet 77.....63 D3
Montonvillers 80.....18 B2
Montord 03.....172 A4
Montory 64.....296 A2
Montot 21.....158 C1
Montot 70.....140 B1
Montot-sur-Rognon 52.....92 C3
Montouliers 34.....279 F4
Montoulieu 09.....301 D4
Montoulieu 34.....262 C3
Montoulieu-Saint-Bernard 31.....299 F1
Montournais 85.....147 D4
Montours 35.....80 A2
Montourtier 53.....81 E4
Montoussé 65.....298 B2
Montoussin 31.....299 F1
Montoy-Flanville 57.....42 A4
Montpascal 73.....214 A3
Montpellier 34.....281 F2
Montpellier-
de-Médillan 17.....199 D1
Montpellier-la-Paillade 34.....281 F2

Montpellier-
le-Vieux (Chaos de) 12.....261 F2
Montpensier 63.....189 F2
Montperreux 25.....161 D3
Montpeyroux 12.....243 D2
Montpeyroux 24.....219 E3
Montpeyroux 34.....281 D1
Montpeyroux 63.....207 F2
Montpezat 04.....267 E4
Montpezat 30.....263 E4
Montpezat 32.....275 F4
Montpézat-d'Agenais 47.....238 A4
Montpezat-
de-Quercy 82.....258 A1
Montpezat-
sous-Bauzon 07.....245 F1
Montpinchon 50.....54 A1
Montpinier 81.....278 B2
Montpitol 31.....277 D1
Montplonne 55.....66 B4
Montpollin 49.....129 E1
Montpon-Ménestérol 24.....219 E2
Montpont-en-Bresse 71.....175 F2
Montpothier 10.....89 E1
Montpouillan 47.....237 E3
Montpoupon
(Château de) 37.....131 F4
Montrabé 31.....276 C2
Montrabot 50.....27 F4
Montracol 01.....193 E1
Montravers 79.....147 D3
Montréal 07.....245 F2
Montréal 11.....302 A1
Montréal 32.....255 F3
Montréal 89.....137 E2
Montréal (Château de) 24.....220 A2
Montréal-la-Cluse 01.....194 B1
Montréal-les-Sources 26.....248 A3
Montredon 11.....302 C1
Montredon 46.....241 E1
Montredon-des-Corbières 11.....303 F1
Montredon-Labessonnié 81.....278 B1
Montregard 43.....228 A1
Montréjeau 31.....298 C2
Montrelais 44.....127 F3
Montrelet 80.....18 A1
Montrem 24.....220 B1
Montrésor 37.....151 D1
Montret 71.....175 F1
Montreuil 28.....59 D4
Montreuil 53.....81 E3
Montreuil 62.....6 B2
Montreuil 85.....164 A3
Montreuil 93.....61 D3
Montreuil-au-Houlme 61.....56 A4
Montreuil-aux-Lions 02.....62 C2
Montreuil-Bellay 49.....148 B1
Montreuil-Bonnin 86.....166 A2
Montreuil-des-Landes 35.....80 A3
Montreuil-en-Auge 14.....30 B4
Montreuil-en-Caux 76.....16 A4
Montreuil-en-Touraine 37.....131 E2
Montreuil-Juigné 49.....128 B2
Montreuil-la-Cambe 61.....56 C2
Montreuil-l'Argillé 27.....57 E2
Montreuil-le-Chétif 72.....82 B4
Montreuil-le-Gast 35.....79 E3
Montreuil-le-Henri 72.....107 F3
Montreuil-
sous-Pérouse 35.....80 A4
Montreuil-sur-Barse 10.....90 C4
Montreuil-sur-Blaise 52.....92 A2
Montreuil-sur-Brêche 60.....34 B2
Montreuil-sur-Epte 95.....33 E4
Montreuil-sur-Ille 35.....79 E3
Montreuil-sur-Loir 49.....128 C1
Montreuil-sur-Lozon 50.....27 D4
Montreuil-sur-Maine 49.....128 A1
Montreuil-sur-Thérain 60.....34 B3
Montreuil-
sur-Thonnance 52.....92 B2
Montreuillon 58.....156 A1
Montreux 54.....95 F1
Montreux-Château 90.....120 A3
Montreux-Jeune 68.....120 A3
Montreux-Vieux 68.....120 A3
Montrevault 49.....127 E4
Montrevel 38.....212 A2
Montrevel 39.....176 B3
Montrevel-en-Bresse 01.....175 F3
Montrichard 41.....131 F3
Montricher-Albanne 73.....214 A4
Montricoux 82.....258 B2
Montrieux-
en-Sologne 41.....132 C2
Montriond 74.....179 D4
Montriond (Lac de) 74.....179 D4
Montroc-le-Planet 74.....197 D2
Montrodat 48.....244 A2
Montrol-Sénard 87.....185 D2
Montrollet 16.....185 D3
Montromant 69.....210 B1
Montrond 05.....248 C3
Montrond 39.....160 A3
Montrond 73.....232 A1
Montrond-le-Château 25.....160 B1
Montrond-les-Bains 42.....209 F1
Montrosier 81.....258 C2
Montrottier 69.....192 A4
Montroty 76.....33 E2
Montrouge 92.....61 D3
Montrouveau 41.....108 A4
Montroy 17.....181 D1
Montrozier 12.....242 C2
Montry 77.....62 A3

Monts 60.....34 A4
Monts-de-Vaux 39.....159 F3
les Monts d'Olmes 09.....301 E4
Monts-en-Bessin 14.....29 D4
Monts-en-Ternois 62.....7 E3
Monts-sur-Guesnes 86.....149 D3
Montsalès 12.....241 D3
Montsalier 04.....266 C3
Montsalvy 15.....242 B1
Montsaon 52.....116 A4
Montsapey 73.....214 A2
Montsauche-
les-Settons 58.....137 D4
Montsaugeon 52.....116 C4
Montsaunès 31.....299 E2
Montsec 55.....67 E2
Montsecret 61.....55 E3
Montségur 09.....301 E4
Montségur-
sur-Lauzon 26.....247 D4
Montselgues 07.....245 E2
Montséret 11.....303 E1
Montsérié 65.....298 B3
Montseron 09.....300 B3
Montseugny 70.....140 A3
Montseveroux 38.....211 D3
Montsoreau 49.....129 C4
Montsoué 40.....272 C1
Montsoult 95.....61 D1
Montsûrs 53.....105 E1
Montsurvent 50.....26 C4
Montsuzain 10.....90 B2
Montureux-et-Prantigny 70.....140 B2
Montureux-lès-Baulay 70.....118 A3
Montursin 25.....143 D3
Montusclat 43.....227 E2
Montussaint 25.....141 F2
Montussan 33.....217 F3
Montvalen 81.....258 B4
Montvalent 46.....222 B4
Montvalezan 73.....215 D1
Montvendre 26.....229 E3
Montverdun 42.....209 E1
Montvernier 73.....214 A3
Montvert 15.....223 E4
Montvicq 03.....171 E4
Montviette 14.....56 C2
Montville 76.....32 A1
Montviron 50.....54 A3
Montzéville 55.....40 A4
Monviel 47.....238 B2
Monze 11.....302 C2
Moon-sur-Elle 50.....27 F4
Moosch 68.....120 A1
Mooslargue 68.....120 B4
Moraches 58.....136 B4
Moragne 17.....181 E2
Morains 51.....64 A3
Morainville 28.....86 A3
Morainville-Jouveaux 27.....31 D4
Morainvilliers 78.....60 B2
Morancé 69.....192 C3
Morancez 28.....85 E3
Morancourt 52.....92 A2
Morand 37.....131 E2
Morangis 51.....64 A2
Morangis 91.....61 D4
Morangles 60.....34 B4
Morannes 49.....105 F4
Moranville 55.....40 B4
Moras 38.....211 F1
Moras-en-Valloire 26.....211 E4
Morbecque 59.....3 F4
Morbier 39.....177 E2
Morcenx 40.....253 D2
Morchain 80.....19 E3
Morchamps 25.....141 F2
Morchies 62.....8 C4
Morcourt 02.....20 A3
Morcourt 80.....19 D2
Mordelles 35.....103 D1
Moréac 56.....101 D2
Morée 41.....108 C3
Moreilles 85.....163 F4
Morello (Col de) 2B.....317 D2
Morelmaison 88.....93 F3
Morembert 10.....90 C2
Moréno (Col de la) 63.....207 D1
Morestel 38.....212 A4
Moret-sur-Loing 77.....88 A3
Morêtel-de-Mailles 38.....213 E3
Morette 38.....212 A4
Moreuil 80.....18 C3
Morey 54.....68 A3
Morey 70.....117 E4
Morey 71.....157 F4
Morey-Saint-Denis 21.....139 D4
Morez 39.....177 E2
Morfontaine 54.....41 D2
Morganx 40.....272 B2
Morgat 29.....47 E4
Morgemoulin 55.....40 C3
Morgny 27.....33 D3
Morgny-en-Thiérache 02.....21 F3
Morgny-la-Pommeraye 76.....32 B2
Morhange 57.....69 D2
Moriani-Plage 2B.....315 D4
Moriat 63.....207 F3
Morienne 76.....17 D3
Morienval 60.....35 F3
Morières-lès-Avignon 84.....265 D3
Moriers 28.....85 E4
Moriez 04.....268 A3
Morigny 50.....54 C2
Morigny-Champigny 91.....86 C2
Morillon 74.....196 B1
Morimond
(Abbaye de) 52.....117 E1

MULHOUSE

Altkirch (Av. d')	FZ	4
Augustins (Passage des)	EY	5
Bonbonnière (R.)	EY	13
Bonnes-Gens (R. des)	FY	14
Bons-Enfants (R. des)	FY	17
Boulangers (R. des)	FY	18
Briand (Av. Aristide)	EY	19
Cloche (Quai de la)	EY	24
Colmar (Av. de)	EXFY	
Dollfus (Av. Gustave)	GY	27
Dreyfus (R. du Capit.)	FX	29
Engelmann (Rue)	FX	30
Ensisheim (R. d')	FX	33
Fleurs (R. des)	FYZ	37
Foch (Av. du Mar.)	EZ	38
Fonderie (R. de la)	EZ	39
Franciscains (R. des)	FY	40
Gaulle (Pl. Gén.-de)	FZ	43
Guillaume-Tell (Pl.)	FY	48
Halles (R. des)	FZ	50
Henner (R. J.-J.)	FY	53
Henriette (R.)	FY	56
Jardin-Zoologique (R. du)	GZ	64
Joffre (R. du Mar.)	FYZ	65
Jura (R. du)	EZ	67
Lambert (Rue)	FY	
Lattre-de-Tassigny (Av. Mar. de)	FY	71
Loisy (R. du Lt de)	FX	77
Lorraine (R. de)	FX	78
Maréchaux (R. des)	FY	82
Montagne (R. de la)	FZ	88
Moselle (R. de la)	FY	91
Président-Kennedy (Av. du)	EFY	
Raisin (R. du)	EFY	109
République (Pl. de la)	FY	112
Riedisheim (Pont de)	FY	119
Ste-Claire (R.)	EZ	137
Ste-Thérèse (R.)	FY	140
Sauvage (R. du)	FY	145
Schœn (R. Anna)	EX	146
Somme (R. de la)	FY	147
Stalingrad (R. de)	FGY	149
Stoessel (Bd Charles)	EYZ	152
Tanneurs (R. des)	EFY	153
Teutonique (Passage)	FY	154
Tour-du-Diable (R.)	EZ	156
Trois-Rois (R. des)	FY	157
Victoires (Pl. des)	FY	160
Wicky (Av. Auguste)	FYZ	165
Wilson (R.)	FYZ	166
Zuber (R.)	FY	172
17-Novembre (R. du)	FZ	177

Moringhem 62	3	D3
Moriond 73	214	C3
Morionvilliers 52	92	C3
Morisel 80	18	C3
Moriville 88	94	C3
Moriviller 54	94	C1
Morizécourt 88	117	F1
Morizès 33	237	D2
Morlaàs 64	273	D4
Morlac 18	170	B1
Morlaincourt 55	66	C4
Morlaix 21	49	E3
Morlancourt 80	19	D2
Morlanne 64	272	B3
Morlet 71	157	E2
Morley 55	92	B1
Morlhon-le-Haut 12	241	E4
Morlincourt 60	35	F1
Mormaison 85	145	F2
Mormant 77	88	A1
Mormant-sur-Vernisson 45	111	F2
Mormès 32	254	C4
Mormoiron 84	265	E3
Mornac 16	201	F1
Mornac-sur-Seudre 17	181	D4
Mornand-en-Forez 42	209	E1
Mornans 26	247	F2
Mornant 69	210	B1
Mornas 84	264	C1
Mornay 21	140	A1
Mornay-Berry 18	154	A4
Mornay-sur-Allier 18	154	B4
Moroges 71	157	F4
Morogues 18	134	B4
Morosaglia 2B	315	E3
Morre 25	141	D4
Morsain 02	36	A2
Morsains 51	63	E3
Morsalines 50	25	D3
Morsan 27	31	E4

Morsang-sur-Orge 91	87	D1
Morsang-sur-Seine 91	87	E1
Morsbach 57	43	D4
Morsbronn-les-Bains 67	71	D1
Morschwiller 67	71	D1
Morschwiller-le-Bas 68	120	B2
Morsiglia 2B	314	D1
Le Mort-Homme 55	40	A4
Mortagne 88	95	E3
Mortagne-au-Perche 61	83	F2
Mortagne-du-Nord 59	9	F1
Mortagne-sur-Gironde 17	199	D2
Mortagne-sur-Sèvre 85	146	C2
Mortain 50	54	C4
Mortcerf 77	62	A3
Morteau 25	161	E1
Morteaux-Coulibœuf 14	56	B2
Mortefontaine 02	36	A3
Mortefontaine 60	61	E1
Mortefontaine-en-Thelle 60	34	B4
Mortemart 87	185	D2
Mortemer 60	35	D1
Mortemer 76	17	D4
Mortemer (Abbaye de) 27	33	D3
Morterolles-sur-Semme 87	186	A1
Mortery 77	88	C1
Morthemer 86	167	D2
Morthomiers 18	153	D2
Mortiers 02	20	C4
Mortiers 17	200	C3
Morton 86	148	C1
Mortrée 61	82	C1
Mortroux 23	169	E3
Mortzwiller 68	120	A2
Morval 39	176	B3
Morval 62	19	E1
Morvillars 90	142	C1
Morville 50	25	D3
Morville 88	93	F4
Morville-en-Beauce 45	86	D4

Morville-lès-Vic 57	69	D3
Morville-sur-Andelle 76	32	C2
Morville-sur-Nied 57	68	C2
Morville-sur-Seille 54	68	A2
Morvillers 60	33	F1
Morvillers-Saint-Saturnin 80	17	E3
Morvilliers 10	91	E3
Morvilliers 28	84	B1
Mory 62	8	B4
Mory-Montcrux 60	34	C1
Morzine 74	179	D4
Mosles 14	28	C3
Moslins 51	64	A2
Mosnac 16	201	D1
Mosnac 17	199	E2
Mosnay 36	169	D1
Mosnes 37	131	F2
Mosset 66	311	E2
Mosson 21	115	E2
Mostuéjouls 12	261	E1
Motey-Besuche 70	140	B3
Motey-sur-Saône 70	140	C1
La Mothe-Achard 85	162	B1
La Mothe-Saint-Héray 79	165	E3
Mothern 67	45	C4
Motreff 29	75	F3
La Motte 22	77	E3
La Motte 83	287	D2
La Motte-au-Bois 59	3	F4
La Motte-Chalancon 26	248	A3
La Motte-d'Aigues 84	266	B4
La Motte-d'Aveillans 38	230	C3
La Motte-de-Galaure 26	229	D1
La Motte-du-Caire 04	249	E4
La Motte-en-Bauges 73	195	E4
La Mothe-en-Champsaur 05	231	D3
La Motte-Fanjas 26	229	F2
La Motte-Feuilly 36	169	F2
La Motte-Fouquet 61	82	A1

La Motte-Saint-Jean 71	173	E2
La Motte-Saint-Martin 38	230	C3
La Motte-Servolex 73	213	D1
La Motte-Ternant 21	137	F3
La Motte-Tilly 10	89	D2
Mottereau 28	84	C4
Motteville 76	15	F3
Mottier 38	211	F3
Motz 73	194	C3
Mouacourt 54	69	D4
Mouais 44	103	E4
Mouans-Sartoux 06	288	A3
Mouauville 54	41	D4
Mouazé 35	79	E4
Mouchamps 85	146	B4
Mouchan 32	255	F4
Mouchard 39	160	A2
La Mouche 50	54	A4
Mouchès 32	274	B2
Mouchin 59	9	E1
Mouchy-le-Châtel 60	34	B3
Moudeyres 43	227	E3
Mouen 14	29	E4
Mouettes 27	59	D3
Mouffy 89	136	B1
Mouflaines 27	33	D4
Mouflers 80	17	F1
Mouflières 80	17	E2
Mougins 06	288	A3
Mougon 79	165	D2
Mouguerre 64	270	C3
Mouhers 36	169	D2
Mouhet 36	168	B3
Mouhous 64	272	C1
Mouillac 33	217	F2
Mouillac 82	258	B1
La Mouille 39	177	E2
Mouilleron 52	116	B4
Mouilleron-en-Pareds 85	164	A1
Mouilleron-le-Captif 85	145	F4
Mouilly 55	67	D1

Moulainville 55	40	B4
Moularès 81	259	F2
Moulay 53	81	E3
Moulayrès 81	277	F1
Mouédous 65	298	A1
Moulès 13	283	E2
Moulès-et-Baucels 34	262	C3
Mouleydier 24	220	B1
Moulézan 30	263	E3
Moulihard 28	84	B4
Moulicent 61	84	A1
Moulidars 16	201	D1
Mouliets-et-Villemartin 33	219	D4
Mouliherne 49	129	E2
Moulin (Château du) 41	132	C3
Moulin-Chabaud 01	194	A1
Le Moulin-des-Ponts 01	176	A3
Moulin-Mage 81	279	E1
Moulin-Neuf 09	301	F1
Moulin-Neuf 24	219	E2
Moulin-Neuf (Petit Musée auvergnat) 63	207	E2
Moulin-sous-Touvent 60	35	F2
Moulineaux 76	32	A3
Moulines 14	56	A2
Moulines 50	80	C1
Moulinet 06	289	E2
Moulinet 47	238	B2
Le Moulinet-sur-Solin 45	111	E3
Moulins 02	37	D3
Moulins 03	172	B2
Moulins 35	103	F1
Moulins 79	147	D2
Moulins de Paillas 83	293	E1
Moulins-en-Tonnerrois 89	114	B4
Moulins-Engilbert 58	156	A2
Moulins-la-Marche 61	83	E1
Moulins-le-Carbonnel 72	82	B3
Moulins-lès-Metz 57	41	F4

Moulins-Saint-Hubert 55	39	F1
Moulins-sur-Céphons 36	151	F2
Moulins-sur-Orne 61	56	B4
Moulins-sur-Ouanne 89	113	D4
Moulins-sur-Yèvre 18	153	E2
Moulis 09	300	A3
Moulis-en-Médoc 33	217	D2
Moulismes 86	167	E4
Moulle 62	3	D3
Le Moulleau 33	234	B3
Moulon 33	218	C4
Moulon 45	111	E2
Moulot 58	136	A2
Moulotte 55	41	D4
Moumoulous 65	274	A4
Moumour 64	296	B1
Mounes-Prohencoux 12	279	F1
Mourède 32	255	F4
Mourens 33	236	C1
Mourenx 64	272	B4
Mouret 12	242	B3
Moureuille 63	189	D1
Mourèze 34	280	C2
Mouriès 23	283	F1
Mouriez 62	6	C3
Le Mourillon 83	291	F4
Mourioux-Vieilleville 23	186	B2
Mourjou 15	241	F1
Mourmelon-le-Grand 51	38	B4
Mourmelon-le-Petit 51	64	C1
Mournans-Charbonny 39	160	B4
Mouron 08	39	D3
Mouron-sur-Yonne 58	156	A1
Mouroux 77	62	B3
Mours 95	60	C1
Mours-Saint-Eusèbe 26	229	E1
Le Mourtis 31	299	D4
Mourvilles-Basses 31	277	D3
Mourvilles-Hautes 31	277	E4
Mouscardès 40	271	F2

Moussac 30..........263 F3
Moussac 16..........167 D4
Moussages 15..........224 A1
Moussan 11..........303 F1
Moussé 35..........104 A2
Les Mousseaux 78..........60 A4
Mousseaux-lès-Bray 77..........88 C3
Mousseaux-Neuville 27..........59 D2
Mousseaux-sur-Seine 78..........59 F1
Moussey 10..........90 B4
Moussey 57..........69 E4
Moussey 88..........95 F2
Les Moussières 39..........177 E3
Mousson 54..........68 A2
Moussonvilliers 61..........84 A1
Moussoulens 11..........302 B1
Moussy 51..........64 A2
Moussy 58..........155 E1
Moussy 95..........60 A1
Moussy-le-Neuf 77..........61 E1
Moussy-le-Vieux 77..........61 E1
Moussy-Verneuil 02..........37 D2
Moustajon 31..........307 F4
Mousterlin 29..........98 C2
Moustéru 22..........50 B4
Moustey 40..........235 E4
Le Moustier 24..........221 E3
Le Moustier 47..........237 F2
Moustier-en-Fagne 59..........11 D3
Moustier-Ventadour 19..........205 E3
Moustiers-Sainte-Marie 04..........267 F3
Le Moustoir 22..........75 F3
Moustoir-Ac 56..........101 D2
Moustoir-Remungol 56..........101 D1
La Moutade 63..........189 E3
Moutaine 39..........160 A3
Moutardon 16..........183 F2
Le Moutaret 38..........213 E3
Moutchic 33..........216 A2
Mouterhouse 57..........44 C4
Mouterre-Silly 86..........148 C2
Mouterre-sur-Blourde 86..........184 C1
Mouthe 25..........160 C4
Le Moutherot 25..........140 C4
Mouthier-en-Bresse 71..........159 D3
Mouthier-Haute-Pierre 25..........160 C1
Mouthiers-sur-Boëme 16..........201 E2
Mouthoumet 11..........303 D3
Moutier-d'Ahun 23..........187 E2
Moutier-Malcard 23..........169 E3
Moutier-Rozeille 23..........187 F3
Moutiers 28..........86 A4
Moutiers 35..........104 A2
Moutiers 54..........41 E3
Moûtiers 73..........214 B2
Moutiers-au-Perche 61..........84 A2
Les Moutiers-en-Auge 14..........56 C2
Les Moutiers-en-Cinglais 14..........55 F1
Moutiers-en-Puisaye 89..........135 F1
Les Moutiers-en-Retz 44..........144 C1
Les Moutiers-Hubert 14..........57 D2
Moutiers-les-Mauxfaits 85..........163 F2
Moutiers-Saint-Jean 21..........137 F1
Moutiers-sous-Argenton 79..........147 F2
Moutiers-sous-Chantemerle 79..........147 E4
Moutiers-sur-le-Lay 85..........163 E1
Mouton 16..........183 F3
Mouton Rothschild (Château de) 33..........217 D1
Moutonne 39..........176 C2
La Moutonne 83..........292 B2
Moutonneau 16..........183 F3
Moutoux 39..........160 A3
Moutrot 54..........93 F1
Mouvaux 59..........4 C4
Moux 11..........303 D2
Moux-en-Morvan 58..........156 C1
Mouxy 73..........213 D1
Mouy 60..........34 B3
Mouy-sur-Seine 77..........88 C2
Mouzay 37..........150 B1
Mouzay 55..........39 F2
Mouzeil 44..........126 C2
Mouzens 24..........221 E4
Mouzens 81..........277 F3
Mouzeuil-Saint-Martin 85..........163 F2
Mouzieys-Panens 81..........259 D2
Mouzieys-Teulet 81..........259 F4
Mouzillon 44..........146 A1
Mouzon 08..........23 E4
Mouzon 16..........184 B4
Moval 90..........142 C1
Moy-de-l'Aisne 02..........20 B4
Moyaux 14..........30 C4
Moydans 05..........248 B3
Moye 74..........195 D3
Moyemont 88..........95 D2
Moyen 54..........95 D1
Moyencourt 80..........19 E4
Moyencourt-lès-Poix 80..........17 F3
Moyenmoutier 88..........95 F2
Moyenneville 60..........35 D2
Moyenneville 62..........8 A3
Moyenneville 80..........17 E1
Moyenvic 57..........69 D3
Moyeuvre-Grande 57..........41 E3
Moyeuvre-Petite 57..........41 E3
Moyon 50..........54 B1
Moyrazès 12..........242 A4
Moyvillers 60..........35 D2
Mozac 63..........189 D3
Mozé-sur-Louet 49..........128 B3
Muchedent 76..........16 B3
Mudaison 34..........282 A2
Muel 35..........78 B4
Muespach 68..........120 C4
Muespach-le-Haut 68..........120 C4

Mugron 40..........272 A1
Muhlbach-sur-Bruche 67..........70 B4
Muhlbach-sur-Munster 68..........96 A4
Muides-sur-Loire 41..........132 B1
Muidorge 60..........34 A1
Muids 27..........32 C4
Muille-Villette 80..........19 F4
Muirancourt 60..........19 F4
Muizon 51..........37 E3
Les Mujouls 06..........269 E3
La Mulatière 69..........192 C4
Mulcent 78..........59 F3
Mulcey 57..........69 D3
Mulhausen 67..........70 C1
Mulhouse 68..........120 C2
Mulsanne 72..........107 D3
Mulsans 41..........109 D4
Mun 65..........298 A1
Munchhausen 67..........45 C4
Munchhouse 68..........120 C1
Mundolsheim 67..........71 D3
Muneville-le-Bingard 50..........26 C4
Muneville-sur-Mer 50..........53 F2
Le Mung 17..........181 F3
Munster 57..........69 E4
Munster 68..........96 A4
Muntzenheim 68..........96 C3
Munwiller 68..........120 C1
Mur-de-Barrez 12..........224 C4
Mur-de-Bretagne 22..........76 C3
Mur-de-Sologne 41..........132 C3
Muracciole 2B..........317 D2
Murasson 12..........279 E1
Murat 03..........171 E3
Murat 15..........225 D2
Murat-le-Quaire 63..........206 C2
Murat-sur-Vèbre 81..........279 F1
Murato 2B..........315 E2
La Muraz 74..........195 F1
Murbach 68..........120 A1
La Mure 04..........268 B2
La Mure 38..........231 D3
Mureaumont 60..........33 E1
Les Mureaux 78..........60 A2
Mureils 26..........229 D1
Mûres 74..........195 E4
Muret 31..........276 B3
Le Muret 40..........235 D3
Muret-et-Crouttes 02..........36 B3
Muret-le-Château 31..........242 B3
La Murette 38..........212 B3
Murianette 38..........231 D1
Murinais 38..........230 A1
Murles 34..........281 E1
Murlin 58..........154 C1
Muro 2B..........314 C3
Murol 63..........207 D2
Murols 12..........242 B1
Muron 17..........181 E2
Murs 36..........150 C3
Murs 84..........265 F3
Mûrs-Erigné 49..........128 B3
Murs-et-Gélignieux 01..........212 B1
Murtin-et-Bogny 08..........22 B3
Murvaux 55..........40 A2
Murviel-lès-Béziers 34..........280 A4
Murviel-lès-Montpellier 34..........281 E2
Murville 54..........41 D3
Murzo 2A..........316 B2
Mus 30..........282 B1
Muscourt 02..........37 D3
Musculdy 64..........295 F1
Musièges 74..........195 D2
Musigny 21..........157 E1
Musseau 52..........116 B4
Mussey 55..........66 A3
Mussey-sur-Marne 52..........92 B3
Mussidan 24..........220 A2
Mussig 67..........96 C2
Mussy-la-Fosse 21..........138 A2
Mussy-sous-Dun 71..........174 B4
Mussy-sur-Seine 10..........115 D2
Mutigney 39..........140 A4
Mutigny 51..........64 A1
Mutrécy 14..........55 F1
Muttersholtz 67..........96 C2
Mutzenhouse 67..........70 C2
Mutzig 67..........70 C4
Le Muy 83..........287 E3
Muzeray 55..........40 C3
Muzillac 56..........123 E2
Muzy 27..........59 D4
Myans 73..........213 D2
Myennes 58..........135 D3
Myon 25..........160 A2

N

Nabas 64..........271 F4
Nabinaud 16..........201 F4
Nabirat 24..........239 F1
Nabringhen 62..........2 B3
Nachamps 17..........181 F2
Nadaillac 24..........222 A2
Nadaillac-de-Rouge 46..........222 A4
Nades 03..........189 D1
Nadillac 46..........240 B2
Naftel 50..........54 B4
Nagel-Séez-Mesnil 27..........58 B2
Nages 81..........279 D2
Nages-et-Solorgues 30..........263 F4
Nahuja 66..........310 C4
Nailhac 24..........221 E1
Naillat 23..........169 D4
Nailloux 31..........277 D4

Nailly 89..........88 C4
Naintré 86..........149 E4
Nainville-les-Roches 91..........87 E2
Naisey 25..........141 F4
Naives-devant-Bar 55..........66 B3
Naives-en-Blois 55..........67 D4
Naix-aux-Forges 55..........66 C4
Naizin 56..........101 D1
Najac 12..........259 D1
Nalliers 85..........163 F2
Nalliers 86..........167 E1
Nalzen 09..........301 E4
Nambsheim 68..........121 D1
Nampcel 60..........36 A2
Nampcelles-la-Cour 02..........21 E3
Nampont-Saint-Martin 80..........6 B3
Namps-au-Mont 80..........18 A3
Namps-au-Val 80..........18 A3
Nampteuil-sous-Muret 02..........36 C3
Nampty 80..........18 A3
Nan-Sous-Thil 21..........138 C3
Nanc-lès-Saint-Amour 39..........176 B3
Nançay 18..........133 F3
Nance 39..........159 E4
Nances 73..........212 C1
Nanclars 16..........183 F4
Nançois-le-Grand 55..........66 C4
Nançois-sur-Ornain 55..........66 C4
Nancras 17..........181 D4
Nancray 25..........141 E4
Nancray-sur-Rimarde 45..........111 D3
Nancuise 39..........176 C2
Nancy 54..........68 B4
Nancy-sur-Cluses 74..........196 B1
Nandax 42..........191 E2
Nandy 77..........87 E1
Nangeville 45..........87 D3
Nangis 77..........88 B1
Nangy 74..........195 F1
Nannay 58..........135 F4
Nans 25..........141 F2
Les Nans 39..........160 B3
Nans-les-Pins 83..........285 E4
Nans-sous-Sainte-Anne 25..........160 B2
Nant 12..........261 F3
Nant-le-Grand 55..........66 B4
Nant-le-Petit 55..........66 B4
Nanteau-sur-Essonne 77..........87 D2
Nanteau-sur-Lunain 77..........88 A4
Nanterre 92..........60 C3
Nantes 44..........126 A4
Nantes-en-Ratier 38..........231 D3
Nanteuil 79..........165 E3
Nanteuil-Auriac-de-Bourzac 24..........201 F3
Nanteuil-en-Vallée 16..........184 A2
Nanteuil-la-Forêt 51..........64 A1
Nanteuil-la-Fosse 02..........36 C2
Nanteuil-le-Haudouin 60..........61 F1
Nanteuil-lès-Meaux 77..........62 A2
Nanteuil-Notre-Dame 02..........36 B4
Nanteuil-sur-Aisne 08..........38 A1
Nanteuil-sur-Marne 77..........62 C2
Nantey 39..........176 B3
Nanthiat 24..........203 D3
Nantiat 87..........185 F2
Nantillé 17..........182 B3
Nantillois 55..........39 F3
Nantilly 70..........140 A2
Nantoin 38..........211 F3
Nantois 55..........66 C4
Nanton 71..........175 D1
Nantouard 70..........140 C2
Nantouillet 77..........61 F2
Nantoux 21..........158 A2
Nantua 01..........194 B1
Naours 80..........18 B1
La Napoule 06..........288 A4
Napt 01..........176 B4
Narbéfontaine 57..........42 B4
Narbief 25..........142 B4
Narbonne 11..........304 C2
Narbonne-Plage 11..........305 D2
Narcastet 64..........297 D1
Narcy 52..........92 A1
Narcy 58..........135 E4
Nargis 45..........111 F1
Narnhac 15..........224 C3
Narp 64..........272 A4
Narrosse 40..........271 F1
La Nartelle 83..........287 E4
Narthoux 81..........259 D2
Nasbinals 48..........243 E1
Nassandres 27..........58 A1
Nassiet 40..........272 B2
Nassigny 03..........170 C2
Nastringues 24..........219 E4
Nattages 01..........194 C4
Natzwiller 67..........96 B1
Naucelle 12..........259 F1
Naucelles 15..........224 A3
Naujac-sur-Mer 33..........198 B4
Naujan-et-Postiac 33..........218 C4
Nauroux (Seuil de) 11..........277 E4
Nauroy 02..........20 A2
Naussac 12..........241 E3
Naussac 48..........245 D1
Naussac (Barrage de) 48..........245 D1
Naussannes 24..........238 C1
Nauvay 72..........83 E4
Nauviale 12..........242 A3
Nauzan 47..........198 B1
Navacelles 30..........263 F1
Navacelles (Cirque de) 34..........262 A4
Navailles-Angos 64..........273 D3
Navarosse 40..........234 B3
Navarrenx 64..........272 A4
Naveil 41..........108 B2

Navenne 70..........141 E1
Naves 03..........189 E1
Naves 07..........245 E4
Naves 19..........204 C4
Naves 59..........9 E4
Naves 73..........214 B2
Navès 81..........278 B3
Nâves-Parmelan 74..........195 F2
Navilly 71..........158 C2
Nay 50..........27 D3
Nay 64..........297 D1
Nayemont-les-Fosses 88..........95 F3
Le Nayrac 12..........242 C2
Nazelles-Négron 37..........131 E3
Néac 33..........218 C3
Néant-sur-Yvel 56..........102 A1
Neau 53..........81 F4
Neaufles-Auvergny 27..........58 A3
Neaufles-Saint-Martin 27..........33 E3
Neauphe-sous-Essai 61..........83 D1
Neauphe-sur-Dive 61..........56 C3
Neauphle-le-Château 78..........60 A3
Neauphle-le-Vieux 78..........60 A3
Neauphlette 78..........59 E2
Neaux 42..........191 F3
Nébian 34..........280 C2
Nébias 11..........302 A4
Nébing 57..........69 E2
Nébouzat 63..........207 D1
Nécy 61..........56 B3
Nedde 87..........205 D1
Nédon 62..........7 E1
Nédonchel 62..........7 E1
Neewiller-près-Lauterbourg 67..........45 F4
Neffes 05..........249 E2
Neffiès 34..........280 C3
Néfiach 66..........312 B2
Nègrepelisse 82..........258 A2
Négreville 50..........24 C3
Négron 37..........131 E3
Négrondes 24..........203 D4
Néhou 50..........24 C4
Nehwiller 67..........45 D4
Nelling 57..........69 E1
Nemours 77..........87 F4
Nempont-Saint-Firmin 62..........6 B3
Nénigan 31..........275 D4
Nenon 39..........159 E1
Néons-sur-Creuse 36..........150 B4
Néoules 83..........286 A4
Néoux 23..........187 F3

Nepvant 55..........40 A1
Nérac 47..........255 F2
Nerbis 40..........272 A1
Nercillac 16..........200 C1
Néré 17..........182 C2
Néret 36..........170 A2
Nérigean 33..........218 C4
Nérignac 86..........167 D4
Néris-les-Bains 03..........171 D4
Nermier 39..........176 C2
Nernier 74..........178 A3
Néron 28..........85 E1
Néronde 42..........191 F4
Néronde-sur-Dore 63..........190 B4
Nérondes 18..........154 A2
Ners 30..........263 E3
Nersac 16..........201 E1
Nervieux 42..........191 E4
Nerville-la-Forêt 95..........60 C1
Néry 60..........35 E3
Neschers 63..........207 F2
Nescus 09..........300 C3
Nesle 80..........19 E3
Nesle-et-Massoult 21..........115 D4
Nesle-Hodeng 76..........16 C3
Nesle-la-Reposte 51..........89 E1
Nesle-le-Repons 51..........63 F1
Nesle-l'Hôpital 80..........17 D2
Nesle-Normandeuse 76..........17 D2
Nesles 62..........2 A4
Nesles 77..........62 C1
Nesles-la-Montagne 02..........63 D2
Nesles-la-Vallée 95..........60 C1
Neslette 80..........17 D2
Nesmy 85..........163 E1
Nesploy 45..........111 D2
Nespouls 19..........222 A2
Nessa 2B..........314 C3
Nestier 65..........298 C2
Nettancourt 55..........65 F2
Netzenbach 67..........70 B4
Neublans 39..........159 D3
Neubois 67..........96 B2
Le Neubourg 27..........31 F4
Neuchâtel-Urtière 25..........142 B2
Neuf-Berquin 59..........4 A4
Neuf-Brisach 68..........97 D4
Neuf-Église 63..........189 D2
Neuf-Marché 76..........33 E2
Neuf-Mesnil 59..........10 B2
Neufbosc 76..........16 B4
Le Neufbourg 50..........54 C4

Neufchâteau 88..........93 E3
Neufchâtel-en-Bray 76..........16 C2
Neufchâtel-en-Saosnois 72..........83 D3
Neufchâtel-Hardelot 62..........2 A4
Neufchâtel-sur-Aisne 02..........37 F2
Neufchef 57..........41 D3
Neufchelles 60..........62 B1
Neuffons 33..........237 D1
Neuffontaines 58..........136 C3
Neufgrange 57..........43 E4
Neuflieux 02..........36 A1
Neuflize 08..........38 A3
Neufmaison 08..........22 B2
Neufmaisons 54..........95 E1
Neufmanil 08..........22 C2
Neufmesnil 50..........26 C3
Neufmoulin 80..........6 C4
Neufmoutiers-en-Brie 77..........62 A4
Le Neufour 55..........39 E4
Neufvillage 57..........69 E2
Neufvy-sur-Aronde 60..........35 D2
Neugartheim 67..........70 C3
Neugartheim-Ittlenheim 67..........70 C3
Neuhaeusel 67..........71 F1
Neuil 37..........149 F1
Neuilh 65..........297 F2
Neuillac 17..........199 F2
Neuillay-les-Bois 36..........151 E4
Neuillé 49..........129 E3
Neuillé-le-Lierre 37..........131 E2
Neuillé-Pont-Pierre 37..........130 B2
Neuilly 27..........59 E2
Neuilly 58..........136 B4
Neuilly 89..........113 D3
Neuilly-en-Donjon 03..........173 E4
Neuilly-en-Dun 18..........154 A4
Neuilly-en-Sancerre 18..........134 C4
Neuilly-en-Thelle 60..........34 B4
Neuilly-en-Vexin 95..........33 F4
Neuilly-la-Forêt 14..........27 E3
Neuilly-le-Bisson 61..........83 D2
Neuilly-le-Brignon 37..........150 A2
Neuilly-le-Dien 80..........7 D4
Neuilly-le-Malherbe 14..........55 F1
Neuilly-le-Réal 03..........172 B3
Neuilly-le-Vendin 53..........82 A2
Neuilly-lès-Dijon 21..........139 E3
Neuilly-l'Évêque 52..........117 D2
Neuilly-l'Hôpital 80..........6 C4
Neuilly-Plaisance 93..........61 E3
Neuilly-Saint-Front 02..........36 B4

NANCY

Adam (R. Sigisbert)......BX 2
Barrès (R. Maurice)......CY 10
Bazin (R. H.)......CY 13
Benit (R.)......BY 14
Braconnot (R.)......BX 19
Carmes (R. des)......BY 20
Chanoine-Jacob (R.)......AX 23
Chanzy (R.)......AY 24
Cheval-Blanc (R. du)......BY 25
Craffe (R. de la)......AX 27
Croix de Bourgogne (Espl.)......AZ 28
Dominicains (R. des)......BY 29
Érignac (R. C.)......BY 31
Gambetta (R.)......BY 36

Gaulle (Pl. Gén.-de)......BX 37
Grande-Rue......BXY
Haut-Bourgeois (R.)......AX 39
Héré (R.)......BY 40
Île de Corse (R. de l')......CY 41
Keller (R. Ch.)......AX 46
La Fayette (Pl. de)......BY 47
Louis (R. Baron)......AXY 50
Loups (R. des)......AX 51
Maréchaux (R. des)......BY 53
Mazagran (R.)......AY 54
Mengin (Pl. Henri)......BY 55
Molitor (R.)......CZ 60
Mon-Désert (R. de)......ABZ 61
Monnaie (R. de la)......BY 62
Mgr-Ruch (Pl.)......CY 63
Mouja (R. du Pont)......BY 64
Poincaré (R. H.)......AY 69

Poincaré (R. R.)......AY 70
Point-Central......BY 72
Ponts (R. des)......BYZ 73
Primatiale (R. de la)......CY 74
Raugraff (R.)......BY 75
St-Dizier (R.)......BY
St-Epvre (Pl.)......BY 82
St-Georges (R.)......BY
St-Jean (R.)......BY
St-Léon (R.)......AY 85
Source (R. de la)......AY 99
Stanislas (R.)......BY 100
Trois-Maisons (R. du Fg des)......AX 104
Trouillet (R.)......AXY 105
Visitation (R. de la)......BY 109
XXe-Corps (Av. du)......CY 110

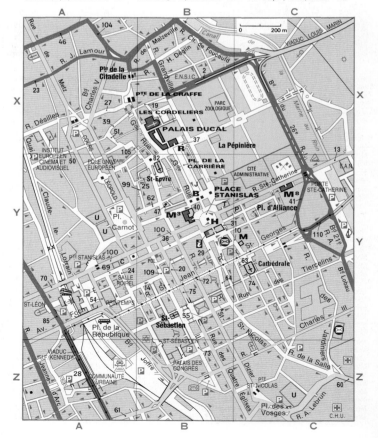

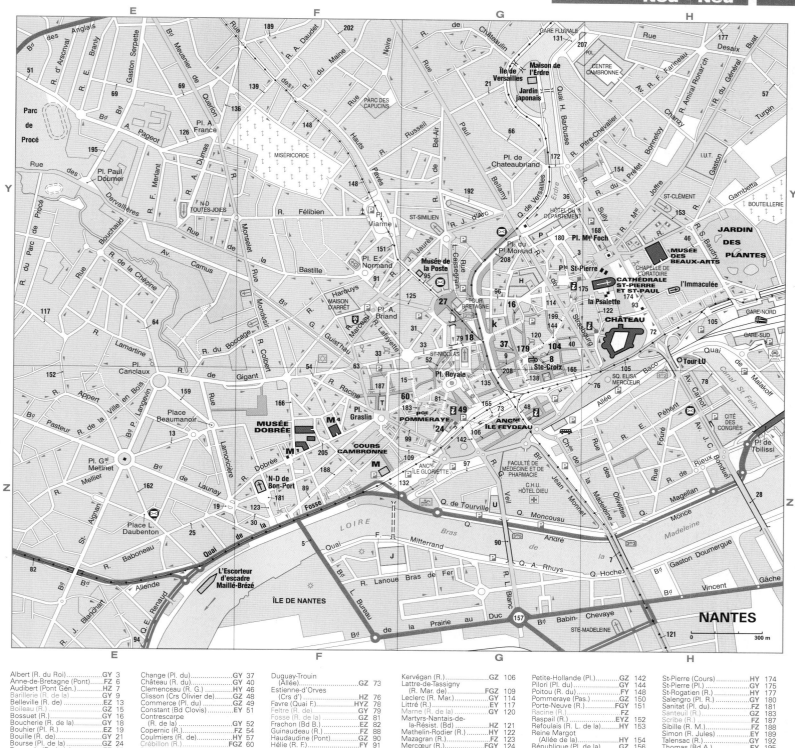

NANTES

300 m

Albert (R. du Roi)...............GY 3
Anne-de-Bretagne (Pont)....FZ 6
Audibert (Pont Gén.).........HZ 7
Barillerie (R. de la)............GY 9
Belleville (R. de)...............EZ 13
Boileau (R. de).................GZ 15
Bossuet (R.)....................FY 16
Boucherie (R. de la)..........GY 18
Bouhier (Pl. R.)................EZ 19
Bouille (R. de).................FZ 21
Bourse (Pl. de la).............GZ 24
Brasserie (R. de la)...........EZ 25
Bretagne (Pl. de)..............GY 27
Briand (Pont A.)...............HZ 28
Brunellière (R. Ch.)...........FZ 30
Budapest (R. de)..............GY 31
Calvaire (R. du)...............FY 33
Ceineray (Quai)...............GY 36

Change (Pl. du).................GY 37
Château (R. du)................GY 40
Clemenceau (R. G.)...........HY 46
Clisson (Crs Olivier de)......GZ 48
Commerce (Pl. du)............GZ 49
Constant (Bd Clovis).........EY 51
Contrescarpe
  (R. de la)......................GY 52
Copernic (R.)...................FZ 54
Coulmiers (R. de).............HY 57
Crébillon (R.)................FGZ 60

Delorme (Pl.)...................FY 63
Desgrées-du-Lou
  (R. du Col.)...................EY 64
Distillerie (R. de la)..........GY 66
Douet Garnier
  (R. du).........................EY 69
Duchesse Anne (Pl.)..........HY 72

Duguay-Trouin
  (Allée)..........................GZ 73
Estienne-d'Orves
  (Crs d').........................HZ 76
Favre (Quai F.)................HYZ 78
Feltre (R. de)...................GY 79
Fosse (R. de la)................GZ 81
Frachon (Bd B.)................EZ 82
Guinaudeau (Pont)...........FZ 88
Haudaudine (Pont)...........GZ 90
Hélie (R. F.)....................FY 91
Henri IV (R.)...................FY 92
Hermitage (R. de l')..........EZ 94
Herriot (R. E.).................GY 95
Hôtel-de-Ville (R. de l')......GY 98
J.-J.-Rousseau (R.).........FGZ 99
Juiverie (R. de la).............GY 104
Kennedy (Cours J.-F.)........HY 105

Kervégan (R.)...................GZ 106
Lattre-de-Tassigny
  (R. Mar. de)................FGZ 109
Leclerc (R. Mar.)...............GY 114
Littré (R.)........................EY 117
Marne (R. de la)................GY 120
Martyrs-Nantais-de-
  la-Résist. (Bd)................HZ 121
Mathelin-Rodier (R.)..........HY 122
Mazagran (R.)..................FZ 123
Mercœur (R.)...................FGY 124
Merson (Bd L.-O.).............EY 126
Motte Rouge (Q. de la)......GY 131
Nations-Unies (Bd des)......GZ 132
Orléans (R. d')..................GZ 135
Painlevé (R. Paul)..............EZ 136
Paix (R. de la)..................GZ 138
Pelleterie (R. de la)...........EFY 139

Petite-Hollande (Pl.).........GZ 142
Pilori (Pl. du)...................GY 144
Poitou (R. Mar. de)............FY 148
Pommeraye (Pas.)............GY 150
Porte-Neuve (R.)............FGY 151
Racine (R.)......................GY 152
Raspail (R.)...................EYZ 152
Refoulais (R. L. de la)........HY 153
Reine Margot
  (Allée de la)...................HY 154
Riom (R. Alfred)................GZ 156
Rollin (R.)........................EZ 162
Roosevelt (Crs F.)..............GZ 165
Rosière d'Artois (R.)..........FZ 166
Royale (Pl.).....................GZ
St-André (Cours)...............HY 168
St-Mihiel (Pont)................GY 172

St-Pierre (Cours)..............HY 174
St-Pierre (Pl.)..................GY 175
St-Rogatien (R.)...............HY 177
Salengro (Pl. R.)...............GY 180
Sanitat (R. du).................FZ 181
Santeuil (R.)....................GZ 183
Scribe (R.)......................FZ 187
Sibille (R. M.)..................FZ 188
Simon (R. Jules)...............EY 189
Talensac (R.)...................GY 192
Thomas (Bd A.)...............EY 195
Verdun (R. de)................GY 199
Villebois-Mareuil (R.).........FY 202
Voltaire (R.)....................FZ 205
Waldeck-Rousseau
  (Pl.)...........................GHY 207
50-Otages
  (Crs des)....................GYZ 208

Neuilly-sous-Clermont 60......34 C3
Neuilly-sur-Eure 61..............84 B1
Neuilly-sur-Marne 93............61 E3
Neuilly-sur-Seine 92.............60 C3
Neuilly-sur-Suize 52............116 B1
Neulette 62.........................7 D2
Neulise 42.......................191 F3
Neulles 17.......................199 F2
Neulliac 56.........................76 C4
Neung-sur-Beuvron 41........133 D2
Neunhoffen 67....................45 D1
Neunkirchen-
  lès-Bouzonville 57...........42 B2
Neure 03.........................154 B4
Neurey-en-Vaux 70.............118 A4
Neurey-lès-la-Demie 70.......141 E1
Neussargues-Moissac 15.....225 D3
Neuve-Chapelle 62................8 B1
Neuve-Eglise 67..................96 B1
Neuve-Grange 27................133 D3
La Neuve-Lyre 27..................58 A2
Neuve-Maison 02.................21 E2

Neuvecelle 74...................178 C2
Neuvéglise 15....................225 D3
Neuville-lès-Champlitte 70....140 A1
Neuville-lès-Cromary 70.......141 E2
Neuville-lès-Grancey 21..........4 A4
Neuville-la-Charité 70..........141 D1
La Neuville-lès-Lure 70.........118 D4
Neuville-lès-Scey 70............118 A4
Neuville-lès-Voisey 52..........117 F3
Neuves-Maisons 54...............68 A4
La Neuveville-devant-
  Lépanges 88...................95 E4
La Neuveville-
  sous-Châtenois 88............93 F3
La Neuveville-
  sous-Montfort 88.............94 A4
Neuvic 19.........................205 F4
Neuvic 24.........................220 A2
Neuvic-Entier 87................204 B1
Neuvicq 17.......................200 C4
Neuvicq-le-Château 17.........183 D2
Neuvillalais 72....................82 B4

Neuville 03.......................171 E3
Neuville 19.......................222 C2
La Neuville 59.......................8 C1
Neuville 63........................208 A1
La Neuville-à-Maire 08..........39 D1
Neuville-au-Bois 80...............17 E2
La Neuville-au-Cornet 62..........7 F3
Neuville-au-Plain 50..............25 D4
La Neuville-au-Pont 51...........65 F1
Neuville-aux-Bois 45............110 B1
La Neuville-aux-Bois 51..........65 F1
La Neuville-aux-Joûtes 08.......21 F2
La Neuville-aux-Larris 51........37 E4
La Neuville-aux-Tourneurs 08...22 A2
Neuville-Bosc 60..................34 A4
Neuville-Bosmont 02.............21 D4
Neuville-Bourjonval 62...........19 F1
Neuville-Chant-d'Oisel 76.......32 B3
Neuville-Coppegueule 80........17 E3
La Neuville-d'Aumont 60........34 A4
Neuville-Day 08...................39 D1
Neuville-de-Poitou 86..........166 A1

La Neuville-du-Bosc 27..........31 F4
Neuville-en-Avesnois 59...........9 F4
Neuville-en-Beaumont 50........24 C4
La Neuville-en-Beine 02..........19 F4
Neuville-en-Ferrain 59.............5 D3
La Neuville-en-Hez 60............34 B2
La Neuville-
  en-Tourne-à-Fuy 08...........38 B3
Neuville-en-Verdunois 55........66 B2
Neuville-Ferrières 76.............16 C4
Neuville-Garnier 60...............34 A3
La Neuville-Housset 02...........21 D3
La Neuville-lès-Bray 80..........19 D2
La Neuville-lès-Dames 01......193 D1
La Neuville-lès-Decize 58......155 D4
La Neuville-lès-Dieppe 76.......16 A2
La Neuville-lès-Dorengt 02......10 A4
Neuville-lès-This 08...............22 B3
Neuville-lès-Vaucouleurs 55....93 E1
La Neuville-lès-Wasigny 08.....22 A4
Neuville-près-Sées 61............57 D3

Neuville-Saint-Amand 02........20 A3
La Neuville-Saint-Pierre 60......34 B1
Neuville-Saint-Rémy 59............9 D4
Neuville-Saint-Vaast 62............8 B3
La Neuville-Sire-Bernard 80.....18 C4
Neuville-sous-Arzillières 51......65 E4
Neuville-sous-Montreuil 62........6 B2
Neuville-sur-Ailette 02............37 D2
Neuville-sur-Ain 01...............194 A1
Neuville-sur-Authou 27...........31 E4
Neuville-sur-Brenne 37..........131 E1
Neuville-sur-Escaut 59.............9 E3
La Neuville-sur-Essonne 45.....111 D1
Neuville-sur-Margival 02.........36 B3
Neuville-sur-Oise 60...............60 B2
Neuville-sur-Ornain 55............66 A3
La Neuville-sur-Oudeuil 60.......34 A1
La Neuville-sur-Ressons 60......35 E1
Neuville-sur-Saône 69...........192 C3
Neuville-sur-Sarthe 72..........106 C1
Neuville-sur-Seine 10............115 D2
Neuville-sur-Touques 61.........57 D3

Neuville-sur-Vannes 10...........89 F4
La Neuville-Vault 60...............33 F2
Neuville-Vitasse 62..................8 B3
Neuviller-la-Roche 67.............70 B4
Neuviller-lès-Badonviller 54.....95 F1
Neuviller-sur-Moselle 54.........94 B1
Neuvillers-sur-Fave 88............96 A2
Neuvillette 02.......................20 B3
La Neuvillette 51...................37 F3
Neuvillette 80........................7 E4
Neuvillette-en-Charnie 72......106 A1
Neuvilly 59...........................9 F4
Neuvilly-en-Argonne 55..........39 F4
Neuvireuil 62..........................8 B3
Neuvizy 08..........................22 M4
Neuvy 03..........................172 A2
Neuvy 41..........................132 C2
Neuvy 51............................63 D4
Neuvy-au-Houlme 61.............56 A3
Neuvy-Bouin 79..................164 C1
Neuvy-deux-Clochers 18.......134 C4

Neuvy-en-Beauce 28	86 A4	Nice 06	288 C2
Neuvy-en-Champagne 72	106 B1	Nicey 21	114 C3
Neuvy-en-Dunois 28	85 E4	Nicey-sur-Aire 55	66 C2
Neuvy-en-Mauges 49	127 F4	Nicole 47	237 F4
Neuvy-en-Sullias 45	110 C4	Nicorps 50	54 A1
Neuvy-Grandchamp 71	173 E1	Nideck (Château	
Neuvy-le-Barrois 18	154 B3	et Cascade du) 67	70 B3
Neuvy-le-Roi 37	130 C1	Niderhoff 57	69 F4
Neuvy-Pailloux 36	152 B3	Niderviller 57	70 A2
Neuvy-Saint-Sépulchre 36	169 E2	Niederbronn-les-Bains 67	45 D4
Neuvy-Sautour 89	113 F2	Niederbruck 68	119 F3
Neuvy-sur-Barangeon 18	133 F4	Niederentzen 68	96 C4
Neuvy-sur-Loire 58	135 D2	Niederhaslach 67	70 B4
Neuwiller 68	121 D4	Niederhausbergen 67	71 D3
Neuwiller-lès-Saverne 67	70 B1	Niederhergheim 68	96 C4
Neuzy 71	173 F2	Niederlarg 68	120 B4
Névache 05	232 B3	Niederlauterbach 67	45 F4
Nevers 58	154 C2	Niedermodern 67	71 D1
Névez 29	99 E2	Niedermorschwihr 68	96 B3
Névian 11	303 F1	Niedernai 67	70 C4
Néville 76	15 E1	Niederrœdern 67	45 F4
Néville-sur-Mer 50	25 E2	Niederschaeffolsheim 67	71 D2
Nevoy 45	111 E4	Niederseebach 67	45 F4
Nevy-lès-Dole 39	159 E2	Niedersoultzbach 67	70 C1
Nevy-sur-Seille 39	159 F4	Niedersteinbach 67	45 D1
Nexon 87	203 F1	Niederstinzel 57	69 F2
Ney 39	160 A4	Niedervisse 57	42 B4
Neydens 74	195 E1	Nielles-lès-Ardres 62	2 C1
Neyrac-les-Bains 07	245 F1	Nielles-lès-Bléquin 62	2 C4
Les Neyrolles 01	194 B1	Nielles-lès-Calais 62	2 B2
Neyron 01	193 D4	Nieppe 59	4 B4
Nézel 78	60 A2	Le Nieppe 59	3 E3
Nézignan-l'Évêque 34	280 C4	Niergnies 59	9 D4
Niafles 53	104 C3	Nieudan 15	223 F3
Niaux 09	310 A1	Nieuil 16	184 B3
Niaux (Grotte de) 09	310 A1	Nieuil-l'Espoir 86	166 C2
Nibas 80	17 D1	Nieul 87	185 F3
Nibelle 45	111 D2	Nieul-le-Dolent 85	162 C1
Nibles 04	249 E4	Nieul-le-Virouil 17	199 E3
		Nieul-lès-Saintes 17	181 E4
		Nieul-sur-l'Autise 85	164 B3
		Nieul-sur-Mer 17	163 E4
		Nieulle-sur-Seudre 17	181 D4
		Nieurlet 59	3 E3
		Niévroz 01	193 E4
		Niffer 68	121 D2
		Niherne 36	151 F4
		Nilvange 57	41 E2
		Nîmes 30	264 A4
		Ninville 52	117 D1
		Niort 79	164 C4
		Niort-de-Sault 11	310 C1
		Niort-la-Fontaine 53	81 E2
		Niozelles 04	267 D3
		Nissan-lez-Enserune 34	304 C1
		Nistos 65	298 C3
		Nitry 89	137 D1
		Nitting 57	69 F4
		Nivelle 59	9 E2
		Nivillac 56	123 F1
		Nivillers 60	34 A2
		Nivolas-Vermelle 38	211 F2
		Nivollet-Montgriffon 01	194 A3
		Nixéville 55	66 B1
		Le Nizan 33	236 C3
		Nizan-Gesse 31	298 C1
		Nizas 34	280 C3
		Nizas 34	275 F3
		Nizerolles 03	190 B2
		Nizon 29	99 E2
		Nizy-le-Comte 02	37 F1
		Noailhac 12	242 A2
		Noailhac 19	222 B2
		Noailhac 81	278 B2
		Noaillac 33	237 D2
		Noaillan 33	236 B3
		Noailles 19	222 B2
		Noailles 60	34 B3
		Noailles 81	259 D3
		Noailly 42	191 E1
		Noalhac 48	225 E4
		Noalhat 63	190 A3
		Noards 27	31 D4
		Nocario 2B	315 E4
		Nocé 61	83 F3
		Noceta 2B	317 E1
		Nochize 71	174 A3
		Nod-sur-Seine 21	115 E4
		Nods 25	161 D1
		Noé 31	276 B4
		Noé 89	113 D1
		La Noë-Blanche 35	103 D3
		Noë-les-Mallets 10	115 E4
		La Noë-Poulain 27	31 D3
		Noël-Cerneux 25	161 F1
		Nœllet 49	104 B4
		Nœux 54	40 C2
		Les Noës 42	191 D2
		Les Noës-près-Troyes 10	90 B3
		Nœux-lès-Auxi 62	7 D4
		Nœux-les-Mines 62	8 A2
		Nogaret 31	277 F3
		Nogaro 32	273 F1
		Nogent 52	116 C1
		Nogent-en-Othe 10	113 F1
		Nogent-l'Abbesse 51	38 A4
		Nogent-l'Artaud 02	62 C2
		Nogent-le-Bernard 72	83 E4
		Nogent-le-Phaye 28	85 E2
		Nogent-le-Roi 28	85 E1
		Nogent-le-Rotrou 28	84 B3
		Nogent-le-Sec 27	58 B2
		Nogent-lès-Montbard 21	138 A1
		Nogent-sur-Aube 10	90 C2
		Nogent-sur-Eure 28	85 D3
		Nogent-sur-Loir 72	130 B1
		Nogent-sur-Marne 94	61 E3
		Nogent-sur-Oise 60	35 D2
		Nogent-sur-Seine 10	89 D2
		Nogent-sur-Vernisson 45	111 F3
		Nogentel 02	63 D2
		Nogna 39	176 C1
		Noguères 64	272 B4
		Nohan 39	23 D2
		Nohanent 63	189 E4
		Nohant-en-Goût 18	153 F1
		Nohant-en-Graçay 18	152 B1
		Nohant-Vic 36	169 F1
		Nohèdes 66	311 F2
		Nohic 82	258 A4
		Noidan 21	138 A3
		Noidans-le-Ferroux 70	141 D1
		Noidans-lès-Vesoul 70	141 E1
		Noidant-Chatenoy 52	116 C3
		Noidant-le-Rocheux 52	116 C3
		Noilhan 32	275 F3
		Nointel 60	34 C3
		Nointel 60	61 D1
		Nointot 76	15 D3
		Noir (Lac) 68	96 A3
		Noircourt 02	21 F4
		Noirefontaine 25	142 C3
		Noirémont 60	34 B1
		Noirétable 42	190 C4
		Noirlac (Abbaye de) 18	153 E4
		Noirlieu 51	65 F2
		Noirlieu 79	147 F3
		Noirmoutier-en-l'Île 85	144 B1
		Noiron 70	140 B3
		Noiron-sous-Gevrey 21	139 E4
		Noiron-sur-Bèze 21	139 F2
		Noiron-sur-Seine 21	115 D2
		Noironte 25	140 C4
		Noirpalu 50	54 A3
		Noirterre 79	147 F3
		Noirval 08	39 D2
		Noiseau 94	61 E4
		Noisiel 77	61 E3
		Noisseville 57	42 A4
		Noisy-le-Grand 93	61 E3
		Noisy-le-Sec 93	61 D3
		Noisy-Rudignon 77	88 A3
		Noisy-sur-École 77	87 E3
		Noisy-sur-Oise 95	61 D1
		Noizay 37	131 D3
		Noizé 79	148 B3
		Nojals-et-Clotte 24	238 C1
		Nojeon-en-Vexin 27	33 D3
		Nolay 21	157 F2
		Nolay 58	155 F1
		Noléval 76	33 D2
		Nollieux 42	191 D4
		Nomain 59	9 D1
		Nomdieu 47	256 A4
		Nomecourt 52	92 A2
		Nomeny 54	68 B2
		Nomexy 88	94 C3
		Nommay 25	142 C1
		Nompatelize 88	95 F3
		Nonac 16	201 E3
		Nonancourt 27	58 C4
		Nonant 14	29 D3
		Nonant-le-Pin 61	57 D4
		Nonards 19	222 C2
		Nonaville 16	201 E4
		Noncourt-sur-le-Rongeant 52	92 B2
		Nonette 63	207 F3
		Nonglard 74	195 E3
		Nonhigny 54	95 F1
		Nonières 07	228 B3
		Les Nonières 26	230 B4
		Nonsard 55	67 E2

NICE

Alberti (R.)	GHY 2
Alsace-Lorraine (Jardin)	EZ 3
Armée-du-Rhin (Pl.)	JX 5
Auriol (Pont V.)	JV 7
Bellanda (Av.)	HV 10
Berlioz (R.)	FY 12
Bonaparte (R.)	JY 13
Carnot (Bd)	JZ 15
Desambrois (Av.)	GHX 18
Diables-Bleus (Av. des)	JX 19
Europe (Parvis de l')	JX 20
Félix-Faure (Av.)	GZ 21
France (R. de)	DFZ
Gallieni (Av.)	HJX 23
Gambetta (Bd)	EXZ
Gautier (Pl. P.)	HZ 25
Gioffredo (R.)	HY
Hôtel-des-Postes (R.)	HY 30
Ile-de-Beauté (Pl. de l')	JZ 31
J.-Jaurès (Bd)	HYZ 32
Liberté (R. de la)	GZ 35
Lunel (Quai)	JZ 37
Masséna (Esp., Pl.)	GZ
Masséna (R.)	FGZ 43
Médecin (Av. J.)	FGY 44
Meyerbeer (R.)	FZ 45
Monastère (Av. et Pl. du)	HV 46
Moulin (Pl. J.)	HY 47
Paradis (R.)	GZ 55
Passy (R. F.)	EY 57
Pastorelli (R.)	GY 58
Phocéens (Av. des)	GZ 59
Ray (Av. du)	FV 63
République (Av. de la)	JXY 64
Rivoli (R. de)	FZ 65
St-François-de-Paule (R.)	GHZ 72
St-Jean-Baptiste (Av.)	HY 73
Saleya (Cours)	HZ 82
Sauvan (R. H.)	EZ 84
Verdun (Av. de)	FGZ 89
Walesa (Bd Lech)	JYZ 91
Wilson (Pl.)	HY 92

NÎMES

Arènes (Bd des)	CV	2
Aspic (R. de l')	CUV	
Auguste (R.)	CU	4
Bernis (R. de)	CV	6
Chapitre (R. du)	CU	12
Courbet (Bd Amiral)	DUV	14
Crémieux (R.)	DU	16

Curaterie (R.)	DU	17
Daudet (Bd A.)	CU	18
Ducros (R. A.)	CV	19
Fontaine (Q. de la)	CU	20
Gambetta (Bd)	CDU	
Grand'Rue	DU	24
Guizot (R.)	CU	26
Halles (R. des)	CU	27
Horloge (R. de l')	CU	28
Libération (Bd de la)	DV	30

Madeleine (R. de la)	CU	32
Maison carrée (Pl. de la)	CU	33
Marchands (R. des)	CU	35
Nationale (R.)	CDU	
Perrier (R. Gén.)	CU	
Prague (Bd de)	DV	42
République (R. de la)	CU	43
Saintenac (Bd E.)	DU	45
Victor-Hugo (Bd)	CUV	
Violettes (R.)	CV	49

Nontron 24	202	B2
Nonville 77	87	F4
Nonville 88	118	A1
Nonvilliers-Grandhoux 28	84	C3
Nonza 2B	315	E1
Nonzeville 88	95	D3
Noordpeene 59	3	E3
Nordausques 62	3	D3
Nordheim 67	70	C3
Nordhouse 67	71	D4
Nore (Pic de) 11	278	C4
Noreuil 62	8	C4
Norges-la-Ville 21	139	E3
La Norma 73	214	C4
Normandel 61	84	A1
Normandie (Pont de) 76	14	C4
Normanville 27	58	C1
Normanville 76	15	D2
Normée 51	64	B3
Normier 21	138	A3
Norolles 14	30	C4
Noron-la-Poterie 14	28	C4
Noron-l'Abbaye 14	56	A2
Noroy 60	34	C2
Noroy-le-Bourg 70	141	F1
Noroy-lès-Jussey 70	117	F3
Noroy-sur-Ourcq 02	36	A4
Norrent-Fontes 62	7	F1
Norrey-en-Auge 14	56	C2
Norrey-en-Bessin 14	29	D4
Norrois 51	65	E4
Norroy 88	93	F4
Norroy-le-Sec 54	41	D3
Norroy-le-Veneur 57	41	F4
Norroy-lès-Pont-à-Mousson 54	68	A2
Nort-Leulinghem 62	3	D3
Nort-sur-Erdre 44	126	C2
Nortkerque 62	2	C2
Norville 76	15	E4
La Norville 91	86	C1
Nossage-et-Bénévent 05	249	D4
Nossoncourt 88	95	D2
Nostang 56	100	B3
Noth 23	186	B1
Nothalten 67	96	C1
Notre-Dame-d'Aiguebelle (Abbaye de) 26	247	D3
Notre-Dame-d'Aliermont 76	16	B3
Notre-Dame-d'Allençon 49	128	C3
Notre-Dame-d'Aurès 12	260	B1
Notre-Dame-d'Ay (Sanctuaire de) 07	228	C1
Notre-Dame-de-Bellecombe 73	196	B3
Notre-Dame-de-Bliquetuit 76	15	E4
Notre-Dame-de-Boisset 42	191	E2
Notre-Dame-de-Bondeville 76	32	A2
Notre-Dame-de-Briançon 73	214	A2
Notre-Dame-de-Buglose 40	253	D4
Notre-Dame-de-Cenilly 50	54	B1
Notre-Dame-de-Clausis 05	251	F4
Notre-Dame-de-Commiers 38	230	C4
Notre-Dame-de-Courson 14	57	D2
Notre-Dame-de-Fresnay 14	56	C2
Notre-Dame-de-Garaison 65	298	C3
Notre-Dame-de-Grace 44	125	F2
Notre-Dame-de-Gravenchon 76	15	D4

Notre-Dame de Kérinec (Chapelle) 29	73	D3
Notre-Dame-de-la-Cour 22	51	D3
Notre-Dame de la Gorge 74	196	C3
Notre-Dame-de-la-Grainetière (Abbaye de) 85	146	B3
Notre-Dame-de-la-Mer (Chapelle) 78	59	E1
Notre-Dame-de-la-Rouvière 30	262	C2
Notre-Dame-de-la-Salette 38	231	E3
Notre Dame de la Serra (Belvédère de) 2B	314	A3
Notre-Dame-de-l'Aillant 71	156	C1
Notre-Dame-de-Laus 05	249	F2
Notre-Dame-de-l'Espérance (Chapelle) 22	51	D3
Notre-Dame-de-l'Isle 27	59	E1
Notre-Dame-de-Livaye 14	56	C1
Notre-Dame-de-Livoye 50	54	B3
Notre-Dame-de-Londres 34	262	C4
Notre-Dame-de-Lorette 62	8	C1
Notre-Dame de l'Ormeau (Chapelle) 83	287	E1
Notre-Dame-de-l'Osier 38	212	A4
Notre-Dame de Lure (Monastère de) 04	266	C2
Notre-Dame-de-Mésage 38	230	C2
Notre-Dame-de-Montplacé (Chapelle) 49	129	D1
Notre-Dame-de-Monts 85	144	B3
Notre-Dame-de-Piétat (Chapelle de) 64	297	D1
Notre-Dame-de-Riez 85	144	C4
Notre-Dame-de-Sanilhac 24	220	B1
Notre-Dame- de-Timadeuc (Abbaye de) 56	101	E1
Notre-Dame-de-Tréminou (Chapelle) 29	98	B2
Notre-Dame-de-Tronoën 29	98	B2
Notre-Dame de Valvert (Chapelle de) 04	268	C3
Notre-Dame-de-Vaulx 38	230	C2
Notre-Dame de Vie (Ermitage) 06	288	B3
Notre-Dame-d'Elle 50	27	F4
Notre-Dame-d'Épine 27	31	E4
Notre-Dame-des-Anges (Prieuré) 83	286	C4
Notre-Dame-des-Dombes (Abbaye de) 01	193	E2
Notre-Dame-des-Fontaines (Chapelle) 06	289	F1
Notre-Dame-des-Landes 44	126	B2
Notre-Dame-des-Millières 73	214	A1
Notre-Dame-des-Misères (Chapelle de) 82	258	A4
Notre-Dame-d'Estrées 14	30	A4
Notre-Dame-d'Igny (Abbaye) 51	37	D4
Notre-Dame-d'Oé 37	130	C2
Notre-Dame-d'Or 86	148	C4
Notre-Dame-du-Bec 76	14	B3
Notre-Dame-du-Crann (Chapelle) 29	75	E3
Notre-Dame-du-Cruet 73	213	F3
Notre-Dame-du-Groseau (Chapelle) 84	265	E1
Notre-Dame-du-Guildo 22	52	B4

Notre-Dame-du-Hamel 27	57	E3
Notre-Dame du Haut (Chapelle) 22	77	F2
Notre-Dame-du-Mai (Chapelle) 83	291	F4
Notre-Dame-du-Parc 76	16	A4
Notre-Dame-du-Pé 72	105	F4
Notre-Dame-du-Pré 73	214	B2
Notre-Dame-du-Rocher 61	55	F3
Notre-Dame- du-Touchet 50	80	C1
Nottonville 28	109	E1

La Nouaille 23	187	E4
Nouaillé-Maupertuis 86	166	B2
Nouainville 50	24	C2
Nouan-le-Fuzelier 41	133	E2
Nouan-sur-Loire 41	132	B1
Nouans 72	83	D4
Nouans-les-Fontaines 37	151	D1
Nouart 08	39	F2
Nouâtre 37	149	F2
La Nouaye 35	78	C4
La Noue 17	180	B1
La Noue 51	63	E4
Noueilles 31	276	C4
Nougaroulet 32	275	D1
Nouhant 23	170	B4
Nouic 87	185	D2
Nouilhan 65	273	F3
Les Nouillers 17	181	F3
Nouillonpont 55	40	C2
Nouilly 57	41	F4
Noulens 32	255	E4
Nourard-le-Franc 60	34	C2
Nourray 41	108	B4
Nousse 40	272	A1
Nousseviller-lès-Bitche 57	44	B3
Nousseviller-Saint-Nabor 57	43	D4
Nousty 64	297	D1
Nouvelle-Église 62	3	D2
Nouvion-en-Ponthieu 80	6	B4
Le Nouvion-en-Thiérache 02	10	A4
Nouvion-et-Catillon 02	20	B4
Nouvion-le-Comte 02	20	B4
Nouvion-le-Vineux 02	37	D2
Nouvion-sur-Meuse 08	23	D4
Nouvoitou 35	103	F1
Nouvron-Vingré 02	36	A2
Nouzerines 23	169	F3
Nouzerolles 23	169	D3
Nouziers 23	169	F3
Nouzilly 37	131	D2
Nouzonville 08	22	C3
Novacelles 63	208	B3
Novalaise 73	212	C1
Novale 2B	315	F4
Novéant-sur-Moselle 57	68	A1
Novel 74	179	D3
Novella 2B	315	E2
Noves 13	265	D4
Noviant-aux-Prés 54	67	F3
Novillard 90	120	A3
Novillars 25	141	E3
Novillers 60	34	B1
Novion-Porcien 08	38	B1
Novy-Chevrières 08	38	B1
Noyal 22	51	F4
Noyal-Châtillon-sur-Seiche 35	103	E1
Noyal-Muzillac 56	123	E2
Noyal-Pontivy 56	77	D4
Noyal-sous-Bazouges 35	79	E2

Noyal-sur-Brutz 44	104	A3
Noyal-sur-Vilaine 35	103	F1
Noyales 02	20	C2
Noyalo 56	101	E4
Noyant 49	129	F2
Noyant-d'Allier 03	171	F2
Noyant-de-Touraine 37	149	F1
Noyant-et-Aconin 02	36	B3
Noyant-la-Gravoyère 49	104	C4
Noyant-la-Plaine 49	128	C4
Noyarey 38	212	B4
Noyelle-Vion 62	7	F3
Noyelles-en-Chaussée 80	6	C4
Noyelles-Godault 62	8	C1
Noyelles-lès-Humières 62	7	D2
Noyelles-lès-Seclin 59	8	C1
Noyelles-lès-Vermelles 62	8	B1
Noyelles-sous-Bellonne 62	8	C3
Noyelles-sous-Lens 62	8	C1
Noyelles-sur-Escaut 59	9	D4
Noyelles-sur-Mer 80	6	B4
Noyelles-sur-Sambre 59	10	A3
Noyelles-sur-Selle 59	9	E3
Noyellette 62	8	A2
Noyen-sur-Sarthe 72	106	B3
Noyen-sur-Seine 77	89	D2
Le Noyer 05	249	E1
Le Noyer 14	134	C3
Le Noyer 18	134	C3
Le Noyer 73	213	E1
Noyer (Col du) 05	249	E1
Le Noyer-en-Ouche 27	58	A2
Noyers 27	33	E4
Noyers 45	111	E3
Noyers 52	117	D1
Noyers 89	114	A4
Noyers-Bocage 14	29	D4
Noyers-le-Val 55	66	A2
Noyers-Pont-Maugis 08	23	D4
Noyers-Saint-Martin 60	34	B1
Noyers-sur-Cher 41	132	A4
Noyers-sur-Jabron 04	267	D1
Noyon 60	35	F1
Nozay 10	90	B2
Nozay 44	126	B1
Nozay 91	86	C1
Nozeroy 39	160	B4
Nozières 07	228	B2
Nozières 18	153	E4
Nuaillé 49	147	D1
Nuaillé-d'Aunis 17	163	F4
Nuaillé-sur-Boutonne 17	182	B2
Nuars 58	136	C3
Nubécourt 55	66	B1
Nuces 12	242	A3
Nucourt 95	33	F4
Nueil-sous-Faye 86	149	D2
Nueil-sur-Argent 79	147	E1
Nueil-sur-Layon 49	148	A1
Nuelles 69	192	B4
Nuillé-le-Jalais 72	107	E2

Nuillé-sur-Ouette 53	105	E1
Nuillé-sur-Vicoin 53	105	D2
Nuisement-sur-Coole 51	64	C3
Nuits 89	114	C4
Nuits-Saint-Georges 21	158	B1
Nullemont 76	17	D3
Nully 52	91	F3
Luncq 62	7	E3
Nuret-le-Ferron 36	168	B1
Nurieux-Volognat 01	194	A1
Nurlu 80	19	F1
Nuzéjouls 46	240	A2
Nyer 66	311	E3
Nyoiseau 49	104	C4
Nyons 26	247	F4

O

O (Château d') 61	56	C4
Obenheim 67	97	D1
Oberbronn 67	44	C4
Oberbruck 68	119	F3
Oberdorf 68	120	C4
Oberdorf-Spachbach 67	45	D4
Oberdorff 57	42	B3
Oberentzen 68	120	C1
Obergailbach 57	43	F4
Oberhaslach 67	70	B4
Oberhausbergen 67	71	D3
Oberhergheim 68	96	C4
Oberhoffen-lès-Wissembourg 67	45	E4
Oberhoffen-sur-Moder 67	71	E1
Oberkutzenhausen 67	45	E4
Oberlarg 68	143	E2
Oberlauterbach 67	45	F4
Obermodern 67	70	C1
Obermorschwihr 68	96	B4
Obermorschwiller 68	120	C3
Obernai 67	70	C4
Oberrœdern 67	45	F4
Obersaasheim 68	97	D4
Oberschaeffolsheim 67	71	D3
Obersoultzbach 67	70	C1
Obersteigen 67	70	B3
Obersteinbach 67	45	D3
Oberstinzel 57	69	F3
Obervisse 57	42	B4
Obies 59	10	A2
Objat 19	204	A4
Oblinghem 62	8	A1
Obrechies 59	10	C2
Obreck 57	69	D2
Obsonville 77	87	E4
Obterre 36	150	C3
Obtrée 21	115	E2
Ocana 2A	316	C4
Occagnes 61	56	B3

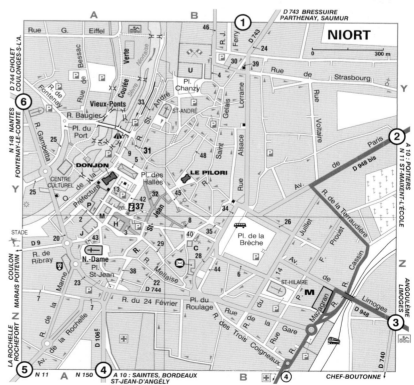

NIORT

Abreuvoir (R. de l')	AYZ	
Ancien-Oratoire (R. de l')	AZ	
Boutteville (R. Th.-de)	BY	4
Brisson (R.)	AY	5
Bujault (Av. J.)	BZ	
Chabaudy (R.)	AY	
Commerce (Passage du)	BZ	8
Cronstadt (Quai)	AY	
Donjon (Pl. du)	AY	13
Espingole (R. de l')	AZ	20
Huilerie (R. de l')	AZ	22

Largeau (R. Gén.)	AZ	23
Leclerc (R. Mar.)	BY	24
Main (Bd)	AY	25
Martyrs-Résistance (Av.)	BZ	26
Pérochon (R. Ernest)	BZ	28
Petit-Banc (R. du)	AY	29
Pluviault (R. de)	BY	30
Pont (R. du)	AY	31
Rabot (R. du)	AY	32
Regratterie (R. de la)	AY	33
République (Av. de la)	BY	34

Ricard (R.)	BZ	35
St-Jean (R.)	AYZ	
St-Jean (R. de la Porte)	AY	38
St-Jean (R. du Petit)	AY	37
Strasbourg (Pl. de la)	BY	39
Temple (Pl. de la)	BZ	40
Thiers (R.)	AY	42
Tourniquet (R. du)	AZ	43
Verdun (Av. de)	BZ	44
Victor-Hugo (R.)	BY	45
Vieux-Fourneau (R. du)	BY	46
Yvers (R.)	BY	48

Occey 52.............139 F1
Occhiatana 2B.............314 C2
Occoches 80.............7 E4
Ochancourt 80.............17 D1
Oches 08.............39 E1
Ochey 54.............93 F1
Ochiaz 01.............194 C1
Ochtezeele 59.............3 F1
Ocquerre 77.............62 B1
Ocqueville 76.............15 E2
Octeville 50.............24 C2
Octeville-l'Avenel 50.............25 D3
Octeville-sur-Mer 76.............14 B4
Octon 34.............280 B2
Odars 31.............277 D1
Odeillo 66.............310 C3
Odenas 69.............192 B2
Oderen 68.............119 F2
Odival 52.............116 C1
Odomez 59.............9 F2
Odos 65.............297 F1
Odratzheim 67.............70 C3
Oeillon (Crêt de l') 42.............210 A3
Œlleville 88.............94 A3
Oermingen 67.............44 A4
Œting 57.............43 D4
Oëtre (Roche d') 61.............55 F3
Œuf-en-Ternois 62.............7 E4
Œuilly 02.............37 D2
Œuilly 51.............63 F1
Œutrange 57.............41 E2
Oëy 55.............66 C4
Oeyregave 40.............271 E2
Oeyreluy 40.............271 E1
Offekerque 62.............2 C2
Offemont 90.............119 F4
Offendorf 67.............71 E2
Offignies 80.............17 E3
Offin 62.............6 C2
Offlanges 39.............140 B4
Offoy 60.............17 F4
Offoy 80.............19 F3
Offranville 76.............16 A3
Offrethun 62.............2 B3
Offroicourt 88.............94 A3
Offwiller 67.............70 C1
Ogenne-Camptort 64.............272 A1
Oger 51.............64 A2
Ogeu-les-Bains 64.............296 C2
Ogéviller 54.............95 E1
Ogliastro 2B.............314 D2
Ognes 02.............36 A1
Ognes 51.............64 A4
Ognes 60.............62 A1
Ognéville 54.............94 A2
Ognolles 60.............19 E4
Ognon 60.............35 D4
Ogy 57.............42 A4
Ohain 59.............10 C4
Oherville 76.............15 E2
Ohis 02.............21 E2
Ohlungen 67.............71 D1
Ohnenheim 67.............96 C3
L'Oie 85.............146 B3
Oigney 70.............117 F4
Oignies 02.............8 C2
Oigny 21.............138 C1
Oigny 41.............108 B1
Oigny-en-Valois 02.............36 A4
Oingt 69.............192 B3
Oinville-Saint-Liphard 28.............86 A4
Oinville-sous-Auneau 28.............85 F2
Oinville-sur-Montcient 78.............60 A1
Oiron 79.............148 B2
Oiry 51.............64 A1
Oiselay-et-Grachaux 70.............141 D2
Oisemont 80.............17 E2
Oisilly 21.............139 F2
Oisly 41.............132 A3
Oison 45.............110 B1
Oisseau 53.............81 E3
Oisseau-le-Petit 72.............82 C3
Oissel 76.............32 A3
Oissery 77.............62 A1
Oissy 80.............17 F2
Oisy 02.............10 A4
Oisy 58.............136 A2
Oisy 59.............9 E3
Oisy-le-Verger 62.............9 D3
Oize 72.............106 C3
Oizon 18.............134 B2
OK Corral (Parc d'attractions) 13.............291 E3
Olargues 34.............279 E3
Olby 63.............207 D1
Olcani 2B.............314 D2
Oléac-Debat 65.............298 A1
Oléac-Dessus 65.............298 A2
Olemps 12.............242 B4
Olendon 14.............56 B2
Oléron (Île d') 17.............180 C3
Oléron (Viaduc d') 17.............180 C3
Oletta 2B.............315 E2
Olette 66.............311 E4
Olhain (Château d') 62.............8 A2
Olivese 2A.............317 E4
Olivet 45.............110 A3
Olivet 53.............104 C1
Olizy 08.............39 D3
Olizy 51.............37 E4
Olizy-sur-Chiers 55.............39 F1
Ollainville 88.............93 F3
Ollainville 91.............86 C1
Ollans 25.............141 E2
Ollé 28.............85 D3
Ollencourt 60.............35 F2
Olley 54.............41 D4
Ollezy 02.............19 F4
Ollières 55.............40 C2

Les Ollières 74.............195 E2
Ollières 83.............285 F2
Les Ollières-sur-Eyrieux 07.............228 B4
Olliergues 63.............208 B1
Ollioules 83.............291 F4
Les Olmes 69.............192 B3
Olmet 2B.............208 B1
Olmet-et-Villecun 34.............280 B1
Olmeta-di-Capocorso 2B.............315 E1
Olmeta-di-Tuda 2B.............315 E2
Olmi-Cappella 2B.............314 C3
Olmiccia 2A.............319 D2
Olmo 2B.............315 F3
Olonne-sur-Mer 85.............162 B1
Olonzac 34.............303 F1
Oloron-Sainte-Marie 64.............296 B1
Ols-et-Rinhodes 12.............241 D3
Oltingue 68.............120 C4
Olwisheim 67.............71 D2
Omaha Beach 14.............28 C2
Ombléze 26.............229 F3
Omécourt 60.............33 F1
Omelmont 54.............94 A1
Les Omergues 04.............266 B1
Omerville 95.............59 F1
Omessa 2B.............315 D4
Omet 33.............236 C1
Omex 65.............297 E2
Omey 51.............65 D3
Omicourt 08.............23 D4
Omiécourt 80.............19 E3
Omissy 02.............20 A2
Omméel 61.............56 C3
Ommeray 57.............69 D3
Ommoy 61.............56 B3
Omont 08.............39 D1
Omonville 76.............16 A3
Omonville-la-Petite 50.............24 B1
Omonville-la-Rogue 50.............24 B1
Omps 15.............223 F4
Oms 66.............312 C3
Onans 25.............142 B1
Onard 40.............253 E4
Onay 70.............140 B3

Oncieu 01.............194 A2
Oncourt 88.............94 C3
Oncy-sur-École 91.............87 E3
Ondefontaine 14.............55 E1
Ondes 31.............276 B1
Ondres 40.............270 C2
Ondreville-sur-Essonne 45.............87 D4
Onesse-et-Laharie 40.............252 C2
Onet-le-Château 12.............242 B4
Oneux 80.............6 C4
Ongles 04.............266 C2
Onglières 39.............160 B3
Onival 80.............16 C1
Onjon 10.............90 C3
Onlay 58.............156 A2
Onnaing 59.............9 F2
Onnion 74.............178 B4
Onoz 39.............176 C2
Ons-en-Bray 60.............33 F2
Ontex 73.............194 C4
Onville 54.............67 F1
Onvillers 80.............35 D1
Onzain 41.............131 F2
Oô 31.............307 F4
Oost-Cappel 59.............3 F2
Opio 06.............288 A2
Opme 63.............207 E1
Opoul-Périllos 66.............303 F4
Oppède 84.............265 F4
Oppède-le-Vieux 84.............265 F4
Oppedette 04.............266 B3
Oppenans 70.............141 F1
Oppy 62.............8 B3
Optevoz 38.............193 F4
Or (Mont d') 25.............161 D4
Oraàs 64.............271 F3
Oradour 15.............225 D3
Oradour 16.............183 D3
Oradour-Fanais 16.............184 C1
Oradour-Saint-Genest 87.............167 F4
Oradour-sur-Glane 87.............185 E3
Oradour-sur-Vayres 87.............203 D1
Orain 21.............140 A1
Orainville 02.............37 F3
Oraison 04.............267 D3
Orange 84.............264 C2

Orbagna 39.............176 B1
Orbais-l'Abbaye 51.............63 E2
Orban 81.............259 E4
Orbec 14.............57 E1
Orbeil 63.............207 F2
Orbessan 32.............275 D3
Orbey 68.............96 A3
Orbigny 37.............131 F4
Orbigny-au-Mont 52.............117 D3
Orbigny-au-Val 52.............117 D3
Orbois 14.............29 D4
L'Orbrie 85.............164 A2
Orçay 41.............133 E4
Orcemont 78.............86 A1
Orcenais 18.............170 B1
Orcet 63.............207 F1
Orcevaux 52.............116 C4
Orchaise 41.............131 F1
Orchamps 39.............159 F1
Orchamps-Vennes 25.............161 E1
Orches 86.............149 E3
Orchies 59.............9 D2
Orcier 74.............178 B3
Orcières 05.............250 A1
Orcines 63.............189 E4
Orcival 63.............207 D1
Orconte 51.............65 E4
Ordan-Larroque 32.............274 C1
Ordiarp 64.............295 F1
Ordizan 65.............298 A2
Ordonnac 33.............198 C4
Ordonnaz 01.............194 B3
Ore 31.............299 D3
Orègue 64.............271 E3
Oreilla 66.............311 E3
Orelle 73.............214 B4
Oresmaux 80.............18 B3
Orezza (Couvent d') 2B.............315 F4
Organ 65.............298 C1
Orgeans 25.............142 B3
Orgedeuil 16.............202 A1
Orgeix 09.............310 B2
Orgelet 39.............176 C2
Orgères 35.............103 E1
Orgères 61.............57 D4

Orgères-en-Beauce 28.............109 F1
Orgères-la-Roche 53.............82 A1
Orgerus 78.............59 F3
Orges 52.............116 A1
Orgeux 21.............139 E3
Orgeval 02.............37 D1
Orgeval 78.............60 B2
Orgibet 09.............299 F4
Orglandes 50.............25 D4
Orgnac (Aven d') 07.............246 A4
Orgnac-l'Aven 07.............246 A4
Orgnac-sur-Vézère 19.............204 A4
Orgon 13.............265 E4
Orgueil 82.............257 F4
Oricourt 70.............141 F1
Orient (Forêt d') 10.............90 C4
Orieux 65.............298 B1
Orignac 65.............298 A2
Origne 33.............235 F3
Origné 53.............105 D2
Orignolles 17.............218 C1
Origny 21.............115 E4
Origny-en-Thiérache 02.............21 E2
Origny-le-Butin 61.............83 E3
Origny-le-Roux 61.............83 E3
Origny-le-Sec 10.............89 F2
Origny-Sainte-Benoite 02.............20 B3
Orin 64.............296 B1
Orincles 65.............297 F2
Oriocourt 57.............68 C2
Oriol-en-Royans 26.............229 F2
Oriolles 16.............201 D3
Orion 64.............271 F3
Oris-en-Rattier 38.............231 D3
Orist 40.............271 E1
Orival 16.............201 E4
Orival 76.............32 A3
Orival 80.............17 E3
Orléans 45.............110 A3
Orléat 63.............190 A4
Orleix 65.............298 A1
Orliac 24.............239 E1
Orliac-de-Bar 19.............204 C4
Orliaguet 24.............222 A3
Orliénas 69.............210 C1
Orlu 09.............310 B2

Orlu 28.............86 A3
Orly 94.............61 D4
Orly-sur-Morin 77.............62 C2
Ormancey 52.............116 B2
Ormeaux 77.............62 B4
Ormenans 70.............141 E2
Ormersviller 57.............43 F4
Ormes 10.............90 B1
Ormes 27.............58 B1
Ormes 45.............110 A2
Ormes 51.............37 E4
Ormes 71.............149 E1
Les Ormes 86.............149 E1
Les Ormes 89.............112 C3
Ormes-et-Ville 54.............94 B1
Les Ormes-sur-Voulzie 77.............88 C2
Ormesson 77.............87 F4
Ormesson-sur-Marne 94.............61 E4
Ormoiche 70.............118 C3
Ormoy 28.............85 E1
Ormoy 70.............118 A2
Ormoy 89.............113 E2
Ormoy 91.............87 D1
Ormoy-la-Rivière 91.............86 C3
Ormoy-le-Davien 60.............35 F4
Ormoy-lès-Sexfontaines 52.............92 A4
Ormoy-sur-Aube 52.............115 F2
Ormoy-Villers 60.............35 E4
Ornacieux 38.............211 F3
Ornaisons 11.............303 E1
Ornans 25.............160 C1
Ornel 55.............40 C3
Ornes 55.............40 B3
Ornex 01.............177 F4
Ornézan 32.............275 D3
Orniac 46.............240 B2
Ornolac-Ussat-les-Bains 09.............310 A1
Ornon 38.............231 E2
Ornon (Col d') 38.............231 E2
Orny 57.............68 B1
Oroër 60.............34 A2
Oroix 65.............273 F4
Oron 57.............68 C2
Oroux 79.............165 E1
Orphin 78.............86 A1
Orpierre 05.............248 C4

ORLÉANS

Antigna (R.).............DY 4
Bannier (R.).............DY
Bothereau (R. R.).............FY 14
Bourgogne (R. Fg-de).............FZ 15
Brésil (R.).............FY 16
Bretonnerie (R. de la).............DEY 17
Briand (Bd A.).............FY 19
Champ-de-Mars (Av.).............DZ 25
Châtelet (Square du).............EZ 32
Charpenterie (R. de la).............EZ 34

Chollet (R. Théophile).............EY 36
Claye (R. de la).............FY 38
Coligny (R.).............FZ 39
Croix-de-la-Pucelle (R.).............EZ 43
Dauphine (Av.).............EZ 47
Dolet (R. Étienne).............EZ 49
Ducerceau (R.).............EZ 51
Dunois (Pl.).............DY 52
Dupanloup (R.).............EFY 53
Escures (R. d').............EY 55
Étape (Pl. de l').............EY 56
Ételon (R. de l').............FY 57
Folie (R. de la).............FZ 58

Fort-des-Tourelles (Q.).............EZ 60
Gaulle (Pl. du Gén.-de).............DZ 65
Hallebarde (R. de la).............DY 70
Hôtelleries (R. des).............EZ 71
Jeanne-d'Arc (R.).............EY
Lin (R. au).............EZ 81
Madeleine (R. Fg).............DZ 88
Manufacture (R. de la).............FY 89
Motte-Sanguin (Bd de la).............FZ 95
Notre-Dame-de-Recouvrance (R.).............DZ 97
Oriflamme (R. de l').............FZ 98

Parisie (R.).............EZ 100
Poirier (R. du).............EZ 106
Pte-Madeleine (R.).............DY 108
Pte-St-Jean (R.).............DY 109
Pothier (R.).............EZ 112
Prague (Quai).............DZ 113
Pressoir Neuf (R. du).............FY 115
Rabier (R. F.).............EY 117
République (R. de la).............EY
Roquet (R.).............EZ 124
Royale (R.).............EZ 125
St-Euverte (Bd).............FYZ 126

St-Euverte (R.).............FY
Ste-Croix (Pl.).............EYZ
Secrétain (Av. R.).............DZ
Segellé (Bd P.).............FY
Tabour (R. du).............EZ
Tour Neuve (R. de la).............FY
Verdun (Bd de).............DY
Vieux-Marché (Pl.).............DZ
Weiss (R. L.).............FY
6-Juin-1944 (Pl. du).............FY

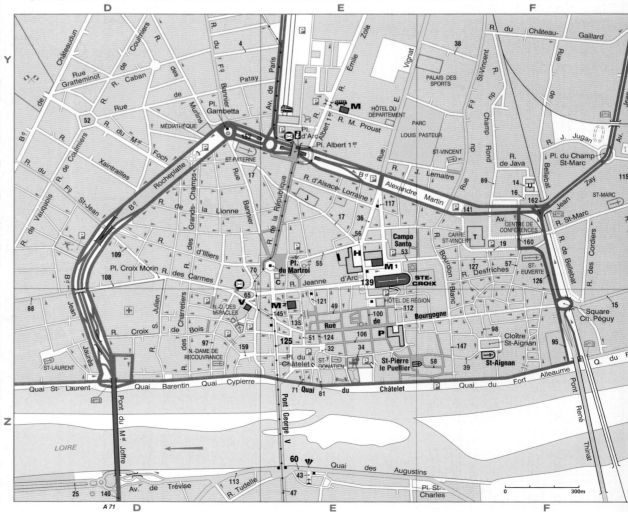

PARIS

N 192 ▲ LA GARENNE COLOMBES

D 909 ARGENTEUIL

3 4

Inset map (La Défense):

FAUBOURG
PÔLE UNIVERSITAIRE LÉONARD DE VINCI
COURBEVOIE
BD DE LA MISSION-MARCHAND
DE
L'ARCHE
ROUEN
CERGY-PONTOISE
N 314
N 314
Av. Marceau
Rue
Jean-Pierre Timbaud
R. de Colombes
R. Baudin
R. de l'Alma
Pl. Charras
Gambetta
TOTAL
R. de Ville
R. de l'Hôtel
Bezons
R. L. Blanc
R. Victor Hugo
de l'Abreuvoir
du Gal Audran
C.N.I.T.
LA GRANDE ARCHE
le Parvis
LA DÉFENSE Gde ARCHE
Pl. de la Défense
MANHATTAN
LES QUATRE TEMPS
Esplanade du Gal de Gaulle
PTE MAILLOT
le PACIFIC
WILSON
ESPLANADE DE LA DÉFENSE
PT DE NEUILLY
LA DÉFENSE
ST-GERMAIN-EN-LAYE · N 13
AV. DU PRÉSIDENT
BOULEVARD
Jean Moulin
CIRCULAIRE
Bd P.
Gaudin
PUTEAUX
Av.
République
Rue
de
la
France
R. A.
Paul
Jean
Jaurès
Lafargue

1 2

Main map:

SEINE
Quai du Maréchal Joffre
Pont de Levallois
Michelet
Rue
Couturier
Rue Henri Barb
LEVALLOIS-PERRET
Quai
Paul
Rue
Anatole
Aristide
Vaillant
Président
Briand
Rue CLICHY LEVALLOIS
PONT DE LEVALLOIS-BÉCON
PORTE D'ASNIÈRES
Boulevard
Anatole France
Villiers
France
Louise Michel
Hugo
Victor
Av. du Pe d'Asnières
BOULEVARD DE REIMS
BOULEVARD
BOULEVARD
d'Inkermann
BINEAU
PORTE DE CHAMPERRET
Avenue de la Porte
de Champerret
MALLARMÉ
Courcelles
PEREIRE-LEVALLOIS
WAGRAM
PORTE MAILLOT
ROUEN
CERGY-PONTOISE
N 314
PUTEAUX
R. J. Jaurès
de Dion Bouton
Koenig
Avenue Achille Peretti
PONT DE NEUILLY
LA DÉFENSE A 14
NEUILLY-SUR-SEINE
Bd d'Aralla
Villiers
PORTE DE CHAMPERRET
ST CYR
PERSHING
PEREIRE
NIEL
DEMOURS
Quai
ÎLE
DE
PUTEAUX
Général
R. du Bois de Boulogne
Avenue de Madrid
AV. CHARLES
Avenue du Roule
R. L. Philippe
d'Orléans
Porte des Ternes
GOUVION
Av. de la
Pierre
Av.
Courcelles
BOIS
DE
BAGATELLE
Maurice
Barrès
Bd des Sablons
Boulevard
DE
GAULLE
Maillot
PALAIS DES CONGRÈS DE PARIS
Bd
Guersant
Rue
Ternes
BOULEVARD DE WAGRAM
NEUILLY-SUR-SEINE
LES SABLONS
JARDIN D'ACCLIMATATION
MUSÉE NATIONAL DES ARTS ET TRADITIONS POPULAIRES
Mahatma
Gandhi
PORTE MAILLOT
Neuilly-Pte Maillot PALAIS DES CONGRÈS
AVENUE DE LA GRANDE ARMÉE
St Ferdinand
AV. MAC MAHON
Ternes
ESPACE WAGRAM
SALLE DU PLEYEL
HOCHE
PARC DE BAGATELLE
Boulevard Richard Wallace
du
LONGCHAMP
EXTÉRIEUR
Bd DE L'AMIRAL BRUIX
Pergolèse
DE MALAKOFF
AV. CARNOT
ARC DE TRIOMPHE
AVENUE
Rue
PORTE DAUPHINE
Argentine
AV. DE FRIEDLAND
Pont de Puteaux
Marguerite
Reine
ALLÉE
PÉRIPHÉRIQUE
Avenue
de Suresnes
Route
PORTE DAUPHINE
Porte Dauphine
Pompe
AVENUE
FOCH
PL. CH. DE GAULLE ÉTOILE
CH. DE GAULLE-ÉTOILE
AVENUE
LIDO
Rue Washi
Av. Foch
Avenue Bugeaud
HUGO
KLÉBER
AV. D'IENA
AV. D'IÉNA
GEORGE V
Av. P. Charron
BOULOGNE
LANNES
Rue de la Faisanderie
Flandrin
Rue des Belles
VICTOR
RAYMOND
KLÉBER
Victor-Hugo
Rue
Copernic
R de
Belloy
Place des États-Unis
Sarbie
GEORGE V
DE
Interieur
Lac
Bd
Avenue
de
Longchamp
Feuilles
POINCARÉ
BOISSIÈRE
MUSÉE GUIMET
PALAIS GALLIERA
PRÉSIDENT WILSON
CRAZY HORSE
THEA COMM CHA
PRÉ CATELAN
Ceinture
LAC INFÉRIEUR
Rte de la Muette à Neuilly
Av. Henri Martin
H. MARTIN
MAIRIE
AV. G. MANDEL
Rue de la Pompe
Av. d'Eylau
Longchamp
D'IÉNA
PALAIS DE TOKYO
Pierre 1er de
Av. des Nations
ALMA MARCEAU
MUSÉE DES ARTS PREMIERS en travaux
PORTE DE LA MUETTE
Émile
Cortambert
Augier
PL. DU TROCADÉRO
TROCADÉRO
AVENUE
DU
PALAIS DE CHAILLOT
Av. de New York
AV. DE NEW YORK
Pont de l'Alma
Allée
Chemin
de
Bd
MUSÉE MARMOTTAN
Jardin
Av. Prudhon
Ranelagh
Ingres
LA MUETTE
BOULAINVILLIERS
PAUL
DOUMER
Tour
Av. B. Franklin
MUSÉE CLEMENCEAU
Branly
PASSY
PT DE L'ALMA
Qu
PORTE DE PASSY
Raphaël
SUCHET
Rue de Passy
Bd Delessert
MUSÉE DU VIN
Av. des Nations
TOUR EIFFEL
Av. Gustave Eiffel
PARC DU CHAMP
AVENUE
LAC SUPÉRIEUR
Lacs aux
HIPPODROME D'AUTEUIL
Montmorency
Rue du
Dr Blanche
Boulevard de Beauséjour
Rue
Mozart
du
Ranelagh
AVENUE
Rue
Raynouard
MAISON DE BALZAC
PREST. KENNEDY
CHAMP DE MARS TOUR EIFFEL
Bir-Hakeim
AVENUE RAPP
CHAMP
Av. J Bouvard
Bourdonnais
SAINT
CLOUD
Av. de
l'Hippodrome
SUCHET
de Rue
R. Henri Heine
Jasmin
Rue de l'Assomption
Fontaine
Singer
du
Av. de
Lamballe
Pompidou
AV. DU PRÉST KENNEDY
MAISON DE RADIO FRANCE
Rue du Docteur Finlay
Grenelle
DE MARS
DE
BOULEVARD
PARC DE BAGATELLE
Route
d'Auteuil
CAEN, ROUEN
BOULEVARD SUCHET
Rafet
Rue Poussin
de Rue
R. G. Sand
Théophile Gautier
R. de Rémusat
BOULEVARD DE VERSAILLES
Georges
Bd de Grenelle
Rue du Docteur Finlay
DUPLEIX
Émeriau
DUPLEIX
VILLAGE SUISSE
Émile
Bir-Hakeim
LA MOTTE PICQUET GRENELLE
PORTE D'AUTEUIL
A 13
Av. de la Pte d'Auteuil
PORTE D'AUTEUIL
MICHEL ANGE AUTEUIL
ÉGLISE D'AUTEUIL
Rue d'Auteuil
Mirabeau
CENTRE BEAUGRENELLE
JAVEL
Pont A. Citroën
Violet
MUSÉE KWOK ON
Lourmel
Charles Michels
AVENUE ÉMILE ZOLA
CAMBRONNE
A 13
STADE ROLAND GARROS
TENNISÉUM
G. Sarrail
Bennett
MICHEL ANGE MOLITOR
CHARDON LAGACHE
STE PÉRINE
Lapacharie
Wilson
Voie
Georges
Émile
Zola
Commerce
du
Rue Frémicourt
Av. Théâtre
PORTE MOLITOR
Molitor
R. Miol
Michaels
Lambert

C D E F G

16

5 D 911 ⟋ A 15 CERGY-PONTOISE 6 ST DENIS ↑ 7 ST DENIS ↑ N 14 8 9 A 1

STADE DE FRANCE

CLICHY

PORTE DE ST. OUEN

PORTE DE CLIGNANCOURT

PORTE DE CLICHY

PORTE D'ASNIÈRES

CIMETIÈRE DES BATIGNOLLES

MARCHÉ AUX PUCES

BOULEVARD BESSIÈRES

BOULEVARD NEY

CIMETIÈRE DE MONTMARTRE

BASILIQUE DU SACRÉ CŒUR

18 P

BOULEVARD DE REIMS

Square des Batignolles

PONT CARDINET

17 P

PL. DE CLICHY

BAL DU MOULIN ROUGE

PARC MONCEAU

MUSÉE CERNUSCHI

MUSÉE NISSIM DE CAMONDO

BOULEVARD DES BATIGNOLLES

ROCHECHOUART

GARE DU NORD

STE TRINITÉ

GARE ST.LAZARE

9

BOULEVARD HAUSSMANN

ST AUGUSTIN

OPÉRA

LA BOURSE

2

8 P

STE MARIE MADELEINE

PALAIS DE L'ÉLYSÉE

CHAMPS ÉLYSÉES

PLACE VENDÔME

ST ROCH

PALAIS ROYAL

ST EUSTACHE

PALAIS DE TOKYO

GRAND PALAIS

PETIT PALAIS

PL. DE LA CONCORDE

JARDIN DES TUILERIES

1

MUSÉE DU LOUVRE

FORUM LES HALLES

CENTRE G. POMPIDOU

TOUR EIFFEL

PARC DU CHAMP DE MARS

ESPLANADE DES INVALIDES

ASSEMBLÉE NATIONALE

MUSÉE D'ORSAY

7

HÔTEL DES INVALIDES

INVALIDES

MUSÉE RODIN

ST GERMAIN DES PRÉS

CONCIERGERIE

STE CHAPELLE

PL. DU CHÂTELET

HÔTEL DE VILLE

NOTRE-DAME

4

ÉCOLE MILITAIRE

CAMBRONNE

ST SULPICE

6

PALAIS DU LUXEMBOURG

JARDIN DU LUXEMBOURG

INSTITUT DU MONDE ARABE

PANTHÉON

10   11   N 2 ↑ SENLIS   12   13

N 3 MEAUX BONDY

A

B

C

D

A 3

F

G

PORTE D'AUBERVILLIERS

PORTE DE LA CHAPELLE

PORTE DE LA VILLETTE

BOULEVARD   NEY   BOULEVARD   MACDONALD

PORTE DE LA CHAPELLE

PANTIN

MACDONALD

Cité des Sciences et de l'Industrie

GÉODE

ZÉNITH

PARC DE LA VILLETTE

GRANDE HALLE

TH. PARIS VILLETTE

CONSERVATOIRE DE PARIS

CITÉ DE LA MUSIQUE

MUSÉE

PORTE DE PANTIN

PORTE DE PANTIN

LE PRÉ SAINT-GERVAIS

LES LILAS

PL. DE LA BATAILLE DE STALINGRAD

PARC DES BUTTES CHAUMONT

PORTE DU PRÉ ST GERVAIS

MAIRIE DES LILAS

CHAPELLE

FONDATION OPHTALMOLOGIQUE A. DE ROTSCHILD

BUTTES CHAUMONT

PLACE DES FÊTES

PORTE DES LILAS

PORTE DES LILAS

19

BELLEVILLE

Parc de Belleville

BOULEVARD SÉRURIER

PALAIS DES GLACES

TÉLÉGRAPHE

BOULEVARD DE LA VILLETTE

PL. DE LA RÉPUBLIQUE

BOULEVARD MORTIER

PORTE DE BAGNOLET

GARE ROUTIÈRE INTERNATIONALE DE PARIS GALLIÉNI

BAGNOLET

VINGTIÈME THÉÂTRE

PORTE DE BAGNOLET

MÉNILMONTANT

MAIRIE

TH. DÉJAZET

OBERKAMPF

TH. DU BATACLAN

PÈRE LACHAISE

CIMETIÈRE DU PÈRE LACHAISE

TH. NAT. DE LA COLLINE

20

PÉRIPHÉRIQUE INTÉRIEUR

11

MUSÉE PICASSO

MUSÉE CARNAVALET

PLACE LÉON BLUM

3

MUSÉE DE LA CHASSE ET DE LA NATURE

LA CROIX ST SIMON

PLACE DES VOSGES

THÉÂTRE DE LA BASTILLE

CAFÉ DE LA DANSE

COLONNE DE JUILLET

PORTE DE MONTREUIL

PORTE DE MONTREUIL

PL. DE LA BASTILLE

MONTREUIL

OPÉRA DE PARIS BASTILLE

PRÉFECTURE DE PARIS

C.H. NAT. D'OPHTALMOLOGIE DES QUINZE VINGTS

PL. DE LA NATION

COURS DE VINCENNES

PORTE DE VINCENNES

PORTE DE VINCENNES

GARE DE LYON

OFFICE DU TOURISME

PRÉFECTURE DE PARIS

12

PORTE DE VINCENNES

SAINT-MANDÉ TOURELLE

NOGENT-SUR-MARNE VINCENNES N 34

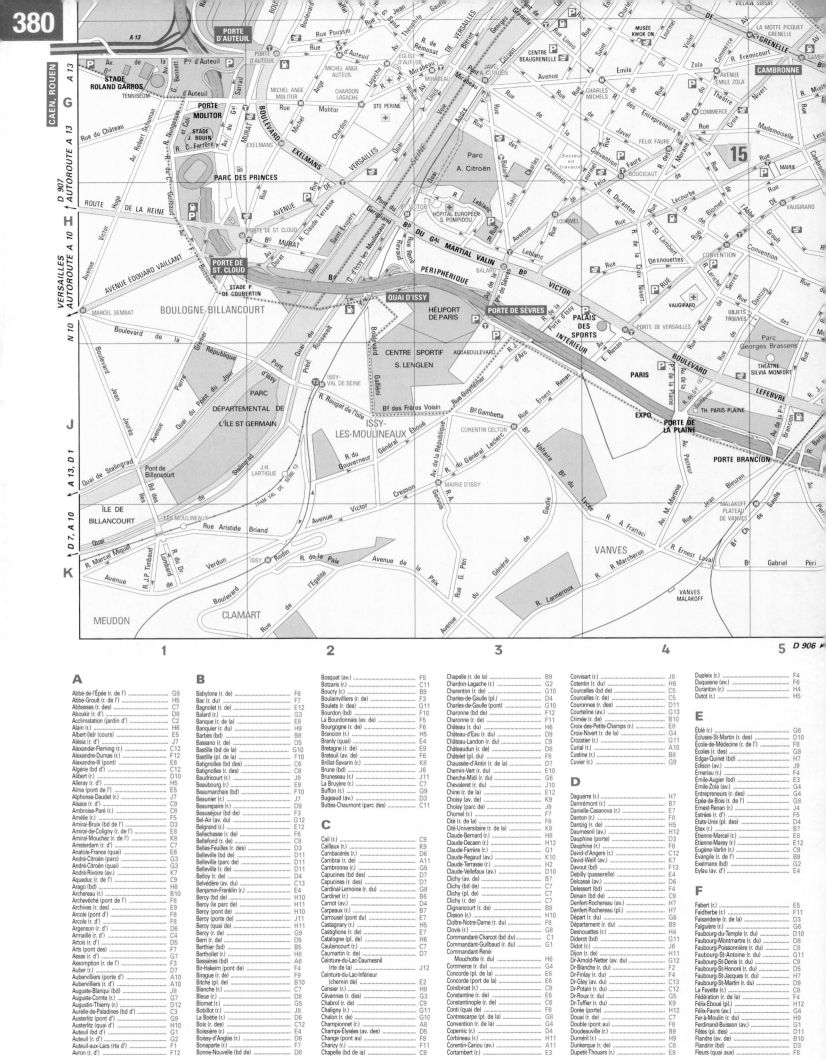

A

Abbé-de-l'Épée (r. de l') G8
Abbé-Groult (r.) H5
Abbesses (r. des) C7
Aboukir (r. d') D8
Acclimatation (jardin d') C2
Alain (r.) H6
Albert-I(er) (cours) E5
Alésia (r. d') J7
Alexander-Fleming (r.) C12
Alexandre-Dumas (r.) F12
Alexandre-III (pont) E6
Algérie (bd d') C12
Alibert (r.) D10
Alleray (r. d') H5
Alma (pont de l') E5
Alphonse-Daudet (r.) J7
Alsace (r. d') C9
Ambroise-Paré (r.) C8
Amélie (r.) F5
Amiral-Bruix (bd de l') D3
Amiral-de-Coligny (r. de l') E8
Amiral-Mouchez (r. de l') K8
Amsterdam (r. d') C7
Anatole-France (quai) E6
André-Citroën (parc) G3
André-Citroën (quai) G3
André-Rivoire (av.) K7
Aqueduc (r. de l') C9
Arago (bd) H8
Archereau (r.) B10
Archevêché (pont de l') F8
Archives (r. des) E9
Arcole (pont d') F8
Arcole (r. d') F8
Argenson (r. d') D6
Armaillé (r. d') C4
Artois (r. d') D5
Arts (pont des) F7
Assas (r. d') G7
Assomption (r. de l') F3
Auber (r.) D7
Aubervilliers (porte d') A10
Aubervilliers (r. d') A10
Auguste-Blanqui (bd) J8
Auguste-Comte (r.) G7
Augustin-Thierry (r.) D12
Aurelle-de-Paladines (bd d') C3
Austerlitz (pont d') G9
Austerlitz (quai d') H10
Auteuil (bd d') G1
Auteuil (r. d') G2
Auteuil-aux-Lacs (rte d') F1
Avron (r. d') F12

B

Babylone (r. de) F6
Bac (r. du) F7
Bagnolet (r. de) E12
Balard (r.) G3
Banque (r. de la) E8
Banquier (r. du) H9
Barbès (bd) C8
Bassano (r. de) D5
Bastille (bd de la) G10
Bastille (pl. de la) F10
Batignolles (bd des) C6
Batignolles (r. des) C6
Baudricourt (r.) J9
Beaubourg (r.) E9
Beaumarchais (bd) F10
Beaunier (r.) J7
Beaurepaire (r.) D9
Beauséjour (bd de) F3
Bel-Air (av. du) G12
Belgrand (r.) E12
Bellechasse (r. de) E6
Bellefond (r. de) D8
Belles-Feuilles (r. des) D3
Belleville (bd de) D11
Belleville (parc de) D11
Belleville (r. de) D11
Belloy (r. de) D4
Belvédère (r. du) E9
Benjamin-Franklin (r.) E4
Bercy (bd de) H10
Bercy (le parc de) H11
Bercy (pont de) H10
Bercy (porte de) J11
Bercy (quai de) H11
Bercy (r. de) G9
Berri (r. de) D5
Berthier (bd) B5
Berthollet (r.) H8
Bessières (bd) A6
Bir-Hakeim (pont de) F4
Biragua (r. de) F9
Bitche (r. de) B10
Blanche (r.) C7
Bleue (r.) D8
Blomet (r.) G5
Bobillot (r.) J8
La Boétie (r.) D6
Bois (r. de) C12
Boissière (r.) E4
Boissy-d'Anglas (r.) D6
Bonaparte (r.) F7
Bonne-Nouvelle (bd de) D8
Bosquet (av.) F5
Botzaris (r.) C11
Boucry (r.) B9
Boulainvilliers (r. de) F3
Boulets (r. des) G11
Bourdon (bd) F10
La Bourdonnais (av. de) F5
Bourgogne (r. de) F6
Brancion (r.) H5
Branly (quai) E4
Bretagne (r. de) E9
Breteuil (av. de) F6
Brillat-Savarin (r.) K8
Brune (bd) J6
Bruneseau (r.) J11
La Bruyère (r.) C7
Buffon (r.) G9
Bugeaud (av.) D3
Buttes-Chaumont (parc des) C11

C

Cail (r.) C9
Caillaux (r.) K9
Cambacérès (r.) D6
Cambrai (r. de) A11
Cambronne (r.) G5
Capucines (bd des) D7
Capucines (r. des) D7
Cardinal-Lemoine (r. du) G8
Cardinet (r.) B6
Carnot (av.) D4
Carpeaux (r.) B7
Carrousel (pont du) E7
Castagnary (r.) H5
Castiglione (r. de) E7
Catalogne (pl. de) H6
Caulaincourt (r.) C7
Ceinture-du-Lac-Daumesnil (rte de la) J12
Ceinture-du-Lac-Inférieur (chemin de) E2
Censier (r.) H9
Cévennes (r. des) G3
Chabrol (r. de) C9
Chaligny (r.) G11
Chalon (r. de) G10
Championnet (r.) A8
Champs-Élysées (av. des) D5
Change (pont au) F8
Chanzy (r.) F11
Chapelle (bd de la) C9
Chapelle (r. de la) B9
Chardon-Lagache (r.) G2
Charenton (r. de) G10
Charles-de-Gaulle (pl.) D4
Charles-de-Gaulle (pont) G10
Charonne (bd de) F12
Charonne (r. de) F11
Château (r. du) H6
Château-d'Eau (r. du) D9
Château-Landon (r. du) C9
Châteaudun (r. de) D8
Châtelet (pl. du) F8
Chaussée-d'Antin (r. de la) D7
Chemin-Vert (r. du) F10
Cherche-Midi (r. du) G6
Chevaleret (r. du) J10
Chine (r. de la) E12
Choisy (av. de) K9
Choisy (parc de) J9
Chomel (r.) F7
Cité (r. de la) F8
Cité-Universitaire (r. de la) K8
Claude-Bernard (r.) H8
Claude-Decaen (r.) H12
Claude-Farrère (r.) G1
Claude-Regaud (av.) K10
Claude-Terrasse (r.) H2
Claude-Vellefaux (av.) D10
Clichy (av. de) B7
Clichy (bd de) C7
Clichy (pl. de) C7
Clichy (r. de) C7
Clignancourt (r. de) B8
Clisson (r.) H10
Cloître-Notre-Dame (r. du) F8
Clovis (r.) G8
Commandant-Charcot (bd du) C1
Commandant-Guilbaud (r. du) G1
Commandant-René-Mouchotte (r. du) H6
Commerce (r. du) G4
Concorde (pl. de la) E6
Concorde (pont de la) E6
Condorcet (r.) C8
Constantine (r. de) E6
Constantinople (r. de) C6
Conti (quai de) F8
Contrescarpe (pl. de la) G8
Convention (r. de la) G4
Copernic (r.) D4
Corbineau (r.) H11
Corentin-Cariou (av.) A11
Cortambert (r.) E3
Corvisart (r.) J8
Cotentin (r. du) H6
Courcelles (bd de) C5
Courcelles (r. de) C5
Couronnes (r. des) D11
Courteline (av.) G13
Crimée (r. de) B10
Croix-des-Petits-Champs (r.) E8
Croix-Nivert (r. de la) G4
Crozatier (r.) G11
Curial (r.) A10
Custine (r.) B8
Cuvier (r.) G9

D

Daguerre (r.) H7
Damrémont (r.) B7
Danielle-Casanova (r.) E7
Danton (r.) F8
Dantzig (r. de) H5
Daumesnil (av.) H12
Dauphine (porte) D3
Dauphine (r.) F8
David-d'Angers (r.) C12
David-Weill (av.) K7
Davout (bd) F13
Debilly (passerelle) E4
Delcassé (av.) D6
Delessert (bd) F4
Denain (bd de) C9
Denfert-Rochereau (av.) H7
Denfert-Rochereau (pl.) H7
Départ (r. du) G6
Département (r. du) B9
Desnouettes (r.) H4
Diderot (bd) G11
Didot (r.) J6
Dijon (r. de) H11
Dr-Arnold-Netter (av. du) G12
Dr-Blanche (r. du) F2
Dr-Finlay (r. du) F4
Dr-Gley (r. du) C13
Dr-Potain (r. du) C12
Dr-Roux (r. du) G6
Dr-Tuffier (r. du) K9
Dorée (porte) H12
Douai (r. de) C7
Double (pont au) F8
Doudeauville (r.) B9
Duméril (r.) H9
Dunkerque (r. de) C8
Dupetit-Thouars (r.) E9

E

Dupleix (r.) F4
Duquesne (av.) F6
Duranton (r.) H4
Dutot (r.) H5

Éblé (r.) G6
Écluses-St-Martin (r. des) D10
École-de-Médecine (r. de l') F8
Écoles (r. des) G8
Edgar-Quinet (bd) H7
Edison (av.) J9
Émeriau (r.) F4
Émile-Augier (bd) E3
Émile-Zola (av.) G4
Entrepreneurs (r. des) G4
Épée-de-Bois (r. de l') H8
Ernest-Renan (r.) J4
Estrées (r. d') F5
États-Unis (pl. des) D4
Etex (r.) B7
Étienne-Marcel (r.) E8
Étienne-Marey (r.) E12
Eugène-Varlin (r. de l') D10
Évangile (r. de l') B9
Exelmans (bd) G2
Eylau (av. d') E4

F

Fabert (r.) E5
Faidherbe (r.) F11
Faisanderie (r. de la) D3
Falguière (r.) G6
Faubourg-du-Temple (r. du) D10
Faubourg-Montmartre (r. du) D8
Faubourg-Poissonnière (r. du) D8
Faubourg-St-Antoine (r. du) G11
Faubourg-St-Denis (r. du) C9
Faubourg-St-Honoré (r. du) D5
Faubourg-St-Jacques (r. du) H7
Faubourg-St-Martin (r. du) D9
La Fayette (r.) C8
Fédération (r. de la) F4
Félix-Éboué (pl.) H12
Félix-Faure (av.) G3
Fer-à-Moulin (r. du) H9
Ferdinand-Buisson (r.) G1
Fêtes (pl. des) C11
Flandre (r. de) B10
Flandrin (bd) D3
Fleurs (quai aux) F8

Foch (av.) D4
Fontaine (r.) C7
La Fontaine (r.) F3
Fossés-St-Bernard (r. des) G9
Four (r.) F7
France (av. de) H10
François-Bonvin (r.) G5
François-(Je)r (r.) E5
François-Mauriac (quai) H10
François-Miron (r.) F9
François-Mitterrand (quai) E7
Francs-Bourgeois (r. des) F9
Franklin-D.-Roosevelt (av.) E5
Frémicourt (r.) D13
Frères-Morane (r. des) G4
Friedland (av. de) D5
Froidevaux (r.) H7
Froissart (r.) E9

G

Gabriel (av.) D6
Gaîté (r. de la) H6
Gambetta (r.) D12
Gare (quai de la) H10
Garibaldi (bd) G5
Garigliano (pont de) H2
Gassendi (r.) H7
Gaston-Tessier (r.) A10
Gay-Lussac (r.) G8
Gazan (r.) J8
Général-Brunet (r.) C11
Général-Guillaumat (r. du) J4
Général-Leclerc (av. du) J7
Général-Lemonnier (av. du) E7
Général-Martial-Valin (av. du) H3
Général-Michel-Bizot (av. du) H12
Général-Sarrail (av. du) G1
Gentilly (porte de) K8
Geoffroy-St-Hilaire (r.) G9
George-Sand (r.) G2
George-V (av.) D5
Georges-Brassens (parc) J5
Georges-Lafenestre (av.) J5
Georges-Mandel (av.) E3
Georges-Pompidou (voie) G3
Gergovie (r. de) H6
Gilbert-Perroy (pl.) H6
Gironde (quai de la) B11
Glacière (r. de la) H8
Gobelins (av. des) H9
Godefroy-Cavaignac (r.) F11
Gordon-Bennett (av.) G1

Goutte-d'Or (r. de la) C9
Gouvion-St-Cyr (bd) C4
Grande-Armée (av. de la) D4
Grands-Augustins (quai des) F8
Grange-aux-Belles (r. de la) D10
Gravelle (av. de) J12
Grenelle (bd de) F5
Grenelle (pont de) F3
Grenelle (quai de) F3
Grenelle (r. de) F5
Grenier-St-Lazare (r. du) E9
Gros (r.) F3
Guébriant (r. de) D13
Guersant (r.) C4
Gustave-Eiffel (av.) F4
Guy-Môquet (r.) B6
Guynemer (r.) G7

H

Halles (r. des) E8
Haussmann (bd) D6
Hauteville (r. d') D8
Havre (r. du) D7
Haxo (r.) D12
Henri-Chevreau (r.) D11
Henri-Heine (r.) F2
Henri-IV (r.) F9
Henri-IV (quai) G9
Henri-Martin (av.) E3
Henri-Ribière (r.) D12
Hippodrome (av. de l') F1
Hoche (av.) C5
Hôpital (bd de l') H9
Hôtel-de-Ville (quai de l') F9

I

Ibsen (av.) E13
Iéna (av. d') E4
Iéna (pont d') E4
Indochine (bd d') D5
Ingres (av.) F2
Inspecteur-Allès (r. de l') C12
Invalides (bd des) G6
Invalides (esplanade des) F6
Invalides (pont des) E5
Issy-les-Moulineaux (quai d') H2
Italie (av. d') K9
Italie (pl. d') J9
Italiens (bd des) D7
Ivry (av. d') J9
Ivry (quai d') J11

J

Jacob (r.) F7
Jacques-Baudry (r.) J5
Javel (r. de) G4
Jean-Baptiste-Berlier (r.) J11
Jean-Baptiste-Pigalle (r.) H4
Jean-Calvin (r.) G8
Jean-Jaurès (r.) B11
Jean-Moulin (av.) J6
Jean-Pierre-Timbaud (r.) E9
Jean-Zay (r.) H6
Jeanne-d'Arc (r.) H9
Jemmapes (quai de) C10
Jessaint (r. de) C9
La Jonquière (r. de) B6
Joseph-Bouvard (r.) F5
Joseph-de-Maistre (r.) B7
Joseph-Kessel (r.) H11
Jouffroy-d'Abbans (r.) C5
Jour (r. du) D11
Jourdan (bd) K8
Jules-Ferry (bd) E10
Julia-Bartet (r.) J5
Juliette-Dodu (r.) D10
Junot (av.) B7
Jussieu (r.) G9

K

Kellermann (bd) K10
Kléber (av.) D4
Küss (r.) K8

L

La Tour-d'Auvergne (r. de) C8
La Tour-Maubourg (bd de) E5
Lacépède (r.) G8
Lagny (r. de) G12
Lagrange (r.) F8
Lamarck (r.) B7
Lamballe (av. de) F3
Lancry (r. de) D9
Lannes (bd) D3
Laumière (av. de) C11
Lavandières-
Ste-Opportune (r. des) F8
Leblanc (r.) H3
Lecourbe (r.) G5
Ledru-Rollin (av.) F10
Lefebvre (bd) J5

Legendre (r.) B6
Légion-Étrangère (r. de la) K6
Léon-Frapié (r.) D13
Léon-Frot (r.) F11
Léon-Gaumont (av.) F13
Lepic (r.) B7
Leriche (r.) H4
Liège (r. de) C7
Lille (r. de) F7
Linné (r.) G9
Linois (r.) G3
Lisbonne (r. de) C6
Londres (r. de) C7
Longchamp (allée de) D2
Longchamp (r. de) E4
Louis-Blanc (r.) C9
Louis-Blériot (quai) G3
Louis-Braille (r.) H12
Louis-Philippe (pont) F9
Louise-Thuliez (r.) C12
Lourmel (r. de) G4
Louvre (pont du) F8
Louvre (quai du) F8
Lowendal (av. de) F5
Lucien-Descaves (av.) K7
Lucien-Sampaix (r.) D9
Luxembourg (jardin du) G7
Lyon (r. de) G10

M

Mac-Mahon (av.) C4
Macdonald (bd) A11
Madeleine (bd de la) D7
Mademoiselle (r.) G5
Madrid (r. de) C6
Magenta (bd de) D9
Mahatma-Gandhi (av. du) D2
Maillot (bd) C3
Maillot (porte) C3
Maine (av. du) H6
Malakoff (av. de) D3
Malaquais (quai) F7
Malar (r.) E5
Malesherbes (bd) C6
Manin (r.) C11
Marcadet (r.) B7
Marceau (av.) D5
Marcel-Doret (r.) H2
Mare (r. de la) D11
Maréchal-Gallieni (av. du) E6
Marie (pont) F9
Marigny (av. de) D6

Martyrs (r. des) C8
Marx-Dormoy (r.) B9
Masséna (bd) K10
Mathurin-Moreau (av.) C10
Matignon (av.) D6
Maubeuge (r. de) C8
Maurice-Barrès (bd) C2
Mazarine (r.) F7
Mazas (voie) G10
Meaux (r. de) C10
Médicis (r. de) G8
Mégisserie (quai de la) F8
Mendelssohn (r.) F13
Ménilmontant (bd de) E11
Ménilmontant (r. de) D12
Messine (av. de) D6
Michel-Ange (r.) G2
Michel-le-Comte (r.) E9
Miollis (r.) G5
Mirabeau (pont) G3
Mirabeau (r.) G2
Miromesnil (r. de) D6
Mogador (r. de) D7
Molitor (porte) G1
Molitor (r.) G2
Monceau (parc) C5
Monceau (r. de) C6
Moncey (r.) C7
Monge (r.) G8
Mont-Cenis (r. du) B8
Montaigne (av.) E5
Montebello (quai de) F8
Montgallet (r.) G11
Montmartre (r.) E8
Montmorency (bd de) F2
Montmorency (r. de) E8
Montorgueil (r.) E8
Montparnasse (bd du) G7
Montparnasse (r. du) G7
Montreuil (r. de) F12
Montsouris (parc) K7
Morillons (r. des) H5
Morland (bd) G9
Morland (pont) G9
Mortier (bd) D13
La Motte-Picquet (av. de) F5
Mouffetard (r.) H8
Mouton-Duvernet (r.) H7
Mouzaïa (r. de) C12
Mozart (av.) F2
Muette (porte de la) E2
Muette-à-Neuilly (rte de la) E2
Murat (bd) F2

N

N.-D.-de-Lorette (r.) C7
N.-D.-des-Champs (r.) G7
Nansouty (r.) J7
Nation (pl. de la) G12
National (pont) J11
Nationale (r.) J9
Nations-Unies (av. des) E4
Neuf (pont) F8
Neuve-Tolbiac (r.) J10
New-York (av. de) E4
Ney (bd) A9
Niel (av.) C4
Norvins (r.) B8
Notre-Dame (pont) F8
Nungesser-et-Coli (r.) G1

O

Oberkampf (r.) E10
Observatoire (av. de l') H7
Odéon (r. de l') F7
Oise (quai de l') B11
Olivier-de-Serres (r.) H4
Opéra (av. de l') D7
Ordener (r.) B9
Ornano (bd) B8
Orsay (quai d') E5
Orsel (r. d') C8
Orteaux (r. des) F12
Oudinot (r.) G6
Ourcq (r. de l') B11

P

Paix (r. de la) D7
Palais (bd du) F8
Panhard-et-Levassor
(quai) J11
Pantin (porte de) B12
Paradis (r. de) D8
Parc (rte du) J12
Parc-Royal (r. du) F9
Parmentier (r.) E10
Pas-de-la-Mule (r. du) F10
Pascal (r.) H8
Passy (porte de) F2
Passy (r. de) F3
Pasteur (bd) G6
Patay (r. de) J10

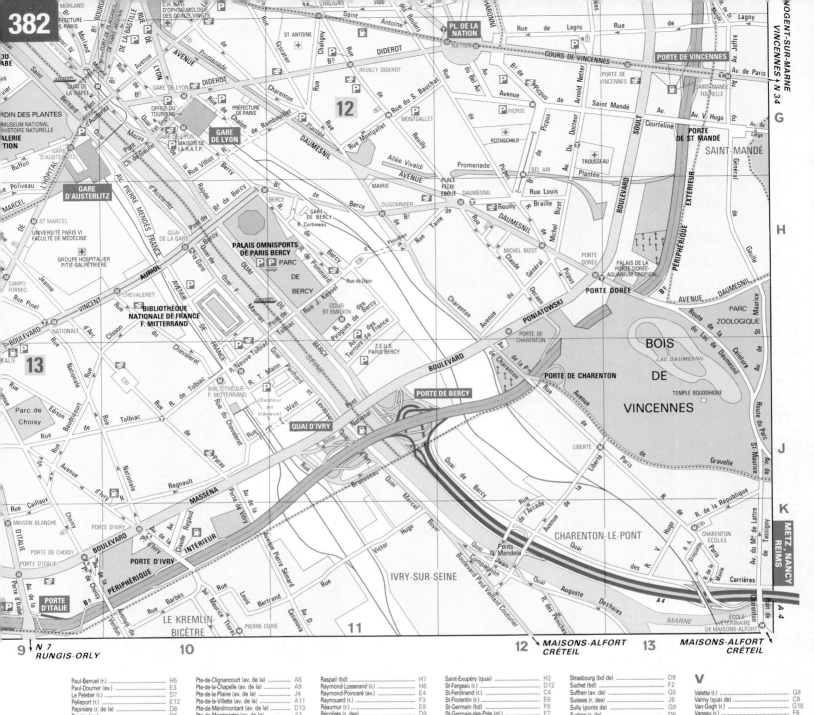

Paul-Barruel (r.) H5
Paul-Doumer (av.) E3
Le Peletier (r.) D7
Pelleport (r.) E12
Pépinière (r. de la) D6
Percier (r.) D6
Perdonnet (r.) C9
Père-Lachaise (av. du) E12
Pereire (bd) B5
Pergolèse (r.) D4
Perle (r. de la) E9
Pershing (bd) C4
Petit-Pont F8
Petites-Écuries (r. des) D8
Petits-Champs (r. des) E7
Petits-Ponts (rte des) B12
Peupliers (r. des) J9
Philippe-Auguste (av.) F11
Philippe-de-Girard (r.) B9
Picpus (bd de) G12
Picpus (r. de) G12
Pierre-Charron (r.) D5
Pierre-Coubertin (av.) K8
Pierre-Demours (r.) C4
Pierre-Larousse (r.) J6
Pierre-1er-de-Serbie (av.) E4
Pierre-Mendès-France (av.) H10
Pinel (r.) H9
Piroques-de-Bercy (r. des) H11
Plantes (jardin des) G9
Plantes (r. des) J6
Poissonnière (r.) D8
Poissonniers (r. des) B9
Poliveau (r.) H9
Pommard (r. de) H11
Pompe (r. de la) D3
Poniatowski (bd) H12
Pont-Neuf (r. du) E8
Ponthieu (r. de) D5
Port-Royal (bd de) H8
Portalis (r.) C6
Pte-Brancion (av. de la) J5
Pte-Brunet (av. de la) C12
Pte-d'Asnières (av. de la) B5
Pte-d'Aubervilliers (av. de la) A10
Pte-d'Auteuil (av. de la) G1
Pte-de-Bagnolet (av. de la) E13
Pte-de-Champerret (av. de la) B4
Pte-de-Charenton (av. de la) J12
Pte-de-Châtillon (av. de la) J6
Pte-de-Choisy (av. de la) K9
Pte-de-Clichy (av. de la) A5

Pte-de-Clignancourt (av. de la) A8
Pte-de-la-Chapelle (av. de la) A9
Pte-de-la-Plaine (av. de la) J4
Pte-de-la-Villette (av. de la) A11
Pte-de-Ménilmontant (av. de la) D13
Pte-de-Montmartre (av. de la) A7
Pte-de-Montreuil (av. de la) F13
Pte-de-Montrouge (av. de la) K6
Pte-de-Sèvres (av. de la) H3
Pte-de-St-Ouen (av. de la) A7
Pte-de-Vitry (av. de la) K10
Pte-des-Lilas (av. de la) C13
Pte-des-Poissonniers
(av. de la) A8
Pte-des-Ternes (av. de la) C3
Pte-d'Issy (r. de la) H3
Pte-d'Italie (av. de la) K9
Pte-d'Ivry (av. de la) K10
Pte-d'Orléans (av. de la) K7
Pte-du-Pré-St-Gervais (av. de la) C12
Poteau (r. du) B8
Poterne-des-Peupliers (r. de la) K9
Pouchet (r.) A6
Poussin (r.) G2
Pré-St-Gervais (r. du) D11
Président-Kennedy (av. du) F3
Président-Wilson (av. du) E4
Professeur-André-Lemierre (av. du) F13
La Promenade Plantée G12
Prony (r. de) C5
Provence (r. de) D7
Prudhon (av.) E2
Pyramides (r. des) E7
Pyrénées (r. des) E12

Q
Quatre-Fils (r. des) E9
Quatre-Septembre (r. du) D7

R
Raffet (r.) F2
Rambouillet (r. de) G10
Rambuteau (r.) E9
Ramey (r.) B8
Ranelagh (r. du) F3
Rapée (quai de la) G10
Raphaël (av.) F2
Rapp (av.) E5

Raspail (bd) H7
Raymond-Losserand (r.) H6
Raymond-Poincaré (av.) E4
Raynouard (r.) F3
Réaumur (r.) E8
Récollets (r. des) D9
Regnault (r.) J10
Reims (bd de) B5
Reine (cours la) E6
Reine-Marguerite
(allée de la) D1
Rémusat (r. de) G3
Renard (r. du) F8
René-Coty (av.) J7
Rennes (r. de) F7
République (av. de la) E10
République (pl. de la) E9
Reuilly (bd de) H12
Reuilly (r. de) G11
Richard-Lenoir (bd) E10
Richard-Lenoir (r.) F11
Richard-Wallace (bd) D1
Richelieu (r. de) D7
Richer (r.) D8
Richerand (av.) D9
Riquet (r.) B10
Rivoli (r. de) E8
Rochechouart (bd de) C8
Rochechouart (r. de) C8
Rocher (r. du) C6
Rome (r. de) C6
Roquette (r. de la) F10
Royal (pont) E7
Royale (r.) D6
Rubens (r.) H9
Rungis (r. de) J7

S
Sablons (r. des) E3
St-Amand (r.) H5
St-André-des-Arts (r.) F8
St-Antoine (r.) F9
St-Bernard (quai) G9
St-Charles (r.) G3
St-Cloud (av. de) F1
St-Cloud (porte de) H1
St-Denis (bd) D9
St-Denis (r.) D8
St-Dominique (r.) E5
St-Éleuthère (r.) C8

Saint-Exupéry (quai) H2
St-Fargeau (r.) D12
St-Ferdinand (r.) C4
St-Florentin (r.) E6
St-Germain (bd) F8
St-Germain-des-Prés (pl.) F7
St-Gilles (r.) F10
St-Honoré (r.) E7
St-Jacques (bd) H7
St-Jacques (r.) G8
St-Lambert (r.) H4
St-Lazare (r.) D7
St-Louis (pont) F9
St-Louis-en-l'Île (r.) F9
St-Mandé (av. de) G12
St-Mandé (porte de) G13
St-Marcel (bd) H9
St-Martin (bd) D9
St-Martin (r.) E9
St-Maur (r.) D10
St-Maurice (av. de) J12
St-Michel (bd) G8
St-Michel (pont) F8
St-Michel (quai) F8
St-Ouen (av. de) B7
St-Paul (r.) F9
St-Pétersbourg (r. de) C6
St-Placide (r.) G7
Saint-Saëns (r.) F4
St-Sulpice (r.) F7
St-Vincent (r.) B8
Sts-Pères (r. des) F7
Santé (r. de la) H8
Sarrette (r.) J7
Saxe (av. de) G6
Scribe (r.) D7
Sébastopol (bd de) C10
Secrétan (av.) C10
Ségur (av. de) F5
Seine (quai de la) B10
Seine (r. de) F7
Sergent-Bauchat
(r. du) G11
Sérurier (bd) C12
Sèvres (r. de) G6
Simon-Bolivar (av.) D10
Singer (r.) F3
Solférino (passerelle) E7
Sorbier (r.) E11
Soufflot (r.) G8
Soult (bd) G13
Stéphane-Mallarmé (av.) B4

Strasbourg (bd de) D9
Suchet (bd) F2
Suffren (av. de) G5
Suisses (r. des) J6
Sully (ponts de) G9
Surène (r. de) D6
Suresnes (rte de) D2

T
Tage (r. du) K9
Taine (r.) H11
Tanger (r. de) B10
Tardieu (r.) C8
Temple (bd du) E9
Temple (r. du) E9
Ternes (av. des) C4
Terroirs-de-France
(av. des) J11
Tertre (pl. du) B8
Théâtre (r. du) G4
Théophile-Gautier (av.) G2
Thomas-Mann (r.) J11
Thorigny (r. de) E9
Titon (r.) F11
Tocqueville (r. de) C6
Tolbiac (pont de) H11
Tolbiac (r. de) J9
Tombe-Issoire (r. de la) J7
Tour (r. de la) E3
Tournelle (pont de la) G9
Tournelle (quai de la) F9
Tournon (r. de) F7
Tourville (av. de) F5
Trocadéro et Onze-
Novembre (pl. du) E4
Trois-Bornes (r. des) E10
Tronchet (r.) D7
Trousseau (r.) F10
Tuileries (jardin des) E7
Tuileries (quai des) E7
Turbigo (r. de) E9
Turenne (r. de) E9

U
Ulm (r. d') G8
Université (r. de l') E5

V
Valette (r.) G8
Valmy (quai de) C9
Van-Gogh (r.) G10
Vaneau (r.) F6
Vanves (porte de) J5
Varenne (r. de) F6
Vaugirard (bd de) G6
Vaugirard (r. de) G5
Vauquelin (r.) H8
Vauvenargues (r.) B7
Vendôme (pl.) E7
Vercingétorix (r.) H6
Versailles (av. de) G2
Victor (bd) H3
Victor-Hugo (av.) D3
Victor-Massé (r.) C8
Victoria (av.) F8
Vieille-du-Temple (r.) E9
Vienne (r. de) C6
Vigée-Lebrun (r.) G6
Villars (av. de) F6
Villette (bd de la) D10
Villette (parc de la) B11
Villiers (av. de) C5
Villiot (r.) G10
Vincennes (cours de) G12
Vincennes (porte de) G13
Vincent-Auriol (bd) H10
Violet (r.) G4
Vitruve (r.) E12
Vivaldi (allée) G11
Vivienne (r.) D7
Volontaires (r. des) H5
Voltaire (bd) F11
Voltaire (quai) E7
Vosges (pl. des) F9
Vouillé (r. de) H5
Vulpian (r.) H8

W
Wagram (av. de) C5
Washington (r.) D5
Watt (r.) J11
Wilhem (r.) G2
Winston-Churchill (av.) E6

Y
Yvonne-Le-Tac (r.) C8

Orquevaux 52 ....92 C3
Les Orres 05 ....250 B2
Orret 21 ....138 B1
Orriule 64 ....271 F3
Orrouer 28 ....85 D3
Orrouy 60 ....35 E3
Orry-la-Ville 60 ....61 E1
Ors 59 ....20 C1
Orsan 30 ....264 C2
Orsanco 64 ....271 F2
Orsans 11 ....301 F2
Orsans 25 ....141 F4
Orsay 91 ....60 C4
Orschwihr 68 ....120 B1
Orschwiller 67 ....96 C2
Orsennes 36 ....169 D3
Orsinval 59 ....9 F3
Orsonnette 63 ....207 F3
Orsonville 78 ....86 A2
Ortaffa 66 ....313 D3
Ortale 2B 315 F4
Orthevielle 40 ....271 E2
Orthez 64 ....272 A3
Orthoux-
  Sérignac-Quilhan 30 ....263 E4
Ortillon 10 ....90 C2
Ortiporio 2B 315 E3
Orto 2A 316 C2
Ortoncourt 88 ....95 D2
Orus 09 ....309 F1
Orval 18 ....153 E4
Orval 50 ....53 F1
Orvaux 44 ....126 B3
Orvaux 27 ....58 B2
Orve 25 ....142 A3
Orveau 91 ....87 D2
Orveau-Bellesauve 45 ....87 D4
Orville 21 ....139 E1
Orville 36 ....152 A1
Orville 45 ....87 D4
Orville 61 ....57 D3
Orville 62 ....7 F4
Orvillers-Sorel 60 ....35 D1
Orvilliers 78 ....59 F3
Orvilliers-Saint-Julien 10 ....89 F2
Orx 40 ....270 C2
Os-Marsillon 64 ....272 B4
Osani 2A 316 A1
Osches 55 ....66 B1
Osenbach 68 ....96 B4
Oslon 71 ....158 B4
Osly-Courtil 02 ....36 A2
Osmanville 14 ....27 E3
Osmery 18 ....153 F3
Osmets 65 ....274 A4
Osmoy 18 ....153 E2
Osmoy 78 ....59 F3
Osmoy-Saint-Valery 76 ....16 B3
Osne-le-Val 52 ....92 B2
Osnes 08 ....23 F4
Osny 95 ....60 B1
L'Ospédale 2A 319 E2
Osquich (Col d') 64 ....295 E1
Ossages 40 ....271 F2
Ossas-Suhare 64 ....295 F2
Osse 25 ....141 E3
Ossé 35 ....103 F1
Osse-en-Aspe 64 ....296 B3
Osséja 66 ....310 C4
Osselle 25 ....160 A1
Osselle (Grottes d') 25 ....160 A1
Ossen 65 ....297 E2
Ossenx 64 ....272 A4
Osserain-Rivareyte 64 ....271 F4
Ossès 64 ....295 D1
Ossey-les-Trois-Maisons 10 ..89 F2
Ossun 65 ....297 F1
Ossun-ez-Angles 65 ....297 F2
Ostabat-Asme 64 ....295 E1
Ostel 02 ....36 C2
Ostheim 68 ....96 C3
Osthoffen 67 ....70 C3
Osthouse 67 ....97 D1
Ostreville 62 ....7 F2
Ostricourt 59 ....8 C2
Ostwald 67 ....71 D3
Ota 2A 316 B1
Othe 54 ....40 B1
Othis 77 ....61 E1
Ottange 57 ....41 E2
Ottersthal 67 ....70 B2
Otterswiller 67 ....70 B2
Ottmarsheim 68 ....121 D2
Ottonville 57 ....42 B3
Ottrott 67 ....70 C4
Ottwiller 67 ....70 A1
Ouagne 58 ....136 B3
Ouainville 76 ....15 D2
Ouanne 89 ....136 A1
Ouarville 28 ....86 A3
Les Oubeaux 14 ....27 F3
Ouchamps 41 ....132 A2
Ouches 42 ....191 D2
Oucques 41 ....109 D3
Oudalle 76 ....14 C4
Oudan 58 ....136 A3
Oudeuil 60 ....34 A1
Oudezeele 59 ....3 F3
Oudincourt 52 ....92 B4
Oudon 44 ....127 D3
Oudrenne 57 ....42 A2
Oudry 71 ....173 F2
Oueilloux 65 ....298 A2
Ouerre 28 ....59 E4
Ouessant (Ile d') 29 ....46 B2
Ouézy 14 ....55 E1
Ouffières 14 ....55 F1
Ouge 70 ....117 E3
Ouges 21 ....139 E4

Ougney 39 ....140 B4
Ougney-Douvot 25 ....141 F3
Ougny 58 ....155 F2
Ouhans 25 ....160 C2
Ouides 43 ....226 C3
Ouillat (Col de l') 66 ....313 D3
Ouillon 64 ....273 D4
Ouilly-du-Houley 14 ....30 C4
Ouilly-le-Tesson 14 ....56 A2
Ouilly-le-Vicomte 14 ....30 C4
Ouistreham 14 ....29 F1
Oulches 36 ....168 B1
Oulches-la-Vallée-Foulon 02 ..37 D2
Oulchy-la-Ville 02 ....36 B4
Oulchy-le-Château 02 ....36 B4
Oulins 28 ....59 E3
Oulles 38 ....231 E2
Oullins 69 ....210 C1
Oulmes 85 ....164 B3
Oulon 58 ....155 E1
Ounans 39 ....159 F2
Oupia 34 ....303 E1
Our 39 ....159 F1
Ourcel-Maison 60 ....34 B1
Ourches 26 ....229 E4
Ourches-sur-Meuse 55 ....67 E4
Ourde 65 ....298 C3
Ourdis-Cotdoussan 65 ....297 F3
Ourdon 65 ....297 F3
Ourouër 58 ....155 D2
Ourouer-les-Bourdelins 18 ...154 A3
Ouroux 69 ....174 C4
Ouroux-en-Morvan 58 ....156 B1
Ouroux-sous-le-
  Bois-Sainte-Marie 71 ......174 A4
Ouroux-sur-Saône 71 ....158 B4
Oursbelille 65 ....297 F1
Ourscamps (Abbaye d') 60 ....35 E3
Les Oursinières 83 ....292 B3
Ourtigas (Col de l') 34 ....279 F2
Ourton 62 ....7 F2
Ourville-en-Caux 76 ....15 D2
Ousse 64 ....297 D1
Ousse-Suzan 40 ....253 E3
Oussières 39 ....159 E3
Ousson-sur-Loire 45 ....134 C1
Oussoy-en-Gâtinais 45 ....111 F3
Oust 09 ....300 A4
Oust-Marest 80 ....16 C1
Ousté 65 ....297 F3
Outarville 45 ....86 B4
Outines 51 ....91 E1
Outreau 62 ....2 A4
Outrebois 80 ....7 E4
Outremécourt 52 ....93 E4
Outrepont 51 ....65 E3
Outriaz 01 ....194 B2
Outtersteene 59 ....4 A4
Ouvans 25 ....142 A3
Ouve-Wirquin 62 ....3 E4
Ouveillan 11 ....303 F1
Ouville 50 ....54 A1
Ouville-la-Bien-Tournée 14 ....56 C1
Ouville-la-Rivière 76 ....15 F1
Ouville-l'Abbaye 76 ....15 F2
Ouvrouer-les-Champs 45 .....110 C3
Ouzilly 86 ....149 E4
Ouzilly-Vignolles 86 ....148 C3
Ouzouer-des-Champs 45 .....111 F3
Ouzouer-le-Doyen 41 ....109 D2
Ouzouer-le-Marché 41 ....109 E3
Ouzouer-
  sous-Bellegarde 45 ....111 E2
Ouzouer-sur-Loire 45 ....111 E4
Ouzouer-sur-Trézée 45 ....135 D1
Ouzous 65 ....297 E3
Ovanches 70 ....141 D1
Ovillers-la-Boisselle 80 ....19 D1
Oxelaëre 59 ....3 F3
Oxocelhaya et Isturits
  (Grottes d') 64 ....271 D4
Oyé 71 ....174 A4
Oye-et-Pallet 25 ....161 D3
Oye-Plage 62 ....2 C1
Oyes 51 ....63 F3
Oyeu 38 ....212 A3
Oyonnax 01 ....176 C4
Oyré 86 ....149 F3
Oyrières 70 ....140 A1
Oysonville 28 ....86 B3
Oytier-Saint-Oblas 38 ....211 E2
Oz 38 ....231 E1
Ozan 01 ....175 E3
Oze 05 ....249 D4
Ozenay 71 ....175 E2
Ozenx 64 ....272 A3
Ozerailles 54 ....41 D3
Ozeville 50 ....25 D3
Ozières 52 ....93 D4
Ozillac 17 ....199 F3
Ozoir-la-Ferrière 77 ....61 F4
Ozoir-le-Breuil 28 ....109 E2
Ozolles 71 ....174 B3
Ozon 07 ....228 C1
Ozon 65 ....298 A2
Ozouer-le-Repos 77 ....88 A1
Ozouer-le-Voulgis 77 ....87 F1
Ozourt 40 ....271 F1

P

Paars 02 ....36 C3
Pabu 22 ....50 C3
La Pacaudière 42 ....191 D1
Pacé 35 ....79 D4
Pacé 61 ....82 B2

Pact 38 ....211 E4
Pacy-sur-Armançon 89 ....114 B4
Pacy-sur-Eure 27 ....59 D2
Padern 11 ....303 D4
Padiès 81 ....259 F3
Padirac 46 ....222 C4
Padirac (Gouffre de) 46 ....222 C4
Padoux 88 ....95 D3
Pageas 87 ....203 E1
Pagney 39 ....140 B4
Pagney-derrière-Barine 54 ....67 F4
Pagnoz 39 ....160 A2
Pagny-
  la-Blanche-Côte 55 ....93 E1
Pagny-la-Ville 21 ....158 C1
Pagny-le-Château 21 ....158 C2
Pagny-lès-Goin 57 ....68 B1
Pagny-sur-Meuse 55 ....67 E4
Pagny-sur-Moselle 54 ....68 A1
Pagolle 64 ....295 F1
Pailhac 65 ....298 B4
Pailharès 07 ....228 B2
Pailhères (Port de) 09 ....310 C1
Pailherols 15 ....224 C3
Pailhès 09 ....300 C2
Pailhès 34 ....280 B4
Paillart 60 ....18 B4
Paillé 17 ....182 B2
Paillencourt 59 ....9 D3
Paillet 33 ....236 B1
Pailloles 47 ....238 B3
Le Pailly 52 ....117 D3
Pailly 89 ....88 C3
Paimbœuf 44 ....125 E3
Paimpol 22 ....50 C2
Paimpont 35 ....102 B1
Pain de Sucre 14 ....55 F2
Painblanc 21 ....157 F1
Pair-et-Grandrupt 88 ....96 A2
Pairis 68 ....96 A3
Paissy 02 ....37 D2
Paizay-le-Chapt 79 ....183 D2
Paizay-le-Sec 86 ....167 E2
Paizay-le-Tort 79 ....183 D1
Paizay-Naudouin 16 ....183 E2
Pajay 38 ....211 E3
le Pal (Parc d'attractions
  et animalier) 03 ....172 C2
Paladru 38 ....212 B2
Palagaccio 2B 315 F1
Palaggiu
  (Alignements de) 2A 318 C3
Palairac 11 ....303 D4
Le Palais 56 ....122 A3
Le Palais-sur-Vienne 87 ......186 A4
Palaiseau 91 ....60 C4
Palaiseul 52 ....117 D4
Palaja 11 ....302 C2
Palaminy 31 ....299 F1
Palante 70 ....119 D4
Palantine 25 ....160 A1
Palasca 2B 314 C2
Palau-de-Cerdagne 66 ....310 C4
Palau-del-Vidre 66 ....313 D3
Palavas-les-Flots 34 ....281 F3
Palazinges 19 ....222 C1
Paley 77 ....88 A4
Palhers 48 ....243 F3
Palinges 71 ....174 A2
Pâlis 10 ....89 F4
Palise 25 ....141 E3
Palisse 19 ....205 F3
Palladuc 63 ....190 B3
Pallanne 32 ....274 A4
Palleau 71 ....158 B2
Pallegney 88 ....94 C3
Le Pallet 44 ....146 A1
Palleville 81 ....277 F3
La Pallice 17 ....180 C1
La Pallu 53 ....82 A2
Palluau 85 ....145 E3
Palluau-sur-Indre 36 ....151 D3
Palluaud 16 ....201 F4
Pallud 73 ....196 A4
Palluel 62 ....8 C3
Palmas 12 ....243 D4
La Palme 11 ....303 F3
La Palmyre 17 ....198 A1
Palneca 2A 317 D3
Palogneux 42 ....191 D2
Palombaggia (Plage de) 2A ...319 F3
La Palud-sur-Verdon 04 ....268 A4
Paluden 29 ....47 D1
Paluel 76 ....15 E1
Pamfou 77 ....88 A2
Pamiers 09 ....301 D2
Pampelonne 81 ....259 F2
Pamplie 79 ....165 E2
Pamproux 79 ....165 F3
Panassac 32 ....274 C4
Panazol 87 ....186 A4
Pancé 35 ....103 E2
Pancey 52 ....92 C2
Pancheraccia 2B 317 F1
Pancy-Courtecon 02 ....37 D2
Pandrignes 19 ....223 D1
Pange 57 ....42 A3
Panges 21 ....138 C3
Panilleuse 27 ....33 D4
Panissage 38 ....212 A2
Panissières 42 ....192 A4
Panjas 32 ....254 C4
Panlatte 27 ....58 C3
Pannecé 44 ....127 D2
Pannecières 45 ....86 C4
Pannes 45 ....111 F2
Pannes 54 ....67 E2

Pannesière-Chaumard
  (Barrage de) 58 ....156 A1
Pannessières 39 ....159 F4
Panon 72 ....83 D3
Panossas 38 ....211 F1
La Panouse 48 ....244 B1
Pantin 93 ....61 D3
Panzoult 37 ....149 E1
Papleux 02 ....10 B4
La Pâquelais 44 ....126 A3
Paradou 13 ....283 F1
Paramé 35 ....52 C4
Parassy 18 ....134 B4
Parata 2B 315 F4
Parata (Pointe de la) 2A 316 A4
Paray-Douaville 78 ....86 A2
Paray-le-Frésil 03 ....172 C1
Paray-le-Monial 71 ....173 F3
Paray-sous-Briailles 03 ....172 B4
Paray-Vieille-Poste 91 ....61 D4
Paraza 11 ....303 E1
Parbayse 64 ....272 B4
Parc-d'Anxtot 76 ....14 C3
Parçay-les-Pins 49 ....129 F2
Parçay-Meslay 37 ....131 D3
Parçay-sur-Vienne 37 ....149 E1
Parcé 35 ....80 B3
Parcé-sur-Sarthe 72 ....106 A3
Parcey 39 ....159 E3
Parcieux 01 ....192 C3
Parcoul 24 ....219 E1
Le Parcq 62 ....7 D2
Parcy-et-Tigny 02 ....36 B3
Pardailhan 34 ....279 E3
Pardaillan 47 ....237 F1
Pardies 64 ....272 B4
Pardies-Piétat 64 ....297 D1
Pardines 63 ....207 F2
Paréac 65 ....297 F2
Pareid 55 ....40 C4
Parempuyre 33 ....217 E3
Parennes 72 ....106 A1
Parent 63 ....207 F2
Parentignat 63 ....207 F2
Parentis-en-Born 40 ....234 C4
Parenty 62 ....6 B1
Parey-Saint-Césaire 54 ....94 A1
Parey-sous-Montfort 88 ....93 F3
Parfondeval 02 ....21 F4
Parfondeval 61 ....83 E2
Parfondru 02 ....37 D1
Parfondrupt 55 ....40 C4
Parfouru-l'Éclin 14 ....28 C4
Parfouru-sur-Odon 14 ....55 E1
Pargnan 02 ....37 D2
Pargny 80 ....19 E3
Pargny-Filain 02 ....36 C2
Pargny-la-Dhuys 02 ....63 E2
Pargny-les-Bois 02 ....20 C3
Pargny-lès-Reims 51 ....37 E4
Pargny-Resson 08 ....38 B3
Pargny-sous-Mureau 88 ....93 D3
Pargny-sur-Saulx 51 ....65 F3
Pargues 10 ....114 B2
Parignargues 30 ....263 F4
Parigné 35 ....80 B2
Parigné-le-Pôlin 72 ....106 C3
Parigné-l'Évêque 72 ....107 D2
Parigné-sur-Braye 53 ....81 E3
Parigny 42 ....191 E2
Parigny 50 ....80 B2
Parigny-la-Rose 58 ....136 A3
Parigny-les-Vaux 58 ....154 C1
Pariou (Puy de) 63 ....189 D4
Paris 75 ....61 D3
Paris-Charles-de-Gaulle
  (Aéroport) 95 ....61 E2
Paris-l'Hôpital 71 ....157 F2
Paris-Orly
  (Aéroport de) 91 ....61 D4
Parisot 81 ....277 E1
Parisot 82 ....258 C1
Parlan 15 ....223 F4
Parleboscq 40 ....255 D3
Parly 89 ....113 D4
Parmain 95 ....60 C1
Parmilieu 38 ....193 F4
Parnac 36 ....168 B3
Parnac 46 ....239 F3
Parnans 26 ....203 F3
Parnay 18 ....153 F4
Parné-sur-Roc 53 ....105 E2
Parnes 60 ....33 E4
Parnot 52 ....117 E2
Les Paroches 55 ....67 D2
Parois 55 ....39 F4
Paron 89 ....88 C4
Paroy 25 ....160 A1
Paroy 77 ....88 C2
Paroy-en-Othe 89 ....113 E2
Paroy-sur-Saulx 52 ....92 B1
Paroy-sur-Tholon 89 ....113 D2
Parpeçay 36 ....151 F1
Parpeville 02 ....20 C3
Parranquet 47 ....238 C1
Parروy 10 ....114 B2
Pars-lès-Chavanges 10 ....91 D2
Pars-lès-Romilly 10 ....89 F2
Parsac 23 ....187 E1
Parsac 33 ....219 D3
Parthenay 79 ....165 E1
Parthenay-de-Bretagne 35 ....79 D4
Partinello 2A 316 A1
Parux 54 ....95 F1
Parves 01 ....194 C4
Parville 27 ....58 C1
Parvillers-le-Quesnoy 80 ......19 D4
Parzac 16 ....184 A3

Les Pas 50 ....79 F1
Le Pas 53 ....81 E2
Pas-de-Jeu 79 ....148 B2
Pas de la Graille 04 ....267 D1
Pas de l'Echelle 74 ....195 E1
Pas de l'Ours 11 ....301 F4
Pas-des-Lanciers 13 ....284 B3
Pas-en-Artois 62 ....7 F4
Le Pas-Saint-l'Homer 61 ....84 B2
Pasciolo (Fort de) 2B 317 D2
Pasilly 89 ....114 B4
Paslières 63 ....190 A3
Pasly 02 ....36 B2
Pasques 21 ....138 C3
Le Pasquier 39 ....160 A3
Passa 66 ....312 C3
Le Passage 38 ....212 B2
Le Passage 47 ....256 B1
Passais 61 ....81 D1
Passavant 25 ....141 F3
Passavant-en-Argonne 51 .....66 A1
Passavant-la-Rochère 70 .....118 A2
Passavant-sur-Layon 49 ......147 F1
Passay 44 ....145 E1
Passel 60 ....35 F1
Passenans 39 ....159 F3
Passin 01 ....194 C3
Passins 38 ....212 A1
Passirac 16 ....201 D4
Passonfontaine 25 ....161 D1
Passy 71 ....174 C2
Passy 74 ....196 B2
Passy 89 ....112 C1
Passy-en-Valois 02 ....36 A4
Passy-Grigny 51 ....63 E1
Passy-sur-Marne 02 ....63 E1
Passy-sur-Seine 77 ....89 D2
Patay 45 ....109 F3
Patornay 39 ....177 D1
Patrimonio 2B 315 E1
Pau 64 ....272 C4
Paucourt 45 ....111 F2
Paudy 36 ....152 B2
Paugnat 63 ....189 D3
Pauilhac 32 ....256 B4
Pauillac 33 ....217 D1
Paule 22 ....76 A3
Paulhac 15 ....225 D3
Paulhac 31 ....276 C1
Paulhac 43 ....208 A4
Paulhac-en-Margeride 48 .....226 A3
Paulhaguet 43 ....226 B1
Paulhan 34 ....280 C2
Paulhe 12 ....261 E2
Paulhenc 15 ....224 C4
Paulhiac 47 ....238 C2
Pauliac (Puy de) 19 ....222 C1
Pauligne 11 ....302 C2
Paulin 24 ....222 A3
La Pauline 83 ....292 B3
Paulinet 81 ....260 A4
Paulmy 37 ....150 B2
Paulnay 36 ....150 C3
Paulx 44 ....145 D2
Paunat 24 ....221 D1
Pause (Col de) 09 ....309 D1
Paussac-
  et-Saint-Vivien 24 ....202 B4
Pautaines-Augeville 52 ....92 C3
Pauvres 08 ....38 B2
Pavant 02 ....62 C2
Pavezin 42 ....210 C3
Pavie 32 ....275 D2
Pavillon (Col du) 69 ....192 A1
Le Pavillon-Sainte-Julie 10 ....90 A4
Les Pavillons-sous-Bois 93 ....61 E3
Pavilly 76 ....15 F4
Pavin (Lac) 63 ....207 D3
Payns 10 ....90 A3
Payra-sur-l'Hers 11 ....301 E1
Payrac 46 ....222 A4
Payré 86 ....166 A3
Payrignac 46 ....240 A1
Payrin-Augmontel 81 ....278 B3
Payros-Cazautets 40 ....272 C2
Payroux 86 ....184 B1
Payssous 31 ....299 D3
Payzac 07 ....245 F3
Payzac 24 ....203 F3
Pazayac 24 ....222 A3
Paziols 11 ....303 E4
Pazy 58 ....136 B4
Le Péage 38 ....211 E2
Le Péage-de-Roussillon 38 ...210 C3
Péas 51 ....63 F4
Peaugres 07 ....210 C4
Péault 85 ....163 E2
Pébées 32 ....275 F3
Pébrac 43 ....226 B2
Pech 09 ....310 A1
Pech-Luna 11 ....301 E1
Pech Merle (Grotte du) 46 ...240 B3
Péchabou 31 ....276 C2
Pécharic-et-le-Py 11 ....301 E1
Péchaudier 81 ....277 E3
Pechbonnieu 31 ....276 C1
Pechbusque 31 ....276 C2
Le Pêchereau 36 ....168 C2
Pécorade 40 ....273 D1
Le Pecq 78 ....60 C3
Pecquencourt 59 ....9 D2
Pécy 77 ....88 B1
Pédernec 22 ....50 B3
Pégairolles-de-Buèges 34 ...262 B4
Pégairolles-de-l'Escalette 34 ...280 B1
Pégomas 06 ....288 A3

Le Pègue 26 ....247 E3
Péguilhan 31 ....275 D4
Peigney 52 ....116 C3
Peillac 56 ....102 A4
Peille 06 ....289 E4
Peillon 06 ....289 E4
Peillonnex 74 ....196 A1
Peintre 39 ....140 A4
Les Peintures 33 ....219 D2
Peipin 04 ....267 D1
Peira-Cava 06 ....289 E2
Peisey-Nancroix 73 ....214 C1
Pel-et-Der 10 ....91 D3
Pélissanne 13 ....284 B2
Pellafol 38 ....231 D4
Pelleautier 05 ....249 E2
Pellefigue 32 ....275 E3
Pellegrue 33 ....237 E1
Pelleport 31 ....276 A1
Pellerey 21 ....138 C2
Le Pellerin 44 ....126 A4
La Pellerine 49 ....129 F2
La Pellerine 53 ....80 B3
Pellevoisin 36 ....151 E2
Pellouailles-les-Vignes 49 ...128 C2
Pelonne 26 ....248 A3
Pelouse 48 ....244 B2
Pelousey 25 ....141 D3
Peltre 57 ....68 B1
Pélussin 42 ....210 C3
Pelves 62 ....8 B3
Pelvoux 05 ....232 B3
Pelvoux (Belvédère du) 05 ...232 B4
Pen-Guen 22 ....52 B4
Pen-Lan (Pointe de) 56 ....123 E2
Penchard 77 ....62 A2
Pencran 29 ....48 B4
Pendé 80 ....6 A4
Pendu (Col du) 07 ....245 E1
Pénestin 56 ....123 E3
Penguily 22 ....77 F2
Penhir (Pointe de) 29 ....47 D4
Penhors 29 ....73 D4
Penin 62 ....7 F3
Penly 76 ....16 B2
Penmarch 29 ....98 A2
La Penne 06 ....269 E3
Penne 81 ....258 B4
Penne-d'Agenais 47 ....238 C4
La Penne-sur-Huveaune 13 ...285 D4
La Penne-sur-l'Ouvèze 26 ...247 F4
Pennedepie 14 ....30 B2
Pennes-le-Sec 26 ....248 A1
Les Pennes-Mirabeau 13 .....284 C3
Pennesières 70 ....141 E2
Penol 38 ....211 F3
Pensol 87 ....202 C2
Penta-Acquatella 2B 315 F3
Penta-di-Casinca 2B 315 F3
Penthièvre 56 ....122 A2
Pentrez-Plage 29 ....73 E2
Penvénan 22 ....50 B1
Penvins (Pointe de) 56 ....123 D2
Péone 06 ....269 E1
Pépieux 11 ....303 D1
Pérassay 36 ....170 A3
Peray 72 ....83 E4
Percaillerie 89 ....89 D3
Percey 89 ....113 F2
Percey-le-Grand 70 ....139 F1
Percey-le-Pautel 52 ....116 C4
Percey-sous-
  Montormentier 52 ....139 F1
Le Perchay 95 ....60 A1
La Perche 18 ....170 C1
Perchède 32 ....254 C4
Le Percy 38 ....230 C4
Percy 50 ....54 B2
Percy-en-Auge 14 ....56 B1
Perdreauville 78 ....59 F2
Perdrix (Crêt de la) 42 ....210 B3
Péré 17 ....181 E1
Péré 65 ....298 B2
Péréandre (Roche) 07 ....228 C1
Péreille 09 ....301 E4
Perelli 2B 315 F4
Pérenchies 59 ....4 C3
Péret 34 ....280 C2
Péret-Bel-Air 19 ....205 E3
Péreuil 16 ....201 D2
Péreyres 07 ....227 F4
Pergain-Taillac 32 ....256 A2
Peri 2A 316 C3
Le Périer 38 ....231 E3
Périers 50 ....27 D4
Périers-en-Auge 14 ....30 A1
Périers-sur-le-Dan 14 ....29 E3
Pérignac 16 ....201 E3
Pérignac 17 ....199 F1
Pérignat-lès-Sarliève 63 .....207 E1
Pérignat-sur-Allier 63 ....207 F1
Périgné 79 ....182 C1
Périgneux 42 ....209 E3
Périgny 03 ....172 C4
Périgny 14 ....55 E2
Périgny 17 ....180 C1
Périgny 41 ....108 C4
Périgny 94 ....61 E4
Périgny-la-Rose 10 ....89 E1
Périgueux 24 ....220 C1
Périllos 66 ....303 F4
Périssac 33 ....217 F2
Perles 02 ....37 D3
Perles-et-Castelet 09 ....310 B1
Pern 46 ....240 A4
Pernand-Vergelesses 21 .....158 A3
Pernant 02 ....36 A3
Pernay 37 ....130 B2

PAU

Barthou (R. Louis) ....EFZ
Bernadotte (R.) ....DZ 14
Bordenave-d'Abère (R.) ....DZ 15
Cassin (R. René) ....EY 20
Clemenceau (Pl. G.) ....EZ 25
Clemenceau (R. G.) ....FZ 28
Cordeliers (R. des) ....EZ 33
Despourins (R.) ....DY 47
Ducasse (R. Amiral) ....DY 48
Espalungue (R. d') ....DZ 59
Gambetta (R.) ....DZ 72
Gassion (R.) ....DZ 73
Gaulle (Av. Gén. de) ....BV 75
Gramont (Pl.) ....DZ 84
Henri-IV (R.) ....DZ 87
Jeanne-d'Arc (R.) ....DY 88
Lalanne (R. Mathieu) ....EZ 92
Lespy (R.) ....EFY 98
Mermoz (Av. J.) ....DY 105
Monnaie (Pl. de la) ....DZ 106
Monnet (R. J.) ....EYZ 108
Nogue (R.) ....EY 121
Ossau (Av. d') ....EY 123
Palassou (R.) ....EZ 135
Reine Marguerite (Pl.) .....EY 140
Réveil (R. J.) ....EY 146
St-Louis (R.) ....EZ
Say (Av. L.) ....EFZ 149
Serviez (R.) ....EZ
Tran (R.) ....EZ 158
218e R.I. (R. du) ....DY 172

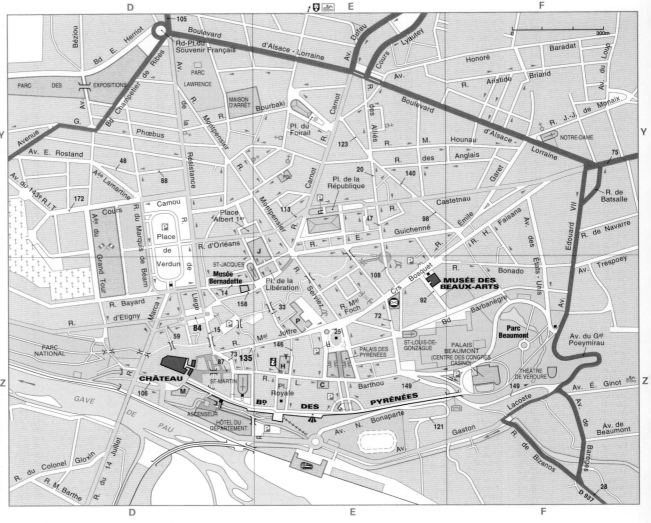

La Pernelle 50 ....25 E2
Pernes 62 ....7 F2
Pernes-lès-Boulogne 62 ....2 B3
Pernes-les-Fontaines 84 ..265 E3
Pernois 80 ....18 A1
Pero (Plage de) 2A 316 A2
Pero-Casevecchia 2B 315 F4
Pérols 34 ....281 E2
Pérols-sur-Vézère 19 .....205 D2
Péron 01 ....177 E4
Péronnas 01 ....193 F1
Péronne 71 ....175 D3
Péronne 80 ....19 E2
Péronne-en-Mélantois 59 ...9 D1
Péronville 28 ....109 E1
Pérouges 01 ....193 E3
La Pérouille 36 ....168 C1
Pérouse 99 ....19 F4
Pérouse (Rocher de la) 89 ...137 D4
Péroy-les-Gombries 60 ....35 E4
Perpezac-le-Blanc 19 ....221 F1
Perpezac-le-Noir 19 ......204 B4
Perpezat 23 ....206 C1
Perpignan 66 ....313 D2
Les Perques 50 ....24 C4
Perquie 40 ....254 B4
Perrancey-
  les-Vieux-Moulins 52 ..116 C3
Le Perray-en-Yvelines 78 ...60 A4
Perrecy-les-Forges 71 ...174 A1
La Perrena 39 ....160 B4
Le Perréon 69 ....192 B2
Perret 22 ....76 B3
Perreuil 71 ....157 E4
Perreuse 89 ....135 F2
Perreux 42 ....191 E2
Perreux 89 ....112 B3
Le Perreux-sur-Marne 94 ...61 E3
Perrex 01 ....175 E4
Perrier 63 ....207 F2
Le Perrier 85 ....144 C3
La Perrière 61 ....83 E3
La Perrière 73 ....214 B2
Perrières 14 ....56 B2
Perriers-en-Beauficel 50 ...54 C4
Perriers-la-Campagne 27 ...31 F4
Perriers-sur-Andelle 27 ..32 C2
Perrignier 74 ....178 B3
Perrigny 39 ....176 C1
Perrigny 89 ....113 E3
Perrigny-lès-Dijon 21 ...139 D4
Perrigny-sur-Armançon 89 ...114 C4
Perrigny-sur-l'Ognon 21 ...140 A3
Perrigny-sur-Loire 71 ...173 E2
Perrogney 52 ....116 B3

Le Perron 50 ....55 D1
Perros-Guirec 22 ....50 A1
Perrou 61 ....81 E1
Perrouse 70 ....141 D3
Perroy 58 ....135 F3
Perruel 27 ....32 C2
Perrusse 52 ....117 D1
Perrusson 37 ....150 C1
Pers 15 ....223 F4
Pers 79 ....165 F4
Pers-en-Gâtinais 45 .....112 A1
Pers-Jussy 74 ....195 F1
Persac 86 ....167 D4
Persan 95 ....34 B4
Perse (Église de) 12 ....242 C3
Persquen 56 ....100 B1
Pertain 80 ....19 E3
Perthes 08 ....38 B2
Perthes 52 ....65 F4
Perthes 77 ....87 E2
Perthes-lès-Brienne 10 ...91 D2
Perthesville-Ners 14 .....56 B3
Le Perthus 66 ....313 D4
Le Pertre 35 ....104 B1
Les Pertuis 43 ....227 E2
Pertuis 84 ....285 D1
Pertuis (Col du) 63 .....190 B4
Le Pertuiset 42 ....209 F3
Perty (Col de) 26 ....248 B4
La Péruse 16 ....184 B3
La Pérusse 04 ....267 E1
Pervenchères 61 ....83 E2
Perville 82 ....256 C1
Pescadoires 46 ....239 E3
Peschadoires 63 ....190 A4
Le Pescher 19 ....222 C2
Péseux 25 ....142 B3
Peseux 39 ....159 D2
Peslières 63 ....208 A3
Pesmes 70 ....140 B4
Pessac 33 ....217 D4
Pessac-sur-Dordogne 33 ...219 D4
Pessan 32 ....275 D2
Pessans 25 ....160 A1
Pessat-Villeneuve 63 ..189 F3
La Pesse 39 ....177 E4
Pessines 17 ....181 E4
Pessoulens 32 ....256 C4
Pesteils (Château de) 15 ...224 B3
Petersbach 67 ....70 B1
Le Petit-Abergement 01 ...194 B2
Petit-Appeville 76 ....16 A2
Petit-Auverné 44 ....127 D1
Petit Ballon 68 ....96 A4
Petit-Bersac 24 ....201 F4

Le Petit-Bornand-
  les-Glières 74 ....196 A2
Le Petit-Celland 50 .....54 B4
Petit-Cœur 73 ....214 B2
Petit-Couronne 76 ......32 A2
Petit-Croix 90 ....120 A3
Le Petit Drumont 88 ...119 F2
Petit-Ébersviller 57 ....42 C4
Petit-Failly 54 ....40 B2
Petit-Fayt 59 ....10 A3
Petit-Fort-Philippe 59 ...3 D1
Le Petit-Fougeray 35 ...103 E2
Petit-Landau 68 ....121 D2
Le Petit-Mars 44 ....126 C2
Le Petit-Mercey 39 .....140 C4
Petit-Mesnil 10 ....91 E3
Petit Minou (Pointe du) 29 ...47 D3
Petit-Noir 39 ....159 D2
Le Petit-Palais-et-Cornemps 33 ...219 D3
Le Petit-Quevilly 76 ...32 A2
Petit-Réderching 57 ....43 F4
Petit Saint-Bernard
  (Col du) 73 ....197 D4
Petit-Tenquin 57 ....69 E1
Petit-Verly 02 ....20 C2
Petit-Xivry 54 ....40 B2
La Petite-Boissière 79 ...147 D3
La Petite-Chaux 25 ....160 C4
Petite-Forêt 59 ....9 F2
La Petite-Fosse 88 .....96 A2
La Petite-Marche 03 ...188 B1
La Petite-Pierre 67 .....70 B1
La Petite-Raon 88 ......95 F2
Petite-Rosselle 57 .....43 D3
Petite-Synthe 59 ....3 E1
La Petite-Verrière 71 ...156 C2
Petitefontaine 90 ....120 A2
Les Petites-Armoises 08 ...39 D1
Les Petites-Dalles 76 ...15 D1
Les Petites-Loges 51 ...38 A4
Petitmagny 90 ....119 F4
Petitmont 54 ....95 F1
Les Petits-Robins 26 ..229 D4
Petiville 14 ....29 F4
Petiville 76 ....15 D4
Petosse 85 ....164 C2
Petreto-Bicchisano 2A ...318 C1
Pettoncourt 57 ....68 C3
Pettonville 54 ....95 E1
Peujard 33 ....217 E3
Peumérit 29 ....73 E4
Peumérit-Quintin 22 ...76 B2
Peuplingues 62 ....2 B2
Peuton 53 ....105 D3

Peuvillers 55 ....40 B2
Peux-et-Couffouleux 12 ...279 F1
Pévange 57 ....69 D2
Pévy 51 ....37 E3
Pexiora 11 ....301 F1
Pexonne 54 ....95 F1
Pey 40 ....271 D1
Peymeinade 06 ....288 A3
Peynier 13 ....285 E3
Peypin 13 ....285 E4
Peypin-d'Aigues 84 ...266 B4
Peyrabout 23 ....187 D2
La Peyrade 34 ....281 E4
Le Peyrat 09 ....301 F3
Peyrat-de-Bellac 87 ...185 E1
Peyrat-la-Nonière 23 ..187 F2
Peyrat-le-Château 87 ...186 C4
La Peyratte 79 ....165 E1
Peyraube 65 ....298 A1
Peyraud 07 ....210 C4
Peyre 40 ....272 B2
Peyre-Haute (Table
  d'orientation de) 05 ...250 C1
Peyrecave 32 ....256 C3
Peyrefitte-du-Razès 11 ...301 F3
Peyrefitte-sur-l'Hers 11 ...301 E1
Peyregoux 81 ....278 B1
Peyrehorade 40 ....271 E2
Peyreleau 12 ....261 F1
Peyrelevade 19 ....205 E1
Peyrelongue-Abos 64 ...273 E3
Peyremale 30 ....245 E4
Peyrens 11 ....277 F4
Peyrepertuse
  (Château de) 11 .....303 D4
Peyresourde 65 ....307 E4
Peyresourde (Col de) 31 ...307 E4
Peyrestortes 66 ....313 D1
Peyret-Saint-André 65 ...274 C4
Peyriac-de-Mer 11 ....303 D1
Peyriac-Minervois 11 ...303 D1
Peyriat 01 ....194 A1
Peyrière 47 ....237 F2
Peyrieu 01 ....212 C1
Peyrignac 24 ....221 F1
Peyriguère 65 ....298 A1
Peyrilhac 87 ....185 E3
Peyrillac-et-Millac 24 ...222 A4
Peyrilles 46 ....240 A2
Peyrins 26 ....229 E2
Peyrissac 19 ....204 C3
Peyrissas 31 ....299 E1
Peyro-Clabado (Rocher) 81 ...278 C2
Peyrol (Pas de) 15 ....224 C2
Peyrole 81 ....277 D1

Peyroles 30 ....262 C2
Peyrolles 11 ....302 B3
Peyrolles-en-Provence 13 ...285 E1
Peyroules 04 ....268 C4
Peyrouse 65 ....297 E2
Peyrouzet 31 ....299 E1
Peyrun 65 ....274 A4
Peyrus 26 ....225 E1
Peyrusse 15 ....225 E1
Peyrusse-Grande 32 ..274 A2
Peyrusse-le-Roc 12 ..241 E3
Peyrusse-Massas 32 ..274 C1
Peyrusse-Vieille 32 ...274 A2
Peyzac-le-Moustier 24 ...221 E2
Peyzieux-sur-Saône 01 ...192 C1
Pézarches 77 ....62 A4
Pezé-le-Robert 72 .....82 B1
Pézenas 34 ....280 C3
Pézènes-les-Mines 34 ...280 B2
Pezens 11 ....302 B1
Pézilla-de-Conflent 66 ...311 F1
Pézilla-la-Rivière 66 ...312 C1
Pezou 41 ....108 C3
Pezuls 24 ....220 C3
Pézy 28 ....85 E1
Pfaffenheim 68 ....96 B4
Pfaffenhoffen 67 ......71 D1
Pfalzweyer 67 ....70 B1
Pfastatt 68 ....120 B2
Pfetterhouse 68 ....120 A4
Pfettisheim 67 ....71 D3
Pfulgriesheim 67 ......71 D3
Phaffans 90 ....119 F4
Phalempin 59 ....8 C1
Phalsbourg 57 ....70 B2
Philippsbourg 57 ......44 C4
Philondenx 40 ....272 C2
Phlin 54 ....68 B2
Pia 66 ....313 D1
Piacé 72 ....82 C4
Pian-Médoc 33 ....217 D3
Le Pian-sur-Garonne 33 ...236 C2
Piana 2A 316 A1
Pianella (Pont de) 2A ...316 C1
Piano 2B 315 F3
Pianottoli-Caldarello 2A ...319 D3
Les Piards 39 ....177 D2
La Piarre 05 ....248 C2
Piau-Engaly 65 ....307 D4
Piazzali 2B 315 F4
Piazzole 2B 315 F4
Piblange 57 ....42 A3

Pibrac 31 ....276 B2
Picarreau 39 ....159 F4
Picarrou 31 ....301 E1
Picauville 50 ....25 D4
Pichanges 21 ....139 E2
Picherande 63 ....206 C3
Picquigny 80 ....18 A2
Pie-d'Orezza 2B 315 E4
Pied-de-Borne 48 ....245 E3
Pied-la-Viste (Table
  d'orientation de) 05 ...250 C1
Piedicorte-di-Gaggio 2B ...317 E1
Piedicroce 2B 315 F4
Piedigriggio 2B 315 F4
Piedipartino 2B 315 E4
Piégon 26 ....247 F4
Piégros-la-Clastre 26 ...247 E1
Piégut 04 ....249 F3
Piégut-Pluviers 24 ...202 C1
Piémanson (Plage de) 13 ...283 F4
Piencourt 27 ....31 D4
Piennes 54 ....41 D3
Piennes 80 ....35 D1
Pierlas 06 ....269 F2
La Pierre 38 ....213 D4
Pierre-Bénite 69 ......210 C1
Pierre-Buffière 87 ....204 A1
Pierre-Carrée (Col de la) 74 ...196 B2
Pierre-Châtel 38 ......230 C3
La Pierre Couverte
  (Dolmen de) 49 .....129 E1
Pierre d'Avenon 83 ..293 D2
Pierre-de-Bresse 71 ..159 D3
Pierre Frite (Menhir de) 49 ...104 B4
Pierre-Gourde
  (Château de) 07 ....228 C4
Pierre-la-Treiche 54 ...67 F4
Pierre-Levée 77 ....62 B3
Pierre-Morains 51 ....64 A3
Pierre-Percée 54 .....95 F1
Pierre-Perthuis 89 ...136 C3
La Pierre Plantée 48 ...244 C4
Pierre-Plantée
  (Col de la) 48 ....244 B2
Pierre-qui-Vire
  (Abbaye de la) 89 ...137 E3
Pierreclos (Château de) 71 ...175 D3
Pierrecourt 70 ....140 B1
Pierrecourt 76 ....17 D2
Pierrefaites 52 ....117 D2
La Pierre 65 ....95 F1
Pierrefeu 06 ....269 F3
Pierrefeu-du-Var 83 ...292 B1
Pierrefiche 12 ....243 D3
Pierrefiche 48 ....244 C1

Pierrefiques 76	....14 B3	Pignan 34	....281 E2
Pierrefitte 19	....204 B3	Pignans 83	....286 C4
Pierrefitte 23	....187 F1	Pignicourt 02	....37 F2
Pierrefitte 79	....148 A3	Pignols 63	....207 F1
Pierrefitte 88	....94 B4	Pigny 18	....153 E1
Pierrefitte-en-Auge 14	....30 B3	Pihem 62	....3 D4
Pierrefitte-en-Beauvaisis 60	....33 F2	Pihen-lès-Guînes 62	....2 B2
Pierrefitte-en-Cinglais 14	....55 F2	Pila-Canale 2A	....318 C1
Pierrefitte-Nestalas 65	....297 E3	Pilat (Mont) 42	....210 B3
Pierrefitte-sur-Aire 55	....66 C2	Pilat-Plage 33	....234 B1
Pierrefitte-sur-Loire 03	....173 D2	Le Pilhon 26	....248 B1
Pierrefitte-sur-Sauldre 41	....133 F2	Pillac 16	....201 F4
Pierrefitte-sur-Seine 93	....61 D2	Pillemoine 39	....160 A4
Pierrefonds 60	....35 F3	Les Pilles 26	....247 F4
Pierrefontaine-		Pillon 55	....40 B2
lès-Blamont 25	....142 C2	Pimbo 40	....272 C2
Pierrefontaine-les-Varans 25	....142 A4	Pimelles 89	....114 B3
Pierrefontaines 52	....116 B3	Pimorin 39	....176 B2
Pierrefort 15	....225 D3	Pimprez 60	....35 F1
Pierregot 80	....18 B2	Le Pin 03	....173 E3
Pierrelatte 26	....246 C4	Le Pin 14	....30 C4
Pierrelaye 95	....60 C4	Le Pin 17	....200 C4
Pierrelongue 26	....265 F1	Le Pin 30	....264 C4
Pierremande 02	....36 B1	Le Pin 38	....212 B3
Pierremont 62	....7 E2	Le Pin 39	....159 E4
Pierrepont 02	....21 D4	Le Pin 44	....127 E1
Pierrepont 14	....56 A2	Pin 70	....140 C3
Pierrepont 54	....40 C2	Le Pin 77	....61 E4
Pierrepont-sur-Avre 80	....18 C2	Le Pin 79	....147 E3
Pierrepont-sur-l'Arentèle 88	....95 D3	Le Pin 82	....257 D3
Pierrerue 34	....267 D3	Pin (Haras du) 61	....56 C4
Pierrerue 34	....279 F4	Le Pin-au-Haras 61	....56 C4
Pierres 14	....55 D2	Pin-Balma 31	....276 C2
Pierres 28	....85 E1	Le Pin-en-Mauges 49	....127 F4
Pierreval 76	....32 B1	Le Pin-la-Garenne 61	....83 F2
Pierrevert 04	....266 C4	Pin-Moriès 48	....243 F3
Pierreville 50	....24 B3	Le Pin-Murelet 31	....275 F4
Pierreville 54	....94 A1	Pinarellu 2A	....319 E2
Pierrevillers 57	....41 E3	Pinas 65	....298 B2
Pierric 44	....103 D4	Pinay 42	....191 E3
Pierry 51	....64 A2	Pincé 72	....105 F3
Pietra-di-Verde 2B	....317 F1	Pinçon (Mont) 14	....55 E2
Pietracorbara 2B	....314 D2	Pindères 47	....237 D4
Pietralba 2B	....315 D3	Pindray 86	....167 E2
Pietranera 2B	....315 F1	Les Pineaux 85	....163 E1
Pietraserena 2B	....317 E1	Pinel-Hauterive 47	....238 B3
Pietricaggio 2B	....315 F4	Pinet 34	....281 D4
Pietrosella 2A	....318 B1	Pineuilh 33	....219 F4
Pietroso 2B	....317 E2	Piney 10	....90 C3
Piets-Plasence-Moustrou 64	....272 C3	Pino 2B	....314 D1
Pieusse 11	....302 B3	Pinols 43	....226 A2
Les Pieux 50	....24 B3	Pinon 02	....36 C2
Pève 2B	....315 E2	Les Pins 16	....184 A4
Piffonds 89	....112 B2	Pins-Justaret 31	....276 B3
Le Pigeon 46	....222 B3	Pinsac 46	....222 B4
Pigeonnier (Col du) 67	....45 E3	Pinsaguel 31	....276 B3
Pigerolles 23	....187 E4	Pinsot 38	....213 E3
Pigna 2B	....314 B2	Pintac 65	....297 F1
		Pinterville 27	....32 B4

Pintheville 55	....40 C4	Plaimbois-du-Miroir 25	....142 B4
Les Pinthières 28	....59 E4	Plaimbois-Vennes 25	....142 A4
Piobetta 2B	....315 F4	Plaimpied-Givaudins 18	....153 E2
Pioggiola 2B	....314 C3	La Plaine 49	....147 E1
Piolenc 84	....264 C1	Plaine 67	....96 A1
Pionnat 23	....187 E1	Plaine-de-Walsch 57	....70 A2
Pionsat 63	....188 C2	Plaine-Haute 22	....51 D4
Pioussay 79	....183 E2	Plaine-Joux 74	....196 C2
Pipriac 35	....102 C3	La Plaine-sur-Mer 44	....125 D4
Pirajoux 01	....176 A3	Plainemont 70	....118 B3
Piré-sur-Seiche 35	....103 F1	Plaines-Saint-Lange 10	....115 D2
Pirey 25	....141 D2	Plainfaing 88	....96 A3
Piriac-sur-Mer 44	....123 E3	Plainoiseau 39	....159 E4
Pirmil 72	....106 B2	Plainpalais (Col de) 73	....213 E4
Pirou 50	....26 C4	Les Plains-	
Pis 32	....275 D1	et-Grands-Essarts 25	....142 C3
Pisany 17	....199 D1	Plaintel 22	....77 E2
Piscop 95	....61 D2	Plainval 60	....34 C1
Piseux 27	....58 B4	Plainville 27	....57 E1
Pisieu 38	....211 E3	Plainville 60	....34 C1
Pisse (Cascade de la) 38	....231 F2	Plaisance 12	....260 A4
Pisseleu 60	....34 A1	Plaisance 32	....273 F2
Pisseleux 02	....36 A4	Plaisance 34	....279 F2
Pisseloup 52	....117 E3	Plaisance 86	....167 E4
La Pisseure 70	....118 B3	Plaisance-du-Touch 31	....276 B2
Pissos 40	....235 E4	Plaisia 39	....176 C2
Pissotte 85	....164 A2	Plaisians 26	....266 A1
Pissy 80	....18 A3	Plaisir 78	....60 B3
Pissy-Pôville 76	....32 A1	Plaisir Fontaine	
Pisy 89	....137 E2	(Grotte de) 25	....160 C1
Pitgam 59	....3 E2	Plaissan 34	....281 D3
Pithiviers 45	....110 C1	Plaizac 16	....183 D4
Pithiviers-le-Vieil 45	....110 C1	Le Plan 31	....300 A2
Pithon 02	....19 F4	Plan 38	....212 A4
Pitres 27	....32 B3	Plan-d'Aups 83	....285 E4
Pittefaux 62	....2 B1	Plan-de-Baix 26	....229 F4
Pizançon 26	....229 E2	Plan-de-Campagne 13	....284 C3
Pizay 01	....193 E3	Plan-de-Cuques 13	....285 D4
Le Pizou 24	....219 E2	Le Plan-de-Grasse 06	....288 A3
Le Pla 09	....311 D2	Plan-de-la-Tour 83	....287 E4
Pla-d'Adet 65	....307 D3	Plan-d'Orgon 13	....265 E4
Plabennec 29	....47 E2	Plan-du-Var 06	....288 C1
Placé 53	....81 D4	Planaise 73	....213 E4
Les Places 27	....31 D4	Planay 01	....115 D4
La Placette (Col de) 38	....212 C4	Planay 73	....214 C2
Placey 25	....140 C4	La Planche 44	....145 F2
Plachy-Buyon 80	....18 A3	Plancher-Bas 70	....119 E4
Placy 14	....55 F2	Plancher-les-Mines 70	....119 E3
Placy-Montaigu 50	....55 D1	Plancherine 73	....213 F1
Le Plagnal 07	....245 D1	Les Planches 27	....32 B4
Plagne 31	....177 D4	Planches 61	....57 E4
Plagne 31	....299 F2	Les Planches-	
La Plagne 73	....214 C2	en-Montagne 39	....177 E1
Plagnole 31	....275 F4	Les Planches-près-Arbois 39	....160 A3
Plagny 58	....154 C3	Planchez 58	....156 B1
Plaigne 11	....301 E2	Plancoët 22	....78 B1
Plailly 60	....61 D1	Plancy-l'Abbaye 10	....90 A1
		La Planée 25	....160 C3

Planès 66	....311 D3	Plesder 35	....79 D2
Planèzes 66	....312 B1	Plésidy 22	....50 C4
Planfoy 42	....210 A3	Pleslin 22	....78 C1
Planguenoual 22	....51 F4	Plesnois 57	....41 F4
Planioles 46	....241 E2	Plesnoy 52	....117 D3
Le Planois 71	....159 D4	Plessala 22	....77 F3
Le Planquay 27	....57 F2	Plessé 44	....125 F1
Planquery 14	....28 C4	Plessier-de-Roye 60	....35 E1
Planques 62	....7 D2	Le Plessier-Huleu 02	....36 B4
Las Planques (Église de) 81	....259 F2	Le Plessier-Rozainvillers 80	....18 C4
Planrupt 52	....91 F2	Le Plessier-sur-Bulles 60	....34 B2
Les Plans 30	....263 F2	Le Plessier-	
Les Plans 34	....280 B1	sur-Saint-Just 60	....34 C2
Le Plantay 01	....193 E2	Le Plessis-aux-Bois 77	....61 E2
Les Plantiers 30	....262 C2	Plessis-Barbuise 10	....89 E1
Le Plantis 61	....83 E1	Le Plessis-Belleville 60	....61 F1
Planty 10	....89 E4	Le Plessis-Bouchard 95	....60 C2
Planzolles 07	....245 F3	Le Plessis Bourré	
Plappeville 57	....41 F4	(Château) 49	....128 B1
Plascassier 06	....288 A3	Le Plessis-Brion 60	....35 F2
Plasne 39	....159 F3	Le Plessis-Chenet 91	....87 E1
Plasnes 27	....57 F1	Le Plessis-Dorin 41	....108 A1
Plassac 17	....199 E3	Plessis-du-Mée 89	....89 D3
Plassac 33	....217 D2	Le Plessis-Feu-Aussoux 77	....62 B4
Plassac-Rouffiac 16	....201 E2	Le Plessis-Gassot 95	....61 D1
Plassay 17	....181 E4	Le Plessis-Grammoire 49	....128 C2
Plateau-d'Assy 74	....196 C2	Le Plessis-Grimoult 14	....55 E2
Plats 07	....228 C2	Le Plessis-Grohan 27	....58 C2
Plaudren 56	....101 E3	Le Plessis-Hébert 27	....59 D2
Plauzat 63	....207 E2	Le Plessis-Josso	
Plavilla 11	....301 E2	(Château) 56	....101 E4
Plazac 24	....221 E2	Le Plessis-Lastelle 50	....26 C3
Pléboulle 22	....52 A4	Le Plessis-l'Échelle 41	....109 E4
Pléchâtel 35	....103 D2	Le Plessis-l'Évêque 77	....61 F2
Plédéliac 22	....78 A1	Le Plessis-Luzarches 95	....61 D1
Plédran 22	....51 E4	Le Plessis-Macé 49	....128 A1
Pléguien 22	....51 D3	Le Plessis-Pâté 91	....87 D1
Pléhédel 22	....51 D2	Le Plessis-Patte-d'Oie 60	....19 F4
Pleine-Fougères 35	....79 F1	Le Plessis-Picard 77	....87 E1
Pleine-Selve 02	....20 B3	Le Plessis-Placy 77	....62 A1
Pleine-Selve 33	....199 E4	Le Plessis-Robinson 92	....60 C4
Pleine-Sève 76	....15 E1	Plessis-Saint-Benoist 91	....86 B3
Plélan-le-Grand 35	....102 B1	Plessis-Saint-Jean 89	....88 C3
Plélan-le-Petit 22	....78 B2	Le Plessis-Sainte-	
Plélauff 22	....76 B3	Opportune 27	....58 B1
Plélo 22	....51 D3	Le Plessis-Trévise 94	....61 E3
Plémet 22	....77 E2	Plessix-Balisson 22	....78 B1
Plémy 22	....77 E2	Plestan 22	....78 A1
Plénée-Jugon 22	....78 A2	Plestin-les-Grèves 22	....49 F2
Pléneuf (Pointe de) 22	....51 F3	Pleubian 22	....50 C1
Pléneuf-Val-André 22	....51 F3	Pleucadeuc 56	....102 A3
Plénise 39	....160 B3	Pleudaniel 22	....50 C2
Plénisette 39	....160 B3	Pleudihen-sur-Rance 22	....78 C1
Plerguer 35	....79 D1	Pleugriffet 56	....101 E1
Plérin 22	....51 E4	Pleugueneuc 35	....79 D2
Plerneuf 22	....51 D4	Pleumartin 86	....150 A4
Plescop 56	....101 D2	Pleumeleuc 35	....79 D4
		Pleumeur-Bodou 22	....50 A1
		Pleumeur-Gautier 22	....50 C1

PERPIGNAN

Alsace-Lorraine (R.)	BY 2
Anciens-Combattants	
d'Indochine (Pl. des)	BY 3
Ange (R. de l')	BZ 4
Arago (Pl.)	BZ 5
Argenterie (R. de l')	BY 6
Barre (R. de la)	BY 7
Bartissol (R. E.)	BY 8
Batllo (Quai F.)	BY 9
Castillet (R. du)	BY 21
Clemenceau (Bd G.)	BY
Cloche d'Or (R. de la)	BYZ 22
Côte des Carmes (R.)	CZ 23
Fabriques	
d'En Nabot (R. des)	BY 24
Fabrique	
d'En Nadal (R. des)	CZ 25
Fontaine-Neuve (R.)	CZ 26
Frontfroide (R.)	BY 27
Gambetta (Pl.)	BZ 28
Grande-la-Monnaie (R.)	BZ 31
Lattre-de-Tassigny	
(Quai de)	BZ 32
Loge (R. et pl. de la)	BY 33
Louis-Blanc (R.)	BY 34
Marchands (R. des)	BY 35
Mermoz (Av. J.)	CZ 36
Mirabeau (R.)	BY 37
Payra (R. J.)	BZ 38
Péri (Pl. Gabriel)	BZ 40
Petite-la-Monnaie (R.)	BZ 41
Porte d'Assaut (R.)	BZ 42
Porte-de-Canet (R.)	BZ 42
Remparts-la-Réal (R. des)	BZ 43
République (Pl. de la)	BY 44
Résistance (Pl. de la)	BY 45
Révolution-Française	
(R. de la)	CY 46
Rigaud (Pl.)	BZ 47
Sadi-Carnot (Quai)	BY 50
St-Jean (R.)	BY 52
Théâtre (R. du)	BZ 55
Trois-Journées (R. des)	BY 58
Vauban (Quai)	BY 60
Verdun (Pl. de)	BY 64
Victoire (Pl. de la)	BY 67
Vielledent (R. J.)	CZ 69
Waldeck-Rousseau (R.)	CZ 72

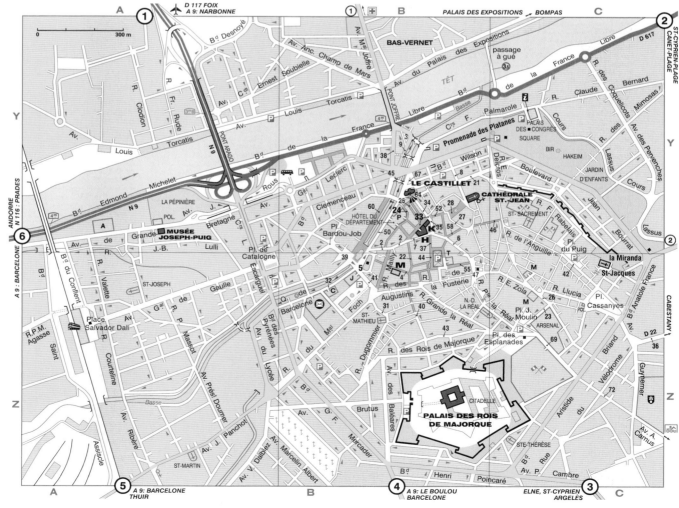

Pleure 39....159 E3
Pleurs 51....63 F4
Pleurtuit 35....78 C1
Pleuven 29....73 F4
Pleuvezain 88....93 F2
Pleuville 16....184 B2
Pléven 22....78 A1
Plévenon 22....52 A4
Plévin 22....75 F3
Pleyben 29....75 D3
Pleyber-Christ 29....49 D3
Le Pleyney 38....213 E4
Pliboux 79....183 E1
Plichancourt 51....65 E4
Plieux 32....256 B3
Plivot 51....64 B2
Ploaré 29....73 E3
Plobannalec-Lesconil 29....98 B2
Plobsheim 67....71 D4
Ploemel 56....100 C4
Ploemeur 56....100 A4
Ploërdut 56....76 B4
Ploeren 56....101 D4
Ploërmel 56....102 A2
Plœuc-sur-Lié 22....77 E2
Ploéven 29....73 E2
Ploëzal 22....50 B2
Plogastel-Saint-Germain 29....73 E3
Plogoff 29....72 C3
Plogonnec 29....73 E3
Ploisy 02....36 B3
Plomb 50....54 A4
Plombières-les-Bains 88....118 C2
Plombières-lès-Dijon 21....139 D3
Plomelin 29....73 F4
Plomeur 29....98 B2
Plomion 02....21 E3
Plomodiern 29....73 E2
Plonéis 29....73 E3
Plonéour-Lanvern 29....73 E4
Plonévez-du-Faou 29....75 E3
Plonévez-Porzay 29....73 E2
Plorec-sur-Arguenon 22....78 A1
Plottes 71....175 E2
Plou 18....152 C2
Plouagat 22....51 D4
Plouaret 22....50 A3
Plouarzel 29....47 D3
Plouasne 22....78 C3
Plouay 56....100 A2
Ploubalay 22....52 B4
Ploubazlanec 22....50 C1
Ploubezre 22....50 A4
Ploudalmézeau 29....47 D2
Ploudaniel 29....47 F2
Ploudiry 29....48 C4
Plouëc-du-Trieux 22....50 C2
Plouédern 29....47 F2
Plouégat-Guérand 29....49 F3
Plouégat-Moysan 29....49 F3
Plouénan 29....49 D2
Plouër-sur-Rance 22....78 C1
Plouescat 29....48 C2
Plouézec 22....51 D2
Plouezoc'h 29....49 E2
Ploufragan 22....51 E4
Plougar 29....48 C3
Plougasnou 29....49 E2
Plougastel-Daoulas 29....47 F3
Plougonvelin 29....47 D3
Plougonven 29....49 E3
Plougonver 22....50 A4
Plougoulm 29....49 D2
Plougoumelen 56....100 C4
Plougourvest 29....48 C3
Plougras 22....49 F4
Plougrescant 22....50 B1
Plouguenast 22....77 E3
Plouguerneau 29....47 E1
Plouguernével 22....76 B3
Plouguiel 22....50 B1
Plouguin 22....47 E2
Plouha 22....51 D2
Plouharnel 56....100 B4
Plouhinec 29....73 D3
Plouhinec 56....100 B3
Plouider 29....47 F1
Plouigneau 29....49 F3
Plouisy 22....50 B3
Ploulec'h 22....50 A3
Ploumagoar 22....50 C3
Ploumanach 22....50 A1
Ploumilliau 22....50 A4
Ploumoguer 29....47 D3
Plounéour-Ménez 29....49 D4
Plounéour-Trez 29....47 F1
Plounérin 22....49 F3
Plounéventer 29....48 C3
Plounévez-Lochrist 29....48 C2
Plounévez-Moëdec 22....50 A3
Plounévez-Quintin 22....76 B2
Plounévézel 29....75 F2
Plourac'h 22....49 F4
Plouray 56....76 A4
Plourhan 22....51 D3
Plourin 29....47 D2
Plourin-lès-Morlaix 22....49 E3
Plourivo 22....50 C2
Plouvain 62....8 C3
Plouvara 22....51 D4
Plouvien 29....47 E2
Plouvorn 29....49 D3
Plouyé 29....75 E2
Plouzané 29....47 D3
Plouzélambre 22....49 F2
Plovan 29....73 D4
Ployart-et-Vaurseine 02....37 D2
Le Ployron 60....35 D1

Plozévet 29....73 D3
Pludual 22....51 D2
Pluduno 22....78 B1
Plufur 29....49 F3
Pluguffan 29....73 E4
Pluherlin 56....102 A4
Plumaudan 22....78 B2
Plumaugat 22....78 B3
Plumelec 56....101 E2
Pluméliau 56....100 C1
Plumelin 56....101 D2
Plumergat 56....100 C3
Plumetot 14....29 E3
Plumieux 22....77 F4
Plumont 39....159 F1
Pluneret 56....100 C4
Plurien 22....52 A4
Plusquellec 22....76 A2
Plussulien 22....76 C3
Pluvault 21....139 F4
Pluvet 21....139 F4
Pluvigner 56....100 C3
Pluzunet 22....50 A3
Pocancy 51....64 B2
Pocé-les-Bois 35....104 A1
Pocé-sur-Cisse 37....131 E3
Podensac 33....236 B1
Le Poët 05....249 D4
Le Poët-Célard 26....247 E2
Le Poët-en-Percip 26....248 A4
Le Poët-Laval 26....247 E2
Le Poët-Sigillat 26....248 A4
Pœuilly 80....19 F3
Poey-de-Lescar 64....272 C4
Poey-d'Oloron 64....296 B1
Poëzat 03....189 F2
Poggio-di-Nazza 2B....317 E3
Poggio-di-Venaco 2B....317 D1
Poggio-d'Oletta 2B....315 E3
Poggio-Marinaccio 2B....315 E3
Poggio-Mezzana 2B....315 F4
Poggiolo 2A....316 C2
Pogny 51....65 D3
Poids-de-Fiole 39....176 C1
Poigny 77....88 C2
Poigny-la-Forêt 78....59 F4
Le Poil 38....268 A3
Poil 58....156 C3
Poilcourt-Sydney 08....37 F2
Poilhes 34....304 C1
Poillé-sur-Vègre 72....106 A2
Poilley 35....80 A2
Poilley 50....54 A4
Poilly 51....37 E4
Poilly-lez-Gien 45....134 B1
Poilly-sur-Serein 89....114 A4
Poilly-sur-Tholon 89....113 D3
Poinchy 89....113 F3
Poinçon-lès-Larrey 21....115 D3
Le Poinçonnet 36....152 A4
Poincy 77....62 A2
Poinsenot 52....116 A4
Poinson-lès-Fayl 52....117 E4
Poinson-lès-Grancey 52....116 A4
Poinson-lès-Nogent 52....116 C2
Pointel 61....56 A4
Pointis-de-Rivière 31....299 D2
Pointis-Inard 31....299 E2
Pointre 39....140 A4
Pointvillers 25....160 A1
Poinville 28....110 A1
Le Poiré-sur-Velluire 85....164 A3
Le Poiré-sur-Vie 85....145 F4
Poiroux 85....162 C2
Poisat 38....230 C1
Poiseul 52....117 D2
Poiseul-la-Grange 21....138 C1
Poiseul-la-Ville-
et-Laperrière 21....138 B1
Poiseul-lès-Saulx 21....139 D1
Poiseux 58....155 D1
Poisieux 18....152 C2
Le Poislay 41....108 B1
Poisoux 39....176 B3
Poisson 71....173 F3
Poissons 52....92 B2
Poissy 78....60 B2
Poisvilliers 28....85 E2
Poisy 74....195 E3
La Poitevinière 49....127 F4
Poitiers 86....166 B2
Poivres 10....64 C4
Poix 51....65 E2
Poix-de-Picardie 80....17 F3
Poix-du-Nord 59....9 F4
Poix-Terron 08....22 C4
Le Poizat 01....194 C1
Pol (Chapelle) 29....47 F1
Polaincourt-
et-Clairefontaine 70....118 A2
Polastron 31....275 F4
Polastron 32....275 E3
Poleymieux-
au-Mont-d'Or 69....192 C3
Poliénas 38....212 A4
Polignac 17....200 C4
Polignac 43....227 D2
Poligné 35....103 E2
Poligny 05....249 E1
Poligny 10....90 C4
Poligny 39....159 F3
Poligny 77....87 F4
Polincove 62....3 D2
Polisot 10....115 D1
Polisy 10....115 D1
Pollestres 66....313 D2
Polliat 01....175 F4

Pollieu 01....194 C4
Pollionnay 69....192 B4
Polminhac 15....224 B3
Polveroso 2B....315 F4
Pomacle 51....38 A3
La Pomarède 11....277 F4
Pomarède 46....239 E2
Pomarez 40....272 A2
Pomas 11....302 A2
Pomay (Château de) 03....172 B2
Pomayrols 12....243 E3
Pomerol 33....218 C3
Pomérols 34....281 D4
Pomeys 69....210 A1
Pommard 21....158 A2
Pommera 62....7 F4
La Pommeraie-
sur-Sèvre 85....147 D3
La Pommeraye 14....55 F3
La Pommeraye 49....127 F3
Pommeret 22....51 F4
Pommereuil 59....20 C1
Pommereux 76....33 D1
Pommeréval 76....16 B4
Pommerieux 53....104 C3
Pommérieux 57....68 A1
Pommerit-Jaudy 22....50 B2
Pommerit-le-Vicomte 22....50 C3
Pommerol 26....248 B3
Pommeuse 77....62 B3
Pommevic 82....257 D2
Pommier 62....7 F4
Pommier-
de-Beaurepaire 38....211 E3
Pommiers 02....36 B2
Pommiers 30....262 B3
Pommiers 36....169 D2
Pommiers 42....191 E4
Pommiers 69....192 C3
Pommiers-la-Placette 38....212 C4
Pommiers-Moulons 17....199 F4
Pomoy 70....118 C4
Pompaire 79....165 E1
Pompéjac 33....236 B3
Pompertuzat 31....276 C3
Pompey 54....68 A3
Pompiac 32....275 F3
Le Pompidou 48....262 B1
Pompierre 88....93 E3
Pompierre-sur-Doubs 25....142 A2
Pompiey 47....255 E1
Pompignac 33....217 F4
Pompignan 30....263 D4
Pompignan 82....257 F4
Pompogne 47....255 D1
Pomport 24....220 A4
Pomps 64....272 B3
Pomy 11....302 A3
Poncé-sur-le-Loir 72....107 F4
Poncey-lès-Athée 21....140 A4
Poncey-sur-l'Ignon 21....138 C2
Le Ponchel 62....7 D3
Ponches-Estruval 80....6 C3
Ponchon 60....34 B3
Poncin 01....194 A1
Poncins 42....209 E1
Pondaurat 33....237 D2
Le Pondy 18....153 F4
Ponet-et-Saint-Auban 26....230 A4
Ponlat-Taillebourg 31....298 C2
Pons 15....242 B1
Pons 17....199 E2
Ponsampère 32....274 B3
Ponsan-Soubiran 32....274 C4
Ponsas 26....229 D1
Ponson-Debat-Pouts 64....273 F4
Ponson-Dessus 64....273 E4
Ponsonnas 38....231 D3
Pont 21....139 E4
Pont-à-Bucy 02....20 B4
Pont-à-la-Planche 87....185 D3
Pont-à-Marcq 59....9 D1
Pont-à-Mousson 54....68 A2
Pont-à-Vendin 62....8 B2
Pont-Arcy 02....37 D2
Pont-Audemer 27....31 D3
Pont-Authou 27....31 E4
Pont-aux-Moines 45....110 B3
Pont-Aven 29....99 E2
Pont-Bellanger 14....54 C2
Pont-Calleck (Château
et Forêt de) 56....100 A1
Le Pont-Chrétien-
Chabenet 36....168 C1
Pont-Croix 29....73 D3
Pont-d'Ain 01....193 F2
Pont-d'Arc 07....246 A4
Le Pont-d'Ardres 62....2 C2
Pont-de-Barret 26....247 E2
Pont-de-Beauvoisin 38....212 C2
Pont-de-Beauvoisin 73....212 C2
Pont-de-Braye 72....107 F4
Pont-de-Briques 62....2 A4
Pont-de-
Buis-lès-Quimerch 29....73 F1
Pont-de-Chazey-Villieu 01....193 F3
Pont-de-Chéruy 38....193 F4
Le Pont-de-Claix 38....230 C1
Pont-de-Crau 13....283 E1
Pont-de-Dore 63....190 A4
Pont de Gau (Parc
ornithologique du) 13....282 C3
Pont-de-la-Chaux 39....177 E1
Pont-de-la-Maye 33....217 E4
Pont-de-Labeaume 07....245 F1
Pont-de-l'Arche 27....32 B3
Pont-de-Larn 81....278 C3
Pont-de-l'Étoile 13....285 E4

Pont-de-l'Isère 26....229 D2
Pont-de-Lunel 34....282 B1
Pont-de-Menat 63....189 D2
Pont-de-Metz 80....18 A2
Le Pont-de-Montvert 48....244 C4
Le Pont-de-Pany 21....138 C2
Le Pont-de-Planches 70....141 D1
Pont-de-Poitte 39....177 D1
Pont-de-Roide 25....142 C2
Pont-de-Ruan 37....130 C4
Pont-de-Salars 12....260 C1
Pont-de-Vaux 01....175 E3
Pont-de-Veyle 01....175 E4
Pont-des-Pierres 01....194 C1
Pont-d'Espagne 65....297 E4
Pont-d'Héry 39....160 A3
Pont-d'Ouche 21....157 F1
Pont-d'Ouilly 14....55 F3
Pont-du-Bois 70....118 B2
Pont-du-Casse 47....256 B1
Pont-du-Château 63....189 F4
Pont-du-Châtel 29....47 F2
Pont du Diable
(Gorges du) 74....178 C3
Pont du Dognon 87....186 B3
Pont-du-Fossé 05....249 F1
Pont du Gard 30....264 B3
Pont-du-Loup 06....269 E4
Pont-du-Navoy 39....160 A4
Pont-en-Royans 38....230 A2
Pont-et-Massène 21....137 F2
Pont-Évêque 38....211 D2
Pont-Farcy 14....54 C2
Pont-Hébert 50....27 E4
Pont-James 44....145 E2
Pont-la-Ville 52....115 F1
Pont-l'Abbé 29....98 B2
Pont-l'Abbé 50....25 D4
Pont-l'Abbé-d'Arnoult 17....181 E3
Pont-lès-Bonfays 88....94 B4
Pont-les-Moulins 25....141 F4
Pont-l'Évêque 14....30 B3
Pont-l'Évêque 60....35 F1
Pont-Melvez 22....50 B4
Pont-Noyelles 80....18 B2
Pont-Péan 35....103 E1
Pont-Remy 80....17 E1
Pont-Royal 13....284 B1
Pont-Saint-Esprit 30....264 B1
Pont-Saint-Mard 02....36 B2
Pont-Saint-Martin 44....145 E1
Pont-Saint-Pierre 27....32 B3
Pont-Saint-Vincent 54....68 A4
Pont-Sainte-Marie 10....90 B3
Pont-Sainte-Maxence 60....35 D3
Pont-Salomon 43....209 F4
Pont-Scorff 56....100 A2
Pont-sur-l'Ognon 70....141 F1
Pont-sur-Madon 88....94 B2
Pont-sur-Meuse 55....67 D3
Pont-sur-Sambre 59....10 B2
Pont-sur-Seine 10....89 E2
Pont-sur-Vanne 89....89 D4
Pont-sur-Yonne 89....88 C4
Pontacq 64....297 E1
Pontaillac 17....198 B3
Pontailler-sur-Saône 21....140 A3
Pontaix 26....229 F4
Pontamafrey 73....214 A4
Pontanevaux 71....175 D4
Pontarion 23....187 D2
Pontarlier 25....161 D2
Pontarmé 60....35 D4
Pontaubault 50....54 A4
Pontaubert 89....137 D2
Pontault-Combault 77....61 E3
Pontaumur 63....188 C4
Pontavert 02....37 E2
Pontcarré 77....61 F3
Pontcey 70....141 D1
Pontchardon 61....57 D2
Pontcharra 38....213 E3
Pontcharra-sur-Turdine 69....192 A3
Pontcharraud 23....187 F4
Pontchartrain 78....60 A3
Pontchâteau 44....125 E2
Pontcirq 46....239 F2
Ponte-Leccia 2B....315 D3
Ponte Nuovo 2B....315 E3
Pontécoulant 14....55 E2
Ponteilla 66....312 C2
Ponteils-et-Brésis 30....245 E3
Pontempeyrat 43....209 D4
Pontenx-les-Forges 40....234 C4
Le Pontet 33....217 E1
Le Pontet 73....213 F2
Le Pontet 84....265 D3
Les Pontets 25....160 C4
Pontevès 83....286 A2
Ponteyraud 24....219 F1
Pontfaverger-
Moronvilliers 51....38 B3
Pontgibaud 63....189 D4
Pontgouin 28....84 C2
Ponthévrard 78....86 A1
Ponthierry 77....87 E2
Ponthion 51....65 E4
Ponthoile 80....6 B4
Le Ponthou 29....49 F3
Pontiacq-Vielipinte 64....273 E4
Pontigné 49....129 E2
Pontigny 89....113 F3
Pontis 04....250 A2
Pontivy 56....76 C4
Pontlevoy 41....132 A3

Pontlieue 72....107 D2
Pontmain 53....80 B2
Pontoise 95....60 B1
Pontoise-lès-Noyon 60....35 F1
Pontonx-sur-l'Adour 40....253 D4
Pontorson 50....79 F1
Pontours 24....220 C4
Pontoux 71....158 C3
Pontoy 57....68 B1
Pontpierre 57....69 D1
Pontpoint 60....35 D3
Pontrieux 22....50 C2
Pontru 02....20 A2
Pontruet 02....20 A2
Ponts 50....54 A4
Les Ponts-de-Cé 49....128 B2
Pont-et-Marais 76....16 C1
Les Ponts-Neufs 22....51 F4
Pontvallain 72....106 C2
Popian 34....281 D2
Popolasca 2B....315 D4
Porcaro 56....102 B2
Porcelette 57....42 C4
Porchères 33....219 D2
Porcheresse 16....201 E3
Porcheux 60....33 F3
Porcheville 78....60 A2
Porcieu-Amblagnieu 38....194 A3
Pordic 22....51 E3
Le Porge 33....216 B3
Pornic 44....144 B4
Pornichet 44....125 D3
Porquéricourt 60....35 F1
Porquerolles (Île de) 83....292 C3
Porri 2B....315 E3
Pors-Even 22....51 D1
Porsmilin 29....47 D3
Porspoder 29....47 D2
Port 01....194 B1
Le Port 09....300 B4
Port (Col de) 09....300 C4
Port-à-Binson 51....63 F1
Port-Barcarès 66....313 E1
Port-Blanc 22....50 B1
Port-Brillet 53....104 C1
Port-Camargue 30....282 B3
Port-Coton
(Aiguilles de) 56....122 A4
Port-Cros (Île de) 83....293 D3
Port-d'Atelier 70....118 A3
Port-de-Bouc 13....284 A3
Port-de-Carhaix 29....75 F3
Port-de-Gagnac 46....223 D3
Port-de-Groslée 01....194 B4
Port-de-la-Meule 85....144 A4
Port-de-Lanne 40....271 E2
Port-de-Miramar 83....292 C2
Port-de-Piles 86....149 F2
Port-d'Envaux 17....181 F3
Port-des-Barques 17....180 C2
Port-Donnant 56....122 A4
Port-du-Salut
(Trappe du) 53....105 D2
Port-en-Bessin 14....28 C3
Port-Goulphar 56....122 A4
Port-Haliguen 56....122 B2
Port-Jérôme 76....15 D4
Port-Joinville 85....144 A4
Port-la-Nouvelle 11....304 C4
Port-Launay 29....73 F2
Port-Lauragais 31....277 E4
Port-le-Grand 80....6 B4
Port-Lesney 39....160 A2
Port-Leucate 11....304 C4
Port-Louis 56....100 A3
Port-Manech 29....99 E2
Port-Maria 56....122 B4
Le Port-Marly 78....60 C2
Port-Miou 13....291 D3
Port-Mort 27....32 C4
Port-Navalo 56....122 C2
Port Royal des Champs
(Abbaye de) 78....60 B4
Port-Saint-Louis-
du-Rhône 13....283 E4
Port-Saint-Père 44....145 D1
Port-Sainte-
Foy-et-Ponchapt 24....219 E3
Port-Sainte-Marie 47....255 F1
Port-sur-Saône 70....118 A4
Port-sur-Seille 54....68 A2
Port-Vendres 66....313 E3
Port-Villez 78....59 E1
Porta 66....310 B3
La Porta 2B....315 E4
Portbail 50....24 B4
Porte (Col de) 38....212 C4
Porté-Puymorens 66....310 B3
Portel (Sommet de) 09....300 B4
Portel-des-Corbières 11....303 F3
Portes 27....58 B1
Portes 30....263 E4
Portes (Calvaire de) 01....194 A3
Portes (Chartreuse de) 01....194 A3
Les Portes-en-Ré 17....162 C4
Portes-en-Valdaine 26....247 D2
Portes-lès-Valence 26....229 D3
Portet 64....273 E2
Portet-d'Aspet 31....299 E4
Portet d'Aspet
(Col de) 31....299 E4
Portet-de-Luchon 31....307 F4
Portet-sur-Garonne 31....276 C3
Portets 33....236 B1
Porticcio 2A....316 B4
Porticciolo (Marine de) 2B....314 D2

Portieux 88....94 C3
Portiragnes 34....305 E1
Portiragnes-Plage 34....305 E1
Portivy 56....122 A4
Porto 2A....316 A1
Porto-Pollo 2A....318 C4
Porto-Vecchio 2A....319 E2
Ports 37....149 F2
Portsall 29....47 D2
Posanges 21....138 A2
Poses 27....32 B3
Possesse 51....65 F2
La Possonnière 49....128 A2
La Possonnière (Manoir) 41....107 F4
La Postolle 89....89 D4
Postroff 57....70 A1
Potangis 51....89 E1
Potelières 30....263 F3
Potelle 59....10 A2
La Poterie 22....51 F4
La Poterie-au-Perche 61....84 A1
La Poterie-Cap-d'Antifer 76....14 B3
La Poterie-Mathieu 27....31 D3
Pothières 21....115 D2
Potigny 14....56 A2
Potte 80....19 E3
Pouan-les-Vallées 10....90 B1
Pouançay 86....148 B3
Pouancé 49....104 B4
Pouant 86....149 E2
Poubeau 31....307 F3
Poucharramet 31....276 A4
Pouchergues 65....298 B4
Poudenas 47....255 E2
Poudenx 40....272 B2
Poudis 81....277 F3
Poudrey (Gouffre de) 25....141 F4
Poueyferré 65....297 E2
La Pouëze 49....128 A1
Pouffonds 79....183 D1
La Pouge 23....187 D3
Le Pouget 34....281 D2
Pougnadoires
(Cirque de) 48....244 A4
Pougnadoresse 30....264 A2
Pougné 16....184 A2
Pougne-Hérisson 79....165 D1
Pougny 01....195 D1
Pougny 58....135 E3
Pougues-les-Eaux 58....154 C2
Pougy 10....90 C2
Pouillac 17....200 C4
Pouillat 01....176 B3
Pouillé 41....132 A4
Pouillé 85....163 F2
Pouillé 86....166 C2
Pouillé-les-Côteaux 44....127 E2
Pouillenay 21....138 A2
Pouilley-Français 25....140 C4
Pouilley-les-Vignes 25....141 D4
Pouillon 40....271 F2
Pouillon 51....37 E3
Pouilloux 71....174 B1
Pouilly 57....68 A1
Pouilly 60....34 A4
Pouilly-en-Auxois 21....138 B4
Pouilly-en-Bassigny 52....117 E2
Pouilly-le-Fort 77....87 F3
Pouilly-le-Monial 69....192 B3
Pouilly-lès-Feurs 42....191 F4
Pouilly-les-Nonains 42....191 D2
Pouilly-sous-Charlieu 42....191 E1
Pouilly-sur-Loire 58....135 D4
Pouilly-sur-Meuse 55....39 F1
Pouilly-sur-Saône 21....158 C2
Pouilly-sur-Serre 02....20 C4
Pouilly-sur-Vingeanne 21....140 A3
Le Poujol-sur-Orb 34....280 A2
Poujols 34....280 B1
Poul-Fétan 56....100 B3
Poulaines 36....151 F1
Poulains (Pointe des) 56....122 A4
Poulainville 80....18 B2
Poulan-Pouzols 81....259 E4
Poulangy 52....116 C1
Poulay 53....81 F3
Pouldavid 29....73 E3
Pouldergat 29....73 E3
Pouldouran 22....50 C2
Pouldreuzic 29....73 D4
Le Pouldu 29....99 F3
Poule-les-Écharmeaux 69....192 A1
Pouliacq 64....273 D3
Les Poulières 88....95 E4
Pouligney 25....141 E4
Pouligny-Notre-Dame 36....169 F2
Pouligny-Saint-Martin 36....169 F2
Pouligny-Saint-Pierre 36....167 F1
Le Pouliguen 44....123 E4
Poullan-sur-Mer 29....73 D3
Poullaouen 29....75 F2
Poullignac 16....201 E3
Poulx 30....264 A3
Poumarous 65....298 A2
Poupas 82....256 C3
Poupry 28....110 A1
Pouques-Lormes 58....136 C3
Pourcharesses 48....245 D3
Pourchères 07....246 B1
Pourcieux 83....285 F3
Pourcy 51....37 F4
Pourlans 71....158 C2
Pournoy-la-Chétive 57....68 A1
Pournoy-la-Grasse 57....68 B1
Pourrain 89....113 D4
Pourrières 83....285 E3
Poursac 16....183 F3
Poursay-Garnaud 17....182 B3

POITIERS

Abbé-Frémont (Bd) ....DY 2
Alexandre (R. J.) ....DZ 4
Blossac (R. de) ....CZ 10
Boncenne (R.) ....CDY 12
Bouchet (R. Jean) ....DY 14
Bretonnerie (R. de la) ....DY 16
Carnot (R.) ....CZ 17
Chaine (R. de la) ....DY 20
Champagne (R. de) ....DY 21
Clos des Carmes (Pl. du) ..DZ 22
Coligny (Bd) ....DZ 23
Cordeliers (R. des) ....DY 25

Descartes (René) ....DY 28
Fg-du-Pont-Neuf ....DZ 30
Gabillet (R. H.) ....DY 34
Gambetta (R.) ....DY 35
Gaulle (Pl. Ch. de) ....DY 36
Grignon de Montfort (R.) ..DY 40
Hôtel-Dieu (R. de l') ....DY 45
Intendant-le-Nain
   (R. de l') ....DY 46
Jean-de-Berry (Pl.) ....DY 47
Jeanne-d'Arc (Bd) ....CZ 48
Libération (Av. de la) ....CZ 50
Liberté (Pl. de la) ....DY 52
Macé (R. Jean) ....DY 50

Marché-N.-Dame (R. du) ..DYZ 54
Marne (R. de la) ....CY 55
Mouton (R. du) ....DY 63
Oudin (R. H.) ....DY 67
Puygarreau (R. du) ....DZ 70
Rat (R. Pierre) ....DY 71
Riffault (R.) ....DY 74
St-Cyprien (R.) ....DZ 76
St-Germain (R.) ....DY 77
Solférino (Bd) ....CY 89
Thezard (R. Léopold) ....CZ 90
Tison (Bd de) ....CZ 92
Verdun (Bd de) ....CY 94
3 Rois (R. des) ....DY 95
125ᵉ R.I. (R. du) ....CZ 97

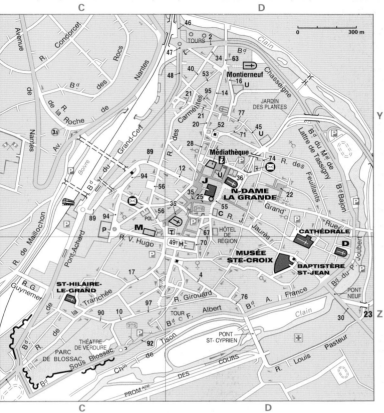

Poursiugues-Boucoue 64 ......272 C2
Pourtalet (Col du) 64 ......296 C4
Pouru-aux-Bois 08 ....23 E4
Pouru-Saint-Remy 08 ....23 E4
Pourville-sur-Mer 76 ....16 A2
Poussan 34 ....281 E3
Poussanges 23 ....187 F4
Pousseaux 58 ....136 B2
Poussignac 47 ....237 E4
Poussy-la-Campagne 14 ......56 A1
Pousthomy 12 ....260 B4
Le Pout 33 ....217 E4
Pouvrai 61 ....83 E4
Pouxeux 88 ....95 D4
Pouy 65 ....298 C1
Pouy-de-Touges 31 ....275 F4
Pouy-Loubrin 32 ....275 D3
Pouy-Roquelaure 32 ....256 A2
Pouy-sur-Vannes 10 ....89 E3
Pouyastruc 65 ....298 A1
Pouydesseaux 40 ....254 B3
Pouydraguin 32 ....273 F2
Pouylebon 32 ....274 B2
Pouzac 65 ....298 A2
Le Pouzat 07 ....228 A3
Pouzauges 85 ....147 D4
Pouzay 37 ....149 E1
Pouze 31 ....276 C4
Pouzilhac 30 ....264 B2
Le Pouzin 07 ....228 C4
Pouzioux 86 ....167 D2
Pouzol 63 ....189 D2
Pouzolles 34 ....280 B3
Pouzols 34 ....281 D2
Pouzols-Minervois 11 ....303 E1
Pouzy-Mésangy 03 ....171 F1
Poyanne 40 ....272 A2
Poyans 70 ....140 A2
Poyartin 40 ....271 F1
Poyols 26 ....248 A2
Pozières 80 ....19 D1
Pra-Loup 04 ....250 C4
Le Pradal 34 ....280 A2
Les Pradeaux 63 ....207 F2
Pradeaux (Col des) 63 ....208 C2
Pradel (Col du) 11 ....310 C1
Pradelle 26 ....248 A2
Pradelles 43 ....227 D4
Pradelles 59 ....4 A2
Pradelles-Cabardès 11 ....278 C4
Pradelles-en-Val 11 ....302 C2
Pradère-les-Bourguets 31 ....276 A2
Prades 07 ....246 A2

Prades 09 ....310 B1
Prades 43 ....226 B2
Prades 48 ....244 A4
Prades 66 ....311 F2
Prades 81 ....277 F2
Prades-d'Aubrac 12 ....243 D3
Prades-de-Salars 12 ....260 C1
Prades-le-Lez 34 ....281 F1
Prades-sur-Vernazobre 34 ....279 F2
Le Pradet 83 ....292 B2
Pradettes 09 ....301 E3
Pradières 09 ....301 D3
Pradiers 15 ....207 D4
Pradinas 12 ....259 F1
Pradines 19 ....205 D2
Pradines 46 ....240 A3
Pradons 07 ....246 A3
Prafrance
   (Bambouseraie de) 30 ....263 D2
Pragnères
   (Centrale de) 65 ....297 F4
Prahecq 79 ....165 D4
Prailles 79 ....165 E4
Pralognan-la-Vanoise 73 .....214 C3
Prâlon 21 ....138 C3
Pralong 42 ....209 E1
Pramousquier 83 ....293 D2
Pramouton 05 ....250 B2
Prangey 52 ....116 C4
Pranles 07 ....228 B4
Pranzac 16 ....202 A1
Prapoutel-
   les-Sept-Laux 38 ....213 E4
Le Prarion 74 ....196 C3
Praslay 52 ....116 B4
Praslin 28 ....114 B3
Prasville 28 ....85 F4
Prat 22 ....50 B2
Prat-Bonrepaux 09 ....299 F3
Prat de Bouc 15 ....224 C2
Prato-di-Giovellina 2B 315 D4
Prats-de-Carlux 24 ....221 F3
Prats-de-Mollo-
   la-Preste 66 ....311 F4
Prats-de-Sournia 66 ....311 F1
Prats-du-Périgord 24 ....239 E1
Pratviel 81 ....277 E2
Pratz 39 ....177 D3
Prauthoy 52 ....116 C4
Pray 41 ....131 F1
Praye 54 ....94 A2

Prayet (Col du) 38 ....230 B4
Prayols 09 ....301 D4
Prayssac 46 ....239 F3
Prayssas 47 ....238 A4
La Praz 73 ....214 B4
Le Praz 73 ....214 B2
Praz-Coutant 74 ....196 C2
Les Praz-de-Chamonix 74 ....197 D2
Praz-sur-Arly 74 ....196 B3
Le Pré-d'Auge 14 ....30 B4
Pré de Madame Carle 05 .....232 A4
Pré-en-Pail 53 ....82 A2
Pré-Saint-Évroult 28 ....85 E4
Le Pré-Saint-Gervais 93 ......61 D2
Pré-Saint-Martin 28 ....85 E4
Préaux 07 ....228 C1
Les Préaux 27 ....31 D3
Préaux 36 ....151 D2
Préaux 53 ....105 F2
Préaux 76 ....32 B2
Préaux 77 ....88 A4
Préaux-Bocage 14 ....55 F1
Préaux-du-Perche 61 ....83 F3
Préaux-Saint-Sébastien 14 ....57 D2
Prébois 38 ....230 C4
Précey 50 ....54 A4
Préchac 32 ....256 A4
Préchac 33 ....236 B3
Préchac 65 ....297 E3
Préchac-sur-Adour 32 ....273 F2
Préchacq-Josbaig 64 ....296 A1
Préchacq-les-Bains 40 ....253 D4
Préchacq-Navarrenx 64 ....272 A4
Précieux 42 ....209 E2
Précigné 72 ....105 F4
Précilhon 64 ....296 B1
Précorbin 50 ....54 C1
Précy 18 ....154 B1
Précy-le-Sec 89 ....136 C1
Précy-Notre-Dame 10 ....91 D1
Précy-Saint-Martin 10 ....91 D2
Précy-sous-Thil 21 ....137 F3
Précy-sur-Marne 77 ....61 F2
Précy-sur-Oise 60 ....34 C4
Précy-sur-Vrin 89 ....112 C2
Prédefin 62 ....7 E1
Préfailles 44 ....125 D4
Préfontaines 45 ....111 F1
Prégilbert 89 ....136 B1
Préguillac 17 ....199 E1
Préhy 89 ....113 F4
Preignac 33 ....236 B2
Preignan 32 ....275 D1
Preigney 70 ....117 F3

Preixan 11 ....302 B2
Prélenfrey 38 ....230 B2
Prelles 05 ....232 B3
Prémanon 39 ....177 F2
Prémery 58 ....155 D1
Prémesques 59 ....4 B4
Prémeyzel 01 ....212 B1
Prémian 34 ....279 E3
Premières 21 ....139 F4
Prémierfait 10 ....90 A2
Prémilhat 03 ....170 C4
Prémillieu 01 ....194 B3
Prémont 02 ....20 B1
Prémontré 02 ....36 B1
Prendeignes 46 ....241 E1
Préneron 32 ....274 B1
La Prénessaye 22 ....77 E4
Prenois 21 ....139 D3
Prénouvellon 41 ....109 E2
Prénovel 39 ....177 D2
Prény 54 ....67 F1
Préporché 58 ....156 A3
Préporché 58 ....156 A3
Préserville 31 ....277 D3
Présailles 43 ....227 E3
Présentevillers 25 ....142 B1
Préseau 59 ....9 F3
Présilly 39 ....176 C1
Présilly 74 ....195 E1
Presle 70 ....141 F1
Presle 73 ....213 E2
Presles 14 ....55 D2
Presles 38 ....230 A2
Presles 95 ....60 C1
Presles-en-Brie 77 ....61 F4
Presles-et-Boves 02 ....36 C2
Presles-et-Thierny 02 ....37 D1
Presly 18 ....134 A3
Presnoy 45 ....111 E2
Presque (Grotte de) 46 ......223 D4
Pressac 86 ....184 B1
Pressagny-l'Orgueilleux 27 ...59 E1
Pressiat 01 ....176 B3
Pressignac 16 ....184 C4
Pressignac-Vicq 24 ....220 C3
Pressigny 52 ....117 E4
Pressigny 79 ....148 B4
Pressigny-les-Pins 45 ....111 F3
Pressins 38 ....212 B2
Pressy 62 ....7 F2
Pressy-sous-Dondin 71 ....174 C2
La Preste 66 ....311 F4
La Prétière 25 ....142 B2
Pretin 39 ....160 A2
Prétot-Sainte-Suzanne 50 .....26 C3
Prétot-Vicquemare 76 ....15 F2
Prêtreville 14 ....57 D1
Préty 71 ....175 E2
Pretz-en-Argonne 55 ....66 B2
Preuilly 18 ....152 C1
Preuilly (Abbaye de) 77 ......88 B2
Preuilly-la-Ville 36 ....167 F1
Preuilly-sur-Claise 37 ....150 B3
Preures 62 ....6 C1
Preuschdorf 67 ....45 E4
Preuseville 76 ....16 C3
Preutin-Higny 54 ....41 D3
Preux-au-Bois 59 ....10 A3
Preux-au-Sart 59 ....10 A3
Préval 72 ....83 F4
Prévelles 72 ....107 E1
Préveranges 18 ....170 A3
Prévessin-Moëns 01 ....177 F4
La Prévière 49 ....104 B4
Prévillers 60 ....34 A1
Prévinquières 12 ....241 F4
Prévocourt 57 ....68 C2
Prey 27 ....58 C2
Prey 88 ....95 E4
Preyssac-d'Excideuil 24 ......203 E4
Prez 08 ....22 A3
Prez-sous-Lafauche 52 ....93 D3
Prez-sur-Marne 52 ....92 A1
Priaires 79 ....181 F1
Priay 01 ....193 F2
Priez 02 ....62 C1
Prignac 17 ....182 B4
Prignac-en-Médoc 33 ....198 C4
Prignac-et-Marcamps 33 ....217 E2
Prigonrieux 24 ....220 A4
Primarette 38 ....211 E3
Primat 08 ....39 D3
La Primaube 12 ....260 B1
Primel-Trégastel 29 ....49 E2
Primelin 29 ....72 C3
Primelles 18 ....153 D3
Prin-Deyrançon 79 ....164 B4
Prinçay 86 ....149 D3
Princé 35 ....80 B4
Pringé 72 ....106 C4
Pringy 51 ....65 D3
Pringy 74 ....195 E2
Pringy 77 ....87 E2
Prinquiau 44 ....125 F3
Prinsuéjols 48 ....243 F1
Printzheim 67 ....70 C2
Prisces 02 ....21 D3
Prisches 59 ....10 A3
Prissac 36 ....168 B2
Prissé 71 ....175 D4
Prissé-la-Charrière 79 ....182 B1
Pritz 53 ....105 D1
Privas 07 ....246 B1
Privezac 12 ....241 F1
Prix-lès-Mézières 08 ....22 C3
Priziac 56 ....76 A3

Prizy 71 ....174 A3
La Proiselière-et-Langle 70 ..119 D3
Proissans 24 ....221 F3
Proisy 02 ....21 D2
Proix 02 ....20 C2
Projan 32 ....273 D2
Promilhanes 46 ....240 C4
Prompsat 63 ....189 E3
Prondines 63 ....188 C4
Pronleroy 60 ....35 D2
Pronville 62 ....8 C4
Propiac 26 ....247 F4
Propières 69 ....192 A1
Propriano 2A 318 C3
Prosnes 51 ....38 A4
Prouais 28 ....59 E4
Prouilly 51 ....37 E3
Proumeyssac
   (Gouffre de) 24 ....221 D4
Proupiary 31 ....299 E2
Proussy 14 ....55 F2
Prouvais 02 ....37 F2
Prouville 80 ....7 D4
Prouvy 59 ....9 E3
Prouzel 80 ....18 A3
Provemont 27 ....33 D3
Provenchère 25 ....142 B3
Provenchère 70 ....118 A4
Provenchères-lès-Darney 88 ...94 A4
Provenchères-sur-Fave 88 .....96 A2
Provenchères-sur-Marne 52 ....92 B3
Provenchères-sur-Meuse 52 ...117 D2
Provency 89 ....137 D2
Proverville 10 ....91 E4
Proveysieux 38 ....212 C4
Proville 59 ....9 D4
Provin 59 ....8 B1
Provins 77 ....88 C1
Proviseux-et-Plesnoy 02 ......37 F2
Proyart 80 ....19 D2
Prudemanche 28 ....58 C4
Prudhomat 46 ....222 C4
Prugnanes 66 ....311 F1
Prugny 10 ....90 A4
Pruillé 49 ....128 A1
Pruillé-le-Chétif 72 ....106 C2
Pruillé-l'Éguillé 72 ....107 E3
Pruines 12 ....242 B3
Prunay 51 ....38 A4
Prunay-Belleville 10 ....89 F3
Prunay-Cassereau 41 ....108 B4
Prunay-en-Yvelines 78 ....86 A2
Prunay-le-Gillon 28 ....85 F3
Prunay-le-Temple 78 ....59 F3
Prunay-sur-Essonne 91 ....87 D3
Prunelli-di-Casacconi 2B 315 D3
Prunelli-di-Fiumorbo 2B 317 E3
Prunet 07 ....245 F2
Prunet 15 ....224 A4
Prunet 31 ....277 E2
Prunet-et-Belpuig 66 ....312 B3
Prunete 2B 314 C4
Prunières 05 ....250 A2
Prunières 38 ....230 C3
Prunières 48 ....226 A4
Pruniers 36 ....152 C4
Pruniers 49 ....128 B2
Pruniers-en-Sologne 41 ....132 C4
Pruno 2B 315 F4
Prunoy 89 ....112 A3
Prusly-sur-Ource 21 ....115 E3
Prusy 10 ....114 B2
Pruzilly 71 ....175 D4
Puberg 67 ....70 B1
Publier 74 ....178 C2
Publy 39 ....176 C1
Puceul 44 ....126 B1
Le Puch 09 ....311 D1
Puch-d'Agenais 47 ....237 F4
Puchay 27 ....33 D3
Puchevillers 80 ....18 B1
Le Puech 34 ....280 B1
Puéchabon 34 ....281 D1
Puéchoursi 81 ....277 F3
Puechredon 30 ....263 E3
Puellemontier 52 ....91 E2
Puessans 25 ....141 F2
Puget 84 ....284 C1
Puget-Rostang 06 ....269 E2
Puget-sur-Argens 83 ....287 E3
Puget-Théniers 06 ....269 E2
Puget-Ville 83 ....286 B4
Pugey 25 ....141 D4
Pugieu 01 ....194 B3
Puginier 11 ....277 F4
Pugnac 33 ....217 E2
Pugny 79 ....147 F4
Pugny-Chatenod 73 ....195 D4
Puichéric 11 ....303 D1
Le Puid 88 ....96 A1
Puimanie 47 ....238 A1
Puimichel 04 ....267 E4
Puimisson 34 ....280 B4
Puimoisson 04 ....267 E3
La Puisaye 28 ....84 B1
Puiseaux 45 ....87 E3
Puiseux 08 ....39 E2
Puiseux 28 ....85 D1
Puiseux-en-Bray 60 ....33 E2
Puiseux-en-France 95 ....61 D1
Puiseux-en-Retz 02 ....36 A3

Puiseux-le-Hauberger 60 ....34 B4
Puiseux-Pontoise 95 ....60 B1
Puisieulx 51 ....37 F4
Puisieux 62 ....19 D1
Puisieux 77 ....62 A1
Puisieux-et-Clanlieu 02 ....20 C3
Puissalicon 34 ....280 B3
Puisseguin 33 ....219 D3
Puisserguier 34 ....280 A4
Puits 21 ....115 D4
Le Puits-des-Mèzes 52 ....116 C1
Puits-et-Nuisement 10 ....91 D1
Puits-la-Vallée 60 ....34 B1
Puivert 11 ....302 A4
Pujaudran 32 ....276 A2
Pujaut 30 ....264 C3
Pujo 65 ....273 F4
Pujo-le-Plan 40 ....254 B4
Les Pujols 09 ....301 D2
Pujols 33 ....219 D4
Pujols 47 ....238 B4
Pujols-sur-Ciron 33 ....236 B2
Le Puley 71 ....174 C1
Puligny-Montrachet 21 ....157 F2
Pullay 27 ....58 B4
Pulligny 54 ....94 A1
Pulney 54 ....94 A3
Pulnoy 54 ....68 B4
Pulvérières 63 ....189 D3
Pulversheim 68 ....120 B1
Punchy 80 ....19 E3
Punerot 88 ....93 F2
Puntous 65 ....274 C4
Puntous de Laguian 32 ....274 A4
Pupillin 39 ....159 F3
Pure 08 ....23 F4
Purgerot 70 ....118 A4
Pusey 70 ....118 B4
Pusignan 69 ....193 E4
Pussay 91 ....86 B3
Pussigny 37 ....149 F2
Pussy 73 ....214 A2
Pusy-et-Épenoux 70 ....118 B4
Putanges-Pont-Écrepin 61 .....56 A3
Puteaux 92 ....60 C3
Putot-en-Auge 14 ....30 A4
Putot-en-Bessin 14 ....29 D4
Puttelange-aux-Lacs 57 ....69 F1
Puttelange-lès-Thionville 57 ..41 F1
Puttigny 57 ....69 D2
Puxe 54 ....41 D4
Puxieux 54 ....67 F1
Le Puy 25 ....141 E4
Le Puy 33 ....237 E1
Puy Crapaud 85 ....147 D4
Puy-d'Arnac 19 ....222 C2
Puy de Dôme 63 ....189 D4
Puy-de-Serre 85 ....164 B1
Puy du Fou
   (Château de) 85 ....146 C3
Puy-du-Lac 17 ....181 E2
Le Puy-en-Velay 43 ....227 D2
Puy-Guillaume 63 ....190 A3
Puy-Hardy 79 ....164 C2
Puy-l'Évêque 46 ....239 E3
Puy-Malsignat 23 ....187 F2
Le Puy-Notre-Dame 49 ....148 A1
Le Puy-Saint-André 05 ....232 B3
Le Puy-Saint-Bonnet 49 ......146 C2
Le Puy-Saint-Eusèbe 05 ....250 A2
Le Puy-Saint-Gulmier 63 ......188 B4
Le Puy-Saint-Martin 26 ....247 E1
Le Puy-Saint-Pierre 05 ....232 C3
Le Puy-Saint-Vincent 05 ......232 B3
Le Puy-Sainte-Réparade 13 ....285 D1
Puy-Sanières 05 ....250 A2
Puybarban 33 ....237 D2
Puybegon 81 ....277 F1
Puybrun 46 ....222 C3
Puycalvel 81 ....278 A2
Puycasquier 32 ....275 D1
Puycelci 81 ....258 B3
Puycornet 82 ....257 F2
Puydaniel 31 ....276 C4
Puydarrieux 65 ....298 B1
Puydrouard 17 ....181 D1
La Puye 86 ....167 D1
Puygaillard-de-Lomagne 82 ....256 C3
Puygaillard-de-Quercy 82 .....258 A3
Puygiron 26 ....247 D2
Puygouzon 81 ....259 E4
Puygros 73 ....213 E2
Puyguilhem 24 ....237 F1
Puyguilhem
   (Château de) 24 ....202 C3
Puyjourdes 46 ....241 D4
Puylagarde 82 ....240 C4
Puylaroque 82 ....258 B1
Puylaurens 81 ....277 F2
Puylausic 32 ....275 D2
Puyloubier 13 ....285 E2
Puymangou 24 ....219 E1
Puymartin (Château de) 24 ....221 E3
Puymaurin 31 ....275 E4
Puyméras 84 ....247 F3
Puymiclan 47 ....237 F3
Puymirol 47 ....256 C1
Puymorens (Col de) 66 ....310 B3
Puymoyen 16 ....201 F1
Puynormand 33 ....219 D3
Puyol-Cazalet 40 ....272 C2
Puyoô 64 ....271 F2
Puyravault 17 ....181 E1
Puyravault 85 ....163 E3
Puyréaux 16 ....183 F3
Puyrenier 24 ....202 A3
Puyricard 13 ....285 D2
Puyrolland 17 ....181 D1
Puys 76 ....16 A2

Puységur 32 ....275 D1
Puységur 31 ....275 F1
Puysserampion 47 ....237 F2
Puyvalador 66 ....311 D2
Puyvert 84 ....284 C1
Puzeaux 80 ....19 E3
Puzieux 57 ....68 C2
Puzieux 88 ....94 A3
Py 66 ....311 E3
Pyla-sur-Mer 33 ....234 B1
La Pyle 27 ....31 F4
Pyrénées 2000 66 ....311 D3
Pys 80 ....19 D1

Q

Quaëdypre 59 ....3 F2
Quaix-en-Chartreuse 38 ...212 C4
Quantilly 18 ....134 A4
Quarante 34 ....279 F4
Quarouble 59 ....9 F2
Quarré-les-Tombes 89 ...137 D3
La Quarte 70 ....117 E3
Le Quartier 63 ....188 C1
Quasquara 2A 316 C4
Quatre-Champs 08 ....39 D2
Les Quatre Chemins 85 ...163 E2
Quatre-Routes-
  d'Albussac 19 ....222 C2
Les Quatre-Routes-du-Lot 46 ...222 B3
Quatre Vios (Col des) 07 ...228 A4
Quatremare 27 ....32 A4
Quatzenheim 67 ....70 C3
Quéant 62 ....8 C2
Queaux 86 ....167 D4
Québriac 35 ....79 D3
Quédillac 35 ....78 B3
Queige 73 ....196 A4
Quelaines-Saint-Gault 53 ...105 D2
Les Quelles 67 ....70 A4
Quelmes 62 ....3 D3
Quelneuc 56 ....102 B3
Quéménéven 29 ....73 F3
Quemigny-Poisot 21 ......139 D4
Quemigny-sur-Seine 21 ...138 B1
Quemper-Guézennec 22 ...50 C2
Quemperven 22 ....50 B2
Quend 80 ....6 B3
Quend-Plage-les-Pins 80 .....6 A3
Quenne 89 ....113 E4
Quenoche 70 ....141 E2
Quenza 2A 319 D1
Quercamps 62 ....3 D3
Querciolo 2B 315 F3
Quercitello 2B 315 E4
Quérénaing 59 ....9 F3
Quéribus (Château de) 11 ...303 D4
Quérigut 09 ....311 D2
Quernes 62 ....7 E1
Quéroy (Grottes du) 16 ...201 F1
Querqueville 50 ....24 C2
Querré 49 ....105 E4
Querrien 29 ....99 F1
Querrieu 80 ....18 B2
Quers 70 ....118 C4
Quesmy 60 ....35 F1
Quesnay-Guesnon 14 ......28 C4
Le Quesne 80 ....17 E3
Le Quesnel 80 ....18 C3
Le Quesnel-Aubry 60 ......34 B2
Le Quesnoy 59 ....9 F3
Le Quesnoy 80 ....19 D4
Le Quesnoy-en-Artois 62 ...7 D3
Quesnoy-le-Montant 80 ...17 D1
Quesnoy-sur-Airaines 80 ...17 F2
Quesnoy-sur-Deûle 59 ......4 C4
Quesques 62 ....2 C4
Quessigny 27 ....59 D2
Quessoy 22 ....77 E2
Quessy 02 ....20 A4
Questembert 56 ....101 F4
Questrecques 62 ....2 B4
Quet-en-Beaumont 38 ...231 D4
Quetigny 21 ....139 E3
Quettehou 50 ....25 E2
Quettetot 50 ....24 C3
Quetteville 14 ....30 C3
Quettreville-sur-Sienne 50 ...53 F1
Queudes 51 ....63 F4
La Queue-en-Brie 94 ......61 E3
La Queue-les-Yvelines 78 ...60 A3
Queuille 63 ....189 D3
Quevauvillers 80 ....18 A3
Quéven 56 ....100 A3
Quévert 22 ....78 C1
Quevillon 76 ....32 A2
Quevilloncourt 54 ....94 A2
Quévreville-la-Poterie 76 ...32 B3
Queyrac 33 ....198 C3
Queyrières 43 ....227 E2
Queyssac 24 ....220 B3
Queyssac-les-Vignes 19 ...222 C3
Quézac 15 ....241 F1
Quézac 48 ....244 B4
Quiberon 56 ....122 A2
Quiberville 76 ....15 F1
Quibou 50 ....54 B1
Quié 09 ....301 D4
Quiers 77 ....88 A1
Quiers-sur-Bézonde 45 ...111 D2
Quiéry-la-Motte 62 ....8 C2
Quierzy 02 ....36 A1
Quiestède 62 ....3 E4
Quiévelon 59 ....10 C2
Quiévrechain 59 ....10 A1
Quiévrecourt 76 ....16 C4

Quiévy 59 ....9 E4
Quilen 62 ....6 C1
Quilinen (Calvaire de) 29 ...73 F3
Quillan 11 ....302 A4
Quillane (Col de) 66 ......311 D3
Quillebeuf-sur-Seine 27 ...15 D4
Quilly 08 ....38 C2
Quilly 44 ....125 F2
Quimerch 29 ....73 F1
Quimiac 44 ....123 E3
Quimper 29 ....73 F4
Quimperlé 29 ....99 F3
Quincampoix 76 ....32 B1
Quincampoix-Fleuzy 60 ...17 E4
Quinçay 86 ....166 A1
Quincerot 21 ....137 F1
Quincerot 89 ....114 B2
Quincey 10 ....89 E2
Quincey 21 ....158 B1
Quincey 70 ....141 E1
Quincié-en-Beaujolais 69 ...192 B1
Quincieu 38 ....212 A4
Quincieux 69 ....192 C3
Quincy 18 ....152 C1
Quincy-Basse 02 ....36 B1
Quincy-Landzécourt 55 ...40 A1
Quincy-le-Vicomte 21 ...137 F1
Quincy-sous-le-Mont 02 ...36 C3
Quincy-sous-Sénart 91 ...61 E4
Quincy-Voisins 77 ....62 A3
Quinéville 50 ....25 E3
Quingey 25 ....160 A1
Quinquempoix 60 ....34 C1
Quins 12 ....259 F1
Quinsac 24 ....202 C3
Quinsac 33 ....217 E4
Quinsac 87 ....203 F3
Quinson 04 ....286 A1
Quinssaines 03 ....170 C4
Quint-Fonsegrives 31 ...276 C2
Quintal 74 ....195 E3
La Quinte 72 ....106 C1
Quintenas 07 ....228 C1
Quintenic 22 ....78 A1
Quintigny 39 ....159 E4
Quintillan 11 ....303 E1
Quintin 22 ....77 D2
Le Quiou 22 ....78 C2
Quirbajou 11 ....311 D1
Quiry-le-Sec 80 ....18 B4
Quissac 30 ....263 D4
Quissac 46 ....240 C2
Quistinic 56 ....100 B2
Quittebeuf 27 ....58 B1
Quitteur 70 ....140 B1
Quivières 80 ....19 F3
Quœux-Haut-Maînil 62 .....7 D3

R

Rabastens 81 ....258 B4
Rabastens-de-Bigorre 65 ...274 A4
Rabat-les-Trois-Seigneurs 09 ...300 C4
La Rabatelière 85 ....146 A3
Rablay-sur-Layon 49 .....128 B3
Rabodanges 61 ....56 A3
Rabodanges (Barrage de) 61 ...56 A3
Le Rabot 41 ....133 E1
Rabou 05 ....249 E2
Rabouillet 66 ....311 F1
Racécourt 88 ....94 B3
Rachecourt-sur-Marne 52 ...92 B1
Rachecourt-Suzémont 52 ...92 A2
Raches 59 ....9 D2
Racines 10 ....113 F1
La Racineuse 71 ....158 C3
Racou-Plage 66 ....313 E3
Racquinghem 62 ....3 E4
Racrange 57 ....69 D2
Raddon-et-Chapendu 70 ...119 D3
Radenac 56 ....101 E1
Radepont 27 ....32 C3
Radinghem 62 ....7 D1
Radinghem-en-Weppes 59 ...4 B4
Radon 61 ....82 C2
Radonvilliers 10 ....91 D3
Radule (Bergeries de) 2B ...316 B1
Raedersdorf 68 ....120 C4
Raedersheim 68 ....120 B1
Raffetot 76 ....15 D3
Rageade 15 ....225 F2
Raguenès-Plage 29 ....99 D2
Rahart 41 ....108 B3
Rahay 72 ....108 A2
Rahling 57 ....44 A4
Rahon 25 ....142 B3
Rahon 39 ....159 E2
Rai 61 ....57 F4
Raids 50 ....27 D3
Raillencourt-Sainte-Olle 59 ...9 D4
Railleu 66 ....311 D3
Raillicourt 08 ....38 C3
Raillimont 02 ....21 F4
Raimbeaucourt 59 ....9 D2
Rainans 39 ....159 E1
Raincheval 80 ....18 B1
Le Raincy 93 ....61 E3
Rainfreville 76 ....15 F2
Rainneville 80 ....18 B2
Rainsars 59 ....10 D3
Rainville 88 ....93 F3
Rainvillers 60 ....34 A2
Les Rairies 49 ....129 D3

Raismes 59 ....9 F2
Raissac 09 ....301 E4
Raissac-d'Aude 11 ....303 F1
Raissac-sur-Lampy 11 ...302 A1
Raix 16 ....183 E3
Raizeux 78 ....85 F1
Ramasse 01 ....194 A1
Ramatuelle 83 ....293 E1
Ramaz (Col de la) 74 .....178 C4
Rambaud 05 ....249 F2
Rambervillers 88 ....95 D3
Rambluzin-
  et-Benoîte-Vaux 55 ....66 C1
Rambouillet 78 ....86 A1
Rambucourt 55 ....67 E3
Ramburelles 80 ....17 D2
Rambures 80 ....17 D2
Ramecourt 62 ....7 E2
Ramecourt 88 ....94 A3
Ramerupt 10 ....90 C2
Ramicourt 02 ....20 A4
Ramillies 59 ....9 D4
Rammersmatt 68 ....120 A2
Ramonchamp 88 ....119 E2
Ramonville-Saint-Agne 31 ...276 C2
Ramoulu 45 ....87 D4
Ramous 64 ....271 F2
Ramousies 59 ....10 C3
Ramouzens 32 ....255 E4
Rampan 50 ....27 E4
Rampieux 24 ....238 C1
Rampillon 77 ....88 B1
Rampont 55 ....66 B1
Rampoux 46 ....239 F2
Rancé 01 ....193 D2
Rancenay 25 ....141 D4
Rancennes 08 ....13 D3
Rances 10 ....91 D2
Ranchal 69 ....192 A1
Ranchette 39 ....177 D3
Ranchicourt 62 ....8 A2
Ranchot 39 ....159 F1
Ranchy 14 ....28 C3
Rancogne 16 ....202 A1
Rançon 76 ....15 E4
Rancon 87 ....185 F1
Rançonnières 52 ....117 D2
Rancourt 80 ....19 E1
Rancourt 88 ....94 A4
Rancourt-sur-Ornain 55 ...65 F3
Rancy 71 ....175 F1
Randan 63 ....190 A2
Randanne 63 ....207 D1
Randens 73 ....213 F2
Randevillers 25 ....142 A3
Randonnai 61 ....83 F1
Rânes 61 ....56 A4
Rang 25 ....142 A4
Rang-du-Fliers 62 ....6 A2
Rangecourt 52 ....117 D1
Rangen 67 ....70 C3
Ranguevaux 57 ....41 E3
Rannée 35 ....104 A2
Ranrupt 67 ....96 A1
Rans 39 ....159 F1
Ransart 62 ....8 B2
Ranspach 68 ....120 A1
Ranspach-le-Bas 68 ......143 F1
Ranspach-le-Haut 68 ....143 F1
Rantechaux 25 ....161 D1
Rantigny 60 ....34 C3
Ranton 86 ....148 B2
Rantzwiller 68 ....120 C3
Ranville 14 ....29 F4
Ranville-Breuillaud 16 ...183 D3
Ranzevelle 70 ....118 A2
Ranzières 55 ....67 D1
Raon-aux-Bois 88 ....119 D1
Raon-lès-Leau 54 ....70 A4
Raon-l'Étape 88 ....95 E4
Raon-sur-Plaine 88 ....70 A4
Rapaggio 2B 315 F4
Rapale 2B 315 E2
Rapey 88 ....94 B3
Raphèle-les-Arles 13 ....283 E2
Rapilly 14 ....56 A3
Rapsécourt 51 ....65 F1
Raray 60 ....35 E4
Rarécourt 55 ....66 A1
Rasiguères 66 ....312 B1
Raslay 86 ....148 C1
Rasteau 84 ....265 D1
Le Rat 39 ....205 E1
Ratenelle 71 ....175 F2
Ratières 26 ....229 D1
Ratilly (Château de) 89 ...135 F2
Ratte 71 ....176 A1
Ratzwiller 67 ....44 A4
Raucoules 43 ....227 F1
Raucourt 54 ....68 B2
Raucourt-au-Bois 59 ......10 A2
Raucourt-et-Flaba 08 .....39 E1
Raulecourt 55 ....67 E3
Raulhac 15 ....224 B4
Rauret 43 ....226 C4
Rauville-la-Bigot 50 ....24 C3
Rauville-la-Place 50 ....25 D3
Rauwiller 67 ....70 A1
Rauzan 33 ....219 D4
Raveau 58 ....154 C1
Ravel 63 ....190 A4
Ravel 69 ....210 C1
Ravel-et-Ferriers 26 ......248 B1
Ravenel 60 ....34 C2
Ravennefontaines 52 ....117 E1
Ravenoville 50 ....25 E4
Raves 88 ....96 A2
Ravière (Lac de la) 81 ...279 D1

Ravières 89 ....114 C4
Ravigny 53 ....82 B2
Raville 57 ....42 B4
Raville-sur-Sânon 54 ......68 C4
Ravilloles 39 ....177 D3
La Ravoire 73 ....213 D2
Ray-sur-Saône 70 ....140 C1
Raye-sur-Authie 62 ....6 C3
Rayet 47 ....238 C1
Raymond 18 ....153 F2
Raynans 25 ....142 B1
Rayol-Canadel-sur-Mer 83 ...293 D2
Rayssac 81 ....260 A4
Raz (Pointe du) 29 ....72 B3
Razac-de-Saussignac 24 ...219 F4
Razac-d'Eymet 24 ....238 A1
Razac-sur-l'Isle 24 ....220 B1
Raze 70 ....141 D1
Razecueillé 31 ....299 E3
Razengues 32 ....275 F2
Razès 87 ....186 A2
Razimet 47 ....237 F4
Razines 37 ....149 E2
Ré (Île de) 17 ....180 B1
Réal 66 ....311 D2
Réalcamp 76 ....17 D2
Réallon 05 ....250 A1
Réalmont 81 ....278 A1
Réalville 82 ....258 A2
Réans 32 ....255 D3
Réau 77 ....87 E1
Réau (Ancienne
  Abbaye de) 86 ....184 B1
Réaumont 38 ....212 B3
Réaumur 85 ....147 D4
Réaup 47 ....255 E2
Réauville 26 ....247 D3
Les Réaux (Château) 37 ...129 F4
Rebais 77 ....62 C3
Rébénacq 64 ....296 C2
Rebergues 62 ....2 C3
Rebets 76 ....32 C2
Rebeuville 88 ....93 E3
Rebigue 31 ....276 C2
Rebourguil 12 ....260 C4
Reboursin 36 ....152 A1
Rebréchien 45 ....110 B3
Rebreuve-Ranchicourt 62 ...8 A2
Rebreuve-sur-Canche 62 ...7 E3
Rebreuviette 62 ....7 E3
Recanoz 39 ....159 E3
Recey-sur-Ource 21 ......115 D3
Réchésy 90 ....120 A4
Réchicourt-la-Petite 54 ...69 D3
Réchicourt-le-Château 57 ...69 E4
Récicourt 55 ....39 F4
Réclainville 28 ....85 F3
Reclesne 71 ....157 D2
Reclinghem 62 ....7 D1
Réclonville 54 ....95 E1
Recloses 77 ....87 F3
Recologne 25 ....140 C4
Recologne 70 ....140 C1
Recologne-lès-Rioz 70 ...141 D2
Recoubeau-Jansac 26 ...248 A1
Recoules-d'Aubrac 48 ...243 E1
Recoules-de-Fumas 48 ...244 A2
Recoules-Prévinquières 12 ...243 D1
Récourt 62 ....8 C3
Récourt 88 ....117 D2
Récourt-le-Creux 55 ....66 C1
La Recousse 62 ....3 D3
Recouvrance 90 ....120 A4
Le Recoux 48 ....243 E4
Recques-sur-Course 62 ...6 C2
Recques-sur-Hem 62 ....3 D3

Recquignies 59 ....10 C2
Le Reculey 14 ....55 D2
Reculfoz 25 ....160 C4
Recurt 65 ....298 B1
Rédange 57 ....41 D1
Rédené 29 ....99 F2
Réderis (Cap) 66 ....313 F3
Redessan 30 ....264 B4
Réding 57 ....70 A2
Redon 35 ....102 B4
Réez-Fosse-Martin 60 ....62 A1
Reffannes 79 ....165 E2
Reffroy 55 ....67 D4
Reffuveille 50 ....54 B4
Réfranche 25 ....160 B1
Régades 31 ....299 D3
Régat 09 ....301 F3
Regnauville 62 ....7 D3
Regnévelle 88 ....118 A2
Regnéville-sur-Mer 50 ....53 F1
Regnéville-sur-Meuse 55 ...40 A3
Regney 88 ....94 B3
Régnié-Durette 69 ....192 B1
Regnière-Écluse 80 ....6 B3
Regniowez 08 ....11 E4
Regny 02 ....20 B3
Régny 42 ....191 F2
La Regrippière 44 ....127 D4
Réguiny 56 ....101 E1
Réguisheim 68 ....120 C1
Régusse 83 ....286 B1
Rehaincourt 88 ....94 C2
Rehainviller 54 ....94 C1
Rehaupal 88 ....95 E4
Reherrey 54 ....95 E1
Réhon 54 ....40 C1
Reichsfeld 67 ....96 C1
Reichshoffen 67 ....45 D4
Reichstett 67 ....71 D3
Reignac 16 ....200 C3
Reignac 33 ....199 E4
Reignac-sur-Indre 37 ....131 E4
Reignat 63 ....190 A4
Reignier 74 ....195 F1
Reigny 18 ....170 B2
Reilhac 15 ....224 A3
Reilhac 43 ....226 A2
Reilhac 46 ....240 C1
Reilhaguet 46 ....240 A1
Reilhanette 26 ....266 A1
Reillanne 04 ....266 C3
Reillon 54 ....69 E4
Reilly 60 ....33 F4
Reimerswiller 67 ....45 E4
Reims 51 ....37 F4
Reims-la-Brûlée 51 ....65 E4
Reine Jeanne
  (Pont de la) 04 ....267 E1
Reinhardsmunster 67 .....70 B3
Reininge 88 ....120 B2
Reipertswiller 67 ....44 C4
Reithouse 39 ....176 C3
Reitwiller 67 ....71 D3
Réjaumont 32 ....256 A4
Réjaumont 65 ....298 C2
Rejet-de-Beaulieu 59 .....20 C1
Relanges 88 ....118 A1
Relans 39 ....159 E4
Le Relecq-Kerhuon 29 ....47 F3
Relevant 01 ....193 D1
Rely 62 ....7 E1
Remaisnil 80 ....7 E4
Rémalard 61 ....84 A2
Remaucourt 02 ....20 A3
Remaucourt 08 ....38 A1
La Remaudière 44 ....127 D4
Remaugies 80 ....35 D1
Remauville 77 ....88 A4

Rembercourt-aux-Pots 55 ...66 B2
Rembercourt-sur-Mad 54 ...67 F1
Rémécourt 60 ....34 C2
Remelange 57 ....41 E3
Rémelfang 57 ....42 B3
Rémelfing 57 ....43 E4
Rémeling 57 ....42 B2
Remennecourt 55 ....65 F3
Remenoville 54 ....94 C2
Rémérangles 60 ....34 B2
Réméréville 54 ....68 C4
Rémering 57 ....42 B3
Rémering-lès-Puttelange 57 ...69 F1
Remicourt 51 ....65 F2
Remicourt 88 ....94 A3
Remiencourt 80 ....18 B3
Remies 02 ....20 B4
La Remigeasse 17 ....180 B3
Remigny 02 ....20 A4
Remigny 71 ....157 F3
Rémilly 57 ....42 B4
Rémilly 58 ....156 A4
Remilly-Aillicourt 08 ....23 E4
Remilly-en-Montagne 21 ...138 C4
Remilly-les-Pothées 08 ...22 B3
Remilly-sur-Lozon 50 .....27 D4
Remilly-sur-Tille 21 ....139 E3
Remilly-Wirquin 62 ....3 D4
Réminiac 56 ....102 A2
Remiremont 88 ....119 D1
Remoiville 55 ....40 A2
Remollon 05 ....249 F2
Remomeix 88 ....95 F3
Remoncourt 54 ....69 E4
Remoncourt 88 ....94 A4
Rémondans-Vaivre 25 ...142 B2
Rémonville 08 ....39 F2
Remouillé 44 ....146 A1
Remoulins 30 ....264 B3
Removille 88 ....93 F3
Rempnat 87 ....205 D1
La Remuée 76 ....14 C4
Remungol 56 ....101 D2
Rémuzat 26 ....248 A3
Remy 60 ....35 D2
Rémy 62 ....8 C3
Renac 35 ....102 C4
Renage 38 ....212 B3
Renaison 42 ....191 D2
La Renaissance 17 ....181 D3
Renansart 02 ....20 B4
Renaucourt 70 ....140 C1
La Renaudie 63 ....208 C1
La Renaudière 49 ....146 C1
Renauvoid 88 ....94 C4
Renay 41 ....108 C3
Renazé 53 ....104 B3
Rencurel 38 ....230 B1
René 72 ....83 D4
Renédale 25 ....160 C1
Renescure 59 ....3 E4
Renève 21 ....140 A3
Réning 57 ....69 E1
Rennemoulin 78 ....60 B3
Rennepont 52 ....115 F1
Rennes 35 ....79 E4
Rennes-en-Grenouilles 53 ...81 F2
Rennes-le-Château 11 ...302 B3
Rennes-les-Bains 11 .....302 B4
Rennes-sur-Loue 25 .....160 A1
Renneval 02 ....21 E4
Renneville 27 ....32 C2
Renneville 31 ....277 E4
Renno 2A 316 C2
Le Renouard 61 ....56 C2
Renung 40 ....273 D1
Renwez 08 ....22 B3
La Réole 33 ....237 D2

QUIMPER

Astor (R.) ....AYZ 2
Beurre (Pl. au) ....BY 4
Boucheries (R. des) ......BY 6
Chapeau-Rouge (R.) ......AY 9
Guéodet (R. du) ....BY 16
Jacob (Pont Max) ....AZ 18

Kéréon (R.) ....AY
Kerguélen (Bd de) ......BZ 23
Le Hars (R. Th.) ....BZ 24
Locmaria (Allées) ....AZ 26
Luzel (R.) ....BY 28
Mairie (R. de la) ....BY 29
Parc (R. du) ....ABZ 34
Résistance-et-du-Gén.
  de-Gaulle (Pl. de la)..AZ 40

Ronarc'h (R. Amiral) ....AZ 42
St-Corentin (Pl.) ....BZ 43
St-François (R.) ....BZ 45
St-Mathieu (R.) ....AZ 47
Ste-Catherine (R.) ......BZ 48
Ste-Thérèse (R.) ....BZ 50
Sallé (R. du) ....BY 52
Steir (Q. du) ....AZ 53
Terre-au-Duc (Pl.) ......AY 54

La Réorthe 85 ...163 F1
Réotier 05 ...250 B1
Repaix 54 ...69 E4
La Répara-Auriples 26 ...247 E1
Réparsac 16 ...182 C4
Repel 88 ...94 A3
Repentigny 14 ...30 B4
Replonges 01 ...175 E4
Le Reposoir 74 ...196 B2
Les Repôts 39 ...159 D4
Reppe 90 ...120 A3
Requeil 72 ...106 C4
Réquista 12 ...260 A3
Résenlieu 61 ...57 D3
La Résie-Saint-Martin 70 ...140 B3
Résigny 02 ...21 F4
Resson 55 ...66 B3
Ressons-l'Abbaye 60 ...34 A3
Ressons-le-Long 02 ...36 A3
Ressons-sur-Matz 60 ...35 E1
Les Ressuintes 28 ...84 B1
Restigné 37 ...130 A4
Restinclières 34 ...282 A1
Restonica(Gorges de la) 2B...316 C1
Le Retail 79 ...164 C2
Rétaud 17 ...199 D1
Reterre 23 ...188 A2
Rethel 08 ...38 B1
Retheuil 02 ...35 F3
Rethondes 60 ...35 F2
Rethonvillers 80 ...19 E4
Réthoville 50 ...25 D2
Retiers 35 ...103 F2
Retjons 40 ...254 D2
Retonfey 57 ...42 A4
Rétonval 76 ...17 D3
Retournac 43 ...227 C1
Retournemer (Lac de) 88 ...119 F1
Retschwiller 67 ...45 E4

Rettel 57 ...42 A2
Rety 62 ...2 B3
Retzwiller 68 ...120 A3
Reugney 25 ...160 C2
Reugny 03 ...170 C3
Reugny 37 ...131 D2
Reuil 51 ...63 F1
Reuil-en-Brie 77 ...62 B2
Reuil-sur-Brêche 60 ...34 B1
Reuilly 27 ...59 D1
Reuilly 36 ...152 C2
Reuilly-Sauvigny 02 ...63 E1
Reulle-Vergy 21 ...139 D4
Reumont 59 ...20 B1
La Réunion 47 ...237 E4
Reutenbourg 67 ...70 B2
Reuves 51 ...63 F3
Reux 14 ...30 B3
Réveillon 51 ...63 D4
Réveillon 61 ...83 F2
Revel 31 ...277 F3
Revel 38 ...231 D1
Revel-Tourdan 38 ...211 E3
Revelles 80 ...18 A3
Revémont 54 ...40 C2
Revens 30 ...261 F2
Reventin-Vaugris 38 ...211 D1
Revercourt 28 ...58 C4
Revest-des-Brousses 04 ...266 C3
Revest-du-Bion 04 ...266 B2
Le Revest-les-Eaux 83 ...291 F3
Revest-les-Roches 06 ...269 F3
Revest-Saint-Martin 04 ...267 D2
La Revêtizon 79 ...182 B1
Reviers 14 ...29 E2
Revigny 39 ...176 C1
Revigny-sur-Ornain 55 ...66 A3

Réville 50 ...25 E2
Réville-aux-Bois 55 ...40 A3
Révillon 02 ...37 D3
Revin 08 ...11 F4
Revollat (Croix de) 38 ...213 D4
Revonnas 01 ...193 F1
Rexingen 67 ...70 A1
Rexpoëde 59 ...3 F2
Reyersviller 57 ...44 B3
Reygade 19 ...223 D3
Reynel 52 ...92 C3
Reynès 66 ...312 C3
Reynier 04 ...249 F4
Reyniès 82 ...257 F4
Reyrevignes 46 ...241 D2
Reyrieux 01 ...192 C3
Les Reys-de-Saulce 26 ...247 D1
Reyssouze 01 ...175 E3
Reyvroz 74 ...178 C3
Rezay 18 ...170 A1
Rezé 44 ...126 B4
Rézentières 15 ...225 D2
Rezonville 57 ...41 E4
Rezza 2A ...316 C2
Rhèges 10 ...90 A1
Le Rheu 35 ...103 D1
Le Rhien 70 ...119 E4
Rhinau 67 ...97 D1
Rhodes 57 ...69 F3
Rhodon 41 ...109 D4
Rhodon 78 ...42 C3
Rhuis 60 ...35 D3
Ri 61 ...56 B3
Ria-Sirach 66 ...311 F2
Riaillé 44 ...127 D1
Rians 31 ...153 F1
Rians 83 ...285 F2
Riantec 56 ...100 A3

Riau (Château du) 03 ...172 A1
Riaucourt 52 ...92 B4
Riaville 55 ...67 E1
Ribagnac 24 ...220 A4
Ribarrouy 64 ...273 D3
Ribaute 11 ...303 D2
Ribaute-les-Tavernes 30 ...263 E2
Le Ribay 53 ...81 F3
Ribeaucourt 80 ...18 A1
Ribeaucourt 55 ...20 C1
Ribeauville 02 ...20 C1
Ribeauvillé 68 ...96 B3
Ribécourt 60 ...35 F2
Ribécourt-la-Tour 59 ...19 F1
Ribemont 02 ...20 B3
Ribemont-sur-Ancre 80 ...18 C2
Ribennes 48 ...244 A2
Ribérac 24 ...219 F1
Ribeyret 05 ...248 B3
Ribes 05 ...245 F3
Ribiers 05 ...267 D1
Ribouisse 11 ...301 F2
Riboux 83 ...285 F4
La Ricamarie 42 ...210 A3
Ricarville 76 ...15 D3
Ricarville-du-Val 76 ...16 B3
Ricaud 11 ...277 F4
Ricaud 65 ...298 A2
Les Riceys 10 ...114 C2
La Richardais 35 ...52 C4
Richardménil 54 ...94 B1
Richarville 91 ...86 B2
La Riche 37 ...130 C3
Riche 57 ...69 D2
Richebourg 52 ...116 A2
Richebourg 62 ...8 B1
Richebourg 78 ...59 F3
Richecourt 55 ...67 E2
Richelieu 37 ...149 D3

Richeling 57 ...69 F1
Richemont 16 ...182 B4
Richemont 57 ...41 F3
Richemont 76 ...17 D3
Richemont (Col de) 01 ...194 C2
Richerenches 84 ...247 E4
Richet 40 ...235 E4
Richeval 57 ...69 F4
Richeville 27 ...33 D4
Richtolsheim 67 ...97 D2
Richwiller 68 ...120 B2
Ricourt 32 ...274 A3
Ricquebourg 60 ...35 E1
Riec-sur-Belon 29 ...99 E2
Riedheim 67 ...70 C1
Riedisheim 68 ...120 C2
Riedseltz 67 ...45 E4
Riedwihr 68 ...96 C3
Riel-les-Eaux 21 ...115 E2
Riencourt 80 ...17 F2
Riencourt-lès-Bapaume 62 ...19 E1
Riencourt-lès-Cagnicourt 62 ...8 C4
Rierveycemont 90 ...119 F3
Riespach 68 ...120 B4
Rieucazé 31 ...299 D2
Rieucros 09 ...301 E2
Rieulay 59 ...9 D2
Rieumajou 31 ...277 E4
Rieumes 31 ...276 A4
Rieupeyroux 12 ...241 F4
Rieussec 34 ...279 E4
Rieutort-de-Randon 48 ...244 A3
Rieux 31 ...300 A1
Rieux 51 ...63 D3
Rieux 56 ...125 E1
Rieux 60 ...34 C3
Rieux 62 ...7 F1
Rieux 76 ...17 D2
Rieux-de-Pelleport 09 ...301 D3

Rieux-en-Cambrésis 59 ...9 E4
Rieux-en-Val 11 ...303 D2
Rieux-Minervois 11 ...303 D1
Riez 04 ...267 E4
Rigarda 66 ...312 B2
Rigaud 06 ...269 E2
Rignac 12 ...241 F4
Rignac 46 ...222 C4
Rignat 01 ...193 F1
Rignaucourt 55 ...66 B2
Rigné 79 ...148 A2
Rigney 25 ...141 E2
Rignieux-le-Franc 01 ...193 F3
Rignosot 25 ...141 E2
Rignovelle 70 ...119 D3
Rigny 70 ...140 B2
Rigny-la-Nonneuse 10 ...89 E3
Rigny-la-Salle 55 ...67 E4
Rigny-le-Ferron 21 ...89 E4
Rigny-Saint-Martin 55 ...93 E1
Rigny-sur-Arroux 71 ...173 F2
Rigny-Ussé 37 ...130 A4
Riguepeu 32 ...274 B2
Rilhac-Lastours 87 ...203 E1
Rilhac-Rancon 87 ...186 A3
Rilhac-Treignac 19 ...204 C2
Rilhac-Xaintrie 19 ...223 F1
Rillans 25 ...141 E2
Rillé 37 ...130 A2
Rillieux-la-Pape 69 ...193 D4
Rilly-la-Montagne 51 ...37 F4
Rilly-Sainte-Syre 10 ...90 A2
Rilly-sur-Aisne 08 ...38 C2
Rilly-sur-Loire 41 ...131 F2
Rilly-sur-Vienne 37 ...149 F2
Rimaucourt 52 ...92 C4
Rimbach-près-Guebwiller 68 ...120 A1
Rimbach-près-Masevaux 68 ...119 F3

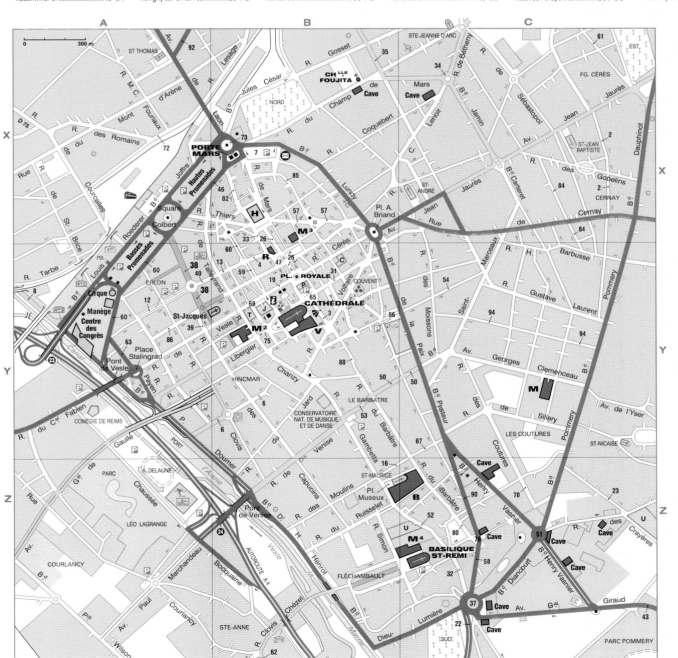

REIMS

Alsace-Lorraine (R. d') ...CX 2
Anatole-France (Cours) ...BY 3
Arbalète (R. de l') ...BY 4
Boulard (R.) ...BY 6
Boulingrin (Pl. du) ...BX 7
Brébant (Av.) ...AY 8
Buirette (R.) ...AY 12
Cadran St-Pierre (R.) ...BY 13
Carmes (R. des) ...BZ 16
Carnégie (Pl.) ...BY 17
Carnot (R.) ...BY 19
Champagne (Av. de) ...CZ 22
Chemin Vert (R. du) ...CZ 23
Colbert (R.) ...BXY 26
Desteuque (R. E.) ...BY 31
Dieu-Lumière (R.) ...CZ 32
Dr-Jacquin (R.) ...BXY 33
Dr-Knoëri (Pl. du) ...CX 34
Dr-Lemoine (R.) ...BX 35
Droits-de-l'Homme
  (Pl. des) ...CZ 37
Drouet d'Erlon (Pl.) ...AY 38
Dubois (R. Th.) ...AY 39
Étape (R. de l') ...AY 40
Farman (Av. H.) ...CZ 43
Foch (Bd) ...ABX 46
Forum (Pl.) ...BY 47
Gerbert (R.) ...BCY 50
Gouraud (Pl. Gén.) ...CZ 51
Grand-Cerf (R. du) ...CZ 52
Herduin (R. Lt.) ...CY 53
Houzeau Muiron (R.) ...CY 54
Jamot (R. Paul) ...BY 56
J.-J.-Rousseau (R.) ...BX 57
Jean-Jaurès (Av.) ...BCX
Lambert (Bd Victor) ...CZ 58
Langlet (Crs J.-B.) ...BY 59
Laon (Av. de) ...ABX
Leclerc (Bd Général) ...AY 60
Lefébvre (R. E.) ...CX 61
Louvois (R. de) ...BZ 62
Magdeleine (R.) ...AY 63
Martyrs-de-la-
  Résistance (Pl. des) ...BY 65
Montlaurent (R.) ...CY 67
Myron-Herrick (Pl.) ...BY 68
Philipe (R. Gérard) ...CZ 70
Prés.-F-Roosevelt (R.) ...AX 72
République (Pl. de la) ...BX 73
Rockefeller (R.) ...BY 75
Salines (R. des) ...CZ 80
Sarrail (R. Gén.) ...BX 82
St-Nicaise (Pl.) ...CZ 78
Strasbourg (R. de) ...CX 84
Talleyrand (R. de) ...ABY
Temple (R. du) ...BX 85
Thillois (R. de) ...AY 86
Université (R. de l') ...BY 88
Vesle (R. de) ...ABY
Victor-Hugo (Bd) ...CZ 90
Zola (R. Émile) ...AX 92
16e-et-22e-Dragons (R. des) .CY 94

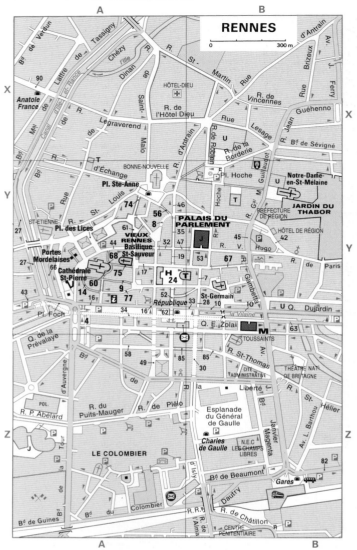

RENNES

0 ——— 300 m

Bretagne (Pl. de).............AY 4
Cavell (R. Edith)...............BY 7
Champ-Jacquet (R. du) AY 8
Chapitre (R. du)................AY 9
Chateaubriand (Quai) BY 10
Dames (R. des)................AY 14
Duguay-Trouin (Quai) AY 16
Du-Guesclin (R.)...............AY 17
Estrées (R. d')...................AY 19
Hôtel-de-Ville(Pl. de l').. AY 24
Ille-et-Rance (Quai).......AY 27
Jaurès (R. Jean)...............AY 30
Joffre (R. Mar.)................BZ 30
La-Fayette (R.)................AY 32

Lamartine (Quai)........ABY 33
Lamennais (Quai)............AY 34
Le-Bastard (R.)................AY 35
Liberté (Bd de la).........ABZ
Martenot (R.).....................BY 42
Mitterrand (Mail F.)........AY 43
Monnaie (R. de la)..........AY 44
Motte (Cont. de la)........BY 45
Motte-Fablet (R.).............AY 46
Nationale (R.)...................AY 47
Nemours (R. de)..............AZ 49
Orléans (R. d')..................AY 52
Palais (Pl. du)...................AY 53
Pont-aux-Foulons (R.)....AY 56

Poullain-Duparc (R.)......AZ 58
Psalette (R. de la)..........AY 60
Rallier-du-Baty (R.).........AY 61
République (Pl. de la)....AY 62
Richemont (Q. de)...........BY 63
St-Cast (Quai)..................AY 66
St-Georges (R.)................BY 67
St-Guillaume (R.).............AY 68
St-Michel (R.)...................AY 74
St-Sauveur (R.)................AY 75
St-Yves (R.).......................AY 77
Solférino (Bd)..................BZ 82
Vasselot (R.).....................AY 85
41e-d'Infanterie (R.)........AX 90

Rimbachzell 68..............120 B1
Rimbez-et-Baudiets 40....255 D2
Rimboval 62.........................6 C1
Rimeize 48.......................244 A1
Rimling 57...........................43 F4
Rimogne 08.........................22 B3
Rimon-et-Savel 26.........248 A1
Rimondeix 23...................187 E1
Rimons 33.........................237 D1
Rimont 09.........................300 B3
Rimou 35.............................79 F2
Rimplas 06.......................269 F1
Rimsdorf 67.......................70 A1
Ringeldorf 67......................71 D1
Ringendorf 67....................70 C1
Rinxent 62............................2 B3
Riocaud 33.......................219 F4
Riolan (Clue du) 06.......269 E3
Riolas 31..........................275 E4
Riols 34.............................279 E3
Le Riols 81........................259 D2
Riom 63.............................189 E3
Riom-ès-Montagnes 15..206 C4
Rioms 26...........................248 B4
Rion-des-Landes 40.......253 D3
Rions 33............................236 B1
Riorges 42.........................191 E2
Riotord 43.........................228 A1
Rioupéroux 38.................231 D1
Rioupes (Col de) 05......249 D1
Rioux 17............................199 D1
Rioux-Martin 16...............201 D4
Rioz 70..............................141 D2
Ripaille (Domaine de) 74...178 B3
Riquet (Obélisque de) 11...277 E4
Riquewihr 68......................96 B3
Ris 63................................190 B2
Ris 65................................298 B4
Ris-Orangis 91...................87 D1

Riscle 32...........................273 E2
Risoul 05..........................250 C1
Risoul 1850 05...............250 C1
Ristolas 05.......................233 E4
Ristz (Château du) 03....172 A3
Rittershoffen 67................45 E4
Ritzing 57...........................42 A2
Riunoguès 66...................312 C4
Riupeyrous 66.................273 D4
Riva-Bella 14.....................29 F3
Rivarennes 36..................168 B3
Rivarennes 37..................130 A4
Rivas 42............................209 F2
Rivau (Château du) 37...149 E1
Rive-de-Gier 42...............210 B2
Rivecourt 60.......................35 E3
Rivedoux-Plage 17..........180 B1
Rivehaute 64....................271 F4
Rivel 11.............................301 F4
Riventosa 2B...................317 D1
Rivèrenert 09...................300 A3
Riverie 69.........................210 B2
Rivery 80.............................18 B2
Les Rives 34.....................261 F4
Rives 38.............................212 B3
Rives 47.............................238 C2
Rivesaltes 66...................313 D1
Le Rivier 38......................212 B3
La Rivière 33....................217 F3
Rivière 37.........................149 D1
Rivière 38.........................212 B4
Rivière 62...2
La Rivière-de-Corps 10.....90 A4
La Rivière-Drugeon 25...160 C3
La Rivière-Enverse 74....196 B1
Rivière-les-Fosses 52....139 F1
La Rivière-Saas-et-Gourby 40...271 E1
La Rivière-Saint-Sauveur 14...30 C2
Rivière-sur-Tarn 12.........261 E1

La Rivière-Thibouville 27...31 E4
Rivières 16........................184 A4
Rivières 30........................263 F1
Rivières 81........................259 D4
Les Rivières-Henruel 51....65 D4
Rivières-le-Bois 52..........117 D4
Riville 76.............................15 D2
Rivolet 69.........................192 B2
Rix 39................................160 B4
Rix 58................................136 B3
Rixheim 68.......................120 C2
La Rixouse 39..................177 E2
Rizaucourt 52.....................91 F3
Roaillan 33.......................236 C3
Roaix 84............................265 E1
Roanne 42........................191 E2
Roannes-Saint-Mary 15..224 A4
Robécourt 88......................93 E4
Robecq 62.............................8 A1
Robehomme 14................29 F4
Robersart 59......................10 A3
Robert-Espagne 55...........66 A4
Robert-le-Diable
 (Château de) 76.............32 A3
Robert-Magny 52...............91 F2
Robertot 76.........................15 E2
Roberval 60........................35 D3
Robiac-Rochessadoule 30...263 E1
Robien (Château) 22........77 D2
Robion (Mont) 50.............54 B2
Robion 04.........................268 B4
Robion 84.........................265 E4
Le Roc 46.........................222 A4
Le Roc-Saint-André 56...101 F2
Rocamadour 46................222 B4
Rocbaron 83.....................286 B4
Rocé 41.............................108 C3
Roche 38...........................211 E2

Roche 41...........................109 E4
Roche 42...........................209 D2
La Roche aux Fées 35....103 F2
Roche-Béranger 38.........231 D1
La Roche-Bernard 56......123 F2
La Roche-Blanche 44......127 E2
La Roche-Blanche 63......207 E1
La Roche-Canilhac 15....243 E1
La Roche-Canillac 19......223 D1
La Roche-Chalais 24.......219 D1
Roche-Charles 63............207 E3
La Roche-Clermault 37...149 D1
La Roche Courbon
 (Château de) 17...........181 E3
Roche-d'Agoux 63..........188 B2
La Roche-de-Glun 26......229 D2
La Roche-de-Rame 05....232 B4
La Roche-Derrien 22........50 B2
La Roche-des-Arnauds 05...249 E2
Roche du Prêtre 25.........142 B4
La Roche-en-Brenil 21....137 F3
Roche-en-Régnier 43......227 D1
Roche-et-Raucourt 70.....140 B1
La Roche-Guyon 95..........59 F1
La Roche-Jagu
 (Château de) 22............50 C2
Roche-la-Molière 42.......209 F3
La Roche-l'Abeille 87......203 F2
Roche-le-Peyroux 19......206 A3
Roche-lès-Clerval 25......142 A3
Roche-lez-Beaupré 25....141 E3
La Roche-Mabile 61..........82 B2
La Roche-Maurice 29........48 C4
La Roche-Noire 63...........207 F1
La Roche-Posay 86..........150 A4
La Roche-qui-Boit
 (Barrage de) 50..............80 A1
La Roche-Racan
 (Château) 37..................130 B1
La Roche-Rigault 86........149 D2
Roche-Saint-
 Secret-Béconne 26......247 E3
La Roche-sur-Foron 74...195 F1
La Roche-sur-Grane 26..247 D1
La Roche-sur-le-Buis 26..248 A4
Roche-sur-Linotte-et-
 Sorans-les-Cordiers 70...141 E2
La Roche-sur-Yon 85......145 F4
La Roche-Vanneau 21....138 A2
La Roche-Vineuse 71.....175 D3
Rochebaudin 26...............247 E2
La Rochebeaucourt-
 et-Argentine 24.............202 A3
Rochebloine 07................228 B2
Rochebonne
 (Château de) 07............228 A3
Rochebrune 05................249 E3
Rochebrune 26................247 F4
Rochebrune (Château de) 16..184 C3
Rochechinard 26..............229 F2
Rochechouart 87.............184 C4
Rochecolombe 07............246 A2
Rochecorbon 37..............131 D3
Rochefort 17.....................181 D3
Rochefort 21.....................115 E4
Rochefort 73.....................212 C1
Rochefort (Rocher de) 42...191 D2
Rochefort-du-Gard 30.....264 C3
Rochefort-en-Terre 56....102 A4
Rochefort-en-Valdaine 26...247 D3
Rochefort-en-Yvelines 78...86 B1
Rochefort-Montagne 63..206 C1
Rochefort-Samson 26.....229 F3
Rochefort-sur-la-Côte 52...92 B4
Rochefort-sur-Loire 49...128 A3
Rochefort-sur-Nenon 39.159 E1
La Rochefoucauld 16......184 A4
Rochefourchat 26............247 F2
La Rochegiron 04.............266 C2
Rochegude 26..................265 D1
Rochegude 30..................263 F1
Rochejean 25...................161 D4
La Rochelambert
 (Château de) 43...........226 C2
La Rochelle 17.................180 C1
La Rochelle 70.................117 E4
La Rochelle-Normande 50...53 F3
Rochemaure 07...............246 C2
La Rochénard 79..............164 B4
Rochepaule 07.................228 A2
La Rochepot 21................157 F2
Rocher 07........................245 F2
Rocher-Portail
 (Château du) 35..............80 A2
Le Rochereau 86.............148 C4
Les Rochers-Sévigné
 (Château) 35..................104 B1
Roches 23.........................169 F4
Roches Blanches
 (Panorama des) 83.......287 D4
Les Roches-de-Condrieu 38...210 C3
Roches-lès-Blamont 25..142 C2
Les Roches-l'Évêque 41...108 A4
Roches-Prémarie-Andillé 86...166 B2
Roches-sur-Marne 52......92 A1
Roches-sur-Rognon 52....92 B3
Rochessauve 07...............246 B1
Rochesson 88...................119 E1
Rochetaillée 42................210 A3
Rochetaillée 52................116 B3
Rochetaillée-sur-Saône 69...192 C4
Rochetoirin 38..................212 A2
Rochetrejoux 85...............146 C4
La Rochette 04.................269 E3
La Rochette 05.................249 E1
La Rochette 07.................245 F1
La Rochette 16.................183 F4
La Rochette 23.................187 E2

La Rochette 73.................213 E2
La Rochette 77...................87 F2
La Rochette-du-Buis 26..248 B1
Rocheville 06....................288 A3
Rocheville 50.....................24 C3
Rochonvillers 57................41 E2
Rochy-Condé 60................34 B2
Rocles 03..........................171 F3
Rocles 07..........................245 F2
Rocles 48..........................244 C1
Roclincourt 62......................8 B3
Rocourt 88........................117 E1
Rocourt-Saint-Martin 02....36 B4
La Rocque 14.....................55 E2
Rocquefort 76....................15 E3
Rocquemont 60.................35 E4
Rocquemont 76.................32 C1
Rocquencourt 60...............18 B4
Rocquencourt 78...............60 C3
Rocques 14.........................30 C4
Rocquigny 02......................10 B4
Rocquigny 08.....................21 F4
Rocquigny 62.....................19 E1
Rocroi 08............................22 B2
Rodalbe 57.........................69 D2
Rodelinghem 62...................2 C3
Rodelle 12.........................242 B3
Rodemack 57.....................41 F1
Roderen 68.......................120 A2
La Roderie 44...................126 A4
Rodern 68...........................96 C2
Rodès 66...........................312 B2
Rodez 12...........................242 B4
Rodilhan 30.......................264 A4
Rodome 11........................311 D1
La Roë 53..........................104 B2
Roëllecourt 62......................7 F2
Rœschwoog 67..................71 F1
Rœulx 59..............................9 E3
Rœux 62................................8 B3
Roézé-sur-Sarthe 72.......106 C3
Roffey 89...........................114 A3
Roffiac 15..........................225 E2
Rogalle 09.........................300 A4
Rogécourt 02......................20 B4
Rogerville 76.......................14 B4
Rogéville 54.........................67 F3
Roggenhouse 68..............120 C1
Rogliano 2B......................314 A1
Rogna 39...........................177 D3
Rognac 13.........................284 B3
Rognaix 73........................214 A1
Rognes 13.........................284 C1
Rognon 29........................141 F2
Rognonas 13....................264 C4
Rogny 02............................21 D3
Rogny-les-Sept-Écluses 89...112 A4
Rogues 30.........................262 B4
Rogy 80...............................18 A4
Rohaire 28...........................58 A4
Rohan 56.............................77 E4
Rohr 67................................70 C2
Rohrbach-lès-Bitche 57...43 F4
Rohrwiller 67.......................71 F1
Roiffé 86............................148 C1
Roiffieux 07......................228 C1
Roiglise 80..........................19 E4
Roilly 21............................137 F3
Roinville 28..........................85 F2
Roinville 91.........................86 B2
Roinvilliers 91....................86 C3
Roisel 80.............................19 F2
Les Roises 55.....................93 E2
Roisey 42..........................210 C3
Roissard 38.......................230 C3
Roissy-en-Brie 77..............61 F3
Roissy-en-France 95.........61 E2
Roiville 61...........................57 D3
Roizy 08..............................38 A2
Rolampont 52...................116 C2
Rolbing 57..........................44 B2
Rollainville 88.....................93 E3
Rollancourt 62......................7 D2
Rolland 33.........................219 D2
Rolleboise 78......................59 F2
Rolleville 76........................14 B3
Rollot 80..............................35 D1
Rom 79..............................166 A4
Romagnat 63....................207 E1
La Romagne 08..................22 A4
Romagne 33......................218 C4
Romagne 86......................166 B4
Romagne-sous-les-Côtes 55...40 B3
Romagne-
 sous-Montfaucon 55.......39 F3
Romagnieu 38..................212 B2
Romagny 50........................54 C2
Romagny 68......................120 A3
Romagny-
 sous-Rougemont 90.....120 A3
Romain 25.........................141 F2
Romain 39.........................140 C4
Romain 51...........................37 D3
Romain 54...........................68 A2
Romain-aux-Bois 88........117 D1
Romain-sur-Meuse 52......93 D4
Romaines 10.......................90 C2
Romainville 93...................61 D3
Romanèche 01.................194 A1
Romanèche-Thorins 71...192 C1
Romange 39......................159 E1
Romans 01........................193 D1
Romans 79........................165 E3
Romans-sur-Isère 26......229 D3
Romanswiller 67.................70 C3

La Rochette 73.................213 E2
La Rochette 77...................87 F2
La Rochette-du-Buis 26..248 B1
Romazières 17..................183 D2
Romazy 35..........................79 F2
Rombach-le-Franc 68.......96 B2
Rombas 57..........................41 F3
Rombies-et-Marchipont 59...10 A1
Rombly 62.............................7 F1
Romegoux 17....................181 E3
Romelfing 57......................69 F2
Romenay 71......................175 D4
Romeny-sur-Marne 02......62 C2
Romeries 59.........................9 F4
Romery 02...........................20 C2
Romery 51...........................64 A1
Romescamps 60................17 D4
Romestaing 47.................237 D3
Romette 05........................249 E2
Romeyer 26.......................230 A4
La Romieu 32....................256 A3
Romigny 51.........................37 D4
Romiguières 34................261 F4
Romillé 35............................79 D4
Romilly 41.........................108 B3
Romilly-la-Puthenaye 27...58 A2
Romilly-sur-Aigre 28.......109 D2
Romilly-sur-Andelle 27.....32 B3
Romilly-sur-Seine 10........89 F2
Romont 88...........................95 E2
Romorantin-Lanthenay 41...132 C3
Rompon 07........................228 C4
Rônai 61...............................56 B3
Ronce-les-Bains 17.........180 C4
Roncenay 10.......................90 B4
Le Roncenay-Authenay 27...58 C3
Roncey 50...........................54 A1
Ronchamp 70...................119 E4
Ronchaux 25.....................160 A1
Ronchères 02......................63 E1
Ronchères 89...................135 E1
Roncherolles-en-Bray 76...33 D1
Roncherolles-sur-le-Vivier 76...32 B2
Ronchin 59............................8 C1
Ronchois 76........................17 D4
Roncourt 57........................41 E4
Roncourt 88.........................93 E4
Roncq 59...............................4 C3
La Ronde 17......................164 A4
La Ronde 79......................147 E4
La Ronde-Haye 50.............26 C4
Rondefontaine 25.............160 C4
Ronel 81............................259 F4
Ronfeugerai 61...................55 F3
Rongères 03......................172 B4
Ronnet 03..........................188 C1
Ronno 69...........................192 A2
Ronquerolles 95.................34 B4
Ronsenac 16.....................201 E4
Ronssoy 80..........................19 F2
Rontalon 69......................210 B1
Ronthon 50..........................53 F3
Rontignon 64.....................297 D1
Ronvaux 55.........................40 B4
Roôcourt-la-Côte 52..........92 B4
Roost-Warendin 59..............9 D2
Roppe 90..........................119 F4
Roppenheim 67..................71 F1
Roppentzwiller 68............120 C4
Roppeville 57......................44 C3
La Roque-Alric 84............265 E1
La Roque-Baignard 14.....30 B4
La Roque-d'Anthéron 13...284 C1
La Roque-Esclapon 83....287 E1
La Roque-Gageac 24......221 F4
La Roque-
 Sainte-Marguerite 12....261 F2
La Roque-sur-Cèze 30....264 B1
La Roque-sur-Pernes 84..265 E3
Roquebillière 06...............289 D2
Roquebrun 34...................280 A3
Roquebrune 32.................274 B1
Roquebrune 33.................237 E3
Roquebrune-Cap-Martin 06...289 E4
Roquebrune-sur-Argens 83...287 E3
La Roquebrussanne 83...286 A4
Roquecor 82......................239 D4
Roquecourbe 81...............278 B2
Roquecourbe-Minervois 11...303 D1
Roquedols (Château de) 48...262 A2
Roquedur 30......................262 B3
Roquefère 11.....................278 C4
Roquefeuil 11....................310 C1
Roquefixade 09................301 E4
Roquefort 32.....................275 D1
Roquefort 40.....................254 B2
Roquefort 47.....................256 A4
Roquefort-de-Sault 11.....311 D1
Roquefort-des-Corbières 11...303 F3
Roquefort-la-Bédoule 13..291 D3
Roquefort-les-Cascades 09...301 E4
Roquefort-les-Pins 06......288 B2
Roquefort-sur-Garonne 31...299 F2
Roquefort-sur-Soulzon 12...261 D3
Roquelaure 32...................274 C1
Roquelaure (Château de) 12...243 D3
Roquelaure-Saint-Aubin 32...275 F2
Roquemaure 30................264 C2
Roquemaure 81................258 B3
Roqueredonde 34.............280 C3
Roques 31.........................276 B3
Roques 32.........................255 F4
Roquesérière 31...............277 D1
Roquessels 34..................280 B3
Roquesteron 06................269 E4
Roquestéron-Grasse 06..269 E3
Roquetaillade 11..............302 A3
Roquetaillade
 (Château de) 33............236 C3
Roquetoire 62.......................3 E4
La Roquette 27....................32 C4

La Roquette-sur-Siagne 06 ....288 A3
La Roquette-sur-Var 06 ....288 C1
Roquettes 31 ....276 B3
Roquevaire 13 ....285 E4
Roquevidal 81 ....277 E2
Roquiague 64 ....295 F1
La Roquille 33 ....219 F4
Rorbach-lès-Dieuze 57 ....69 E2
Rorschwihr 68 ....96 C2
Rorthais 79 ....147 D3
Les Rosaires 22 ....51 E3
Rosanbo (Château de) 22 ....49 F3
Rosans 05 ....248 B3
Rosay 39 ....176 B2
Rosay 76 ....16 B4
Rosay 78 ....59 F2
Rosay-sur-Lieure 27 ....32 C3
Rosazia 2A 316 B2
Rosbruck 57 ....43 D4
Roscanvel 29 ....47 E4
Roscoff 29 ....49 D2
Rosel 14 ....29 E4
Roselend (Barrage de) 73 ....196 B4
Roselier (Pointe du) 22 ....51 E4
Rosenau 68 ....121 D3
Rosendaël 59 ....3 E1
Rosenwiller 67 ....70 C4
Roset-Fluans 25 ....140 C4
Rosey 70 ....141 D1
Rosey 71 ....157 F4
Rosheim 67 ....70 C4
La Rosière 70 ....119 D2
La Rosière-1850 73 ....215 D1
Rosières 07 ....245 F3
Rosières 18 ....153 D3
Rosières 43 ....227 E2
Rosières 60 ....35 E4
Rosières 81 ....259 E3
Rosières-aux-Salines 54 ....94 B1
Rosières-devant-Bar 55 ....66 B3
Rosières-en-Blois 55 ....93 D1
Rosières-en-Haye 54 ....67 F3
Rosières-en-Santerre 80 ....19 D3
Rosières-près-Troyes 10 ....90 B4
Rosières-sur-Barbèche 25 ....142 B3
Rosières-sur-Mance 70 ....117 F3
Rosiers-de-Juillac 19 ....203 F4
Rosiers-d'Égletons 19 ....205 E4
Les Rosiers-sur-Loire 49 ....129 D3
Rosis 34 ....279 F2
Rosnay 36 ....168 A1
Rosnay 51 ....37 E4
Rosnay 85 ....163 D2
Rosnay-l'Hôpital 10 ....91 D2
Rosnes 55 ....66 B2
Rosnoën 29 ....73 F1
Rosny-sous-Bois 93 ....61 E3
Rosny-sur-Seine 78 ....59 F2
Rosoy 60 ....34 C3
Rosoy 89 ....112 C1
Rosoy-en-Multien 60 ....62 B1
Rosoy-le-Vieil 45 ....112 A1
Rosoy-sur-Amance 52 ....117 D3
Rospez 22 ....50 A2
Rospigliani 2B 317 E2
Rosporden 29 ....99 D1
Rossay 86 ....148 C2
Rosselange 57 ....41 E3
Rossfeld 67 ....97 D1
Rossillon 01 ....194 B3
Rosteig 67 ....44 B4
Rostrenen 22 ....76 B3
Rosult 59 ....9 E2
Rosureux 25 ....142 B4
Rotalier 39 ....176 B1
Rotangy 60 ....34 A1
Rothau 67 ....70 B4
Rothbach 67 ....70 C1
Rothéneuf 35 ....52 C4
Rotherens 73 ....213 E2
La Rothière 10 ....91 D3
Rothois 60 ....33 F1
Rothonay 39 ....176 C2
Les Rotours 61 ....56 A3
Rots 14 ....29 E4
Rott 67 ....45 E3
Rottelsheim 67 ....71 D2
Rottier 26 ....248 A3
Rou-Marson 49 ....129 D4
Rouairoux 81 ....279 D3
Rouans 44 ....125 F4
La Rouaudière 53 ....104 A3
Roubaix 59 ....5 D4
Roubia 11 ....303 E1
Roubion 06 ....269 F1
Roucamps 14 ....55 E2
Roubion 06 ....269 F1
Roucamps 14 ....55 E2
Roucourt 59 ....9 D3
Roucy 02 ....37 E2
Roudouallec 56 ....75 E4
Rouécourt 52 ....92 A3
Rouède 31 ....299 E3
Rouelé 61 ....81 D1
Rouelles 52 ....116 B3
Rouelles 76 ....14 B4
Rouen 76 ....32 A2
Rouessé-Fontaine 72 ....82 C3
Rouessé-Vassé 72 ....82 A4
Rouet 34 ....262 C4
Rouez 72 ....106 B1
Rouffach 68 ....96 B4
Rouffange 39 ....140 B4
Rouffiac 15 ....223 E2
Rouffiac 16 ....201 E4
Rouffiac 17 ....199 F1
Rouffiac 81 ....259 E4
Rouffiac-d'Aude 11 ....302 B2
Rouffiac-des-Corbières 11 ....303 D4
Rouffiac-Tolosan 31 ....276 C2
Rouffignac 17 ....199 F4

Rouffignac 24 ....221 D2
Rouffignac (Grotte de) 24 ....221 D3
Rouffignac-de-Sigoulès 24 ....220 A4
Rouffigny 50 ....54 B3
Rouffilhac 46 ....222 A4
Rouffillac 24 ....222 A4
Rouffy 51 ....64 B2
Rougé 44 ....103 F3
La Rouge 61 ....83 F4
Rouge-Perriers 27 ....31 F4
Rougefay 62 ....7 D3
Rougegoutte 90 ....119 F3
Rougemont 21 ....137 F1
Rougemont 25 ....141 F2
Rougemont-
le-Château 90 ....119 F3
Rougemontiers 27 ....31 F3
Rougemontot 25 ....141 F2
Rougeou 41 ....132 B3
Rougeries 02 ....21 D3
Les Rouges-Eaux 88 ....95 E3
Le Rouget 15 ....223 F4
Rouget (Cascade du) 74 ....196 C1
Rougeux 52 ....117 E3
Rougiers 83 ....285 F3
Rougiville 88 ....95 F3
Rougnac 16 ....202 A2
Rougnat 23 ....188 B2
Rougon 04 ....268 A4
Rouhe 25 ....160 B1
Rouhling 57 ....43 E4
Rouillac 16 ....183 D4
Rouillac 22 ....78 A3
Rouillas-Bas 63 ....207 E1
Rouillé 86 ....165 F3
Rouillon 72 ....106 C2
Rouilly 77 ....88 C1
Rouilly-Sacey 10 ....90 C3
Rouilly-Saint-Loup 10 ....90 B4
Roujan 34 ....280 B3
Roulans 25 ....141 E3
Le Roulier 88 ....95 D4
Roullée 72 ....83 D2
Roullens 11 ....302 B2
Roullours 14 ....55 D3
Roumagne 47 ....237 F2
Roumare 76 ....15 F4
Roumazières 16 ....184 B3
Roumazières-Loubert 16 ....184 B3
Roumégoux 15 ....223 F4
Roumégoux 81 ....278 B1
Roumengoux 09 ....301 F3
Roumens 31 ....277 F3
Roumoules 04 ....267 F4
Rountzenheim 67 ....71 F1
Roupeldange 57 ....42 B3
Rouperroux 61 ....82 B1
Rouperroux-le-Coquet 72 ....83 E4
Roupy 02 ....20 A3
La Rouquette 12 ....241 D4
Roure 06 ....269 F1
Le Rouret 06 ....288 A2
Rousies 59 ....10 B2
Roussac 87 ....185 F2
Roussas 26 ....247 D3
Roussay 49 ....146 B1
Roussayrolles 81 ....258 C2
Rousseloy 60 ....34 C3
Roussennac 12 ....241 F3
Roussent 62 ....6 B2
Les Rousses 39 ....177 F2
Rousses 48 ....262 B1
Rousset 05 ....249 E2
Rousset 13 ....285 E3
Le Rousset 71 ....174 B2
Rousset (Col de) 26 ....230 A4
Rousset-les-Vignes 26 ....247 E3
La Roussière 27 ....57 F2
Roussieux 26 ....248 B4
Roussillon 38 ....210 C4
Roussillon 84 ....265 F3
Roussillon-en-Morvan 71 ....156 C2
Roussines 16 ....202 B1
Roussines 36 ....168 B3
Rousson 30 ....263 E1
Rousson 89 ....112 C1
Roussy-le-Village 57 ....41 F1
Routelle 25 ....140 C4
Routes 76 ....15 E2
Routier 11 ....302 A2
Routot 27 ....31 E3
Rouvenac 11 ....302 A4
Rouves 62 ....68 B2
La Rouvière 30 ....263 F3
Rouvignies 59 ....9 E3
Rouville 60 ....35 E4
Rouville 76 ....15 D3
Rouvillers 60 ....35 D2
Rouvray 21 ....137 E3
Rouvray 27 ....59 D1
Rouvray 89 ....113 E3
Rouvray-Catillon 76 ....33 D1
Rouvray-Saint-Denis 28 ....86 B4
Rouvray-Saint-Florentin 28 ....85 F4
Rouvray-Sainte-Croix 45 ....109 F2
Rouvre 79 ....165 D3
Rouvrel 80 ....18 B3
Rouvres 14 ....56 B1
Rouvres 28 ....59 E3
Rouvres 77 ....61 F1
Rouvres-en-Multien 60 ....62 B1
Rouvres-en-Plaine 21 ....139 E4
Rouvres-en-Woëvre 55 ....40 C4
Rouvres-en-Xaintois 88 ....94 A3
Rouvres-la-Chétive 88 ....93 E3
Rouvres-les-Bois 36 ....151 F2
Rouvres-les-Vignes 10 ....91 F4
Rouvres-Saint-Jean 45 ....86 C3

Rouvres-sous-Meilly 21 ....138 B4
Rouvres-sur-Aube 52 ....116 A3
Rouvrois-sur-Meuse 55 ....67 D2
Rouvrois-sur-Othain 55 ....40 C2
Rouvroy 02 ....20 A3
Rouvroy 62 ....8 B2
Rouvroy-en-Santerre 80 ....19 D3
Rouvroy-les-Merles 60 ....18 B4
Rouvroy-Ripont 51 ....39 D4
Rouvroy-sur-Audry 08 ....22 B3
Rouvroy-sur-Marne 52 ....92 B3
Rouvroy-sur-Serre 02 ....21 F4
Le Roux 07 ....245 F1
Rouxeville 50 ....54 C1
La Rouxière 44 ....127 E2
Rouxmesnil-Bouteilles 76 ....16 A2
Rouy 58 ....155 F2
Rouy-le-Grand 80 ....19 E3
Rouy-le-Petit 80 ....19 E3
Rouze 09 ....311 D1
Rouzède 16 ....202 B1
Rouziers 15 ....223 F4
Rouziers-de-Touraine 37 ....130 C2
Le Rove 13 ....284 C4
Roville-aux-Chênes 88 ....95 D2
Roville-devant-Bayon 54 ....94 B2
Rovon 38 ....230 A1
Roy-Boissy 60 ....33 F1
Royan 17 ....198 B1
Royas 38 ....211 E4
Royat 63 ....189 E4
Royaucourt 60 ....34 C1
Royaucourt-et-Chailvet 02 ....36 C1
Royaumeix 54 ....67 F3
Royaumont (Abbaye de) 95 ....61 D1
Roybon 38 ....211 F4
Roye 70 ....119 D4
Roye 80 ....19 D4
Roye-sur-Matz 60 ....35 E1
Royer 71 ....175 D2
Royère-de-Vassivière 23 ....187 D4
Royères 87 ....186 A4
Roynac 26 ....247 D1
Royon 62 ....6 C2
Royville 76 ....15 F2
Roz-Landrieux 35 ....79 D1
Roz-sur-Couesnon 35 ....79 F1
Rozay-en-Brie 77 ....62 A4
Le Rozel 50 ....24 B3
Rozelieures 54 ....94 C2
Rozérieulles 57 ....41 E4
Rozerotte 88 ....94 A3
Rozès 32 ....255 F4
Rozet-Saint-Albin 02 ....36 B4
Le Rozier 48 ....261 F1
Rozier-Côtes-d'Aurec 42 ....209 E4
Rozier-en-Donzy 42 ....191 F4
Rozières 52 ....92 F2
Rozières-en-Beauce 45 ....109 F2
Rozières-sur-Crise 02 ....36 B3
Rozières-sur-Mouzon 88 ....117 E1
Roziers-Saint-Georges 87 ....186 B4
Rozoy-Bellevalle 02 ....63 D2
Rozoy-sur-Serre 02 ....21 F4
Ruages 58 ....136 C4
Ruan 45 ....110 A1
Ruan-sur-Egvonne 41 ....108 C2
Ruaudin 72 ....107 D2
Ruaux 88 ....118 C2
Rubécourt-et-Lamécourt 08 ....23 E4
Rubelles 77 ....87 F1
Rubempré 80 ....18 B1
Rubercy 14 ....27 F3
Rubescourt 80 ....35 D1
Rubigny 08 ....21 F4
Rubrouck 59 ....3 E3
Ruca 22 ....78 A1
Ruch 33 ....219 D4
Rucqueville 14 ....29 D3
Rudeau-Ladosse 24 ....202 B3
Rudelle 46 ....241 D1
Rue 80 ....6 B3
La Rue-Saint-Pierre 60 ....34 B2
La Rue-Saint-Pierre 76 ....32 B1
Ruederbach 68 ....120 B4
Rueil-la-Gadelière 28 ....58 B4
Rueil-Malmaison 92 ....60 C3
Ruelisheim 68 ....120 C2
Ruelle-sur-Touvre 16 ....201 F1
Les Rues-des-Vignes 59 ....20 A1
Ruesnes 59 ....9 F3
Rueyres 46 ....241 D1
Ruffec 16 ....183 F2
Ruffec 36 ....168 A1
Ruffey-le-Château 21 ....140 C3
Ruffey-lès-Beaune 21 ....158 A2
Ruffey-lès-Echirey 21 ....139 E3
Ruffey-sur-Seille 39 ....159 E4
Ruffiac 47 ....237 D4
Ruffiac 56 ....102 A3
Ruffieu 01 ....194 B2
Ruffieux 73 ....195 D3
Ruffigné 44 ....103 F3
Rugles 27 ....58 A3
Rugney 88 ....94 B3
Rugny 89 ....114 B3
Rugy 57 ....41 F3
Ruhans 70 ....141 E2
Ruillé-en-Champagne 72 ....106 B1
Ruillé-Froid-Fonds 53 ....105 E2
Ruillé-le-Gravelais 53 ....104 C1
Ruillé-sur-Loir 72 ....107 F4
Ruisseauville 62 ....7 D2
Rullac-Saint-Cirq 12 ....260 A2
Rully 14 ....55 E3
Rully 60 ....35 E4
Rully 71 ....157 F1
Rumaisnil 80 ....18 A3

Rumaucourt 62 ....8 C4
Rumegies 59 ....9 E1
Rumengol 29 ....73 F1
Rumersheim 67 ....71 D2
Rumersheim-le-Haut 68 ....121 D1
Rumesnil 14 ....30 A4
Rumigny 08 ....22 A3
Rumigny 80 ....18 B3
Rumilly 62 ....7 D1
Rumilly 74 ....195 D3
Rumilly-en-Cambrésis 59 ....9 D4
Rumilly-lès-Vaudes 10 ....114 C1
Ruminghem 62 ....3 D2
Rumont 55 ....66 B3
Rumont 77 ....87 E4
Runan 22 ....50 B2
Rungis 94 ....61 D4
Ruoms 07 ....246 A3
Rupéreux 77 ....88 C1
Ruppes 88 ....93 E2
Rupt 52 ....92 B2
Rupt-aux-Nonains 55 ....66 B4
Rupt-devant-Saint-Mihiel 55 ....66 C2
Rupt-en-Woëvre 55 ....67 D1
Rupt-sur-Moselle 88 ....119 D2
Rupt-sur-Othain 55 ....40 B2
Rupt-sur-Saône 70 ....118 A4
Rurange-
lès-Thionville 57 ....41 F3
Rurey 25 ....160 B1
Rusio 2B 315 E4
Russ 67 ....70 B4
Russange 57 ....41 E1
Le Russey 25 ....142 B4
Russy 14 ....28 C3
Russy-Bémont 60 ....35 F4
Rustenhart 68 ....120 C1
Rustiques 11 ....302 C1

S

Saâcy-sur-Marne 77 ....62 C2
Saales 67 ....96 A1
Saales (Col de) 67 ....96 A1
Saâne-Saint-Just 76 ....15 F2
Saasenheim 67 ....97 D2
Sabadel-Latronquière 46 ....241 D1
Sabadel-Lauzès 46 ....240 B2
Sabaillan 32 ....275 E3
Sabalos 65 ....298 A1
Sabarat 09 ....300 B2
Sabarros 65 ....298 B2
Sabazan 32 ....273 F1
Sablé-sur-Sarthe 72 ....105 F3
Les Sables-d'Olonne 85 ....162 A2
Sables-d'Or-les-Pins 22 ....52 A4
Sablet 84 ....265 E1
Les Sablettes 83 ....291 F4
Sablières 07 ....245 E2
Sablonceaux 17 ....181 D4
Sablonnières 77 ....62 C3
Sablons 33 ....218 C2
Sablons 38 ....210 C4

Rustrel 84 ....266 B3
Rumaucourt 62 ....8 C4
Ruminghem 62 ....3 D2
Rutali 2B 315 E2
Ruvigny 10 ....90 B4
Ruy 38 ....211 D2
Ruyaulcourt 62 ....19 F1
Ruynes-en-Margeride 15 ....225 F3
Ry 76 ....32 C2
Rye 39 ....159 D3
Ryes 14 ....29 D3

Sabonnères 31 ....275 F3
La Sabotterie 08 ....38 C1
Sabran 30 ....264 B1
Sabres 40 ....253 E1
Saccourville 31 ....307 F3
Sacé 53 ....81 D4
Sacey 50 ....79 F1
Saché 37 ....130 B4
Sachin 62 ....7 E2
Sachy 08 ....23 F4
Sacierges-Saint-Martin 36 ....168 B2
Saclas 91 ....86 C3
Saclay 91 ....60 C4
Saconin-et-Breuil 02 ....36 B3
Sacoué 65 ....298 C3
Le Sacq 27 ....58 C3
Sacquenay 21 ....139 F1
Sacquenville 27 ....58 C1
Sacy 51 ....37 E4
Sacy 89 ....136 C1
Sacy-le-Grand 60 ....35 D3
Sacy-le-Petit 60 ....35 D3
Sadeillan 32 ....274 B4
Sadillac 24 ....238 A4
Sadournin 65 ....274 B4
Sadroc 19 ....204 B4
Saessolsheim 67 ....70 C2
Saffais 54 ....94 B1
Saffloz 39 ....160 A4
Saffré 44 ....126 B2
Saffres 21 ....138 B2
Sagelat 24 ....221 E4
Sagnat 23 ....169 D4
Sagnes-et-Goudoulet 07 ....227 F4
Sagone 2A 316 A2
Sagonne 18 ....154 A3
Sagy 71 ....176 A1

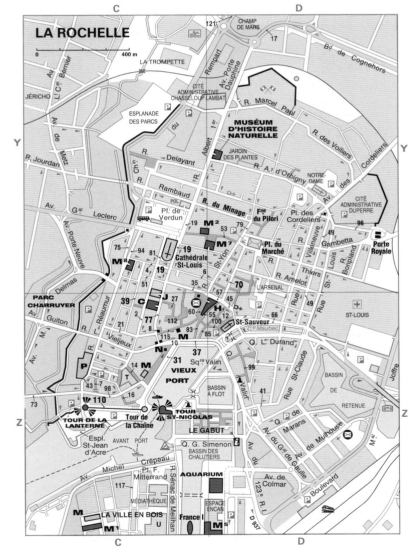

LA ROCHELLE

Admyrauld (R. G.) ....CYZ 2
Aufrédy (R.) ....CY 4
Augustins (R. des) ....CDY 6
Ballangerie (R. de la) ....CZ 7
Bancs (Pl. des Petits) ....CZ 8
Barentin (Pl.) ....CZ 10
Bletterie (R.) ....DZ 12
Carmes (R. des) ....CZ 14
Chaîne (R. de la) ....DZ 16
Champ-de-Mars (Av. du) ....DY 17
Chaudrier (R.) ....CY 19
Chef-de-Ville (R.) ....CZ 21
Commanderie (Cour de la) ....CZ 23
Dames (Cours des) ....CZ 31
Dupaty (R.) ....CY 35
Duperré (Quai) ....CZ 37

Escale (R. de l') ....CZ 39
Fabrique (R. de la) ....DZ 41
Fagots (R. des) ....DZ 45
Ferté (R. de la) ....DZ 45
Fonderies (R. des) ....DYZ 49
Fromentin (R. E.) ....CY 51
Gargoulleau (R.) ....CY 53
Gentilshommes (R. des) ....CDZ 55
Grille (R. de la) ....DYZ 60
Hôtel-de-Ville (R. de l') ....CZ 60
Marché (Pl. du) ....CZ 66
Maubec (Quai) ....DZ 66
Merciers (Gde Rue des) ....CZ 70
Minage (R. du) ....CZ 72
Monnaie (Av. de la) ....CY 75
Noue (R. de la) ....CZ 75

Palais (R. du) ....CZ 77
Pas-du-Minage (R. du) ....DY 79
Pernelle (R.) ....CY 81
Port (Petite Rue du) ....CZ 83
Port (R. du) ....CZ 85
St-Côme (R.) ....CY 94
St-François (R.) ....CZ 96
St-Jean-du-Pérot (R.) ....CZ 98
St-Nicolas (R.) ....DZ 99
St-Sauveur (R.) ....DZ 100
St-Yon (R.) ....CZ
Sur-les-Murs (R.) ....CZ 110
Temple (Cour du) ....CZ 112
Temple (R. du) ....CZ 115
Vespucci (Av. Amerigo) ....CZ 117
11-Novembre-1918 (Av. du) ..DY 121

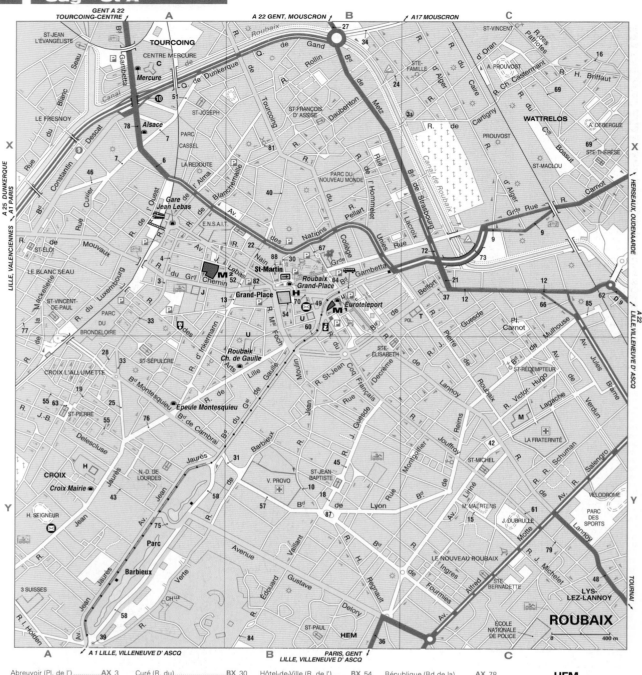

Saint-Algis 02 ....21 D2
Saint-Allouestre 56 ....101 E2
Saint-Alpinien 23 ....187 F3
Saint-Alyre-d'Arlanc 63 ......208 B4
Saint-Alyre-ès-Montagne 63 ..207 D3
Saint-Amadou 09 ....301 D2
Saint-Amancet 81 ....278 A3
Saint-Amand 23 ....187 F3
Saint-Amand 50 ....54 C1
Saint-Amand 62 ....8 A4
Saint-Amand-de-Belvès 24 ....239 E1
Saint-Amand-de-Coly 24 ......221 F2
Saint-Amand-de-Vergt 24 .....220 C3
Saint-Amand-
   des-Hautes-Terres 27 ....32 A3
Saint-Amand-en-Puisaye 58 ...135 E2
Saint-Amand-Jartoudeix 23 ...186 C3
Saint-Amand-le-Petit 87 ......186 C4
Saint-Amand-les-Eaux 59 ....9 E2
Saint-Amand-Longpré 41 ......108 B4
Saint-Amand-Magnazeix 87 ....186 A1
Saint-Amand-Montrond 18 .....153 E4
Saint-Amand-sur-Fion 51 ....65 E3
Saint-Amand-sur-Ornain 55 .....66 C4
Saint-Amand-sur-Sèvre 79 ....147 D3
Saint-Amandin 15 ....206 C4
Saint-Amans 09 ....300 C2
Saint-Amans 11 ....301 E1
Saint-Amans 48 ....244 A1
Saint-Amans-de-Pellagal 82 ...257 E1
Saint-Amans-des-Cots 12 .....242 C1
Saint-Amans-du-Pech 82 ......239 D4
Saint-Amans-Soult 81 ....278 C3
Saint-Amans-Valtoret 81 ......278 C3
Saint-Amant 16 ....201 E3
Saint-Amant-de-Boixe 16 .....183 E4
Saint-Amant-
   de-Bonnieure 16 ....183 F4
Saint-Amant-de-Graves 16 ....201 D1
Saint-Amant-de-Nouère 16 ....183 E4
Saint-Amant-
   Roche-Savine 63 ....208 B2
Saint-Amant-Tallende 63 ......207 E1
Saint-Amarin 68 ....120 A1
Saint-Ambreuil 71 ....175 E1
Saint-Ambroix 18 ....152 C3
Saint-Ambroix 30 ....263 F1
Saint-Amé 88 ....119 E1
Saint-Amour 39 ....176 B3
Saint-Amour-Bellevue 71 .....175 D4
Saint-Anastaise 63 ....207 D3
Saint-Andelain 58 ....135 D4
Saint-Andéol 26 ....229 F4
Saint-Andéol 38 ....230 B3
Saint-Andéol-de-Berg 07 .....246 B2
Saint-Andéol-
   de-Clerguemort 48 ....245 D4
Saint-Andéol-
   de-Fourchades 07 ....227 F4
Saint-Andéol-de-Vals 07 ......246 A1
Saint-Andéol-le-Château 69 ...210 C2
Saint-Andeux 21 ....137 E3
Saint-Andiol 13 ....265 D4
Saint-André 16 ....182 B4
Saint-André 31 ....299 D1
Saint-André 32 ....275 E2
Saint-André 66 ....313 D3
Saint-André 73 ....214 B4
Saint-André 81 ....260 A3
Saint-André (Chapelle) 46 ....239 E4
Saint-André-Capcèze 48 ......245 D3
Saint-André-d'Allas 24 ....221 E4
Saint-André-d'Apchon 42 .....191 D4
Saint-André-de-Bâgé 01 ......175 E4
Saint-André-de-Bohon 50 ......27 D3
Saint-André-de-Briouze 61 .....56 A4
Saint-André-de-Buèges 34 ....262 B4
Saint-André-
   de-Chalencon 43 ....209 D4
Saint-André-de-Corcy 01 ......193 D3
Saint-André-de-Cruzières 07 ..245 F4
Saint-André-de-Cubzac 33 ....217 F2
Saint-André-de-Double 33 ....219 F1
Saint-André-de-la-Marche 49 ..146 C2
Saint-André-de-la-Roche 06 ...288 C2
Saint-André-de-Lancize 48 ....262 C1
Saint-André-de-l'Épine 50 .....27 F4
Saint-André-de-l'Eure 27 ......59 D2
Saint-André-de-Lidon 17 ......199 D1
Saint-André-
   de-Majencoules 30 ....262 B3
Saint-André-de-Messei 61 ......55 F4
Saint-André-de-Najac 12 ......259 D1
Saint-André-
   de-Roquelongue 11 ....303 E2
Saint-André-
   de-Roquepertuis 30 ....264 A1
Saint-André-de-Rosans 05 ....248 B3
Saint-André-de-Sangonis 34 ...281 D2
Saint-André-de-Seignanx 40 ...270 C2
Saint-André-
   de-Valborgne 30 ....262 B2
Saint-André-de-Vézines 12 ....261 F2
Saint-André-d'Embrun 05 .....250 A4
Saint-André-des-Eaux 22 ....78 C2
Saint-André-des-Eaux 44 .....123 F4
Saint-André-d'Hébertot 14 .....30 C3
Saint-André-d'Huiriat 01 ......175 E4
Saint-André-d'Olérargues 30 ..264 A1
Saint-André-du-Bois 33 ....236 C2
Saint-André-en-Barrois 55 .....66 B1
Saint-André-en-Bresse 71 .....175 F1
Saint-André-en-Morvan 58 ....137 D3
Saint-André-en-Royans 38 ....230 A4
Saint-André-
   en-Terre-Plaine 89 ....137 E2
Saint-André-en-Vivarais 07 ...228 A2

Abreuvoir (Pl. de l') ....AX 3
Alouette (R. de l') ....AX 4
Alsace (Av. d') ....AX 6
Armentières (Bd d') ....AX 7
Avelghem (R. d') ....CX 9
Beaumont (R. de) ....BY 10
Beaurepaire (Bd de) ....CX 12
Bois (R. du) ....BX 13
Braille (R. Louis) ....CY 15
Cateau (Bd de) ....BY 18
Colmar (Bd de) ....CX 21
Communauté-Urbaine (R.) ....BX 22
Constantine (R. de) ....BX 24
Courbet (R. Amiral) ....AY 25
Couteaux (Bd des) ....BX 27
Cugnot (R.) ....AY 28

Curé (R. du) ....BX 30
Douai (Bd de) ....ABY 31
Épeule (R. de l') ....AXY 33
Espierre (R. de l') ....BX 34
Faidherbe
   (Pl. du Gén.) ....CX 37
Fer-à-Cheval (Carr. du) ....AY 39
Fosse-aux-Chênes (R.) ....BX 40
Fraternité (Pl. de la) ....CY 42
Goujon (R. Jean) ....BY 45
Gounod (R. Ch.) ....AX 46
Grand-Place ....BX
Grande-Rue ....BCX
Halle (R. de la) ....BX 49
Halluin (Bd d') ....AX 51
Hospice (R. de l') ....BX 52

Hôtel-de-Ville (R. de l') ....BX 54
Lacordaire (Bd) ....BY 57
Lannoy (R. de) ....BCY
Lebas (Av. J.) ....ABX
Le Nôtre (Av.) ....AY 58
Leclerc (Bd Gén.) ....BX 60
Leconte-Baillon (R.) ....CY 61
Leers (R. de) ....CY 63
Liberté (Pl. de la) ....BX 64
Molière (R.) ....CX 66
Monnet (R. Jean) ....BX 67
Motte (R. Pierre) ....BX 70
Nadaud (R.) ....CX 72
Nyckès (Pont) ....AY 73
Peuple-Belge (Av. du) ....AY 75
Prof.-Langevin (R. du) ....AY 76

République (Bd de la) ....AX 78
Rousseau (R. J.-J.) ....CY 79
St-Maurice (R.) ....CY 81
Sarrail (R. du Gén.) ....BX 82
Sévigné (R. de) ....CY 85
Travail (Pl. de) ....AY 87
Vieil-Abreuvoir (R. du) ....BX 88
Wastyn (R. J.) ....AX 90

HEM

Europe (Av. de l') ....BY 36
Schuman (R. Robert) ....BY 84

LYS-LÈZ-LANNOY

Guesde (R. Jules) ....CY 48

CROIX

Cheuvreuil (R.) ....AY 19
Gaulle (Av. du Gén.-de) ....AY 43
Kléber (R.) ....AY 55
Liberté (Pl. de la) ....AY 63

WATTRELOS

Briffaut (R. Henri) ....CX 16
Monge (R.) ....CX 69

Sagy 95 ....60 B1
Sahorre 66 ....311 E3
Sahune 26 ....247 F3
Sahurs 76 ....32 A3
Sai 61 ....56 C4
Saignes 15 ....206 A4
Saignes 46 ....222 C4
Saigneville 80 ....6 B4
Saignon 84 ....266 A4
Saiguède 31 ....276 B3
Sail-les-Bains 42 ....173 E4
Sail-sous-Couzan 42 ......209 D1
Sailhan 65 ....298 B4
Saillac 19 ....222 B2
Saillac 46 ....240 C4
Saillagouse 66 ....310 C3
Saillans 26 ....247 F1
Saillans 33 ....218 C3
Saillant 63 ....209 D1
Saillat-sur-Vienne 87 ......184 C3
Saillé 44 ....123 E4
Saillenard 71 ....159 D4
Sailly 08 ....23 F4
Sailly 52 ....92 C2

Sailly 71 ....174 C2
Sailly 78 ....60 A1
Sailly-Achâtel 57 ....68 B2
Sailly-au-Bois 62 ....18 C1
Sailly-en-Ostrevent 62 ......8 C3
Sailly-Flibeaucourt 80 ....6 B4
Sailly-Labourse 62 ....8 A1
Sailly-Laurette 80 ....18 C2
Sailly-le-Sec 80 ....18 C2
Sailly-lez-Cambrai 59 ....9 D4
Sailly-lez-Lannoy 59 ....5 D4
Sailly-Saillisel 80 ....19 E1
Sailly-sur-la-Lys 62 ....4 A4
Sain-Bel 69 ....192 B4
Saincaize-Meauce 58 ......154 C3
Sainghin-en-Mélantois 59 ....9 D1
Sainghin-en-Weppes 59 .....38 B1
Sainneville 76 ....14 C4
Sainpuits 89 ....135 F2
Sains 35 ....79 F1
Sains-du-Nord 59 ....10 C3
Sains-en-Amiénois 80 ......18 B3
Sains-en-Gohelle 62 ....8 A1
Sains-lès-Fressin 62 ....7 D1

Sains-lès-Marquion 62 ....8 C4
Sains-lès-Pernes 62 ....7 E2
Sains-Morainvillers 60 ......34 C1
Sains-Richaumont 02 ....20 C4
Le Saint 56 ....75 F4
Saint-Aaron 22 ....51 F4
Saint-Abit 64 ....297 D1
Saint-Abraham 56 ....101 F2
Saint-Acheul 80 ....7 D4
Saint-Adjutory 16 ....184 A4
Saint-Adrien 27 ....32 B3
Saint-Adrien (Roches de) 76 ..32 B3
Saint-Affrique 12 ....261 D3
Saint-Affrique-
   les-Montagnes 81 ....278 B3
Saint-Agathon 22 ....50 C3
Saint-Agil 41 ....108 B2
Saint-Agnan 02 ....63 E2
Saint-Agnan 58 ....137 E4
Saint-Agnan 71 ....173 E2
Saint-Agnan 81 ....277 E1
Saint-Agnan-des-Gués 45 ...111 D3
Saint-Agnan-en-Vercors 26 ..230 A3

Saint-Agnan-le-Malherbe 14 ...55 E1
Saint-Agnan-sur-Erre 61 .....84 A3
Saint-Agnan-sur-Sarthe 61 ...83 E1
Saint-Agnant 17 ....181 D3
Saint-Agnant-de-Versillat 23 ..168 C4
Saint-Agnant-près-Crocq 23 ..188 A4
Saint-Agnant-
   sous-les-Côtes 55 ....67 D3
Saint-Agne 24 ....220 B4
Saint-Agnet 40 ....273 E2
Saint-Agoulin 63 ....189 E2
Saint-Agrève 07 ....228 A2
Saint-Aignan 08 ....23 D4
Saint-Aignan 33 ....218 C3
Saint-Aignan 41 ....132 A4
Saint-Aignan 56 ....76 C3
Saint-Aignan 72 ....83 D4
Saint-Aignan 82 ....256 C3
Saint-Aignan-de-Couptrain 53 ..82 A2
Saint-Aignan-de-Cramesnil 14 ..56 A1
Saint-Aignan-des-Noyers 18 ..154 A4
Saint-Aignan-Grandlieu 44 ...145 E1

Saint-Aignan-le-Jaillard 45 ...111 D4
Saint-Aignan-sur-Roë 53 .....104 B3
Saint-Aignan-sur-Ry 76 ......32 C2
Saint-Aigny 36 ....167 F1
Saint-Aigulin 17 ....219 D1
Saint-Ail 54 ....41 E4
Saint-Albain 71 ....175 E3
Saint-Alban 01 ....194 A1
Saint-Alban 22 ....51 F4
Saint-Alban 31 ....276 C1
Saint-Alban-Auriolles 07 .....246 A3
Saint-Alban-d'Ay 07 ....228 B1
Saint-Alban-de-Montbel 73 ...212 C1
Saint-Alban-de-Roche 38 ....211 F1
Saint-Alban-des-Hurtières 73 .213 F1
Saint-Alban-des-Villards 73 ...213 F4
Saint-Alban-du-Rhône 38 ....210 C3
Saint-Alban-en-Montagne 07 ..245 D1
Saint-Alban-les-Eaux 42 .....191 D2
Saint-Alban-Leysse 73 ......213 D1
Saint-Alban-
   sur-Limagnole 48 ....226 A4
Saint-Albin-de-Vaulserre 38 ..212 C1
Saint-Alexandre 30 ....264 B1

Saint-André-et-Appelles 33......219 F4
Saint-André-Farivillers 60.........34 B1
Saint-André-Goule-d'Oie 85..146 B3
Saint-André-la-Côte 69..........210 B1
Saint-André-Lachamp 07........245 F3
Saint-André-le-Bouchoux 01..193 E1
Saint-André-le-Coq 63...........189 F3
Saint-André-le-Désert 71........174 C2
Saint-André-le-Gaz 38...........212 B2
Saint-André-le-Puy 42...........209 F1
Saint-André-les-Alpes 04........268 B3
Saint-André-les-Vergers 10......90 B4
Saint-André-lez-Lille 59............4 C4
Saint-André-sur-Cailly 76........32 B1
Saint-André-sur-Orne 14.........56 A1
Saint-André-sur-Sèvre 79......147 E4
Saint-André-sur-
  Vieux-Jonc 01.................193 E1
Saint-André-Treize-Voies 85...145 F2
Saint-André-Val-de-Fier 74....195 D3
Saint-Androny 33................217 D1
Saint-Ange-et-Torçay 28.........84 C1
Saint-Ange-le-Viel 77.............88 A4
Saint-Angeau 16.................183 F4
Saint-Angel 03...................171 D4
Saint-Angel 19...................205 F3
Saint-Angel 63...................189 D2
Saint-Anthème 63................209 D2
Saint-Anthot 21..................138 B3
Saint-Antoine 05.................232 B3
Saint-Antoine 13.................284 C4
Saint-Antoine 15.................242 A1
Saint-Antoine 25.................161 D3
Saint-Antoine 29...................49 E2
Saint-Antoine 32.................256 C3
Saint-Antoine 33.................217 F2
Saint-Antoine-Cumond 24.....201 F4
Saint-Antoine-
  d'Auberoche 24...............221 D1
Saint-Antoine-de-Breuilh 24..219 E4
Saint-Antoine-de-Ficalba 47..238 C4

Saint-Antoine-du-Queyret 33..219 D4
Saint-Antoine-du-Rocher 37...130 C2
Saint-Antoine-la-Forêt 76........15 D4
Saint-Antoine-l'Abbaye 38.....229 F1
Saint-Antoine-sur-l'Isle 33.....219 E2
Saint-Antonin 06.................269 E3
Saint-Antonin 32.................275 E1
Saint-Antonin-de-Lacalm 81..278 B1
Saint-Antonin-
  de-Sommaire 27................57 F3
Saint-Antonin-du-Var 83.......278 C2
Saint-Antonin-Noble-Val 82..258 C2
Saint-Antonin-sur-Bayon 13..285 E2
Saint-Aoustrille 36...............152 B3
Saint-Août 36.....................152 B4
Saint-Apollinaire 05.............250 A2
Saint-Apollinaire 21.............139 E3
Saint-Apollinaire-de-Rias 07..228 B3
Saint-Appolinaire 69............192 A2
Saint-Appolinard 38.............229 F1
Saint-Appolinard 42.............210 B3
Saint-Aquilin 24..................220 A1
Saint-Aquilin-d'Augerons 27...57 E2
Saint-Aquilin-de-Corbion 61...83 E1
Saint-Aquilin-de-Pacy 27........59 D2
Saint-Araille 31...................275 F4
Saint-Arailles 32..................274 B2
Saint-Arcons-d'Allier 43........226 B2
Saint-Arcons-de-Barges 43...227 D4
Saint-Arey 38.....................230 C3
Saint-Armel 35...................103 E1
Saint-Armel 56...................123 D2
Saint-Armou 64..................273 D3
Saint-Arnac 66...................311 F1
Saint-Arnoult 14...................30 B3
Saint-Arnoult 41..................108 A4
Saint-Arnoult 60...................33 F1
Saint-Arnoult 76...................15 E4
Saint-Arnoult-des-Bois 28......85 D2
Saint-Arnoult-en-Yvelines 78...86 B1
Saint-Arroman 32................274 C3

Saint-Arroman 65................298 B3
Saint-Arroumex 82..............257 D3
Saint-Astier 24....................220 B1
Saint-Astier 47....................237 F1
Saint-Auban 04...................267 E2
Saint-Auban 06...................268 C3
Saint-Auban-d'Oze 05..........249 D2
Saint-Auban-sur-l'Ouvèze 26..248 A4
Saint-Aubert 59.....................9 E4
Saint-Aubert-sur-Orne 61.......56 A3
Saint-Aubin 02.....................36 A1
Saint-Aubin 10.....................89 D2
Saint-Aubin 21....................157 F2
Saint-Aubin 36....................152 C3
Saint-Aubin 39....................159 D2
Saint-Aubin 40....................272 B1
Saint-Aubin 47....................238 C1
Saint-Aubin 59.....................10 B3
Saint-Aubin 62......................6 B3
Saint-Aubin 91.....................60 C4
Saint-Aubin-Celloville 76.........32 B1
Saint-Aubin-
  Château-Neuf 89.............112 C3
Saint-Aubin-d'Appenai 61......83 D1
Saint-Aubin-d'Arquenay 14.....29 E3
Saint-Aubin-d'Aubigné 35.......79 E3
Saint-Aubin-de-Baubigné 79..147 E2
Saint-Aubin-de-Blaye 33.......199 E4
Saint-Aubin-de-Bonneval 61...57 E2
Saint-Aubin-de-Branne 33.....218 C4
Saint-Aubin-de-Cadelech 24..238 C4
Saint-Aubin-de-Courteraie 61..83 E1
Saint-Aubin-de-Crétot 76........15 E3
Saint-Aubin-de-Lanquais 24..220 B4
Saint-Aubin-de-Locquenay 72..82 C4
Saint-Aubin-de-Luigné 49.....128 A3
Saint-Aubin-de-Médoc 33.....217 D3
Saint-Aubin-de-Nabirat 24....239 F1
Saint-Aubin-de-Scellon 27......31 D2
Saint-Aubin-de-Terregatte 50...80 A1
Saint-Aubin-d'Écrosville 27.....58 B1

Saint-Aubin-des-Bois 14.........54 B3
Saint-Aubin-des-Bois 28.........85 D2
Saint-Aubin-des-Châteaux 44..103 F4
Saint-Aubin-des-Chaumes 58..136 C3
Saint-Aubin-des-Coudrais 72...83 F4
Saint-Aubin-des-Grois 61........83 F3
Saint-Aubin-des-Hayes 27......57 F2
Saint-Aubin-des-Landes 35...104 A1
Saint-Aubin-
  des-Ormeaux 85.............146 C2
Saint-Aubin-des-Préaux 50.....53 F3
Saint-Aubin-du-Cormier 35.....79 F3
Saint-Aubin-du-Désert 53.......82 A3
Saint-Aubin-du-Pavail 35......103 F1
Saint-Aubin-du-Perron 50.......27 D4
Saint-Aubin-du-Plain 79........147 F3
Saint-Aubin-du-Thenney 27....57 E1
Saint-Aubin-en-Bray 60..........33 F2
Saint-Aubin-en-Charollais 71..174 A4
Saint-Aubin-Épinay 76...........32 B2
Saint-Aubin-Fosse-Louvain 53..81 D2
Saint-Aubin-la-Plaine 85.......163 F2
Saint-Aubin-le-Cauf 76...........16 B3
Saint-Aubin-le-Cloud 79........165 D1
Saint-Aubin-le-Dépeint 37.....130 B1
Saint-Aubin-le-Guichard 27.....58 A1
Saint-Aubin-le-Monial 03......171 D4
Saint-Aubin-le-Verteux 27......57 F1
Saint-Aubin-lès-Elbeuf 76........32 A3
Saint-Aubin-les-Forges 58.....154 C1
Saint-Aubin-Montenoy 80.......17 F3
Saint-Aubin-Rivière 80...........17 E3
Saint-Aubin-Routot 76............14 C4
Saint-Aubin-sous-Erquery 60...34 C2
Saint-Aubin-sur-Aire 55..........66 C4
Saint-Aubin-sur-Algot 14........56 C1
Saint-Aubin-sur-Gaillon 27......32 C4
Saint-Aubin-sur-Loire 71.......173 D2
Saint-Aubin-sur-Mer 14..........29 E3
Saint-Aubin-sur-Mer 76..........15 D4

Saint-Aubin-sur-Quillebeuf 27...15 D4
Saint-Aubin-sur-Scie 76..........16 A3
Saint-Aubin-sur-Yonne 89.....113 D2
Saint-Augustin 03................154 B4
Saint-Augustin 17................198 B1
Saint-Augustin 19................205 D3
Saint-Augustin 77..................62 B3
Saint-Augustin-des-Bois 49...128 A2
Saint-Aulaire 19..................222 A1
Saint-Aulais-la-Chapelle 16...201 D3
Saint-Aulaye 24..................219 E1
Saint-Aunès 34...................281 F2
Saint-Aunix-Lengros 32........273 E2
Saint-Aupre 38...................212 C3
Saint-Austremoine 43..........226 A4
Saint-Auvent 87..................185 D4
Saint-Avaugourd-
  des-Landes 85................162 C2
Saint-Avé 56......................101 E4
Saint-Aventin 31.................307 F4
Saint-Avertin 37..................130 C3
Saint-Avit 16......................201 E4
Saint-Avit 26......................229 D1
Saint-Avit 40......................254 A3
Saint-Avit 41......................108 B1
Saint-Avit 47......................239 D2
Saint-Avit 47......................237 F2
Saint-Avit 63......................188 B4
Saint-Avit 81......................278 A3
Saint-Avit-de-Soulège 33......219 E4
Saint-Avit-de-Tardes 23........187 F3
Saint-Avit-de-Vialard 24........221 D3
Saint-Avit-Frandat 32...........256 B3
Saint-Avit-le-Pauvre 23.........187 E3
Saint-Avit-les-Guespières 28...85 D4
Saint-Avit-Rivière 24............239 D1
Saint-Avit-Saint-Nazaire 33...219 F4
Saint-Avit-Sénieur 24...........220 C4
Saint-Avold 57.....................42 C4
Saint-Avre 73.....................214 A3
Saint-Ay 45.......................109 F3

Saint-Aybert 59.....................9 C2
Saint-Aygulf 83...................287 F3
Saint-Babel 63....................207 F2
Saint-Baldoph 73................213 D2
Saint-Bandry 02....................36 A3
Saint-Baraing 39.................159 D2
Saint-Barbant 87.................185 D1
Saint-Bard 23.....................188 A3
Saint-Bardoux 26................229 D2
Saint-Barnabé 22..................77 E4
Saint-Barthélemy 38............211 E4
Saint-Barthélemy 40............271 D2
Saint-Barthélemy 50..............54 C4
Saint-Barthélemy 56............100 C2
Saint-Barthélemy 70............119 D3
Saint-Barthélemy 77..............63 D3
Saint-Barthélemy-
  d'Agenais 47..................238 A2
Saint-Barthélemy-
  d'Anjou 49....................128 B2
Saint-Barthélemy-
  de-Bellegarde 24.............219 F2
Saint-Barthélemy-
  de-Bussière 24...............202 C1
Saint-Barthélemy-
  de-Séchilienne 38............231 D2
Saint-Barthélemy-de-Vals 26..229 D1
Saint-Barthélemy-Grozon 07..228 C3
Saint-Barthélemy-le-Meil 07..228 B3
Saint-Barthélemy-le-Plain 07..228 C2
Saint-Barthélemy-Lestra 42...210 A1
Saint-Basile 07...................228 B3
Saint-Baslemont 88...............94 A4
Saint-Baudel 18..................153 D4
Saint-Baudelle 53..................81 E3
Saint-Baudille-de-la-Tour 38..193 F4
Saint-Baudille-et-Pipet 38.....230 C4
Saint-Bauld 37....................150 B1
Saint-Baussant 54.................67 E2
Saint-Bauzeil 09..................301 D2
Saint-Bauzély 30.................263 F3

ROUEN

Albane (Cour d')................BZ 3
Alsace-Lorraine (R. d')........CZ 6
Aubert (Pl. du Lieutenant)....CZ 9
Barbey d'Aurevilly (R.).......AZ 10
Barthélemy (Pl.)...............BZ 12
Belfroy (R.)...................BY 13
Boieldieu (Pont)...............BZ 16
Bons-Enfants (R. des).........ABY 19
Boucheries-Saint-Ouen
  (R. des).....................CZ 22
Boudin (R. E.).................BY 24
Boulet (Quai A.)...............AY 25
Bourg-l'Abbé (R.).............CY 27
Bourse (Quai de la)...........BZ 28
Bouvreuil (R.).................BY 30
Calende (Pl. de la)...........BZ 35
Carmes (R. des)...............BYZ
Carrel (R. A.).................CZ 42
Cartier (Av. Jacques).........AZ 43
Cathédrale (Pl. de la)........BZ 45
Cauchoise (R.)................AY 46
Champ-des-Oiseaux
  (R. du)......................BY 48
Champlain (Av.)...............BZ 49
Chasselièvre (R.).............AY 52
Cordier (R. du)...............BY 56
Corneille (Quai Pierre).......BZ 57
Croix-de-Fer (R.).............BYZ 59
Crosne (R. de)................AY 61
Damiette (R.).................CZ 63
Delacroix (Allée Eugène)......BY 66
Donjon (R. du)................BY 67
Duchamp (Espl. M.)...........CZ 70
Eau-de-Robec (R.)............CZ
Écureuil (R. de l')...........CY 76
Erremont (R. d')..............CY
Faux (R. des).................CZ 81
Foch (Pl.)....................BY 84
Ganterie (R.).................BY
Gaulle (Pl. Général-de).......CY 89
Giraud (R. Général)..........AY 90
Grand-Pont (R.)..............BZ
Gros-Horloge (R. du).........ABYZ
Guillaume-le-Conquérant
  (Pont).......................AZ 93
Hauts-Mariages
  (impasse des)...............CZ 94
Hôpital (R. de l')............BY 96
Jeanne-d'Arc (Pont)..........AZ 100
Jeanne-d'Arc (R.)............BYZ
Joyeuse (R.)..................CY 101
Juifs (R. aux)................BYZ 102
Leclerc (R. du Gén.)..........BYZ
Libraires (Cour des)..........BZ 108
Mesnager (R. Nicolas).......AY 111
Neufchâtel (Route de)........CY 115
Ours (R. aux).................ABZ 116
Paris (Quai de)...............BZ 117
Pie (R. de la)................AY 120
Poterne (R. de la)............BY 120
Pucelle-d'Orléans
  (Pl. de la)..................AZ 121
Racine (R.)...................AY 124
République (R. de la).........BZ
Requins (R. des)..............CY 128
Rollon (R.)...................AY 129
Saint-Godard (Pl.)............BY 137
St-Marie (R.).................CY 138
Schuman (R. Robert).........BY 140
Socrate (R.)..................BY 143
Thouret (R.)..................BYZ 147
Vieux-Marché (Pl. du)........AY
Vieux-Palais (R. du).........AY 152
19-Avril-1944 (Pl. du)........BY 155

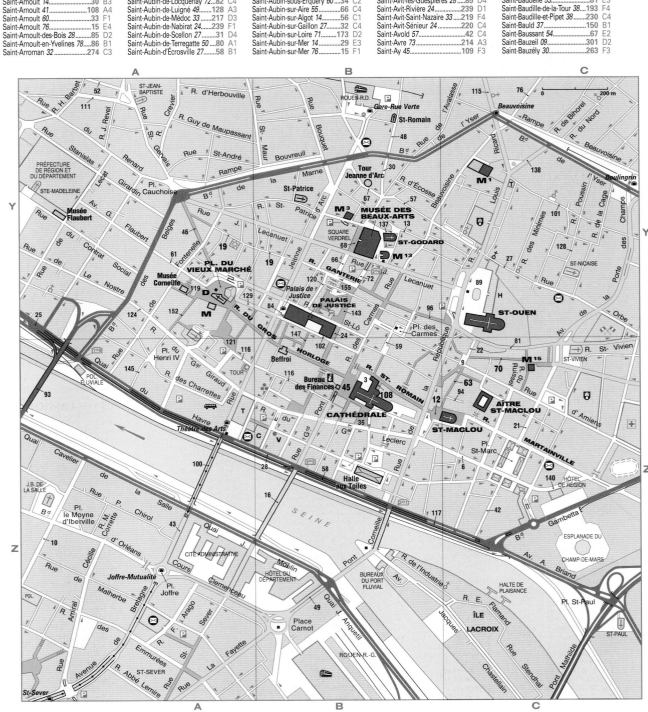

Saint-Bauzile 07....246 C1
Saint-Bauzile 48....244 B3
Saint-Bauzille-de-la-Sylve 34....281 D2
Saint-Bauzille-de-Montmel 34....281 F1
Saint-Bauzille-de-Putois 34....262 C4
Saint-Bazile 87....202 C1
Saint-Bazile-de-la-Roche 19....223 D1
Saint-Bazile-de-Meyssac 19....222 C4
Saint-Béat 31....299 D4
Saint-Beaulize 12....261 E4
Saint-Beauzeil 82....239 D4
Saint-Beauzély 12....261 D2
Saint-Beauzile 81....258 C3
Saint-Beauzire 43....207 F4
Saint-Beauzire 63....189 F4
Saint-Bénézet 30....263 E3
Saint-Bénigne 01....175 E3
Saint-Benin 59....20 B1
Saint-Benin-d'Azy 58....155 E2
Saint-Benin-des-Bois 58....155 E1
Saint-Benoist-sur-Mer 85....163 D2
Saint-Benoist-sur-Vanne 10....89 F3
Saint-Benoît 01....212 B1
Saint-Benoît 04....268 C2
Saint-Benoît 11....302 A3
Saint-Benoît 28....108 B1
Saint-Benoît 86....166 B2
Saint-Benoît-de-Carmaux 81....259 E2
Saint-Benoît-des-Ombres 27....31 E4
Saint-Benoît-des-Ondes 35....53 D4
Saint-Benoît-d'Hébertot 14....30 C3
Saint-Benoît-du-Sault 36....168 B3
Saint-Benoît-en-Diois 26....247 F1
Saint-Benoît-en-Woëvre 55....67 E1
Saint-Benoît-la-Chipotte 88....95 E1
Saint-Benoît-la-Forêt 37....130 A4
Saint-Benoît-sur-Loire 45....111 D2
Saint-Benoît-sur-Seine 10....90 A3
Saint-Bérain 43....226 B2
Saint-Berain-sous-Sanvignes 71....157 D4
Saint-Bérain-sur-Dheune 71....157 F3
Saint-Bernard 01....192 C3
Saint-Bernard 21....158 B1
Saint-Bernard 38....213 D4
Saint-Bernard 57....42 A3
Saint-Bernard 68....120 B3
Saint-Béron 73....212 C2
Saint-Berthevin 53....105 D1
Saint-Berthevin-la-Tannière 53....80 C2
Saint-Bertrand-de-Comminges 31....298 C3
Saint-Biez-en-Belin 72....107 D3
Saint-Bihy 22....77 D2
Saint-Blaise 06....288 C1
Saint-Blaise 74....195 E1
Saint-Blaise (Fouilles de) 13....284 A3
Saint-Blaise-du-Buis 38....212 B3
Saint-Blaise-la-Roche 67....96 A1
Saint-Blancard 32....275 D4
Saint-Blimont 80....6 A4
Saint-Blin 52....92 C3
Saint-Boès 64....272 A2
Saint-Bohaire 41....132 A1
Saint-Boil 71....175 D1
Saint-Boingt 54....94 C2
Saint-Bois 01....212 B1
Saint-Bomer 28....84 A4
Saint-Bômer-les-Forges 61....55 E4
Saint-Bon 51....63 D4
Saint-Bon-Tarentaise 73....214 B2
Saint-Bonnet 16....201 D3
Saint-Bonnet (Signal de) 69....192 B2
Saint-Bonnet-Avalouze 19....222 C1
Saint-Bonnet-Briance 87....204 A1
Saint-Bonnet-de-Bellac 87....185 D1
Saint-Bonnet-de-Chavagne 38....229 F1
Saint-Bonnet-de-Chirac 48....243 F3
Saint-Bonnet-de-Condat 15....206 C4
Saint-Bonnet-de-Cray 71....191 E1
Saint-Bonnet-de-Four 03....171 E4
Saint-Bonnet-de-Joux 71....174 B2
Saint-Bonnet-de-Montauroux 48....226 C4
Saint-Bonnet-de-Mure 69....211 E1
Saint-Bonnet-de-Rochefort 03....189 E1
Saint-Bonnet-de-Salendrinque 30....263 D3
Saint-Bonnet-de-Salers 15....224 A1
Saint-Bonnet-de-Valclérieux 26....229 E1
Saint-Bonnet-de-Vieille-Vigne 71....174 A2
Saint-Bonnet-des-Bruyères 69....174 B4
Saint-Bonnet-des-Quarts 42....190 C1
Saint-Bonnet-du-Gard 30....264 B3
Saint-Bonnet-Elvert 19....223 D1
Saint-Bonnet-en-Bresse 71....158 C4
Saint-Bonnet-en-Champsaur 05....249 E1
Saint-Bonnet-la-Rivière 19....204 A4
Saint-Bonnet-le-Bourg 63....208 B3
Saint-Bonnet-le-Chastel 63....208 B3
Saint-Bonnet-le-Château 42....209 E3
Saint-Bonnet-le-Courreau 42....209 D3
Saint-Bonnet-le-Froid 43....228 A1
Saint-Bonnet-le-Troncy 69....192 A2
Saint-Bonnet-l'Enfantier 19....204 B4
Saint-Bonnet-lès-Allier 63....207 F1
Saint-Bonnet-les-Oules 42....210 A4
Saint-Bonnet-les-Tours-de-Merle 19....223 E2
Saint-Bonnet-près-Bort 19....206 A3
Saint-Bonnet-près-Orcival 63....207 D1
Saint-Bonnet-près-Riom 63....189 E3

Saint-Bonnet-sur-Gironde 17....199 D3
Saint-Bonnet-Tronçais 03....171 D1
Saint-Bonnot 58....136 A4
Saint-Bouize 18....135 D4
Saint-Brancher 89....137 D3
Saint-Branchs 37....131 D4
Saint-Brandan 22....77 D2
Saint-Brès 18....263 F1
Saint-Brès 30....262 B3
Saint-Brès 32....275 E1
Saint-Brès 34....282 A2
Saint-Bresson 30....262 B3
Saint-Bresson 70....119 D2
Saint-Bressou 46....241 D1
Saint-Brevin-les-Pins 44....125 E3
Saint-Brevin-l'Océan 44....125 E4
Saint-Briac-sur-Mer 35....52 B4
Saint-Brice 16....200 C1
Saint-Brice 33....236 C1
Saint-Brice 50....54 A4
Saint-Brice 53....105 F3
Saint-Brice 61....81 E1
Saint-Brice 77....88 C1
Saint-Brice-Courcelles 51....37 F3
Saint-Brice-de-Landelles 50....80 B1
Saint-Brice-en-Coglès 35....80 A2
Saint-Brice-sous-Forêt 95....61 D2
Saint-Brice-sous-Rânes 61....56 A4
Saint-Brice-sur-Vienne 87....185 D3
Saint-Brieuc 22....51 E4
Saint-Brieuc-de-Mauron 56....78 A4
Saint-Brieuc-des-Iffs 35....79 D3
Saint-Bris-des-Bois 17....182 B4
Saint-Bris-le-Vineux 89....113 E4
Saint-Brisson 58....137 E4
Saint-Brisson-sur-Loire 45....134 C1
Saint-Broing 70....140 B2
Saint-Broing-les-Moines 21....115 F4
Saint-Broingt-le-Bois 52....117 D4
Saint-Broingt-les-Fosses 52....116 C4
Saint-Broladre 35....79 E1
Saint-Bueil 38....212 C2
Saint-Cado 56....100 B3
Saint-Calais 72....108 A3
Saint-Calais-du-Désert 53....82 A2
Saint-Calez-en-Saosnois 72....83 D3
Saint-Cannat 13....284 C2
Saint-Caprais 03....171 D2
Saint-Caprais 18....153 D2
Saint-Caprais 32....275 E2
Saint-Caprais 46....239 E2
Saint-Caprais-de-Blaye 33....199 E4
Saint-Caprais-de-Bordeaux 33....217 F4
Saint-Caprais-de-Lerm 47....256 B3
Saint-Capraise-de-Lalinde 24....220 B4
Saint-Capraise-d'Eymet 24....238 A1
Saint-Caradec 22....77 D3
Saint-Caradec-Trégomel 56....100 A1
Saint-Carné 22....78 C2
Saint-Carreuc 22....77 E2
Saint-Cassien 24....238 C1
Saint-Cassien 38....212 B3
Saint-Cassien 86....148 C2
Saint-Cassin 73....213 D2
Saint-Cast-le-Guildo 22....52 B4
Saint-Castin 64....273 D4
Saint-Céneré 53....105 E1
Saint-Céneri-le-Gérei 61....82 B3
Saint-Céols 18....134 C4
Saint-Céré 46....223 D4
Saint-Cergues 74....178 A4
Saint-Cernin 15....224 A2
Saint-Cernin 46....240 B2
Saint-Cernin-de-Labarde 24....238 B1
Saint-Cernin-de-Larche 19....222 A2
Saint-Cernin-de-l'Herm 24....239 E2
Saint-Cernin-de-Reilhac 24....221 D2
Saint-Césaire 17....182 B4
Saint-Césaire 30....264 A4
Saint-Césaire-de-Gauzignan 30....263 F3
Saint-Cézaire (Grottes de) 06....287 F1
Saint-Cézaire-sur-Siagne 06....287 F1
Saint-Cézert 31....276 A1
Saint-Chabrais 23....187 F1
Saint-Chaffrey 05....232 B3
Saint-Chamant 15....224 A2
Saint-Chamant 19....223 D2
Saint-Chamarand 46....240 A1
Saint-Chamas 13....284 A2
Saint-Chamassy 24....221 D4
Saint-Chamond 42....210 B3
Saint-Champ 01....194 C4
Saint-Chaptes 30....263 F3
Saint-Charles 54....41 D1
Saint-Charles-de-Percy 14....55 D2
Saint-Charles-la-Forêt 53....105 E2
Saint-Chartier 36....169 F1
Saint-Chartres 86....148 C3
Saint-Chef 38....212 A1
Saint-Chels 46....240 C3
Saint-Chély-d'Apcher 48....225 F4
Saint-Chély-d'Aubrac 12....243 D2
Saint-Chéron 51....91 D1
Saint-Chéron 91....86 B1
Saint-Chéron-des-Champs 28....85 E1
Saint-Chinian 34....279 F4
Saint-Christau 64....296 B2
Saint-Christaud 31....300 A4
Saint-Christaud 32....274 A3
Saint-Christo-en-Jarez 42....210 A2
Saint-Christol 07....228 A4
Saint-Christol 34....282 A1
Saint-Christol 84....266 B2
Saint-Christol-de-Rodières 30....264 B1

Saint-Christol-lès-Alès 30....263 E2
Saint-Christoly-de-Blaye 33....217 E1
Saint-Christoly-Médoc 33....198 C3
Saint-Christophe 03....190 B1
Saint-Christophe 16....185 D2
Saint-Christophe 17....181 D1
Saint-Christophe 23....187 D2
Saint-Christophe 28....109 D1
Saint-Christophe 69....174 C4
Saint-Christophe 81....259 D2
Saint-Christophe 86....149 E3
Saint-Christophe-à-Berry 02....36 A2
Saint-Christophe-d'Allier 43....226 C4
Saint-Christophe-de-Chaulieu 61....55 D3
Saint-Christophe-de-Double 33....219 D2
Saint-Christophe-de-Valains 35....79 F3
Saint-Christophe-des-Bardes 33....219 D3
Saint-Christophe-des-Bois 35....80 A4
Saint-Christophe-Dodinicourt 10....91 D2
Saint-Christophe-du-Bois 49....146 C2
Saint-Christophe-du-Foc 50....24 B3
Saint-Christophe-du-Jambet 72....82 C4
Saint-Christophe-du-Ligneron 85....145 D3
Saint-Christophe-du-Luat 53....105 F1
Saint-Christophe-en-Bazelle 36....152 A1
Saint-Christophe-en-Boucherie 36....169 D2
Saint-Christophe-en-Bresse 71....158 B4
Saint-Christophe-en-Brionnais 71....174 A4
Saint-Christophe-en-Champagne 72....106 B2
Saint-Christophe-en-Oisans 38....231 F2
Saint-Christophe-et-le-Laris 26....229 E1
Saint-Christophe-la-Couperie 49....127 D4
Saint-Christophe-la-Grotte 73....212 C3
Saint-Christophe-le-Chaudry 18....170 B2
Saint-Christophe-le-Jajolet 61....56 C4
Saint-Christophe-les-Gorges 15....223 F2
Saint-Christophe-sur-Avre 27....58 A4
Saint-Christophe-sur-Condé 27....31 E3
Saint-Christophe-sur-Dolaison 43....227 D3
Saint-Christophe-sur-Guiers 38....212 C3
Saint-Christophe-sur-le-Nais 37....130 B1
Saint-Christophe-sur-Roc 79....165 D3
Saint-Christophe-Vallon 12....242 A3
Saint-Cibard 33....219 D3
Saint-Cierge-la-Serre 07....228 B3
Saint-Cierge-sous-le-Cheylard 07....228 A3
Saint-Ciergues 52....116 C3
Saint-Ciers-Champagne 17....200 C3
Saint-Ciers-d'Abzac 33....218 C2
Saint-Ciers-de-Canesse 33....217 E2
Saint-Ciers-du-Taillon 17....199 E3
Saint-Ciers-sur-Bonnieure 16....183 F3
Saint-Ciers-sur-Gironde 33....199 E4
Saint-Cirgue 81....259 F3
Saint-Cirgues 43....226 A1
Saint-Cirgues 46....241 E1
Saint-Cirgues-de-Jordanne 15....224 B2
Saint-Cirgues-de-Malbert 15....224 A2
Saint-Cirgues-de-Prades 07....245 F2
Saint-Cirgues-en-Montagne 07....245 E1
Saint-Cirgues-la-Loutre 19....223 E2
Saint-Cirgues-sur-Couze 63....207 E2
Saint-Cirice 82....256 C2
Saint-Cirq 24....221 D3
Saint-Cirq 82....258 B2
Saint-Cirq-Lapopie 46....240 B3
Saint-Cirq-Madelon 46....221 F4
Saint-Cirq-Souillaguet 46....240 A1
Saint-Civran 36....168 B2
Saint-Clair 07....210 C4
Saint-Clair 46....240 A1
Saint-Clair 82....257 D2
Saint-Clair 83....293 D2
Saint-Clair 86....148 C3
Saint-Clair-d'Arcey 27....57 F1
Saint-Clair-de-Halouze 61....55 E4
Saint-Clair-de-la-Tour 38....212 A2
Saint-Clair-du-Rhône 38....210 C3
Saint-Clair-sur-Epte 95....33 F4
Saint-Clair-sur-Galaure 38....211 E4
Saint-Clair-sur-l'Elle 50....27 F4
Saint-Clair-sur-les-Monts 76....15 E3
Saint-Clar 32....256 B4
Saint-Clar-de-Rivière 31....276 A3
Saint-Claud 16....184 A3
Saint-Claude 39....177 F2
Saint-Claude-de-Diray 41....132 A1
Saint-Clément 02....21 E3
Saint-Clément 03....190 C2
Saint-Clément 07....227 F3
Saint-Clément 15....224 C3
Saint-Clément 19....204 C4
Saint-Clément 30....263 E4
Saint-Clément 50....55 D4

Saint-Clément 54....95 D1
Saint-Clément 89....88 C4
Saint-Clément-à-Arnes 08....38 B3
Saint-Clément-de-la-Place 49....128 A2
Saint-Clément-de-Régnat 63....189 F2
Saint-Clément-de-Rivière 34....281 D2
Saint-Clément-de-Valorgue 63....209 D2
Saint-Clément-de-Vers 69....174 B4
Saint-Clément-des-Baleines 17....162 C4
Saint-Clément-des-Levées 49....129 D3
Saint-Clément-des-Places 69....192 A4
Saint-Clément-sur-Durance 05....250 B1
Saint-Clément-sur-Valsonne 69....192 A3
Saint-Clémentin 79....147 F2
Saint-Clet 22....50 C2
Saint-Cloud 92....60 C3
Saint-Cloud-en-Dunois 28....109 E2
Saint-Colomb-de-Lauzun 47....238 A2
Saint-Colomban 44....145 E2
Saint-Colomban-des-Villards 73....213 F4
Saint-Côme 68....120 A3
Saint-Côme (Chapelle de) 29....73 E4
Saint-Côme-de-Fresné 14....29 D3
Saint-Côme-d'Olt 12....242 C3
Saint-Côme-du-Mont 50....27 D3
Saint-Côme-et-Maruéjols 30....263 F4
Saint-Congard 56....102 A3
Saint-Connan 22....76 C1
Saint-Connec 22....77 D4
Saint-Constant 15....241 F1
Saint-Contest 14....29 E4
Saint-Corneille 72....107 D1
Saint-Cornier-des-Landes 61....55 E4
Saint-Cosme 68....120 A3
Saint-Cosme-en-Vairais 72....83 E4
Saint-Couat-d'Aude 11....303 D1
Saint-Couat-du-Razès 11....302 A3
Saint-Coulitz 29....73 F2
Saint-Coulomb 35....53 D4
Saint-Coutant 16....184 A2
Saint-Coutant 79....165 F4
Saint-Coutant-le-Grand 17....181 E2
Saint-Créac 32....256 C3
Saint-Créac 65....297 F2
Saint-Crépin 05....232 C4
Saint-Crépin 17....181 E2
Saint-Crépin-aux-Bois 60....35 F2
Saint-Crépin-d'Auberoche 24....221 D2
Saint-Crépin-de-Richemont 24....202 B3
Saint-Crépin-et-Carlucet 24....221 F3
Saint-Crépin-Ibouvillers 60....34 A4
Saint-Crespin 14....56 C1
Saint-Crespin 76....16 A3
Saint-Crespin-sur-Moine 49....146 B1
Saint-Cricq 32....275 E1
Saint-Cricq-Chalosse 40....272 B1
Saint-Cricq-du-Gave 40....271 E2
Saint-Cricq-Villeneuve 40....254 B4
Saint-Cybardeaux 16....183 D4
Saint-Cybranet 24....221 E4
Saint-Cyprien 19....222 A1
Saint-Cyprien 24....221 E4
Saint-Cyprien 42....209 F2
Saint-Cyprien 46....239 F4
Saint-Cyprien 66....313 E2
Saint-Cyprien-Plage 66....313 E2
Saint-Cyprien-sur-Dourdou 12....242 A2
Saint-Cyr 07....210 C4
Saint-Cyr 39....159 F2
Saint-Cyr 50....25 D3
Saint-Cyr 71....175 E1
Saint-Cyr 86....149 E4
Saint-Cyr 87....185 D4
Saint-Cyr (Mont) 46....240 A3
Saint-Cyr-au-Mont-d'Or 69....192 C4
Saint-Cyr-de-Favières 42....191 E3
Saint-Cyr-de-Salerne 27....31 E4
Saint-Cyr-de-Valorges 42....191 F3
Saint-Cyr-des-Gâts 85....164 A1
Saint-Cyr-du-Bailleul 50....81 D1
Saint-Cyr-du-Doret 17....164 A4
Saint-Cyr-du-Gault 41....131 E1
Saint-Cyr-du-Ronceray 14....57 D1
Saint-Cyr-en-Arthies 95....59 F1
Saint-Cyr-en-Bourg 49....129 E4
Saint-Cyr-en-Pail 53....82 A2
Saint-Cyr-en-Retz 44....145 D1
Saint-Cyr-en-Talmondais 85....163 D2
Saint-Cyr-en-Val 45....110 B3
Saint-Cyr-la-Campagne 27....32 A4
Saint-Cyr-la-Lande 79....148 B2
Saint-Cyr-la-Rivière 91....86 C3
Saint-Cyr-la-Roche 19....204 A4
Saint-Cyr-la-Rosière 61....83 F3
Saint-Cyr-le-Chatoux 69....192 B2
Saint-Cyr-le-Gravelais 53....104 C1
Saint-Cyr-l'École 78....60 B3
Saint-Cyr-les-Champagnes 24....203 F3
Saint-Cyr-les-Colons 89....113 F4
Saint-Cyr-les-Vignes 42....209 F1
Saint-Cyr-sous-Dourdan 91....86 B1
Saint-Cyr-sur-le-Rhône 69....211 D2
Saint-Cyr-sur-Loire 37....130 C2
Saint-Cyr-sur-Menthon 01....175 E4
Saint-Cyr-sur-Mer 83....291 E4
Saint-Cyr-sur-Morin 77....62 C2
Saint-Cyran-du-Jambot 36....150 C2
Saint-Dalmas-de-Tende 06....289 D1
Saint-Dalmas-le-Selvage 06....251 D1

Saint-Dalmas-Valdeblore 06....269 F1
Saint-Daunès 46....239 F4
Saint-Denis 11....278 B4
Saint-Denis 30....263 F1
Saint-Denis 79....165 D2
Saint-Denis 89....88 C4
Saint-Denis 93....61 D2
Saint-Denis-Catus 46....240 A2
Saint-Denis-Combarnazat 63....190 A3
Saint-Denis-d'Aclon 76....15 F1
Saint-Denis-d'Anjou 53....105 F3
Saint-Denis-d'Augerons 27....57 E2
Saint-Denis-d'Authou 28....84 B3
Saint-Denis-de-Cabanne 42....191 F1
Saint-Denis-de-Gastines 53....81 D3
Saint-Denis-de-Jouhet 36....169 E2
Saint-Denis-de-Mailloc 14....57 D1
Saint-Denis-de-Méré 14....55 F3
Saint-Denis-de-Palin 18....153 E3
Saint-Denis-de-Pile 33....218 C2
Saint-Denis-de-Vaux 71....157 F4
Saint-Denis-de-Villenette 61....81 E1
Saint-Denis-des-Coudrais 72....107 E1
Saint-Denis-des-Monts 27....31 F3
Saint-Denis-des-Murs 87....186 B4
Saint-Denis-des-Puits 28....84 C3
Saint-Denis-d'Oléron 17....180 B2
Saint-Denis-d'Orques 72....106 A1
Saint-Denis-du-Béhélan 27....58 B3
Saint-Denis-du-Maine 53....105 E2
Saint-Denis-du-Payré 85....163 D3
Saint-Denis-du-Pin 17....182 A2
Saint-Denis du Tertre (Chapelle) 72....107 E2
Saint-Denis-en-Bugey 01....193 E1
Saint-Denis-en-Margeride 48....244 A1
Saint-Denis-en-Val 45....110 B3
Saint-Denis-la-Chevasse 85....146 A3
Saint-Denis-le-Ferment 27....33 E3
Saint-Denis-le-Gast 50....54 A2
Saint-Denis-le-Thiboult 76....32 C1
Saint-Denis-le-Vêtu 50....54 A1
Saint-Denis-lès-Bourg 01....193 E1
Saint-Denis-lès-Martel 46....222 B3
Saint-Denis-les-Ponts 28....109 D1
Saint-Denis-lès-Rebais 77....62 C3
Saint-Denis-Maisoncelles 14....55 D2
Saint-Denis-sur-Coise 42....210 A1
Saint-Denis-sur-Huisne 61....83 F2
Saint-Denis-sur-Loire 41....132 A1
Saint-Denis-sur-Ouanne 89....112 B3
Saint-Denis-sur-Sarthon 61....82 B2
Saint-Denis-sur-Scie 76....16 A4
Saint-Deniscourt 60....33 F1
Saint-Denœux 62....6 C2
Saint-Denoual 22....78 A1
Saint-Derrien 29....48 C3
Saint-Désert 71....157 F4
Saint-Désir 14....30 B4
Saint-Désirat 07....210 C4
Saint-Désiré 03....170 B2
Saint-Dézery 19....206 A2
Saint-Dézéry 30....263 F3
Saint-Didier 21....137 F3
Saint-Didier 35....104 A1
Saint-Didier 39....159 E4
Saint-Didier 58....136 B3
Saint-Didier 84....265 E4
Saint-Didier-au-Mont-d'Or 69....192 C4
Saint-Didier-d'Allier 43....226 C3
Saint-Didier-d'Aussiat 01....175 F4
Saint-Didier-de-Bizonnes 38....212 A3
Saint-Didier-de-Formans 01....192 C3
Saint-Didier-de-la-Tour 38....212 A2
Saint-Didier-des-Bois 27....32 A4
Saint-Didier-en-Bresse 71....158 B3
Saint-Didier-en-Brionnais 71....173 F4
Saint-Didier-en-Donjon 03....173 E3
Saint-Didier-en-Velay 43....209 F2
Saint-Didier-la-Forêt 03....190 A1
Saint-Didier-sous-Aubenas 07....246 A2
Saint-Didier-sous-Écouves 61....82 B3
Saint-Didier-sous-Riverie 69....210 B2
Saint-Didier-sur-Beaujeu 69....192 B1
Saint-Didier-sur-Chalaronne 01....192 C1
Saint-Didier-sur-Doulon 43....208 B4
Saint-Didier-sur-Rochefort 42....191 D4
Saint-Dié-des-Vosges 88....95 F3
Saint-Dier-d'Auvergne 63....208 A1
Saint-Diéry 63....207 E2
Saint-Dionizy 30....263 F4
Saint-Disdier 05....231 D4
Saint-Divy 29....47 F3
Saint-Dizant-du-Bois 17....199 E3
Saint-Dizant-du-Gua 17....199 D3
Saint-Dizier 52....66 A4
Saint-Dizier-en-Diois 26....248 B2
Saint-Dizier-la-Tour 23....187 E1
Saint-Dizier-les-Domaines 23....169 F4
Saint-Dizier-l'Évêque 90....143 D2
Saint-Dizier-Leyrenne 23....186 C2
Saint-Dolay 56....125 E1
Saint-Domet 23....187 F2
Saint-Domineuc 35....79 D2
Saint-Donan 22....51 D4
Saint-Donat 63....206 C3
Saint-Donat (Église de) 04....267 D2
Saint-Donat-sur-l'Herbasse 26....229 E1
Saint-Dos 64....271 E3
Saint-Doulchard 18....153 D1
Saint-Drézéry 34....282 A1
Saint-Dyé-sur-Loire 41....132 B1
Saint-Eble 43....226 B2
Saint-Ébremond-de-Bonfossé 50....54 B1

Saint-Edmond 71....191 F1
Saint-Égrève 38....212 C4
Saint-Élier 27....58 B2
Saint-Éliph 28....84 B2
Saint-Élix 32....275 E3
Saint-Élix-le-Château 31....300 A1
Saint-Élix-Séglan 31....299 E1
Saint-Élix-Theux 32....274 C3
Saint-Ellier 49....128 C2
Saint-Ellier-du-Maine 53....80 C2
Saint-Ellier-les-Bois 61....82 B1
Saint-Éloi 01....193 E3
Saint-Éloi 22....50 B3
Saint-Éloi 23....187 D2
Saint-Éloi 58....155 D2
Saint-Éloi-de-Fourques 27....31 F4
Saint-Éloy 29....73 F2
Saint-Éloy-d'Allier 03....170 B2
Saint-Éloy-de-Gy 18....153 D1
Saint-Éloy-la-Glacière 63....208 B2
Saint-Éloy-les-Mines 63....189 D1
Saint-Éloy-les-Tuileries 19....203 F3
Saint-Éman 28....84 C2
Saint-Émiland 71....157 E3
Saint-Émilion-de-Blain 44....126 A2
Saint-Émilion 33....218 C3
Saint-Ennemond 03....172 B1
Saint-Épain 37....149 F1
Saint-Epvre 57....68 C1
Saint-Erblon 35....103 E1
Saint-Erblon 53....104 B3
Saint-Erme-Outre-et-Ramecourt 02....37 E1
Saint-Escobille 91....86 B2
Saint-Esteben 64....271 D4
Saint-Estèphe 16....201 E2
Saint-Estèphe 24....202 B2
Saint-Estèphe 33....199 D4
Saint-Estève 66....313 D2
Saint-Estève 84....265 F2
Saint-Estève-Janson 13....284 C1
Saint-Étienne 42....210 A3
Saint-Étienne-à-Arnes 08....38 B3
Saint-Étienne-au-Mont 62....2 A4
Saint-Étienne-au-Temple 51....65 D1
Saint-Étienne-aux-Clos 19....206 A2
Saint-Étienne-Cantalès 15....223 F4
Saint-Étienne-Cantalès (Barrage de) 15....223 F4
Saint-Étienne-d'Albagnan 34....279 D3
Saint-Étienne-de-Baïgorry 64....294 C1
Saint-Étienne-de-Boulogne 07....246 A1
Saint-Étienne-de-Brillouet 85....163 F2
Saint-Étienne-de-Carlat 15....224 B3
Saint-Étienne-de-Chigny 37....130 B3
Saint-Étienne-de-Chomeil 15....206 B4
Saint-Étienne-de-Crossey 38....212 C3
Saint-Étienne-de-Cuines 73....213 F3
Saint-Étienne-de-Fontbellon 07....246 A2
Saint-Étienne-de-Fougères 47....238 B3
Saint-Étienne-de-Fursac 23....186 B1
Saint-Étienne-de-Gourgas 34....280 C1
Saint-Étienne-de-Lisse 33....219 D3
Saint-Étienne-de-l'Olm 30....263 F2
Saint-Étienne-de-Lugdarès 07....245 E2
Saint-Étienne-de-Maurs 15....241 F1
Saint-Étienne-de-Mer-Morte 44....145 D2
Saint-Étienne-de-Montluc 44....126 A3
Saint-Étienne-de-Puycorbier 24....219 F2
Saint-Étienne-de-Saint-Geoirs 38....212 A4
Saint-Étienne-de-Serre 07....228 B4
Saint-Étienne-de-Tinée 06....251 E4
Saint-Étienne-de-Tulmont 82....258 A4
Saint-Étienne-de-Valoux 07....210 C4
Saint-Étienne-de-Vicq 03....190 B2
Saint-Étienne-de-Villeréal 47....238 C2
Saint-Étienne-des-Champs 63....188 B4
Saint-Étienne-des-Guérets 41....131 E1
Saint-Étienne-des-Oullières 69....192 B2
Saint-Étienne-des-Sorts 30....264 C1
Saint-Étienne-d'Orthe 40....271 E2
Saint-Étienne-du-Bois 01....176 A4
Saint-Étienne-du-Bois 85....145 E3
Saint-Étienne-du-Grès 13....283 E1
Saint-Étienne-du-Gué-de-l'Isle 22....77 E4
Saint-Étienne-du-Rouvray 76....32 B3
Saint-Étienne-du-Valdonnez 48....244 A3
Saint-Étienne-du-Vauvray 27....32 A4
Saint-Étienne-du-Vigan 43....227 D4
Saint-Étienne-en-Bresse 71....158 B4
Saint-Étienne-en-Coglès 35....80 A2
Saint-Étienne-en-Dévoluy 05....249 E1
Saint-Étienne-Estréchoux 34....280 A2
Saint-Étienne-la-Cigogne 79....182 B1
Saint-Étienne-la-Geneste 19....206 A3
Saint-Étienne-la-Thillaye 14....30 B3
Saint-Étienne-la-Varenne 69....192 B2
Saint-Étienne-l'Allier 27....31 D3
Saint-Étienne-Lardeyrol 43....227 E2
Saint-Étienne-le-Laus 05....249 F2
Saint-Étienne-le-Molard 42....209 E1
Saint-Étienne-les-Orgues 04....266 C2
Saint-Étienne-lès-Remiremont 88....119 D1
Saint-Étienne-Roilaye 60....35 F2
Saint-Étienne-sous-Bailleul 27....59 E1

Saint-Étienne-
  sous-Barbuise 10...........90 B2
Saint-Étienne-sur-Blesle 43...207 E4
Saint-Étienne-
  sur-Chalaronne 01...........193 D1
Saint-Étienne-
  sur-Reyssouze 01...........175 E3
Saint-Étienne-sur-Suippe 51...37 F2
Saint-Étienne-sur-Usson 63...208 A2
Saint-Étienne-
  Vallée-Française 48...........262 C1
Saint-Eugène 02...........63 E1
Saint-Eugène 17...........200 C2
Saint-Eugène 71...........156 C4
Saint-Eulien 51...........65 F4
Saint-Euphraise-et-Clairizet 51...37 E4
Saint-Euphrône 21...........138 A2
Saint-Eusèbe 71...........157 E4
Saint-Eusèbe 74...........195 D3
Saint-Eusèbe-
  en-Champsaur 05...........231 E4
Saint-Eustache 74...........195 E4
Saint-Eustache (Col de) 2A...318 C1
Saint-Eustache-la-Forêt 76...15 D4
Saint-Eutrope 16...........201 E3
Saint-Eutrope-de-Born 47...238 B2
Saint-Évarzec 29...........73 F4
Saint-Évroult-de-Montfort 61...57 D3
Saint-Évroult-
  Notre-Dame-du-Bois 61...57 E3
Saint-Exupéry 33...........237 D1
Saint-Exupéry-les-Roches 19...206 A2
Saint-Fargeau 77...........135 E1
Saint-Fargeau-Ponthierry 77...87 E1
Saint-Fargeol 03...........188 B1
Saint-Faust 64...........296 C1
Saint-Félicien 07...........228 C2
Saint-Féliu-d'Amont 66...312 C2
Saint-Féliu-d'Avall 66...312 C2
Saint-Félix 03...........190 A1
Saint-Félix 17...........201 E3
Saint-Félix 17...........181 F1
Saint-Félix 46...........241 E4
Saint-Félix 60...........34 B3
Saint-Félix 74...........195 D4
Saint-Félix-de-Bourdeilles 24...202 C4
Saint-Félix-de-Foncaude 33...237 D1
Saint-Félix-de-l'Héras 34...261 F4
Saint-Félix-de-Lodez 34...280 C2
Saint-Félix-de-Lunel 12...242 B2
Saint-Félix-de-Montceau (Ancienne
  Abbaye de) 34...........281 E3
Saint-Félix-de-Pallières 30...263 D3
Saint-Félix-de-Reillac-
  et-Mortemart 24...........221 D2
Saint-Félix-de-Rieutord 09...301 D3
Saint-Félix-de-Sorgues 12...261 D4
Saint-Félix-de-Tournegat 09...301 D4
Saint-Félix-de-Villadeix 24...220 B3
Saint-Félix-Lauragais 31...277 F3
Saint-Fergeux 08...........38 A1
Saint-Ferjeux 70...........142 A1
Saint-Ferme 33...........237 E1
Saint-Ferréol 31...........275 D4
Saint-Ferréol 31...........277 F4
Saint-Ferréol 74...........195 F4
Saint-Ferréol-d'Auroure 43...209 F4
Saint-Ferréol-des-Côtes 63...208 C2
Saint-Ferréol-Trente-Pas 26...247 F3
Saint-Ferriol 11...........302 B4
Saint-Fiacre 22...........50 C4
Saint-Fiacre 56...........99 F1
Saint-Fiacre 77...........62 A2
Saint-Fiacre-sur-Maine 44...145 F1
Saint-Fiel 23...........187 D1
Saint-Firmin 05...........231 E4
Saint-Firmin 54...........94 A2
Saint-Firmin 58...........155 E2
Saint-Firmin 71...........157 E3
Saint-Firmin-des-Bois 45...112 A2
Saint-Firmin-des-Prés 41...108 C3
Saint-Firmin-sur-Loire 45...134 C1
Saint-Flavy 10...........89 F3
Saint-Florent 45...........134 B1
Saint-Florent 79...........164 C4
Saint-Florent 2B...........315 E1
Saint-Florent-des-Bois 85...163 D1
Saint-Florent-le-Vieil 49...127 E4
Saint-Florent-
  sur-Auzonnet 30...........263 E1
Saint-Florentin-sur-Cher 18...153 D2
Saint-Florentin 36...........152 A2
Saint-Florentin 89...........113 F2
Saint-Floret 63...........207 E2
Saint-Floris 62...........3 F4
Saint-Flour 15...........225 E2
Saint-Flour 63...........208 A1
Saint-Flour-de-Mercoire 48...245 D1
Saint-Flovier 37...........150 C2
Saint-Floxel 50...........25 D3
Saint-Folquin 62...........3 D2
Saint-Fons 69...........211 D1
Saint-Forget 78...........60 B4
Saint-Forgeux 69...........192 A3
Saint-Forgeux-Lespinasse 42...191 D1
Saint-Fort 53...........105 D3
Saint-Fort-sur-Gironde 17...199 D3
Saint-Fort-sur-le-Né 16...200 C2
Saint-Fortunat-
  sur-Eyrieux 07...........228 C4
Saint-Fraigne 16...........183 E3
Saint-Fraimbault 61...........81 E2
Saint-Fraimbault-
  de-Prières 53...........81 E3
Saint-Frajou 31...........275 E4
Saint-Franc 73...........212 C2
Saint-Franchy 58...........155 E1
Saint-François-de-Sales 73...213 E1

Saint-François-Lacroix 57...........42 A2
Saint-François-
  Longchamp 73...........214 A3
Saint-Frégant 29...........47 F1
Saint-Fréjoux 19...........206 A2
Saint-Frézal-d'Albuges 48...244 C2
Saint-Frézal-de-Ventalon 48...245 D4
Saint-Frichoux 11...........303 D1
Saint-Frion 23...........187 F4
Saint-Fromond 50...........27 E4
Saint-Front 16...........183 F3
Saint-Front 43...........227 E3
Saint-Front-d'Alemps 24...202 C4
Saint-Front-de-Pradoux 24...220 A2
Saint-Front-la-Rivière 24...202 C3
Saint-Front-sur-Lémance 47...239 D2
Saint-Front-sur-Nizonne 24...202 B3
Saint-Froult 17...........180 C3
Saint-Fulgent 85...........146 B3
Saint-Fulgent-des-Ormes 61...83 E3
Saint-Fuscien 80...........18 B3
Saint-Gabriel (Chapelle) 13...283 E1
Saint-Gabriel-Brécy 14...........29 D3
Saint-Gal 48...........244 A1
Saint-Gal-sur-Sioule 63...189 E2
Saint-Galmier 42...........209 F2
Saint-Gand 70...........140 C2
Saint-Ganton 35...........102 C3
Saint-Gatien-des-Bois 14...........30 B4
Saint-Gaudens 31...........299 D2
Saint-Gaudent 86...........183 F1
Saint-Gaudéric 11...........301 E4
Saint-Gauzens 81...........277 F1
Saint-Gayrand 47...........238 A3
Saint-Gein 40...........254 B4
Saint-Gelais 79...........165 D3
Saint-Gelven 22...........76 C3
Saint-Gély-du-Fesc 34...........281 E1
Saint-Génard 79...........183 D1
Saint-Gence 87...........185 E3
Saint-Généroux 79...........148 B3
Saint-Genès-
  Champanelle 63...........207 E1
Saint-Genès-Champespe 63...206 C3
Saint-Genès-de-Blaye 33...217 E1
Saint-Genès-de-Castillon 33...219 D3
Saint-Genès-de-Fronsac 33...217 F2
Saint-Genès-de-Lombaud 33...217 F4
Saint-Genès-de-Retz 63...189 F2
Saint-Genès-la-Tourette 63...208 A2
Saint-Genest 03...........170 C4
Saint-Genest 88...........95 D2
Saint-Genest-d'Ambière 86...149 E4
Saint-Genest-de-Beauzon 07...245 F3
Saint-Genest-de-Contest 81...278 A1
Saint-Genest-Lachamp 07...228 A4
Saint-Genest-Lerpt 42...210 A3
Saint-Genest-Malifaux 42...210 A4
Saint-Genest-sur-Roselle 87...204 A1
Saint-Geneys-
  près-Saint-Paulien 43...227 D1
Saint-Gengoulph 02...........62 C1
Saint-Gengoux-de-Scissé 71...175 D3
Saint-Gengoux-
  le-National 71...........174 C1
Saint-Geniès 24...........221 F3
Saint-Geniès-Bellevue 31...276 C1
Saint-Geniès-de-Comolas 30...264 C2
Saint-Geniès-de-Fontedit 34...280 B3
Saint-Geniès-
  de-Malgoirès 30...........263 F3
Saint-Geniès-de-Varensal 34...279 F2
Saint-Geniès-
  des-Mourgues 34...........282 A1
Saint-Geniez 04...........249 E4
Saint-Geniez-d'Olt 12...243 D3
Saint-Geniez-ô-Merle 19...223 F2
Saint-Genis 05...........249 D3
Saint-Genis 38...........230 C4
Saint-Genis-de-Blanzac 16...201 E3
Saint-Génis-
  des-Fontaines 66...........313 D3
Saint-Genis-d'Hiersac 16...183 E4
Saint-Genis-du-Bois 33...236 C1
Saint-Genis-l'Argentière 69...210 A1
Saint-Genis-Laval 69...210 C1
Saint-Genis-les-Ollières 69...192 C4
Saint-Genis-Pouilly 01...........177 F4
Saint-Genis-sur-Menthon 01...175 F4
Saint-Genix-sur-Guiers 73...212 B1
Saint-Genou 36...........151 D3
Saint-Genouph 37...........130 C3
Saint-Geoire-en-Valdaine 38...212 B3
Saint-Geoirs 38...........212 A4
Saint-Georges 15...........225 E3
Saint-Georges 16...........183 F3
Saint-Georges 32...........275 F1
Saint-Georges 33...........219 D3
Saint-Georges 47...........239 D3
Saint-Georges 57...........69 F4
Saint-Georges 62...........7 D3
Saint-Georges 82...........258 B1
Saint-Georges
  (Gorges de) 11...........311 E1
Saint-Georges-
  Blancaneix 24...........219 F3
Saint-Georges-Buttavent 53...81 D3
Saint-Georges-d'Annebecq 61...82 A1
Saint-Georges-d'Aunay 14...........55 E1
Saint-Georges-d'Aurac 43...226 B1
Saint-Georges-de-Baroille 42...191 D4
Saint-Georges-de-Bohon 50...27 D3
Saint-Georges-de-Chesne 35...80 A3
Saint-Georges-
  de-Commiers 38...........230 C2

Saint-Georges-
  de-Cubillac 17...........199 E2
Saint-Georges-
  de-Didonne 17...........198 C1
Saint-Georges-
  de-Gréhaigne 35...........79 F1
Saint-Georges-
  de-la-Couée 72...........107 F3
Saint-Georges-
  de-la-Rivière 50...........24 B4
Saint-Georges-de-Lévéjac 48...243 F4
Saint-Georges-de-Livoye 50...54 B3
Saint-Georges-
  de-Longuepierre 17...........182 B2
Saint-Georges-
  de-Luzençon 12...........261 D2
Saint-Georges-
  de-Mons 63...........189 D3
Saint-Georges-
  de-Montaigu 85...........146 A2
Saint-Georges-
  de-Montclard 24...........220 B3
Saint-Georges-
  de-Noisné 79...........165 D2
Saint-Georges-
  de-Pointindoux 85...........162 B1
Saint-Georges-
  de-Poisieux 18...........170 C1
Saint-Georges-
  de-Reintembault 35...........80 A1
Saint-Georges-
  de-Reneins 69...........192 C2
Saint-Georges-de-Rex 79...164 B4
Saint-Georges-de-Rouelley 50...81 D1
Saint-Georges-d'Elle 50...........27 F4
Saint-Georges-des-Agoûts 17...199 E3
Saint-Georges-
  des-Coteaux 17...........181 F4
Saint-Georges-
  des-Gardes 49...........147 D1
Saint-Georges-
  des-Groseillers 61...........55 E3
Saint-Georges-
  des-Hurtières 73...........213 F2
Saint-Georges-
  des-Sept-Voies 49...........128 C3
Saint-Georges-
  d'Espéranche 38...........211 E2
Saint-Georges-d'Oléron 17...180 B2
Saint-Georges-d'Orques 34...281 E2
Saint-Georges-du-Bois 17...181 E1
Saint-Georges-du-Bois 49...129 D1
Saint-Georges-du-Bois 72...106 C2
Saint-Georges-du-Mesnil 27...31 D4
Saint-Georges-du-Rosay 72...83 E4
Saint-Georges-du-Vièvre 27...31 E4
Saint-Georges-en-Auge 14...56 C2
Saint-Georges-en-Couzan 42...209 E1
Saint-Georges-Haute-Ville 42...209 E2
Saint-Georges-la-Pouge 23...187 D3
Saint-Georges-Lagricol 43...209 D4
Saint-Georges-
  le-Fléchard 53...........105 E1
Saint-Georges-le-Gaultier 72...82 B3
Saint-Georges-
  lès-Baillargeaux 86...........166 B1
Saint-Georges-les-Bains 07...229 D4
Saint-Georges-les-Landes 87...168 B4
Saint-Georges-Montcocq 50...27 E4
Saint-Georges-Motel 27...........59 D3
Saint-Georges-Nigremont 23...187 F4
Saint-Georges-sur-Allier 63...207 F1
Saint-Georges-sur-Arnon 36...152 C2
Saint-Georges-
  sur-Baulche 89...........113 E4
Saint-Georges-sur-Cher 41...131 F3
Saint-Georges-sur-Erve 53...82 A4
Saint-Georges-sur-Eure 28...85 D3
Saint-Georges-
  sur-Fontaine 76...........32 B1
Saint-Georges-sur-la-Prée 18...133 D4
Saint-Georges-sur-l'Aa 39...........3 D1
Saint-Georges-sur-Layon 49...128 C4
Saint-Georges-sur-Loire 49...128 A2
Saint-Georges-
  sur-Moulon 18...........153 E1
Saint-Georges-sur-Renon 01...193 E1
Saint-Geours-d'Auribat 40...253 E4
Saint-Geours-
  de-Maremne 40...........271 D1
Saint-Gérand 56...........77 D4
Saint-Gérand-de-Vaux 03...172 B3
Saint-Gérand-le-Puy 03...172 C4
Saint-Géraud 47...........237 E2
Saint-Géraud-de-Corps 24...219 F3
Saint-Géréon 44...........127 D3
Saint-Germain 07...........246 A2
Saint-Germain 10...........90 A4
Saint-Germain 54...........94 C2
Saint-Germain 70...........119 D4
Saint-Germain 86...........167 E2
Saint-Germain
  (Ermitage de) 74...........195 F3
Saint-Germain-
  au-Mont-d'Or 69...........192 C3
Saint-Germain-Beaupré 23...168 C4
Saint-Germain-Chassenay 58...156 A2
Saint-Germain-d'Anxure 53...81 D4
Saint-Germain-d'Arcé 72...130 A1
Saint-Germain-de-Belvès 24...221 E4
Saint-Germain-
  de-Calberte 48...........262 C1
Saint-Germain-
  de-Clairefeuille 61...........57 D4
Saint-Germain-
  de-Confolens 16...........184 C1
Saint-Germain-
  de-Coulamer 53...........82 A4
Saint-Germain-de-Fresney 27...59 D2
Saint-Germain-de-Grave 33...236 C1

Saint-Germain-de-Joux 01...194 C1
Saint-Germain-
  de-la-Coudre 61...........83 F4
Saint-Germain-
  de-la-Grange 78...........60 A3
Saint-Germain-
  de-la-Rivière 33...........217 F3
Saint-Germain-de-Livet 14...57 D1
Saint-Germain-
  de-Longue-Chaume 79...148 A4
Saint-Germain-
  de-Lusignan 17...........199 F3
Saint-Germain-
  de-Marencennes 17...........181 E1
Saint-Germain-
  de-Martigny 61...........83 E1
Saint-Germain-
  de-Modéon 21...........137 E3
Saint-Germain-
  de-Montbron 16...........202 A1
Saint-Germain-
  de-Montgommery 14...57 D2
Saint-Germain-de-Pasquier 27...32 A4
Saint-Germain-de-Prinçay 85...146 C4
Saint-Germain-de-Salles 03...189 D1
Saint-Germain-de-Tallevende-
  la-Lande-Vaumont 14...55 D3
Saint-Germain-
  de-Tournebut 50...........25 D3
Saint-Germain-de-Varreville 50...25 E4
Saint-Germain-de-Vibrac 17...200 C3
Saint-Germain-d'Ectot 14...28 C4
Saint-Germain-d'Elle 50...27 F4
Saint-Germain-des-Bois 18...153 E4
Saint-Germain-des-Bois 58...136 B3
Saint-Germain-
  des-Champs 89...........137 D3
Saint-Germain-
  des-Essourts 76...........32 C1
Saint-Germain-
  des-Fossés 03...........190 A1
Saint-Germain-des-Grois 61...84 A3
Saint-Germain-des-Prés 24...203 D4
Saint-Germain-des-Prés 45...112 A1
Saint-Germain-des-Prés 49...127 F2
Saint-Germain-des-Prés 81...278 A3
Saint-Germain-des-Vaux 50...24 A1
Saint-Germain-d'Esteuil 33...198 C4
Saint-Germain-d'Étables 76...16 B3
Saint-Germain-du-Bel-Air 46...240 A2
Saint-Germain-du-Bois 71...158 C4
Saint-Germain-du-Corbéis 61...82 C2
Saint-Germain-du-Crioult 14...55 E3
Saint-Germain-du-Pert 14...27 D4
Saint-Germain-du-Pinel 35...104 B1
Saint-Germain-du-Plain 71...158 B4
Saint-Germain-du-Puch 33...217 F4
Saint-Germain-du-Puy 18...153 E1
Saint-Germain-
  du-Salembre 24...........220 A1
Saint-Germain-du-Seudre 17...199 D2
Saint-Germain-du-Teil 48...243 F3
Saint-Germain-du-Val 72...106 B4
Saint-Germain-
  en-Brionnais 71...........174 A3
Saint-Germain-en-Coglès 35...80 A2
Saint-Germain-en-Laye 78...60 B3
Saint-Germain-
  en-Montagne 39...........160 B4
Saint-Germain-et-Mons 24...220 B4
Saint-Germain-
  la-Blanche-Herbe 14...........29 E4
Saint-Germain-
  la-Campagne 27...........57 E1
Saint-Germain-
  la-Chambotte 73...........195 D4
Saint-Germain-la-Gâtine 28...85 D3
Saint-Germain-

la-Montagne 42...........192 A1
Saint-Germain-la-Poterie 60...33 F2
Saint-Germain-la-Ville 51...65 D3
Saint-Germain-l'Aiguiller 85...147 D3
Saint-Germain-Langot 14...56 A2
Saint-Germain-Laprade 43...227 E2
Saint-Germain-Laval 42...191 E4
Saint-Germain-Laval 77...88 B3
Saint-Germain-Lavolps 19...205 F2
Saint-Germain-Laxis 77...87 F1
Saint-Germain-
  le-Châtelet 90...........119 F4
Saint-Germain-
  le-Fouilloux 53...........105 D1
Saint-Germain-le-Gaillard 28...85 D2
Saint-Germain-le-Gaillard 50...24 B3
Saint-Germain-
  le-Guillaume 53...........81 D4
Saint-Germain-
  le-Rocheux 21...........115 E4
Saint-Germain-le-Vasson 14...56 A1
Saint-Germain-le-Vieux 61...83 D1
Saint-Germain-Lembron 63...207 E3
Saint-Germain-lès-Arlay 39...159 E4
Saint-Germain-lès-Arpajon 91...86 C1
Saint-Germain-lès-Belles 87...204 A2
Saint-Germain-lès-Buxy 71...158 A4
Saint-Germain-lès-Corbeil 91...87 E1
Saint-Germain-
  les-Paroisses 01...........194 B4
Saint-Germain-
  lès-Senailly 21...........137 F1
Saint-Germain-
  les-Vergnes 19...........204 B4
Saint-Germain-
  Lespinasse 42...........191 D2
Saint-Germain-l'Herm 63...208 B3
Saint-Germain-
  près-Herment 63...........206 B1
Saint-Germain-
  Source-Seine 21...........138 B2
Saint-Germain-sous-Cailly 76...32 B1
Saint-Germain-sous-Doue 77...62 B3
Saint-Germain-sur-Avre 27...59 D4
Saint-Germain-sur-Ay 50...26 B3
Saint-Germain-sur-Bresle 80...17 E3
Saint-Germain-sur-Eaulne 76...16 C3
Saint-Germain-sur-École 72...87 E2
Saint-Germain-sur-Ille 35...79 E3
Saint-Germain-
  sur-l'Arbresle 69...........192 B3
Saint-Germain-sur-Meuse 55...67 E4
Saint-Germain-sur-Moine 49...146 B1
Saint-Germain-sur-Morin 77...62 A3
Saint-Germain-sur-Renon 01...193 E2
Saint-Germain-sur-Rhône 74...194 C1
Saint-Germain-sur-Sarthe 72...82 C3
Saint-Germain-sur-Sèves 50...27 D3
Saint-Germain-sur-Vienne 37...129 F4
Saint-Germain-Village 27...31 D3
Saint-Germainmont 08...........37 F1
Saint-Germé 32...........273 E1
Saint-Germer-de-Fly 60...........33 E2
Saint-Germier 31...........277 E3
Saint-Germier 32...........158 A4
Saint-Germier 79...........165 F2
Saint-Germier 81...........278 B2
Saint-Géron 43...........207 F4
Saint-Gérons 15...........223 F3
Saint-Gervais 16...........184 A2
Saint-Gervais 30...........264 B1
Saint-Gervais 33...........217 F2
Saint-Gervais 38...........230 B1
Saint-Gervais 85...........144 C2
Saint-Gervais 95...........33 E4
Saint-Gervais-d'Auvergne 63...189 D2
Saint-Gervais-de-Vic 72...108 A3
Saint-Gervais-des-Sablons 61...56 C2
Saint-Gervais-du-Perron 61...82 C1

Saint-Gervais-en-Belin 72...107 D3
Saint-Gervais-en-Vallière 71...158 B2
Saint-Gervais-la-Forêt 41...132 A1
Saint-Gervais-les-Bains 74...196 C3
Saint-Gervais-
  les-Trois-Clochers 86...149 E3
Saint-Gervais-
  sous-Meymont 63...........208 B1
Saint-Gervais-
  sur-Couches 71...........157 E3
Saint-Gervais-sur-Mare 34...280 A2
Saint-Gervais-
  sur-Roubion 26...........247 D2
Saint-Gervasy 30...........264 A4
Saint-Gervazy 63...........207 E3
Saint-Géry 24...........219 F3
Saint-Géry 46...........240 B3
Saint-Géry (Château de) 81...258 C1
Saint-Gibrien 51...........64 C2
Saint-Gildas 22...........50 C4
Saint-Gildas (Pointe de) 44...125 D4
Saint-Gildas-de-Rhuys 56...122 C2
Saint-Gildas-des-Bois 44...125 E1
Saint-Gilles 30...........282 C1
Saint-Gilles 35...........79 D4
Saint-Gilles 36...........168 C2
Saint-Gilles 50...........27 E4
Saint-Gilles 51...........37 D3
Saint-Gilles 71...........157 F3
Saint-Gilles-Croix-de-Vie 85...144 C1
Saint-Gilles-de-Crétot 76...15 E4
Saint-Gilles-de-la-Neuville 76...14 C4
Saint-Gilles-des-Marais 61...81 E1
Saint-Gilles-du-Mené 22...77 F3
Saint-Gilles-les-Bois 22...50 C2
Saint-Gilles-les-Forêts 87...204 C2
Saint-Gilles-Pligeaux 22...76 C2
Saint-Gilles-Vieux-Marché 22...76 C3
Saint-Gineis-en-Coiron 07...246 B2
Saint-Gingolph 74...........179 D2
Saint-Girod 73...........195 D4
Saint-Girons 09...........300 A3
Saint-Girons 64...........272 A2
Saint-Girons-
  d'Aiguevives 33...........217 E1
Saint-Girons-Plage 40...252 A3
Saint-Gladie-
  Arrive-Munein 64...........271 F4
Saint-Glen 22...........77 F2
Saint-Goazec 29...........75 E3
Saint-Gobain 02...........36 B1
Saint-Gobert 02...........21 D3
Saint-Goin 64...........296 A1
Saint-Gondon 45...........111 E4
Saint-Gondran 35...........79 D3
Saint-Gonéry (Chapelle) 22...50 B1
Saint-Gonlay 35...........78 C4
Saint-Gonnery 56...........77 D4
Saint-Gor 40...........254 B2
Saint-Gorgon 56...........102 A4
Saint-Gorgon 88...........95 D3
Saint-Gorgon-Main 25...161 D1
Saint-Gouéno 22...........77 F3
Saint-Gourgon 41...........131 E1
Saint-Gourson 16...........184 A3
Saint-Goussaud 23...........186 B2
Saint-Gratien 80...........18 B2
Saint-Gratien 95...........60 C2
Saint-Gratien-Savigny 58...155 F3
Saint-Gravé 56...........101 F3
Saint-Grégoire 35...........79 E4
Saint-Grégoire 81...........259 F3
Saint-Grégoire-
  d'Ardennes 17...........199 F2
Saint-Grégoire-du-Vièvre 27...31 E4
Saint-Griède 32...........273 E1
Saint-Groux 16...........183 F3
Saint-Guen 22...........77 D3

ST-BRIEUC

Armor (Av. d')	BZ 3
Chapitre (R. du)	AZ 4
Charbonnerie (R.)	AY 5
Gaulle (Pl. Gén. de)	AY 18
Glais-Bizoin (R.)	ABY 20
Jouallan (R.)	AY 26
Le Gorrec (R.P.)	AZ 28
Libération (Av. de la)	BZ 29
Lycéens-Martyrs (R.)	AZ 32
Martray (Pl. du)	AY 33
Quinquaine (R.)	AY 38
Résistance (Pl. de la)	AY 39
Rohan (R. de)	AYZ 40
St-Gilles (R.)	AY 43
St-Gouéno (R.)	AY 44
St-Guillaume (R.)	BZ 46
3-Frères-Le Goff (R.)	AY 52
3-Frères-Merlin (R.)	AY 53

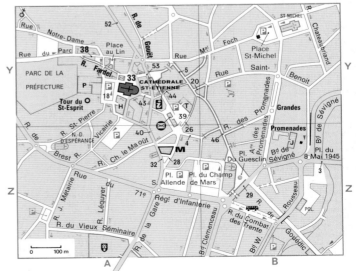

ST-ÉTIENNE

Albert-Iᵉʳ (Bd)	ABX	3
Anatole-France (Pl.)	BZ	7
Badouillère (R. de la)	CZ	9
Barbusse (R. H.)	CZ	12
Bérard (R. P.)	BCY	14
Bergson (R.)	BX	16
Boivin (Pl.)	BY	17
Chavanelle (R.)	CZ	18
Clovis-Hugues (R.)	BX	20
Comte (Pl. Louis)	BZ	21
Denfert-Rochereau (Av.)	CY	26
Descours (R.)	AZ	27
Dorian (Pl.)	BY	33
Dormoy (R. M.)	BXY	34
Dupré (R. G.)	CZ	38
Durafour (R. A.)	CZ	38
Escoffier (R. D.)	BY	39
Fougerolle (R.)	CYZ	41
Fourneyron (Pl.)	CY	42
Foy (R. Gén.)	BY	44
Frappa (R. J.)	BZ	47
Gambetta (R.)	BZ	
Gaulle (R. Ch.-de)	BXY	
Gérentet (R.)	BY	49
Gervais (R. E.)	CY	50
Gillet (R. F.)	BY	52
Grand-Moulin (R. du)	BY	53
Guesde (Pl. J.)	BY	56
Hôtel-de-Ville (Pl. de l')	BY	57
Jacob (R.)	CX	58
Krumnow (Bd F.)	AY	61
Leclerc (R. du Gén.)	BZ	62
Libération (Av. de la)	BCY	
Loubet (Av. du Président E.)	BZ	63
Martyrs-de-Vingré (R. des)	BYZ	66
Michelet (R.)	BYZ	
Moine (Pl. Antonin)	CYZ	68
Moulin (Pl. J.)	CY	72
Mulatière (R. de la)	CZ	75
Neuve (Pl.)	BZ	77
Peuple (Pl. du)	BZ	86
Pointe-Cadet (R.)	BCZ	
Président-Wilson (R.)	BY	89
République (R. de la)	BCY	
Résistance (R. de la)	BY	91
Rivière (R. du Sergent)	CX	93
Robert (R.)	BY	94
Ruel (R. A.)	AX	99
Sadi-Carnot (Pl.)	BX	100
St-Jean	BY	102
Sauzéa (Cours H.)	CY	103
Servet (R. M.)	BY	106
Stalingrad (Square de)	CX	109
Théâtre (R. du)	BYZ	112
Thomas (Pl. A.)	BZ	113
Tilleuls (R. des)	AX	116
Ursules (Pl. des)	BZ	119
Valbenoite (Bd)	CZ	119
Ville (R. de la)	BY	122
Villebœuf (Pl.)	CZ	123
11-Novembre (R. du)	BZ	128

Saint-Guénolé 29 ......98 A2
Saint-Guilhem-le-Désert 34 ......281 D1
Saint-Guillaume 38 ......230 B3
Saint-Guinoux 35 ......79 D1
Saint-Guiraud 34 ......280 C1
Saint-Guyomard 56 ......101 F3
Saint-Haon 43 ......226 C4
Saint-Haon-le-Châtel 42 ......191 D2
Saint-Haon-le-Vieux 42 ......191 D2
Saint-Héand 42 ......210 A4
Saint-Hélen 22 ......78 C1
Saint-Hélier 21 ......138 B3
Saint-Hellier 76 ......16 B4
Saint-Herblain 44 ......126 B4
Saint-Herblon 42 ......127 C2
Saint-Herbot 29 ......75 E2
Saint-Hérent 63 ......207 E3
Saint-Hernin 29 ......75 F3
Saint-Hervé 22 ......77 D3
Saint-Hilaire 03 ......171 F2
Saint-Hilaire 11 ......302 B2
Saint-Hilaire 16 ......200 C3
Saint-Hilaire 25 ......141 E3
Saint-Hilaire 31 ......276 B4
Saint-Hilaire 38 ......213 D4
Saint-Hilaire 43 ......208 A4
Saint-Hilaire 46 ......241 E1
Saint-Hilaire 91 ......86 B2
Saint-Hilaire-au-Temple 51 ......64 C1
Saint-Hilaire-Bonneval 87 ......204 A1
Saint-Hilaire-Cottes 62 ......7 F1
Saint-Hilaire-Cusson-la-Valmitte 42 ......209 E4
Saint-Hilaire-de-Beauvoir 34 ......282 A1
Saint-Hilaire-de-Brens 38 ......261 D4
Saint-Hilaire-de-Brethmas 30 ......263 E2
Saint-Hilaire-de-Briouze 61 ......56 A4
Saint-Hilaire-de-Chaléons 44 ......145 D1
Saint-Hilaire-de-Clisson 44 ......146 A1

Saint-Hilaire-de-Court 18 ......152 B1
Saint-Hilaire-de-Gondilly 18 ......154 B2
Saint-Hilaire-de-la-Côte 38 ......212 A3
Saint-Hilaire-de-la-Noaille 33 ......237 D2
Saint-Hilaire-de-Lavit 48 ......263 D1
Saint-Hilaire-de-Loulay 85 ......146 A2
Saint-Hilaire-de-Lusignan 47 ......256 A1
Saint-Hilaire-de-Riez 85 ......144 C4
Saint-Hilaire-de-Villefranche 17 ......182 B3
Saint-Hilaire-de-Voust 85 ......164 B1
Saint-Hilaire-des-Landes 35 ......80 A3
Saint-Hilaire-des-Loges 85 ......164 B2
Saint-Hilaire-d'Estissac 24 ......220 A1
Saint-Hilaire-d'Ozilhan 30 ......264 B3
Saint-Hilaire-du-Bois 17 ......199 D3
Saint-Hilaire-du-Bois 33 ......237 D1
Saint-Hilaire-du-Bois 49 ......147 E1
Saint-Hilaire-du-Bois 85 ......163 F1
Saint-Hilaire-du-Harcouët 50 ......80 B1
Saint-Hilaire-du-Maine 53 ......80 C4
Saint-Hilaire-du-Rosier 38 ......229 F2
Saint-Hilaire-en-Lignières 18 ......152 C4
Saint-Hilaire-en-Morvan 58 ......156 A2
Saint-Hilaire-en-Woëvre 55 ......67 E1
Saint-Hilaire-Foissac 19 ......205 E4
Saint-Hilaire-Fontaine 58 ......155 F4
Saint-Hilaire-la-Croix 63 ......189 D2
Saint-Hilaire-la-Forêt 85 ......162 C2
Saint-Hilaire-la-Gérard 61 ......82 C1
Saint-Hilaire-la-Gravelle 41 ......108 C3
Saint-Hilaire-la-Palud 79 ......164 B4
Saint-Hilaire-la-Plaine 23 ......187 D1
Saint-Hilaire-la-Treille 87 ......168 B4
Saint-Hilaire-le-Château 23 ......187 D3
Saint-Hilaire-le-Châtel 61 ......83 F1
Saint-Hilaire-le-Grand 51 ......38 B4
Saint-Hilaire-le-Lierru 72 ......107 E1
Saint-Hilaire-le-Petit 51 ......38 B4
Saint-Hilaire-le-Vouhis 85 ......146 B4

Saint-Hilaire-les-Andrésis 45 ......112 B2
Saint-Hilaire-les-Courbes 19 ......205 D2
Saint-Hilaire-les-Monges 63 ......188 B4
Saint-Hilaire-les-Places 87 ......203 E1
Saint-Hilaire-lez-Cambrai 59 ......9 E4
Saint-Hilaire-Luc 19 ......205 E4
Saint-Hilaire-Petitville 50 ......27 E3
Saint-Hilaire-Peyroux 19 ......222 B1
Saint-Hilaire-Saint-Florent 49 ......129 E4
Saint-Hilaire-Saint-Mesmin 45 ......110 A3
Saint-Hilaire-sous-Charlieu 42 ......191 F1
Saint-Hilaire-sous-Romilly 10 ......89 E2
Saint-Hilaire-sur-Benaize 36 ......167 F2
Saint-Hilaire-sur-Erre 61 ......84 A3
Saint-Hilaire-sur-Helpe 59 ......10 B3
Saint-Hilaire-sur-Puiseaux 45 ......111 F3
Saint-Hilaire-sur-Risle 61 ......57 E4
Saint-Hilaire-sur-Yerre 28 ......109 D2
Saint-Hilaire-Taurieux 19 ......223 D2
Saint-Hilarion 78 ......85 F1
Saint-Hilliers 77 ......88 C1
Saint-Hippolyte 12 ......242 B1
Saint-Hippolyte 15 ......224 C1
Saint-Hippolyte 17 ......181 E3
Saint-Hippolyte 25 ......142 C1
Saint-Hippolyte 37 ......150 C2
Saint-Hippolyte 63 ......189 D1
Saint-Hippolyte 66 ......313 D1
Saint-Hippolyte 68 ......96 C2
Saint-Hippolyte-de-Caton 30 ......263 E2
Saint-Hippolyte-de-Montaigu 30 ......264 A2
Saint-Hippolyte-du-Fort 30 ......263 D3
Saint-Hippolyte-le-Graveyron 84 ......265 E2
Saint-Honorat (Île) 06 ......288 B4
Saint-Honoré 38 ......231 D3

Saint-Honoré 76 ......16 A3
Saint-Honoré-les-Bains 58 ......156 A3
Saint-Hostien 43 ......227 E2
Saint-Hubert 57 ......42 A3
Saint-Hubert 78 ......60 A4
Saint-Huruge 71 ......174 C1
Saint-Hymer 14 ......30 B3
Saint-Hymetière 39 ......176 C3
Saint-Igeaux 22 ......76 C3
Saint-Igest 12 ......241 E3
Saint-Ignan 31 ......299 D2
Saint-Ignat 63 ......189 F3
Saint-Igny-de-Roche 71 ......191 F1
Saint-Igny-de-Vers 69 ......174 B4
Saint-Illiers-la-Ville 78 ......59 E2
Saint-Illiers-le-Bois 78 ......59 E2
Saint-Ilpize 43 ......226 A1
Saint-Imoges 51 ......64 A1
Saint-Inglevert 62 ......2 B2
Saint-Isidore 06 ......288 B3
Saint-Isle 53 ......104 C1
Saint-Ismier 38 ......213 D4
Saint-Izaire 12 ......260 C3
Saint-Jacques 04 ......268 A3
Saint-Jacques 06 ......288 A3
Saint-Jacques-d'Aliermont 76 ......16 B3
Saint-Jacques-d'Atticieux 07 ......210 C4
Saint-Jacques-de-la-Lande 35 ......103 E1
Saint-Jacques-de-Néhou 50 ......24 C4
Saint-Jacques-de-Thouars 79 ......148 A4
Saint-Jacques-des-Arrêts 69 ......174 C4
Saint-Jacques-des-Blats 15 ......224 C2
Saint-Jacques-des-Guérets 41 ......108 A4

Saint-Jacques-en-Valgodemard 05 ......231 E4
Saint-Jacques-sur-Darnétal 76 ......32 B2
Saint-Jacut-de-la-Mer 22 ......52 B4
Saint-Jacut-du-Mené 22 ......77 E3
Saint-Jacut-les-Pins 56 ......102 B4
Saint-Jal 19 ......204 B3
Saint-James 50 ......80 A1
Saint-Jammes 64 ......273 D4
Saint-Jans-Cappel 59 ......4 A3
Saint-Jean 06 ......288 A3
Saint-Jean 31 ......276 C2
Saint-Jean (Chapelle) 27 ......32 C2
Saint-Jean (Chapelle) 29 ......47 F3
Saint-Jean (Col) 04 ......250 A3
Saint-Jean (Église) 2B 317 D1
Saint-Jean-aux-Amognes 58 ......155 D2
Saint-Jean-aux-Bois 08 ......22 A4
Saint-Jean-aux-Bois 60 ......35 F4
Saint-Jean-Balanant 29 ......47 E2
Saint Jean Baptiste (Chapelle de) 2A 319 D2
Saint-Jean-Bonnefonds 42 ......210 A3
Saint-Jean-Brévelay 56 ......101 F2
Saint-Jean-Cap-Ferrat 06 ......288 C2
Saint-Jean-Chambre 07 ......228 A1
Saint-Jean-d'Abbetot 76 ......14 C4
Saint-Jean-d'Aigues-Vives 09 ......301 E4
Saint-Jean-d'Alcapiès 12 ......261 D2
Saint-Jean-d'Angély 17 ......182 B3
Saint-Jean-d'Angle 17 ......181 D4
Saint-Jean-d'Ardières 69 ......192 C1
Saint-Jean-d'Arves 73 ......213 F4
Saint-Jean-d'Arvey 73 ......213 D1
Saint-Jean-d'Assé 72 ......106 C2
Saint-Jean-d'Ataux 24 ......220 A1
Saint-Jean-d'Aubrigoux 43 ......208 C4
Saint-Jean-d'Aulps 74 ......178 C4

Saint-Jean-d'Avelanne 38 ......212 C2
Saint-Jean-de-Barrou 11 ......303 E3
Saint-Jean-de-Bassel 57 ......69 F3
Saint-Jean-de-Beauregard 91 ......60 C4
Saint-Jean-de-Belleville 73 ......214 B3
Saint-Jean-de-Beugné 85 ......163 F2
Saint-Jean-de-Blaignac 33 ......218 C4
Saint-Jean-de-Bœuf 21 ......138 C4
Saint-Jean-de-Boiseau 44 ......126 A4
Saint-Jean-de-Bonneval 10 ......90 B4
Saint-Jean-de-Bournay 38 ......211 E2
Saint-Jean-de-Braye 45 ......110 B3
Saint-Jean-de-Buèges 34 ......262 B4
Saint-Jean-de-Ceyrargues 30 ......263 F2
Saint-Jean-de-Chevelu 73 ......195 D4
Saint-Jean-de-Côle 24 ......202 C4
Saint-Jean-de-Corcoué 44 ......145 C2
Saint-Jean-de-Cornies 34 ......282 A1
Saint-Jean-de-Couz 73 ......212 C2
Saint-Jean-de-Crieulon 30 ......263 D3
Saint-Jean-de-Cucelles 34 ......281 F3
Saint-Jean-de-Daye 50 ......27 E3
Saint-Jean-de-Duras 47 ......237 F1
Saint-Jean-de-Folleville 76 ......15 D4
Saint-Jean-de-Fos 34 ......281 D1
Saint-Jean-de-Gonville 01 ......177 D3
Saint-Jean-de-la-Blaquière 34 ......280 C1
Saint-Jean-de-la-Croix 49 ......128 C3
Saint-Jean-de-la-Forêt 61 ......83 F3
Saint-Jean-de-la-Haize 50 ......54 A4
Saint-Jean-de-la-Léqueraye 27 ......31 D2
Saint-Jean-de-la-Motte 72 ......106 C4
Saint-Jean-de-la-Neuville 76 ......14 C3
Saint-Jean-de-la-Porte 73 ......213 D2
Saint-Jean-de-la-Rivière 50 ......24 B4
Saint-Jean-de-la-Ruelle 45 ......110 A3
Saint-Jean-de-Laur 46 ......240 C3

Saint-Jean-de-Lier 40...........253 D4
Saint-Jean-de-Linières 49......128 A2
Saint-Jean-de-Liversay 17......164 A4
Saint-Jean-de-Livet 14..........57 D1
Saint-Jean-de-Losne 21.........158 C1
Saint-Jean-de-Luz 64...........270 A3
Saint-Jean-de-Marcel 81........259 F2
Saint-Jean-de-Marsacq 40.......271 D1
Saint-Jean-de-Maruéjols-
et-Avéjan 30..................263 F1
Saint-Jean-de-Maurienne 73....214 A4
Saint-Jean-de-Minervois 34....279 C4
Saint-Jean-de-Moirans 38......212 B3
Saint-Jean-de-Monts 85........144 C3
Saint-Jean-de-Muzols 07.......229 D2
Saint-Jean-de-Nay 43..........226 C2
Saint-Jean-de-Niost 01........193 F3
Saint-Jean-de-Paracol 11......302 A4
Saint-Jean-
de-Pourcharesse 07..........245 E3
Saint-Jean-
de-Rebervilliers 28...........85 D1
Saint-Jean-de-Rives 81........277 E1
Saint-Jean-de-Sauves 86.......148 C3
Saint-Jean-de-Savigny 50.......27 F4
Saint-Jean-de-Serres 30.......263 E3
Saint-Jean-de-Sixt 74.........196 A2
Saint-Jean-de-Soudain 38......212 A2
Saint-Jean-de-Tholome 74......196 A1
Saint-Jean-de-Thouars 79......148 A2
Saint-Jean-de-Thurac 47.......256 B2
Saint-Jean-
de-Thurigneux 01.............193 D3
Saint-Jean-de-Touslas 69......210 B2
Saint-Jean-de-Trézy 71........157 F3
Saint-Jean-de-Valériscle 30...263 E1
Saint-Jean-de-Vals 81.........278 B1
Saint-Jean-de-Vaulx 38........230 C2
Saint-Jean-de-Vaux 71.........157 F4
Saint-Jean-de-Védas 34........281 F2
Saint-Jean-de-Verges 09.......301 D3
Saint-Jean-Delnous 12.........260 A3
Saint-Jean-des-Baisants 50.....54 C1
Saint-Jean-des-Bois 61.........55 D4
Saint-Jean-des-Champs 50.......53 F3
Saint-Jean-des-Echelles 72....107 F1
Saint-Jean-des-Essartiers 14...55 D1
Saint-Jean-des-Mauvrets 49....128 C3
Saint-Jean-des-Ollières 63....208 A1
Saint-Jean-des-Vignes 69......192 C3
Saint-Jean-d'Estissac 24......220 A2
Saint-Jean-d'Étreux 39........176 B3
Saint-Jean-
devant-Possesse 51............65 F3
Saint-Jean-d'Eyraud 24........220 A3
Saint-Jean-d'Hérans 38........230 C3
Saint-Jean-d'Heurs 63.........190 A4
Saint-Jean-d'Illac 33.........217 D4
Saint-Jean-d'Ormont 88.........95 F2
Saint-Jean-du-Bois 72.........106 B3
Saint-Jean-du-Bouzet 82.......256 C3
Saint-Jean-du-Bruel 12........261 F3
Saint-Jean-du-Cardonnay 76.....32 A2
Saint-Jean-
du-Castillonnais 09..........299 E4
Saint-Jean-du-Corail 50........80 C1
Saint-Jean-
du-Corail-des-Bois 50.........54 B3
Saint-Jean-du-Doigt 29.........49 E2
Saint-Jean-du-Falga 09........301 D2
Saint-Jean-du-Gard 30.........263 D2
Saint-Jean-du-Marché 88........95 E4
Saint-Jean-du-Pin 39..........263 E2
Saint-Jean-du-Thenney 27.......57 E1
Saint-Jean-en-Royans 26.......229 F2
Saint-Jean-en-Val 63..........208 A2
Saint-Jean-et-Saint-Paul 12...261 D3
Saint-Jean-Froidmentel 41.....109 D2
Saint-Jean-Kerdaniel 22........50 C3
Saint-Jean-Kourtzerode 57......70 A2
Saint-Jean-la-Bussière 69.....191 F2
Saint-Jean-la-Fouillouse 48...244 C1
Saint-Jean-la-Poterie 56......102 B4
Saint-Jean-la-Rivière 06......289 D1
Saint-Jean-la-Vêtre 42........190 C4
Saint-Jean-Lachalm 43.........226 C3
Saint-Jean-Lagineste 46.......223 D4
Saint-Jean-Lasseille 66.......313 D3
Saint-Jean-le-Blanc 14.........55 E2
Saint-Jean-le-Blanc 45........110 A3
Saint-Jean-le-Centenier 07....246 B2
Saint-Jean-le-Comtal 32.......274 C2
Saint-Jean-le-Priche 71.......175 E3
Saint-Jean-le-Puy 42..........191 D3
Saint-Jean-le-Thomas 50........53 F3
Saint-Jean-le-Vieux 01........194 A2
Saint-Jean-le-Vieux 38........213 D4
Saint-Jean-le-Vieux 64........295 D1
Saint-Jean-lès-Buzy 55.........40 C4
Saint-Jean-les-
Deux-Jumeaux 77..............62 B2
Saint-Jean-lès-Longuyon 54.....40 B2
Saint-Jean-Lespinasse 46......223 D4
Saint-Jean-Lherm 31...........277 D1
Saint-Jean-Ligoure 87.........203 F1
Saint-Jean-Mirabel 46..........62 B2
Saint-Jean-Pied-de-Port 64....295 D1
Saint-Jean-Pierre-Fixte 28.....84 A3
Saint-Jean-Pla-de-Corts 66....312 C3
Saint-Jean-Poudge 64..........273 E3
Saint-Jean-Poutge 32..........274 B1
Saint-Jean-Rohrbach 57.........69 E1
Saint-Jean-Roure 07...........228 A3
Saint-Jean-
Saint-Germain 37.............150 C1
Saint-Jean-Saint-Gervais 63...208 A3
Saint-Jean-Saint-Nicolas 05...249 F1
Saint-Jean-Saverne 67..........70 B2
Saint-Jean-Soleymieux 42......209 E2

Saint-Jean-sur-Couesnon 35.....80 A3
Saint-Jean-sur-Erve 53........105 F1
Saint-Jean-sur-Mayenne 53.....105 D1
Saint-Jean-sur-Moivre 51.......65 E1
Saint-Jean-sur-Reyssouze 01...175 F3
Saint-Jean-sur-Tourbe 51.......65 E1
Saint-Jean-sur-Veyle 01.......175 E4
Saint-Jean-sur-Vilaine 35.....104 A1
Saint-Jean-Trolimon 29.........98 B2
Saint-Jeannet 04..............267 E4
Saint-Jeannet 06..............269 F4
Saint-Jeanvrin 18.............170 A2
Saint-Jeoire 74...............196 A1
Saint-Jeoire-Prieuré 73.......213 D2
Saint-Jeure-d'Andaure 07......228 A2
Saint-Jeure-d'Ay 07...........228 C1
Saint-Jeures 43...............227 C2
Saint-Joachim 44..............125 E2
Saint-Jodard 42...............191 E3
Saint-Joire 55.................92 C1
Saint-Jores 50.................26 C3
Saint-Jorioz 74...............195 E3
Saint-Jory 31.................276 B1
Saint-Jory-de-Chalais 24......203 D3
Saint-Jory-las-Bloux 24.......203 D4
Saint-Joseph 42...............210 B2
Saint-Joseph 50................24 C3
Saint-Joseph-de-Rivière 38....212 C3
Saint-Joseph-des-Bancs 07.....246 A1
Saint-Josse 62..................6 B2
Saint-Jouan-de-l'Isle 22.......78 B3
Saint-Jouan-des-Guérets 35.....52 C4
Saint-Jouin 14.................30 A4
Saint-Jouin-Bruneval 76........14 B3
Saint-Jouin-de-Blavou 61.......83 E2
Saint-Jouin-de-Marnes 79......148 B3
Saint-Jouin-de-Milly 79.......147 E4
Saint-Jouvent 87..............185 F3
Saint-Juan 25.................141 F3
Saint-Judoce 22................78 C2
Saint-Juéry 12................260 B4
Saint-Juéry 48................225 E4
Saint-Juéry 81................259 E3
Saint-Juire-Champgillon 85....163 F1
Saint-Julia 31................277 E4
Saint-Julia-de-Bec 11.........302 B4
Saint-Julien 21...............139 E3
Saint-Julien 22................51 E4
Saint-Julien 31...............300 A1
Saint-Julien 34...............279 F2
Saint-Julien 39...............176 B3
Saint-Julien 56...............122 A2
Saint-Julien 69...............192 B2
Saint-Julien 70...............117 E4
Saint-Julien 88...............117 F1
Saint-Julien-aux-Bois 19......223 E2
Saint-Julien-Beychevelle 33...217 D1
Saint-Julien-Boutières 07.....228 A3
Saint-Julien-Chapteuil 43.....227 E2
Saint-Julien-d'Ance 43........209 D4
Saint-Julien-d'Armagnac 40....254 C3
Saint-Julien-d'Arpaon 48......244 C4
Saint-Julien-d'Asse 04........267 E3
Saint-Julien-
de-Bourdeilles 24............202 B4
Saint-Julien-de-Briola 11.....301 F2
Saint-Julien-
de-Cassagnas 30..............263 F1
Saint-Julien-de-Chédon 41.....131 F3
Saint-Julien-de-Civry 71......174 A3
Saint-Julien-de-Concelles 44..126 C4
Saint-Julien-de-Coppel 63.....207 F1
Saint-Julien-de-Crempse 24....220 B3
Saint-Julien-
de-Gras-Capou 09.............301 E3
Saint-Julien-de-Jonzy 71......173 D2
Saint-Julien-de-Jordanne 15...224 B2
Saint-Julien-de-la-Liègue 27...91 E1
Saint-Julien-de-la-Nef 30.....262 C2
Saint-Julien-de-Lampon 24.....222 A4
Saint-Julien-de-l'Escap 17....182 B3
Saint-Julien-de-l'Herms 38....211 E3
Saint-Julien-de-Mailloc 14.....57 E1
Saint-Julien-de-Peyrolas 30...246 B4
Saint-Julien-de-Raz 38........212 C2
Saint-Julien-de-Toursac 15....241 F1
Saint-Julien-
de-Vouvantes 44.............127 D1
Saint-Julien-des-Chazes 43....226 B2
Saint-Julien-des-Landes 85....162 B1
Saint-Julien-des-Points 48....263 D1
Saint-Julien-d'Eymet 24.......238 A1
Saint-Julien-d'Oddes 42.......191 D4
Saint-Julien-du-Gua 07........228 A4
Saint-Julien-du-Pinet 43......227 E1
Saint-Julien-du-Puy 81........278 A1
Saint-Julien-du-Sault 89......112 C2
Saint-Julien-du-Serre 07......246 A1
Saint-Julien-du-Terroux 53.....81 F2
Saint-Julien-du-Tournel 48....244 C3
Saint-Julien-du-Verdon 04.....268 B3
Saint-Julien-
en-Beauchêne 05.............248 C1
Saint-Julien-
en-Born 40..................252 B2
Saint-Julien-
en-Champsaur 05.............249 F1
Saint-Julien-en-Genevois 74...195 E1
Saint-Julien-en-Jarez 42......210 B3
Saint-Julien-en-Quint 26......230 A4
Saint-Julien-
en-Saint-Alban 07............228 C4
Saint-Julien-en-Vercors 26....230 A2
Saint-Julien-Gaulène 81.......259 F3
Saint-Julien-la-Geneste 63....188 C2
Saint-Julien-la-Genête 23.....188 A1
Saint-Julien-la-Vêtre 42......190 C4
Saint-Julien-Labrousse 07.....228 A3
Saint-Julien-l'Ars 86.........166 C2
Saint-Julien-le-Châtel 23.....187 F1

Saint-Julien-le-Faucon 14......56 C1
Saint-Julien-
le-Montagnier 83.............286 A1
Saint-Julien-le-Pèlerin 19....223 E3
Saint-Julien-le-Petit 87......186 C4
Saint-Julien-le-Roux 07.......228 C4
Saint-Julien-
le-Vendômois 19..............203 F3
Saint-Julien-lès-Gorze 54......67 F1
Saint-Julien-lès-Metz 57.......41 F4
Saint-Julien-
lès-Montbéliard 25...........142 B1
Saint-Julien-les-Rosiers 30...263 E1
Saint-Julien-lès-Russey 25....142 B4
Saint-Julien-les-Villas 10.....90 B4
Saint-Julien-Maumont 19.......222 C2
Saint-Julien-
Molhesabate 43..............228 A1
Saint-Julien-
Molin-Molette 42............210 B4
Saint-Julien-Mont-Denis 73....214 A4
Saint-Julien-près-Bort 19.....206 A3
Saint-Julien-Puy-Lavèze 63....206 C1
Saint-Julien-
sous-les-Côtes 55............67 D3
Saint-Julien-sur-Bibost 69....192 B4
Saint-Julien-sur-Calonne 14....30 C3
Saint-Julien-sur-Cher 41......133 D4
Saint-Julien-sur-Dheune 71....157 E4
Saint-Julien-
sur-Reyssouze 01............175 F3
Saint-Julien-sur-Sarthe 61.....83 E2
Saint-Julien-sur-Veyle 01.....193 D1
Saint-Julien-Vocance 07.......228 B1
Saint-Junien 87...............185 D3
Saint-Junien-la-Bregère 23....186 C3
Saint-Junien-les-Combes 87....185 E2
Saint-Jure 57..................68 B2
Saint-Jurs 04.................267 F3
Saint-Just 01.................193 F1
Saint-Just 07.................246 C4
Saint-Just 15.................225 F4
Saint-Just 18.................153 E2
Saint-Just 24.................202 A4
Saint-Just 27..................59 E1
Saint-Just 34.................282 A2
Saint-Just 35.................102 C3
Saint-Just 63.................208 C3
Saint-Just-Chaleyssin 38......211 D2
Saint-Just-d'Avray 69.........192 A2
Saint-Just-de-Bélengard 11....301 F2
Saint-Just-de-Claix 38........229 F2
Saint-Just-en-Bas 42..........209 D1
Saint-Just-en-Brie 77..........88 D1
Saint-Just-en-Chaussée 60......34 C2
Saint-Just-en-Chevalet 42.....191 D3
Saint-Just-et-le-Bézu 11......302 B4
Saint-Just-et-Vacquières 30...263 F2
Saint-Just-Ibarre 64..........295 E1
Saint-Just-la-Pendue 42.......191 F3
Saint-Just-le-Martel 87.......186 A4
Saint-Just-Luzac 17...........181 D4
Saint-Just-Malmont 43.........209 F4
Saint-Just-près-Brioude 43....226 A1
Saint-Just-Saint-Rambert 42...209 F2
Saint-Just-Sauvage 51..........89 F1
Saint-Just-sur-Dive 49........129 E4
Saint-Just-sur-Viaur 12.......259 F2
Saint-Justin 32...............274 A3
Saint-Justin 40...............254 B3
Saint-Juvat 22.................78 C2
Saint-Juvin 08.................39 E3
Saint-Lactencin 36............151 E2
Saint-Lager 69................192 C1
Saint-Lager-Bressac 07........246 C1
Saint-Lamain 39...............159 F4
Saint-Lambert 14...............55 F2
Saint-Lambert 78...............60 B4
Saint-Lambert-
des-Levées 49...............129 E4
Saint-Lambert-du-Lattay 49....128 B3
Saint-Lambert-
et-Mont-de-Jeux 08...........38 C1
Saint-Lambert-la-Potherie 49..128 A2
Saint-Lambert-sur-Dive 61......56 C2
Saint Langis-lès-Mortagne 61...83 F2
Saint-Lanne 65................273 E2
Saint-Laon 86.................148 C2
Saint-Lary 09.................299 E4
Saint-Lary 32.................274 C1
Saint-Lary-Boujean 31.........299 D1
Saint-Lary-Soulan 65..........298 B4
Saint-Lattier 38..............229 F2
Saint-Launeuc 22...............78 A3
Saint-Laure 63................189 F3
Saint-Laurent 08...............22 C3
Saint-Laurent 18..............133 F4
Saint-Laurent 22...............50 B3
Saint-Laurent 23..............187 D1
Saint-Laurent 31..............275 E4
Saint-Laurent 47..............255 F1
Saint-Laurent 74..............195 F1
Saint-Laurent-Blangy 62.........8 B3
Saint-Laurent-Bretagne 64.....273 E4
Saint-Laurent-
Chabreuges 43...............208 A4
Saint-Laurent-d'Agny 69.......210 C1
Saint-Laurent-d'Aigouze 30....282 B2
Saint-Laurent-d'Andenay 71....157 E4
Saint-Laurent-d'Arce 33.......217 F2
Saint-Laurent-de-Belzagot 16..201 E3
Saint-Laurent-
de-Brèvedent 16..............14 C4
Saint-Laurent-de-Carnols 30...264 B1
Saint-Laurent-de-Cerdans 66...312 B4
Saint-Laurent-de-Céris 16.....184 A3
Saint-Laurent-
de-Chamousset 69............192 A4
Saint-Laurent-de-Cognac 16....199 F1

Saint-Laurent-de-Condel 14.....55 F1
Saint-Laurent-de-Cuves 50......54 B3
Saint-Laurent-de-Gosse 40.....271 D2
Saint-Laurent-de-Jourdes 86...166 C3
Saint-Laurent-
de-la-Barrière 17............181 F2
Saint-Laurent-
de-la-Cabrerisse 11..........303 E2
Saint-Laurent-de-la-Côte 73...214 B3
Saint-Laurent-de-la-Mer 22.....51 E4
Saint-Laurent-de-la-Plaine 49.128 A3
Saint-Laurent-de-la-Prée 17...181 D2
Saint-Laurent-
de-la-Salanque 66...........313 D1
Saint-Laurent-de-la-Salle 85..164 A1
Saint-Laurent-de-Lévézou 12...261 D1
Saint-Laurent-de-Lin 37.......130 A2
Saint-Laurent-de-Mure 69......211 E1
Saint-Laurent-de-Muret 48.....243 F2
Saint-Laurent-de-Neste 65.....298 C2
Saint-Laurent-
de-Terregatte 50.............80 A1
Saint-Laurent-de-Trèves 48....262 B1
Saint-Laurent-de-Vaux 69......210 B1
Saint-Laurent-de-Veyrès 48....243 E1
Saint-Laurent-des-Arbres 30...264 C2
Saint-Laurent-des-Autels 49...127 D3
Saint-Laurent-des-Bâtons 24...220 C3
Saint-Laurent-des-Bois 25......59 D3
Saint-Laurent-des-Bois 41.....109 E3
Saint-Laurent-
des-Combes 16...............201 E4
Saint-Laurent-
des-Combes 33...............219 D3
Saint-Laurent-
des-Hommes 24...............219 F2
Saint-Laurent-
des-Mortiers 53.............105 E4
Saint-Laurent-des-Vignes 24...220 A4
Saint-Laurent-d'Oingt 69......192 B3
Saint-Laurent-d'Olt 12........243 E3
Saint-Laurent-d'Onay 26.......229 E1
Saint-Laurent-du-Bois 33......236 C1
Saint-Laurent-du-Cros 05......249 F1
Saint-Laurent-du-Mont 14.......30 A4
Saint-Laurent-du-Mottay 49....127 F3
Saint-Laurent-du-Pape 07......228 C4
Saint-Laurent-du-Plan 33......237 D2
Saint-Laurent-du-Pont 38......212 C3
Saint-Laurent-
du-Tencement 27.............57 E2
Saint-Laurent-du-Var 06.......288 C2
Saint-Laurent-du-Verdon 04....286 A1
Saint-Laurent-
en-Beaumont 38..............231 D3
Saint-Laurent-
en-Brionnais 71.............174 A4
Saint-Laurent-en-Caux 76.......15 F2
Saint-Laurent-
en-Gâtines 37...............131 D1
Saint-Laurent-
en-Grandvaux 39.............177 E1
Saint-Laurent-en-Royans 26....230 A2
Saint-Laurent-la-Conche 42....209 F1
Saint-Laurent-la-Gâtine 28.....59 E4
Saint-Laurent-la-Roche 39.....176 C1
Saint-Laurent-la-Vallée 24....239 E1
Saint-Laurent-la-Vernède 30...264 A1
Saint-Laurent-l'Abbaye 58.....135 E3
Saint-Laurent-le-Minier 30....262 B3
Saint-Laurent-les-Bains 07....245 E2
Saint-Laurent-les-Églises 87..186 B3
Saint-Laurent-les-Tours 46....223 D4
Saint-Laurent-Lolmie 46.......239 F4
Saint-Laurent-Médoc 33........216 C3
Saint-Laurent-Nouan 41........109 F4
Saint-Laurent-Rochefort 42....191 D4
Saint-Laurent-
sous-Coiron 07..............246 B2
Saint-Laurent-sur-Gorre 87....185 D4
Saint-Laurent-
sur-Manoire 24..............220 C1
Saint-Laurent-sur-Mer 14.......28 B2
Saint-Laurent-sur-Othain 55....40 B2
Saint-Laurent-sur-Oust 56.....102 A3
Saint-Laurent-sur-Saône 01....175 E4
Saint-Laurent-sur-Sèvre 85....146 C2
Saint-Laurs 79................164 C2
Saint-Léger 06................269 D2
Saint-Léger 16................201 E3
Saint-Léger 17................199 E1
Saint-Léger 47................237 F4
Saint-Léger 50.................53 F3
Saint-Léger 53................105 F1
Saint-Léger 62..................8 B4
Saint-Léger 73................213 F2
Saint-Léger (Pont de) 06......269 D2
Saint-Léger-aux-Bois 60........35 F2
Saint-Léger-aux-Bois 76........17 D3
Saint-Léger-Bridereix 23......168 C4
Saint-Léger-de-Balson 33......236 A3
Saint-Léger-de-Fougeret 58....156 A2
Saint-Léger-
de-la-Martinière 79.........165 E4
Saint-Léger-
de-Montbrillais 86..........148 B1
Saint-Léger-de-Montbrun 79....148 B1
Saint-Léger-de-Peyre 48.......243 F2
Saint-Léger-de-Rôtes 27........57 F1
Saint-Léger-des-Aubées 28......85 F2
Saint-Léger-des-Bois 49.......128 A2
Saint-Léger-des-Prés 35........79 E2
Saint-Léger-des-Vignes 58.....155 F4
Saint-Léger-du-Bois 71........157 E2
Saint-Léger-
du-Bourg-Denis 76...........32 B2
Saint-Léger-du-Gennetey 27....31 F3
Saint-Léger-du-Malzieu 48.....225 F2
Saint-Léger-du-Ventoux 84.....265 F1

Saint-Léger-Dubosq 14..........30 A4
Saint-Léger-en-Bray 60.........34 A2
Saint-Léger-en-Yvelines 78.....60 A4
Saint-Léger-la-Montagne 87....186 A2
Saint-Léger-le-Guérétois 23...187 D1
Saint-Léger-le-Petit 18.......154 B1
Saint-Léger-lès-Authie 80.......7 F4
Saint-Léger-lès-Domart 80......18 A1
Saint-Léger-lès-Mélèzes 05....249 F1
Saint-Léger-lès-Paray 71......173 F2
Saint-Léger-les-Vignes 44.....145 E1
Saint-Léger-Magnazeix 87......168 A4
Saint-Léger-près-Troyes 10.....90 B4
Saint-Léger-sous-Beuvray 71...156 C3
Saint-Léger-sous-Brienne 10....91 D1
Saint-Léger-sous-Cholet 49....146 C1
Saint-Léger-
sous-la-Bussière 71.........174 C4
Saint-Léger-sous-Margerie 10...91 D1
Saint-Léger-sur-Bonneville 14..30 C3
Saint-Léger-sur-Bresle 80......17 E3
Saint-Léger-sur-Dheune 71.....157 F3
Saint-Léger-sur-Roanne 42.....191 D4
Saint-Léger-sur-Sarthe 61......83 D2
Saint-Léger-sur-Vouzance 03...173 E3
Saint-Léger-Triey 21..........139 F3
Saint-Léger-Vauban 89.........137 E3
Saint-Léomer 86...............167 F3
Saint-Léon 03.................173 D3
Saint-Léon 31.................276 C4
Saint-Léon 33.................218 C4
Saint-Léon 47.................237 F4
Saint-Léon-d'Issigeac 24......238 C1
Saint-Léon-sur-l'Isle 24......220 A2
Saint-Léon-sur-Vézère 24......221 E3
Saint-Léonard 32..............256 B4
Saint-Léonard 51...............37 F4
Saint-Léonard 62................2 A4
Saint-Léonard 76...............14 C2
Saint-Léonard 88...............95 F3
Saint-Léonard-de-Noblat 87....186 A4
Saint-Léonard-des-Bois 72......82 B3
Saint-Léonard-des-Parcs 61.....83 D1
Saint-Léonard-en-Beauce 41....109 D3
Saint-Léonce 12...............261 D1
Saint-Léry 56..................78 A4
Saint-Leu-d'Esserent 60.......34 C4
Saint-Leu-la-Forêt 95.........60 C2
Saint-Lézer 65................273 F4
Saint-Lézin 49................128 A4
Saint-Lieux-Lafenasse 81......278 B1
Saint-Lieux-lès-Lavaur 81.....277 E1
Saint-Liguaire 79.............164 C4
Saint-Lin 79..................165 D2
Saint-Lions 04................268 A2
Saint-Lizier 09...............300 A1
Saint-Lizier-du-Planté 32.....275 F4
Saint-Lô 50....................24 C4
Saint-Lô-d'Ourville 50.........24 A4
Saint-Lon-les-Mines 40........271 E2
Saint-Longis 72................83 D3
Saint-Lormel 22................78 B1
Saint-Lothain 39..............159 F3
Saint-Loube 32................275 F3
Saint-Loubert 33..............236 C2
Saint-Loubès 33...............217 F3
Saint-Loubouer 40.............272 C1
Saint-Louet-sur-Seulles 14.....55 E1
Saint-Louet-sur-Vire 50.......54 C1
Saint-Louis 57.................70 A2
Saint-Louis 68................121 D3
Saint-Louis-
de-Montferrand 33...........217 E3
Saint-Louis-en-l'Isle 24......220 A2
Saint-Louis-et-Parahou 11.....302 B4
Saint-Louis-lès-Bitche 57......44 B4
Saint-Loup 03.................172 B4
Saint-Loup 17.................181 F2
Saint-Loup 23.................187 F1
Saint-Loup 39.................159 D2
Saint-Loup 41.................132 B4
Saint-Loup 50..................54 A4
Saint-Loup 51..................63 F4
Saint-Loup 58.................135 E2
Saint-Loup 69.................192 A3
Saint-Loup 82.................256 C2
Saint-Loup (Pic) 34...........281 F1
Saint-Loup-Cammas 31..........276 C1
Saint-Loup-de-Buffigny 10......89 E4
Saint-Loup-de-Fribois 14.......56 C1
Saint-Loup-de-Gonois 45.......112 A1
Saint-Loup-de-la-Salle 71.....158 A2
Saint-Loup-de-Naud 77..........88 C2
Saint-Loup-de-Varennes 71.....158 A4
Saint-Loup-des-Chaumes 18.....153 E4
Saint-Loup-des-Vignes 45......111 D2
Saint-Loup-d'Ordon 89.........112 C2
Saint-Loup-du-Dorat 53........105 F3
Saint-Loup-du-Gast 53..........81 F3
Saint-Loup-en-Champagne 08.....38 A2
Saint-Loup-
en-Comminges 31.............298 C1
Saint-Loup-Hors 14............28 C2
Saint-Loup-Lamairé 79.........148 B4
Saint-Loup-Nantouard 70.......140 B2
Saint-Loup-sur-Aujon 52.......116 B3
Saint-Loup-sur-Cher 41........133 D2
Saint-Loup-sur-Semouse 70.....118 B2
Saint-Loup-Terrier 08..........38 C1
Saint-Loyer-des-Champs 61......56 C1
Saint-Lubin-de-Cravant 28......58 C4
Saint-Lubin-de-la-Haye 28......59 D3
Saint-Lubin-
des-Joncherets 28............58 C4
Saint-Lubin-
en-Vergonnois 41............131 F1
Saint-Luc 27...................59 D2
Saint-Lucien 28................85 D1
Saint-Lucien 76................32 C2

Saint-Lumier-
en-Champagne 51.............65 E3
Saint-Lumier-la-Populeuse 51...65 F3
Saint-Lumine-de-Clisson 44....146 A1
Saint-Lumine-de-Coutais 44....145 C1
Saint-Lunaire 35...............52 C4
Saint-Luperce 28...............85 D2
Saint-Lupicin 39..............177 D3
Saint-Lupien 10................89 F3
Saint-Lyé 10...................90 A3
Saint-Lyé-la-Forêt 45.........110 B2
Saint-Lyphard 44..............123 F3
Saint-Lys 31..................276 A3
Saint-Macaire 33..............235 E2
Saint-Macaire-du-Bois 49......148 A1
Saint-Macaire-en-Mauges 49....146 C1
Saint-Maclou 27................31 E3
Saint-Maclou-de-Folleville 76..16 A4
Saint-Maclou-la-Brière 76......15 D3
Saint-Macoux 86...............183 F1
Saint-Maden 22.................78 C3
Saint-Magne 33................235 E2
Saint-Magne-de-Castillon 33...219 D4
Saint-Maigner 63..............188 C2
Saint-Maigrin 17..............200 C3
Saint-Maime 04................267 D3
Saint-Maime-de-Péreyrol 24....220 B2
Saint-Maixant 23..............187 F3
Saint-Maixant 33..............236 C2
Saint-Maixent 72..............107 F1
Saint-Maixent-de-Beugné 79....164 B2
Saint-Maixent-l'École 79......165 E3
Saint-Maixent-sur-Vie 85......145 D4
Saint-Maixme-Hauterive 28......84 C1
Saint-Malo 35..................52 C4
Saint-Malo-de-Beignon 56......102 B2
Saint-Malo-de-Guersac 44......125 E3
Saint-Malo-de-la-Lande 50......53 F1
Saint-Malo-de-Phily 35........103 D2
Saint-Malo-
des-Trois-Fontaines 56......101 F1
Saint-Malô-du-Bois 85.........146 C2
Saint-Malo-en-Donziois 58.....135 F4
Saint-Malon-sur-Mel 35........102 B1
Saint-Mamert 38...............211 D3
Saint-Mamert 69...............174 C4
Saint-Mamet 31................307 F4
Saint-Mamet-la-Salvetat 15....223 F4
Saint-Mammès 77................87 F3
Saint-Mandé 94.................61 D3
Saint-Mandé-sur-Brédoire 17...182 C2
Saint-Mandrier-sur-Mer 83.....291 E4
Saint-Manvieu-Bocage 14........54 C3
Saint-Manvieu-Norrey 14........29 D3
Saint-Marc 15.................225 F3
Saint-Marc 44.................125 D3
Saint-Marc-à-Frongier 23......187 E3
Saint-Marc-à-Loubaud 23.......187 E4
Saint-Marc-du-Cor 41..........108 B2
Saint-Marc-Jaumegarde 13......285 D2
Saint-Marc-la-Lande 79........165 D2
Saint-Marc-le-Blanc 35.........79 F2
Saint-Marc-sur-Couesnon 35.....80 A3
Saint-Marc-sur-Seine 21.......115 E4
Saint-Marcan 35................79 E1
Saint-Marceau 08...............22 C4
Saint-Marceau 72...............82 C4
Saint-Marcel 08................22 B4
Saint-Marcel 27................59 E1
Saint-Marcel 36...............168 C1
Saint-Marcel 54................41 E4
Saint-Marcel 56...............101 F3
Saint-Marcel 70...............117 F3
Saint-Marcel 71...............158 A4
Saint-Marcel 73...............214 B2
Saint-Marcel 81...............259 D2
Saint-Marcel-Bel-Accueil 38...211 F1
Saint-Marcel-d'Ardèche 07.....246 C4
Saint-Marcel-de-Careiret 30...264 A2
Saint-Marcel-de-Félines 42....191 F3
Saint-Marcel-du-Périgord 24...220 C3
Saint-Marcel-d'Urfé 42........191 D3
Saint-Marcel-en-Dombes 01.....193 D3
Saint-Marcel-en-Marcillat 03..188 B1
Saint-Marcel-en-Murat 03......171 F4
Saint-Marcel-l'Éclairé 69.....192 A3
Saint-Marcel-
lès-Annonay 07..............210 B4
Saint-Marcel-lès-Sauzet 26....247 D2
Saint-Marcel-lès-Valence 26...229 D3
Saint-Marcel-Paulel 31........277 D2
Saint-Marcel-sur-Aude 11......303 F1
Saint-Marcelin-de-Cray 71.....174 C2
Saint-Marcellin 38............230 A1
Saint-Marcellin-de-Vars 05....250 C1
Saint-Marcellin-en-Forez 42...209 F2
Saint-Marcellin-
lès-Vaison 84...............265 E1
Saint-Marcet 31...............299 D1
Saint-Marcory 24..............239 D1
Saint-Marcouf 14...............27 F3
Saint-Marcouf 50...............27 E1
Saint-Mard 02..................36 C2
Saint-Mard 17.................181 F1
Saint-Mard 54..................94 B1
Saint-Mard 77..................61 F1
Saint-Mard-de-Réno 61..........83 F2
Saint-Mard-de-Vaux 71.........157 F4
Saint-Mard-lès-Rouffy 51.......64 B2
Saint-Mard-sur-Auve 51.........65 E1
Saint-Mard-sur-le-Mont 51......65 F2
Saint-Mards 76.................16 A3
Saint-Mards-de-Blacarville 27..31 D3
Saint-Mards-de-Fresne 27.......57 E1
Saint-Mards-en-Othe 10.........89 F4
Saint-Marien 23...............170 A3
Saint-Mariens 33..............217 F1

Saint-Mars-de-Coutais 44....145 E1
Saint-Mars-de-Locquenay 72..107 E2
Saint-Mars-d'Égrenne 81 D1
Saint-Mars-d'Outillé 72......107 D3
Saint-Mars-du-Désert 44 ....126 C3
Saint-Mars-du-Désert 53......82 B3
Saint-Mars-en-Brie 77.......62 C4
Saint-Mars-la-Brière 72......107 E2
Saint-Mars-la-Jaille 44 ......127 D1
Saint-Mars-la-Réorthe 85....146 C2
Saint-Mars-sous-Ballon 72....83 D4
Saint-Mars-sur-Colmont 53....81 E3
Saint-Mars-sur-la-Futaie 53...80 C2
Saint-Marsal 312 B3
Saint-Marsault 79 .....147 E4
Saint-Martial 07.....227 F4
Saint-Martial 15.....225 E4
Saint-Martial 16.....201 E3
Saint-Martial 17.....182 B2
Saint-Martial 30.....262 C3
Saint-Martial 33.....236 C1
Saint-Martial-d'Albarède 24....203 E4
Saint-Martial-d'Artenset 24....219 F2
Saint-Martial-de-Gimel 19....205 D4
Saint-Martial-de-Mirambeau 17.....199 E3
Saint-Martial-de-Nabirat 24...239 F1
Saint-Martial-de-Valette 24...202 B2
Saint-Martial-de-Vitaterne 17..199 F3
Saint-Martial-Entraygues 19..223 D2
Saint-Martial-le-Mont 23......187 E2
Saint-Martial-le-Vieux 23.....205 F4
Saint-Martial-sur-Isop 87.....185 D1
Saint-Martial-sur-Né 17......199 F2
Saint-Martial-Viveyrol 24.....201 F4
Saint-Martin 32......274 B3
Saint-Martin 50......53 F2
Saint-Martin 54......95 E1
Saint-Martin 56......102 A3
Saint-Martin 65......297 F2
Saint-Martin 66......311 F1
Saint-Martin 67......96 B1
Saint-Martin 83......285 F2
Saint-Martin (Casella) 2B....317 E1
Saint-Martin-au-Bosc 76......17 D3
Saint-Martin-au-Laërt 62......3 E3
Saint-Martin-aux-Arbres 76...15 F3
Saint-Martin-aux-Bois 60......35 D1
Saint-Martin-aux-Buneaux 76..15 D1
Saint-Martin-aux-Champs 51..65 D3
Saint-Martin-aux-Chartrains 14.....30 B3
Saint-Martin-Belle-Roche 71..175 E3
Saint-Martin-Bellevue 74.....195 E2
Saint-Martin-Boulogne 62.....2 A4
Saint-Martin-Cantalès 15.....223 F2
Saint-Martin-Château 23......186 C4
Saint-Martin-Chennetron 77...89 D1
Saint-Martin-Choquel 62......2 C4
Saint-Martin-d'Abbat 45......110 C3
Saint-Martin-d'Ablois 51......63 F1
Saint-Martin-d'Août 26......229 E1
Saint-Martin-d'Arberoue 64...271 D2
Saint-Martin-d'Arc 73......214 A4
Saint-Martin-d'Arcé 49......129 E1
Saint-Martin-d'Ardèche 07....246 B4
Saint-Martin-d'Armagnac 32...273 F1
Saint-Martin-d'Arrossa 64.....295 D1
Saint-Martin-d'Ary 17......218 C1
Saint-Martin-d'Aubigny 50....27 D4
Saint-Martin-d'Audouville 50..25 D3
Saint-Martin-d'Auxigny 18....153 E1
Saint-Martin-d'Auxy 71......157 E2
Saint-Martin-de-Bavel 01.....194 C3
Saint-Martin-de-Beauville 47..256 C1
Saint-Martin-de-Belleville 73..214 B3
Saint-Martin-de-Bernegoue 79.....165 D4
Saint-Martin-de-Bienfaite 14...57 E1
Saint-Martin-de-Blagny 14.....27 F3
Saint-Martin-de-Bonfossé 50...54 B1
Saint-Martin-de-Boscherville 76.....15 F4
Saint-Martin-de-Bossenay 10..89 E2
Saint-Martin-de-Boubaux 48...263 D1
Saint-Martin-de-Bréthencourt 78.....86 A2
Saint-Martin-de-Brômes 04....267 E4
Saint-Martin-de-Caralp 09....300 C3
Saint-Martin-de-Castillon 84..266 B4
Saint-Martin-de-Cenilly 50....54 A1
Saint-Martin-de-Clelles 38....230 C4
Saint-Martin-de-Commune 71.....157 E3
Saint-Martin-de-Connée 53....82 A4
Saint-Martin-de-Cornas 69....210 C2
Saint-Martin-de-Coux 17......219 D1
Saint-Martin-de-Crau 13......283 F2
Saint-Martin-de-Curton 47....237 D4
Saint-Martin-de-Fenollar (Chapelle de) 66.....312 C3
Saint-Martin-de-Fontenay 14..56 A1
Saint-Martin-de-Fraigneau 85.....164 B3
Saint-Martin-de-Fresnay 14...56 C2
Saint-Martin-de-Fressengeas 24.....203 D3
Saint-Martin-de-Fugères 43...227 D3
Saint-Martin-de-Goyne 32.....256 A3
Saint-Martin-de-Gurson 24....219 E2
Saint-Martin-de-Hinx 40......271 D3
Saint-Martin-de-Juillers 17...182 B3
Saint-Martin-de-Jussac 87....185 D3
Saint-Martin-de-la-Brasque 84.....266 B4
Saint-Martin-de-la-Cluze 38...230 C2
Saint-Martin-de-la-Coudre 17.....181 F2
Saint-Martin-de-la-Lieue 14...57 D1

Saint-Martin-de-la-Mer 21....137 F4
Saint-Martin-de-la-Place 49...129 D3
Saint-Martin-de-la-Porte 73...214 A4
Saint-Martin-de-Lamps 36.....171 F2
Saint-Martin-de-Landelles 50..80 B1
Saint-Martin-de-Lansuscle 48.....262 C1
Saint-Martin-de-l'Arçon 34....279 F2
Saint-Martin-de-Laye 33......218 C2
Saint-Martin-de-Lenne 12.....243 D3
Saint-Martin-de-Lerm 33......237 D1
Saint-Martin-de-Lixy 71......191 F1
Saint-Martin-de-Londres 34...281 E1
Saint-Martin-de-Mâcon 79.....148 B2
Saint-Martin-de-Mailloc 14....57 D1
Saint-Martin-de-Mieux 14......56 A3
Saint-Martin-de-Nigelles 28...85 F1
Saint-Martin-de-Peille (Église) 06.....289 E4
Saint-Martin-de-Queyrières 05.....232 B3
Saint-Martin-de-Ré 17......163 D4
Saint-Martin-de-Ribérac 24....220 A1
Saint-Martin-de-Saint-Maixent 79.....165 E3
Saint-Martin-de-Salencey 71..174 C2
Saint-Martin-de-Sallen 14.....55 F2
Saint-Martin-de-Sanzay 79....148 B1
Saint-Martin-de-Seignanx 40..270 C2
Saint-Martin-de-Sescas 33....236 C2
Saint-Martin-de-Tallevende 14.54 C3
Saint-Martin-de-Valamas 07...228 A3
Saint-Martin-de-Valgalgues 30.....263 E1
Saint-Martin-de-Varreville 50..25 E4
Saint-Martin-de-Vaulserre 38..212 C2
Saint-Martin-de-Vers 46......240 D2
Saint-Martin-de-Villeréal 47...238 C2
Saint-Martin-de-Villereglan 11.....302 B2
Saint-Martin-d'Écublei 61.....57 F3
Saint-Martin-d'Entraigues 79..183 D1
Saint-Martin-d'Entraunes 06...268 C1
Saint-Martin-des-Besaces 14...55 D1
Saint-Martin-des-Bois 41.....108 A4
Saint-Martin-des-Champs 18..154 B1
Saint-Martin-des-Champs 29...49 E3
Saint-Martin-des-Champs 50...54 A4
Saint-Martin-des-Champs 77...62 C2
Saint-Martin-des-Champs 78...59 F3
Saint-Martin-des-Champs 89..135 E1
Saint-Martin-des-Combes 24..220 B3
Saint-Martin-des-Entrées 14...29 D3
Saint-Martin-des-Fontaines 85.....164 A2
Saint-Martin-des-Lais 01.....173 D1
Saint-Martin-des-Landes 61...82 B1
Saint-Martin-des-Monts 72....107 F1
Saint-Martin-des-Noyers 85...146 B4
Saint-Martin-des-Olmes 63....208 C2
Saint-Martin-des-Pézerits 61...63 F1
Saint-Martin-des-Plains 63....207 F3
Saint-Martin-des-Prés 22......77 D2
Saint-Martin-des-Puits 11.....303 D1
Saint-Martin-des-Tilleuls 85..146 C2
Saint-Martin-d'Estréaux 42...190 C1
Saint-Martin-d'Hardinghem 62..7 D1
Saint-Martin-d'Hères 38......230 C1
Saint-Martin-d'Heuille 58.....155 D2
Saint-Martin-d'Ollières 63....208 A3
Saint-Martin-Don 14......54 C2
Saint-Martin-d'Oney 40......253 F3
Saint-Martin-d'Ordon 89......112 C2
Saint-Martin-d'Oydes 09......300 C2
Saint-Martin-du-Bec 76......14 B3
Saint-Martin-du-Bois 33......218 C2
Saint-Martin-du-Bois 49......105 D4
Saint-Martin-du-Boschet 77...63 D4
Saint-Martin-du-Canigou (Abbaye de) 66.....311 F3
Saint-Martin-du-Clocher 16...183 F2
Saint-Martin-du-Fouilloux 49..128 A2
Saint-Martin-du-Fouilloux 79..165 E1
Saint-Martin-du-Frêne 01.....194 B1
Saint-Martin-du-Lac 71......173 F4
Saint-Martin-du-Limet 53.....104 B3
Saint-Martin-du-Manoir 76....14 B4
Saint-Martin-du-Mesnil-Oury 14....57 C1
Saint-Martin-du-Mont 01......193 F1
Saint-Martin-du-Mont 21......138 C2
Saint-Martin-du-Mont 71......176 A1
Saint-Martin-du-Puy 33......237 D1
Saint-Martin-du-Puy 58......137 D3
Saint-Martin-du-Tartre 71.....174 C1
Saint-Martin-du-Tertre 89......88 C4
Saint-Martin-du-Tertre 95......61 D1
Saint-Martin-du-Tilleul 27.....57 F1
Saint-Martin-du-Touch 31.....276 B2
Saint-Martin-du-Var 06......288 C1
Saint-Martin-du-Vieux-Bellême 61.....83 F3
Saint-Martin-du-Vivier 76......32 B2
Saint-Martin-d'Uriage 38......231 D1
Saint-Martin-en-Bière 77......87 E2
Saint-Martin-en-Bresse 71.....158 B2
Saint-Martin-en-Campagne 76..16 B2
Saint-Martin-en-Coailleux 42..210 B3
Saint-Martin-en-Gâtinois 71...158 B2
Saint-Martin-en-Haut 69......210 B1
Saint-Martin-en-Vercors 26....230 A2
Saint-Martin-Gimois 32......275 E3
Saint-Martin-la-Campagne 27..58 C1
Saint-Martin-la-Garenne 78...59 F1
Saint-Martin-la-Méanne 19....223 D1
Saint-Martin-la-Patrouille 71..174 C1
Saint-Martin-la-Plaine 42.....210 B2
Saint-Martin-la-Sauveté 42...191 D4
Saint-Martin-Labouval 46.....240 C3
Saint-Martin-Lacaussade 33...217 D1

Saint-Martin-Laguépie 81.....259 D2
Saint-Martin-l'Aiguillon 61....82 B1
Saint-Martin-Lalande 11......301 F1
Saint-Martin-l'Ars 86......184 B1
Saint-Martin-Lars-en-Sainte-Hermine 85.....163 F1
Saint-Martin-l'Astier 24......219 F2
Saint-Martin-le-Beau 37......131 D3
Saint-Martin-le-Bouillant 50...54 B3
Saint-Martin-le-Châtel 01.....175 F4
Saint-Martin-le-Colonel 26....229 F3
Saint-Martin-le-Gaillard 76....16 C2
Saint-Martin-le-Gréard 50.....24 C1
Saint-Martin-le-Hébert 50......24 C1
Saint-Martin-le-Mault 87......168 A3
Saint-Martin-le-Nœud 60......34 A2
Saint-Martin-le-Pin 24......202 B2
Saint-Martin-le-Redon 46.....239 E3
Saint-Martin-le-Supérieur 07..246 C1
Saint-Martin-le-Vieil 11......302 A1
Saint-Martin-le-Vieux 87......203 E1
Saint-Martin-le-Vinoux 38.....230 C1
Saint-Martin-les-Eaux 04......266 C3
Saint-Martin-lès-Langres 52..116 C3
Saint-Martin-lès-Melle 79.....165 E4
Saint-Martin-lès-Seyne 04....250 A3
Saint-Martin-Lestra 42......210 A1
Saint-Martin-l'Heureux 51......38 B4
Saint-Martin-l'Hortier 76......16 C4
Saint-Martin-l'Inférieur 07....246 C2
Saint-Martin-Longueau 60......35 D3
Saint-Martin-Lys 11......311 E1
Saint-Martin-Osmonville 76....16 B4
Saint-Martin-Petit 47......237 E2
Saint-Martin-Rivière 02......20 C1
Saint-Martin-Saint-Firmin 27...31 D3
Saint-Martin-Sainte-Catherine 23.....186 B3
Saint-Martin-Sepert 19......204 B3
Saint-Martin-sous-Montaigu 71..157 F3
Saint-Martin-sous-Vigouroux 15.....224 C3
Saint-Martin-sur-Armançon 89.....114 B3
Saint-Martin-sur-Arve 74.....196 B3
Saint-Martin-sur-Cojeul 62......8 B4
Saint-Martin-sur-Ecaillon 59....9 F3
Saint-Martin-sur-la-Chambre 73.....214 A3
Saint-Martin-sur-la-Renne 52..116 A1
Saint-Martin-sur-le-Pré 51......64 C2
Saint-Martin-sur-Nohain 58...135 E3
Saint-Martin-sur-Ocre 45......134 C1
Saint-Martin-sur-Ocre 89......113 D3
Saint-Martin-sur-Oreuse 89....88 C3
Saint-Martin-sur-Ouanne 89..112 B3
Saint-Martin-Terressus 87.....186 A3
Saint-Martin-Valmeroux 15....224 A2
Saint-Martin-Vésubie 06......289 D1
Saint-Martinien 03......170 C4
Saint-Martory 31......299 F2
Saint-Mary 16......184 A4
Saint-Mary-le-Plain 15......225 F1
Saint-Masmes 51......38 A3
Saint-Mathieu 87......202 C1
Saint-Mathieu (Pointe de) 29...46 C3
Saint-Mathieu-de-Tréviers 34..281 F1
Saint-Mathurin 85......162 B1
Saint-Mathurin-Léobazel 19...223 E3
Saint-Mathurin-sur-Loire 49...128 C3
Saint-Matré 46......239 E4
Saint-Maudan 22......77 E4
Saint-Maudez 22......78 B2
Saint-Maugan 35......78 B4
Saint-Maulvis 80......17 E2
Saint-Maur 18......170 B2
Saint-Maur 32......274 B3
Saint-Maur 36......151 F4
Saint-Maur 39......176 C1
Saint-Maur 60......33 F1
Saint-Maur-de-Glanfeuil (Abbaye de) 49.....129 D3
Saint-Maur-des-Bois 50......54 B3
Saint-Maur-des-Fossés 94......61 D3
Saint-Maur-sur-le-Loir 28.....109 E1
Saint-Maurice 52......117 D3
Saint-Maurice 58......155 F1
Saint-Maurice 63......207 F1
Saint-Maurice 67......96 B1
Saint-Maurice 94......61 D3
Saint-Maurice-aux-Forges 54...95 E1
Saint-Maurice-aux-Riches-Hommes 89.....89 E3
Saint-Maurice-Colombier 25...142 B2
Saint-Maurice-Crillat 39......177 D1
Saint-Maurice-d'Ardèche 07...246 A2
Saint-Maurice-de-Beynost 01.193 D4
Saint-Maurice-de-Cazevieille 30.....263 E3
Saint-Maurice-de-Gourdans 01.....193 F4
Saint-Maurice-de-Laurençanne 17.....199 F4
Saint-Maurice-de-Lestapel 47.....238 B2
Saint-Maurice-de-Lignon 43...227 E1
Saint-Maurice-de-Rémens 01...193 F2
Saint-Maurice-de-Rotherens 73.....212 C1
Saint-Maurice-de-Satonnay 71.....175 D3
Saint-Maurice-de-Tavernole 17.....199 F2
Saint-Maurice-de-Ventalon 48.....245 D4
Saint-Maurice-des-Champs 71.....174 C1

Saint-Maurice-des-Lions 16..184 C3
Saint-Maurice-des-Noues 85.....164 B1
Saint-Maurice-d'Ételan 76......15 D4
Saint-Maurice-d'Ibie 07......246 B3
Saint-Maurice-du-Désert 61....81 F1
Saint-Maurice-en-Chalencon 07.....228 B4
Saint-Maurice-en-Cotentin 50..24 B4
Saint-Maurice-en-Gourgois 42.....209 F3
Saint-Maurice-en-Quercy 46...241 D1
Saint-Maurice-en-Rivière 71...158 B3
Saint-Maurice-en-Trièves 38..230 C4
Saint-Maurice-en-Valgodemard 05.....231 E4
Saint-Maurice-la-Fougereuse 79.....147 F2
Saint-Maurice-la-Souterraine 23.....186 A1
Saint-Maurice-le-Girard 85....164 A1
Saint-Maurice-le-Vieil 89......113 D3
Saint-Maurice-les-Brousses 87.....203 F1
Saint-Maurice-lès-Charencey 61.....84 A1
Saint-Maurice-lès-Châteauneuf 71.....191 F1
Saint-Maurice-lès-Couches 71.....157 F3
Saint-Maurice-l'Exil 38......210 C3
Saint-Maurice-Montcouronne 91.....86 C1
Saint-Maurice-Navacelles 34..262 A4
Saint-Maurice-près-Crocq 23..188 A4
Saint-Maurice-près-Pionsat 63.....188 B2
Saint-Maurice-Saint-Germain 28.....84 C2
Saint-Maurice-sous-les-Côtes 55.....67 E1
Saint-Maurice-sur-Adour 40...254 A4
Saint-Maurice-sur-Aveyron 45.....112 A3
Saint-Maurice-sur-Dargoire 69.....210 B2
Saint-Maurice-sur-Eygues 26.247 E4
Saint-Maurice-sur-Fessard 45.111 D2
Saint-Maurice-sur-Huisne 61...83 F2
Saint-Maurice-sur-Loire 42...191 D3
Saint-Maurice-sur-Mortagne 88.....95 D2
Saint-Maurice-sur-Moselle 88.....119 F2
Saint-Maurice-sur-Vingeanne 21.....140 A1
Saint-Maurice-Thizouaille 89..113 D3
Saint-Maurin 47......256 C1
Saint-Max 54......68 B4
Saint-Maxent 80......17 E1
Saint-Maximin 30......264 A4
Saint-Maximin 38......213 E3
Saint-Maximin 60......34 C4
Saint-Maximin-la-Sainte-Baume 83.....285 F3
Saint-Maxire 79......164 C3
Saint-May 26......248 A3
Saint-Mayeux 22......76 C3
Saint-Méard 87......204 B1
Saint-Méard-de-Drône 24......220 A1
Saint-Méard-de-Gurçon 24.....219 E3
Saint-Médard 16......201 D2
Saint-Médard 17......199 F3
Saint-Médard 23......187 E2
Saint-Médard 31......299 E2
Saint-Médard 32......274 C3
Saint-Médard 36......151 D2
Saint-Médard 40......254 A4
Saint-Médard 46......239 F2
Saint-Médard 57......69 D3
Saint-Médard 64......272 B2
Saint-Médard 79......165 D4
Saint-Médard-d'Aunis 17......181 D1
Saint-Médard-de-Guizières 33.....219 D2
Saint-Médard-de-Mussidan 24.....219 F2
Saint-Médard-de-Presque 46..223 D4
Saint-Médard-des-Prés 85.....164 A2
Saint-Médard-d'Excideuil 24...203 E4
Saint-Médard-d'Eyrans 33.....235 F1
Saint-Médard-en-Forez 42.....210 A2
Saint-Médard-en-Jalles 33....217 D3
Saint-Médard-Nicourby 46.....241 E1
Saint-Méen 29......47 F2
Saint-Méen-le-Grand 35......78 B4
Saint-Melaine 35......104 A1
Saint-Melaine-sur-Aubance 49.....128 B3
Saint-Mélany 07......245 E2
Saint-Méloir-des-Bois 22......78 B1
Saint-Méloir-des-Ondes 35....53 D4
Saint-Même-le-Tenu 44......145 D1
Saint-Même-les-Carrières 16..201 D1
Saint-Memmie 51......64 C2
Saint-Menge 88......93 F3
Saint-Menges 08......23 D3
Saint-Menoux 03......172 A2
Saint-Merd-de-Lapleau 19....223 E1
Saint-Merd-la-Breuille 23.....206 A1
Saint-Merd-les-Oussines 19...205 E1
Saint-Méry 77......88 A1
Saint-Meslin-du-Bosc 27......31 F4
Saint-Mesmes 77......61 F2
Saint-Mesmin 10......90 A2
Saint-Mesmin 21......138 B3
Saint-Mesmin 24......203 F4

Saint-Mesmin 85......147 D4
Saint-Mexant 19......204 B4
Saint-Mézard 32......256 A3
Saint-M'Hervé 35......80 B4
Saint-M'Hervon 35......78 C2
Saint-Micaud 71......174 C1
Saint-Michel 02......21 F2
Saint-Michel 09......300 C2
Saint-Michel 16......201 E1
Saint-Michel 31......300 A2
Saint-Michel 32......274 B3
Saint-Michel 34......262 A4
Saint-Michel 45......111 D1
Saint-Michel 52......116 C4
Saint-Michel 64......295 D2
Saint-Michel 82......257 D3
Saint-Michel-Chef-Chef 44....125 E4
Saint-Michel-d'Aurance 07....228 A3
Saint-Michel-de-Bannières 46.....222 C3
Saint-Michel-de-Boulogne 07.....246 A1
Saint-Michel-de-Castelnau 33.....236 C4
Saint-Michel-de-Chabrillanoux 07.....228 B4
Saint-Michel-de-Chaillol 05...249 F1
Saint-Michel-de-Chavaignes 72.....107 F2
Saint-Michel-de-Cuxa (Abbaye de) 66.....311 F2
Saint-Michel-de-Dèze 48......263 D1
Saint-Michel-de-Double 24....219 F2
Saint-Michel-de-Feins 53.....105 E4
Saint-Michel-de-Frigolet (Abbaye) 13.....264 C4
Saint-Michel-de-Fronsac 33...218 C2
Saint-Michel-de-la-Pierre 50...27 D4
Saint-Michel-de-la-Roë 53.....104 B3
Saint-Michel-de-Lanès 11......277 E4
Saint-Michel-de-Lapujade 33..237 E2
Saint-Michel-de-Livet 14......56 C1
Saint-Michel-de-Llotes 66.....312 B2
Saint-Michel-de-Maurienne 73.....214 B4
Saint-Michel-de-Montaigne 24.....219 E4
Saint-Michel-de-Montjoie 50...54 C3
Saint-Michel-de-Mourcairol (Château de) 34.....280 A2
Saint-Michel-de-Plélan 22......78 B1
Saint-Michel-de-Rieufret 33...236 B2
Saint-Michel-de-Saint-Geoirs 38.....212 A4
Saint-Michel-de-Vax 81......258 C2
Saint-Michel-de-Veisse 23....187 E3
Saint-Michel-de-Villadeix 24..220 C3
Saint-Michel-de-Volangis 18..153 E1
Saint-Michel-des-Andaines 61..81 F1
Saint-Michel-des-Loups 50.....53 F3
Saint-Michel-d'Euzet 30......264 B1
Saint-Michel-d'Halescourt 76...33 F1
Saint-Michel-en-Beaumont 38.....231 D3
Saint-Michel-en-Brenne 36....150 C4
Saint-Michel-en-Grève 22......49 F2
Saint-Michel-en-l'Herm 85....163 E3
Saint-Michel-Escalus 40......252 B3
Saint-Michel-et-Chanveaux 49.....104 B4
Saint-Michel-Labadié 81......260 A3
Saint-Michel-le-Cloucq 85.....164 B2
Saint-Michel-l'Écluse-et-Léparon 24.....219 E1
Saint-Michel-les-Portes 38...230 B3
Saint-Michel-l'Observatoire 04.....266 C3
Saint-Michel-Loubéjou 46.....223 D4
Saint-Michel-Mont-Mercure 85.....146 C3
Saint-Michel-sous-Bois 62......6 C1
Saint-Michel-sur-Loire 37.....130 A4
Saint-Michel-sur-Meurthe 88..95 F3
Saint-Michel-sur-Orge 91......87 D1
Saint-Michel-sur-Rhône 42....210 C3
Saint-Michel-sur-Savasse 26..229 E1
Saint-Michel-sur-Ternoise 62...7 E2
Saint-Michel-Tubœuf 61......57 F3
Saint-Mihiel 55......67 D2
Saint-Mitre-les-Remparts 13..284 A3
Saint-Molf 44......123 E3
Saint-Momelin 59......3 E3
Saint-Mont 32......273 E2
Saint-Montan 07......246 C3
Saint-Moré 89......136 C1
Saint-Moreil 23......186 C4
Saint-Morel 08......39 D3
Saint-Morillon 33......235 F1
Saint-Mury-Monteymond 38..213 D4
Saint-Myon 63......189 E3
Saint-Nabor 67......70 C4
Saint-Nabord 88......119 D1
Saint-Nabord-sur-Aube 10......90 B2
Saint-Nauphary 82......258 A3
Saint-Nazaire 30......264 B1
Saint-Nazaire 33......219 F4
Saint-Nazaire 44......123 D3
Saint-Nazaire 66......313 D2
Saint-Nazaire (Pont de) 44...125 E3
Saint-Nazaire (Site de) 19....206 A3
Saint-Nazaire-d'Aude 11......303 F1
Saint-Nazaire-de-Ladarez 34..280 A3
Saint-Nazaire-de-Pézan 34....282 C3
Saint-Nazaire-de-Valentane 82.....257 D1
Saint-Nazaire-des-Gardies 30.....263 E3

Saint-Nazaire-en-Royans 26..229 F2
Saint-Nazaire-le-Désert 26...247 F2
Saint-Nazaire-les-Eymes 38..213 D4
Saint-Nazaire-sur-Charente 17.....181 D3
Saint-Nectaire 63......207 D2
Saint-Nexans 24......220 B4
Saint-Nic 29......73 E2
Saint-Nicodème 22......76 A2
Saint-Nicodème (Chapelle) 56.....100 C1
Saint-Nicolas 62......8 B3
Saint-Nicolas (Cascade) 68..119 F2
Saint-Nicolas (Chapelle) 56...76 A4
Saint-Nicolas-aux-Bois 02......36 C1
Saint-Nicolas-aux-Bois (Abbaye de) 02.....36 C1
Saint-Nicolas-Courbefy 87....203 E2
Saint-Nicolas-d'Aliermont 76..16 B2
Saint-Nicolas-d'Attez 27......58 B3
Saint-Nicolas-de-Bliquetuit 76..15 E4
Saint-Nicolas-de-Bourgueil 37.....129 F4
Saint-Nicolas-de-Brem 85....162 A1
Saint-Nicolas-de-la-Balerme 47.....256 C2
Saint-Nicolas-de-la-Grave 82.257 D2
Saint-Nicolas-de-la-Haie 76...15 E4
Saint-Nicolas-de-la-Taille 76...15 D4
Saint-Nicolas-de-Macherin 38.....212 B3
Saint-Nicolas-de-Pierrepont 50.....26 C3
Saint-Nicolas-de-Port 54......68 B4
Saint-Nicolas-de-Redon 44....102 B4
Saint-Nicolas-de-Sommaire 61.....57 F3
Saint-Nicolas-de-Véroce 74..196 C3
Saint-Nicolas-des-Biefs 03...190 C2
Saint-Nicolas-des-Bois 50......54 B3
Saint-Nicolas-des-Bois 61......82 C2
Saint-Nicolas-des-Eaux 56....100 C1
Saint-Nicolas-des-Laitiers 61..57 E3
Saint-Nicolas-des-Motets 37..131 E1
Saint-Nicolas-du-Bosc 27......31 F4
Saint-Nicolas-du-Bosc-l'Abbé 27.....57 F1
Saint-Nicolas-du-Pélem 22....76 B2
Saint-Nicolas-du-Tertre 56....102 B3
Saint-Nicolas-en-Forêt 57......41 F3
Saint-Nicolas-la-Chapelle 10...89 D2
Saint-Nicolas-la-Chapelle 73..196 B3
Saint-Nicolas-lès-Cîteaux 21..158 B1
Saint-Nizier-d'Azergues 69...192 A2
Saint-Nizier-de-Fornas 42....209 E2
Saint-Nizier-du-Moucherotte 38.....230 B1
Saint-Nizier-le-Bouchoux 01..175 F2
Saint-Nizier-le-Désert 01......193 E2
Saint-Nizier-sous-Charlieu 42.191 E1
Saint-Nizier-sur-Arroux 71....156 C2
Saint-Nolff 56......101 E4
Saint-Nom-la-Bretèche 78......60 B3
Saint-Offenge-Dessous 73....195 D4
Saint-Offenge-Dessus 73.....195 D4
Saint-Omer 14......55 F2
Saint-Omer 44......108 C3
Saint-Omer 62......3 E3
Saint-Omer-Capelle 62......3 D2
Saint-Omer-en-Chaussée 60...34 A1
Saint-Ondras 38......212 B2
Saint-Onen-la-Chapelle 35....78 B4
Saint-Oradoux-de-Chirouze 23.....206 A1
Saint-Oradoux-près-Crocq 23.....188 A3
Saint-Orens 32......275 E1
Saint-Orens-de-Gameville 31..276 C3
Saint-Orens-Pouy-Petit 32....255 F3
Saint-Ost 32......274 C4
Saint-Osvin 50......54 A4
Saint-Ouen 17......183 D2
Saint-Ouen 41......108 C3
Saint-Ouen 80......18 A1
Saint-Ouen 93......61 D2
Saint-Ouen-d'Attez 27......58 B3
Saint-Ouen-d'Aunis 17......163 F2
Saint-Ouen-de-la-Cour 61.....83 F2
Saint-Ouen-de-Mimbré 72......82 C3
Saint-Ouen-de-Pontcheuil 27..32 A4
Saint-Ouen-de-Sécherouvre 61.....83 F1
Saint-Ouen-de-Thouberville 27.....31 F4
Saint-Ouen-des-Alleux 35......79 F3
Saint-Ouen-des-Besaces 14...55 D1
Saint-Ouen-des-Champs 27....31 D2
Saint-Ouën-des-Toits 53......80 C4
Saint-Ouën-des-Vallons 53....81 E4
Saint-Ouen-Domprot 51......91 D1
Saint-Ouen-du-Mesnil-Oger 14.....30 A4
Saint-Ouen-du-Tilleul 27......32 A3
Saint-Ouen-en-Belin 72......107 D3
Saint-Ouen-en-Brie 77......88 A1
Saint-Ouen-en-Champagne 72.....106 A2
Saint-Ouen-la-Rouërie 35......79 F2
Saint-Ouen-l'Aumône 95......60 C1
Saint-Ouen-le-Brisoult 61......82 A2
Saint-Ouen-le-Houx 14......57 D1
Saint-Ouen-le-Mauger 76......15 F2
Saint-Ouen-le-Pin 14......30 B4
Saint-Ouen-lès-Parey 88......93 E4
Saint-Ouen-les-Vignes 37....131 E2
Saint-Ouen-Marchefroy 28....59 E3
Saint-Ouen-sous-Bailly 76....16 B2
Saint-Ouen-sur-Gartempe 87.185 E1

Saint-Ouen-sur-Iton 61 ....57 F4
Saint-Ouen-sur-Loire 58 ....155 D3
Saint-Ouen-sur-Maire 61 ....56 B4
Saint-Ouen-sur-Morin 77 ....62 C2
Saint-Oulph 10 ....89 F2
Saint-Ours 63 ....189 D4
Saint-Ours 73 ....195 D4
Saint-Outrille 18 ....152 A1
Saint-Oyen 73 ....214 A2
Saint-Oyen-Montbellet 71 ....175 E2
Saint-Pabu 29 ....47 E2
Saint-Paër 27 ....33 E3
Saint-Paër 76 ....15 F4
Saint-Pair 14 ....29 F4
Saint-Pair-du-Mont 14 ....30 A4
Saint-Pair-sur-Mer 50 ....53 F3
Saint-Pal-de-Chalencon 43 ......209 D4
Saint-Pal-de-Mons 43 ....227 F1
Saint-Pal-de-Senouire 43 ....208 C4
Saint-Palais 03 ....170 B3
Saint-Palais 18 ....134 A4
Saint-Palais 33 ....199 E4
Saint-Palais 64 ....271 E4
Saint-Palais-de-Négrignac 17 ..200 C4
Saint-Palais-de-Phiolin 17 .....199 E2
Saint-Palais-du-Né 16 ....200 C2
Saint-Palais-sur-Mer 17 ....198 B1
Saint-Pancrace 04 ....266 C4
Saint-Pancrace 06 ....288 C2
Saint-Pancrace 24 ....202 B3
Saint-Pancrace 73 ....214 A4
Saint-Pancrace 2B 314 A4
Saint-Pancrasse 38 ....213 D4
Saint-Pancré 54 ....40 C1
Saint-Pandelon 40 ....271 E1
Saint-Pantaléon 46 ....239 F4
Saint-Pantaléon 71 ....157 D2
Saint-Pantaléon 84 ....265 F4
Saint-Pantaléon-
de-Lapleau 19 ....205 F4
Saint-Pantaléon-
de-Larche 19 ....222 A2
Saint-Pantaléon-
les-Vignes 26 ....247 E3
Saint-Pantaly-d'Ans 24 ....221 D1
Saint-Pantaly-d'Excideuil 24 ...203 E4
Saint-Papoul 11 ....277 F4
Saint-Pardon-de-Conques 33 .236 C2
Saint-Pardoult 17 ....182 B2
Saint-Pardoux 63 ....189 E2
Saint-Pardoux 79 ....165 D2
Saint-Pardoux 87 ....185 F2
Saint-Pardoux-Corbier 19 ....204 A3
Saint-Pardoux-d'Arnet 23 ....188 A3
Saint-Pardoux-de-Drône 24 ....220 A1
Saint-Pardoux-du-Breuil 47 ....237 E2
Saint-Pardoux-et-Vielvic 24 ....239 D1
Saint-Pardoux-Isaac 47 ....238 A2
Saint-Pardoux-la-Croisille 19 ..223 D1
Saint-Pardoux-la-Rivière 24 ....202 C4
Saint-Pardoux-le-Neuf 19 ......206 A2
Saint-Pardoux-le-Neuf 23 ......187 F3
Saint-Pardoux-le-Vieux 19 ......205 F2
Saint-Pardoux-les-Cards 23 ....187 E2
Saint-Pardoux-l'Ortigier 19 ....204 B2
Saint-Pardoux-
Morterolles 23 ....187 D3
Saint-Pargoire 34 ....281 D3
Saint-Parize-en-Viry 58 ....155 D4
Saint-Parize-le-Châtel 58 ....154 C3
Saint-Parres-aux-Tertres 10 ....90 B3
Saint-Parres-lès-Vaudes 10 .....90 C4
Saint-Parthem 12 ....241 F2
Saint-Pastour 47 ....238 B3
Saint-Pastous 65 ....297 E3
Saint-Paterne 72 ....82 C2
Saint-Paterne-Racan 37 ....130 B1
Saint-Pathus 77 ....61 F1
Saint-Patrice 37 ....130 A4
Saint-Patrice-de-Claids 50 ......26 C3
Saint-Patrice-du-Désert 61 ......82 A1
Saint-Paul 06 ....269 F4
Saint-Paul 19 ....223 D1
Saint-Paul 33 ....217 E1
Saint-Paul 60 ....34 A2
Saint-Paul 61 ....55 E4
Saint-Paul 65 ....298 C2
Saint-Paul 73 ....212 C1
Saint-Paul 87 ....186 A4
Saint-Paul 88 ....93 F3
Saint-Paul-aux-Bois 02 ....36 A1
Saint-Paul-Cap-de-Joux 81 .....277 F2
Saint-Paul-de-Baïse 32 ....274 A2
Saint-Paul-de-Fenouillet 66 ....311 F1
Saint-Paul-de-Fourques 27 ......31 F4
Saint-Paul-de-Jarrat 09 ....301 D4
Saint-Paul-de-Loubressac 46 ..240 A4
Saint-Paul-de-Salers 15 ....224 B2
Saint-Paul-de-Serre 24 ....220 B2
Saint-Paul-de-Tartas 43 ....227 D4
Saint-Paul-de-Varax 01 ....193 E1
Saint-Paul-de-Varces 38 ....230 C2
Saint-Paul-de-Vern 46 ....223 D4
Saint-Paul-de-Vézelin 42 ....191 E3
Saint-Paul-des-Landes 15 ....223 F3
Saint-Paul-d'Espis 82 ....257 D2
Saint-Paul-d'Izeaux 38 ....212 A4
Saint-Paul-du-Bois 49 ....147 F1
Saint-Paul-du-Vernay 14 ....28 C4
Saint-Paul-d'Uzore 42 ....209 E1
Saint-Paul-en-Born 40 ....252 C1
Saint-Paul-en-Chablais 74 ......178 C3
Saint-Paul-en-Cornillon 42 .....209 F3
Saint-Paul-en-Forêt 83 ....287 E2
Saint-Paul-en-Gâtine 79 ....164 B1
Saint-Paul-en-Jarez 42 ....210 B3
Saint-Paul-en-Pareds 85 ....146 C2
Saint-Paul-et-Valmalle 34 ....281 E2

Saint-Paul-la-Coste 30 ....263 D2
Saint-Paul-la-Roche 24 ....203 D3
Saint-Paul-le-Froid 48 ....226 B4
Saint-Paul-le-Gaultier 72 ....82 B3
Saint-Paul-le-Jeune 07 ....245 F4
Saint-Paul-lès-Dax 40 ....271 E1
Saint-Paul-lès-Fonts 30 ....264 B2
Saint-Paul-lès-Monestier 38 ...230 C3
Saint-Paul-lès-Romans 26 ......229 E2
Saint-Paul-lez-Durance 13 ......285 E1
Saint-Paul-Lizonne 24 ....201 F4
Saint-Paul-Mont-Penit 85 ......145 E3
Saint-Paul-sur-Isère 73 ....214 A1
Saint-Paul-sur-Risle 27 ....31 D3
Saint-Paul-sur-Save 31 ....276 A1
Saint-Paul-sur-Ubaye 04 ....250 C2
Saint-Paul-Trois-Châteaux 26 .246 C4
Saint-Paulet 11 ....277 E4
Saint-Paulet-de-Caisson 30 ....264 B1
Saint-Pavace 72 ....106 C1
Saint-Pé-d'Ardet 31 ....299 D3
Saint-Pé-de-Bigorre 65 ....297 E2
Saint-Pé-de-Léren 64 ....271 E3
Saint-Pé-Delbosc 31 ....299 D1
Saint-Pé-Saint-Simon 47 ....255 D3
Saint-Pée-sur-Nivelle 64 ....270 B4
Saint-Pellerin 28 ....108 C1
Saint-Pellerin 50 ....27 E1
Saint-Péran 35 ....102 C1
Saint-Péravy-Épreux 45 ....86 B4
Saint-Péravy-la-Colombe 45 ...109 F2
Saint-Péray 07 ....229 D3
Saint-Perdon 40 ....253 F4
Saint-Perdoux 24 ....238 B1
Saint-Perdoux 46 ....241 E1
Saint-Père 35 ....53 D4
Saint-Père 58 ....135 D3
Saint-Père 89 ....136 C2
Saint-Père-en-Retz 44 ....125 E4
Saint-Père-sur-Loire 45 ....111 D4
Saint-Péreuse 58 ....156 A2
Saint-Pern 35 ....78 C3
Saint-Perreux 56 ....102 B4
Saint-Péver 22 ....50 C4
Saint-Pey-d'Armens 33 ....219 D4
Saint-Pey-de-Castets 33 ....219 D4
Saint-Phal 10 ....114 A1
Saint-Philbert-de-Bouaine 85 .145 F2
Saint-Philbert-
de-Grand-Lieu 44 ....145 E1
Saint-Philbert-des-Champs 14 ..30 C4
Saint-Philbert-du-Peuple 49 ...129 E3
Saint-Philbert-
du-Pont-Charrault 85 ....163 F1
Saint-Philbert-en-Mauges 49 ..146 C1
Saint-Philbert-sur-Boissey 27 ...31 F4
Saint-Philbert-sur-Orne 61 ....55 E3
Saint-Philbert-sur-Risle 27 ......31 E3
Saint-Philibert 21 ....139 D4
Saint-Philibert 56 ....100 C4
Saint-Philibert-
d'Entremont 38 ....213 D3
Saint-Philippe-d'Aiguille 33 ....219 D3
Saint-Philippe-du-Seignal 33 ..219 F4
Saint-Piat 28 ....85 F1
Saint-Pierre 04 ....269 E3
Saint-Pierre 15 ....206 A3
Saint-Pierre 31 ....277 D2
Saint-Pierre 39 ....177 E1
Saint-Pierre 51 ....64 C2
Saint-Pierre 67 ....96 C1
Saint-Pierre-à-Arnes 08 ....38 B3
Saint-Pierre-à-Champ 79 ....147 F1
Saint-Pierre-à-Gouy 80 ....18 A2
Saint-Pierre-Aigle 02 ....36 A3
Saint-Pierre-Avez 05 ....249 D4
Saint-Pierre-Azif 14 ....30 B3
Saint-Pierre-Bellevue 23 ....187 D3
Saint-Pierre-Bénouville 76 ....15 F2
Saint-Pierre-Bois 67 ....96 B1
Saint-Pierre-Brouck 59 ....3 D2
Saint-Pierre-Canivet 14 ....56 A4
Saint-Pierre-Chérignat 23 ......186 B3
Saint-Pierre-Colamine 63 ....207 D2
Saint-Pierre-d'Albigny 73 ....213 D1
Saint-Pierre-d'Allevard 38 ......213 E3
Saint-Pierre-d'Alvey 73 ....212 C1
Saint-Pierre-d'Amilly 17 ....181 F1
Saint-Pierre-d'Argençon 05 ....248 C2
Saint-Pierre-d'Arthéglise 50 .....24 B4
Saint-Pierre-d'Aubézies 32 .....274 A2
Saint-Pierre-d'Aurillac 33 ....236 C2
Saint-Pierre-d'Autils 27 ....59 E1
Saint-Pierre-de-Bailleul 27 ......59 D1
Saint-Pierre-de-Bat 33 ....236 C1
Saint-Pierre-de-Belleville 73 ...213 F2
Saint-Pierre-de-Bœuf 42 ....210 C3
Saint-Pierre-de-Bressieux 38 ..211 F4
Saint-Pierre-de-Buzet 47 ....255 F1
Saint-Pierre-de-Caubel 47 ......238 B3
Saint-Pierre-de-Cernières 27 ...57 F2
Saint-Pierre-de-Chandieu 69 ..211 E1
Saint-Pierre-
de-Chartreuse 38 ....213 D3
Saint-Pierre-
de-Chérennes 38 ....230 A1
Saint-Pierre-de-Chevillé 72 ....130 B1
Saint-Pierre-de-Chignac 24 ....221 D2
Saint-Pierre-de-Clairac 47 ......256 C1
Saint-Pierre-de-Côle 24 ....202 C4
Saint-Pierre-
de-Colombier 07 ....245 F1
Saint-Pierre-de-Cormeilles 27 ..31 D4
Saint-Pierre-de-Coutances 50 ..50 B1
Saint-Pierre-de-Curtille 73 .....194 C4
Saint-Pierre-de-Frugie 24 ......203 E2
Saint-Pierre-de-Fursac 23 ......186 B1
Saint-Pierre-de-Genebroz 73 ..212 C1

Saint-Pierre-de-Jards 36 ....152 B1
Saint-Pierre-de-Juillers 17 .....182 B3
Saint-Pierre-de-la-Fage 34 .....280 C1
Saint-Pierre-de-Lages 31 ....277 D2
Saint-Pierre-de-Lamps 36 ......151 F2
Saint-Pierre-de-l'Ile 79 ....182 B2
Saint-Pierre-de-Maillé 86 ....167 E1
Saint-Pierre-de-Mailloc 14 ......57 D1
Saint-Pierre-de-Manneville 76 ..32 A2
Saint-Pierre-de-Méaroz 38 .....231 D3
Saint-Pierre-de-Mésage 38 ....230 C2
Saint-Pierre-
de-Mézoargues 13 ....264 C4
Saint-Pierre-de-Mons 33 ....236 C2
Saint-Pierre-de-Nogaret 48 ....243 E3
Saint-Pierre-de-Plesguen 35 ....79 D3
Saint-Pierre-de-Rivière 09 .....300 C3
Saint-Pierre-de-Salerne 27 ......31 E4
Saint-Pierre-de-Semilly 50 ......27 F1
Saint-Pierre-de-Soucy 73 ....213 E2
Saint-Pierre-de-Trivisy 81 ......278 C1
Saint-Pierre-
de-Varengeville 76 ....15 F4
Saint-Pierre-de-Varennes 71 ..157 E3
Saint-Pierre-de-Vassols 84 .....265 E2
Saint-Pierre-dels-Forcats 66 ...311 D3
Saint-Pierre-d'Entremont 38 ...213 D3
Saint-Pierre-d'Entremont 61 ....55 E3
Saint-Pierre-d'Entremont 73 ...213 D3
Saint-Pierre-des-Bois 72 ....106 B2
Saint-Pierre-des-Champs 11 ...303 D3
Saint-Pierre-des-Corps 37 ......131 D3
Saint-Pierre-
des-Échaubrognes 79 ....147 D2
Saint-Pierre-des-Fleurs 27 ......32 A4
Saint-Pierre-des-Ifs 14 ....57 D1
Saint-Pierre-des-Ifs 27 ....31 E3
Saint-Pierre-
des-Jonquières 76 ....16 C3
Saint-Pierre-des-Landes 53 .....80 C1
Saint-Pierre-des-Loges 61 ....57 E4
Saint-Pierre-des-Nids 53 ....82 B2
Saint-Pierre-des-Ormes 72 ......83 E3
Saint-Pierre-des-Tripiers 48 ...261 F1
Saint-Pierre-d'Exideuil 86 ......183 F1
Saint-Pierre-d'Extravache 73 ..215 D4
Saint-Pierre-d'Eyraud 24 ....219 F4
Saint-Pierre-d'Irube 64 ....270 C3
Saint-Pierre-d'Oléron 17 ....180 B2
Saint-Pierre-du-Bosguérard 27 .31 F4
Saint-Pierre-du-Bû 14 ....56 A4
Saint-Pierre-du-Champ 43 ......227 D1
Saint-Pierre-du-Chemin 85 .....147 D4
Saint-Pierre-du-Fresne 14 ....55 D1
Saint-Pierre-du-Jonquet 14 ......30 A4
Saint-Pierre-du-Lorouër 72 .....107 E3
Saint-Pierre-du-Mesnil 27 ......57 F2
Saint-Pierre-du-Mont 14 ....25 F4
Saint-Pierre-du-Mont 40 ....254 A4
Saint-Pierre-du-Mont 58 ....136 A3
Saint-Pierre-du-Palais 17 ....218 C1
Saint-Pierre-du-Perray 91 ....87 E1
Saint-Pierre-du-Regard 61 ......55 E3
Saint-Pierre-du-Val 27 ....30 C2
Saint-Pierre-du-Vauvray 27 ......32 B4
Saint-Pierre-Église 50 ....25 D2
Saint-Pierre-en-Faucigny 74 ...196 A1
Saint-Pierre-en-Port 76 ....15 D2
Saint-Pierre-en-Val 76 ....16 C1
Saint-Pierre-en-Vaux 21 ....157 E2
Saint-Pierre-es-Champs 60 ......33 E2
Saint-Pierre-Eynac 43 ....227 E2
Saint-Pierre-
la-Bourlhonne 63 ....208 C1
Saint-Pierre-la-Bruyère 61 ......84 A3
Saint-Pierre-la-Cour 53 ....104 C1
Saint-Pierre-la-Garenne 27 ......32 C4
Saint-Pierre-la-Noaille 42 ......191 E1
Saint-Pierre-la-Palud 69 ....192 B4
Saint-Pierre-la-Rivière 61 ....57 D3
Saint-Pierre-la-Roche 07 ....246 C1
Saint-Pierre-la-Vieille 14 ....55 E2
Saint-Pierre-Lafeuille 14 ....240 A3
Saint-Pierre-Langers 50 ....53 F3
Saint-Pierre-Laval 03 ....190 C1
Saint-Pierre-Lavis 76 ....15 E3
Saint-Pierre-le-Bost 23 ....170 A3
Saint-Pierre-le-Chastel 63 ......189 D4
Saint-Pierre-
le-Déchausselat 07 ....245 E2
Saint-Pierre-le-Moûtier 58 .....154 C4
Saint-Pierre le Potier 53 ....105 D1
Saint-Pierre-le-Vieux 48 ....225 F4
Saint-Pierre-le-Vieux 71 ....174 C4
Saint-Pierre-le-Vieux 76 ....15 F1
Saint-Pierre-le-Vieux 85 ....164 A3
Saint-Pierre-le-Viger 76 ....15 F1
Saint-Pierre-lès-Aubagne 13 ..285 E4
Saint-Pierre-lès-Bitry 60 ....36 A2
Saint-Pierre-lès-Bois 35 ....170 A1
Saint-Pierre-lès-Elbeuf 76 ....32 A3
Saint-Pierre-lès-Étieux 18 ......153 F4
Saint-Pierre-
lès-Franqueville 02 ....21 D3
Saint-Pierre-lès-Nemours 77 ....87 F4
Saint-Pierre-Montlimart 49 .....127 E4
Saint-Pierre-Quiberon 56 ....122 A2
Saint-Pierre-Roche 63 ....206 C1
Saint-Pierre-sur-Dives 14 ....56 B1
Saint-Pierre-sur-Doux 07 ....228 A2
Saint-Pierre-sur-Dropt 47 ......237 E1
Saint-Pierre-sur-Erve 53 ....105 F2
Saint-Pierre-sur-Mer 11 ....305 D2
Saint-Pierre-sur-Orthe 53 ....82 A4
Saint-Pierre-sur-Vence 08 ....22 C4
Saint-Pierre-Tarentaine 14 ......55 D2
Saint-Pierre-Toirac 46 ....241 D3
Saint-Pierremont 02 ....21 D4
Saint-Pierremont 08 ....39 E1

Saint-Pierremont 88 ....95 D2
Saint-Pierreville 07 ....228 B4
Saint-Pierrevillers 55 ....40 C2
Saint-Plaisir 03 ....171 E1
Saint-Plancard 31 ....298 C2
Saint-Planchers 50 ....53 F3
Saint-Plantaire 36 ....169 D3
Saint-Point 71 ....174 C2
Saint-Point-Lac 25 ....161 D3
Saint-Pois 50 ....54 C3
Saint-Poix 53 ....104 B2
Saint-Pol-de-Léon 29 ....49 D1
Saint-Pol-sur-Mer 59 ....3 E1
Saint-Pol-sur-Ternoise 62 ....7 F3
Saint-Polgues 42 ....191 D3
Saint-Polycarpe 11 ....302 B3
Saint-Pompain 79 ....164 B3
Saint-Pompon 24 ....239 E1
Saint-Poncy 15 ....225 F1
Saint-Pons 04 ....250 C4
Saint-Pons 07 ....246 B2
Saint-Pons (Parc de) 13 ....285 E4
Saint-Pons-de-Mauchiens 34 ..281 D1
Saint-Pons-de-Thomières 34 ..279 E2
Saint-Pons-la-Calm 30 ....264 B2
Saint-Pont 03 ....189 F1
Saint-Porchaire 17 ....181 E2
Saint-Porquier 82 ....257 E3
Saint-Pôtan 22 ....78 B1
Saint-Pouange 10 ....90 B4
Saint-Pourçain-
sur-Besbre 03 ....172 C2
Saint-Pourçain-sur-Sioule 03 .172 A4
Saint-Prancher 88 ....93 F3
Saint-Préjet-Armandon 43 .....226 B1
Saint-Préjet-d'Allier 43 ....226 B3
Saint-Prest 28 ....85 F2
Saint-Preuil 16 ....200 C2
Saint-Priest 07 ....246 B1
Saint-Priest 23 ....188 A2
Saint-Priest 69 ....211 D1
Saint-Priest-Bramefant 63 .....190 A2
Saint-Priest-d'Andelot 03 ......189 E2
Saint-Priest-de-Gimel 19 ....205 D4
Saint-Priest-des-Champs 63 ...188 C3
Saint-Priest-en-Jarez 42 ....210 A3
Saint-Priest-en-Murat 03 ....171 E4
Saint-Priest-la-Feuille 23 ......186 B1
Saint-Priest-la-Marche 18 ......170 A3
Saint-Priest-la-Plaine 23 ....186 B1
Saint-Priest-la-Prugne 42 ......190 C3
Saint-Priest-la-Roche 42 ....191 E3
Saint-Priest-la-Vêtre 42 ....190 C4
Saint-Priest-les-Betoux 87 .....185 F1
Saint-Priest-les-Fougères 24 ..203 E2
Saint-Priest-Ligoure 87 ....203 F1
Saint-Priest-Palus 23 ....186 C3
Saint-Priest-sous-Aixe 87 ......185 E4
Saint-Priest-Taurion 87 ....186 A3
Saint-Prim 38 ....210 C3
Saint-Privat 07 ....246 A2
Saint-Privat 19 ....223 E2
Saint-Privat 34 ....280 C1
Saint-Privat-d'Allier 43 ....226 C3
Saint-Privat-
de-Champclos 30 ....246 A4
Saint-Privat-de-Vallongue 48 .262 C1
Saint-Privat-des-Prés 24 ....219 F1
Saint-Privat-des-Vieux 30 ......263 E2
Saint-Privat-du-Dragon 43 .....226 A1
Saint-Privat-du-Fau 48 ....226 A3
Saint-Privat-la-Montagne 57 ....41 E4
Saint-Privé 71 ....157 F4
Saint-Privé 89 ....135 E1
Saint-Prix 03 ....173 D4
Saint-Prix 07 ....228 B3

Saint-Prix 71 ....156 C2
Saint-Prix 95 ....60 C2
Saint-Prix-lès-Arnay 21 ....157 E1
Saint-Projet 15 ....242 A2
Saint-Projet 46 ....240 A1
Saint-Projet 82 ....240 C4
Saint-Projet-de-Salers 15 ......224 B2
Saint-Projet-
Saint-Constant 16 ....184 A4
Saint-Prouant 85 ....146 C4
Saint-Pryvé-
Saint-Mesmin 45 ....110 A3
Saint-Puy 32 ....256 A4
Saint-Python 59 ....9 F4
Saint-Quantin-
de-Rançanne 17 ....199 E2
Saint-Quay-Perros 22 ....50 A1
Saint-Quay-Portrieux 22 ....51 E3
Saint-Quentin 02 ....20 A3
Saint-Quentin-au-Bosc 76 ......16 B2
Saint-Quentin-de-Baron 33 ....218 C4
Saint-Quentin-de-Blavou 61 ....83 E2
Saint-Quentin-
de-Caplong 33 ....219 E4
Saint-Quentin-de-Chalais 16 ..201 E4
Saint-Quentin-des-Isles 27 ......57 F1
Saint-Quentin-des-Prés 60 ......33 E1
Saint-Quentin-du-Dropt 47 ....238 B1
Saint-Quentin-en-Mauges 49 ..127 E3
Saint-Quentin-en-Tourmont 80 ..6 A3
Saint-Quentin-en-Yvelines 78 ..60 B4
Saint-Quentin-Fallavier 38 .....211 E1
Saint-Quentin-
la-Chabanne 23 ....187 E4
Saint-Quentin-la-Motte-
Croix-au-Bailly 80 ....16 C1
Saint-Quentin-la-Poterie 30 ...264 A2
Saint-Quentin-la-Tour 09 ....301 F1
Saint-Quentin-le-Petit 08 ....37 F1
Saint-Quentin-le-Verger 51 .....89 F1
Saint-Quentin-les-Anges 53 ...104 C3
Saint-Quentin-
lès-Beaurepaire 49 ....129 E1
Saint-Quentin-
les-Chardonnets 61 ....55 D3
Saint-Quentin-les-Marais 51 ...65 E3
Saint-Quentin-lès-Troo 41 .....108 A4
Saint-Quentin-
sur-Charente 16 ....184 C2
Saint-Quentin-sur-Coole 51 ....64 C3
Saint-Quentin-sur-Indrois 37 ..131 E4
Saint-Quentin-sur-Isère 38 ....212 B4
Saint-Quentin-
sur-le-Homme 50 ....54 A4
Saint-Quentin-sur-Nohain 58 ..135 E3
Saint-Quentin-
sur-Sauxillanges 63 ....208 A2
Saint-Quintin-sur-Sioule 63 ...189 E2
Saint-Quirc 09 ....300 C1
Saint-Quirin 57 ....70 A3
Saint-Rabier 24 ....221 E1
Saint-Racho 71 ....174 B4
Saint-Rambert-d'Albon 26 ......210 C4
Saint-Rambert-en-Bugey 01 ...194 A3
Saint-Rambert-l'Ile-Barbe 69 ..192 C4
Saint-Raphaël 24 ....203 E4
Saint-Raphaël 83 ....287 F3
Saint-Régis-du-Coin 42 ....210 A4
Saint-Règle 37 ....131 E3
Saint-Remèze 07 ....246 B4
Saint-Remimont 54 ....94 B1
Saint-Remimont 88 ....93 F1
Saint-Rémy 01 ....193 E1
Saint-Rémy 12 ....241 E4
Saint-Rémy 14 ....55 F2
Saint-Rémy 19 ....223 D2

Saint-Rémy 21 ....137 F1
Saint-Rémy 24 ....219 F3
Saint-Rémy 70 ....118 A3
Saint-Rémy 71 ....158 A4
Saint-Rémy 79 ....164 C3
Saint-Rémy 88 ....95 E2
Saint-Rémy-au-Bois 62 ....6 C1
Saint-Rémy-aux-Bois 54 ....94 C2
Saint-Rémy-Blanzy 02 ....36 B4
Saint-Rémy-Boscrocourt 76 ....16 C1
Saint-Rémy-Chaussée 59 ....9 F4
Saint-Rémy-de-Blot 63 ....189 D2
Saint-Rémy-de-Chargnat 63 ...207 E2
Saint-Rémy-
de-Chaudes-Aigues 15 ......243 E1
Saint-Rémy-
de-Maurienne 73 ....213 F3
Saint-Rémy-de-Provence 13 ...265 D4
Saint-Rémy-de-Salers 15 ....224 A2
Saint-Rémy-de-Sillé 72 ....82 A4
Saint-Rémy-des-Landes 50 ......26 B3
Saint-Rémy-des-Monts 72 ......83 E3
Saint-Rémy-du-Nord 59 ....10 B3
Saint-Rémy-du-Plain 35 ....79 F2
Saint-Rémy-du-Val 72 ....83 D3
Saint-Remy-en-Bouzemont-
Saint-Genest-et-Isson 51 .....91 E1
Saint-Remy-en-l'Eau 60 ....34 C3
Saint-Rémy-en-Mauges 49 .....127 E4
Saint-Rémy-
en-Montmorillon 86 ....167 E4
Saint-Rémy-en-Rollat 03 ....190 A1
Saint-Rémy-la-Calonne 55 ......67 D1
Saint-Rémy-la-Vanne 77 ....62 C3
Saint-Rémy-la-Varenne 49 .....128 C3
Saint-Rémy-le-Petit 08 ....38 A2
Saint-Rémy-lès-Chevreuse 78 ..60 B4
Saint-Rémy-l'Honoré 78 ....60 B4
Saint-Remy-sous-Barbuise 10 ..90 B2
Saint-Remy-sous-Broyes 51 ....63 F4
Saint-Rémy-sur-Avre 28 ....59 D4
Saint-Rémy-sur-Bussy 51 ....65 D1
Saint-Rémy-sur-Creuse 86 .....150 A2
Saint-Rémy-sur-Durolle 63 ....190 B3
Saint-Renan 29 ....47 D3
Saint-René 22 ....51 E4
Saint-Restitut 26 ....247 D4
Saint-Révérend 85 ....145 D4
Saint-Révérien 58 ....136 B3
Saint-Rieul 22 ....78 A2
Saint-Rigomer-des-Bois 72 .....82 C3
Saint-Rimay 41 ....108 B4
Saint-Riquier 80 ....6 C4
Saint-Riquier-en-Rivière 76 ....17 D2
Saint-Riquier-ès-Plains 76 ......15 E1
Saint-Rirand 42 ....191 D2
Saint-Rivoal 29 ....75 D2
Saint-Robert 19 ....221 F1
Saint-Robert 47 ....256 C1
Saint-Roch 37 ....130 C2
Saint-Roch-sur-Égrenne 61 .....81 D1
Saint-Rogatien 17 ....180 C1
Saint-Romain 16 ....201 E4
Saint-Romain 21 ....157 F2
Saint-Romain 63 ....209 D3
Saint-Romain 86 ....166 B4
Saint-Romain (Mont) 71 ....175 D2
Saint-Romain-
au-Mont-d'Or 69 ....192 C4
Saint-Romain-d'Ay 07 ....228 C1
Saint-Romain-de-Benet 17 .....199 D3
Saint-Romain-de-Colbosc 76 ...14 C4
Saint-Romain-de-Jalionas 38 ..193 F4
Saint-Romain-de-Lerps 07 .....228 C3
Saint-Romain-
de-Monpazier 24 ....239 D1

ST-MALO

En saison :
zone piétonne intra-muros

Broussais (R.) ....DZ
Cartier (R. J.) ....DZ 5
Chartres (R. de) ....DZ 6
Chateaubriand (Pl.) ....DZ 8
Cordiers (R. des) ....DZ 13
Dinan (R. de) ....DZ

Forgeurs (R. du) ....DZ 18
Fosse (R. de la) ....DZ 19
Herbes (Pl. aux) ....DZ 25
Lamennais (Pl. Fr.) ....DZ 28
Mettrie (R. de la) ....DZ 35
Pilori (Pl. du) ....DZ 38
Poids-du-Roi (Pl. du) ....DZ 39
Poissonnerie (Pl. de la) ....DZ 42
Porcon-de-la-Barbinais (R.) ....DZ 43
St-Benoist (R.) ....DZ 56
St-Vincent (R.) ....DZ 57
Vauban (Pl.) ....DZ 70

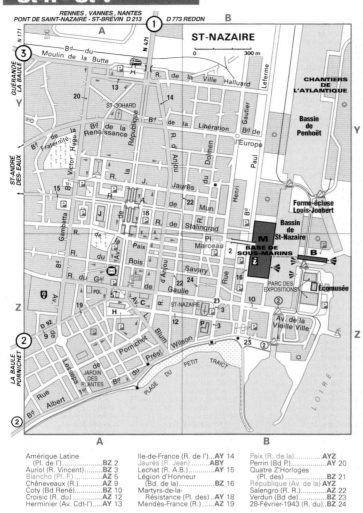

Amérique Latine
(Pl. de l') .... **BZ** 2
Auriol (R. Vincent) .... **BZ** 3
Blancho (Pl. F.) .... **AZ** 5
Chêneveaux (R.) .... **AZ** 9
Coty (Bd René) .... **BZ** 10
Croisic (R. du) .... **AZ** 12
Herminier (Av. Cdt-l') .... **AY** 13

Ile-de-France (R. de l') ... **AY** 14
Jaurès (R. Jean) .... **ABY**
Lechat (R. A.B.) .... **AY** 15
Légion d'Honneur
(Bd. de la) .... **BZ** 16
Martyrs-de-la-
Résistance (Pl. des) .. **AY** 18
Mendès-France (R.) ...... **AZ** 19

Paix (R. de la) .... **AYZ**
Perrin (Bd P.) .... **AY** 20
Quatre Z'Horloges
(Pl. des) .... **BZ** 21
République (Av. de la) ... **AYZ**
Salengro (R. R.) .... **AZ** 22
Verdun (Bd de) .... **BZ** 23
28-Février-1943 (R. du) .. **BZ** 24

Saint-Romain-de-Popey 69 .....192 B4
Saint-Romain-de-Surieu 38 .....211 D3
Saint-Romain-des-Iles 71 .....192 C1
Saint-Romain-d'Urfé 42 .....190 C3
Saint-Romain-en-Gal 69 .....211 D2
Saint-Romain-en-Gier 69 .....210 C2
Saint-Romain-en-Jarez 42 .....210 B2
Saint-Romain-
en-Viennois 84 .....265 E1
Saint-Romain-et-
Saint-Clément 24 .....203 D3
Saint-Romain-la-Motte 42 .....191 D2
Saint-Romain-la-Virvée 33 .....217 F3
Saint-Romain-Lachalm 43 .....210 A4
Saint-Romain-le-Noble 47 .....256 C1
Saint-Romain-le-Preux 89 .....112 C2
Saint-Romain-le-Puy 42 .....209 E2
Saint-Romain-les-Atheux 42 .....210 A4
Saint-Romain-
sous-Gourdon 71 .....174 B1
Saint-Romain-
sous-Versigny 71 .....174 A1
Saint-Romain-sur-Cher 41 .....132 A4
Saint-Romain-sur-Gironde 17 .....199 D3
Saint-Roman 26 .....248 A1
Saint-Roman
(Abbaye de) 30 .....264 B4
Saint-Roman-de-Bellet 06 .....288 C1
Saint-Roman-de-Codières 30 .....262 C3
Saint-Roman-
de-Malegarde 84 .....247 E4
Saint-Romans 38 .....230 A1
Saint-Romans-
des-Champs 79 .....182 C1
Saint-Romans-lès-Melle 79 .....183 D1
Saint-Rome 31 .....277 D4
Saint-Rome-de-Cernon 12 .....261 D3
Saint-Rome-de-Dolan 48 .....261 F1
Saint-Rome-de-Tarn 12 .....261 D2
Saint-Romphaire 50 .....54 B1
Saint-Rouin
Ermitage de) 55 .....66 A1
Saint-Rustice 31 .....257 F4
Saint-Saëns 76 .....16 B4
Saint-Saire 76 .....16 C4
Saint-Salvadou 12 .....259 E1
Saint-Salvadour 19 .....224 C3
Saint-Salvi-de-Carcavès 81 .....260 B4
Saint-Salvy 47 .....238 A4
Saint-Salvy-de-la-Balme 81 .....278 C2
Saint-Samson 14 .....29 F4
Saint-Samson 53 .....82 A2
Saint-Samson-de-Bonfossé 50 .....54 B1
Saint-Samson-de-la-Roque 27 .....31 D2
Saint-Samson-la-Poterie 60 .....33 E1
Saint-Samson-sur-Rance 22 .....78 C1
Saint-Sandoux 63 .....207 E1
Saint-Santin 15 .....241 E2

Saint-Santin-Cantalès 15 .....223 F2
Saint-Santin-de-Maurs 15 .....241 F2
Saint-Sardos 47 .....238 A4
Saint-Sardos 82 .....257 E4
Saint-Sardos-
de-Laurenque 47 .....239 D2
Saint-Satur 18 .....135 D3
Saint-Saturnin 15 .....224 C1
Saint-Saturnin 16 .....201 E1
Saint-Saturnin 18 .....170 A2
Saint-Saturnin 48 .....243 F3
Saint-Saturnin 51 .....90 A1
Saint-Saturnin 63 .....207 E1
Saint-Saturnin 72 .....106 C1
Saint-Saturnin-de-Lenne 12 .....243 E3
Saint-Saturnin-de-Lucian 34 .....280 C1
Saint-Saturnin-du-Bois 17 .....181 F1
Saint-Saturnin-du-Limet 53 .....104 B3
Saint-Saturnin-lès-Apt 84 .....266 A3
Saint-Saturnin-
lès-Avignon 84 .....265 D3
Saint-Saturnin-sur-Loire 49 .....128 C3
Saint-Saud-Lacoussière 24 .....202 C2
Saint-Sauflieu 80 .....18 A3
Saint-Saulge 58 .....155 E1
Saint-Saulve 59 .....9 F2
Saint-Saury 15 .....223 E4
Saint-Sauvant 17 .....182 B4
Saint-Sauvant 86 .....165 F3
Saint-Sauves-d'Auvergne 63 .....206 C2
Saint-Sauveur 05 .....250 B2
Saint-Sauveur 21 .....140 A3
Saint-Sauveur 24 .....220 B4
Saint-Sauveur 29 .....49 D4
Saint-Sauveur 31 .....276 C1
Saint-Sauveur 33 .....216 C1
Saint-Sauveur 38 .....230 A1
Saint-Sauveur 54 .....95 F1
Saint-Sauveur 60 .....35 E3
Saint-Sauveur 70 .....118 C3
Saint-Sauveur 79 .....147 F3
Saint-Sauveur 80 .....18 A2
Saint-Sauveur 86 .....149 F4
Saint-Sauveur (Chapelle) 64 .....295 E4
Saint-Sauveur-Camprieu 30 .....262 A2
Saint-Sauveur-d'Aunis 17 .....164 A4
Saint-Sauveur-
de-Carrouges 61 .....82 B1
Saint-Sauveur-
de-Chaulieu 50 .....55 D4
Saint-Sauveur-
de-Cruzières 07 .....245 F4
Saint-Sauveur-de-Flée 49 .....105 D4
Saint-Sauveur-
de-Ginestoux 48 .....244 B3
Saint-Sauveur-
de-Landemont 49 .....127 D3
Saint-Sauveur-
de-Meilhan 47 .....237 D3

Saint-Sauveur-
de-Montagut 07 .....228 B4
Saint-Sauveur-de-Peyre 48 .....243 F1
Saint-Sauveur-
de-Pierrepont 50 .....24 C4
Saint-Sauveur-
de-Puynormand 33 .....219 D2
Saint-Sauveur-
d'Émalleville 76 .....14 C3
Saint-Sauveur-des-Landes 35 .....80 A3
Saint-Sauveur-en-Diois 26 .....247 F1
Saint-Sauveur-en-Puisaye 89 .....135 F1
Saint-Sauveur-en-Rue 42 .....210 B4
Saint-Sauveur-Gouvernet 26 .....248 A4
Saint-Sauveur-
la-Pommeraye 50 .....53 F2
Saint-Sauveur-la-Sagne 63 .....208 C3
Saint-Sauveur-la-Vallée 46 .....240 B2
Saint-Sauveur-Lalande 24 .....219 F3
Saint-Sauveur-le-Vicomte 50 .....24 C4
Saint-Sauveur-Lendelin 50 .....26 C4
Saint-Sauveur-les-Bains 65 .....297 F4
Saint-Sauveur-lès-Bray 77 .....88 C2
Saint-Sauveur-Levasville 28 .....85 D1
Saint-Sauveur-École 77 .....87 E2
Saint-Sauveur-sur-Tinée 06 .....269 F1
Saint-Sauvier 03 .....170 B3
Saint-Sauvy 32 .....275 E1
Saint-Savin 33 .....217 F1
Saint-Savin 38 .....211 F1
Saint-Savin 65 .....297 F3
Saint-Savin 86 .....167 E2
Saint-Savinien 17 .....181 F3
Saint-Saviol 86 .....183 F1
Saint-Savournin 13 .....285 D3
Saint-Sébastien 23 .....168 C3
Saint-Sébastien 38 .....231 D4
Saint-Sébastien (Chapelle) 29 .....73 E2
Saint-Sébastien-
d'Aigrefeuille 30 .....263 D2
Saint-Sébastien-
de-Morsent 27 .....58 C2
Saint-Sébastien-de-Raids 50 .....27 D4
Saint-Sébastien-sur-Loire 44 .....126 B4
Saint-Secondin 86 .....166 C4
Saint-Ségal 29 .....73 F2
Saint-Séglin 35 .....102 C3
Saint-Seine 58 .....156 A4
Saint-Seine-en-Bâche 21 .....159 D1
Saint-Seine-l'Abbaye 21 .....138 C2
Saint-Seine-sur-Vingeanne 21 .....140 A2
Saint-Selve 33 .....236 A1
Saint-Senier-de-Beuvron 50 .....80 A1
Saint-Senier-
sous-Avranches 50 .....54 A4
Saint-Senoch 37 .....150 B2
Saint-Senoux 35 .....103 D2
Saint-Sériès 34 .....282 A1

Saint-Sernin 07 .....246 A2
Saint-Sernin 11 .....301 E1
Saint-Sernin 47 .....237 F1
Saint-Sernin-du-Bois 71 .....157 E3
Saint-Sernin-du-Plain 71 .....157 E3
Saint-Sernin-lès-Lavaur 81 .....277 F3
Saint-Sernin-sur-Rance 12 .....260 B4
Saint-Sérotin 89 .....88 C4
Saint-Servais 22 .....76 A2
Saint-Servais 29 .....48 C3
Saint-Servan-sur-Mer 35 .....52 C4
Saint-Servant 56 .....101 F2
Saint-Setiers 19 .....205 E1
Saint-Seurin-de-Bourg 33 .....205 E1
Saint-Seurin-de-Cadourne 33 .....199 D4
Saint-Seurin-de-Cursac 33 .....217 E1
Saint-Seurin-de-Palenne 17 .....199 E1
Saint-Seurin-de-Prats 24 .....219 E4
Saint-Seurin-d'Uzet 17 .....198 C2
Saint-Seurin-sur-l'Isle 33 .....219 D2
Saint-Sève 33 .....237 D2
Saint-Sever 40 .....272 B1
Saint-Sever-Calvados 14 .....54 C3
Saint-Sever-de-Rustan 65 .....274 A4
Saint-Sever-de-Saintonge 17 .....199 F1
Saint-Sever-du-Moustier 12 .....279 E1
Saint-Séverin 16 .....201 F4
Saint-Séverin-d'Estissac 24 .....220 A2
Saint-Séverin-
sur-Boutonne 17 .....182 B2
Saint-Siffret 30 .....264 A3
Saint-Sigismond 45 .....109 F2
Saint-Sigismond 49 .....127 F2
Saint-Sigismond 74 .....196 B1
Saint-Sigismond 85 .....164 B3
Saint-Sigismond-
de-Clermont 17 .....199 E3
Saint-Silvain-Bas-le-Roc 23 .....170 A4
Saint-Silvain-Bellegarde 23 .....187 F3
Saint-Silvain-Montaigut 23 .....186 C1
Saint-Silvain-sous-Toulx 23 .....170 A4
Saint-Siméon 31 .....31 D3
Saint-Siméon 61 .....81 D2
Saint-Siméon 77 .....62 C3
Saint-Siméon-
de-Bressieux 38 .....211 F4
Saint-Simeux 16 .....201 D1
Saint-Simon 02 .....20 A4
Saint-Simon 15 .....224 A3
Saint-Simon 16 .....201 D1
Saint-Simon 46 .....241 D1
Saint-Simon-de-Bordes 17 .....199 F3
Saint-Simon-
de-Pellouaille 17 .....199 D1
Saint-Sixt 74 .....195 F1
Saint-Sixte 42 .....191 D4
Saint-Sixte 47 .....256 C1
Saint-Solen 22 .....78 C2
Saint-Solve 19 .....204 A4
Saint-Sorlin 69 .....210 B1
Saint-Sorlin-d'Arves 73 .....213 F4
Saint-Sorlin-de-Conac 17 .....199 D3
Saint-Sorlin-de-Morestel 38 .....212 A1
Saint-Sorlin-de-Vienne 38 .....211 D3
Saint-Sorlin-en-Bugey 01 .....194 A3
Saint-Sorlin-en-Valloire 26 .....211 D4
Saint-Sornin 03 .....171 F3
Saint-Sornin 16 .....202 A1
Saint-Sornin 17 .....181 D4
Saint-Sornin 85 .....163 D4
Saint-Sornin-la-Marche 87 .....185 E1
Saint-Sornin-Lavolps 19 .....204 A4
Saint-Sornin-Leulac 87 .....185 F1
Saint-Soulan 32 .....275 E3
Saint-Souplet 59 .....20 B1
Saint-Souplet-sur-Py 51 .....38 B4
Saint-Soupplets 77 .....61 F1
Saint-Sozy 46 .....222 B4
Saint-Stail 88 .....96 A1
Saint-Suliac 35 .....78 C1
Saint-Sulpice 01 .....175 F4
Saint-Sulpice 46 .....240 C2
Saint-Sulpice 53 .....105 D2
Saint-Sulpice 58 .....155 D2
Saint-Sulpice 60 .....34 A3
Saint-Sulpice 63 .....206 B1
Saint-Sulpice 70 .....142 A1
Saint-Sulpice 73 .....213 D2
Saint-Sulpice 81 .....277 D1
Saint-Sulpice-d'Arnoult 17 .....181 E4
Saint-Sulpice-de-Cognac 16 .....182 B4
Saint-Sulpice-
de-Faleyrens 33 .....218 C3
Saint-Sulpice-de-Favières 91 .....86 C2
Saint-Sulpice-
de-Grimbouville 27 .....31 D3
Saint-Sulpice-
de-Guilleragues 33 .....237 E2
Saint-Sulpice-de-Mareuil 24 .....202 B3
Saint-Sulpice-
de-Pommeray 41 .....132 A1
Saint-Sulpice-
de-Pommiers 33 .....237 D1
Saint-Sulpice-
de-Roumagnac 24 .....220 A1
Saint-Sulpice-de-Royan 17 .....198 B1
Saint-Sulpice-de-Ruffec 16 .....183 E2
Saint-Sulpice-des-Landes 35 .....103 E3
Saint-Sulpice-des-Landes 44 .....127 D3
Saint-Sulpice-
des-Rivoires 38 .....212 A2
Saint-Sulpice-d'Excideuil 24 .....203 E3
Saint-Sulpice-en-Pareds 85 .....164 A1
Saint-Sulpice-
et-Cameyrac 33 .....217 F3
Saint-Sulpice-la-Forêt 35 .....79 E4
Saint-Sulpice-Laurière 87 .....186 A1
Saint-Sulpice-le-Dunois 23 .....169 D4

Saint-Sulpice-
le-Guérétois 23 .....187 D1
Saint-Sulpice-le-Verdon 85 .....145 F3
Saint-Sulpice-les-Bois 19 .....205 E2
Saint-Sulpice-les-Champs 23 .....187 E2
Saint-Sulpice-les-Feuilles 87 .....168 B4
Saint-Sulpice-sur-Lèze 31 .....276 B4
Saint-Sulpice-sur-Risle 61 .....57 F3
Saint-Supplet 54 .....40 C2
Saint-Sylvain 14 .....56 A1
Saint-Sylvain 19 .....223 D1
Saint-Sylvain 76 .....15 E1
Saint-Sylvain-d'Anjou 49 .....128 C1
Saint-Sylvestre 07 .....228 C3
Saint-Sylvestre 74 .....195 E3
Saint-Sylvestre 87 .....186 A2
Saint-Sylvestre-Cappel 59 .....3 F3
Saint-Sylvestre-
de-Cormeilles 27 .....31 D4
Saint-Sylvestre-Pragoulin 63 .....190 A2
Saint-Sylvestre-sur-Lot 47 .....238 C2
Saint-Symphorien 04 .....267 E1
Saint-Symphorien 18 .....153 D4
Saint-Symphorien 27 .....31 D3
Saint-Symphorien 33 .....235 F4
Saint-Symphorien 35 .....79 D3
Saint-Symphorien 48 .....226 B4
Saint-Symphorien 72 .....106 B1
Saint-Symphorien 79 .....164 C4
Saint-Symphorien-
d'Ancelles 71 .....192 C1
Saint-Symphorien-de-Lay 42 .....191 F3
Saint-Symphorien-
de-Mahun 07 .....228 B1
Saint-Symphorien-
de-Marmagne 71 .....157 D3
Saint-Symphorien-
de-Thénières 12 .....242 C1
Saint-Symphorien-
des-Bois 71 .....174 A4
Saint-Symphorien-
des-Bruyères 61 .....57 F3
Saint-Symphorien-
des-Monts 50 .....80 C1
Saint-Symphorien-
d'Ozon 69 .....211 D1
Saint-Symphorien-
le-Château 28 .....86 A2
Saint-Symphorien-
le-Valois 50 .....26 C3
Saint-Symphorien-
les-Buttes 50 .....54 C1
Saint-Symphorien-
sous-Chomérac 07 .....246 C3
Saint-Symphorien-
sur-Coise 69 .....210 A1
Saint-Symphorien-
sur-Couze 87 .....185 F2
Saint-Symphorien-
sur-Saône 21 .....159 D1
Saint-Thégonnec 29 .....49 D3
Saint-Thélo 22 .....77 D3
Saint-Théodorit 30 .....263 E3
Saint-Théoffrey 38 .....230 C2
Saint-Thibaud-de-Couz 73 .....213 D2
Saint-Thibault 10 .....90 B4
Saint-Thibault 18 .....135 D3
Saint-Thibault 21 .....138 A3
Saint-Thibault 60 .....17 E4
Saint-Thibault-des-Vignes 77 .....61 F3
Saint-Thibaut 02 .....37 D3
Saint-Thibéry 34 .....280 C4
Saint-Thiébaud 39 .....160 A2
Saint-Thiébault 52 .....93 D4
Saint-Thierry 51 .....37 F3
Saint-Thois 29 .....75 D2
Saint-Thomas 02 .....37 E2
Saint-Thomas 31 .....276 A3
Saint-Thomas (Col de) 42 .....190 C3
Saint-Thomas-de-Conac 17 .....199 D3
Saint-Thomas-
de-Courceriers 53 .....82 A3
Saint-Thomas-en-Argonne 51 .....39 E4
Saint-Thomas-en-Royans 26 .....229 F2
Saint-Thomas-la-Garde 42 .....209 E2
Saint-Thomé 07 .....246 C4
Saint-Thonan 29 .....47 F2
Saint-Thual 35 .....78 C3
Saint-Thurial 35 .....102 C1
Saint-Thuriau 56 .....100 C1
Saint-Thurien 27 .....31 D2
Saint-Thurien 29 .....99 F1
Saint-Thurin 42 .....191 D2
Saint-Thyrse (Chapelle) 04 .....268 B4
Saint-Tricat 62 .....2 B2
Saint-Trimoël 22 .....77 F2
Saint-Trinit 84 .....266 A2
Saint-Trivier-de-Courtes 01 .....175 F2
Saint-Trivier-
sur-Moignans 01 .....193 D2
Saint-Trojan 33 .....217 E2
Saint-Trojan-les-Bains 17 .....180 C3
Saint-Tropez 83 .....287 E4
Saint-Tugdual 56 .....76 A4
Saint-Tugen 29 .....72 C2
Saint-Ulphace 72 .....108 A1
Saint-Ulrich 68 .....143 D1
Saint-Uniac 35 .....78 C4
Saint-Urbain 29 .....48 B4
Saint-Urbain 85 .....144 C2
Saint-Urbain-sur-Marne 52 .....92 B2
Saint-Urcisse 47 .....256 C2
Saint-Urcisse 81 .....258 B3
Saint-Urcize 15 .....243 E1
Saint-Ursin 50 .....53 F2
Saint-Usage 10 .....115 E1
Saint-Usage 21 .....158 C2
Saint-Usuge 71 .....176 A1

Saint-Utin 51 .....91 D1
Saint-Uze 26 .....229 D1
Saint-Vaast-de-Longmont 60 .....35 E3
Saint-Vaast-d'Équiqueville 76 .....16 B1
Saint-Vaast-Dieppedalle 76 .....15 E2
Saint-Vaast-du-Val 76 .....16 A4
Saint-Vaast-en-Auge 14 .....30 A3
Saint-Vaast-en-Cambrésis 59 .....9 E4
Saint-Vaast-en-Chaussée 80 .....18 A2
Saint-Vaast-la-Hougue 50 .....25 D3
Saint-Vaast-lès-Mello 60 .....34 C3
Saint-Vaast-sur-Seulles 14 .....29 D4
Saint-Vaize 17 .....181 F4
Saint-Valbert 70 .....142 B1
Saint-Valentin 36 .....152 B3
Saint-Valérien 85 .....163 F2
Saint-Valérien 89 .....88 B4
Saint-Valery 60 .....17 E4
Saint-Valery-en-Caux 76 .....15 E1
Saint-Valery-sur-Somme 80 .....6 A4
Saint-Vallerin 71 .....174 C1
Saint-Vallier 16 .....201 D4
Saint-Vallier 26 .....228 C3
Saint-Vallier 71 .....174 B1
Saint-Vallier 88 .....94 C3
Saint-Vallier-de-Thiey 06 .....287 F1
Saint-Vallier-sur-Marne 52 .....116 C3
Saint-Varent 79 .....148 A3
Saint-Vaury 23 .....186 C1
Saint-Venant 62 .....3 F4
Saint-Venec (Chapelle) 29 .....73 F2
Saint-Vénérand 43 .....226 C4
Saint-Véran 05 .....233 D4
Saint-Vérand 38 .....230 A1
Saint-Vérand 69 .....192 B3
Saint-Vérand 71 .....175 D4
Saint-Vert 43 .....208 B4
Saint-Viance 19 .....222 A1
Saint-Viâtre 41 .....133 D2
Saint-Viaud 44 .....125 E3
Saint-Victeur 72 .....82 C3
Saint-Victor 03 .....170 C3
Saint-Victor 07 .....228 C2
Saint-Victor 15 .....223 F3
Saint-Victor 24 .....202 A4
Saint-Victor-de-Buthon 28 .....84 B3
Saint-Victor-de-Cessieu 38 .....212 A2
Saint-Victor-
de-Chrétienville 27 .....57 F1
Saint-Victor-de-Malcap 30 .....263 F1
Saint-Victor-de-Morestel 38 .....212 A1
Saint-Victor-de-Réno 61 .....83 F2
Saint-Victor-d'Épine 27 .....31 E4
Saint-Victor-des-Oules 30 .....264 A4
Saint-Victor-en-Marche 23 .....187 D1
Saint-Victor-et-Melvieu 12 .....260 C3
Saint-Victor-la-Coste 30 .....264 B2
Saint-Victor-la-Rivière 63 .....207 D2
Saint-Victor-l'Abbaye 76 .....16 A4
Saint-Victor-Malescours 43 .....209 F4
Saint-Victor-Montvianeix 63 .....190 B3
Saint-Victor-Rouzaud 09 .....300 C2
Saint-Victor-sur-Arlanc 43 .....208 C4
Saint-Victor-sur-Avre 27 .....58 A4
Saint-Victor-sur-Loire 42 .....209 F3
Saint-Victor-sur-Ouche 21 .....138 C4
Saint-Victor-sur-Rhins 42 .....191 F2
Saint-Victoret 13 .....284 B3
Saint-Victour 19 .....206 A3
Saint-Victurnien 87 .....185 E3
Saint-Vidal 43 .....226 C2
Saint-Vigor 27 .....59 D1
Saint-Vigor-des-Mézerets 14 .....55 E2
Saint-Vigor-des-Monts 50 .....54 C2
Saint-Vigor-d'Ymonville 76 .....14 C4
Saint-Vigor-le-Grand 14 .....29 D3
Saint-Vincent 31 .....277 E4
Saint-Vincent 43 .....227 D1
Saint-Vincent 63 .....207 E2
Saint-Vincent 64 .....297 E2
Saint-Vincent 82 .....258 A2
Saint-Vincent-Bragny 71 .....173 F2
Saint-Vincent-Cramesnil 76 .....14 C4
Saint-Vincent-
de-Barbeyrargues 34 .....281 F1
Saint-Vincent-de-Barrès 07 .....246 C3
Saint-Vincent-de-Boisset 42 .....191 E2
Saint-Vincent-
de-Connezac 24 .....220 A1
Saint-Vincent-de-Cosse 24 .....221 E4
Saint-Vincent-de-Durfort 07 .....228 C4
Saint-Vincent-
de-Lamontjoie 47 .....256 A2
Saint-Vincent-de-Mercuze 38 .....213 D2
Saint-Vincent-de-Paul 33 .....217 F3
Saint-Vincent-de-Paul 40 .....271 F1
Saint-Vincent-
de-Pertignas 33 .....219 D4
Saint-Vincent-de-Reins 69 .....192 A2
Saint-Vincent-de-Salers 15 .....224 B1
Saint-Vincent-de-Tyrosse 40 .....271 D2
Saint-Vincent-des-Bois 27 .....59 E1
Saint-Vincent-des-Landes 44 .....103 F4
Saint-Vincent-des-Prés 71 .....174 C2
Saint-Vincent-des-Prés 72 .....83 E3
Saint-Vincent-d'Olargues 34 .....279 E3
Saint-Vincent-du-Boulay 27 .....57 E1
Saint-Vincent-du-Lorouër 72 .....107 E2
Saint-Vincent-du-Pendit 46 .....223 D4
Saint-Vincent-en-Bresse 71 .....175 F1
Saint-Vincent-
Jalmoutiers 24 .....219 F1
Saint-Vincent-la-Châtre 79 .....165 F14
Saint-Vincent-
la-Commanderie 26 .....229 D4
Saint-Vincent-le-Paluel 24 .....221 F4
Saint-Vincent-les-Forts 04 .....250 A3
Saint-Vincent-Lespinasse 82 .....257 D2

Saint-Vincent-
Puymaufrais 85............163 E1
Saint-Vincent-Rive-d'Olt 46....239 F3
Saint-Vincent-Sterlanges 85...146 B4
Saint-Vincent-sur-Graon 85....163 D2
Saint-Vincent-sur-Jabron 04...266 C1
Saint-Vincent-sur-Jard 85......162 C2
Saint-Vincent-sur-l'Isle 24.....221 D1
Saint-Vincent-sur-Oust 56......102 B4
Saint-Vinnemer 89.............114 B3
Saint-Vit 25..................140 C4
Saint-Vital 73................213 F1
Saint-Vite 47.................239 D3
Saint-Vitte 47................170 C2
Saint-Vitte-sur-Briance 87.....204 B2
Saint-Vivien 17...............181 D1
Saint-Vivien 24...............219 E3
Saint-Vivien-de-Blaye 33......217 E2
Saint-Vivien-de-Médoc 33.....198 B3
Saint-Vivien-
de-Monségur 33.............237 E2
Saint-Voir 03.................172 C3
Saint-Vougay 29...............48 C3
Saint-Vrain 51................65 F4
Saint-Vrain 91................87 D2
Saint-Vran 22.................78 A3
Saint-Vulbas 01...............193 F3
Saint-Waast 59................10 A2
Saint-Wandrille-Rançon 76.....15 E4
Saint-Witz 95.................61 E1
Saint-Xandre 17...............163 E4
Saint-Yan 71..................253 E3
Saint-Yan 71..................173 F2
Saint-Ybard 19................204 B3
Saint-Ybars 09................300 B1
Saint-Ylie 39.................159 E1
Saint-Yon 91..................86 C1
Saint-Yorre 03................190 A2
Saint-Yrieix-la-Montagne 23...187 E3
Saint-Yrieix-la-Perche 87.....203 F2
Saint-Yrieix-le-Déjalat 19....205 D3
Saint-Yrieix-les-Bois 23......187 D2
Saint-Yrieix-sous-Aixe 87.....185 E4
Saint-Yrieix-sur-Charente 16...201 E1
Saint-Ythaire 71..............174 C2
Saint-Yvi 29..................99 D1
Saint-Yvoine 63...............207 F2
Saint-Yzan-de-Soudiac 33......217 E2
Saint-Yzans-de-Médoc 33.......199 D4
Saint-Zacharie 83.............285 E4
Sainte-Adresse 76.............14 A4
Sainte-Agathe 63..............190 B4
Sainte-Agathe-d'Aliermont 76...16 B3
Sainte-Agathe-en-Donzy 42.....191 F4
Sainte-Agathe-
la-Bouteresse 42.............209 E4
Sainte-Agnès 06...............289 E4
Sainte-Agnès 38...............213 D4
Sainte-Agnès 38...............176 B1
Sainte-Alauzie 46.............239 F4
Sainte-Alvère 24..............220 C3
Sainte-Anastasie 15...........225 D1
Sainte-Anastasie 30...........264 A3
Sainte-Anastasie-
sur-Issole 83................286 B4
Sainte-Anne 04................250 C2
Sainte-Anne 25................160 B2
Sainte-Anne 32................275 F1
Sainte-Anne 41................108 C2
Sainte-Anne-d'Auray 56........100 C3
Sainte-Anne-d'Evenos 83.......291 E3
Sainte-Anne-du-Castellet 83...291 E3
Sainte-Anne-
la-Condamine 04.............250 C2
Sainte-Anne-la-Palud 29.......73 D2
Sainte-Anne-Saint-Priest 87....204 C1
Sainte-Anne-sur-Brivet 44.....125 F2
Sainte-Anne-
sur-Gervonde 38.............211 F2
Sainte-Anne-sur-Vilaine 35....103 D4
Sainte-Aulde 77...............62 B2
Sainte-Aurence-Cazaux 32......274 B4
Sainte-Austreberthe 62........7 D3
Sainte-Austreberthe 76........32 A1
Sainte-Avoye 56...............100 C4
Sainte-Barbe 57...............42 C4
Sainte-Barbe 88...............95 E2
Sainte-Barbe
(Alignements de) 56.........75 F4
Sainte-Barbe-sur-Gaillon 27....32 C4
Sainte-Baume
(Gorge de la) 07............246 C3
La Sainte-Baume
(Massif de) 83..............285 F4
Sainte-Bazeille 47............237 E2
Sainte-Beuve-en-Rivière 76.....16 C3
Sainte-Blandine 38............212 A4
Sainte-Blandine 79............165 D4
Sainte-Brigitte 56............76 C4
Sainte-Camelle 11.............301 E1
Sainte-Catherine 62...........8 A3
Sainte-Catherine 63...........208 A3
Sainte-Catherine 69...........210 B2
Sainte-Catherine-
de-Fierbois 37..............150 A1
Sainte-Cécile 36..............151 F1
Sainte-Cécile 50..............54 B3
Sainte-Cécile 71..............174 C3
Sainte-Cécile 85..............146 B4
Sainte-Cécile-d'Andorge 30....263 D1
Sainte-Cécile-du-Cayrou 81....258 C3
Sainte-Cécile-les-Vignes 84...265 D1
Sainte-Céronne-
lès-Mortagne 61.............83 F1
Sainte-Cérotte 72.............107 F3
Sainte-Christie 32............275 D1
Sainte-Christie-
d'Armagnac 32...............255 D4
Sainte-Christine 49...........127 F3

Sainte-Christine 63...........189 D2
Sainte-Christine 85...........164 B3
Sainte-Christine (Chapelle) 29..47 E3
Sainte-Colombe 05............248 C4
Sainte-Colombe 16............183 F4
Sainte-Colombe 17............200 C4
Sainte-Colombe 25............160 C3
Sainte-Colombe 33............219 D3
Sainte-Colombe 35............103 F2
Sainte-Colombe 40............272 B1
Sainte-Colombe 46............241 D1
Sainte-Colombe 50............24 C4
Sainte-Colombe 69............211 D2
Sainte-Colombe 76............15 E2
Sainte-Colombe 77............88 C2
Sainte-Colombe 89............137 D1
Sainte-Colombe-de-Duras 47...237 E1
Sainte-Colombe-
de-la-Commanderie 66.......312 C2
Sainte-Colombe-de-Peyre 48...243 F1
Sainte-Colombe-
de-Villeneuve 47............238 B4
Sainte-Colombe-des-Bois 58..135 E4
Sainte-Colombe-
en-Auxois 21................138 A3
Sainte-Colombe-
en-Bruilhois 47.............256 A1
Sainte-Colombe-
la-Commanderie 27..........58 B1
Sainte-Colombe-
près-Vernon 27..............59 D1
Sainte-Colombe-sur-Gand 42..191 F3
Sainte-Colombe-
sur-Guette 11...............311 E1
Sainte-Colombe-sur-l'Hers 11..301 F4
Sainte-Colombe-sur-Loing 89..135 F1
Sainte-Colombe-
sur-Seine 21................115 D3
Sainte-Colome 64.............296 C2
Sainte-Consorce 69...........192 C4
Sainte-Croix 01..............193 E3
Sainte-Croix 02..............37 D2
Sainte-Croix 12..............241 D3
Sainte-Croix 24..............238 C1
Sainte-Croix 26..............229 F4
Sainte-Croix 46..............239 E4
Sainte-Croix 71..............176 A1
Sainte-Croix 81..............259 E3
Sainte-Croix (Barrage de) 83..286 B1
Sainte-Croix (Prieuré de) 60...35 F2
Sainte-Croix-à-Lauze 04......266 B3
Sainte-Croix-aux-Mines 68.....96 B2
Sainte-Croix-de-Caderle 30....263 D2
Sainte-Croix-de-Mareuil 24....202 A3
Sainte-Croix-
de-Quintillargues 34........281 F1
Sainte-Croix-de-Verdon 04....267 F4
Sainte-Croix-du-Mont 33.......236 B2
Sainte-Croix-en-Jarez 42......210 B3
Sainte-Croix-en-Plaine 68.....96 C4
Sainte-Croix-Grand-Tonne 14...29 D4
Sainte-Croix-Hague 50.........24 B2
Sainte-Croix-sur-Aizier 27....31 E2
Sainte-Croix-sur-Buchy 76.....32 C1
Sainte-Croix-sur-Mer 14.......29 D3
Sainte-Croix-sur-Orne 61......56 A4
Sainte-Croix-
Vallée-Française 48.........262 C1
Sainte-Croix-Volvestre 09.....300 A2
Sainte-Dode 32...............274 B4
Sainte-Eanne 79..............165 E3
Sainte-Engrâce 64............296 A3
Sainte-Enimie 48.............244 A4
Sainte-Eugénie-
de-Villeneuve 43............226 B2
Sainte-Eugienne 50...........54 A3
Sainte-Eulalie 07............227 F4
Sainte-Eulalie 11............302 B1
Sainte-Eulalie 15............224 A2
Sainte-Eulalie 33............217 E3
Sainte-Eulalie 48............226 A4
Sainte-Eulalie-d'Ans 24.......221 E1
Sainte-Eulalie-de-Cernon 12...261 E3
Sainte-Eulalie-d'Eymet 24.....238 A1
Sainte-Eulalie-en-Born 40.....234 B4
Sainte-Eulalie-d'Olt 12.......243 D3
Sainte-Eulalie-en-Royans 26...230 A2
Sainte-Euphémie 01...........192 C2
Sainte-Euphémie-
sur-Ouvèze 26...............248 A4
Sainte-Eusoye 60.............34 B1
Sainte-Fauste 36.............152 B3
Sainte-Féréole 19............222 B1
Sainte-Feyre 23..............187 D1
Sainte-Feyre-
la-Montagne 23..............187 F3
Sainte-Flaive-des-Loups 85....162 C1
Sainte-Florence 33...........219 D4
Sainte-Florence 85...........146 B3
Sainte-Florine 43............207 F3
Sainte-Foi 09................301 F2
Sainte-Fortunade 19..........222 C1
Sainte-Foy 40................254 B3
Sainte-Foy 71................173 F4
Sainte-Foy 76................16 A3
Sainte-Foy 85................162 B1
Sainte-Foy-d'Aigrefeuille 31...277 D2
Sainte-Foy-de-Belvès 24......239 E1
Sainte-Foy-de-Longas 24......220 C3
Sainte-Foy-
de-Montgommery 14..........57 D2
Sainte-Foy-de-Peyrolières 31..276 A3
Sainte-Foy-de-Chignac 24.....220 C2
Sainte-Foy-la-Grande 33......219 E4
Sainte-Foy-la-Longue 33......236 C2
Sainte-Foy-l'Argentière 69....210 A1
Sainte-Foy-lès-Lyon 69.......192 C4
Sainte-Foy-Saint-Sulpice 42...191 E4
Sainte-Foy-Tarentaise 73.....215 D3

Sainte-Gauburge 61............83 F3
Sainte-Gauburge-
Sainte-Colombe 61...........57 E4
Sainte-Gemme 17..............181 D4
Sainte-Gemme 32..............275 E1
Sainte-Gemme 33..............237 E2
Sainte-Gemme 36..............151 D2
Sainte-Gemme 51..............63 E1
Sainte-Gemme 79..............148 A3
Sainte-Gemme 81..............259 E2
Sainte-Gemme-
en-Sancerrois 18............135 D3
Sainte-Gemme-la-Plaine 85....163 E2
Sainte-Gemme-Martaillac 47...237 E4
Sainte-Gemme-Moronval 28....59 E4
Sainte-Gemmes 41.............109 D4
Sainte-Gemmes-
d'Andigné 49................104 C4
Sainte-Gemmes-le-Robert 53...81 F4
Sainte-Gemmes-sur-Loire 49..128 B2
Sainte-Geneviève 02..........21 F4
Sainte-Geneviève 50..........25 E2
Sainte-Geneviève 54..........68 A2
Sainte-Geneviève 60..........34 B3
Sainte-Geneviève 76..........16 C4
Sainte-Geneviève-
des-Bois 45.................112 A3
Sainte-Geneviève-
des-Bois 91.................87 D1
Sainte-Geneviève-
lès-Gasny 27................59 F1
Sainte-Geneviève-
sur-Argence 12..............224 C4
Sainte-Hélène 33.............216 C3
Sainte-Hélène 48.............244 B3
Sainte-Hélène 56.............100 B3
Sainte-Hélène 71.............157 F4
Sainte-Hélène 88.............95 D3
Sainte-Hélène-Bondeville 76...15 D2
Sainte-Hélène-du-Lac 73......213 E2
Sainte-Hélène-sur-Isère 73....213 F1
Sainte-Hermine 85............163 F1
Sainte-Honorine-de-Ducy 14...28 C4
Sainte-Honorine-
des-Pertes 14...............28 C3
Sainte-Honorine-du-Fay 14....55 F1
Sainte-Honorine-
la-Chardonne 61.............55 F3
Sainte-Honorine-
la-Guillaume 61.............55 F3
Sainte-Innocence 24..........238 A1
Sainte-Jalle 26..............248 A4
Sainte-Jamme-sur-Sarthe 72..106 C1
Sainte-Julie 01..............193 F3
Sainte-Juliette 82...........257 E1
Sainte-Juliette-sur-Viaur 12...260 A1
Sainte-Léocadie 66...........310 C4
Sainte-Lheurine 17...........199 F2
Sainte-Livière 52............91 F1
Sainte-Livrade 31............276 A2
Sainte-Livrade-sur-Lot 47....238 B4
Sainte-Lizaigne 36...........152 C2
Sainte-Luce 38...............231 D3
Sainte-Luce-sur-Loire 44.....126 C4
Sainte-Lucie-
de-Porto-Vecchio 2A.........319 F1
Sainte-Lucie-de-Tallano 2A...319 D2
Sainte-Lunaise 18............153 D3
Sainte-Magnance 89...........137 E2
Sainte-Marguerite 43.........226 B1
Sainte-Marguerite 88.........95 F3
Sainte-Marguerite (Île) 06....288 B4
Sainte-Marguerite
(Presqu'île de) 29..........47 E1
Sainte-Marguerite-
de-Carrouges 61.............82 B1
Sainte-Marguerite-
de-l'Autel 27...............58 A2
Sainte-Marguerite-de-Viette 14..56 C1
Sainte-Marguerite-d'Elle 14...27 F4
Sainte-Marguerite-
des-Loges 14................57 D1
Sainte-Marguerite-
en-Ouche 27.................57 F1
Sainte-Marguerite-
Lafigère 07.................245 E3
Sainte-Marguerite-
sur-Duclair 76..............15 F4
Sainte-Marguerite-
sur-Fauville 76.............15 D3
Sainte-Marguerite-sur-Mer 76..15 F1
Sainte-Marie 05..............248 B3
Sainte-Marie 08..............38 C2
Sainte-Marie 15..............225 D4
Sainte-Marie 18..............201 E4
Sainte-Marie 25..............142 B3
Sainte-Marie 32..............275 E2
Sainte-Marie 35..............102 C4
Sainte-Marie 44..............144 B1
Sainte-Marie 58..............155 E1
Sainte-Marie 65..............299 D3
Sainte-Marie 66..............313 E1
Sainte-Marie-à-Py 51.........38 C4
Sainte-Marie-au-Bosc 76......14 B1
Sainte-Marie-aux-Anglais 14...56 C1
Sainte-Marie-aux-Chênes 57...41 E4
Sainte-Marie-aux-Mines 68.....96 A2
Sainte-Marie-Cappel 59.......3 F3
Sainte-Marie-d'Alloix 38......213 D3
Sainte-Marie-d'Alvey 73......212 C4
Sainte-Marie-de-Campan 65...298 A3
Sainte-Marie-de-Chignac 24...220 C2
Sainte-Marie-de-Cuines 73....213 F4
Sainte-Marie-de-Gosse 40.....271 D2
Sainte-Marie-de-Ré 17........180 B1
Sainte-Marie-de-Vars 05......250 C1
Sainte-Marie-de-Vatimesnil 27..54 D4
Sainte-Marie-de-Vaux 87......185 D4

Sainte-Marie-des-Champs 76....15 E3
Sainte-Marie-des-Chazes 43...226 B2
Sainte-Marie-du-Bois 50......80 C1
Sainte-Marie-du-Bois 53......81 F2
Sainte-Marie-
du-Lac-Nuisement 51.........91 F1
Sainte-Marie-du-Ménez-Hom
(Chapelle) 29...............73 E2
Sainte-Marie-du-Mont 38......213 D3
Sainte-Marie-du-Mont 50......25 E4
Sainte-Marie-en-Chanois 70...119 D3
Sainte-Marie-en-Chaux 70.....118 C3
Sainte-Marie-Kerque 62.......3 D2
Sainte-Marie-la-Blanche 21....158 A2
Sainte-Marie-la-Robert 61.....82 B1
Sainte-Marie-Lapanouze 19....206 A3
Sainte-Marie-Laumont 14......55 D2
Sainte-Marie-Outre-l'Eau 14...54 C2
Sainte-Marie-Sicché 2A........316 C3
Sainte-Marie-sur-Ouche 21....138 C4
Sainte-Marine 29.............98 C2
Sainte-Marthe 27.............58 B2
Sainte-Marthe 47.............237 E3
Sainte-Maure 10..............90 B3
Sainte-Maure-de-Peyriac 47...255 E3
Sainte-Maure-de-Touraine 37..149 F1
Sainte-Maxime 83.............287 E4
Sainte-Même 17..............182 B3
Sainte-Menéhould 51..........65 F1
Sainte-Mère 32...............256 B3
Sainte-Mère-Église 50........25 E4
Sainte-Mesme 78.............86 B2
Sainte-Mondane 24...........221 F4
Sainte-Montaine 18...........134 A2
Sainte-Nathalène 24..........221 F3
Sainte-Néomaye 79...........165 D3
Sainte-Odile (Mont) 67.......70 C4
Sainte-Olive 01..............193 D2
Sainte-Opportune 61..........55 F4
Sainte-Opportune-du-Bosc 27...31 F4
Sainte-Opportune-la-Mare 27...31 D2
Sainte-Orse 24...............221 E1
Sainte-Osmane 72.............107 E2
Sainte-Ouenne 79............164 C3
Sainte-Pallaye 89............136 B1
Sainte-Paule 69..............192 B3
Sainte-Pazanne 44............145 D1
Sainte-Pexine 85.............163 E1
Sainte-Pezenne 79............164 C3
Sainte-Pience 50.............54 A3
Sainte-Pôle 54...............95 E1
Sainte-Preuve 02.............37 E1
Sainte-Radegonde 12.........242 B4
Sainte-Radegonde 17.........181 E3
Sainte-Radegonde 24.........238 C1
Sainte-Radegonde 32.........256 A4

Sainte-Radegonde 33.........219 D4
Sainte-Radegonde 71.........173 F1
Sainte-Radegonde 79.........148 A2
Sainte-Radegonde 86.........167 F1
Sainte-Radégonde-
des-Noyers 85...............163 F3
Sainte-Ramée 17.............199 E3
Sainte-Reine 70.............140 C2
Sainte-Reine 73.............213 F1
Sainte-Reine-de-Bretagne 44..125 E2
Sainte-Restitude 2B..........314 B1
Sainte-Roseline
(Chapelle) 83...............287 D3
Sainte-Ruffine 57............41 E4
Sainte-Sabine 21............138 B4
Sainte-Sabine 24............238 C1
Sainte-Sabine-
sur-Longève 72..............106 C1
Sainte-Savine 10.............90 A3
Sainte-Scolasse-sur-Sarthe 61..83 E1
Sainte-Segrée 80.............17 F4
Sainte-Sève 29..............49 E3
Sainte-Sévère 16............182 C4
Sainte-Sévère-sur-Indre 36...169 F2
Sainte-Sigolène 43..........227 F1
Sainte-Solange 18...........153 F1
Sainte-Soline 79.............165 F4
Sainte-Souline 16............201 D3
Sainte-Soulle 17.............181 D1
Sainte-Suzanne 09...........300 C1
Sainte-Suzanne 25...........142 B1
Sainte-Suzanne 53...........105 F1
Sainte-Suzanne 64...........272 A3
Sainte-Suzanne-
en-Bauptois 50..............26 C3
Sainte-Suzanne-sur-Vire 50....54 C1
Sainte-Terre 33.............219 D4
Sainte-Thérence 03..........170 C4
Sainte-Thorette 18..........153 D2
Sainte-Tréphine 22..........76 B3
Sainte-Trie 24..............203 F4
Sainte-Tulle 04.............266 C4
Sainte-Valière 11...........303 E1
Sainte-Vaubourg 08..........38 C2
Sainte-Verge 79.............148 A2
Sainte-Vertu 89.............114 A4
Sainteny 50.................27 D3
Saintes 17..................181 F4
Saintes-Maries-de-la-Mer 13..282 C3
Saintines 60................35 E3
Saintry-sur-Seine 91.........87 D1
Saints 77...................62 B4
Saints 89...................135 F1
Saints-Geosmes 52...........116 C3
Sainville 28................86 A3
Saires 86...................149 D3

Saires-la-Verrerie 61........55 F4
Saisies (Col des) 73.........196 B4
Saissac 11..................278 A4
Saisseval 80................18 A2
Saisy 71....................157 E2
Saivres 79..................165 E3
Le Saix 05..................249 D3
Saix 81.....................278 A2
Saix 86.....................148 C1
Saizenay 39.................160 A2
Saizerais 54................68 A3
Saizy 58....................136 C3
Sajas 31....................276 C4
Salagnac 24.................203 F4
Salagnon 38.................212 A1
Salaise-sur-Sanne 38........210 C4
Salans 39...................140 C4
Salasc 34...................280 B2
Salaunes 33.................216 C3
Salavas 07..................246 A4
Salavre 01..................176 B3
Salazac 30..................264 B1
Salbris 41..................133 E3
Les Salces 48...............243 F3
Saléchan 65.................299 D3
Saleich 31..................299 F3
Saleignes 17................183 D2
Saleilles 66................313 D2
Les Salelles 07.............245 E3
Les Salelles 48.............243 F3
Salency 60..................35 F1
Salenthal 67................70 B3
Saléon 05...................249 D4
Salérans 05.................248 C4
Salerm 31...................299 E1
Salernes 83.................286 C2
Salers 15...................224 B2
Sales 74....................195 D3
Salesches 59................9 F4
La Salette-Fallavaux 38.....231 E4
Salettes 26.................247 E2
Salettes 43.................227 D4
Saleux 80...................18 A3
Salève (Mont) 74............195 E1
Salice 2A...................316 C2
Saliceto 2B.................315 E4
Saliès 81...................259 E4
Salies-de-Béarn 64..........271 F3
Salies-du-Salat 31..........299 F2
Salignac 04.................267 E1
Salignac 33.................217 F2
Salignac-de-Mirambeau 17....199 F4
Salignac-Eyvigues 24........221 F3
Salignac-sur-Charente 17....199 F1
Saligney 39.................140 B4
Saligny 85..................145 F3

ST-QUENTIN

Aumale (R. d')...............AZ 2
Basch (R. Victor)............AYZ 3
Basilique (Pl. de la)........ABY 4
Campions (Pl. des)...........AZ 5
Croix-Belle-Porte (R.).......AY 6
Dufour-Denelle (Pl.).........AZ 7
Etats-Généraux (R. des)......AY 8
Foy (R. du Gén.).............AZ 10
Gaulle (Av. Gén.-de).........BZ 13

Gouvernement (R. du).........BY 15
Héros du 2 Septembre 1945
(Pl. des)..................BZ 16
Herriot (R. Édouard).........AY 17
Hôtel-de-Ville (Pl. de l')...AZ 18
Isle (R. d').................BZ
Leclerc (R. Gén.)............BZ 21
Le Sérurier (R.).............BZ 23
Lyon (R. de).................BZ 24
Marché-Franc (Pl. du)........AY 25
Mulhouse (R. de).............BY 26
Paringault (R.)..............ABY 27

Pompidou (R. G.).............AY 28
Prés.-J.-F.-Kennedy (R. du)..AY 29
Raspail (R.).................AY
Remicourt (Av. de)...........AY 31
St-André (R.)................AY 32
Sellerie (R. de la)..........BZ 33
Sous-Préfecture (R. de la)...BZ 34
Thomas (R. A.)...............AY 36
Toiles (R. des)..............BZ 37
Verdun (Bd)..................AZ 38
Zola (R. Émile)..............AZ
8-Octobre (Pl. du)...........BZ 41

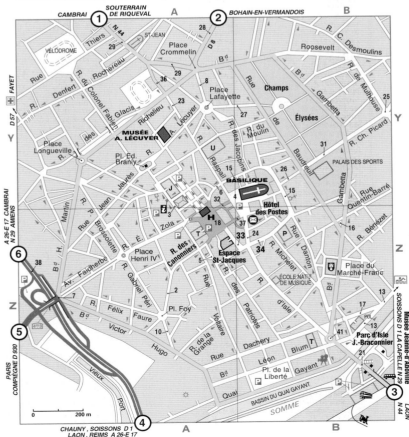

402 Sal - Séc

Saligny *89* 89 D4
Saligny-le-Vif *18* 154 A2
Saligny-sur-Roudon *03* 173 D3
Saligos *65* 297 F4
Salin-de-Badon *13* 283 E3
Salin-de-Giraud *13* 283 E4
Salindres *30* 263 E1
Saline Royale
d'Arc-et-Cenans *25* 159 F2
Salinelles *30* 263 E4
Salins *15* 224 A1
Salins *77* 88 B2
Les Salins-d'Hyères *83* 292 C2
Salins-les-Bains *39* 160 A2
Salins-les-Thermes *73* 214 B2
Salives *21* 139 D1
Sallagriffon *06* 269 E3
Sallanches *74* 196 B2
Sallaumines *62* 8 B2
La Salle *71* 175 E3
La Salle *88* 95 E3
La Salle-de-Vihiers *49* 147 E1
La Salle-en-Beaumont *38* 231 D3
La Salle-et-
Chapelle-Aubry *49* 127 E4
La Salle-les-Alpes *05* 232 B2
La Salle-Prunet *48* 244 B4
Sallebœuf *33* 217 F4
Sallèdes *63* 207 F1
Sallèles-Cabardès *11* 278 C4
Sallèles-d'Aude *11* 303 F1
Sallen *14* 28 C4
Sallenelles *14* 29 F3
Sallenôves *74* 195 D2
Sallertaine *85* 144 C3
Salles *33* 235 D2
Les Salles *33* 219 D3
Les Salles *42* 190 C4
Salles *47* 239 D2
Salles *65* 297 E3
Salles *79* 165 E3
Salles *81* 259 D2
Salles-Adour *65* 297 F1
Salles-Arbuissonnas-
en-Beaujolais *69* 192 B2
Salles-Courbatiès *12* 241 E3
Salles-Curan *12* 260 C1
Salles-d'Angles *16* 200 C1
Salles-d'Armagnac *32* 255 D4
Salles-d'Aude *11* 304 C1
Salles-de-Barbezieux *16* 201 D3
Salles-de-Belvès *24* 239 D1
Salles-de-Villefagnan *16* 183 F3
Les Salles-du-Gardon *30* 263 E1
Salles-en-Toulon *86* 167 D2
Salles-et-Pratviel *31* 298 C4
Salles-la-Source *12* 242 B3
Salles-Lavalette *16* 201 F3
Les Salles-Lavauguyon *87* 184 C4
Salles-lès-Aulnay *17* 182 C2
Salles-Mongiscard *64* 272 A3
Salles-sous-Bois *26* 247 D3
Salles-sur-Garonne *31* 300 A1
Salles-sur-l'Hers *11* 301 E1
Salles-sur-Mer *17* 181 D1
Les Salles-sur-Verdon *83* 267 F4
Sallespisse *64* 272 A2
Salmagne *55* 66 C3
Salmaise *21* 138 B2
Salmbach *67* 45 F4
Salmiech *12* 260 B1
Salomé *59* 8 B1
Salon *10* 90 A1
Salon *24* 220 C2
Salon-de-Provence *13* 284 A2
Salon-la-Tour *19* 204 B3
Salonnes *57* 68 C3
Salornay-sur-Guye *71* 174 C2
Salouël *80* 18 A3
Salperwick *62* 3 E3
Salsein *09* 299 F4
Salses-le-Château *66* 313 D1
Salsigne *11* 278 B4
Salt-en-Donzy *42* 209 F1
Les Salvages *81* 278 B2
Salvagnac *81* 258 B4
Salvagnac-Cajarc *12* 241 D3
Salvagnac-Saint-Loup *12* 241 E3
La Salvetat-Belmontet *82* 258 A3
La Salvetat-Lauragais *31* 277 E3
La Salvetat-Peyralès *12* 259 E1
La Salvetat-Saint-Gilles *31* 276 B2
La Salvetat-sur-Agout *34* 279 E2
Salvezines *11* 311 E1
Salvi (Col de) *2B* 314 B3
Salviac *46* 239 F1
Salvizinet *42* 191 F4
Salza *11* 302 C3
Salzuit *43* 226 A1
Samadet *40* 272 C2
Saman *31* 299 D1
Samara *80* 18 A2
Samaran *32* 274 C4
Samatan *32* 275 F3
Samazan *47* 237 E3
Sambin *41* 132 A3
Sambourg *89* 114 B4
Le Sambuc *13* 283 E3
Saméon *59* 9 E2
Samer *62* 2 B4
Samerey *21* 159 D1
Sames *64* 271 E2
Sammarçolles *86* 149 D2
Sammeron *77* 62 B2
Samoëns *74* 196 C1
Samognat *01* 176 C4
Samogneux *55* 40 A3
Samois-sur-Seine *77* 87 F2
Samonac *33* 217 E2
Samoreau *77* 87 F2
Samouillan *31* 299 F1
Samoussy *02* 37 D1
Sampans *39* 159 E1
Sampigny *55* 67 D3
Sampigny-lès-Maranges *71* 157 F3
Sampolo *2A* 317 D4
Sampzon *07* 246 A3
Samson *25* 160 A1
Samsons-Lion *64* 273 E3
Samuran *65* 298 C3
San Cervone (Col de) *2B* 317 E1
San-Damiano *2B* 315 F4
San-Gavino-
d'Ampugnani *2B* 315 F4
San-Gavino-di-Carbini *2A* 319 D1
San-Gavino-di-Fiumorbo *2B* 317 E3
San-Gavino-di-Tenda *2B* 315 E2
San-Giovanni-di-Moriani *2B* 315 F4
San-Giuliano *2B* 315 F4
San-Lorenzo *2B* 315 E4
San-Martino-di-Lota *2B* 315 F1
San Michele de Murato
(Église) *2B* 315 E2
San-Nicolao *2B* 315 F4
San-Peïre-sur-Mer *83* 287 E4
San-Pellegrino *2B* 315 C3
San Quilico
(Chapelle de) *2A* 319 E3
San Quilico de Cambia
(Chapelle) *2B* 315 E4
San Stefano (Col de) *2B* 315 E2
Sana *31* 299 F1
Sanadoire (Roche) *63* 206 C1
Sanary-sur-Mer *83* 291 E4
Sancé *71* 175 D3
Sancergues *18* 154 B1
Sancerre *18* 135 D4
Sancey-le-Grand *25* 142 A3
Sancey-le-Long *25* 142 B3
Sancheville *28* 85 E4
Sanchey *88* 94 C4
Sancoins *18* 154 B4
Sancourt *27* 33 E3
Sancourt *59* 9 D4
Sancourt *80* 19 F3
Sancy *54* 41 D2
Sancy *77* 62 A3
Sancy (Puy de) *63* 206 C2
Sancy-les-Cheminots *02* 36 C2
Sancy-lès-Provins *77* 63 D4
Sand *67* 97 D1
Sandarville *28* 85 D3
Sandaucourt *88* 93 F3
Sandillon *45* 110 B3
Sandouville *76* 14 C4
Sandrans *01* 193 D2
Sangatte *62* 2 B2
Sanghen *62* 2 C3
Sanguinaires (Îles) *2A* 316 A4
Sanguinet *40* 234 C3
Sanilhac *07* 245 F2
Sanilhac-Sagriès *30* 264 A3
Sannat *23* 188 A1
Sannerville *14* 29 F4
Sannes *84* 285 D1
Sannois *95* 60 C2
Sanous *65* 273 F4
Sanry-lès-Vigy *57* 41 F4
Sanry-sur-Nied *57* 68 B1
Sans-Vallois *88* 94 A4
Sansa *66* 311 D2
Sansac-de-Marmiesse *15* 224 A4
Sansac-Veinazès *15* 242 A1
Sansais *79* 164 B4
Sansan *32* 275 D3
Sanssac-l'Église *43* 226 C2
Sanssat *03* 172 B4
Santa-Lucia-di-Mercurio *2B* 315 E4
Santa-Lucia-di-Moriani *2B* 315 F4
Santa-Maria *2B* 314 A2
Santa-Maria-di-Lota *2B* 315 F1
Santa-Maria-Figaniella *2A* 318 C2
Santa-Maria-Poggio *2B* 315 E4
Santa-Maria-Poggio *2B* 315 F4
Santa-Reparata-
di-Balagna *2B* 314 C2
Santa-Reparata-
di-Moriani *2B* 315 F4
Sant'Andréa-di-Bozio *2B* 317 E1
Sant'Andréa-di-Cotone *2B* 315 F4
Sant'Andréa-d'Orcino *2A* 316 B3
Santans *39* 159 F2
Sant'Antonino *2B* 314 B2
Sant'Appiano
(Cathédrale) *2A* 316 A2
Santeau *45* 110 C1
Santec *29* 49 D2
Santenay *21* 157 F3
Santenay *41* 131 F1
Santeny *94* 61 E4
Santes *59* 8 C1
Santeuil *28* 85 F3
Santeuil *95* 60 B1
Santigny *89* 137 E1
Santilly *28* 110 A1
Santilly *71* 175 D1
Santo-Pietro-di-Tenda *2B* 315 E2
Santo-Pietro-di-Venaco *2B* 317 D1
Santoche *25* 142 A2
Santosse *21* 157 F2
Santranges *18* 134 C2
Sanvensa *12* 259 D1
Sanvignes-les-Mines *71* 174 A1
Sanxay *86* 165 F2
Sanzay *79* 147 F2
Sanzey *54* 67 F3
Saon *14* 28 C3
Saône *25* 141 E4
Saonnet *14* 28 B3
Saorge *06* 289 F2
Saosnes *72* 83 D3
Saou *26* 247 E1
Le Sap *61* 57 E2
Le Sap-André *61* 57 E3
Le Sapey *38* 231 D2
Sapignicourt *51* 65 F4
Sapignies *62* 8 B4
Sapogne-et-Feuchères *08* 23 D4
Sapogne-sur-Marche *08* 23 F4
Sapois *39* 160 B4
Sapois *88* 119 E1
Saponay *02* 36 C4
Saponcourt *70* 118 A3
Le Sappey *74* 195 E1
Le Sappey-en-Chartreuse *38* 212 C4
Saramon *32* 275 E3
Saran *45* 110 A2
Saraz *25* 160 B2
Sarbazan *40* 254 B2
Sarcé *72* 107 D4
Sarceaux *61* 56 B4
Sarcelles *95* 61 D2
Sarcenas *38* 212 C4
Sarcey *52* 116 C1
Sarcey *69* 192 B3
Sarcicourt *52* 92 A4
Sarcos *32* 275 D4
Sarcus *60* 17 E4
Sarcy *51* 37 E4
Sardan *30* 263 E4
Sardent *23* 187 D2
Sardieu *38* 211 F3
Sardon *63* 189 F3
Sardy-lès-Epiry *58* 155 F1
Sare *64* 270 B4
Sargé-lès-le-Mans *72* 107 D2
Sargé-sur-Braye *41* 108 A3
Sari-d'Orcino *2A* 316 B3
Sari-Solenzara *2A* 317 F4
Sariac-Magnoac *65* 274 C4
Sarlabous *65* 298 A2
Sarlande *24* 203 E3
Sarlat-la-Canéda *24* 221 F4
Sarliac-sur-l'Isle *24* 221 D1
Sarniguet *65* 273 F4
Sarnois *60* 17 F4
Saron-sur-Aube *51* 89 F1
Sarp *65* 298 C3
Sarpourenx *64* 272 A3
Sarragachies *32* 273 F1
Sarrageois *25* 160 C4
Sarraguzan *32* 274 B4
Les Sarraix *63* 190 B3
Sarralbe *57* 69 F1
Sarraltroff *57* 69 F3
Sarran *19* 205 D3
Sarrance *64* 296 B2
Sarrancolin *65* 298 B3
Sarrans (Barrage de) *12* 224 C4
Sarrant *32* 275 F1
Sarras *07* 228 C1
Sarrazac *24* 203 E3
Sarrazac *46* 222 B2
Sarraziet *40* 272 C1
Sarre-Union *67* 44 A4
Sarrebourg *57* 69 F3
Sarrecave *31* 298 C1
Sarreguemines *57* 43 E4
Sarreinsberg *57* 44 B4
Sarreinsming *57* 43 E4
Sarremezan *31* 299 D1
Sarrewerden *67* 70 A1
Sarrey *52* 117 D2
Sarriac-Bigorre *65* 274 A4
Sarrians *84* 265 D2
Sarrigné *49* 128 C2
Sarrogna *39* 176 C2
Sarrola-Carcopino *2A* 316 B3
Sarron *40* 273 D2
Sarron *60* 35 D3
Sarrouilles *65* 298 A1
Sarroux *19* 206 A3
Sarry *51* 64 C2
Sarry *71* 173 F4
Sarry *89* 137 E1
Le Sars *62* 19 D1
Sars-et-Rosières *59* 9 E2
Sars-le Bois *62* 7 F3
Sars-Poteries *59* 10 C3
Le Sart *59* 10 A4
Sartène *2A* 318 C2
Sartes *88* 93 E4
Sartilly *50* 53 F3
Sarton *62* 18 B1
Sartrouville *78* 60 C2
Sarzay *36* 169 E1
Sarzeau *56* 123 D2
Sasnières *41* 108 B4
Sassangy *71* 157 F4
Sassay *41* 132 B3
Sassegnies *59* 10 A3
Sassenage *38* 230 C1
Sassenay *71* 158 A3
Sassetot-le-Malgardé *76* 15 F2
Sassetot-le-Mauconduit *76* 15 D2
Sasseville *76* 15 E2
Sassey *27* 59 D1
Sassey-sur-Meuse *55* 39 F2
Sassierges-Saint-Germain *36* 152 B4
Sassis *65* 297 F4
Sassy *14* 56 B2
Sathonay-Camp *69* 193 D4
Sathonay-Village *69* 193 D4
Satillieu *07* 228 B1
Satolas-et-Bonce *38* 211 E1
Saturargues *34* 282 A1
Saubens *31* 276 B3
Saubion *40* 270 C1
Saubole *64* 273 E4
Saubrigues *40* 271 D2
Saubusse *40* 271 D1
Saucats *33* 235 F1
Saucède *64* 296 A1
La Saucelle *28* 84 B1
Sauchay *76* 16 B2
Sauchy-Cauchy *62* 8 C4
Sauchy-Lestrée *62* 8 C4
Sauclières *12* 262 A3
Saucourt-sur-Rognon *52* 92 B3
Saudemont *62* 8 C3
Saudoy *51* 63 F4
Saudron *52* 92 C2
Saudrupt *55* 66 A4
Saugeot *39* 177 D1
Saugnac-et-Cambran *40* 271 F1
Saugnacq-et-Muret *40* 235 E3
Saugnieu *69* 193 E4
Saugon *33* 217 E1
Saugues *43* 226 B3
Sauguis-Saint-Étienne *64* 295 F1
Saugy *18* 152 C2
Saujac *12* 241 D3
Saujon *17* 198 C1
La Saulce *05* 249 E3
Saulce-sur-Rhône *26* 247 D1
Saulces-Champenoises *08* 38 B2
Saulces-Monclin *08* 38 B1
Saulcet *03* 172 A4
Saulchery *02* 62 C2
Le Saulchoy *60* 34 A1
Saulchoy *62* 6 C3
Saulchoy-sous-Poix *80* 17 F3
Saulcy *10* 91 F3
Le Saulcy *88* 96 A1
Saulcy-sur-Meurthe *88* 95 F3
Saules *25* 160 C1
Saules *71* 174 C1
Saulgé *86* 167 E3
Saulgé-l'Hôpital *49* 128 C4
Saulges *53* 105 F2
Saulgond *16* 184 C3
Sauliac-sur-Célé *46* 240 C3
Saulieu *21* 137 F4
Saulles *52* 117 D4
Saulmory-et-Villefranche *55* 39 F2
Saulnay *36* 151 D3
Saulnes *54* 41 D1
Saulnières *28* 85 D1
Saulnières *35* 103 E2
Saulnot *70* 142 B1
Saulny *57* 41 F4
Saulon-la-Chapelle *21* 139 E4
Saulon-la-Rue *21* 139 E4
La Saulsotte *10* 89 D1
Sault *84* 266 A2
Sault-Brénaz *01* 194 A3
Sault-de-Navailles *64* 272 B2
Sault-lès-Rethel *08* 38 B2
Sault-Saint-Remy *08* 38 A2
Saultain *59* 9 F3
Saulty *62* 7 F4
Saulx *70* 118 C4
Saulx-en-Barrois *55* 67 D4
Saulx-en-Woëvre *55* 67 D1
Saulx-le-Duc *21* 139 D2
Saulx-les-Chartreux *91* 60 C4
Saulx-Marchais *78* 60 A3
Saulxerotte *54* 93 F2
Saulxures *52* 117 D2
Saulxures *67* 96 A1
Saulxures-lès-Bulgnéville *88* 93 F4
Saulxures-lès-Nancy *54* 68 B4
Saulxures-lès-Vannes *54* 93 F1
Saulxures-sur-Moselotte *88* 119 E2
Saulzais-le-Potier *18* 170 C2
Saulzet *03* 189 F1
Saulzet-le-Chaud *63* 207 E1
Saulzet-le-Froid *63* 207 D1
Saulzoir *59* 9 E4
Saumane *04* 266 C2
Saumane *30* 262 C1
Saumane-de-Vaucluse *84* 265 E3
Sauméjan *47* 255 D1
Saumeray *28* 85 D4
Saumont *47* 256 A2
Saumont-la-Poterie *76* 33 D1
Saumos *33* 216 B3
Saumur *49* 129 E4
Saunay *37* 131 E1
La Saunière *23* 187 D1
Saunières *71* 158 B3
Sauqueuse-Saint-Lucien *60* 34 A1
Sauqueville *76* 16 A3
Saurais *79* 165 E1
Saurat *09* 300 C4
Sauret-Besserve *63* 188 C3
Saurier *63* 207 E2
Sausheim *68* 120 C2
Saussan *34* 281 E2
Saussay *28* 59 E3
Saussay *76* 15 F3
Saussay-la-Campagne *27* 33 D3
La Saussaye *27* 32 A4
Saussemesnil *50* 25 D3
Saussenac *81* 259 F3
Saussens *31* 277 D2
Sausses *04* 269 D2
Sausset-les-Pins *13* 284 B4
Sausseuzemare-en-Caux *76* 14 C3
Saussey *21* 157 F1
Saussey *50* 54 A1
Saussignac *24* 219 F4
Saussines *34* 282 A1
Saussy *21* 139 D2
Saut de la Mounine *12* 241 D3
Saut des Cuves *88* 119 F1
Sautel *09* 301 E3
Sauternes *33* 236 B2
Sautet (Barrage du) *38* 231 D4
Sauteyrargues *34* 263 D4
Sauto *66* 311 D3
Sautron *44* 126 A3
Sauvage-Magny *52* 91 F2
La Sauvagère *61* 81 F1
Les Sauvages *69* 192 A3
Sauvagnac *16* 184 B4
Sauvagnas *47* 256 B1
Sauvagnat *63* 188 B4
Sauvagnat-
Sainte-Marthe *63* 207 F2
Sauvagney *25* 141 D3
Sauvagnon *64* 272 C4
Sauvagny *03* 171 E3
Sauvain *42* 209 D1
Sauvan (Château de) *04* 266 C3
Sauvat *15* 206 A4
Sauve *30* 263 D3
La Sauve *33* 217 F4
Sauvelade *64* 272 A4
Sauverny *01* 177 F3
Sauvessanges *63* 209 D3
La Sauvetat *32* 256 A4
La Sauvetat *43* 227 D4
La Sauvetat *63* 207 F1
La Sauvetat-de-Savères *47* 256 C1
La Sauvetat-du-Dropt *47* 237 F1
La Sauvetat-sur-Lède *47* 238 C3
Sauveterre *30* 264 C2
Sauveterre *32* 275 E3
Sauveterre *65* 273 F3
Sauveterre *81* 279 D3
Sauveterre *82* 257 F1
Sauveterre-de-Béarn *64* 271 F3
Sauveterre-
de-Comminges *31* 299 D3
Sauveterre-de-Guyenne *33* 237 D1
Sauveterre-de-Rouergue *12* 259 F1
Sauveterre-la-Lémance *47* 239 D2
Sauveterre-Saint-Denis *47* 256 B2
Sauviac *32* 274 C4
Sauviac *33* 236 C3
Sauvian *34* 305 D1
Sauviat *63* 208 B1
Sauviat-sur-Vige *87* 186 B3
Sauvignac *16* 201 D4
Sauvigney-lès-Gray *70* 140 C2
Sauvigney-lès-Pesmes *70* 140 B3
Sauvigny *55* 93 E1
Sauvigny-le-Beuréal *89* 137 E2
Sauvigny-le-Bois *89* 137 D2
Sauvigny-les-Bois *58* 155 D2
Sauville *08* 39 D1
Sauville *88* 93 E4
Sauvillers-Mongival *80* 18 C4
Sauvimont *32* 275 F3
Sauvoy *55* 67 D4
Saux *46* 239 E4
Saux-et-Pomarède *31* 299 D2
Sauxillanges *63* 208 A2
Le Sauze *04* 250 C3
Sauze *06* 269 D1
Le Sauze-du-Lac *05* 250 A2
Sauzé-Vaussais *79* 183 E1
Sauzelle *17* 180 B2
Sauzelles *36* 167 F1
Sauzet *26* 247 D2
Sauzet *30* 263 F3
Sauzet *46* 239 F3
La Sauzière-Saint-Jean *81* 258 B3
Sauzon *56* 122 A3
Savagna *39* 159 E4
Savarthès *31* 299 E2
Savas *07* 210 C4
Savas-Mépin *38* 211 E2
Savasse *26* 246 C2
Savenay *44* 125 F3
Savenès *82* 257 E4
Savennes *23* 187 D2
Savennes *63* 206 A2
Savennières *49* 128 A3
Saverdun *09* 301 D1
Savères *31* 276 A4
Saverne *67* 70 B2
Saverne (Col de) *67* 70 B2
Saveuse *80* 18 A2
Savianges *71* 174 C1
Savières *10* 90 A3
Savigna *39* 176 C2
Savignac *12* 241 D4
Savignac *33* 237 D2
Savignac-de-Duras *47* 237 E1
Savignac-de-l'Isle *33* 218 C3
Savignac-de-Miremont *24* 221 D3
Savignac-de-Nontron *24* 202 C2
Savignac-Lédrier *24* 203 F4
Savignac-les-Églises *24* 203 D4
Savignac-les-Ormeaux *09* 310 B1
Savignac-Mona *32* 275 F3
Savignac-sur-Leyze *47* 238 C3
Savignargues *30* 263 E3
Savigné *86* 184 A1
Savigné-l'Évêque *72* 107 D1
Savigné-sous-le-Lude *72* 129 F1
Savigné-sur-Lathan *37* 130 A2
Savigneux *01* 192 C2
Savigneux *42* 209 E2
Savignies *60* 33 F2
Savigny *50* 54 A1
Savigny *52* 117 E4
Savigny *69* 192 B4
Savigny *74* 195 D1
Savigny *88* 94 B3
Savigny-en-Revermont *71* 176 B1
Savigny-en-Sancerre *18* 135 D3
Savigny-en-Septaine *18* 153 F2
Savigny-en-Terre-Plaine *89* 137 E2
Savigny-en-Véron *37* 129 F4
Savigny-le-Sec *21* 139 E2
Savigny-le-Temple *77* 87 E1
Savigny-le-Vieux *50* 80 C1
Savigny-lès-Beaune *21* 158 A1
Savigny-Lévescault *86* 166 C2
Savigny-Poil-Fol *58* 156 A4
Savigny-sous-Faye *86* 149 D3
Savigny-sous-Mâlain *21* 138 C3
Savigny-sur-Aisne *08* 39 D3
Savigny-sur-Ardres *51* 37 D4
Savigny-sur-Braye *41* 108 A3
Savigny-sur-Clairis *89* 112 B1
Savigny-sur-Grosne *71* 174 C1
Savigny-sur-Orge *91* 61 D4
Savigny-sur-Seille *71* 175 F1
Savilly *21* 157 D1
Savine (Col de la) *39* 177 E1
Savines-le-Lac *05* 250 A2
Savins *77* 88 C2
Savoillan *84* 266 A1
Savoisy *21* 115 D4
Savolles *21* 139 F3
Savonnières *37* 130 B3
Savonnières-devant-Bar *55* 66 B3
Savonnières-en-Perthois *55* 92 B1
Savonnières-en-Woëvre *55* 67 D2
Savouges *21* 139 E4
Savournon *05* 249 D3
Savoyeux *70* 140 C1
Savy *02* 20 A3
Savy-Berlette *62* 8 A3
Saxel *74* 178 B4
Saxi-Bourdon *58* 155 E2
Saxon-Sion *54* 94 A2
Sayat *63* 189 E4
Saze *30* 264 C3
Sazeray *36* 169 F3
Sazeret *03* 171 E4
Sazilly *37* 149 E1
Sazos *65* 297 F4
Scaër *29* 75 E4
Les Scaffarels *04* 268 C3
Scata *2B* 315 F4
Sceau-Saint-Angel *24* 202 C3
Sceautres *07* 246 B2
Sceaux *89* 137 E2
Sceaux *92* 61 D4
Sceaux-d'Anjou *49* 128 B1
Sceaux-du-Gâtinais *45* 111 E1
Sceaux-sur-Huisne *72* 107 F1
Scey-en-Varais *25* 160 B1
Scey-sur-Saône-
et-Saint-Albin *70* 118 A4
Schaeferhof *57* 70 A3
Schaeffersheim *67* 71 D4
Schaffhouse-près-Seltz *67* 45 F4
Schaffhouse-sur-Zorn *67* 70 C2
Schalbach *57* 70 A1
Schalkendorf *67* 70 C1
Scharrachbergheim *67* 70 C3
Scheibenhard *67* 45 F4
Scherlenheim *67* 70 C2
Scherwiller *67* 96 C2
Schillersdorf *67* 70 C1
Schiltigheim *67* 71 D3
Schirmeck *67* 70 B4
Schirrhein *67* 71 E1
Schirrhoffen *67* 71 E1
Schleithal *67* 45 F4
Schlierbach *68* 120 C3
Schlucht (Col de la) *88* 96 A4
Schmittviller *57* 44 A4
Schneckenbusch *57* 70 A2
Schnepfenried *68* 96 A4
Schnersheim *67* 70 C3
Schœnau *67* 97 D2
Schœnbourg *67* 70 B1
Schœneck *57* 43 D3
Schœnenbourg *67* 45 E4
Schopperten *67* 69 F1
Schorbach *57* 44 B3
Schwabwiller *67* 45 E4
Schweighouse *68* 120 B1
Schweighouse-sur-Moder *67* 71 D1
Schweighouse-Thann *68* 120 B2
Schwenheim *67* 70 C2
Schwerdorff *57* 42 B2
Schweyen *57* 44 B3
Schwindratzheim *67* 71 D2
Schwoben *68* 120 B3
Schwobsheim *67* 97 D2
Sciecq *79* 164 C3
Scientrier *74* 195 F1
Scieurac-et-Flourès *32* 274 A2
Sciez *74* 178 B3
Scillé *79* 164 C1
Scionzier *74* 196 B1
Scolca *2B* 315 E3
Scorbé-Clairvaux *86* 149 E4
Scoury *36* 168 B1
Scrignac *29* 49 F4
Scrupt *51* 65 F4
Scy-Chazelles *57* 41 F4
Scye *70* 118 A4
Séailles *32* 274 A1
La Séauve-sur-Semène *43* 209 F4
Sébazac-Concourès *12* 242 B4
Sébécourt *27* 58 A2
Sébeville *50* 25 E4
Seboncourt *02* 20 B2
Sebourg *59* 9 F3
Sébouville *45* 86 C4
Sébrazac *12* 242 B3
Séby *64* 272 C2
Secenans *70* 142 A1
Séchault *08* 39 D3
Sécheras *07* 228 C1

Sécheval 08 ... 22 C2
Le Séchier 05 ... 231 E4
Séchilienne 38 ... 231 D2
Séchin 25 ... 141 F3
Seclin 59 ... 8 C1
Secondigné-sur-Belle 79 ... 182 C1
Secondigny 79 ... 165 D1
Secourt 57 ... 68 B2
Secqueville-en-Bessin 14 ... 29 C4
Sedan 08 ... 23 D4
Sédeilhac 31 ... 298 C2
Séderon 26 ... 266 B1
Sedze-Maubecq 64 ... 273 E4
Sedzère 64 ... 273 E4
Seebach 67 ... 45 F4
Sées 61 ... 83 D1
Séez 73 ... 214 C1
Le Ségala 11 ... 277 E4
Ségalas 47 ... 238 C4
Ségalas 65 ... 274 A4
La Ségalassière 15 ... 223 F4
Séglien 56 ... 76 B4
Ségny 01 ... 177 F3
Segonzac 16 ... 200 E1
Segonzac 19 ... 203 F4
Segonzac 24 ... 220 A1
Ségos 32 ... 273 D2
Ségoufielle 32 ... 276 A2
Segré 49 ... 104 C4
Ségréville 31 ... 277 E3
Ségrie 72 ... 82 C4
Ségrie-Fontaine 61 ... 55 F3
Segrois 21 ... 158 A1
Ségry 36 ... 152 C3
La Séguinière 49 ... 146 C1
Ségur 12 ... 243 D4
Le Ségur 81 ... 259 E4
Ségur-le-Château 19 ... 203 F3
Ségur-les-Villas 15 ... 224 C1
Ségura 09 ... 301 D3
Séguret 84 ... 265 E1
Ségus 65 ... 297 E2
Séhar (Pointe de) 22 ... 49 F2
Seich 65 ... 298 C3
Seichamps 54 ... 68 B4
Seichebrières 45 ... 110 C2
Seicheprey 54 ... 67 E4
Seiches-sur-le-Loir 49 ... 128 C1
Seignalens 11 ... 301 F2
Seigné 17 ... 182 C3
Seignelay 89 ... 113 E3
Seigneulles 55 ... 66 B3
Seignosse 40 ... 270 C1
Seigny 21 ... 138 A1
Seigy 41 ... 132 A4
Seilh 31 ... 276 B1
Seilhac 19 ... 204 C4
Seilhan 31 ... 298 C3
Seillac 41 ... 131 F2
Seillans 83 ... 287 E1
Seillonnaz 01 ... 194 A4
Seillons-Source-d'Argens 83 ... 285 F3
Sein (Île de) 29 ... 72 B3
Seine (Sources de la) 21 ... 138 C2
Seine-Port 77 ... 87 E1
Seingbouse 57 ... 43 D4
Seissan 32 ... 274 C3
Seix 09 ... 300 A4
Le Sel-de-Bretagne 35 ... 103 E2
Selaincourt 54 ... 93 F1
Selens 02 ... 36 A2
Sélestat 67 ... 96 C2
Séligné 79 ... 182 C1
Séligney 39 ... 159 E2
Selincourt 80 ... 17 E3
La Selle-Craonnaise 53 ... 104 B3
La Selle-en-Coglès 35 ... 80 A2
La Selle-en-Hermoy 45 ... 112 A4
La Selle-en-Luitré 35 ... 80 B3
La Selle-Guerchaise 35 ... 104 B2
La Selle-la-Forge 61 ... 55 E4
La Selle-sur-le-Bied 45 ... 112 A1
Selles 27 ... 31 D3
Selles 51 ... 38 A3
Selles 62 ... 2 C4
Selles 70 ... 118 C4
Selles-Saint-Denis 41 ... 133 D3
Selles-sur-Cher 41 ... 132 B4
Selles-sur-Nahon 36 ... 151 E2
Sellières 39 ... 159 E3
Selommes 41 ... 108 C4
Seloncourt 25 ... 142 C4
Selongey 21 ... 139 E1
Selonnet 04 ... 250 A3
Seltz 67 ... 45 F4
La Selve 02 ... 37 F1
La Selve 12 ... 260 A4
Selvigny 59 ... 20 A1
Sem 09 ... 309 F1
Sémalens 81 ... 278 A2
Semallé 61 ... 82 C2
Semarey 21 ... 138 B4
Sembadel 43 ... 208 C4
Sembadel-Gare 43 ... 208 C4
Sembas 47 ... 238 B4
Semblançay 37 ... 130 C3
Sembleçay 36 ... 132 C4
Semboues 32 ... 274 A3
Séméac 65 ... 297 F1
Séméacq-Blachon 64 ... 273 D3
Sémelay 58 ... 156 A3
Semène 43 ... 209 F3
Sémens 33 ... 236 C2
Sementron 89 ... 136 A1
Séméries 59 ... 10 B3
Semerville 41 ... 109 D3
Semezanges 21 ... 138 C4
Sémézies-Cachan 32 ... 275 D3

Semide 08 ... 38 C3
Semillac 17 ... 199 E3
Semilly 52 ... 93 D3
Semmadon 70 ... 117 F4
Semnoz (Montagne du) 74 ... 195 E4
Semoine 10 ... 64 B4
Semond 21 ... 115 E4
Semondans 25 ... 142 B1
Semons 38 ... 211 F3
Semousies 59 ... 10 B3
Semoussac 17 ... 199 E3
Semoutiers 52 ... 116 A1
Semoy 45 ... 110 B3
Sempesserre 32 ... 256 B3
Sempigny 60 ... 35 F1
Sempy 62 ... 6 C1
Semur-en-Auxois 21 ... 137 F2
Semur-en-Brionnais 71 ... 173 F4
Semur-en-Vallon 72 ... 107 F2
Semussac 17 ... 198 C1
Semuy 08 ... 38 C2
Le Sen 40 ... 254 A2
Sénac 65 ... 274 A4
Senaide 88 ... 117 F2
Sénaillac-Latronquière 46 ... 223 E4
Sénaillac-Lauzès 46 ... 240 B2
Senailly 21 ... 137 F1
Senan 89 ... 113 D3
Sénanque (Abbaye de) 84 ... 265 F3
Senantes 28 ... 85 E1
Senantes 60 ... 33 F2
Senard 55 ... 66 A2
Sénarens 31 ... 275 F4
Senargent 70 ... 142 A1
Sénart 91 ... 87 E1
Sénas 13 ... 284 A1
Senaud 39 ... 176 B3
Senaux 81 ... 279 D1
Sencenac-Puy-de-Fourches 24 ... 202 C4
Senconac 09 ... 310 A1
Sendets 33 ... 237 D3
Sendets 64 ... 273 E4
Séné 56 ... 101 D4
Sène (Mont de) 71 ... 157 F3
Sénéchas 30 ... 245 E4
Sénèque (Tour de) 2B ... 314 A1
Sénergues 12 ... 242 A2
Senesse-de-Senabugue 09 ... 301 E3
Sénestis 47 ... 237 F3
Séneujols 43 ... 226 C3
Senez 04 ... 268 A3
Sénezergues 15 ... 242 A1
Sengouagnet 31 ... 299 E3
Séniergues 46 ... 240 B1
Senillé 86 ... 149 F4
Seninghem 62 ... 2 C4
Senlecques 62 ... 2 C4
Senlis 60 ... 35 D4
Senlis 62 ... 7 D1
Senlis-le-Sec 80 ... 18 C1
Sénlisse 78 ... 60 B4
Sennecey-lès-Mâcon 71 ... 175 E3
Sennecey-le-Grand 71 ... 175 E1
Sennecey-lès-Dijon 21 ... 139 E4
Sennely 45 ... 133 F1
Sennevières 37 ... 150 C1
Senneville-sur-Fécamp 76 ... 14 C2
Sennevoy-le-Bas 89 ... 114 C3
Sennevoy-le-Haut 89 ... 114 C3
Senon 55 ... 40 C3
Senonches 28 ... 84 B1
Senoncourt 70 ... 118 A3
Senoncourt-les-Maujouy 55 ... 66 C1
Senones 88 ... 95 F2
Senonges 88 ... 94 A4
Senonnes 53 ... 104 A3
Senonville 55 ... 67 D2
Senots 60 ... 33 F4
Senouillac 81 ... 259 D3
Sénoville 50 ... 24 B4
Senozan 71 ... 175 E3
Sens 89 ... 88 C4
Sens-Beaujeu 18 ... 134 C4
Sens-de-Bretagne 35 ... 79 F3
Sens-sur-Seille 71 ... 159 D4
Sentein 09 ... 299 F4
Sentelie 80 ... 17 F4
Sentenac-de-Sérou 09 ... 300 B3
Sentenac-d'Oust 09 ... 300 A4
Sentheim 68 ... 120 A2
Sentilly 61 ... 56 B3
La Sentinelle 59 ... 9 F3
Sentous 65 ... 298 B1
Senuc 08 ... 39 D3
Senven-Léhart 22 ... 50 C4
La Séoube 32 ... 298 A3
Sépeaux 89 ... 112 C2
Sepmeries 59 ... 9 F3
Sepmes 37 ... 150 A2
Seppois-le-Bas 68 ... 120 B4
Seppois-le-Haut 68 ... 120 B4
Sept-Fons (Abbaye de) 03 ... 173 D2
Sept-Forges 61 ... 81 E2
Sept-Frères 14 ... 54 C2
Sept-Meules 76 ... 16 C2
Sept-Saulx 51 ... 38 A4
Sept-Sorts 77 ... 62 B2
Sept-Vents 14 ... 55 D1
Septème 38 ... 211 E2
Septèmes-les-Vallons 13 ... 284 C4
Septeuil 78 ... 59 F3
Septfonds 82 ... 258 B1
Septfonds 89 ... 112 B4
Septfontaines 25 ... 160 C2
Septmoncel 39 ... 177 D3
Septmonts 02 ... 36 B3

Septsarges 55 ... 39 F3
Septvaux 02 ... 36 B1
Sepvigny 55 ... 93 E1
Sepvret 79 ... 165 E4
Sepx 31 ... 299 E2
Sequedin 59 ... 4 C1
Sequehart 02 ... 20 A2
Le Sequestre 81 ... 259 E4
Serain 02 ... 20 B1
Seraincourt 08 ... 38 A1
Seraincourt 95 ... 60 A1
Sérandon 19 ... 206 A4
Séranon 06 ... 268 C4
Serans 60 ... 33 F4
Serans 61 ... 56 B4
Seranville 54 ... 95 D2
Séranvillers-Forenville 59 ... 9 E4
Seraucourt-le-Grand 02 ... 20 A3
Seraumont 88 ... 93 D2
Serazereux 28 ... 85 E1
Serbannes 03 ... 190 A2
Serbonnes 89 ... 88 C3
Serches 02 ... 36 C3
Sercœur 88 ... 95 D3
Sercus 59 ... 3 F4
Sercy 71 ... 175 D1
Serdinya 66 ... 311 E3
Sère 32 ... 275 D4
Sère-en-Lavedan 65 ... 297 E3
Sère-Lanso 65 ... 297 F2
Sère-Rustaing 65 ... 298 B1
Serécourt 88 ... 117 F1
Séreilhac 87 ... 185 E4
Séremange-Erzange 57 ... 41 E3
Sérempuy 32 ... 275 E1
Sérénac 81 ... 259 F3
Sérent 56 ... 101 F3
Sérévillers 60 ... 18 B4
Séreyrède (Col de la) 30 ... 262 B2
Serez 27 ... 59 D2
Sérézin-de-la-Tour 38 ... 212 A2
Sérézin-du-Rhône 69 ... 210 C1
Sergeac 24 ... 221 E3
Sergenaux 39 ... 159 E3
Sergenon 39 ... 159 E3
Sergines 89 ... 88 C3
Sergy 01 ... 177 E4
Sergy 02 ... 36 C4
Séricourt 62 ... 7 E3
Sériers 15 ... 225 E3
Sérifontaine 60 ... 33 E3
Sérignac 16 ... 201 E4
Sérignac 46 ... 239 E3
Sérignac 82 ... 257 D3
Sérignac-Péboudou 47 ... 238 B2
Sérignac-sur-Garonne 47 ... 256 A1
Sérignan 34 ... 305 D1
Sérignan-du-Comtat 84 ... 265 D4
Sérignan-Plage 34 ... 305 E1
Sérigné 85 ... 164 A2
Sérigny 61 ... 83 F3
Sérigny 86 ... 149 E3
Sérilhac 19 ... 222 C2
Séris 41 ... 109 E4
Serley 71 ... 158 C4
Sermages 58 ... 156 A2
Sermaise 49 ... 129 D2
Sermaise 91 ... 86 B2
Sermaises 45 ... 86 C4
Sermaize 60 ... 35 F1
Sermaize-les-Bains 51 ... 65 F3
Sermamagny 90 ... 119 F4
Sermange 39 ... 140 B4
Sermano 2B ... 315 E4
Sermentizon 63 ... 190 A4
Sermentot 14 ... 29 D4
Sermérieu 38 ... 212 A1
Sermersheim 67 ... 97 D1
Sermesse 71 ... 158 B3
Sermiers 51 ... 37 F4
Sermizelles 89 ... 136 C2
Sermoise 02 ... 36 C3
Sermoise-sur-Loire 58 ... 154 C3
Sermoyer 01 ... 175 E2
Sermur 23 ... 188 A3
Sernhac 30 ... 264 B3
Serocourt 88 ... 117 F1
Séron 65 ... 273 E4
Serpaize 38 ... 211 D2
La Serpent 11 ... 302 A3
Serques 62 ... 3 D3
Serqueux 52 ... 117 E2
Serqueux 76 ... 33 D1
Serquigny 27 ... 58 A1
Serra-di-Ferro 2A ... 318 B2
Serra-di-Fiumorbo 2B ... 317 E3
Serra di Pigno 2B ... 315 F4
Serra-di-Scopamène 2A ... 319 D1
Serrabone (Prieuré de) 66 ... 312 B2
Serralongue 66 ... 312 B4
Serrant (Château de) 49 ... 128 A2
La Serre 12 ... 260 B4
La Serre (Col de) 15 ... 224 C2
La Serre-Bussière-Vieille 23 ... 187 F2
Serre-Chevalier 05 ... 232 B2
Serre-les-Moulières 39 ... 140 B4
Serre-les-Sapins 25 ... 141 D4
Serre-Nerpol 38 ... 212 A4
Serre-Ponçon (Barrage et Lac de) 04 ... 250 A2
Serres 05 ... 248 C3
Serres 11 ... 302 B4
Serres 54 ... 68 C4
Serres-Castet 64 ... 273 D4
Serres-et-Montguyard 24 ... 238 A1
Serres-Gaston 40 ... 272 C1

Serres-Morlaàs 64 ... 273 D4
Serres-Sainte-Marie 64 ... 272 B3
Serres-sur-Arget 09 ... 300 C3
Serreslous-et-Arribans 40 ... 272 B1
Serriera 2A ... 316 A1
Serrières 07 ... 210 C4
Serrières 54 ... 68 A2
Serrières 71 ... 175 D4
Serrières-de-Briord 01 ... 194 A4
Serrières-en-Chautagne 73 ... 194 C3
Serrières-sur-Ain 01 ... 194 A3
Serrigny 89 ... 114 A3
Serrigny-en-Bresse 71 ... 158 C3
Serrouville 54 ... 41 D2
Serruelles 18 ... 153 E3
Sers 16 ... 201 F3
Sers 65 ... 297 F4
Servais 02 ... 36 B1
Serval 02 ... 37 D3
Servance 70 ... 119 E3
Servanches 24 ... 219 E4
Servant 63 ... 189 D1
Servas 01 ... 193 E1
Servas 30 ... 263 F2
Servaville-Salmonville 76 ... 32 B2
Serverette 48 ... 244 A1
Serves-sur-Rhône 26 ... 229 D1
Servian 34 ... 280 B4
Servières 48 ... 244 A2
Servières-le-Château 19 ... 223 E2
Serviers-et-Labaume 30 ... 264 A2
Serviès 81 ... 277 F2
Serviès-en-Val 11 ... 302 C2
Servignat 01 ... 175 F3
Servigney 70 ... 141 F2
Servigney 25 ... 118 C4
Servigny 50 ... 26 C4
Servigny-lès-Raville 57 ... 42 B3
Servigny-lès-Sainte-Barbe 57 ... 42 A4
Serville 28 ... 59 E4
Servilly 03 ... 172 C4
Servin 25 ... 142 A3
Servins 62 ... 8 A2
Servion 08 ... 22 B3
Servon 50 ... 80 A1
Servon 77 ... 61 E4
Servon-Melzicourt 51 ... 39 D4
Servon-sur-Vilaine 35 ... 79 F4
Servoz 74 ... 196 C2
Séry 08 ... 38 B1
Séry 89 ... 136 C1
Séry-lès-Mézières 02 ... 20 B3
Séry-Magneval 60 ... 35 E4
Serzy-et-Prin 51 ... 37 D4
Sessenheim 67 ... 71 F1
Sète 34 ... 281 E4
Setques 62 ... 3 D4
Les Settons 58 ... 137 E4
Seudre (Pont de la) 17 ... 180 C4
Seugy 95 ... 61 D2
Seuil 08 ... 38 B2
Seuillet 03 ... 190 A1
Seuilly 37 ... 149 D1
Seur 41 ... 132 A2
Le Seure 17 ... 182 B4
Seurre 21 ... 158 C2
Seux 80 ... 18 A3
Seuzey 55 ... 67 D1
Sevelinges 42 ... 191 F1
Sevenans 90 ... 142 C1
Sévérac 44 ... 125 E1
Sévérac-le-Château 12 ... 243 E4
Sévérac-l'Église 12 ... 243 D4
Seveux 70 ... 140 C1
Sevi (Col de) 2A ... 316 B1
Sévignacq 22 ... 78 A2
Sévignacq 64 ... 273 D3
Sévignacq-Meyracq 64 ... 296 C2
Sévigny-la-Forêt 08 ... 22 B2
Sévigny-Waleppe 08 ... 37 F1
Sévis 76 ... 16 A4
Sevrai 61 ... 56 B4
Sevran 93 ... 61 E2
Sèvres 92 ... 60 C3
Sèvres-Anxaumont 86 ... 166 C2
Sevrey 71 ... 158 A4
Sévrier 74 ... 195 E3
Sévry 18 ... 154 A1
Sewen 68 ... 119 F3
Sexcles 19 ... 223 E2
Sexey-aux-Forges 54 ... 68 A4
Sexey-les-Bois 54 ... 68 A4
Sexfontaines 52 ... 92 A4
Seychalles 63 ... 190 A4
Seyches 47 ... 237 F2
Seyne 04 ... 250 A3
La Seyne-sur-Mer 83 ... 291 F4
Seynes 30 ... 263 F2
Seynod 74 ... 195 E3
Seyre 31 ... 277 D4
Seyresse 40 ... 271 E1
Seyssel 01 ... 194 C2
Seyssel 74 ... 194 C2
Seysses 31 ... 276 B3
Seysses-Savès 32 ... 275 F3
Seyssinet-Pariset 38 ... 230 C1
Seyssins 38 ... 230 C1
Seythenex 74 ... 195 F4
Seytroux 74 ... 178 C4
Sézanne 51 ... 63 F4
Sézéria 39 ... 176 C3
Siarrouy 65 ... 273 F4
Siaugues-Saint-Romain 43 ... 226 B3
Sibiril 29 ... 49 D2
Sibiville 62 ... 7 E3
La Sicaudais 44 ... 125 F4

Sicamps 58 ... 155 D1
Sickert 68 ... 120 A2
Sideville 50 ... 24 C1
Sidiailles 18 ... 170 B2
Siecq 17 ... 182 C1
Siegen 67 ... 45 F4
Sièges 39 ... 177 D3
Les Sièges 89 ... 89 E4
Sierck-les-Bains 57 ... 42 A2
Sierentz 68 ... 120 C3
Siersthal 57 ... 44 B4
Sierville 76 ... 32 A1
Siest 40 ... 271 E1
Sieurac 81 ... 278 A1
Sieuras 09 ... 300 B2
Siévoz 38 ... 231 D3
Siewiller 67 ... 70 A1
Sigale 06 ... 269 E2
Sigalens 33 ... 237 D3
Sigean 11 ... 303 D4
Sigean (Réserve africaine de) 11 ... 303 F3
Sigloy 45 ... 110 C3
Signac 31 ... 299 D4
Signes 83 ... 285 E4
Signéville 52 ... 92 C4
Signy-l'Abbaye 08 ... 22 A4
Signy-le-Petit 08 ... 22 A2
Signy-Montlibert 08 ... 40 A1
Signy-Signets 77 ... 62 B2
Sigogne 16 ... 183 D4
Sigolsheim 68 ... 96 B3
Sigonce 04 ... 267 D2
Sigottier 05 ... 248 C3
Sigoulès 24 ... 238 A1
Sigournais 85 ... 146 C4
Sigoyer 04 ... 249 E4
Sigoyer 05 ... 249 E2
Siguer 09 ... 309 F1
Sigy 77 ... 88 C2
Sigy-en-Bray 76 ... 33 D1
Sigy-le-Châtel 71 ... 174 C2
Silfiac 56 ... 76 B4
Silhac 07 ... 228 B3
Sillans 38 ... 212 A4
Sillans-la-Cascade 83 ... 286 B2
Sillars 86 ... 167 E3
Sillas 33 ... 237 D4
Sillé-le-Guillaume 72 ... 82 B4
Sillé-le-Philippe 72 ... 107 D1
Sillegny 57 ... 68 A1
Sillery 51 ... 37 F4
Silley-Amancey 25 ... 160 C1
Silley-Bléfond 25 ... 141 F3
Sillingy 74 ... 195 E2
Silly-en-Gouffern 61 ... 56 C4
Silly-en-Saulnois 57 ... 68 B1
Silly-la-Poterie 02 ... 36 A4
Silly-le-Long 60 ... 61 F1
Silly-sur-Nied 57 ... 42 A4
Silly-Tillard 60 ... 34 A3
Silmont 55 ... 66 B4
Siltzheim 67 ... 43 E4
Silvacane (Ancienne Abbaye de) 13 ... 284 C1
Silvareccio 2B ... 315 F3
Silvarouvres 52 ... 115 F3
Simacourbe 64 ... 273 E3
Simandre 71 ... 175 E1
Simandre-sur-Suran 01 ... 176 B4
Simandres 69 ... 211 D1
Simard 71 ... 158 C4
Simencourt 62 ... 8 A3
Simeyrols 24 ... 222 A3
Simiane-Collongue 13 ... 285 D3
Simiane-la-Rotonde 04 ... 266 B3
Simorre 32 ... 275 D3
Simplé 53 ... 105 E2
Le Simserhof (Fort) 57 ... 44 B3
Sin-le-Noble 59 ... 9 D2
Sinard 38 ... 230 C3
Sinceny 02 ... 36 B1
Sincey-lès-Rouvray 21 ... 137 E3
Sindères 40 ... 253 E2
Singles 63 ... 206 B2
Singleyrac 24 ... 238 A1
Singly 08 ... 22 C4
Singrist 67 ... 70 B3
Sinsat 09 ... 310 A1
Sinzos 65 ... 298 A1
Sion 32 ... 273 F1
Sion 54 ... 94 A2
Sion-les-Mines 44 ... 103 E4
Sion-sur-l'Océan 85 ... 144 C4
Sioniac 19 ... 223 D3
Sionne 88 ... 93 E2
Sionviller 54 ... 69 D4
Siorac-de-Ribérac 24 ... 220 A1
Siorac-en-Périgord 24 ... 221 D4
Siouville-Hague 50 ... 24 B3
Sirac 32 ... 275 F1
Siracourt 62 ... 7 E3
Siran 15 ... 223 F3
Siran 34 ... 303 D1
Siran (Château) 33 ... 217 D2
Sireix 65 ... 297 E3
Sireuil 16 ... 201 E1
Sireuil 24 ... 221 E3
Sirod 39 ... 160 B4
Siros 64 ... 272 C4
Sisco 2B ... 314 C2
Sissonne 02 ... 37 E1
Sissy 02 ... 20 B3
Sistels 82 ... 256 C2
Sisteron 04 ... 267 D1
Sivergues 84 ... 266 A4

Sivignon 71 ... 174 C3
Sivry 54 ... 68 B3
Sivry-Ante 51 ... 65 F2
Sivry-Courtry 77 ... 87 F2
Sivry-la-Perche 55 ... 40 A4
Sivry-lès-Buzancy 08 ... 39 E2
Sivry-sur-Meuse 55 ... 40 A3
Six-Fours-les-Plages 83 ... 291 F4
Sixt-Fer-à-Cheval 74 ... 196 C1
Sixt-sur-Aff 35 ... 102 B3
Sizun 29 ... 48 C4
Smarves 86 ... 166 B3
Smermesnil 76 ... 16 C3
Soccia 2A ... 316 C2
Sochaux 25 ... 142 C1
Socoa 64 ... 270 A3
Socourt 88 ... 94 B3
Socx 59 ... 3 F2
Sode 31 ... 307 F4
Sœurdres 49 ... 105 E4
Sognes 89 ... 89 D3
Sognolles-en-Montois 77 ... 88 C2
Sogny-aux-Moulins 51 ... 64 C2
Sogny-en-l'Angle 51 ... 65 F3
Soignolles 14 ... 56 A1
Soignolles-en-Brie 77 ... 87 F1
Soilly 51 ... 63 E1
Soindres 78 ... 59 F2
Soing 70 ... 140 C1
Soings-en-Sologne 41 ... 132 B3
Soirans 21 ... 139 F4
Soissons 02 ... 36 B3
Soissons-sur-Nacey 21 ... 140 A4
Soisy-Bouy 77 ... 88 C2
Soisy-sous-Montmorency 95 ... 61 D2
Soisy-sur-École 91 ... 87 E2
Soisy-sur-Seine 91 ... 87 D1
Soize 02 ... 21 F4
Soizé 28 ... 108 A2
Soizy-aux-Bois 51 ... 63 F3
Solaize 69 ... 211 D1
Solaro 2B ... 317 E4
Solbach 67 ... 96 A1
Soleilhas 04 ... 268 C4
Solemont 25 ... 142 B3
Solente 60 ... 19 E4
Solenzara 2A ... 317 E4
Le Soler 66 ... 312 C2
Solérieux 26 ... 247 D4
Solers 77 ... 87 F1
Solesmes 59 ... 9 F4
Solesmes 72 ... 106 A3
Soleymieu 38 ... 194 A4
Soleymieux 42 ... 209 E2
Solférino 40 ... 253 D1
Solgne 57 ... 68 B1
Soliers 14 ... 29 F4
Solignac 87 ... 185 F4
Solignac-sous-Roche 43 ... 227 E1
Solignac-sur-Loire 43 ... 227 D3
Solignat 63 ... 207 F2
Soligny-la-Trappe 61 ... 83 F1
Soligny-les-Étangs 10 ... 89 D3
Sollacaro 2A ... 318 C1
Sollières-Sardières 73 ... 215 D4
Solliès-Pont 83 ... 292 B2
Solliès-Toucas 83 ... 292 B2
Solliès-Ville 83 ... 292 B2
Sologny 71 ... 175 D3
Solomiac 32 ... 256 C4
Solre-le-Château 59 ... 10 C3
Solrinnes 59 ... 10 C2
Solterre 45 ... 111 F3
Solutré-Pouilly 71 ... 175 D4
Somain 59 ... 9 D3
Sombacour 25 ... 160 C2
Sombernon 21 ... 138 C4
Sombrin 62 ... 7 F4
Sombrun 65 ... 273 F3
Somloire 49 ... 147 E2
Sommaing 59 ... 9 F4
Sommaise 55 ... 66 B2
Sommancourt 52 ... 92 A2
Sommant 71 ... 156 C2
Sommauthe 08 ... 39 E1
Somme-Bionne 51 ... 65 D4
Somme-Suippe 51 ... 65 D1
Somme-Tourbe 51 ... 65 D1
Somme-Vesle 51 ... 65 D2
Somme-Yèvre 51 ... 65 E2
Sommecaise 89 ... 112 C2
Sommedieue 55 ... 66 C1
Sommeilles 55 ... 66 A2
Sommelans 02 ... 62 C1
Sommelonne 55 ... 66 A4
Sommepy-Tahure 51 ... 38 C4
Sommerance 08 ... 39 E3
Sommerécourt 52 ... 93 E4
Sommereux 60 ... 17 F4
Sommermont 52 ... 92 B2
Sommeron 02 ... 10 B4
Sommervieu 14 ... 29 D3
Sommerviller 54 ... 68 C4
Sommery 76 ... 32 C1
Sommesnil 76 ... 15 E2
Sommesous 51 ... 64 B4
Sommet-Bucher 05 ... 233 D4
La Sommette 25 ... 142 A4
Sommette-Eaucourt 02 ... 19 F4
Sommeval 10 ... 114 A1
Sommevoire 52 ... 91 F2
Sommières 30 ... 282 A1
Sommières-du-Clain 86 ... 166 B4
Somport (Col du) 64 ... 296 B4
Sompt 79 ... 183 D1
Sompuis 51 ... 64 C4
Somsois 51 ... 91 D1
Son 08 ... 38 A1

Sonac 46....241 D1
Sonchamp 78....86 A1
Soncourt 88....93 F2
Soncourt-sur-Marne 52....92 B4
Sondernach 68....96 A4
Sondersdorf 68....120 C4
La Sône 38....229 F1
Songeons 60....33 F1
Songeson 39....177 D1
Songieu 01....194 C2
Songy 51....65 D3
Sonnac 12....241 E2
Sonnac 17....182 C4
Sonnac-sur-l'Hers 11....301 F3
Sonnay 38....211 D1
Sonnaz 73....213 D1
Sonneville 16....183 D4
Sons-et-Ronchères 02....20 C3
Sonthonnax-la-Montagne 01....176 C4
Sonzay 37....130 B2
Soorts-Hossegor 40....270 C1
Sophia-Antipolis 06....288 B3
Soppe-le-Bas 68....120 A3
Soppe-le-Haut 68....120 A2
Sor 09....299 F4
Sorans-lès-Breurey 70....141 D2
Sorba (Col de) 2B....317 D2
Sorbais 02....21 D2
Sorbets 32....273 F1
Sorbets 40....273 D2
Sorbey 55....40 C2
Sorbey 57....68 B1
Sorbier 03....173 D3
Sorbiers 05....248 B3
Sorbiers 42....210 A4
Sorbo-Ocagnano 2B....315 F3
Sorbollano 2A....319 D1
Sorbon 08....38 B1
Sorbs 34....262 A4
Sorcy-Bauthémont 08....38 C1
Sorcy-Saint-Martin 55....67 D4
Sorde-l'Abbaye 40....271 D2
Sore 40....235 F4
Soréac 65....274 A4
Sorède 66....313 D3
Sorel 80....19 F1
Sorel-en-Vimeu 80....17 F1
Sorel-Moussel 28....59 D3
Sorèze 81....278 A3
Sorgeat 09....310 B1
Sorges 24....203 D4
Sorgues 84....265 D4
Sorigny 37....130 C4
Les Sorinières 44....126 B4
Sorio 2B....315 E2
Sormery 89....113 F1
Sormonne 08....22 B3
Sornac 19....205 F1
Sornay 70....140 B4
Sornay 71....175 F1
Sornéville 54....68 C3
Sorquainville 76....15 D2
Sorrus 62....6 B2
Sort-en-Chalosse 40....271 E1
Sortosville 50....25 D3
Sortosville-en-Beaumont 50....24 B4
Sos 47....255 E2
Sospel 06....289 E3
Sossais 86....149 E3
Sost 65....298 C4
Sotta 2A....319 D4
Sottevast 50....24 C3
Sotteville 50....24 B3
Sotteville-lès-Rouen 76....32 A2
Sotteville-sous-le-Val 76....32 B2
Sotteville-sur-Mer 76....15 F1
Soturac 46....239 D3
Sotzeling 57....69 D2
Souain-Perthes-lès-Hurlus 51....38 C4
Soual 81....278 A3
Souancé-au-Perche 28....84 A4
Souanyas 66....311 E3
Souastre 62....8 A4
Soubès 34....280 C1
Soubise 17....181 D3
Soublecause 65....273 F3
Soubran 17....199 E3
Soubrebost 23....187 D3
Soucé 53....81 E2
Soucelles 49....128 C1
La Souche 07....245 F2
Souché 79....164 C3
Souchez 62....8 B2
Soucht 57....44 B4
Soucia 39....177 D2
Soucieu-en-Jarrest 69....210 C1
Soucirac 46....240 A1
Souclin 01....194 A3
Soucy 02....36 A3
Soucy 89....88 C4
Soudaine-Lavinadière 19....204 C2
Soudan 44....104 A4
Soudan 79....165 E3
Soudat 24....202 B1
Souday 41....108 A2
Soudé 51....64 C4
Soudeilles 19....205 E1
Soudorgues 30....262 C2
Soudron 51....64 B3
Soueich 31....299 E3
Soueix-Rogalle 09....300 A4
Souel 81....259 D3
Soues 65....297 F1
Soues 80....17 F2
Souesmes 41....133 F2
Souffelweyersheim 67....71 D1
Soufflenheim 67....71 E1
Souffrignac 16....202 B2
Sougé 36....151 E3

Sougé 41....108 A4
Sougé-le-Ganelon 72....82 B3
Sougéal 35....79 F1
Sougères-en-Puisaye 89....136 A2
Sougères-sur-Sinotte 89....113 E3
Sougraigne 11....302 B4
Sougy 45....110 A2
Sougy-sur-Loire 58....155 E3
Les Souhesmes 55....66 B1
Souhey 21....138 A2
Le Souich 62....7 E4
Souilhanels 11....277 F4
Souilhe 11....277 F4
Souillac 46....222 A4
Souillé 72....106 C1
Souilly 55....66 B1
Souilly 77....61 F2
Soula 09....301 D4
Soulac-sur-Mer 33....198 B2
Soulages 15....225 F2
Soulages-Bonneval 12....242 C1
Soulaincourt 52....92 C2
Soulaines-Dhuys 10....91 E3
Soulaines-sur-Aubance 49....128 B3
Soulaire-et-Bourg 49....128 B1
Soulaires 28....85 F2
Soulan 09....300 A4
Soulanges 51....65 D3
Soulangis 18....153 E1
Soulangy 14....56 A2
Soulatgé 11....302 C4
Soulaucourt-sur-Mouzon 52....93 E4
Soulaures 24....239 D1
Soulce-Cernay 25....142 C3
Soulgé-sur-Ouette 53....105 E1
Le Soulié 34....279 E3
Soulières 51....64 A2
Soulièvres 79....148 B3
Soulignac 33....236 C1
Souligné-Flacé 72....106 B2
Souligné-sous-Ballon 72....107 D1
Soulignonne 17....181 E4
Souligny 10....90 A4
Soulitré 72....107 E2
Soullans 85....144 C3
Soulles 50....54 B1
Soulom 65....297 E3
Soulomès 46....240 B2
Soulor (Col du) 65....297 D3
Soulosse-sous-
Saint-Élophe 88....93 E2
Soultz-Haut-Rhin 68....120 B1
Soultz-les-Bains 67....70 C3
Soultz-sous-Forêts 67....45 E4
Soultzbach-les-Bains 68....96 B4
Soultzeren 68....96 A4
Soultzmatt 68....96 B4
Soulvache 44....103 F3
Soumaintrain 89....113 F2
Soumans 23....170 B4
Soumensac 47....237 F1
Souméras 17....199 F4
Soumont 34....280 C1
Soumont-Saint-Quentin 14....56 A2
Soumoulou 64....297 E1
Soupex 11....277 F4
Soupir 02....36 C2
Souplicourt 80....17 E4
Souppes-sur-Loing 77....87 F4
Souprosse 40....253 E4
Le Souquet 40....252 C3
Souraïde 64....270 C4
Sourans 25....142 B2
La Source 45....110 A3
Sourcieux-les-Mines 69....192 B4
Le Sourd 02....21 D3
Sourdeval 50....54 C4
Sourdeval-les-Bois 50....54 A2
Sourdon 80....18 B4
Sourdun 77....89 D2
Le Sourn 56....100 C1
Sournia 66....311 F1
Sourniac 15....206 A4
Sourribes 04....267 E1
Sours 28....85 F3
Soursac 19....205 F4
Sourzac 24....220 A2
Sous-la-Tour 22....51 E4
Sous-Parsat 23....187 D2
Sousceyrac 46....223 E4
Sousmoulins 17....199 F4
Souspierre 26....247 E3
Soussac 33....237 D1
Soussans 33....217 D2
Soussey-sur-Brionne 21....138 B3
Soustelle 30....263 D1
Soustons 40....252 B4
Sousville 38....231 D3
Souternon 42....191 D3
La Souterraine 23....168 C4
Soutiers 79....165 D2
Souvans 39....159 E2
Souvignargues 30....263 E4
Souvigné 16....183 E2
Souvigné 37....130 B2
Souvigné 79....165 E3
Souvigné-sur-Même 72....83 F4
Souvigné-sur-Sarthe 72....105 F3
Souvigny 03....172 A2
Souvigny-de-Touraine 37....131 F3
Souvigny-en-Sologne 41....133 F1
Souyeaux 65....298 A1
Souzay-Champigny 49....129 E4
Souzy 69....210 A1
Souzy-la-Briche 91....86 C2
Soveria 2B....315 D4
Soyans 26....247 E1
Soyaux 16....201 F1
Soye 25....142 A2

Soye-en-Septaine 18....153 E2
Soyécourt 80....19 D3
Soyers 52....117 E3
Soyons 07....229 D3
Spada 55....67 D2
Sparsbach 67....70 B1
Spay 72....106 C2
Spechbach-le-Bas 68....120 B3
Spechbach-le-Haut 68....120 B3
Speloncato 2B....314 C3
Spelunca (Gorges de) 2A....316 B1
Spéracèdes 06....287 F1
Spézet 29....75 E3
Spicheren 57....43 D3
Spin'a Cavallu
(Pont génois) 2A....318 C2
Spincourt 55....40 C3
Sponville 54....67 E1
Spoy 10....91 E4
Spoy 21....139 E2
Spycker 59....3 E2
Squiffiec 22....50 C3
Staffelfelden 68....120 B2
Stains 93....61 D2
Stainville 55....66 B4
Stangala (Site du) 29....73 F3
Staple 59....3 F3
Stattmatten 67....71 F1
Stazzona 2B....315 F4
Steenbecque 59....3 F4
Steene 59....3 E2
Steenvoorde 59....3 F3
Steenwerck 59....4 B3
Steige 67....96 B1
Steinbach 68....120 B2
Steinbourg 67....70 B2
Steinbrunn-le-Bas 68....120 C3
Steinbrunn-le-Haut 68....120 C3
Steinseltz 67....45 E4
Steinsoultz 68....120 C4
Stella-Plage 62....6 A2
Stenay 55....39 F1
Sternenberg 68....120 A3
Stetten 68....120 C3
Stigny 89....114 C4
Still 67....70 C4
Stiring-Wendel 57....43 D3
Stival 56....76 C4
Stonne 08....39 E1
Storckensohn 68....119 F2
Stosswihr 68....96 A4
Stotzheim 67....96 C1
Strasbourg 67....71 E3
Strazeele 59....4 A3
Strenquels 46....222 B3
Strueth 68....120 A4
Struth 67....70 B1
Stuckange 57....41 F3
Stundwiller 67....45 F4
Sturzelbronn 57....44 C3
Stutzheim-Offenheim 67....71 D3
Suarce 90....120 A4
Suaucourt-et-Pisseloup 70....117 E4
Suaux 16....184 B4
Le Subdray 18....153 D2
Sublaines 37....131 E4
Subles 14....28 C3
Subligny 18....134 C3
Subligny 50....54 A3
Subligny 89....112 C1
Suc-au-May 19....205 D3
Suc-et-Sentenac 09....309 F1
Succieu 38....212 A2
Sucé-sur-Erdre 44....126 B3
Sucy-en-Brie 94....61 E4
Suèvres 41....132 B1
Sugères 63....208 A2
Sugny 08....38 C3
Suhescun 64....295 D1
Suilly-la-Tour 58....135 E3
Suin 71....174 B3
Suippes 51....65 D1
Suisse 57....69 D1
Suizy-le-Franc 51....63 F2
Sulignat 01....193 D1
Sully 14....28 C3
Sully 60....33 E1
Sully 71....157 E2
Sully-la-Chapelle 45....110 C2
Sully-sur-Loire 45....111 D4
Sulniac 56....101 E4
Sumène 30....262 C3
Sundhoffen 68....96 C4
Sundhouse 67....97 D2
Super-Barèges 65....297 F4
Super-Besse 63....207 D3
Super-Bolquère 66....311 D3
Super-Lioran 15....224 C2
Super-Sauze 04....250 C3
Superbagnères 31....307 F4
Superdévoluy 05....249 D1
Supeyres (Col des) 63....209 D2
Supt 39....160 B3
Le Suquet 06....289 D2
Surat 63....189 F3
Surba 09....301 D4
Surbourg 67....45 E4
Surcamps 80....17 F1
Surdoux 87....204 B2
Suré 61....83 E3
Suresnes 92....60 C3
Surfonds 72....107 E2
Surfontaine 02....20 B4
Surgères 17....181 E1
Surgy 58....136 B2
Suriauville 88....93 F4
Surin 79....183 F1
Surin 86....184 A2
Suris 16....184 B4

Surjoux 01....194 C2
Surmont 25....142 B3
Surques 62....2 C3
Surrain 14....28 C3
Surtainville 50....24 B3
Surtauville 27....32 A4
Survie 61....57 D3
Surville 14....30 C3
Surville 27....32 A4
Surville 50....26 B3
Survilliers 95....61 E1
Sury 08....22 B3
Sury-aux-Bois 45....111 D2
Sury-en-Vaux 18....135 D3
Sury-ès-Bois 18....134 C2
Sury-le-Comtal 42....209 F2
Sury-près-Léré 18....135 D2
Surzur 56....123 D2
Sus 64....272 A4
Sus-Saint-Léger 62....7 F4
Suscinio (Château de) 56....123 D2
Susmiou 64....272 A4
Sussac 87....204 B1
Sussargues 34....282 A1
Sussat 03....189 E1
Sussey 21....138 A4
Susville 38....230 C3
Sutrieu 01....194 B2
Suzan 09....300 C3
Suzanne 08....38 C1
Suzanne 80....19 D2
Suzannecourt 52....92 B2
Suzay 27....33 D3
Suze 26....229 E4
Suze-la-Rousse 26....247 D4
La Suze-sur-Sarthe 72....106 B3
Suzette 84....265 E1
Suzoy 60....35 F1
Suzy 02....36 C1
Sy 08....39 E1
Syam 39....160 B4
Sylvains-les-Moulins 27....58 C2
Sylvanès 12....261 D4
Le Syndicat 88....119 E1

T

Tabaille-Usquain 64....271 F4
Tabanac 33....236 B1
La Table 73....213 F2
Le Tablier 85....163 D1
Tabre 09....301 E3
La Tâche 16....184 A3
Tachoires 32....275 D3
Tacoignières 78....59 F3
Taconnay 58....136 B4
Taden 22....78 C1
Tadousse-Ussau 64....273 E2
Taglio-Isolaccio 2B....315 F3
La Tagnière 71....156 C4
Tagnon 08....38 A2
Tagolsheim 68....120 B3
Tagsdorf 68....120 B3
Tailhac 43....226 A2
Taillades 84....265 E4
Le Taillan-Médoc 33....217 D3
Taillancourt 55....93 E1
Taillant 17....181 F3
Taillebois 61....55 F3
Taillebourg 17....181 F4
Taillebourg 47....237 E3
Taillecavat 33....237 E1
Taillecourt 25....142 C1
La Taillée 85....163 F3
Taillefontaine 02....35 F3
Taillepied 50....24 C4
Taillet 66....312 B3
Taillette 08....22 B2
Tailleville 14....29 E3
Taillis 35....80 A4
Tailly 08....39 F2
Tailly 21....158 A2
Tailly 80....17 F2
Tain-l'Hermitage 26....229 D2
Taingy 89....136 A1
Taintrux 88....95 F3
Taisnières-en-Thiérache 59....10 A3
Taisnières-sur-Hon 59....10 B1
Taisnil 80....18 A3
Taissy 51....37 F4
Taix 81....259 E3
Taizé 71....175 D2
Taizé 79....148 B3
Taizé-Aizie 16....183 F2
Taizy 08....38 A1
Tajan 65....298 C1
Talairan 11....303 D3
Talais 33....198 B2
Talange 57....41 F3
Talant 21....139 D3
Talasani 2B....315 F4
Talau 66....311 D3
La Talaudière 42....210 A3
Talazac 65....273 F4
Talcy 41....109 E4
Talcy 89....137 E1
Talence 33....217 E4
Talencieux 07....228 C1
Talensac 35....78 C4
Talissieu 01....194 C3
Talizat 15....225 E2
Tallans 25....141 F2
Tallard 05....249 E3
Tallenay 25....141 D3
Tallende 63....207 E1
Taller 40....252 C3

Taussat 33....234 C1
Tautavel 66....312 C1
Tauves 63....206 B2
Tauxières-Mutry 51....64 B1
Tauxigny 37....131 D4
Tavaco 2A....316 C3
Tavant 37....149 E1
Tavaux 39....159 D2
Tavaux-et-Pontséricourt 02....21 E4
Tavel 30....264 C3
Tavera 2A....316 C3
Tavernay 71....156 C2
Tavernes 83....286 A2
Taverny 95....60 C2
Tavers 45....109 F4
Tavey 70....142 B1
Taxat-Senat 03....189 E1
Taxenne 39....140 B4
Tayac 33....219 D3
Taybosc 32....275 D1
Tayrac 12....259 F1
Tayrac 47....256 C1
Tazilly 58....156 B4
Le Tech 66....312 B4
Têche 38....230 A1
Técou 81....259 D4
Teghime (Col de) 2B....315 E1
Le Teich 33....234 C1
Teigny 58....136 C3
Le Teil 07....246 C2
Teilhède 63....189 E3
Teilhet 09....301 E2
Teilhet 63....188 C2
Teillay 35....103 E3
Teillay-le-Gaudin 45....86 B4
Teillay-Saint-Benoît 45....110 B1
Teillé 44....127 D2
Teillé 72....82 C4
Teillet 81....259 F4
Teillet-Argenty 03....170 C4
Le Teilleul 50....81 D1
Teillots 24....221 F1
Teissières-de-Cornet 15....224 A3
Teissières-lès-Bouliès 15....224 B4
Télégraphe (Col du) 73....214 A4
Telgruc-sur-Mer 29....47 F4
Tellancourt 54....40 C1
Tellecey 21....139 F3
Tellières-le-Plessis 61....83 E1
Teloché 72....107 D3
Le Temple 33....216 B3
Le Temple 41....108 B2
Le Temple 79....147 D2
Le Temple-de-Bretagne 44....126 A3
Temple-Laguyon 24....221 E1
Le Temple-sur-Lot 47....238 A4
Templemars 59....8 C3
La Templerie 35....80 B3
Templeuve 59....9 D1
Templeux-la-Fosse 80....19 F2
Templeux-le-Guérard 80....19 F2
Tenaille (Ancienne
Abbaye de la) 17....199 E3
Tenay 01....194 A3
Tence 43....227 F2
Tencin 38....213 D4
Tende 06....289 F1
Tende (Col de) 06....289 F1
Tendon 88....95 E4
Tendron 18....154 A2
Tendu 36....168 C1
Teneur 62....7 E2
Tennie 72....106 B1
Tenteling 57....43 D4
Tercé 86....166 C2
Tercillat 23....169 F3
Tercis-les-Bains 40....271 E1
Terdeghem 59....3 F3
Térénez 29....49 E2
Térénez (Pont de) 29....47 F4
Tergnier 02....20 A4
Terjat 03....188 B1
Termes 08....39 D3
Termes 11....303 D3
Termes 48....225 F4
Termes-d'Armagnac 32....273 F1
Termignon 73....215 D4
Terminiers 28....109 F1
Ternand 69....192 B3
Ternant 17....181 F3
Ternant 21....138 C4
Ternant 58....156 A4
Ternant-les-Eaux 63....207 F3
Ternas 62....7 F3
Ternat 52....116 B2
Ternay 41....108 A4
Ternay 69....210 C1
Ternay 86....148 B3
Ternay (Barrage du) 07....210 B4
Les Ternes 25....225 E2
Ternuay-Melay-
et-Saint-Hilaire 70....119 D3
Terny-Sorny 02....36 B2
Terramesnil 80....18 B1
Terrans 71....158 C3
Terrasse 38....213 D4
Terrasse
(Panorama de la) 69....192 B1
La Terrasse-sur-Dorlay 42....210 B3
Terrasson-Lavilledieu 24....221 F2
Terrats 66....312 C2
Terraube 32....256 A4
Terre-Clapier 81....259 F4
Terrebasse 31....299 E3
Terrefondrée 21....115 F4
Terrehault 72....83 E4
Terrenoire 42....210 A3
Les Terres-de-Chaux 25....142 B3
La Terrisse 12....242 C1

Terroles 11....302 B3
Terron-sur-Aisne 08....39 D2
Terrou 46....223 D4
Tersanne 26....229 E1
Tersannes 87....168 A4
Terssac 81....259 E4
Le Tertre Rouge
(Parc zoologique) 72....106 B4
Le Tertre-Saint-Denis 78....59 F2
Tertry 80....19 F3
Terves 79....147 F4
Terville....41 F2
Tessancourt-sur-Aubette 78....60 A2
Tessé-Froulay 61....81 F1
Tessé-la-Madeleine 61....81 F1
Tessel 14....29 D4
Tessens 73....214 B1
Tesson 17....199 E1
Tessonnière 79....148 B4
La Tessoualle 49....147 D2
Tessy-sur-Vire 50....54 C2
La Teste-de-Buch 33....234 B1
Tétaigne 08....23 E4
Tête des Cuveaux 88....119 D1
Téteghem 59....3 F1
Téterchen 57....42 B3
Téthieu 40....271 F1
Teting-sur-Nied 57....69 D1
Teuillac 33....217 E2
Teulat 81....277 D2
Le Teulet 19....223 E3
Teurthéville-Bocage 50....25 D2
Teurthéville-Hague 50....24 B2
Teyjat 24....202 B2
Teyran 34....281 F1
Teyssières 26....247 F3
Teyssieu 46....223 D3
Teyssode 81....277 F2
Thaas 51....90 A1
Thaims 17....199 D1
Thairé 17....181 D1
Thaix 58....155 F3
Thal-Drulingen 67....70 A1
Thal-Marmoutier 67....70 B2
Thalamy 19....206 A2
Thann 68....120 A2
Thannenkirch 68....96 B2
Thanvillé 67....96 B1
Thaon 14....29 E3
Thaon-les-Vosges 88....94 C3
Tharaux 30....263 F1
Tharoiseau 89....136 C2
Tharon-Plage 44....125 E4
Tharot 89....137 D2
Thaumiers 18....153 F4
Thauron 23....186 C2
Thauvenay 18....135 D4
Thèbe 65....298 C3
Théding 57....43 D4
Thédirac 46....239 F2
Thégra 46....222 C4
Théhillac 56....125 E1
Le Theil 03....171 F4
Le Theil 15....224 A2
Le Theil 23....186 B3
Le Theil 50....25 D2
Le Theil 61....83 F4
Le Theil-Bocage 14....55 E2
Le Theil-de-Bretagne 35....103 F2
Le Theil-en-Auge 14....30 C3
Le Theil-Nolent 27....31 D4
Theil-Rabier 16....183 E2
Theil-sur-Vanne 89....113 D1
Theillay 41....133 E4
Theillement 27....31 F3
Theix 56....101 E4
Theizé 69....192 B3
Thel 69....192 A1
Théligny 72....84 A4
Thélis-la-Combe 42....210 B4
Thélod 54....94 A1
Thelonne 08....23 D4
Thélus 62....8 B3
Thémericourt 95....60 A1
Thémines 46....240 C1
Théminettes 46....241 D1
Thénac 17....199 E1
Thénac 24....237 F1
Thenailles 02....21 E3
Thenay 36....168 B1
Thenay 41....132 A3
Thenelles 02....20 B3
Thénésol 73....196 A4
Theneuil 37....149 E1
Theneuille 03....171 E2
Thénezay 79....148 B4
Thénioux 18....133 D4
Thenissey 21....138 B2
Thénisy 77....88 C2
Thennelières 10....90 B3
Thennes 80....18 C3
Thenon 24....221 E1
Thénorgues 08....39 E2
Théoule-sur-Mer 06....288 A4
Therdonne 60....34 A2
Théret (Château du) 23....187 D1
Thérines 60....33 F1
Thermes-Magnoac 65....298 C1
Thérondels 12....224 C4
Thérouanne 62....3 E4
Thérouldeville 76....15 D2
Thervay 39....140 B4
Thésée 41....132 A3
Thésy 39....160 A2
Theuley 70....140 C1
Théus 05....249 F2
Theuville 28....85 F3
Theuville 95....34 A4
Theuville-aux-Maillots 76....15 D2

Theuvy-Achères 28....85 D1
Thevet-Saint-Julien 36....169 F1
Théville 50....25 D2
Thevray 27....58 A2
They-sous-Montfort 88....94 A4
They-sous-Vaudemont 54....94 A2
Theys 38....213 E4
Théza 66....313 D2
Thézac 17....199 D1
Thézac 47....239 D3
Thézan-des-Corbières 11....303 E2
Thézan-lès-Béziers 34....280 B4
Thèze 04....249 E4
Thèze 64....273 D3
Thézey-Saint-Martin 54....68 B2
Théziers 30....264 B3
Thézillieu 01....194 B3
Thézy-Glimont 80....18 B3
Thiais 94....61 D4
Thiancourt 90....120 A4
Thianges 58....155 E3
Thiant 59....9 E3
Thiat 87....167 F4
Thiaucourt-Regniéville 54....67 F2
Thiaville-sur-Meurthe 54....95 E2
Thiberville 27....31 D4
Thibie 51....64 B2
Thibivillers 60....33 F3
Thibouville 27....31 F4
Thicourt 57....69 D1
Thiébauménil 54....95 D1
Thiéblemont-Farémont 51....65 E4
Thiébouhans 25....142 C3
Thieffrain 10....91 D4
Thieffrans 70....141 F2
Thiéfosse 88....119 E2
Thiel-sur-Acolin 03....172 C2
Thiembronne 62....3 D4
Thiénans 70....141 F2
Thiennes 59....3 F4
Thiepval 80....19 D1
Thiergeville 76....15 D2
Thiernu 02....21 D3
Thiers 63....190 B4
Thiers-sur-Thève 60....35 D4
Thierville 27....31 E3
Thierville-sur-Meuse 55....40 A4
Thiéry 06....269 F2
Thiescourt 60....35 E1
Thiétreville 76....15 D2
Le Thieulin 28....84 C3
Thieulloy-la-Ville 80....17 F4
Thieulloy-l'Abbaye 80....17 F3
Thieuloy-Saint-Antoine 60....33 F1
La Thieuloye 62....7 F2
Thieux 60....34 B1
Thieux 77....61 F2
Thiéville 14....56 B1
Thièvres 62....7 F4
Thiézac 15....224 C3
Thignonville 45....86 C4
Thil 01....193 E4
Thil 10....91 F3
Le Thil 27....33 D3
Thil 31....276 A1
Thil 51....37 F3
Thil 54....41 D1
Thil-la-Ville 21....138 A3
Thil-Manneville 76....16 A3
Le Thil-Riberpré 76....17 D4
Thil-sur-Arroux 71....156 C4
Thilay 08....23 D2
Le Thillay 95....61 E2
Thilleux 52....91 F2
Les Thilliers-en-Vexin 27....33 D4
Thillois 51....37 E3
Thillombois 55....66 C2
Thillot 55....67 E1
Le Thillot 88....119 E2
Thilouze 37....130 C4
Thimert 28....85 D1
Thimonville 57....68 C2
Thimory 45....111 E3
Thin-le-Moutier 08....22 B4
Thines 07....245 E3
Thiolières 63....208 C2
Thionne 03....172 C3
Thionville 57....41 F2
Thionville-sur-Opton 78....59 F4
Thiouville 76....15 E2
Thiraucourt 88....94 A3
Thiré 85....163 F2
Thiron Gardais 28....84 B3
This 08....22 B3
Thise 25....141 E3
Thivars 28....85 E3
Thivencelle 59....9 F2
Thiverny 60....34 C4
Thiverval-Grignon 78....60 A3
Thivet 52....116 C2
Thiviers 24....203 D3
Thiville 28....109 D2
Thizay 36....152 B3
Thizay 37....149 D1
Thizy 89....137 E1
Thoard 04....267 F1
Thodure 38....211 F4
Thoigné 72....83 D1
Thoiras 30....263 D2
Thoiré-sous-Contensor 72....83 D3
Thoiré-sur-Dinan 72....107 E4
Thoires 21....115 E2
Thoirette 39....176 C4
Thoiria 39....177 D2
Thoiry 01....177 E4
Thoiry 73....213 E4
Thoiry 78....60 A3
Thoissey 01....192 C3

Thoissia 39....176 B3
Thoisy-la-Berchère 21....137 F4
Thoisy-le-Désert 21....138 B4
Thoix 80....17 F4
Thol-lès-Millières 52....93 D4
Thollet 86....168 A3
Thollon-les-Mémises 74....179 D3
Le Tholonet 13....285 D2
Le Tholy 88....119 E1
Thomer-la-Sôgne 27....58 C2
Thomery 77....87 F3
Thomirey 21....157 F1
Thonac 24....221 E2
Thônes 74....195 F3
Thonnance-lès-Joinville 52....92 B2
Thonnance-les-Moulins 52....92 C2
Thonne-la-Long 55....40 B1
Thonne-le-Thil 55....40 A1
Thonne-les-Près 55....40 A1
Thonnelle 55....40 A1
Thonon-les-Bains 74....178 B3
Thonville 57....69 D1
Le Thor 84....265 E3
Thorailles 45....112 A2
Thoraise 25....141 D4
Thorame-Basse 04....268 B2
Thorame-Haute 04....268 B1
Thorame-Haute-Gare 04....268 B2
Thoras 43....226 B1
Thoré-la-Rochette 41....108 B4
Thorée-les-Pins 72....106 C4
Thorenc 06....269 D4
Thorens-Glières 74....195 F2
Thorey 89....114 B3
Thorey-en-Plaine 21....139 E4
Thorey-Lyautey 54....94 A3
Thorey-sous-Charny 21....138 A3
Thorey-sur-Ouche 21....157 F1
Thorigné 79....165 D4
Thorigné-d'Anjou 49....128 A1
Thorigné-en-Charnie 53....105 F2
Thorigné-Fouillard 35....79 E4
Thorigné-sur-Dué 72....107 E2
Thorigny 85....163 E1
Thorigny-sur-le-Mignon 79....182 A1
Thorigny-sur-Marne 77....61 F3
Thorigny-sur-Oreuse 89....89 D4
Le Thoronet 83....286 C3
Thoronet (Abbaye du) 83....286 C3
Thorrenc 07....228 C1
Thors 10....91 F3
Thors 17....182 C4
Thory 80....18 B4
Thory 89....137 D1
Thoste 21....137 F2
Le Thot 24....221 E2
Le Thou 17....181 D1
Thou 18....134 C3
Thou 45....135 D1
Thouarcé 49....128 B4
Thouaré-sur-Loire 44....126 C4
Thouars 79....148 A2
Thouars-sur-Arize 09....300 A2
Thouars-sur-Garonne 47....255 F1
Thouarsais-Bouildroux 85....164 A1
Le Thoult-Trosnay 51....63 E3
Le Thour 08....37 F1
Le Thoureil 49....129 D3
Thourie 35....103 F3
Thouron 87....185 F2
Thourotte 60....35 E2
Thoury 41....132 C1
Thoury-Férottes 77....88 A2
Thoux 32....275 F1
Thubœuf 53....81 F2
Le Thuel 02....21 F4
Thuellin 38....212 B1
Thuès-entre-Valls 66....311 E3
Thueyts 07....245 F1
Thugny-Trugny 08....38 B2
La Thuile 73....213 E2
Les Thuiles 04....250 B3
Thuilley-aux-Groseilles 54....93 F1
Thuillières 88....94 A4
Thuir 66....312 C2
Thuisy 10....89 F4
Le Thuit 27....32 C4
Le Thuit-Anger 27....32 A3
Thuit-Hébert 27....31 F3
Le Thuit-Signol 27....32 A3
Le Thuit-Simer 27....31 F4
Thulay 25....142 C2
Thumeréville 54....41 D4
Thumeries 59....8 C2
Thun-l'Évêque 59....9 E4
Thun-Saint-Amand 59....9 E2
Thun-Saint-Martin 59....9 E4
Thurageau 86....149 D4
Thuré 86....149 E3
Thuret 63....189 F3
Thurey 71....158 C4
Thurey-le-Mont 25....141 E3
Thurins 69....210 B3
Thury 21....157 E2
Thury 89....135 F1
Thury-en-Valois 60....35 F4
Thury-Harcourt 14....55 F2
Thury-sous-Clermont 60....34 B3
Thusy 65....298 A1
Thuy 65....298 A1
Thyl 73....214 B4
Tibiran-Jaunac 65....298 C3
Ticheville 61....57 D2
Tichey 21....159 D1
Tieffenbach 67....70 B1
Tiercé 49....128 C3
Tiercelet 54....41 D1

Le Tiercent 35....79 F3
Tierceville 14....29 D3
Tieste-Uragnoux 32....273 F2
La Tieule 48....243 F4
Tiffauges 85....146 B2
Tigeaux 77....62 A3
Tigery 91....87 E1
Tigné 49....128 C4
Tignécourt 88....117 F1
Tignes 73....215 D2
Tignes (Barrage de) 73....215 D2
Le Tignet 06....287 F1
Tignieu-Jameyzieu 38....193 F4
Tigny-Noyelle 62....6 B3
Tigy 45....110 C4
Til-Châtel 21....139 E2
Tilh 40....272 A2
Tilhouse 65....298 B2
Tillac 32....274 B3
Tillay-le-Péneux 28....110 A1
Tillé 60....34 A2
Tillenay 21....139 F4
Le Tilleul 76....14 B2
Tilleul-Dame-Agnès 27....58 A2
Le Tilleul-Lambert 27....58 B1
Le Tilleul-Othon 27....58 A1
Tilleux 88....93 E3
Tillières 49....146 B1
Tillières-sur-Avre 27....58 C4
Tilloloy 80....19 D4
Tillou 79....183 D1
Tilloy-et-Bellay 51....65 E1
Tilloy-Floriville 80....17 D2
Tilloy-lès-Conty 80....18 A4
Tilloy-lès-Hermaville 62....8 A3
Tilloy-lès-Mofflaines 62....8 B3
Tilloy-lez-Cambrai 59....9 D3
Tilloy-lez-Marchiennes 59....9 E2
Tilly 27....59 E1
Tilly 36....168 A3
Tilly 78....59 F3
Tilly-Capelle 62....7 E2
Tilly-la-Campagne 14....56 A1
Tilly-sur-Meuse 55....66 C1
Tilly-sur-Seulles 14....29 D4
Tilques 62....3 D3
Tincey-et-Pontrebeau 70....140 C1
Tinchebray 61....55 D3
Tincourt-Boucly 80....19 F2
Tincques 62....7 F3
Tincry 57....68 C2
Les Tines 74....197 D2
Tingry 62....2 B4
Tinqueux 51....37 F4
Tinténiac 35....79 D3
Tintry 71....157 E2
Tintury 58....155 F2
Tiranges 43....209 E4
Tirent-Pontéjac 32....275 E2
Tirepied 50....54 A4
Tissey 89....114 A3
Le Titre 80....6 B4
Tiuccia 2A....316 B3
Tivernon 45....110 A1
Tiviers 15....225 F2
Tivolaggio 2A....318 C2
Tizac-de-Curton 33....218 C4
Tizac-de-Lapouyade 33....218 C3
Tizzano 2A....318 C3
Tocane-Saint-Apre 24....202 A4
Tocqueville 27....31 E2
Tocqueville 50....25 E2
Tocqueville-en-Caux 76....15 E2
Tocqueville-les-Murs 76....15 D3
Tocqueville-sur-Eu 76....16 B1
Tœufles 80....17 D1
Toges 08....39 D2
Togny-aux-Bœufs 51....65 D3
Tolla 2A....316 C3
Tollaincourt 88....117 E1
Tollent 62....7 D3
Tollevast 50....24 C2
La Tombe 77....88 B3
Tombebœuf 47....238 A3
Tomblaine 54....68 B4
Tomino 2B....314 A1
Les Tonils 26....247 F2
Tonnac 81....258 C2
Tonnay-Boutonne 17....181 F2
Tonnay-Charente 17....181 E3
Tonneins 47....237 F4
Tonnerre 89....114 A3
Tonneville 50....24 B2
Tonnoy 54....94 B1
Tonquédec 22....50 A2
Tonquédec (Château de) 22....50 A2
Torcé 35....104 A1
Torcé-en-Vallée 72....107 E1
Torcé-Viviers-en-Charnie 53....106 A1
Torcenay 52....117 D3
Torchamp 61....81 E1
Torchefelon 38....212 A2
Torcheville 57....69 E2
Torcieu 01....194 A3
Torcy 62....7 D2
Torcy 71....157 E4
Torcy 77....61 F3
Torcy-en-Valois 02....62 C1
Torcy-et-Pouligny 21....137 F2
Torcy-le-Grand 10....90 B1
Torcy-le-Grand 76....16 A3
Torcy-le-Petit 10....90 B1
Torcy-le-Petit 76....16 A3
Tordères 66....312 C3
Tordouet 14....57 D1
Torfou 49....146 B1
Torfou 91....86 C2
Torigni-sur-Vire 50....54 C1

Tornac 30....263 D3
Tornay 52....117 E4
Le Torp-Mesnil 76....15 F2
Torpes 25....141 D4
Torpes 71....159 D3
Le Torpt 27....30 C3
Le Torquesne 14....30 B4
Torra 2A....319 E2
Torreilles 66....313 D1
Torsac 16....201 F2
Torsiac 43....207 F4
Tortebesse 63....206 B1
Tortefontaine 62....6 C3
Tortequesne 62....8 C2
Torteron 18....154 B2
Torteval-Quesnay 14....28 C4
Tortezais 03....171 E3
Tortisambert 14....56 C2
Le Tortoir 02....36 C1
Torvilliers 10....90 A4
Torxé 17....181 F3
Tosny 27....32 C4
Tosse 40....271 D1
Tossiat 01....193 E3
Tôtes 76....16 A3
Touchay 18....170 A1
La Touche 26....247 D2
Touche-Trébry
(Château de la) 22....77 F2
Les Touches 44....126 C2
Les Touches-de-Périgny 17....182 C3
Toucy 89....112 C4
Toudon 06....269 E3
Touët-de-l'Escarène 06....289 E3
Touët-sur-Var 06....269 E3
Touffailles 82....257 D1
Toufflers 59....9 D4
Touffou (Château de) 86....166 C1
Touffréville 14....29 E4
Touffreville 27....32 C4
Touffreville-la-Cable 76....15 D3
Touffreville-la-Corbeline 76....15 E3
Touffreville-sur-Eu 76....16 B1
Touget 32....275 F1
Touille 31....299 F2
Touillon 21....138 A1
Touillon-et-Loutelet 25....161 D3
Toujouse 32....254 C4
Toul 54....67 F4
Toul Goulic (Gorges du) 22....76 B2
Toulaud 07....229 D3
Toulenne 33....236 C2
Touligny 08....22 C4
Toulis-et-Attencourt 02....21 D4
Toullaéron (Roc de) 29....75 F3
Toulon 83....291 F4
Toulon-la-Montagne 51....63 F3
Toulon-sur-Allier 03....172 B2
Toulon-sur-Arroux 71....173 F1
Toulonjac 12....241 D4
Toulouges 66....312 C2
Toulouse 31....276 C2
Toulouse (Croix de) 05....232 C3
Toulouse-le-Château 39....159 E3
Toulx-Sainte-Croix 23....170 A4
Touques 14....30 B3
Le Touquet-Paris-Plage 62....6 A1
Touquettes 61....57 E3
Touquin 77....62 B4
La Tour 06....289 D2
La Tour 74....196 A1
La Tour-Blanche 24....202 A4
La Tour-d'Aigues 84....285 D2
La Tour-d'Auvergne 63....206 C2
Tour-de-Faure 46....240 C4
La Tour-de-Salvagny 69....192 C4
La Tour-de-Scay 25....141 E2
La Tour-du-Crieu 09....301 D2
La Tour-du-Meix 39....176 C3
Le Tour-du-Parc 56....123 D2
La Tour-du-Pin 38....212 A2
Tour-en-Bessin 14....28 C3
La Tour-en-Jarez 42....210 A3
Tour-en-Sologne 41....132 B2
La Tour-Fondue 83....292 B3
La Tour-Saint-Gelin 37....149 E2
La Tour-sur-Orb 34....280 A2
Tourailles 41....131 F1
Les Tourailles 61....55 F3
Tourailles-sous-Bois 55....92 C2
Tourbes 34....280 C3
Tourcelles-Chaumont 08....38 C2
Tourch 29....75 D4
Tourcoing 59....5 D4
Tourdun 32....274 A2
La Tourette 19....205 F2
La Tourette 42....209 E3
La Tourette-Cabardès 11....278 C4
Tourette-du-Château 06....269 F3
Tourgéville 14....30 B3
La Tourlandry 49....147 E1
Tourliac 47....238 C1
Tourly 60....33 F4
Tourmalet (Col du) 65....298 A4
Tourmignies 59....8 C2
Tournai-sur-Dive 61....56 C2
Tournan 32....275 E3
Tournan-en-Brie 77....61 F4
Tournans 25....141 F2
Tournavaux 08....22 C3
Tournay 65....298 A1
Tournay-sur-Odon 14....55 E1

Le Tourne 33....236 B1
Tournebu 14....56 A2
Tournecoupe 32....256 C4
Tournedos-Bois-Hubert 27....58 B1
Tournedos-sur-Seine 27....32 B3
Tournedoz 25....142 B2
Tournefeuille 31....276 B2
Tournefort 06....269 F2
Tournehem-sur-la-Hem 62....3 D3
Tournemire 12....261 D3
Tournemire 15....224 A2
Tournes 08....22 C3
Le Tourneur 14....55 D2
Tournières 27....58 C1
Tourniac 15....223 F1
Tournières 14....27 F3
Tourniol (Col de) 26....229 F3
Tournissan 11....303 D2
Tournoël (Château de) 63....189 E3
Tournoisis 45....109 F2
Tournon 73....213 F1
Tournon-d'Agenais 47....239 D4
Tournon-Saint-Martin 36....150 B4
Tournon-Saint-Pierre 37....150 B4
Tournon-sur-Rhône 07....229 D2
Tournous-Darré 65....298 B1
Tournous-Devant 65....298 B1
Tournus 71....175 E2
Tourny 27....33 D4
Tourouvre 61....83 F1
Tourouzelle 11....303 E1
Tourreilles 11....302 A3
Les Tourreilles 31....298 C2
Tourrenquets 32....275 D3
Tourrette
(Château de la) 07....228 C4
Tourrette-Levens 06....288 C4
Les Tourrettes 26....247 D1
Tourrettes 83....287 F1
Tourrettes-sur-Loup 06....269 F4
Tourriers 16....183 F4
Tours 37....130 C3
Tours-en-Savoie 73....214 A1
Tours-en-Vimeu 80....17 D1
Tours-Saint-Symphorien
(Aéroport de) 37....130 C3
Tours-sur-Marne 51....64 B1
Tours-sur-Meymont 63....208 B1
Tourtenay 79....148 B2
Tourteron 08....38 C1
Tourtoirac 24....203 E4
Tourtour 83....286 C2
Tourtouse 09....300 A2
Tourtrès 47....238 A3
Tourtrol 09....301 E3
Tourves 83....286 A3
Tourville-en-Auge 14....30 B3
Tourville-la-Campagne 27....31 F4
Tourville-la-Chapelle 76....16 B2
Tourville-la-Rivière 76....32 B3
Tourville-les-Ifs 76....14 C2
Tourville-sur-Arques 76....16 A3
Tourville-sur-Odon 14....29 D4
Tourville-sur-
Pont-Audemer 27....31 D3
Tourville-sur-Sienne 50....53 F1
Toury 28....86 A4
Toury-Lurcy 58....155 E4
Toury-sur-Jour 58....155 D4
Tourzel-Ronzières 63....207 E2
Toussaint 76....14 C2
Toussieu 69....211 D1
Toussieux 01....192 C3
Tousson 77....87 F2
La Toussuire 73....213 F4
Toussus-le-Noble 78....60 C4
Toutainville 27....31 D3
Toutenant 71....158 C3
Toutencourt 80....18 C1
Toutens 31....277 E3
Toutes Aures (Col de) 04....268 C3
Toutlemonde 49....147 D1
Toutry 21....137 F2
Touvérac 16....200 C3
Le Touvet 38....213 D3
Touville 27....31 F3
Touvois 44....145 E2
Touvre 16....201 F1
Touzac 16....201 D2
Touzac 46....239 E3
Tox 2B....317 F1
Toy-Viam 19....205 D1
Trabuc (Grotte de) 30....263 D2
Tracol (Col de) 43....210 A4
Tracy-Bocage 14....55 E1
Tracy-le-Mont 60....35 F2
Tracy-le-Val 60....35 F2
Tracy-sur-Loire 58....135 D4
Tracy-sur-Mer 14....29 D3
Trades 69....174 C4
Traenheim 67....70 C3
Tragny 57....68 C2
Traînel 10....89 D3
Traînou 45....110 B2
Le Trait 76....15 F4
Traitiéfontaine 70....141 D3
Traize 73....212 C1
Tralaigues 63....188 B3
Tralonca 2B....315 E4
Tramain 22....78 A2
Tramayes 71....174 C4
Trambly 71....174 C4
Tramecourt 62....7 D1
Tramery 51....37 E4
Tramezaïgues 65....307 D3
Tramolé 38....211 F2
Tramont-Émy 54....93 F2
Tramont-Lassus 54....93 F2
Tramont-Saint-André 54....93 F2

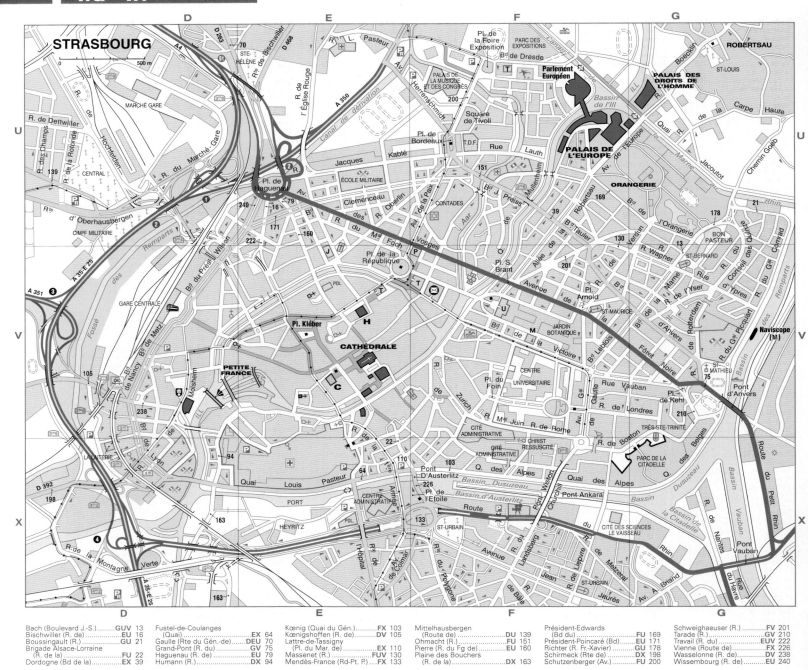

STRASBOURG

Bach (Boulevard J.-S.)..........**GUV** 13
Bischwiller (R. de) ....**EU** 16
Boussingault (R.) ....**GU** 21
Brigade Alsace-Lorraine
  (R. de la) ....**FU** 22
Dordogne (Bd de la)............**EX** 39

Fustel-de-Coulanges
  (Quai) ....**EX** 64
Gaulle (Rte du Gén.-de)......**DEU** 70
Grand-Pont (R. du) ....**GV** 75
Haguenau (R. de) ....**EU** 79
Humann (R.) ....**DX** 94

Kœnig (Quai du Gén.)..........**FX** 103
Kœnigshoffen (R. de) ....**DV** 105
Lattre-de-Tassigny
  (Pl. du Mar. de) ....**FUV** 130
Massenet (R.) ....**FUV** 130
Mendès-France (Rd-Pt. P.)....**FX** 133

Mittelhausbergen
  (Route de) ....**DU** 139
Ohmacht (R.) ....**FU** 151
Pierre (R. du Fg de)............**EU** 160
Plaine des Bouchers
  (R. de la) ....**DX** 163

Président-Edwards ....**FU** 169
Président-Poincaré (Bd)......**EU** 171
Richter (R. Fr.-Xavier) ....**GU** 178
Schirmeck (Rte de) ....**DX** 198
Schutzenberger (Av.) ....**FU** 200

Schweighaeuser (R.) ....**FV** 201
Tarade (R.) ....**GV** 210
Travail (R. du) ....**EUV** 222
Vienne (Route de) ....**FX** 226
Wasselonne (R. de) ....**DV** 238
Wissembourg (R. de) ....**EU** 240

Tramoyes 01	193 D3	Trèbes 11	302 C1	Trégomeur 22	51 D3	Trémazan 29	47 D2	Trenal 39	176 B1	Trets 13	285 E3
Trampot 88	92 C3	Trébeurden 22	49 F1	Trégon 22	78 B1	La Tremblade 17	180 C4	Trensacq 40	253 E1	Treux 80	18 C2
Trancault 10	89 E3	Trébons 65	297 F2	Trégonneau 22	50 C3	Tremblay 35	79 F2	Trentels 47	239 D3	Treuzy-Levelay 77	87 F4
La Tranche-sur-Mer 85	162 C3	Trébons-de-Luchon 31	307 F4	Trégourez 29	75 D4	Le Tremblay 49	104 B4	Tréogan 22	75 F3	Trévans 04	267 F3
La Tranclière 01	193 F1	Trébons-sur-la-Grasse 31	277 E3	Trégrom 22	50 A3	Tremblay-en-France 93	61 E2	Tréogat 29	73 E4	Trévé 22	77 E3
Trancrainville 28	86 A4	Tréboul 22	73 E3	Tréguennec 29	73 D4	Le Tremblay-les-Villages 28	85 D1	Tréon 28	59 D4	Trévenans 90	142 C1
Trangé 72	106 C2	Tréboul (Pont de) 15	225 D4	Trégueux 22	51 E4	Le Tremblay-Omonville 27	58 B1	Tréouergat 29	47 D2	Tréveneuc 22	51 D3
Le Tranger 36	151 D3	Trébrivan 22	76 A2	Tréguidel 22	51 D3	Le Tremblay-sur-Mauldre 78	60 A4	Trépail 51	64 B1	Tréveray 55	92 C1
Trannes 10	91 E3	Trébry 22	77 F2	Tréguier 22	50 B1	Tremblecourt 54	67 F3	Trépassés (Baie des) 29	72 B3	Trévérec 22	50 C3
Tranqueville-Graux 88	93 F2	Tréclun 21	139 F4	Trégunc 29	99 D2	Le Tremblois 70	140 B3	Trépied 62	6 A1	Trévérien 35	79 D2
Trans 53	82 A3	Trédaniel 22	77 F2	Tréhet 41	107 F4	Tremblois-lès-Carignan 08	23 F4	Le Tréport 76	16 C1	Trèves 30	262 A4
Trans-en-Provence 83	287 D2	Trédarzec 22	50 C1	Tréhorenteuc 56	102 A1	Tremblois-lès-Rocroi 08	22 B3	Trépot 25	141 E4	Trèves 69	210 C2
Trans-la-Forêt 35	79 E1	Trédias 22	78 B2	Le Tréhou 29	48 C4	Trémeheuc 35	79 E2	Tréprel 14	56 A2	Trèves-Cunault 49	129 D3
Trans-sur-Erdre 44	126 C2	Trédion 56	101 E3	Treignac 19	204 C2	Trémel 22	49 F3	Trept 38	211 F1	Trevey 70	141 E1
Le Translay 80	17 D2	Trédrez-Locquémeau 22	49 F1	Treignat 03	170 B4	Tréméloir 22	51 D3	Trésauvaux 55	49 D4	Trévezel (Roc) 29	49 D4
Le Transloy 62	19 E1	Tréduder 22	49 F1	Treigny 89	135 F2	Trémentines 49	147 D1	Tresbœuf 35	103 E2	Trévien 81	259 E2
Tranzault 36	169 E1	Trefcon 02	19 F3	Treilles 11	303 F4	Tréméoc 29	73 E4	Trescault 62	19 F1	Trévières 14	27 F3
La Trappe (Abbaye de) 61	83 F1	Treffay 39	160 B4	Treilles-en-Gâtinais 45	111 F1	Tréméreuc 22	78 C1	Treschenu-Creyers 26	248 B1	Trévignin 73	195 D4
Trappes 78	60 B4	Treffendel 35	102 C1	Treillières 44	126 B3	Trémery 57	41 F3	Trescléoux 05	248 C4	Trévillach 66	311 F2
Trassanel 11	278 C4	Treffiagat 29	98 B2	Treix 52	92 B4	Trémeur 22	78 B2	Trésilley 70	141 D2	Tréville 11	277 F4
Traubach-le-Bas 68	120 A3	Treffieux 44	126 B1	Treize-Arbres (Les) 74	195 E1	Tréméven 22	50 C2	Treslon 51	37 E4	Trévillers 25	142 C3
Traubach-le-Haut 68	120 A3	Trefflean 56	101 E4	Treize-Septiers 85	146 A2	Tréméven 29	99 F2	Tresnay 58	172 A1	Trévilly 89	137 E2
Trausse 11	303 D1	Treffort 38	230 B2	Treize-Vents 85	147 D3	Trémilly 52	91 F3	Trespoux-Rassiels 46	240 A3	Trevol 03	172 A1
Travaillan 84	265 D1	Treffrin 22	75 F2	Tréjouls 82	257 F1	Tréminis 38	230 C4	Tresques 30	264 B2	Trévou-Tréguignec 22	50 B1
Travecy 02	20 B4	Tréflaouénan 29	48 C2	Trélans 48	243 E3	Trémoins 70	142 B1	Tressaint 22	78 C2	Trévoux 01	192 C3
Traversères 32	275 D3	Tréflévénez 29	48 C4	Trélazé 49	128 C2	Trémolat 24	221 D4	Tressan 34	281 D2	Le Trévoux 29	99 E2
Traves 70	141 D1	Tréflez 29	48 B2	Tréléchamp 74	197 D2	Trémons 47	239 D3	Tressandans 25	141 E1	Trévron 22	78 C2
Le Travet 81	259 F4	Tréfols 51	63 D3	Trélévern 22	50 B1	Trémont 49	147 F1	Tressange 57	41 E2	Trézelles 03	172 C4
Le Trayas 83	288 A4	Tréfumel 22	78 C3	Trelins 42	209 E1	Trémont 61	83 D1	Tressé 35	79 D1	Trézény 22	50 B1
Trayes 79	164 C1	Trégarantec 29	47 F2	Trélissac 24	220 C1	Trémont-sur-Saulx 55	66 A4	Tresserre 66	312 C3	Trézien (Phare de) 29	46 C3
Tréal 56	102 B3	Trégarvan 29	47 F4	Trélivan 22	78 B2	Trémonzey 88	118 B2	Tresserve 73	213 D1	Tréziers 11	301 F3
Tréauville 50	24 B3	Trégastel 22	50 A1	Trélon 59	10 C3	Trémorel 22	78 A4	Tresses 33	217 F4	Trézilidé 29	48 C2
Trébabu 29	47 D2	Trégastel-Plage 22	50 A1	Trélou-sur-Marne 02	63 E1	Trémouille 15	206 C1	Tressignaux 22	51 D3	Trézioux 63	208 A1
Treban 03	172 A3	Tréglamus 22	50 B3	Trelly 50	54 A2	Trémouille-Saint-Loup 63	206 B3	Tressin 59	5 D4	Triac-Lautrait 16	201 D3
Tréban 81	259 F2	Tréglonou 29	47 E2	Trémaouézan 29	47 F2	Trémouilles 12	260 B1	Tresson 72	107 F3	Le Triadou 34	281 F1
Trébas 81	260 A3	Trégomar 22	78 A1	Trémargat 76	15 D2	Trémoulet 09	301 D2	Treteau 03	172 C3	Triaize 85	163 D3
Trébédan 22	78 B2			Trémauville 76	15 D2	Trémuson 22	51 D3	La Trétoire 77	62 C3	Triaucourt-en-Argonne 55	66 A2

Tribehou 50 ....27 D4
La Tricherie 86 ....149 E4
Trichey 89 ....114 B2
Triconville 55 ....66 C3
Tricot 60 ....35 D1
Trie-Château 60 ....33 F3
Trie-la-Ville 60 ....33 F3
Trie-sur-Baïse 65 ....274 B4
Triel-sur-Seine 78 ....60 B2
Triembach-au-Val 67 ....96 B1
Trieux 54 ....41 F3
Trigance 83 ....268 B4
Trigavou 22 ....78 C1
Trignac 44 ....125 D3
Trigny 51 ....37 E3
Triguères 45 ....112 B2
Trilbardou 77 ....61 F2
Trilla 66 ....311 F1
Trilport 77 ....62 A2
Trimbach 67 ....45 F4
Trimer 35 ....79 D3
La Trimouille 86 ....167 F3
Trimouns (Carrière
de talc de) 09 ....310 B1
Trinay 45 ....110 B1
La Trinitat 15 ....243 D1
La Trinité 06 ....288 C2
La Trinité 27 ....59 D2
La Trinité 50 ....54 B3
La Trinité 73 ....213 E2
Trinité (Chapelle de la) 29 ...73 D3
Trinité (Ermitage de la) 2A ...319 D4
La Trinité-de-Réville 27 ....57 F2

La Trinité-de-Thouberville 27 ...31 F3
La Trinité-des-Laitiers 61 ....57 E3
La Trinité-du-Mont 76 ....15 D4
La Trinité-Langonnet 56 ......76 A3
La Trinité-Porhoët 56 ....77 F4
La Trinité-sur-Mer 56 ....100 C4
La Trinité-Surzur 56 ....101 E4
Triors 26 ....229 E2
Le Trioulou 15 ....241 F1
Tripleville 41 ....109 E2
Triqueville 76 ....15 E4
Triqueville 27 ....31 D3
Trith-Saint-Léger 59 ....9 F3
Tritteling-Redlach 57 ....42 B4
Trivy 71 ....174 B3
Trizac 15 ....224 B1
Trizay 17 ....181 D3
Trizay-Coutretot-
Saint-Serge 28 ....84 A3
Trizay-lès-Bonneval 28 ....85 D4
Troarn 14 ....29 F4
Troche 19 ....204 A3
Le Tronchet 35 ....79 D1
Le Tronchet 72 ....82 C4
Tronchoy 52 ....116 C2
Tronchoy 89 ....17 E3
Tronchy 71 ....158 B4
Le Troncq 27 ....31 F4
Trondes 54 ....67 E4
Tronget 03 ....171 F3
Tronjoly (Château de) 29 .....48 C2
Le Tronquay 14 ....28 C4
Le Tronquay 27 ....33 D2

Trois-Monts 14 ....55 F1
Les Trois-Moutiers 86 ....148 C2
Trois-Palis 16 ....201 E1
Les Trois-Pierres 76 ....14 C4
Trois-Puits 51 ....37 F4
Trois Termes (Pic des) 66 ...313 D3
Trois-Vèvres 58 ....155 D3
Trois-Villes 64 ....295 F2
Troischamps 52 ....117 D3
Troisfontaines 52 ....92 A1
Troisfontaines 57 ....70 A3
Troisgots 50 ....54 C1
Troissereux 60 ....34 A2
Troissy 51 ....63 E1
Troisvaux 62 ....7 E2
Troisvilles 59 ....20 B1
Tromarey 70 ....140 B3
Tromborn 57 ....42 B3
Tronçais (Forêt de) 03 ....171 D1
Troncens 32 ....274 A3
La Tronche 38 ....230 C1
Tronçais (Forêt de) 03 ....171 D1
Trouhaut 21 ....138 C3
Trouille 76 ....15 D3
Trouville-la-Haule 27 ....31 E2
Trouville-sur-Mer 14 ....30 B3
Trouy 18 ....153 D2
Troye-d'Ariège 09 ....301 E3
Troyes 10 ....90 B3
Troyon 55 ....66 C1
La Truchère 71 ....175 E2
Truchtersheim 67 ....71 D3
Trucy 02 ....37 D2
Trucy-l'Orgueilleux 58 ....136 A3
Trucy-sur-Yonne 89 ....136 B1
Le Truel 12 ....260 C3
Trugny 21 ....158 C2
Truinas 26 ....247 E2

Tronsanges 58 ....154 C1
Tronville 54 ....67 F1
Tronville-en-Barrois 55 ....66 B4
Troo 41 ....108 A4
Trosly-Breuil 60 ....35 F2
Trosly-Loire 02 ....36 A1
Trouans 10 ....90 C1
Troubat 65 ....298 C3
La Trouche 88 ....95 F2
Trouhans 21 ....158 C1

Trumilly 60 ....35 E4
Trun 61 ....56 C3
Trungy 14 ....28 C4
Truttemer-le-Grand 14 ....55 D3
Truttemer-le-Petit 14 ....55 D3
Truyes 37 ....131 D4
Tubersent 62 ....6 B1
Tuchan 11 ....303 E4
Tucquegnieux 54 ....41 D3
Tudeils 19 ....222 C2
Tudelle 32 ....274 B1
Tuffé 72 ....107 E1
Tugéras-Saint-Maurice 17 ...199 F3
Tugny-et-Pont 02 ....19 F3
Les Tuileries 42 ....191 E2
La Tuilière 42 ....190 C3
Tuilette (Roche) 63 ....206 C1
Tulette 26 ....247 D4
Tulle 19 ....204 C4
Tullins 38 ....212 B4
Tully 80 ....6 C1
Tupigny 02 ....20 C2
Tupin-et-Semons 69 ....210 C2
La Turballe 44 ....123 E4
La Turbie 06 ....289 E4
Turcey 21 ....138 C3
Turckheim 68 ....96 B3
Turenne 19 ....222 B2
Turgon 16 ....184 A3
Turgy 10 ....90 C1
Turini (Col de) 06 ....289 E2
Turny 89 ....113 F2
Turquant 49 ....129 E4

Trumilly 60 ....35 E4
Turqueville 50 ....25 E4
Turretot 76 ....14 B3
Turriers 04 ....249 F3
Tursac 24 ....221 E3
Tusson 16 ....183 E3
Tuzaguet 65 ....298 B2
Le Tuzan 33 ....235 F2
Tuzie 16 ....183 F2

U

Uberach 67 ....71 D1
Ubexy 88 ....94 B3
Ubraye 04 ....268 C3
Ucciani 2A 316 C3
Ucel 07 ....246 A1
Uchacq-et-Parentis 40 ....253 F3
Uchaud 30 ....282 B1
Uchaux 84 ....264 C1
Uchentein 09 ....299 F4
Uchizy 71 ....175 E2
Uchon 71 ....157 D4
Uchon (Signal d') 71 ....157 D4
Uckange 57 ....41 F3
Ueberkumen 68 ....120 B3
Ueberstrass 68 ....120 C3
Uffheim 68 ....120 C3
Uffholtz 68 ....120 B2
Ugine 73 ....196 A4

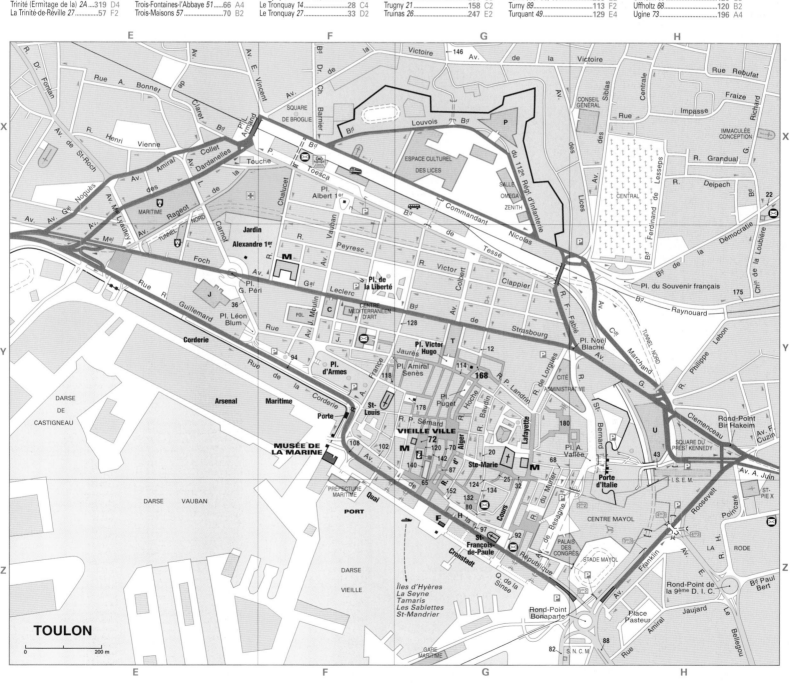

TOULON

0   200 m

Berthelot (R.) ....**GY** 12
Boucheries (R. des) ....**GY** 20
Bozzo (Av. L.) ....**HX** 22
Brunetière (R. F.) ....**GYZ** 25
Cathédrale
(Traverse) ....**GYZ** 32
Churchill (Av. W.) ....**EY** 36

Daudet
(R. Alphonse) ....**HY** 43
Gambetta (Pl.) ....**GYZ** 65
Garibaldi (R.) ....**GY** 68
Glacière (R. de la) ....**GY** 70
Globe (Pl. du) ....**GY** 72
Huile (Pl. à l') ....**GZ** 80

Infanterie de Marine
(Av. de l') ....**GZ** 82
Lambert (Pl. Gustave) ....**GY** 87
de-Lattre-de-Tassigny
(Av. Mar.) ....**HZ** 88
Louis-Blanc (Pl.) ....**GZ** 92
Magnan (Av. Gén.) ....**FY** 94

Méridienne (R.) ....**GZ** 97
Micholet (Av. V.) ....**FY** 102
Monsenergue
(Pl. Ingénieur-Gén.) ....**FY** 108
Muraire (R.) ....**GY** 114
Notre-Dame (R.) ....**GY** 118
Noyer (R. du) ....**GY** 120

Orfèvres (Pl. des) ....**GYZ** 124
Pastoureau (R.) ....**GY** 128
Poissonnerie
(Pl. de la) ....**GZ** 132
Pressensé (R. F. de) ....**GZ** 134
Raimu (Pl.) ....**GY** 140
Riaux (R. des) ....**GY** 142

Seillon (R. H.) ....**GZ** 152
Trois-Dauphins (Pl. des) .....**GY** 168
Vert-Coteau (Av.) ....**HY** 175
Vezzani (Pl. César) ....**GY** 178
Visitation (Pl. de la) ....**GHY** 180
9e D.I.C.
(Rond-Point de la) ....**HZ** 188

Uglas 65................................298 B2
Ugnouas 65..........................273 F4
Ugny 54..................................40 C1
Ugny-le-Gay 02.....................19 F4
Ugny-l'Équipée 80................19 F3
Ugny-sur-Meuse 55..............67 E4
Uhart-Cize 64......................295 D1
Uhart-Mixe 64.....................271 E4
Uhlwiller 67...........................71 D1
Uhrwiller 67...........................70 C1
Ulcot 79...............................147 F2
Les Ulis 91.............................60 C4
Ully-Saint-Georges 60.........34 B3
Les Ulmes 49........................129 D4
Umpeau 28.............................85 F2
Unac 09................................310 B1
Uncey-le-Franc 21...............138 B3
Unchair 51.............................37 D3
Ungersheim 68....................120 B1
Unias 42...............................209 F2
Unienville 10...........................91 D3
Unieux 42.............................209 F3
L'Union 31............................276 C2
Untermuhthal 57...................44 C4
Unverre 28.............................84 C4
Unzent 09.............................300 C2
Upaix 05...............................249 D4

Upie 26.................................229 E4
Ur 66....................................310 C4
Urau 31.................................299 F3
Urbalacone 2A.....................318 C1
Urbanya 66...........................311 E2
Urbeis 67................................96 B1
Urbeis (Col d') 67..................96 A1
Urbès 68...............................119 F2
Urbise 42..............................173 E4
Urçay 03...............................170 C1
Urcel 02..................................36 C2
Urcerey 90...........................119 F4
Urciers 36.............................170 A2
Urcuit 64...............................270 C3
Urcy 21.................................138 C4
Urdens 32.............................256 B4
Urdès 64...............................272 B3
Urdos 64...............................296 B4
Urepel 64..............................294 C2
Urgons 40.............................272 C2
Urgosse 32............................273 F1
Uriage-les-Bains 38............231 D1
Uriménil 88...........................118 C1
Urmatt 67................................70 B4
Urost 64...............................273 E4
Urou-et-Crennes 61.............56 C4
Urrugne 64............................270 A4

Urs 09...................................310 A1
Urschenheim 68.....................96 C3
Urt 64....................................271 D3
Urtaca 2B.............................315 D2
Urtière 25..............................143 D3
Uruffe 54.................................93 E1
Urval 24................................221 D4
Urville 10.................................91 E4
Urville 14.................................56 A1
Urville 88.................................93 E4
Urville-Nacqueville 50...........24 B2
Urvillers 02.............................20 A3
Ury 77.....................................87 E3
Urzy 58.................................154 C2
Us 95.......................................60 B1
Usclades-et-Rieutord 07....227 F4
Usclas-d'Hérault 34............280 C3
Usclas-du-Bosc 34..............280 C1
Usinens 74............................194 C2
Ussac 19...............................222 B1
Ussat 09...............................310 A1
Ussé (Château d') 37..........130 A4
Usseau 79.............................181 F1
Usseau 86.............................149 F3
Ussel 15................................225 D2
Ussel 19................................205 F2

Ussel 46................................240 A2
Ussel-d'Allier 03..................189 F1
Usson 63...............................208 A2
Usson-du-Poitou 86.............166 C4
Usson-en-Forez 42..............209 D3
Ussy 14...................................56 A2
Ussy-sur-Marne 77................62 B2
Ustaritz 64............................270 C3
Ustou 09...............................309 E1
Utelle 06...............................289 D3
Utelle (Madone d') 06.........289 D3
Uttenheim 67..........................97 D1
Uttenhoffen 67........................71 D1
Uttwiller 67.............................70 C1
Uvernet-Fours 04.................250 C3
Uxeau 71...............................173 F1
Uxegney 88.............................94 C4
Uxelles 39.............................177 D1
Uxem 59....................................3 F1
Uz 65.....................................297 E3
Uza 40...................................252 B2
Uzan 64.................................272 C3
Uzay-le-Venon 18................153 E4
Uzech 46...............................240 A2
Uzein 64................................272 C3
Uzel 22....................................77 D3
Uzelle 25...............................142 A2

Uzemain 88...........................118 C1
Uzer 07.................................246 A2
Uzer 65.................................298 A2
Uzerche 19............................204 B3
Uzès 30.................................264 A3
Uzeste 33..............................236 B3
Uzos 64.................................297 D1

V

Vaas 72.................................130 A1
Vabre 81................................278 C1
Vabre-Tizac 12.....................259 E1
Vabres 15..............................225 F2
Vabres 30..............................263 D3
Vabres-l'Abbaye 12..............260 C3
Vacherauville 55....................40 A4
Vachères 04..........................266 C3
Vachères-en-Quint 26.........229 F4
Vacheresse 74......................178 C3
La Vacheresse-
  et-la-Rouillie 88.................93 F4
Vacheresses-les-Basses 28...85 E1
La Vacherie 27.......................58 C1
Vacognes 14...........................55 F1
Vacon 55.................................67 D4
La Vacquerie 14......................55 D1
Vacquerie 80............................7 D4
La Vacquerie-et-Saint-
  Martin-de-Castries 34.......280 C1
Vacquerie-le-Boucq 62...........7 E3
Vacqueriette-Erquières 62......7 E3
Vacqueville 54........................95 E1
Vacqueyras 84......................265 D2
Vacquières 34.......................263 D4
Vacquiers 31.........................276 C1
Vadans 39.............................159 F2
Vadans 70.............................140 B3
Vadelaincourt 55....................66 B1
Vadenay 51.............................64 C1
Vadencourt 02........................20 C2
Vadencourt 80........................18 C1
Vadonville 55..........................67 D3
Vagnas 07.............................246 A4
Vagney 88.............................119 E1
Vahl-Ebersing 57...................69 E1
Vahl-lès-Bénestroff 57...........69 E2
Vahl-lès-Faulquemont 57.......69 D1
Vaiges 53..............................105 F1
Vailhan 34.............................280 B3
Vailhauquès 34.....................281 E2
Vailhourles 12.......................241 D4
Vaillac 46..............................240 B1
Vaillant 52.............................116 B4
Vailly 10..................................90 B3
Vailly 74................................178 C3
Vailly-sur-Aisne 02................36 C2
Vailly-sur-Sauldre 18...........134 C2
Vains 50..................................54 A4
Vairé 85.................................162 B1
Vaire-Arcier 25......................141 E3
Vaire-le-Petit 25...................141 E3
Vaire-sous-Corbie 80.............18 C2
Vaires-sur-Marne 77..............61 E3
Vaison-la-Romaine 84..........265 E1
Vaïssac 82.............................258 A3
Vaite 70.................................140 B1
La Vaivre 70..........................118 C2
Vaivre-et-Montoille 70..........118 B4
Le Val 83...............................286 B3
Val (Château de) 15.............206 B3
Le Val-André 22......................51 F3
Val-Claret 73.........................215 D2
Le Val-d'Ajol 88....................119 D2
Val-d'Auzon 10........................90 C2
Le Val-David 27......................59 D2
Val-de-Bride 57......................69 D2
Val-de-Chalvagne 04...........269 D3
Val-de-Fier 74.......................195 D3
Le Val-de-Gouhenans 70......142 A1
Le Val-de-Guéblange 57........69 E1
Val-de-la-Haye 76..................32 A3
Val-de-Mercy 89...................136 B1
Val-de-Reuil 27.......................32 B3
Val-de-Roulans 25...............141 F3
Val-de-Saâne 76.....................15 F2
Val-de-Vesle 51......................38 A4
Val-de-Vière 51.......................65 E3
Val-d'Épy 39.........................176 B3
Val-des-Prés 05....................232 C2
Val d'Esquières 83...............287 E4
Val-d'Isère 73.......................215 D2
Val-d'Izé 35.............................80 A4
Val-et-Châtillon 54.................95 F1
Val-Louron 65.......................307 E4
Val-Maravel 26......................248 B2
Le Val-Saint-Éloi 70.............118 B4
Le Val-Saint-Germain 91........86 B1
Le Val-Saint-Père 50..............54 A4
Val-Sainte-Marie 25.............160 B1
Val-Suzon 21.........................139 D3
Val-Thorens 73.....................214 B4
Valady 12..............................242 A3
Valailles 27.............................57 F1
Valaire 41.............................132 A2
Valanjou 49...........................128 B2
Valaurie 26............................247 D3
Valavoire 04..........................249 F4
Valay 70................................140 B3
Valbeleix 63..........................207 D3
Valbelle 04............................267 D1
Valberg 06.............................269 E1
Valbonnais 38.......................231 D3
La Valbonne 01.....................193 D3
Valbonne 06..........................288 A3
Valbonne (Ancienne
  Chartreuse de) 30.............264 B1

Valcabrère 31........................298 C3
Valcanville 50..........................25 E2
Valcebollère 66.....................310 C4
Valchevrière
  (Calvaire de) 38................230 B2
Valcivières 63........................208 C2
Valcourt 52..............................91 F1
Valdahon 25..........................141 F4
Valdampierre 60......................34 A3
Valdeblore 06........................289 D1
Le Valdécie 50........................24 C4
Valdelancourt 52...................116 A1
Valderiès 81..........................259 F3
Valderoure 06........................268 C4
Valdieu-Lutran 68.................120 A3
Valdivienne 86......................167 D2
Valdoie 90.............................119 F4
Valdrôme 26..........................248 B2
Valdurenque 81.....................278 B2
Valeille 42.............................209 F1
Valeilles 82...........................239 D4
Valeins 01.............................193 D1
Valempoulières 39................160 A3
Valençay 36..........................151 F1
Valence 16............................184 A3
Valence 26............................229 D3
Valence-d'Agen 82...............256 C2
Valence-d'Albigeois 81.........260 A3
Valence-en-Brie 77.................88 A2
Valence-sur-Baïse 32...........255 F4
Valenciennes 59......................9 F3
Valencin 38...........................211 E3
Valencogne 38......................212 B2
Valennes 72..........................108 A2
Valensole 04.........................267 E4
Valentigney 25......................142 C2
La Valentine 13.....................285 D3
Valentine 31..........................299 D2
Valenton 94.............................61 E4
Valergues 34.........................282 A2
Valernes 04...........................249 E4
Valescourt 60.........................34 C4
Valescure 83.........................287 F3
Valette 15..............................206 B4
La Valette 38.........................231 D3
La Valette 42.........................191 F4
La Valette-du-Var 83............291 E3
Valeuil 24..............................202 B4
Valeyrac 33...........................198 B3
Valezan 73............................214 C1
Valferrière (Col de) 06..........268 C4
Valff 67...................................96 C1
Valfin-lès-Saint-Claude 39...177 E2
Valfin-sur-Valouse 39...........176 B3
Valflaunès 34........................263 D4
Valfleury 42...........................210 A2
Valframbert 61........................82 C2
Valfréjus 73...........................232 C1
Valfroicourt 88.........................94 A4
Valgorge 07...........................245 E2
Valhey 54................................69 D4
Valhuon 62................................7 E1
Valiergues 19........................205 F3
Valignat 03............................189 E1
Valigny 03.............................171 E1
Valines 80................................17 D1
Valjouffrey 38........................231 E3
Valjouze 15............................225 E1
La Valla-en-Gier 42...............210 B3
La Valla-sur-Rochefort 42.....191 D4
Vallabrègues 30....................264 B4
Vallabrix 30...........................264 A2
Vallan 89...............................113 E4
Vallangoujard 95.....................60 C1
Vallans 79.............................164 C4
Vallant-Saint-Georges 10........90 A2
Vallauris 06...........................288 B3
Valle-d'Alesani 2B.................315 F4
Valle-di-Campoloro 2B.........315 F4
Valle-di-Mezzana 2A............316 B3
Valle-di-Rostino 2B...............315 E4
Valle-d'Orezza 2B.................315 F4
Vallecalle 2B.........................315 E2
La Vallée 17..........................181 E3
La Vallée (Étang de la) 45.....111 D2
La Vallée-au-Blé 02.................21 D3
Vallée d'Avérole 73...............215 E3
La Vallée-Mulâtre 02...............20 C2
Vallègue 31...........................277 E2
Valleiry 74.............................195 D1
Vallenay 18...........................153 E4
Vallentigny 10.........................91 E2
Vallerange 57..........................69 D2
Vallérargues 30....................264 A2
Valleraugue 30......................262 B2
Vallères 37............................130 B4
Valleret 52...............................92 A2
Vallereuil 24..........................220 A2
Vallerois-le-Bois 70..............141 F1
Vallerois-Lorioz 70...............141 E1
Valleroy 25............................141 E1
Valleroy 52............................117 E4
Valleroy 54..............................41 E2
Valleroy-aux-Saules 88..........94 B3
Valleroy-le-Sec 88..................94 A4
Vallery 89................................88 B3
Vallesvilles 31.......................277 D2
Vallet 17...............................199 F4
Vallet 44...............................127 D4
Valletot 27...............................31 E3
Vallica 2B..............................314 C3
Vallière 23.............................187 E3
Vallières 10...........................114 B3
Vallières 74...........................195 D3
Vallières-les-Grandes 41......131 F3
Valliguières 30......................264 B3
Valliquerville 76......................15 E3
Valloire 73.............................232 A1

TOULOUSE

Arnaud-Bernard (R.)...........**EX** 4
Astorg (R. d').....................**FY** 5
Baronie (R.).......................**FY** 9
Boulbonne (R.)..................**FY** 18
Bouquières (R.).................**FZ** 19
Bourse (Pl. de la)..............**FY** 20
Cantegril (R.).....................**FY** 23
Cartailhac (R. E.)...............**EX** 26
Cujas (R.)..........................**FY** 36
Daurade (Quai de la).........**EY** 38

Esquirol (Pl.)....................**EY** 54
Fonderie (R. de la)...........**EZ** 60
Frères-Lion (R. des).........**FY** 62
Henry-de-Gorsse
  (R.)................................**EZ** 76
Jules-Chalande (R.).........**FY** 79
Lapeyrouse (R.)...............**FY** 85
Magre (R. Genty).............**EY** 91
Malcousinat (R.)..............**EY** 92
Marchand (R. des)...........**EY** 95
Mercié (R. A.)...................**EY** 103
Peyras (R.).......................**EY** 113
Pleau (R. de la)................**FZ** 114

Poids-de-l'huile (R.).........**EY** 115
Polinaires (R. des)...........**EZ** 116
Pomme (R. de la).............**EFY** 117
Riguepels (R.)..................**FY** 127
Romiguières (R.)..............**EY** 129
Roosevelt (Allées)...........**FXY** 130
Ste-Ursule (R.)................**EY** 137
Suau (R. J.).....................**EY** 146
Temponières (R.).............**EY** 147
Trinité (R. de l')...............**EY** 149
Vélane (R.).......................**FZ** 158
3-Journées (R. des).........**FY** 162
3-Piliers (R. des).............**EX** 164

TOULOUSE

Valloires (Abbaye de) 80 ......6 B3
Vallois 54 ......95 D2
Les Vallois 88 ......94 A4
Vallon-en-Sully 03 ......170 C2
Vallon-Pont-d'Arc 07 ......246 A3
Vallon-sur-Gée 72 ......106 B2
Vallorcine 74 ......197 D1
Vallouise 05 ......232 B3
Valmagne (Abbaye de) 34 ......281 D1
Valmanya 66 ......312 B3
Valmascle 34 ......280 B2
Valmeinier 73 ......214 B4
Valmestroff 57 ......41 F2
Valmigère 11 ......302 C3
Valmondois 95 ......60 C1
Valmont 57 ......42 C4
Valmont 76 ......15 D2
Valmorel 73 ......214 A4
Valmunster 57 ......42 B3
Valmy 51 ......65 E1
Valognes 50 ......25 D3
Valojoulx 24 ......221 E2
Valonne 25 ......142 B3
Valoreille 25 ......142 B3
Valprionde 46 ......239 E4
Valprivas 43 ......209 E4
Valpuiseaux 91 ......87 D3
Valras-Plage 34 ......305 D1
Valréas 84 ......247 E3
Valros 34 ......280 C4
Valrouïié 46 ......240 A3
Vals 09 ......301 E2
Vals-le-Chastel 43 ......208 B4
Vals-les-Bains 07 ......246 A1
Vals-près-le-Puy 43 ......227 D2
Valsaintes 04 ......266 B3
Valsemé 14 ......30 B4
Valsenestre 38 ......231 E3
Valserres 05 ......249 F2
Valsonne 69 ......192 A3
Le Valtin 88 ......96 A3
Valuéjols 15 ......225 D2
Valvignères 07 ......246 B3
Valz-sous-Châteauneuf 63 ......208 A3
Valzergues 12 ......241 F3
Van (Pointe du) 29 ......72 B3
Vanault-le-Châtel 51 ......65 E3
Vanault-les-Dames 51 ......65 F3
Vançais 79 ......165 F4
Vancé 72 ......107 F3
La Vancelle 67 ......96 B2
Vanclans 25 ......161 D1
Vandeins 01 ......175 F4
Vandelainville 54 ......67 F1
Vandelans 70 ......141 E2
Vandeléville 54 ......94 A2
Vandélicourt 60 ......35 E2
Vandenesse 58 ......156 A3
Vandenesse-en-Auxois 21 ......138 B4
Vandeuil 51 ......37 E3
Vandières 51 ......63 F1
Vandières 54 ......68 A2
Vandœuvre-lès-Nancy 54 ......68 A4
Vandoncourt 25 ......142 C1
Vandré 17 ......181 E2
Vandrimare 27 ......32 C3
Vandy 08 ......39 D2
Les Vanels 48 ......262 B3
Vanlay 10 ......114 A2
Vannaire 21 ......115 E3
Vanne 70 ......140 C1
Le Vanneau-Irleau 79 ......164 B4
Vannecourt 57 ......69 D2
Vannecrocq 27 ......31 D3
Vannes 56 ......101 D4
Vannes-le-Châtel 54 ......93 E1
Vannes-sur-Cosson 45 ......110 C4
Vannoz 39 ......160 A4
Vanosc 07 ......228 B1
Les Vans 07 ......245 F3
Vantoux 57 ......41 F4
Vantoux-et-Longevelle 70 ......140 C2
Vanves 92 ......61 D3
Vanvey 21 ......115 E3
Vanvillé 77 ......88 B1
Vanxains 24 ......219 F1
Vany 57 ......41 F4
Vanzac 17 ......200 C3
Vanzay 79 ......165 F4
Vanzy 74 ......195 D2
Vaour 81 ......258 C2
Varacieux 38 ......212 A4
Varades 44 ......127 E3
Varages 83 ......286 A2
Varaignes 24 ......202 B2
Varaire 46 ......240 C4
Varaize 17 ......182 B3
Varambon 01 ......193 F2
Varanges 21 ......139 E4
Varangéville 54 ......68 B4
Varaville 14 ......29 F3
Varces-Allières-et-Risset 38 ......230 C2
Vareilles 23 ......168 C4
Vareilles 71 ......174 A4
Vareilles 89 ......89 D4
Varen 82 ......258 C2
Varengeville-sur-Mer 76 ......16 B2
Varenguebec 50 ......25 D3
La Varenne 49 ......127 D3
Varenne-l'Arconce 71 ......174 A4
Varenne-Saint-Germain 71 ......173 F3
La Varenne-Saint-Hilaire 94 ......61 E3
Varennes 24 ......220 B4
Varennes 31 ......277 D2
Varennes 37 ......150 A2
Varennes 80 ......18 C2
Varennes 82 ......258 A4
Varennes 86 ......149 D4

Varennes 89 ......113 F3
Varennes-Changy 45 ......111 F3
Varennes-en-Argonne 55 ......39 F4
Varennes-Jarcy 91 ......61 E2
Varennes-le-Grand 71 ......158 A4
Varennes-lès-Mâcon 71 ......175 D4
Varennes-lès-Narcy 58 ......135 E1
Varennes-Saint-Honorat 43 ......226 B1
Varennes-Saint-Sauveur 71 ......176 A2
Varennes-sous-Dun 71 ......174 B4
Varennes-sur-Allier 03 ......172 B4
Varennes-sur-Amance 52 ......117 E2
Varennes-sur-Fouzon 36 ......132 C4
Varennes-sur-Loire 49 ......129 E4
Varennes-sur-Morge 63 ......189 F3
Varennes-sur-Seine 77 ......88 A3
Varennes-sur-Tèche 03 ......172 C4
Varennes-sur-Usson 63 ......207 F2
Varennes-Vauzelles 58 ......154 C2
Varès 47 ......237 F3
Varesnes 60 ......35 F1
Varessia 39 ......176 C1
Varetz 19 ......222 A1
Varilhes 09 ......301 D3
Varinfroy 60 ......62 B1
Variscourt 02 ......37 F2
Varize 28 ......109 E1
Varize 57 ......42 B4
Varmonzey 88 ......94 B3
Varnéville 55 ......67 E2
Varneville-Bretteville 76 ......16 A3
Varney 55 ......66 A3
Varogne 70 ......118 B4
Varois-et-Chaignot 21 ......139 E3
Varouville 50 ......25 D2
Varrains 51 ......129 E4
Varreddes 77 ......62 B1
Vars 05 ......250 C1
Vars 16 ......183 E4
Vars 70 ......140 A1
Vars (Col de) 05 ......250 C2
Vars-sur-Roseix 19 ......222 A1
Varsberg 57 ......42 B4
Varvinay 55 ......67 D2
Varzay 17 ......199 D1

Varzy 58 ......136 A3
Vascœuil 27 ......32 C2
Vasles 79 ......165 F2
Vasouy 14 ......30 B2
Vasperviller 57 ......70 A3
Vassel 63 ......189 F4
Vasselay 18 ......153 E1
Vasselin 38 ......212 A1
Vassens 02 ......36 A2
Vasseny 02 ......36 C3
Vassieux-en-Vercors 26 ......230 A3
Vassimont-et-Chapelaine 51 ......64 B4
Vassincourt 55 ......66 A3
Vassivière (Lac de) 23 ......187 D2
Vassogne 02 ......37 D2
Vassonville 76 ......16 A4
Vassy 14 ......55 E3
Vassy 89 ......137 E1
Le Vast 50 ......25 D2
Vastérival 76 ......16 D2
Les Vastres 43 ......227 F3
Vatan 36 ......152 A2
Vathiménil 54 ......95 D1
Vatierville 76 ......16 C3
Vatilieu 38 ......212 A4
Vatimont 57 ......68 C1
Vatry 51 ......64 C3
Vattetot-sous-Beaumont 76 ......15 D3
Vattetot-sur-Mer 76 ......14 C2
Vatteville 27 ......32 C3
Vatteville-la-Rue 76 ......15 E4
Vaubadon 14 ......28 C4
Vauban 71 ......174 A4
Vaubecourt 55 ......66 A2
Vaubexy 88 ......94 B3
Vaucé 53 ......81 D2
Vaucelles 14 ......28 C3
Vaucelles (Abbaye de) 59 ......20 A1
Vaucelles-et-Beffecourt 02 ......36 C4
Vauchamps 25 ......141 F3
Vauchamps 51 ......63 E3
Vauchassis 10 ......90 A4
Vauchelles 60 ......35 F1
Vauchelles-lès-Authie 80 ......18 C1

Vauchelles-lès-Domart 80 ......17 F1
Vauchelles-les-Quesnoy 80 ......17 E1
Vauchignon 21 ......157 F2
Vauchonvilliers 10 ......91 D4
Vauchoux 70 ......118 A4
Vauchrétien 49 ......128 B3
Vauciennes 51 ......63 F1
Vauciennes 60 ......35 F4
Vauclaix 58 ......136 C4
Vauclerc 51 ......65 E4
Vaucluse 25 ......142 B3
Vauclusotte 25 ......142 B3
Vaucogne 10 ......90 C1
Vauconcourt-Nervezain 70 ......117 F4
Vaucottes-sur-Mer 76 ......14 C2
Vaucouleurs 55 ......93 E1
Vaucourt 54 ......69 D4
Vaucourtois 77 ......62 A3
Vaucresson 92 ......60 C3
Vaudancourt 60 ......33 E4
Vaudebarrier 71 ......174 A3
Vaudelnay 49 ......148 A1
Vaudemange 51 ......64 B1
Vaudémont 54 ......94 A2
Vaudémont (Signal de) 54 ......94 A2
Vaudes 10 ......90 B4
Vaudesincourt 51 ......38 B4
Vaudesson 02 ......36 C2
Vaudeurs 89 ......113 E1
Vaudevant 07 ......228 B2
Vaudeville 54 ......94 B2
Vaudéville 88 ......95 D3
Vaudeville-le-Haut 55 ......93 D2
Vaudherland 95 ......61 D2
Vaudigny 54 ......94 B2
Le Vaudioux 39 ......160 A4
Vaudoncourt 55 ......40 C3
Vaudoncourt 57 ......42 B4
Vaudoncourt 88 ......93 F4
Vaudoué 77 ......87 E3
Vaudoy-en-Brie 77 ......62 B4
Vaudreching 57 ......42 B3
Vaudrecourt 52 ......93 D4
Vaudrémont 52 ......115 F1

Le Vaudreuil 27 ......32 B4
Vaudreuille 31 ......277 F4
Vaudreville 50 ......25 D3
Vaudrey 39 ......159 F2
Vaudricourt 62 ......8 A1
Vaudricourt 80 ......17 D1
Vaudrimesnil 50 ......26 C4
Vaudringhem 62 ......2 C4
Vaudrivillers 25 ......142 A3
Vaudry 14 ......55 D3
Vaufrey 25 ......142 C3
Vaugines 84 ......266 A4
Vaugneray 69 ......192 B4
Vaugrigneuse 91 ......86 C1
Vauhallan 91 ......60 C4
Vaujany 38 ......231 E1
Vaujours 93 ......61 E2
Vaulandry 49 ......129 E1
Le Vaulmier 15 ......224 B1
Vaulnaveys-le-Bas 38 ......230 C1
Vaulnaveys-le-Haut 38 ......231 D1
Vaulry 87 ......185 E2
Vault-de-Lugny 89 ......137 D2
Vaulx 62 ......7 D3
Vaulx 74 ......195 D3
Vaulx-en-Velin 69 ......193 D4
Vaulx-Milieu 38 ......211 F1
Vaulx-Vraucourt 62 ......8 B4
Le Vaumain 60 ......33 F3
Vaumas 03 ......172 C3
Vaumeilh 04 ......249 E4
Vaumoise 60 ......35 F4
Vaumort 89 ......113 D1
Vaunac 24 ......203 D4
Vaunaveys-la-Rochette 26 ......229 E4
Vaunoise 61 ......83 E3
La Vaupalière 76 ......32 A2
Vaupillon 28 ......84 B2
Vaupoisson 10 ......90 C2
Vauquois 55 ......39 F4
Vauréal 95 ......60 B1
Vaureilles 12 ......241 E3
Vaurezis 02 ......36 B2
Le Vauroux 60 ......33 F3
Vausse (Prieuré de) 89 ......137 E1

Vausseroux 79 ......165 E2
Vautebis 79 ......165 E2
Vauthiermont 90 ......120 A3
Vautorte 53 ......81 D3
Vauvenargues 13 ......285 D2
Vauvert 30 ......282 B1
Vauville 14 ......30 B3
Vauville 50 ......24 B2
Vauvillers 70 ......118 A2
Vauvillers 80 ......19 D3
Vaux 03 ......170 C3
Vaux 31 ......277 E4
Vaux 57 ......41 E4
Vaux 86 ......166 A4
Vaux 89 ......113 E4
Vaux (Château de) 49 ......105 E3
Vaux-Andigny 02 ......20 B1
Vaux-Champagne 08 ......38 C2
Les Vaux de Cernay 78 ......60 B4
Vaux-devant-Damloup 55 ......40 B4
Vaux-en-Amiénois 80 ......18 A2
Vaux-en-Beaujolais 69 ......192 B2
Vaux-en-Bugey 01 ......194 A3
Vaux-en-Dieulet 08 ......39 E2
Vaux-en-Pré 71 ......174 C1
Vaux-en-Vermandois 02 ......19 F3
Vaux-et-Chantegrue 25 ......160 C3
Vaux-la-Douce 52 ......117 E3
Vaux-la-Grande 55 ......66 C4
Vaux-la-Petite 55 ......66 C4
Vaux-Lavalette 16 ......201 F3
Vaux-le-Moncelot 70 ......140 C2
Vaux-le-Pénil 77 ......87 F2
Vaux-le-Vicomte
(Château de) 77 ......87 F1
Vaux-lès-Mouron 08 ......39 D3
Vaux-lès-Mouzon 08 ......23 E4
Vaux-lès-Palameix 55 ......67 D1
Vaux-les-Prés 25 ......140 C4
Vaux-lès-Rubigny 08 ......21 F4
Vaux-lès-Saint-Claude 39 ......177 D3
Vaux-Marquenneville 80 ......17 E2
Vaux-Montreuil 08 ......38 C1
Vaux-Rouillac 16 ......183 D4
Vaux-Saules 21 ......138 C2

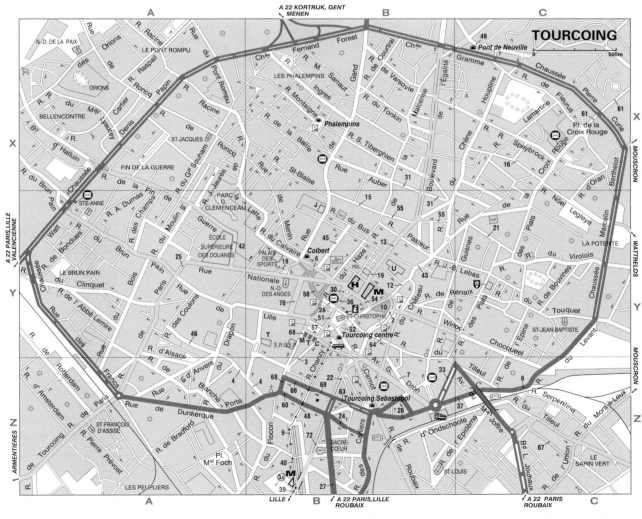

Allende (Bd Salvador) ......BY 2
Anges (R. des) ......BYZ
Austerlitz (R. d') ......ABZ 4
Bienfaisance (R. de la) ......BY 6
Brun-Pain (R. du) ......AY
Buisson (R. Ferdinand) ......BZ 7
Chateaubriand (R.) ......CZ 8
Cherbourg (Quai de) ......BZ 9
Clavell (Pl. Miss) ......BY 10
Cloche (R. de la) ......BY 13
Condorcet (R. de) ......BXY
Courbet (R. de l'Amiral) ......BY 15
Croix-Blanche (R. de la) ......CX 16
Croix-Rouge (R. de la) ......CXY
Delobel (R.) ......BY 18
Doumer (R. Paul) ......BY 19
Dron (Av. Gustave) ......BZ
Duguay-Trouin (R.) ......CY 21
Faidherbe (R.) ......BZ 22
Famelart (R.) ......BZ 24
Froissart (R. Jean) ......BY 25
Gambetta (Bd) ......BZ 27
Gand (R. de) ......BXY
Grand'Place ......BY 28
Hassebroucq (Pl. V.) ......BY 30
Hénaux (R. Marcel) ......BXY 31
La-Fayette (Av.) ......BZ 33
Leclerc (R. du Gén.) ......BY 36
Lefrançois
(Av. Alfred) ......CZ 37
Marne (Av. de la) ......BZ 39
Marseille (Quai de) ......BZ 40
Menin (R. de) ......BXY
Millet (Av. Jean) ......AY 42
Moulin-Fagot (R. du) ......AY 43
Nationale (R.) ......ABY
Péri (R. Gabriel) ......BY 45
Petit-Village (R. du) ......AY 46
Pompidou (Av. G.) ......BZ 48
Pont-de-Neuville
(R. du) ......CX 49
République (Pl. de la) ......BY 51
Résistance (Pl. de la) ......BY 52
Ribot (R. Alexandre) ......BY 54
Roosevelt (R. F.) ......BY
Roussel (Pl. Ch.-et-A.) ......BY 57
St-Jacques (R.) ......BY 58
Sasselange (R. Ed.) ......BZ 60
Testelin (R. A.) ......CX 61
Thiers (R.) ......BZ 63
Tournai (R. de) ......BY 64
Turenne (R.) ......BZ 66
Ursulines (R. des) ......BYZ 68
Victoire (Pl. de la) ......BZ 69
Wailly (R. de) ......BY 70
Wattine (R. Ch.) ......BZ 72

WATTRELOS

Vaneslander (R. M.) ......CZ 67

TOURS

Amandiers (R. des)..............CY 4
Berthelot (R.)......................BCY 7
Bons Enfants (R. des).........BY 8
Bordeaux (R. de)..................CZ
Boyer (R. Léon)...................AZ 10
Briçonnet (R.)......................AY 13

Carmes (Pl. des)................BY 16
Châteauneuf (Pl. de).........BY 17
Châteauneuf (R. de)..........AY 18
Cœur-Navré
 (Passage du).................CY 21
Commerce (R. du)..............CY 22
Constantine (R. de)...........CY 24
Corneille (R.).....................CY 25
Courier (Rue Paul-Louis)...BY 27

Courteline (R. G.)..............AY 28
Cygne (R. du)....................CY 29
Descartes (R.)..................BZ 33
Dolve (R. de la).................BZ 35
Favre (R. Jules)................BY 38
Fusillés (R. des)................BY 41
Gambetta (R.)...................AZ 43
Giraudeau (R.)..................AZ 46
Grammont (Av. de)............CZ

Grand-Marché (Pl. du).......AY 49
Grand Passage..................CZ 50
Grégoire-de-Tours (Pl.)......DY 52
Grosse-Tour (R. de la).......AY 55
Halles (Pl. des).................AZ
Halles (R. des)..................BY
Herbes (Carroi aux)..........AY 56
Lavoisier (R.)....................CY 60
Marceau (R.)....................BYZ

Marceau (R.)....................DY 61
Merville (R. du Prés.).........BY 65
Meusnier (R. Gén.)............DY 66
Monnaie (R. de la)............BY 68
Mûrier (R. du)...................AY 71
Nationale (R.)...................BYZ
Paix (R. de).......................BY 73
Petit-Cupidon (R. du)........DY 77
Petit-St-Martin (R. du).......AY 78

Petites-Boucheries
 (Pl. des).........................DY 80
Racine (R.)........................DY 84
Rapin (R.).........................AZ 85
St-Pierre-le-Puellier (Pl.)...ABY 93
Scellerie (R. de la)............BCY
Sully (R. de)......................BZ 96
Victoire (Pl. de).................AY 103
Vinci (R. Léonard de).........BZ 104

Vaux-sous-Aubigny 52........116 C4
Vaux-sur-Aure 14..................28 C3
Vaux-sur-Blaise 52................92 A2
Vaux-sur-Eure 27..................59 D1
Vaux-sur-Lunain 77...............88 A4
Vaux-sur-Mer 17..................198 B1
Vaux-sur-Poligny 39............159 F3
Vaux-sur-Risle 27..................57 F3
Vaux-Saint-Urbain 52...........92 B3
Vaux-sur-Seine 78................60 B2
Vaux-sur-Seulles 14..............29 D3
Vaux-sur-Somme 80..............18 C2
Vaux-sur-Vienne 86.............149 F3
Vaux-Villaine 08....................22 B3
Vauxaillon 02........................36 B2
Vauxbons 52........................116 B3
Vauxbuin 02...........................36 B3
Vauxcéré 02...........................37 D3
Vauxrenard 69.....................192 B3
Vauxtin 02.............................36 C3
Vavincourt 55.........................66 B3
Vavray-le-Grand 51...............65 E3
Vavray-le-Petit 51.................65 E3
Vaxainville 54........................95 E1
Vaxoncourt 88.......................94 C3
Vaxy 57.................................68 C2
Vay 44.................................126 A1
Vaychis 09...........................310 B1
Vaylats 46...........................240 B4
Vayrac 46............................222 C3
Vayres 33............................217 F3
Vayres 87............................184 C4
Vayres (Château de) 86.......166 B1
Vayres-sur-Essonne 91..........87 D2
Vazeilles-Limandre 43.........226 C2
Vazeilles-près-Saugues 43...226 B3
Vazerac 82..........................257 F1
Veauce 03...........................189 E1
Veauche 42.........................209 F2
Veauchette 42.....................209 F2
Veaugues 18........................134 C4
Veaunes 26.........................229 D2
Veauville-lès-Baons 76..........15 E3
Veauville-lès-Quelles 76........15 E2

Vèbre 09.............................310 A1
Vebret 15............................206 B4
Vebron 48............................262 B1
Vecchio (Pont du) 2B...........317 D2
Veckersviller 57.....................70 A1
Veckring 57...........................42 A2
Vecoux 88.............................119 D1
Vecquemont 80.....................18 C2
Vecqueville 52.......................92 B2
Vedène 84...........................265 D3
Védrines-Saint-Loup 15.......225 F2
Véel 55..................................66 B3
Végennes 19.......................222 C3
Vého 54.................................69 E4
Veigné 37............................130 C4
Veigy-Foncenex 74..............178 A4
Veilhes 81............................277 E2
Veillac 15............................206 B3
Veilleins 41..........................132 C3
Veilly 21..............................157 F1
Velaine-en-Haye 54...............68 A4
Velaine-sous-Amance 54.......68 B4
Velaines 55...........................66 C4
Velanne 38..........................212 B2
Velars-sur-Ouche 21............139 D3
Velaux 13............................284 C3
Velennes 60...........................34 B2
Velennes 80...........................18 A3
Velesmes 70........................140 B2
Velesmes-Essarts 25...........140 C4
Velet 70...............................140 B2
Vélieux 34............................279 E4
Vélines 24............................219 E4
Vélizy-Villacoublay 78............60 C4
Velle-le-Châtel 70................141 D1
Velle-sur-Moselle 54.............94 B1
Vellèches 86........................149 F3
Vellechevreux-
 et-Courbenans 70............142 A1
Velleclaire 70.......................140 C2
Vellefaux 70........................141 E1
Vellefrey-et-Vellefrange 70...140 C3
Vellefrie 70..........................118 B4

Velleguindry-et-Levrecey 70...141 E1
Velleminfroy 70....................118 C4
Vellemoz 70.........................140 C2
Velleron 84..........................265 E3
Vellerot-lès-Belvoir 25.........142 B3
Vellerot-lès-Vercel 25..........142 A4
Velles 36.............................169 D1
Velles 52.............................117 E3
Vellescot 90........................120 A4
Vellevans 25........................142 A3
Vellexon-Queutrey-
 et-Vaudey 70...................140 C1
Velloreille-lès-Choye 70.......140 C3
Velluire 85...........................164 A3
Velogny 21...........................138 A3
Velone-Orneto 2B................315 F4
Velorcey 70.........................118 B3
Velosnes 55...........................40 B1
Velotte-et-Tatignécourt 88.....94 B3
Vélu 62..................................19 E1
Velving 57.............................42 B3
Vélye 51................................64 B3
Velzic 15.............................224 B3
Vémars 95.............................61 E1
Venables 27...........................32 C4
Venaco 2B...........................317 D1
Venansault 85.....................145 F4
Venanson 06.......................289 D2
Venarey-les-Laumes 21.......138 A2
Venarsal 19.........................222 B1
Venas 03.............................171 D3
Venasque 84........................265 F3
Vence 06.............................269 F4
Vence (Col de) 06................269 F4
Vendargues 34....................281 F2
Vendat 03............................190 A1
Vendays-Montalivet 33........198 B3
Vendegies-au-Bois 59.............9 F4
Vendegies-sur-Écaillon 59......9 F3
Vendeix (Roche) 63.............206 D2
Vendel 35..............................80 A3
La Vendée 50.........................53 F1
Vendelles 02..........................19 F2
Vendémian 34......................281 D2

Vendenesse-lès-Charolles 71...174 B3
Vendenesse-sur-Arroux 71...173 F1
Vendenheim 67......................71 D2
Vendes 14..............................29 D4
Vendes 15............................206 A4
Vendeuil 02............................20 B4
Vendeuil-Caply 60..................34 B1
Vendeuvre 14.........................56 D2
Vendeuvre-du-Poitou 86.......149 D4
Vendeuvre-sur-Barse 10........91 D4
Vendeville 59...........................8 C1
Vendhuile 02..........................20 A1
Vendières 02..........................63 D3
Vendin-le-Vieil 62....................8 C1
Vendin-lès-Béthune 62............8 A1
Vendine 31...........................277 E2
Vendœuvres 36....................151 E4
Vendoire 24.........................201 F3
Vendôme 41.........................108 B4
Vendranges 42.....................191 E3
Vendrennes 85.....................146 B3
Vendres 34...........................305 D1
Vendresse 08.........................39 D1
Vendresse-Beaulne 02...........37 D2
Vendrest 77............................62 B1
La Vendue-Mignot 10...........114 B1
Vénéjan 30...........................264 B1
Venelles 13..........................285 D2
Vénérand 17........................181 F4
Venère 70............................140 B3
Vénérieu 38.........................211 F1
Vénérolles 02.........................20 C2
Venerque 31........................276 C4
Vénès 81..............................278 A1
Venesmes 18.......................153 D4
Vénestanville 76....................15 F2
Venette 60.............................35 E2
Veneux-les-Sablons 77..........87 D3
Vénevelles (Manoir de) 72...106 C4
Veney 54................................95 E1
Vengeons 50..........................54 C3
Venise 25............................141 E3
Venisey 70...........................118 A3
Vénissieux 69......................211 D1

Venizel 02..............................36 B3
Venizy 89.............................113 F2
Vennans 25..........................141 E3
Vennecy 45..........................110 B2
Vennes 25............................142 A4
Vennezey 54..........................94 C2
Venon 27................................32 A4
Venon 38..............................211 D1
Venosc 38............................231 E2
Venouse 89..........................113 F3
Venoy 89.............................113 E4
Vensac 33............................198 B3
Vensat 63............................189 F2
Ventabren 13.......................284 C2
Ventadour (Ruines de) 19....205 E3
Ventavon 05.........................249 D3
Ventelay 51............................37 E3
Ventenac 09.........................301 E3
Ventenac-Cabardès 11........302 B1
Ventenac-en-Minervois 11...303 F1
Venterol 04..........................249 F3
Venterol 26..........................247 E3
Les Ventes 27........................58 C2
Les Ventes-de-Bourse 61......83 D1
Ventes-Saint-Rémy 76............16 B1
Venteuges 43.......................226 B3
Venteuil 51............................61 E4
Venthon 73..........................196 A4
Ventiseri 2B.........................317 E3
Ventouse 16.........................184 A3
Ventoux (Mont) 84...............265 F3
Venton (Grand
 Canyon du) 04.................268 A4
Ventron 88...........................119 F2
La Ventrouze 61.....................83 F1
Venzolasca 2B.....................315 F3
Ver 50....................................54 A2
Ver-lès-Chartres 28...............85 E3
Ver-sur-Launette 60...............61 F1
Ver-sur-Mer 14.......................29 D3
Vérac 33..............................217 D2
Véranne 42..........................210 C3
Vérargues 34........................282 A1
Véraza 11............................302 B3
Verberie 60............................35 E3
Verbiesles 52.......................116 B2

Vercel-Villedieu-le-Camp 25...141 F4
Verchain-Maugré 59................9 F3
Verchaix 74..........................196 B1
Vercheny 26.........................247 F1
Les Verchers-sur-Layon 49...148 A1
Verchin 62...............................7 E1
Verchocq 62............................7 D1
Vercia 39..............................176 B3
Verclause 26........................248 A3
Vercoiran 26.........................248 A4
Vercourt 80..............................6 B3
Verdaches 04.......................250 A4
Verdalle 81...........................278 A3
Verde (Col de) 2B................317 E3
Verdelais 33.........................236 C2
Verdelles (Château de) 72...106 A3
Verdelot 77.............................63 D3
Verdenal 54............................69 E4
Verderel 60............................34 A2
Verderonne 60........................34 C3
Verdes 41............................109 E2
Verdèse 2B..........................315 F4
Verdets 64...........................296 B1
Le Verdier 81........................258 C3
La Verdière 83......................286 A1
Verdigny 18..........................135 D2
Verdille 16............................183 D3
Verdilly 02..............................63 D1
Verdon 24............................220 B1
Verdon 51...............................63 E2
Verdon (Grand
 Canyon du) 04.................268 A4
Le Verdon-sur-Mer 33.........198 B3
Verdonnet 21........................114 C4
Verdun 09............................310 A1
Verdun 55..............................40 B4
Verdun-en-Lauragais 11.......278 A4
Verdun-sur-Garonne 82.......257 D3
Verdun-sur-le-Doubs 71.......158 A3
Verdus (Musée de) 07..........17 F3
Vereaux 18...........................154 B3
Verel-de-Montbel 73............212 C2
Verel-Pragondran 73............213 D1
Véretz 37.............................131 D3

Vereux 70 .... 140 B2
Verfeil 31 .... 277 D2
Verfeil 82 .... 258 C1
Verfeuil 30 .... 264 A1
Vergaville 57 .... 69 E2
Vergéal 35 .... 104 A1
La Vergenne 70 .... 142 A1
Le Verger 35 .... 102 C1
Le Verger (Château) 49 .... 128 C1
Verger-sur-Dive 86 .... 148 C4
Vergeroux 17 .... 181 D2
Verges 39 .... 176 C1
Vergetot 76 .... 14 C3
Vergezac 43 .... 226 C2
Vergèze 30 .... 282 B1
Vergheas 63 .... 188 B2
Vergies 80 .... 17 E2
Vergigny 89 .... 113 F2
Vergio (Col de) 2B 316 B1
Vergisson 71 .... 175 D4
La Vergne 17 .... 181 F2
Vergné 17 .... 182 B2
Vergoignan 32 .... 273 E1
Vergoncey 50 .... 80 A1
Vergongheon 43 .... 207 F4
Vergonnes 49 .... 104 B4
Vergons 04 .... 268 B3
Vergranne 25 .... 141 D4
Vergt 24 .... 220 C2
Vergt-de-Biron 24 .... 238 C2
Le Verguier 02 .... 19 F2
Véria 39 .... 176 B2
Vérignon 83 .... 286 C1
Vérigny 28 .... 85 D2
Vérin 42 .... 210 C3
Vérines 17 .... 163 F4
Vérissey 71 .... 158 C4
Vérizet 71 .... 175 E3
Verjon 01 .... 176 B3
Verjux 71 .... 158 B3
Verlans 70 .... 142 B1
Verlhac-Tescou 82 .... 258 A3
Verlin 89 .... 112 C2
Verlincthun 62 .... 2 B4
Verlinghem 59 .... 4 C4
Verlus 32 .... 273 E2
Vermand 02 .... 19 F2
Vermandovillers 80 .... 19 D3
Vermelles 62 .... 8 B1
Vermenton 89 .... 136 C1
Le Vermont 88 .... 96 A1
Vern-d'Anjou 49 .... 127 F1
Vern-sur-Seiche 35 .... 103 E1
Vernais 18 .... 154 A4
Vernajoul 09 .... 301 D4
Vernancourt 51 .... 65 F3
Vernantes 49 .... 129 F3
Vernantois 39 .... 176 C1
La Vernarède 30 .... 245 E4
Vernas 38 .... 193 F4

Vernassal 43 .... 226 C1
Vernaux 09 .... 310 B1
Vernay 69 .... 192 B1
La Vernaz 74 .... 178 C3
Verne 25 .... 141 F2
Verne
(Chartreuse de la) 83 .... 293 D1
Vernègues 13 .... 284 B1
Verneiges 23 .... 170 B4
Le Verneil 73 .... 213 F2
Verneix 03 .... 171 D3
La Vernelle 36 .... 132 B4
Le Vernet 03 .... 190 A2
Le Vernet 04 .... 250 A4
Le Vernet 09 .... 301 D1
Vernet 31 .... 276 C4
Le Vernet 43 .... 226 C2
Vernet-la-Varenne 63 .... 208 A3
Vernet-les-Bains 66 .... 311 F3
Le Vernet-
Sainte-Marguerite 63 .... 207 D2
Verneugheol 63 .... 188 B4
Verneuil 16 .... 184 C4
Verneuil 18 .... 153 F4
Verneuil 51 .... 63 E1
Verneuil 58 .... 155 F3
Verneuil-
en-Bourbonnais 03 .... 172 A4
Verneuil-en-Halatte 60 .... 34 C3
Verneuil-Grand 55 .... 40 B1
Verneuil-la-Château 37 .... 149 E2
Verneuil-l'Étang 77 .... 88 A1
Verneuil-Moustiers 87 .... 168 A4
Verneuil-Petit 55 .... 40 B1
Verneuil-sous-Coucy 02 .... 36 B1
Verneuil-sur-Avre 27 .... 58 B4
Verneuil-sur-Igneraie 36 .... 169 F1
Verneuil-sur-Indre 37 .... 150 C2
Verneuil-sur-Seine 78 .... 60 B2
Verneuil-sur-Serre 02 .... 20 C4
Verneuil-sur-Vienne 87 .... 185 E4
Verneusses 27 .... 57 E2
Vernéville 57 .... 41 E4
Vernie 72 .... 82 C4
Vernierfontaine 25 .... 160 C3
Vernines 63 .... 207 D1
Verniolle 09 .... 301 D2
Vernioz 38 .... 211 D3
Vernix 50 .... 54 B4
Vernoil 49 .... 129 F3
Le Vernois 39 .... 159 E4
Vernois-le-Fol 25 .... 143 D3
Vernois-lès-Belvoir 25 .... 142 B3
Vernois-lès-Vesvres 21 .... 139 E1
Vernois-sur-Mance 70 .... 117 E2
Vernols 15 .... 225 D1
Vernon 07 .... 245 F4
Vernon 27 .... 59 E1
Vernon 86 .... 166 C3
Vernonvilliers 10 .... 91 E4
Vernosc-lès-Annonay 07 .... 228 C1

Vernot 21 .... 139 D2
La Vernotte 70 .... 140 C2
Vernou-en-Sologne 41 .... 132 C2
Vernou-
la-Celle-sur-Seine 77 .... 88 A3
Vernou-sur-Brenne 37 .... 131 D3
Vernouillet 28 .... 59 D4
Vernouillet 78 .... 60 B2
Vernoux 01 .... 175 F2
Vernoux-en-Gâtine 79 .... 164 C1
Vernoux-en-Vivarais 07 .... 228 C3
Vernoux-sur-Boutonne 79 .... 182 C1
Le Vernoy 25 .... 142 B1
Vernoy 89 .... 112 B1
Vernusse 03 .... 171 F4
Verpel 08 .... 39 E2
La Verpillière 38 .... 211 E3
Verpillières 80 .... 19 E4
Verpillières-sur-Ource 10 .... 115 E1
Verquières 13 .... 265 D4
Verquigneul 62 .... 8 A1
Verquin 62 .... 8 A1
Verrens-Arvey 73 .... 213 F1
La Verrerie (Château de) 18 .... 134 B3
Verreries-de-Moussans 34 .... 279 E3
Verrey-sous-Drée 21 .... 138 B3
Verrey-sous-Salmaise 21 .... 138 B2
Verricourt 10 .... 90 C2
Verrie 49 .... 129 D4
La Verrie 85 .... 146 C2
Verrières 08 .... 39 E1
Verrières 10 .... 90 B4
Verrières 12 .... 261 E1
Verrières 16 .... 200 C2
Verrières 51 .... 65 F1
Verrières 61 .... 84 A3
Verrières 63 .... 207 E2
Verrières 86 .... 166 C3
Verrières-de-Joux 25 .... 161 D2
Verrières-du-Grosbois 25 .... 141 F4
Verrières-en-Forez 42 .... 209 D2
Verrières-le-Buisson 91 .... 60 C4
Verrines-sous-Celles 79 .... 165 E4
Verrue 86 .... 149 D3
Verruyes 79 .... 165 D2
Vers 46 .... 240 B3
Vers 71 .... 175 E1
Vers 74 .... 195 E1
Vers-en-Montagne 39 .... 160 A3
Vers-Pont-du-Gard 30 .... 264 B3
Vers-sous-Sellières 39 .... 159 E3
Vers-sur-Méouge 26 .... 266 B1
Vers-sur-Selles 80 .... 18 A3
Versailles 78 .... 60 B3
Versailleux 01 .... 193 E2

Vernot 21 ...
La Versanne 42 .... 210 B4
La Versanne 42 .... 210 B4
Versaugues 71 .... 173 F3
Verseilles-le-Bas 52 .... 116 C4
Verseilles-le-Haut 52 .... 116 C4
Versigny 02 .... 20 B4
Versigny 60 .... 35 D4
Versols-et-Lapeyre 12 .... 261 D1
Verson 14 .... 29 E4
Versonnex 01 .... 177 F3
Versonnex 74 .... 195 D3
Le Versoud 38 .... 213 D4
Vert 40 .... 253 D2
Vert 78 .... 60 A2
Le Vert 79 .... 182 B1
Vert-Bois 85 .... 180 B3
Vert-la-Gravelle 51 .... 64 A3
Vert-le-Grand 91 .... 87 D1
Vert-le-Petit 91 .... 87 D1
Vert-Saint-Denis 77 .... 87 E1
Vertain 59 .... 9 F4
Vertaizon 63 .... 189 F4
Vertamboz 39 .... 177 D1
Vertault 21 .... 114 C3
La Verteuil 09 .... 64 C1
Verte (Île) 13 .... 291 D3
Verteillac 24 .... 202 A4
Vertes-Feuilles 02 .... 36 A3
Verteuil-d'Agenais 47 .... 238 A3
Verteuil-sur-Charente 16 .... 183 F2
Verthemex 73 .... 212 C1
Vertheuil 33 .... 198 C4
Vertilly 89 .... 89 D3
Vertolaye 63 .... 208 C1
Verton 62 .... 6 B2
Vertou 44 .... 126 C4
Vertrieu 38 .... 194 B3
Vertus 51 .... 64 A2
Les Vertus 76 .... 16 A2
Vertuzey 55 .... 67 E4
Vervant 16 .... 183 E4
Vervant 17 .... 182 C2
Vervezelle 88 .... 95 E3
Vervins 02 .... 21 E3
Véry 55 .... 39 F3
Verzé 71 .... 175 D3
Verzeille 11 .... 302 C2
Verzenay 51 .... 38 A4
Verzy 51 .... 38 A4
Vesaignes-
sous-Lafauche 52 .... 92 C3
Vesaignes-sur-Marne 52 .... 116 C2
Vesancy 01 .... 177 F3
Vesc 26 .... 247 F2
Vescemont 90 .... 119 F3
Vescheim 57 .... 70 A2
Vescles 39 .... 176 C3
Vescours 01 .... 175 F2
Vescovato 2B 315 F3
Vesdun 18 .... 170 B2
Vésigneul-sur-Marne 51 .... 65 D3

Vésines 01 .... 175 E3
Vésines 45 .... 111 F1
Le Vésinet 78 .... 60 C3
Vesles-et-Caumont 02 .... 21 D4
Veslud 02 .... 37 D1
Vesly 27 .... 33 E4
Vesly 50 .... 26 C3
Vesoul 70 .... 141 E1
La Vespière 14 .... 57 E1
Vesseaux 07 .... 246 A1
Vessey 50 .... 79 F1
Vestric-et-Candiac 30 .... 282 B1
Vesvres 21 .... 138 B3
Vesvres-sous-Chalancey 52 .... 116 B4
Vétheuil 95 .... 59 F1
Vétraz-Monthoux 74 .... 178 A4
Vétrigne 90 .... 119 F4
Veuil 36 .... 151 F1
Veuilly-la-Poterie 02 .... 62 C1
Veules-les-Roses 76 .... 15 F1
Veulettes-sur-Mer 76 .... 15 D1
Le Veurdre 03 .... 154 B4
Veurey-Voroize 38 .... 212 B4
Veuves 41 .... 131 F2
Veuvey-sur-Ouche 21 .... 157 F1
Veuxhaulles-sur-Aube 21 .... 115 F2
Vevy 39 .... 176 C1
Vexaincourt 88 .... 70 A4
Le Vey 14 .... 55 F2
Veynes 05 .... 249 D2
Veyrac 87 .... 185 E3
Veyras 07 .... 246 B1
Veyre-Monton 63 .... 207 E1
Veyreau 12 .... 261 F1
Veyrier-du-Lac 74 .... 195 E3
Veyrières 15 .... 206 A4
Veyrières 19 .... 206 A3
Veyrignac 24 .... 221 F4
Veyrines 07 .... 228 B3
Veyrines-de-Domme 24 .... 221 E4
Veyrines-de-Vergt 24 .... 220 C3
Veyrins 38 .... 212 B3
Les Veys 50 .... 27 E3
Veyssilieu 38 .... 211 F1
Veyziat 01 .... 176 C4
Vézac 15 .... 224 B4
Vézac 24 .... 221 F4
Vézannes 89 .... 114 A3
Vézaponin 02 .... 36 A2
Vèze 15 .... 207 D4
La Vèze 25 .... 141 E4
Vézelay 89 .... 136 C2
Vézelise 54 .... 94 A1
Vézelois 90 .... 119 F4
Vézels-Roussy 15 .... 224 B4
Vézénobres 30 .... 263 E2
Vézeronce-Curtin 38 .... 212 A1
Vezet 70 .... 140 C1
Vézézoux 43 .... 208 A3
Le Vézier 51 .... 63 D3
Vézières 86 .... 148 C1
Vézillon 27 .... 32 C4
Vézilly 02 .... 37 D4
Vezin-le-Coquet 35 .... 79 D4
Vézinnes 89 .... 114 A3
Vezins 49 .... 147 E1
Vezins 50 .... 80 B1
Vezins (Barrage de) 50 .... 80 B1
Vézins-de-Lévézou 12 .... 261 D1
Vezot 72 .... 83 D3
Vezou (Belvédère du) 15 .... 225 D4
Vezzani 2B 317 E3
Via 66 .... 310 C3
Viabon 28 .... 85 F2
Viala-du-Pas-de-Jaux 12 .... 261 E3
Viala-du-Tarn 12 .... 261 D2
Vialas 48 .... 245 E4
Vialer 64 .... 273 E3
Viam 19 .... 205 D2
Viane 81 .... 279 D1
Vianges 21 .... 157 D1
Vianne 47 .... 255 F1
Vâpres-le-Grand 10 .... 90 A1
Vâpres-le-Petit 10 .... 90 A1
Viarmes 95 .... 61 D1
Vias 34 .... 305 E1
Viazac 46 .... 241 E2
Le Vibal 12 .... 242 C4
Vibersviller 57 .... 69 F2
Vibeuf 76 .... 15 F2
Vibrac 16 .... 201 D1
Vibrac 16 .... 199 F3
Vibraye 72 .... 108 A1
Vic 09 .... 300 A4
Vic 16 .... 169 F1
Vic (Roche de) 19 .... 222 C4
Vic-de-Chassenay 21 .... 137 F2
Vic-des-Prés 21 .... 157 F1
Vic-en-Bigorre 65 .... 273 F4
Vic-Fezensac 32 .... 274 B1
Vic-la-Gardiole 34 .... 281 D2
Vic-le-Comte 63 .... 207 F1
Vic-le-Fesq 30 .... 263 E4
Vic-sous-Thil 21 .... 137 F3
Vic-sur-Aisne 02 .... 36 A2
Vic-sur-Cère 15 .... 224 B3
Vic-sur-Seille 57 .... 68 C3
Vicdessos 09 .... 309 F1
Le Vicel 50 .... 25 E2
Vichel 63 .... 207 F3
Vichel-Nanteuil 02 .... 36 B4
Vichères 28 .... 84 B4
Vicherey 88 .... 93 F2
Vichy 03 .... 190 A1
Vico 2A 316 B2
La Vicogne 80 .... 18 B1

Vésines 01 ...
La Vicomté-sur-Rance 22 .... 78 C1
Vicq 03 .... 189 E1
Vicq 52 .... 117 E2
Vicq 59 .... 9 F2
Vicq 78 .... 60 A3
Vicq-d'Auribat 40 .... 253 D4
Vicq-Exemplet 36 .... 170 A1
Vicq-sur-Breuilh 87 .... 204 A1
Vicq-sur-Gartempe 86 .... 150 B4
Vicq-sur-Nahon 36 .... 151 F1
Vicques 14 .... 56 B2
Victoire (Abbaye de la) 60 .... 35 D4
Victot-Pontfol 14 .... 30 A4
Vidai 61 .... 83 E2
Vidaillac 46 .... 240 C4
Vidaillat 23 .... 187 D3
Vidauban 83 .... 287 D3
Videcosville 50 .... 25 D3
Videix 87 .... 184 C4
Videlles 91 .... 87 D2
Vidou 65 .... 298 B1
Vidouville 50 .... 55 D1
Vidouze 65 .... 273 E3
Viefvillers 60 .... 34 A1
Vieil-Armand 68 .... 120 B1
Le Vieil-Baugé 49 .... 129 E2
Le Vieil-Dampierre 51 .... 65 F2
Le Vieil-Évreux 27 .... 59 D2
Vieil-Hesdin 62 .... 7 D3
Vieil-Moutier 62 .... 2 C4
Vieille-Brioude 43 .... 208 A4
Vieille-Chapelle 62 .... 8 A1
Vieille-Église 62 .... 3 D2
Vieille-Église-en-Yvelines 78 .... 60 A4
La Vieille-Loye 39 .... 159 F4
La Vieille-Lyre 27 .... 58 A2
Vieille-Toulouse 31 .... 276 C3
Vieilles-Maisons-
sur-Joudry 45 .... 111 D3
Vieillespesse 15 .... 225 E2
Vieillevie 15 .... 242 A2
Vieillevigne 31 .... 277 D4
Vieillevigne 44 .... 145 F2
Vieilley 25 .... 141 E3
Vieilmoulin 21 .... 138 B3
Viel-Arcy 02 .... 37 D3
Viel-Saint-Remy 08 .... 22 B4
Viella 32 .... 273 E2
Viella 65 .... 297 F4
Vielle-Adour 65 .... 297 F2
Vielle-Aure 65 .... 298 B4
Vielle-Louron 65 .... 298 B4
Vielle-Saint-Girons 40 .... 252 B3
Vielle-Soubiran 40 .... 254 C3
Vielle-Tursan 40 .... 272 C1
Viellenave-d'Arthez 64 .... 272 C3
Viellenave-de-Navarrenx 64 .... 272 A4
Viellenave-sur-Bidouze 64 .... 271 E3
Vielleségure 64 .... 272 B4
Vielmanay 58 .... 135 E4
Vielmur-sur-Agout 81 .... 278 A2
Vielprat 43 .... 227 D4
Viels-Maisons 02 .... 63 D3
Vielverge 21 .... 140 A3
Viennay 79 .... 165 E1
Vienne 38 .... 211 D2
Vienne-en-Arthies 95 .... 59 F1
Vienne-en-Bessin 14 .... 29 D3
Vienne-en-Val 45 .... 110 C4
Vienne-la-Ville 51 .... 39 E4
Vienne-le-Château 51 .... 39 E4
Viens 84 .... 266 B3
Vienville 88 .... 95 F4
Vier-Bordes 65 .... 297 F3
Viersat 23 .... 170 B4
Vierville 28 .... 86 A3
Vierville 50 .... 25 E4
Vierville-sur-Mer 14 .... 27 F2
Vierzon 18 .... 133 F4
Vierzy 02 .... 36 B3
Viesly 59 .... 9 F4
Viessoix 14 .... 55 D3
Viéthorey 25 .... 142 A2
Vieu 01 .... 194 B3
Vieu-d'Izenave 01 .... 194 B1
Vieugy 74 .... 195 E3
Vieure 03 .... 171 E2
Vieussan 34 .... 279 F3
Vieuvicq 28 .... 84 C4
Vieuvy 53 .... 81 D2
Vieux 14 .... 55 F1
Vieux 81 .... 258 C3
Vieux-Berquin 59 .... 4 A4
Vieux-Boucau-les-Bains 40 .... 252 A4
Vieux-Bourg 14 .... 30 C2
Le Vieux-Bourg 22 .... 76 C2
Le Vieux-Cérier 16 .... 184 A3
Vieux Chambord
(Château du) 03 .... 172 C3
Vieux-Champagne 77 .... 88 B1
Vieux-Charmont 25 .... 142 C1
Vieux-Château 21 .... 137 E2
Le Vieux Château 85 .... 144 A4
Vieux-Condé 59 .... 9 F2
Vieux-Ferrette 68 .... 120 C4
Vieux-Fumé 14 .... 56 B1
Vieux-lès-Asfeld 08 .... 37 F2
Le Vieux-Marché 22 .... 50 A3
Vieux-Mareuil 24 .... 202 A3
Vieux-Mesnil 59 .... 10 B2
Vieux-Moulin 60 .... 35 D2
Vieux-Moulin 88 .... 95 F2
Vieux-Moulins 52 .... 116 C3
Vieux-Pierrefeu 06 .... 269 F3
Vieux-Pont 61 .... 56 B4
Vieux-Pont-en-Auge 14 .... 56 C1

TROYES

Boucherat (R.) .... CY 4
Champeaux (R.) .... BZ 12
Charbonnet (R.) .... BZ 13
Clemenceau (R. G.) .... BCY 15
Comtes de
Champagne (Q. des) .... CY 16
Dampierre (Quai) .... BCY 17
Delestraint
(Bd Gén.-Ch.) .... BZ 18
Driant (R. Col.) .... BZ 20

Girardon (R.) .... CY 22
Hennequin (R.) .... CY 23
Huez (R. Claude) .... BYZ 27
Israël (Pl. Alexandre) .... BZ 28
Jaillant-Deschaînets (R.) .... BZ 29
Jaurès (Pl. Jean) .... BZ 31
Joffre (Av. Mar.) .... BZ 33
Langevin (Pl. du Prof.) .... BZ 35
Marché aux Noix
(R. du) .... BZ 36
Michelet (R.) .... CY 39
Molé (R.) .... BZ 44
Monnaie (R. de la) .... BZ 45

Paillot de Montabert (R.) .... BZ 47
Palais-de-Justice (R.) .... BZ 48
Préfecture (Pl. de la) .... CZ 49
République (R. de la) .... BZ 51
St-Pierre (Pl.) .... CY 52
St-Rémy (Pl.) .... BY 53
Synagogue (R. de la) .... BZ 54
Tour-Boileau (R. de la) .... BZ 59
Trinité (R. de la) .... BZ 60
Turenne (R. de) .... BZ 61
Voltaire (R.) .... BZ 64
Zola (R. Émile) .... BCZ
1er-R.A.M. (Bd du) .... BZ 69

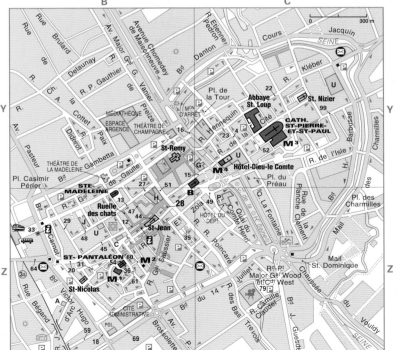

Vieux-Port 27 ....31 E2
Vieux-Reng 59 ....10 C1
Vieux-Rouen-sur-Bresle 76....17 D3
La Vieux-Rue 76 ....32 B2
Vieux-Ruffec 16 ....184 A2
Vieux-Thann 68 ....120 A2
Vieux-Viel 35 ....79 F1
Vieux-Villez 27 ....32 C4
Vieux-Vy-sur-Couesnon 35 ...79 F3
Vieuzos 65 ....298 C1
Viévigne 21 ....139 F2
Viéville 52 ....92 B4
Viéville-en-Haye 54 ....67 F2
Viéville-sous-les-Côtes 55 ..67 E1
Viévy 21 ....157 E2
Viévy-le-Rayé 41 ....109 D3
Viey 65 ....297 F4
Vif 38 ....230 C2
Viffort 02 ....63 D2
Le Vigan 30 ....262 B3
Le Vigan 46 ....240 A1
Le Vigean 15 ....224 A1
Le Vigeant 86 ....167 D4
Le Vigen 87 ....185 F4
Vigeois 19 ....204 B4
Viger 65 ....297 E2
Vigeville 23 ....187 E1
Viggianello 2A 318 C2
Viglain 45 ....111 D4
Vignacourt 80 ....18 A1
Vignage (Rochers du) 61 .....82 C2
Vignale 2B 315 F3
Vignats 14 ....56 B3
Le Vignau 40 ....273 D1
Vigneaux 31 ....275 F1
Les Vigneaux 05 ....232 B3
Vignec 65 ....298 B4
Vignely 61 ....61 F2
Vignemont 60 ....35 E2
Les Vignères 84 ....265 E4
Les Vignes 48 ....261 F1
Vignes 64 ....272 C3
Vignes 89 ....137 E2
Vignes-la-Côte 52 ....92 C3
Vigneul-sous-Montmédy 55 ..40 A1
Vigneulles 54 ....94 B1
Vigneulles-lès-Hattonchâtel 55..67 E1
Vigneux-de-Bretagne 44 ...126 A3
Vigneux-Hocquet 02 ....21 D4
Vigneux-sur-Seine 91 ......61 D4
Vignevieille 11 ....303 D3
Vignieu 38 ....212 A1
Vignoc 35 ....79 D3
Vignol 58 ....136 C3
Vignoles 21 ....158 A2
Vignolles 16 ....201 D2
Vignols 19 ....204 A4
Vignonet 33 ....218 C4
Vignory 52 ....92 B3
Vignot 55 ....67 D3
Vignoux-sous-les-Aix 18 ...153 E1
Vignoux-sur-Barangeon 18 ..152 C1
Vigny 57 ....68 B1
Vigny 95 ....60 B1
Vigoulant 36 ....169 F3
Vigoulet-Auzil 31 ....276 C3
Vigoux 36 ....168 C2
Vigueron 82 ....257 F4
Vigy 57 ....42 A4
Vihiers 49 ....147 F1
Vijon 36 ....169 F3
Vilbert 77 ....62 A4
Vilcey-sur-Trey 54 ....67 F2
Vildé-Guingalan 22 ....78 B2
Le Vilhain 03 ....171 D2
Vilhonneur 16 ....202 A1
Vilhosc (Prieuré de) 04 ...267 E1
Villa-Algérienne 33 ....234 B1
Villabé 91 ....87 D1
Villabon 18 ....153 F1
Villac 24 ....221 F1
Villacerf 10 ....90 A3
Villacourt 54 ....94 C2
Villadin 10 ....89 E3
Villafans 70 ....142 A1
Village-Neuf 68 ....121 D3
Villaines-en-Duesmois 21 ..115 D4
Villaines-la-Carelle 72 ....83 D3
Villaines-la-Gonais 72 ....107 F1
Villaines-la-Juhel 53 ......82 A3
Villaines-les-Prévôtes 21 ..137 F2
Villaines-les-Rochers 37 ..130 B4
Villaines-sous-Bois 95 .....61 D1
Villaines-sous-Lucé 72 ....107 E3
Villaines-
  sous-Malicorne 72 .....106 B4
Villainville 76 ....14 B1
Villalbe 11 ....302 B2
Villalet 27 ....58 C2
Villalier 11 ....302 C1
Villamblain 45 ....109 E2
Villamblard 24 ....220 B2
Villamée 35 ....80 B2
Villampuy 28 ....109 E2
Villandraut 33 ....236 B3
Villandry 37 ....130 B3
Villanière 11 ....278 B4
Villanova 2A 316 A4
Villapourçon 58 ....156 B3
Villar-d'Arène 05 ....232 A2
Villar-en-Val 11 ....302 C2
Villar-Saint-Anselme 11 ..302 B3
Villarceaux (Château de) 95 ..59 F1
Villard 23 ....169 D4
Le Villard 48 ....243 F3
Villard 74 ....178 B4
Villard-Bonnot 38 ....213 D4
Villard-de-Lans 38 ....230 B2

VALENCE

Alsace (Bd d') ....**DY**
Arménie (R. d') ....**DY** 4
Augier (R. Émile) ....**CYZ**
Balais (R. des) ....**BCY** 5
Bancel (Bd) ....**CY** 6
Barrault (R. J.-L.) ....**DY** 7
Belle-Image
  (R.) ....**CY** 9

Bonaparte
  (R. du Lieutenant) ......**BCY** 12
Chambaud (R. Mirabel)..**BZ** 15
Championnet (Pl.) ....**BCZ** 16
Chapeliers (Côte des) ....**BY** 17
Clerc (Bd M.) ....**DZ** 22
Clercs (Pl. des) ....**BCZ** 23
Docteur-Schweitzer
  (R. du) ....**BY** 25
Dragonne (Pl. de la) .....**DY** 26
Dupré de Loire (Av.) .....**DY** 27

Farre (R. du Gén.) ....**CDZ** 29
Félix-Faure (Av.) ....**DZ**
Gaulle (Bd du Gén.) .....**CZ** 32
Huguenel (Pl. Ch.) ....**CY** 36
Jacquet (R. V.) ....**BZ** 37
Jeu-de-Paume (R. du)..**CYZ** 39
Lecardonnel (Pl. L.) .....**CY** 42
Leclerc (Pl. Gén.) ....**DY** 43
Liberté (Pl. de la) ....**CY** 45
Madier-de-
  Montjau (R.) ....**CY** 47

Mistral (Pont Frédéric) ..**BZ** 50
Montalivet (Pl. de) ......**DY** 51
Ormeaux (Pl. des) ....**BZ** 55
Palais (Pl. du) ....**CZ** 56
Paré (R. Ambroise) ......**BY** 57
Péroll erie (R.) ....**BY** 59
Petit-Paradis (R.) ....**BY** 60
Pierre (Pl. de la) ....**BY** 62
Repenties (R. des) ......**BY** 65
République (Pl. de la) ...**CZ**
St-Didier (R.) ....**BCZ** 71

St-Estève (Côte) ....**BY** 72
St-Jacques (Faubourg) ..**DY** 75
St-Martin (Côte et R.) ...**BY** 77
St-Nicolas (Q.) ....**BY** 78
Saunière (R.) ....**CZ** 80
Semard (Av. J.-P) ....
Sylvante (Côte) ....**BY** 84
Temple (R. du) ....**BCY** 85
Université (Pl. de l') .....**CZ** 88
Vernoux (R.) ....**CZ** 90
Victor-Hugo (Av.) ....**CZ**

Villard-d'Héry 73 ....213 E2
Villard-Léger 73 ....213 F2
Villard-Notre-Dame 38 ....231 E2
Villard-Reculas 38 ....231 E1
Villard-Reymond 38 ....231 E2
Villard-Saint-Christophe 38..231 D2
Villard-Saint-Pancrace 05 ..232 C3
Villard-Saint-Sauveur 39 ..177 E3
Villard-Sallet 73 ....213 E2
Villard-sur-Bienne 39 .....177 E2
Villard-sur-Doron 73 ......196 B4
Villardebelle 11 ....302 C3
Villardonnel 11 ....278 B4
Villards-d'Héria 11 ....177 D3
Les Villards-sur-Thônes 74 ..196 A3
Villarembert 73 ....213 F4
Villargent 70 ....142 A1
Villargoix 21 ....137 F4
Villargondran 73 ....214 A4
Villariès 31 ....276 C1
Villarlurin 73 ....214 B2
Villarodin-Bourget 73 ....214 C4
Villaroger 73 ....215 D1
Villaroux 73 ....213 E2
Villars 24 ....202 C3
Villars 28 ....85 E4
Villars 42 ....210 A3
Le Villars 71 ....175 E2
Villars 84 ....266 A3
Villars (Grottes de) 24 ....202 C3
Villars-Colmars 04 ....268 B1
Villars-en-Azois 52 ....115 F1
Villars-en-Pons 17 ....199 E1
Villars-et-Villenotte 21 ...138 A2
Villars-Fontaine 21 ....158 A1
Villars-le-Pautel 70 ....117 F2
Villars-lès-Blamont 25 ....142 C2
Villars-les-Bois 17 ....182 B4
Villars-les-Dombes 01 ....193 D2
Villars-Saint-Georges 25 ..160 A1
Villars-Saint-Marcellin 52 ..116 A4
Villars-Santenoge 52 .....116 A4
Villars-sous-Dampjoux 25 ..142 B3

Villars-sous-Écot 25 ......142 B2
Villars-sur-Var 06 ....269 F3
Villarzel-Cabardès 11 ....302 C1
Villarzel-du-Razès 11 .....302 B2
Villasavary 11 ....301 F1
Villate 31 ....276 B3
Villaudric 31 ....258 A4
Villautou 11 ....301 D2
Villavard 41 ....108 B4
Villaz 74 ....195 E2
Villé 60 ....35 F1
Villé 67 ....96 B1
La Ville 69 ....191 F1
Ville-au-Montois 54 ....41 D2
Ville-au-Val 54 ....68 A2
La Ville-aux-Bois 10 ....91 E2
La Ville-aux-Bois-lès-Dizy 02..21 E4
La Ville-aux-Bois-
  lès-Pontavert 02 ....37 E2
La Ville-aux-Clercs 41 ....108 C3
La Ville-aux-Dames 37 ...131 D3
La Ville-aux-Nonains 28 ...84 C1
Villebazy 11 ....302 B3
Villebéon 77 ....88 A4
Villebernier 49 ....129 E4
Villeberny 21 ....138 B2
Villebichot 21 ....158 B1
Villeblevin 89 ....88 B3
Villebois 01 ....194 A3
Villebois-Lavalette 16 ....201 F3
Villebois-lès-Pins 26 .....248 C4
Villebon 28 ....84 C4
Villebon-sur-Yvette 91 .....60 C4
Villebougis 89 ....88 C4
Villebourg 37 ....130 B1
Villebout 41 ....108 C2
Villebramar 47 ....238 A2
Villebret 03 ....171 D4
Villebrumier 82 ....258 A4
Villecelin 18 ....152 C4
Villecerf 77 ....88 A4
Villecey-sur-Mad 54 ....67 F1
Villechantria 39 ....176 B3
Villechauve 41 ....131 E1
Villechenève 69 ....192 A4
Villechétif 10 ....90 B3
Villechétive 89 ....113 E1
Villechien 50 ....80 C1

Ville-sous-Anjou 38 ......211 D3
Ville-sous-la-Ferté 10 ....115 F1
La Ville-sous-Orbais 51 ....63 E2
Ville-sur-Ancre 80 ....18 C2
Ville-sur-Arce 10 ....115 D1
Ville-sur-Cousances 55 ....66 B1
Ville-sur-Illon 88 ....94 B4
Ville-sur-Jarnioux 69 .....192 B3
Ville-sur-Lumes 08 ....38 C4
Ville-sur-Retourne 08 ......38 B2
Ville-sur-Saulx 55 ....66 A4
Ville-sur-Terre 10 ....91 F3
Ville-sur-Tourbe 51 ....39 D4
Ville-sur-Yron 54 ....41 D4
Villeau 28 ....85 F4
Villebadin 61 ....56 C3
Villebarou 41 ....132 A1
Villebaudon 50 ....54 B2
Villebazy 11 ....302 B3
Villebon 28 ....84 C4
Villebougis 89 ....88 C4

Villecien 89 ....112 C2
Villécloye 55 ....40 A1
Villecomtal 12 ....242 B3
Villecomtal-sur-Arros 32 ..274 A4
Villecomte 21 ....139 D2
Villeconin 91 ....86 C2
Villecourt 80 ....19 E3
Villecresnes 94 ....61 E4
Villecroze 83 ....286 C2
Villedaigne 11 ....303 F1
Villedieu 15 ....225 E3
Villedieu 21 ....114 C3
Villedieu 23 ....205 D1
Les Villedieu 25 ....160 C4
La Villedieu 48 ....244 B1
Villedieu 84 ....247 E4
La Villedieu-du-Clain 86 ..166 B3
La Villedieu-
  en-Fontenette 70 ......118 B3
Villedieu-la-Blouère 49 ...146 C1
Villedieu-le-Château 41 ..107 F4
Villedieu-lès-Bailleul 61 ...56 C1
Villedieu-les-Poêles 50 ....54 B3
Villedieu-sur-Indre 36 ....151 F3
Villedômain 37 ....151 D2
Villedômer 37 ....131 D2
Villedoux 17 ....163 F4
Villedubert 11 ....302 C1
Villefagnan 16 ....183 E2
Villefargeau 89 ....113 D2
Villefavard 87 ....185 F1
Villeferry 21 ....138 C2
Villefloure 11 ....302 C2
Villefollet 79 ....182 C1
Villefontaine 38 ....211 E1
Villefort 11 ....301 F4
Villefort 48 ....245 D3
Villefranche 32 ....275 D4
Villefranche-d'Albigeois 81..259 F4
Villefranche-d'Allier 03 ...171 D4
Villefranche-de-Conflent 66..311 E3
Villefranche-de-Lauragais 31..277 D4
Villefranche-de-Lonchat 24..219 D3

Villefranche-de-Panat 12 ..260 B2
Villefranche-de-Rouergue 12..241 E4
Villefranche-du-Périgord 24..239 E4
Villefranche-du-Queyran 47..237 E4
Villefranche-le-Château 26..266 B3
Villefranche-Saint-Phal 89 ..112 B2
Villefranche-sur-Cher 41 ..132 C4
Villefranche-sur-Mer 06 ..288 C2
Villefranche-sur-Saône 69 ..192 C2
Villefrancœur 41 ....108 C4
Villefrancon 70 ....140 C2
Villefranque 64 ....270 C3
Villefranque 65 ....273 F3
Villegagnon 77 ....62 C4
Villegailhenc 11 ....302 B1
Villegardin 89 ....112 B1
Villegats 16 ....183 F2
Villegats 27 ....59 E2
Villegaudin 71 ....158 C4
Villegenon 18 ....134 B3
Villegly 11 ....302 C1
Villegongis 36 ....151 F3
Villegouge 33 ....218 B3
Villegouin 36 ....151 E2
Villegruis 77 ....89 D1
Villegusien 52 ....116 C4
Villehardouin 10 ....90 C3
Villeherviers 41 ....133 D3
Villejésus 16 ....183 E3
Villejoubert 16 ....183 F4
Villejuif 94 ....61 D3
Villejust 91 ....60 C4
Villelaure 84 ....285 E3
Villeloin-Coulangé 37 ...151 D1
Villelongue-d'Aude 11 ...302 A3
Villelongue-
  de-la-Salanque 66 .....313 E3
Villelongue-dels-Monts 66 ..313 D3
Villeloup 10 ....90 A3
Villemade 82 ....257 F2
Villemagne 11 ....278 A4
Villemagne-l'Argentière 34 ..280 A2
Villemain 79 ....183 D2

Villemandeur 45........111 F2
Villemanoche 89........88 C3
Villemardy 41........108 C4
Villemaréchal 77........88 A4
Villemareuil 77........62 A2
Villematier 31........258 A4
Villembits 65........298 B1
Villembray 60........33 F2
Villemer 77........88 A3
Villemer 89........113 D3
Villemereuil 10........90 B4
Villemervry 52........116 B4
Villemeux-sur-Eure 28........59 E4
Villemoirieu 38........193 F4
Villemoiron-en-Othe 10........90 A4
Villemoisan 49........127 F2
Villemoisson-sur-Orge 91........61 D4
Villemolaque 66........313 D6
Villemomble 93........61 E3
Villemontais 42........191 D3
Villemontoire 02........36 B3
Villemorien 10........114 C1
Villemorin 17........182 C2
Villemoron 52........116 B4
Villemort 86........167 E2
Villemotier 01........176 A3
Villemoustaussou 11........302 C1
Villemoutiers 45........111 E2
Villemoyenne 10........90 C4
Villemur 65........298 C1
Villemur-sur-Tarn 31........258 A4
Villemurlin 45........134 A1
Villemus 04........266 C4
Villenauxe-la-Grande 10........89 E1
Villenauxe-la-Petite 77........88 C3
Villenave 40........253 E3
Villenave-de-Rions 33........236 B1
Villenave-d'Ornon 33........217 E4
Villenave-près-Béarn 65........273 E4
Villenave-près-Marsac 65........273 F4
Villenavotte 89........88 C4
Villeneuve 01........192 C2
Villeneuve 04........267 D3
Villeneuve 09........299 F4
Villeneuve 12........241 E4
La Villeneuve 23........188 A3
Villeneuve 33........217 E4
La Villeneuve 71........158 C2
La Villeneuve-au-Châtelot 10........89 E1
Villeneuve-au-Chemin 10........113 F1
La Villeneuve-au-Chêne 10........90 C4
La Villeneuve-Bellenoye-
et-la-Maize 70........118 B4
Villeneuve-d'Allier 43........226 A1
Villeneuve-d'Amont 25........160 B2
Villeneuve-d'Ascq 59........4 C4
Villeneuve-d'Aval 39........159 F2
Villeneuve-de-Berg 07........246 B2
Villeneuve-de-Duras 47........237 F1
Villeneuve-de-la-Raho 66........313 D2
Villeneuve-de-Marc 38........211 E2
Villeneuve-de-Marsan 40........254 B4
Villeneuve-de-Mézin 47........255 E3
Villeneuve-de-Rivière 31........299 D2
Villeneuve-d'Entraunes 06........269 D1
Villeneuve-des-Escaldes 66........310 C3
Villeneuve-d'Olmes 09........301 E4
Villeneuve-du-Bosc 09........301 D3
Villeneuve-du-Latou 09........300 C1
Villeneuve-du-Paréage 09........301 D2
La Villeneuve-en-Chevrie 78........59 E2
Villeneuve-en-Montagne 71........157 F4
Villeneuve-Frouville 41........109 D4
Villeneuve-la-Comptal 11........301 F1
Villeneuve-la-Comtesse 17........182 B1
Villeneuve-la-Dondagre 89........112 B1
Villeneuve-la-Garenne 92........61 D2
Villeneuve-la-Guyard 89........88 B3
Villeneuve-la-Lionne 51........63 D4
Villeneuve-la-Rivière 66........312 C2
Villeneuve-la-Salle 05........232 B2
Villeneuve-l'Archevêque 89........89 E4
Villeneuve-le-Comte 77........62 A3
Villeneuve-le-Roi 94........61 D4
Villeneuve-Lécussan 31........298 C2
Villeneuve-Lembron 63........207 F3
Villeneuve-lès-Avignon 30........264 C3
Villeneuve-lès-Béziers 34........305 F1
Villeneuve-les-Bordes 77........88 B2
Villeneuve-lès-Bouloc 31........276 C1
Villeneuve-les-Cerfs 63........190 A2
La Villeneuve-
lès-Charleville 51........63 E3
Villeneuve-lès-Charnod 39........176 B3
La Villeneuve-les-Convers 21..138 B1
Villeneuve-les-Corbières 11........303 E3
Villeneuve-les-Genêts 89........112 B4
Villeneuve-lès-Lavaur 81........277 E2
Villeneuve-lès-Maguelone 34........281 F3
Villeneuve-lès-Montréal 11........302 A2
Villeneuve-les-Sablons 60........34 A4
Villeneuve-Loubet 06........288 B2
Villeneuve-Loubet-Plage 06........288 B2
Villeneuve-Minervois 11........302 C1
Villeneuve-Renneville-
Chevigny 51........64 B2
Villeneuve-Saint-Denis 77........61 F3
Villeneuve-
Saint-Georges 94........61 D4
Villeneuve-
Saint-Germain 02........36 B3
Villeneuve-Saint-Nicolas 28........85 E4
Villeneuve-Saint-Salves 89........113 E3
Villeneuve-Saint-Vistre-
et-Villevotte 51........89 F1
Villeneuve-
sous-Charigny 21........138 A2
Villeneuve-
sous-Dammartin 77........61 F1

Villeneuve-sous-Pymont 39..159 E4
La Villeneuve-
sous-Thury 60........35 F4
Villeneuve-sur-Allier 03........172 A1
Villeneuve-sur-Auvers 91........86 C2
Villeneuve-sur-Bellot 77........62 C3
Villeneuve-sur-Cher 18........153 D2
Villeneuve-sur-Conie 45........109 F2
Villeneuve-sur-Fère 02........36 C4
Villeneuve-sur-Lot 47........238 C3
Villeneuve-sur-Tarn 81........260 A3
Villeneuve-sur-Verberie 60........35 D3
Villeneuve-sur-Vère 81........259 D3
La Villeneuve-
sur-Vingeanne 21........140 A1
Villeneuve-sur-Yonne 89........112 C1
Villeneuve-Tolosane 31........276 B3
Villeneuvette 34........280 C2
Villennes-sur-Seine 78........60 B2
Villenouvelle 17........182 B1
Villenouvelle 31........277 D4
Villenoy 77........62 A2
Villentrois 36........151 E1
Villeny 41........132 C1
Villepail 53........82 A2
Villeparisis 77........61 E2
Villeparois 70........118 B4
Villeperdrix 26........248 A3
Villeperdue 37........130 C4
Villeperrot 89........88 C4
Villepinte 11........302 A1
Villepinte 93........61 E2
Villeporcher 41........131 E1
Villepot 44........104 A3
Villepreux 78........60 B3
Villequier 76........15 E4
Villequier-Aumont 02........20 A4
Villequiers 18........154 A2
Viller 57........69 D1
Villerable 41........108 B4
Villerbon 41........132 A1
Villeréal 47........238 C2
Villereau 45........110 B1
Villereau 59........10 A2
Villerest 42........191 E2
Villeret 02........20 A2
Villeret 10........91 E2
Villereversure 01........194 A1
Villermain 41........109 E3
Villeromain 41........108 C4
Villeron 95........61 E1
Villerouge-la-Crémade 11........303 E2
Villerouge-Termenès 11........303 D3
Villeroy 77........61 F2
Villeroy 80........17 E2
Villeroy 89........112 C1
Villeroy-sur-Méholle 55........93 D1
Villers 42........191 F1
Villers 88........94 B3
Villers-Agron-Aiguizy 02........37 D4
Villers-Allerand 51........37 F4
Villers-au-Bois 62........8 A2
Villers-au-Flos 62........19 E1
Villers-au-Tertre 59........9 D3
Villers-aux-Bois 51........64 A2
Villers-aux-Érables 80........18 C3
Villers-aux-Nœuds 51........37 E3
Villers-aux-Vents 55........66 A3
Villers-Bocage 14........55 E1
Villers-Bocage 80........18 B2
Villers-Bouton 70........141 D2
Villers-Bretonneux 80........18 C3
Villers-Brûlin 62........7 F2
Villers-Buzon 25........140 C4
Villers-Campsart 80........17 E3
Villers-Canivet 14........56 A2
Villers-Carbonnel 80........19 E3
Villers-Cernay 08........23 E4
Villers-Châtel 62........8 A2
Villers-Chemin-et-
Mont-lès-Étrelles 70........140 C2
Villers-Chief 25........142 A4
Villers-Cotterêts 02........36 A4
Villers-devant-Dun 55........39 F2
Villers-devant-le-Thour 08........37 F1
Villers-devant-Mouzon 08........23 E4
Villers-Écalles 76........15 F4
Villers-en-Argonne 51........65 F1
Villers-en-Arthies 95........59 F1
Villers-en-Cauchies 59........9 E1
Villers-en-Haye 54........68 A3
Villers-en-Ouche 61........57 E3
Villers-en-Prayères 02........37 D3
Villers-en-Vexin 27........33 D4
Villers-Farlay 39........159 F2
Villers-Faucon 80........19 F2
Villers-Franqueux 51........37 E3
Villers-Grélot 25........141 E3
Villers-Guislain 59........19 F1
Villers-Hélon 02........36 B4
Villers-la-Chèvre 54........40 C1
Villers-la-Combe 25........142 A4
Villers-la-Faye 21........158 A1
Villers-la-Montagne 54........41 D1
Villers-la-Ville 70........142 A1
Villers-le-Château 51........64 C2
Villers-le-Lac 25........161 F1
Villers-le-Rond 54........40 B2
Villers-le-Sec 02........20 B3
Villers-le-Sec 51........65 F3
Villers-le-Sec 55........92 C1
Villers-le-Sec 70........141 E1
Villers-le-Tilleul 08........22 C4
Villers-les-Bois 39........159 E1
Villers-lès-Cagnicourt 62........8 C4
Villers-lès-Guise 02........20 C2
Villers-lès-Luxeuil 70........118 C3
Villers-lès-Mangiennes 55........40 B2

Villers-lès-Moivrons 54........68 B3
Villers-lès-Nancy 54........68 A4
Villers-les-Ormes 36........151 F3
Villers-les-Pots 21........139 F4
Villers-lès-Roye 80........19 D4
Villers-l'Hôpital 62........7 E4
Villers-Marmery 51........64 B1
Villers-Outréaux 59........20 A1
Villers-Pater 70........141 E2
Villers-Patras 21........115 D2
Villers-Plouich 59........19 F1
Villers-Pol 59........9 F2
Villers-Robert 39........159 E2
Villers-Rotin 21........159 D1
Villers-
Saint-Barthélemy 60........33 F2
Villers-Saint-Christophe 02........19 F3
Villers-Saint-Frambourg 60........35 D4
Villers-Saint-Genest 60........62 A1
Villers-Saint-Martin 25........141 F3
Villers-Saint-Paul 60........34 C3
Villers-Saint-Sépulcre 60........34 B3
Villers-Semeuse 08........22 C3
Villers-Sir-Simon 62........7 F3
Villers-Sire-Nicole 59........10 C1
Villers-sous-Ailly 80........17 F1
Villers-sous-Chalamont 25........160 B3
Villers-sous-Châtillon 51........63 F1
Villers-
sous-Foucarmont 76........17 D3
Villers-sous-Montrond 25........160 B1
Villers-sous-Pareid 55........41 D4
Villers-sous-Prény 54........67 F2
Villers-sous-Saint-Leu 60........34 C4
Villers-Stoncourt 57........68 C1
Villers-sur-Auchy 60........33 E2
Villers-sur-Authie 80........6 B3
Villers-sur-Bar 08........23 D4
Villers-sur-Bonnières 60........33 F1
Villers-sur-Coudun 60........35 D2
Villers-sur-Fère 02........36 C4
Villers-sur-le-Mont 08........22 C4
Villers-sur-le-Roule 27........32 C4
Villers-sur-Mer 14........30 A3
Villers-sur-Meuse 55........66 C1
Villers-sur-Nied 57........68 C2
Villers-sur-Port 70........118 A4
Villers-sur-Saulnot 70........142 B1
Villers-sur-Trie 60........33 E3
Villers-Tournelle 80........18 C4
Villers-Vaudey 70........117 F4
Villers-Vermont 60........33 E1
Villers-Vicomte 60........18 A4
Villerserine 39........159 F3
Villersexel 70........142 A1
Villerupt 54........41 D1
Villerville 14........30 B2
Villery 10........90 A4
Villes 01........194 C1
Villes-sur-Auzon 84........265 F2
Villesalem
(Ancien Prieuré de) 86..167 F2
Villeselve 60........19 F4
Villeseneux 51........64 B3
Villesèque 46........239 F4
Villesèque-des-Corbières 11..303 F3
Villesèquelande 11........302 B1
Villesiscle 11........302 A1
Villespassans 34........279 F4
Villespy 11........302 A1
Villetaneuse 93........61 D2
La Villetelle 23........188 A3
Villetelle 34........282 B1
Villethierry 89........88 B4
Villeton 47........237 F4
Villetoureix 24........202 A4
Villetritouls 11........302 C1
Villetrun 41........108 C4
La Villette 14........55 F2
Villette 54........40 B1
Villette 73........214 B1
Villette 78........59 F2
Villette-d'Anthon 38........193 E4
Villette-de-Vienne 38........211 D2
Villette-lès-Arbois 39........159 F2
Villette-lès-Dole 39........159 E1
Villette-sur-Ain 01........193 F2
Villette-sur-Aube 10........90 B1
Villettes 27........32 A4
Les Villettes 43........227 F1
Villevallier 89........112 C2
Villevaudé 77........61 F2
Villevenard 51........63 F3
Villeveyrac 34........281 D3
Villevieille 04........269 D3
Villevieille 30........282 A1
Villevieux 39........159 E4
Villevocance 07........228 B3
Villevoques 45........111 E2
Villexanton 41........109 E4
Villexavier 17........199 F3
Le Villey 39........159 E3
Villey-le-Sec 54........67 F4
Villey-Saint-Étienne 54........67 F3
Villey-sur-Tille 21........139 E1
Villez-sous-Bailleul 27........59 D1
Villié-Morgon 69........192 B1
Villiers 36........151 D3
Villiers 86........166 A1
Villiers-Adam 95........60 C1
Villiers-au-Bouin 37........130 A1
Villiers-aux-Chênes 52........91 F4
Villiers-aux-Corneilles 51........89 E1
Villiers-Charlemagne 53........105 D2
Villiers-Couture 17........183 D2

Villiers-en-Bière 77........87 E2
Villiers-en-Bois 79........182 B1
Villiers-en-Désœuvre 27........59 E2
Villiers-en-Lieu 52........65 F4
Villiers-en-Morvan 21........157 D1
Villiers-en-Plaine 79........164 C3
Villiers-Fossard 50........27 E4
Villiers-Herbisse 10........90 B1
Villiers-le-Bâcle 91........60 C4
Villiers-le-Bel 95........61 D2
Villiers-le-Bois 10........114 B2
Villiers-le-Duc 21........115 E3
Villiers-le-Mahieu 78........60 A3
Villiers-le-Morhier 28........85 E1
Villiers-le-Pré 50........80 A1
Villiers-le-Roux 16........183 E2
Villiers-le-Sec 14........29 D3
Villiers-le-Sec 52........116 A1
Villiers-le-Sec 58........136 A3
Villiers-le-Sec 95........61 D1
Villiers-les-Aprey 52........116 B4
Villiers-Louis 89........89 D4
Villiers-Saint-Benoît 89........112 C4
Villiers-Saint-Denis 02........62 C2
Villiers-Saint-Frédéric 78........60 A3
Villiers-Saint-Georges 77........89 D1
Villiers-Saint-Orien 28........109 E1
Villiers-sous-Grez 77........87 F3
Villiers-sous-Mortagne 61........83 F1
Villiers-sous-Praslin 10........114 C1
Villiers-sur-Chizé 79........182 C1
Villiers-sur-Loir 41........108 B4
Villiers-sur-Marne 52........92 B3
Villiers-sur-Marne 94........61 E3
Villiers-sur-Morin 77........62 A3
Villiers-sur-Orge 91........87 D1
Villiers-sur-Seine 77........89 D2
Villiers-sur-Suize 52........116 B2
Villiers-sur-Tholon 89........113 D3
Villiers-sur-Yonne 58........136 B3
Villiers-Vineux 89........113 F2
Villiersfaux 41........108 B4
Villing 57........42 B3
Villognon 16........183 E3
Villon 89........114 B2
Villoncourt 88........95 D3
Villons-les-Buissons 14........29 E4
Villorceau 45........109 F4
Villosanges 63........188 B3
Villotran 60........34 A3
Villotte 88........117 E1
La Villotte 89........112 C4
Villotte-devant-Louppy 55........66 A2
Villotte-Saint-Seine 21........138 C2
Villotte-sur-Aire 55........66 C2
Villotte-sur-Ource 21........115 E3
Villouxel 88........93 D3
Villuis 77........89 D3
Villy 08........39 F1
Villy 89........113 F3
Villy-Bocage 14........55 E1
Villy-en-Auxois 21........138 B3
Villy-en-Trodes 10........90 C4
Villy-le-Bois 10........114 B1
Villy-le-Bouveret 74........195 E2
Villy-le-Maréchal 10........90 B4
Villy-le-Moutier 21........158 B2
Villy-le-Pelloux 74........195 E2
Villy-lez-Falaise 14........56 B2
Villy-sur-Yères 76........16 C2
Vilory 70........118 B4
Vilosnes 55........40 A3
Vilsberg 57........70 B2
Vimarcé 53........82 A4
Vimenet 12........243 D4
Viménil 88........95 D3
Vimines 73........213 D2
Vimont 14........56 B1
Vimory 45........111 F2
Vimoutiers 61........57 D2

Vimpelles 77........88 C2
Vimy 59........8 B2
Vinaigre (Mont) 83........287 F2
Vinantes 77........61 F2
Vinassan 11........304 C1
Vinax 17........182 C2
Vinay 38........230 A1
Vinay 51........64 A2
Vinça 66........311 F2
Vincelles 39........176 B1
Vincelles 51........63 E1
Vincelles 71........176 B3
Vincelles 89........113 E4
Vincelottes 89........113 E4
Vincennes 94........61 D3
Vincent 39........159 E4
Vincey 88........94 C3
Vinchy 62........7 D1
Vincy-Manœuvre 77........62 A1
Vincy-Reuil-et-Magny 02........21 E4
Vindecy 71........173 F3
Vindefontaine 50........25 D4
Vindelle 16........201 E1
Vindey 51........63 F4
Vindrac-Alayrac 81........259 D2
Vinets 10........90 C1
Vineuil 36........151 F1
Vineuil 41........132 A1
Vineuil-Saint-Firmin 60........34 C4
La Vineuse 71........174 C2
Vinezac 07........246 A2
Vingrau 66........303 E4
Vingt-Hanaps 61........82 C2
Vinnemerville 76........15 D2
Vinneuf 89........88 B3
Vinon 18........135 D4
Vinon-sur-Verdon 83........285 F1
Vins-sur-Caramy 83........286 B3
Vinsobres 26........247 E4
Le Vintrou 81........278 C3
Vinzelles 63........190 A3

VERSAILLES

Carnot (R.)........Y
Chancellerie (R. de la)........Y 3
Chantiers (R. des)........Z 5
Clemenceau (R. Georges)........Y 7
Cotte (R. Robert-de)........Y 10
États-Généraux (R. des)........Z
Europe (Av. de l')........Y 14
Foch (R. du Mar.)........XY
Gambetta (Pl.)........Y 17
Gaulle (Av. Gén.-de)........YZ 18
Hoche (R.)........YZ
Indép. Américaine (R. de l')........Y 20
Leclerc (R. du Gén.)........Z 24
Mermoz (R. Jean)........Z 27
Nolhac (R. Pierre-de)........Y 31
Orangerie (R. de l')........YZ
Paroisse (R. de la)........Y
Porte de Buc (R. de la)........Z 34
Rockefeller (Av.)........Y 37
Royale (R.)........Z
Satory (R. de)........YZ 42
Vieux-Versailles (R. du)........YZ 47

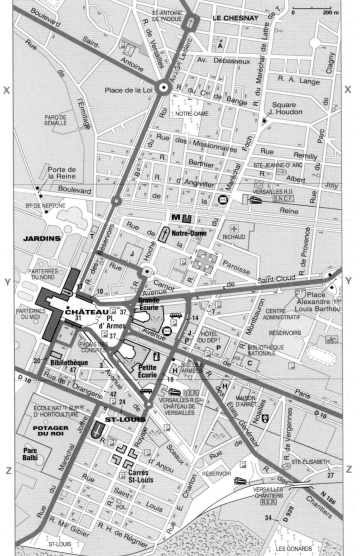

Vinzelles 71 ...... 175 D4
Vinzier 74 ...... 178 C3
Vinzieux 07 ...... 210 C4
Viocourt 88 ...... 93 F3
Viodos-Abense-de-Bas 64 ...... 295 F1
Violaines 62 ...... 8 B1
Violay 42 ...... 192 A3
Violès 84 ...... 265 D1
Violot 52 ...... 117 D4
Viols-en-Laval 34 ...... 281 E1
Viols-le-Fort 34 ...... 281 E1
Vioménil 88 ...... 118 B1
Vion 07 ...... 228 C4
Vion 72 ...... 106 A3
Vions 73 ...... 194 C3
Vionville 57 ...... 67 F1
Viozan 32 ...... 274 C4
Viplaix 03 ...... 170 B3
Vira 09 ...... 301 E3
Vira 66 ...... 311 F1
Virac 81 ...... 259 D3
Virandeville 50 ...... 24 B2
Virargues 15 ...... 225 D2
Virazeil 47 ...... 237 F3
Vire 14 ...... 55 D3
Viré 71 ...... 175 E3
Viré-en-Champagne 72 ...... 106 A2
Vire-sur-Lot 46 ...... 239 E3
Vireaux 89 ...... 114 B4
Virecourt 54 ...... 94 B2
Virelade 33 ...... 236 B1
Viremont 39 ...... 176 C2
Vireux-Molhain 08 ...... 11 F3
Vireux-Wallerand 08 ...... 13 D3
Virey 50 ...... 80 B1
Virey 70 ...... 140 C3
Virey-le-Grand 71 ...... 158 A3
Virey-sous-Bar 10 ...... 114 C1
Virginy 51 ...... 39 D4
Viriat 01 ...... 176 A4
Viricelles 42 ...... 210 A1
Virieu 38 ...... 212 A2
Virieu-le-Grand 01 ...... 194 B3
Virieu-le-Petit 01 ...... 194 C3
Virigneux 42 ...... 210 A1
Virignin 01 ...... 194 C4
Viriville 38 ...... 211 F4
Virlet 63 ...... 188 C1
Virming 57 ...... 69 E2
Viroflay 78 ...... 60 C3
Virollet 17 ...... 199 D2
Vironchaux 80 ...... 6 C3
Vironvay 27 ...... 32 B4
Virsac 33 ...... 217 F2
Virson 17 ...... 181 D1
Virville 76 ...... 14 C3
Viry 39 ...... 177 D4
Viry 71 ...... 174 B2
Viry 74 ...... 195 E1
Viry-Châtillon 91 ...... 61 D4
Viry-Noureuil 02 ...... 36 A1
Vis-en-Artois 62 ...... 8 C3
Visan 84 ...... 247 E4
Viscomtat 63 ...... 190 C4
Viscos 65 ...... 297 E4
Le Viseney 39 ...... 159 E3
Viserny 21 ...... 137 F1
Visker 65 ...... 297 F2
Vismes-au-Val 80 ...... 17 D1
Visoncourt 70 ...... 118 C3
Vissac-Auteyrac 43 ...... 226 B2
Vissec 30 ...... 262 A4
Vissec (Cirque de) 30 ...... 262 A4
Visseiche 35 ...... 104 A2
Viterbe 81 ...... 277 F2
Viterne 54 ...... 94 A1
Vitot 27 ...... 31 F4
Vitrac 15 ...... 223 F4
Vitrac 24 ...... 221 F4
Vitrac 63 ...... 189 D3
Vitrac-en-Viadène 12 ...... 225 D4
Vitrac-Saint-Vincent 16 ...... 184 B4
Vitrac-sur-Montane 19 ...... 205 D4
Vitrai-sous-l'Aigle 61 ...... 58 A4
Vitray 03 ...... 171 D1
Vitray-en-Beauce 28 ...... 85 E4
Vitray-sous-Brézolles 28 ...... 59 D4
Vitré 35 ...... 104 A1
Vitré 79 ...... 165 E4
Vitreux 39 ...... 140 B4
Vitrey 54 ...... 94 A1
Vitrey-sur-Mance 70 ...... 117 F3
Vitrimont 54 ...... 68 C4
Vitrolles 13 ...... 284 B3
Vitrolles 84 ...... 266 B4
Vitrolles-en-Lubéron 05 ...... 249 E3
Vitry-aux-Loges 45 ...... 110 C2
Vitry-en-Artois 62 ...... 8 C3
Vitry-en-Charollais 71 ...... 173 F3
Vitry-en-Montagne 52 ...... 116 B3
Vitry-en-Perthois 51 ...... 65 E4
Vitry-la-Ville 51 ...... 65 D3
Vitry-Laché 58 ...... 136 B4
Vitry-le-Croisé 10 ...... 115 E1
Vitry-le-François 51 ...... 65 E4
Vitry-lès-Cluny 71 ...... 174 C2
Vitry-lès-Nogent 52 ...... 116 C2
Vitry-sur-Loire 71 ...... 173 D1
Vitry-sur-Orne 57 ...... 41 F3
Vitry-sur-Seine 94 ...... 61 D3
Vittarville 55 ...... 40 B2
Vitteaux 21 ...... 138 B3
Vittefleur 76 ...... 15 E1
Vittel 88 ...... 93 F4
Vittersbourg 57 ...... 69 F1
Vittoncourt 57 ...... 68 C1
Vittonville 54 ...... 68 A2
Vitz-sur-Authie 80 ...... 7 D3

Viuz-en-Sallaz 74 ...... 196 A1
Viuz-la-Chiésaz 74 ...... 195 E3
Vivaise 02 ...... 36 C1
Vivans 42 ...... 191 D1
Vivario 2B 317 D2
Viven 64 ...... 272 C3
Viverols 63 ...... 209 D3
Vivès 66 ...... 312 C3
Vivey 52 ...... 116 B4
Le Vivier 66 ...... 311 F1
Vivier-au-Court 08 ...... 23 D3
Le Vivier-sur-Mer 35 ...... 53 E4
Vivières 02 ...... 36 A3
Viviers 07 ...... 246 C3
Viviers 57 ...... 68 C2
Viviers 89 ...... 114 A4
Viviers-du-Lac 73 ...... 213 D1
Viviers-le-Gras 88 ...... 93 F4
Viviers-lès-Lavaur 81 ...... 277 E2
Viviers-lès-Montagnes 81 ...... 278 A3
Viviers-lès-Offroicourt 88 ...... 94 A3
Viviers-sur-Artaut 10 ...... 115 D1
Viviers-sur-Chiers 54 ...... 40 C1
Viviès 09 ...... 301 E3
Viviez 12 ...... 241 F2
Viville 16 ...... 201 D2
Vivoin 72 ...... 82 C4
Vivonne 86 ...... 166 A3
Vivy 49 ...... 129 E3
Vix 21 ...... 115 D3
Vix 85 ...... 164 A3
Vizille 38 ...... 230 C2
Vizos 65 ...... 297 F4
Vizzavona 2B 317 D2
Vizzavona (Col de) 2B 317 D2
Vocance 07 ...... 228 B1
Vodable 63 ...... 207 E2
Vœgtlinshofen 68 ...... 96 B4
Vœlfling-lès-Bouzonville 57 ...... 42 B3
Vœllerdingen 67 ...... 44 A4
Vœuil-et-Giget 16 ...... 201 E2
Vogelgrun 68 ...... 97 D4
Voglans 73 ...... 213 D1
Vogüé 07 ...... 246 A2
Voharies 02 ...... 21 D3
Void 55 ...... 67 D4
Le Voide 49 ...... 147 F1
Voigny 10 ...... 91 F4
Voile de la Mariée
(Cascade du) 05 ...... 232 N3
Voile de la Mariée
(Cascade du) 2A 317 D3
Voilemont 51 ...... 65 F1
Voillans 25 ...... 141 F2
Voillecomte 52 ...... 91 F2
Voimhaut 57 ...... 68 C1
Voinémont 54 ...... 94 B1
Voingt 63 ...... 188 B4
Voinsles 77 ...... 62 B4
Voipreux 51 ...... 64 A2
Voires 25 ...... 160 C1
Voiron 38 ...... 212 B3
Voiscreville 27 ...... 31 F3
Voise 28 ...... 85 F3
Voisenon 77 ...... 87 F1
Voisey 52 ...... 117 F2
Voisines 52 ...... 116 B3
Voisines 89 ...... 89 D4
Voisins-le-Bretonneux 78 ...... 60 B4
Voissant 38 ...... 212 C2
Voissay 17 ...... 181 F3
Voiteur 39 ...... 159 F4
La Voivre 70 ...... 119 D3
La Voivre 88 ...... 95 F2
Les Voivres 88 ...... 118 B1
Voivres-lès-le-Mans 72 ...... 106 C2
Volckerinckhove 59 ...... 3 E3
Volesvres 71 ...... 174 A2
Volgelsheim 68 ...... 97 D4
Volgré 89 ...... 113 D3
Volksberg 67 ...... 44 B4
Vollore-Montagne 63 ...... 190 C4
Vollore-Ville 63 ...... 190 B4
Volmerange-lès-Boulay 57 ...... 42 A4
Volmerange-les-Mines 57 ...... 41 E2
Volmunster 57 ...... 44 B3
Volnay 21 ...... 158 A2
Volnay 72 ...... 107 E2
Volon 70 ...... 140 B1
Volonne 04 ...... 267 E1
Volpajola 2B 315 E3
Volstroff 57 ...... 41 F3
Volvent 26 ...... 248 A2
Volvic 63 ...... 189 E4
Volx 04 ...... 267 D3
Vomécourt 88 ...... 95 D3
Vomécourt-sur-Madon 88 ...... 94 B2
Voncourt 52 ...... 117 E4
Voncq 08 ...... 38 C2
Vonges 21 ...... 140 A3
Vongnes 01 ...... 194 C4
Vongy 74 ...... 178 B3
Vonnas 01 ...... 175 E4
Voray-sur-l'Ognon 70 ...... 141 D3
Voreppe 38 ...... 212 B4
Vorey 43 ...... 227 D1
Vorges 02 ...... 37 D1
Vorges-les-Pins 25 ...... 141 D4
Vorly 18 ...... 153 E3
Vornay 18 ...... 153 F2
Vors 12 ...... 242 A4
Vosbles 39 ...... 176 C3
Vosne-Romanée 21 ...... 158 B1
Vosnon 10 ...... 113 F1
Vou 37 ...... 150 B1
Vouarces 51 ...... 90 A1
Vouciennes 51 ...... 65 D3
Voudenay 21 ...... 157 D1

Voué 10 ...... 90 B2
Vouécourt 52 ...... 92 B3
Vouël 02 ...... 20 A4
Vougécourt 70 ...... 118 A2
Vougeot 21 ...... 158 B1
Vouglans 39 ...... 176 C3
Vouglans (Barrage
et lac de) 39 ...... 176 C3
Vougrey 10 ...... 114 C1
Vougy 42 ...... 191 E2
Vougy 74 ...... 196 A1
Vouharte 16 ...... 183 E4
Vouhé 17 ...... 181 E1
Vouhé 79 ...... 165 D2
Vouhenans 70 ...... 119 D4
Vouillé 79 ...... 165 D4
Vouillé 86 ...... 166 A1
Vouillé-les-Marais 85 ...... 163 F3
Vouillers 51 ...... 65 F4
Vouillon 36 ...... 152 B4
Vouilly 14 ...... 27 F3
Voujeaucourt 25 ...... 142 B2
Voulaines-les-Templiers 21 ...... 115 F3
Voulangis 77 ...... 62 A3
Voulême 86 ...... 183 F1
Voulgézac 16 ...... 201 E2
Voulon 86 ...... 166 A3
Voulpaix 02 ...... 21 D3
La Voulte-sur-Rhône 07 ...... 228 C4
Voultegon 79 ...... 147 F2
Voulton 77 ...... 88 C1
Voulx 77 ...... 88 A4
Vouneuil-sous-Biard 86 ...... 166 B2
Vouneuil-sur-Vienne 86 ...... 149 F4
Vourey 38 ...... 212 B4
Vourles 69 ...... 210 C1
Voussac 03 ...... 171 F4
Voutenay-sur-Cure 89 ...... 136 C1
Voutezac 19 ...... 204 A4
Vouthon 16 ...... 202 A1
Vouthon-Bas 55 ...... 93 D2
Vouthon-Haut 55 ...... 93 D2
Voutré 53 ...... 106 A1
Vouvant 85 ...... 164 A1
Vouvray 01 ...... 194 C1
Vouvray 37 ...... 131 D3
Vouvray-sur-Huisne 72 ...... 107 F1
Vouvray-sur-Loir 72 ...... 107 E4
Vouxey 88 ...... 93 F3
Vouzailles 86 ...... 148 C4
Vouzan 16 ...... 202 A2
Vouzeron 18 ...... 133 F4
Vouziers 08 ...... 39 D2
Vouzon 41 ...... 133 E1
Vouzy 51 ...... 64 B2
La Vove (Manoir de) 61 ...... 83 F2
Voves 28 ...... 85 F4
Vovray-en-Bornes 74 ...... 195 E1
Voyenne 02 ...... 21 D4
Voyennes 80 ...... 19 E3
Voyer 57 ...... 70 A3
La Vraie-Croix 56 ...... 101 F4
Vraignes-en-Vermandois 80 ...... 19 F2
Vraignes-lès-Hornoy 80 ...... 17 F3
Vraincourt 52 ...... 92 B4
Vraiville 27 ...... 32 A4
Vrasville 50 ...... 25 D2
Vraux 51 ...... 64 C1
Vred 59 ...... 9 D2
Vregille 70 ...... 140 C3
Vrély 80 ...... 19 D3
Le Vrétot 50 ...... 24 B4
Vriange 39 ...... 140 C3
Vrigne-aux-Bois 08 ...... 23 D3
Vrigne-Meuse 08 ...... 23 D4
Vrigny 45 ...... 110 C1
Vrigny 51 ...... 37 E4
Vrigny 61 ...... 56 B4
La Vrine 25 ...... 161 D2
Vritz 44 ...... 127 E1
Vrizy 08 ...... 38 C2
Vrocourt 60 ...... 33 F1
Vroil 51 ...... 65 F3
Vron 80 ...... 6 B3
Vroncourt 54 ...... 94 A2
Vroncourt-la-Côte 52 ...... 93 D4
Vroville 88 ...... 94 B3
Vry 57 ...... 42 A4
Vue 44 ...... 125 F4
Vuillafans 25 ...... 160 C1
Vuillecin 25 ...... 161 D2
Vuillery 02 ...... 36 B2
Vulaines 10 ...... 89 E4
Vulaines-lès-Provins 77 ...... 88 C1
Vulaines-sur-Seine 77 ...... 87 F2
Vulbens 74 ...... 195 D1
Vulmont 57 ...... 68 B2
Vulvoz 39 ...... 177 D3
Vy-le-Ferroux 70 ...... 141 D1
Vy-lès-Filain 70 ...... 141 E1
Vy-lès-Lure 70 ...... 119 D4
Vy-lès-Rupt 70 ...... 140 C1
Vyans-le-Val 70 ...... 142 B1
Vyt-lès-Belvoir 25 ...... 142 B3

W

Waben 62 ...... 6 B2
Wackenbach 67 ...... 70 A4
Wacquemoulin 60 ...... 35 D2
Wacquinghen 62 ...... 2 A3
Wadelincourt 08 ...... 23 D4
Wadimont 08 ...... 21 F4
Wadonville-en-Woëvre 55 ...... 67 E1

Wagnon 08 ...... 22 B4
Wahagnies 59 ...... 8 C1
Wahlbach 68 ...... 120 C3
Wahlenheim 67 ...... 71 D2
Wail 62 ...... 7 D3
Wailly 62 ...... 8 A3
Wailly 80 ...... 18 A3
Wailly-Beaucamp 62 ...... 6 B2
Walbach 68 ...... 96 B4
Walbourg 67 ...... 71 E1
La Walck 67 ...... 71 D1
Waldersbach 67 ...... 96 B1
Waldhambach 67 ...... 70 A4
Waldhouse 57 ...... 44 C3
Waldighofen 68 ...... 120 C4
Waldolwisheim 67 ...... 70 C2
Waldweistroff 57 ...... 42 B2
Waldwisse 57 ...... 42 B2
Walheim 68 ...... 120 B3
Walincourt 59 ...... 20 A1
Wallers 59 ...... 9 E2
Wallers-Trélon 59 ...... 10 C3
Wallon-Cappel 59 ...... 3 F3
Walschbronn 57 ...... 44 C3
Walscheid 57 ...... 70 A3
Waltembourg 57 ...... 70 A2
Waltenheim 68 ...... 120 C3
Waltenheim-sur-Zorn 67 ...... 71 D2
Waly 55 ...... 66 A1
Wambaix 59 ...... 9 E4
Wambercourt 62 ...... 7 D2
Wambez 60 ...... 33 F1
Wambrechies 59 ...... 4 C4
Wamin 62 ...... 7 D2
Wanchy-Capval 76 ...... 16 B3
Wancourt 62 ...... 8 B3
Wandignies-Hamage 59 ...... 9 E2
Wanel 80 ...... 17 F1
Wangen 67 ...... 70 C3
Wangenbourg 67 ...... 70 B3
Wannehain 59 ...... 9 D1
Wanquetin 62 ...... 8 A3
La Wantzenau 67 ...... 71 E2
Warcq 08 ...... 22 C3
Warcq 55 ...... 40 C4
Wardrecques 62 ...... 3 E4
Wargemoulin-Hurlus 51 ...... 39 D4
Wargnies 80 ...... 18 A1
Wargnies-le-Grand 59 ...... 10 A1
Wargnies-le-Petit 59 ...... 10 A2
Warhem 59 ...... 3 F1
Warlaing 59 ...... 9 E2
Warlencourt-Eaucourt 62 ...... 19 D1
Warlincourt-lès-Pas 62 ...... 7 F4
Warloy-Baillon 80 ...... 18 C1
Warluis 60 ...... 34 A3
Warlus 62 ...... 8 A3
Warlus 80 ...... 17 F2
Warluzel 62 ...... 7 F3
Warmeriville 51 ...... 38 A3
Warnécourt 08 ...... 22 C4
Warneton 59 ...... 4 C2
Warsy 80 ...... 19 D4
Warvillers 80 ...... 19 D3
Wasigny 08 ...... 22 A4
Wasnes-au-Bac 59 ...... 9 D3
Wasquehal 59 ...... 5 D4
Wasselonne 67 ...... 70 C3
Wasserbourg 68 ...... 96 A4
Wassigny 02 ...... 20 C1
Wassy 52 ...... 92 A2
Le Wast 62 ...... 2 B3
Watigny 02 ...... 21 F2
Watronville 55 ...... 40 B4
Watten 59 ...... 3 D3
Wattignies 59 ...... 8 C1
Wattignies-la-Victoire 59 ...... 10 C2
Wattrelos 59 ...... 5 D4
Wattwiller 68 ...... 120 B2
Wavignies 60 ...... 34 C1
Waville 54 ...... 67 F1
Wavrans-sur-l'Aa 62 ...... 3 D4
Wavrans-sur-Ternoise 62 ...... 7 E2
Wavrechain-sous-Denain 59 ...... 9 E3
Wavrechain-sous-Faulx 59 ...... 9 E3
Wavrille 55 ...... 40 A3
Wavrin 59 ...... 8 C1
Waziers 59 ...... 9 D2
Wé 08 ...... 23 F4
Weckolsheim 68 ...... 96 C4
Wegscheid 68 ...... 119 F3
Weinbourg 67 ...... 70 C1
Weislingen 67 ...... 70 A1
Weitbruch 67 ...... 71 E2
Weiterswiller 67 ...... 70 B1
Welles-Pérennes 60 ...... 34 C1
Wemaers-Cappel 59 ...... 3 F3
Wentzwiller 68 ...... 121 D4
Werentzhouse 68 ...... 120 C4
Wervicq-Sud 59 ...... 4 C3
West-Cappel 59 ...... 3 F2
Westbécourt 62 ...... 3 D3
Westhalten 68 ...... 96 B4
Westhoffen 67 ...... 70 C3
Westhouse 67 ...... 97 D1
Westhouse-Marmoutier 67 ...... 70 C2
Westrehem 62 ...... 7 E1
Wettolsheim 68 ...... 96 B4
Weyer 67 ...... 70 A1
Weyersheim 67 ...... 71 E2
Wickerschwihr 68 ...... 96 C3
Wickersheim 67 ...... 70 C2
Wicquinghem 62 ...... 6 C1
Wicres 59 ...... 8 B1
Widehem 62 ...... 6 B1

Widensolen 68 ...... 96 C4
Wiège-Faty 02 ...... 21 D2
Wiencourt-l'Équipée 80 ...... 18 C3
Wierre-au-Bois 62 ...... 2 B4
Wierre-Effroy 62 ...... 2 B3
Wiesviller 57 ...... 43 F4
Wignehies 59 ...... 10 C3
Wignicourt 08 ...... 38 C1
Wihr-au-Val 68 ...... 96 B4
Wihr-en-Plaine 68 ...... 96 C3
Wildenstein 68 ...... 119 F1
Wildersbach 67 ...... 96 B1
Willeman 62 ...... 7 D3
Willems 59 ...... 5 D4
Willencourt 62 ...... 7 D3
Willer 68 ...... 143 F1
Willer-sur-Thur 68 ...... 120 A1
Willeroncourt 55 ...... 66 C4
Willerval 62 ...... 8 B3
Willerwald 57 ...... 69 F1
Willgottheim 67 ...... 70 C3
Williers 08 ...... 23 F4
Willies 59 ...... 10 C3
Wilshausen 67 ...... 70 C2
Wilwisheim 67 ...... 70 C2
Wimereux 62 ...... 2 A3
Wimille 62 ...... 2 A3
Wimmenau 67 ...... 70 B1
Wimy 02 ...... 21 E2
Windstein 67 ...... 45 D3
Windstein (Château de) 67 ...... 45 D3
Wingen 67 ...... 45 E3
Wingen-sur-Moder 67 ...... 44 B4
Wingersheim 67 ...... 71 D2
Wingles 62 ...... 8 B1
Winkel 68 ...... 143 F2
Winnezeele 59 ...... 3 F2
Wintersbourg 57 ...... 70 A2
Wintershouse 67 ...... 71 D1
Wintzenbach 67 ...... 45 F4
Wintzenheim 68 ...... 96 B4
Wintzenheim-Kochersberg 67 ...... 70 C3
Wintzfelden 68 ...... 96 B4
Wirwignes 62 ...... 2 B4
Wiry-au-Mont 80 ...... 17 E2
Wisches 67 ...... 70 B4
Wisembach 88 ...... 96 A2
Wiseppe 55 ...... 39 F2
Wismes 62 ...... 3 D4
Wisques 62 ...... 3 D4
Wissant 62 ...... 2 A2
Wissembourg 67 ...... 45 E3
Wissignicourt 02 ...... 36 C1
Wissous 91 ...... 61 D4
Witry-lès-Reims 51 ...... 37 F3
Wittelsheim 68 ...... 120 B2
Wittenheim 68 ...... 120 B2
Witternesse 62 ...... 3 E4
Witternheim 67 ...... 97 D1
Wittersdorf 68 ...... 120 B3
Wittersheim 67 ...... 71 D2
Wittes 62 ...... 3 E4
Wittisheim 67 ...... 97 D2
Wittring 57 ...... 43 E4
Wiwersheim 67 ...... 71 D3
Wizernes 62 ...... 3 D4
Wœl 55 ...... 67 E1
Wœlfling-lès-
Sarreguemines 57 ...... 43 F4
Wœllenheim 67 ...... 70 C2
Wœrth 67 ...... 45 D4
Woignarue 80 ...... 16 C2
Woimbey 55 ...... 66 C2
Woincourt 80 ...... 17 D1
Woinville 55 ...... 67 E2
Woippy 57 ...... 41 F4
Woirel 80 ...... 17 E2
Wolfersdorf 68 ...... 120 A3
Wolfgantzen 68 ...... 96 C4
Wolfisheim 67 ...... 71 D3
Wolfskirchen 67 ...... 70 A1
Wolschheim 67 ...... 70 C2
Wolschwiller 68 ...... 143 F2
Wolxheim 67 ...... 70 C3
Wormhout 59 ...... 3 F2
Woustviller 57 ...... 43 E4
Wuenheim 68 ...... 120 B1
Wuisse 57 ...... 69 D2
Wulverdinghe 59 ...... 3 E3
Wy-dit-Joli-Village 95 ...... 60 A1
Wylder 59 ...... 3 F2

X

Xaffévillers 88 ...... 95 D2
Xaintrailles 47 ...... 255 E1
Xaintray 79 ...... 164 C2
Xambes 16 ...... 183 E4
Xammes 54 ...... 67 F2
Xamontarupt 88 ...... 95 D4
Xanrey 57 ...... 69 D3
Xanton-Chassenon 85 ...... 164 B2
Xaronval 88 ...... 94 B2
Xermaménil 54 ...... 94 A1
Xertigny 88 ...... 118 C2
Xeuilley 54 ...... 94 A1
Xirocourt 54 ...... 94 B2
Xivray-et-Marvoisin 55 ...... 67 E2
Xivry-Circourt 54 ...... 41 D2
Xocourt 57 ...... 68 C2
Xonrupt-Longemer 88 ...... 119 F1
Xonville 54 ...... 67 F1
Xouaxange 57 ...... 69 E3
Xousse 54 ...... 69 E3
Xures 54 ...... 69 D4

Y

Y 80 ...... 19 E3
Yainville 76 ...... 15 F4
Yaucourt-Bussus 80 ...... 17 F1
Le Yaudet 22 ...... 50 A2
Ychoux 40 ...... 234 C4
Ydes 15 ...... 206 A4
Yébleron 76 ...... 15 D3
Yèbles 77 ...... 87 F1
Yenne 73 ...... 194 C4
Yermenonville 28 ...... 85 F1
Yerres 91 ...... 61 E4
Yerville 76 ...... 15 F3
Yeu (Île d') 85 ...... 144 A4
Yèvre-la-Ville 45 ...... 111 D1
Yèvre-le-Châtel 45 ...... 111 D1
Yèvres 28 ...... 84 C4
Yèvres-le-Petit 10 ...... 91 D2
Yffiniac 22 ...... 51 E4
Ygos-Saint-Saturnin 40 ...... 253 D2
Ygrande 03 ...... 171 E2
Ymare 76 ...... 32 B3
Ymeray 28 ...... 85 F2
Ymonville 28 ...... 85 F4
Yolet 15 ...... 224 B3
Yoncq 08 ...... 39 E1
Yonval 80 ...... 17 E1
Youx 63 ...... 188 C1
Yport 76 ...... 14 C2
Ypreville-Biville 76 ...... 15 D3
Yquebeuf 76 ...... 32 B1
Yquelon 50 ...... 53 F2
Yquem (Château) 33 ...... 236 B2
Yronde-et-Buron 63 ...... 207 F2
Yrouerre 89 ...... 114 A4
Yssac-la-Tourette 63 ...... 189 E3
Yssandon 19 ...... 222 A1
Yssandon (Puy d') 19 ...... 222 A1
Yssingeaux 43 ...... 227 E1
Ysson (Puy d') 63 ...... 207 E2
Ytrac 15 ...... 224 A3
Ytres 62 ...... 19 E1
Yutz 57 ...... 41 F3
Yvecrique 76 ...... 15 F3
Yvernaumont 08 ...... 22 C4
Yversay 86 ...... 166 A1
Yves 17 ...... 181 D2
Les Yveteaux 61 ...... 56 A4
Yvetot 76 ...... 15 E3
Yvetot-Bocage 50 ...... 25 D3
Yvias 22 ...... 50 C2
Yviers 16 ...... 201 D4
Yvignac-la-Tour 22 ...... 78 B2
Yville-sur-Seine 76 ...... 31 F2
Yvoire 74 ...... 178 A3
Yvoy-le-Marron 41 ...... 133 D1
Yvrac 33 ...... 217 E3
Yvrac-et-Malleyrand 16 ...... 184 A4
Yvrandes 61 ...... 55 D4
Yvré-le-Pôlin 72 ...... 106 C3
Yvré-l'Évêque 72 ...... 107 D2
Yvrench 80 ...... 6 C4
Yvrencheux 80 ...... 6 C4
Yzengremer 80 ...... 16 C1
Yzernay 49 ...... 147 D2
Yzeron 69 ...... 210 B1
Yzeure 03 ...... 172 B2
Yzeures-sur-Creuse 37 ...... 150 B2
Yzeux 80 ...... 18 A2
Yzosse 40 ...... 271 F1

Z

Zaessingue 68 ...... 120 C3
Zalana 2B 317 E1
Zarbeling 57 ...... 69 D2
Zegerscappel 59 ...... 3 F2
Zehnacker 67 ...... 70 C2
Zeinheim 67 ...... 70 C2
Zellenberg 68 ...... 96 B3
Zellwiller 67 ...... 96 C1
Zermezeele 59 ...... 3 F3
Zérubia 2A 319 D1
Zetting 57 ...... 43 E4
Zévaco 2A 317 D4
Zicavo 2A 317 D4
Zigliara 2A 316 C4
Zilia 2B 314 B3
Zilling 57 ...... 70 A2
Zillisheim 68 ...... 120 B3
Zimmerbach 68 ...... 96 B4
Zimmersheim 68 ...... 120 C2
Zimming 57 ...... 42 B4
Zincourt 88 ...... 94 C3
Zinswiller 67 ...... 44 C4
Zipitoli (Pont
génois de) 2A 316 C4
Zittersheim 67 ...... 70 B1
Zœbersdorf 67 ...... 70 C1
Zollingen 67 ...... 69 F2
Zommange 57 ...... 69 E2
Zonza 2A 319 D1
Zoteux 62 ...... 2 B4
Zouafques 62 ...... 3 D3
Zoufftgen 57 ...... 41 F1
Zoza 2A 319 D1
Zuani 2B 317 E1
Zudausques 62 ...... 3 D3
Zutkerque 62 ...... 3 D3
Zutzendorf 67 ...... 70 C1
Zuydcoote 59 ...... 3 F1
Zuytpeene 59 ...... 3 F3